Christian Morgenstern *Werke und Briefe*

STUTTGARTER AUSGABE

BAND I

Christian Morgenstern
Werke und Briefe
STUTTGARTER AUSGABE

Unter der Leitung von Reinhardt Habel
herausgegeben von Maurice Cureau,
Helmut Gumtau†, Martin Kießig,
Ernst Kretschmer und
Marie-Luise Zeuch

URACHHAUS

Christian Morgenstern
Werke und Briefe

KOMMENTIERTE AUSGABE

BAND I

Lyrik 1887–1905

Herausgegeben von
Martin Kießig

URACHHAUS

Gefördert von der Deutschen Forschungsgemeinschaft
und von der Stiftung Volkswagenwerk.

CIP-Kurztitelaufnahme der Deutschen Bibliothek

Morgenstern, Christian:
Werke und Briefe / Christian Morgenstern.
Unter d. Leitung von Reinhardt Habel hrsg. von
Maurice Cureau... – Stuttgarter Ausg., kommentierte Ausg. –
Stuttgart : Urachhaus
NE: Habel, Reinhardt [Hrsg.]; Morgenstern, Christian: [Sammlung]
Bd. 1. Lyrik 1887–1905 / hrsg. von Martin Kiessig. – 1988.
ISBN 3-87838-501-3

ISBN 3 87838 501 3
© für diese Ausgabe 1988
Verlag Urachhaus Johannes M. Mayer GmbH, Stuttgart.
Alle Rechte, auch die des auszugsweisen Nachdrucks und der
photomechanischen Wiedergabe, vorbehalten.
Typografie: Hans Peter Willberg, Grafik: Brigitte Willberg, Eppstein.
Satz und Druck: Offizin Chr. Scheufele, Stuttgart.
Buchbinderische Verarbeitung: Ernst Riethmüller, Stuttgart.

Veröffentlichte Gedichte
und
Zugehöriges aus dem Nachlaß
1894–1905

	Text	Kommentar
In Phantas Schloß	9	732
Nachlese	66	779
Auf vielen Wegen	117	814
Nachlese	193	839
Ich und die Welt	209 814	844
Nachlese	298	879
Ein Sommer	311	884
Nachlese	345	899
Und aber ründet sich ein Kranz	375 884	909
Nachlese	409	919
Zyklische Dichtungen	419	923
Der Weltkobold	421	923
Sommerabend	443	935
Mein Gastgeschenk an Berlin	450	939
Berlin	459 939	949
[Christus-Zyklus]	485	960
Gedichte aus dem Nachlaß 1887–1905	501	973
Zur Textgestalt		675
Abkürzungen		681
Verzeichnis der Tagebücher (T)		683
Verzeichnis der Notizbücher (N)		698
Einleitung		700
Literatur		726
Kommentar zu den Gedichten		732
Verzeichnis der Überschriften und Anfänge		1027

*Veröffentlichte Gedichte
und Zugehöriges
aus dem Nachlaß*
1894–1905

In Phantas Schloß

Ein Zyklus
humoristisch-phantastischer Dichtungen

Dem Geiste Friedrich Nietzsches

Sei's gegeben, wie's mich packte,
mocht es oft auch in vertrackte
Bildungen zusammenschießen!
Kritisiert es streng und scharf, –
doch wenn ich Euch raten darf:
Habt auch Unschuld zum Genießen!

Prolog

Längst Gesagtes wieder sagen,
hab' ich endlich gründlich satt.
Neue Sterne! Neues Wagen!
Fahre wohl, du alte Stadt,
drin mit dürren Binsendächern 5
alte Traumbaracken stehn,
draus kokett mit schwarzen Fächern
meine Wunden Abschied wehn.
Kirchturm mit der Tränenzwiebel,
als vielsagendem Symbol, 10
Holperpflaster, Dämmergiebel,
Wehmutskneipen, fahret wohl!

Hoch in einsam-heitren Stillen
gründ' ich mir ein eignes Heim,
ganz nach eignem Witz und Willen, 15
ohne Balken, Brett und Leim.
Rings um Sonnenstrahlgerüste
wallend Nebeltuch gespannt,
auf die All-gewölbten Brüste
kühner Gipfel hingebannt. 20
Schlafgemach –: mit Sterngoldscheibchen
der Tapete Blau besprengt,
und darin als Leuchterweibchen
Frau Selene aufgehängt.

Längst Gesagtes wieder sagen, 25
ach! ich hab' es gründlich satt.
Phantas Rosse vor den Wagen!
Fackeln in die alte Stadt!
Wie die Häuser lichterlohen,
wie es kracht und raucht und stürzt! 30
Auf, mein Herz! Empor zum frohen
Äther, tänzergleich geschürzt!

Schönheit-Sonnensegen, Freiheit-
Odem, goldfruchtschwere Kraft,
ist die heilige Kräftedreiheit,
die aus Nichts das Ewige schafft.

AUFFAHRT

Blutroter Dampf...
Rossegestampf...
   »Keine Szenen gemacht!
   Es harren
   und scharren
   die Rosse der Nacht.«

Ein lautloser Schatte,
über Wiese und Matte
empor durch den Tann,
das Geistergespann...
auf hartem Granit
der fliegende Huf...
fallender Wasser
anhebender Ruf...
kältendes Hauchen...
wir tauchen
in neblige Dämpfe...
donnernde Kämpfe
stürzender Wogen
um uns.

Da hinauf
der Hufe Horn!
In die stäubende Schwemme,
hoch über den Zorn
sich sträubender Kämme
empor, empor!

Aus klaffenden Wunden
speit der Berg
sein Blut gegen euch.
Mit Wellenhunden
fällt euch an
der Haß der Höhe
wider das Tal.
Aber ihr fliegt,
blutbespritzt,
unbesiegt
empor, empor.

Vor euch noch Farben
verzuckenden Lebens,
auf grünlichem Grau
verrötender Schaum;
hinter euch
Schwarz und Silber,
die Farben des Todes.
Ein Schleier,
an eure Mähnen geknüpft,
schleppt
geisterhaft nach.
Wie ein Busentuch
zieht ihr hinauf ihn
über des Bergs
zerrissene Brust.

Müde sprang sich
der Sturzbach.
Nur mit den Lippen
wehrt er sich noch.
Und bald
wird er zum Kind
und hängt sich selber
spielend an eure Schweife.

Weiter! Weiter!

Da!
Winkende Gipfel
im Sicheldämmer!
65 Langsamer traben
die Rosse der Nacht.
Heilige Sterne
grüßen mich traut.
Ewige Weiten
70 atmen mich an.
Langsamer traben
die Rosse der Nacht,
gehen,
zögern,
75 stehen still.

Alles liegt nun
florumwoben.
Schlaf umschmiegt nun
Unten, Oben.
80 Nur die fernen
Fälle toben.

Leise Geisterhände
tragen
mich vom Wagen
85 in des Schlummers
Traumgelände.

Aller Notdurft,
alles Kummers
ganz befreit,
90 fühle ich ein höhres Sein
mich durchweben.
Wird die tiefe Einsamkeit
mir auf alles Antwort geben?

Im Traum

Wer möcht' am trägen Stoffe kleben,
dem Fittich ward zu Weltenflug!
Ich lobe mir den süßen Trug,
das heitre Spiel mit Welt und Leben.
In tausend Buntgewande steck' ich,
was geistig, leiblich mich umschwebt;
in jedem Ding mich selbst entdeck' ich:
Nur der lebt Sich, der also lebt.

Mir ist, ich sei emporgestürmt
über stürzende Wasserfälle.
Mir engt's die Brust, um mich getürmt
ahn' ich schützende Nebelwälle.
Aus dumpfen Regionen,
aus Welten von Zwergen,
trieb's mich fort,
ob auf ragenden Bergen
ein besserer Ort
dem Freien, zu wohnen.

Es weht mir um die Stirne
ein Hauch wie von Frauengewand...
Folgte zum steilen Firne
mir wer aus dem Unterland?
Es beugt sich zu mir nieder
ein liebes, schönes Gesicht...
Glaubst du, ich kenne dich nicht,
Sängerin meiner Lieder?
Du bist ja, wo ich bin,
mein bester Kamerade!
Bei dir trifft man kein Schade,
meine Herzenskönigin!

»Du flohest aus Finsternissen,
mühsamen Mutes,
ich weiß es.
Du hast zerrissen
dein Herz, dein heißes,
und bei dem Leuchten deines Blutes
bist du den dunklen Pfad
weiter getreten,
bis du mich fandest
und mit tiefen Gebeten
mich an dich bandest,
daß ich dich liebgewann,
dem ringenden Mann
ein treuer Kamerad.

Du brachst uralte Ketten
und kamst heute Nacht
in mein Reich.
Ich will dich betten
an meiner Brust
warm und weich,
in Träumepracht
deine Seele verzücken:
Der ganzen Welt
Außen und Innen
sei deinem Sinnen
preisgestellt.
Magst sie schmücken
mit lachender Lust,
magst sie tausendfach
deuten und taufen,
mit Berg und Wald,
mit Wiese und Bach,
mit Wolken und Winden,
mit Sternenhaufen

dein Spiel treiben, 65
deinen Spaß finden;
brauchst nicht zu bleiben
an einem Ort;
magst die Welt
bis zu Ende laufen; 70
denn Hier oder Dort,
wo du auch seist,
wo sich das Himmelszelt
über die Erde spannt:
Das sei deinem Geist 75
Phantas Schloß genannt.«

Schneller strömt des Blutes Fluß,
Wonne mich durchschauert,
auf meinen Lippen dauert
sekundenlang dein süßer Kuß. 80
Nun nimm mich ganz, und trage
mein Fragen mit Geduld!
Für alles, was ich nun sage,
trägst du fortan die Schuld.

Phantas Schloss

Die Augenlider schlag' ich auf.
Ich hab' so groß und schön geträumt,
daß noch mein Blick in seinem Lauf
als wie ein müder Wandrer säumt.
Schon werden fern im gelben Ost 5
die Sonnenrosse aufgezäumt.
Von ihren Mähnen fließen Feuer,
und Feuer stiebt von ihrem Huf.
Hinab zur Ebne kriecht der Frost.
Und von der Berge Hochgemäuer 10
ertönt der Aare Morgenruf.

Nun wach' ich ganz. Vor meiner Schau
erwölbt azurn sich ein Palast.
Es bleicht der Felsenfliesen Grau
und lädt den Purpur sich zu Gast.
Des Quellgeäders dumpfes Blau
verblitzt in heitren Silberglast.
Und langsam taucht aus fahler Nacht
der Ebnen bunte Teppichpracht.

All dies mein Lehn aus Phantas Hand!
Ein König ich ob Meer und Land,
ob Wolkenraum, ob Firmament!
Ein Gott, des Reich nicht Grenze kennt.
Dies alles mein! Wohin ich schreite,
begrüßt mich dienend die Natur:
Ein Nymphenheer gebiert die Flur
aus ihrem Schoß mir zum Geleite;
und Götter steigen aus der Weite
des Alls herab auf meine Spur.

Das mächtigste, das feinste Klingen
entlauscht dem Erdenrund mein Ohr.
Es hört die Meere donnernd springen
den felsgekränzten Strand empor,
es hört der Menschenstimmen Chor
und hört der Vögel helles Singen,
der Quellen schüchternen Tenor,
der Wälder Baß, der Glocken Schwingen.

Das ist das große Tafellied
in Phantas Schloß, die Mittagsweise.
Vom Fugenwerk der Sphären-Kreise
zwar freilich nur ein kleinstes Glied.

Erst wenn mit breiten Nebelstreifen
des Abends Hand die Welt verhängt
und meiner Sinne maßlos Schweifen
in engere Bezirke zwängt –

wenn sich die Dämmerungen schürzen
zum wallenden Gewand der Nacht
und aus der Himmel Kraterschacht
Legionen Strahlenströme stürzen –
wenn die Gefilde heilig stumm, 50
und alles Sein ein tiefer Friede –
dann erst erbebt vom Weltenliede,
vom Sphärenklang mein Heiligtum.

Auf Silberwellen kommt gegangen
unsagbar süße Harmonie, 55
in eine Weise eingefangen,
unendlichfache Melodie.
Dem scheidet irdisches Verlangen,
der solcher Schönheit bog das Knie.
Ein Tänzer, wiegt sich, ohne Bangen, 60
sein Geist in seliger Eurythmie.

Oh seltsam Schloß! bald kuppelprächtig
gewölbt aus klarem Ätherblau;
bald ein aus Quadern, nebelnächtig,
um Bergeshaupt getürmter Bau; 65
bald ein von Silberampeldämmer
des Monds durchwobnes Schlafgemach;
und bald ein Dom, von dessen Dach
durch bleiche Weihrauch-Wolkenlämmer
Sternmuster funkeln, tausendfach! 70

Das stille Haupt in Phantas Schoße,
erwart' ich träumend Mitternacht: –
Da hat der Sturm mit rauhem Stoße
die Kuppelfenster zugekracht.
Kristallner Hagel glitzert nieder, 75
die Wolken falten sich zum Zelt.
Und Geisterhand entrückt mich wieder
hinüber in des Schlummers Welt.

SONNENAUFGANG

Wer dich einmal sah
vom Söller des Hochgebirgs,
am Saum der Lande
emporsteigen,
aus schwarzem Waldschoß
emporgeboren,
oder purpurnen Meeren
dich leicht entwiegend –
wer dich einmal sah
die bräutliche Erde
aufküssen
aus Morgenträumen,
bis sie, von deiner Schwüre
Flammenodem
heiß errötend,
dir entgegenblühte,
in der zitternden Scham,
in dem ahnenden Jubel
jungfräulicher Liebe –
der breitet die Arme
nach dir aus,
dem lösest die Seele du
in Seufzer
tiefer Ergriffenheit,
oh, der betet dich an,
wenn beten heißt:
zu deiner lebenschaffenden
Glutenliebe
ein Ja und Amen jauchzen –
wenn beten heißt:
In den Ätherwellen des Alls
bewußt mitschwingen,
eins mit der Ewigkeit,

leibvergessen, zeitlos,
in sich der Ewigkeit 35
flutende Akkorde –
wenn beten heißt:
stumm werden
in Dankesarmut,
wortlos 40
sich segnen lassen,
nur Empfangender,
nur Geliebter...
wer dich einmal sah
vom Söller des Hochgebirgs! 45

WOLKENSPIELE

1

Eine große schwarze Katze
schleicht über den Himmel.
Zuweilen
krümmt sie sich zornig auf.
Dann wieder 5
streckt sie sich lang,
lauernd,
sprungharrend.
Ob ihr die Sonne wohl,
die fern im West 10
langsam sich fortstiehlt,
ein bunter Vogel dünkt?
Ein purpurner Kolibri,
oder gar
ein schimmernder Papagei? 15
Lüstern dehnt sie sich
lang und länger,
und Phosphorgeleucht

zuckt breit
über das dunkle Fell
der gierzitternden Katze.

II

Es ist, als hätte die Köchin
des großen Pan
– und warum sollte der große Pan
keine Köchin haben?
Eine Leibnymphe,
die ihm in Kratern
und Gletschertöpfen
köstliche Bissen brät
und ihm des Winters
Geysir-Pünsche
sorglich kredenzt? –
als hätte diese Köchin
eine Schüssel mit Rotkohl
an die Messingwand
des Abendhimmels geschleudert.
Vielleicht im Zorn,
weil ihn der große Pan
nicht essen wollte...

III

Wäsche ist heute wohl,
große Wäsche,
droben im Himmelreich.
Denn seht nur, seht!
Wie viele Hemdlein,
Höslein, Röcklein,
und zierliche Strümpflein
die gute Schaffnerin
über die blaue Himmelswiese
zum Trocknen breitet.

Die kleinen Nixen,
Gnomen, Elben,
Engelchen, Teufelchen,
oder wie sie ihr Vater nennt,
liegen wohl alle nun   15
in ihren Bettchen,
bis ans Kinn
die Decken gezogen,
und sehnlich lugend,
ob denn die Alte   20
ihren einzigen Staat,
ihre weißen Kleidchen,
nicht bald
ihnen wiederbringe.
Die aber legt   25
ernst und bedächtig
ein Stück nach dem andern
noch auf den Rasen.

IV

Wie sie Ballett tanzen,
die losen Panstöchter!
Sie machen Phoebus
den Abschied schwer,
daß er den Trab seiner Hengste   5
zum Schritt verzögert.

Schmiegsam, wiegsam
werfen und wiegen
die rosigen Schleier sie
zierlich sich zu,   10
schürzen sie hoch empor,
neigen sie tief hinab,
drehn sich die wehende
Seide ums Haupt.

Und Phoebus Apollo!
Bezaubert vergißt er
des heiligen Amts,
springt vom Gefährt
und treibt das Gespann,
den Rest der Reise
allein zu vollenden.
Er selber,
gehüllt in den grauen Mantel
der Dämmrung,
eilt voll Sehnsucht
zurück zu den
lieblichen, lockenden
Tänzerinnen.

Zügellos rasen
die Rosse von dannen.
Der Gott erschrickt:
Dort entschwindet
sein Wagen,
und hier –
haben die schelmischen
Töchter des Pan
sich in waschende Mägde
verwandelt.
Durch riesige Tröge
ziehen sie weiße,
dampfende Linnen
und hängen sie rings
auf Felsen und Bäumen
zum Trocknen auf
und legen sie weit
gleich einem Schutzwall
auf Wiesen und Felder.

Ratlos steht
der gefoppte Gott.
Und leise kichern
die Blätter im Winde.

V

Düstere Wolke,
die du, ein Riesenfalter,
um der abendrotglühenden Berge
starrende Tannen
wie um die Staubfäden
blutiger Lilien schwebst:
Dein Dunkel redet
vom Leid der Welt.

Welchen Tales Tränen
hast du gesogen?
Wie viel angstvoller Seufzer
heißen Hauch
trankst du in dich?
Düstere Wolke,
wohin
schüttest die Zähren
du wieder aus?
Schütte sie doch
hinaus in die Ewigkeit!
Denn wenn sie wieder
zur Erde fallen,
zeugen sie neue
aus ihrem Samen.
Nie dann
bleiben der Sterblichen
Augen trocken.

Ach! Da wirfst du sie schon
in den Abgrund...
Arme Erde,
immer wieder aufs neue
getauft
in den eigenen Tränen!

VI

Oh, oh!
Zürnender Gott,
schlage doch nicht
deine himmlische Harfe
ganz in Stücke!

Dumpfe Donnerakkorde
reißt
herrisch
dein Plektron.
Zick, zack
schnellen
die springenden Saiten
mit singendem Sausen
silbergrell
über die Himmel hin.

Holst du auch manche
der Flüchtlinge
wieder zurück,
viele fallen doch
gleißend zur Erde nieder,
ragenden Riesen des Tanns
um den stöhnenden Leib
sich wirbelnd,
oder in zischender Flut
sich für ewig
ein Grab erkiesend.

Zürnender Gott!
Wie lange:
Da hast du dein Saitenspiel
kläglich zerbrochen,   30
und kein Sterblicher
denkt mehr deiner,
des grollenden Rhapsoden
Zeus-Odin-Jehova.

SONNENUNTERGANG

Am Untersaum
des Wolkenvorhangs
hängt der Sonne
purpurne Kugel.
Langsam zieht ihn   5
die goldene Last
zur Erde nieder,
bis die bunten Falten
das rotaufzuckende Grau
des Meeres berühren.   10

Ausgerollt ist
der gewaltige Vorhang.
Der tiefblaue Grund,
unten mit leuchtenden Farben
breit gedeckt,   15
bricht darüber
in mächtiger Fläche hervor,
karg mit verrötenden
Wolkengirlanden durchrankt
und mit silbernen Sternchen   20
glitzernd durchsät.
Aus schimmernden Punkten
schau' ich das Bild

einer ruhenden Sphinx
kunstvoll gestickt.

Eine Ankerkugel,
liegt die Sonne im Meer.
Das eintauchende Tuch,
schwer von der Nässe,
dehnt sich hinein in die Flut.
Die Farben blassen,
mählich verwaschen.
Und bald strahlt
vom Himmel zur Erde
nur noch
der tiefe, satte Ton
blauschwarzer Seide.

HOMO IMPERATOR

Gewandert bin ich
auf andere Gipfel,
deren Riesenfüße
das Meer, wie ein Hund,
demütig leckt;
an deren Knöcheln
es wohl auch manchmal
bellend hinaufspringt,
den brauenden Nebeln nach,
als seien diese
warme Dämpfe aus leckeren Schüsseln.

Wär' ich der Mond,
der Hunden verhaßte,
ich hülfe herauf dir
auf den Berg.
Doch Ich bin der Mensch,

lasse dich lächelnd
unten kläffen
und übe an dir
meinen göttlichen Spott.
Denn sieh,
du armes, krauses Meer!
Was bist du denn
ohne Mich?

Ich gebe dir Namen
und Rang und Bedeutung,
wandle dich tausendfalt
nach Meinem Gelüst.
Meine Schönheit,
Meinen Witz
hauch' Ich als Seele dir ein,
werf' Ich dir um als Kleid:
Und also geschmückt
wogst du und wiegst du dich
vor deinem König,
ein trefflicher Tänzer,
brausköpfiger Vasall!
In Meine hohle Hand
zwing' Ich hinein dich
und schütte dich aus,
einem Kometen,
der grade vorbeischießt,
aufs eilige Haupt.
Wie einen Becher
faß Ich dein Becken
und bringe dich
als Morgentrunk
meinem Liebchen Phanta.

In dein graues Megärenhaar
greift Mein lachender Übermut

und hält es gegen die Sonne:
Da wird es eitel Goldhaar und Seide.
Und nun wieder nenn' Ich dich
Jungfrau und Nymphe und Göttin,
und deiner dämonischen Leidenschaft
sing' Ich ein Seemanns-Klagelied.

Oder Ich deute den donnernden Prall dir aus
als stöhnende Sehnsucht um Himmelsglück,
als wühlenden Groll,
als heulenden Haß:
So redet Schwermut, flugohnmächtig,
wenn sie der Krampf der Verzweiflung
zu jagenden Fieberschauern schüttelt.

Aber du drohst:
»Eitler Prahler,
breite die Arme nur aus,
und komm an mein nasses Herz!
Dann wirst du kunden,
wer größer und mächtiger,
du oder ich!«

Drohe mir immer,
doch wisse: die Stunde,
da du Mich sinnlosen Zornes verschlingst,
tötet auch dich.
Ein kaltes, totes Nichts,
wertlos, namenlos,
magst du dann
in die Ewigkeit starren,
entseelt,
entgöttert.

Denn Ich, der Mensch,
bin deine Seele,
bin dein Herr und Gott,

wie Ich des ganzen Alls
Seele und Gottheit bin. 85
Mit Mir vergehen
Namen und Werte.
Leer steht die Halle der Welt,
schied Ich daraus.
Gleich unermeßlichem Äther 90
füllt Mein Geist den Raum:
In Seinen Wellen allein
leuchtend, tönend,
schwingt der unendliche Stoff.

Eine Harfe bin Ich 95
in tausend Hauchen.
Zertrümmere Mich:
Das Lied ist aus.

KOSMOGONIE

Ewiges Firmament,
mit den feurigen Spielen
deiner Gestirne,
wie bist du entstanden?

Du blauer Sammet! 5
Welch fleißige Göttin
hat sich auf dir
mit goldnen und silbernen
Kreuzstichmustern verewigt?

Wie! oder wären 10
die Sterne Perlen,
tagesüber
in Wolkenmuscheln gebettet:
Aber des Nachts
tuen die Schalen sich auf, 15

und aus den schwarzen,
angelspottenden Tiefen empor
lachen und funkeln
die schimmernden Schätze
des Meers Unendlichkeit?

Oft auch ist mir,
ein mächtig gewölbter
kristallener Spiegel
sei dieser Himmel,
und was wir staunend
Gestirne nennen,
das seien Millionen
andächtiger Augen,
die strahlend
in seinem Dunkel sich spiegeln.

Oder wölbt
eines Kerkers bläuliche Finsternis
feindlich sich über uns?
Von ungezählten Gedankenpfeilen
durchbohrt,
die von empörter Sehne
der suchende Menschengeist
rings um sich gestreut:
Das Licht der Erkenntnis aber,
die Sonne der Freiheit,
quillt leuchtend
durch die zerschossenen Wände.

Nein, nein!...
Mit spottenden Augen
blinzt die Unendlichkeit
auf den sterblichen Rätselrater...
Und dennoch
rat' ich das tiefe Geheimnis!

Denn bei Phanta
ist nichts unmöglich.

— — — — — — — — — — — — — — — —

In der leeren, dröhnenden Halle des Alls
rauschte der Gott der Finsternis
mit schwarzen, schleppenden Fittichen
grollend dahin.
So flügelschlug der düstere Dämon
schon seit Äonen:
An seiner Seele fraß das Nichts.
Umsonst griffen die Pranken
seines wühlenden Schaffenswahnsinns
hinaus in die unsägliche Leere.

Vom eigenen Leibe mußte er nehmen,
wollte er schaffen —:
Das hatte ihn jüngst quälend durchzuckt.
Und nun rang und rang er
gegen sich selber, der einsame Weltgeist,
daß er sich selbst verstümmle.
Bis sein Wollen, ein Löwe,
in seiner Seele aufstand
und ihm die Hand ans Auge zwang,
daß sie es ausriß mit rasendem Ruck.
Ströme Blutes schossen nach.
Der brüllende Gott aber krampfte
in sinnloser Qual die Faust um das Auge,
daß es zwischen den Fingern
perlend herausquoll.
Den glänzenden Tropfenregen
rissen die fallenden Schleier des Bluts
in wirrem Wirbeltanze
hinab, hinaus in die eisigen Nächte
des unausgründlichen Raums.

Und die perlenbesäten blutigen Schleier
kamen in ewigem Kreislauf wieder,
schlangen erstickend sich
um des flüchtenden Gottes Haupt,
85 zerrten ihn mit sich,
warfen ihn aus,
ein regelloses, tobendes Chaos.
Tiefer noch zürnte der gramvolle Gott.
Nicht Schöpfer und Herrscher,
90 Spielball war er geworden,
weil er, vom Schmerz bewältigt,
den heiligen Lebensstoff,
statt ihn zu formen, zerstört.

Äonen hindurch
95 trug er die Marter der glühenden Schleier,
litt er in seiner eigenen Hölle.
Dann aber stand zum anderen Male
sein Wollen, ein Löwe,
in seiner Seele auf.
100 Sieben Kreisläufe des Chaos
rang er und rang er noch,
und dann
gab er den Arm dem Wollen frei.
Und er nahm sich auch noch
105 das andere Auge
aus dem unsterblichen Gotteshaupt
und warf die blutüberströmte,
unversehrte Kugel
mitten hinein ins unendliche All.

110 Da stand sie, glühend,
in unermeßlicher Purpurründung,
und sammelte um sich
die tanzenden Blutnebel,
daß sie, ein einziger Riesenring

von Flammenschleiern,
um den gemeinsamen Kern
sich wanden und kreisten.
Der blinde Gott aber saß
und lauschte dem Sausen der Glut.

Äonen kreiste der Ring:
Dann zerriß er.
Und um die glasigen Perlen
des zerkrampften Auges
ballten sich Bälle kochenden Bluts,
glühende, leuchtende Blutsonnen,
und andere Bälle,
die unter roten Dampfhüllen
langsam gerannen.
Durch die Unendlichkeit
schwangen sich zahllose Reigen
zahlloser Welten
in tönender Ordnung
um das geopferte, heile Auge.

Der blinde Gott aber
lauschte dem Klang der Sphären,
die seinen Preis jauchzten,
den Preis des Schaffenden,
und flog tastend mit seinen
schwarzen, schleppenden Fittichen
durch seine Schöpfung,
ein Schrecken den Menschlein
auf allen Gestirnen,
der große Luzifer.

DAS HOHELIED

Singen will ich den Hochgesang,
den mit Sterngoldlettern
der heilige Geist der Erkenntnis
in den schwarzen Riesenschiefer
nächtigen Firmaments
leuchtend gegraben,
den jauchzenden Hochgesang,
des Kehrreim von zahllosen Chören
von Weltengeschlechtern das All durchtönt:
    Auf allen Sternen ist Liebe!

Siehe, ich maß auf dem Feuerfittich
rascher Kometen die Bahnen der Ewigkeit,
durch tausend Planetenreigen
flog ich zitternden Geistes,
spähte und lauschte hinab
auf die kreisenden Bälle
mit überirdischen Sehnsuchtsinnen.
Und entgegen schwoll mir allewig
aus unzählbarer Lebenden Brüsten:
    Auf allen Sternen ist Liebe!

Sahst du je ein liebendes Paar
sich vereinen zu seligem Kuß,
sahst du je der Mutterlippe
stummes Segengebet des Kindes
reinen Scheitel inbrünstig weihen,
sahst du je die stille Flamme
heiliger Freundschaft im Kusse brennen –
oh dann sang auch deine Seele,
stammelte schauernd die süße Gewißheit:
    Auf allen Sternen ist Liebe!

Trunken bin ich von diesem Liede,
das aus der Harfe der Ewigkeit hallt.
Oh meine Brüder auf wandelnden Welten,
deren Sonnen purpurne Kränze
um die Muttersonne des Alls 35
ewigen Rhythmus' Sturmschwung reißt,
grüßen laßt euch durch Äonen!
Tausendgestaltiger Sterblicher Hymnen
ein' ich des Menschengeschlechts Dithyrambe.
  Auf allen Sternen ist Liebe! 40

Liebe! Liebe! durch die Unendlichkeit
ausgegossen, ein Strom erlösenden Lichts,
in das Nichts, die Nacht der Herzen
deine glühenden Wogen schlagend –
hebend aus dem Dumpfen das Heilige – 45
aus dem Chaos rettend und schaffend den Gott –
Gottheit auf die Stirn dem Menschen
prägend und ins schimmernde Aug' ihm
Gottheit senkend – Liebe! Liebe!
  Auf allen Sternen ist Liebe! 50

Liebe! Liebe! bist du die Mutter auch
aller Schmerzen, aller der Lebensqual,
wer erträgt um dich nicht alles,
stolzen Mutes, ein Held, ein Ringer!
Heilig sprechen wir Haß und Leid und Schuld, 55
denn wir lassen von dir nicht, oh Liebe!
Träges Verschlummern lockt uns nicht,
Leben und Tod soll ewig dauern,
denn wir wollen dich ewig, oh Liebe!
  Auf allen Sternen ist Liebe! 60

Erden werden zu Eis erstarren
und ineinanderstürzen,
Sonnen die eigene Brut verschlingen,

tausend Geschlechter und aber tausend
werden in Staub und Asche fallen:
Aber von Ewigkeit zu Ewigkeit
bricht aus unzähliger Lebenden Brüsten
dreimal heilig und hehr das hohe Lied,
dreimal heilig des Lebens Preisgesang:
    Auf allen Sternen ist Liebe!

ZWISCHEN WEINEN UND LACHEN

Zwischen Weinen und Lachen
schwingt die Schaukel des Lebens.
Zwischen Weinen und Lachen
fliegt in ihr der Mensch.

Eine Mondgöttin
und eine Sonnengöttin
stoßen im Spiel sie
hinüber, herüber.
In der Mitte gelagert:
Die breite Zone
eintöniger Dämmerung.

Hält das Helioskind
schelmisch die Schaukel an,
übermütige Scherze,
weiche Glückseligkeit
dem Wiege-Gast
ins Herz jubelnd,
dann färbt sich rosig,
schwingt er zurück,
das graue Zwielicht,
und jauchzend schwört er
dem goldigen Dasein
dankbare Treue.

Hat ihn die eisige Hand
der Selenetochter berührt, 25
hat ihn ihr starres Aug',
Tod und Vergänglichkeit redend,
schauerlich angeglast,
dann senkt er das Haupt,
und der Frost seiner Seele 30
ruft nach erlösenden Tränen.
Aschfahl und freudlos
nüchtert ihm nun
das Dämmer entgegen.
Wie dünkt ihm die Welt nun 35
öde und schal.

Aber je höher die eine Göttin
die Schaukel zu sich emporzieht –
je höher
schießt sie auch drüben empor. 40
Höchstes Lachen
und höchstes Weinen,
eines Schaukelschwungs
Gipfel sind sie.

Wenn die Himmlischen endlich 45
des Spieles müde,
dann wiegt sie sich
langsam aus.
Und zuletzt
steht sie still 50
und mit ihr das Herz
des, der in ihr saß.

Zwischen Weinen und Lachen
schwingt die Schaukel des Lebens.
Zwischen Weinen und Lachen 55
fliegt in ihr der Mensch.

Im Tann

Gestern bin ich weit gestiegen,
abwärts, aufwärts, kreuz und quer;
und am Ende, gliederschwer,
blieb im Tannenforst ich liegen.
Weil' ich gern in heitrer Buchen
sonnengrünem Feierlichte,
lieber noch, wo Tann und Fichte
kerzenstarr den Himmel suchen.

Aufrecht wird mir selbst die Seele,
läuft mein Aug' empor den Stamm:
Wie ein Kriegsvolk, straff und stramm,
stehn sie da ohn' Furcht und Fehle;
ernst, in selbstgewollter Buße,
nicht zur Rechten nicht zur Linken:
Wer der Sonne Kuß will trinken,
hat im Dämmer keine Muße.

Denksam saß ich. Moose stach ich
aus des Waldgrunds braunem Tuch.
Und der frische Erdgeruch
tat mir wohl, und heiter sprach ich:
Wahrlich, ich vergleich' euch Riesen
unerbittlichen Gedanken,
die sich ohne weichlich Wanken
Höhenluft der Wahrheit kiesen.

Philosophin Mutter Erde
hat euch klar und schlicht gedacht,
jeglichem zu Lehr' und Acht,
wie man teil des Lichtes werde.
Stolz aus lauem Dämmer flüchten,
Rast und Abweg herb verachten,
nur das eine Ziel ertrachten –
also muß der Geist sich züchten.

Lang noch an den schlanken Fichten
sah ich auf mit ernstem Sinn.
Erde! Große Meisterin   35
bist du mir im Unterrichten!
Besser als Folianten lehren,
lehrst mich du, solang mein Leben.
Unerschöpflich ist dein Geben,
doch noch tiefer mein Verehren.   40

DER ZERTRÜMMERTE SPIEGEL

Am Himmel steht ein Spiegel, riesengroß.
Ein Wunderland, im klarsten Sonnenlichte,
entwächst berückend dem kristallnen Schoß.
Um bunter Tempel marmorne Gedichte
ergrünt geheimnisvoller Haine Kranz;   5
der Seen Silber dunkle Kähne spalten,
und wallender Gewänder heller Glanz
verrät dem Auge wandelnde Gestalten.

Wohl kenn' ich dich, du seliges Gefild!…
Doch was in heitrer Ruh' erglänzt dort oben,   10
ist mehr als dein getreues Spiegelbild,
ist Irdisches zu Göttlichem erhoben.
Du zeigst ein friedsam wolkenloses Glück,
um das umsonst die Staubgebornen werben…
Und doch! Auch du bist nur ein Schemenstück!   15
Ein Hauch –: Du schläfst im Grund in tausend Scherben.

Ein Hauch!… Von düstren Wolken löst ein Flug
sich von der Felskluft Schautribünenstufen.
Um meinen Gipfel streift ihr dumpfer Zug,
als hätte sie mein fürchtend Herz gerufen.   20
Hinunter weist beschwörend meine Hand,
indes mein Aug' nach oben bittet »Bleibe!« –

Umsonst! Ein Stoß zermalmt des Spiegels Rand,
und donnernd bäumt sich die gewaltige Scheibe

und stürzt, von tausend Sprüngen überzackt,
mit fürchterlichem Tosen in die Tiefen.
Der Abgrund schreit, von wildem Graun gepackt.
Blutüberströmt die Wolken talwärts triefen.
Fahlgrüner Splitterregen spritzt umher,
den Leib der Nacht zerschneidend und zerfleischend.
Mordbrüllend wühlt der Sturm im Nebelmeer
und heult in jede Höhle, wollustkreischend.

Der Berge Adern schwellen, brechen auf
und schäumen graue Fülle ins Geklüfte.
Ihr Flutsturz reißt verstreuter Scherben Hauf
unhemmbar mit in finstre Waldnachtgrüfte.
Es wogt der Forsten nasses Kronenhaar,
durchblendet von demantnem Pfeilgewimmel...
Doch um die Höhen wird es langsam klar,
durch Tränen lächelt der beraubte Himmel.

Und bald verblitzt der letzten Scherbe Schein,
zum Grund gefegt vom Sturm- und Wellentanze.
Nur feiner Glasstaub deckt noch Baum und Stein
und funkelt tausendfach im Sonnenglanze...
Ich schau', ich sinne, hab' der Zeit nicht acht –:
Den Tag verscheuchte längst der Schattenriese.
Und aus der Tiefe predigen durch die Nacht
die Fälle vom versunknen Paradiese.

DAS KREUZ

Die gestürzten Engel
schweben um den Berg.
Mit weißen, bleiernen Riesenfittichen
schleicht ihr Flug aus den Talen,

daß er die Höhen der Erde auch
todeskältend überfinstere,
daß im Schweigen der Nacht
endlich das Leben sterbe.

Lebendige Flammen
entrief ich dem Fels
zum Schutze.
In goldenem Zorn
leuchtet das Berghaupt.
Aber die heißeste Stirn,
das glühendste Aug'
ist nicht lange gefeit,
wo solcher Flügel
grabkalte Bahrtücher
der Vernichtung eisige Schauer
ins Haupt schatten.

Und fahles Grauen
würgt mir die Kehle
und reißt einen Schrei mir
aus der Brust
und wirft ihn hinaus
in die Finsternisse...
vom grauen Fittichgewölbe
fällt er ohnmächtig
in mich zurück.

Im Schein der mühsam
kämpfenden Lohe
trete ich, halb von Sinnen,
zum Rande des Abgrunds
und breite, wie prüfend,
die Arme aus.

Da zucken die Nebelgespenster
grausengepackt zusammen.

Ihr schnürender Reigen
löst sich, zerstreut sich.
In wildem Entsetzen
rasen heulend die Satane
um den Gipfel.
Ich aber erkenne
auf der zitternden Wand
ihrer Flügelflucht
ein mächtiges, schwarzes Kreuz.

Meines Körpers
kreuzförmiger Schatte
quält triumphierend
die Engel des Todes
hinweg, hinab,
zurück in ihr trauriges Reich.

Ich stehe noch lange,
die Arme gebreitet,
doch nicht mehr in Angst
noch als Wehr,
nein! jetzt als Gruß
und heilige Ehrung
den tausend lächelnden Lichtaugen
des unsterblichen Alls.

Die Versuchung

Der alte, ehrwürdige Herr
mit dem großen Bart
war heute bei mir.
»Ich habe dich gestern gerettet!«
sagte er freundlich.
»Den Einfall, die Arme
zur Kreuzform zu strecken,
hab' ich dir gesteckt.«

Ich schüttelte dankbar
die biedere Rechte.
Er aber drohte mir
mit dem Finger:
»Ein Schelm bleibst du doch!
Ich traue dir nicht.
Doch höre!«
Und er kniff mir den Arm
und zeigte mir rings
die Lande –:
»Dies alles soll dein sein,
wenn du hier hinfällst
und mich anbetest.«
Der Arme, er wußte nicht,
daß Erde und Himmel
durch Phanta längst mein war.
»Nun, willst du nicht?«
rief er halb ängstlich
halb ärgerlich.
Ich aber machte ihm
schnell eine kalte Kompresse
um die erhitzten Schläfen
und führte ihn sorgsam
den Berg hinunter.
Auf halber Höhe
traf ich den großen Pan.
Er wollte gerade
eine Windhosen-Orgel bauen.
Doch ich entriß ihn
dem kühnen Projekte
und stellte ihm
seinen greisen Kollegen vor.
»Alte Bekanntschaft!« rief Pan
und zog die krumme Nase
mißmutig noch krümmer.

»Vielleicht hilft er dir
bei der Windhosen-Orgel!«
schlug ich begütigend vor.
Das leuchtete ein.
Arm in Arm
zogen die beiden ab.
Ich aber stieg,
ein freier, glückseliger Mensch,
singend wieder empor
auf meine herrlichen,
klaren, einsamen Höhen.

Der Nachtwandler

Sanfter Mondsegen über den Landen.
Schlafstumme Berge, Wälder, Tale.
In den Hütten erstorben die Herde;
an den Herden eingenickte Großmütter,
zu deren Knien offne Enkel-Mäulerchen
unter verhängten Äuglein atmen.
Auf Daunen und Strohsack
schnarchendes Laster, schnarchende Tugend.
Wachend allein: Diebe, Dichter,
Wächter der Nacht, und auf Gassen, in Gärten
und in verschwiegenen Kammern
lispelnde Liebe.

Sanfter Mond! du segnest,
weil du nichts andres kannst.
Aber am Herzen
zehren dir Neid und Groll,
weil die Menschen dich also mißachten,
daß sie zu Bett gehn, wenn du kommst.
Ärgerlich ziehn sie die Vorhänge zu:
Und du stehst draußen
und – segnest milde deine Verächter.

Sanfter Mond! manchmal auch
lugen Herrschergelüste gefährlich vor
unter deiner Demut.
Dann rufst du in verträumte Gehirne:
»Auf! auf!
Ich bin die Sonne!
Kommt: es ist Tag!«
Und der blöden Schläfer
glaubt es dir mancher
und steigt ernsthaft
aus seinen Kissen
und geht gravitätisch
über die Dächer.
Scheel sehen die Kater ihn an.
Er aber wandelt und klettert,
als hätt' ihm sein Arzt
die Alpen verschrieben.

Wie? Freundchen!
Hätt' ich dich heut' gar ertappt?
Mir dünkt, da unten
käm' solch ein Wandler!
Armer Fremdling,
– besser: Hemdling –,
wer bist du?
Welchem Bette entflohst du?
Opferlamm
mondlicher Lüsternheit,
meilenweit mußt du gewandert sein!

Redet er nicht im Schlaf? horch!

»Wer bin ich?...
Eine lebendige Litfaß-Säule,
etikettiert von oben bis unten: –
Staatsbürger,
Gemeindemitglied,

Protestant,
Hausbesitzer,
Ehemann,
Familienvater,
Vereinsvorstand,
Reserveleutnant,
Agrarier,
Christlicher Germane,
Antisemit,
Deutschbündler,
Sozialmonarchist,
Bimetallist,
Wagnerianer,
Antinaturalist,
Spiritist,
Kneippianer,
Temperenzler –«

»Wie!« ruf' ich,
»Und nie Mensch?«

Aber da reißt
der Schläfer die Augen auf,
und – »Mensch?«
von verzerrten Lippen heulend,
stürzt er,
fehltretend,
die Felswand hinab,
von Zacke zu Zacke
im Bogen geschleudert.

Ich aber,
ich »Mörder«,
muß unbändig lachen.
Ich kann nicht anders –
Gott helfe dem Armen!
Amen!

ANDRE ZEITEN, ANDRE DRACHEN

Immer nicht an Mond und Sterne
mag ich meine Blicke hängen –:
Ach man kann mit Mond und Sternen,
Wolken, Felsen, Wäldern, Bächen
allzuleichtlich kokettieren,
hat man solch ein schelmisch Weibchen
stets um sich wie Phanta Sia.

Darum senk' ich heut bescheiden
meine Augen in die Tiefe.
Hier und da ein Hüttenlichtlein;
auch ein Feuer, dran sich Hirten
nächtliche Kartoffeln braten –
wenig sonst im dunklen Grunde.
Doch! da drunten seh' ich eine
goldgeschuppte Schlange kriechen...

Hochromantisches Erspähnis!
Kommst du wieder, trautes Gestern,
da die Drachen mit den Kühen
friedlich auf den Almen grasten,
wenn sie nicht grad' Flammen speien
oder Ritter fressen mußten –
da der Lindwurm in den Engpaß
seinen Boa-Hals hinabhing
und mit grünem Augenaufschlag
Dame, Knapp' und Maultier schmauste –
kommst du wieder, trautes Gestern?

Eitle Frage! Dieses Schuppen-
Ungetüm da drunten ist ein
ganz modernes Fabelwesen,
unersättlich zwar, wie jene
alten Schlangen, doch auch wieder
jenem braven Walfisch ähnlich,

der dem Jonas nur auf Tage
seinen Bauch zur Herberg' anbot.

Feuerwurm, ich grüße froh dich
von den Stufen meines Schlosses!
Denn ob mancher dich auch schmähe,
als den Störer stiller Lande,
und die gelben Humpeldrachen,
die noch bliesen, noch nicht pfiffen,
wiederwünschte, – ich bekenne,
daß ich stolz bin, dich zu schauen.
Höher schlägt mir oft das Herze,
seh' ich dich auf schmalen Pfaden
deine Wucht in leichter Grazie
mit dem Flug der Vögel messen
und mit Triumphatorpose
hallend durch die Nächte tragen.

Sinnbild bist du mir und Gleichnis
Geistessiegs ob Stoffesträgheit!
Gleichnis bist du neuer Zeit mir,
die, jahrtausendalter Kräfte
Erbin, Sammlerin, sie spielend
zwingt und formt, beherrscht und leitet!

Andre Zeiten, andre Drachen,
andre Drachen, andre Märchen,
andre Märchen, andre Mütter,
andre Mütter, andre Jugend,
andre Jugend, andre Männer –:
Stark und stolz, gesund und fröhlich,
leichten, kampfgeübten Geistes,
Überwinder aller Schwerheit,
Sieger, Tänzer, Spötter, Götter!

Die Weide am Bache

Weißt du noch, Phanta,
wie wir jüngst
eine Nyade,
eine der tausend
Göttinnen der Nacht, 5
bei ihrem Abendwerk
belauschten?

Einer Weide
half sie, sorglich
wie eine Mutter, 10
ins Nachthemd,
das sie zuvor
aus den Nebel-Linnen des Bachs
kunstvoll gefertigt.
Ungeschickt 15
streckte der Baum die Arme aus,
hineinzukriechen
ins Schlafgewand.
Da warf es die Nymphe
lächelnd ihm über den Kopf, 20
zog es herab,
strich es ihm glatt an den Leib,
knöpfte an Hals und Händen
es ordentlich zu
und eilte weiter. 25

Die Weide aber,
in ihrem Nachtkleid,
sah ganz stolz
empor zu Luna.
Und Luna lächelte, 30
und der Bach murmelte,

und wir beide,
wir fanden wieder einmal
die Welt sehr lustig.

ABENDDÄMMERUNG

Eine runzelige Alte,
schleicht die Abenddämmerung,
gebückten Ganges
durchs Gefild
und sammelt und sammelt
das letzte Licht
in ihre Schürze.

Vom Wiesenrain,
von den Hüttendächern,
von den Stämmen des Walds,
nimmt sie es fort.
Und dann
humpelt sie mühsam
den Berg hinauf
und sammelt und sammelt
die letzte Sonne
in ihre Schürze.

Droben umschlingt ihr
mit Halsen und Küssen
ihr Töchterchen Nacht
den Nacken
und greift begierig
ins ängstlich verschlossene
Schurztuch.

Als es sein Händchen
wieder herauszieht,
ist es schneeweiß,

als wär' es mit Mehl
rings überpudert.

Und die Kleine,   30
längst gewitzt,
tupft mit dem
niedlichen Zeigefinger
den ganzen Himmel voll
und jauchzt laut auf   35
in kindlicher Freude.
Ganz unten aber
macht sie einen großen,
runden Tupfen –
das ist der Mond.   40

Mütterchen Dämmerung
sieht ihr mit mildem
Lächeln zu.
Und dann geht es
langsam   45
zu Bette.

AUGUSTNACHT

Stille, herrliche Sommernacht!
Silberfischlein springen lustig
in dem himmlischen Meer.
Hochauf schnellen
die zierlichen Leibchen sich,   5
blitzschnell
wieder verschwindend.
Hinter grauen Wolkenklippen
gleißt es verdächtig.
Da kauert arglistig   10
der Mann im Mond –

und fischt.
Verstohlene, seidene
Angelschnüre
wirft er hinab
in die arglose Flut.
Ach! und nun
zappelt auch schon
ein armer Weißling
am Haken
und fliegt
im weiten Bogen
hinauf zu den grauen,
häßlichen Klippen...
Mir ist,
ich höre ein leises,
behäbiges Lachen.

MÄDCHENTRÄNEN

Die schönen, blauen Augen des Himmels
hängen voll trüber Nebelschleier,
und unter verstohlenen Schluchzern
strömen graue Güsse zur Erde nieder.
Auf traurigen Häuptern tragen die Bäume
das schwere Tränenweh, die Bäche
hetzen verstört sich talwärts, mürrisch
vermummt sich der Berg in weißer Wolle.

Und das alles?
Weil mit allzuglühender Lippe
der liebesrasende, ungestüme Sonnengott
des Morgenhimmels reine, kühle Mädchenunschuld
bestürmt und die tief errötende Geliebte
mit allzuversengenden Küssen
in ihrer jungfraustillen Seele

fassungslos aufgewühlt.
Wie ein Krampf packte die Leidenschaft
den überwältigten Herzensfrieden...
Und all die verwirrten Gefühle
lösten und schütteten sich aus 20
in einem großen Weinen.

Mählich verebben die Seufzer.
Versöhnlicher, weicher wird das Herz.
Und schon sehe ich wieder ein halbes Lächeln,
ein warmes Winken 25
undämmbar aufdrängender Liebe
in den schönen, blauen Augen.

LANDREGEN

Auf der Erde
steht eine hohe, gewaltige,
tausendsaitige Regenharfe.
Und Phanta
greift mit beiden 5
Händen hinein
und singt dazu –:
monoton,
wie ein Indianerweib,
immer dasselbe. 10
Die Lider werden mir
schwer und schwerer.
Nach langem Halbschlaf
erwach' ich wieder, –
reibe verstört mir 15
die trägen Augen –:
Auf der Erde
steht eine hohe, gewaltige,
tausendsaitige Regenharfe.

DER BELEIDIGTE PAN

Auf der Höhlung
eines erstorbenen Kraters
blies heute Pan,
wie Schusterjungen
5 auf Schlüsseln pfeifen.
Er pfiff »die Welt« aus,
dies sonderbare,
zweideutige Stück
eines Anonymus,
10 das Tag für Tag
uns vorgespielt wird
und niemals endet.
Oh pfeife doch minder,
teuerer Waldgott!
15 Halt' Einkehr, Pan!
Wer hieß dich denn
unter Menschen gehen?...

MONDAUFGANG

In den Wipfeln des Walds,
die starr und schwarz
in den fahlen Dämmerhimmel
gespenstern,
5 hängt eine große
glänzende Seifenblase.

Langsam löst sie sich
aus dem Geäst
und schwebt hinauf
10 in den Äther.

Unten im Dickicht
liegt Pan,
im Munde
ein langes Schilfrohr,
dran noch der Schaum   15
des nahen Teiches
verkrustet schillert.

Blasen blies er,
der heitere Gott:
Die meisten aber   20
platzten ihm tückisch.
Nur eine
hielt sich tapfer
und flog hinaus
aus den Kronen.   25

Da treibt sie schimmernd,
vom Winde getragen,
über die Lande.
Immer höher steigt
die zerbrechliche Kugel.   30

Pan aber blickt
mit klopfendem Herzen –
verhaltenen Atems –
ihr nach.

MONDBILDER

I.

Der Mond steht da
wie ein alter van Dyck:
Ein rundes, gutmütiges
Holländergesicht

mit einer mächtigen,
mühlsteinartigen,
crêmefarbenen
Halskrause.
Ich möcht ihn
wohl kaufen,
den alten van Dyck!
Aber ich fürchte,
er ist im Privatbesitz
des Herrn Zebaoth.
Ich müßte den Ablaß
wieder in Schwang bringen!
Vielleicht ließ' er ihn
dafür mir ab...
Hm.
Hm.

II.

Eine goldene Sichel
in bräunlichen Garben,
liegt der Mond
im bronzenen Gewölk.
Mag da weit
die Schnitterin sein?
Ich meine,
die Schwaden bewegen sich –
oh, ich errate alles!
Ins Ährenversteck
zog wohl ein Gott
die emsige Göttermaid, –
irgend ein himmlischer
Schwerenöter der Liebe,
Jupiter-Don Juan
oder Wodan-Faust...

In frohem Schreck
ließ sie die Sichel fallen...
Oh, ihr königlich freien,
heiter genießenden,
seligen Götter!

III.

Groß über schweigenden
Wäldern und Wassern
lastet der Vollmond,
eine Ägis,
mit düsterem Goldschein
alles in reglosen Bann
verstrickend.
Die Winde
halten den Atem.
Die Wälder ducken sich
scheu in sich selbst hinein.
Das Auge des Sees
wird stier und glasig –:
Als ob eine Ahnung
die Erde durchfröre,
daß dieser Gorgoschild
einst ihren Leib
zertrümmern werde...
Als ob eines Schreies
sie schwanger läge,
eines Schreies voll Grausen,
voll Todesentsetzen...
Ἔσσεται ἦμαρ!

IV.

Durch Abendwolken fliegt ein Bumerang,
ein goldgelbes Bumerang.
Und ich denke mir: Heda!
Den hat ein Australneger-Engel
aus den seligen Jagdgründen
dorthin geschleudert –
vielleicht aus Versehen!?
Der arme Nigger!
Am Ende verwehrt ihm ein Cherub,
über den himmlischen Zaun zu klettern,
damit seine Waffe
er wieder hole...
Oh, lieber Cherub,
ich bitte für den Nigger!
Bedenke:
Es ist solch ein schönes,
wertvolles,
goldgelbes Bumerang!

ERSTER SCHNEE

Die in Wolkenkuckucksheim
zerreißen ihre Manuskripte,
und in unzähligen,
weißen Schnitzelchen
flattert und fliegt es mir
um die Schläfen.
Die Unzufriednen!
Nie noch blieben
der Lieder sie froh,
die im Lenz
ihnen knospeten,
nie noch

der dithyrambischen Chöre,
die durch glühende Julinächte
von ihren Munden 15
wie Donner brachen.
Immer wieder
zerstören gleichmütig sie,
was sie gedichtet:
Und in unzähligen, 20
weißen Stückchen
flattert es
aus dem grauen Papierkorb,
den sie schelmisch
zur Erde kehren. 25

Große, redliche Geister!
Ich, der Erde armer Poet,
versteh' euch.
Wenn wir uns selbst
genügen wollen, 30
ehrlich Schaffende wir,
müssen wir
unsren Gedanken wieder
all die bunten Hüllen ausziehn.
Ach! allein 35
in der Maske des Worts
wird unser Tiefstes
dem Nächsten sichtbar!

Ihr Stolzen verschmäht es,
den Wortewerken, 40
die ihr erschuft,
Dauer zu leihen,
und ihr könnt es –
denn ihr seid Götter!
Keiner von euch 45
will Trost, will Erlösung,

weiß von dem Wahnsinn
Glückes und Leides:
In euch selbst
seid ihr euch ewig genug!

Aber wir Menschen,
wir Selig-Unseligen,
tief in gemeinsame Lose
Verstrickten,
müssen einander
die Herzen erschließen,
müssen einander
fragen, belehren,
trösten, befreien,
stärken, erheitern,
und zu all Dem
raten und planen,
formen und bauen,
rastlos, mühvoll,
an dem Menschheitstempel
»Kultur.«

Ich stehe stumm
in den wirbelnden Flocken
und denke mit Schwermut
meines Stückwerks.
Doch streue ich selbst
nichts in den lustigen Tanz.
Meine Werke, ihr Götter,
stürben wie roter Schnee,
wollt' ich sie opfern!
Ich schrieb mit Herzblut...
Homo sum.

Talfahrt

Die du im ersten
jungfräulichen Schnee
dort am fallenden Hang
ahnungsvoll schläfst,
talbrünstige Lawine!
Wach auf!
Und trage mich,
wildestes Roß,
wieder hinab
in der Menschen Gefilde!

Die zierliche Flocke
bewegt sich... wächst...
und stürmt immer toller
von Fels zu Fels...
Ich springe ihr nach
und fasse beherzt
in ihr weißes,
wehendes Mähnenhaar,
indessen Phanta
den Renner lenkt,
wie auf rollender Kugel
die Göttin des Glücks,
hochaufgerichtet
und furchtlos.

Wir sind am Ziel.
Vom Laufe ruht
im Bach des Tals
das Rößlein aus.
Ich flieg' auf weichen
Wiesenplan,
und lächelnd

hilft mir Phanta auf.
Und dann – zerbricht sie
ihren Stab.

Epilog

Am Schreibtisch finde ich mich wieder,
als wie aus krausem Traum erwacht...:
Vor mir ein Buch seltsamer Lieder,
und um mich stille Mondesnacht.
Ich schaue auf den kleinen Ort,
aus dem mein Geist im Zorn geflohn: –
Nachtwächter ruft sein Hirtenwort
zu greiser Turmuhr biedrem Ton...
Wie knochige Philisterglatzen
erglänzt des Pflasters holprig Beet...
Und auf den Giebeln weinen Katzen
um ein versagtes tête-à-tête.

Euch also, winklige Gemäuer,
durchschnarcht von edlen Atta Trolls,
bewarf ich einst mit wildem Feuer
aus den Vulkanen meines Grolls!
Ich sah in eurer Kleinlichkeit
die Welt, die in mir selbst ich trug:
Es war ein Stück Vergangenheit,
das ich in eurem Bild zerschlug.
Von oben hab' ich lachen lernen
auf euer enges Kreuz und Quer!
Wer Kurzweil trieb mit Sonn' und Sternen,
dem seid ihr kein Memento mehr!

In tiefentzückten Weihestunden
fernab dem Staub der breiten Spur,
hab' ich mich wieder heimgefunden
zum Mutterherzen der Natur!
In ihm ist alles groß und echt,
von gut und böse unentweiht:
Schönheit ist Kraft ihm, Kraft ihm Recht,
sein Pulsschlag ist die Ewigkeit.
Wen dieser Mutter Hände leiten
vom Heut' ins Ewige hinein,
der lernt den Schritt des Siegers schreiten,
und Mensch sein heißt ihm König sein!

Nachlese zu In Phantas Schloß

»Phanta« und sein Publikum

Frühling ist mein Erstgedicht,
sorglos Keimen, Sprießen!
Brüder, ihr versteht noch nicht,
Menschen zu genießen.

Trösterin
Phantasie,
zugleich mit der gnädigen Nacht
öffne du mir deine Tore
und lasse meine Seele,
ein weinendes Kind,
eintreten
in deinen goldenen Garten.

Nächtliche Feier

Die großen Geister aller Zeiten kommen zusammen,
der Menschheit Führer und Lenker,
sie reichen sich die Hand:
    die großen Gottesleugner,
    die Spötter und die Phantasten,
    die Dichter, die verhungert,
    die Künstler, die geschmäht;
und drunten in den Tälern,
da schläft der dumpfe Troß.
Wo aber ein Erlesener wacht oder schlummert,
dem ziehen sie vorbei, den suchen sie in
seiner Hütte oder Palast und bringen ihm ihre
Grüße – die Größten aller Zeit.

KOSMOGONIE

Wie ward die Welt? Vermöchte je ein Hirn
es auszusprechen, nähm' ich's ihm voraus
im schrankenlosen Flug des Dichtergeists.
Allein umsonst! Der Augenblick, da sich
der Geist erkennen würde, wär' sein Tod: 5
Der Wahnsinn krallte ihm die Gurgel zu.
Der Mensch ist eine Sphinx, sich selbst ein Rätsel:
Er löst sich selbst: und stürzt hinab ins Nichts.

KOSMOGONIE
(MONDLOSE STERNENNACHT)

Ihr ratet nicht, wie die Welt geworden.
Ist's einer Gottheit Blut,
verspritzt?
Sind's hunderttausend Menschenaugen,
gespiegelt,   5
oder ein dunkler Teppich, drauf
irgendeine fleißige Göttin mit
Kreuzstichen in gelber und roter
Seide gestickt hat.
Oder Perlen – tagüber in Wolkenmuscheln gebettet...   10
Oder die von der Menschheit glühenden Gedankenpfeilen
durchlöcherten Kerkerwände menschlichen Erkennens?

Mondlose Nacht um mich. Aus tausend Augen
betrachtet blinzelnd mich die Ewigkeit,
ironisch zwinkernd, gleich als wollte sie   15
mir spöttisch sagen: »Mich errätst du nicht!«
Nun denn! So will ich mehr als dich erraten:
– Du bist ein Weib, und Weiber rät man leicht,
durchdrang man erst den Nimbus, der sie hüllt.
Wie aber könnt' ich dies bei dir – du [*bricht ab*]   20

Heimatlos?

Die Nacht ist gar so still. Ich fürchte mich.
Ein Grauen packt mich. Meter tief
die Lande rings, da Menschen wohnen. Niemand,
der meine Stimme hört, und nirgend Laut
5 noch Licht für meine aufgeregten Sinne
zu greifen. Nichts um mich, als was aus Dunst
und Glanz mir eigne Phantasie im Reich
urewiger Firnen aus dem Nichts gezaubert.
Nicht einmal das mehr! Fortgeweht
10 der Nebel Faltenwurf; erloschen, stumm
das Firmament. Ein schwarzes Meer des Nichts
umlastend mich, erstickend, lähmend, tötend.
Und all mein Menschliches wird klein und greift
in einem Schrei, als wie mit tausend Armen,
15 rings in die Finsternis hinaus, als müßt' es
sie würgen und aus ihrem Krallengriff
die Sonnen reißen, sein phantastisch Heim
zurückerobern und mit ihm die Heimat –
die einzige, die mir auf weitem Ball.

20 Und »Heimat!« bricht von meinem Mund und »Heimat!«
versinkt's ersterbend in die Nacht umher.
Wo ist mir Heimat! Wenn nicht auf der Scholle,
die sich mein Geist gebiert. Wo ist mir Heimat!
Wenn nicht im Himmel, wo, an Jovis Knie
25 gelehnt, mein Haupt von ew'gen Weisen träumt.
Die Flügel meiner Sohlen haften fest,
und niemand bindet mir die Riemen los,
daß rastend ich den eignen Herd mir baute.
Wer sollt' es auch! Und nähm' er nicht vielleicht
30 mit meiner Unrast mir mein drängend Feuer,
den Himmels-Hang, die Lust nach Fern' und Höhe?

Und doch! Von Erde bin ich und nach Erde späh' ich,
von Menschen bin ich und nach Menschen dürst' ich.
Die Nacht ist gar so still. Ich fürchte mich.
Verlassen bin ich, – ich verließ mich selbst...
Und »Heimat!« bricht von meinen Lippen, »Heimat!«
versinkt's ersterbend in die Nacht umher.
Doch horch! Mir ist, als kommt der Schall zurück
und noch ein andrer Hall mit ihm, als sei
die Wand geborsten, die zurück ihn warf...?
Sie ist's! Die Düsternis zerreißt. Der Mond!
Durch dunkle Wolkenbrandung schießt er hin,
ein pfeilgeschwindes Schiff mit goldnem Bug.
Wie eine Königsjacht so siegesstolz
durchschneidet er der Lüfte schwarze See,
und eifrig wirft von seinen Borden rings
die Mannschaft Senkblei in die stummen Tiefen.
An ungezählten Silberfäden fällt
es nieder auf Gebirg und Tal und Ebne.
Geblendet steh' ich. Aber schnell gewöhnt,
erkennt mein Auge zwischen all dem Silber
vereinzelt Gold. Und unbewußt verfolgt es
der goldnen Schnüre eine nach dem Tal.

Doch träum' ich? Deutlich liegt ein Haus vor mir.
Und durch ein Fenster hängt der Strahl hinein,
bis still auf einem Menschenhaupt er ruht.
O teures Freundeshaupt! Geliebtes Herz!
Den Atem halt' ich an. Spricht der Schlafende?
Er flüstert meinen Namen... »Jugendfreund!
Du denkst an mich?« Ich beug' mich über ihn,
da schnellt die goldne Schnur empor. Ich stehe
auf steilem Grat und – leere Luft um mich.

Und andern Fäden folgt mein Auge. Alle
geleiten mich zu schlummernden Gestalten,
und jede flüstert liebreich meinen Namen.

Vor Mädchen, Frauen und Matronen tret' ich,
vor Kinder, Jünglinge, vor Männer, Greise,
und alle flüstern liebreich meinen Namen.
— — — — — — — — — — — — — — — —

Das Fahrzeug »Luna« schwindet fern und ferner.
Man zog wohl längst die Fäden schon an Bord.
Ich aber geh' in Phantas Schloß zur Ruhe,
und als sie mir zum Schlaf die Stirne küßt
und frägt: Nun, weißt du jetzt, wo deine Heimat?
Da sag' ich leis: »Vorerst bei dir allewig.«
Und dann? Und dann: »Im Herzen meiner Freunde.«

AUF GRAUEM Felsblock sitz' ich schwermutstumm
und laß die Füße in den Abgrund hängen.
Durch enge Adern stockt das schwere Blut,
so daß mir war, als wollte mich die Tiefe
im Wirbelsturm in ihren Trichter schlürfen.
Beklommen irrt mein Auge durch den Raum
und bleibt an einer fernen Wolke haften,
die immer ferner, immer ferner zieht,
bis sie zuletzt, am Horizont zerrinnend,
als ob ein unsichtbarer Kamm sie strähle,
ihr Regenhaar zur Erde fallen läßt.
Oh Wolke – heut' ein Gleichnis meines Geistes,
der müden Flugs dahin am Himmel streift,
um endlich seine Sehnsucht auszuweinen,
sein banges Leid, das Tal und Dunkel sucht!
Laß mich die Stirn auf deine Kälte legen,
einsamer Fels!
Mein geistig Auge bohrt sich in dich ein.
Du sprichst zu mir. Ich schaue eine Grotte,
auf deren Grund ein regungsloser Teich.
Mich selber seh an seiner Flut ich liegen,
und meine Lippe lockt mit leisen Liedern.

Da zittert rings in ahnungsvolle Kreise
der Spiegel auseinander – lautlos hebt
sich eine scheu geschloßne Muschel aus 25
den Wassern – und ein feines Klingen weht
aus ihrem Innern und erfüllt die Höhle
wie mit bedrückend weichem Duft.
Und lauter flieht aus meiner Seelenharfe
der Lieder Wohlklang, fließt hinüber 30
in jene Harmonien, als küßten sich
in süßem Wohllaut aufgelöste Seelen.

Sie öffnet sich, wie sich ein Mädchenmund
halb unbewußt zu fremdem Lächeln öffnet,
so zag und langsam. Silberne Gewebe 35
erschimmern hell und tauchen über Bord.
Ein weißer Arm ergreift das Muscheldach
und biegt's empor wie einen Baldachin.
Dann wieder rundet der gereckte sich
und legt sich unter ein gelocktes Haupt, 40
daraus ein traurig träumend Augenpaar
den Klängen nachhängt, die wie tiefes Klagen
aus wunder, abgrunddunkler Seele ziehn.
Der Schwermut Weise weint von diesen Lippen.
In Sängen, wie sie schlichtes Volk erfand, 45
von Lieb und Treu, Entsagen und Verlieren,
von seltner Lust und ewig treuer Qual –

Uralte Melodien, darein der Mensch
die Tragik seines Erdenwallens schloß.
Ich strecke flehend fast die Hände aus –: 50
Oh könnt ich dich zu meinen Höhen tragen,
du Weib, das Chaos noch in seinem Herzen,
noch ungehobne Horte in sich trägt,
aus dessen Nacht ich Sonnen rufen wollte
und dessen Winter ich zu neuen Lenzen 55
zu treiben mich getraute!

Herrlich Weib,
Ich ring' um dich mit meiner großen Sehnsucht,
mit meiner Flammenliebe saug' ich auf
den See der Trauer, drauf du freudlos treibst.
Mit meinen Schöpferarmen faß ich dich
und flüchte dich nach seliger Gefilde,
nach meiner Inseln stillem, großem Glück.

Oh komm!
 Ich bin emporgesprungen. Achtlos,
als müßten mich die Wasser tragen, tret' ich
auf ihren Rücken – plätschernd zuckt die Flut.
Ein Schauder läuft den ganzen See hindurch,
und lautlos sinkt hinunter in sein Grab
der stummen Fläche trauriges Geheimnis.
Ihm nach! Nur ein Gedanke bannt das Hirn:
»Ihm nach!« Mit jedem Schritt umsteigt es mich,
schon kosen mir die Wellen um die Brust,
wollüstig-grausam kost ich den Moment,
bevor das Naß den Odem mir erstickt.
Ein Schritt noch – und
 Oh Leben!
Ein Adler rauscht mit breitem Schwingenschlage
zu Häupten mir. Vom kalten Stein erhebe
den wirren Kopf ich. Hastig aber schließt
das Aug' sich wieder: denn mein Körper hängt
vom Rand halb abgeglitten ob dem Abgrund.
Vorsichtig zieh ich mich hinauf.
(Tiefatmend zog die dünne Luft ich ein.
In klarer Bläue wölbte sich der Äther.
Und meine kranke Seele trank Genesung
sich aus den Brüsten der Unendlichkeit.)

Mir aber löst sich aus bewegter Brust
der Sang vom Königskind, das ich im Traum
geschaut und nicht erreicht –

sie blickt mich lauschend an, wie Feuer huscht
es über ihrer Blicke starren Glanz. 90
Ergriffen beugt sie sich nach vorn und lauscht
und lauscht...

IN ADLERS KRALLEN

In Adlers Krallen über die Klüfte hin!
Vertrauend ganz der [aarartigen?] Räuberkraft.
So lieb' ich's: Mir von Aargedanken
rauben und tragen lassen die Seele.

Die Sonnen-Ägis schreckt wohl oft zurück 5
den kühnen Flieger, daß ihm die Last entglitt
und auf das Herz, das preisgegebne,
lauerte grinsender Tod in den Tiefen.

Doch ob's auch wund am Felsengezack sich riß,
der treue Stößer schoß ihm ins Dunkel nach 10
und trug es immer wieder aufwärts.

UNNÜTZ der Mann,
der nicht gräbt und wühlt,
aus dem Bergwerk der Brust
das schimmernde Gold
zu lebendigem Segen zu wecken. 5
Der es nicht
mit Königsgeberde
rings in die
staunende Menge streut.
Auf, mein Wille! 10
Den Meißel treibe
tief in meiner Gedanken
geizende Spröde!

Ob auch in heiße
Herzblutquellen
dein Stahl sich bohrt,
blutüberströmt
hebe das Erz heraus.
So will ich den Mann.
So will ich mich! –:
Ungeduldig in seiner Fülle,
ehrgeiz-gefiedert,
eine springende Frucht,
eine Wolke voll Blitzen,
brünstig nach den dunklen Tannen im Tal.

Theomachie

Schon mancher Stein hat mir geredet,
wenn ich mit Phantas Zauberstab ihn schlug,
und Seelen, die Äonen stumm verträumt,
erschlossen sich mir in geweihter Stunde.

So dazuliegen, wenn sich eng und enger
des Luftgewebes Maschen ziehn, vom Dunkel
gesättigt, und aus schwimmenden Konturen
ein zweites Sein dem Aug' entgegengeistert.

Memento vivere
(εἰς ἑαυτόν)

Lieg nicht so lang auf dem Rücken,
fauler Gesell!
Trüb ist dein Aug'
wie das Auge des Tals,
drüber die Regenspinne
schaukelnde Netze wob.
Träge qualmt
dein Gedanken-Schacht,

kein Vulkan!
ein ärmlicher Schornstein nur.

Funken wolltest du regnen,
Geist, großer Versprecher,
und du, mein Herz,
wolltest sie malen
blut-feuerrot,
daß sie, ein köstlich Spiel,
über den Landen ständen,
Augenfreude
nächtlichen Wandrern
und ein Entsetzen
allem Stroh
in Scheunen und Hirnen.

Und nun schläfst du,
verschläfst dein Leben!
Memento vivere!

Mögen andre
ihr Sein vergähnen,
du, der du auf einen Tag
Phantas strahlende Sonnenrosse
über die Himmel zügeln darfst,
lieber ein Phaeton sei!
denn ein schläfriger Lenker,
der dem herrlichen Wagen
unfreiwillige Rast befiehlt.

Dunkle Gefilde
harren dein,
tausend Augen
harren wie Spiegel,
daß deiner Seele
sonnige Geisterwelt
ihnen als (reifes) Bild sich
entgegenwölbe.

Nachlese zu *In Phantas Schloß*

Und du säumst
und du schläfst!

45 Auf! Entlade dich wieder,
schlummernde Wolke,
und mit feurigen Zungen predige
in den Schlaf der Erde hinab
deinen gewaltigen Weckruf:
50 Memento vivere!

UND DANN um Mitternacht!
Da brach aus dem Bergwald
Farusch, der Windfaun,
der wie ein Schusterknabe
5 nachts durch die Lande pfeift,
hinab in die Ebne,
und lüstern
zog er die sittigen
Schleier und Hüllen
10 von den frierenden Leibern
der Felsen, der Bäume.
Auch der Weide
am Bache stahl er
ihr seiden Gewand:
15 Und nun stand sie
mit flehenden Armen
gespenstisch ins Dunkel
hinauswinkend,
vom diebischen Windfaun
20 grausam verspottet
ob ihrer Nacktheit.
Die Arme!...
Weißt du noch, Phanta?

Nachlese zu *In Phantas Schloß*

AM STILLEN Waldteich
ruht Pan
und stimmt die Unken
nach seiner Flöte.
Die Nichtsänger
planen inzwischen
in der Mitte des Sees
eine große Überraschung.
Zum Grund hinab taucht
die ganze Gesellschaft.
Endlich
hört man sie wieder
nach oben pusten.
Das Wasser zittert,
und eine goldene Kugel
beträchtlichen Umfangs
hebt sich ein wenig
über die Flut.
Langsam tragen
mit arger Mühe
die unterseeischen Schwimmer
den Ball zum Ufer
bis vor die Füße
des flötenden Pans.
Verwundert endet
der Gott sein Spiel
und erhebt sich,
das Kleinod zu greifen.
Da streift sein Auge
zufällig den Himmel.
Zusammenzuckend
legt er den Finger
auf den Mund
und weist stumm
nach oben.

Und die Unken
brechen ab
und glotzen
starr
40 nach oben.
Totenstille.
. . . .

Die Schwimmer unten
harren vergeblich
auf Pans Beifall.
45 Betrübt
lassen zuletzt
die Last sie los
und tauchen empor.
Die Kugel sinkt
50 und mit ihr
verschwindet
ihr himmlisches Spiegelbild.
Da stehn sie nun,
die Anstifter
55 in ihren grünen Schwimmhosen,
und bitten um Auskunft –:
Und tausendstimmig wird ihnen Antwort.

GESTERN ABEND gab mir Phanta
eine kleine Teegesellschaft.
Ein charmantes Weibchen! Erstens
war der große Pan gebeten,
5 und er kam denn auch um sieben
pünktlich zu uns, in Begleitung
seiner treuen Landschildkröte,
welche ihm im alten Hellas
zum Geburtstag einst verehrt ward.

Fünf Minuten später kam die 10
Großmama des Teufels, eine
schmächtige Aristokratin,
kam das junge Ehpaar Adam,
Ahasver, der stets zu solchen
Tees als Plaudrer engagiert wird, 15
und der edle Blaustrumpf Lurley.

Satans Großmama Mephista
war mir überaus sympathisch,
und ich sprach mit ihr des breiten
über ihren lieben Enkel. 20
Und erfuhr dabei
das Letzte... (oder dergleichen) [*bricht ab*]

AN DEN AUGEN lasest du mir's ab,
daß ich, Phanta, schwer bekümmert bin,
und du ludest, wie um mich zu halten,
als Fürsprecher deiner großen Liebe
alle Götter gestern mir zu Gast. 5
Pan mit seiner treuen Landschildkröte
präsidierte schmuck dem krausen Volke,
das vom ganzen Ball du herbefahlest,
von den großen Orientalengöttern
bis hinab zum Feuerländer-Fetisch. 10
Ein Olymp war unser Gipfel, Phanta,
doch ein Karnevals-Olymp, kein echter.
Und ich ward – vielleicht zum ersten Male –
all des tauben Pompes herzlich müde.
Eigentlich, wenn ich's mit Ernst betrachte, 15
waren sie die Wirte, i c h der Gast nur.
Waren s i e nicht, als ich noch nicht lebte,
sind nicht s i e die längst Beglaubigten,
während ich bei ihnen Flitter borge,

während ich, ein Marionettenkünstler,
diesen bald, bald jenen tanzen lasse?
Satt bin ich der Marionetten, Liebste.
Helios selber und Apoll, die hehren,
all die heitren Hellas-Übermenschen.
– Oh wie lieb' ich ihre stolze Schönheit –
schauen fragend oft und spöttisch lächelnd
mir in mein germanisch Aug' – die Griechen.
Gott ist tot. Die Götter kehren wieder,
aber wir sind nicht die alten mehr.
Sollen ewig wir nach rückwärts schauen?
Soll dein Schloß vorwiegend zum Asyl
obdachloser Götter degradiert sein,
oder baun wir eins in neuem Stile...
An den Augen lasest du mir ab,
daß ich mit mir unzufrieden bin.
Morgen, eh' des Abendfrostes Faust
rauh die Sonnen-Rose entblättert hat,
wirst du meinen Vorsatz wissen, Phanta.

STERNSCHNUPPENFALL

Sternschnuppenfall!
Himmlischen Karneval
feiert das All.

Geisterhaft, mir allein
sichtbar,
nur meinem Sinn,
zieht auf phantastischen
Wagen der Götter Schar
fröhlich dahin.
Durch die Gefilde
der Körperlosen

windet der Zug sich
von Haus zu Haus.
Aus zahllosen Fenstern
schüttet Konfetti 15
in weitem Flug sich,
schütten sich Rosen,
schütten sich Früchte
der Himmlischen aus.

Seht ihr sie nicht 20
fliegen und fallen
mit schießendem Licht,
ein funkelnder Trubel?
Doch freilich das Knallen,
das Lachen und Scherzen, 25
den schallenden Jubel
der göttlichen Herzen
höret ihr nicht.

Allen voran
ein Zug von Heiligen, 30
einst Flagellanten,
nun als Bacchanten
verkleidet, mit eiligen
Schritten dazwischen
Meduse, 35
als Aphrodite
maskiert.
Dahinter mit Würde
Gott Mammon
im Kleid der 40
dramatischen Muse.
Hinter diesen
Zwerge als Riesen
aufgedonnert [*bricht ab*]

Nachlese zu *In Phantas Schloß*

JOHANNISFEUER

Auf tausend Gipfeln flammen Feuer auf,
als spräche diese Nacht der Berge Schar
die rote Garbensprache der Vulkane.
Die Älpler feiern wohl das Sonnwendfest.
Wie wär' es, Phanta, feierten auch wir
ein Fest heut Nacht und sprängen Hand in Hand
helljauchzend durch den Brand getürmter Scheiter?
Du wirfst gewährend mir den Goldstab zu.
Wohlan!
      Aus Höhn und Tiefen Geisterhände
herab, herauf, geschäftig bringt das Holz
und schichtet es, und legt ihm Lohe ein,
und facht sie an, daß sie mit Purpursträhnen
der Wolken scheue Jagd noch schneller peitsche!
. . . .
Dank, Phanta, Dank! Du liehst mir Zauberkraft.
Ich rief, und schau! die Dunkel öffnen sich.
Ein schemenhaftes Volk ist rings erwacht,
Giganten, Gnomen, Elben, Feen und Hexen...
und jeder schleppt sein Scheit herbei.
                              Titan!
Laß sehn! wo stahlst du diesen Eichenklotz?
»Dort unten, Herr, im Tal! Sie opferten
auf ihm so manchen, der mit uns verwandt,
die Zwerggeschlechter! War's nicht unser Ahn,
der ihrem Herd den Funken gab? und kam
von unsrer Kraft nicht jede große Gabe
den Nebelsöhnen?... Dies hier ist ihr Dank,
mit unserm Blut dem Opferblock vererbt!«
Und ihr, spottäugige Gnomen, sagt: woher?
Gar feine Bohlen schichtet ihr mit Kunst.

»Wir sind von weit und nah! Von Menschenstirnen
ist all das Bretterzeug entwendet.«
                        Wahrlich
ein mühsam Werk!
              »Oh, schätz' uns nicht zu hoch:
Du glaubst nicht, Herr, wie reich der Vorrat ist.«
Vor meinen Augen steigt der Stoß.
                   Du, Kind,
das dort am Boden kniend, scheu ein Bündel
ins Scheiter-Fachwerk schiebt, du zarte Fee,
wie nennst du dich und was ist deine Gabe?
Du schweigst. Du wendest dich. Du fliehst. Und ach!
Nun kenn' ich dich! Du bist ein Engel wohl,
der Märchen mir in meine Wiege sang,
und was du hier verborgen, ist das Buch,
darein mein Kindergriffel Paradiese
gezeichnet und mit ungelenken Runen
der Knabenlieder wirren Text geritzt.
Du tatest recht. Nur Toren wähnen, daß
sich dürres Laub durch Tränen neu belebe.
Willkommen Hexe, dort auf schnellem Stiel!
Du machst mich lachen. Lachen macht gesund.
Was greifen deine Finger in die Leere?
Man meint, du zögst an unsichtbarer Schnur
papierner Drachen einen durch die Luft.
»Du rätst es halb! Vom fernen Horizont
hab' ich die schwarze Wolke hergeholt,
damit ihr Blitz den Stoß entzünde.«
                        Phanta!
Wo bist du? Liebchen komm! die Fackel fiel:
die Lohe schlägt. Nun auf, zu Tanz und Lust!...
Vertrau ich dir?
           »Du traust mir nie genug!«
Wohlan denn!... Schau auf rotem Rauch und Dunst
im Riesenriß die Schatten unsres Leibs!...

65 Hinüber, herüber, in jauchzender Hast,
    glutenumworben, doch nimmer erfaßt!
       Wir spotten zusammen
       der heißen Gefahr,
       in spielenden Flammen
70   ein lachendes Paar.

    Hinüber, herüber, in fröhlichem Trutz,
    in mitternachtfeuchter Gewandungen Schutz!
       Es bauscht sich der Mantel
       im wehenden Bronst:
75   Die Flammen-Tarantel
       zersticht ihn umsonst.

    Hinüber, herüber, in jauchzender Hast!
    Es qualmt und verascht der zerstürzende Prast.
       Befreit ward die Seele
80   nach uraltem Brauch
       von Schlacken und Fehle
       im heiligen Hauch.

    Die Glut verlischt. Ein zuckender Leichnam, quillt
    des Rauches weiße Schwere um den Rest
85 und lockt im todesschwarzen Meer der Nacht
    längst lauernde gefräßige Nebelhaie.
    Mit feiger Gier umschwimmen sie die Beute. ...

    Mir aber rührt die Augen Phantas Hand,
    und still versinkt die ganze Welt um mich.

Der Hexenkessel

Auch eine Hexe kann Phanta sein,
das sah ich gestern.
Würdig reihte[?] sich Phanta ein
dem Kreis der Besenstiel-Schwestern.
Wie sie mir gestern las den Text,
das tolle Weib,
so hat noch niemand mich behext
seit Mutterleib.

Nahe war ich, zu erkranken,
Phantas Schloß geriet ins Wanken.

Meine grämlichen Gedanken
saßen da in Zipfelmützen,
Filzpantoffeln, Schlaftalaren,
seufzten sehnsuchtvolle Wörtchen
nach dem guten, kleinen Örtchen,
dem sie kaum entronnen waren.

Doch mich schüttelte das Grauen
über dieses Schlaf-Gebaren.
»Phanta, Perle aller Frauen!«
rief ich, »Hilf mir mich bewahren!«

Rette mich!
Kette mich
mit neuen Gaben
an diesen Platz.
Langeweile, Schatz,
will ich nicht haben.
Im Reich der Zwerge
ein ehrsamer Mann,
den alle loben –
oder hier oben
einer, der Berge
versetzen kann.

Entweder – oder!
Gib mir Licht!
In Schutt und Moder
halben Strebens
begrabe ich nicht
das Pfand meines Lebens.

Phanta, rette mich!
Bette mich weich
auf Sammet und Seide
oder ich meide
dein Reich
und – scheide.

Da lächelte die Vielholde,
wie sie nur lächeln kann,
und rührte leis mich an
mit ihrem Stab von Golde.

Da war ich ganz verwandelt,
wieder ganz in ihrem Bann,
ein arg verliebter Mann,
kaum wissend, wie er handelt.

Und als ich sie anstaunte,
da lachte sie noch mehr
und zog mit ihrem Speer
Kreise und zog und rannte.

Alsbald sank ein zum Becken,
zum Kessel der Fels umher,
darum sah ich ein Meer
von Flammen gierig lecken.

Doch eh ich noch den Zweck bedacht,
schossen aus dem Schoß der Nacht
drei greuliche Vampire –
und, hockend auf des Kessels Rund,

spien aus vollgesognem Schlund
in den zischenden Felsengrund
ihr Blut die Höllentiere.

Es schwoll der heiße Adersaft
hochauf im Becken, schwoll und sott.
Der Blutdampf nahm mir letzte Kraft
und gab mich machtlos grausem Spott.

Und plötzlich erklang
Phantas Stimm'
wie ein Zaubergesang,
dem ich, umstrickt, erlag –:
Den trägen Tropf,
deinen Kopf nimm
selber beim Schopf,
und wirf ohne Zag
ihn hinein
in die brauende Flut.
Von drei'n
Sterblichen
ist es das Blut.
In ihm bade,
dem meinen Boten
allein erwerblichen,
dein müdes Hirn.
Und fügt es sich wieder
auf deine Glieder,
dann ist dir die Gnade
auf kurzes gegeben,
das Weltbild der drei
geopferten Toten
hinter der einen Stirn
dreifach getrennt
in dir zu tragen,

jeden Moment
dreifach zu leben,
was es auch sei:
wie aus drei Köpfen zugleich
die Welt zu betrachten.
Mußt's nur wagen,
den Schmerz nicht achten.
Der Lohn ist reich.

Ich fühlt', ich war beschworen.
Wie einen Henkelkrug
nahm ich mich bei den Ohren
und warf in schönem Flug
den Schädel in das Becken.
Rotgrüßend sprang die Flut;
der Mond entfloh voll Schrecken,
doch Phanta sprach: 's ist gut.

MIT EINEM MAL, ich weiß nicht, wie's gekommen,
fand ich als jungen Wandersmann mich wieder.
Ein fernes Licht hatt' ich zum Ziel genommen
und stieg nach ihm den Felspfad hurtig nieder.
Mir war so eigen. Alles wie verschwommen.
Vorüber rauschte eines Aars Gefieder.
Das ist der Tod, so schrie's in mir, und lachend
rief ich zugleich: Du Sinnbild meines Mutes,
und rief's noch nicht, als ich gleichsam erwachend
hinwarf: Ein dummer Vogel! Und des Blutes
Kreiswelle trug, mir Leib und Seel' erschwachend,
die drei Gedanken durchs Gehirn. Nichts Gutes
bedeutet dieses Tier, oh Menschenleben,
was kann dir überhaupt denn Glück bedeuten,
du tief in Leid getauchtes!... Menschenstreben,
vernimmst du nicht der Zukunft Osterläuten?
O Daseinsglück!... Ob Adler Braten geben?

Wohl kaum, sonst würd ich gern das Vieh erbeuten.
Und weiter schritt ich. Jeder Schritt dem Grabe
mich nähernd, jeder Schritt dem Ruhm, der Liebe,
ein jeder Schritt ersehnter Magenlabe.
Ein Schloß am Wege – Diebe seid ihr, Diebe,
die frech ihr dort verpraßt die reiche Habe.
Den Armen stahlt ihr sie!... Die zarten Triebe
der Künste pflegt ihr, gütige Mäzene,
dem Leben gebt ihr Farb' und Pracht und Hoheit!...
Das Schloß versperrt mir nur den Weg. Die Lehne
des Bergs lag hinter mir. –: Der Großstadt Roheit
stinkt mir entgegen... Oh wie ich mich sehne,
du lichtdurchjauchzte Stadt, nach deiner Froheit.
Die Bürger könnten wohl Asphalt sich leisten.
Oh süßes Lieb! da steht dein Haus! Ich weiß es,
du bist mir treu geblieben!... Ach, die meisten,
was sag' ich: alle Weiber haben heißes,
sündhaftes Blut. Wo Tausende entgleisten,
da solltest Du? Sei stark, mein Herz! Verbeiß es!
Ob Kätchen noch so schöne Brühkartoffel...?
Ich klingelte im Hausflurlampenschimmer –:
Mein erstes Omen: schlürfende Pantoffel. –
Oh süßes Füßchen, ja so gingst du immer! –
Ihr Bruder öffnet wohl die Tür, der Stoffel. –
Ich küßte sie und trat mit ihr ins Zimmer.
Weil du nur wieder da bist! rief das Mädchen. –
Wie hab' ich lang den Klang entbehren müssen,
sie blieb mir treu! Nein, bestes Kätchen,
dein Willkomm klingt nicht echt, dein Küssen
tut so verbraucht. Schau, schau, dein Spinnerädchen
ist auch noch da.

Nachlese zu *In Phantas Schloß*

VENUS URANIA
[*1. Fassung*]

An die grauseidene Wolkenwand
hat eines göttlichen Nimrods Hand
den Bogen gelehnt. Über weitem Land
steht er geründet,
von leuchtender Farben Brand
köstlich entzündet.

Da frag' ich Phantas Güte,
ob nicht auch i c h einmal
heimlich die Waffe spannen dürfe,
daß sie in Fernen, daraus noch kein Strahl
je in ein irdisches Auge sprühte,
..... den Pfeil meines Geistes würfe.

Sie aber lächelt.
»Immer ins Ferne
schaust und träumst du, mein Lug-ins-All.
Nimmer ergreifst du die Welt im Kerne,
irrst du suchend von Ball zu Ball.
Flattre nicht, ein törichter Falter,
um die Flammenkelche der Sterne.
Lieber dem Zephir zu lauschen lerne,
der deiner Seele Äols-psalter
leise erregt zu süßem Hall.
Fühlst du nicht um deine Stirn
unerklärte Schauer wehen?
- - - - - - - - - - - - - - -
- - - - - - - - - - - - - -

Und schieße den Pfeil der Schönheit
der Menschheit tief ins Herz.

DER REGENBOGEN
[*Venus Urania. II. Fassung*]

An die grauseidene Wolkenwand
hat ein himmlischer Nimrod,
müde der Jagd,
den glänzenden Bogen gelehnt.
Köstlich schimmern die eingelegten
Perlmutter-Reihen der edlen Waffe,
weitgeründet,
über die staunenden Lande hin.
Sag' mir, Phanta,
wes ist der Bogen?
Ist er Dianas oder Apolls?

»Es ist der Bogen
Venus Uranias!
Ihr Knabe Eros
ist in die Einsamkeit
murrend geflohen,
da ihn die Menschen
im Wahnsinn einst
wie einen Teufel
ausräucherten.
Trauernd irrt seitdem
seine erhabene Mutter
unter den Göttern umher,
in der zarten Hand
den schweren Bogen,
den ihr zu spannen
unmöglich.

Oh fühlst du Götterkräfte,
so spanne du das Erz
und schieße den Pfeil der Schönheit
der Menschheit tief ins Herz!

Nachlese zu *In Phantas Schloß*

Daß zehrende Sehnsucht sie peinigt,
vom Alltag wegzutreten
und statt vor toten Götzen
im Tempel der Schönheit zu beten,
daß sie ein neuer Glaube
den Pfad der Größe lenkt,
ein Geschlecht von Sonnensöhnen,
das adelt, wenn es denkt...«

Ich recke mich auf,
ich fühle mich wachsen,
ich strecke den Arm
nach dem schimmernden Bogen –
aber in weichende Wolken
greift die unheilige Hand.
Der Bogen ist fort,
und aus weichenden Wolken
tönt ein strenges:
»Noch nicht!«

Wo ERD und Himmel
zusammenstoßen,
liegt langhin gestreckt
ein Riese.
Das massige Haupt
in die Rechte gestützt,
träumt er
der toten Sonne nach.

In schweren Gedanken
grübelt mein Blick hinüber
und tauft den Titanen
»Mensch«.
Und mein Geist
frägt uralte Fragen

vor dem gewaltigen Menschenhaupt: 15
Woher und wohin?
Sind Götter?
Ist Gott?

Da weht es wie Nebel
um seine Schläfen. 20
Ich schaue [*bricht ab*]

MONDAUFGANG

[1]

Aus schwarzen
zuckenden Armen
gieriger Äste
schwebst du sieghaft
ins blaue Geheimnis 5
harrender Himmel,
süße Selene.

Züchtige Schleier
fließen von dir
in weichem Wehen 10
über die schlafenden
Matten der Erde,
schmiegen sich innig
um träumender Berge
schweigsame Häupter; 15
über des Waldsees
lüsternen Spiegel
legt sich schamhaft
ihr schimmernder Flor.

Andacht, Frieden
atmet alles.
Ferne nur schreit
ein brunftender Hirsch
in die silberne Stille.
Die Welt schrickt auf
und lauscht...
Doch bald:
schläft sie wieder
in mildem Vergessen.

Tief in die Weiten
des Äthermeeres
lenkst du hinaus,
gleitest du hin,
liebreizende Göttin Selene.
Und ich hebe die Hände
zu deiner Anmut
und bitte dir ab
so manchen Spott. –
Ein Lichtanbeter,
ein selig Versunkener
vor dir,
der weißen Herrin der Nacht.

MONDAUFGANG

[II]

Ins fahle Dämmer
des Horizonts
grenzen sich
scharfe Kanten
ferner Gebirge.
Enger und enger

ziehn sich die Maschen
des Luftgewebes,
vom Dunkel gesättigt.
Aus schwimmenden Linien   10
geistert dem Auge
verwandeltes Dasein entgegen.
Die Schatten,
schwanger vom Kusse der Nacht,
gebären.   15

MONDAUFGANG

[III]

Wie wenn die Flut
des Meeres zurückkommt
und langsam draußen
vom dunklen Riffe
den weißen Punkt   5
der gestrandeten Jacht
ablöst,
so heben die Wellen,
die Wellen des Wolkenmeeres,
des Monds   10
vollbusiges Segel
vom breiten Gebänk
der Wälderklippen:
Und vor des Nachtwinds
kräftiger Frische   15
flieht es hinaus
auf die offene See.

DAS RABENSCHWARZE
Gezelt der Nacht,
aus dunklen Wolken
lose geknotet,
schlappt und schlottert
im Mitternachtsturm.
Nicht lange,
da reißt er es wild entzwei
und schleppt sausend
die flatternden Segel
über die Berge hin
und zaust sie am Fels
in tausend Fetzen.
(Übersät,
funkelt das Firmament
von den blitzenden Goldköpfen
zahlloser Nadeln,
die, beim nähtesprengenden Windstoß
aus den platzenden Linnen
herausgeschnellt,
nun fein säuberlich
in den Sammet
des himmlischen Kissens
wieder eingesteckt sind.)

LIEBESLIED AN PHANTA

Phanta, traute Weggenossin,
die du mich, den Menschen, freiest,
die du, Jovis schönste Sprossin,
mich zum Gast der Götter weihtest,
goldne Blitzes-Saiten reih' ich
auf die graue Wolkengambe,
deiner Lieb' und Schönheit weih' ich
eine trunkne Dithyrambe.

Dunkle Straßen trat ich träumend,
Schönheitsdurst im Jünglingsherzen,
rings den irren Pfad umsäumend,
flackten Glaubens-Weihrauchkerzen,
brannten frommer Ideale
märumrankte Wegaltäre –
Mondbewohner Teiche Schale
trank der Schwermut heiße Zähre.

Aber mocht' an all den Giften
mein Gemüt sich süß berauschen,
klomm ich doch zu höhren Triften,
kaltem Sturmwort scheu zu lauschen.
Und er wandte nicht vergebens
an das Kind sein rauhes Prahlen
von des wahren Erdenlebens
heißer Lust und wilden Qualen.

Nieder stieg zu Tal ich wieder,
sang Valet dem Märchenschimmer,
hing mein Ränzel um die Glieder
und verließ das Tal auf immer,
um in unbekannte Fernen
hoffnungsbang den Schritt zu tragen,
an unzähligen Zisternen
nach der Wahrheit Trank zu fragen.

Doch mir log der Bronnen Klarheit,
machte mir das Herz nicht heiter.
Wahrheit!? rief ich, was ist Wahrheit? –:
Ward getäuscht und irrte weiter,
bis den eigenen Schmerzgedanken
alles ward zu Schmerz und Leide
und Umdüstrung ihre Pranken
schlug in meine Eingeweide.

Damals war's, daß müd vom Streiten
ich erlag der Zweifel Meute.
Weibischen Empfindsamkeiten
leichte, preisgegebne Beute,
sang ich in versungnen Weisen
unfruchtbare Wehgefühle,
tappend in des Alltags Gleisen,
tief im Herdenvolk-Gewühle.

Und ein zweites »damals« tagte,
als ich dich zuerst erschaute,
Sehnsucht und Begeistrung jagte
wie ein Sturm durch meine Laute.
In dem Buch des Lebens las ich,
ein erkorner Eingeweihter,
nicht am Fuße nur mehr saß ich
der ersehnten Himmelsleiter.

Kosend strichst du mir die Stirne,
und mir ward so leicht und wonnig,
neues Sein in Herz und Hirne
stieg empor mir, morgensonnig.
So manchen Lebenstag schon säum' ich,
an dich, mein herrlich Lieb, geschmiegt,
und wunderbare Träume träum' ich,
wenn mir dein Arm im Nacken liegt.
So sah ich heut die Nacht durchschlagen
geschwinder Lohe breite Spur:
Es überstob auf goldnem Wagen
den Ball der Genius der Kultur.
Ein König, stolzen Angesichts,
durchmaß er seiner Völker Reich,
es fiel der Purpur seines Lichtes
auf mancher Denkerstirne Bleich.
In hoch erhobner Rechten schwang er
der Wahrheit weißen Fackelbrand,
und göttliche Gesänge sang er,

ein Seherfürst, von Land zu Land.
Da warf ich mich im Traum, Geliebte,
auf dein geflügelt Götterroß
und spornt' es, daß es Funken stiebte,
und wie ein Blitz die Nacht durchschoß, 80
bis daß es hart an der Quadrige
dampfend emporstieg und mein Schritt
hinübertrat [*bricht ab*]

Es LIEBEN die Götter
Rätsel zu sein.
Doch rat' ich sie alle.
Leichtes Spiel! –:
Der Gott vertreibt sich die Zeit, 5
aus dem Schaum des Meeres
Blasen zu blähen.
Die weiße Kugel,
die langsam dort
zum Äther emporschwebt, 10
hat ihn verraten.

Es lieben die Götter
Rätsel zu sein.
Der Frauen Geheimnis
ist auch das ihre. 15
Doch Frauen und Götter
pflegen am Ende
sich selbst zu verraten.

Sieh da!
Pan vertreibt sich die Zeit, 20
aus dem Schaum des Meeres
Blasen zu blähen.
Die weiße Kugel,
die langsam dort
zum Äther emporschwebt. 25

Die nächtliche Fahrt

Phanta und ich gehen durch eine Stadt.
Ca. 2 Uhr nachts. Ich sehe alles offen
vor mir, durch dicke Mauern sehe
ich wie durch Glas hinein, das
schlafende Leben von Tausenden liegt
offen vor mir.
Zuerst Staunen, Teilnahme –
vor einer Kammer, darin das grauenhafteste Elend,
kann ich nicht weiter. Ich sehe nur Elend rings
um mich. Ich glaube vergehen zu müssen, mein Blut
pocht rasend an den Schläfen.
Ich sinke vor Phanta nieder – oh einen Ausweg
zeige mir, hilf meiner verzweifelten Seele.
Die blickt mich lange schmerzlich an und geht.
Da bin ich gestorben in jener Nacht.
Oh Grausen, Abgrund und Entsetzen!
Wer einmal allzutief ins Aug dem Leben schaut,
dem wandelt sich die Harmonie der Sphäre
in einen einzigen Fluch und Schmerzensschrei,
vor dem, wenn ihn ein Gott im Himmel hörte,
schon lange dieser Gott geflohen wäre,
durch die Ewigkeit gehetzt, gepeitscht
von diesem Schrei.

Oh Nacht, wie bist du tief!
Wie schreckst du mich.
Und doch, und doch!
Schrecken im Herzen,
fliehe ich zitternd
durch deine Schatten.

Ich schlief.
Ins Wachen riß mich
ein wirrer Traum.
An meinem Lager
stand Phanta:
»Du schriest nach mir.
Dein Kopf ist heiß,
gib ihn den Winden der Nacht!
Komm!«
Da sprang ich auf
und folgte.

Oh Nacht, wie bist du tief.
Wie schreckst du mich.
Und doch, und doch!
Schrecken im Herzen,
fliehe ich zitternd
durch dein Reich.

DIE SONNE DER TOTEN

Mit Phantas schwarzen Rossen
fuhr ich vorige Nacht
durch aufkrachende Felsentore
in den Schoß der Erde
tief unter die Wurzeln
der Berge hinab,
bis in die Unterwelt,
in deren Mitte
der feuerflüssige Erdkern,
die Sonne der Toten,
weißglühend schwebt.

Nachlese zu *In Phantas Schloß*

DER FRIEDHOF

Nach dem Geisterfriedhof
der Menschheit
trieb's mich jüngst.
Da steht über jedem Grabe
5 das Denkmal,
das jeder sich selbst
im Leben gemeißelt.
Als Grabmonument
umschließt [es] seine Urne.
10 Da sah ich wilde
steinerne Fratzen
neben Puppen
in Puppenpalästen,
weiße Marmorschwerter
15 wie Schlangen und Blitze
gezückt und gewunden,
Marterwerkzeuge,
von der kleinsten Nadel
bis hinauf
20 zur eisernen Jungfrau,
alles in Stein.

TRAGIK ALLES SEINS

Wie lang, und dieser Ball erstarrt.
Das Drama ist zu Ende – –
– – – – – – – – – – – – – – – – –
– – – – – – – – – – – – – – – – –
Und wär der Geist auch ewig ruhelos,
ein Ahasver des Weltalls, müßt er wandern
5 von Ball zu Ball, und nirgend könnt er sagen:
Hier ist mein Heim für alle Ewigkeit.

Wenn ich den Blick auf deinen Scheitel hefte,
mein Erdgestirn, wie man gedankenvoll
die Hand wohl legt auf ein geliebtes Haupt,
dann schattet oft mir Wehmut in die Seele 10
und der Gedankenblüten Kelche neigen
sich schauernd nieder wie vor kaltem Hauch.
— — — — — — — — — — — — — — — — — —

Wie lang, und dieser Ball erstarrt, erstirbt.
Das Drama endet. Ihr Unsterblichen,
geht nun nach Haus ins Nichts. Auf keiner Lippe 15
ertönt ihr fürder, und so seid ihr tot.

HIMMEL, ERDE UND MEER...
Eine Rhapsodie

Hört, was ich träumte!

Himmel, Erde und Meer
spielten Hasard.

In den Fischerhütten
glomm verlorener Lichtschein... 5
Hier und dort
sang eine Mutter ihr Kind in Schlaf...
Nicht lange – da waren
die letzten Bettdecken
über die letzten Nasen gezogen. 10
Ich aber
schlug den getreuen Mantel um –
und im prasselnden Regen
schritt ich das dunkle Dorf hinab
dem Meere zu. 15
Und ich liebte den großen Zorn der Natur.
Empor klomm ich das Strandkliff,
dran sich prankend

die Brandung hinaufwarf.
An einen alten Zaun geklammert,
lauscht' ich und späht' ich ins tobende Chaos.

Himmel, Erde und Meer
spielten Hasard –:
»Herz-As!«
Schwoll's hohl aus anrollender Flut,
und ein langer Schaum-Arm
schleppte aufs bleiche Gestade
ein junges ertrunkenes Blut,
ein Weib, noch rosig und lebenswarm.

Aber der Himmel in heller Wut
hob seine Blitzes-Hand,
und nahe dem Strand
riß einen Eichbaum er aus
und schmetterte ihn mit Sturm-Fingern
zur Jungfrau auf den nassen Sand,
und aus hohnlachenden Donnern
scholl es mit tiefsten Baß:
»Treff-As!«
Da spliß drüber dem Kliff die Brust –
und von Blöcken und Schollen ein wirbelnder Wust,
brach's, die Nacht mit Krachen durchbrüllend,
Luft und Strand und Brandung
mit Erde füllend,
nieder mit Sausen und Dröhnen –
und dumpf
schütterte es empor:
»Trumpf!«

Ich lag am Boden,
die Augen geschlossen,
die Brust erstickt,
und rang nach Atem.
Aufwankend endlich
sah ich:

das Spiel war zu Ende.
Und der Himmel wischte den Schweiß sich ab, 55
daß er in langen Streifen herniedertroff,
und das Meer schlug sich den Busen
mit vorwurfsvollen Wellenhänden,
und die Erde haderte ächzend mit sich,
schüttelte, sträubte verstört ihr Wälderhaar... 60
Schüchtern schielte durch Wolkenfetzen der Mond;
und als er mich sah,
erschien er ganz
und begrüßte mich achselzuckend –
und achselzuckend deutete er 65
auf das dunkle Chaos am Strande.
Und schaudernd schaut' ich
aus einer Lawine
Äste starren
und eine weiße Hand 70
stumm winken.

Und wir nickten uns zu,
der Mond und ich...
Hier lagen die Karten,
hier übertrumpfte die Erde 75
das Meer und den Himmel!

POSEIDON UND SELENE
Ein Mond- und Meer-Mythos

Selene kniet im Silberhorn
und blickt hinab auf blaues Meer...
Poseidon! glänzt ihr weicher Blick,
Poseidon! singt sie leis ins All...
Allabendlich das gleiche Spiel, 5
der süßen Sehnsucht sanft Gebet –
bis endlich sich die Woge teilt
und der geliebte Gott sie grüßt.

Selene kniet im Silberhorn
und hüllt jungfäulich streng sich ein.
Sie fühlt sein Auge, rosig glüht
ihr Schleier von verborgnem Hauch.
Allabendlich das gleiche Spiel,
der gleichen Sehnsucht Scham und Glut,
bis liebesübermannt zuletzt
des Meeres Herrscher rast und tobt.

Er türmt zu ungeheurem Bau
der Wogen schwanke Quadern auf,
wie Schollen wirft er Well' auf Well',
daß wie ein Berg das Wasser steigt...
Und auf des nassen Marmors Gischt,
umringt von seinem ganzen Volk,
erhebt er, Schimmerpracht-umronnen,
des Meers unendlich Brautgeschmeid.

Und mit ihm heben tausend Hände
mit Perlen, Steinen, Ringen, Kelchen,
Gewanden, Netzen, Schleiern, Spitzen
verwirrend sich zu ihr empor...
Und mit ihm flehen tausend Munde:
Oh komm, sei Königin der Meere
im Muschelwagen der Delphine,
Selena, Himmlische, oh komm!

Und den Korallengürtel löst,
den Gürtel aller Meeresmacht,
der Gott von seinem Leib und hält
ihn hoch, und donnernd geht sein Wort:
»Wie lang noch willst du ihn verschmähn?
Wer zählt die Tag' und Nächte, die
ich dich umworben – Buhlerin,
die ewig lockt und nie gewährt!

Doch endlich, endlich – wann wohl? wann? –
ja endlich wirst du dennoch mein!«
Und leis erwidert's: »Endlich, ja!
Ja, endlich werd ich dennoch dein!«
Und zitternd hört's der starke Gott,   45
und zweifelnd hört's die kecke Brut
und zischt sich heimlich spottend zu:
»Ach endlich wird sie dennoch sein!«

Der Über-Spannung matt, vertaucht
der Meergewaltige. Die Wogen   50
begraben fürchterlichen Sturzes
die breite Brust, das braune Haupt...
In tollem Wirbel, Taumel, Tanz
rast, schießt, springt, schnellt sich jauchzend Volk,
nach Schätzen gier, nach Liebe mehr,   55
wildblütig wie sein Element...

Selene ruht im Silberhorn
zu süßem Schlummer hingeschmiegt...
Poseidon! schimmert feucht ihr Aug',
Poseidon! atmet ihre Brust.   60
Allabendlich das gleiche Spiel,
Entsagens und doch Hoffens voll,
allabendlich die gleiche Glut,
und der sie stillt, der gleiche Trost.

Selene träumt im Silberhorn: 65
»Poseidon wird nicht lange ruhn,
so treu umwirbt mich keiner doch
denn Er, den jeder treulos nennt!
Am Tage selbst ersehnt er mich
und hebt das Meer aus seinem Grund   70
und türmt es auf, mir nah zu sein, –
so mächtig liebt kein andrer Gott!«

ANADYOMENE

Apollo eilt, die Welt zu wecken,
da schlag ich auf die Lider schwer:
Und mich befällt ein süß Erschrecken:
Vor meinen Augen liegt das Meer.
Ich finde mich auf sichrer Klippe,
die Wellen schmeicheln zu mir her.
In stummer Andacht schweigt die Lippe.
Vor meinen Augen liegt das Meer.

Es spült der Sonne rote Brände
hinauf den weißen Dünensand,
es wirft sie hoch auf steile Wände,
in Feuer stehen Meer und Land,
als gält es heut ein Fest zu feiern,
wie einst, da Venus sich entwand
der Frühflut rosenroten Schleiern...
In Feuer stehen Meer und Land.

Und wie ich in die Pracht versonnen
dem fliehnden Traumbild rufe: Bleib!
da hat es schon Gestalt gewonnen:
Dem Schaum entsteigt ein göttlich Weib.
Ein Wogensturz von goldnen Rosen
enthüllt den schönsten Frauenleib.
Zum Flüstern sinkt der Brandung Tosen –
dem Schaum entsteigt ein göttlich Weib.

Ich aber bin emporgesprungen,
indes die Göttin näher schwebt –

die Schönheit ist nicht tot: sie lebt!

NUN WEIL' ich bei dir schon manchen Tag
und taufe Himmel und Erde neu
am Born deiner herrlichen Liebe.

Aus der Morgenröten wellendem Blut
trank sich mein Herz hochatmende Lust.   5
Auf Wolkenwagen flogen wir hin
– vor uns die dunklen Aare des Sturms –
mit wehender Geißel und wildem Gesang
wie ein Paar unsterblicher Götter.
Wir stießen die Sonne ins Meer hinab   10
und warfen den silbernen Diskus »Mond«
hoch über den staunenden Wald empor...
Der Iris Bogen stahlen wir keck
aus den regnenden Lüften und schossen von ihm,
mit dem schlanksten Abendschatten, als Pfeil,   15
aus seinem Ring den Saturnus...
Und nächtens woben wir Sternseidenhaar
zu Schimmergewanden und schwebten leis
durch traumstille Menschengemächer.

Doch weiter und immer weiter drängt   20
mein begehrender Sinn.
                Noch schlossest du mir
die Pforte der Ewigkeit nicht auf!
Wohl fuhren wir einst auf sausendem Schaft
der Kometenfackel – nach Hexenart –
an tausend Gestirnen vorüber.   25
Doch die zahllosen Welten, was sind sie mir?
Gleichförmig reihen sich Hauf an Hauf:
Ihr Geheimnis ist ihre Ferne.
Du führe mich hinter der Sterne Tanz!
Du nimm sie alle in deine Hand,   30
und wirf sie wie Kiesel hinter uns. –
Oder schmettere ihre malmende Wucht
an die grausamen Tore der Ewigkeit,

       daß donnernd sie bersten!...
                              Du schweigst. Ich weiß:
    Auch deine Liebe hat Grenzen.
    Auch du verrätst mir das Letzte nicht.
    Du fürchtest, daß du mich verläßt.
    Du liebst mehr dich als mich.

    Was schlingst du deinen Arm um mich?
    Was weist dein Finger dort hinaus?
    Ich sähe nun mit deinem Aug',
    sagst du, und – »durch die Ewigkeit«?

    Mein Auge bohrt sich in den Raum
    mit einem Blick, der mein nicht ist.
    Mein Blut erstarrt: Ich sehe nichts –
    und sehe doch durchs All hindurch.

    Und langsam krallt's wie Wahnsinn sich
    um meine Seele, die erkennt –:
    Der Blick, der die Unendlichkeit
    durchmißt, er endet in sich selbst...
    er kehrt zurück in runder Bahn...
    er schließt den Ring, er küßt sich selbst.

    Hinter den Sternen bin wieder ich.
    Ich selber bin die Weltensphinx.
    Das weite All war nur ein Weg
    für meine Seele zu sich selbst.

    ALLZULANG auf Bergeszinnen
    saß ich, ein verliebter Tor,
    nahe stand es, daß mein Sinnen
    an die Ferne sich verlor.

Ward mein Vorwitz nicht zum Segen, 5
da er mir die Einsicht schuf:
Nicht auf kalten Weltallswegen
folge falscher Sehnsucht Ruf,

hattest fast dein Herz vergessen
in des Außen bunter Lust: 10
Tauche heim ins unermessen
reiche All der eignen Brust.

Auf den kühlen Felsenklippen
halt ich scheidend Phantas Hand:
Lege, Freundin, um die Lippen 15
gütig mir ein weißes Band.

[EPILOG-FRAGMENTE]

[1] Auf Höhen mußt' ich steigen,
die Weisheit zu gewinnen:
Das All wird ewig schweigen [?]
Erlösung kommt von innen.

[2] Die Ferne ist es nicht, die uns erlöst.
Es ist kein Himmel, wo als Gottgestalt
das Rätsel des Lebendigen sich bärge,
und ist auch keine Wunderwelt im Raum,
die es durch ihrer Weisen Mund uns löste. 5
Hinab in deine Tiefe steige, Mensch,
erkenne dich als den alleinzigen Gott,
der König stehe auf in deinem Blut!

[3] Ich versuche ein Höchstes –
die Materie zerfließt in meiner Hand,
ich sinke zusammen,
Phantas Schloß verschwindet
und ich stehe auf weiter Ebene, 5
ein Wandrer, ein Sucher.

[4] Die Strafe war hart,
die mein Vorwitz erfuhr,
doch heilsam: –
Ich will sie nützen.
Ich stand in Gefahr,
an die Weite
den Sinn zu verlieren.

[5] Strafe war hart für den Vorwitz,
doch Lehre nicht umsonst.
Ich will tiefer in mich
hinabtauchen und zurückgehen
wie bisher. Wie alte Priester
um die Stirne eine Binde legten,
so will ich eine vor den Mund legen
als Priester des Schweigens,
bis du mich wieder erlösest.

[6] Willst du mich
nun entzaubern, Phanta?
Auch ohne Bann
bin ich ewig dein.
Laß uns dem Mummenschanz,
der uns die Flitterzeit
lieblich verkürzte,
lächelnd entsagen.
Nenne dein »Schloß«
nun wieder »Welt«,
und ins glühende Leben
laß wieder voll Inbrunst
uns niedertauchen.

Nachlese zu *In Phantas Schloß*

[7] ENDSEGEN PHANTAS

Ewig bleibt dies Schloß über dir,
wo du auch sein mögest, sobald du willst,
steht es wieder über dir.
Und ich stürze nieder und küsse die Muttererde
und mit neuen Augen geh ich durch die [*bricht ab*]   5

EPILOG [1]

Heut' zum letzten Male säum' ich
auf den selbsterschaffnen Stufen,
halben Lächelns überträum' ich,
was mein Geist herbeigerufen,
um es dann mit Phantas Augen   5
seltsam, schelmisch zu betrachten
und, wofern es mochte taugen,
eigenherrlich auszuschlachten,
(gleich als ob die Welt ein Schwamm sei,
den zuerst mit Blut ich näßte,   10
drauf zur Prob', daß es nicht Schlamm sei,
wieder in ein Kelchglas preßte.)
Aller Dinge neuer Täufer
an des eignen Herzbluts Bronnen,
allem hurtiger Entläufer,   15
was als Fangnetz fest gesponnen.

Seid gesegnet, Gipfelweiten!
Wo ich wie ein Gott so frei war,
wo des Leibs Bedürftigkeiten
fern mir wie des Volks Geschrei war,   20
wo zu einem höhren Bunde
Schaun und Schaffen sich verbanden
und des Seins Gesicht' und Munde [*bricht ab*]

Herrliche Bergeinsamkeiten,
mögt ihr ewig in mir ragen,
könnt ich euch für alle Zeiten
stolz in weiter Seele tragen.

Auf denn! Phanta führt die Zügel.
Brause windschnell, mein Gespann!
Abwärts über Berg und Hügel,
durch Geklüft und Tal und Tann,
bis hinaus ins Blachgefilde,
wo ich einst der Glut geweiht
meiner Einstgefühle Gilde,
Winkelstadt »Vergangenheit«.
Neues Sein soll dort erstehen,
Phanta bleibt mein Baugenoß,
und ich bringe die Ideen
dazu mit aus ihrem Schloß.

Epilog [II]

Lieb sind mir und heilig
die Götter, Phanta,
an deren Tisch
du mich ludest.

Doch eines schmerzt mich:
Sind diese Götter
aus meinem ureigensten Ich
herausgezeugt?
Sind sie unsere,
ganz allein unsere Söhne,
Phanta?...

Noch bin ich
nur ein Prometheus,
mit ehernen Ketten

festgeschmiedet
ans Riesenkreuz
der Vergangenheit,
des Felsenstamm
und Felsenarme
gefügt und geschichtet
aus Quaderblöcken
alter Kulturen.

Aber am Herzen
frißt mir
der Geier Sehnsucht.
Langsam füllt sich
zu Füßen mir
die Schale
mit meinem Herzblut.

Laß mich allein,
herrlichstes Weib,
das die Erde mir gab!
Erst wenn rot
bis zum Rand
den goldenen Gral
die Flut erfüllt,
kehr' mir zurück!
Dann will ich dich taufen
mit meinem Blut,
meine schwirrende Schwalbe,
mein heimatlos, heidnisch Kind.

Und dann, denk' ich,
Freundin Phanta,
soll unser Bund
erst beginnen.

Ad Phantas Schloss

Ein Herrchen mich belehren kam,
was mein – und zum Vergleich – des Meisters Wesen.
Und dann gesteht es ohne Scham:
»Ich hab noch nie ein Wort von ihm gelesen.«

Auf vielen Wegen

Meinem Freunde Friedrich Kayssler

Wär' der Begriff des Echten verloren,
in Dir wär' er wiedergeboren.

Als Haß mir nach der Wurzel schlug,
warst Du bei mir, das war genug,
hast mir zu Deinem Leben
das meine neu gegeben.

Zehn Jahre zusammen!
Es löst sich der Dunst.
Auf schlagen die Flammen
unserer Kunst.

Träume

Hirt Ahasver

Ich träumte jüngst, mir träumte, daß ich träumte,
daß ich geträumt, geträumt zu haben hätt',
wie Ahasver mit zweimal sieben Kühen,
den sieben magern und den sieben fetten,
im Mondschein übers Moor gewandert wär',   5
worüber selbst ein später Weg mich wies.
»Ei guten Abend, Meister Ahasver«, –
begrüßt' ich keck ihn, daß ein magres Tier
erschreckt zur Seite setzte, – »Was ist das?
Ihr treibt die vierzehn Kühe durch die Welt?«   10
Verächtlich schoß des Alten Blick nach mir,
und zornig murmelnd zog er einer fetten
den lauten Stecken übers Hinterteil.
Heidi! wie sich die Rinderbeine regten,
die magern immer flink voran, dahinter   15
mit schwipp und schwapp der Hängebäuche Trott;
bis Fern' und Dämmrung endlich sie verschlang,
und nur des Hirten wehnder Weißbart noch
ein Weilchen aus den Weiten schimmerte…
Doch mir verschob sich alles nun. Und weiter   20
flog hin und her das Webeschiff des Traums.

Die Irrlichter

Ein Irrlicht, schwebt' ich heut im Traume
auf einem weiten, düstern Sumpfe,
und um mich der Gespielen Reigen
in wunderlich geschlungnen Kränzen.
Wir sangen traurig-süße Lieder   5

mit leisen, feinen Geisterstimmen,
viel feiner als die lauten Grillen,
die fern im Korn eintönig sangen.
Wir sangen, wie das harte Schicksal
uns wehre, daß wir Menschen würden:
So oft schon waren wir erschienen,
wo sich zwei Liebende vereinten,
doch immer, ach, war schon ein andres
Irr-Seelchen uns zuvorgekommen,
und seufzend hatten wir von neuem
zurück gemußt zum dunklen Sumpfe.
So sangen wir von unsern Leiden –
als uns mit einem Mal Entsetzen
in wirren Läufen huschen machte.
Ein Mensch entsprang dem nahen Walde
und lief verzweifelten Gebarens
gerade auf uns zu –: Der Boden
schlug schwankend, eine schwere Woge,
dem Armen überm Haupt zusammen.
Verstummt zu zitterndem Geflüster
umschwirrten wir die grause Stelle...
Bald aber sangen wir von neuem
die alten traurig-süßen Lieder.

MENSCH UND MÖWE

Eine neugierkranke Möwe,
kreiste ich zu Häupten eines
Wesens, das in einen weiten
dunklen Mantel eingewickelt,
von dem Kopfe einer Buhne
auf die grüne See hinaussah.
Und ich wußte, daß ich selber
dieses Wesen sei, und war mir
dennoch selbst so problematisch,

wie nur je dem klugen Sinne
einer Möwe solch ein dunkler
Mantelvogel, Mensch geheißen.
Warum blickt dies große, stumme,
rätselhafte Tier so ernsthaft
auf der Wasser Flucht und Rückkehr?
Lauert es geheimer Beute?
Wird es plötzlich aus des Mantels
Schoß verborgne Schwingen strecken
und mit schwerem Flügelschlag den
Schaum der weißen Kämme streifen?
So und anders fragte rastlos
mein beschränktes Möwenhirn sich,
und in immer frechern Kreisen
stieß ich, kläglich schreiend, oder
ärgerlich und höhnisch lachend,
um mich selber... Da erhob sich
aus dem Meere eine Woge...
stieg und stieg... Und Mensch und Möwe
ward verschlungen und begraben.

DER SCHUSS

›Nimm die Fahne!‹ – ›gib!‹ – und weiter –
Leichenhügel – Gräben – Hecken –
Donnern – Brausen – Knattern – Pfeifen –
Stöhnen – Schreien – Wimmern – Schnaufen –
Pulverschleier – Kugelregen –
›vorwärts, Kameraden!‹ – ›hurra!‹ –
blaue Gruppen – springend – stürzend –
Flüche – Bitten – Seufzer – Pfiffe –
Tiergesichter – Fetzen Fleisches –
Blut in Rinseln – Bächen – Lachen –
wildgewälzte Pferdeleiber –
Sterbende – zerstampft – zerrissen –

Arme – Hände – hemmend – heischend –
fortgestoßen – ›vorwärts!‹ – ›hurra!‹ –
›nieder!‹ – ›Feuer!‹ – ›auf!‹ – ›Attacke!‹ –
›ah!‹ – ›da!‹ – ›Mar –!‹ – ›ich!‹ – ›hier!‹
– ›die Fahne!‹ – –
Und ich stürze tot zusammen.
Jäh schreck' ich auf –:
Im Hause fällt ein Schuß.

DER GLÄSERNE SARG

Zwölf stumme Männer trugen mich
in einem Sarge von Kristall
hinunter an des Meeres Strand,
bis an der Brandung Rand hinaus.
So hatte ich's im Testament
bestimmt: Man bette meinen Leib
in einem Sarge von Kristall
und trage ihn der Ebbe nach,
bis sie den tiefsten Stand erreicht.
Der Sonne ungeheurer Gott
stand bis zum Gürtel schon im Meer:
An seinem Glanze tränkte sich
wollüstig noch einmal die Welt.
Ich selber lag in rotem Schein
wie ein Gebilde aus Porphyr.
Da streckte katzengleich die Flut
die erste Welle nach mir aus.
Und ging zurück und schob sich vor
und tastete am Sarg hinauf
und wandte flüsternd sich zur Flucht.
Und kam zurück und griff und stieß
und raunte lauter, warf sich kühn
darüber, einmal, vielemal.
Und blieb, und ihrer Macht gewiß,

umlief frohlockend sie mein Haus 25
und pochte dran und schäumte auf,
als ihrer Faust es widerstand.
Und hoch und höher wuchs und wuchs
das Wasser um mein gläsern Schloß.
Nun wankte es, als hätt' ein Arm 30
und noch ein Arm es rauh gepackt,
und scholl in allen Fugen, als
ein Wellenberg auf ihm sich brach
und es wie ein Lawinensturz
umdröhnte und verschüttete. 35
Und langsam wich der nasse Sand.
Und seitlich neigte sich der Sarg.
Und, unterwühlt und übertobt,
begann er um sich selber sich
schwerfällig in die See zu drehn. 40
Zu mächtig, daß die Brandung ihn
zum Strand zu schleppen hätt' vermocht,
vergrub er rollend sich und mich
in totenstillen Meeresgrund.
So lag ich denn, wie ich gewollt. 45
Und dunkle Fische zogen still
zu meinen Häupten hin und her.
Und schwarzer Seetang überschwamm
mein Grab. Und mein Bewußtsein schwand.

DER STERN

Ich träumt' einmal, ich läg', ein blasser Knabe,
in einem Kahne schlafend ausgestreckt,
und meiner Lider fein Geweb durchflammte
der hohen Nacht geheimnisvoller Glanz.
Und all mein Innres wurde Licht und Schimmer, 5
und ein Entzücken, das ich nie gekannt,
durchglühte mich und hob mein ganzes Wesen

in eine höhere Ordnung der Natur.
Ein leises Tönen hielt mich hold umfangen,
als zitterte in jedem Sternenstrahl
der Ton der Heimat, die ihn hergesendet,
ein Ton vor allen aber traf mein Herz
und ließ die andern mehr und mehr verstummen
und tat sich auseinander wie der Kelch
der Königin der Nacht und offenbarte
auf seinem Grunde mir sein süßes Lied...

»Wir grüßen dich in deine stillen Nächte
als deiner Zukunft tröstliche Gewähr,
es schalten ungeheure Willensmächte
in unsrer Tage blindem Ungefähr.
Sie ziehn dich von Gestaltung zu Gestaltung,
heut schleppst du dich noch schweren Schrittes hin,
doch bald begabt dich freiere Entfaltung
mit reicherer Natur und höherm Sinn.
So wandeln wir auf leichten Tänzerfüßen,
die wir dereinst auch dein Geschick geteilt,
und dürfen dich mit einem Liede grüßen,
das dich auf Strahlen unsres Sterns ereilt.
Oh flüchte bald nach unsern Lustgefilden,
und laß der kalten Erde grauen Dunst,
oh sähst du, zu welch göttlichen Gebilden
uns schuf des Schicksals heiß ersehnte Gunst!
Auf Blumen wandeln wir wie leichte Falter,
aus Früchten saugen wir der Kräfte Saft,
uns ficht kein Elend an, zerbricht kein Alter,
der frühern Leiden lächelt unsre Kraft.
Denn allzu schön, als daß wir uns entzweiten,
erschuf uns das Gestirn, das uns gebar, –
wir können uns nicht Schmerz und Not bereiten,
die Schönheit macht uns aller Feindschaft bar!
Wir lieben uns aus tiefsten Herzensgründen,
wir trinken unsres Anblicks Glück und Huld,

wir wissen nichts wie ihr von fahlen Sünden,
und keinen ängstigt das Gespenst der Schuld.
Oh komm! daß sich die dornenlose Rose   45
auch Deiner Schläfe duftend schmiegen kann!
Die schönste Schwester diene deinem Lose
und schenke dich dem schönsten Mann – oh komm –!«

Da unterbrach ein dumpfer Glockenton
die reinen, feinen Stimmen jener Welt.   50
Ich richtete mich halb im Bette auf –
und sah viel Sterne durch mein Fenster glühn...
und sank zurück. Und weiter floß die Nacht.

DER BESUCH

Wie doch ein Traum so traurig stimmt,
wenn unser Geist Vergangenheit
und Gegenwart als eines nimmt!

Ich saß bei dir im Brautgemach
und sprach von deinem Bräutigam,   5
und wie so alles anders kam...

Und lachte hell und scherzte laut...
Doch endlich ward mein Sinn zu schwer –
du warst ja eines andern Braut!

Ein Garten lag vor deinem Haus,   10
da trug ich meinen Schmerz hinein
und weinte meine Wehmut aus.

Und als ich wiederkam, da schien,
als ahntest du, was mich erregt,
und selber wardst du sanft bewegt.   15

Dein Mütterlein umfing mich still,
sie wußt' um die geheime Lieb',
die stumm in mir ihr Wesen trieb.

Wir setzten uns den Tisch umher...
Du hattest alles selbst gekocht –
doch mir, mir mundete nichts mehr.

DAS BILD

Aus seinem Rahmen trat dein Bild
und schlang den Arm mir ums Genick –
und, eingewurzelt Blick in Blick,
durchgingen wir ein fremd Gefild...

Und gingen stumm und unverwandt
und tranken unsrer Seelen Glanz
und wurden eine Seele ganz
und fühlten, was wir nie gekannt...

Da schlug ein Lärm an unser Ohr –
ich sprach ein Wort – du fuhrst zurück –.
Zerflossen war das kurze Glück,
und alles wieder wie zuvor.

MALERERBE

Die Spanne, die nicht Träumen ist noch Wachen,
beschenkt mich oft mit seltsamen Gedichten:
Der Geist, erregt, aus Chaos Welt zu machen,
gebiert ein Heer von landschaftlichen Sichten.

Da wechseln Berge, Täler, Ebnen, Flüsse,
da grünt ein Wald, da türmt es sich granitmen,
da zuckt ein Blitz, da rauschen Regengüsse,
und Mensch und Tier bewegen sich inmitten.

Das sind der Vordern fortgepflanzte Wellen,
die meinen Sinn bereitet und bereichert,
das Erbe ihrer Form- und Farbenzellen,
darin die halbe Erde aufgespeichert.

DAS ÄPFELCHEN

Auf einer Wiese, der sich hier und dort
ein reich beschwerter Apfelbaum enthob,
ergötzten wir, ein Häuflein Freunde, uns,
mit grünem Obst uns scherzend zu bekriegen.
Ich lag im Gras, entsandte, deckte mich,
erspähte Blößen, wurde selbst getroffen –
da plötzlich stand, wer weiß, woher sie kam,
die Liebste meiner Knabenzeit vor mir
und winkte, wie zu zarter Fehde fordernd,
mir zu, – daß ich ein unreif Äpfelchen
gemeßnen Schwungs nach ihrer Wange schickte.
Oh wieviel Liebe da aus ihren Augen,
aus ihrem Lächeln brach, als, leicht errötend,
sie sich ein wenig nun herunterbeugte
und schelmisch drohte – wieviel tiefe Liebe!
Mein Auge floh vor soviel süßem Glück,
und sehnend streckt' ich meine Rechte aus
und faßte ihres Kleides reinen Saum,
ihn, wie aus Reue meiner Tat, zu küssen.
Da ging mein Glück wie ein Gewebe auf...
Und andre Bilder spann mein träumend Hirn.

ROSEN IM ZIMMER

Ich stand, eine Vase
voll üppiger Rosen,
auf einer Konsole
am Lager der Liebsten
und goß überschwengliche
Gluten und Düfte
ins mondige Dämmer
der magdlichen Kammer.
Aufseufzte das Mädchen

10 und streckte das weiße
Gelenk ihrer Linken
nach mir und umschloß mich
und hob mich hinüber –
und alles im Schlafe.
15 Da schwankte die Vase,
und all meine Rosen
entfielen ihr lodernd
und hüllten in Purpur
das brüstliche Linnen:
20 Aufschlugen erschreckt sich
zwei glänzende Augen –
und sahn mich, den Menschen,
sich über sie beugen...
Ich aber – ihr Götter! –
25 mich über sie neigend,
ich ward meines Kusses
betrogen! –: Nur Rosen,
worauf ich mich neigte!
Kein Liebchen, kein Lager,
30 kein Zimmer, kein Ort mehr –
nur Rosen, nur Rosen!
Ich stürzte in Rosen –
durch Rosen – auf Rosen...
bis quälende Schmerzen
35 der Schläfe mich weckten.

KINDERGLAUBE

Heut ritt ich im Traum
auf schneeweißem Pferde
ohne Zügel und Zaum
rings um die Erde.
5 Und wo ein Dach,

war ein Treiben
hinter den Scheiben:
Alles war wach!
Großäugig, tieflockig,
schmalfüßig, kurzrockig,
lugten die Kindlein
der Menschen mir nach.

Oh euch süße Gesichter
vergess' ich nie mehr,
euch glückliche Lichter
durch Nacht zu mir her,
euch Näschen, vom Fensterdruck
schelmisch gestumpft,
euch Wädchen und Kniechen,
nur dürftig bestrumpft,
euch rosige Händchen,
ans Glas angestützt,
euch kosige Mündchen,
neugierig gespützt!

Ihr Kindchen, ich segn' euch
viel tausend tausend mal!
Nur Großes begegn' euch
im Sonn- und Mondenstrahl!
Euer Lachen, Euer Weinen
sei edler Frucht geschwellt!
Ihr seid ja, ihr Kleinen,
die Zukunft unsrer Welt!
Euch reifen die Lieder
auf meines Lebens Baum...
Einst sehn wir uns wieder –
und nicht mehr im Traum!

Vom Tagwerk des Todes

Der Säemann

Durch die Lande auf und ab
schreitet weit Bauer Tod;
aus dem Sack um seine Schulter
wirft er Keime ohne Zahl.

Wo du gehst, wo du stehst,
liegt und fliegt der feine Staub.
Durch die unsichtbare Wolke
wandre mutig, doch bereit!

Durch die Lande auf und ab
schreitet weit Bauer Tod;
aus dem Sack um seine Schulter
wirft er Keime ohne Zahl.

Vöglein Schwermut

Ein schwarzes Vöglein fliegt über die Welt,
das singt so todestraurig...
Wer es hört, der hört nichts anderes mehr,
wer es hört, der tut sich ein Leides an,
der mag keine Sonne mehr schauen.

Allmitternacht, Allmitternacht
ruht es sich aus auf dem Finger des Tods.
Der streichelt's leis und spricht ihm zu:
»Flieg, mein Vögelein! flieg, mein Vögelein!«
Und wieder fliegt's flötend über die Welt.

Der Tod und das Kind

»Kindchen, was willst du
erwachen zum Leben?
Komm mit mir,
dir ist besser so!
Den Kampf zu bestehn,   5
hast du nicht Kraft,
komm, leg dein Köpfchen
an meine Brust,
sieh doch,
mein Mantel ist warm und gut!   10
Komm, Kindchen,
wir bitten den Wind;
der trägt uns hinüber
in meinen Garten;
da will ich dich betten   15
ins grüne Gras…
Und wenn die Zeit vergangen ist,
dann wirst du Blume und Schmetterling,
blühende Blume, glühender Schmetterling…!
Nicht wahr, nun willst du?   20
Komm, kleines Herz!
Dir ist besser so!«

Der Tod und der Müde

»Von der Brücke hinunter
in die dunklen, ruhlosen Fluten,
deren Wellen um Wellen
deine Blicke mit sich fortziehen,
deren Wellen um Wellen   5
ein Stück deines Willens
davonführen,
bis er ganz dir geraubt,

und dein Leib,
leer,
schwer,
übers Geländer schlägt —

von der Brücke hinunter
schaue, spähe...
siehst du das Wort nicht,
das meine Finger
ins Wasser schreiben?
Friede... Friede...!
und was ich nun schreibe?
Komm!
Siehst du es nicht?
Beuge dich tiefer!
Komm!!!«

DER TOD UND DER EINSAME TRINKER

EINE MITTERNACHTSZENE

›Guten Abend, Freund!‹
»Dein Wohl!«
›Wie geht's?‹
»Dein Wohl!«
›Schmeckt's?‹
»Dein Wohl!«
›Du zürnst mir nicht mehr?‹
»Dein Wohl!«
›Im Ernst?‹
»Dein Wohl!«
›Hab Dank!‹
»Dein Wohl!«
›Aber —‹
»Dein Wohl!«

›Zuviel!‹
  »Dein Wohl!«
›Nun –‹
  »Dein Wohl!«
›Wie du willst!‹
  »Dein Wohl!«
›Narr!‹
  »Dein Wohl!«
›Genug!‹
  »Dein –«

DER FREMDE BAUER

Ein Mann mit einer Sense tritt
zur Dämmerzeit beim Dorfschmied ein.
Der schlägt sie fester an den Stiel
und dengelt sie und schleift sie scharf
und gibt sie frohen Spruchs zurück
und frägt sein wer? woher? wohin?
und lauscht dem Fremden offnen Munds,
als der ihm dies und das erzählt.
Und wie die Rede irrt und kreist,
berührt sie auch das letzte Los,
das jedem fällt, und – »Unverhofft!
so möcht' ich hingehn!« ruft der Schmied –
und stürzt zusammen wie vom Blitz…
Die Sense auf der Schulter geht
der fremde Mann das Dorf hinab.

Der Tod in der Granate

Im Mantel der Granate,
die nach dem Feind sich senkt,
liegt Meister Tod im Schlafe,
behaglich ausgestreckt.

Da zuckt mit einem Male
in jähem Schreck sein Fuß:
Versengt hat ihm die Sohle
die abgebrannte Schnur.

Ein Blitz und ein Donner –
und Rauch und Geheul –:
der Tod steht im Herzen
des feindlichen Heers.

Im Nebel

Schaurig heult das große Dampfhorn
seine Warnung in den Nebel...
Irgendwo antwortet schaurig,
leis bald, lauter bald, ein andres...
Angstvoll stehn die Passagiere,
jeden Nerv gespannt die Mannschaft...
Schaurig heult das große Dampfhorn...
Dumpf antwortet's aus dem Nebel...
Alles späht, horcht, mißt die Pausen,
die Maschine schafft mit Halbdampf,
langsam schiebt durch undurchdringlich
Dunkel der Koloß sich vorwärts...
Schaurig heult das große Dampfhorn...
Dumpf antwortet's aus dem Nebel...
In den Schiffsraum steigen Wachen,
an den Luken, an den Booten
harrt Bemannung, von der Brücke

schallt des Kapitäns Befehlsruf...
Schaurig heult das große Dampfhorn...
Dumpf antwortet's nah und näher... 20
Die Erregung wächst zum Fieber...
Ahnt wer, daß des Todes Hand die
Kompaßnadel abgelenkt hat,
daß der Mann am Steuer falsch fährt?...
Schaurig heult das große Dampfhorn... 25
Laut antwortet nächste Nähe...
Böllerschlag –: Schwerfällig tasten
weiße Kugeln in die Dämmrung...
»Schiff an Steuerbord!« – Zu spät! – Schon
schießt es rauschend, ungeheuer, 30
unaufhaltsam aus dem Nebel –
gräßlich mischen sich die Hörner –
rasend rolln die Steuerketten –
»Rückdampf!« – Schreie – Donnerkrachen –
alles stürzt zu Boden – Flammen 35
speit der Kesselraum – der Spiegel
senkt sich – aller Kampf vergebens! –
»Boote ab!« – Umsonst! – In Wirbeln,
Strudeln, Kratern dreht sich alles
tollen Tanzes in die Tiefe... 40
Wo verblieb der fremde Fahrer?
Sank er? Fuhr er feig des Weges?
Lautlos lastet dicker Nebel
über totenstillen Wassern.

AM ZIEL

Schlote schnauben, Lichter funkeln,
Pfeifen schrillen, Rufe schallen,
draußen vor des Bahnhofs Hallen
harrt Verderber Tod im Dunkeln.

Fest ist alles abgekartet
mit dem trunknen Wart der Weiche,
daß der Zug das Gleis erreiche
drauf der Gegen-Eilzug wartet.

Und schon wächst es mit den grellen
Spählaternen aus der Ferne,
glühnder Rauch verhüllt die Sterne,
hohl erdröhnt das Holz der Schwellen.

Blind, im Schienen-Überfluge,
stampft der Zug die falschen Gleise:
Schimmernd grüßt das Ziel der Reise –
leise lacht es hinterm Zuge.

Die Gedächtnistafel

»Der dort unten ruht jetzund,
sein Schatten stieß ihn in den Grund.
Am steilen Fels den schmalen Gang
klomm verwegen er entlang.
Scharf lag auf ihm das Mittagslicht,
der Schweiß rann ihm übers Gesicht.
Da blieb er, sich zu trocknen, stehn –
muß dabei seinen Schatten sehn.
Und wie er ihn sieht, reckt sich der
von der Wand gegen ihn her.
Den Wandrer fasset bittre Not,
er fühlet, neben ihm steht der Tod
und drängt ihn in das tiefe Grab
der wilden Felsenschlucht hinab.
Er sinkt zusammen in kaltem Schweiß,
alles dreht sich mit ihm im Kreis.
Er preßt die Stirn an den kalten Stein
und denkt an Weib und Kinderlein.

Aber der Tod hatt' gewonnen Spiel
und schob und stieß ihn, bis daß er fiel.
Eine Dirn aus unserm Dorf hat's geschaut,
ein fremder Maler den Stein aufgebaut,
die Verse sind von der alten Kathrein.
Sprecht: Armer Wandrer, wir denken Dein!«

AM MOOR

Flackernd lösen sich vom Sumpf
ungewisse Schemen...
Nach der alten Weide Stumpf
sieh den Weg sie nehmen.
Auf dem Stumpfe sitzt der Tod:
Dumpfe Fiedel lockt und droht
mit verworrnen Themen.

Huschend schlingt der wirre Kreis
sich um Tod und Weide...
Um die Flämmchen schimmert's weiß
wie von feinster Seide.
Knaben, Mädchen, Männer, Fraun
glaubst wie Schatten du zu schaun
tief im Totenkleide.

Und ein Seufzen hebt sich her,
düster dich zu bannen...
Schaudernd fühlst du: Schon will Er
dein Gemüt entmannen.
Der Gespenster Reihn erschrickt?
Haben sie dein Haupt erblickt?
Und du eilst von dannen.

Im Fieber

Ich lag in Fieberphantasien...
Aus allen Ecken wuchs es her...
Wohin ich sah, ich sah nur Ihn,
wohin ich tastete, war Er...
Die Tücher, die Tapeten liehn
ihm ihrer Muster Fratzenmeer...
Und schloß ich fest die Lider, schien
sein Aug' in meines weit und leer.

Ein Opfer wilder Bilderreihn
entschlief ich endlich. Mich umspann,
mich sporne rittlings sein Gebein
durch Felsenwüsten glutwindan...
Verzehrend fraß sein Frost sich ein,
indes mich Blutschweiß überrann,
und auf Geröll und spitzem Stein
der wunde Fuß nicht Weg gewann.

Doch nicht ein Fristchen durft' ich ruhn.
»Wir müssen« – stachelte sein Hohn –
»zum Richter über all dein Tun,
der Weg ist weit nach seinem Thron.
Gebucht, in klaftertiefen Truhn,
erharrt dich dort, wofür dich Lohn
und Strafe wird ereilen nun:
Bereite dich, verlorner Sohn!«

Da ging die Stubentür, und leis
umklang mein Bett ein sanfter Schritt,
und eines Stirnbands kühlend Eis
erlöste mich vom grausen Ritt.
Doch ehe noch ein Wort dem Kreis
der Wirrgedanken sich entstritt,
verschob schon wieder sich das Gleis,
und neuer Traumgang riß mich mit.

Wie anders aber war das Bild,
das nun mein Fiebergeist entband!
Mein liebster Freund umfing mich mild   35
und hob mich von des Lagers Rand.
Aus Zweigen harrte mein ein Schild:
Drauf trug mich vierer Fremden Hand
wie ein erbeutet Edelwild
hinaus ins sommerliche Land.   40

Wer waren sie? wo lief ihr Pfad?
Sie stürmten voll erhabner Wucht...
bis, wo ein Lärm vollbrachter Mahd
herklang aus stiller Waldesbucht.
Noch rollte hoch das Sonnenrad,   45
doch schon geschnitten lag die Frucht;
denn Wolken drohten Blitz und Bad:
Und alles war schon helle Flucht.

Dort setzten sie aufs hohe Korn
die Bahre ab. Noch stand sie nicht: 50
Da schoß schon goldner Wetterzorn:
Ein Glutstoß stob die Ährenschicht.
Mein Herz stand still vom scharfen Dorn.
Es sank der Erde höchst Gedicht,
der Mensch, zurück in ihren Born,   55
als Asche, Wasser, Luft und Licht.

Eine Großstadt-Wanderung

EINE LANGE GASSE war mein Nachtweg.
Vor mir schalt ein Kerl mit seiner Dirne,
hohl zerbrach der Hall am Wall der Wände.
Nun ein kurzer Kampf – und gellend schreiend
floh das Weib den Weg an mir vorüber.
Aus dem Dämmer tauchten, wie dem Boden
jäh entwachsen, drohende Gestalten,
Pfiffe schrillten, schwere Tritte trabten,
Flüche zischten: Fort! die Polizisten!
Und im Nu von Nacht verschlungen alles.
Wimmern noch... Geworfne Türen... Stille...
Ausgestorben schien der ganze Stadtteil.
Rot und trübe kämpften die Laternen.

UND ICH SAH, erstarrt, durch eine Hauswand...
Eines Kaufherrn Schlafgemach beschlichen
zwei geschwärzte Burschen. Auf den Schläfer
warf der eine sich, der andre feilte
an dem Schrank. Dem Ächzen seiner Säge
mischten grausig sich erstickte Laute.
Gold, Papiere, Ringe rissen gierig
ihre Finger aus den Fächern... Leise
rief es durch die Tür: Die Wache warnte.
Hastig raffte jeder noch das Nächste,
wusch sich flüchtig die befleckten Hände –
Dringend rief es noch einmal. Die Kerze
gloschte. Schwarz und lautlos lag das Zimmer.

UND ICH GING die lange Gasse weiter.
Hinter fensterlosen Mauern sah ich
neue Frücht' und Opfer der Gesellschaft.
Der zerschlug sich den geschornen Schädel...
Der verstierte sich hinauf zur Luke...   5
Der durchtappte rastlos seine Zelle...
Augen brannten; Lippen fluchten flüsternd;
Fäuste krampften sich; Gehänge klirrten;
mancher wälzte sich in lauten Träumen;
doch die meisten schliefen tief wie Tote.   10
Frech vertiert, verduldet, unterwürfig,
gramzerfressen, haßverzerrt, verachtend,
also prägten schrecklich sich die Mienen.

UND MICH ZOG die lange Gasse weiter.
Endlosen Fensterreihn entscholl es,
mir nur hörbar, dumpf und unablässig,
wie von Stöhnen, Weinen, Weherufen.
Sieche, Krüppel, Giftige, Zersetzte   5
nährten dort des Lebens arme Flämmchen,
hofften, rafften sich von Tag zu Tage,
bis des Todes Weisheit endlich siegte.
Wie sie so in weißen Kissen wachten...
Opfer ihrer Herkunft, ihres Standes,   10
ihrer Gierden, ihrer Dienst' und Taten,
ihrer Mitwelt, die sie stieß und hemmte!
Wie die bleichen Händ' anklagend winkten!

UND ICH FLOH die trübe Gasse weiter.
Gebt euch nicht so stolz, ihr roten Mauern,
oder prahlt mit freudigeren Gästen!
Niemand weiß es, wer sie sind, sie selber
lächeln seltsam, fragst du, wie sie heißen.   5

Sind an Tafeln zwar geladen worden,
drauf zu lesen, wo man sie getroffen –:
Den in einem Wehr beim Fest der Fische;
die in einem Hag voll Heckenrosen;
den auf blanken Gleises kaltem Kissen;
den in einer Herberg fremdem Zimmer.
Aber alle ruhn sie bleich und schweigend,
lächeln starr-verächtlich deiner Fragen.

UND ICH WANDERTE mechanisch weiter.
Hinter einer hohen Gartenmauer
hob aus Bäumen sich ein altes Kloster,
dessen eisenstabverkreuzte Scheiben
wirren Lärms zuweilen dumpf erklirrten.
Plötzlich ward ein Fenster aufgerissen,
und ein Mensch im Hemde überschrie sich
in den leeren Park hinunter: »Rechts schwenkt!
Laufschritt! Marsch marsch! Das Gewehr zum Sturm rechts!
Ha-alt! Nieder! Fertig! Feuer! Feuer!
Feu-« Jäh brach es ab, zu schlug das Fenster.
Fernes Toben. – Über dem Portal stand:
»Selig sind, die große Trübsal dulden!«

UND ICH SETZTE meine Schritte weiter –
fast so ungewiß wie der Betrunkne,
der im Morgengrauen mir entgegen
kam –: Nun tappte er zur Seit', nun rückwärts,
schoß vornüberfallend vorwärts, rannte
wider die Laterne, griff ins Leere,
schwankte, rollte in den Kot der Gosse...
Selber wirbelte mir Wust im Haupte...

Särge, drängten sich die Häuser; Grüfte
hallten, wo ich schritt; von Moder, Fäulnis 10
schnob die Luft; Gewölke Bluts und Tränen
dampften, dunsteten, mich dumpf erstickend...
Weiß nicht mehr, wie ich den Weg vollendet.

Vier Elementarphantasien

MEERESBRANDUNG

»Warrrrrrrte nur.......
wie viel schon riß ich ab von dir
seit den Äonen unsres Kampfs –
   warrrrrrrte nur.......
wie viele stolze Festen wird
mein Arm noch in die Tiefe ziehn –
   warrrrrrrte nur.......
zurück und vor, zurück und vor –
und immer vor mehr denn zurück –
   warrrrrrrte nur.......
und heute mild und morgen wild –
doch nimmer schwach und immer wach –
   warrrrrrrte nur.......
umsonst dein Dämmen, Rammen, Baun,
dein Wehr zerfällt, ich habe Zeit –
   warrrrrrrte nur.......
wenn erst der Mensch dich nicht mehr schützt –
wer schützt, verloren Land, dich dann?
   warrrrrrrte nur.......
mein Reich ist nicht von seiner Zeit:
er stirbt, ich aber werde sein –
   warrrrrrrte nur.......
und will nicht ruhn, bis daß du ganz
in meinen Grund gerissen bist –
   warrrrrrrte nur.......
bis deiner höchsten Firnen Schnee
von meinem Salz zerfressen schmilzt –
   warrrrrrrte nur.......
und endlich nichts mehr ist als Ich
und Ich und Ich und Ich und Ich –
   warrrrrrrte nur.......«

ERDRIESE

Grab tausend Klafter
hinab in den Grund,
da weckt dein Scheit
ein hallend Gewölb –:
den Kugelkerker
aus zwölffachem Erz,
darin Erdriese
gefangen.

Hörst du ihn
bei seinem Werk?
Mit Fersen und Fäusten
stampft und stößt er,
wirft mit dem breiten Nacken
sich dumpf an die Wände,
scharrt mit Nägeln und Zähnen…
lautlos nun,
und nun brüllend
wie zehntausend Stiere.

Gleich einer Espe
zittert der Ball…
Die Meerunholde
schrecken aus ihrem Spiel
und stürzen den Festen zu…
Die Feuerhexen
schießen mit sprühendem Brandhaar
aus ihren Küchen…

Die Acker- und Felsenschläfer
rücken und recken sich:
Städte und Länder
versinken
in Trichtern und Schächten.

Hörst Du ihn noch?
Ward er nun still?
Horch!
35 Er schnarcht!
Wie es brummt und sägt!...
Nun schläft er, der Alte.

DER STURM

»Bis an die Knöchel
steh' ich
im tiefen See.
Den Horizont hinab,
5 wo mir Gebirge
die grauen Rachen –
entgegensperren,
greif' ich
und ziehe
10 aus ihren Schlünden
die zähen Schleimschleier
unendlicher Nebel.
Und ich halte sie in die Sonne,
die euch scheidet,
15 mir noch im Mittag steht:
Das glüht, das leuchtet!
Das gefällt euch!
Und ich schlag' das Gewölk
wie Schaum
20 mit der flachen Hand,
und wirbl' es
und ball' es
und kraus' es –
und zaus' es –
25 heissah halloh!

Und ich pust' es
auf eure Dörfer
und hebe die Füße
aus eurem tiefen See
und laufe   30
Mutter Sonne davon,
heissah,
unter die purpurnen Sterne!«

DIE FLAMME

»So sterben zu müssen –
auf einer elenden Kerze!
tatenlos, ruhmlos
im Atemchen
eines Menschleins   5
zu enden!...
Diese Kraft,
die ihr alle nicht kennt –
diese grenzenlose Kraft!
Ihr Nichtse!...   10
Komm doch näher,
du schlafender Kopf!
Schlummer,
der du ihn niederwarfst –
ruf doch dein Brüderlein Tod –   15
er soll ihn mir zuschieben –
den Lockenkopf –
ich will ihn haben – haben!
Sieh,
wie ich ihm entgegenhungre!   20
Ich renke mir alle Glieder
nach ihm aus...
Ein wenig noch näher –

näher –
ein wenig –
so –
jetzt vielleicht –
wenn's glückt –
ah! du Hund!
Er will erwachen?
still –
still –
so ist's noch besser!
Der Pelz am Mantel –
Der Pelz – der Pelz –
hinüber – hinüber –
ahhh! faß ich dich – hab ich dich –
hab ich dich, Brüderchen –
Pelzbrüderchen, hab ich dich – ahhh!
Hilft dir nichts –
wehr dich nicht mehr!
Mein bist du jetzt –
Hand weg!
Wasser weg!
Mein bist du jetzt!
Wasssser weg!
Wart', da drüben ist
auch noch für mich –
so –
den Vorhang hinauf –
fängst mich nicht mehr –
Tuch – Tuch –
jetzt bin ich Herr!
Siehst du, jetzt breit' ich mich
ganz gemächlich im Zimmer aus –
laß doch den Wasserkrug!
Laß doch das Hülfgeschrei!

Bis sie kommen
bin ich schon längst
in den Betten und Schränken –
und dann könnt ihr nicht mehr herein –
und ich beiß' in die Balken der Decke –
die dicken, langen, braunen Balken –
und steig' in den Dachstuhl –
und vom einen Dachstuhl
zum andern Dachstuhl –
und irgendwo
werd' ich wohl Stroh finden,
und Öl finden,
und Pulver finden –
das wird eine Lust werden!
Das wird ein Fest werden!
Und wenn ich die Häuser alle zernichtet –
dann wollen wir mit Wäldern
die Fische in den Flüssen kochen –
und ich will euch hinauftreiben
auf die kältesten Berge –
und da droben
sollt auch ihr meine Opfer werden,
sollt ihr meine Todesfackeln werden –
und dann wird alles still sein –
und dann –

Gedichte vermischten Inhalts

Kleine Geschichte

Litt einst ein Fähnlein große Not,
halb war es gelb, halb war es rot,
    und wollte gern zusammen
    zu einer lichten Flammen.

Es zog sich, wand sich, wellte sich,
es knitterte, es schnellte sich, –
    umsonst! es mocht' nicht glücken
    die Naht zu überbrücken.

Da kam ein Wolkenbruch daher
und wusch das Fähnlein kreuz und quer,
    daß Rot und Gelb, zerflossen,
    voll Inbrunst sich genossen.

Des Fähnleins Herren freilich war
des Vorgangs Freudigkeit nicht klar, –
    indes, die sich besaßen,
    nun alle Welt vergaßen.

Das Häuschen an der Bahn

Steht ein Häuschen an der Bahn,
hoch auf grünem Hügelplan.

Tag und Nacht, in schnellem Flug
braust vorüber Zug um Zug.

Jedesmal bei dem Gebraus
zittert leis das kleine Haus –:

»Wen verläßt, wen sucht auf
euer nimmermüder Lauf?«

»Oh nehmt mit, oh bestellt
Grüße an die weite Welt!«

Rauch, Gestampf, Geroll, Geschrill...
Alles wieder totenstill.

Tag und Nacht dröhnt das Gleis.
Einsam Häuschen zittert leis.

AMOR DER ZWEITE

(Sommerabend im Park des Fürsten. Um eine Marmorbank zu
Füßen der Medicëischen Venus versammelt sich eine kleine Gesellschaft, den Dichter in ihrer Mitte bittend, sie mit neuen Versen
zu erfreuen. Er beginnt unter einigen galanten Entschuldigungen, während die Schönen und ihre Kavaliere sich auf und um die
Bank erwartend gruppieren. Verstecktes Lachen, Flüstern und
Fächerschlagen begleiten den leichten Vortrag, nach dessen Beendigung man sich lebhaft plaudernd und scherzend wieder in
den hohen dämmrigen Laubgängen des Parks zerstreut, nicht
ohne den Poeten mit zweien seiner liebenswürdigsten Verehrerinnen einer anmutigen Einsamkeit zu überlassen.)

Das Schloß liegt unbewohnt seit Jahr und Tag,
der Park verwildert, pfadlos, unzugänglich,
dicht eingestrüppt von wirrem Weißdornhag.

Wo Grotten, Treppen, Hügel uranfänglich:
Verfall nun: Stämme, Schutt, gesunkner Grund...
des Friedens Stätte einst, nun wüst und bänglich.

In dieses Parkes Tiefe birgt ein Rund
von Birken zweier Götter Steingebilde,
den Alten hochberühmt durch ihren Bund –:

Den Gott des Krieges, mit zerbrochnem Schilde,
und sie, der Liebe hohe Königin,
in wohl gewahrter Lieblichkeit und Milde.

Sie blicken zärtlich gen einander hin,
und bunte Falter tragen ihre Grüße, –
doch kennt ihr auch des Spiels geheimen Sinn?...

In einer Sommermondnacht Wundersüße,
in einer Nacht, da eine Nachtigall
tot niederstürzte vor der Göttin Füße,

so wild war ihrer Sehnsucht Überschwall,
in einer solchen Nacht des Drangs der Säfte
geschah der dunkle, unerhörte Fall,

daß aus dem Übermaß der Lebenskräfte
ein Strom in jenes Paar hinüberrann
und es mit trügerischem Leben äffte –:

Herab zur Erde springen Weib wie Mann...
Und stürmisch, wie sich Glut und Flut umfassen,
vergessen sie den langen, kalten Bann...

Doch schon beginnt die Lippe zu erblassen,
versagt das Blut den weitern tollen Lauf –:
Sie müssen schaudernd von einander lassen...

Nach ihren Säulen streben sie hinauf –
allein umsonst –: Sie sinken, wo sie stehen:
Und wieder nimmt sie Steines Starrheit auf.

Zwölf Monde gingen hin, seit dies geschehen,
als gleicher Frist das Gleiche sich begab:
Man wachte auf, doch Venus – lag in Wehen!

Und alsobald erscheint ein muntrer Knab',
zum Leben sichtlich denn zum Tod bereiter,
und bricht sich schon ein Birkenreislein ab...

Und während Mars und Venus innig heiter
ihm zusehn, zielt er schon nach links und rechts
auf Mäuse, Hummeln, Vögel und so weiter.

Und merkt es nicht im Eifer des Gefechts,
daß seine Eltern still und stiller werden, –   55
bis plötzlich er der Letzte des Geschlechts.

Er springt hinzu mit kindlichen Geberden,
er ruft und tastet, –: Stein und nichts als Stein!
Und eben erst entrückt dem Schoß der Erden,

von niemandem belehrt als sich allein,   60
verwirft er endlich all die eitlen Fragen
und richtet sich in seinem Reiche ein.

Ein freundlich Heer von ungetrübten Tagen,
so schien es, war dem losen Schelm beschert…
Wie manches Tierherz mußte ihn verklagen: 65

Denn ach wie manches ward von ihm versehrt!
Wenn früher schon die Liebe hoch hier blühte,
so war ihr jetzt kein Herz mehr abgekehrt.

Bis eines Tags ein Paar bekränzter Hüte,
seit Jahr und Tag das erste Menschenpaar,   70
sich kreuz und quer den alten Park durchmühte.

Weh, Amor! nun ereilt dich die Gefahr! –:
Denn, kaum daß jene durchs Gebüsch gedrungen, –
der kleine Gott schon Stein geworden war.

»O sieh doch! sieh!« so jubeln sich die jungen   75
Entdecker zu – »Ein Fund! ein Schatz! ein Hort!«
Das Mädchen ist zu Amorn hingesprungen –:

Der spielt noch, steinern, seine Rolle fort
und steht mit trotzig aufgespanntem Bogen –
und treibt den Jüngling so zum rechten Wort…   80

Von jäher Röte Flammen überflogen,
bekennt sein Lieb sein Werben ihm zurück –
und fühlt sich schon an seine Brust gezogen...

Wer glaubte nicht der beiden reinem Glück?
So laßt uns nur die Frage noch beschwichten,
wie sich beschließt das wunderliche Stück.

Man wollte auf den Kleinen nicht verzichten
und nahm ihn mit, er war ja »herrnlos Gut«!
Die Eltern glückt' es wieder aufzurichten.

Sie ließ man wieder in der Wildnis Hut.
Sie blicken immer noch voll Zärtlichkeiten,
doch ewig nun erloschen schweigt ihr Blut.

Indessen steht vor Amor man, (dem Zweiten),
als allbekanntem »Raub«, bewundernd da...
Man glaubt, er stamme aus Canovas Zeiten...

Ich aber lächelte, als ich ihn sah.

DER ZEITUNGLESENDE FAUN

Auf einem Eichenstrunk, die Ziegenbeine
behaglich überschlagen, sitzt ein Faun
und liest in einem alten Zeitungsblatt,
das er im Walde irgendwo gefunden.
Ein Feuilleton ›Die Presse, ihre Macht
und heilige Mission‹ beschäftigt ihn.

»Die Presse« liest er »ist das Fundament
der heutigen Kultur, der stärkste Hebel
geistigen Fortschritts, höherer Gesittung.
Sie ist die Lehrerin, Erzieherin
und Richterin der Völker! Nichts entzieht sich
der Allmacht ihrer Kritiker: Sie prüft,

beleuchtet alles, was du denkst und tust,
sie ist die vornehmste, stets wachsame
und drum so wichtige Vertreterin 15
der öffentlichen Meinung. Papst und Kaiser
umbuhlen sie. Und bis herab zum Bettler
sieht alle Stände, alle Klassen man
ihr unterworfen und gezwungen, sie
zu respektieren. Und noch mehr, noch mehr! 20
Sie ist das unentbehrlich-wichtigste
Verkehrs- und Bildungsmittel unsrer Zeit:
Bezieht ein großer Teil der Menschheit doch
heut sein gesamtes Wissen aus der Zeitung!
Denn mehr und mehr verdrängt die Tagespresse 25
der langen Bücher zweifelhaften Wert:
Der Menschen Kraft, Bedürfnis nehmen heut
die Zeitungen und Zeitschriften in Anspruch,
so daß der Sammlung fordernden Lektüre
kein Raum mehr bleibt. Die für den Tag geschriebnen 30
und mit dem Tag vergehnden Zeitungen,
sie wirken eben rascher als die dicken,
gedankenschweren Bücher, ja noch mehr!
In ihren Händen liegt das Schicksal aller
schriftstellerisch- und dichterischen Werke!« 35

Mit breitem Grinsen liest es der Panisk,
und seine Flöte an die Lippen langend,
erhebt er sich und trabt vergnügt waldein.
Ein Wiesel raschelt unterm Stamm hervor;
die hohen Eichen flüstern hell im Wind; 40
und das Papierchen tanzt in eine Pfütze.

Goldfuchs, Schürz' und Flasche
Eine Ballade*

Auf der Waldwies' hausten heut
sonderbare Brüder,
sangen, sprangen um die Wett'
zu eines Alten Fiedel, –

5   Goldfuchs, rund wie ein Bankier,
Schürze, zart und weiß wie Schnee,
Flasche, grau wie Asche.

Sang der Goldfuchs:
Alles dreht
10   sich um mich
früh und spät,
rum didl dum,
rum didl dauz,
bum bum bum,
15   bauz!

Sang die Schürze:
Alles dreht
sich um mich
früh und spät,
20   rum didl dum,
rum didl dauz,
bum bum bum,
bauz!

Sang die Flasche:
25   Alles dreht
sich um mich
früh und spät,
rum didl dum,
rum didl dauz,
30   bum bum bum,
bauz!

* Aus einem Liederspiel, komponiert von Robert Kahn.

> Warf der Alt' die Fiedel weg,
>   kriegt' den Fuchs zu fassen,
> schickt' ihn wie 'nen Schlitterstein
>   weit hinaus aufs Wasser, 35
>   griff die Schürze, stopfte sie
>   zwischen Ripp' und Gürtel,
>   schmiß die leere Flasch' zu Boden,
>   daß sie gell zerklirrte...
>
> Wandte sich, das Buschwerk schlug 40
>   hinter ihm zusammen,
>   aber lang noch hört' man ihn
>   fernher brummen:
>   Alles dreht
>   sich um mich 45
>   früh und spät,
>   rum didl dum,
>   rum didl dauz,
>   bum bum bum,
>   bauz! 50

DIE BRÜCKE
(Einem Bildhauer der Zukunft)

Bis an die Knie stehn im Strom
die beiden Riesen Kraft und Maß:
Auf ihren breiten Nacken ruht
der Brücke stählernes Gebälk.

Beine breit in Grund gestemmt, 5
Hände auf des andern Schulter,
Stirn an Stirne fest gepreßt,
stehn sie da und schaun hinunter.

Da flieht die Welle ruhlos hin,
und weiße Segel ziehn einher,
und dunkle Schlote wölken Rauch,
und Schollen türmt des Winters Frost.

Aber unbewegten Blicks
stehn die muskelfrohen Hünen;
leis nur zuckt des einen Leib
stampft es droben donnernd drüber.

Der andre aber preßt die Stirn
nur fester, fester nur die Faust:
Er kennt des Bruders trotzig Herz,
das tief im Kern die Menschheit haßt.

DER TAG UND DIE NACHT

Aus der Laube der Dämmerung,
drin sich der Tag und die Nacht
ein Weilchen geliebt,
scheucht ihn des Abends Ruf.

Aber die Nacht
eilt ihm nach...
Und wie sie dahinstürmt,
löst sich ihr herrliches Haar
und fällt...
Sie wankt,
bricht in die Knie –:
Weithin
hüllen die schwarzen Strähnen
die Erde.

Lange verharrt sie so
dunklen Grams.

Aber schon sehe ich
ihren Geliebten
wiederkehren
und der Vorsonnendämmerung   20
schweigende Laube
neuer Umarmungen
kurzem Entzücken
winken.

DER SCHLAF

Der Schlaf schickt seine Scharen in die Nacht,
Unholde, Legionen auf Legion...
Vom Rücken schleichen sie ihr Opfer an,
auf leisen Tatzen, und umarmen es,
wie Bären, unentrinnbar und geräuschlos, –   5
bis alle Muskeln ihm erschlafft, und stumm
von ihrer Brust der Leib zu Boden rollt...
Und wenn so alles hingebettet liegt,
so traben sie zu ihrem Herrn zurück,
und ihr Gebrumm erfüllt wie dumpfer Donner   10
die düstren Waldgebirge seines Reichs.

PFLÜGERIN SORGE

Über der Erde Stirne,
durch Tag und Nacht,
pflügt ein hagres Weib
hin und her...
Wilde Stiere,   5
kaum zu hemmen, ziehn,
reißen ihre Pflugschar durch den Grund:
Doch je rasender die Nacken zerrn,
nur so tiefer drückt den Baum sie ein.

> Über der Erde Stirne,
> durch Tag und Nacht,
> führt Frau Sorge
> Furche, Furche, Furche...
> Leidenschaften,
> kaum zu zähmen, ziehn,
> reißen ihre Pflugschar durch den Grund:
> Doch je wilder die Dämonen zerrn,
> nur so tiefer gräbt den Stahl sie ein.

LEGENDE
(Empfunden bei einem Prélude Chopins)

Vom Tisch des Abendmahls erhob
der Nazarener sich zum Gehn
und wandte sich mit seiner Schar
des Ölbergs stillen Wäldern zu.

Erloschen war der Wolken Glut;
in Hütt' und Höfen ward es licht;
hell glänzten nah und näher schon
die Fenster von Gethsemane.

Aus einer Scheune klang vertraut
das Tanzlied eines Dudelsacks,
und Mägd' und Bursche drehten sich
zum Feierabend drin im Tanz.

Und Jesus trat ans Tor und sah
mit tiefem Aug dem Treiben zu...
Und plötzlich übermannte ihn
ein dunkles, schluchzendes Gefühl.

Und, Tränen in den Augen, trat
er zu auf eine junge Magd
und faßte lächelnd ihre Hand
und schritt und drehte sich mit ihr.

Ehrfürchtig wich der rohe Schwarm;
die Jünger standen starr und bleich; –
Er aber schritt und drehte sich
als wie ein Träumer, weltentrückt.

Da brach auf eines Jüngers Wink 25
des Spielers Weise jählings ab –
ein krampfhaft Zucken überschrak
des Meisters hagre Hochgestalt –:

Und tiefverhüllten Hauptes ging
er durch das Tor dem Garten zu… 30
Wie dumpf Gestöhn verlor es sich
in der Oliven grauer Nacht.

Die apokalyptischen Reiter

Beim stillen Weinglas saß ich spät und spannte
zerrißne Saiten neu der treuen Geige –:
Da war's, daß mir das harte Haupt des Dante

erschien in meines Römers dunkler Neige:
als wollte es die Lieder-Stufen höhnen, 5
auf denen ich zu meinem Ruhme steige.

Und alsobald begann im Zorn zu tönen
mein Saitenspiel von hochvermeßnen Händen
und füllte mein Gemach mit ehrnem Dröhnen.

Und zuckend von irrlichterischen Bränden 10
zerbarst vor mir die laute Nacht in Stücke,
und von Gespenstern schwoll's aus fahlen Wänden…

Doch wie ich rasch des Worts tollkühne Brücke
nach solcher Schattenflucht zu schlagen strebe,
entweicht es schon und lockt mit neuer Tücke… 15

bis endlich in die rinnenden Gewebe
einschlägt des Willens grollende Gewalt
und eins ergreift inmitten seiner Schwebe –:

Mit finstren Stämmen drängt empor ein Wald,
drin Wiesengrund im Dreieck ausgeweitet,
von Klumpen Mondgewölkes überballt.

Doch mehr mein Aug dem Dämmer noch entstreitet:
Vier sattelleere Rosse schau ich grasen
und dunkle Körper unweit hingebreitet.

Sind's Räuber, die die Flucht hierher geblasen?
Ein Mondstrahl gleißt: Dies Haupt verrät ein Weib,
zwei grüne Augen schillern im Verglasen.

Und um dies Haupt, welch fürcherlicher Leib!
Nur widerwillig gibt die fahle Nacht
sein Bild, daß keinem es zu treu verbleib'.

Und jäh erkenn' ich, wer hier Rast gemacht –:
Der Tod, der Krieg, der Hunger und die Pest, –
tiefmüde Nachtrast! Nur der Hunger wacht...

Die Greisin kauert Kinn an Knie gepreßt...
Der Krieg, die Stirn am Schwertknauf, atmet schwer,
blutüberronnen noch vom letzten Fest...

In freudelosen Halbschlaf sank selbst Er...

PARABEL

Kennst du die Figur der Polonaise,
wenn die Paare, hochgefaßter Hände,
Lauben, wie die Tänzer sagen, bilden?

Und das immer letzte Paar, sich bückend,
durch die Bogen an die Spitze schreitet,
dort als Tor sich wieder aufzustellen?

Nun, so wirst du mich begreifen, wenn ich,
dies betrachtend, an die Menschheit denke,
wie sie sich vom Greis zum Kind erneuert:

Gleich als ob das Paar des höchsten Alters
plötzlich in der andern Rücken schwände,
vorn das Spiel von neuem aufzunehmen...

Das Ende

Jahrhunderttausende durchmißt mein Geist...
Verwandelt ist der Erde Angesicht,
der Menschheit letzte Horde tief vergreist.

Kaum bricht durch Wolken mehr das liebe Licht.
»Wie alt sind wohl die Menschen?« fragt ein Kind
den Vater. Und ich höre, wie der spricht:

»So alt, mein Liebling, als die Sterne sind!«
»Was sind das, Sterne, Vater?« »Späh einmal,
wenn nachts im Nebel wühlt der wilde Wind.

Vielleicht erspähst du einen stillen Strahl:
Der kommt von Welten, die unendlich fern:
Uralte Sagen rühmen ihre Zahl.«

»Doch Vater, sprich, wie alt ist solch ein Stern;
denn gleiches Alter gabst den Menschen du?«
»Das, kleiner Frager, wüßt ich selber gern!

Sieh, Kind, zähl tausend Jahren tausend zu
und abertausend, zähl solang du magst, –
dein Hirnchen käme nimmermehr zur Ruh!

Kein Mund weiß Antwort dem, wonach du fragst:
Denn keine Rechnung führt dahin zurück,
daran neugierig du zu rühren wagst...

Doch alter Märchen weiß ich manches Stück –
noch mehr die Mutter! Willst du? Geh hinein!
(Oh Kinderherz mit deinem kurzen Glück!)«

Kaum ward es Tag, schon bricht die Nacht herein...
Der Knabe läuft nach einem plumpen Bau...
Im Aug' des Mannes glimmt ein stierer Schein...

Ein tiefes Graun verwehrt mir weitre Schau.

DER BORN

Im Garten Gottes
wirft ein Born
sein Silber
Tag und Nacht empor:
Ohn Maßen stürzt
die Flut hinauf
und fällt zurück,
ein Perlenmeer.

Urewig türmt
der Strahl sich ab
und baut sich wieder
aus sich selbst,
urewig kreißt
der Schoß und nimmt
Empfängnis
von der eignen Frucht.

In Silberschauern
wirbeln sich
Legionen Tropfen
durch den Raum...
Im Garten Gottes
spielt ein Born
gedankenlos
das Spiel der Welt.

DER URTON

Fernher schwillt
eines Dudelsacks
einförmig-ewigwechselnde
Melodie:
Unaufhörlich
hebt sich und senkt sich
über dem Urton
ihr unerfaßliches Spiel.
. . . .

Auf dem ehernen Tische
Unendlichkeit
liegt unermeßlicher Sand gebreitet.
Da streicht ein Bogen
die Tafel an:
Einen Ton
schwingt und klingt
die fiebernde Fläche.
Und siehe!
Der Sand
erhebt sich und wirbelt
zu tausend Figuren.
Aus ihnen,
den tanzenden
tönenden,
glühenden
schlingen sich Tänze,
binden sich Chöre,
winden sich Kränze,
umringen sich,
fliehen sich,
finden sich wieder.

                Aber das Spiel
        der Formen, Farben und Töne
                durchbrummt
                unaufhörlich,
35   beherrscht
        fürchterlich-unerfaßlich
            der tiefe Urton
        . . . .

            Fern verschwillt
            des Dudelsacks
40   einförmig-ewigwechselnde
                Melodie
            Dorf, Wald, Welt
                versinkt mir
                schweigend
45   in Nacht.

DER EINSAME TURM

Wer laut von diesem längst verlassnen Turm
der Tannen Ringwald überrufen wollte,
und trüge, was er riefe, stärkster Sturm,
er ahnte, daß es nie ein Ziel errollte.
So einsam steigt der alte Bau empor;
er fühlte Fürsten einst auf seinen Stufen,
bis, dunkler Taten schauerlich verrufen,
sein stiller Reiz der Menschen Gunst verlor.

Nur daß von Jägern sich zuweilen wer
vorbei verirrt, von wanderfrohen Seelen,
von Bettelpack, und wer die Kreuz und Quer
den Forst durchschleicht, sich Holz und Wild zu stehlen;
nur daß an seinem Fuß zuweilen sich,
wie heut, Zigeunervolk sein Reisig schichtet
und mit der Bogen wehmutwildem Strich
sein Weltweh in den fremden Frieden dichtet.

In allen Kronen hängt noch goldner Glanz...
Die Sonne säumt noch, ihren Tag zu enden...
Der Söllerblöcke halb zerfallnen Kranz
umlodert noch ihr scheidendes Verschwenden... 20
Und aus dem Purpur schwillt es wie ein Born,
ein Strom von Tönen –: Abends erst Erschauern
erregt des Turms uraltes Äolshorn,
der Sonne nachzujauchzen, nachzutrauern.

Die Heimatlosen drunten horchen auf – –. 25
Und einer nimmt die Geige von den Knien
und strebt mit manchem jähen Sprung und Lauf
des Winds Gesang phantastisch zu durchziehen...
Und wie so Wind und Seele sich verweben,
erwachen mehr und mehr der treuen Geigen... 30
Ein aller Leidenschaften schluchzend Leben
erstürmt des Himmels immer tiefres Schweigen.

Gefangen folgt zuletzt die ganze Schar
der Windposaune wunderlichen Launen...
Nun rast es tollkühn, unberechenbar... 35
Nun stockt es wie in fragendem Erstaunen...
Oh Sonne! Sonne! Mutter! Mutter! flehen,
verzweifeln, weinen, drohen all die Stimmen
und drohn und flehn in immer bangren Wehen,
je mehr des Tages Brände rings verglimmen. 40

Doch droben – seht ihr? die Zigeunerin!
Entstahl sie sich dem Kreis der braunen Söhne?
Wo kam sie her, das Weib? Wie kam sie hin?
Wie wächst sie hoch in schattenhafter Schöne!
Und hört ihr – hört! wie ihre Lippen singen – 45
ein Lied, das endlich alles überwindet,
in sich die andren Stimmen alle bindet,
damit Natur und Menschheit sie umklingen.

Es ist das tiefe Lied der Einsamkeit,
das Königslied der großen Ungekrönten,
das Klagelied der würdelosen Zeit,
das Trutzlied aller nur mit sich Versöhnten,
und ist der Weisheit gütiger Gesang,
des Willens jugendewiges »Es werde!«,
der Liebe Durst und Pein und Überschwang,
es ist das Schicksals-Hohelied der Erde.

Der Wald ward still. Kein Hauch im Wipfelschweigen.
Der Sterne Chor bewegt sich klar herauf...
Und schlanke Leiber, edle Häupter zeigen
sich hoch vom Turme seinem ernsten Lauf...
Die überall Verstoßenen, sie wohnen
in der Unendlichkeit azurnem Zelt –:
Um ihre Stirnen brennen bleiche Kronen,
und ihre Seelen sind der Sinn der Welt.

Waldluft

AUFFORDERUNG

Stiller Wälder süßen Frieden
laßt uns suchen und genießen!
Stätten, heimlich, abgeschieden,
mögen uns der Welt verschließen!

Seht ihr dort das braune Tierchen –
unsern kleinen Nüsseknacker,
unser schelmisches Possierchen,
unsern blitzbehenden Racker?

Wirf uns nicht mit Bucheneckern,
Kätzchen, führ uns leise Wege,
wo Gelächter heimlich meckern,
kommen Menschen ins Gehege...

Nachtigallenchor dem Reigen
lichter Elben schlägt und flötet,
bis der Mondnacht Silberschweigen
erste Frühe überrötet...

Wo auf großgeäugter Hinde
lauscht die stumme Elbin Stille,
wenn das Ungestüm der Winde
endlich zwang ihr flehnder Wille...

Wo der Gnomen kluge Völkchen
aus Irrflämmchen, Neumond-Tauen,
Regenruch, Gewitterwölkchen
ihr geheimes Wissen brauen...

Stiller Wälder süßen Frieden
laßt uns suchen und genießen!
Stätten, heimlich, abgeschieden,
mögen uns der Welt verschließen!

Krähen bei Sonnenaufgang

Noch flieht der Blick des jungen Tags
der Berge nebelgraue Gipfel,
und schon entschwebt, gemeßnen Schlags,
die erste Krähe ihrem Wipfel.

Der schwankt, befreit von schwerer Last,
daß rings die Zweige sich bewegen:
Fahlsilbern sprüht von Ast zu Ast
des Frühtaus feiner Flüsterregen.

Doch eh' sein Flüstern noch erstickt,
enttönt ein »Krah« dem stillen Raume:
Der Vogel hat am Wolkensaume
das erste blasse Rot erblickt.

Auf allen Wipfeln wacht es auf
und schüttelt sich und ruft nach Taten...
In lautem Streiten und Beraten
erhebt sich endlich Hauf um Hauf.

Nur zwei Gewitzte warten schlau,
bis alles nach und nach verstoben,
sie wissen einen nahen Bau,
den gestern Jäger ausgehoben.

Ein Käuzleinflügel harrt hier noch,
die Kecken lecker zu belohnen –:
Das Paar umkreist erregt das Loch...
Braungolden glänzt das Meer der Kronen...

Das Häslein

Unterm Schirme, tief im Tann,
hab ich heut gelegen,
durch die schweren Zweige rann
reicher Sommerregen.

Plötzlich rauscht das nasse Gras –
stille! nicht gemuckt! –:
Mir zur Seite duckt
sich ein junger Has...

Dummes Häschen,
bist du blind?
Hat dein Näschen
keinen Wind?

Doch das Häschen, unbewegt,
nutzt, was ihm beschieden,
Ohren, weit zurückgelegt,
Miene, schlau zufrieden.

Ohne Atem lieg ich fast,
laß die Mücken sitzen;
still besieht mein kleiner Gast
meine Stiefelspitzen...

Um uns beide – tropf – tropf – tropf –
traut eintönig Rauschen...
Auf dem Schirmdach – klopf – klopf – klopf...
Und wir lauschen... lauschen...

Wunderwürzig kommt ein Duft
durch den Wald geflogen;
Häschen schnubbert in die Luft,
fühlt sich fortgezogen;

schiebt gemächlich seitwärts, macht
Männchen aller Ecken...
Herzlich hab ich aufgelacht –:
Ei der wilde Schrecken!

MITTAG-STILLE

In der blauen Mittag-Stille
stehn die Föhren ohne Regung;
hält des Windes wilder Wille
einmal nicht sie in Bewegung?
Wie sie dem Gebieter grollen,
der sie Tag und Nacht ohn' Ende
zwingt, Gehorsam ihm zu zollen,
Flüsterlob und Wohlduft-Spende!

Und sie rühren keine Nadel,
träumen stumm ins blaue Schweigen;
selber ihren Groll und Tadel
haben sie nicht Lust zu zeigen;
kurzes Spechtgeklopf umlärmt sie,
Brummvolk summt nach süßem Lohne,
tiefes Wohlgefühl durchwärmt sie
von der Wurzel bis zur Krone.

DER ALTE STEINBRUCH

Tief im Walde, tief im Walde
bildet, fern der Wege Reich,
eines Bruchs verlaßne Halde
einen kleinen, stillen Teich.

Moosbewachsne Blöcke ragen
aus der seichten Regenflut,
Falter und Libellen jagen
über bunter Lurche Brut.

Aber wenn im Abendbrande
hinterm Wald die Glut verraucht,
stößt und rudert es vom Rande,
kriecht und klettert, plumpst und taucht.

Und der Unken Urgroßahne
– niemand weiß, wann Gott ihn schuf –
ruft, daß er sein Weibchen mahne,   15
seinen dunklen Werberuf.

Daß das Froschgeschlecht nicht sterbe,
bleibt zuletzt nicht einer still:
Denn der Tümpel ist ein Erbe,
das getreu gewahrt sein will.   20

Liebeskranke Grunzer fliehen
der bewegten Weibchen Schlund;
immer kühnre Harmonien
fülln den dämmertrauten Grund.

Bis des Mondes Goldhorn endlich   25
neuen Schimmers alles speist:
Nun erwacht sich unabwendlich
trunkner Nächstenliebe Geist...

Tief im Walde, tief im Walde
schwärmt Froschbräutigam und Braut   30
in versteckter Steinbruchhalde,
bis der letzte Stern ergraut.

Beim Mausbarbier

»Springst auch zum Bader?«
    »Ja!«
»Spring'n wir zusammen!«
    »Ein schöner Sonntag heut –«
»Duck dich!«   5
    »Was ist?«
»Ein Has!«
    »Ein Has! das ist was Recht's!«
»Sei still! wenn er dich hört, so –«

»Nun?«
»Verklagt er uns beim Raben!«
   »Du!«
»Was hast? ein Korn?«
   »Hihi! die Hälfte fress' ich –«
»Mehlgebacknes?«
   »Und mit der andern zahl' ich –«
»Den Barbier? Und ich?«
   »Hi! wenn du noch dein Weibchen wärst!«
»Ich beiß' dich –«
   »Still! da sind wir!«
»Guten Morgen!«

Aus einem Erdloch
unter einer Wurzel
verbeugt sich tief
ein alter Mausekopf –:
»Frisieren? brennen?
Bitte, nur herein!«

Die Mäuslein nehmen Platz
auf einer Moosbank
und harren stumm
in saubern Spinnwebmänteln,
indes der Alte
seine Eisen draußen
auf einen Stein
ins Sonnenfeuer legt.

»Die Härchen ausziehn?«
   »Nach der Mode!«
»Bitte!…«
Bedächtig zieht
der alte Mausbarbier
die Schnurrbartfädchen
durch das warme Scherlein.

Dann wichst er sie
ein wenig noch mit Harz
und wäscht zum Überfluß 45
die samtnen Köpfchen
mit Birkenöl
und scheitelt sie geschickt.
Dann knüpft er flink
die Mäntel ab 50
und bürstet
die sonntäglichen Wämser
spiegelglatt.

Mit Anstand holt
das eine Mäuslein drauf 55
den Kuchen aus der Tasche:
»Bitte!«
  »Danke!...«

Von seinem Loch aus
guckt der Mausbarbier 60
dem stolzen Paar
behaglich knabbernd nach
und lugt vergnügt
zum blauen Himmel auf,
der reiche Kundschaft 65
heute noch verspricht.

Elbenreigen

Auf der Wiese webt und schwebt
Elbenringelreigen;
seiner Füßchen Schnee sich hebt
zu geheimen Geigen.

Schleier schlingen sich im Ring, 5
Silberflechten flimmern,

Flügel wie von Schmetterlingen
scheu im Monde schimmern.

Jedes Köpfchen krönt ein Kranz
goldner Leuchtlaternchen,
wunderwirr verstrickt der Tanz
all die tausend Sternchen.

Busen wogen, Wangen glühn
bräutliches Begehren —:
Wird der Rechte heut sich mühn,
werden sie nicht wehren.

Lüstern läuft ein lauer Wind
übers Taugelände...
Plötzlich hebt ein Elbenkind
warnend beide Hände:

›Horcht! Was kommt da übern Berg
durch den Wald gegangen?‹
»Hei, die Zwerge, dummen Zwerge
wolln uns fangen, fangen!«

»›Husch hinaus! und auf den Strom!‹«...
Oh ihr Trotzeköpfchen!
Durch die Bäume lugt ein Gnom —
schüttelt trüb sein Schöpfchen.

»Ur-Ur«

In den dunkelsten Nächten,
wo nur die Eule noch jagt,
zieht durch des einsamsten Waldes
finstersten Teil
ein gespenstischer Stier...

Sie nur
kennt seinen Namen
und ruft ihn –:
»Ur-Ur... Ur-Ur...«

Über ihm streicht sie
mit glühenden Augen...
Niemand weiß es, denn sie:
Urvater ist es,
Waldvater,
Weltvater,
totgeglaubt,
ewig doch –
»Ur-Ur... Ur-Ur...«

Wach
wird der ganze Wald,
horcht,
späht...
Gedrängt und geduckt,
zittern die Vöglein...
Unhörbar huscht's
durch die Bäume...
»Ur-Ur... Ur-Ur...«

GEIER NORD

Der Geier Nord fliegt übern Wald,
in einen grauen Sack gekrallt,
er hat nicht leicht zu tragen.
Er fliegt zu niedrig ob der Erd',
die Fichten drohen ihm Gefährd',
die dort so spitzig ragen.

Da... schon... da hängt das Wolkentuch!
Hörst du des Geiers grausen Fluch?
Er muß es fahren lassen:
Und aus dem aufgerißnen Sack
spreun lustig sich auf Tann und Hag
Frau Holles weiße Massen.

Erdmännlein halten hohle Hand
und schmücken mit dem Glitzer-Tand
laut kichernd ihre Weiblein.
Die stelzen hoch daher, doch weh!
schon schmelzen die Geschmeid' aus Schnee,
und naß sind alle Leiblein.

Am Himmel kommt der Nord zurück
mit einem neuen Wolkenstück, –
doch wieder bleibt es hängen.
Wenn das so fort geht –, Leutlein, rennt
nach Haus, sonst wird das Element
euch ernstlich noch bedrängen!

Das Völklein läuft. Der Geier gibt's
voll Trotz nicht auf – und endlos stiebt's
aus aufgespießten Säcken...
Den ganzen Tag, die ganze Nacht...
Wohl tausend Stück, von ihm gebracht,
den Waldgrund nun bedecken.

Zwischenstück

FUSCH-LEBERBRÜNNL
(Herzogtum Salzburg)

Tagebuch-Fragment Nulla dies sine linea
10.–22. August 1896

VOR EINEM GEBIRGSBACH

(10.) Waagrecht diese Wasser, – und zu Ende
Wellenspiel und jähe Formenwende!
Wo liegt's? Der Wechsel selbst, für sich allein?
Der Wechsel nur in mir, nur Form, nur Schein?

(11.) DUNKEL von schweigenden Bergen umschlossen,
vergessen die Welt wie ein Puppenspiel,
nebelumflossen, regenumgossen,
doch in der Brust ein leuchtendes Ziel.

(12.) HINAUS in Nebel und Regen,
wie stark auch der Himmel trauft!
Mit Sprühwasser-Morgensegen
die junge Stirne getauft!

(14./15.) SPÄT von Goethe und andrem Wein
hab ich mich des Nachts getrennt –:
Legionenfacher Schein
überfloß das Firmament.
Wie ein Silberschauer rann   5
grenzenlose Sternenpracht
über Gipfel, Hang und Tann
durch die tiefe, heilige Nacht.

Morgen

(15.) Nun sind die Sterne wieder
von blaßblauer Seide verhüllt,
nun Näh' und Ferne wieder
von junger Sonne erfüllt.
5   Ihr weißen Wasser, die ihr
hinab zur Ebne springt,
oh sagt den Freunden, wie mir
das Herz heut singt und klingt.

Und doch!

(d.) Und doch, ich sag es frank und rund,
mir fehlt noch was zum Glücke –:
Ein lieber, süßer Mädchenmund,
ein Arm, der meinen drücke,
5   ein Aug, darein ich glänzen könnt'
mein jubelndes Empfinden,
ein Blondhaar, das ich keinem gönnt'
sich um die Hand zu winden.

(d.) Schwerer Nebel dunkle Lasten
sinken von dem Schnee der Kämme
über öde Herdenrasten
in des Tannichts finstre Stämme.
5   Nur des Baches bleiche Brandung
rauscht und leuchtet noch gerettet, –
bis die düstre Dunstgewandung
endlich ihn auch überbettet.

Vor zurückgeschickten Versen

(16.) Urteilsloser Nörgler Schlag
ruhig schelten lassen!
Müssen dich nach Jahr und Tag
dennoch gelten lassen.

(17.) SCHLECHTE Wittrung trägt sich gut,
wenn die Luft nur rein ist;
Städtedunst verdirbt das Blut,
selbst wenn Sonnenschein ist.

(d.) MÖCHT' es wohl hier oben wagen,
Apostat vom Tinten-Grale,
mit des Bergstocks hartem Stahle
Runen in den Fels zu schlagen!

ABENDLICHE WOLKENBILDUNG

(d.) Oben stille, bleiche Lämmer,
drunter sonngoldschwere Züge,
trotz erhöhter Hellnis Lüge
ohne Wehr dem nahen Dämmer.

(18.) WER DOCH den trüben Wahn erfunden,
daß keine Seele glücklich sei!
Ich war's, ich bin's! in reichen Stunden
von aller kleinen Trübsal frei.

Nicht wahrlich, da mit heisrem Atem   5
die Menge mir den Weg verbellt, –
doch nun Suleika sich und Hatem
mit goldnen Liedern mir gesellt.

Nun da Natur mich treu umbreitet
mit Tannen, hehr wie Hafis' Geist,   10
und drüber mir die Blicke weitet,
bis, wo der letzte Fels vereist.

Wie sollt ich da nicht Mensch sein mögen,
ein weltverleumderischer Tropf!
So gern sie auch herunter bögen   15
den heitren, hochgemuten Kopf.

Abendbeleuchtung

(19.) Wie sich die Gebirge bauen,
Sonnenspätlichts überboten,
fern zurück: von milchig blauen
bis zu violett- und roten!

»Dichter«?

(20.) Nur nicht eignen Gang bespähen!
Immer kopfhoch weiter wandern!
Bald genug, und gleich den andern
wirst du im Register stehen.

Briefe

(d.) Briefe von den beiden treusten,
liebsten, schönsten Weggenossen!
Ihr in dritten Freundes Fäusten:
Und der Zirkel ist geschlossen.

Vor einem Wasserfall

(d.) In breiten Spießen stürzt die Flut zu Tal,
noch mehr, in lang hinabgedehnten Brüsten – –
bis endlich wehnder Staub der letzte Strahl
und hier und dort gestreut nach Winds Gelüsten.

»Leberbrünnl«-Schlucht

(d.) Jeden Abend, den ich kehre
aus der Täler weitem Lauf,
geht mein Herz in Dank und Ehre
deiner stillen Schönheit auf.

(21.) FREUNDIN Phanta hat unzweiflich
mich hier oben schnöd verlassen,
doch Faulenzen, Schlafen, Prassen
macht es unliebsam begreiflich.

NATUR SPRICHT

(d.) Mußt denn um mein ewig Leben
immer arme Verse spinnen?
Glaubst du Größeres zu geben,
wo so Großes zu gewinnen?

Laß die undankbaren Musen, 5
bin ich Mutter nicht von allen?
Besser als an ihrem Busen
wirst du dir bei mir gefallen!

ICH ANTWORTE

Ja wenn ich gewinnen könnte,
kindesweich noch wie vor Jahren!
Allzufrüh schon, Mutter, gönnte
mir mein Stern, allein zu fahren.

Kannst mir Lieb' und Heimat geben? 5
Für mich Tote neu mir schenken?
Dunkles Irrn, verfehltes Streben
in Vergessens Abgrund senken?

Kannst du neu mich selber schaffen?
Nochmals dich in mich verschwenden? 10
Kannst du bessre Lebenswaffen
tatbereitem Sohne spenden?

Nein, auch du kannst mich nur trösten.
Hülfe kommt allein von innen.
Meiner Lebenswerte größten 15
werd' ich nur durch mich gewinnen.

Nebel ums Haus

(d.) Ein Dunstgewölb, wie ich noch keines sah!
Durchbleicht von außen von des Vollmonds Schein!
Auf kleiner Insel dünk' ich mich allein –
bin ich Napoleon auf St. Helena?...
Der nahe Bach gibt lauter Brandung Ton...
Durchs Tannicht schimmert's hell – wie meilenweit...
Ich brüt' in ungeheure Einsamkeit...
Nach Englands Küste kehrt Bellerophon.

Zum Abschied, an F.-L.

(22.) Wie ich schwer von deiner stillen,
unberührten Schönheit gehe!
Doch ich habe tiefen Willen,
daß ich einst dich wiedersehe.

ANMUTIGER VERTRAG

Auf der Bank im Walde
han sich gestern zwei geküßt.
Heute kommt die Nachtigall
und holt sich, was geblieben ist.

Das Mädchen hat beim Scheiden
die Zöpfe neu sich aufgesteckt...
Ei, wie viel blonde Seide da
die Nachtigall entdeckt!

Den Schnabel voller Fäden,
kehrt Nachtigall nach Haus
und legt das zarte Nestchen
mit ihrem Golde aus.

Freund Nachtigall, Freund Nachtigall,
so bleib's in allen Jahren! –:
Mir werd' ein Schnäblein voll Gesang,
dir eins voll Liebchens Haaren!

DIE BEIDEN NONNEN

Ich müßt' es malen, solltet ihr sie sehen,
wie ich sie sah, die beiden schwarzen Schwestern –:
Allein sich glaubend im beschneiten Walde,
der Jugend süße Ungeduld nicht zügelnd,
mit einem Male Menschen, Mädchen, Kinder.
Die Kleider flogen um die leichten Füße,
die Hüften wiegten sich, und jubelnd jagten
sie sich mit weißen Bällen durch die Bäume...
Ein schwerer Ast begrub sie fast in Flocken...
Ein Reh erschreckte sie, – und wie des Schreckens
sich schämend, klatschten toll sie in die Hände...
Dann stellten sie sich plötzlich gegenüber

und maßen ihre Kraft, die offnen Finger
verstrickend, bis die eine lachend kniete...
Und fort und fort so heitre Kurzweil treibend,
entschwanden sie dem nicht geahnten Späher,
bis selbst die Stimmen, heller Lieder selig,
im Winterwald sich endlich fern verloren.

AM SEE

In trüber Schwermut schaut der feuchte Mond
wie ein verweintes Auge durch die Nacht...

Umraucht vom eignen Odem schläft der See,
breitausgebettet bis zum fernsten Wald...

Oft fährt's in Busch und Röhricht schaudernd auf,
wie wenn im Halbschlaf sich ein Seufzer löst...

Dann wieder Stille, als ob selber Gott
als Alp auf seiner Erde lastete...

AUF DEM STROME

Am Himmel der Wolken
erdunkelnder Kranz...
Auf schauerndem Strome
metallischer Glanz...
Die Wälder zu seiten
so finster und tot...
Und in flüsterndem Gleiten
vorüber mein Boot...

Ein Schrei aus der Ferne –
dann still wie zuvor...

Wie weit sich von Menschen
mein Leben verlor!...
Eine Welle läuft leise
schon lang nebenher,
sie denkt wohl, ich reise   15
hinunter zum Meer...

Ja, ich reise, ich reise,
weiß selbst nicht wohin...
Immer weiter und weiter
verlockt mich mein Sinn...   20
Schon kündet ein Schimmer
vom morgenden Rot, –
und ich treibe noch immer
im flüsternden Boot.

FRAGE

Wie tief die Wipfel heut erschauern!
Wie Schicksal greift es in mein Herz
und überwältigt mich, zu trauern,
und reift zu altem neuen Schmerz.

Schwermütige Gemälde steigen   5
zu klagender Musik empor,
und wie sie Jahr um Jahr mir zeigen,
erkenn' ich, was ich schon verlor.

Zuletzt in mich zurückgetrieben –
was bleibt mir nun? wem darf ich traun?   10
Wer wird mein stilles Tagwerk lieben?
Was bürgt mir, nicht umsonst zu baun?...

Wie tief die Wipfel heut erschauern!
Wie Schicksal greift es in mein Herz
und überwältigt mich, zu trauern,   15
und reift zu altem neuen Schmerz.

SEHNSUCHT

Dort unten tief im Dämmer-Grunde,
wo nun so wach die Wasser gehn,
und hier verstreut und da im Bunde
die mondumwobnen Villen stehn,

5 dort hast du nun mit all den andern
zur sanften Ruhe dich gelegt,
indes dem Freund allein im Wandern
das Blut sich minder ruhlos regt...

Schlaf' süß in deinem Silbertale,
10 mein Dunkelauge, Rätselkind,
gegrüßt von jedem reinen Strahle,
der selig in die Tiefe rinnt!

Schlaf' süß! und sieh den Freund im Traume
sich nächtlicher Natur vertraun
15 und von des Bergwalds dunklem Saume
verzückt und schmerzlich niederschaun!

FRIEDE

Wie weich sich Form und Farbe binden
in Sommermittags glühem Hauch –:
Das Dorf im Schatten alter Linden;
ein rötlich Dach; ein Wölkchen Rauch;

5 der Bergbach, dessen heitre Eile
sich glitzernd durch die Wiese webt;
der Straße laubverhüllte Zeile,
die ahndevoll zur Ferne strebt;

und all dies gütig eingeschlossen
von hoher Felder Gold und Duft;
und alles flimmernd überflossen
von lerchenlauter Juliluft...

Ich schau' des Herdrauchs fromme Kreise
zum hohen Blau erblassend ziehn, –
und meine Seele füllen leise
des Friedens süße Harmonien.

BESTIMMUNG

Von dieser Bank hinauszuträumen,
wenn ferner Erdsaum, lichtverwaist,
entgegen den gestirnten Räumen
die Sonne dampfend überkreist!...

Da fühle deine treue Erde,
wie sie ihr Weltwerk schafft und schafft,
daß jedes Land gesegnet werde
von ihrer Mutter trunkner Kraft!

Und wie du heiß die Arme breitest,
von mächtigem Gefühl erfaßt,
und dein Gemüt zur Menschheit weitest,
die dumpf und dunkel liebt und haßt, –

ergreifst du, was du bist, von ferne,
und, was du darfst, und, was du mußt,
und wirst dir deiner guten Sterne
von neuem still und stolz bewußt.

Neue Gedichte der 2. Auflage (1911)

BERGZIEGEN

Vor dem Abendhimmel gehen
längs der Felsen schärfsten Kanten
ein – (da bin ich schon gesehen!)
Bock und seine Geißtrabanten.

Und nun spähen sie herunter,
stehen, wie aus Stein geschnitten...
Aber blitzschnell sind sie munter,
bin ich meines Wegs geschritten!

Und in weiten Sätzen eilt die
Herde, mich ins Dorf zu bringen;
blick ich rückwärts, so verweilt sie,
schrei ich, hör ich's wieder springen.

Endlich sprech ich Donnerstrophen,
wende mich an ihre Bärte:
Laßt des Philosophen Fährte!
Seid doch selber Philosophen.

Feierlich und fragend schauen
lang wir einer auf den andern...
Und mit hochgezognen Brauen
lassen sie mich schließlich wandern.

MATTENRAST

Wiese, laß mich ganz in dein
Wohlgefühl versinken,
dein legionenfältig Sein
als mein eignes trinken.

Deine breite Sonnenbrust
laß die meine werden,
meine Lust die feine Lust
deiner Gräserherden.

Mächtig schwelle mein Gesang
dann aus solchem Grunde,
künde Glückesüberschwang
höchster Sommerstunde.

NEBEL IM GEBIRGE

[*Hier folgt das Gedicht* SCHWERER NEBEL, *s.o. S. 180*]

SOMMERNACHT IM HOCHWALD

Im Hochwald sonngesegnet
hat's lange nicht geregnet.

Doch schaffen sich die Bäume
dort ihre Regenträume.

Die Espen und die Erlen –
sie prickeln und sie perlen.

Das ist ein Sprühn und Klopfen
als wie von tausend Tropfen.

Die Lärchen und die Birken –
sie fühlen flugs es wirken.

Die Fichten und die Föhren –
sie lassen sich betören!

Der Wind weht kühl und leise.
Die Sterne stehn im Kreise.

Die Espen und die Erlen:
sie schaudern tausend Perlen…

Der vergessene Donner

Ein Gewitter, im Vergehn,
ließ einst einen Donner stehn.

Schwarz in einer Felsenscharte
stand der Donner da und harrte –

scharrte dumpf mit Hals und Hufe,
daß man ihn nach Hause rufe.

Doch das dunkle Donnerfohlen –
niemand kam's nach Haus zu holen.

Sein Gewölk, im Arm des Windes,
dachte nimmer seines Kindes –

flog dahin zum Erdensaum
und verschwand dort wie ein Traum.

Grollend und ins Herz getroffen,
läßt der Donner Wunsch und Hoffen,

richtet sich im Felsgestein
wie ein Bergzentaure ein.

Als die nächste Frühe blaut,
ist sein pechschwarz Fell ergraut.

Traurig sieht er sich im See
fahl, wie alten Gletscherschnee.

Stumm verkriecht er sich, verhärmt;
nur wenn Menschheit kommt und lärmt,

äfft er schaurig ihren Schall,
bringt Geröll und Schutt zu Fall...

Mancher Hirt und mancher Hund
schläft zu Füßen ihm im Schrund.

Nachlese zu Auf vielen Wegen

TRÄUME
[*Drei Gedichte mit einem Vor- und Nachspruch*]

Herrlich lebt es sich im Traum,
leicht Gepäck wird Zeit und Raum.
Aber sollst du dann erzählen,
wird dir oft das Beste fehlen.

DER HÄSSLICHE ZWERG

Ich wanderte, wer weiß, wie lange schon.
Nun strich ich durch die Gassen einer Stadt,
nun lief ich über Feld, durch Tannen nun,
durchschwamm den Waldteich, ward von einem Frosch
hinabgezerrt, betrat ein dunkles Haus, 5
stieg seine Treppen, stieg und stieg, zuletzt
erblickt' ich mich auf einem hohen Berg,
von dem ich mich an einem langen Seil
in eine Felsenschlucht hinunterließ...
Dort sah ich einen jungen Adler stehn, 10
des Schwingenpaar ein grausam zwängender,
zu einem Ring gebogner Pfeil umschloß.
Wer bist du? fragt' ich ihn. Er aber schwieg
und sah mich nur voll trüber Trauer an
und wandte sich und führte schweigend mich 15
des Baches Bett hinauf, bis wo der Berg
aus krausverschlungnen Höhlen es entließ.
Ich kroch und watete. Ein Schein wie Blut
umrann des Tropfsteins wunderliche Pracht
und wuchs und wuchs, je mehr ich, nun allein, 20
der Höhle zu ins Innre mich verlor.

An einer Ecke endlich blieb mein Fuß
wie angewurzelt stehn. Da saß ein Zwerg,
wie ihn das Volk zum Nüsseknacken schnitzt
und wenn es seine Kinder schrecken will,
mit spitzen Augen, plattgedrückter Nas',
pechschwarzem Haar, schiefschultrig, klapperdürr,
und einem teuflisch aufgefletschten Maul,
darein er eine niegesehne Art
blutroter Nüsse steckte und zerbiß.
Und jedesmal, wenn krachend einer der
herzförmigen Knackmandelkerne brach,
durchfuhr es mich, als würd' mein eigen Herz
im Biß des mißgebornen Zwergs zerknackt.
Und wieder stieß ich ein »Wer bist du?« aus –
da quoll ein Nebel auf und trug mich fort.
Und ruh- und planlos irrt ich wie vorher.
Und traf auf einem Steg ein junges Paar,
das scheuen Blickes mich vorüberließ,
und sah ein Weib aus einem Fenster sich
aufs Pflaster werfen und dort endigen,
und schritt durch einen Saal: da lag ein Mann,
die Stirn am Marmorsarg der toten Braut.
Und wieder stand des Adlers Bild vor mir,
doch diesmal einer Psyche ähnlicher:
Die lehnte schwermutvoll ihr blasses Haupt
zurück auf ihre pfeilumfesselten,
zu Tode matten, dunklen Fittiche.

Die fliegenden Hyänen

Ging ich heut im Traum durch eine Ebne.
Goldhell leuchtete der Grund des Himmels,
als mit einem Mal ein plump Gewölk sich
zwischen ihn und meine Blicke drängte.

Mehr und mehr: Von schwarzen, trägen Massen
war zuletzt das Firmament verfinstert.
Wollte flüchten, doch der Boden hielt mich.
Und wie ich voll Schrecken späh' und spähe,
wirr' ich endlich aus dem Chaos Linien,
fasse Formen, scheide Rümpfe, Leiber.
Und mich selber frag' ich laut die Frage:
Kennst du nicht die fliegenden Hyänen,
die des Nachts der schlafbefangnen Völker
Städt' und Felder ruhlos überziehen,
und wo sie begrabne Schuld und Sorge
in dem Herzen eines Menschen wittern,
sie aus ihren stillen Grüften wühlen,
daß er, wie von fürchterlichem Alpdruck,
seufzt und stöhnt und sich in Tränen badet?
Und ich fuhr von meiner lauten Frage
selber auf und starrte weiten Auges
in das Morgendämmer meines Zimmers.

IM HIMMEL

Endlich einmal!
Ich stand im goldnen Himmelssaal.
Gottvater kraute sich den Bart;
zu Füßen saß ihm Jesus zart
und taktete den Engelein
mit einem Lilienstengelein;
und alle schauten freudumflossen
auf ihren neuen Spielgenossen.

Mir aber zitterte in Haß
des Nazareners Leib und Seele –
und wie ein Hund, dem man sein »faß!«
zuruft, sprang ich ihm an die Kehle
und rang und würgte ihn zur Erde...

Doch als er meiner Fäuste Stoß
nicht wehrte, duldender Geberde,
da riß ich mich voll Abscheu los –

und fiel und fiel in schwarze Nacht,
von Grauen wie von Frost gepackt,
bis sich der Hölle heißer Schacht
auftat und toller Teufel Flug
mich jählings wie ein Katarakt
hinunterzog und zornentfacht
ein Teufel mir das Haupt zerschlug...
Und schweißverzehrt bin ich erwacht.

    Sei es nun genug der Träume,
    denen wir die Netze stellten!
    Sonne scheint in alle Räume, –
    laßt den Tag nun wieder gelten!

ICH STAMM aus glücklichem Geschlechte her.
Erst später brach sie, Mutter so wie Vater,
das Schicksal, das sich nun an mir versucht.
Die Mutter, edlen Wuchses und Gemüts,
ein stolz-anmutig Weib mit heller Stirne,
draus ich die Lust am Fabeln überkam.
Der Vater, überschäumend noch von Jugend,
ein Mensch voll Sonne, minder nicht der Kunst,
die er ererbt, wie der des Lebens mächtig.
So trat ich in ein reiches Haus: Begrüßt
voll Jubel als ein neues Blütenreis
an des Geschlechtes schönem Werdestamm.
Und manches kühne Wort klang da auf mich
als auf den Erben alter Künstlerkräfte.
Wo seid ihr, die ihr euer Kind
dem Himmel jauchzend zeigtet –

in die Leere,
ach, in die Leere streck' ich meine Arme
und über Gräber – der Lebendigen
und Toten – irrt mein Blick in Einsamkeit.   20

Es KLINGT die Nacht in süßen Tönen
unausgesprochner Wunder voll,
als wollte sie mich leis gewöhnen
dem Glücke, das mir kommen soll.

Ich schreite leicht, wie Frauen schreiten,   5
die still, in wehendem Gewand,
der Menschen dunklen Zug durchgleiten
wie Botinnen aus fernem Land.

Und meine Seele übersegnet
das nächtig stumme Stadtgefild,   10
bis bannend ihrem Blick begegnet
ein einsam waches Menschenbild...

WIE OFT, wenn aus Konzert-, aus Bildersälen,
wenn aus Theatern ich ins Freie trat,
hab' ich die Brust tiefatmend ausgedehnt,
die Arme weit wie Flügel ausgebreitet,
als wär' ich müd' des Kunst-, des Menschenwerks   5
und möchte wieder heimfliehn zur Natur.
So will auch eurer keinem ich's verdenken,
wenn ihm von meinen Liedern sich sein Blick
hinweg verliert – durchs Fenster – in die Ferne,
wenn er vielleicht ihn an die Wolken hängt,   10
wenn er ihn sättigt an dem Grün der Bäume,
wenn ihm vielleicht ein Nachtigallenruf
die Seele selbst mit süßer Dichtung füllt – –

Und seht! nun leg' ich selbst die Feder nieder
und aus dem kleinen Fenster der Mansarde
lehn' ich hinaus mich in den jungen Lenz.

War das die Liebe...

War das die Liebe, die mich gestern streifte,
wie eines seidenen Gewandes Atem
im Dunkel, wie ein windvertragner Duft,
wie Harmonien aus der blauen Nacht,
woher, du weißt es nicht, doch stockt dein Blut
und horcht in die Geheimnisse der Dinge...
und all dein Wesen flutet zögernd aus,
du fühlst dich wie ein Strom die Welt durchrinnen
und ahnst doch noch ein Mehr-als-diese-Welt,
wie hinter feiner Schleier Wehr noch wartend,
ein Himmelreich voll Blüten, Früchten, Sonnen, –
und lächelnd winkt, die dich so sehr gerührt.

Süsse Überredung

O wie so lieb, als ich, mein zartes Vöglein,
dein leise widerstehndes Köpfchen nahm
und deinen Schelmenmund herzinnig küßte!
In Anmut löstest du mein Wesen auf.
Dein Liebreiz übersonnte den Geliebten,
daß er sich gab glückselig-weichen Worts
und seines Ernstes kindlich-froh vergaß.

Und lange noch, nachdem ich dich verlassen,
sah ich in tiefer Güte auf die Welt
und segnete um deiner blauen Augen
mit einem großen Segen alles Sein.

Ich küsse dich, zitternde Mädchenseele,
mit all der Inbrunst meiner Wünsche.
Ich segne dich, ringende Weibesseele,
aus allen Tiefen meines Wesens.
Ich weine mit dir, o Menschenseele,
über das Schicksal, das in uns waltet.

Dichters Rückkehr

Ein feiner Duft erfüllt den Raum,
als wär ein Weib zu Gast gewesen
und hätte meinen letzten Traum
vom Rosenkönigreich gelesen –

und mir zum duftberedten Danke
von zarter Flamme Glut erregt
des Gürtels holde Rosenranke
auf meinen stillen Tisch gelegt.

Meine Morgenseele ist eitel Gesang
und weiß nicht Worte zu wählen,
von Tönegang und -überschwang
könnte sie nur erzählen.

Wie des Himmels Vogel nur singt und singt,
als schien ihm allein die Sonne,
so schwingt mein ganzes Wesen und klingt
von grundloser Daseinswonne.

Deine Augen glühen durch das Dunkel
wie die Augen einer großen Katze,
deine Wünsche surren durch die Stille
wie die Wünsche einer wilden Katze,

deine Haare sprühn und knistern Funken
wie die Haare einer großen Katze,
deine Hände greifen sanft und tückisch
wie die Pranken einer wilden Katze.

Große wilde Katze, die du heimlich
hoch zu mir auf meine Dächer kamest,
glaubtest einen Kater du zu finden?
ach, und fandest einen Philosophen.

ICH BIN ein Mensch von rechter Vogelart
und laß nicht gern die Hände um mich legen,
das Glück der ungehemmten Wanderfahrt
wird stets am freudigsten mein Herz bewegen.
Vom Zaun herab, von roten Rosenhecken
durchschwelle eure Gärten mein Gesang,
doch wollt ihr mich in goldne Bauer stecken,
entflieg ich schnell den Wiesenrain entlang.
Und trag ich Sehnsucht auch im weichen Sinn
und zittere beim Lockruf mancher Schönen,
vermochte doch noch keine Zauberin
in ihren Park mich dauernd zu gewöhnen.

SELBSTBEFREIUNG

Meine Tränen sind gefroren,
sind Eis und nichts als Eis.
Die Sonne ging verloren,
es starb das kleinste Reis.

Beschneite Schollen bäumen
in meiner Brust sich auf –
und nachts in meinen Träumen,
da lauf ich Schlittschuh drauf.

Musikalischer Eindruck

Ich war ein schlanker Becher
entgegen einem goldnen Krug geneigt,
aus dem purpurnes Weines Fülle langsam
in meine helle Silberwölbung rann,
daß deren vielgestaltne Sprüch' und Bilder, 5
damit sie Jahr und Tage bunt bedeckt,
sich vielfach schaukelnd in ihm spiegelten,
bis sie zuletzt in ihm versanken und
so meine ganze Welt in süßem Weine stand.

Im Traum hat sich mir heut enthüllt
ein Kelch purpurnen Bluts gefüllt.

Und neigte sich zu meinem Mund:
»Trink aus, trink aus bis auf den Grund!«

Und eine Perle perlte heiß 5
auf meiner Hand abwehrend Weiß.

Ich aber nahm den Kelch nicht an.
Da trat herzu ein fremder Mann.

Und leerte ihn auf einen Zug.
Und Dunkel schlug sich um den Trug. 10

Ich weiß, ich weiß seit heute nacht:
Ich hab zwei Menschen arm gemacht.

Wenn du den Weg zur Tiefe gehst,
wer folgt dir nach? Du gehst allein.
Wenn du der Mütter Rat erflehst,
besteh die Furcht! Du flehst allein!
Wenn heil du wieder oben stehst, 5
da klatscht man. Doch du stehst allein.

EIN HEILIGES kommt über mich
und will mich tief und innig weihen;
ein Heiliges kommt über mich
und will mir Kraft und Würde leihen.
Zum hohepriesterlichen Amt,
erkenn ich, werde ich bestellt;
und eine Gottesliebe flammt
in mir empor zur ganzen Welt.

SO IST MIR's immer, immerdar ergangen,
daß ich der Schönheit dann erst wußte Dank,
wenn sie im Dunkel hinter mir versank.
Dann streckt ich aus die Hände voll Verlangen
nach den entschwundnen wunderbaren Bildern
und suchte sie im Geist mir neu zu schildern
und sehnte mich nach ihrem Zauber krank.
So ist mir's immer, immerdar ergangen.

MEINE KUNST

Die Welt ist mein Stein,
aus dem ich mit drängendem Hammer
mir mein Grabmonument
tiefsinnig schlage.
Zu tausend Stößen
stemm' ich den Meißel
gegen den harten Fels,
in Ritzen und Löcher
schütt' ich den Sprengstoff
großer Gefühle.
Und doch wird es
ein Torso bleiben,
ein Block, vielbehauen,

ahnen lassend, doch unvollendet...
Oh daß es,
wenn heiße Augen
einst zu ihm aufschaun,
wie jenes pygmalionische Bild
Leben gewönne,
hinunterstiege von seinem Sockel,
umarmt, umarmend,
ein segnendes Lebendiges,
ein Tiefbeglückendes,
einsamen Geistern
ein Trost, ein Umdeuter.
Werbe, dränge, ringe, mein Stahl,
zwinge den Fels!
Vielleicht daß doch
Baldurs Schönheit
einst sich aus ihm
erhöbe.

WIE SCHWÜR' ICH gern aus tiefstem Herzensgrund
ein glühend Ja euch ewigen Gestirnen!
Doch dürftet ihr mir nie verschattet werden...
So aber flattert meiner Tage Sorgen
wie dunkle Dohlenschwärme mir ums Haupt,
und ihrer Flügel breites schwarzes Dach
bedeckt mich, daß ich dumpf zusammenbreche
und nichts mehr weiß von eurem lichten Trost, –
in grause Nacht aufschreiend wildes Nein...
Wie schwür' ich gern aus tiefstem Herzensgrund
ein glühend Ja euch ewigen Gestirnen!

Nachlese zu *Auf vielen Wegen*

VOR EINER SENDUNG BIRNEN
An Cathérine Runge

Gute Gedanken erbat ich von seligen Göttern der Frühe.
Sieh! Und es schickte der Herbst selber die seinigen mir.
Lächelnd erlab ich mich nun der fremden und besseren Früchte,
und mit bedeutendem Blick nickt meine Muse mir zu.

5 Goldene Glocken des Herbsts, ihr füllt mit Wellen des Duftes
statt mit Wellen des Schalls lieblich das weite Gemach!
Euer ambrosischer Chor mahnt mich der Mütterlich-Guten,
die euch dem Dom der Natur, mich zu erfreuen, geraubt.

EINE bitterböse Unke
nörgelt nachts vor meinem Fenster.
Unaufhörlich knarrt und quarrt sie
in die hellen Julinächte.

5 Oh, so helft doch, Nachtigallen,
helft doch eurem armen Bruder –
eine bitterböse Unke
nörgelt nachts vor seinem Fenster!

Ach! die Nachtigallen schweigen
10 längst schon in den dunklen Büschen,
Lenz und Liebe ist geflohen –
und geblieben nur die Sorge,
eine bitterböse Unke.

DER KOMPROMISSLER

»Ich hasse ihn –
das heißt – ich lieb ihn nicht –
das heißt – als Freund –
mein Nächster bleibt
5 er immerhin –

Zwar weiß ich,
daß es Christenpflicht,
noch mehr zu tun –
doch dazu komm ich kaum –
ich glaub nicht recht –
Mein Gott, vielleicht
kann man auch sagen:
Ich liebe ihn.«

DIE DOMINANTE

Fernher schwillt
eines Dudelsacks
einförmig-allumfassende
Melodie:
Unablässig
baut und löst sich
über der Dominante
das Tongefüge

– – – – – – – –

Auf der blauen Tafel
Unendlichkeit
liegt unermeßlicher Sand gebreitet...
Da streicht ein Bogen
die Tafel an:
Von einem Ton
schwingt und klingt
die bebende Fläche.
Und siehe:
Der Sand
eint und trennt sich
zu zahllosen Bildungen...

Aus toten Atomen
fügt sich rhythmisch bewegter
eigentönender Körper
unübersehbarer Kranz
und löst sich auf
und fügt sich wieder.
Unter dem Wirbel
der Formen, Farben und Töne
brummt unaufhörlich
der Urton,
herrscht
die fürchterlich-unbegreifliche
Dominante.

— — — — — — — —

Fern verschwillt
des Dudelsacks
einförmig-allumfassende
Melodie.
Dem Tor des Ostens entschwebt
langsam,
schweigend,
die Nacht.

GESICHT

Ich sah dem Tod ins Angesicht;
ich sah nicht, daß er grinste, –
er stand in aller Sterne Licht,
sein hehres Bild verbargen nicht
phantastische Gespinste.

In seiner Linken aber hing
ein Ring durchbrochner Larven,
in denen leiser Wind sich fing,
daß es davon wie Tönen ging
von vielgestimmten Harfen.

Es waren tote Sterne, die
ihm diese Gastgeschenke
wie Teile einer Harmonie
gelassen; und nun trug er sie,
als ob er ihrer denke.

Was werden wir dem Herrn der Herrn
für eine Larve sticken,
wenn wir, ein ausgebrannter Stern,
ihm einst die Schale von dem Kern
unsrer Kulturen schicken?...

Ich und die Welt

Fritz und Liese K.

Diese Sammlung ist, der Entstehungszeit ihrer Gedichte nach betrachtet, die umfassendste, die ich bisher veröffentlicht habe. Sie reicht bis vor die Entstehung meines Erstlings IN PHANTAS SCHLOSS – also bis in den Sommer 1894 – zurück und schließt mit
5 DEM FRÜHJAHR 1898 ab. Sie bildet demnach eine Ergänzung zu meinem ersten und noch mehr zu meinem zweiten Buche AUF VIELEN WEGEN, dessen Inhalt hauptsächlich in den Jahren 96 und 97 entstanden ist. Ihre Gedichte sind im wesentlichen chronologisch geordnet. Mit EIN WUNSCH gehen sie ins Jahr 95 über, mit
10 den STIMMUNGEN VOR WERKEN MICHELANGELOS ins Jahr 96, mit PRÄLUDIUM ins Jahr 97 und mit MENSCH ENKEL ins Jahr 98.

Berlin, Frühjahr 1898.   Chr. M.

Wie ward ich oft gebrochen, brach mich selbst,
und dennoch leb ich, unverwüstlich stark;
was alles liegt in mir geknickt, verdorrt,
doch unaufhaltsam wächst es drüber hin.

Jünglings Absage

Oh liebt mich nicht, ihr Guten und Gerechten,
oh laßt mich nicht so herb und qualvoll leiden,
von eurem Wege muß mein Weg sich scheiden,
und gegen euch, nicht mit euch, muß ich fechten.

Umsonst, daß wir um Ziel und Pfade rechten, 5
umsonst, daß sorglich wir die Kluft verkleiden,
den Einsamen, der nicht mit euch mag weiden,
ihr bannt ihn doch zuletzt, als einen Schlechten.

Dürft ich euch lieben!... Doch wenn eure Hände
Erhabenstes mit rohem Griff mißhandeln, 10
und wenn ihr tobt in eures Sinns Umnachtung,

dann wünscht ich mir die Faust voll Feuerbrände,
dann möcht ich, Gorgo gleich, zu Stein euch wandeln –
durch einen Blick unsäglicher Verachtung.

Caritas, caritatum caritas

An seinem Grabe rief des Priesters Mund:
»Ob unbewußt, er war doch Kirchenchrist!
O glaubt es, des Allmächtigen Bildnis ist
verschwunden nie aus seiner Seele Grund!«

Wohl mancher biß sich da die Lippe wund, 5
ersah er, wie voll heuchlerischer List
der Moloch Kirche noch die Toten frißt
in seinen gierigen, eifersüchtigen Schlund.

Und ob ein Held auch alle Kerker brach,
die je ihn diesem Ungetüm versklavt, 10
im Tode schleicht ihm seine »Liebe« nach

und spricht: »Die andern ruhn in meinem Bauch,
wie sollt ich dich als frei und ungestraft
verschonen?! Sei getrost, ich fress' dich auch.«

O – RAISON D'ESCLAVE

»Krücken, Krücken! gebt uns Krücken!
Ach, wie geht die Menschheit lahm,
seit man, neu sie zu beglücken,
ihr die alten Stützen nahm.

5   Brillen, Brillen! gebt uns Brillen!
grün und blau und gelb und rot!
Volles Licht ist für Pupillen
unsrer Art der sichre Tod.

Lügen, Lügen! gebt uns Lügen!
10 Ach, die Wahrheit ist so roh!
Wahrheit macht uns kein Vergnügen,
Lügen machen fett und froh!

Gängelbänder, Schaukelpferde,
Himmel, Hölle und Moral –
15 und dich selbst gib deiner Herde
neu zurück, oh großer Baal!«

GEBT MIR EIN ROSS...

Gebt mir ein Roß, und laßt mich reiten
aus diesem Meer von Staub und Stein,
in Wäldernacht, in Steppenweiten
laßt einsam mich und selig sein!
5   Hurrah! hussah! Der Rappe fliegt...
Die schwarzen Mauern fliehn zurück...
Vor mir in stiller Ferne liegt
der Freiheit unaussprechlich Glück...

Vorüber tausend glatten Städten,
10 bis mich ein freies Land empfängt,
wo nicht Kultur mit Sklavenketten
die kühne Mannesfaust behängt!

Hurrah! hussah! Zigeunerkind!
Herauf zu mir! mein Arm hält fest!
Hin, wo die Berge pfadlos sind!
Ein Horst sei unser Hochzeitsnest!...
Und spürt uns die verruchte Sippe
im hohen Felsenbrautbett auf – –
todwilde Jagd zur nächsten Klippe!
Die letzte Kugel aus dem Lauf!
Hurrah! hussah! Die Tiefe droht...
Umschling mich, Weib! Hörst du sie schrein?...
Viel lieber hier im Abgrund tot
als dort im Staub lebendig sein!...

FRÜHLING

Wie ein Geliebter seines Mädchens Kopf,
den süßen Kopf mit seiner Welt von Glück,
in seine beiden armen Hände nimmt,
so faß ich deinen Frühlingskopf, Natur,
dein überschwenglich holdes Maienhaupt,
in meine armen, schlichten Menschenhände,
und, tief erregt, versink' ich stumm in dich,
indes du lächelnd mir ins Auge schaust,
¹ stammle leis dir das Bekenntnis zu:
Vor   iel Schönheit schweigt mein tiefstes Lied.

DAS KÖNIGSKIND

Ich ging an träumenden
vorüber in mondiger Nacht;
in den flüsternden Kronen der
spielten die Winde so sacht...
Da umspann mich der Zauber der
daß ich hemmte den einsamen Gan

nur die Nixen sangen im Grunde,
   tief im Grunde,
   ihren leisen, dunklen Gesang.

Ihr Antlitz tauchten die Sterne
ins schauernde Wellenmeer,
aus duftverschleierter Ferne
grüßten die Berge her.
Kein Laut in schweigender Runde –
keines Vögleins verspäteter Klang –
   nur die Nixen sangen im Grunde,
   tief im Grunde,
   ihren leisen, dunklen Gesang.

Da war mir, es käme gezogen
ein Nachen im leichten Wind
und trüge über die Wogen
ein strahlendes Königskind…
Und ich rief mit bittendem Munde –
doch keine Antwort klang –
   nur die Nixen sangen im Grunde,
   tief im Grunde,
   ihren leisen, dunklen Gesang.

LEISE LIEDER…

Leise Lieder sing ich dir bei Nacht,
Lieder, die kein sterblich Ohr vernimmt,
noch ein Stern, der etwa spähend wacht,
noch der Mond, der still im Äther schwimmt;

denen niemand als das eigne Herz,
das sie träumt, in tiefer Wehmut lauscht,
und an denen niemand als der Schmerz,
der sie zeugt, sich kummervoll berauscht.

Leise Lieder sing ich dir bei Nacht,
dir, in deren Aug mein Sinn versank,
und aus dessen tiefem, dunklen Schacht
meine Seele ewige Sehnsucht trank.

FROHSINN UND JUBEL...

Frohsinn und Jubel überall –
in meinem Herzen kein Widerhall.
Ein bittres Zucken im harten Gesicht...
Verzicht! Verzicht!

Daß mir kein Weib in die Augen schau, –
es könnte zu tief erschrecken.
Ich kenn auf Erden nur eine Frau –
die mag mich nicht – die mag mich nicht –.
Verzicht! Verzicht!

WAS RUFST DU...

Was rufst du, traurig Herz! sei still!
Es kann nicht sein –
ergib dich drein.
Es kann nicht alles also sein,
wie deine Sehnsucht will.

Nimm Abschied, Herz, von deinem Traum,
er war zu schön.
Von lichten Höhn
wieder hinab
ins einsame Grab!
Schau, dort fliegt's,
was du geträumt...
Die Welle wiegt's
hinab zu Tal... –

15 Zerschäumt, zerschäumt!
Es war einmal...
O Dunst und Schaum!
Nimm Abschied, Herz, von deinem Traum,
er war zu schön.

20 Weine, mein Herz, soviel du magst,
klag und wein!
Es wird dein letztes Weinen sein
auf lang.
Ich weiß, daß du nicht fürder klagst,
25 wenn dieser Schmerz sich niederzwang.
Dann wirst du hart
und schweigst erstarrt...
Weine, mein Herz! klag und wein!
Es wird dein letztes Weinen sein
30 auf lang.

NUN HAST AUCH DU...

Nun hast auch du, mein Herze,
dein großes Liebesleid,
nun bist auch du vom Schmerze
gesegnet und geweiht.

5 Von heut ab wird dein Klagen
nicht tändeln mehr wie einst,
und auch dein schönstes Sagen
wird sein, als ob du weinst.

WINTERNACHT

Flockendichte Winternacht...
Heimkehr von der Schenke...
Stilles Einsamwandern macht,
daß ich deiner denke.

Schau dich fern im dunklen Raum
ruhn in bleichen Linnen...
Leb ich wohl in deinem Traum
ganz geheim tiefinnen?...

Stilles Einsamwandern macht,
daß ich nach dir leide...
Eine weiße Flockennacht
flüstert um uns beide...

EIN WUNSCH

Weißt, was ich möchte, Mädchen?
Ich wollt, ich wär ein Maurer
und stürzte vom Gerüst,
und kurze Frist nur gäbe
man meinem Leben noch...
Sie trügen in dein Haus mich,
du pflegtest mich voll Mitleid,
voll frauenhafter Güte,
voll leiser Traurigkeit...
Und deine Hände lägen
auf meiner Fieberstirn,
und unter deinen Händen
schliefe mein Herzblut ein.

Als ich einen Lampenschirm mit künstlichen Rosen zum Geschenk erhielt

O laß mich diese stummen Rosen küssen,
die auf durchhelltem Grund sich dunkel ranken –
sie werden oft in freundlichen Gedanken,
doch öfter noch mich traurig sehen müssen.

O laß mich diese stummen Rosen küssen,
und also jede Mitternacht dir danken,
daß du bewahrt mein Auge, zu erkranken,
und meine Stirn, in Fieber stehn zu müssen.

O laß mich diese stummen Rosen küssen –
sie bluten mir von Zeiten, die versanken,
von düstrer Qual, von sonnigen Genüssen…

von jungen Blicken, die sich suchend tranken,
von eitler Sehnsucht stammelnden Ergüssen,
von kurzer Träume klagendem Verschwanken.

Entwickelungs-Schmerzen

Ich werde an mir selbst zugrunde gehn.
Ich, das sind zwei, ein Möchte sein und Bin, –
und jenes wird zum Schlusse dies erwürgen.
Das Möchte sein ist wie ein rasend Roß,
an dessen Schweif das Bin gefesselt ward,
ist wie ein Rad, darauf das Bin geflochten,
ist wie ein Mönch, der sich den Leib zerdornt,
wie eine Furie, deren Finger sich
in ihres Opfers Haar verstricken, wie
ein Vampir, der am Herzen sitzt und saugt
und saugt…
Wohl wie ein Gott auch, der emporziehn will,
oder ein Weib, aus dessen Augen es

dem Wanderer entgegenlockt, und das
der atemlose Narr doch nie erreicht.
So sieht mein Ich von innen aus, von außen
ein Haus wie andre, hell die Fenster manchmal,
doch öfter dunkel. Stoß die Tür auf! schau
die schöne Eh' von Bin und Möchte sein!
Schaut nur hinein und ruft bedauernd ach!
und weh! und, wenn's euch leichter macht, auch pfui!
Bin ich nicht Dichter? Hab ich nicht das Vorrecht –
oh welch ein Vorrecht! – jedem frechen Auge
die Räume meiner Häuslichkeit zu zeigen?
Hört doch mein Pathos, das euch jeden Winkel
beschreibt und tut, als hätt es just zum Zweck,
ihn euch als Sehenswürdigkeit zu preisen.
Ist's Eitelkeit, die mich zum Cicerone
der eignen Seele macht? ist's Geiz nach Ehre?
Mangel an Scham, an Stolz, an Wert, an Tiefe?
Das alles ist's wohl auch, doch ist's noch mehr.
So etwas noch wie Rachsucht, Grausamkeit,
Blutgierde, Haß, Verachtung wider mich selbst,
so etwas, das nicht hat, was es erlechzt,
ein Durst nach Macht, der, ungestillt, verzehrt,
das Wär' ich! vor der kalten Sphinx Ich bin.
Ja, darum führ ich euch herum in mir,
weil ich mir selbst damit das Herz zerreiße,
mich selbst erniedre und zum Schwätzer mache;
es tut so wohl, wenn man den stumpfen Schmerz
laut bluten läßt aus aufgerißnen Wunden.
Und dann: Ihr seht ja nur das Blut und nicht
das Herz, daraus es stammt! Es lacht vielleicht,
wenn ihr des Blutes Färbung düster findet,
und weint gewiß, indes ihr wähnt, es lacht.
Wohl lud ich oft euch in mein Haus, – allein
die Dielen haben Doppelböden, Spiegel,

    dreht man sie um, sind Türen insgeheim,
    und im Getäfel schlafen weite Truhen.
    Ihr wißt gar nichts. Und ob ich mich verlöre
    in einen Strom von Worten! Werft euch lüstern
    in diesen Strom! Da fließt er. Er gehört euch. –
    Ich werde an mir selbst zugrunde gehn.

SCHICKSALS-SPRUCH

Unhemmbar rinnt und reißt der Strom der Zeit,
in dem wir gleich verstreuten Blumen schwimmen,
unhemmbar braust und fegt der Sturm der Zeit,
wir riefen kaum, verweht sind unsre Stimmen.
Ein kurzer Augenaufschlag ist der Mensch,
den ewige Kraft auf ihre Werke tut,
ein Blinzeln – der Geschlechter lange Reihn,
ein Blick – des Erdballs Werdnis und Verglut.

FRAGE OHNE ANTWORT

Was bist du, Unbegriffnes,
Mensch genannt, –
Antlitz in Antlitz
eingewendet Janushaupt, –
Urwerden
Aug in Aug mit Wissenheit, –
Urzwiegesicht
und doch ureine Form – –?

WOHIN?

Wohin noch
wirst du mich reißen,
ruhlose Sehnsucht –
wohin? wohin?
Hinter mir
dunkles Vergessen gebreitet;
vor mir der Zukunft
dunklerer Pfad...
Aber noch hallt
meiner Hoffnungen Hufschlag
vor den rollenden Rädern,
auf denen
hochaufgerichtet ich noch,
allen Gefahren
heiter trotzend,
die Ferne suche.
Schatten und Lichter –
vorüber – vorüber –
in den Tiefen
klirrende Ketten –
nicht an mir –
nicht für mich –
mich laßt hinweg,
höher hinauf!
Freiheit! Leben!
Zukunft! Sterne!
Empor!
Noch
halten die Götter
goldene Schilde
schützend
über mein junges Haupt.

INMITTEN DER GROSSEN STADT

Sieh, nun ist Nacht!
Der Großstadt lautes Reich
durchwandert ungehört
der dunkle Fluß.
Sein stilles Antlitz
weiß um tausend Sterne.

Und deine Seele, Menschenkind?...

Bist du nicht Spiel und Spiegel
irrer Funken,
die gestern wurden,
morgen zu vergehn, –
verlorst
in deiner kleinen Lust und Pein
du nicht das Firmament,
darin du wohnst, –
hast du dich selber nicht
vergessen,
Mensch,
und weiß dein Antlitz noch
um Ewigkeit?

AM MEER

Wie ist dir nun,
meine Seele?
Von allen Märkten
des Lebens fern,
darfst du nun ganz
dein selbst genießen.

Keine Frage
von Menschenlippen
fordert Antwort.
Keine Rede
noch Gegenrede
macht dich gemein.
Nur mit Himmel und Erde
hältst du
einsame Zwiesprach.
Und am liebsten
befreist du
dein stilles Glück,
dein stilles Weh
in wortlosen Liedern.

Wie ist dir nun,
meine Seele?
Von allen Märkten
des Lebens fern
darfst du nun ganz
dein selbst genießen.

Vaterländische Ode

Weh dir,
der du ein Deutscher bist!
Deine glühende Seele
mußt du in Einsamkeit flüchten;
denn im Qualm und Geschrei deiner Märkte
achtet niemand dein –
und wie ein Narr
stehst du, feierlich dich gebärdend,
schwere, langsame Worte rollend,
unter der wirren, kreischenden Menge.

Rolltest du blanke Taler
in ihre Gassen,
heiß umpestete dich
ihr geiler Atem –
aber verhüllten Hauptes,
Mensch der Würde,
wendest du dich...
Hier ist unheiliger Boden.

Weh dir,
der du ein Menschenfreund –
doppelt weh dir,
der du es Deutschen bist!
Aus der Inbrunst deiner Liebe
mußt du dich
immer wieder
in brennender Scham
an die Knie der Einsamkeit
flüchten!

DER EINSAME CHRISTUS

Wachet und betet mit mir!
Meine Seele ist traurig
bis an den Tod.
Wachet und betet!
mit mir!
Eure Augen
sind voll Schlafes, –
könnt ihr nicht wachen?
Ich gehe,
euch mein Letztes zu geben –
und ihr schlaft...
Einsam stehe ich
unter Schlafenden,

einsam vollbring ich
das Werk meiner schwersten Stunde.
Wachet und betet mit mir!
Könnt ihr nicht wachen?
Ihr alle seid in mir,
aber in wem bin ich?
Was wißt ihr
von meiner Liebe,
was wißt ihr
vom Schmerz meiner Seele!
O einsam!
einsam!
Ich sterbe für euch –
und ihr schlaft!
Ihr schlaft!

DER BLICK

Mir gegenüber,
dicht unterm Dach,
sitzt ein Weib
am geduckten Fenster
und näht.

Früh
in das steigende Licht,
spät
in die fallende Nacht.

Manchmal
blickt es vom Schoße auf
und verloren hinaus
auf die Dächer –
die Wolken –
die Ewigkeit.

Ich kann
sein Auge nicht sehn,
aber ich fühle den Blick –
ich blicke ihn mit,
den zehrenden Blick
auf die Dächer –
die Wolken –
die Ewigkeit...

DER WISSENDE

Wer einmal frei
vom großen Wahn
ins leere Aug
der Sphinx geblickt,
vergißt den Ernst
des Irdischen
aus Überernst
und lächelt nur.

Ein Spiel bedünkt
ihn nun die Welt,
ein Spiel er selbst
und all sein Tun.
Wohl läßt er's nicht
und spielt es fort
und treibt es zart
und klug und kühn –
doch lüftet ihr
die Maske ihm:
er blickt euch an
und lächelt nur.

Wer einmal frei
vom großen Wahn
ins leere Aug
der Sphinx geblickt,
verachtet stumm
der Erde Weh,
der Erde Lust,
und lächelt nur.

DAS AUGE GOTTES

Einst träumte mir das Auge Gottes,
und Grausen überfiel mich.
Entschürzt, entzaubert lag die Welt vor ihm,
entwirrt, entblößt, bis in den letzten Winkel
entheimlicht, nüchtern, reiz- und rätsellos.
Nichts log ihm mehr.
Der ahnungsvolle Rauch,
den wir in Qual und Wonne Leben nennen,
zerflatterte vor ihm, ward kalte Klarheit,
Durchsichtigkeit, notwendige Verknüpfung.
Die Blitz' und Donner der Gefühl' und Triebe,
des Unbewußten herrlich jäher Sturm –
Verhältnisse von Zahlen.
Und mich fror.
Graunvolle Ahnung grenzenloser Öde
befiel mich.
Und ich wünschte mir den Tod.

Ich und die Welt

STIMMUNGEN VOR WERKEN MICHELANGELOS

DER ABEND
(Grabmal des Lorenzo v. M.)

Sah ich dich nicht schon einmal,
lichtloser Sinnierer?...
Sah ich dich nicht schon
viel vielemal?...
Wenn ich des Tages Straße
hinabgegangen
und im Dämmer,
trauriger Träume schwer,
saß und hinaussann
in Blut und Schatten
und in die brechenden Blicke
erstarrenden Lebens...
Lagst du da nicht
am Wegrand,
den Rücken
am letzten Meilenstein,
schwer-lässig den Leib
ellbogengestützt,
aus überernsten, verschatteten Augen
über des Irdischen Wandel
brütend?...
Warf ich mich da nicht
vor dich hin
und vergrub mich
in deine Augen
und ward mit dir eins
und brütete selber
aus ihren Höhlen
hinaus in die Landschaft?...
Und dann sah ich
noch einmal im Geist

die langen Menschenzüge des Tags
des Weges wallen,
wie sie dem Goldtor des Morgens
fröhlich entsprangen, 35
Blumen im Haar
und sorglosen Lachens voll;
wie der und jener
zu Staube dann glitt
und immer mehr 40
sanken, stürzten –
bis endlich der heiße Mittag
müdrastender Völker
schläfrige Lager fand.
Dann wieder Aufbruch, 45
klingendes Spiel,
neue Siege der Kraft,
neue Opfer.
Wohin zogen sie aus,
die Morgenscharen? 50
Wo winkt ihr Ziel?
Wohin leuchten
aufblitzende Sterne?
Dort liegt es –:
Ein dunkles Tor, 55
drin alle verschwinden,
langsam,
auf ewig.

– – –

Laß mich!
Aus deinen kalten, 60
unsterblichen Augen
kann ich nicht länger schaun;
denn unendliches Weinen
drängt mir empor, –
und es sinken erbarmungsvoll 65

Tränen der Schwermut
wie Schleier
zwischen den Sterblichen
und das Bild
seines grausamen Schicksals.

EIN SKLAVE
(Louvre)

Du bist der Schmerz,
der fremde Augen meidet,
der, übertief,
die eignen Augen schließt,
du bist der Schmerz,
der ohne Tränen leidet,
weil sich ihr Strom
nach innen stumm ergießt.
Ein ratlos Fliehn
todwilder Wehgedanken
tobt hinter deiner Lider
schlaffem Fall...
Sie brechen aus...
Zurück in ihre Schranken
peitscht sie Vernunft
mit spitzem Geißelknall.
Nun stehn sie eng,
wie angstgedrängte Pferde,
tiefköpfig, zitternd,
blutig, schaumbedeckt...
und stürzen endlich
wie vom Blitz zur Erde,
von einem letzten Schlag
zu Tod erschreckt.
Und, der sie hegt, dein Leib,

er will mit ihnen
zu Boden stürzen –
Ah!... Aufbrennt das Mal
umschnürter Brust...
Du stöhnst... Mit starren Mienen   30
erträgst du weiter
deines Loses Qual.

FRÜHLINGSREGEN

Regne, regne, Frühlingsregen,
weine durch die stille Nacht!
Schlummer liegt auf allen Wegen,
nur dein treuer Dichter wacht...

lauscht dem leisen, warmen Rinnen   5
aus dem dunklen Himmelsdom,
und es löst in ihm tiefinnen
selber sich ein heißer Strom,

läßt sich halten nicht und hegen,
quillt heraus in sanfter Macht...   10
Ahndevoll auf stillen Wegen
geht der Frühling durch die Nacht.

ABEND AM SEE

Auf die düstern Kiefernhügel
legt sich kupfern letzte Sonne...
Sanft wie über weichen Sammet
schmeicheln Winde drüber hin...

Eine kurze Spanne weilt sie   5
goldbraun auf den stillen Wäldern,
bis ihr milder, süßer Schimmer
plötzlich, wie ein Lächeln, stirbt.

So möcht ich sterben...

So möcht ich sterben, wie ich jetzt mein Boot
aus sonnenbunten Fluten heimwärts treibe.

Noch glüht die Luft, noch liegt ein gütig Gold
auf mir und allem um mich her gebreitet.

Bereit und heiter tu ich Schlag auf Schlag
dem Schattensaum der stillen Ufer zu...

So möcht ich sterben, Sonnengold im Haar!
Der Kiel knirscht auf – und mich umarmt die Nacht.

Schicksale der Liebe

I

Ich stand, ein Berg,
still und einsam.
Da kamst du
und zerschmolzest
das Erz meiner Adern!

Nun bricht es vulkanisch heraus,
ein Schrecken dem Wandrer,
ein Schrecken mir selber.
Verdorrt steht
mein blühender Schmuck,
stumm
meiner Quellen Gespräch,
und langsam
verrinnt
mein Blut
um dich...

II

Wir sind zwei Rosen,
darüber der Sturm fuhr
und sie abriß.

Gemeinsam
wirbeln sie nun
den Weg entlang,
und ihre Blätter
wehn durcheinander.

Heimatlose,
tanzen und fliehn sie,
nur für einander
duftend und leuchtend,
den Weg der Liebe –:

Bis sie am Abend
der große Feger
lächelnd
auf seine Schaufel nimmt.

CASTA REGINA!

Wie oft zerriß ich
der Leidenschaft
schwüles Rosengerank
um Deinetwillen,
reines Weib,
und sang Dir, zartesten Glückes voll,
Anbetung und Liebe!

Dich,
die, keusch in innerster Brust,
ihrem Herren sich wahrt,
grüßt, Ehre bietend, mein Herz

und fleht aus der Sonne der Zukunft
den goldensten Strahl
Deiner Stirn.

Süß ist das Spiel der Liebe,
und die Rosen der Wollust duften heiß –
purpurne Lieder blühn ihr
aus meiner Harfe –
doch mit dem würdigsten Kranze
krön ich
die weiße Stirne der Keuschheit.

Trunkne Mänade,
die du in fallenden Schleiern
vor glühenden Jünglingen
schrankenlos rasest –
lodernder Urgewalt
bist du ein göttlich Bild.

Aber vor Dir,
die, göttlicher noch,
der Mutter in sich
die Jungfrau opfert,
knie ich in Ehrfurcht,
und große Söhne
segnen mit mir
Dein heiliges Haupt.

PROMETHEUS

Dein Leben setz an dein Werk!
Deine Liebe zerbrich!
Auf einsame Berge
flüchte verfehmt empor!
Fittichfinster
fällt auf dich

der Geier Wahnsinn...
Zuckend läßt du
dich zerfleischen...
Über ihn fort
mit sterbenden Blicken
bohrst du dich noch
in ewige Nächte...
Dunkel,
dampfend,
tropft es
den Abgrund hinab...
Wer
achtet
dein?
Wer
hebt unten
demantene Schalen?...
Aber zwei Wanderer
hör ich
über dich reden –:
»Ein kranker Geist!«
»Ein krankes Werk!«...
Siehe, Prometheus,
das ist dein Dank.

HYMNUS DES HASSES

Heil dir,
der du hassen kannst,
dem im reichen Mark
tötende Flamme schläft,
den es lüsten kann,
als ein großer Blitz
ins feige Antlitz der Welt
zu verglühn,

grabend dein stolzes Mal
in der Menschheit Stirn!

Heil dir,
dem erhabenen Zorns
schmerzendes Feu'r
enge Adern zerreißt,
daß, den Überstrom deines Bluts
in gewölbten Händen, du
um dich spähst,
daß Todestaufe
deine Feinde
von dir empfingen!

Heil dir,
der du den trägen Trotz
stumpfer Geschlechter irrst,
dessen strafender Haß
strafende Liebe ist!
Sonne der Zukunft
loht aus dir,
wenn vernichtend heiß
göttlichen Grimmes Odem
von dir geht!

WENN DU NUR WOLLTEST

Ich bin eine Harfe
mit goldenen Saiten,
auf einsamem Gipfel
über die Fluren
erhöht.

Du laß die Finger leise
und sanft darüber gleiten,
und Melodien werden

aufraunen
und aufrauschen,
wie nie noch Menschen hörten;
das wird ein heilig Klingen
über den Landen sein...

Ich bin eine Harfe
mit goldenen Saiten,
auf einsamem Gipfel
über die Fluren
erhöht –

und harre Deiner,
oh Priesterin!
daß meine Geheimnisse
aus mir brechen
und meine Tiefen
zu reden beginnen
und, wie ein Mantel,
meine Töne
um dich fallen,
ein Purpurmantel
der Unsterblichkeit.

DER SPIELER

Zu jeglichem Ding
will ich also sprechen:
»Sei mein Würfel!
Im Becher der Phantasie
will ich den höchsten Wurf
mit dir wagen!

Mit jedem Großen,
der aus dem Schoß
der rollenden Erde stieg,
will um den Kranz ich
mit dir werfen!«

Allzu zaghaft
spielte bisher der Mensch,
brach nieder zu oft
unter der Würfel Last, –
starke Sehnen
spür ich frohlockend –:
Wieviel Augen habt ihr,
Dinge?

Trotzt – ihr – mir? –
Einmal naht es euch doch,
daß ihr allzusamt
in meinen Becher müßt –
und ich ihn,
und mit ihm euch,
mir voran
in die Grube schmettre.

IM EILZUG

Über der Erde
erhabene Rundung,
hart dem Tag
auf fliehender Ferse,
rollende Räder
rauscht mit mir!

Vom Horizonte
schürzen Gewölke sich
nächtlich herauf

und schwärzen seltsam 10
ein formlos Gesicht
in den stahlhellen Himmel.

Ein breiter Stierkopf,
träg und tückisch,
wächst und schwillt es 15
über die Welt...
dehnt und verzerrt sich...
verschwimmt in Nacht...

Rollet, raset
den Rücken der Erde, 20
Räder, empor!
Des Tages Gewandsaum
möcht ich noch einmal
inbrünstig küssen!

AN FRIEDRICH NIETZSCHE

Die Park-Kapelle spielte »Lohengrin«.
Da löste sich mein Blut zu jähem Gang,
daß heiß und weh das Herz mir überschwoll.
Auch Du hast jene Töne ja geliebt
und einst voll tiefen Dursts in dich getrunken, 5
auch Du an ihnen zitternd dich berauscht,
wie ich mich heute zitternd dran berausche.
O Du!...
    Und unter Tausenden, die stumpf
ihr kaltes Ich behaglich wiederkäuten, 10
hab ich, mit starren, unerschloßnen Mienen,
in innern Tränen fassungslos geweint.

Odi profanum...

Flieh um so tiefer in dich selbst zurück,
als du dich keinem recht enträtseln kannst...
Verhäng die Fenster deiner Seele
mit dichtgeknüpften Alltagsphrasen!

Mit dummem Lächeln stehn sie um dich her
und rühren hier und tasten dort dich an –
Gib acht! Bedroht sind deine Schätze
von tempelschänderischen Fingern.

Verbirg dich im Gewölb des Frühgewölks
und in des Abends langem Schattenwurf,
am liebsten aber in der Nächte
hochherrlich ausgespannten Zelten.

Dort wanderst du allein mit deinem Schmerz
und schmückst die Erde ungestraft mit Lust,
aus deines Geistes grünen Körben
ein unerschöpflicher Verschwender.

An Sirmio*
(Catulls Ode)

Kaum glaub ich's noch! Catull, du bist daheim!
Daheim auf deinem lieben Sirmio!
Oh Sirmio, Sirmio, Kronjuwel Neptuns!
In allen Meeren, Strömen, Seen sucht
Deingleichen man umsonst: Kein Vorgebirg,
kein Halbeiland, kein Eiland kommt dir gleich!
Wie gern bin ich zu dir zurück geeilt!

---

* Sirmio (heute Sermione), Halbinsel im Süden des Gardasees, mit einer Villa des Catull.

Wie schön, die Sorg und all den fremden Kram,
der mir nichts ist, im Rücken weit, weit, weit,
am eignen Tisch, im eignen Bett zu ruhn!
Das ist doch noch ein Lohn nach so viel Plag!
Mein Zauber-Sirmio, freust du dich denn auch?
Und du, mein See, brandest du mir Willkomm?
Ja, alles lacht und ruft: Catull ist da!

AUF DER PIAZZA BENACENSE
(Riva am Gardasee)

Den Nacken hoch, Germane!
Diese Gassen
trat deines Ahns
geschienter Herrenfuß.
Hier eben, wo ich schreite,
schritt auch er,
geehrt vom Italer,
und seiner Weiber
Gebet und Furcht.
Ich blonder Enkel bin
kein Fremder hier;
der Bursch dort teilt vielleicht
uralte Vaterschaft
mit meinem Blut.
Wie mir das Herz schlägt,
töricht laut und stark!
Es ist ein Stolz
um alte Volkheit doch, –
und waren's Bären auch,
die hier als Gäste
des schönsten Reichs gehaust –
der Enkel hegt,
nicht ihren Grimm,
doch ihre Kraft noch heut.

> Den Nacken hoch, Germane!
> Felskastelle
> des Berner Dietrich
> und des großen Karl
> erzählen heut
> von alten Siegen noch,
> und schwarze Augen
> brennen heut noch heißer,
> wenn sie des Nordens
> blauer Blitz versengt.

FLIEGENDES BLATT

Kecke weiße Spitzensäume,
schlanke Stiefeletten,
aus den Augen Purzelbäume
toller Amoretten,
Zöpfe, minder Liebeszäume,
eher Liebesketten,
Lippen, heiß vom Hauch der Träume, –
wer kann da sich retten?

ÜBERMUT

Einher zu gehn, den freien Kopf
sechs Fuß hoch über der Erde!
genug, daß aus dem ärmsten Tropf
ein stolzer König werde.

Die Brust wird breit, die Hüfte leicht,
das Auge Glut und Glanz.
Ihr Toren, die ihr kriecht und schleicht,
mein Gang ist eitel Tanz.

Bahn frei!

Nur müßt ihr mich nicht halten wollen,
wenn die Rosse der Phantasie
vor meiner Geißel dahinrasen!
Wehe dem Schurken,
der mir in die Zügel fällt, –
siebenmal schleif ich ihn
um den Bezirk
meiner Welt.
Wehe vor allem dem Rezensenten,
der mir
mit höchst ungriechischem Feuer
den Weg bedräut.
Meine Peitsche ist länger noch
als seine Ohren,
von stärkerem Leder
als seine Hirnhaut,
die Schnur noch gespaltner
als seine Zunge.
Bahn frei!
Kurz ist zur Fahrt die Zeit.
Springt mit herauf,
wenn's euch lüstet!
Tausend gewähr ich Platz,
hier an den Mähnen,
hier an den Schweifen,
hier auf den Rücken der Rosse,
und hier oben bei mir
auf dem Wagen
weiteren tausend.
Herauf, Freunde!
Sturm um die Stirn,
Sonnen im Aug,
so laßt uns jauchzend
die tausendundein Weltwege
durchbrausen.

Per exemplum

Ich wollt, ich wäre Gott;
denn Mensch sein
heißt Prahler sein.

In Gedanken
mit Sternen spielen –
Spiel für Dichter
und Wäscherinnen.

Aber wär ich Gott...
ich griffe mir
per exemplum
ein violettbestrumpftes,
schnupftabaktalariges,
zölibatbettiges
Pfäfflein
von irgendeinem
bigotten Planeten,
macht' es so groß
wie mich selber
und hängt' ihm dann
das ganze Sternall
als Rosenkranz
über die Hand –
es abzubeten.

»Hurtig, hurtig!
Dein Lohn ist
die ewige Seligkeit!«

»»Aber Herr, Herr...««

»Nichts da! Gebetet!«

Ach! daß ich Mensch bin, –
ein Murmeltier,
auf den Alpen
passiver Begriffe.

Ἄσβεστος γέλως

Die Tage der Gläubigen
uralten Wahns
sind dahin!
Unauslöschlich Gelächter
grüßt,
was sie lassen und tun.

Am Sonnenhimmel
schaun sie noch immer
schwärzliche Punkte
und sprechen: »Seht!
Gottes Finger
deuten auf uns!«
Wissen sie nicht,
daß sie Flecken des eigenen Augs
anbeten?
Rührendem Schauspiel
lohnt
unauslöschlich Gelächter.

Bändigen
wolln sie den Huf der Zeit,
mit Spruch und Fluch
bannen das steigende Roß,
drauf frühlingsgewaltig
der freie Geist,
der Zukunft König,
einherbraust!
Weh den Zermalmten!
Ihr Ende
umschallt
unauslöschlich Gelächter.

Hören sie nichts?
Vom Aufgang zum Niedergang
lacht es ja unablässig,
grüßt,
was sie lassen und tun,
unauslöschlich Gelächter.

BOTSCHAFT DES KAISERS JULIAN
AN SEIN VOLK

Kehrt Phoebus Apollo
zum zwölften Male,
sollen der Christen
Tempel fallen!

Ihre Säulen
sollen gebrochen werden
und ihre Kreuze
sich in die Erde bohren!

Und der Priester unheilig Volk
sei in ihnen,
als ihren Heimstätten,
wenn sie zusammenstürzen!

Und alles Volk
gehe in Rosen umher
und werfe die Steine
in seine Schlüchte und Wässer!

Und Tag und Nacht
solln die Posaunen
der neuen Tempel
jauchzen!

Wann aber der alten
Boden flach ward,
so soll man
Gärten darüber breiten!

Denn die Zeit ist um, 25
da das Kreuz geragt,
der neue Mensch
reckt seine Hand.

AUF MICH SELBER

Höchste Unabhängigkeit –
sin' qua non condicio;
Zwang der Herdengängigkeit –
maxima contricio!

Rang, Besitz und Menschengunst – 5
larum lirum larum;
eine Kunst statt aller Kunst:
hic fons lacrimarum.

ÜBERN SCHREIBTISCH

I

Bau dich nur an in deiner Welt,
und schiele nicht nach fremden Trieben,
bist du nur selbst dir treu geblieben,
so hast du einst auch deinen Mann gestellt.

II

Willst du fest und fördernd leben,
mußt du oft den Blick verkleinern
und, dich schaffend zu erheben,
vielem dein Gefühl versteinern.

Vor alle meine Gedichte

»Traurig« – »lustig« –
Worte!
Ich schreibe für Männer.
Freue sich, wer da kann,
der lebendigen Kraft,
die, unbekümmert
um das, was sie greift,
nur sich selber
auslassen und üben will!
Schaffen ist Kraft!
O ihr empfindsamen Werter!

Wir Lyriker

Warum wir immer noch Verse schreiben?
Um unbekannt und ungestört zu bleiben.

Pöblesse obligée

»Gutes laßt uns stets beschweigen;
denn es dünkt uns selbstverständlich;
Schlechtem aber stets bezeigen,
wie wir ihm so tief erkenntlich.«

Einigen Kritikern

Laßt bei diesem Kot und Stroh
es nunmehr bewenden,
müßt nicht euer Bestes so
leichten Sinns verschwenden!

KRIEGERSPRUCH

Alte treue
Fahne Einsamkeit,
mit dir scheue
ich keinen Streit.
Hülle mich ein,
mein Panier,
in dir
will ich leben und begraben sein.

HERBST

I

Hörst du die Bäume im Windstoß zischen?
Siehst du, wie sie sich drehen und winden
unter des Regens tausendsträhniger Geißel?
Gekrümmten Rückens, erstarrten Blutes,
flüstern sie unaufhörlich heisere Flüche
in den kalten, grausamen Herbst hinaus.
Blühten sie nicht in dankender Schönheit
Göttern und Menschen auf?
Bargen der Vöglein süßes Geschwätz nicht treu?
Schildeten nicht vor Schloßen das zarte Beet?
Und der Sonne furchtbare Feuer –
wer empfing sie, sich lautlos opfernd?...
Sieh, wie die Armen im Sturm erschauern –:
Wie langzottige frierende Hunde,
denen das nasse gesträubte Fell
überwirbelt nach vorne weht,
trotzen gesträubt die trostberaubten,
und ihr herzzerbrechendes Seufzen
rauscht umsonst
an's graue Gewölb der Wolken.

II

Ihr Götter der Frühe,
schenket mir gute Gedanken!
Küßt mir die helle Stirne
mit lächelnden Lippen!
Aufatmend tret ich hinaus
auf die Altane...
Von leichten Winden gerührt,
schwanken die Büsche,
und, holdanwogend,
grüßt der glitzernde See
die treuen Ufer.
Fernher kommen
fleißige Segel gezogen, –
ihr Unsichtbaren,
tragen sie eure Geschenke?
Aber was frag ich!
Von euerer Nähe
Odem schauern
Himmel und Erde...
Euren Odem selber im Busen,
tret ich,
überbegnadet,
fromm,
zurück ins Zimmer...

III

Der graue Herbst
lädt mich zu sich hinaus,
übern grauen See,
übern grauen Wald,
in die graue, graue Himmelsferne...
Bin ich der einzige Mensch der Erde?...
Tiefe Verlassenheit fällt mich an.

Ein fünfzehnter Oktober
Vier Abendstimmungen
am (53.) Geburtstag
Friedrich Nietzsches

I

Urplötzlich –
durch Vorhangspalten –
der Mond…
Drunter,
schneehell,   5
der See…
Dazwischen
schwarzblaue Kluft…
Hinaus,
in den Nichtraum-Raum   10
der Myriaden Welten!
Abgrund!
Ausgrund!
Urungrund!…
Nicht fallen, Geist! –:   15
Hier! –:
Lampe, Bücher, Tintenfaß!…
O Narrheit!
Narrheit!
Narrheit!   20

II

Was wollt ihr doch
hier um mich?
Wißt, wer ihr seid?
Wer ich bin?
Was wandelt durch uns?   5
Welch Spieles Puppen
sind wir?

»Lebe! lebe!«
Ich lebe ja!
Auch das ist Leben,
wenn unter dem Fuße
der Feindin Finsternis
der Wurm sich krümmt
und an ihm
zu beiden Seiten hinauf
strebt,
züngelt,
seufzet

– – –

III

Wahrt euer Mitleid für euch,
gutherzige Menschlein!
Auch der düstersten Leidenschaft
bitterster Seufzer
ist köstlicher noch,
als was ihr uns bieten könntet!
In unserm Schmerz,
Zorn, Haß, Einsamsein –
wieviel glücklicher sind wir
als ihr!
Hinweg mit dem Leichnam,
den, trostbeflissen,
eu'r Eifer heranschleppt!
Fort mit der Mumie!
Was soll
den lebendigen Göttern
der tote!

IV

Und da ich nun so frei wie nur ein Mensch,
von Schönheit übervoll und hell an Geist,
so weiß ich nicht, was ich nicht zwingen sollte
in meiner Kunst gefügig Alphabet.
Frei, frei! du schönstes Wort der neuen Welt,
Paß aller Unersättlichen und Glück!
Wer ermaß schon deinen Wert?
Höher, heitrer wölbst du des Helden Stirn,
stolzer stößt ihm das Herz,
wuchtiger wirken die Lungen ihm,
und seine Schritte
tragen geflügelt ihn über die Erde.
Keines Gottes rächender Blitz
schreckt,
wer selber von Flammen ein Schoß.
Lächelnd löst er den Blitz
seiner Hand –:
Mein ist er, war er von je!
Ich gab ihn dir,
ihm dich,
dich mir!...
Frei! ruf ich, frei!...
Und sieh, kein Echo wirft den Ruf zurück –
ins Grenzenlose warf ich ihn.
Fliege, mein Adler, schieße, mein Stern!
Und erst die Stunde, die mein Auge bricht,
wird dich den Kopf zerschelln und enden sehn –
am Echoschild des Tods.

Und so hebe dich denn...

Und so hebe dich denn
aus den Nebeln des Grams
auf des Selbstvertrauens
mächtigen Fittichen
aufwärts,
bis du dir selber
mit all deinem Leide
klein wirst,
groß wirst
über dir selber
und all deinem Leide.

Die Kinder des Glücks

Sorglosen Lächelns
die Lippen geschürzt,
fröhlich die blühenden
Wangen gerötet,
tanzen wir Kinder des Glücks
unsre sonnigen Pfade dahin.

Rosenkränze
und schimmernde Bälle
werfen wir uns
und den Fremdlingen zu.

Wer uns begegnet,
dem huscht es wie Gold
über das sinnende
Antlitz.

Auf weichen Armen   15
trägt uns das Weib,
süß von Küssen
duftet die Luft.

Unser Wort
ist Gesang   20
und Gesang
unsre Antwort.

Fallen uns Feinde an,
schütten wir lachend
klingende Blitze   25
über sie aus.

Aber dem Urfeind
kommen am liebsten wir
raschen Entschlusses
selber zuvor.   30

Wir sind der Welt
unschuldigster Sinn,
wir sind die Erntenden
mühsamer Saaten.

Sorglosen Lächelns   35
die Lippen geschürzt,
fröhlich die blühenden
Wangen gerötet,
tanzen wir Kinder des Glücks
unsre sonnigen Pfade dahin.   40

Gefühl

Ha, fühl's! du mußt!
Ein Neues gärt empor...
Mit tausend Armen krampft und reckt sich's auf...
Ein dunkler, graunvoll süßer Lärm schwillt an...
So rollt das Meer in Vorsturm-Melodien...
Oh Kraft! oh Leben!
Komm herauf! herauf!
Natur gebier!
Ein neues Erdenfest
entfrühlinge der Völker trägem Schoß!
Ja! ja! du willst!
Ich fühl es ja!
Ich fühl's!

Bei einer Sonate Beethovens

Da rollte der Donner selber –
und Titanen
schnitten mit flachen Händen
Steinplatten aus dem Fels
und schmetterten sie
frohlockend hinaus,
daß sie wie Vögel
die Luft durchschossen...

Vor die vier Sätze einer Symphonie

I

Wie das noch so hoch getürmte
Wasser wieder muß zum Meere,
fällt der noch so hoch gestürmte
Geist zurück in toter Schwere.

II

Fester Boden kann dich retten,
wenn du dich verloren hast;
trage fromm der Erde Ketten,
und zur Lust wird dir die Last.

III

Stiegst du aus der Wasser Gruft
auf die feste Erden,
magst du nun einmal der Luft
kecker Segler werden.

IV

Auf zur Erdenmutter Sonne
trägt den Vogel sein Gefieder,
Feuer tiefster Daseinswonne
schenkt ihm seine höchsten Lieder.

KINDERLIEBE

Nach Klostersitte floß dein wollen Kleid
in grauer Strenge faltenlos zum Fuß,
doch drüber hin, gelöst und quellend reich,
des sanftesten Marienkopfs Gelock.
Braunaugen, wie von stiller Gluten Wehn
erschimmernd, sich verschleiernd – strahlt ihr noch?...
Ich war wohl acht, du dreizehn Jahre alt.
Was war's, das unsre Lippen jäh verband –
ach eine selige Sekunde nur –
wie erster unaussprechlich süßer Durst
von Mann zu Weib – in weltvergeßnem Kuß –
dem schönsten Kusse, den ich je geküßt..?..
Wo weilst du, Liebe, – nun wohl Mutter längst,
doch ewig junge Beatrice mir –?
Gemahnt auch dich noch Hauch versunkner Zeit –
und gabst auch Du dein Herz nie süßer hin?

Ich und die Welt

»Aber die Dichter lügen zu viel«

Der Dichter muß des Menschen Sklave werden,
sonst ist es nichts, sonst bleibt es bei Geberden.

Habe Lust an der Wirklichkeit!
Sie ist der Urquell der Phantasie.

Glück

Nun bebt in banger Fülle meine Welt,
der Jahre Gärten wollen Früchte tragen.
Und wie auf weichen Wiesenteppich oft
ein goldner Apfel, zart empfangen, rollt,
so rührt den Plan der täglichen Gefühle
ein heimlich reif und süß geworden Lied.

Macht-Rausch

Dich zu spielen, gewaltige Orgel –:
Blind,
mit tastenden Händen
über den Herzen der Welt!

Mit jedem Griff
Unnennbares lockend,
Stürmen und Säuseln
abgrundentfesselnd, –
eine Fuge
aus Seufzern,
Gelächtern,
Flüchen,
Wehklagen,
Wollüsten,
Jauchzern...

So zu sitzen!
Blind
vor brausendem Tönemeer –
unter meiner Hand,
des Mächtigen,
auf und nieder rauschendem Tönemeer...
Und ein Lauschen
auf allen Sternen...

PRÄLUDIUM

Singe, o singe dich, Seele,
über den Eintag empor in die
himmlischen Reiche der Schönheit!
Bade in goldenen Strömen der Töne dich rein
vom Staube der Sorgen!

Was dir die Welt geraubt, vergiß es!
Was dir dein Ich verwehrt,
genieß es im Traum!
Auf klingenden Wellen
kommen die heimlichsten Wunder
wie Düfte
ferner Gärten
zu deinen leis zitternden Sinnen.

Singe, singe, Seele des Menschen,
vom Grauen der Nächte bedroht,
dich empor,
wo, lichtumgürtet,
der Phantasien
jungfräulicher Reigen
die zierlichen Füße
auf nie verblühenden Wiesen
verführerisch setzt.

Wo bist du...

Wo bist du, süße Blume meiner Tage?
Ich strecke müde, glückverlangende Hände
nach deinem holden Kelche aus?
Wo bist du –
daß ich das keusche, sammetweiche Haupt
dir küsse?
Wo bist du –
daß der Falter meiner Seele
an deiner Blüte Staub
sich neu vergolde?
Ich dürste, hungere nach deinem Duft!
Wo birgst du deine Schönheit?
Welcher Garten des Paradieses
umfriedet deine Pracht?
Wo bist du – bist du –
süße Blume meiner Tage?

Gleich einer versunkenen Melodie...

Gleich einer versunkenen Melodie
hör ich vergangene Tage
mich umklingen.
Heiß von Tränen
wird mir die Wange,
und von wehmütigen Seufzern
schluchzt mir die Brust,
an der du –
ach Du!
einst dein blondes,
erglühendes Köpfchen bargst,
o Geliebte!

GESELLSCHAFT

I

Aus der Gesellschaft Lärm und Lachen
hebt schwermütigen Flügelschlags
meine einsame Seele sich
fernen schweigenden Höhen zu,
wo der Nachtwind klagend
in mächtigen Bäumen harft,
und in den langen Schatten
des kühlen Mondes
meine Träume und Wünsche
sorgenvoll wandeln...
Ach, die ihr hier scherzt und lacht
und mit leeren Tönen
der Tag und Nächte
kostbare Luft erfüllt –
was hab ich mit euch –
was hab ich mit euch
zu schaffen!

II

Jene schmerzlichen Stimmungen!
Wenn du plötzlich den Kopf
in den Nacken wirfst –:
Alles um dich wird starr, tot –:
Und du springst auf,
um herbe Lippen
ein mühsam Lächeln.
Hinaus!
Ins Freie!
Allein sein! Dein sein!
Ins Erdreich
stampft dein erregter Fuß
deine Unrast...

Schluchzend, stammelnd
löst sich dein Trotz...
Stiller wirst du,
gütiger, reifer...
Jene schmerzlichen Stimmungen.

LIEDER!

Träumerische Stimmen
durchstürmen meine Seele...
Nackte Mädchen
jagen sich
an Hügelhängen hin...

Tief unten rauscht
der breite blaue Fluß.
Über mir in tönenden
Kreisen zieht ein Aar.

Lieder...
Lieder...
Lieder überall!
Im Sonnenschein,
im grünen Gras,
im Wald,
im Fluß,
im Tal...

EWIGE FRÜHLINGSBOTSCHAFT

Sieh mit weißen Armen, schwellenden Brüsten,
purpurnen Lippen, blitzenden Augen dort
der jungen Weiber hold erregte Reigen
aus den immergrünen Toren der Jugend,

gleich aus brechenden Körben rollenden Früchten, 5
quellen – strömen – – sich ergießen – – –
des Lebens unversiegliche Bürgschaft selber.

Und du stürzest nieder in deiner Kraft,
und besiegt vom Zauber unendlicher Anmut,
lässest du willenlos dich mit Rosenbanden 10
fesseln, und durch den zierlichen Fuß der Erwählten
küssest und wirkst du mit neuen Gelöbnissen dich
an den gütigen Schoß deiner ewigen Mutter.

Aus den immergrünen Toren der Jugend
wiegen jungfräuliche Reigen sich 15
in die grauen Gefilde der Welt.
Und es zittert die keusche Myrte,
und unruhig atmet die Rose,
wenn im hohen Äthergewölbe
die Kerzen der Nacht aufflammen. 20

AN MUTTER ERDE

Sie wolln mich umgarnen,
sie wollen mich fortreißen –
aber ich werfe mich
an deine heilige Brust,
Mutter Erde... 5
Mit weiten Händen
greif ich in deine Schollen,
mit tiefen Zügen
schlürf ich den herben Duft
deiner Kräuter... 10
Nein, Du
verlässest mich nicht,
du nährst mich,
du stärkst mich,

daß die bösen Geister
mich lassen müssen,
und ich hoch und heiter
wieder des Weges wandere,
den ich mir kor.
Dafür will ich dich auch
ohn End, ohn Ende
lieben und preisen...
Und wenn du mich einst
vom Strahl der Sonne
zurückheischst,
dann will ich
mein Haupt still
in deinen Schoß betten...
Und du wirst
meinen Schlummer behüten
von Ewigkeit
zu Ewigkeit.

AUS EINER LIEDER-GRUPPE

EIN SOMMERABEND
In Musik gesetzt von Robert Kahn

FEIERABEND

Lindenduft... Bienenchor...
Vogelsang und Brunnenrauschen...
Knarrend schließt sich Tor um Tor;
Feierabend lockt hervor,
Grüße auszutauschen.

Junges Volk will Gesang,
Fiedelspiel und kecke Reigen;
säume heute keiner lang,
sich zur Ehr und uns zu Dank
seine Kunst zu zeigen!

Einer weiß ein neues Lied,
andre freuen sich der alten;
wer von Fern zu Ferne zieht,
muß es, eh er weiterflieht,
fröhlich mit uns halten.   15

Düfteschwerer Dämmerflor...
Vogelsang und Brunnenplauschen...
Trete nun der Mensch hervor,
lasse in den großen Chor
seine Stimme rauschen!   20

VOLKSLIED

Draußen im weiten Krieg
ist blieben mein armer Schatz,
draußen im fremden Land,
da liegt er kalt und blaß.

Läg ich doch bei ihm im Grab   5
in der fremden Erd!
Was tu ich hier allein
am einsamen Herd?

Stiller Mond,
der in mein Fenster scheint,   10
hat schon jemand so
um seinen Schatz geweint?

Geheime Verabredung

Glühend zwischen dir und mir
Julinächte brüten;
gleiche Sterne dort und hier
unsern Schlaf behüten.

Wähl das schönste Sternelein,
will das gleiche tuen; –
morgen droben Stelldichein
auf geheimen Schuhen.

Gibst du nur nichts anderm Raum,
als mich dort zu finden,
wird ein gleicher süßer Traum
dich und mich verbinden.

Erntelied

Wo gestern noch der Felder Meer
gewogt in allen Farben,
steht heut in Reih und Glied ein Heer
festlich gegürteter Garben.

Es will der goldne Heeresbann
vor Frost und Hungers Wüten
das ganze Dorf mit Maus und Mann
bis übers Jahr behüten.

Und liegen die Bataillone erst
im sichern Scheunquartiere,
du fändst, und wenn du der König wärst,
nicht beßre Grenadiere.

*Der Verlag Urachhaus ver-
öffentlicht seit über 60 Jahren
Bücher, die »dem von der Zeit
geforderten Geistesleben
dienen« (Rudolf Steiner).
Heute umfaßt das Verlags-
programm über 300 lieferbare
Titel u. a. auf den Gebieten
Kunst und Kunstgeschichte,
Religions- und Geistes-
geschichte, Theologie und
Philosophie, Naturwissen-
schaft und Medizin,
Pädagogik, Biographien,
Kinder- und Jugendbücher.*

Wenn Sie über unser Verlags-
programm orientiert sein wollen,
schicken Sie bitte diese Karte aus-
gefüllt an uns zurück.

VERLAG Urachhaus
Urachstr. 41, 7000 Stuttgart 1.

Ich möchte mich kostenlos und unverbindlich über Ihr
Verlagsprogramm orientieren und bitte deshalb

☐ um die **einmalige** Zusendung eines Verlagskatalogs;

☐ um **regelmäßige** Verlagsinformationen;

☐ um ein **Probeheft** der Zeitschrift

☐ »DIE CHRISTENGEMEINSCHAFT. Monatsschrift
zur religiösen Erneuerung« (kostenlos);

☐ »INDIVIDUALITÄT. Europäische Vierteljahres-
schrift« (kostenlos).

☐ »BÜHNENKUNST. Sprache – Musik – Bewegung«
(DM 10,– Schutzgebühr).

Mein Interesse gilt dem ☐ *ganzen Verlagsprogramm;*
☐ *Kunst und Kunstgeschichte;* ☐ *Kinderbüchern.*

_____
Name

_____
Straße

_____
Postleitzahl, Ort

Senden Sie Ihr Verlagsverzeichnis
bitte auch an folgende Adresse(n):

Verlag Urachhaus

Postfach 13 10 53

D-7000 Stuttgart 1

Bitte
ausreichend
frankieren

Der Abend

Auf braunen Sammetschuhen geht
der Abend durch das müde Land,
sein weiter Mantel wallt und weht,
und Schlummer fällt von seiner Hand.

Mit stiller Fackel steckt er nun
der Sterne treue Kerzen an.
Sei ruhig, Herz! Das Dunkel kann
dir nun kein Leid mehr tun.

Nachtwächterspruch

Ihr Leut im Dorfe, laßt euch sagen,
die Glock am Turm ist elf.
Nicht lang, so wird es wieder tagen,
drum auf, und geht zu Bett!

Denn der nur gilt in der Gemeine,
der rüstig wirkt und schafft,
der sorgt getreulich für die Seinen,
bis ihn der Tod entrafft.

Ihr Leut im Dorfe, laßt euch sagen,
die Glock am Turm ist elf.
Nicht lang, so wird es wieder tagen,
drum auf, und geht zu Bett!

O Friede!

O Friede, der nun alles füllet,
erfüll auch uns mit süßer Ruh,
und bis ein Tag sich neu enthüllet,
deck uns mit trauten Träumen zu.

Wie manches, was des Tages Wille
mit rechter Klarheit nicht ergreift,
dem hilf, daß es in deiner Stille
zu freundlicher Vollendung reift!

Wen Schicksalsschläge grausam trafen,
den tröste des, was ihm geschehn;
wer neid- und haßerfüllt entschlafen,
den laß versöhnt den Morgen sehn!

So allem, dem gleich uns auf Erden
zuteil des Lebens schwankes Los,
laß deines Segens Tiefe werden,
gib Kraft aus deinem heiligen Schoß!

ERDEN-WÜNSCHE

Ein Weib, ein Hund, ein Segelboot,
mein Freund, sein Weib und sonst nichts mehr;
ein freies Schaffen, ein edler Tod,
das wäre so mein Begehr.

Vergaß ich nichts? Wer fehlt noch, wer?
Mein Triumph wider den Tod!
Ein Sohn, dem mein Wollen im Blute loht,
und Kraft noch tausendmal mehr.

EINS UND ALLES

Meine Liebe ist groß
wie die weite Welt,
und nichts ist außer ihr,
wie die Sonne alles
erwärmt, erhellt,
so tut sie der Welt von mir!

Da ist kein Gras,
da ist kein Stein,
darin meine Liebe nicht wär,
da ist kein Lüftlein
noch Wässerlein,
darin sie nicht zög einher!

Da ist kein Tier
vom Mückchen an
bis zu uns Menschen empor,
darin mein Herze
nicht wohnen kann,
daran ich es nicht verlor!

Ich trage die Welt
in meinem Schoß,
ich bin ja selber die Welt,
ich wettre in Blitzen,
in Stürmen los
und bin der Gestirne Zelt!

Meine Liebe ist weit
wie die Seele mein,
alle Dinge ruhen in ihr,
das ganze Weltall
bin ich allein,
und nichts ist außer mir!

Ob sie mir je Erfüllung wird...

Ob sie mir je Erfüllung wird, die Lust,
in alle Höhn und Tiefen auszuschweifen,
die Welt mit Riesenarmen zu umgreifen,
so Brust an Brust
der Allnatur zu reifen,
und dann, ein Sonnenweinstock, Erdemdust
ein Meer purpurner Herbste abzustreifen?

KÜNSTLER-IDEAL

O tiefe Sehnsucht, die ich habe,
erfülltest du dich einst einmal,
daß ich nach dieses Lebens Grabe
mich wiederfänd in Lust und Qual –
in einem neuen Künstlerwerden,
in einem Gott des Tons, des Steins...
daß ich in ewigen Geberden
so webte am Gewand des Scheins.

Ob Not und Leid des Schöpfers Lose,
nur Schöpfer sein bedünkt mich wert,
aus bittren Dornen flammt die Rose,
nach der mein ganzes Blut begehrt.
O immer neu mit vollen Händen,
der Schönheit Meister, aufzustehn,
von Welt zu Welt, mit hehren Bränden,
ein unbekannter Gott, zu gehn!

AN MEINE SEELE

Was wirst du noch wollen,
du ewig begehrende,
wohin du noch fliegen,
du sturmwindwilde!
Die in Erkenntnis du
rein dich badetest,
die du des Schaffens
heiligen Wahnsinn kostetest,
die du der Macht
überweltliche Freuden ahnetest,
die du von Strömen der Liebe
quollest und duftetest!
War dir ein Lohn je genug?
Hielt dich ein Ziel je zurück?

Oh, wie der Wind tagaus, nachtein   15
um den rollenden Ball
seine ruhlosen Fittiche regt,
nicht über Meeren rastend,
nicht auf der Berge Haupt,
ewig wechselnder Wolke   20
Former und Feger –
oh, wie sein Odem
des Pols und der Wüste
streitende Lüfte sind
und der Blitze Herden   25
ein Spiel seiner Lust –
so bist du, meine sturmwilde Seele,
ein ewiger Odem,
ein schwangerer Weltwind,
ein Schoß von Gewittern!   30
Oh du meine Seele,
die du in tausend Herzblutquellen
durch den Ring äonischer Alter
heran, herauf wuchsest bis zu mir,
du wie die Menschheit uralte Seele,   35
du, deren zahllose Wurzeln
saugend die ganze Erde umklammern,
schwankend vor Glück
schrei' ich mit deiner lieben Last
und kann noch nicht fassen,   40
daß grade ich
dein Werk, deine Frucht.

MONDSTIMMUNG

Über den weiten
schweigenden Wäldern der Welt
möcht ich gleich dir, o Mond,
großen Auges dahinziehn...

wenn die dämmrigen Wiesen
den Geist ihrer Nebel
zu dir emporwölken,
und breite Gewässer
schwärzliche Eilande
silbern umrinnen...
wenn die Dörfer sich tiefer
dem erdigen Boden schmiegen,
und die steinernen Städte
mit weißeren Giebeln und Türmen
lautlos
vor deinem Angesicht schlafen.
Auf die träumende Menschheit dann
möcht ich gleich dir
großen Auges hinabschaun
und der leisen Musik
ihres flutenden Blutes
lauschen.

AN DIE WOLKEN

Und immer wieder,
wenn ich mich müde gesehn
an der Menschen Gesichtern,
so vielen Spiegeln
unendlicher Torheit,
hob ich das Aug
über die Häuser und Bäume
empor zu euch,
ihr ewigen Gedanken des Himmels.
Und eure Größe und Freiheit
erlöste mich immer wieder,
und ich dachte mit euch
über Länder und Meere hinweg

und hing mit euch
überm Abgrund Unendlichkeit 15
und zerging zuletzt
wie Dunst,
wenn ich ohn Maßen
den Samen der Sterne
fliegen sah 20
über die Äcker
der unergründlichen Tiefen.

VOR STRINDBERGS »INFERNO«

ER,
der Menschheit Gedankenlöwe,
aller Hirn- und Herzungeheuer Herr,
brüllt über seine Wüste hin,
über die Wüste der Schrecken und Qualen, 5
nach seinen Opfern,
den glut- und sandwindgepeitschten Pilgern.
Und Tausende brechen
heulend und haareraufend
in ihre Knie, 10
werfen sich langhin
vor seinem furchtbaren Brüllen –
»Ja! wozu – wozu dich fliehen –
unsre Füße versagen –
unsre Sinne sind siech... 15
Dir Schrecklichem,
dir Übermächtigem,
oh! sich zu opfern!
Deine Stimme zerreißt uns
die Eingeweide – 20
Herr Herr unser Gott,
da nimm unser Herz,
da trink unser Blut!

Oh Rausch der Erschlaffung,
sich von dir
langsam ausschlürfen zu lassen –
oh seliges Hinübersterben
aus der Wüste in dich......«
ER,
der Menschheit Gedankenlöwe,
aller Hirn- und Herzungeheuer höchstes
und unersättlichstes,
brüllt –
und die Wüste
erzittert in ihren Vesten,
heute
wie ehedem,
da sie ihn gebar.

NE QUID NIMIS!
(Zur Psychologie der Stoa)

Machtlos sein
in seinem Zorn,
seiner Verzweiflung!
Nicht wissen wohin!
Auf und ab stampfen
in seinem engen Gemach, –
durch die Straßen
laufen, fahren, –
vergessen –
unmöglich!
Überall
diese Unrast,
dieser Ekel,
dieser Haß,
diese Verachtung!

Und schonen müssen,
was man zerschlagen will,
zertreten,
zertrümmern will,
alles in sich hinein
schlucken müssen,
würgen müssen,
fast ersticken
an seiner Unlust,
nicht einmal schreien dürfen
wie ein Tier,
nur stöhnen,
seufzen,
schelten,
knurren dürfen!
So wirst du krank,
Seele,
müd, matt,
vergiftet, –
ein Licht,
das, niedergehalten,
gierig
die eigene Kerze
verzehrt.

Quos ego!

Nörgelt mir nicht
am freien Flug
meiner Phantasie,
sonst reiß ich alles,
was fest und sicher,
aus seinen Wurzeln

und schleudr' es auf euch
in die trostlose Niederung,
wahnsinnbewältigt.

Denn tot und verdrossen
schleicht euch das Blut,
und es ist keine Lust,
euch leben zu sehn
und mit euch zu leben.
Flügel, Flügel,
mit mir zu fliegen,
mit mir zu schwelgen
im kreißenden Feuerregen
tanztaumelnder Gestirne,
alle glühenden Kelche
der blauen Nacht
auszuschmecken,
an alle Brüste
zu stürzen,
die ihre flammenden Knospen
aus aller Urwelt
Ahnungstiefen
dem Erdesohn
entgegenstarren – –!
Aber nicht s o,
in e i n s a m e m Taumel!
Mit mir, ihr alle!
So kommt doch, M e n s c h e n!
Laßt euren Bruder
nicht so allein!

Natura abundans

Ich sehe vor mir das schwarze Loch,
das tiefe, abgründige Loch,
in das ich tausend und abertausend
Gedanken hinuntergeworfen,
goldene Gedanken   5
zu Menschenlust und Vorteil,
die niemand wollte,
denen niemand Gestalt lieh.
Und doch waren's
Schöpfergedanken,   10
oh glaubt mir,
des Lichtes wert.
Was sollt ich mich brüsten?
Wer so viel
in Jahren und Jahren   15
versinken sah,
wer so viel Frühlinge
ungeschaut opferte,
ihm ist das Herz
nicht mehr danach,   20
sich vor Menschen zu brüsten.
Er sieht nur mit starrem Aug
und zuckendem Mund
auf den Abgrund Vergessenheit,
der ihm zu viel verschlang.   25

Du trüber Tag...

Du trüber Tag
mit deinen stillen, grauen Farben,
mit deinem Duft von Wehmut und von Wissen –
in einem leisen Frieden ohne Namen
möcht meine Seele weit in dich verwehen,   5

Konzert am Meer
(Eine Erinnerung an Sylt)

meine Seele voll Wehmut und Wissen
und der stillen, traurigen Farben
entbehrter Sonne.

Und Wagner wühlte das Meer auf.
Da türmte das göttlich empörte
der Brandung Bänke
zu schäumenden Mauern
und brach sie
in langen, brünstigen Donnern
weithin auf den Strand.
So stoßen tausend Hengste zugleich
den Dampf durch die schrecklich geblähte Nüster.

Und ich, der schwache, eintagige Mensch,
stand davor,
mit fliegenden Gliedern,
und meine Hände
öffneten sich gegen das Meer,
als wollten sie's versteinern,
dies dionysische Schauspiel,
dieses königliche Wogen-Sterben,
diese morituri te salutant, Wagner!
te salutant, Mensch!

Und da reckt' ich mich auf.
Und da lag mein Auge
löwenfunkelnd
über dem sterbenden Meer.

Der freie Geist

Oh das ist Glück, wenn so zerschlagen
die Welt zu deinen Füßen liegt;
wohin dich deine Flügel tragen,
ist aller Raum und Zeit besiegt;
du schnellst dich tanzend durch die Weiten
und lachst der Menschen Wert und Wort,
ein Stück Natur aus Ewigkeiten,
selbst Urteil, Stunde, Maß und Ort.

Nur wer...

Nur wer die Welt bis auf den Grund zersetzt,
daß ihm der Schaum durch arme Finger rann,
versteht, was Mensch, was Leben heißt, nur ihm
sind aller Freuden Tiefen offenbart.

Die Luft ward rein...

Die Luft ward rein von »Gott«,
nun ist das Weltall frei –
auf, spannt die Bogen
nach den fernsten Sternen!

Aus Religion

Wir treiben mit Gefühlen Spott
um höhere Gefühle,
zerbrechen wolln wir euch und »Gott«
die angemaßten Stühle.

Ja trutze nur...

Ja trutze nur, trutz',
hartnäckiger Nord,
dem begeistert Hinschreitenden!
Setze nur deinen hündischen Atem
wider den seinen –
doch erreicht er sein Ziel
und türmt sein Werk,
ein ragendes Riff,
das steil
über Erddunst und Erdwind
im heiligen Frieden
ewiger Ätherbläue
weltvergessen
sein Haupt sonnt.

Und die Adler des Himmels
rasten auf ihm.

Morgenstimmung

Wenn so die Nacht die treugewölbten Hände
von ihrer Erde stillem Antlitz hebt,
und in die kühlen, duftenden Gelände
der erste Hauch des jungen Morgens bebt –

da laß uns Arm in Arm nach Osten gehen
bis vor das Tor der großen, stummen Stadt,
und Schläf' an Schläf' die junge Sonne sehen,
die uns so süßem Sein erschaffen hat.

Weisse Tauben

Weiße Tauben
fliegen durch blaue Morgenluft...
grüßet, weiße Tauben,
mein Mädchen von mir!

Fliegt meinen Namen
vor ihrem Fenster
ins Morgenblau –
wie wird sie sich freuen! –:
»Oh ihr süßen, weißen Tauben
im blauen Morgen,
grüßt ihn,
grüßt ihn mir wieder!«

Ihr weißen Tauben!

Allein im Gebirg

Oh du! daß du an meiner Seite wärst!
Mit dir auf diese stillen, grünen Seen,
auf diese edlen, blauen Berge träumen;
aus all der Schönheit noch zu einer höhren
zurückzuwissen, wenn die Seele dürstet;
an deiner Augen Spiegel dann zu hängen,
die klarer als das klarste Bergseebecken
nur mich – wie meine dein Bild – widerschimmern;
im warmen Steinsitz dann zurückzulehnen,
bis einer Sehnsucht unsre Lippen folgen
und, ohne Wunsch, nur wie in himmelsholder
Gelöstheit, unsre Seelen sich berühren;
und wieder dann so Kopf an Kopf den Weiten
der ungeheuren Landschaft hingegeben,
mit Augen, die vor Glück in Schleiern liegen,

mit sanftem Atem zarter, junger Liebe –
oh du, daß du an meiner Seite ruhtest!
Was ist mir all die Schönheit ohne dich.

ABENDPROMENADE

Das war ein langer Weg mit jungen Bäumen,
unweit des Hauses, den wir jenen Abend
so unermüdlich auf und nieder gingen,
so zärtlich Arm in Arm; ich weiß noch, wie du
den deinen unter meinen Mantel schmiegtest,
daß dir sein Flügel halb die Schulter hüllte.
Was schwatzten wir nicht alles da! Du klagtest
von Sorgen, die zu früh dir zugemessen,
ich kam dir philosophisch, treu dich lehrend,
was grade mir an Weisheit aufgegangen;
dazwischen wehten milde Abendwinde,
und unten lag der See in mattem Glanze.
Und weißt du auch noch, wie ein altes Weibchen
uns lächelnd als ein junges Brautpaar grüßte
und wir ihm fromm doch fruchtlos widersprachen?
Ach, Herz, wenn ich an diesen Abend denke
und an den kleinen Weg mit jungen Bäumen,
dann möcht ich jeden Lufthauch für dich bitten,
er mög dir all des Glückes Träger werden,
das ich dir wünsche, Tapfre, Liebe, Gute!

GÖRLITZER BRIEF

Oh, das war schön, Herzbruder, lieber Freund,
als wir die kalte, klare Weihenacht
ausfuhren übers eingeschneite Land!
Durchs Astgewirr der Pappelbäume brach
der stillen Felder meilenweites Weiß;

die Erde ward uns wieder einmal rund,
und unser Geist ein Vogel über ihr.
Die Pferde dampften, und mit ihrem Trab
im Takte scholl das traute Schellenzeug;
des Kutschers Riesenmantel flatterte, 10
und holte seine Sensen-Geißel aus,
so war es Kronos selber, der uns fuhr.
So saßen wir nachdenklich Seit' an Seit',
mit seiner jungen Hoffnung jeder still,
und jeder still mit seiner jungen Not. 15
Da plötzlich, als der Blick sich grenzenlos
auf Äcker öffnete – ein weißer Blitz –
ein blendend Meteor! – und wieder Nacht.
(Mir hat einmal ein Weib aus meiner Hand
den Lebenslauf des Meteors gesagt.) 20
Die Kälte schnitt, und knirschend sang der Schnee.
Wir wandten um, und als die alte Stadt
nun wieder näher kam, da glänzte hier
und glänzte dort ein baum-erhelltes Haus:
Es war mir wie ein tiefes, fernes Lied 25
von Erdenkinder Hoffen und Geduld –:
Ein bißchen Lieb' und Licht, – und schon ein Fest! –
Doch freilich, wieviel Häuser lagen schwarz! –
Nun schlief die Ebne wieder hinter uns
mit ihrem ungeheuren Firmament, – 30
noch seh ich, wie die Sterne funkelten!
Oh, das war schön, Herzbruder, lieber Freund!

AN DIE MORAL-LIBERALEN

Ihr seid mir kluge, wackre Leute,
nicht Fleisch nicht Fisch, nicht heiß nicht kalt,
im Gestern halb und halb im Heute, –
Freigeister ihr, mit Vorbehalt.

An N.

Mag die Torheit durch dich fallen,
mir, mir warst du Brot und Wein,
und was mir, das wirst du allen
meinesgleichen sein.

An **

Da steht man nun in fremder Stadt allein
mit dem, was man gefehlt und man getan,
und den man liebt, der will nicht bei dir sein
und wandelt eigenwillig eigne Bahn.

Und einer Liebe wunderreicher Hort
bleibt unerschöpft und ewig unerlebt;
ich stehe einsam hier, du einsam dort,
und sind im Tiefsten doch so ganz verwebt.

An denselben

Nur eines laß den Scheidenden dich bitten:
Tu ohne Reue, was du immer tust!
Ich will, daß du des Nachts in Frieden ruhst, –
sonst haben beide wir umsonst gelitten.

War's not, daß du das Tafeltuch zerschnitten,
ist Bruch mit mir, darauf dein Leben fußt, –
verwirr dich nicht in Gramgedankenwust!
Was du erstrittst, hab reuelos erstritten!

Genieße deines Wollens Frucht in Kraft,
verhüll gleich mir des Einst verschlungne Tage:
Daß jeder so, gesund in Schaft und Saft,

ein starker, grader Stamm gen Himmel rage.
Vernichten hieß dich deine Leidenschaft —:
So schreit in Schönheit, ohne Reu und Klage!

LEBENSLUFT

Freiheit!
Freiheit!
Nur keine Liebe,
die ich nicht will,
nur keine Vogelschlingen
mich Liebender,
nur kein Handauflegen
den leichten Flügeln
der Seele!
Denn alle Liebe
will besitzen,
und ich
will nicht
besessen sein.

STILLES REIFEN

Alles fügt sich und erfüllt sich,
mußt es nur erwarten können
und dem Werden deines Glückes
Jahr' und Felder reichlich gönnen.

Bis du eines Tages jenen
reifen Duft der Körner spürest
und dich aufmachst und die Ernte
in die tiefen Speicher führest.

Mensch Enkel

So sah ich
den Menschen eben,
als ich über die Straße ging –:

Der Zeiten ungeheuren Felsblock
auf den Schultern,
gebückt hinstürmend...

Abendläuten

In deine langen Wellen,
    tiefe Glocke
leg ich die leise Stimme
meiner Traurigkeit;
in deinem Schwingen
    löst sie
    sanft sich auf,
verschwistert nun
dem ewigen Gesang
    der Lebensglocke,
    Schicksalsglocke,
    die
zu unsern Häupten
läutet, läutet, läutet.

Oh zittre mir nicht so...

Oh zittre mir nicht so, mein Herz,
da schwer das Leben auf dir liegt,
wir haben ja noch jeden Schmerz
im leichten Sinn besiegt.

Und wenn du gar so einsam bist
in dem, was deine Schönheit macht, –
ein Herze, das dich nicht vergißt,
du findst es noch vor Nacht.

LEBENS-SPRÜCHE

MAG NOCH so viel dein Geist dir rauben, –
dein Blut muß ans Leben glauben!

WOZU das ewige Sehnen?
Laßt uns die Brust dehnen!
Auch ohne romantischen Trug –:
Wir sind! Das ist doch genug.

IN ALLEM pulsieren,
an nichts sich verlieren.

WAS MIR SO VIEL VOM TAGE STIEHLT...

Was mir so viel vom Tage stiehlt,
das ist das liebe Singen.
Wenn Frühlicht mein Gemach durchspielt,
kann ich kein'n Ernst vollbringen.

Dann pfeif ich mir und sing ich mir,
und dann streck ich die Arme zur Sonne,
und werde lachend Kind und Tier
in eitel Daseinswonne.

Wohl kreist verdunkelt oft der Ball...

Wohl kreist verdunkelt oft der Ball;
doch über den paar Wolken droben,
da blaut das sterndurchtanzte All
und läßt sich von den Göttern loben.

Die liegen auf den Wolkenbergen,
wie Hirten einer Fabelwelt,
und wissen kaum von all den Zwergen,
die das Gebirg im Schoße hält.

Sie lachen mit den weißen Zähnen
den Göttern andrer Sterne zu –.
Komm, Bruder, laß die leeren Tränen,
wir sind auch Götter, ich und du!

Singende Flammen
Zu einem Bilde H. Hendrichs.

Zwei Flammen steigen schlank empor
   in stiller, weißer Wacht,
  sie singen einen leisen Chor
    empor zur Nacht,
      zur Nacht.

Zwiefacher Liebe Dankgebet
   ertönt in zarter Pracht,
  der Erde Doppelseele weht
    empor zur Nacht,
      zur Nacht.

MOOR
Vor einem Bilde Feldmanns.

Als dich des ersten Menschen Aug erblickte,
empfand er schauernd: Meer! und aber: Meer!
Doch eine Stimme sprach dazwischen: tot!

Und eine düstre Trauer fiel auf ihn,
daß seine Sprache sich verwandelte, 5
wie wenn ein Vogel unter Wolken fliegt,
die ihn verdunkeln.

NÄCHTLICHE BAHNFAHRT IM WINTER

Wenn du so auf müder Nachtfahrt
durch die dunklen Lande eilest,
wird dir manches Graun und Rätsel,
das du sonst zum Klaren teilest.

Kannst das Dunkel nicht zerspähen, 5
wirst ohn Ende fortgerissen –:
Hier ein Licht und dort ein Schatten
aus durchdröhnten Finsternissen.

Und du denkst, wie durch die weißen
Wälder frierend Rehe ziehen, 10
bis sie vor den Dörfern stehen
mit von Frost zerschundnen Knien.

Und du siehst die vielen Menschen
langgestreckt im Schlafe liegen,
und du siehst die große Erde 15
alles durch den Weltraum wiegen.

Du erschrickst –: Von lauter Stimme
hörst du einen Namen rufen – –
Ja, das ist das alte Städtchen
deiner ersten Werdestufen. 20

Und du denkst der lieben Gassen,
und du siehst dich selbst als Knaben...
Und schon liegt das Städtchen wieder
fern in Schlaf und Nacht begraben.

25 Und ein Schaudern und ein Wundern
läßt dein festes Herz erbeben,
und dich graut vor deiner Menschheit
unenträtselbarem Leben.

Dunkle Gäste

Was willst du, Vogel mit der müden Schwinge, –
du pochst umsonst der Seele Glasvisier;
du willst, daß ich dein Lied der Klage singe,
ich aber will, du sterbest außer mir.

5 Sieh, in mir ist es wie ein Turm am Meere,
der seine Flammen in die Ferne brennt,
daß manches Tier aus all der dunklen Leere
ihm zuschwebt übers schwanke Element.

Allein umsonst: An seinen starken Scheiben
10 erlahmt der dunklen Gäste kranke Sucht, –
sieh, meine Flammen wollen golden bleiben,
sie sind kein Herd für trüber Wandrer Flucht.

Begegnung

Wir saßen an zwei Tischen – wo? – im All...
Was Schenke, Stadt, Land, Stern – was tut's dazu!
Wir saßen irgendwo im Reich des Lebens...
Wir saßen an zwei Tischen, hier und dort.

Und meine Seele brannte: Fremdes Mädchen,
wenn ich in deine Augen dichten dürfte –
wenn dieser königliche Mund mich lohnte –
und diese königliche Hand mich krönte –!

Und deine Seele brannte: Fremder Jüngling,
wer bist du, daß du mich so tief erregest –
daß ich die Knie dir umfassen möchte –
und sagen nichts als: Liebster, Liebster, Liebster –!

Und unsre Seelen schlugen fast zusammen.
Doch jeder blieb an seinem starren Tisch –
und stand zuletzt mit denen um ihn auf –
und ging hinaus – und sahn uns nimmermehr.

DUNST

Kam des Wegs spät abends
längs des Stromes.
Da erdröhnte fern die Nacht
und rollte
einen Eilzug über Brückenbogen,
die gescheuchten Schatten
fahl entstiegen.
Funkelnd glitt
der Fenster gelbe Reihe
drunten mit
in schwarzer Fluten Spiegel,
drüber aber
ließ der fliehnde Kessel
seines Dampfs
langlagerndes Gewölke.
Wirr zerflatterten
die weißen Dünste
in der blauen

winterklaren Weltnacht...
Und da kam ein Traum
in meine Seele –
und vor mir
zerflossen –
Sternennebel.

Ohne Geige

Ich möcht eine Geige haben,
so ganz für mich allein,
da spielt ich all meine Schmerzen
und all meine Lust hinein.

Denn ach, ihr lieben Leute,
ihr wißt nicht, was geigen heißt,
ihr habt wohl fleißige Finger,
doch nicht den heiligen Geist.

Ich höre die Welten singen,
wenn er mein Haupt durchweht –
doch ach, ich hab keine Geige,
ich bin nur ein armer Poet.

Venus Aschthoreth

Du jagtest durch den Saal auf leichten Knien
und warfst das Haar mit fordernder Geberde,
du wolltest mich zu dir hinunter ziehn,
mich saugen, wie den Tropfen trockne Erde.

In deines stumpfen Tänzers Arme sankst
du weit rücküber und, nach mir gedreht,
verschlangst du mich mit jedem Blick und trankst
mein fliegend Herzblut, Venus Aschthoreth!

Reine Freude

Ich bin doch wohl kein Richter,
nichts denn Dichter.
Denn wenn ich so die großen Ströme höre,
erhabner Geister Schaffens-Wogenchöre,
was frag ich da noch, was sie rauschen!
Ich stehe zitternd, ganz gebannt von Lauschen,
und fühle nichts als: Mensch! und breite schweigend
die Arme, Lebens Urkraft fromm mich neigend.

An die Messias-Süchtigen

Messias, komm! gib endlich Licht!
laß endlich unsre Sehnsucht landen!
So jammert ihr – und habt noch nicht
den ersten großen Mann verstanden.

Ersehnte Verwandlung

Jedes Großen Sehnsucht ist,
allem Volk auf Erden
– wie sich sehnte Jesus Christ –
Brot und Wein zu werden.

Mitmenschen

Das sind die mitleidlosen Steine,
die Tag und Nacht dein Ich zerreiben;
willst du dein ganzer Eigner bleiben,
so flieh die liebende Gemeine.

Und bricht einmal dein volles Herz
und spricht von einer Überwindung: –
»Oh!« ruft des Nächsten kleiner Schmerz,
»bei Gott, ich kenne die Empfindung!«

Dass er so wenig weiß und kann,
das ist es, was den Edlen schmerzt,
indes der eitle Dutzendmann
zu jedem Urteil sich beherzt.

Die russische Truhe

Ich hab eine russische Truhe,
bemalt mit Blumen sonderbar,
in diese Truhe tue
ich meine Werke Jahr um Jahr.

5 Ich liebe die fremde Truhe,
mit dem, was meine Kraft ihr gab.
Sie mag einst meine Ruhe
teilen im grünen Grab.

Vorfrühling

Vorfrühling seufzt in weiter Nacht,
daß mir das Herze brechen will;
die Lande ruhn so menschenstill,
nur ich bin aufgewacht.

5 Oh horch, nun bricht des Eises Wall
auf allen Strömen, allen Seen;
mir ist, ich müßte mit vergehn
und, Woge, wieder auferstehn
zu neuem Klippenfall.

Die Lande ruhn so menschenstill; 10
nur hier und dort ist wer erwacht,
und seine Seele weint und lacht,
wie es der Tauwind will.

THALATTA!

Es stürzen der Jugend
 Altäre zusammen,
 die heiligen Bilder
 zerfallen zu Staub,
 des Tempelhaines 5
 Opferflammen
 zerflattern,
 der Winde Raub.

Das Meer wirft grüßend seine Schäume
 bis hart vor meine Füße hin –. 10
 Ja, du bist mehr als alle Träume!
 Das Beil an die geweihten Bäume!
 Daß ich ein Schiff mit Segeln zäume!
 Auf, Seele, – Sucherin!

ZUM II. SATZ (Andante con moto) VON BEETHOVENS APPASSIONATA

Oh siehe die Lande, sie liegen so stille
und freun sich der sternigen Kühle entgegen,
es rastet der Sonne gewaltiger Wille,
und leiser wird alles Bewegen und Regen.

Es baut sich die Nacht auf unzähligen Säulen 5
des Lichtes empor über schlafende Fluren,
und langsam veratmen ihr Jauchzen und Heulen
die träumenden Seelen der Kreaturen.

Eine junge Witwe singt vor sich hin

Sitze nun so allein,
traurig in Schwarz gehüllt,
gehe fort, komme heim, –
immer sein Bild!

5 Ach, und das Leben rings
lacht mich so lockend an,
aber des Schmetterlings
Flügel sind lahm.

Wenn ich in'n Spiegel schau –:
10 Lippen so rot, so rot –
Seide so tot, so tot –:
Einsame Frau...

Draußen so Lenz und Licht,
drinnen so tränengrau, –
15 faß es und faß es nicht –:
Einsame Frau...

Mir kommt ein altes Bergmannslied zu Sinn

Mir kommt ein altes Bergmannslied
zu Sinn,
das mahnt mich an die Zeit, da ich
verliebt gewesen bin,
5 zum erstenmal
mit aller Lust und Qual,
davon ich spät erst, spät
genesen bin.

Wie drängt ein ganzer Jugendtraum
10 empor,
sing ich das alte Bergmannslied
mir selber leise vor.

    Es glänzt ein Saal
  im nachtgestirnten Tal,
   die Dorfkapelle spielt
    die Weise vor.

Und dann der Tanz den Saal hinauf,
    hinab.
Ach, was ich mich in Wunsch und Wahn
   damals vermessen hab!
    Oh süße Qual,
  der ich mein Herz empfahl,
  und die ich noch nicht ganz
    vergessen hab.

Du dunkler Frühlingsgarten...

Du dunkler Frühlingsgarten,
durch den ich wandre jede Nacht,
all deine Knospen warten
auf ihre junge Pracht.

Wie liegst du schwarz und schweigend nun
und doch so sonnenbang und -toll!
Schon geht der Mond, im See zu ruhn,
bald ist die Stunde voll.

Nachlese zu Ich und die Welt

IHR MÜSST solche Verse nicht anders betrachten,
als wie sie Zeit und Umstände brachten.
Schenkte der Tag sein redliches Werk,
so lag ich ein Stück in dem Wald, auf dem Berg,
und wie ein Falter vorüberfliegt
und eine Erdbeere im Grünen liegt,
so kam eine Stimmung, so bot sich ein Reim,
und Falter und Erdbeere mußten mit heim.

O KUNST, du allerseligste Gewalt!
Gestaltend schrei ich über Ungestalt.

So wandeln mit entrücktem Sinn
Gesalbte über Wasser hin.

So schritten einst die Schöpfer der Welt,
die Götter, überm Wolkenzelt.

Bis ihnen Prometheus das Feuer stahl:
da schwindelte sie zum ersten Mal.

Da ahnten sie selbst ihr göttlich Spiel.
Der Maja Schleier fiel und fiel.

ALS OB ICH nicht mit ahndevollem Flügel
den dunklen Weltraum ausgetastet hätte.
Nicht außer an geliebtem Bach und Hügel
in Traumgefilden auch gegastet hätte!

Doch immer flüsterte der fremden Sphäre
die heimatliche Gegenwart darein,
ja, wenn ich nicht ein Sohn der Sonne wäre,
so möcht ich wohl ein Sohn des Himmels sein.

WAS BIN ICH selbst?
Sieh nicht zu nah, mein Geist!
Ein Lichtschein
über Dämpfen
geheimnisvollen Abgrunds?
Ein irrend Öl
auf grenzenlosen Wassern?
Ein Ton
aus unbekanntem Horn
gestoßen
und von den summenden
Geräuschen der Welt
verschlungen bald
und bald sie
hell durchdringend?
Was bin ich selbst? –
Sieh nicht zu nah, mein Geist,
es ist nicht gut.

SIEH, so bin ich: Wenn mich ein Reiz bewegt,
so wallt's nicht heiß, doch – plötzlich in mir auf;
kaum hemmt Beherrschung jäher Tränen Lauf,
bis sich der rasche Sturm auch rasch gelegt.

Und wie aus fliehenden Gluten zuckt
ein Blitz vom Blut herüber in den Geist,
der, wie er nun von Worten gärt und kreißt,
sein Siegel gleichsam auf die Stimmung drückt.

Nachlese zu *Ich und die Welt*

Wenn Cyrano des Kusses Süße singt,
so war es nur, weil ihn ein Kuß beglückte;
vergeblich glaubst du, daß es dem gelingt,
den liebe Lippe nicht zuvor entzückte;
erst wessen Herz dies süße Gift durchdringt,
er redet, ein Entrückter für Entrückte,
erst wer die roten Lebensrosen pflückte,
schlingt Kränze, wie man sie für ewig schlingt.

Nomen – Omen?

Ward ich, Brüder, wohl geschaffen,
euch mit Licht zu kränzen,
eure Fahnen, eure Waffen
silbern zu beglänzen?

Ja, von jenem Frühgestirne,
das die Morgenwandrer kennen,
fühl ich mir in Herz und Hirne
einen Funken brennen.

In der Zeitnachtnebel Brauen
laßt mich euch vom Tage künden –
Seht, das ungeheure Grauen
will sich schon entzünden!

Nun pocht der Regen wieder
mit leisen Fingerknöcheln an,
ein Takt für neue Lieder
begann.

Ein neuer Takt, ein dumpfer Takt
zu hartem Sinn, zu bösem Sinn.
Mit schlimmen Mächten schloß ich Pakt,
nun nehmen sie das Opfer hin.

Der Zweifel lief zu lange
mein Leben vorwärts und zurück –
Nun mordet mir die Schlange
mein Glück.

O LASS MICH trauern, stille Stunde,
    von deren Munde
dunkle Wehmut tönt.
    Was ist das Leben?
    All Nehmen, Geben!
Dahin – du wardst es kaum gewöhnt.

Sehnsüchtig breitest du die Arme,
    die weite, warme
geliebte Welt noch einmal zu umfahn.
    Was ist ein Leben!
    Was ein Bestreben!
Umsonst – vom Ufer stößt der Kahn.

So STARK empfand ich's niemals noch denn eben,
als ich im Zug der Stadt entgegenfuhr,
wie wir kein einzig Ziel uns selber geben,
unfreie Kinder der Natur.

Ich hätte mich in diesen Zug gesetzt –
aus freiem Willen, Vorsatz und Entschluß?
Nein, wenn ich's nie gefühlt, ich fühlte jetzt:
Dies alles ist ein unergründlich Muß.

Wachstum ist alles, jeglicher Moment;
wir wolln nicht, handeln nicht, – wir wachsen, sprossen!
Und selbst der Augenblick, der dies erkennt,
ist mit in diesem Ring beschlossen.

DIE GANZE WELT ward greis und grau.
Staub ward des Lebens Abendtau.

Des Geistes Auge schmerzt bestaubt.
Die Hoffnung selber hängt das Haupt.

Vergeßnes qualmt aus Grab und Gruft.
Und alles nur – des Frühlings schwere Luft.

IN DEN DÜNEN

Weite, möwenüberkreiste
Dünentäler, menschenlose;
rechts die See und ihr Getose,
links das Haff, das sturmverwaiste.

Alte Dörfer in den Watten,
in der Flut und unterm Sande...
Sonnenleuchten, Wolkenschatten
über einem Märchenlande...

AUF DEM MEERE meiner Seele
fliehen lustig, weiße Segel,
meine hellen Schwangedanken
vor dem Südwind meines Blutes.

Draußen hängt in grauen Fahnen
sommerlicher Dauerregen –
auf dem Meere meiner Seele
fliehen lustig weiße Segel.

Sonne lacht mit blauen Augen
auf die fröhliche Regatta; –
alle trüben Herzen möcht' ich
laden heut zum Segelfeste
auf dem Meere meiner Seele!

GLÜCKLICH, die wir auf der Zeiten
Wasserscheide noch geboren,
zwiefach Rauschen in den Ohren,
zweier Welten Grenze schreiten –

Ruhend an den Quellentoren
dunkelnder Vergangenheiten,
in der Zukunft Morgenbreiten
großen Auges nun verloren.

Dort der Kindheit Seligkeiten...
Götterträume, vielbeschworen...
Bräuche, die Millennien weihten...

Hier, noch fern in Rosenfloren,
neuer Erde Sichbereiten...
Völker, neuem Kampf erkoren.

MEINEM KLEINEN
CHRISTIAN FRIEDRICH KAYSSLER

Ja, was in uns ist, soll dir dienen,
unser kleiner König du!
Dir tragen unsrer Tage Bienen
all ihren Honig zu.

Wir legen dir der Freiheit Kranz
um die geheimnisvolle Stirn –
werde Dein Weg ein Tanz
von Firn zu Firn!

Ein Mensch, schön, groß,
wirke einst Schönheit zur Welt –
aus ringender Zeiten Schoß
ein vollbringender Held.

Homunkel

Gieß Chemikalien zusammen:
Schon steigen die Flammen.
Doch sind Gas und Rauch
Gedanken auch,
die wieder umkehren
und das Ganze belehren
und sagen: Fühle
diese Hitze, diese Kühle...

Immer wieder

Steigt sie aus der Erde Innern
in den stillen Tag empor –
wie an Menschen ein Erinnern,
die die Erde längst verlor?

Alles schläft in seinen Grüften –
nur die eine Stimme weht
auf zu einsam-grauen Lüften – –
und so wandelt der Planet.

Dies hatt' ich fast von Kind auf, dies Gefühl:
Wenn ich inmitten eines Zeitlaufs stand,
ihn mir als schon vergangen vorzustellen
und gleichsam rückerinnernd so zu reden:
Das ist nun auch vorüber wie ein Traum.
So fühl ich auch inmitten dieser Reise
schon jetzt den spätern Punkt voraus, auf dem
rückblickend ich, mit seltsamer Empfindung
mir sagen werde: Ja, das war einmal;
das ist nun auch vorüber wie ein Traum...

ICH STAND
in der Tür eines Hauses.
Leute sprachen
von innen mit mir
und ich gab ihnen Antwort.
Aber zugleich
hört ich von draußen
einer Windharfe
bewegliches Lied.
Und mein Sinn
war geteilt
zwischen Hier
und Dort
und mühsam
wehrt ich
aufdrängenden Tränen
tiefer Erregung.

ICH LIEBE MIR die überlegnen Geister,
die über ihren Ernst noch lachen können,
die nicht der Worte Kinderspiel – und Tanz
um ihrer Freiheit Wolkenflug gebracht.

Sie, die des Lebens wunderreichsten Glanz
wie seine tiefste höllengleiche Nacht
zu einem Anblick für sich machen können –
sie sind gewiß des Lebens beste Meister.

JA, NUN bist du da,
große Stunde!
Dein Atem ist Ewigkeit,
deine Augen Unendlichkeit,
auf deinem Mantel

sind tausend Sterne.
Ich schließe die Augen.
Ich lege mein Haupt
in deinen Schoß,
stumm,
überwältigt.
Der Rhythmus der Welten
ist in mir.
In feinen Wellen
zittern mir zu
alle Sterne.
Und allen Sternen
geb ich, leiswellend,
heimliche Antwort.
In allen Fernen
zittert mein Glück.
Von seinem Liede
schwingen des Äthers
zarteste Saiten.
Alles in mir…
In allem ich…
Alles in Einem.

DIE MORGENRÖTE (L'AURORA)
(Grabmal des Lorenzo von Medici)

[*Aus dem Zyklus:* MICHELANGELO.
STIMMUNGEN VOR DREI SKULPTUREN DES MEISTERS]

»Wehe, wo bin ich?…
Mutter! Schwestern!
Geliebter!
Böser Morgen,
der du im Mantel der Dämmerung
zu mir kamst,

aus all den Töchtern der Nacht
mich Ärmste wählend –
Wo bist du?
O der Wonnen
an deiner Brust!
O Lieber!
Verbirg dich nicht!
Sieh, ich träumte von dir,
[da] ich schlief,
und mein Blut
brennt nach dir!...
Ich fürchte mich.
Starb die Welt?
Starbst du mit ihr?...
Was – ist – das?
Die Lungen der Welt
halten den Atem –
die Ohren der Dinge
horchen nach mir –
aus tausend Augen
starrt es auf mich – – –
warum auf mich?...
O... O!
Todesängste
rasen im Blut mir auf...
Wühlende Wehen
wollen mich töten!...
Mutter! Geliebter!
Wehe! Wehe!
Ich sterbe!...
Nehmt mein dampfendes Blut...
ihr Himmlischen...
für mein Kind...
Mein Kind...........«

Der Blick

I

Mir gegenüber
unter dem Dach
sitzt ein Weib
am geduckten Fenster
und näht.

Früh
in das steigende Licht,
spät
in die fallende Nacht.

Manchmal
blickt es vom Schoße auf
und verloren hinaus
auf die Dächer...
auf die Wolken...
in die Unendlichkeit...

Ich kann
sein Auge nicht sehn.
Aber ich fühle den Blick.
Er ist stumpf
wie der eines Tiers.
Grauen ergreift mich
vor ihm.

II

Mir ahnt ein Einst:
Da wirft dies Weib
seine Arbeit
zu Boden
und reckt sich.

Der Dachstuhl birst.
In Riesenmaßen
wächst in die Wolken
das Weib hinauf.
Und über die Dächer
schreitet sein Fuß,
daß krachend
die Mauern
zusammenstürzen
und, zertreten,
der Menschenhaufe
mit seinem Blut
die Gassen füllt.

III

Über uns allen
im Bodengelaß
sitzt die Not
am geduckten Fenster
und näht.

Früh
in das steigende Licht,
spät
in die fallende Nacht.

Manchmal
blickt sie vom Schoße auf
und verloren hinaus
auf die Dächer...
auf die Wolken...
in die Unendlichkeit...

Ob ihr ihn gleich nicht schaut –
fühlt ihr nicht
Tag und Nacht
diesen Blick?

Ein Sommer
Verse

Der's gehört

DER WALDBACH rauscht Erinnerung...
An so viel traute Stätten meines Lebens
erinnert mich sein nächtliches Gespräch.

Und wie ich so, den Kopf vergraben, sitze,
da bricht ein Born von Tränen in mir auf   5
und rauscht mit ihm unhörbar durch die Nacht.

MIR IST, als flösse dieser Bach da draußen
ein heimlich Bette in mir selbst herab
und spülte nun den lange trocknen Grund
zu neuem sonderbaren Leben auf;
wie Moos und Flechte legt's gelöste Arme   5
in sein Gefäll, wie klein und große Kiesel
befreit es sich und läuft mit ihm des Wegs; –
mir ist, ich spürte, wie die Welle wühle
und nichts mehr fest und sicher in mir sei,
und fühle mich beunruhigt hingegeben   10
in eines wunderlichen Spiels Gewalt.

WAS FRAGST DU VIEL! Du hast in diesem Bach
des Lebens selber eingeschränktes Bild.
Des Werdens-Stromes Brausen hörst du nicht,
der Bach, der kleine, findet erst dein Ohr;
und lag die Welt dir gestern starr und still,   5
so redet sie dir heut aus seinem Mund
von ihres Flusses nimmermüder Flucht,
so hat sich die waagrechte Ebene,
die sie dich gestern dünkte, heut geneigt –
und rauschend reißt der Stunden Fall dich mit.   10

Blickfeuer

I

Du kennst der Küste rege Leuchtturm-Feuer,
die schlaflos ewig wache Wimpern heben,
als seien es des Schicksals Augen selber,
die ruhlos auf der Dinge Wandel rollen, –

Und stehst vielleicht so selber vor den Dingen,
sie immer wieder groß und fragend messend,
indes des Weltmeers ewig gleiche Woge
zu deinen Füßen ihre Rätsel brandet...

II

Und dann sind noch andre Feuer,
die mit unbewegter treuer
Güte durch das Dunkel schauen,
wie wohl Augen stiller Frauen
flehn: aus schwankenden Bezirken
komm, im Heimischen zu wirken.

Vogelschau

Begriffst du schon ein Wunder wie dies eine,
daß die Erde um die Sonne fliegt?
O Nacht, vor deinem Sternenscheine
liegt all mein Menschliches besiegt...

Ein riesenhafter Erdkloß kreist
unaufhörlich um ein großes Feuer:
Da gebiert die Scholle Geist –:
der Mensch wird, Zwerg und Ungeheuer, –

und ruft, Ausschlag der Bodenrinde,
Erd und Himmel tönend an –
und spielt sein Spiel in Weib und Mann...
gleich einem ewigen Kinde...

Ja, Kinder-Spiel ist, was da ist,
das sagt dir jede stille Nacht,
und nur dein tiefes Kind-Sein macht,
daß du noch weiter fröhlich bist.

Zum Leben zurück!

Zum Leben zurück!
Verwechsle mir nicht Weg und Ziel!
Wohl ist auch Wandern Glück,
doch leicht wirst du der Füße Spiel.

Mit deinem Erreisten
siedle dich beizeiten an,
und strebe zu leisten,
was fördern kann.

Maimorgen

So mag sich wieder blinde Nacht
zum reinsten Morgen klären,
sich Lebensglück aus Lebensmacht
in neuem Glanz gebären.

Der Nebel flieht, als ob er Ried
und Wald auf ewig flöhe,
und meine Seele ist das Lied
der Lerchen in der Höhe.

Selige Leichtigkeit

Keine ›Verse‹! Singend Leben,
wie es aus den Bächen tönt!
Ward dir innrer Reiz gegeben,
nun, so quillt es schon verschönt.

Deine Meißel, deine Feilen
habe nun im Blut gelöst,
und so laß denn talwärts eilen,
was die muntre Welle flößt.

Rhythmenselig, bogenspringend,
liebe Lockung Aug und Ohr,
alles mit zu tanzen zwingend,
ströme, schwimme, süßer Flor!

ABEND-TRUNK

So tritt man abends an den Rand
des Brunnens, wenn die Sonne sinkt,
und schöpft sich mit gewölbter Hand
und trinkt und trinkt –

wie wenn ich deinem Zaun vorüber
wandre und dein Köpfchen nickt...
ein Wort herüber und hinüber –
wie das erneut, wie das erquickt!

DAGNY

Wenn dieses zarte Glühen
in deine Wangen strahlt,
als wie den frühsten frühen
Himmel ein erster Schimmer malt,
da fühl ich erst, wie rein du bist,
welch feine klare Schale
voll unberührtem Wein du bist,
bestimmt zum höchsten Mahle
der Erde.

D. (norweg.) = Erstes Frühlicht.

Ein Sommer

AN SOLCH EINEM Vorabend der Liebe –
du weißt noch nicht, was da werden wird,
aber dein Herz ist so süß bewegt,
in den reinen Abend so aufgelöst...
großer Sonne, die rot
hinter die blauen Berge sinkt,
trinkst du träumend dein Glas nach...
und die gedämpfte Musik,
die du von fröhlichem Volk
fernher hörst,
spinnt dich nur tiefer ein...
und du fühlst,
wie ein anderes Haupt
leis deiner Schläfe sich schmiegt
und mit dir hinausträumt
aus braunen geliebten Augen...
und du schließest die deinen
und sitzest so lange,
ganz still und vergessen;
und dann stehst du auf
und küssest ein paar
geschenkte Blumen
und vergräbst dein Gesicht ganz
in schmeichelnde Blüten...
An solch einem Vorabend der Liebe...

OH, UM EIN Leuchten deiner Augen alles!
Hör mich! Ein Märchen –. Als der alte Gott
noch jung in seinen Gärten wandelte,
da fand er einst auf einer Wiese sie
in leichtem Schlummer reizend hingestreckt.
Und wie er überwältigt steht, die Arme
noch zum zerteilten Busch zurückgebreitet,
erwacht sie von dem Brechen eines Zweigs

und hebt der Wimpern seidnen Silberwurf
   und träumt den ersten großen Blick ihm zu.
   Und wie der Herrliche nun näher eilt
   und vor ihr kniet, da geht ein Rätselleuchten
   aus ihrem Aug, wie wenn in Wogenschleiern
   sich das Geheimnis einer Meergrundsonne
   verhüllen wollte und sich doch verriete...
   Und sieh, um dieses Leuchten schuf Gott alles,
   was ist, – der Sterne schimmernde Girlanden –
   der Vögel Legion, den Tag der Liebe
   durch ewige Äonen wiederholend –
   und dich und mich – und alles Glück und Elend
   von Ewigkeit zu Ewigkeit –! – Du lächelst!
   Oh, um dies Leuchten deines Lächelns alles!

BRAUSENDE Stille,
wie lieb' ich dich,
wenn du nicht ganz mich
überwältigst,
deutender Phantasie
noch Raum gewährend.
Liegt mein Ohr
an der Muschel Unendlichkeit?
Rauscht das Meer des ewigen Seins
daraus?
Oh, dann rauscht
auch ihr, auch ihr Blut mit,
brandet bis an mein Herz,
wie meins an ihrs!
Brausende Stille,
wie lieb' ich dich,
die du mich
mit der fernen Geliebten
so zart vereinigst.

Dich zu singen
wie ein liebes, trautes Lied,
so oft ich wollte!...
Oder dein Aug
aus dem Ring meines Fingers
dunkeln zu sehn,
fraglich, wechselnd,
und immer geliebt!...
Das Leben ist plump
wie ein Klavier –
(nicht mehr, nicht minder) –
ach, daß es die feine, biegsame,
singende Geige wäre,
die ich zu oft mir
in Träumen baute
und spielte!

Von den heimlichen Rosen

Oh, wer um alle Rosen wüßte,
die rings in stillen Gärten stehn –
oh, wer um alle wüßte, müßte
wie im Rausch durchs Leben gehn.

Du brichst hinein mit rauhen Sinnen,
als wie ein Wind in einen Wald –
und wie ein Duft wehst du von hinnen,
dir selbst verwandelte Gestalt.

Oh, wer um alle Rosen wüßte,
die rings in stillen Gärten stehn –
oh, wer um alle wüßte, müßte
wie im Rausch durchs Leben gehn.

»Das Wunder ist...«

Vom Hang nach Einsamkeit erfaßt,
verstürm' ich mich in dir, Natur,
hin auf nur mir vertrauter Spur,
ein schlechter Menschengast.

Und träumend mal' ich mir im Schreiten,
wie's plötzlich sich aus Büschen biegt –
und sie zu tausend Zärtlichkeiten
mir in die Arme fliegt.

Lebensbild

Schwankende Bäume
im Abendrot –
Lebenssturmträume
vor purpurnem Tod –

Blättergeplauder –
wirbelnder Hauf – –
nachtkalte Schauder
rauschen herauf.

Volksweise

Da waren zwei Kinder, jung und gut,
aber ihr Blut
floß gar schnelle.
Sie lachten sich zu,
da warf ihre Ruh
die erste harmlose Welle.

Doch jeden Tag warf sie eine mehr,
bis gar wild hin und her
Wogen wallten.

Da ging es zum Sterben, 10
gradaus ins Verderben –
sie konnten ihr Herz nicht halten.

Ich sass, mir selber feind wie nie,
vor der gelaßnen großen Nacht
und schrie
mich aus in ihren schwarzen Schacht.

Da kam's zurück, wie Hauch zurück: 5
»Wo bist du, Kind? Was willst du Kind?
Mein Auge ist von Sternen blind.
Was nennst du Schmerz? Was nennst du Glück?

Wachse, wie du mußt,
und welkst du, geht es schnell dahin. 10
Das Leben hat nur Deinen Sinn.
Aber ewig bleibt dir meine Mutterbrust.«

Segelfahrt

Nun sänftigt sich die Seele wieder
und atmet mit dem blauen Tag,
und durch die auferstandnen Glieder
pocht frischen Bluts erstarkter Schlag.

Wir sitzen plaudernd Seit' an Seite 5
und fühlen unser Herz vereint;
gewaltig strebt das Boot ins Weite,
und wir, wir ahnen, was es meint.

SEHT in ihrem edlen Gange
dieses jugendfrische Kind,
leuchtend Aug, erwärmte Wange,
und sein Löckchen holt der Wind.

Wie die Füße schön sich setzen
ohne Scheu und Ziererei,
reißet ihr das Kleid in Fetzen,
und sie wandelt dennoch frei,

wandelt all in ihrer Reinheit
sonder Arg in Tat und Wort,
und betrogene Gemeinheit
wendet sich betroffen fort.

NUN STRECKST du die schlanken Glieder
aufs reine Lager hin;
müde fallen die Lider,
doch mein Bild blieb darin.

Du fühlst ein süß Genügen,
als wär' ich selber nah;
und schon mit gleichen Zügen
liegst du ruhend da.

SIE AN IHN

Dies nur Dir verdanken wollen
alles Guten, alles Schönen,
dies an deine immer vollen
Geberhände sich gewöhnen!…

Wie du meinen Willen wandelst,
meine Seele nach dir bildest,
und so weisest und so mildest
mich in alledem behandelst!

Schweigen im Walde

Da ging ich heut im Walde wo,
da war's so still, so still, – o so –,
daß, als ich mir
das Herze nahm
zu sagen: O wie still ist's hier! 5
nur Flüstern mir vom Munde kam.

Waldkonzerte...

Waldkonzerte! Waldwindchöre!
Düstres Solo strenger Föhre –
Tannensatz nach tiefem Schweigen –
heller Birken Mädchenreigen –

Buschgeschwätze – Gräserlieder – 5
Blätterskalen auf und nieder – –
wenn ich euch nur immer höre –
Waldkonzerte! Waldwindchöre!

Leichter Vorsatz

So jedem Tag, der leichten Schritts enteilt,
ein Liederveilchen in die Locken werfen,
daß, wenn ihn abends Dämmerung umfängt,
ihre Hand liebkosend ihm
die kleine Blume aus den Haaren wirrt 5
und sie ihm zeigt – und er – staunend lächelnd
nicht sagen kann, woher sie dahin kam –
und beide so mit Lächeln auf sie schaun –!

Farbenglück

Ist nicht dies das höchste Farbenglück:
Birkenlaub in Himmelblau gewirkt?
Doch schon winkt ein graublau Felsenstück,
dunklen Efeus sprunghaft überzirkt.
Und schon sinkt mein Blick in grüne Wiesen
und in Wasser und in weißen Dunst –
und ich weiß nicht, wem von allen diesen
schenk' ich meine Gunst und meine Kunst...

Der Hügel

Wie wundersam ist doch ein Hügel,
der sich ans Herz der Sonne legt,
indes des Winds gehaltner Flügel
des Gipfels Gräser leicht bewegt.
Mit buntem Faltertanz durchwebt sich,
von wilden Bienen singt die Luft,
und aus der warmen Erde hebt sich
ein süßer, hingegebner Duft.

Auf leichten Füssen

So sein heitres Gleichgewicht
allem mitzuteilen,
in des Abends liebem Licht
leicht dahinzueilen –

Eine wilde Rose wo
im Vorübergehn zu küssen,
und dem stillen Walde so
sich gestehn zu müssen –

Wieder dann aus Luft und Licht
seidne Verse fangend,   10
nur sein heitres Gleichgewicht
auszuruhn verlangend –!

Genügsamkeit

Ich brauche nur den Duft der Welt,
die ganze Welt zu haben,
ich hab mein' Sach' auf nichts gestellt,
gleich manchem leichten Knaben.

Du lächelst mir, so wird mir gut,   5
als wärst du ganz mein eigen,
und aus der Seele Mutterflut
die süßesten Lieder steigen.

Gute Nacht

Nebel lag überm Land,
und die Bäume rauschten so sacht,
da gab mir deine liebe Hand
ihr erstes süßes ›Gutenacht‹.

Und ich dann noch in den Nebel ging –   5
und die Bäume wühlten in meinem Sinn –
und ich bebte und redete vor mich hin –
und mein Auge voll Tränen hing.

Heimat

Nach all dem Menschenlärm und -dust
in dir, geliebtes Herz, zu ruhn,
so meine Brust an deiner Brust,
du meine Heimat nun!

Stillherrlich glänzt das Firmament
in unsrer Augen dunklen Seen,
des Lebens reine Flamme kennt
kein Werden und Vergehn.

Schwalben

Schwalben, durch den Abend treibend,
leise rufend, hin und wieder,
kurze rasche Bogen schreibend,
goldne Schimmer im Gefieder –.

Oh, wie möcht' ich dir sie zeigen,
diese sonnenroten Rücken!
Und der götterleichte Reigen
müßte dich wie mich entzücken.

Holde Ungerechtigkeit...

Holde Ungerechtigkeit
jeder seligen Sekunde,
die da spricht: Zu keiner Zeit
hingst du so dem Glück am Munde!...

Doch indem wir dies so denken,
kommt's von Herzensgrunde:
Alle wollt' ich gern verschenken,
hing' ich ihr am Munde.

WIE MIR der Abend das Grün der feiernden Tannen vergoldet
und noch mit leuchtendem Rot drunter die Stämme beglückt!
Irgendwo zwitschern und zwitschern noch kleine beseligte Meisen;
fernher, fernhin rollt selten ein spätes Gefährt,
oder es schlägt die Flut des Strands verborgene Zeile, 5
wenn ein Dampfer sie jäh rauschenden Buges verdrängt.
Aber da schaudert es plötzlich – die Sonne versank hinter Bergen,
und in das hohe Gewölk eilt nun der purpurne Glanz.
Farblos steht nun der Wald, allein die Gewässer, sie strahlen
lang noch das rötliche Blau mächtig entloderter Luft... 10
Also sah ich einmal noch um Mitternacht rosige Schimmer
in des umschwiegenen Fjords zitternder Spiegelung ruhn.

    WAS MÖCHTEST du noch einmal sehn,
    wenn du einst tot bist?

    Ein Stückchen Wald
    im Vormittagssonnenglanz –
    rötlich flimmerndes Zittergras, 5
    auf schlanken, durchsichtigen Stielen
    im harzigen Winde fächernd –
    über seiner unendlichen Anmut
    ein Zirkel Azur
    mit zwei weißen Wölkchen – 10
    ein Eichhorn,
    von Tanne zu Tanne springend –
    und einmal den Schatten
    eines ziehenden großen Vogels...

    So etwas wünsch' ich noch einmal zu sehn, 15
    wenn ich einst tot bin.

Hochsommerstille

Das sind die stillen Tannen des August,
die stehn so unbewegt den ganzen Tag;
und wenn du nachts im lauen Fenster liegst,
aufstarren sie an blasser Himmelswand,
wie mit Asphaltbraun mächtig hingesetzt.

Weiter Horizont

Das ist's, was mich hier so entzückt:
Diese unbedingte Weite,
dieser Horizont in Tief' und Breite
verschwenderisch hinausgerückt.

Wasser-Studie

Dieses Blitzen auf der Bläue –
daß ich's bildlich näherbringe –
ist wie weißer Schmetterlinge
unentwirrbares Gebräue.

Eine Nacht

Sah ich schon je so finstre Nacht?
Da ich sie, Freund, dir schildern will,
such ich nach Worten selbst umsonst, so sehr
füllt Finsternis mich selber ganz und gar.

Es rauscht der Wind –

Es rauscht der Wind in den hohen Bäumen…
Tief unter ihm ich und mein Wort.
Es rauscht der Wind in den hohen Bäumen…
Er rauscht meine Seele mit sich fort –
   Nirwana zu.   5

Abwehr und Bitte

Bin ich schmerzlich, bin ich's nur mir selber;
denkt, o denkt, die Erde ist so reich!
Eine Träne macht das Laub nicht gelber,
faßt es, Freunde, nicht so tragisch gleich!

Müßt das Leben nicht so wichtig nehmen,   5
wenn es euch die herbe Seite zeigt,
aber wann euch Glück die Schale neigt –
oh, so adelt mir das süße Schemen!

Vergebliches Warten

Du kommst heut nicht – –.
Ich schaue auf den Busch,
der seine schlanken Zweige herbstlich sträubt,
und wie die Heide rötlich mich umschwankt,
und wie die Landschaft sich in Abend hüllt, –   5
und reiße mir ein Büschel Heide aus,
von jener Stelle, da du sitzen solltest.
Du kommst heut doch nicht – –.
Und so will ich heim.

Das Gebet

Erst schuf mir dein Geständnis Schmerz:
Ich bete jede Nacht für dich.
Bald aber sprach's in mir, daß ich
nicht ungetröstet bliebe:
Was ist denn solch Gebet, o Herz,
als eine Form der Liebe!

Nachtwind

Wenn der Abend düster dunkelt
und der Nachtwind sich erhebt,
nur die Lampe bei dir funkelt,
einzig Licht, das um dich lebt; —

denn die Sterne sind verhangen,
und die Hütten schlafen schon, —
fühlst du mit verhaltnem Bangen
dunkler Mächte dunkles Drohn.

Und Du schiebst das Buch zurücke,
weichend aus gewohnter Spur,
suchst geschloßnen Augs die Brücke
zur dich rufenden Natur.

Wie's aus schwarzen Tiefen brauset,
seufzend schwillt und wieder fällt;
wie's dann wieder lange pauset
und der Bach sich schadlos hält!

Plötzlich stößt der Sturm den Flügel
deines Fensters zürnend zu, —
trotzig schließest du den Bügel;
draußen herrscht erschrockne Ruh.

Und dann schüttelst du mit einem
dich des Schauders wieder frei,
wendest wieder dich zu Deinem,
und der Zauber ist vorbei.

MARGERITE

Du standst vor einem Blumenglas am Fenster
und legtest deine Hand
mit einer schönen
unendlich gütigen Bewegung
um eine Margerite,
ihr von unten her
den Blätterkreis mit der
gekrümmten Hand
verengend
und sie mit einem Seufzer –
mir wenigstens erschien es so –
und voller Liebe anblickend,
daß ich empfand,
daß zwischen dir und jener Blume sich
Geheimnis stiller Zwiesprache
verberge. –
Und wie ich heute selbst
das gleiche Spiel,
mein selber lächelnd, treibe
und ›mit Schmerzen‹ ende, –
lächle ich nicht mehr –
und denke jenes Abends an dem Fenster
und jener traurig-gütigen Geberde.

Wind und Geige

Drinnen im Saal eine Geige sang,
sie sang von Liebe so wild, so lind.
Draußen der Wind durch die Zweige sang:
Was willst du, Menschenkind?

Drinnen im Saale die Geige sang:
Ich will das Glück, ich will das Glück!
Draußen der Wind durch die Zweige sang:
Es ist das alte Stück.

Drinnen im Saale die Geige sang:
Und ist es alt, für mich ist's neu.
Draußen der Wind durch die Zweige sang:
Schon mancher starb an Reu.

Der letzte Geigenton verklang;
die Fenster wurden bleich und blind;
aber noch lange sang und sang
im dunklen Wald der Wind...

Was willst du, Menschenkind...

Lied

Wenn so der erste feine Staub
des Sommers auf die Blätter fällt –
dann ade, du Frühlingswelt!
Dann ade, du junges Laub! –
Ach, wie sterben die Frühlinge schnelle!

Wenn erst das Auge sich versöhnt
mit all dem Grün und Weiß und Rot,
da beginnt des Frühlings Tod,
da versommern wir verwöhnt...
Ach, wie sterben die Frühlinge schnelle!

Und dann schauen wir vom Hügel,
wie das Land sich müde sonnt...
Leblos steht ein Mühlen-Flügel,
wie ein Kreuz, am Horizont – –.
Ach, wie sterben die Frühlinge schnelle! 15

WANDERNDE STILLE

Wie die Stille übers weite Wasser hergewandert kommt –!
während Tages letzte Rosenglut verglimmt, verschwimmt.
Wie die Stille übers weite Wasser hergewandert kommt –!
während schwärzlichen Gebirgen düsterroter Mond entflammt.
Wie die Stille übers weite Wasser hergewandert kommt –! 5
Zornig schreit im tiefen Wald ein Vogel – und verstummt.
Wie die Stille übers weite Wasser hergewandert kommt –!

MÄCHTIGE LANDSCHAFT

Vor dem blassen Dämmerhimmel,
den Gewölke, grau verworren,
fast schon jetzt zu Nacht verdunkeln,
steh ich, wie ich mich vom Armstuhl,
drin ich grad ein wenig ruhte, 5
aufgehoben, mit vom Schlafe
noch nicht ganz befreiten Augen.

Und das ungeheure Bild der
Landschaft, das mich so auf einmal
trifft, wie sie den Flügel ihrer 10
Wolken in die Nacht vorausreckt,
Wasser, Wälder, Berge so im
Schoß des eignen Schattens tragend,
hält mich lang noch wie im Traume.

Sturmnacht

Das ist eine Nacht! eine Wacht!
Das Meer, es rauscht nicht mehr, es rollt...
Alle Sturmdämonen stehen im Sold
dieser Nacht.

Unheimlich weiß durch die Dämmerung
leuchtet der Strand –;
des Wolkenbruches rasendem Sprung
ächzt Fenster und Wand –.

Das ist eine Nacht! eine Schlacht!
Da wird wohl mancher Mast zu Spott...
Die Natur kennt keinen Gott
in solcher Nacht.

Die Stimme

Eine junge Mutter singt
eintönig ihrem Kind,
ihr Sinn in ferne Zeiten rinnt,
voraus, zurücke dringt, –
und mit dem Liede spielt der Wind...

und trägt's zu mir,
und trägt's zu dir,
daß es uns selber rührt und regt,
als säng' sie's dir,
als säng' sie's mir,
und laut in uns das Herze schlägt, –
als säng', was wir geworden sind,
die Mutter dort eintönig
zum Wiegen in den Wind.

Ein andermal

Wie die junge Stimme singt,
mild und mütterlich!
Ihre stille Güte bringt
Frieden über mich.

Junger Frühlingserde Lust 5
singt in zarter Nacht
so aus eines Vögleins Brust
Blüten-Wiegenwacht.

Junge Stimme, sing und sing
alle Sorgen ein, – 10
Lebensring an Lebensring
wird sich treulich reihn.

Mit geschlossenen Augen

S'ist wohl verlaufen Blut, das so
in meinen Ohren zirpt und schwirrt – –.
Mir ist, ich ging' im Süden wo,
von dichten Reben überwirrt –

Vielleicht im Tal der Sarca, wo 5
der Fuß durch Meilen Weinland irrt
und Grillenvolks Unisono
aus hundert Gärten silbern sirrt.

Tal der S., mit Arco, Gardasee.

Vormittag am Strand

Es war ein solcher Vormittag,
wo man die Fische singen hörte;
kein Lüftchen lief, kein Stimmchen störte,
kein Wellchen wölbte sich zum Schlag.

Nur sie, die Fische, brachen leis
der weit und breiten Stille Siegel
und sangen millionenweis'
dicht unter dem durchsonnten Spiegel.

›Dich‹

Was möcht' ich wohl vom weiten Sein
    jetzund alleinziglich?
Ich faß es in drei Zeichen klein:
    dich.

Spruch zum Wandern

Empfange mich, du reine Luft,
und gib mir deine Kraft;
vertilge, was in mir an Gruft,
und nähre, was da schafft!

Daß ewig neuen Blutes Strom
verjüngten Adern kreise
und erdenmütterlich Arom
noch fernste Träume speise!

Vormittag-Skizzenbuch

I

Ein Pferd auf einer großen Wiese
in der Morgensonne stehend, –
nur die Ohren
und den langen vollen Schweif bewegend, –
drunter ein breiter schwarzer Strich,
sein Schatten.

II

Wie sich der Weg hier
den Hügel hinabwirft –
dann sich ein Weilchen verschnauft –
dann wieder
langsam,   5
bedächtig,
den nächsten hinaufsteigt!

III

O du glückselig zitternd Espengrün
vorm wasserblauen Firmament –
und ihr daneben, feierliche Fichten,
der Zweige schwere dunkle Zotteln
kaum bewegend!   5

IV

Ein Schmetterling fliegt über mir.
Süße Seele, wo fliegst du hin? –
Von Blume zu Blume –
von Stern zu Stern –!
Der Sonne zu.   5

V

Vögel im Wald – –.

Niemand nennt sie,
niemand kennt sie.

Was das wohl so erleben mag
den lieben langen Tag!   5

Da geh ich unter ihnen hin
mit Bärenschritt und Bärensinn – –

Ja, wenn ich noch ein Mädchen wär –!

Vögel im Wald – –

VI

Auf den Höfen ringsum
läutet es Mittag.
Läutet's auch Mittag –
in mir?..

Ich seh' eine Glockenblume
neben mir blauen:
mit neun offnen Glocken
und drei noch verschloßnen.

Die läute für mich mit,
nun, da es rings
auf den Höfen
den Mittag läutet.

DER WIND ALS LIEBENDER

Der monddurchbleichte Wald
liegt totenstumm.

Da kommt ein Wind
von ferne sacht gewandelt,
hoch über seine tausend Häupter her.

Die Espe neben mir, die merkt's zuerst
und gibt sich zitternd hin.

Und weiter eilt,
als wie ein Liebender sein Mädchen sucht,
der sachte Wind.

Nun rauscht der Waldrand drüben
jenseits der Wiese auf.

Und wieder stehn
die mondlichtbleichen Stämme
totenstumm.

MEER AM MORGEN

Herrlich schäumende Salzflut
im Morgenlicht,
die tiefen Bläuen
in weißen Stürzen auskämmend,
hin
über grünere Seichten
zur Küste stürmend –
aus-rollend dich nun,
die Felsen hochauf umleuchtend!
Metallgrün
stehen die runden rauschenden Büsche
vor deinen fernher schwärzlichen Böen,
und rötlich milchige Wolken
strecken sich lang
in den zärtesten Himmel
darüber.

ABEND-SKIZZENBUCH

I

Leuchtroter Berberitzenstrauch
hängt sonnenbraunen Fels herab,
an dessen Fuß, ein blauer Gast,
mein eigner Schatten, schauend, ruht.

II
(Unio mystica)

Zwei Farben nur:
Der stählern-blaue Fjord,
die nachtviolen-blauen Höhen um ihn,
und drüber
wolkenloser rosenblasser
Abendhimmel.

Herbst

Zu Golde ward die Welt;
zu lange traf
der Sonne süßer Strahl
das Blatt, den Zweig.
Nun neig
dich, Welt hinab
in Winterschlaf.

Bald sinkt's von droben dir
in flockigen Geweben
verschleiernd zu –
und bringt dir Ruh,
o Welt,
o dir, zu Gold geliebtes Leben,
Ruh.

Anhang

Erster Schnee

Der Fjord mit seinen Inseln liegt
wie eine Kreidezeichnung da;
die Wälder träumen schnee-umschmiegt,
und alles scheint so traulich nah.

So heimlich ward die ganze Welt... 5
als dämpfte selbst das herbste Weh
aus stillem, tiefem Wolkenzelt
geliebter, weicher, leiser Schnee.

Wintermondnächte

I

Der Mond tritt über die Eichen
und wandelt die Äcker im Schnee
mit seinem geisterbleichen
Schimmer in einen weiten See.

Tiefdunkle Wälder säumen 5
den regungslosen ein,
und hoch aus blassen Räumen
tropft Sternensilberschein.

II

O fühle mir die bleiche Glut
des Mondes dich umfließen!
Du mußt die Augen schließen –
und nun nur lauschen,
was die Flut 5
des fernen Bachs dir Liebes tut
mit ihrem Märchenrauschen.

III
(Die Ski-Läufer)

Mondnacht über Markt und Gassen –
Mondnacht in der Brust der stillen –
und ein alles Lebens Willen
grenzenlos Gewährenlassen –.

An geheimnisvollen Hängen –
auf noch ungestapften Matten –
unter Tannen-Feiergängen –
zwischen Silberlicht und Schatten –.

Plötzlich durch den Wald herunter:
jugendjubelnd, fackelnkreisend
rascher Bursch' und Mädchen bunter
Schwarm im Sturm zu Tale gleisend – –.

Ruf und Gruß... und wieder Schweigen –
zauberweißes Märchenspinnen –
und ein in dein tiefstes Sinnen
Glück und Glanz sich nieder Neigen.

WALDGEIST

Was ist das für ein Klagelaut
im totenstillen Winterwald –
ganz nahe bald, ganz ferne bald –
daß es mich schier ein wenig graut?

Ich bleibe stehn und horche lang –.
Ein Schweigen, tiefer als das Grab.
Und weiter setz' ich meinen Stab, –
und wieder klagt die Stimme bang.

Bis ich entdecke, es ist just
mein Stock, von dem dies Singen geht,   10
wenn meine Hand ihn unbewußt
im feuchten Schnee der Straße dreht.

Und weiter, wie der Weg mich weist,
verfüg' ich mich nach kurzer Rast
und fühle mich nun selber fast   15
als dieses Walds verwunschnen Geist.

DER TRAUM

Es war ein süßer Traum
    von Dir, –
  was, weiß ich kaum.
Doch seine Süßigkeit
    blieb mir   5
  den ganzen Tag, –
daß, als mein Schlittengleis
   zur Abendzeit
  die Straße lief,
da deine Wohnung lag,   10
  der Heide, ich,
    ein leis
  ›Gott segne dich‹
  als jenes süßen
Traumes letztes Grüßen   15
    rief.

Wie vieles ist denn Wort geworden...

Wie vieles ist denn Wort geworden
von all dem Glück, das mich durchdrang!
Von all den seligen Akkorden
ach, nur ein schwacher, flacher Klang.

5 Und doch! Wie würde sich's erlauschen,
war keinem Tag sein Lied vergällt?
Selig eintönig, wie das Rauschen
des Baches, der vom Felsen fällt.

Nachlese zu Ein Sommer

AN R.W.
(Mit meiner Sammlung: Ein Sommer)

Der du sie zuerst gelesen,
lies sie, Lieber, noch einmal.
Liebe, wenn du kannst, die Wesen,
die aus Sonn- und Mondenstrahl
hoch im Norden
leicht und wunderlich geworden.

Lies sie stille und im Stillen.
Einen sanften Lebenswillen
tragen sie in ihren Zügen,
ein Genügen,
dem viel leise Reize quillen
aus gesenkten Silberkrügen
reiner, reicher, heitrer Stunden.

Und empfinde sie empfunden
wie von einem, der in eines
Mädchens Wesen auf ein kleines
wie hinabgetaucht, von keines
Zieles Ernst mehr nun in seines
Wanderns Tändelschritt gebunden.

Nachlese zu *Ein Sommer*

Ein Sommer

Mein Sommer nicht – noch nicht – nur eben einer,
und Sommer sind verschieden, – manche, die
der Gott mit Sonnenpfeilen selber schießt,
und andre, die des Frühlings sanfteren
Charakter nie verlieren.
Solch ein Sommer
war dieser, seltenen Gewitterschlags
und vieler reiner Bläue sich erfreuend.

Das war's was mich so sehr ergriff,
daß mir das Aug in Tränen stand:
Ein großes vollbesetztes Schiff
entfernte langsam sich vom Land.

Und wehnde Tücher hier und dort,
ein letztes Rufen hin und her,
und rauschend zog der Riese fort
und schwand zuletzt, ein Punkt, im Meer.

Und wie ich so voll Zittern stand
und wie mich so dies Volk ergriff,
und so mein Aug in Tränen stand,
da sprach's in mir: So stößt das Schiff
des Todes jeden Tag vom Strand.

Sag,
nun wunderst du dich wohl,
mein Ich?
mit einem Mal
hier im fremden Land,
hier im fremden Volk,
losgetrennt
von allem Bisher...

Wundert' ich mich
   denn nicht je,
  wo ich auch war?
   Mit einem Mal
auf dem Erdball hier,
unter Menschen hier,
    woher,
    wohin,
     wo –
 wußt ich's denn je?

  Hier oder dort,
   dies oder das,
     bin ich
ein ewig mich Wunderndes,
     bin ich
   ein großes Auge
unwissend, glückselig,
    traurig, –
 doch immer staunend
   aufgeschlagen
   ins Unbegriffne.

Komm her, mein lieber Kamerad,
und laß mir deine schmale Hand!
Ich habe noch ein Heimatland
trotz allem Wolkenpfad.

Mysterium

Unsichtbare Bande weben
zwischen uns geheime Mächte,
wirken in ein einzig Leben
unsre Tage, unsre Nächte.

Und so wachsen wir zusammen,
bis wir ganz uns selbst entglitten...
Über unsern Häupten flammen
schon die Augen eines Dritten.

Adam Ego

Erfahre dich
und wisse:
Du bist nur stark allein.
Paare dich –:
Kümmernisse
werden dein Schicksal sein.
Du hast nicht Kraft zu tragen
mehr als das, was dein.
Frei, groß und schön zu sein,
mußt du dem Apfelbisse
entsagen –
sonst bist du klein.

Die Schlange spricht:

Welch ängstliches Bewahren!
Was du in Zukunft bist,
das kannst du erst erfahren,
wenn du den Apfel ißt.

Du baust auf Theorien –
und willst des Lebens Dichter sein?
Vor seinen Rätseln fliehen,
sieh, das ist klein.

SPRUCHARTIGES

Fern, allein, im fremden Land
will ich selbst mich überraschen:
Alten, neuen Lebensbächen
sei der goldne Sand entwaschen.

DIE FICHTEN stehn so still zum Blau,
der Morgen liegt so kühl im Land,
der Fjord liegt wie ein silbern Band –
O du selige Schau!

FRÜHLINGSERDE

Zur Rechten das Meer,
im Antlitz das Fjeld,
zu Häupten der Himmel,
zu Füßen die Welt.

Im Regen die See, 5
das Fjeld noch im Schnee,
der Himmel voll Gewölk –
doch der Grund, wo ich steh:
   Frühlingserde.

DES FRÜHEN Frühlings wundersames Wohlgefühl,
geliebte Rhythmen, strömet groß und lieblich aus
und führt mich mißtönend lautem Schwarm
vorüber ahnungsvollerer Naturwelt zu.
Aus violetten Astgewirren weht mich an, 5
ins lenzwind-aufgewühlte Salzmeer werft euch weit,
bis euch der blauen Welle weißer Rücken wieder
zum Ufer spielt, dran einer hochaufatmend steht.

Nachlese zu *Ein Sommer*

ICH LIEG' auf nackten grauen Urfelsen,
hinter mir rauschen Föhren und Fichten,
neben mir flüstern zartgrüne Birken.
Vor mir weitet sich endlos der blaue Fjord,
lange, waldige Inseln im Schoß
und von grünblauen Bergen umgürtet.
Über uns allem
der blaue Himmel, der Äther, das All
mit seinen Legionen geahnter Sterne.
Unter uns allem
schwarze, tiefe Erde, Millionen Meter,
die Gegenlandschaft mit allem, was ihrer,
der Gegenhimmel, der Äther, das All
mit seinen Aberlegionen Sternen.
Und die Föhren und Fichten rauschen,
die zartgrünen Birken flüstern
rauschen und flüstern mir einen geliebten Namen
– Walt Whitman –
und ich sag leise, fast weinend vor Glück
– niemand hörts als die Stille –:
Walt Whitman – Camerado –.

IN DER GÖTTLICH
strahlenden Frühe
der laute Hafen;
umher schlendernd;
Dampfer schwimmen ab,
kommen an.
Alles voll Leben
und kräftiger Tätigkeit,
und ich inmitten
des frohen Gewühls
mit allen Sinnen genießend,

hier den jungen
hemdsärmligen Arbeiter,
dort die schlanke Frauengestalt,
abschiedwinkend, 15
das feine Gesicht
durch alle Erregungen zitternd.
Droben auf der Kommandobrücke
steht sicher und breit
der Kapitän – 20
Tücher wehen;
mächtig, langsam
löst der Koloß sich
vom Quai.
Und ich unter all dem 25
ziellos herumschlendernd,
einen Marsch von Grieg
oder was von mir selber
zu allem summend,
ganz in Leben gelöst, 30
eine wandelnde Freude,
ein göttlicher Bummler.

SKÅL

Was kümmern mich die Dutzend-Zungen
  mit ihrem Rauch- und Biergeschmack –
  Schnickschnack!
Nein, Euch ein Skål! Ihr kennt euch, die ich meine!
  Ihr Schmecker, feiner, feinster Weine, 5
  ihr von Erinnerungen zitternden,
ihr jeder Zukunft Rosenduft erwitternden!
  Mein schlankes zartes Kelchglas Lied,
  ich bring's euch immer wieder dar

mit Blut, das wechselnd in der Sonne spielt, gefüllt,
mit Tränen, vor der Sterne keuschem Klar
bewegt enthüllt –
so schwing ich's euch durch alle Ferne zu,
geliebte Unbekannte, –
auf du und du,
oh Freund, der mich nur einmal Bruder nannte!

IN DEM norwegischen Zimmer,
wo ich so manches begann,
sieht mich mißtrauisch immer
der alte Holberg an.

Daneben zwei Generäle
in eherne Panzer geschnallt,
der ein' eine gute Seele,
der andre streng und kalt.

Ich wollte den Mann nicht hecheln,
der mir die beiden nähm': –
wenn mir nur einmal ein Lächeln
vom alten Holberg käm'.

WILDE JAGD

Die Mähnen der Wolkenrosse
schleppen im grollenden Meer,
es jagen in fegendem Trosse
die wilden Jäger einher.

Hetzen über die nassen
Täler und Berge der Flut,
gischtende Wogengassen
wühlt ihr zorniger Mut.

Knatternde Schwefelspeere
trümmern die hülflose Rah – 10
über dem falben Meere
rollt ein rasend Hussah!

AUF MEINEN SÆTER

Vom schweigenden Gebirg umsteinert,
sei, schlichtes Blockhaus, auferbaut,
wo nichts den stolzen Blick verkleinert,
der Meilen, Abermeilen schaut.

WIE DU mich empfängst,
großer Ausblick
nach all dem Walde.
Kreuz und quer –
wie's dich wiederum grüßt – 5
was hell ist
und weit ist
in mir.

VERWÖHNTER, zu Verwöhnter!
Tropft dir nicht
die goldne Schale
Tag um Tage zu,
schmähst du, 5
verdurstend fast,
dich, Welt und Götter.

Nachlese zu *Ein Sommer*

DU LIEBER BACH, aus deinem Rauschen tauchen
der lieben Heimat traute Dörfer auf.
Das Kind schon sank vom weichenden Geländer
dir zu, allein du gabst es treu zurück.
Der Knabe baute deinem regen Lauf
so manches muntre Räderwerk entgegen;
der Jüngling streckte sich in deiner Mitte
auf schaumumtanzter [*Lücke*] aus;
und gern verbandest du, ein Weg der Sehnsucht,
mein Haus mit einem andern liebern Haus.

O WALD, du rauschest rein und groß,
was auch der Menschen Wurmgeschlecht
zu deinen Füßen sich erfrecht.
O Wald, gleich herrlich hier und dort,
und überall den Menschen
im Schoß,
den kleinen Menschen.

WALDES feuchter warmer Brodem
folgt auf Nässe Sonnenbrüten, –
Erden-, Luft- und Sonnenodem, –
welch allgütiges Behüten!

Oder lieg ich auf dem Meere,
Salzwind-durch-und-durchgeblasen,
oder unterm Sternenheere
rücklings auf zerdrücktem Rasen –

Welche Gabe, welche Gnade,
Mensch sein dürfen, Zweck der Zwecke,
hell das Aug, den Rücken grade
und das Herz am rechten Flecke.

GLAUBE MIR, ich bin nicht der,
der ich manchem gelte.
Hinter meinem glatten Air
liegen Hinterhälte.

Und je mehr dir mancher preist, 5
wie ich ihm gefalle –
glaube mir, mein leichter Geist
spottet ihrer alle.

Zeigt' ich, was ich wirklich ward,
frank in allen Gassen – 10
o wie könnte solche Art
guten Bürgern passen.

Aber will ein Mensch wie du
warm für mich empfinden,
halt ich mich nicht wert, die Schuh- 15
Riemen ihm zu binden.

MAIWETTER

Ich soll mir's also überlegen –:
ob ich so grausam, heimzuschreiben:
»Wir hatten heute mitten im Regen
das lustigste Flockentreiben.«

Ich soll mir's also – – Und ich seh 5
ein warmes braunes Augenpaar –:
Zerschmolzen ist aller Schnee –
ich schwöre, daß es nur Regen war!

Nachlese zu *Ein Sommer*

AUF DEM GRUND des Regenmeeres
sitzen wir in sicheren Palästen;
Schwärme schwarzen Krähenheeres
schwimmen langsam aus der Eichen Ästen.

Und wir schaun durch kristallne Fenster
rings des Meeresbodens bunte Bildung,
Pflanzen, Felsen, tierische Gespenster,
und wir freun uns unsrer Steinumschildung.

Tauschen Küsse, lassen Saiten brummen,
blättern Pergamente, zapfen Fässer;
draußen aber braut mit dumpfem Summen
Regenmeers geheimnisvoll Gewässer.

WIE DOCH des Blutes Laune mit uns spielt!
Nun wird mir jede ferne Stunde reich,
weil sich ihr Bild mit allem lieblich bindet,
doch nah ich ihr, so mäßigt sich mein Glück;
und nun ist nur bei ihr mein Herz beseligt,
und jeder ferne Tag wird mir zum Kummer,
weil mir Erinnerung ganz ihr Bild versagt.
O wüßt ich doch, wie andre Menschen sind!

DEN KOPF mit der Seemannsmütz'
– ach, wie bin ich der gut! –
vornüber gehängt
tret' ich den Weg hinauf
tröstenden Tannen zu.

Denn da kommt allmittaglich
meine reizende Beichtigerin
leichten Herzens daher

und lächelt und liebt
aller Seufzer und Sorgen
mich gütevoll frei.

O DU ERGRIFFENHEIT des Liebenden,
die jedem Wort Sandalen unterbindet,
seidne Sandalen, daß es sanfter trete;
und jedem Scherz, daß er nur ja nicht schmerze,
die feinen Spitzen umbiegt, gleich als wenn du
mit einer Gerstenähre jemand schrecken wolltest
und sie im letzten Augenblick mit zärtlicher
Liebkosung über seine Wange streichst,
daß sich die Fäden weich zur Seite biegen...

JETZT HAB' ICH etwas, was mich tröstet, Herz.
Und ist es auch nicht wahr, mich tröstet's doch.
Dich plagt vielleicht ein Wölkchen Eifersucht,
weil ich mich so an alle Dinge hänge –
»an alle« schmollst du etwa »außer mir«.
»Da sieht er« denkst du dir »ein dummes Pferd
und wie der Weg biegt und die Tanne grüßt –
da geht er so den ganzen Vormittag
und denkt gewiß kein einzig Mal an mich«.
Ja Liebste, wenn ich so in reinster Lust
dem Augenblick, der Erde hingegeben,
ein wahrhaft Glücklicher, des Weges wandre –
wie, wär ich da dir fern? wie, trüg' ich nicht
die reizende Gewißheit deiner Neigung
im leichten Herzen mit mir? fühlt ich nicht
in all dem Schaun des Glückes Unterton,
das du mir gibst, das du mir bist – und dächt' ich
nicht insgeheim bei jedem meiner Verse,
daß du dich mit daran erfreuen sollst?

»Weisst du wohl, warum die tausend Tannen
so die Häupter Tag und Nacht bewegen,
so sich geneinander neigen, beugen,
ihre Nadeln ineinander tauchend?«

Also frug ein Liebender sich selber,
wie im Selbstgespräch, wie Dichter fragen,
deren Fragen meist aus einer wortlos
längst vorausempfundnen Antwort springen.

...Und manchmal denk ich mir im Übermaß:
So sieht wohl keiner heut die Welt wie du,
so liebt wohl keiner heut wie du des Lichts,
der Linien, Laute, Lüfte, Düfte Spiel,
dringt ins Unendliche der Allnatur
mit so beglückten Sinnen ein und fühlt
der Menschenseele süße Dankbarkeit
in all ihr Leben heute so wie du.

Hier im Wald mit dir zu liegen,
moosgebettet, windumatmet,
in das Flüstern, in das Rauschen
leise liebe Worte mischend,
öfter aber noch dem Schweigen
lange Küsse zugesellend,
unerschöpflich – unersättlich,
hingegebne, hingenommne,
ineinander aufgelöste,
zeitvergeßne, weltvergeßne.
Hier im Wald mit dir zu liegen,
moosgebettet, windumatmet...

DIESE ROSE von heimlichen Küssen schwer:
Sieh, das ist unsre Liebe.
Unsre Hände reichen sie hin und her,
unsre Lippen bedecken sie mehr und mehr
mit Worten und Küssen sehnsuchtsschwer,   5
unsre Seelen grüßen sich hin und her –
wie über ein Meer – – wie über ein Meer – – –
Diese Rose vom Duft unsrer Seelen schwer:
Sieh, das ist unsre Liebe.

UND DAS wollen wir uns schenken:
so lang wir leben, du und ich,
will ich an dich denken,
und denke du an mich.

UND SOLL ICH dich auch nie besitzen,
so will ich deinen Namen doch
ins Holz der Weltenesche schnitzen,
ein Zeugnis fernstem Volke noch.

So sollen tausend Herzen lesen,   5
die gern ein kleines Lied beglückt,
was du mir Einsamem gewesen,
wie du mich innerlichst entzückt.

WARUM WARST du so bleich heut, Geliebte,
      als ich dich sah,
    sag mir's im Traum, ja?
    Bring deine Kümmernis
meinem horchenden Herzen nah.   5

Warum warst du, im Stillen Geliebte,
    heut mir so hart?
    Sag mir auch das, ja?
    Komm! ach ich leide
nach deiner atmenden Gegenwart.

O JETZT MUSIK! Verdammte Dichterei,
die tausend Teufel holen solle,
o jetzt Musik! Der Seele Brodelei
in tönenden Gewittern auszutollen!
O jetzt Musik! Musik nur einen, einen
Moment ein Zeugender in deinen Schoß! –
Und alle müßten mit mir weinen
und lachen, rasend, fassungslos.

DEIN SILBERBECHER ist wohl fein,
doch hab ich noch ein Glas im Haus,
das stand einmal voll rotem Wein,
und liebe Lippe trank daraus.

Ein Kelch zur Rechten und zur Linken, –
nun rate mir, mein liebend Herz! –:
»Sie soll den ersten Becher trinken, –
und Glas verwandelt sich in Erz.«

VISION

Hinter fernen blauen Bergen
brennt das ganze weite Land.
Purpurn schlägt der Rauch herüber...
Trüber wird der Qualm und trüber...
Hinter fernen toten Bergen
brennt mein armes Land.

Die Lampe brennt im stillen Raum,
zu dir hinüber lenkt mein Traum.
Ich seh dich noch am Fenster stehn
und großen Augs ins Dämmer sehn.   10

DIE SONNE hat den Bach verbrannt
und öde liegt der Graben.
Regen, Regen übers Land!
Ich will ihn wiederhaben.

Als ich das erste Mal ihr Gast,   5
sprang er so lenzgeboren.
Nun schweigt er so. Und mir ist fast,
als hätt' ich auch sie verloren.

[SIE AN IHN]
Ein andermal

O sag, bist du mir böse,
und fühl ich dir zu klein,
wenn ich nichts weiß als mein
»Ach liebster Mann, erlöse
mich meiner Herzenspein!«   5

Ach meine arme Seele schreit
so wild und bitterlich:
O gib mir nicht Unsterblichkeit,
gib mir nur dich, nur dich.

Nachlese zu *Ein Sommer*

Ich bin ein Rohr im Wind.
Bind dich nicht an mich.
Ich bin kein Halt für, Kind,
dein Boot und dich.

Ich bin ein Rohr im Wind,
der singt mit mir zusamm'
ein Lied vom fahrenden Stamm
des Söhn' wir sind.

Ich bin ein Rohr im Wind.
Bind nicht an mich dein Boot.
Es wär für dich, lieb Kind,
wie mich – der Tod.

Du musst mich nicht zerbrechen,
o du geliebter Mann,
du mußt kein Glück versprechen,
das doch nicht kommen kann.

Ich kann's bald nicht mehr tragen,
o kehr dich von mir ab,
ich muß zuviel entsagen,
wenn ich dich so vor Augen hab.

Du mußt mich nicht so ansehn
und nicht die Hand mir so
inbrünstig drücken, Lieber,
sonst werd ich nimmer froh.

Ich weiss um eine Nacht,
da haben zwei geweint, geweint.
Sie hatten es so gut gemeint,
die Welt hat's schlimm gemacht.

DAS WAR EINE FURCHTBARE NACHT

Auf den Flügeln des Sturmes
kam deine Seele zu mir...
Mit dem Stöhnen des Sturmes
mischte ihr Seufzen sich...
Auf stießest mein Fenster du
und stürztest taumelnd
dem jäh Auffahrenden
in die Arme...

Ich hielt dich
und hielt dich nicht...
Stöhnenden Sturm
hielt ich in meinen Armen...

Und lange lag ich so,
zitternd,
und rang
mit deiner verzweifelten Seele
im Dunkel der Nacht
um ihren Frieden...

Wozu noch länger wachen?
Die Nacht ist ohne Herz,
sie nimmt mir langsam alles:
Lust,
Schmerz,

zuletzt selber mein Herz
und wirft's ins Meer.
Ein Leichnam, sitz ich vor ihr,
kalt, leer.

WAS IST da zu sagen –.
  Wir haben uns lieb, – nicht?
und müssen es tragen.

Was ist da zu fragen –.
  Wir haben uns lieb, – nicht?
und müssen entsagen.

GELIEBTES KIND, grad weil ich dich liebe,
reiß ich dich nicht in mein Rädergetriebe.
Dreifacher Verbrecher würd' ich sonst sein –:
an dir, an mir, an den Freunden mein.

SO SAGT DER ORT

Mein liebes Kind, an das ich Tag für Tag,
so sagt der Ort, ein Liebesliedchen schicke,
nun hat mein Umgang dich, so sagt der Ort,
in eine schreckliche Gefahr gebracht.

Man denke, ein erwachsnes junges Paar,
so sagt der Ort, das sich sechs Monde nun,
wer weiß wie oft, so sagt der Ort, gesehn
und sich noch nicht verlobt hat, sagt der Ort!

Entsetzlich, sagt der Ort, er geht ins Haus
der Eltern ohne Absicht, sagt der Ort,
und plaudert dort und wärmt sich am Kamin
und geht dann wieder fort, so sagt der Ort.

Und sie, so sagt der Ort, sie sitzt dabei
und strickt, indem er spricht, so sagt der Ort.
Und schamlos, sagt der Ort, vergißt sie ganz,
wie unmoralisch doch dies alles ist.

Denn wir, so sagt der Ort, begreifen nicht,
was sich zwei Menschen so sechs Monde lang
zu sagen haben, ohne, sagt der Ort,
daß sich das einzig Schickliche begibt. 20

Das einzig Schickliche jedoch, so sagt
der Ort, ist Heirat, Heirat sagt der Ort.
Man meide sich entweder oder werd
ein Paar, so sagt der Ort, so sagt der Ort.

Nur ein Handkuss. Nichts darüber, –
denn ich will nicht deine Tränen,
will dich einst getröstet wähnen,
wenn ich wieder meerhinüber.

Deinen Mund will ich nicht küssen 5
– nüchternes Entsagungswort! –
Denn du sollst nicht leiden müssen –
und ich muß, muß wieder fort.

An Deutschland

Da schläfst du nun in dunklen Fernen,
ich aber wache in die Nacht
und träume zu den klaren Sternen,
was meine Seele glücklich macht.

Du großes Volk, für das ich dichte, 5
du meiner Liebe höchstes Gut,
wohin sich auch mein Denken richte,
ich bleibe Blut von deinem Blut.

Und mag ich auch mit Hirn und Herzen
im Unbegrenzten mich ergehn – 10
es wird mich doch in Lust und Schmerzen
wohl niemand so wie du verstehn.

MEIN HERZ ist leer,
ich liebe dich
nicht mehr.

Erfülle mich!
Ich rufe bitterlich
nach dir.

Im Traume zeig
dich mir
und neig
dich zu mir her!

Erfülle mich
mit dir
auf ewiglich!

Ich trag's nicht mehr, –
ich liebe dich
zu sehr.

NUN KOMMT die Nacht mit ihren dunklen
Gedanken –
und selbst die hellen Nächte des Nordens
haben ihre dunklen Gedanken –
Irgendwoher lockt Musik, schmeichelt ein Tanz –
nicht mir –
ich blicke auf einen stahlblauen Amboß
am Firmament –
ich hab ihn schon oft gesehen, seit Jahren
und Jahre schon –
Auf diesem Amboß, der immer kommt,
wenn eine Sonne unterging –
liegt das schlanke Eisen meiner Seele –
und Schlag auf Schlag fallen die ungeheuren
unsichtbaren Hämmer des Schicksals –

und schmieden es mir, immer um –
und ich kann es nicht hindern.

Und ich weiß nicht, wie's morgen sein wird,
und kaum noch, wie's gestern gewesen –

DER WALD ist wie ein Grab so still,
und ich bin stiller noch als er.
Der Fels am Abhang dort, ich will
auf dir mich ruhn; – und sonst nichts mehr.

Voll glatter Nadeln liegt der Grund –:
Lang schlag' ich hin... Ich soll nicht ruhn. –
Auch nicht für immer? – Noch nicht. – Und
so wandr' ich heim auf schweren Schuhn.

DIESER WECHSEL macht mich bange,
dieses nie sich Sicher-bleiben,
dieses ewig runde Treiben
von Ermüdung und Verlangen.

Dies im Dämmer Tappen, Tasten
jetzt Bejahen, jetzt Verneinen.
Soll ich nie im Leben rasten?
Ach, ich möchte bitter weinen.

EIN GESPRÄCH

Das Mädchen fragt:
Bist du nicht manchmal bange, wenn des Nachts
du plötzlich aufwachst und dein Aug den Himmel,
von tausend Sternen übersät, erblickt?
Und fliehst du dann an keines Gottes Brust,
von unaussprechlichem Gefühl bewältigt?

Ich versuche zu antworten:
Sieh,
nur wenn sich so dein bangendes Gefühl
in jene fromme Stimmung »Gott« verliert
und so dein Herz von seinem Druck befreit,
wie's mit langen, tiefen Atemzügen atmet –
dann wird dir leicht, – so ward auch mir einst leicht. –
Denn Gott – so heißt dir jener große Atem,
der von der Erde Dunstkreis dich erlöst.
Und atmen, atmen muß der Mensch und muß
es um so tiefer als er selber tief.
So ist denn Gott dein Teil am Ewigen,
das, was du von der Ewigkeit begreifst.
Doch gibt es einen größern Atem noch,
und weitetest du erst die Brust zu dem,
so macht der frühere Atem »Gott« dich krank.
So fliehst du ihn – und jener dumpfe Druck,
den du in jener Sternennacht gefühlt,
ergreift dich jetzt, wenn man von Gott dir spricht.
Nun hältst du einen Himmel nicht mehr aus,
denn alle, unabsehbar, sind nun dein.
Du siehst der Welt engbrüstige Geschlechter
hinwandeln wie in schwülen Glaspalästen
mit falschem Licht und künstlichen Gewächsen,
mit Bildern, Statuen, schmeichelnder Musik –
und lachst und weinst vor Seligkeit und Schmerz.
Dich herbergt kein Palast als der der Freiheit.
Du und Natur – und sonst nichts Drittes mehr.

Drum, werd ich manchmal bange, wenn des Nachts
mein Aug' sich aufschlägt und den dunklen Himmel
von tausend Sternen übersät, erblickt –
so denk' ich, daß ich ja mit all dem eins;
und wie der Tropfen in dem Meere, der,
emporgeschleudert, einen Augenblick

die grenzenlose Fläche lagern sieht,
dem großen Schoß beruhigt wieder heimsinkt,
so sink auch ich dem unbegriffnen Schoß
des Lebensmeers ergeben wieder zu.

DER NACHTWALD rauscht Vergessenheit.
Mein Herz horcht in den Wald –
O gläubige Vermessenheit,
wie büßtest du dies bald.

Die Fichten vor dem Fenster schwanken
die dunklen Häupter hin und her,
der Wind ächzt in des Hauses Planken,
und fernher redet dumpf das Meer.

UNAUFHALTSAM
sinkt die Sonne
hinter der Berge
frierende Wände;
aber noch lange
leuchtet der Himmel
Erinnerung,
und kein Wolkengedanke
weilt auf der weiten Stirn,
der von ihr nicht
in goldenen Gluten
zeugte.

Nachlese zu *Ein Sommer*

SAHST DU die Sonne
heut untergehn
und sahst
den Schmerz der Farbe
den unaussprechlichen?
Stöhnten nicht
Himmel und Erde
in jener Sekunde,
als sie den Saum
der harten Berge versengte
und sank –
sank –
zur Hälfte –
ganz.
Wie die Wälder dann schauderten,
wie die Wasser dann fröstelten,
und wie der Himmel dann
blutübergossen
trauerte, zürnte –
Und da dachte ich,
wie nun auch du wohl
dies alles sähest.

VON SÜSSER SEHNSUCHT überschwillt
mein Herz nach euch, geliebte Züge,
und aus des Abends Flöte quillt
das Götterlied der Liebeslüge.

Ich seh der Wolken Scheiterstoß
die Qual der ganzen Welt verbrennen
und leg mein Haupt in deinen Schoß –
um nichts als dich mehr zu erkennen.

WIE AUF den Tannen grüngoldener Abend ruht,
feurig die Stämme und schuppigen Zapfen rötend.
Irgendwo zwitschert und zwitschert ein Vogelstimmchen.
Dann und wann rollen Wagen verborgene Wege,
der des Dampfboots Welle schlägt den verborgenen Strand. 5
Aber nun schaudert es plötzlich, die Sonne versank hinter Berge,
und in das hohe Gewölk leuchtet der purpurne Glanz.
Farblos steht nun der Wald; allein die Gewässer, sie spiegeln
lang noch das rötliche Blau mächtig entloderter Luft.
Also sah ich da einmal noch um Mitternacht rosige Schimmer 10
in des umschwiegenen Fjords zitternder Spiegelung stehn.

    DAS SIND die hohen Feste, die der Mensch
    aus Abenden und Morgen sich bereitet,
    wenn er mit siebenfacher Farbenfackel
    der Wolken graue Brust in Flammen stürzt,
    dem sich ein ungeheurer Saal des Glücks 5
    um seine königstolze Stirne wölbe.
    O meine Brüder, lernt es, lernt es doch,
    die Feste feiern, die nur unsere sind.
    Wir zünden diesen Goldsaal über uns,
    wir, wir – Schöpfer Mensch, erkenne dich! 10
    Nicht länger Bettler mehr im eignen Haus!
    Und so ist alles Schöpfung, was der Mensch
    aus Nacht und Licht um seine Schritte schürzt.

Nordischer Herbsttag

Der ganze Tag ein bleiernes Gewölb.
Nun aber frißt ihn Abendfeuer an,
und in den Halbring ungeheurer Glut
zerschmilzt der ganze Himmel rot hinab –
bis sie, gesättigt, endlich
kühlt –
erkaltet –.
Und statt des Tagesgrau bleiernen Gewölbs
wölbt sich nun schwarz das eiserne der Nacht.

Vor einem Abendrot

In feurig Brauendes
hinüberfließend,
mich selbst als Schauendes
noch mitgenießend.

Wär noch daneben
Grübler-Verdruß?
Bin ich doch L e b e n!
Bin doch G e n u ß!

Der Schnee entfällt den Tannen...
Die Zweige sind so ohne Kraft,
vom lauen Neben wie erschlafft,
sie mögen nichts mehr tragen.

Ein lässig Unbehagen
erfüllt den sonst so frischen Wald,
ein halbes Trotzen ohne Halt,
ein Mißmut, nicht zu bannen.

Wie schwebst du, Mond, nun licht und klar
in immer reineren Bereich,
und noch vor kurzer Weile war
dein Bild dem eines Kranken gleich.

So drang ja wohl der Jüngling auch 5
durch schweren, trüben Dunst empor,
bis sich zuletzt der kranke Hauch
im stillen Höherstieg verlor.

Silvester

So fremd sich ganz, so ganz sich Hieroglyphen.
Und feiern ein Fest übern ganzen Ball,
und jubeln auf zum stummen Sternenall,
so Rätsel sich in allen tiefsten Tiefen.

O neig dein glühend Antlitz meinem zu, 5
laß Haupt an Haupt und Herz an Herz uns drängen,
und über unserer Liebe Hochgesängen
in eins verwähnen unser Ich und Du…

Und aber rundet sich
ein Kranz

I

WIR MERKTEN bald im Reden-Wechselspiel,
wie wir zu hundert bunten Dingen standen;
und eine Kinderfreude überfiel
uns heimlich, da wir uns so ähnlich fanden.

II

WIR WUSSTEN uns nichts mehr zu sagen,
und was wir sagten, wurde seicht.
Von der verwirrendsten der Fragen
fühlten wir unsre Herzen schlagen.

Und beide zitterten wir leicht. 5

MIT DIR, wer weiß, würd' ich noch manche Pfade
zu ungekannten Lebensquellen finden;
du, mein' ich, würdest meine Seele nicht
in ihren höchsten Stunden einsam lassen!

Darf ich, dein Ring, dich, Perle, in mir fassen? 5
Willst du den Kranz der Zukunft mit mir winden?
Anbet' ich dich als mein erlösend Licht,
als meines Lebens große Himmelsgnade?

AUCH DU bist fremd und feind den großen Worten.
Sie haben uns zu oft betrogen.
Wir haben selbst damit zu oft gelogen;
vielleicht nicht wollend, doch zu allen Orten.

Schmerzlich mißtrauend jenen blinden Räuschen, 5
die Menschen treiben, Menschen anzuhangen,
umfangen unsre Seelen sich voll Bangen
und zittern, sich noch einmal zu enttäuschen.

SCHNEEFALL

So still zu liegen und an dich zu denken,
indessen Legionen weißer Blumen
mein dunkles Ich in ihren Schnee versenken!

Warum nicht also sterben! einst, wenn alles
beschlossen lieget in uns, um uns her,
das Haupt im Schoß des weißen Wolkenfalles.

WIE KAM es nur?

»Wie wenn ein Föhn
die Flur
enteist.

O, Fragen schreckt!

Ach, Träume sind nur schön,
du weißt,
solang' kein Ruf den Träumer weckt.«

DU BIST so weit oft fort.

Wo weilest du?
Dein Blick versinkt
in unbekannte Fernen.
Und ruft ein Wort
dich aus der Ruh,
so blinkt
ein fremder Schein
in deinen Augensternen.

Wo magst du, Seele, sein?
Wohin wohl eilest
mit stetem Flügelschlag
du fort von mir?

Ich bin allein.
Ich weiß nicht, wo du weilest. 15
Was säumest du?
O sag'!

»Vielleicht bei Dir.«

VERGESSEN –
(trübes Lied!)
was rührst du dran?

Ein Vogel zieht
den hohen Himmelsplan 5
so weit, so weit.

So flieht die Zeit,
die Beute Augenblick
in ihren Fängen.

Fernen drängen 10
(verhaßt Geschick!)
sich zwischen Dich und ihn.

Kaum sieht
dein Aug' noch dann
ein fernes Pünktchen ziehn. 15

Vergessen –
(trübes Lied!)
was rührst du dran!

Ein Weihnachtslied.

Wintersonnenwende!
Nacht ist nun zu Ende!
Schenkest, göttliches Gestirn,
neu dein Herz an Tal und Firn!

O der teuren Brände!
Hebet hoch die Hände!
Lasset uns die Gute loben!
Liebe, Liebe, Dir da droben!

Wintersonnenwende!
Nacht hat nun ein Ende!
Tag hebt an, goldgoldner Tag,
Blühn und Glühn und Lerchenschlag!

O du Schlummers Wende!
O du Kummers Ende!

»Deine Rosen an der Brust,
sitz' ich unter fremden Menschen,
lass' sie reden, lass' sie lärmen,
jung Geheimnis tief im Herzen.

Wenn ich einstimm' in ihr Lachen,
ist's das Lachen meiner Liebe;
wenn ich ernst dem Nachbar lausche,
lausch' ich selig still nach innen.

Einen ganzen langen Abend
muß ich fern dir, Liebster, weilen,
küssend heimlich, ohne Ende,
Deine Rosen an der Brust.«

DEN LANGEN TAG bin ich dir fern gewesen,
bis nun beim abendlichen Licht
dir wiederum mein ganzes Wesen
wie eine Knospe auseinanderbricht

und Dir erduftet, Dir erblühet,   5
als seiner Sonne, die ihm frommt.
Des Tags Gestirn hat mir umsonst geglühet;
nun kommt die Nacht, und meine Sonne kommt.

ICH WACHE noch in später Nacht und sinne,
wie ich dir etwas Liebes sagen möchte,
daß ich dir einen Kranz von Worten flöchte,
daraus du würdest meiner Sehnsucht inne,

die mich nach deiner Gegenwart erfüllet,   5
als wär' ich nur bei Dir gewahrt vor Sorgen,
als lebt' ich nur in Deinem Blick geborgen,
dem teuren Blick, der mich in Liebe hüllet.

DU BIST mein Land,
ich deine Flut,
die sehnend dich ummeeret;
Du bist der Strand,
dazu mein Blut   5
ohn' Ende wiederkehret.

An Dich geschmiegt,
mein Spiegel wiegt
das Licht der tausend Sterne;
und leise rollt   10
dein Muschelgold
in meine Meergrundferne.

Es kommt der Schmerz gegangen
und streicht mir über die Wangen
wie seinem liebsten Kind.
Da tönt mein' Stimm' gebrochen.
Doch meines Herzens Pochen
verzagt nicht so geschwind.

Und gäb' die böse Stunde
noch gerner von sich Kunde;
mein Herz ist fromm und fest.
Ich bin ein guter Helde;
mein Lachen zieht zu Felde,
Und Siegen ist der Rest.

In einer Gletscherspalte
laßt mich ruhn,
rein und allein.

In einer
jener tiefen Eisestruhn,
drin das Gebein
schon manchen Mannes bleicht.

Wenn einstens dann der Berg
sein Meer erreicht,
werd' ich mit ihm
in dessen Schoß vergehn.

Und anders nicht
je wieder auferstehn,
als Welle denn
und Wind
und Wolkenwerk –

– und Phosphorschein,
nächtlicher Kiele Licht...

Mit einem Lorbeerblatt

Auf diesem Lorbeerblatt
den Kuß des Fernen,
den durch die Nacht
nach deinen Lippen bangt,

den es verlangt,   5
an ihrer schmalen Pracht
sich seiner Sehnsucht einmal satt
zu lernen.

Von seinem ehrnen Grün
in sie hinüber   10
wird seines Grußes
ganze Süße gehn,

bis es von ihrem Glühn
wird trüb und trüber.
Dann mag's mit deines Fußes   15
Staub verwehn.

Und wir werden zusammen schweigen –
und ich werde mein Haupt an dich legen –
und du wirst dein Haupt auf mich neigen –
und ich werde den Nacken bewegen
und deinen Lippen entgegenstreben   5
und Leben
von ihnen trinken
und ihnen spenden –
und wieder zurück dann sinken
und Brust nur und Wimper noch regen –   10
und dann werden wir wieder zusammen schweigen –

um dann aber das Schweigen zu enden –
und aber zu enden in Schweigen –
in ewigen Wenden.

UND SO verblaßte goldner Tag
nach wonnigem Verweilen;
und über allem Leben lag
ein Hauch von Abwärts-Eilen
in Grab und Tod.

Bis voll unendlich süßer Macht
sich Stern auf Stern entzündete
und am Gewölb' der hohen Nacht
den Zirkel weiter ründete
zum Morgenrot.

LÄRCHENWALD im Wintermorgenstrahl.
Duftig Goldgezweig im jungen Blau.
Auf den Wipfeln
Wodens wache Vögel,
unbeweglich, stumm
sich sonnend.

O BRAUNE, nährende Erde, so lange schliefst
verhüllt, verhehlt in blendender Decke du;
nun endlich zeigst du wieder den lieben Schoß,
den warmen, fruchtbarn, – und meine Seele strömt
von Wiedersehens Dankbarkeit über dir,
du Mutterscholle, du Heimat im fremden All.

DIE BERGE stehn
im Morgenduft
der Märzenluft
so silberfein,
daß man
ein Seidenweber
möchte sein,

sie hinzubannen
all in ihren Zärten
von Licht und Schatten: 10
denn so sanften Glanz
hat Seid' allein
der Flächen Spiel
zu gatten.

MOND AM NACHMITTAG

Der Mond – ein Nebelwölklein bleich
  im blauen Abendsonnenreich.

Gleich einer runden Flocke Flaum
  im reinen Abendätherraum.

Kein Kinder-Kupferlicht der Nacht,   5
  ein Ball wie wir, in Tagespracht.

In heller Himmel ehrnem Schild
  als wie von uns ein Spiegelbild.

EIN WASSERTROPFEN in verschlungnen Kehren
  in meiner Hand hinniederlief,
  zu weitrem Fall ihr zu entgleiten;
da eilt' ihn schon die Sonne zu verzehren.

So suchst du dich in deiner Handvoll Zeit   5
  hinab, hinweg zu immer fernern Tiefen.
Da – just wann dir Entscheidung zugewogen,
trifft dich des Gottes unbarmherziger Bogen.

EIN SCHLÄNGLEIN dehnt sich übern heißen Steig;
die Tannen träumen, trunkenstumm von Licht;
von Süd und Sommer tiefste Bläue spricht;
nun, grauer Grübler, stirb, nun, Zweifler, schweig!

5 Und glühe mit in frommer Sonnenlust,
und wirf dein Sorgen in den weichen Wind,
und nimm vom Weg das Schlänglein an die Brust,
das Schlänglein Schicksal! Sieh, sein Aug' ist blind!

(NORDSTRAND)

I

Ihr dunklen Tanneninseln, eurer denk ich oft.
Wenn so der rote Abend gleichsam aus euch wuchs, –
den Himmel überwuchs, – als hättet ihr den Tag
nun endlich ganz in euch hinein, hinab gedacht,
5 und kreißtet nun vom Feuer des verschlungenen
Sonnengedankens, stelltet ihn nun wieder aus euch dar,
wie Künstler ein Stück Welt, das sie in sich gesaugt, –
wie Denker eine Wahrheit, die sie bluten macht –!
Ihr dunklen Tanneninseln, eurer denk' ich oft.

II

Des Frühlings unbestimmte Ahnung füllt die Luft.
Tiefschmerzlich-schwärzliche Gewölke ruhen groß
am geisterblassen Firmament der Abendnacht.
Erhabner Tragik unbeschreibliche Gewalt
5 strömt aus des Himmels abgrundtiefer Dämmerung,
steigt aus der Berge trauerblauem Schattenschoß,
weht von der Wasser meilenweitem Wogenplan
den Menschen an, dem jeder stummgewordne Schmerz
mit unterirdischem Ruf vor diesem Blick erwacht.

III

O Trauer, die mir immer wieder, wie ein Wind,
ein allzu lauer, in die seltsame Seele greift
und dunkle Gründe, die verborgnes Eis bedeckt,
(je heitrer aber eine tiefe Seele ist,
je stärker bindet ihres Abgrunds Quellen Eis, 5
die sonst, entfesselt, all ihr Glück vernichteten)
mit ihrem Tränenhauch gefährlich lösend streift,
o Trauer, weiche, weiche doch von mir; ich bin
vor deinem Tauwind Frühling, Frühling noch zu sehr!

(MOLDE)

IV

O diese Vormittage, trunken von Glanz und Glück!
O dieser Meeres-, Berges-, Himmelsbläuen seliges Spiel!
Wenn über des Fjordes lichtazurne Fläche so
ein leichter Wind mit violendunklen Fluten naht!
Du stehst und wartest auf dem sonnigen Dampfschiffsteg; 5
und wie die vorderste Welle sich am Pfeiler bricht
und dich der erste Hauch anatmet, frisch und kühl,
da trifft er auf dem glänzenden Spiegel deines Augs
verwandte Feuchte, – und du schauerst im Innersten.

V

Die schneebedeckten Gipfel rötet Abendlicht.
Die Heiterkeit der Gletscher! Keines Menschen Fuß
entweiht des Himmels kühles, reines Höhngeschenk,
den Blütenschnee vom Weltbaum der Erkenntnisse.
Ein Regenbogen wächst von ihnen zu mir her, – 5
die einzige Brücke zu der grünen Welt und mir.
Und flüchtig mißt mein leichter Geist die bunte Bahn –
und salbt sich mit dem roten, reinen, kühlen Schnee...
und schon verblaßt Rückeilendem so Luft wie Firn.

VI

Tiefsinnig blaun die Berge durch die Dämmernacht,
(Im Dorf die Glocke scholl soeben zwölf)
vom wolkenvollen Himmel brütend überdrückt,
vom regungslosen Fjorde bleiern eingefaßt.
5 Und eine Stille! Hämmer schmieden hallend Erz,
unzählige Glocken läuten Sturm, – Gesang
erfüllt die Lüfte, – Unterweltliches reckt sich dumpf, –
ein Ringen wie von Schatten wälzt sich durch den Raum, –
und aus der Ferne klagt ein langgezogener Ton – – –

VII

Schon graut der Tag. Und ist noch Mitternacht.
Die Meisen zwitschern schon im erwartungsvollen Wald.
Die Tannen atmen stärker in der kühlern Luft.
Die kleinen Quellen schwatzen schon, geschäftig wach.
5 (Ganz anders redet solch ein Quell in dunkler Nacht.)
Und von des Berges Gipfel, dem der Osten schon
sich rötet, kommt ein Wandrer durch den Wald herab
und singt des Lands schwermütige Lieder vor sich hin, –
und Tränen stürzen ihm ins Aug', indes er singt.

(BERGEN)

VIII (Bei einer Weise von Grieg)

Schwill, süße, bittre Klage, in des Abendwindes
sehnsüchtig Atmen hinüber, hebt euch beide so
zum roten Gewölk, die Geisterschwingen noch einmal
in Sonne tauchend, sterbende Schwäne der Dämmerung,
5 mit Götterstimmen die tiefe flammende Unendlichkeit,
den ewigen Morgen der Geburten singend, – und,
die purpurschweren Fittige dann mit einem Mal
sinken lassend, – Sonnengold im gebrochenen Aug', –
stürzt nieder in den violetten Schattenschoß der Nacht!

O SIEH das Spinnenweb im Morgensonnenschein,
wie es vom Tau noch voll kristallner Tropfen hängt!
Im leichten Winde wiegt es seiner Perlen Pracht,
die in den silbergrauen Maschen hier und dort
so flüchtig sich wie sanft und zierlich eingeschmiegt. 5
Sieh, so ist alles Glück. So hängt es flüchtig sich
in unsrer Tage schwankendes Gespinst,
und es erschauert unter seiner köstlichen Last
des Majaschleiers weltdurchwallendes Geweb.

EINER SCHOTTIN

Nie hörte ich mit solchem Liebreiz je ein Weib
antworten, mit solch hingegebenster Weiblichkeit,
als Dich dein ›yes‹, dein ›yes‹, auf deiner Nachbarn Wort.
Der sanften braunen Augen einer jungen Kuh
erinnert mich dies so von aller Feindlichkeit, 5
von aller Selbstigkeit entblößte weiche ›yes‹.
Und schottische Mondscheinnächte, wie ich manchmal sie
gemalt sah, steigen herzelösend vor mir auf
und zeigen mir die Heimat, deren Kind du bist.

EINER JUNGEN SCHWEIZERIN

So manche fremde Sprache tönte mir zu Ohr,
und fremder war wie eigner ich oft herzlich feind:
doch immer fand ich jede Sprache schön, sobald
sie von den Lippen eines schönen Weibes kam.
Die rauhsten Laute wurden Glockenton, ein Quell, 5
lebendig, strahlend, brach das reiche Wort hervor,
so königlich wie schlicht, voll jener Jugendkraft,
die jedes äußre Zeichen adelt, da sie sich
in jedem selbst mit ihrem ganzen Reiz verschenkt.

WAS KANNST DU, Süße, wider dies, daß du so schön!
In deiner eigenen Schönheit wehrlos wandelst du,
und ob du lächelst, ob du ernst wirst, bist du schön;
und weintest du, dich ließe deine Schönheit nicht,
5 nur rührender aus Tränen leuchtete sie vor;
und zürntest du, so wär' es ihres Zürnens Macht,
nicht die des Deinen, die ein jedes Herz besiegt.
Doch welch unmöglich Scheiden zwischen ihr und Dir,
die du sie selbst, die du die Schönheit selber bist!

WER SEINE SEHNSUCHT so wie einen dritten Gaul
vor seinen Lebenskarren schirren könnte, – traun,
er wäre gut bedient! Das leichte Flügelpferd
erhöb' ihn zu des Sonnengotts Gefährten selbst.
5 Wenn er nur dann wie jener Jüngling Phaeton
nicht allzu stürmisch führe, Himmel und Erde blind
verachtend, seines Feuerrosses Herr nicht mehr,
sein Opfer, willen-, ziellos durch den Raum geschleift,
unähnlich ganz dem herrngeborenen Gott des Lichts!

O SCHICKSAL, Schicksal, Schicksal, warum gabst du mir
den Griffel, statt des angestammten Stiftes, lässest
mich darben mitten im verschwenderischsten Überfluß!
O Schicksal, nimm den Kelch der Bilder von mir, nimm
5 der Väter Schöpfersinn, mit neuer Phantasie vermählt,
aus diesem Herzen, allzu großer Träume voll,
als daß es in Ergebung schweigen könnte, – nimm
die Qual mir, unter einer schaffensohnmächtigen Welt,
ein Seher ungeborner Welten, stammelnd einherzugehn!

O SEELE, Seele mit dem beweglichen Spiegel du,
dem allzu beweglichen, preisgegeben jedem Hauch,
der mit dir spielt, wie schmerzest du mich oft, daß ich
entfliehen möchte, blind hinstürzend irgendwo,
nur des gedenk, wie ich des Unbehagens Alp, 5
den marternden abschüttelte, um jeden Preis,
und wär's um den des Lebens; Seele, mit welcher Not
du mich die Zärten zahlen lässest, die du mir,
wenn dich ein Glück berührt, durch jede Vene strömst!

O, WER sie halten könnte, die hellen Gedanken, die,
in Morgenstunden oder wann die Sonne sich neigt,
wie lichte Schwäne durch den blauen Wellenplan
der Seele ziehn, Verheißungen des höchsten Glücks,
in ihrer edlen Bildung Offenbarungen 5
von einer Schönheit, die du nie, o nie, verwirklichen wirst!
O, wer sie halten könnte, die hellen Gedanken, die,
in Morgenstunden oder wann die Sonne sich neigt,
wie Schwäne durch den blauen See der Seele ziehn...

ODE AN DAS MEER

Im Schnee der Alpen hör' ich von dir, o Meer,
wie du des Landes felsige Küste schlugst,
    des Landes, des ich treu gedenke,
        liebend gedenke wie einer Heimat.

Und durch die Ferne rollt mir dein Donnerton, 5
vermein' ich, fürchterliche Gewißheit zu:
    »Daß solche Mären nimmer lügen,
        der du mich kennen gelernt, du weißt es.«

Ich weiß es, Zeuge manch einer Schreckensnacht,
da du mit fahlen Wogen gewandert kamst,
    mit unerschöpflich sturmgebornen,
        aus deiner Wüste, der grenzenlosen.

Ein bleiches Band, erglomm deiner Brandung Gischt,
ein greller Reif, mit dumpfem, eintönigem
    Gedröhn in ungezählten Lagen
        um das bedrängte Gestad' geschmiedet.

Und aus dem Dunkel braute wahnwitzig wild
der Wind und regte des Hauses Festen auf
    und warf des Regens jähe Schauder
        wider die Scheiben, dadurch ich starrte.

O Meer, o Meer, wie liebt' ich dich immer doch!
Selbst als ich einst im polternden Bauch des Schiffs,
    des schwerhinstampfenden, dich rasen
        hörte, im Schoß deines Zornes selber.

Wiewohl ich wehrlos in meiner Koje lag,
der Sorge näher, denn der Bewunderung,
    und liebend, wenn ich's recht erwäge,
        einzig gedachte des wackren Schiffes

und seiner Führer, vom Kapitäne bis
zum Heizer, die dein grausiges Todesdrohn
    mit schlichter Zucht und Mannheit brachen,
        irrlos aufs morgende Ziel gerichtet.

Umsonst war's damals, wie du auch wütetest.
Allein du sorgst entrissener Beute nicht.
    Und spottet dein der Bug von Eisen,
        rettet sich schwer die befallne Barke.

An armer Fischer Hütten und Booten hast
du dich geübt, vergriffen an ihnen selbst;
    die kümmerlich von dir sich nährten,
        hast du zerschmettert an deinen Klippen!

Und doch – und doch! Treubrüchig-vergeßliches,
kühl-heiteres, schicksalsträchtiges, ewiges Meer,
  ich lieb', ich lieb' dich auch noch, wenn du
    männerverschlingende Wogen schleuderst,

ein Gleichnis ungebrochener, erster Kraft,
ein Zeugnis ungezähmtesten Herrentums,
  Länder andonnernd, deren Völker
    gram dem heroischen Traum hinwandeln

vertieftern Lebens, träge hinabgebeugt
in müder Weisheit ärmliches Regeljoch,
  sich mühend, ein Geschwärm Termiten,
    emsig und zärtlich, zur Ehre Gottes, –

des Gottes nicht, der Deiner Geweide Sinn:
als der ein Gott groß-schreitender Leidenschaft,
  ein Gott, noch jeden Augenblick Manns,
    Welten zu stürzen wie zu gebären…

Von hohen Alpen schau' ich dich, Ozean,
wie du des Landes felsige Küste stürmst,
  des Landes, des ich treu gedenke,
    zürnend gedenke wie einer Heimat, –

und ruf' dir zu, feindseliger Freude hell:
Dank, Dank, daß du noch Du bist, Verwegener,
  dich selbst erfüllend und dein Wesen, –
    sei's um den Preis auch knirschender Opfer –!

Bis einst der Mensch, gewachsen an deinem Bild,
dir's heim in ebenbürtigen Taten zahlt, –
  und Du ohnmächtig knirschst und frohndest
    deinem dich peitschenden Xerxes, Sklave!

CAESARI IMMORTALI

Verzweifelnd, wie ich heut dem Unmut meiner selbst
entrinnen soll, ergreif' ich endlich den Plutarch
und schlage Cäsars Leben auf. Und mir geschieht,
als wüsch' ich mich in einem kalten klaren Quell
5 von aller Schwäche, Dumpfheit, Überspanntheit rein.
Ich fühle mich von jener zehnten Legion,
in die er seinen unüberwindlichen Willen goß;
und wo ein zager Flüchtling sich aufs Polster warf,
da steht ein straffer Krieger blitzenden Auges auf.

VOR EINER BÜSTE SCHOPENHAUERS

Ein großes Antlitz ist wie eine Flamme, die
grell und gewaltig aufsteht aus dem ungewissen Schein
irrlichternder Erdgeister und mit einem Mal
den ganzen Schwarm zu Schatten und Gespenstern macht,
5 den falschen Tag in riesenhafter Lohe Grimm
entlarvend, daß, wohin wir blicken, unser Aug',
der rechten Sonne trunken, nichts als Dämmerung
mehr unterscheidet, grauer, blasser Schemen Spiel, –
und eine Sehnsucht, übermächtig, uns erfaßt…

NUR IMMER rein des Zweifels ewig spülenden Quell
durch seine Seele leiten, nie der Träume Schlamm
sich lagern lassen auf dem Grund des Gedankensees,
noch ihn bewuchern von der Wünsche Schlingkraut, noch
5 der Überzeugungen Eis ihn fesseln lassen, – stets
ihn halten als des Sturmes vorbestimmtes Reich,
als das Kristallbad jedes noch so fernen Sterns,
als einen Born, zu dessen Gletscherkühle sich
und tiefem grünen Klar voll Lust der Wandrer neigt!

NOCH NIEMALS fiel es irgendeinem Volke ein,
zu schenken einem Dichter einen hohen Berg,
mit dem Beding, von ihm herabzusteigen nur,
um ihm zu bringen diesem Ebenbürtiges.
Ja, bannen müßt' es selbst das allzu schweifende
Geschlecht der Dichter an so hohen Aufenthalt,
wo nur das Höchste Recht hat, und der Dinge Maß,
gereckt ins Ungemeine, seinen Blick entwöhnt
des bunt zufälligen Wirbels, drein sein Tag ihn warf.

DAS UNERTRÄGLICHSTE, was es auf Erden gibt,
das ist die billige Weisheit des schnell fertigen Munds,
das ist der von sich selbst höchst überzeugte Witz,
das selbstgefällige Klappern hohlen Menschenhirns; —
wo eins nur möglich ist für den, der denkend ward:
sich in des Schweigens Mantel einzuwickeln, wie
von Frost gepackt, vom Schüttelfrost der Scham,
und in den tiefsten Bergen sich zu vereinsamen,
wo Pöbel Optimist ein unbekanntes Gelächter ist.

(SEGANTINI)

Dein in den Alpen denk' ich oft, verwandtes Aug',
wenn die granitnen Wänd' mich überwältigen...
Vor einer aber stand ich immer wieder still
und taufte ihr erhabenes, strenges Bild auf Dich:
wenn über blauen Dämmerungen sie den Fels,
den von Jahrtausenden zergrabnen, goldrotbraun
im kühlen Höhenklar des Abends badete, —
ein Urwort der Natur, ein trotziger Riesentraum...
Und Dein da dacht' ich stets, voll Neid und Sehnsucht Dein.

An Ludwig Jacobowski (†)

Du hast mich lieb gehabt und, wie ich mich euch gab
in Liedern, die ich so für mich hin bildete,
des Lebens Vielklang mit Gesang verbindend, wie
die Sennen tun, wenn sie der Glocken Wirrsal reizt, –
5 du warst mein Freund, du hast an mich geglaubt.
Zu spät erkenn' ich's, lesend immer wieder nun,
was du von mir gesagt, – und in den reinen Hauch
des Herbstes flüstr' ich meinen Dank, als möchtest du,
vorüberwandelnd, atmen ihn wie einen Duft…

Du hast nie andre denn dich selbst gehört, mein Freund;
als unterhielte eine Parade-Trommel sich
mit andern Instrumenten. Wirbelnd und wirbelnd stets,
beherrscht sie aller, doch zumeist ihr eignes Ohr;
5 von ihrem eignen Lärm berauscht, fanatisiert,
vibrierend wie ein Pfau in seiner Eitelkeit,
erfährt sie nie den Zuspruch wirklicher Musik –
(wie kaum der klirrende Pfau je den der Nachtigall).
So bleibe denn das Kalbfell, Ärmster, das du bist.

Hab' ich dich endlich, armer Freund, dahin gebracht,
daß du gestehst: »Verzeih, es muß für mich so sein;
ich gehe sonst zugrund'; ich muß so denken, Freund!«
Sieh, weiter wollt' ich nichts. Ich wollte nur dies Wort,
5 dies eine ehrliche statt all des tauben Schalls.
Geständen wir doch immer uns und andern ein,
warum just unser Urteil so und so sein muß!
Bekennte sich doch endlich jeder zu sich selbst, –
und des Geschwätzes würde minder, mehr der Tat.

MAN PREIST'S Resignation; doch endlich ist es nichts,
als daß Natur sich hülfreich in die Bresche stellt;
ein Zeichen von Gesundheit ist es, weiter nichts.
Der spielerische Geist, von unsichtbarer Hand
mit festem Griff herumgedreht, so daß sein Aug'
nun wieder auf den nah- und nächsten Dingen ruht.
Nun aber kommen sie und rufen tönend aus:
»Wir resignieren: denn – und weil – und sintemal –!«
Gebt immer der Natur die Ehre, nicht dem Geist.

DEN STEHNGEBLIEBNEN Zeiger meiner kleinen Uhr,
die mir am Morgen heute nicht wie sonst erklang,
bewegt mein Finger Stund' um Stunde vor, bis er
des Zeitenrades Stundenspeiche wieder naht.
Doch wie ich so des Weisers schwache Gegenwehr
in raschen Runden überwinde, – fällt das Bild
so spielend überkreister Zeit mich rächend an –:
Acht Stunden Werden ahnen sich mir grausend auf...
Und wie ein Frevler senk' ich die leichtfertige Hand.

WER WAHRHAFT Künstler, lacht des ganz Armseligen,
worein sein glühendes Wollen sich verliert.
So lacht der Himmel über seinen Blitz,
den mißgestalteten, in dem er sich »entlädt«,
und nimmt – wie oft! – ihn grollend wieder an sein Herz.
Doch freilich wiederum: Wer wahrhaft Künstler ist,
er gibt im Stückwerk auch von seiner ganzen Kraft;
und stößt er's von sich, wie die Wolke ihren Blitz,
und nimmt's nicht mehr zurück: so zündet es wohl auch.

(NIETZSCHE)

I

Begreife dieses Schicksal, junges Herz, –
beinahe lieber noch: begreif' es nicht!
Denn wenn du es begriffst, dich ließe Scham
vielleicht nicht weiter leben, – und du hast
so liebe Augen, – nein, begreif' es nie;
nur ahn' es, ahn' es, wenn du still einmal
an Menschengröß' und -schicksal schaudernd denkst
und dir gelobst, in deiner guten Brust,
ein Bildner deiner selbst zu sein wie Er.

II

Vor einem Flußbett stand ich, das den Berg, vereist,
hinuntersank, und lauscht', ergriffen hingewandt,
des Felsgewässers unterirdischem Geroll,
das dort, unsichtbar, mächtig murmelnd, seine Bahn
zur Tiefe zog… ein Bild von Dir mir, hoher Geist,
der du, verschüttet in winterkalte Einsamkeit,
Verborgenheit, Vergessenheit, den stürmenden Gang,
den eingebornen, Deines Schicksals ruhlos wallst,
den unbekümmerten, der nur nach seiner Tiefe strebt.

    WIND, du mein Freund!
    Lang hielten Berge mich
    grämlich umzäunt.
    Nun wieder grüß' ich dich,
    frei, dich, den Freien;
    nun gib mir, Himmelssproß,
    wieder die Weihen,
    Wecker zu sein wie du
    aller verschlafnen Ruh'!
    Wind, du mein Freund!
    Du mein liebster Genoß!

GLÜCKSELIG nach dem Regen lacht
　　der helle Frühlingshain.
Von hundert Birken trieft die Tracht
　　der Tropfen auf den blumigen Rain.

Und hundert Birken flüstern Glück   5
　　im Abendwind und Abendlicht.
Und eine Regenbogenbrück'
　　beschließt das holde Gedicht.

BUTTERBLUMENGELBE Wiesen,
　　sauerampferrot getönt –
o du überreiches Sprießen,
　　wie das Aug' dich nie gewöhnt!

Wohlgesangdurchschwellte Bäume,   5
　　wunderblütenschneebereift –
ja, fürwahr, ihr zeigt uns Träume,
　　wie die Brust sie kaum begreift.

VON FRÜHLINGSBUCHENLAUB ein Dom.
　　Und drin ein schmetternder Solist.
In solcher Schönheit Überstrom
　　wird ärgster Heide Christ

und jauchzt: Gelobt seist Du, Marie!   5
　　wenn er sein Lieb im Arme hält.
Und Kyrieleis! bittflüstert sie.
　　Und köstlich dünkt die Welt.

FEUCHTER ODEM frischer Mahd
in der Abendruh!
Wie so mancher Wiesenpfad
hauchte dich mir zu;

5   schenkte mir dein herbes Bad
in der Abendruh!
Edler Odem frischer Mahd,
Seele, reine, du!

DAS SIND die Reden, die mir lieb vor allen:
Die Wässerlein vom hohen Felsen rinnend,
mein ganzes Herz mit ihrer Lust gewinnend,
ohn' End zum tiefen Grund hinabzufallen.

5   Du Wiegenlied vor allen Wiegenliedern,
zur Ewigkeit hinweg vom Eintag wiegend,
das laute Selbst zu jener Ruh' besiegend,
die keine leeren Klagen mehr erniedern!

WIE DER WILDE Gletscherbach
selber sich entgegenbraust,
auf sein wogendes Gejach'
weiß zurückgekraust!

5   So der einzelne der Zeit
zornerfüllt entgegenschwillt.
Doch die rollt zur Ewigkeit.
Und alles ist ein Bild.

BERGSCHWALBEN rauschen durch die Luft,
wie wenn man über Seide streicht.
Die Täler all füllt Abendluft
und meine Brust ein scheu Vielleicht.

Ob mir noch einmal, Glück, bestimmt
ein Abglanz deiner tiefen Welt?
O Duft, der golden mich umschwimmt!
O klares Abendätherzelt!

DES MORGENS Schale quillt von Sonnenlicht
und Rosenduft und Nachtigallenschlag.
Ich bring' sie Dir zum neuen Schöpfungstag,
der sich zu unserm Angesicht
erhebt.

Setz' deine Lippe mit an ihren Rand!
Und mit uns jedes morgendliche Paar,
das, seiner Liebe Frühlingskranz im Haar,
mit uns in diesem Morgen-Lande
lebt!

WELCH ein Schweigen, welch ein Frieden
in dem stillen Alpentale.
Laute Welt ruht abgeschieden.
Silbern schwankt des Mondes Schale.

Von den Wiesen strömt ein Düften.
Aus den Wäldern lugt das Dunkel.
Brausend aus geheimen Klüften
bricht der Bäche fahl Gefunkel.

Überm Saum der letzten Bäume
weiße Wände stehn und steigen
in die blauen Sternenräume.
Welch ein Frieden, welch ein Schweigen!

BLEICH in Sternen steht der Raum.
Schimmernd schießen Bälle.
Deine Schönheit sucht mein Traum
in der weiten Helle.

Bis du dich herniederneigst
vom gestirnten Pfade
und mit deiner Gnade
mich zur Ruhe schweigst.

INMITTEN dessen, was wir uns erzählten,
mit einem Mal ein Stocken ohne Grund,
drin unsre Wesen schweigend sich erwählten.

Und dann, im selben Satze – nach Sekunden,
in denen wir uns innerlichst vermählt, –
ein Weiterplaudern, leicht und ungebunden.

ICH LIEBE DICH, Du Seele, die da irrt
im Tal des Lebens nach dem rechten Glücke,
ich liebe dich, die manch ein Wahn verwirrt,
der manch ein Traum zerbrach in Staub und Stücke.

Ich liebe deine armen wunden Schwingen,
die ungestoßen in mir möchten wohnen;
ich möchte dich mit Güte ganz durchdringen;
ich möchte dich in allen Tiefen schonen.

»WAS DENKST du jetzt?
Ach, hinter diese Stirne
zu dringen, – wär' es, wär' es
mir gegeben!

> Ein Bettler steh ich da
> vor deinem Leben,
> das unaufhörlich
> sich in dir verschließt.
> Besitz' ich dich,
> wenn ewig Unbeseßnes
> in deiner Brust
> an mir vorüberfließt?
> O allzu streng und kärglich Zugemeßnes,
> was sich von Aug' und Munde nur
> ergießt!
> O gib mir Teil
> an jenem stummen Weben!
> Was denkst du jetzt?
> Ach, hinter diese Stirne
> zu dringen, – wär' es, wär' es
> mir gegeben!«

O WEINE NICHT! Ich weiß, ich tu dir weh,
weil ich ein Mensch bin, Launen hingegeben.
(So muß ein Mensch am andern stetig sterben:
das grub ich aus wie ein Gesetz im Leben.)
O weine nicht! Wenn ich dich weinen seh',
möcht' ich nie mehr um fremde Liebe werben.

O weine nicht! Ich weiß, ich tu dir weh.
Und sollte nur dir wohl zu tuen streben.
(So reichen Menschen sich den Kelch, den herben,
des Leidens, bis die Lippen bitter beben...)
O weine nicht! Wenn ich dich weinen seh',
möcht' ich mich selbst in jähem Groll verderben.

O weine nicht!

NEBELGEWÖLKE, den Berg entlang
schleppend die schweren Gewebe,
vor des Tälerwinds Morgengang
flüchtend in lässiger Schwebe,

5 lösend sich langsam von Wald und Fluh,
letzte Zinnen umschließend,
wallend unendlichen Bläuen zu,
sonnegeküßt zerfließend.

SAHST DU NIE der Dämmrung grelle Helle
aus des Weges weißen Kieseln stechen,
eine gleißend bleiche kalte Welle
ängstigend dir in die Schläfen brechen?

5 Wenn es dann dein Aug' auf Wiesen scheuchte,
brach dir's nicht auch hier geheim entgegen
wie ein tiefes zehrendes Geleuchte –?
und du fühltest es wie Furcht dich regen...

AUGUSTTAG

Herbstes Ahnung, düster groß,
während noch der Sommer waltet!
Nehmt mich auf in euren Schoß,
Wolken, schmerzlich tief gefaltet!

5 Nach der Schwermut jenes Kommers
in Gestürmen schreit mein Wille;
denn ich liebe nicht des Sommers
tote, sattgewordne Stille.

Septembertag

Dies ist des Herbstes leidvoll süße Klarheit,
die dich befreit, zugleich sie dich bedrängt;
wenn das kristallene Gewand der Wahrheit
sein kühler Geist um Wald und Berge hängt.

Dies ist des Herbstes leidvoll süße Klarheit... 5

Vorabendglück

Siehe, wie wunderlieblich der Abend lacht!
O nun singe noch, Seele, dein Lied vor Nacht!
O nun singe noch dein wunderliebliches Lied,
ehe der Tag auf rosiger Wolke von hinnen zieht!

Abendkelch voll Sonnenlicht,
noch einmal geneiget,
eh' des Tages Herze bricht,
und der Nacht verhüllt Gesicht
seinen Tod beschweiget! 5

Alles Herzwehs Abendwein,
laß dich trinken, trinken!
Glüh' dein Gold in mich hinein!
Und dann mag auch über mein
Haupt ihr Antlitz sinken. 10

Es gibt noch Wunder, liebes Herz,
getröste dich!
Erlöste dich
noch nie ein Stern aus deinem Schmerz,
des Strahlenspiel 5
vom hohen Zelt

in deiner Qualen
Tiefe fiel
und sprach: »Sieh, wie ich zu dir kam
vor allen andern ganz allein!
Du liebes Herz, wirf ab den Gram!
Bin ich nicht dein?
Getröste dich!«

Erlöste dich
noch nie ein Stern...

EIN WANDERLIED, vom Abendwind vertragen,
ich fing es auf; weiß nicht, woher es kam;
ein Wunderlied von Wünschen und Entsagen,
das meine Seele ganz gefangennahm.

Ein Wanderlied. War es mein eigen Sehnen,
aus dem es sprang, da ich in Träumen schritt?
Ein Wunderlied voll Hoffnungen und Tränen,
in dem ein Herz mit seinem Schicksal stritt.

UND WENN du nun zur dunklen Ferne treibst,
als wie ein Blatt auf mitleidloser Welle, –
daß du mir, Teure, immer in der Helle
dem Leben dienender Gedanken bleibst!

Und war ich nur ein Funke, dir zu leuchten,
und war mein Gruß nur wie ein Wetterschein, –
o laß, wann Tränen je dein Auge feuchten,
ein Glänzen auch von ihm darinnen sein.

Vielleicht daß dann ein Licht dich sanft erhelle,
daß du der Sorge starke Herrin bleibst,
und nicht auf deines Tränenstromes Welle
zu Fernen, immer düstereren, treibst.

MIT DIESEM langen Kuß
auf deine Lippen laß uns scheiden.
O warum muß
ich solcher Trennung Schmerzen leiden.
Und hätte jederstund
nur einzig dies Verlangen,
an Deinem süßen Mund
auf Ewigkeit zu hangen.

LIEBE, Liebste, in der Ferne,
wie so sehr entbehr' ich Dich!
Leuchteten mir milde Sterne,
ach, wie bald ihr Glanz erblich!

Wenn ich deine weichen Wangen
leis in meine Hände nahm,
und voll zärtlichem Verlangen
Mund zu Mund zum Kusse kam;

wenn ich deine Schläfen rührte
durch der Haare duftig Netz,
o, wie war, was uns verführte,
beiden uns so süß Gesetz!

Und nun gehst du fern und einsam.
Ach, wie achtlos spielt das Glück!
Bringt, was einmal uns gemeinsam,
noch einmal sein Strom zurück?

Liebe, Liebste, in der Ferne,
wie so sehr entbehr' ich dich!
Leuchteten uns milde Sterne,
ach, wie schnell ihr Glanz erblich!

UND ABER ründet sich der Kranz
des viergeteilten Jahres.
Die Schlange beißt sich in den Schwanz.
Und was noch ist, bald war es,
ein seltsam Einst.

Der Herbstwind heult; die Wolken weben tief;
die Nächte sinken jäher, dunkler nieder;
schon brämet Schnee der Berge Häupter wieder;
und lange schon der letzte Vogel rief
sein Lebewohl.

Und aber ründet sich der Kranz
des viergeteilten Jahres.
Die Schlange beißt sich in den Schwanz.
Und was noch ist, bald war es,
ein seltsam Einst.

ERSTER SCHNEE

Aus silbergrauen Gründen tritt
ein schlankes Reh
im winterlichen Wald
und prüft vorsichtig, Schritt für Schritt,
den reinen, kühlen, frischgefallnen Schnee.

Und Deiner denk' ich, zierlichste Gestalt.

Nachlese zu Und aber ründet sich ein Kranz

Hinzuwandeln
am murmelnden Meere,
das Herz, das schwere
beruhigen lassend,
von neuem erfassend
die uralte Lehre
vom Auf und Nieder,
das Lied der Lieder
vom Meere...
vom Meere...

Genesung

Wenn nach der Schwäche, die dich leicht befiel,
die Lebenskraft aufs neue dir zurückkommt –
Heiliger Augenblick!
Köstliche Fülle des Seins!

Der Zukunft Mantel auseinanderflatternd!
In morgenrötener Nacktheit, Weib, erhabenes,
Leben! geliebtestes!
Tausendmal küß ich dich noch!

Oft, wie oft, wenn ich erwache,
tagt für mich ein neues Sein;
spät erst stellt das tausendfache
Bild der Welt sich wieder ein.

Traumhaft aus Vergangenheiten
blickt mich an ein Irgendwer...
und mich deucht oft, Ewigkeiten
trennten mich vom Tag vorher.

MORGENLUFT!
Morgenduft!
Über alles hingebreitet!
Fern ein Segel traumhaft gleitet...
Morgenluft!
Morgenhauch!
O erfülle meine Seele!
Horch, die kleine Vogelkehle
mir zu Häupten preist dich auch!

O BLUME, die du über vielem schwebst,
nie ganz gefangner Duft der Erdendinge, –
du reiner Hauch, der du der Seele Schwinge
zu immer neuen Flügen hebst, –
der du uns ahnen lässest unter Schauern,
wie hoch wir Menschen unser Bild erhoben,
und über trägen Stoffes dumpfem Trauern
den Irisschleier einer Gottheit woben!

HERBSTREGEN fegen durch die Schlucht;
das Wasser tost wie braune Glut;
hoch geht mein Blut;
frag nicht, warum, mein Herz,
schau dich nicht um
auf deiner Flucht!
Hab Mut! hab Mut!

Sie wird mein Weib nicht sein,
wie andre nicht –
und drum Verzicht?
Du liebst zu viel, mein Herz!
Du treibst ein Spiel!

O nicht! O nein!
Mein Weg ist Licht.

DORT TREIBT ein Schicksal auf den Wellen fort...

Da richtet sich der Mensch wohl auf und spricht:
Was ist der Mensch! Ein willenlos Gedicht,
von irgendeinem Weltgeist hingesungen...

O hieltest du mich einmal noch umschlungen! 5
O küßtest du mich, bis die Seele bricht
von zu viel Glück...
      Du süßes, süßes Dort!...
Entbehrtes, süßes, fortgetriebnes Dort!...
So treibt ein Schicksal auf den Wellen fort... 10

DIES IST der Herbst, der bricht dir noch das Herz.
Das Jahr enttönt...
O Seligkeit! O Schmerz!
die es verschönt –
so ließet ihr mich doch! 5

Ich möchte wandern, wandern ohne Ruh...
nur nicht mehr heim, zum kalten Herd zurück!
Der Liebe Tür fiel zu –
was hält mich noch!
Nun liegt es wieder vor mir weit, 10
das Glück –
das Glück –? –
der Einsamkeit...

WIE ÜBER den Schnee der Schatten des Vogels webt,
den sonnenfunkigen, weich sich wölbenden Plan
der lautlos ziehende, blauhindämmernde Dust,
regt ruhlos schweifender Erinnerung Schatten
der Seele winterlich kristallnes Schweigen auf 5
und überdämmert ihren gleichen Frieden
ohn' Ende mit den Bildern ihrer Flucht.

DIE STILLEN STUNDEN sind es, da die Glocken
der seltnen Seelen uns zu Herzen klingen,
da wir verstehn ihr wunder-volles Singen
und ihrer Liebe göttlich tiefes Locken:
Nach ihren reinen Höhen aufzustreben,
uns immer freier, stolzer zu vollenden.
Ihr stillen Stunden, da sie Grüße senden,
die Großen, die am Sinn des Lebens weben!

WINDGLÜCK

Mit wilden Atemstößen wirft der Sturm
des Turms Geläut mir dröhnend ins Gemach,
als ob er eines Springbrunns wehend Haar
nach einer Seite weit hinüberkämmte.
Tonüberschüttet stehn die Häuser hier,
indes die jenseits nur ein fernes Klingen
vernehmen. Und mich überwältigt tief,
wie alles Glück nur Windes Gunst und Spiel.

O ÜBERMASS der reinen Lebensfülle,
die mich beseligt Schreitenden durchdringt!
O Übermaß der höchsten Strebensfülle,
die mir im Traum die Welt zu Füßen zwingt!

Ihr habt mir allezeit den Weg bereitet,
daß ich der Erde Jammer halb vergaß.
Groß war mein Aug der Schönheit zugeweitet...
O Übermaß! O Schönheits-Übermaß!

NICHTS Holderes,
als wenn die Seele reift,
von süßen Säften schwillt
und überflutet!

Bis sie des Herbstes
höchster Rausch ergreift –
und sich zu andrer Glück
ihr Glück verblutet.

GLÜCK ist wie Blütenduft,
der dir vorüberfliegt...
Du ahnest dunkel Ungeheures,
dem keine Worte dienen –
schließest die Augen,
wirfst das Haupt zurück – –
und, ach!
vorüber ist's.

IM SPIEGEL der Quelle
des Abends Licht...
Purpurne Welle
fliehend spricht:

»Die Stunde bin ich,
die dich beglückt –
Sieh, schon entrinn' ich,
schmerzlich entrückt...«

BERGESMATTEN hinauf
schweift der Blick,
ruh-empfangen.

Wo nur des Hirten weilt
oder des Mähders Fuß,
trägt er mich hin.

Und ich lieg und träume,
Felsen und Bäumen gleich,
Hochweltgedanken...

Während tief unten,
ein hastender Bach,
der Tag rauscht.

BERGESLIEBE

»Jeden Morgen, den die Sonne gibt,
glüh ich dich hinab mit meinem Schatten,
leg ich fromm mein Bild auf deine Matten...
Jeden Morgen, den die Sonne gibt.

Jeden Abend, den die Sonne gibt,
glüh ich dich empor mit meinem Schatten,
leg ich fromm mein Bild auf deine Matten...
Jeden Abend, den die Sonne gibt.

Teurer Freund, den meine Sehnsucht liebt.«

DAS HAUS AUF DER MATTE

Auf einer Matte lag's inmitten Steinen,
die abgedonnert von der steilen Wand.
Und meine Seele fiel es an wie Weinen,
da es des Menschen ganzes Schicksal fand
in dieser schwachen Hütte hingeschrieben,
die so inmitten des Verderbens stand.

Und doppelt fühlt' ich mich das Leben lieben.

LÄMMERCHEN am dunklen Zelt...
klein und traulich ward die Welt.

Mond ist Herr; die Weltensterne
bleiben hübsch in Weltenferne.

Erde, treues Mutterhaus,
wuchsen fast aus dir hinaus,

stürmten fort auf wilden Schwingen,
Ewigkeiten auszudringen,

sahn dich wie ein Staubkorn schwinden,
konnten kaum zurücke finden.

Bis du dem verlornen Sohne,
daß er wieder in dir wohne,

deiner Töchter eine sandtest
und sein Herz zur Heimat wandtest.

Andrer Tiefen Weltengrund
sucht sein Aug' nun, sucht sein Mund.

Schwesterseele hinter Gittern
macht ihn lächeln, macht ihn zittern;

Schwesterseele, unerlöste,
harrend, daß sein Herz sie tröste.

Wie so klein ward nun die Welt,
wie so nah das Sternenzelt.

Alles ruht nun eingeschrieben
in dem Rätselglück: zu lieben.

JEDER NEUE MENSCH, den ich kennenlerne,
ist ein Frager mir mehr auf meinem Wege
und ein Zweifler mir mehr an meinem Werte.
Und ich wäge mein Ich in seinen Augen
und befind es zu leicht aus seiner Seele
und verkenne mich selbst aus meinem Nächsten.

Aber wenn er wieder des Weges wandelt
und der Geist sich wieder zum Seinen wendet,
weicht der Argwohn vom gemarterten Herzen,
traut es langsam wieder der eignen Stimme,
und vergißt den eingebildeten Richter
und ermannt sich wieder zu stolzem Schlage.

ALLEN gleicher Seele wend ich
durch den blauen Tag mich zu,
allen Brüdern, Schwestern send ich
mein geschwisterliches Du.

Danken wollen wir der Sonne
und dem frischen Morgenwind,
daß sie uns so vieler Wonne
Bringer und Gefährten sind,

danken wollen wir mit Lachen
in den jungen Maienwind,
daß wir unter tausendfachen
Fährden so geworden sind.

So! Was brauch ich mehr zu sagen,
alle fühlt ihr dieses So;
und wir wollen auch nicht fragen,
unsrer Art von Herzen froh.

Eines Bunds geheime Glieder
finden wir uns allerwärts;
und ich schenk euch meine Lieder
und ihr schenkt mir euer Herz.

Ich habe nach Vollendung stets gerungen,
doch selten mein treuflüchtig Herz bezwungen.

So bett' ich denn in mich die strenge Frage
und lebe stolz ergeben meine Tage.

Und such aus meinem wechselvollen Wesen
für euch, was überdauert, auszulesen.

Oft fasst mich an ein unbezwinglich Leiden,
wenn ich auf unser aller Treiben sehe,
dies ganze Wägen, Meinen, sich Entscheiden
mit seiner Frucht von Lust, Dumpfheit und Wehe.

Der Glaube ist es, der die Welt erhält.
Der schärfste Zweifler glaubt noch wie ein Blinder.
Nur glaubend sind der Welt wir Überwinder,
die dem Verzweifelnden zu Staub zerfällt.

Und wieder sinn' ich jene tiefe Fabel
vom Baum der Sünde, dem Erkenntnisbaum,
und wieder steh' ich an des Weges Gabel;
Nirwana – Sansara –. Hie Tod, hie Traum.

Ein Wetterzeiger bin ich schier
im ewigen Begleiten
der außer mir und inner mir
vereilenden Gezeiten.
Im Augenblick ist meine Lust,

ihm folg ich durch die Jahre,
bis ich dereinst mit reicher Brust
hinsink auf meine Bahre.
Dann tragt mich in ein grünes Grab
und hegt mich lieb von ferne,
so setz ich meinen Wanderstab
noch über tausend Sterne.

IN EINER Dämmerstunde war's einmal, daß mir
der Tod aus meines Spiegels Grund entgegensah,
ein junger Mann, gleich mir an Angesicht und Wuchs.
»Ich fürchte dich, mein großer Schatten, nicht«, sprach ich.
»Du hast mich allzu früh mit dir vertraut gemacht.
Ich weiß, du wirst mir nie im Schrecken nahn, noch je
das Antlitz dem verzerrn, auf dessen klarer Stirn
der stille Glanz gelassenen Sich-Bescheidens wohnt.
Du wirst mir einst als Bruder kommen, nicht als Feind.«

WIE? Wolltest du dir selbst zuwiderhandeln,
Du Gott aus Gott, und Todeswege wandeln?

Du hast's gewollt von Urbeginn. So trage
denn hohen Hauptes jeden deiner Tage.

Gott selber hat der Welt sich vorentschieden.
So lebe denn! Mit Dir und Ihm in Frieden.

Und wäre Folie nur solch Gotteslos:
Getröste dich! Du deutetest dich groß.

Zyklische Dichtungen

Der Weltkobold

Eine Kosmiade

Motto

Höchstes Lachen
und höchstes Weinen –
eines Schaukelschwunges
Gipfel sind wir.

Der Weltkobold

Im Mund die Abendzigarette,
den Geist von Schelmerein geneckt,
so lieg auf weichem Rasenbette
ich lang und wohlig hingestreckt.
Die Hände wühl ich in die Gräser
als sein sie feuchtes Mädchenhaar,
und störe, ein geschickter Bläser,
der Mücken blutverliebte Schar.

Droben bunter Sternenhauf,
ein bißchen Rauch dazwischen,
Diebesevangelium klingt mir auf:
»Im Trüben ist gut fischen«.
Im Trüben wie im Drüben,
das war von alters eins.
Auf! alte Kunst zu üben,
mein Geist, im Reich des Scheins!

Und wie das nächste blaue Wölkchen
sich langsam über mich erhebt,
da seh ich, wie ein Puttenvölkchen
aus ihm hinauf zum Himmel schwebt
und von den goldnen Sternenknöpfen
ein Zipfelchen des Tuchs befreit,
das unsern armen Menschenköpfen
verdeckt den Sinn der Ewigkeit.

Das ist ein jähes Blenden,
das mir ins Auge bricht,
Silberglöckchen spenden
dazu ihr Klanggedicht.
Und als sich Ohr gewöhnt dem Ton
und Aug dem Farbenblitzen –:
Schau ich auf reichem Narrenthron
Weltkobold lachend sitzen.

Und wie ich die Gestalt erkenne,
da öffnet staunend sich mein Mund,
allein zugleich – Geist der Schwere –   35
entsinkt die Zigarette – und
verschwunden ist das frohe Glück,
stumm blauen die weiten Räume,
ich aber gehe ins Haus zurück,
und nun kommen die Träume, die Träume.   40

»Aller Ort',
nirgendwo,
niemals,
und immerfort!«
Jeglicher Gott   5
führt im Wappen
dies Wort.

Wir gehn von heut zu morgen
in unserm kleinen Trott
und sind vielleicht, verborgen,   10
eines Schalkes Spott.

Was Aug' und Ohren
Wirklichkeit heißt,
wird je geboren,
der sie beweist?   15
Arglos auf Glaub' und Treu
nehmen wir stets aufs neu
alles Tradierte
und sind vielleicht dabei
Hypnotisierte...   20
All das Ergetzliche,
des solch ein Weltgeist voll,
priesen wir andachtsvoll
als das »Gesetzliche«...

Die Harmonie
im Tanz der Gestirne,
die Menschengehirne
mühsam erklügelten,
wäre nur Spiel
einer allmachtgeflügelten
Schelmphantasie...

Und was ohn' Ziel
und ohn' End wir geglaubt,
es wär' nur ein Traum
von tausend Träumen
aus einem müßigen
Gotteshaupt...

Seit ich Weltkobold sah,
ist der Argwohn mir nah.

Gern möcht' ich gestehen,
was ich gesehen,
möcht es beschreiben
mit Pinsel und Nadel
oder ohn Tadel
in Kupfer treiben.
Doch die Gestalt,
die auf Blitzesfrist
zu jähem Erglänzen
mir durch den Spalt
erschienen ist,
ich kann sie nicht grenzen,
nicht bildhaft umschließen –
ich fühl sie zerfließen.
Nun –: spür ich das Lachen,
die silberhellen
Schellen
im Ohr mir wieder erwachen.

I.

Weltkobold ist verliebt.
Auf einem Wandelstern
– oh welche Auswahl! –
hat einen Backfisch
sein Gemüt entdeckt.

Weltkobold ist verliebt.
Am nächsten Tage
stehn leer die Himmel
und die Sonnen rasen
so recht nach eigenem Geschmack,
wie Mäuse tollen,
wenn die Katze fort ist.

Der Weltball,
der des Mädchens Heimat,
nennen wir ihn Erde, trägt
mit einem Mal
den Gott als Eingebornen.

In einen Wald
ließ er als Regenguß
herab sich fallen,
um bald darauf
auf Moos und Erika,
verwandelt,
just in der Gestalt zu liegen,
wie sie den Menschen
dieses Balles eigen –:
doch freilich nackt.
Indes, wo Homo sapiens
zu treffen, fehlt auch nie
sein bester Freund:
der Schneider.
Und alsobald
verhängt der nackte Jüngling

den Mond dezent
mit Altem-Weibersommer
und stiehlt sich durch die Nacht
zur nahen Stadt.

In tiefem Schlafe schnarchend
liegt der Schneider.
»Miß Hosen!«
tönt's urplötzlich in sein Ohr,
und wie ein Has',
entbellt dem Grasversteck,
erst einen Satz
und dann ein Männchen macht,
so springt auch hier
die hagre Hemdigkeit
des Biederen aus seinem Kissenwust
und macht am nächsten Stuhl erst
schaudernd halt.

Doch freundlich lächelnd
tritt der Gott ihn an,
– »Miß Hosen!« – sagt er nochmals,
und sein Blick
berückt des armen Mannes
schlicht Gehirn.
Er eilt das Maß, das Tuch herbeizuholen,
kniet nieder, prüft und mißt und steckt und näht
und während sich der Gott im Bett gefällt,
wächst langsam aus dem Stoff das Kunstgebilde
und überdies noch West' und Rock dazu,
wie es die Sitte dieses Orts erheischt.
Noch ruft vom Mistberg keine Hahnenkehle,
da scheidet frohbewegt das edle Paar.
Der Schneider steigt zu neuem Schlaf ins Bett
– erwacht er, denkt er: alles war nur Traum –,
Weltkobold aber trollt, ein schmucker Fant,
zum Schäferspiel mit seinem süßen Backfisch.

II.

Maria,
eines Tischlers Töchterlein,
ist einer Blumenhalle
flinke Fee.
Und heute, als am Sonntag,
hat sie längst
den trauten Morgenträumen
sich entrissen
und ordnet schmuck
die Stöcke und Bouquets
und nimmt dem Landfuhrwerk
die Rosen ab,
die es allwöchentlich
zum Markte liefert.
In weißem Kleidchen
steht das feine Kind
in seiner sechzehnjährigen Unschuld da,
und all der Blumen
frische Morgenpracht
ist nur die Folie
jener zarten Reize.

Nachdenklich paßt gerade
ihre Hand
zwei Blüten zueinander,
eine blasse
und eine dunkle, –
als zur offenen Tür
ein junger Mann
mit freiem Anstand eintritt.
Zu einem langen Blicke
spricht sein Mund
um eine Rose
ihr Erröten an,

und da sie ihm
unklaren Bangens voll,
die dunkle reicht –
ergreift der Jüngling sanft
ihr schmales Handgelenk
und küßt die Rose
und biegt zurück es
nach dem Gretchenkopf,
bis auch ihr Mund
den Purpur scheu berührt.

....

III.

Durch die Gassen geht der Abend,
und mit ihm flaniert Weltkobold
vor das Fenster seines Liebchens.
Ach von Morgen bis zum Abend,
welch entsetzlich lange Pause,
unerträglich – hätt' er nicht in
einem Kornfeld sie verschlafen.

— — — — — — — — — —

Endlich, endlich!... Aus den Toren
gehn sie in die Feierstille
nächtlich einsamer Gefilde.
Aber ist's schon Wonne, wenn sich
Menschen lieben – unaussprechlich
höhre ist's, wenn ein Verliebter
außerdem allmächt'ger Gott ist.

Bald verlassen sie den Feldweg
und der Ähren Wogen schlagen
hinter ihrem Pfad zusammen.
Da mit einem Mal erreicht sie
eines Städters rauhes Fluchen.
Hochgeschwungnen Knüttels steigt er
durch das Korn, der böse Wächter.

Aber lächelnd hält das zage
Mädchen fest der Gott, und spöttisch
schlägt mit einem Mohnblumstengel
er das breite Maul des Störers, 25
daß er auf der Stelle einschläft,
offenen Augs, erhobenen Armes,
eine stumme Vogelscheuche.
Und als ob grad' hier das rechte
Plätzchen sei, was längst sie suchten, 30
eint Weltkobold hier des Liebchens
rote Wang' dem roten Mohne.
Glotzend stiert das blöde Auge
des Gebannten – und es birst ihm
fast vor Neid und Wut die Seele. 35

IV.

Die Nacht ist tief geworden.
Trunken raunt und rauscht das Korn,
so viel Liebe barg's noch nie.
Doch unter der lebend'gen Vogelscheuche
noch immer hocherhobnem Arm 5
erhebt sich nun,
in inniger Umschmiegung,
das Liebespaar
und wandert aus den Ähren
langsam dem Walde zu. 10
Ist es der Nachtwind?
Ist es der Trennung dunkles Vorgefühl,
das einen Schauder durch das Mädchen jagt?
Der Mann an ihrer Seite fühlt's,
und mit der flachen Hand 15
die Stirn sich schlagend,
ruft er:

»Vergaß ich ganz,
daß ich allmächtig bin?
Wir wandeln hier,
als hieß ich Müllers Jochen,
der seinen Schatz
vorm Tor spazieren führt.
Nein, kleine Braut,
sag, sag mir, was Du willst!
Gib den verschwiegensten,
den kühnsten Wunsch
mir preis, Geliebte,
daß ich wahr ihn mache.«
Da legt ihr Köpfchen sie
in seinen Arm
und stammelt:
»Küß mich!«
Und er küßt sie, küßt –
daß alles um sie her
ins Nichts versinkt.
Weltkobolds Geist
vergaß sich gleich dem ihren
und denkt nicht mehr an Allmacht
noch an Gottheit.
Der beiden Sinn
ist so in Eins gefügt,
daß beider Traum
die gleichen Bilder wählt.
Und solche Träume
haben Zauberkraft,
daß höhere Wirklichkeit
aus ihnen sprießt.
Sie träumen sich in einen Rosenkelch
in tiefer purpurner Verborgenheit.
Ihr Atem glüht vom schweren Duft berauscht,
und fiebernd tobt des Blutes heiße Brandung

im Netz der Adern wie in Kerkergängen.
Es dürstet ineinander und es haßt
die starre Form, die nicht zerbrechen will
und doch zerbrechen soll. Gemeinsam steigt
der Wunsch in ihnen auf. Und weicht nicht mehr,
bis er zur Wahrheit wird.
Ein süß Ermatten löst
der Glieder Spannung auf.
Das Körperliche schwindet,
hinüber in der Rose weichen Leib,
indes des Blutes
langverhaltne Flut
zusammenschäumt
wie Wogen glühenden Erzes.
Es schwankt
in ihrer heißen Last die Rose,
erschließt den Kelch,
aus dem wie eine Wolke
des Blutes warmer Duft
berückend steigt,
und schwankt
und neigt sich endlich
zitternd nieder,
des Purpurs Fülle
wie ein dampfend Meer
ausschüttend
auf die froherschrockne Erde.
. . . .
Der Traum ist aus.
Denn ach! der Kuß ist aus.
Verwundert schaut
sich Aug in Aug
und dann hinaus,
wo stumm der Horizont
in feierlichen Morgenflammen brennt.

Der Weltkobold

Das also sprach
in ihren Traum hinein.
Und lächelnd neigen sie
die goldnen Stirnen
zum Gruß –
der Göttin sie,
der Sklavin er.

V.

»Vertrau mir, Kind!
Wir scheiden nimmermehr,
du wirst auf ewig
diesem Stern entrückt
und hilfst,
als Königin des Weltalls, mir,
als Weltkoboldin,
leben und regieren!«
So hat der Gott
zu seinem Lieb gesagt
und es mit tausend Küssen
ihm besiegelt.
Nun liegt die Schöne
bleich in ihren Kissen.
Verwundert klopft
der Tischler Veit, ihr Vater,
ein Trunkenbold,
doch sonst ein guter Mann –
da spät die Glocke schon –
an ihr Gemach.
Da nichts sich rührt,
betritt er es und sieht:
Sein Töchterlein
ist über Nacht gestorben.
Der Alte grämt sich sehr;
doch schließlich sagt er:

»Wie Gott will«,
nimmt der Tannenbretter vier
und zimmert seinem Kind
das letzte Heim.
Im Blumenladen,
der nun jäh verwaist,
wird kurze Zeit
die Tote aufgebahrt,
damit der tränenseligen Verwandtschaft
Gelegenheit geboten sei, ihr »Ach!«
»So jung – und schon…!«
»Ja, ja, so ist das Leben!«
und Ähnliches
mit Salbung vorzubringen.
Am zweiten Tage
wird der Raum gesperrt –:
Der Tischler holt sein Zeug,
den Sarg zu schließen.
In dieser kurzen Spanne
löst der Gott
den Schlaf des Mädchens,
hebt es aus dem Schrein
und stopft dafür
in ihr Gewand den Anzug,
den tags zuvor
der Schneider ihm gemacht.
Der Tischler kehrt zurück –
die Flasche guckt
verräterisch
aus seiner Arbeitsbluse –,
und während rings
die Blumengeister kichern,
befestigt er den Deckel
auf dem Sarg.

Am nächsten Tag
ist feierlich Begräbnis.
Mit neuen Taschentüchern
ziehn die Weiblein,
65 in Frack die Männlein
und Zylinderhut.
Und nach des Pfarramts Kandidaten Mahnung:
»Oh stürbt ihr alle einst
so rein wie diese!
70 so sündenlos,
so wohlgefällig Gott!«
tritt, als des Tischlers Busenfreund,
der Schneider
ans Grab und wirft
75 den ersten Schollenkloß
auf seine eingesargte
Meisterleistung
und andre nach ihm.
Der Hügel wölbt sich,
80 die Leute gehn –
nun endlich kommt der Schmaus.
Am Abend aber steckt
der Würmer Volk
anklagend seine Hälse
85 aus dem Hügel,
und aus den hungrigen Augen glüht
der stumme Vorwurf
nach der Stadt hinüber:
»Wie habt ihr uns betrogen!
90 Pfui, oh pfui!«

VI.

In jagendem Wolkenboot
scheidet Weltkobold
mit seinem Lieb
von dem Sterne.
Bis an die Grenze
der Atmosphäre
trägt ihn willig
das dunkle Gefährt.
Dort aber ruft er
seinem feurigen Leibroß
Kometa.
Und schon braust es heran,
die Funken stieben,
Mähne und Schweif
schleppen goldsträhnig nach.

Der Gott aber stößt
das Boot zurück,
daß es zerbrochen
die Räume
hinunterstürzt,
und springt,
sein Mädchen im Arm,
hinauf auf den Rücken
der treuen Stute.

Heißa!
Das ist ein Ritt!
Aber nicht lange!
Wehe, Weltkobold,
verliebter Wicht,
hast du vergessen,
daß die geborgte Gestalt
eben – geborgte nur ist
[bricht ab]

Der Weltkobold

[Weltkobold im Lande der Bärenhäuter]
[*Fassung 1*]

Auf einem Ball im Bild des großen Bären,
nach einer Griechin Phyllis, die Weltkobold
einmal geliebt, Phyllis Theá genannt,
auf Philistäa also – wie's allmählich
die kosmische Orthographie verhunzte –
tritt eines Sonntags unser heitrer Gott
in eine Stadt des Volks der »Bärenhäuter«.
Die Bärenhäuter, ein uralter Stamm,
schwerflüssig wie der Honig, der ihr Trank,
doch auch, zumal im Lieben, süß wie dieser,
abgründig tief, wenn sie aus blauen Augen
dich anschaun, gleich als ob das Firmament
durch einer Maske Augenlöcher blaute.
Wie Böcke stotzig, doch auch sanft wie Lämmer,
die treu zu allem Mäh und Amen sagen,
was ihnen die Behaglichkeit nicht stört.
Sie prägen im Geschlecht der Philistäer,
das den Planeten zahllos überwimmelt,
das Philistäische am reinsten aus.
In ihren Büchern nennen sie sich gern
»der Richter und der Henker Volk« mit Fug!
Wohl nirgends hat wie hier der Kult System,
Mißliebiges zu knebeln, zu ersticken.
Privatim hungert man den Gegner aus,
und publice wird er ans Kreuz genagelt.
Allein damit man sieht: die Sache nur,
nicht die Person ward in dem Mann bekämpft,
wird dreißig Jahre später feierlich
sein Name zu den »Heiligen« vermerkt.

In eine Stadt von diesen Leuten also –
wenn Stadt bedeutet: geistvoll schlichte Häufung
in Würfelform geschichteten Gesteins –

kam eines Tags Weltkobold lernbegierig;
denn unbekannt noch war ihm diese Welt.
Wie hätt' er auch bei den Milliarden Sternen,
die er einmal in toller Laune schuf,
der einzelnen Entwicklung folgen können!

Wie schon gesagt, ein Sonntagmorgen war's,
den Feierhut auf schön gekämmtem Scheitel,
am Arm die violette Ehehälfte,
vor sich die rosafarbnen Töchter, schreitet
der Bürger würdevoll dem Markte zu,
wo eine alt' und eine junge Glocke
der Schule Ehr' antun, die wochentags
vom Schwarm der Hökerweiber sie genossen.
Weltkobold folgt den Bürgern und dem Lärm,
doch was er sieht, er weiß es nicht zu nennen.
Ein Bauer hat ihm vor dem Tore außen
die Eisenbahn erklärt – »Lokomotive«
benamste er den vordersten Waggon –
nun glaubt er hier dasselbe Phänomen
zu schauen, nur in andrem Maß und Stoff.
Kein Wunder: wer's von Kind auf nicht gelernt,
der kann – man kennt der Bärenhäuter Stil –
Lokomotiv und Kirche oft verwechseln.
Weltkobold also glaubt, die Leute gingen
zu einer Reise. Und er schließt sich an.
Doch wie er nun im Betstuhl sitzt und rings
das Volk im Takt aus dicken Büchern singt –
da steigen ihm doch Zweifel auf. »Wie?« denkt er –
»So reist man hierzulande? Eigne Art!«
Doch eh die Skepsis weiter noch gediehen,
bestärkt ihn wieder im gefaßten Wahn
ein Mann in weiter weißer Uniform;
der Reiseoberst scheint er ihm zu sein.
Er nennt die Leute Pilger, spricht davon,

daß sie durchs »Jammertal« gerade führen,
allein die Endstation sei »Himmelreich«,
wofern geduldig man und still gesessen,
70 wo nicht, würd' man in »Hölle« ausgeladen...
Weltkobold kränkt der redeselige Schaffner.
Er steigt zum Chor hinauf, wo in den Scheiben
ein kleines Guckloch ist, und späht hinaus,
sich von der Landschaft des geschmähten Tals
75 durch eignen Augenschein zu unterrichten –
doch wer ermißt das Staunen, das ihn faßt,
als er des Marktes träge Ruh' erblickt.
Schnell verstellt, horcht er den Bälgetreter
der Orgel über alles aus, erfährt,
80 daß sich in diesem Raum die Bärenhäuter
versammeln, nur...
     Weltkobold weiß genug.
Er hat in Philistäa sich getäuscht.
Man ehrt ihn hier in Käfigen...man rutscht
85 auf Knien vor ihm und kennt ihn nicht einmal,
man flucht der Herrlichkeit, die er geschenkt...
Und augenblicks durchzuckt ihn ein Befehl,
und wie er's denkt, da ist's auch schon getan.
Vom Grunde löst das Gebäude sich: verwandelt,
90 aus dem, was ist, in das, wofür er's hielt.
Und an die Orgel setzt Weltkobold sich,
und mitten in das »Liebt den Nächsten mehr
als euch!« fällt wie ein breiter Blitz sein Spiel.
Auf springt das Volk, ein Taumel faßt es an,
95 der Boden unter ihm wird fortgetragen,
an bunten Fenstern rauscht die Luft vorbei,
und immer wilder, dithyrambischer
wühlt in sein Blut sich ein die Lebenshymne.
Nun ein Akkord: Man wirft die Stühle um;
100 ein andrer: Ringelreihe wird getanzt;
ein dritter: Männlein küssen sich und Weiblein –

das Restchen langverhaltener Natur
bricht überall mit Lenzgewalt hervor.
Weltkobold aber hält den letzten Ton
solang, bis alle wieder sich beruhigt,   105
die Bänke aufgestellt und ohne Zwang,
doch mit Gesichtern unaussprechlich dumm,
sich auf die alten Plätze hingesetzt.
Weltkobold tritt hierauf zur Brüstung vor
und hält den Bärenhäutern eine Predigt: 110
»Ihr Bärenhäuter!« – sagt er – »wenn ich euch
betrachte, dünkt ihr gar so dumm mir nicht
als wie ihr ausseht – aber, aber, aber!
Was mir vorhin der Bälgertreter hier
von euch erzählt hat, das ist höchst betrüblich…   115
Von außen also seid ihr ganz honett,
trinkt Honigsuppe, raucht verdorrte Blätter,
verderbt euch Auge mit bedruckten Wischen,
die auch kein besserer als ihr verfaßt,
stellt euch von Zeit zu Zeit als Karyatiden   120
schadhaften Dächern unter – oh, ihr »Stützen«!
Ein Volk von Stützen [*bricht ab*]

WELTKOBOLD IM LANDE DER BÄRENHÄUTER
[*Fassung II*]

Auf einem Ball im Sternbild des Orion,
nach einer Griechin Phyllis, die Weltkobold
einmal geliebt, Phyllis Theá genannt –
auf Philistäa also (wie's allmählich
die kosmische Orthographie verhunzte)   5
ergeht sich eines Tags der heitre Gott
in einer Stadt des Volks der Bärenhäuter.
Die Bärenhäuter, ein uralter Stamm,
schwerflüssig wie der Honig, der ihr Trank,

doch auch – zumal im Lieben – süß wie dieser,
abgründig tief, wenn sie aus blauen Augen
dich anschaun, daß du meinst, das Firmament
durchschiene einer Maske Augenlöcher,
wie Böcke stotzig, doch auch sanft wie Lämmer,
die treu zu allem Mäh und Amen sagen,
wofern man sie nur ungeschoren läßt –
sie prägen im Geschlecht der Philistäer,
das den Planeten zahllos überwimmelt,
das Philistäische am reinsten aus.
In ihren Büchern nennen sie sich gern
ein Richter- und ein Henkervolk – mit Fug!
Sie richten, jeden, der dem Ideal
des Philistäertums nicht frönt: Entweder
zerschmettert ihn der Schergen einer oder
die breite Masse stößt ihn von der Weide,
verfolgt ihn, brennt ihn, hungert still ihn tot.
Doch weil von je der Bärenhäuter Ruhm
ein gütiges Gemüt war, mildern meist
die Enkel ihrer Väter strenges Urteil,
so daß der Seele, der unsterblichen,
des Gegners nichts mehr nachgetragen wird,
vielmehr sehr oft sein Name im Kalender
des Volks mit schönem Schnörkel rot vermerkt.
Sin' exceptione nulla regula...
Indes – wo blieb ich stehn? – die Hauptstadt also
der Bärenhäuter, »Bärenstadt« genannt,
ist heut Weltkobolds spöttisch Augenmerk.
Mit leichten Schritten streift er durch die Gassen,
und wer in seinem Aug zu lesen wüßt',
er schlüg' ein Kreuz und wünschte ihn davon.

Ein feiner Nebel senkt sich auf die Stadt
und dringt ermattend ein in jede Pore.
Die Menschen stehn und gehen wie im Traum,
denn in dem Nebel liegt ein leises Gift,

Der Weltkobold 441

das, unbemerkt den Willen ihnen stehlend, 45
in Kobolds Marionetten sie verhext.
Doch keiner merkt's. Wie üblich wandeln sie
– es ist ein Sonntag-Nachmittag – ins Freie,
den Feierhut auf schön gekämmtem Scheitel,
der Mann schwarzröckig, violett das Ehweib, 50
und vorn und hinten rosafarbne Töchter.
In Töchtern nämlich, Kindern überhaupt,
versteht der Bärenhäuter nicht zu sparen.
Die weiten Wiesen überströmt von Volk,
und wo es wandert, wirft's die weißen Hüllen 55
der Reisekost als wie ein lieb Vermächtnis
den Gänseblümlein neckisch auf den Kopf.
Die Luft ist rings von Stimmgewirr erfüllt,
dazu von Gummibällen, Drachen, Pfeilen –
kurzum, es ist ein Leben, das Weltkobold 60
fast reuen läßt, nicht Mensch, nur Gott zu sein,
allein nicht lang, – er denkt an seinen Plan.
Und seht: woher und wie – man weiß es nicht –,
doch ohne auch, daß jemand danach frägt, –
entragt mit einem Mal dem Wiesengrund 65
ein Zelt, als wie ein Zirkus anzuschaun,
und überall sind plötzlich Wegeweiser,
die alle nach dem »Riesentachyskop«,
»Schnellseher«, »Panorama mobile«
gebietend ihre bunte Holzhand strecken. 70
[bricht ab]

Der Weltkobold

In SEINER Hängematte liegt der Gott.
Ei, wo die ist? Ihr seht sie jede Nacht.
Milchstraße hat man sie bei uns getauft,
aus Sternenschleiern ist sie fein geknüpft
und hängt in einem Gabelast des Baumes,
von dem, als der Weltesche Yggdrasil,
schon unsern Urgroßvätern Kenntnis war.

Da liegt er nun und sinnt und komponiert
ins blaue All mit goldnen Notenpunkten
am Fortgang seiner großen Symphonie
und streicht und ändert am Vorhandenen.
Erscheint ein neuer Ton ihm angebracht,
so wirft er mit zwei Fingern, höchst gewandt,
die goldne Kugel eines Notenkopfes
gerade dorthin, wo sie tönen soll.
Denn jede dieser Noten tönt von selber,
sobald sie an dem Platz, der ihr bestimmt.
Doch fügt sich neu zur Weise ein Akkord,
entfliegt statt eines einsamen Gestirns
ein ganzer Haufe seiner Hand – und hell
erglimmt ein neues Wandelsternsystem.
Wie wohl die Weise sein mag?... fröhlich, traurig?
Sie ist von beidem keins und wieder beides.

Sommerabend

Ein Liederkreis
gedichtet von Christian Morgenstern
für gemischten Chor, Soli und Klavier
von
Robert Kahn
Op. 28

Leipzig, Verlag von F. E. C. Leuckart

Sommerabend

Inhalt

Nr. 1   Feierabend – Chor
Nr. 2   Ballade – Tenor-Solo mit Chor
Nr. 3   Volkslied – Sopran, Alt I, II (oder Frauenchor)
Nr. 4   Wechselgesang – Chor
Nr. 5   Der Abend – Sopran-Solo und Chor
Nr. 6   Das Königskind – Tenor-Solo und Chor
Nr. 7   Zwiegesang – Sopran und Tenor
Nr. 8   Nachtwächterlied – Baß-Solo
Nr. 9   O Friede! – Chor

Anhang

Zwiegesang – Sopran und Tenor
(Andere Komposition des Textes zu Nr. 7)

Feierabend

Lindenduft, Bienenchor,
Vogelsang und Brunnenrauschen,
knarrend schließt sich Tor auf Tor,
Feierabend lockt hervor,
Grüße auszutauschen.

Junges Volk will Gesang,
Fiedelspiel und kecke Reigen:
Säume heut' keiner lang,
sich zu Ehr' und uns zu Dank
seine Kunst zu zeigen.

Einer weiß ein neues Lied,
andre freuen sich der alten,
wer von Fern' zu Ferne zieht,
muß es, eh' er weiterflieht,
fröhlich mit uns halten.

Düfteschwerer Dämmerflor,
Vogelsang und Brunnenplauschen…
Trete nun der Mensch hervor,
lasse in den großen Chor
seine Stimme rauschen!

Lindenduft, … Bienenchor…
Vogelsang und Brunnenrauschen…

Ballade

Auf der Teichwies' waren heut'
sonderbare Brüder,
sangen, sprangen um die Wett'
zu 'nes Alten Fiedel:

Goldfuchs, rund und blank, juchhe!
Schürze, zart und weiß wie Schnee,
Flasche grau wie Asche.

Sang der Goldfuchs: Alles dreht
sich um mich früh und spät!
Rum-didl-dum,
rum-didl-dautz,
bum bum bum bautz.

Sang die Schürze: Alles dreht
sich um mich früh und spät!
Rum-didl-dum,
rum-didl-dautz,
bum bum bum bautz.

Sang die Flasche: Alles dreht
sich um mich früh und spät!
Rum-didl-dum,
rum-didl-dautz,
bum bum bum bautz.

Warf der Alt' die Fiedel weg,
kriegt den Fuchs zu fassen,
schickt' ihn wie 'nen Schlitterstein
weit hinaus aufs Wasser,
griff die Schürze, steckt sie ein
zwischen Ripp' und Gürtel,
warf die leere Flasch' zu Boden,
daß sie gell zerklirrte;
wandte sich, das Buschwerk schlug
hinter ihm zusammen;
aber lang noch hört man ihn
fernher brummen: Alles dreht
sich um mich früh und spät!
Rum-didl-dum,
rum-didl-dautz,
bum bum bum bautz.

Sommerabend

VOLKSLIED

Draußen im weiten Krieg
ist blieben mein armer Schatz,
draußen im fremden Land,
da liegt er kalt und blaß.

5 Läg' ich doch bei ihm im Grab
in der fernen Erd!
Was tu ich hier allein
am einsamen Herd?

Stiller Mond,
10 der in mein Fenster scheint,
hat schon jemand so
um seinen Schatz geweint?

WECHSELGESANG

Mädel, kommt dir nie die Frag'
in der Nacht, in der Nacht,
wie das Küssen tuen mag
in der Nacht, in der Nacht?

5 Nein, wir küssen einen Mann
nur am Tag, nur am Tag,
weil man Männern trauen kann
nur am Tag, nur am Tag.

Schließ die Tür heut' nicht so gut
10 in der Nacht, in der Nacht,
zeig' dir dann, wie's Küssen tut
in der Nacht, in der Nacht.

Unsre Haustür offen ist
nur am Tag, nur am Tag,
15 seid willkommen, aber wißt:
nur am Tag, nur am Tag.

Es kommt einmal die Zeit,
da jeder Bursch sein Mädel freit!
Man gibt sich fromm die Hände,
zu Ende ist, zu Ende   20
der große Streit.

DER ABEND

Auf braunen Sammetschuhen geht
der Abend durch das müde Land,
sein weiter Mantel wallt und weht,
und Schlummer fällt von seiner Hand.

Mit stiller Fackel steckt er nun   5
der Sterne treue Kerzen an –
sei ruhig, Herz! das Dunkel kann
dir nun kein Leid mehr tun.

DAS KÖNIGSKIND

Ich ging an träumenden Teichen
vorüber in mondiger Nacht,
in den flüsternden Kronen der Eichen
spielten die Winde so sacht:
da umspann mich der Zauber der Stunde,   5
daß ich hemmte den einsamen Gang,
nur die Nixen sangen im Grunde,
tief im Grunde
ihren leisen dunklen Gesang.

Ihr Antlitz tauchten die Sterne   10
ins schauernde Wellenmeer,
aus duftverschleierter Ferne
grüßten die Berge her,

Sommerabend

kein Laut in schweigender Runde,
keines Vögleins verspäteter Klang,
nur die Nixen sangen im Grunde,
tief im Grunde
ihren leisen dunklen Gesang.

Da war mir, es käme gezogen
ein Nachen im leichten Wind
und trüge über die Wogen
ein strahlendes Königskind,
und ich rief mit bittendem Munde,
doch keine Antwort erklang,
nur die Nixen sangen im Grunde,
tief im Grunde
ihren leisen dunklen Gesang.

ZWIEGESANG

Glühend zwischen dir und mir
Juninächte brüten;
gleiche Sterne dort und hier
unsern Schlaf behüten.

Wähl das schönste Sternelein,
will das gleiche tuen:
morgen droben Stelldichein
auf geheimen Schuhen.

Gibst du nur nichts anderm Raum,
als mich dort zu finden,
wird ein gleicher süßer Traum
dich und mich verbinden.

NACHTWÄCHTERLIED

Ihr Leut im Dorfe laßt euch sagen:
die Glock am Turm ist elf!
Nicht lang, so wird es wieder tagen,
drum auf und geht zu Bett!

Denn der nur gilt in der Gemeine,
der rüstig wirkt und schafft,
der sorgt getreulich für die Seinen,
bis ihn der Tod entrafft.

Ihr Leut im Dorfe laßt euch sagen:
die Glock am Turm ist elf!
Nicht lang, so wird es wieder tagen,
drum auf und geht zu Bett!

O FRIEDE!

O Friede, der nun alles füllet,
erfüll auch uns mit süßer Ruh,
und bis ein Tag sich neu enthüllet,
deck uns mit trauten Träumen zu.

Wie manches, was des Tages Wille
mit rechter Klarheit nicht ergreift!
Dem hilf, daß es in deiner Stille
zu freundlicher Vollendung reift.

Wen Schicksalsschläge grausam trafen,
den tröste des, was ihm geschehn;
wer neid- und haßerfüllt entschlafen,
den laß versöhnt den Morgen sehn.

So allem, dem gleich uns auf Erden
zuteil des Lebens schwankes Los,
laß deines Segens Tiefe werden,
gib Kraft aus deinem heiligen Schoß!

Mein Gastgeschenk an Berlin

ZWEI GESÄNGE

I.
1.

Wie oft der Großstadt mächtige Gemälde –
wenn Rauch und Dunst, der Dämmerung gegattet,
die Abendglut den lauten Gassen schattet –
wenn falbem Gelb und stumpfem Rot die Zinnen
getürmter Bauten grau hinüberrinnen – –
Wie oft der Großstadt mächtige Gemälde
mit rauhem Zauber mein Gemüt umspinnen!
Am meisten aber, wenn der Tag sein Licht bestattet.

2.

Wenn dann vom steingewölbten Damm getragen
der Züge lichte Reihn die Stadt durchstampfen,
den Fluß auf langen Brücken überjagen,
der Hallen Bogenlampen unterdampfen,
empfangend nun des Abends müde Menge
und nun nach ihren Orten sie verteilend,
nach Regeln einer unsichtbaren Strenge
in festen Fristen hin und wider eilend…!

3.

Du wanderst durch die volkerfüllten Gassen;
das Dunkel mischt und mildert alle Risse;
du liebst den großen Strom auf Ungewisse
und magst dich gerne von ihm treiben lassen.

Die Fenster prahlen tausend Siebensachen,
ein jedes findet seine eignen Pächter;
und allzu viele bleiben nicht Verächter,
erschließt sich einer Schenke schmucker Rachen.

4.

Die Menge stockt... das Pflaster dröhnt und zittert... 25
Es stürmen an hochspringende Gespanne,
als ob ein Zug Geschütz herangewittert,
und auf den Wagen drängt sich Mann an Manne;
die Schellen gellen ihre langen Rufe,
die Brunst der Fackeln loht zurück im Sturme... 30
Zur Ferne hallen schnell die treuen Hufe,
und schaurig klagt das Brandsignal vom Turme...

5.

– O nein, Ihr Schirmchen hat mich nicht belästigt,
mein liebes Fräulen! Zwar es traf mein Herz
und hatte sich schon völlig – ohne Scherz! – 35
mit seinen Widerhaken drin befestigt.
Mir scheint, der Stock ist einst ein Pfeil gewesen,
dieweil er solche Liebeswunden sticht –
oh helfen Sie mir wieder zu genesen! –
Mein Gott, was machen Sie für ein Gesicht! 40

6.

Da will ich lieber ins Theater treten,
wo mancher Mensch sich wohl erträglich macht,
indem er nach der Vorschrift des Poeten
einhergeht, redet, stumm ist, weint und lacht.
Man käm' vielleicht zum idealsten Ziele, 45
wenn man gleich Dramen schrieb' für ganze Städte,
drin dann ein jeder seine Rolle hätte –
und wehe dem, der aus der Rolle fiele!

7.

Doch laßt uns an Probleme nichts verzetteln,
auf die bei Patzenhofer nicht noch Tucher
(was meint des Pilsner redlicher Versucher?)
noch auch bei Pschorr – vielleicht jedoch bei Spaten? –
vom Weltgeist eine Antwort zu erbetteln, –
es sei denn, daß, wer recht vom Geist beraten,
den siebten Bier-Stock auf den sechsten türmte
und gleichsam so den Gott mit Seideln stürmte.

8.

Erkenn ich recht? wie geht es? »Nun, es geht so;
ich hab heut vierzehn Feuilletons geschrieben,
nun muß ich ins Café, danach zu Bötzow,
zum Schlusse will man noch ein Mädchen lieben,
dazwischen aber – hätt' ich bald vergessen –:
Man gibt ja ›Faust‹ in neuer Zubereitung!
Da kann man wieder erst um zwölf Uhr essen –
ach Freund, man ist ein Opfer seiner Zeitung!«

9.

So wandre ich dem Zufall hingegeben
die lange schmale Straße auf und nieder;
du siehst bei Tag und Nacht sie bunt beleben
der Dirnenhüte nickende Gefieder.
Hier findest die Modelle du der »Jugend«,
hier wird das »Simplicissimum« verstanden,
hier sieh der Großstadt wahres Leben branden
in umgewerteter neudeutscher Tugend.

10.

Doch andres siehst du lieber? Oh so sende
den Blick empor den starren Häuserfluchten,
und sieh – wie über bergige Gewände –
den Mond sich rot aus schwarzen Wolken wuchten:

So furcht ein goldner Wikingbug, indessen
sich in der Tiefe blaue Klippen bäumen –
doch ach! ich habe die Kritik vergessen,
nur Pierrot Lunaire darf also träumen. 80

11.

Nun ja, die Kritiker sind meist Semiten
und diese wieder starke Nachempfinder,
als eigne Künstler meistens andrer Kinder,
und so voll Mißtraun gegen jeden Dritten.
Ich höre schon den klugen Chorus leiren 85
»Das Rätsel seines Könnens ist sein Kennen;
er sog sich voll wie Liliencron an Byron.«
Und Michel wird zudem mich undeutsch nennen.

12.

Dagegen nun versichr' ich frank und bieder,
daß ich »Don Juan« viertels nur gelesen 90
und mehr als »Poggfred« schätze Detlevs Lieder, –
bin überhaupt ein Buchwurm nie gewesen.
Ein Buch nur war's, das ewig mich ergetzte:
die grandiose Narrensymphonie,
die Partitur des Schicksals-Potpourri, 95
die sich ein Gott aus unsern Köpfen setzte.

13.

Wie wär's, wenn ich der Chiffren dieses Buches
ein Seitlein nachzureimen mich erkühnte,
obzwar gewiß, daß mehr mir Grolls und Fluches
als Danks und schnellen Ruhms daraus ergrünte!? 100
Wie wär's, dem Moloch in den Schlund zu stieren,
so unästhetisch das auch manchmal ist,
dem Moloch Großstadt, der so viele frißt,
ein wenig in die Zähne zu spazieren?!......

14.

Die große Straße hab' ich längst gemieden
und gehe heim, es ist schon spät geworden;
der Mond liegt voll auf meinen Bücherborden...
Oh Heinrich, hätt ich deiner Sprache Frieden!
Oh Miguel, daß ich Sanchos Weisheit hätte!
Oh Francois, wär' ich fromm und sanft wie du!
Oh Laurence, deine Einfalt gib dazu! –
So betend leg ich friedlich mich zu Bette.

II.

15.

September rauscht, die Blätter wehn und wischen
gleich Schleppen unsichtbarer Windgespenster,
die Wolken jagen, und die Dächer zischen,
und Guß auf Guß versehrt die grauen Fenster.
Vor Tagen kreuzt' ich noch in ruhiger Jolle
der nahen Müggel leicht bewegt Gewässer,
doch gestern die Regatta ward schon nässer,
und manche Yacht fiel kenternd aus der Rolle.

16.

Oh sonderbarer See, wie ich dich liebe!
So nüchtern auch der Ort an deinem Ufer,
er war doch immer schön genug als Rufer
aus dieser Stadt verwirrendem Getriebe.
Du See so hehrer Sonnenuntergänge
mit deinem Flutspiel ruhlos-umgestaltig,
mit deiner Kiefernforsten bronzner Strenge,
mit deinen Nächten lieblich und gewaltig.

17.

Wie hab ich oft des Mondes Feerien
vom Altan aus beträumt auf deinem Spiegel,
indes von ferne drüben Raben schrien,
und welchen Friedens war sein Silber Siegel!
Und blieb er fort und stand das Nachtgewände
voll glühnder Welten ohne Zahl und Namen,
wie reich und elend dehnt' ich da die Hände
empor oft nach dem unermeßnen Samen!

18.

Und hier – wie lernt' ich hier die Welt verachten,
mit ihrem hier und dort und heut und morgen,
mit ihren großen Worten, kleinen Sorgen,
und wie unmöglich ein gemeinsam Trachten.
Ich sah im Geist der Hauptstadt planlos Leben,
dem allerorten mangeln rechte Meister,
da ist kein Einheitsbau von großem Streben,
nur ein Asyl für obdachlose Geister.

19.

Was ist, darum ihr so viel Hände reget?
Wo liegt das Ziel, das eure Arbeit adle?
Wie heißt die Sehnsucht, die euch tief beweget?
Wen setzt ihr euch, daß er euch lob' und tadle?
Was sind die Grundgefühle eurer Herzen –
und dienen sie aus ganzer Lust der Erde –
und wissen um Kultur, und wie sie werde, –
und dürsten sie nach Schönheit unter Schmerzen?

20.

Ach Lieber, der so schön am Schreibtisch spricht,
du glaubst, wir hätten Zeit zu solchen Dingen?
Die Pferdebahn, die Stadtbahn warten nicht, –
doch möchtest du es nicht der »Zukunft« bringen?

Gedichte lesen sich nicht gut, hingegen
vermag uns dort ein witziger Erguß
vielleicht zu manchem Guten anzuregen –
entschuldige, da kommt der Omnibus!

21.

September heult und rüttelt an den Scheiben,
wie kurz vorher der März die Gassen fegte
und durch sein tolles ungestümes Treiben
mir Herz und Hirn empörerisch erregte.
Man eilte Willehalm für Moltkes Siege
inmitten wilder Löwen aufzutürmen.
Ich aber flog, womit ich immer fliege,
ein breiter Adler mit den freien Stürmen.

22.

Und sah der Wimpel bunten Wirrwarr flattern,
auf Pforten des Triumphs die schwarzweißroten
und andre auf den Gräbern kühner Toten,
mir war, als hörte ich Gewehre knattern.
Und wie von Tränen dunkel ward mir alles –
von Tränen sagt' ich? nein! von Lachen, Lachen,
wie auch in Staats- (nicht nur privaten) Sachen
mein Volk sich reif benimmt gegebnen Falles.

23.

Mein Deutschland, ja, nun stehst du auf dem Gipfel,
und deine schöne Seele heißt Berlin;
verschwunden ist dein Michelzopf und -zipfel
(daß er dem Pickelhelm zum Polster dien').
Er tanzt dir nicht wie einst mehr um die Ohren,
wenn jäh zu Boden deine Stirn geflohn,
wie anders nun, die Spitze einzubohren
vor dem, dem dies condicio sin' qua non!

24.

»Schon wieder müssen wir dich, Bester, mahnen,   185
doch dieses Mal mit ganz ergebner Frage:
Warum, wenn Stadt und Volk dir so zur Klage –
warum dann wandelst du nicht andre Bahnen?
Man druckte doch, wenn wir uns recht besinnen,
du wärst gewandt im lyrischen Gedicht, –   190
es gibt so viele Gretchen anzuminnen!
Wir brauchen dich bei Gott und Teufel nicht!«

25.

Ja, ja, ihr habt nicht unrecht, und wer weiß es,
ob ich, gebunden nicht an diese Stätte,
die Kräft' und Mittel langen Jugendfleißes   195
nicht beßren Stoffen zugewendet hätte.
Jedoch, hier bin ich nun einmal und stehe
und wage für mein freies Wort die Knochen
und glaube, daß ich kaum vom Platze gehe,
eh daß sich Haß und Liebe nicht gerochen.   200

26.

Ihr wißt ja nicht, wie Gram und Hoffen streitet
in einem Herzen, das da recht betrachtet,
wie reich das Schiff der Gegenwart gefrachtet,
und doch wie träg und festelos es gleitet.
Oh nicht so einfach mit Entweder-Oder   205
ist diese Zeit dem Fühlenden zu richten!
Von Keimen grünt es zwischen Schutt und Moder,
doch eben der kann stündlich sie vernichten.

27.

Hier staubt und stinkt es aus vergilbten Akten
zum Spott gewordner Überlieferungen,   210
dort geilt der Pöbel nach dem freien Nackten,
und was er preist, besudeln seine Zungen.

Und so bedroht von Pöbel oben, unten,
zu seiten, vorne, hinten, gestern, heute,
erglimmen, ach nur allzuleichte Beute,
der neuen Kämpfe blutgetränkte Lunten.

28.

September peitscht den greisen Sommer nieder –
und du, mein Herz, du magst noch hoffen, glauben?
Nun ja, es kommen doch die Vögel wieder,
und wieder wird der Frühlung uns umlauben.
Wie oft mich auch der Zweifel unterwühle,
und schwerer Sinn mir Kraft und Mut begrenze,
das bürgt den Lenz mir, daß ich, ich ihn fühle!
Ich bin ja selbst ein Stück von diesem Lenze.

Berlin

Ein Zyklus

Berlin

Ich liebe dich bei Nebel und bei Nacht,
wenn deine Linien ineinander schwimmen, –
zumal bei Nacht, wenn deine Fenster glimmen
und Menschheit dein Gestein lebendig macht.

Was wüst am Tag, wird rätselvoll im Dunkel;
wie Seelenburgen stehn sie mystisch da,
die Häuserreihn, mit ihrem Lichtgefunkel;
und Einheit ahnt, wer sonst nur Vielheit sah.

Der letzte Glanz erlischt in blinden Scheiben;
in seine Schachteln liegt ein Spiel geräumt;
gebändigt ruht ein ungestümes Treiben,
und heilig wird, was so voll Schicksal träumt.

Ob's Deutschland ist zum Wohle,
daß du der Musen Sitz,
du nordische Metropole,
mit deinem klugen Witz?

Mich kümmert diese Wendung
von Süd nach Norden hin,
ich glaub' an deine Sendung
nicht recht, du Spötterin.

Im Reich der Forschung säumen
wir, dir zu huld'gen, nicht –
das Sinnen und das Träumen
steht fremd dir zu Gesicht.

An Berlin

Wie ich dich hasse
und alle die in dir hausen,
diese kompakte Masse
elender Banausen.

An Berlin

Nein, sandentrungene Blume,
    du lockst mich nicht mit deinem Duft,
mich hält der Äcker glänzende Krume
    und nährende Ährenluft.

Wiege dein eitles Haupt nur!
    Ich lache dein.
Dein Blütenstaub bestaubt nur
    den Sonnenschein.

Bild aus Sehnsucht

Über weite braune Hügel
führt der Landmann seinen Pflug.
Droben mit gestrecktem Flügel
schwimmt des Adlers breiter Bug.

Fern aus Höfen unter Bäumen
zittert Rauch im Morgenglanz.
Und die fernsten Fernen säumen
Wälder wie ein dunkler Kranz.

DORT in den Wäldern bei Berlin
dort will ich meine Hütte baun –
der Vers fiel heute früh mir ein.

Wie schließ ich ihn? Wie rund ich ihn?
– »und mit der liebsten aller Fraun«.

ÜBER DIE weite märkische Ebene
wandre ich heim.
Irdische Sterne, blitzen
von fern mir entgegen
die Lichter der Riesenstadt.

Hinter mir
türmt sich der Kiefern
schwärzlicher Wall
höher und höher
vor dem reglosen Sonnenauge.
Die Ebne kehrt von seiner Gnade
sich ab in das kühle Schattenreich.
Unter den kalten Glanz
der weißen Sonne der Nacht
fliehen mit mir die stillen Lande.

So kehrt sich alles
zu seiner Zeit
vom Lichte ab.
Umsonst
strecken bittende Arme wir
gegen die scheidende Sonne aus.
Nicht sie versinkt,
uns reißt das wuchtige Rad,
drauf wir, machtlos, geflochten,
von ihr hinweg in die Nacht.
Das Leben beharrt,
die Lebenden wechseln.

Oh du düstere Glut
über dem Schweigen der Wälder,
oh ihr schwermuttrunkenen
Abschiedsgrüße der Sonne,
gehaucht, geküßt
wie ein Vermächtnis
auf errötende Wolkenstirnen,
über der Trauer
vereinsamter Reiche
wie ein schmerzlicher Segen ruhend.

Bis in die Tiefen meiner Seele
schleicht euer müdes Gold
und legt sich um meine Gedanken,
daß sie einherwandeln
wie finstre Mönche,
auf deren braunen,
verstaubten Kutten
ein letzter Strahl sich trüb vergaß.

Und meine Gedanken
wandern aus mir heraus
und schreiten,
ein Zug barfüßiger Pilger,
vor mir her. Sie rufen »Wehe«
auf Baum und Feld,
auf Bach und Dorf,
daran mich
mein Heimweg vorüberführt,
und ihre bleichen Lippen flüstern:
»Alles ist eitel«,
und »Alles ist eitel«
flüstern zurück
die lichtlosen Lande.

Durchs reifende Korn
fahren die knochigen Finger
der dunklen Gesellen.
Weißt du, wozu du reifst?
Elenden Menschen die Kraft
eine Spanne zu fristen,
daß sie unter unsäglicher Qual
die Kreuzlast weiterzuschleppen
vermögen.
Oh daß du stürbest,
eh' daß deine Ähren
den Verhungernden
von seinem ewigen Frieden trennten.
Und aus den Halmen
raunt es schaudernd:
»Oh daß wir stürben.«

An Hütten vorüber
gleitet vor mir
die schwarze Schar.
Auf einer Bank
schaut nach dem Liebsten
ein Mädchen aus.
Weißt du, wonach du schaust?
Nach deiner Hölle!
Durch ein Rosentor trittst du ein,
aber als Kerkertür fällt es zu.
Sorgen und Qualen,
Enttäuschung und Öde
werden die braunen
Flechten dir bleichen,
und gleichem Lose
wirst du wehklagend
Kinder gebären.

Nimm einen Schleier
vor dein Antlitz
und geißle die Lust
aus dem törichten Leib.

Und wie von bangem
Ahnen ergriffen,
geht, aufseufzend,
das Mädchen in seine Kammer.
Von ferne blitzen
die Lichter der Riesenstadt.
Funkelt nur lustig,
ihr Eintagssterne!
Wie lange:
da fragen
die schweifenden Winde der Nacht
vergeblich
nach eurem Glanze;
auf eurer Städte
lockeren Bau
legt die Zeit
ihre malmende Hand,
und Haufen Schutte,
von Unkraut bewuchert,
zeugen dem späten
Fernherwandrer,
daß einst ein Volk
da gewohnt.

MOABITER ZELLENGEFÄNGNIS

Tag und Nacht vorüber rollen
ungezählte Stadtbahnzüge
an der Jammers übervollen
zwinggetürmten Burg der Lüge –

Drin die Auserwählten schmachten
unsrer Schuld und unsrer Fehle,
jener Teil von unsrer Seele,
den wir so versinken machten.

Unaufhörlich lauscht ihr trüber
Sinn der Lebens-Kantilene.
Doch die Züge gehn vorüber,
und nicht einer denkt an jene.

Dunst

Kam des Wegs spät abends
längs des Stromes.
Da erdröhnte fern die Nacht
und rollte
einen Eilzug über Brückenbogen,
die gescheuchten Schatten
fahl entstiegen.
Funkelnd glitt
der Fenster gelbe Reihe
drunten mit
in schwarzer Fluten Spiegel,
drüber aber
ließ der fliehnde Kessel
seines Dampfs
langlagerndes Gewölke.
Wirr zerflatterten
die weißen Dünste
in der blauen
winterklaren Weltnacht...
Und da kam ein Traum
in meine Seele –
und vor mir
zerflossen –
Sternennebel.

Die Allee

Ich liebe die graden Alleen
mit ihrer stolzen Flucht.
Ich meine sie münden zu sehen
in blauer Himmelsbucht.

Ich bin sie im Flug zu Ende
und land' in der Ewigkeit.
Wie eine leise Legende
verklingt in mir die Zeit.

Mein Flügel atmet Weiten,
die Menschenkraft nicht kennt:
Groß aus Unendlichkeiten
flammt furchtbar das Firmament.

Winters im Tiergarten

Seit einer Stunde
flimmern die Lüfte
feinen Schneestaub
auf die dunklen
Formen der Erde.

Und es zieht mich hinaus
aus den nassen Straßen
dorthin, wo in Ehrfurcht
uralte Bäume
das warme Geschenk
des Himmels empfangen.

In weißem Schweigen
liegt der einsame
Park vor mir,
in seiner Weihe
noch unberührt,

und ich trete die ersten
unheiligen Stapfen
in seiner Pfade
keuschen Glanz.

Noch in den tausend
Fragezeichen
nackten Kronengeästs
rauscht es zuweilen
ernst und erhaben.
Und dann wieder
zirpt in den tiefen
großen Frieden
kleiner Vöglein
süßes Geschwätz.

Plötzlich erstarr' ich,
gleich dem steinernen Gott
mir zur Seite.
Denn zwei muntere
braune Eichkätzchen
tummeln sich vor mir
die Kreuz und Quer.
Und eines wagt sich
bis dicht heran,
prüft mich
mit klugen Äuglein,
wittert –
und weiß genug,
um sich mit Grazie
husch, zu empfehlen.

Nahe schon
braust mir wieder
die Großstadt.
Ich schaue zurück:

Im milchigen Duft
der weißen Flocken
verliert sich der Stämme
dumpfes Grün,
je ferner dem Aug',
in ein beglückendes
Grauviolett.

DRAUSSEN IN FRIEDENAU

Es bläst wer in der Winterluft
zum Blut der Abendröte...
Ein fragender Vorfrühlingsduft
mischt sich dem Klagen der Flöte.

Vor einer Schenke steht ein Kind,
ein schlankes, mit kurzen Röcken.
Es steht mit seinen Locken im Wind
wie ein erstes Frühlings-Erschrecken...

Dahinter flammt durch Pappelreihn,
die Welt mit Schmerz durchseelend,
der tiefe himmlische Widerschein
von unendlichem Glück und Elend.

Es war an der Fischerbrücke
hinter dem Köllnischen Markt;
da hat einmal das Schicksal
mit Schönheit nicht gekargt.

Da haben sich zwei Männer,
zwei junge Männer geküßt,
weil etwas in ihrem Herzen
sie hin zur Zukunft riß.

Dann gingen sie auseinander,
im Innersten erstarkt,
der eine auf die Brücke,
der andre auf den Markt.

Man kann sie noch heute sehen
– dazwischen steht ein Sarg –
den einen auf der Brücke,
den andern auf dem Markt.

GROSSTADT-HÖFE

Die Amsel schlägt mit hellem Schall.
Vier Wände geben Widerhall,
mit hundert Fenstern blind und stumm,
und hundert Kammern ringsherum.

In hundert Träume dringt die Lust
der liebestrunknen Amselbrust;
durch hundert rote Herzen geht
ein einzig schauernd Lenzgebet.

Erregter eilt des Blutes Gang
beim lebensheißen Nachtgesang.
Ins erste Grau der Morgenluft
steigt geisterfern ein süßer Duft.

Die Sonne strahlt durch Dach und Stein
in hell sie grüßend Blut hinein.
Es ist ein Haus in dieser Nacht
durch Vogelruf zum Blühn erwacht.

Junge Ehe

Er wies nichts ab in diesen Wintertagen,
er wollte gehn, wohin man immer schriebe:
Nur um ihr nachts im Wagen dann zu sagen,
wie sehr er sie, wie sehr er sie nur liebe.

Und sie zu küssen in erlöstem Jubel
im dunklen Wagen leis und ohne Ende,
und ihr zu sagen, wie nach all dem Trubel
er nur an ihr, in ihr Genügen fände.

Einer unbekannten Dame in der Stadtbahn

Zu deinem Aschblond dieses graue Blau!
Wie lieb ich, was du dachtest und empfandest,
als du dies Blau zu deinem Blond gewählt.
Du hast zwei Farben gleichsam so vermählt;
denn auch die Farben lieben, schöne Frau,
und grüßen dich, wenn du die rechten bandest.

Im Bayrischen Viertel

Im Garten stand's, das wackre Haus,
ein Schinkelscher Villino.
Sie trugen es Stein für Stein hinaus,
samt der kleinen Madonna des Mino.

Statt seiner stieg ein Kasten empor,
banausisch und barbarisch,
ein Riesenkasten mit »Komfort«,
für Leute mehr summarisch.

Du alte Villa fest und zart,
mit deinen durchgeistigten Maßen, –
wie stehn sie da, vor deiner Art,
die neuen, patzigen Straßen!

Die Archiklepten von anno Jetz,
die solch ein Viertel satt macht,
sie wissen, wie man Warmwasserklosetts,
doch nicht, wie man eine Stadt macht.

Aus der Vorstadt
(Mit Seele vorzutragen)

»Ich bin eine neue Straße
noch ohne Haus, o Graus.
Ich bin eine neue Straße
und sehe komisch aus.

Der Mond blickt aus den Wolken –
ich sage: Nur gemach –
(der Mond blickt aus den Wolken)
die Häuser kommen noch nach!

Ich heiß auch schon seit gestern,
und zwar Neu-Friedrichskron;
und links und rechts die Schwestern,
die heißen alle schon.

Die Herren Aktionäre,
die haben mir schon vertraut:
Es währt nicht lang, auf Ehre,
so werd ich angebaut.

Der Mond geht in den Himmel,
schließt hinter sich die Tür –
der Mond geht in den Himmel –
ich kann doch nichts dafür!«

TROST

Die alten Tempel brachen sie zu Rom,
als neuer Kirchen sie begehrten.
Wir werden unsern lieben Dom
einst ebenso verwerten.

AN DIE SPREE

O Spree, was wirst du uns noch alles schenken?
Ein Zirkus und ein Dom – das gibt zu denken.

BERLINER MÄGDE AM SONNABEND

Sie hängen sie an die Leiste,
die Teppiche klein und groß,
sie hauen, sie hauen im Geiste
auf ihre Herrschaft los.

Mit einem wilden Behagen,
mit wahrer Berserkerwut,
für eine Woche voll Plagen
kühlen sie sich den Mut.

Sie hauen mit splitternden Rohren
im infernalischen Takt.
Die vorderhäuslichen Ohren
nehmen davon nicht Akt.

Doch hinten jammern, zerrissen
im Tiefsten von Hieb und Stoß,
die Läufer, die Perserkissen
und die dicken deutschen Plumeaus.

Berliner Gesellschaftsessen

Suppe
»Sie sind wohl nicht – nah oder fern –
verwandt mit Lina Morgenstern?!

Vorgericht
Böcklin – das ist ein Maler, wie?
Welch' eigentümliche Phantasie!

Fisch
Zwar hab' ich eine Ente zu Tisch,
aber ich halt' mich mehr an den Fisch.«

Braten
»Waren Sie schon in Norderney?«
»Nein, aber in Salzburg!«
                          »Ei!
Da war ich ja im vorigen Jahr.
'S ist doch aber dort schön, nicht wahr?«
»Ja, ja, besonders da und da!«
»Die See, die ist aber auch schön!«
                              »Ja,
das glaub ich Ihnen auf Ihr Wort.«
»Der Dr. P., der war auch dort.«

Nachtisch
»Sie haben doch das Stück gesehn –
von wem doch gleich?! Kein Schimmer!
Kurz, Kainz gab Den-und-den,
und Sorma war wie immer.«

Eis
»Die Kälte heute!«
»Die armen Leute!«
»Es sind wieder Unruhen.«
»Ja, was soll man tuen!«

Usw.
c. gr. in inf.

Was sagst du zum neuen Berlin? –
Keine Kultur, viel Disziplin.

Groll auf Berlin · In ira veritas

Das ist die Liebe, die um Heimat wirbt
und die am klaren Tag zu Frost erstirbt.

Wie kann wohl Heimat sein, wie groß es sei,
was solch ein Wust der tiefsten Barbarei.

Nicht daß man keinen totschlägt, ist Kultur,
Kultur ist Wandel auf der Schönheit Spur.

Ich schaue nur ein großes Sklavenheer,
die hundert fehlen, daß aus viel wird mehr.

Der Adel fehlt, der schöpferische Geist,
der all dies Volksgewirr zur Größe reißt.

Der sein gestaltlos Tun zusammenrafft,
daß er nicht Werte mischt, nur Werte schafft.

Neo-Berlin

Welche Kunstsiegesalleen!
Welches Neulandgebuddel!
Ein blendendes Phänomen:
Dies Berliner Kulturkuddelmuddel.

Die Zeit ist nah, sich zu erfüllen –
da wird man im Tiergarten – Bäume ›enthüllen‹.

Die Kaiser-Wilhelm-Gedächtnis-
Kirche, sie kränkt mich sehr;
sie ist ein teures Vermächtnis,
doch leider auch nicht mehr.

Quartier latin

Sie sitzen in einem Giebel
des Häusermeers zu zweit.
Sie streiten über die Bibel
der neuen seltsamen Zeit.

Der eine ruft »Zarathustra«,
der andre »Das Kapital«!
Sie mischen ein Dutzend Lustra
in ihrem Gesprächspokal.

Die riesigen Polyeder –
sie drehn sie die ganze Nacht…
Und schließlich hat doch ein jeder
nur sich, sich selbst gedacht.

Zwischen Wilmersdorf und Schmargendorf

Von Wilmersdorf bis Schmargendorf
da wird die Landschaft beredter.
Der Steglitzer Aussichtspavillon
erinnert mich an St. Peter.

Es grüßt die einzige Kuppel her
vom vatikanischen Hügel –:
Du findest auf Erden ihr Bild nicht mehr,
und nähmst du des Sturmes Flügel.

Der Tag, an dem ich sie nicht sah,
erschien mir wie verloren.
Und sah ich sie, empfand ich: Ja,
es wurde der Mensch geboren!

Und ob er noch so hordenweis
sein Gotteslos verkannte –
es kommt einmal im großen Kreis
ein Julius, ein Bramante.

Du Volk nun auch, versunken tief
in deinem Meer, dem grauen, –
der Kategorische Imperativ –
reicht er zum Kuppeln-Bauen?

Du sieh dich vor, daß dein Gewicht
nicht einst zu leicht erscheine:
»Es stritt um seinen Platz am Licht.
Doch Wunder? schuf es keine.«

DER GÄRTNER

Ich seh' ihn täglich schalten
von meiner Trambahnfahrt,
den irren Tolstoi-Alten
mit weißem Haar und Bart.

Er recht mit seinem Rechen
das dürre Laub zuhauf,
er kann den Spaten stechen,
als grüb' ein Grab er auf.

Er kehrt auf den Beeten den Mist um,
wenn Winterfröste drohn,
er denkt an Jesum Christum,
der Erde tiefen Sohn.

Er war dereinst ein Großer
und tat der Erde weh;
jetzt ist er Gärtner, bloßer,
im Kurhaus Halensee.

Er steht auf seinen Spaten
gelehnt und murmelt leis;
er kann der Welt entraten,
er weiß, was niemand weiß.

Er streut den Vögeln Futter,
kennt all die Pflänzlein zart.
Die große Erdenmutter
sein Ein und Alles ward.

Er kehrt auf den Beeten den Mist um,
wann Winterfröste drohn.
Er denkt an Jesum Christum,
der Mutter tiefen Sohn.

HERBSTABEND

Der Ofen schnauft als wie ein Hund
 im Traum.
Es fährt der Wind in seinen Schlund
 vom Raum...

von Sternen, fernen, angeglüht,
 der Wind...
Es lauscht ihm liebend mein Gemüt,
 ein Kind.

Er kommt wohl noch aus Abendluft
 daher,
in seinem Mantel hängt noch Duft
 vom Meer,

noch letztes Gold vom Sonnenrund
   am Saum...
Der Ofen schnauft als wie ein Hund
   im Traum...

DER UNZUREICHENDE BRAND
ODER
ZUR KUNST ERZOGEN

Herr Ix kann seinen Brand verlangen.
Er sitzt mit ärgerlichen Wangen
im ersten Rang und ballt die Hand:
»Acht Mark, und nicht einmal ein Brand!

Ich habe diese Schüssel Kleist
bezahlt, wie mein Billet beweist.
Mit Brand: so sagt die Speisekarte.
Wohlan. Wo ist der Brand. Ich warte.

Ich wünsche meinen Nervenchoc,
und en detail zwar wie en bloc.
Ihr Brand, Herr, ist der reine Quark.
Ich wünsche Brand für rund acht Mark!«

DER BERLINER LANDWEHRKANAL SINGT:

Ich bitte, tut mich asphaltieren,
ich nütze nicht, ich schade nur,
und geht und fahrt auf mir spazieren
als wie auf allerschönster Flur
und nennt mich dann mit Haut und Haar
den Kaiser-Friedrich-Boulevard.

Zu Wasser wird so manches Gute,
doch ich, ich würde zu Asphalt,
auf dem dann statt der Äpfelschute
der Autobus des Weges wallt.
In jeder Form – ich dien' euch gern.
Auf, auf! Und füllt mich auf, ihr Herrn!

Doch wenn in Herbst- und Frühlingsnächten
ein Nöck auf dem Trottoir erscheint,
so wollt den armen Geist nicht ächten,
bei Gott, es wär nicht bös gemeint.
Man hat doch nun mal seinen Geist,
auch wenn man längst nicht mehr so heißt.

[Anm.] Im Berliner Tageblatt wurde jüngst meine Auffüllung
zu einem großen Boulevard warm empfohlen.

VOM STEIN-PLATZ ZU CHARLOTTENBURG

Den Stein-Platz soll ein Elefant
von Gaul, so hör ich, schmücken;
doch manche schelten dies genant
und finden keine Brücken

vom Elefanten bis zu Stein,
von Stein zum Elefanten –
und sagen drum energisch nein
zu dem zuerst Genannten.

Und doch! War Stein kein großes Tier?
Ich denke doch, er war es.
Und gilt der Elefant nicht schier
als Gottheit in Benares?...

Ihr wackern Richter, laßt den Wert
des Werks den Streit entscheiden!
Der Stein, den uns ein Gaul beschert,
wird seinen Stein-Platz kleiden.

Ihr, die man ein Kulturvolk heißt,
wagt's doch, Kultur zu haben!
Und dankt dem Bildner Stein im Geist
und nicht nach dem Buch-Staben!

STEINE STATT BROT

Ja, wenn die ganze Siegesallee
aus Mehl gebacken wäre –
das wäre eine gute Idee,
auf Ehre!

Man spräche zum Hungernden: Iß dich rund
(Dein Landesvater will es!)
an Otto dem Faulen, an Sigismund,
an Cicero, an Achilles!

Zu Dank zerflösse bei Arm und Reich
des Mißvergnügens Wolke:
es wäre geholfen auf einen Streich
dem ganzen deutschen Volke.

Ein Loblied sänge der deutsche Geist
vom Pregel bis zum Rheine. –
Gib Kunst, o Fürst, die nährt und speist!
Gib Brot, o Fürst, nicht Steine!

Die Türme

Die Häusertürme von Neu-Berlin
kamen einmal zusammen,
dieweil es ihnen geboten schien,
sich tätig zu entflammen.

Das Auge nämlich hatte sie
beschimpft in seiner Zeitung:
Es sprach von Hydrozephalie
moderner Hausbereitung.

Das ließ die eitle Zunft nicht ruhn,
sie fingen an zu toben.
(Sie hatten nämlich nichts zu tun
auf ihren Dächern droben.)

»Wir stellen dar den neuen Geist!«
mit Fug und Recht sie riefen.
»Den Bürgerstolz, der aufwärts weist
aus herrschaftlichen Tiefen.

Das Auge, dieses dumme Tier,
mag auf sich selber schreiben.
Wir sind Wahrzeichen! Wir sind Wir
und werden Wir verbleiben!«

Die Giebel wackelten dazu
mit ihren Dekorationen
und schrien: »Ja, laß uns nur in Ruh: –
sonst werden wir dich nicht schonen!«

Die Obelisken auch sodann,
die dickbefransten Säulen, –
sie alle drohten wie ein Mann:
»Wir werden dich schon verbeulen!«

Und aufgeblasenen Kröten gleich
hupften zurück die Türme, –
Hanswurste nach wie vor im Reich
der Lenz- und Winterstürme.

BABELVERSE
Schaufensterarrangements

Auch der Kaufmann hier in Babel
ist ein heimlicher Feldwabel,
treibt's in seinen Auslagscheiben
wie's die Tempelhofer treiben,

5   läßt die Waren aufmarschieren,
sich in Reih und Glied formieren,
rechts Konsole, links Konsole,
mittendrin Tablett mit Bowle.

Weiter vorn am Rand der Rampe
10 links 'ne Lampe, rechts 'ne Lampe.
Oben in der Mitte Gips
und im Halbkreis unten Nippes.

Steht so alles stramm gefüget,
hat der Gute seiner Pflicht genüget
15 und bei Zwölfuhr-Wache-Schritt
klirrt sein Fenster lustig mit.

Ja, es trägt in diesem Babel
jeder noch die Schnur am Nabel,
welche zu dem Korporal
20 führt von anno dazumal.

DER MORD
Berliner Schule (um 1890)

I

Es liegt ein Mann in der Panke,
winkewanke ... winkewanke ...

Wer hat ihn in dies Bett gestupft,
dahin doch sonst der Frosch nur hupft?

Es sieht ihn einer schlafen –
der hockt in Bremerhaven –

der hockt in einem leeren Faß,
im Schiffsraum der ›Felicitas‹!

Es liegt ein Mann in der Panke,
winkewanke ... winkewanke ...

II

Das Meer raunt dumpf ohn Unterlaß
um einen Menschen in einem Faß.

Gekrümmt, an Leib und Seele wund
verflucht er seinen Kerker rund.

Er hat nicht länger Vorrat mehr.
Von Ratten wimmelt's um ihn her.

Er bricht nachts die Büfettür los
und schreibt darauf mit Kreide groß:

»Ich bin eine Ratte, sucht mich nicht,
sonst spring ich euch plötzlich ins Gesicht.«

Dann kriecht er unter eine Bank
und schlingt hinunter Speis und Trank.

Da fällt die Kerze auf ein Blatt:
er nimmt's und liest: »die ganze Stadt

> ist hinter Albert Hanke her,
> denn sein Verhältnis sagt, er wär –«

Das Weitere fehlt. Doch unser Mann
kriecht vor und steckt den Teppich an,

springt wild mit Feuerjoh auf Deck,
greift einen Gürtel, springt von Heck.

Verwirrung, Rufe, Rauch, Signal…
ein Mensch schwimmt mitten im Kanal…

III

»Wer sind Sie?… Jesus! Mensch, bist du's?«
»Ich komme von Holland und zu Fuß.«

»Wie siehst denn aus! Als wie dein Geist!«
»Ich hab halt viel gehungert, weißt!«

»Wo warst denn nur? Was gingst denn fort?«
»Ich hatte was zu tuen dort.«

»Und läßt mich hier, dein Kind im Leib –?«
»Drum komm ich ja auch wieder, Weib –«

»In Hetze wie ein Vagabund.«
»Ich mußte nach Berlin heim und –«

»Es klopft. Du zitterst ja, als wenn –«,
»Da sind wir. Also doch. Nun denn –«

[Christus-Zyklus]

DER EINSAME CHRISTUS

Wachet und betet mit mir!
Meine Seele ist traurig
bis an den Tod.
Wachet und betet!
mit mir!
Eure Augen
sind voll Schlafes, –
könnt ihr nicht wachen?
Ich gehe,
euch mein Letztes zu geben –
und ihr schlaft...
Einsam stehe ich
unter Schlafenden,
einsam vollbring ich
das Werk meiner schwersten Stunde.
Wachet und betet mit mir!
Könnt ihr nicht wachen?
Ihr alle seid in mir,
aber in wem bin ich?
Was wißt ihr
von meiner Liebe,
was wißt ihr
vom Schmerz meiner Seele!
O einsam!
einsam!
Ich sterbe für euch –
und ihr schlaft!
Ihr schlaft!

[Christus-Zyklus]

LEGENDE

Vom Tisch des Abendmahls erhob
der Nazarener sich zum Gehn
und wandte sich mit seiner Schar
des Ölbergs stillen Wäldern zu.

Erloschen war der Wolken Glut;
in Hütt' und Höfen ward es licht;
hell glänzend nah und näher schon
die Fenster von Gethsemane.

Aus einer Scheune klang vertraut
das Tanzlied eines Dudelsacks,
und Mägde und Bursche drehten sich
zum Feierabend drin im Tanz.

Und Jesus trat ans Tor und sah
mit tiefem Aug dem Treiben zu…
Und plötzlich übermannte ihn
ein dunkles, schluchzendes Gefühl.

Und, Tränen in den Augen, trat
er zu auf eine junge Magd
und faßte lächelnd ihre Hand
und schritt und drehte sich mit ihr.

Ehrfürchtig wich der rohe Schwarm;
die Jünger standen starr und bleich; –
Er aber schritt und drehte sich
als wie ein Träumer, weltentrückt.

Da brach auf eines Jüngers Wink
des Spielers Weise jählings ab –
ein krampfhaft Zucken überschrack
des Meisters hagre Hochgestalt –:

Und tiefverhüllten Hauptes ging
er durch das Tor dem Garten zu... 30
Wie dumpf Gestöhn verlor es sich
in der Oliven grauer Nacht.

DER ZWÖLFJÄHRIGE JESUS

Joseph werkte mit der Hand.
Joseph war der Gelehrtenverstand.
Jesus, der Knabe, sprach zu ihm bleich:
Zimmerst du Bänke für mein Reich?
Bänke, darauf sie sich festklammern sollen 5
vor meiner Predigt Donnerrollen?
Joseph nickte mit trockenem Staunen.
Jesus stand mit gerunzelten Braunen –
wandte sich ab und ging hinaus...
in seines wahren Vaters Haus. 10

OB JESUS ein Mensch war oder nicht,
darob nur ein Tor sich den Kopf zerbricht.
Denn nur ein Torenkopf vergißt,
daß Mensch nichts als ein Deckwort ist.

JESUS EIN »MENSCH«

Du, der du sagst: Ei, Jesus war ein Mensch!
So sag' mir doch, du wunderlicher Mund:
Was ist denn dies nur, was du so voll Kraft
und Ernst und Klugheit einen »Menschen« nennst?
Was ist denn dies: Ein Mensch! 5
Du lachst? Mein Freund, –
wenn du das wüßtest, wärst du schon nicht mehr

im selben Augenblick; denn wer Gott sieht
(und Gott und Mensch und jedes andre Wort
von all den fünzigtausend, die du kennst,
sind Eines vor dem Unaussprechlichen),
der stirbt. Nun lachst du nicht mehr. Doch du gehst
unwillig weg und denkst: »Der Narr! Nun ja, –
das weiß ich selbst, daß alles Rätsel ist,
jedoch wo kämen wir denn hin, wenn wir
nicht sagten: dies, und: das, und: so, und: so!
Wir müssen's doch. ›Im Anfang war das Wort.‹
Ja, ja, – wo käm' die Wissenschaft dann hin!«

PILATUS SPRICHT: Du redest nicht mit mir?
So weißt du nicht, daß mir Gewalt gegeben,
ans Kreuz zu schlagen oder loszusprechen?
– Jesus: Dein wär keine Macht, wenn sie
dir nicht von Mir gegeben worden wäre.
Und dann die Hand erhebend: Siehe hier,
sieh hier den Daumennagel. Dies bist du (und dann
sein Haupt berührend) und dies ist der Kopf,
aus dem heraus [*bricht ab*].

NICHT WAHR, dein Hauptwort, Herr, war dies:
Wir sollen unsern Nächsten lieben!
so frug ein Mensch den Nazarener.
Der schrieb mit seinem Stabe... Lies!
so sprach er. Da verstummte jener.
Er hatte in die Luft geschrieben.

WIE KONNTEST DU Abraham sehen, sprich!
So riefen die Juden. Doch Jesus sprach:
Hört, was ich sage, und denkt ihm nach:
Ehe denn Abraham ward, Bin Ich.

[Christus-Zyklus]   489

NACH DER BERGPREDIGT

Und es begab sich, da er dies vollendet,
entsetzte sich das Volk ob seiner,
denn nie noch hatte sich der Juden einer
mit solcher Inbrunst an ihr Herz gewendet.
Er sprach, als dem da war Gewalt,   5
und nicht nur wie der Schriftgelehrte.
Hier war ein Herr, der Gut und Blut begehrte!
Hier galt kein Lau mehr, bloß noch Heiß und Kalt.

DA NAHM MARIA ein Pfund Salbe
von unverfälschter köstlicher Narde
und salbte die weißen Füße Jesu
und trocknete mit ihrem Haar seine Füße.
Das Haus ward voll vom Geruch der Salbe.   5
Da murrte, der ihn hernach verkaufte,
und schalt das Weib um der Armen willen.
Drauf Jesus: Laß sie nur machen, Bruder!
Sie salbte mich zu meinem Begräbnis.
Denn Arme habt ihr allezeit bei euch,   10
Mich aber habt ihr nicht allezeit.

VON EINSAMKEIT und Fasten aufgerieben,
ein Geist mehr als ein Mensch, so saß er stumm
und wog in seinen Händen einen Stein,
und auf dem Steine, schien ihm, stand geschrieben:
»Sofern du Gottes Sohn bist, schaff mich um.«   5

Doch er: Der Mensch lebt nicht vom Brot allein.

Und Jesus stieg empor zur Tempelzinne,
entschlossen, sich von ihr hinabzustürzen,
auf daß er würde seiner Gottheit inne;

denn eher mochte er dies Sein verkürzen
als jenen Wurm des Zweifels weiter tragen,
der in ihm pochte: bist du [bricht ab]

DER TEUFEL trat vor Christus hin
und sprach: Wie willst du mich überwinden?

Drauf Er: Dadurch, daß ich du bin.

MATTHÄUS 4,8

Und Jesus stand auf einem hohen Berg
und sah vor sich die Herrlichkeit der Welt
und sprach zu sich: Dies alles wäre mein,
wenn ich vermöchte unter Zwergen Zwerg,
wenn ich vermöchte mit dem Dinkel Spelt,
wenn ich vermöchte nichts als Mensch zu sein.

Dies alles: Haus und Acker, Weib und Kind,
und wohlzutun und mitzuteilen Macht,
ein friedsam Leben und ein sanfter Tod...
Statt daß mein Tag, gestaltlos wie der Wind,
dahinfährt und nur Brand auf Brand entfacht,
bis daß von meinem Wahn der Erdkreis loht –

Denn Vater, Vater, bist du denn nicht Wahn,
nicht Wahnwitz bloß – wer sagt mir denn, du seist,
wer sagt mir denn, als ich mir: ich bin Du,
und Du bist ich? Wer nickt mir Zeugnis zu,
als ich, dem seine Augen aufgetan
auf Sich, den Vater, Sohn und Geist?

Den Vater, Sohn und Geist? Gespenstisch Wort!
Sag' Mensch zu dir, sei Mensch wie andre auch!
Du Wurm im Staub, vergänglich, wie ein Rauch,

[Christus-Zyklus]

wessen vermißt du dich, armselig Tier?
Dort ist dein Reich, dort unter Menschen, dort,
nicht hier im Sturm der Ewigkeit, nicht hier!...

Ja, Vater, gib mich los, ich bin zu schwach, 25
laß einen andern deine Werke tun,
mich hungert und mich dürstet, auszuruhn
von Dir. Ich weiß nichts mehr. Ich will nichts mehr...
Doch! Mensch sein will ich, Mensch sein, hundertfach:
Als Mensch will ich dir dienen, Vater!... Schwer 30

fiel Jesus nieder, wie ein Toter fällt,
mitten aufs Antlitz. Seine Hände riß
der Dorn, er achtete des nicht, er lag
als wie im Krampf. Aufzieht die Finsternis, –
doch durch die Erdnacht bricht der Weltentag 35
und mit dem Tag der Welt der Frost der Welt –

und rührt ihn an... Da richtet er sich auf.
Und schaut der flammenden Gestirne Lauf.
Und langsam löst der Krampf sich. Wie ein Kind
ergreift ihn Scham, unendlich tief und lind. 40
Und tränenlächelnd haucht er ihnen zu:
Vergib, du meines Ichs urewig DU!

ICH BIN nicht gut. Was nennt ihr mich gut?
Kein Mensch ist gut. Nur Gott allein. (Vielleicht.
Vielleicht auch nicht, da Er ja doch auch ich
und Ihr...) O Unrats Übermaß
womit, was lebt, behängt – 5

Sind wir nicht Fleisch – wie Geist! Wie Geist nicht – Blut!
Von Erde Erde nicht – Und fürchterlich
von jenem Feuer fort und fort bedrängt,
das, wen es weißzuglühn noch nie vergaß,
doch auch zu Schlacke brennt, was ihm nicht gleicht. 10

O gut! Erst wenn mein [unleserlich] erreicht
und diesen Leib mein Feuer völlig fraß,
erst dann am Ende raubt euch so viel Mut,
dem Menschensohn, der stumm dann vor euch hängt,
das Wort zu geben, dem kein Mensch [bricht ab]

(Nur Gott allein! In Gott allein, nur Ich,
nicht ich – – – denn wenn ich nicht an Mich
als Guten glaubte, wäre besser, mich
verschlänge Nacht, so tief wie mein Gebet.)

GLOSSE
Zusatz zu Christus (Ich bin nicht gut)

»Gott« ist nicht besser, als der Mensch ihn macht.
Gott ist nicht gut, nicht bös – im Menschen erst
erkennt er sich als sittlich-mögliches.
Im Menschen erst besinnt er Sich auf Sich
und sein Vermögen, so oder so zu sein:
schön, adlig, göttlich oder teuflisch.
Im Menschen erst erkennt er seine Freiheit,
sich zu entwickeln – böse oder gut
und [bricht ab]

WAS KANN mir noch dein totes Bildnis künden,
da du in mir lebendig auferstanden,
in einer Kraft, die dich wohl selbst erstaunt.

[Christus-Zyklus]   493

Die Wiedererweckung des Lazarus

Wer will ergründen, warum Jesus weinte
im Haus des Lazarus. Er sah sie an,
sie alle. Wie ein Mensch auf Tiere blickt:
So ja, so war der Mensch, wie Kinder,
die noch kein Geistesblitz den [?] Glanz der Unschuld stach,   5
die lieb und gut [*unleserlich*] vor ihm treiben.
Das lebt so hin. Das weiß noch nichts von sich,
das war noch Gott als Tier, als Kind
als Tier, als Kind, als Mensch und nichts als Mensch.

Und sah Maria knien.   10
Er sah sie an
und hörte: Wärst du hier gewesen, Herr,
mein Bruder wäre nicht gestorben! – Da
ergrimmte er, sein Herz zog sich zusammen
und Tränen perlten ihm von dunklem Auge,   15
nicht, nicht, wie jene glaubten, über ihn,
den Herzens-Freund. Er weinte über sie,
die vor ihm jammerten, und über sich,
der ihnen s o die Augen öffnen mußte,
so grausig gauklerisch, vor denen er   20
sich wie vor Kindern kindisch zeigen mußte
als Indier, Er, Gott-selbst vor S e i n e r Welt. ...
Doch wie ihn dies durchzuckte, dies Gefühl,
daß er hier in der eignen Werdung stehe,
verließ ihn alsobald der bittre Krampf: 25
er d u r f t e, was er mußte. Nie vielleicht,
kam wieder Er, so hell sich selbst, einher,
Er, Gott als Mensch. Er hatte keine Wahl,
und was die Rede nicht vermochte (und
die Rede war nur Kraft am Stamm der Tat),   30
das mußten Wunder tun, wie dieses hier...
Und wenn, wenn, wenn er sich d o c h irrte, nun,
er schritt ja auch aufrechten Haupts dem Tod,

dem Kreuzestod entgegen, zahlte ja
mit voller Münze, wenn's ein Irrtum war.
Doch war's kein Irrtum. Gott und Welt war Eins;
doch da den Gott, der keiner »Wunder« fähig,
noch keiner faßte, mußte er dem Volk
sein Spiel-zeug noch verschaffen, mußte noch
das Zerrbild Seiner selbst tragieren, sonst
war Er als Mensch verloren – so wie jemand sich
den Star selbst stechen muß und stürb' er dran!
Und also ging er hin und weckte auf
den Lazarus, der nie gestorben war.

Die Auferweckung des Lazarus

»Herr, siehe, den du lieb hast, der liegt krank!«
Dies sandten Martha und Maria ihm.

Als nun die Schwestern hörten, Jesus kommt,
geht Martha ihm entgegen. Doch Maria
(dieselbe, die ihn später selber salbte
mit edlem Öl und ihm die Füße trocknet'
mit ihren Haaren) – diese blieb daheim.

Spricht Martha: Herr, o wärst du hier gewesen,
mein Bruder wäre nicht gestorben. Doch
ich weiß, daß, was von Gott du bittest, das
wird Gott dir geben. Jesus drauf: Dein Bruder
soll auferstehn. Drauf sie: Ich weiß wohl, daß
er auferstehn wird in der Auferstehung
am jüngsten Tage. Jesus spricht zu ihr:
Ich bin die Auferstehung und das Leben.
Wer an mich glaubt, der lebt, ob er gleich stürbe.
Und wer da lebt und glaubt an mich, er wird
nie sterben. Glaubst du das?

Sie spricht zu ihm:
Herr, ja, ich glaube, daß du Christus bist,   20
der Gottessohn, der in die Welt gesandt ward.

Und da sie das gesagt, ging sie und rief
Marian heimlich: Schwester, komm, der Meister
ist da und ruft dich. – Sie, als sie das hörte,
stand eilend auf und ging zu ihm hinaus,   25
denn Jesus war noch außerhalb des Fleckens.
Die Juden aber, die sie trösten sollten,
machten sich auf, da sie sie eilen sahn,
und redeten: Sie gehet hin zum Grabe,
daß sie dort weine. Als Maria nun   30
hinkam, da Jesus war, und sahe ihn,
da fiel zu seinen Füßen sie und sprach:
Herr, wärst du hier gewesen, o, so wäre
er nicht gestorben. – Als nun Jesus sah
sie weinen (und die Juden, die mit ihr,   35
auch weinen) – da ergrimmte er im Geist
und haderte mit sich. – Und sprach: Wo habt ihr
ihn hingelegt? Sie sprachen zu ihm: Herr,
komm mit und siehe es. Und Jesu gingen
die Augen über... (Denn er liebte sie   40
mehr als sich selbst.) Maria und ihr Harm
um jenen und ihr Glaube an ihn selbst,
Ihn, der ihm hätte helfen können, sollen,
noch sollte, – machte, daß sein ganzer Leib
ihm bebte: und aus seiner großen Liebe,   45
Schwermut und Liebe zu der Seele, die
Ihn liebte, Seiner Seele
kam ihm die Kraft, von der er wußte, daß
sie selbst den Tod bezwang – und ging zum Grabe
und ließ den Stein abheben von der Kluft   50
und hob die Augen auf und betete
und rief: Lazare, komm heraus! Und der

Verstorbne kam heraus, gebunden mit
Grablinnen, an den Füßen und den Händen,
und sein Gesicht verhüllt mit einem Schweißtuch.

Und Jesus spricht: Hört ihn und laßt ihn gehn…

Und die Juden sprachen:
Siehe, wie hat er ihn so lieb gehabt.

Doch Er litt nur mit ihr, ihr – die er liebte,
nur um sie, sie – die da in Tränen vor ihm kniete,
das Leid,
das [?] er ihr angetan, da er nicht kam [*bricht ab*]

CHRISTUS ZU NIKODEMUS

Laß dich's nicht wundern, daß ich dir gesagt:
Ihr müßt von neuem geboren werden.
Hörst du, wie draußen der Wind hinjagt,
kennst du seine Wege auf Erden?

Du hörst ihn. Doch dir bleibt unerklärt,
von wannen er kommt und wohin er fährt.
Also ein jeglicher, der aus dem Geist
geboren ist. Wie da draußen der Wind,
du spürst ihn, hörst ihn, ohne daß du weißt,
wo seine ewigen Heimaten sind.

WER DIESES WASSERS trinkt, den dürstet wieder.
Wer aber jenes trinkt, das ich ihm gebe,
dem wird mein Wasser selber wie ein Bronnen
in ihm, das in das ewige Leben quillt.

Nach Johannes

Mir kann niemand geben,
mir kann niemand nehmen,
ich bin, der ich bin.
In mir kam der Sinn
des Lebens zum Leben.   5
So nehmt mich denn hin.

Ev. Joh. 1,5

Und das Licht scheint in die Finsternis, –
und die Finsternis hat's nicht begriffen.

(Wie ein edler Stein, der rings geschliffen,
nichts empfängt, es sei durch einen Riß,

keinen Strahl, der in sein Innres käme,   5
weil er jeden spiegelnd außen bricht,

keinen, der ihm seine Stein-heit nähme,
lösend ihn in lauter Licht...)

Joh. 1,26

Er ist unter euch getreten,
den ihr nicht kennet:
Der Prophete der Propheten,
den danach brennet,
daß ihr euch vom Tiere trennet,   5
das ihr waret,
und mit Ihm als Euch erfahret,
den kein Mund nennet.

[Christus-Zyklus]

JOH. 4,23

Es kommt die Zeit und ist schon jetzt,
da werden, die den Vater ehren,
zum Geist sich und zur Wahrheit kehren,
da wird, was irgend Geist, zuletzt
als Wahrheit Gottes angebetet;
(denn Gott ist Geist und Geist ist Gott).
Da liegt der alte Ammenspott
vom Herr-Gott endlich ausgejätet.

JOH. 4,31

Die Jünger mahnten: »Rabbi, iß!«
Er aber brannte, wie ein Licht,
und sah auf ihre Speise nicht
und fühlte in der Finsternis
der Welt, ein Stern, sich einsam stehn...
»Wir ließen ihn zu lang allein,
es hat ein andrer ihn gespeist!«
So rieten sie. Er aber spricht:
»Ihr sagt es, – meines Vaters Geist.
Meine Speise ist, daß ich künde Den,
der mich gesandt, und vollende, was Sein.«

JOH. 5,22

Denn der Vater richtet keinen;
über sich als seinem Werke
ruht er,
kommt als Mensch nur zu dem Seinen.

[Christus-Zyklus]

Joh. 8,53

»So bist du mehr denn Abraham?
So bist du mehr denn ein Prophet?
Was machst du aus dir selbst, Mensch ohne Scham?«

Der Christus drauf: »Mein Ich vergeht
wie eures. Doch, der aus ihm spricht,
Er, den ich sehe und ihr nicht seht,
der Gott, zu dem ihr im Tempel fleht,
und der hier eure Tempel bricht,
der Vater, der hier vor euch steht
im Sohn – vergeht mit diesem nicht.
Ich gehe und bleibe, verwerde und bin, –
faßt ihr ihn nicht, den Sinn
des Drei-Einigen?...«

Da hoben sie Steine auf, ihn zu steinigen.

Joh. 14,6

Ich bin der Weg, die Wahrheit und das Leben,
niemand kommt zum Vater denn durch mich.
Ihr mögt nach allen Winden streben –
wer flöhe – Sich?
Sich aber sah nur einer: ich.
Mich fassend, mich, in Geist und Wahrheit mich,
wirst du der Finsternis entschweben.
O faß mich doch! O laß mich dich erheben!
Ich liebe dich.

Am Wege

Vor einem widerlich verwesten Hunde
beschränkt der Christus Jesus seine Schritte,
ungleich der Flucht verstörter Jüngerrunde.

Was soll's? so raunt's empört aus deren Mitte:
Wär, sich vor Aas zu ekeln, kranke Laune?
Da hören sie, beschämt, auf ihre Bitte:

Daß Er des Tieres weiß Gebiß bestaune.

Ich hebe Dir mein Herz empor
als rechte Gralesschale,
das all sein Blut im Durst verlor
nach Deinem reinen Mahle,
    o CHRIST!

O füll es neu bis an den Rand
mit Deines Blutes Rosenbrand,
daß DEN fortan ich trage
durch Erdennächt' und -tage,
    DU bist!

Gedichte
aus dem Nachlaß
1887–1905

[Gedichte in bayrischer Mundart]

Der kloane Voat sitzt in der Schul,
do dat der Lehra kema
und flagt si gmiatli af an Stuhl
und legt soan Hut danebena.

»No«, fragt er, »Voat'l, sog amol, 5
wos is zehn weniger zehne?«
Da Voat'l woaß net und er zupft
hoamli sei Schwester Lene.

Do sagt der Lehrer: »Voat'l, schaug,
wenn d'Muata schenkt zehn Pfenning 10
und nacha tuast es du verlier'n?«
Der Voat'l stupft sei Lening.

»Jo«, moant er, »iatzta woaß i's doch,
no hat mei Tasch'n holt a Loch!«

Mei herzig's liab's Deandl
i bitt' di halt recht,
daß d' lasest mei Versl –
o mei! S' is halt schlecht.

A Boar bin i, woaßt es, 5
auf Minka drunt' z' Haus,
doch bin i gar lang schon
im Preißenland drauß'.

Drum is a mei Boarisch
des rechte net mehr – 10
die Hauptsach' is, daß 's halt
vom Herzen kommt her.

Ich will dir bloß danken
für des, was i g'fühlt,
als du gar so liabli
die Loni hast g'spielt.

WEILS ees die boarische
Sprach tuat so liabn,
han i mi hing'setzt
und Versl aufgeschriabn.

Nahmt's mirs net übel
die Freiheit – o mei,
wenns nur grad bessere
Versl dade sei –

aber von Herzen kommt's,
dös is fei gewiß,
wenn a gar mancher
was Dalketes is.

Und wenn's enk freut,
a kloans bissl nur freut,
na habt's mi g'macht
zu a glückseligs Leut!

[ALS ER AUS UNGESCHICK
EIN GROSSES LOCH IN DIE
GARDINE GERISSEN HATTE]

Wann i's zuwoana kunnt',
nah wär's lang scho verstopft,
so viel bitterne Träna
sein aufi scho tropft.

Wann i's zunahen kunnt',
i tat's gern, aber mei,
i stich' mi grad' allweil
in d'Finger bloß nei.

I schaug' scho, i bin a recht
dalketer Bua:
aufreißen, dees kann i,
aber nit zua.

DER GOCKL

Wann i denk, was das Schicksal
mir alles hot beschert!
Gottes Gnade is groß –
aber i bin's auch wert.
Wer dös an meiner Wiegn
mir vorgsungen hätt –!
Alles hab i, alles hab i,
nur koan Geist hab i net.

I mach so scheene Builder
und Gsangl holdrioh,
und bildhauern tu i
und betten tu i a.
Unds Theater, ja's Theater,
wann i dees nimmer hätt! –
Alles hab i, alles hab i,
nur koan Geist hab i net.

Wann's mir langweili werd, na
so roas i umanand,
geh auf d'Jagd und schiaß Gemsn
oder kaaf mer a Stuck Land,
oder's werd auf a Schiff gstiegn
oder in'n Klub wird was g'redt –
alles hab i, alles hab i,
nur koan Geist hab i net.

* * *

DER TOD erst macht den Menschen frei;
hier lebt er in Ohnmacht und Sklaverei.
Und sollt er auf Erden von neuem erstehn,
von neuem leben und strebend vergehn,
5 dann wird er doch schreiten im Wechsel der Zeit
zur Reife, zum Leben der Ewigkeit.

WARUM, warum ach! habt ihr mich verlassen
Ihr Geister einer schönen höheren Welt?
Warum seid ihr geflohen? Leer und elend
ließt ihr zurück mein Innerstes! den Schatz,
5 den ich in mir zu tragen wähnte, dem vertrauend
ich eine Zukunft wollte bauen, den
ich pries als Höchstes, was mir Gott verliehen: –
Der Schatz, er ist verweht wie Rauch und Staub
und kaum ein schwaches Körnlein ist geblieben!
10 Wie hab' ich dies verdient? Bin ich nicht wert,
so viele Blüten in mir zu umschließen?
O dann, warum mußt' ich zum höchsten Schmerz
erst einen Blick tun in das Reich des Geistes,
um dann zurück zu fallen in die Finsternis,
15 den trocknen Gang des ewig gleichen Tages,
und so zu fühlen schmerzlich tief den Gram,
das Sehnen und das Flehn nach dem Entschwundnen!
O kommet wieder, senkt euch wieder tief
ins sehnsuchtskranke Herz, verlaßt nie wieder,
20 mich, der nichts Höheres weiß, als euch zu dienen.
O kommt, o kommt, führt wieder mich dahin,
nach jenen Höhn, und laßt mich wieder blicken
die Welt mit dem verklärten, reinen Auge
der Poesie, der Liebe! O durchdringt
25 mich wieder, Musen, Geister, göttliche Gedanken.
Durchdringt mich ganz und gar, und dankdurchglüht
wird euch mein Geist gen Himmel jauchzend preisen!

AD ASTRA! sei die Losung meines Lebens –
Mein Geist, wach auf und steig empor zum Licht!
Wirf ab der Erde Trägheit, vorwärts nur,
nicht rückwärts mußt du schauen, vorwärts nur
mit rechtem Ernste in der Wahrheit streben.　　　　　5
Auf fernen Bahnen such' ich meine Zukunft,
auf Gott und Schicksal trau' ich, daß sie mich
auch leiten mögen auf die Bahn, da ich
den Menschen nützlich sei, da ich dem Land
dem teuren Vaterland ein fruchtbar Glied sei　　　　10
und meinem Kaiser treu, dem Heldensohne,
für den des jungen Deutschlands Herzen schlagen
in reiner, feuriger Begeisterung –
wie reich ist doch die Zukunft, und wir sind's,
wir junge Deutsche, denen sie gehört!　　　　　　　15

WARUM das Leben hassen,
wenn es dir feindlich droht?
Warum vom Mute lassen
und denken an den Tod?

Ein frisches, freies Wagen　　　　　　　　　　　　　5
geziemt dem Mann der Kraft,
nicht klagen, nicht verzagen –
ein Mut, der Welten schafft.

Ein Geist, der Bahn sich ringet
durch Erdenleid und Neid,　　　　　　　　　　　　　10
ein Geist, der Geister zwinget –
selbst Unbezwinglichkeit.

Ein ernstes hohes Streben
nach Wahrheit und nach Licht,
das sei des Menschen Leben,　　　　　　　　　　　　15
das sei des Menschen Pflicht!

SCHENK, Muse, mir die rechte Kraft,
zu sagen, wie ich's denke,
damit das, was mein Geist erschafft,
auch andre Geister lenke.

Schenk, Höchster, mir den starken Sinn,
daß wie ich denk' auch handle.
Ein Mann ein Wort, wo Form auch Sinn:
das sei's, wonach ich wandle.

[FÜR EIN STAMMBUCH]

Nach kühn erschaffnen Idealgestalten
drängt es des Jünglings stolzen Geist zu werben –
es kommt die Zeit, wo seine Träume sterben,
wo seine heißen Hoffnungen erkalten.

Ihn kann allein der Liebe stilles Walten
mit Götterkraft entreißen dem Verderben,
ihr Glühn vermag aus eines Lebens Scherben
ein neues Leben strahlend zu entfalten.

Das, was auf dieser weiten, fremden Erde
vom Ewig-Göttlichen in uns geblieben:
Es ist des Herzens tiefes, heißes Lieben.

Es ist der Seelen Ineinanderklingen,
daß uns gleichwie auf einer Gottheit »Werde!«
weitauf der Seligkeiten Pforten springen.

VERLOREN stand ich
im Anschaun der Sonne,
wie sie, ein glühender,
feuriger Ball
tauchte hinab

hinter der Wälder
tiefblaue Schatten.
Und es fiel mir aufs Herz,
was einst ein Mensch
mir geredet:
»Es ist kein Gott!«
Kein Gott?
Und ich schaute
hinein in den Glutball,
das liebesprühende,
flammende
Gottesherz –
und in mich zog
die Gewißheit:
Es ist ein Gott!

WIE OFT wohl bin ich schon gewandelt
auf diesem Erdenball des Leids,
wie oft wohl hab ich umgewandelt
den Stoff, die Form des Lebenskleids?

Wie oft mag ich schon sein gegangen
durch diese Welt, aus dieser Welt,
um ewig wieder anzufangen
von frischem Hoffnungstrieb geschwellt?

Es steigt empor, es sinkt die Welle –
so leben wir auch ohne Ruh;
unmöglich, daß sie aufwärts schnelle
und nicht zurück – dem Grunde zu.

Es ROLLT das Jahr dahin im ew'gen Lauf der Zeiten
es rollt und flieht, kein kleiner Augenblick
kehrt wieder, niemals, niemals wieder!
Und was man einst in einem Augenblick
5 durch Wort, durch Tat gesündigt, bleibt gesündigt.
Und keines Gottes überird'sche Kraft
kann wiedergeben ein verlornes – Leben.

RUDELSTADT, SOMMER 1890

Ich wohnte einst zum Sommeraufenthalte
in einer Bäurin Haus. Die Alte
gewann mich lieb, weil ich mich gehen ließ,
kreuzlustig war und niemals Trübsal blies,
5 und hielt mich öfters fest, wenn ich, den Stock in Händen,
war im Begriff, den Schritt aufs Feld zu wenden.
Einst hatt' ich mich an solchem Nachmittage,
wo jedes Wandern wird zu grauser Plage,
gemütlich auf mein Sofa hingestreckt – doch nicht
10 zu ruhn! Nein, nein, ein schwungvolles Gedicht,
des Keim sich lang in meiner Brust schon regte,
das sollte jetzt entstehn. Ich schrieb und überlegte,
dann wieder las ich laut mir alles vor,
ob es auch günstig klinge für das Ohr –
15 so ging es wechselnd fort zwei lange Stunden.
Nun war es fertig. Langsam hingeschwunden
war schon der Sonne Glut. Ein kühler Luftzug fuhr
durchs offne Fenster. Einmal wollt' ich nur
noch prüfen mein Gedicht, ob es gelungen:
20 drum hab' ich's frisch, wie es mir kam, – gesungen.
Drauf aus der Türe und mit einem Sprung
die Trepp' hinab. »Ja, ja, wenn man so jung«,
sprach lächelnd meine Alte, »ist's nicht schwer!«
Ich lachte – »Nichts für ungut!«, doch noch mehr

schien reden sie zu wollen. Ich hielt an.
»Was wollen Sie eigentlich werden, junger Mann?« –
»Was werden? Das ist nicht so leicht zu sagen – «
gab ich zurück, belustigt durch ihr Fragen,
»erst muß ich das Gymnasium absolvieren,
gedenke in Berlin dann zu studieren, –
und welcher Stand mir dann zumeist gefällt,
das lasse ich vorerst dahingestellt.
Doch warum intressiert Sie das?« – »Ich dachte – «
sprach zögernd sie und schwieg dann still und lachte –
doch schließlich fuhr sie fort: »Mein junger Herr,
ich hab gedacht, Sie würden Geistlicher!«
»Ich, Geistlicher? Wie kommen Sie darauf?«
Nun ließ sie ihrer Zunge freien Lauf:
Sie hätt' geglaubt vom ersten Augenblick,
zum Geistlichen, da hätt' ich viel Geschick,
ich würde stattlich auf die Kanzel passen
und ganz gewiß ein jedes Herz erfassen.
Denn pred'gen könnt' ich sicher sehr gelehrt,
da sie schon manchmal reden mich gehört,
wenn ich mit Deklamieren ohne Ende
unsicher machte meines Stübchens Wände.
Auch hätt' ich dann ein sehr bequemes Leben –
kurzum, was könnt' es Schönres für mich geben?
Ich mußte lächeln, wie sie sich bemühte,
mir auszumalen jenes Standes Güte.
Doch endlich rief ich: »Gute Frau, verzeiht,
allein ich tauge nicht zur Geistlichkeit!
Ich bin ein Weltkind, ich will haun und stechen,
für alles Gute meine Lanze brechen,
doch dafür ist die Kanzel mir zu klein –
mein Kampfplatz, der muß größer, größer sein!«
Verwundert sah die Alte, und sie dachte
gewiß, es sei recht schade. Doch ich lachte
und zog den Hut: »Lebt wohl, auf Wiedersehn!«

Ich flog hinaus ins Freie, auf die Höhn,
dort wo der Sturmwind braust sein stolzes Lied,
wenn er durch heil'ges Tannendunkel zieht.
Hoch schlug die Brust und sog die Bergluft ein –
mein Kampfplatz, der muß größer, größer sein!
Doch wenn ich's heut, nach Jahren, überdenke,
was damals ich im Jugendstolz gesprochen,
sie könnte sehn, wie ich mein Auge senke.
Und hätt' ich mir den Weg nicht abgebrochen,
wer weiß, ob sie nicht hätte Recht behalten.
Denn wollt' ein größres Feld ich mir erstreben,
der Menschen Seelen liebend zu gestalten,
vergeblich sucht' ich's überall im Leben.

Der Melderbaum

Was ist das? Seht, der ferne Waldessaum
erglänzt in hellem Feuerschein – der Rauch
in dichten Wolken steigt gerötet auf
und trübt der Sterne Klarheit – rast ein Brand
verheerend durch des Waldes heil'ge Stille?
Brach aus der Erde Schoß ein Flammenmeer?

Die ihr so fragt, kennt ihr den alten Brauch,
der schon seit hundert Jahren hier besteht,
kennt ihr des Schülerbergfests Feier nicht?
Kennt nicht des Fackelzuges alte Sitte,
der sich vom Walde aus nach jenem Hügel,
dem Schülerberge, wälzt, wo hoch aufragt
des Forstes schönster Baum, dazu erlesen,
als stolze Riesenfackel aufzulodern,
als wie ein Opfer für den Gott der Freude.

Und näher, näher durch die dunkle Landschaft
wie eine Feuerschlange rollt sich's auf;
schon hört man Stimmenbrausen, Sangesjubel,
schon jener Marschesweisen stolze Klänge,
bei denen Deutschland zog von Sieg zu Sieg. 20
Da – da – die Erde hallt von ihrem Schritt –
da braust heran die erste rasche Schar:
Stillstand! Ein jeder faßt der Fackel Heft,
und weit zurückgebeugt zu kühnem Wurf
entsendet er das züngelnde Geschoß, 25
das weithin durch den dunklen Himmel fliegend,
zur Erde wieder kreist im Bogen, oder
noch im Geäst der Fichte haften bleibt,
mit Flammenkuß des Stammes Gipfel grüßend.

Und immer neue Scharen strömen zu, 30
und immer neue Brände sausen
empor. – Ein Anblick, eigenartig schön.
Wie eine große Flammengarbe starrt
der Riesenbaum ins dunkle Äthermeer.
Er ächzt und stöhnt und prasselt, heulend fährt 35
der Nachtwind um den ungewohnten Gast
und wälzt des Rauches schwere Wolkenmassen
hinaus ins nächtige Gefild. Es stieben
die Funken nieder auf das junge Volk,
das sich im Kreis zu frohem Staunen schart, 40
gerötet jedes Antlitz von der Freude
und von der Gluten hellem Widerschein.

Da senken sich die Fahnen – – – feierlich
geheimnisvoll durchschauert's jede Brust – –
es senken sich die Fahnen, es erbraust 45
aus tiefstem Herzen in gewaltigem Chor
das hohe Lied der Deutschen. Andachtsvoll
hallt es zum Himmel auf wie ein Gebet.
O unvergeßlich schöner Augenblick!

Ich stand als wie im Traume; um mich her
erklangen unsres Volkes hehre Weisen,
und wie die Herzen suchten sich die Hände.
Ringsum lag Feld und Wald in tiefem Schweigen,
und über alles spannte sich das dunkle,
das sterndurchwobne, unermeßne Weltall;
da fühlt' ich übermächtig mich ergriffen,
feucht ward mein Auge: O, mein Vaterland,
solang noch solche Herzen treu dir schlagen,
betritt kein Feind die heil'ge Scholle dein!
Schau uns, wie zu gewaltig großem Schwur
wir uns vereint in dieser ernsten Stunde:
Der Fichtenstamm, der dort gen Himmel leuchtet,
zu dessen Brand ein jeder mitgewirkt,
er ist das stolze Sinnbild jener Gluten,
die tief in unsern jungen Herzen schlummern.
Sei in Gefahr, mein Land, laß Feinde drohn,
und unaufhaltsam, sehnsuchtsvoll, allmächtig,
wird jener Herzensbrand zusammen schlagen,
wie dieser Riesenfackel wehnde Glut.

Ich fuhr empor. – Die Freunde waren fort,
rasch wandte ich den Schritt; doch oftmals noch
sah ich nach jenem Baum zurück, der langsam
verlosch, gepackt von Sturm und Nebelschauern,
bis ganz ihn wieder schwarze Nacht umfloß.
Und oftmals werd' ich seiner noch gedenken,
wenn mich des Lebens wilder Sturm umrauscht;
dann wie ein Traum aus froher Jugend Zeiten
wird jenes Bild an mir vorübergleiten.

DIE SONNE lockt aus tausend Keimen
des Frühlings duft'ge Welt hervor,
aus allem Blühenden zu reimen
den schönsten Auferstehungschor;
und tausend zarte Kehlen singen
die Noten, die der Himmel schuf,
und tausend Menschenseelen klingen
in leisem ahnungsvollem Ruf.

O wer in solcher Zeit geboren,
soll den das dunkle Leid nicht fliehn?
Soll dem die lieblichste der Horen
nicht segnend stets zur Seite ziehn?...
Verhangen ruhn der Zukunft Lose,
entschleiern kann sie erst die Tat.
Der Kranz – das Kreuz – das Schwert – die Rose –
welch Zeichen strahlt auf meinem Pfad?

WELTFREUDE

Welch unergründlicheres Glück,
welch stolzre Götterfreuden gibt's,
als das Bewußtsein mir gewährt,
da, wo ich stehe, muß ich stehn!
Seit Urbeginn
bin ich im Keime vorbereitet. Milliarden
von Fäden aus des Weltalls weitsten Fernen
gesponnen und geleitet seit Äonen
verknüpfen sich in mir zu einem Ganzen,
als dem Zentralpunkt einer Welt!... Und wieder
entfaltet sich aus mir ein neues Sein
mit unzählbar unendlichen Beziehungen,
die strahlenförmig aus mir flutend sich verzweigen
– gleichwie der Quelle Naß – ins Leben alles Künftigen.

So ist der Mensch der Mittelpunkt der Welt,
und um ihn kreist
die Ewigkeit.
O Götterfreude! End- und Ausgangspunkt
von allem, was uns Schöpfung heißt!
Kracht, Elemente, und zermalmt zu Dunst und Asche,
was lebt – als Dunst und Asche leb' ich fort!
Ihr könnt mich nicht vernichten!
Legt mich zerschmettert, Blitze, in den Staub:
schon hab' ich gelebt, und schon
hab' ich gestreut von meinem eignen Ich
in Herzen, die mich überdauern werden.
In ihnen leb' ich fort,
und was ihr Geist erschafft,
birgt auch von meinem einen schwachen Hauch
und wob mein Geist in andre Geister sich –
mein »sterblich Teil«, auch dieses ist unsterblich!
Mich atmet ein im Lenz, wenn alles blüht,
der Menschheit sehnsuchtsvoll gehobne Brust;
in düstrer Wetterwolke donnr' ich hin,
und stürz' aus ihr herab als stolzer Strahl,
und fall' aus ihrem Schoß als segnend Naß.
Und wenn der Rose süße Knospen schwellen,
drückt die vereinsamte Geliebte mich in ihnen
erschauernd an den schönen, traur'gen Mund.

Unendlich! Keine Gottheit kann mich also tilgen,
als wär' ich nie gewesen – oder
die ganze Schöpfungssymphonie
ist Stümperarbeit, harmonielos, aber nicht
das Werk des einz'gen und vollkommnen Gottes.

Am Bergeshang auf moos'gem Stein,
den nie noch traf der Sonne Strahl,
rast' ich, vor mir ein Wässerlein
– der Regen schuf es – rinnt zu Tal.

Es gleitet leis, unhörbar sacht,
und doch dabei voll Eil' und Hast,
als ließe eine dunkle Macht
es nirgends finden Halt und Rast.

Die Kronen flüstern ernst im Wind –:
So rinnt die Zeit, so rinnt die Zeit –
so schnell, so still, bis sie verrinnt
dereinst im Meer der Ewigkeit.

Gott der Träume! Gott der Kindheit!
Gott der innigen Gebete!
Sage mir, ob ich in Blindheit
irrte, da ich dich verschmähte!
Sage mir: Du bist gefallen,
ferne stehst du meinem Herzen!
Und mein Leben lang will wallen
ich zu dir in süßen Schmerzen.

Sage, daß du treu herabsiehst
wie ein Vater zu den Kindern,
daß du liebeheiß hinabfliehst,
unsres Elends Nacht zu lindern.
Sage nur ein Wort! Entzünde
tief in mir die heil'gen Gluten,
daß des Denkens starre Gründe
die Gefühle überfluten!

Ach, umsonst verhallt das Flehen:
Alles harrt in düstrem Schweigen.
Über meinem Haupte wehen

Wolkenschleier wirre Reigen.
In der Brust erwacht kein Glaube,
keine Gottheit regt sich drinnen.
Und den Blick gewandt vom Staube,
ruf' ich mit verstörten Sinnen:

Kündet mir, ob solch ein Gott ist,
blitzesschwangre Wolkenzüge,
oder ob Gebet nur Spott ist
und Unsterblichkeit nur Lüge,
ob der Mensch in seiner Kleinheit
nur verdammt ist zu vermodern,
oder ob in ew'ger Reinheit
seine Seele einst wird lodern!...

Auseinander reißt der Schleier,
und ein Blitz entzuckt ihm blendend,
weithin seine fahlen Feuer
auf dem dunklen Himmel sendend.
Wolken schließen jäh die Pforte,
der der Flammenstrahl entquollen –
und mein Ohr vernimmt die Worte
in des Donners dumpfem Rollen:

»Frage nicht, o Mensch, doch handle!
Klage nicht, o Mensch, doch schaffe!
Nach der Pflicht Geboten wandle,
reiner Sinn sei deine Waffe!
Laß die Götter einsam wohnen,
und bebaue deine Erde,
daß dein Blick zu ihren Thronen
dir kein Grund zum Falle werde.

Laß das Knien vor Altären,
flieh der Priester falsches Wesen,
laß von der Natur dich lehren,
nur in ihr den Gott zu lesen:

Den Gott, den du nicht begreifen
kannst, nicht fürchten, lieben, hassen,
weil des Geistes kühnstes Schweifen
nie sein Wesen kann erfassen.

Aber zieht allmächt'ge Liebe
dennoch dich zu beten nieder,
wehre nicht dem schönen Triebe,
werde keusch zum Kinde wieder.
Und in unbegriffnen Schauern
wirst Gewißheit du empfinden,
daß du nach des Lebens Trauern
eine Antwort werdest finden.«

Wie vom Traum dem Sein entzogen,
hatte ich des Orts vergessen,
durch des Busens heißes Wogen
klang die Antwort, die vermessen
ich gefordert. War sie tönend
aus der Wolken Schoß gesprochen?
War geklungen sie versöhnend
aus des eignen Herzens Pochen?

Still bin ich des Wegs gegangen.
Durch die Nebel brach die Sonne.
Über mir die Vögel sangen
jubelnd in des Daseins Wonne.
Tor ich! stumm mich zu verzehren
in so weltvergeßnen Träumen,
statt der Freude Kelch zu leeren,
statt von Jugendlust zu schäumen.

EWIGE Gottheit,
im Glanz der Schöpfung
Dich offenbarend:
Du sandtest den Menschen
aus ihrem Schoße,
in seiner Seele
Dich widerzuspiegeln,
daß er Dich preise,
den Urborn des Lebens,
des Lichtes, der Liebe:
den Vater das Kind.

AN EINEN FREUND

Daß die Welt ein Haus voll Narren,
wird dir immer klarer werden;
wie's im Kleinen du erfahren,
ist es überall auf Erden.

Unser ist ein rastlos Kämpfen
wider all die Narreteien.
Ist es möglich, sie zu dämpfen,
schlägt es fehl, sie zu verzeihen.

Für die freien Augenblicke
bleibt uns Lächeln oder Weinen,
sei's, daß uns der Welt Geschicke
albern oder tragisch scheinen.

Doch im übrigen bewahre
nur Geduld und sei ergeben:
Viele Millionen Jahre
hat die Menschheit noch zu leben.

Abschied vom Zobten

Du Kirchlein dort auf hohem Grat,
dich grüß' ich noch viel tausendmal,
euch, dunkle Wälder, goldne Saat,
und dich, du quelldurchrauschtes Tal!

Noch über Bäum' und Felder weit
erhebst du, schöner Berg, dein Haupt,
umhaucht von weicher Traurigkeit,
da man dir heut den Freund geraubt.

Mein Berg, der du so oft mich fandst
zur Seit' geliebter Menschen gehn,
der du mein töricht Herz verstandst –
auf Wiedersehn! – – auf Wiedersehn!

An einen Streber

Du weißt dich über vieles zu verbreiten,
vom Hundertsten ins Tausendste zu kommen –
doch sprich! Was soll das tote Wissen frommen,
verstehst du nicht Moral draus abzuleiten!

Wohl schweift dein Blick durch alt' und neue Zeiten,
allein dein seelisch Aug' ist trüb, verschwommen:
Ob du den Mund auch stets recht voll genommen –
nicht bargst du deiner Denkart niedre Seiten.

Ein feiler Kriecher vor den Einflußreichen,
ein kühner Tadler aller Einflußlosen,
so haltlos schwankend wie das Schilf, das hohle,

so stehst du da und dünkst dich ohne Gleichen,
und hältst dich noch bestimmt zu manchem Großen –
ein Streber von dem Scheitel bis zur Sohle.

Einer jungen Freundin ins Stammbuch

Was schreib' ich dir zum Angedenken?
Was andres als das Große, Eine:
O wahre dir der Jugend Reine!
Nichts Schöneres kann Gott dir schenken.

In ernstem Indichselbstversenken
sei feind der Flachheit und dem Scheine;
nur eines denke nicht: das Kleine.
Das Große, Ew'ge mußt du denken!

Dann wirst du lichtgestaltig weiterschweben,
ein keuscher Hort des Schönen und des Guten,
ein Sonnenstrahl im grauen Sturm des Lebens.

Und die dir nahn, du wirst sie hold beleben,
im edlen Herzen fachen edle Gluten:
Ein deutsches Weib voll tiefen, echten Strebens.

2. August 1891

Du bleibst zurück, mein Vaterherz,
das ich so über alles liebe,
und ein unnennbar tiefer Schmerz
macht mir die Augen heiß und trübe.

Du großes Herz, du edler Geist,
wie dank' ich dir in meinem Leben –
für alles, was du mir erweist,
kann ich dir nichts als – Liebe geben.

Ich möchte größer sein – und bin es nicht,
ich möchte tiefer sein – und bin es nicht,
und daß ich größer nicht noch tiefer bin
als wie ich bin: das ist's, was mich zerbricht.

Ich möchte kleiner sein – und bin es nicht,
ich möchte flacher sein – und bin es nicht,
und daß ich kleiner nicht noch flacher bin
als wie ich bin: das ist's, was mich zerbricht.

DICHTERS DANK

Des Buches letztes Blatt ist längst gewendet,
doch sinnend halt' ich's in der Hand noch lange,
als lauscht' ich dem enteilenden Gesange,
bis leise er in Traumesfernen endet.

Dem Dichter, den die Gottheit selbst gesendet,
damit von seiner Lieder süßem Klange
das Menschenherz den höchsten Trost empfange,
wie dank' ich ihm für das, was er gespendet!

Doch nicht in Worten, die im Wind verhallen,
beweist der edle Geist des Dankes Tiefe;
in freien Taten ringt er nach Gestaltung.

Ist's nicht, als ob zu glühender Entfaltung
jedweder Keim, jedwedes Können riefe
des Dichters Wort, das tief in uns gefallen.

SCHLUMMERN möcht' ich,
tief und lange,
traumumwoben,
selig süß.
Und dann wieder
erwachen,
das Herz voller Lieder,
voll Melodien
die weiche Seele.

Dann zu singen
in göttlichen Tönen
göttliche Worte,
Worte voll Trost,
Worte voll Liebe
den armen
gedrückten
Menschenkindern –
O welch ein Glück!
Ich könnt' es kaum fassen!…

AUCH MIR wird einst die Sprache werden,
– ich fühl's im tiefsten Herzensgrund –
da ich die Schönheit dieser Erden
besingen darf mit trunknem Mund.

Auch mir wird's einst im Herzen tauen,
als braust' ein Frühlingssturm hinein,
und brächt' nach langem Dämmrungsgrauen
den goldig holdsten Sonnenschein.

Auch mir wird einst die Stunde tagen,
da meiner Seele stille Glut
auflohend muß zum Himmel schlagen!
Bis dahin, Herz, hab' Kraft und Mut.

WANN KEHRST du je mir wieder
mein sonnig Kindesglück?
Wann kommst du, Kindesunschuld,
    mir je zurück?

Wohl trifft mich oft die Freude
mit hellem, holdem Strahl –
Doch ist sie so ganz anders
    als dazumal.

Und hätt' ich's nie verstanden:
»Nur wenn ihr euch erneut
zum Kinde, seid ihr glücklich!«
    verständ' ich's heut.

Ich seh' die Lande mir zu Füßen,
ich seh' der Sonne letzten Strahl
die wald'gen Wipfel goldig grüßen,
und langsam steig' ich ab zum Tal.

Es rauscht der Forst, die Quellen flüstern,
die Nebel hängen tief ins Tal –
ich aber wandre fort im Düstern
und denke dein in süßer Qual.

Geisterzug

Die dunklen Wolken spaltet
des Mondes weißer Strahl
als sprängen auf die Tore
vom weiten Himmels-Saal...

Und aus der Helle gleitet
ein ernster Geisterzug
und schwebt an mir vorüber
in unhörbarem Flug.

Worte des Trostes

Du kannst dein eignes Leid nicht tragen,
es dünkt so tief dir und so schwer?
So mußt nach fremdem Leid du fragen,
versenken dich in fremde Klagen –
die eignen hörst du dann nicht mehr.

Das eigne Leid muß klein dir scheinen,
wenn du bedenkst das Weh, die Not,
wodurch viel tausend Augen weinen!
Wenn du von aller Schmerz den deinen
nur kennst, so bist du seelisch tot.

DEN ›ETHISCHEN BILDERSTÜRMERN‹

Die ihr euch müht, die Menschheit zu entwöhnen
der Märchen, die an ihrer Wiege klangen –
ihr dünkt in arger Blindheit mir befangen
und werdet nur verwirren, nicht versöhnen.

Denn Bilder sind's, die uns die Welt verschönen,
an Bildern wird die Seele ewig hangen:
nach neuen Märchen würde sie verlangen,
vernähme sie die alten nicht mehr tönen.

Vielleicht erklänge euer Urteil milder,
würd' euer Geist sich nie die Wahrheit hehlen,
daß auch wir Menschen nur des Menschen Bilder!

Daß gleichsam Märchen unser ganzes Leben,
das wir uns selbst und andern vorerzählen – –
wer kann die Deutung dieses Märchens geben?…

Es LEIHT mir wunderbare Stärke
die Zuversicht, daß nimmermehr ich sterbe,
daß ungehemmt ich meine Werke
vollbringe, ob auch oft mein Leib verderbe;
es wirkt, daß ich mit ernster Ruhe
von meiner Plane Fehlschlag mich ermanne –
Ich weiß: was ich erstrebe, was ich tue,
ist nicht gebannt in eines Lebens Spanne.

O NUR vor einem wahre mich, ewiger Gott:
vor Schaffensohnmacht! Laß in der Jugend Kraft
mich lieber sterben, eh' du aus mir verbannst
die stürmische, wonnige Sangesgabe!

O laß mich denken! Rette vor Leere mich,
vor geist'gem Nichtsein! Schüre die Glut in mir:
sie mag mich töten! Herrlichster Tod ist doch
der Tod in den Flammen der eignen Lieder.

OB IN SCHNEE und Eis
schlummert still die Welt,
ob die Knospen leis
Lenzesodem schwellt,
ob die Sonne heiß
liegt auf Wald und Feld,
ob der Schnitter Fleiß
goldne Ernte hält,
immer in der Monde Reihn
strahle Dir im Herzensschrein
leuchtender, seliger Sonnenschein!

WAS GING mir nicht durch Kopf und Herz
seit meinen frühsten Tagen,
wie hat mich höll- und himmelwärts
die Stimmung oft getragen!

Doch wenn ich schüchtern bannen will
der Bilder bunten Reigen,
dann wird es plötzlich in mir still,
und all die Stimmen schweigen.

ALS ICH mein erstes Lied gesungen
und stürmisch noch mein Busen flog:
da glaubt' ich hohes Ziel errungen –
welch' schönes Traumbild, das mich trog!...

Ich weiß, noch wandr' ich tief im Tale,
und Nebel lagern rings umher –
o schwämm' ich einst im goldnen Strahle
– der Lerche gleich – durchs Äthermeer!

WENN ICH die alten Blätter wend' und wende
und les' und lese von durchkämpften Jahren,
dann denk' ich oft, ob nie den Weg zum Klaren
durch all den Irrtum meine Seele fände.

Und falten möcht' ich kindesfromm die Hände:
so willst du nie dich voll mir offenbaren,
du Inbegriff des Schönen und des Wahren,
o du, nach dem ich ringe ohne Ende!?

So soll mir drohn unsel'ger Halbheit Jammer?
Dem großen Willen sich die Kraft versagen,
die Kraft, die ich mit heißem Fordern rufe?

So soll mein stofflich Teil mit ehrner Klammer
einketten meiner Seele stolzes Wagen,
sie zwingend auf des Alltags niedre Stufe?

ODE

O SONNE, Sonne, gieße die goldne Glut,
die segnend heilige, über die keusche Flur,
   o küß' ihn auf, den Traum der Schönheit,
     ruf' ihn aus den Tiefen empor ins Leben!

Verschwiegnen Ahnens harren die Wälder dein,
die jungen Wiesen schauen dich tränenfeucht
　　durch Wolkenschleier an, des Stromes
　　　　Wellen begehren dein Bild zu spiegeln.

In tiefer Sehnsucht wartet das Menschenherz
auf Lenz und Licht, auf Blüten- und Liederpracht,
　　durch seiner Gottheit ewgen Tempel
　　　　wieder zu wallen in sel'gem Schauen.

O Sonne, segne Wälder und Wiesen all,
und spiegle dich in Welle und Menschenherz,
　　und in des Dichters Brust entfeßle
　　　　glühende Lieder von Lieb' und Schönheit!

MEIN LEBEN ist der Woge gleich:
Bald strömt's emporgehoben,
und stürmisch stolz und selig weich
durchschwärmt mein Geist der Träume Reich
von Zauberglanz umwoben.

Bald fließt es tief in dunklem Tal –
die Träume sind verschwunden,
die Erde dünkt mir schal und kahl,
als hätt ich ihrer Schönheit Strahl
im Herzen nie empfunden.

Man muß ein tapfrer Bootsmann sein
bei diesem Auf und Nieder.
Doch bricht auch Nacht und Sturm herein –
das erste Fünklein Sonnenschein
verscheucht die Sorgen wieder.

Gedichte aus dem Nachlaß

OB DU im Arm der Liebe träumst –
vergiß nicht dein Volk!
Ob du von Jugendjubel schäumst –
vergiß nicht dein Volk!
Ob du in Forscherdrang entbrannt –
vergiß nicht dein Volk!
Ob dich der Künste Zauber bannt –
vergiß nicht dein Volk!
Ob dich Naturgenuß entzückt –
vergiß nicht dein Volk!
Ob Rang und Reichtum dich beglückt –
vergiß nicht dein Volk!

DIE NACHT ist still. Ihr schlummert um mich her,
und mich, mich überkommt ein tiefes Danken.
Was wär ich, höbet ihr mich nicht empor
aus meinen Zweifeln, meinem trüben Schwanken.

Indes ihr schlummernd ruht in stiller Nacht,
erfaßt mich's tief, die Hände fromm zu falten
zu jener Macht, die ewig wirkt und wacht,
und euer Heil befehl ich ihrem Walten.

Die Nacht ist still. Durch dunkle Fernen sucht
mein Geist des Vaters Herz, das treue, tiefe.
Und schluchzend fleh' ich in die dunkle Nacht:
O daß auch er in Glück und Frieden schliefe.

NICHTS HERRLICHER, wie wenn in loderndem Liebesrausch
Wort und Gedanke sich feurig vermählen,
und, gemeinsam, einem breiten sonnigen Strome gleich,
fluten hinaus aus dem gärenden Geiste.

Dank! Dank! der du voll Liebe, ewiger Weltengott,   5
hörtest, was träumend flehte der Jüngling,
der Gedanken du mir liehst, freiwogende Sprache mir
wecktest – Was bin ich, daß so du mich segnest!

    ICH MÖCHTE blut'ge Tränen weinen,
    daß rings um mich die Welt so blind,
    daß statt an Herzen, sich an Steinen
    mein Lied versucht, ein schwaches Kind.

    Mit welchen Stimmen soll ich rufen,   5
    mit welcher Flammeninbrunst flehn?
    Auf welches Tempels Giebelstufen
    noch steigen, daß mich alle sehn?

    O nicht mich sehn – das Wort nur hören,
    das Gott durch Menschenlippen spricht!   10
    Ihr mögt des Priesters Leib zerstören –
    die ew'ge Wahrheit tilgt ihr nicht!…

    Ich möchte blut'ge Tränen weinen –
    was hülf' mir auch ein heller Blick?
    Mein Volk wird nie sich liebend einen   15
    und stürzt betört in sein Geschick.

Zu den Vorgängen bezüglich der »Emser Depesche«, November 92

Ich kann und mag nicht Lieder hauchen
um Lieb' und Glück und Mondscheinpracht –
ich muß in Schwarz den Pinsel tauchen,
und was ich malen muß, ist Nacht;
denn düsterrote Flammenzeichen rauchen
und lodern ihr erschütterndes »Erwacht!«
Von Gau zu Gau erhebt sich banges Raunen –
und fernher rollt's wie Donner von Posaunen.

Ihr aber taumelt wahnverblendet
entgegen eurem Untergang:
mit euren eignen Händen schändet
ihr, was der Väter Blut errang:
Ihr habt euch selber dem Verfall verpfändet,
unwert seid ihr der Muttersprache Klang!
Weh euch, daß euch die Ehrfurcht ist erstorben
für das, was heil'ge Ahnentat erworben!

Verhöhnt, begeifert, was erhaben,
und stampft es jauchzend in den Kot,
und wähnt, ihm ein Grab zu graben,
indes euch selbst Vernichtung droht!…
Weh! wieder kreisen um den Berg die Raben,
dem Greise kündend Deutschlands Schmach und Not…
Es täuscht den Traum gesegneter Entfaltung
der alte Geist der Schmähsucht und der Spaltung.

DER SÄEMANN

Durch die Nächte
der irdischen Völker
schreitet, im Antlitz
Weltalls-Weihe,
langsam ein Säemann.

In weitem Schwunge
wirft er die Runden
goldener Körner
über die dunklen
Äcker der Menschheit.

Und aus den Schollen
schießen Ähren
goldfackelköpfig,
flammende Säulen
Nachtsonnenfeuer.

Fern im Dunkel
schwindet der Genius,
der Völker Nächte
mit goldenen Würfen
weiter durchsegnend.

AHNUNG DES KOMMENDEN

Es kommt mir oft so eigen vor,
daß wir noch lachen und scherzen –
indes man schon vor unsrem Tor
aufstellt die Totenkerzen.

Es drückt mir oft die Kehle ab
inmitten Scherzen und Lachen –
ich höre, wie ein Massengrab
sie vor dem Tore machen.

Wie gierig-hohler Särgeschall
erdröhnt's mir in den Ohren –
wir ruhen bald in ihnen all,
wir armen, eitlen Toren.

SELBSTERKENNTNIS, goldne Gabe,
wunderbare, jüngende Kraft!
o solang ich dich nur habe,
glüht mein Geist noch unerschlafft.

Immer tiefer, immer wahrer
machst du den, der dich besitzt;
wirkst zugleich, daß immer klarer
Welterkenntnis ihn durchblitzt.

WIE TAUSEND ANDRE wär' ich wohl geblieben,
die nur nach äußerm Glück und Wohlstand streben,
hätt' mir der Gottheit Gnade nicht gegeben
ein liebend Herz und – Herzen, die mich lieben.

Hätt' mich nicht früh ein heißer Drang getrieben,
mein Sein in fremde Leben einzuweben
und lautres Gold aus ihrem Grund zu heben,
das nimmermehr im Zeitsturm kann zerstieben.

Drum – wenn ich's wage, Münzen auszuprägen,
ist's nicht Metall, das ganz von meinem Barren:
der Freundesseelen Gold ist drein verschmolzen.

Vermöcht' ich es, die Mischung zu zerlegen,
so würd' mich wohl des Eignen Kleinheit narren,
tief beugend mir den Jugendmut, den stolzen.

An diejenigen, welche mir Tendenz vorwerfen

»Tendenz« und immer nur »Tendenz« –
So macht's euch endlich klar!
Wenn Blüten schäumt der junge Lenz –
hat dann »Tendenz« das Jahr?

Und wenn des Eises Decke bricht
das frische Saatengrün
und drängt und schwillt zum warmen Licht –
verargt ihr ihm das Blühn?

So laßt der Jugend doch die Kraft,
und laßt ihr doch den Hieb!
Daß ihr der stolze Arm erschlafft,
kommt eher, als ihr's lieb.

Drum packt das trübe Schmollen ein
und freut euch, daß es gärt!
Ihr wißt ja, daß den besten Wein
der tollste Most beschert.

An die »Ganz-Modernen«

Das nennt ihr Geist, wenn sich in schlappen Fetzen,
in halbzerriß'ner, schlechter Werktagsbluse,
die neuen »Meister« – jedem zum Entsetzen –
hinflegeln am geweihten Herd der Muse?
Das nennt ihr Takt, wenn lässig sie durchschlendern
ihr Heiligtum, in eitlem Selbstgenügen,
mit wirrem Haar und blauen Augenrändern,
koketten Weltschmerz in den jungen Zügen?

Fürwahr! Nichts hass' ich mehr wie die Geziertheit,
nichts wie den glatten Firnis der Parkette –
doch gibt es einen Grad der Ungeniertheit:
Der widerstößt der Herzensetikette;

der schlägt ins Antlitz allem Ewig-Schönen
und will Gemeines zu Erhabnem stempeln,
der will den Kult des Häßlichen, Obszönen
entfesseln in der Muse heilgen Tempeln.

Den Geist nicht nur, das Wort auch will er schänden,
verflachen unsrer Sprache tiefen Bronnen:
Er trübt die klare Flut mit Frevlerhänden,
des Schlammes prahlend, den er so gewonnen.
O goldnes Alter unsrer Muttersprache,
du schiedest früher noch als das Jahrhundert,
da dies Geschlecht, dies selbstzufriedne, flache,
nichts denn den eignen Torenwitz bewundert.

Allein solange man von Mut und Hoheit
in deutscher Mark noch singen wird und sagen,
wird stets aufs neue jene Herzensroheit
ein Männerfaustschlag dröhnend niederschlagen.
Wie lang noch sollen wir dies Amt besorgen,
vergeudend unsre Kraft im Kampf mit Schlechten?
O tage bald, du großer Geistesmorgen!...
Du tagtest eher – wollte jeder fechten.

DIE MÖGEN DICH am bittersten empören,
die stets zu Allem »Ja« und »Amen« flöten,
und während sie zu deinen Worten schwören,
nach ihnen nie zu handeln, nicht erröten.
Sie wollen dich, wie alles »Neuste« kennen,
ein Urteil bilden, geistreich-oberflächlich,
sie werden dich vielleicht auch »Dichter« nennen –
doch was du willst: das bleibt ganz nebensächlich.

Gedichte aus dem Nachlaß

WOLLT IHR, wen ich hasse, wissen?
Laßt mich's kurz zusammenfassen:
Alle jene, die beflissen,
Großes, Herrliches zu hassen.

Wollt ihr, wen ich liebe, kennen? 5
Alle – die auch, die ich hasse!
Alle, die sich Menschen nennen
jeder Rasse, jeder Klasse.

Soll die Einheit sich erklären
scheinbar gegenteil'ger Triebe? 10
Wißt: des Hasses tiefstes Gären
ist nur Zorn und Weh der Liebe.

WIR KÖNNEN nie, was um uns lebt und webt,
erstaunt und tief genug betrachten;
denn unser Sinn, zur Flachheit neigend, strebt
zu sehr danach, die Dinge zu mißachten.

Indes der Mensch nach Unerhörtem hascht, 5
erstirbt der feine Sinn ihm für das Kleine;
und was ihn nicht als Wunder überrascht:
das dünkt ihm das Natürliche, Gemeine.

Und doch ist Wunder diese ganze Welt!
Und nichts in ihr ist einfach und gewöhnlich: 10
Denn deine Welt und meine – steht und fällt
mit dir, mit mir: sie ist durchaus persönlich.

Wie sieht die Welt aus, die für sich allein
besteht? Wer kann ihr Wesen mir erklären?
Ist sie gebannt nicht an Lebend'ger Sein, 15
und wär' sie wertlos nicht, wenn sie nicht wären?

Sie sieht nicht aus – drum eben, weil sie ist,
sie ist nicht mehr, wenn sie im Aug' sich spiegelt:
Kein schauend Aug' ihr Wesen je ermißt –
ja selbst der Gottheit blieb' ihr Kern versiegelt,

es sei denn, daß er selbst die Gottheit sei,
die sich, geschaut, als Welt vor uns entfaltet;
die ewig gleich an sich – doch ewig neu
für uns – ohn' Anfang und ohn' Ende waltet.

Wohl löst sich dieses letzte Rätsel nie.
Doch tiefe Weisheit sprachst du, großer Meister,
daß »Wirklichkeit im Großen« Poesie,
und Prosa nur das Weltbild enger Geister.

Morgenfahrt

Im Morgendämmer fuhr ich über Land –
die Äcker stumm – die Wälder schwarz und tot –
bis endlich an des Himmels fernstem Rand
sich Streifen zeigten, gelb und rosig rot.

Nicht lange, und wie Feuer und wie Blut
entstieg der Ball den Nebeln feucht und kalt,
und übergoß die Flur mit Purpurglut
und wandelte in wogend Gold den Wald.

Und auch auf mich im Wagenzwielicht traf
ein Blitz, mich strahlend wappnend wie zum Streit,
und küßte meine Seele aus dem Schlaf:
Ein Flammengruß aus der Unendlichkeit.

An die Geliebte

Sternengold entreiß ich dem nächtlichen All,
schmiede draus ein leuchtendes Diadem,
und um deine züchtige Stirne
flecht ich mit zitternder Hand es, Geliebte!

Sonnengold entwend ich dem Tagesgestirn,
winde draus einen siebenfach strahlenden Ring,
und an deine Hand, die reine,
füg ich in sprachlosem Glück ihn, Geliebte!

Blütenduft erhasch ich und Mondenglanz,
webe draus einen schimmernden Schleier dir,
und um deine Gestalt, die keusche,
lege ich zärtlich und leis ihn, Geliebte!

Was mir etwa entfiel beim wonnigen Werk,
raff ich auf und spinne mir Saiten draus,
süße, selige Weisen tönend –
alle für dich nur, für dich nur, Geliebte!

Meiner geliebten Schwester

Ich hoffte, meine Kette fiele,
ich spürte schon der Freiheit Hauch –
nun steh' ich wieder weit vom Ziele,
und unser Traum verweht wie Rauch.

Wir hatten längst uns ausgesonnen
das trauliche Zusammensein,
in ferne Zukunft kühn hinein
war unser schöner Plan gesponnen – –

Doch wenn er jetzt auch ist zertrümmert,
wir tragen's doch erhobnen Muts!
Die Freundschaft bleibt uns unverkümmert!
Und sonst – so oder so – was tut's?

Gedichte aus dem Nachlaß

Ich liebe mir die klaren Frauenaugen,
aus denen eine freie Seele leuchtet;
die nicht, die zehrend sich in andre saugen,
die Hauch der Leidenschaft verschleiernd feuchtet.

Die nicht, die nur im Übermaße fühlen,
die überschwenglich lieben oder hassen.
Ich liebe mir die klaren, scheinbar kühlen,
die, was sie sollen, tief und ernst erfassen,

die weiblich sind im adelvollsten Sinne
und wissen, wo sie groß und wo sie fehlend.
Die andern sind zu feurig-kurzer Minne;
doch diese wirken ewig tief beseelend.

Und um den Abend wird es Licht sein
(Sacharja 14,7)

Und um den Abend wird es Licht
und um den Abend Friede werden...
wenn sich der laute Sonnenschein des Tags
hinabneigt in den tiefen Schoß der Wälder,
wenn scheidend er, in seliger Verklärung
ob seiner süßen, zarten Abschiedsworte,
die sinnende Geliebte, seine Erde,
verläßt, und leise sie die Schleier rafft
und enger um das müde Antlitz zieht.

Es naht die Nacht, und mit ihr nahn die Träume.
Der Hütten Fenster glänzen freundlich auf
und schaun hinauf zu ihren fernen Schwestern,
den Himmelsfensterchen am Firmament.
Und wie hier Stern und Lämpchen Grüße tauschen
hinab, hinauf, durchs stille, dunkle All,

so auch besinnt das arme Menschenherz,
im Drang des Tags vergessend und vergessen,
sich auf sich selbst und schüttelt ab den Staub
und schlägt sein Auge auf zum ew'gen Licht.

Was ist der Mensch, wenn er, ein flücht'ger Schatte,
sein armes Sein für ein und alles hält?
Wenn er dahingeht, losgelöst von dem
urewigen Zusammenhang der Dinge?
Wenn ihm sein Leben eine Ganzheit dünkt,
die wie ein Wellenkamm sich hebt und senkt:
und alles ist für Ewigkeit vorüber?

Was aber ist der Mensch, der sich geboren
aus einem ew'gen Geiste fühlt, der weiß,
daß dieses Leben nur ein Torso ist,
nur ein Entwurf, ein dürftig Skizzenblatt,
das, wie es aus dem Nichts nicht wurde,
auch niemals in ein Nichts zurückgehn kann!
Wer leugnete die Seelensehnsucht fort,
wer jene Liebessehnsucht, die mit starken,
unhemmbar starken Schwingen unsern Geist
durchs weite All nach einer Gottheit treibt?
O selig der, der nicht mehr frägt und sucht,
der fest und unbeirrt sein schweres Haupt
vertrauend lehnt an seines Gottes Brust…
er ist der Beste und der Glücklichste.

Ihr zweifelt, daß euch solches Glück beschieden?
Noch blendet euch der Tagessonnenschein,
noch steht ihr allzu hell im Daseinskampf.
Am Abend aber, wenn die Sonne weicht
und Millionen Sonnen eurem Auge
aus der Unendlichkeit entgegenglühn,
da wird in eure Seele auch, die stille,
das Licht der ew'gen Geistersonne strahlen.

Und wie der einzelne, so wird auch einst
der ganzen Menschheit irrendes Geschlecht
von diesem höhren Licht erleuchtet wandeln.
Wann einst die Völkerstürme sind verbraust,
wenn tausendmal verblutend, tausendmal
aufs neu geboren, endlich Volk um Volk
zur Liebe sich und Weisheit durchgerungen;
wenn dieses großen Ringens Ende naht,
der Abend unsrer Leidenschaften dämmert –
dann wird es licht und schön auf Erden werden,
und Glück und Friede, jene treuen Engel,
die Hüter unsrer reinen Träume sein.

Doch wie zum Gleichnis jener fernen Zukunft
steckt an das Licht im dunkelnden Gemach
und laßt bei seinem lieben, trauten Schein
uns plaudern von dem Einst und Jetzt und Später,
und wenn Empfindung unser Aug' verklärt,
so spiegele in seinem feuchten Glanze
das Traumbild sich der neuen, schönen Zeit.

Das neue Jahr

An ihrer Spindel saß Allmutter Zeit
– es surrten und flogen die Rädchen –
sie spann an dem Schleier der Ewigkeit
mitsamt ihren blühenden Mädchen.
Da dröhnte die Türe von pochendem Schlag,
und herein trat, tiefatmend – der letzte Tag.

»Es grüßt dich dein jüngstes Enkelkind!
Mich sandte die Mutter, die süße;
ich flog hierher auf dem Winterwind

und bring' ihre letzten Grüße. 10
Ihr Herzblut verströmte in wildem Weh,
ihre Wangen bleichte der Frost und der Schnee.«

Allmutter umschlang den Knaben heiß:
»Hab' Dank für die treue Kunde!«
Dann rief sie in ihrer Töchter Kreis 15
mit wehmutzuckendem Munde:
»Ihr hört es! Es sank eure Schwester ins Grab –
wen send' ich von euch nun zur Erde hinab?

Ihr kennet der Jungfrau leidvolles Los,
die hinab zur Erde sich wendet: 20
Nicht kehrt sie wieder in euren Schoß,
wenn ihr kurzes Dortsein geendet.
Sobald sie ihr Tagewerk mühsam vollbracht,
umfängt sie für ewig des Todes Nacht.

Doch schrecklicher ist, als der ewige Tod, 25
was die Schicksalssprüche sie lehren:
Nicht darf sie helfen der irdischen Not,
dem Unrecht, der Sünde nicht wehren.
Ihr Auge wird alles auf Erden sehn,
doch tatlos muß sie vorübergehn.« 30

So sprach die Göttliche, grambeschwert.
Da trat aus den weinenden Reihen
ein Weib, von milder Schöne verklärt: –
»Laß mich diesem Lose mich weihen!
Und bin ich der Menschheit zur Hülf nicht bestellt, 35
darf doch für sie flehn ich zum Vater der Welt.«

Auf die Stirne küßte sie Allmutter Zeit: –
»O sähst du den Sieg des Guten!
O sähst du gemildert das bitterste Leid
und Liebe die Herzen durchfluten! 40
Fahr' wohl, du kühne, strahlende Maid,
und grüße die Menschen von Allmutter Zeit!«...

Es surrten und sausten die Spindeln im Saal
ihre ewigen Weisen wieder.
Sie aber entschwebte durchs dunkle All
auf die nächtliche Erde hernieder.
Kaum lugten die Hütten hervor aus dem Schnee,
stumm träumten die Wälder, erstarrt lag der See.

Doch wie ihr Fuß auf der Erde stand,
erhob sich ein Dröhnen, ein Hallen:
Laut ließen die Uhren im ganzen Land
die Mitternachtsstunde erschallen,
und machten der Menschheit offenbar:
»Es hält seinen Einzug das neue Jahr«.

Unhörbar schwebte sie durchs Gefild,
indes die Glocken klangen,
und segnete alle freundlich und mild.
Und als die Nacht vergangen
und Sonnenschein über den Fluren lag,
da grüßte die Menschen – der erste Tag.

Hilf mir, mein Gott, in diesem Jahre
stets Deiner Gnade wert zu sein!
O ew'ge Liebe Du, bewahre
mein Herz von Schuld und Sünde rein.
Und immer lichter offenbare
Dich mir, im tiefsten Herzensschrein.
O bleibe bei mir, stille, ew'ge Macht,
beseele läuternd mich bei Tag und Nacht,
und segne alle meine Lieben!

In einem Kaffeehause

Ich zeig wohl oft im Unglück leichten Mut
und mancher mag mich herzlich drum beneiden,
doch senkt es leis und schwer sich in mein Blut
und nährt in mir ein stilles, tiefes Leiden.

Ihr brecht zusammen, wenn ein Weh euch trifft,
doch mit den Tränen flieht auch eure Trauer;
ich scheine kaum berührt, doch wie ein Gift
verstört es mein Gemüt in langer Dauer.

Erbaut die ragendsten Paläste
und hüllt sie in ein Meer von Licht,
vertilgt der Armut letzte Reste –
des Menschseins Qualen tilgt ihr nicht.

Ob goldgewirkt, ob buntbebändert,
ob schlecht und rauh der Menschheit Kleid:
darunter birgt sich unverändert
doch stets dasselbe Herz voll Leid.

Ich ahne mich oft als Felsen,
dem einst ein Quell entspringen wird.
Ich ahne mich oft als Harfe,
die wunderseltsam klingen wird.
Ich ahne mich oft als Adler,
der sonnenhoch sich schwingen wird.
Ich ahne mich oft als Helden,
der eine Welt bezwingen wird.

WAS STEHST DU da mit großen Blicken
vor meinem Tisch, du fremder Knabe?
Und siehst mit schüchternem Entzücken
auf meine bunte Bücherhabe?
Was streift dein staunend Aug' die Wände
wo Bild an Bild sich traulich reihen?...
Wenn dieses Aug' ich nicht verstände: –
ich könnt' mir's nimmermehr verzeihen!

Je mehr dein Antlitz ich betrachte,
je tiefer fühl' ich mich erbeben:
Was ist's, das dich zum Bettler machte
und mir verlieh ein freundlich Leben?
Das dir versagte, dich zu senken
in das, was Kunst und Weisheit schufen,
das mich zum Träumen und zum Denken
und dich zum Dienen hat berufen?

Ist nicht auch dein Herz glutenhaltig,
nicht dein Kopf auch entbrannt nach Wissen?
Was zwingt dich, das, was tausendfaltig
im Reich des Geistes blüht, zu missen?
Es ist der Stand, der dich geboren;
der Mangel, deiner Wiege Hüter:
Mit der Geburt schon war verloren
dein Anspruch auf die höchsten Güter.

Wo ruhn der Dichtung Weihgesänge?
In Bänden, die nur Gold entsiegelt.
Wo wehn der Tonkunst Feierklänge?
In Hallen, die nur Gold entriegelt.
Was können dir des Künstlers Träume
und was des Bildners Werke gelten?
Du wanderst nie durch jene Räume:
es sind dir fremde, ferne Welten.

Wann wird die Kunst herniedersteigen
auch des Geringsten Sein verschönend?
Wann wird sie werden Volkes-Eigen   35
der Geister Fremdheit sanft versöhnend?
Wann sie, die aus des Volkstums Grunde
entstammt, der Kindschaft fromm gedenken,
und mit vergebungflehndem Munde
zur Mutter ihre Schritte lenken?...   40

(Was ist dir, Kind? Dein Auge leuchtet
verräterisch im weichen Schimmer!
O diese Träne, die es feuchtet,
sie sei vergessen nie und nimmer!
Sie sei das stumm-beredte Zeichen,   45
in dem ich rastlos werde streiten –
wir wollen ernst die Hand uns reichen:
Getrost! Es kommen beß're Zeiten!)

GRUSS DES MULUS AN DIE FREIHEIT

Freiheit! Du seelenberauschende, wonnige!
Die du mir wunderverheißende, sonnige
Fernen entschleierst mit gütiger Hand!
Laß es mit trunkenem Aug' mich grüßen,
das mir zu Füßen   5
lagert, das jungfäulich harrende Land!
Ist sie nicht mein, die weltweite Erde?
Seit mich, den lange vom Zwange Umsponnenen,
endlich Entronnenen,
wiedergebar dein schaffendes »Werde!«   10
Retterin! Schöpferin!
Freiheit! Ich küsse dein Strahlengewand.

Dürstend entgegen dem Born des Lebendigen,
endlich das lähmende Gleichmaß zu endigen,
drängt mir das Herz mit ausbrechender Glut
eigene Normen mir kraftvoll zu schaffen,
eigene Waffen,
eigene Ziele, so will es mein Blut.
Was auch der Eintag preise, der eilige,
das nur, was mir sich in sieghafter Klarheit
kündigt als Wahrheit,
sei mir das Hohe, Ersehnliche, Heilige!
Trösterin! Schützerin!
Freiheit! o stähle mir stetig den Mut!

Vornehm als Denkenden, vornehm als Handelnden,
froh als im Stolz der Gesundheit Hinwandelnden,
schaue mich, Freiheit, dein Angesicht!
Vorwärts und aufwärts die Menschheit zu stoßen,
ewig zum Großen,
sei mir die schönste, die göttlichste Pflicht.
Doch die im Dunklen kriechen und schleichen,
all das Gezücht, das sonnenscheu eifernde,
menschheitsbegeifernde,
möge vor meinem Zorn erbleichen –
Freundin! Königin!
Freiheit! Wie lieb ich dein goldenes Licht!

O WÄRE ICH KÖNIG: ich ließe sogleich
die Uhren im Lande schweigen,
es dürfte in meines Schlosses Bereich
keine Glocke die Stunde mehr zeigen.

Es dürfte nicht jede Kirchturmsuhr
mit ihrer Weisheit prunken,
wann wieder mir sterblichen Kreatur
eine Spanne auf ewig versunken…

Ihr seligen Zeiten, da man noch
hinträumte von heut auf morgen,
da man noch nicht im schnurrenden Joch
der Kultur sein Leben geborgen!

HEIMKEHR (NACH KOCHEL)

Nach dem Dörflein stieg ich nieder,
drin ich erste Schritte tat,
jedes Haus erkannt' ich wieder,
jeden Baum und jeden Pfad.

Und ein Kind in grünem Jäckchen
hüpfte spielend zu auf mich,
drall und blond mit roten Bäckchen.
Und dies muntre Kind war – ich.

Lächelnd nahm ich's auf die Arme,
sah ihm forschend ins Gesicht.
Küßt' es ihm, das zarte, warme,
doch es kannt', es kannt' mich nicht.

Staunend sah es mich aus bangen
großen Augen lange an.
Seine kleinen Hände rangen
ängstlich mit dem fremden Mann.

Zuckend laß ichs niedergleiten,
schlag die Hände vors Gesicht –
Änderten mich so die Zeiten?
Ach, es kennt, es kennt mich nicht!

Heiße, bittre Tränen rollen,
traurig wird mein Herz und schwer –
Kindheitsglück, du bist verschollen,
und ich kenn mich selbst nicht mehr.

ÄSTHETISCHES GLAUBENSBEKENNTNIS

Ihr meint, ich könnte nicht bizarr sein,
in tollsten Sprüngen phantasierend,
nicht auch einmal mit Narren Narr sein,
auf einen Tag bei euch gastierend?

Ich könnt' mich nicht kokett drapieren
mit Phrasen- und Gedankenfetzen,
mein Herz nicht selbst ironisieren,
und lachend Heiligstes verletzen?

Ich könnt' nicht unbeholfen poltern
und plump und anmutlos mich spreizen,
nicht manches keusche Auge foltern,
verführerisch nicht manches reizen?

Ich könnt' es wohl – wenn nicht nach Klarheit
und Schönheit meine Seele strebte,
und Abscheu vor Gedankenbarheit
und Mißgestalt sie heiß durchbebte.

Denn ich verachte das Gesindel,
das ohne Selbstzucht sich geberdet,
und – gleich dem Säugling in der Windel –
jedweden, der ihm naht, gefährdet,

das jede Äußrung seiner Laune
als künstlerische Tat verteidigt,
voll Sucht, daß man als neu bestaune,
was jeden ernsten Sinn beleidigt.

Es wird wie Spreu im Wind zerfliegen:
Denn nicht aus Willkür sind die Waffen,
mit denen wir die Zeit besiegen,
sie sind aus Kraft und Maß geschaffen.

LIED DER JUNGEN MENSCHEN

Ewig neue Lebens-Scharen,
quellen wir der Welt empor,
ewig ihr den Lenz zu wahren,
sprießen wir, ein bunter Flor.

Gräser, Blumen, Ähren, Bäume,
wachsen wir ohn Endes nach,
und so sehr der Tod auch räume,
liegt die Scholle niemals brach.

Wir, wir sind die ewigen Sieger
kraft der Jugend unseres Bluts.
Fallen um als müde Krieger,
jauchzen wir »Was tut's, was tut's?

Wir sind da, wir kommen, zittre,
Feind, vor unsrer frischen Kraft.
Und was uns auch einst zersplittre –
heute stehn wir voller Saft!«

Und dies Heute wird nie Gestern,
denn, verließen wir den Platz,
junge Brüder, junge Schwestern
reifen täglich als Ersatz.

Jugend bleibt, und Kraft und Freude,
auch wenn wir längst geschieden,
wie ein ragendes Gebäude
mit stets neuen Karyatiden.

Aus inneren Kämpfen

In heißem Taumel
hatt' ich mich hingeworfen,
meines Herzens
geheimste Quellen
brachen auf und strömten
über mein Antlitz.
Meiner Seele
glühendste Gluten
fluteten aus
in schrankenspottender Kraft.
Und meine Hände
krampften sich ineinander
als wär' es so Gesetz der Natur.
Und ich lag da
in wortlosem strömenden Beten.
Zu wem?
Um was?...
O frage nicht!
Zu niemand und um nichts.
Denn nimmer kehr ich
zu alten Göttern
aus feiger Ruhsucht,
ich hätte sie denn
im Innersten
wieder erkämpft.
Doch was da sprach
in jener Stunde,
es war die glühende
ausströmenwollende
Sprache des Herzens.
Mein ganzes Menschsein
floß hingegossen
in diesen Wogen.

Unendliches Bangen,
unendliche Sehnsucht,
Enttäuschungsqualen,
und Hoffnungsschimmer...
Wovon man vor Menschen
vergeblich redet,
da auch der liebste
es nicht versteht.
Sie suchten und langten
nach einer Seele,
der sie sich geständen,
nicht in Worten,
nur in stummer
hinkniender Demut,
sie suchten und langten
nach einer – Gottheit.
Ein Wahnsinn wohl,
und doch ein schöner!
Sie träumten von einem,
einem Herzen,
das sie verstände
mit übergewaltiger Liebe,
das ihnen entgegenschlüge
und hörte, hörte,
was dieses Herz
in überweltlicher Sprache
weinte und zitterte.
O wäre nur dies!
Keine Hilfe, keine Gnade,
kein Zeichen vom Himmel!
Nur ein liebend geneigtes Haupt
dunkel stammelndem Beten!

Gedichte aus dem Nachlaß

HERVOR
aus schlummernder Truhe,
mein Saitenspiel!
Hilf meiner unsterblichen Seele
hinwegspotten das Irdische.
Die Schwingen löse ihr
aus schnürender Fessel,
und gib ihr Freiheit
und Licht und Odem!

Entbanne mich
der haßvoll lauernden Sorgen,
die mich gern
hinunterzögen in erstickenden Staub,
die mir gern
das Auge blendeten,
in ihr dumpfiges Kloster
mich dann zu sperren,
den mönchisch Entmannten.

Rauschet auf, ihr Saiten,
hallet mir markige Lieder;
sonnige überweltliche Sänge,
tragt mich empor
über die mühselig keuchende Mißwelt!
Löset ihn auf, den Akkord,
den die Zeit mißtönend begann,
in heiligen Wohllaut
ewiger Harmonie.

ZWEI IDYLLEN

I.

ERINNERUNG AN DEN GUTSHOF ZU LUTRÖDA

Kleines, zartes, liebes Schweinchen,
deiner denk' ich oft mit Wonne,
wie du deine weißen Beinchen
wohlig strecktest in der Sonne,

wie, besorgt, daß du entkämest,
ich dir nahte, langsam, leise,
daß du mir nicht Reißaus nähmest,
täppisch-ausgelaßner Weise,

wie's mir, dich zu streicheln, glückte,
während du erwartend schautest
und der Hand, die sanft dich drückte,
all dein kleines Sein vertrautest.

Dadurch hast du dich, mein Kleinchen,
tief ins Herz mir eingehoben:
Stets, du kluges, süßes Schweinchen,
werd' ich lieben dich und loben.

II.

AUF DEM AMMERSEER DAMPFER

Mir ist, als säh ich's vor mir... doch es liegt
schon manchen Mond zurück. – Es wiegt
der Dampfer sich durch rosenroten Schaum.
Fern das Gebirg – wie ein Titanentraum
so groß und dämmerhaft – die Ufer fast
verschleiert und von Nebeln überblaßt.

Das Schiff, gefüllt, wie es der Sonntag bringt;
ein Trupp von Technikern, der lärmt und singt;
ein Weib mit einem Christus unter Glas
— der angetrunknen Schar zum groben Spaß —;
Philister, Liebespaare, Bauern — und
ein dicker Herr mit einem winz'gen Hund.

Zuerst sieht man den dicken Herrn allein.
Doch plötzlich greift er in den Rock hinein
und stellt vor seine Füße sorgsam mild
ein zitterndes, unsel'ges Jammerbild.
Da steht es nun und weiß entsetzensvoll
nicht, welches Bein zum Stehn es brauchen soll.

Da steht es nun im rauhen Windesstoß,
gerissen aus des Mantels warmem Schoß,
und schielt von Furcht geschüttelt auf den See,
voll Todesangst, daß ihm ein Leid gescheh',
und überkugelt sich bei jedem Lärm,
als führe ihm der Teufel ins Gedärm.

Bis endlich, als ein Passagier es neckt,
am Stiefel seines Herrn es bittend schleckt.
Der beugt sich schmunzelnd nieder, packt es und
versenkt es wieder in des Mantels Grund.
Nur manchmal guckt mit schlecht verhehltem Graun
das Köpfchen vor, sich schüchtern umzuschaun.

Mir ist, als säh' ich's vor mir... Doch es liegt
nun manchen Mond zurück. — Es wiegt
der Dampfer sich durch rosenroten Schaum.
Fern das Gebirg — wie ein Titanentraum.
Und vorn, ein Pärchen, rührend anzusehn:
Mit seinem kleinen Schützling der Mäzen.

STURMNACHT AUF DEM EIBSEE

Nacht war's.
Die fahlen Felshänge
glänzten fast weiß
im Mondlicht.
Drunter rauschten die Forsten,
rollte der See.
Auf schwarzen Wogen
glitzerte flüchtig verrinnendes Gold –
und über die schwarzen Wogen,
goldumschüttet,
glitt, schoß, stampfte mein Boot.

Mit herrischem Ruder
zwang ich's, den Bug
den Kämmen zu bieten,
die, Feuer im Auge
und Schaum auf den Lippen,
zum Sprung anstürzten,
ohnmächtigen Zorns:
Sie hätten so gern
mit dem Nachen gespielt,
so gern an den Flanken
ihn tückisch gepackt.

Und immer tiefer
zog's mich hinein
in den düster prächtigen,
Flammen zuckenden See.
Rings auf den Wäldern
webte ein weicher Duft.
Und draus empor
stiegen der Felsenkette
einsame Wände,
in steiler Majestät,
geisterhaft bleich.

Hoch oben im Äther,
durch wirres Gewölk,
flog des Mondes
reifer, runder Ball.
Schüchtern lugten
da und dort
neugierig funkelnde
Sternenaugen
durch des Himmels
vielverhangene,
tiefblaue Wölbung.

Wie trank mein Auge
die Wunder der Nacht!
Wie sang mir der Sturm
seine Freiheit ins Herz!
Dumpf rauschten die Tannen,
rollte der See.
Auf schwarzen Wogen
glitzerte flüchtig verrinnendes Gold –
und über die schwarzen Wogen,
goldumschüttet,
glitt, schoß, stampfte mein Boot.

MUTTER UND SOHN[*]

»Was rollt so dumpf in der Ferne?
Mutter, sprich!
Was recken die schwarzen Wolken sich
bis an die Sterne?«

---

[*] Gemeint ist Friedrich Nietzsche und seine Mutter.

»Mein Sohn, oh wie machst du mein Herz mir schwer!
Gott sei's geklagt!
Du hast es ja selber vorausgesagt!
Weißt du's nicht mehr?...«

»Welch klagendes Stürmebrausen!
Mutter, sprich!
Was jagen die grellen Blitze sich
im nächtlichen Grausen?«

»Mein Sohn, die alte Erde kreißt:
Aus ihrem Schoß
ringt eine neue sich stöhnend los – –
sie ahnte dein Geist...«

»Welche Stille in den Lüften!
Mutter, sprich!
Bergen die Wolkengespenster sich
endlich in Meeresgrüften?«

»Mein Sohn, nun brachen sich Wetter und Wind!
Goldig besonnt
glüht im Osten der Horizont –
o sähst du's, mein Kind!«

Da blitzt des Kranken Augenpaar
von überirdischem Licht,
der Früh-Hauch wellt sein ergrautes Haar,
die Sonne küßt sein Gesicht.

Die Mutter betet... »Oh schwände einmal
der tiefen Umnachtung Harm!«
Da hält sie im jungen Sonnenstrahl
ihren toten Sohn im Arm.

Ich schritt zur Nachtzeit durchs Gemach
und sah im Spiegel mein Gesicht,
doch meine stolze Seele sprach:
Das bin ich nicht! Das bin ich nicht!

Ich sann mir in die Augen tief
und hob empor das Kerzenlicht,
doch meine Seele sprach und rief:
Das bin ich nicht! Das bin ich nicht!

War's, daß der Arm des Amts vergaß,
war's, daß der Docht vergaß des Lichts,
je mehr ich sah ins dunkle Glas,
je mehr zerfloß mein Bild in nichts.

Ich aber sank in mich und sann,
bis klarem Ernst mein Schauder wich:
Was hier im Spiegelbild zerrann,
war nur mein Bild! war nicht mein Ich!

Odysseus an seine Freunde

Bindet mich fest, Freunde,
drücket mir Wachs in die Ohren,
wenn meine Stunde kommt,
daß der Sirene Liebesseufzer
mich nicht bestricken.
Oh ich kenne ihr schmeichelnd Locken,
das mir wie Lenzluft
die Glieder löst.
Hemmet mir auch noch die Blicke, Freunde!
Daß nicht der Durst ihrer Lippen und Augen
mein Mark ausglühe,
daß nicht die braune Sehnsucht der Flechten,
der dunklen, schweren, warmen Flechten,
meine Freiheit in Fesseln schlage –

wenn sie niederfallen
über die weißen, weichen Arme...
wenn sie sich runden
über den weißen, wogenden Brüsten...
Freunde! bindet mich siebenmal!
Frei will ich bleiben
von der Liebe!
Um meiner Freiheit willen
werft mich in Ketten.

VOR MEINEN Fenstern rauscht der Bach
durch nächtiges Revier;
ich ruf' ihm tausend Grüße nach –
er wandert ja zu dir!

Ich leg' auf seiner Wellen Schaum,
was in mir stürmt und fleht:
Sie flüstern dir in deinem Traum
einer tiefen Sehnsucht Gebet.

Vor meinen Fenstern rauscht der Bach
durch nächtiges Revier;
sein Raunen hält mich selig wach:
Er wandert ja zu dir!...

WAS DURCH der Seele Schlüfte
wie Wasserdampf sich zwängt,
was zart wie Nebeldüfte
um ihre Gipfel hängt,

was scheu auf Sturmgefiedern
der Worte Rinnsal mied –:
Das ist von allen Liedern
das wundertiefste Lied.

Der Nachtfalter

Mit leisem Atem hob sich
der Busen der Frühlingsnacht,
in ihre Träume wob sich
des Mondes weiche Pracht.

Durchs offne Fenster sandten
Kastanien mildes Arom,
ihre bleichen Kerzen brannten
fantastisch zum Sternendom.

Die mitternächtige Weile
mit eherner Stimme sprach – –
da schoß gleich einem Pfeile
ein Falter ins Gemach.

Auf meine Lippen stieß er
in taumelnd rasender Wucht,
und, niederstürzend, ließ er
das Leben für seine Sucht.

Erschauernd blies ich vom Munde
den schwarzen Schwingenstaub –
draußen in nächtiger Runde
raschelte fröstelnd das Laub…

Mir ist, als ob ich noch immer
den Staub wegwischen müßt:
Als hätt mir im einsamen Zimmer
der Tod die Lippen geküßt.

WIE EINST

Ist's wahr, daß wir uns trennen müssen?...
Du beugst dein blondes Haupt – du weinst?
Du strafst mich nicht mit heißen Küssen –
wie einst?

Mein Herz vermag es nicht zu fassen,
daß du die Frage nicht verneinst!
So bin ich einsam und verlassen –
wie einst?

O löse mich vom düstern Harme,
und sag' daß du nur traurig s c h e i n s t!
O komm in meine treuen Arme –
wie einst!

Du winkst – ich sehe dich erblassen –
du senkst dein schönes Haupt – du weinst!
So bin ich einsam und verlassen –
wie einst.

DU KEUSCHES, kühles Ätherblau,
du klarer Trank dem Auge, wie lieb ich dich,
wie oft gesundete der Geist mir,
sann er in deine erlösende Reinheit.

Wie säumt' ich oft bei friedlichem Abendgang,
wenn roter Föhren schwärzliches Kronengrün
auf deiner jungfräulichen Blässe,
umrissen, voll Ernst sich abhob.

Wenn wieder dann aus den Schleiern der Nacht die Flur
entstieg und Tau der Frühe des Wanderers Fuß
besternte, dann umrann dein [*Lücke*]
Alles Lebendige, lichtdurchgeistet.

WAHRE KUNST

Die wahre Kunst entnimmt dem Tage,
allein sie dient dem Tage nicht;
sie lauscht ergriffen jeder Klage
und tönt sie wider im Gedicht;
5 doch nimmer wird ihr Wort zur Plage,
das ewig Lehr' und Mahnung spricht.
Durch Schönheit wirkt sie, Innigkeit und Größe,
und nicht durch Schmähung, Lärm und Degenstöße.

Es ist ihr Reich so unermessen,
10 so wunderherrlich hoch und weit,
daß es ein Unding, sie zu pressen
ins enge, karge Joch der Zeit.
Ihr Fuß versäumt sich weltvergessen,
ihr Auge sucht die Ewigkeit —:
15 So rettet sie in ihrem heiligen Schoße
im Drang des Tags das Ewig-Menschlich-Große.

TRAUMHAFTER WUNSCH

Oh wär' ich Baum und breitete die Äste
ringsum ins uferlose Meer der Luft,
hätt' Fink und Nachtigall als traute Gäste,
und tränk' empor der Wiesen herben Duft!
5 Oh wär' ich Mensch nicht, Mensch voll Leid und Fehle,
hinirrend auf des Daseins dunkler Spur,
oh höb' ich, eine stumme Pflanzenseele,
mein träumend Haupt zum lächelnden Azur!

Es ist der Wind ein feinerer Geselle
10 als Menschenflüche sind und Menschenhaß,
es zehrt des Regens staubzersprühte Welle
gelinder als der Tränen bittres Naß.

Und wenn nach trüben Frost- und Nebeltagen
die Sonne nicht, wie Sehnsucht wünschte, lacht –
wie leichter wög's, als stöhnendes Entsagen, 15
als der Enttäuschung finstre, kalte Nacht.

Ein Bächlein müßt an mir vorüberplauschen,
zu dem das Reh am Abend durstig zieht,
und aus der Ferne möcht' ich gern erlauschen
der Abendglocken friedesüßes Lied. 20
Wenn dann der Mond mit Silber mich bestreute,
und heimlich spräch' der Nachtwind bei mir ein...
Weiß nicht, ob mich des stillen Daseins reute,
ob ich mich sehnte, wieder Mensch zu sein.

FIN DE SIÈCLE

Es sucht uns heim ein grauser Gast
an des Jahrhunderts Wende.
Es ist die atemlose Hast,
wie kranke Menschen sie erfaßt
vor ihrem Lebensende. 5

Es ist ein Hetzen, eine Jagd.
Wohin? Nur fort, nur weiter.
Des Kommenden Erstreiter
sind wir; des Glücks, wonach ihr fragt,
erleuchtete Vorbereiter! 10
Es blinkt und winkt – nur schneller fort!
Was alt ist, sei zertrümmert,
des Warners unbekümmert;
erjagt der neuen Weisheit Hort
der dort verheißend schimmert. 15

Den Flachen

Ihr wißt und ahnt es freilich nicht,
was Gott abschwören heißt;
wie groß und traurig der Verzicht
für einen edlen Geist.

Nicht, daß die Bitten es verwarf,
bedrückt ein heißes Herz,
doch daß es nicht mehr d a n k e n darf:
das ist sein tiefster Schmerz.

Dichters Wanderglück

Dahin durch funkelnden Morgen geht
der Dichter, fromm wie im Gebet,
und was er hört und was er schaut,
wird Rhythmentanz und Liedeslaut.
Auf jedem Halm im grünen Ried
ein kleines Sonnenperlenlied,
auf jeden Käfers Rückengold
ein Liedesputtchen zag und hold,
in jeder Glockenblume Helm
ein lose kichernder Liederschelm,
und auf des Teiches Flüsterflut
schimmernde Liedlibellenbrut.
Aus Wiegekronen raunt und rauscht
Rätsel-Weise, weltgeistentlauscht,
(und von der Firnen Wolkenport
fällt donnerndes Lawinenwort.)
Im Tiefblau lachenden Sonnenscheins
ruft jeder Strahl den Preis des Seins;
und breitet Nacht und Schleier rings,
spricht tausendmündig die Sternen-Sphinx.
Der Dichter wandert stumm zurück,

in reicher Brust tieftiefes Glück.
Und was er sah, wovon er schied,
zerschmilzt ihm in ein einzig Lied,
ein Lied, so zart wie Knospendrang, 25
stolz wie der Fels, wie Waldnacht bang,
glühend von Sonne, und sternenweit
träumend ins Antlitz der Ewigkeit.

IN STILLSTER Nacht
in tief geheimnisvoller Stunde
kam es zu mir auf leisen Engelsfüßen.
Aus allen Tiefen, allen Höhn
umschwoll es mich wie klagendes Getön, 5
wie einer tiefen Sehnsucht Grüßen.

In stillster Nacht
in tief geheimnisvoller Stunde
da hab ich mich für alle Zeit
aus heilig heitrem Herzensgrunde 10
der Schönheit Sonnenreligion geweiht.

ABSCHIED

Weißt, was mir träumte?
Wir nahmen Abschied
fürs Leben.
Deine Arme
umschlangen mich 5
und deine Lippen brannten
und bebten...
Brannten und bebten Verheißung
Einer Nacht,
einer chaotischen Nacht... 10
Irgendwo...

Irgendwann...
Vielleicht nicht einmal
auf dieser Erde...
Auf einem Stern vielleicht,
da Unschuld noch
in innerster Freiheit
nimmt und gibt
wie es sie drängt.

Und ich zog dich
enger an mich
und küßte dich inniger.
Dann endlich
löstest du langsam
die lieben Arme
und schürztest dein Haar
in den strengen Knoten zurück.
Ich legte den Mantel dir
um die Schultern.
Die Tür fiel zu.

Und drunten im Schnee
lief eine schmale Spur
magdlicher Stapfen
hinaus,
weit, weit...
in die mondhelle,
einsame Nacht.

Sommernacht

Die Nacht war so schwül, und mein Herz schlug bang,
einer einsamen Nachtigall Lied nur klang
aus der Linde duftenden Zweigen;
es litt mich nicht länger im dämmrigen Raum:
Ich warf das Gewand um und schritt wie im Traum   5
hinaus in das nächtliche Schweigen.

Mich lockte der Sang mit schluchzendem Flehn –
berückend spürt' ich herüberwehn
den heißen Atem der Blüten –
Es zog mir den Fuß und verspann mir den Sinn –   10
und unter der Linde warf ich mich hin
zu dunklem, verworrenem Brüten.

Im Wipfel leises Bienengesumm –
unweit des Bächleins – sonst alles stumm,
nur ein Hund schlug an in der Ferne...   15
Die Nachtigall schwieg und sang und schwieg,
den Kelchen berauschender Duft entstieg,
tiefschweigend zogen die Sterne.

Ich ging im Park...

Ich ging im Park.
An einem Knie des Wegs
betrat mich unverhofft
ein seltsam Bild.

Unweit, wo hell   5
durchs Laub der Himmel brach,
auf einer Bank von Marmor
saß ein Weib, –

        ein schlankes Kind
        in erdbeerrotem Kleid,
        von Braungelock
        das Köpfchen überwirrt.

        In ihren Fingern
        hing ein hanfen Netz,
        darin ein bunter Ball
        gefangen lag –:
        Und wie die Laune trieb,
        so schaukelte
        und wirbelte das Netz
        die zarte Hand.

        Mir aber war's,
        ich sähe Aphrodite,
        die Herrin,
        wie sie mit dem Erdball spielt.

MEIN GRAB

Sollt' einst ein Grabkreuz mich bewachen,
ihr tätet mir das größte Arg,
doch will ich noch im Himmel lachen,
stoßt ihr ein Schwert mir in den Sarg.

Und drüber hängt die Schellenkappe,
daß sie im Winde lustig klingt,
und dran ein Zepterchen von Pappe,
das neckisch in der Sonne schwingt!

Und tritt ans Grab dem Treuelosen
ein Kind einst, das den Mund mir bot –:
Schütt' aus die Schürze, schwer von Rosen!
Das nenn' ich tot sein, heiter tot!

Das Gesicht

Ein großes Gesicht
nahte mir gestern im Traum.

Ich sah die Genien
zweier Völker
zusammenstehen:
Der Ältere
reichte dem Jüngeren
einen kristallenen Gral,
heißen, purpurnen Blutes voll.
Der aber rief
seine Kinder alle,
daß die weiten Ebenen
um ihn sich füllten,
und stellte
in ihre Mitte
die schimmernde Schale
und sprach:
Trinket alle daraus!
Dies ist das Blut
der Besten vor euch.
Eines versunkenen Volkes Seele
kredenzt euch
in diesem Glutwein
sein gütiger Genius.
Doch eines wißt:
Einst muß auch ich
die heilige Schale
an einen Künftigen
weiterreichen
mit eurer Edelsten
heißem Herzblut.

Drum, wenn ihr
aus diesem Borne
flüssigen Feuers
35   Segen und Kraft
in die Adern euch saugt,
denket, denket daran,
ihr göttlich berauschten,
daß [*bricht ab*]

AM NARRN und Schwächling hab' ich keine Lust.
Oh Seelengröße, Friede, Durst nach Licht,
hat Lärm und Staub des Markts euch ganz verscheucht?
Was einst der Jüngling auf der Schulbank schrieb,
5   das Selbstbekenntnis, ach!, es gilt noch heut' –:

    Ich möchte größer sein! und bin es nicht.
    Ich möchte tiefer sein! und bin es nicht.
    Und daß ich größer nicht noch tiefer bin,
    als wie ich bin: das ist's, was mich zerbricht.

10   Ich möchte kleiner sein! und bin es nicht.
    Ich möchte flacher ein! und bin es nicht.
    Und daß ich kleiner nicht noch flacher bin,
    als wie ich bin: das ist's, was mich zerbricht.

Einst rang ich ungestüm zu Gott empor:
15   Vertiefung gib mir! Sehnsucht ohne Ende!

DER OFEN atmet
zuweilen tief,
wie Hunde
im Traum
aufschnaufen.

Am Fenster streichen
die Toten vorbei.
Ich hör'
ihre Tränen
tropfen.

Doch wenn im Kamin
der Zugwind schläft
und die Toten,
die Stirnen
an die Scheiben gepreßt,
hereinspähen,
daß ihre Zähren nicht
aufschlagen,
daß sie die Glaswand nur
langpfadig herunterschleichen –

dann fängt die Stille
um mich zu schrein,
zu sausen, zu wirblen,
zu leuchten an.

Ein Glockenzeichen
vom Turm herab
erschlägt
die verwirrenden Stimmen.

Ich sitz'
in dem Sofa
zurückgelehnt,
und nun kommen
die Träume, die Träume.

Auch ich war ein Jüngling mit lockigem Haar
und schwärmte für Marx und Lasalle;
ein Priester im roten Rebellen-Talar,
so eiferte ich am Musenaltar
und schwärmte für Marx und Lasalle.

Ich ramme dir gern einen Flaggenmast ein,
du schöne, pathetische Zeit!
Mein Herz gehört nun der Kunst allein,
doch denk' ich oft lächelnden Auges noch dein,
du schöne pathetische Zeit!

Auch ich war ein Jüngling mit lockigem Haar,
und ich glaubte, es harre die Welt,
daß ich sie rette aus aller Gefahr,
daß ich ihr sage, was recht und wahr!
Und ich glaubte, es harre die Welt.

Ich möchte schlafen, bis der Frühling kommt!
Wie neid ich, Blümlein, dich im tiefen Schnee!
Wie neid' ich, Bächlein, dir die starre Ruh!
Ich möchte schlafen, bis der Frühling kommt.

Ein Toter wandl' ich unter Lebenden.
Mit Schlaf und Nahrung schlepp' ich meinen Leib
durch Tage namenloser Leerheit hin.
Ein Toter wandl' ich unter Lebenden.

O grauenvoll wie unabwendbar Los!
Wenn mich die Ohnmacht bleiern überfällt,
ein Toter wandl' ich unter Lebenden.
Ich möchte schlafen, bis der Frühling kommt.

Ich sehne mich nach dir, mein Vater!
Keine Worte!
Keine Gründe!
Um alles
jetzt kein »Gedicht«.
Oh tiefes Schluchzen
in meiner Seele...
Ich sehne mich
nach meinem Vater...

Der Bergsee

Im stillsten Geheimnis der Berge ruht,
von Felsen und Forsten umhütet,
ein See, auf dessen düstrer Flut
starrendes Schweigen brütet.

Die Wolken bleiben erschrocken stehn
über der lauernden Fläche;
unhörbar nähren und ungesehn
ihn unterirdische Bäche.

Kein Hauch auf seinem Spiegel wacht,
kein glitzernder Sonnenfunken.
Es ist, als sei in ihm die Nacht,
die schwarze Nacht, ertrunken.

Nur manchmal, wenn's in den Lüften kreißt,
wenn die Wolken sich stoßen und hetzen,
und des Mondes Larve blutrot gleißt
durch titanische Nebelfetzen,

da geht ein Schauer durch die Flut,
als ob sie ein Dämon küßte,
da öffnet sie Augen voll brennender Glut,
da wogen die Wellenbrüste,

da flattern die Schlangenhaare wild,
wie wallende Feuerbrände,
und gierig empor nach dem Ufergefild
langen goldtriefende Hände.

25 Die Felsen schlagen donnernd zurück
die klatschende Gischtanwehung:
Es ist, als schriee ein totes Glück
ohnmächtig um Auferstehung.

Doch lange, bevor der Tag erwacht,
30 ist sie wieder in Schlaf gesunken,
so todesstumm, als sei die Nacht
in ihrem Schoß ertrunken.

Ἓν καὶ πᾶν

Nun rührt mein Geist
an die fernsten Sterne.
Vom Lied meiner Seele
schwingt leise
5 das All.

Ich sah
die Ureinheit
alles Lebendigen,
sah im Weben
10 unendlicher Weltnatur
mich selbst:
Verwoben in alle Dinge,
in alle Dinge mich webend.
Sah die Wellen
15 meines Willens
an die letzten Sterne schlagen,
fühlte alles Seins Bewegung
in mir strömen,

auf mir spielen.
Alles in mir!
In allem ich!
In allen Vergangenheiten
und Zukünften
Ich.
Ohne mich
keine Vergangenheit,
keine Zukunft.
Urnotwendig
von Ewigkeit
zu Ewigkeit!

Ich fühle
das All um mich,
und ich fürchte mich nicht
vor seiner Tiefe.
Es ist keine Tiefe,
in der ich nicht wäre.
Ohne Grenzen
wirkt mein Wille.
Ich bin ewig
und unendlich.
Was ist Geburt?
Was ist Tod?
Geburt ist:
Wissen des Willens,
Selbstbewußtsein
des Willens.
[*bricht ab*]

Die ersten Maiglöckchen im Krankenzimmer

Ein erster Gruß von Lenz und goldenen Tagen,
die aus der Ferne scheu herüberschaun,
ein erster Kuß, von Blütenhauch getragen,
herüber aus der Seligen Blumen-Aun,

5 ein erstes Zeichen, daß es Frühling werde,
ein erstes Lied aus Farbenharmonie,
ein erst Geschenk von dir, du schöne Erde,
und deines Lebens heiliger Poesie!

In weicher Feuchte glänzt mein frohes Auge,
10 es strahlt in ihm des Herzens Freude nach,
und während ich die süßen Düfte sauge,
geht leisen Schritts das Glück durch mein Gemach.

An Felix Dahn

Lange bevor sich erkannt als Dichter der zweifelnde Jüngling,
gab ihm Dein ehrendes Wort, gab Deine Freundschaft ihm Mut.
Heute kehrt er zurück und legt den Erstling des Geistes
Dir in die gütige Hand, dankend und bittend zugleich.
5 Dankend .. Du weißt es, wofür! und bitten d, Du mögest, was
                                                                                Jugend
sang, oft an Reife noch karg, heiter verstehn und verzeihn.
Und wie wär' ich beglückt, entnähmst Du dem Ganzen das Eine:
Ernst meint die Kunst es wie je! Uns auch treibt heiliger Geist.

Es heauton

Ich wuchs in Zeiten der Bewußtheit auf:
das prägt mich. Aber blieb doch in der Kraft
des Ursprungs: Daraus kam mir meine Macht.
Ich sah ›historisch‹ – und verachte doch
den Wert des Faktums, ja veracht' ihn so, 5
daß ich dies Wort hier, das mir just entspringt,
verachte, insofern es nichts an sich,
nur Ausdruck, nur Symbol, nur – Sehnsucht ist...

Zudringlich Glockenspiel,

das unaufhörlich mir sagt:
Nun wieder eine Viertelstunde,
das mir den Tag
vorrechnet und zerhackt 5
mit seinem altklugen
Memento mori!
Dich hat ein christlicher Geschmack
erfunden, dem es eine Wollust war,
die Stunden sich der sünd'gen Erdenzeit 10
ins Blut zu peitschen,
in jedem Augenblick
die Sinne zu schrecken
durch ein geistlich Lied,
oder sich fortzutrösten 15
durch dieselbe Weise
über die kurze Fahrt
durchs Jammertal.
Zudringliches
Altweiberglockenspiel, 20
zerschlagen möcht ich dich,
daß du die Unschuld
raubst dem Lebenden,

daß du der Nächte
Zauber mir zerstörst
mit deiner widerlichen
Geschwätzigkeit.

DEN MOND
sah ich einmal
geboren werden:
Aus Glockenakkorden
stieg er empor –
wie ein goldner Gedanke
aus Chaos Stimmen
dunkler Gefühle.

ES PFEIFT DER WIND...

Es pfeift der Wind. Was pfeift er wohl?
Eine tolle, närrische Weise.
Er pfeift auf einem Schlüssel hohl,
bald gellend und bald leise.

Die Nacht weint ihm den Takt dazu
mit schweren Regentropfen,
die an der Fenster schwarze Ruh
ohn' End' eintönig klopfen.

Es pfeift der Wind. Es stöhnt und gellt.
Die Hunde heulen im Hofe. –
Er pfeift auf diese ganze Welt,
der große Philosophe.

MORITURUS TE SALUTO

In ein ungewisses Morgen
schreit ich unerschrocknen Blickes,
mag der Niedrige sich sorgen
seines künftigen Geschickes,

mag er Leib und Geist verpfänden
einem Leben, das kein Leben –
unsichtbaren Götterhänden
sei mein Heil anheimgegeben!

Ob ich mir's auch schwer nur hehle,
daß statt Plutus wartet Pluto –
Muse! Göttin meiner Seele!
Moriturus te saluto!

ICH LOBE DICH über allen Tod,
Leben!
Dein Gottheitsrausch lohnt alle Not,
Leben!
Das in unzähligen Sonnen loht,
ewig junges Morgenrot,
Leben!
Leben!
Leben!

Der Enkel spricht

Ich denke eurer, die für mich gelitten,
daß ich so frei ward, als ich heute bin,
der Märtyrer, die mir das Recht erstritten,
in eignem Wort zu zeigen eignen Sinn.
Du, der vereinsamt Bruch der Sitte büßte,
du, der als Ketzer auf die Scheiter stieg,
du Denker, den am Ziel der Wahnsinn grüßte –
in mir ward euer Untergang zum Sieg.

Wir kennen uns, in deren Leben

die »Schuld« einmal verdüsternd stand,
bis unser zu den Gründen Streben
die Nachtgespenster überwand.
Bis wir erkenntnisstark abwarfen
die eingefleischte Hörigkeit,
um unsre »Schuld« nun zu entlarven –
als Schatten unsrer Törigkeit.

Entsage, wer entsagen mag!

Ich gehe meinen Gang
und heilige mir jeden Tag
mit Kampf und Festgesang.

Ihr seht erzürnt auf meinen Weg –
»Was dient er nicht wie wir?
Ist er zu stolz, ist er zu träg,
der feine Kavalier?«

Gleichviel! eh ich den Nacken beug'
um Brot und Kleid und Schuh,
werf ich zu Erd mein Waffenzeug
und leg mich selbst dazu.

Von Kopf bis zu den Füßen
in Bücher eingepellt,
antwort' ich Euren Grüßen
aus einer bessern Welt.
Ihr geht in goldnen Gärten
rostroten Wein ums Haupt;
mir haben Schicksalshärten
viel frohen Mut geraubt.
Säß' gern bei Euch, wie Ihr ja wißt,
nach so viel fernen Monden, –
allein, ich bin ein »Journalist«
und muß dem Tage fronden.
Es dunkelt schon. Die Feder findet kaum
den Weg. Und meine Träume ziehn und fliehn.
Ihr sitzt im Kreis: Es tönt der Raum
von Onkel Moors lebend'gen Melodien.

Waldes-Zauber

Mit tiefem Atemzug sog ich die Düfte
des Waldes ein und warf mich lang-
hin auf den braunen Boden...
Da stach mich eine Mücke.
In das Rauschen der Kiefern und
Eichen mischte vom nahen See her
das Schilf seine hellere Stimme...
Da stach mich eine Mücke.
Meine Gedanken tasteten nach einem Märchen...
Da stach mich eine Mücke.
In dieser Waldeinsamkeit,
an diesem friedlichen See
möchte ich ewig liegen und träumen –
fuhr es mir durch den Sinn.
Da stach mich eine Mücke.

Träumen: Vielleicht auch zu zweien!
Da stach mich eine Mücke.
Ich stellte mir vor: Ein Tête à tête
mit einem Mädel im weißen Kleid,
schwarzen Strümpfen, braunen Schuhen…
Da stach mich eine Mücke.
Wie schön ist doch die Welt! rief ich
und sprang in die Höhe.
Und diese Gotteswelt sollte nicht vollkommen sein?
Da stach mich eine Mücke.

DIE SONDERBARE HARFE
EIN TRAUM
[1. Fassung]

Als ich heut erwachte
und des Traums gedachte,
schrie ich auf und lachte,
daß die Bettstatt krachte.
Denkt euch, wie ein Bogen
krumm gespannt, gezogen,
oder wie ein Fisch,
der entsprang den Wogen,
schnellend kommt geflogen
auf des Strandes Tisch –
war ich anzusehen.
Zwischen Zähn' und Zehen
war ein Darm gespannt.
Und ich schlug die Saite
mit der linken Hand.

Die sonderbare Harfe [II. Fassung]

Ich lach noch immer, schau ich's vor mir! Denkt euch:
krumm wie ein Fisch, der sich der Flut entschnellt,
krumm wie ein Bogen, dessen Sehne straff,
so flog ich auf dem Rücken durch die Luft,
von links und rechts mit beiden Händen tapfer   5
in Saiten schlagend, die von meinen Zeh'n
zu meinen Zähnen – die von meinen Knöcheln
nach meinem Halse – die von meinen Waden
nach meinem Nacken führten –

Guter Rat

Wisse, Freund, mit edlen Frauen
ist es wie mit echtem Wein:
Willst du Gold im Glase schauen,
kehrst du da am Markte ein?

Oder in verschwiegnen Klausen   5
und in Kellern still und kalt,
wo des Weltlärms wirres Brausen
leise nur herüberschallt?

Freund, mit edler Frauenrasse
ist es wie mit solchem Wein.   10
Laß den Marktplatz! laß die Straße!
Kehr in stillen Klausen ein!

Den Freunden

Wenn vorüber erst das Prahlen,
wie es Jugend gerne übt,
und der Worte rechte Wahlen
Jünglingspathos nicht mehr trübt,
hoff ich mehr des Perlenwerten
euch um Hals und Arm zu reihn,
reifrer Früchte tiefbeschwerten
Zweig mit Anmut euch zu weihn.
Denn ich fühle von der Gnade
reichem Horn mich überhalten,
sehe staunend meine Pfade
immer buntern Flor entfalten ...
Naht euch nicht schon ferner Rosen
Duft von dämmernden Gehängen –
ahnt mit mir von schrankenlosen,
neuen, göttlichen Gesängen!

Ich sass an einer Orgel,
deren Tasten
waren die Farben der Welt.
Die Linke hielt unablässig
den purpurnen Lebensdreiklang,
die Rechte aber
sprang hin und her
zwischen dem tiefsten Schwarz
und dem höchsten Weiß.
Nun griff sie
die gelbe Quinte:
und tote Gestirne,
erstorbene Welten,
rollten in fahlem Glanze
durch meine Seele.

Nun fuhr sie hinunter
auf Schwarz:
und brausende Nacht
schlug mich in eisige Schatten.
Und das Thema der Finsternis
schwoll in die Breite,
und schwächer und schwächer
kämpfte die Dominante.
Da sah ich vor mir
das Register der vox humana –
und mit den Zähnen
riß ich den Knopf heraus...
Ein Kinderantlitz
wuchs mir entgegen –
ich selber, das Kind,
erschien mir, dem Manne,
und köstlich
wie eine Morgenglocke im Frühling
begann es zu singen,
und unwillkürlich
sprangen die Finger der Rechten
auf Rosa und Himmelblau –
ein Füllhorn des Lichtes
schwankte sonnige Ströme
über bunte Wiesen,
darüber sich Lerchen wiegten –
und stahlblaue Quellen
gürteten flüsternd
grünwaldige Hügel...
Und wieder zum Manne
ward das Kind –:
Von neuem erschwoll
der purpurne Urton –
und war ein Summen
und Brausen und Jubeln,

als sänge das Blut
von Legionen und Aberlegionen
lebendiger Wesen in ihm –
Und die Felder und Hänge
bevölkerten sich
mit wandelnden Leibern –
und um goldene Garben
tanzten Burschen und Mägde –
und die Garben
stiegen und zogen
der Erde Gestein sich nach:
Und in den marmornen Himmeln
schritten Titanen, Rosen im Haar,
und küßten die Knie
einer porphyrenen Göttin,
aus deren Brüsten
Bäche lebendigen Blutes brachen.
Und die Flammen schlugen
um mich zusammen.
Mein eigen Lied
verschlang mich,
daß ich den Kopf
auf die Tasten legte,
zuckend, schluchzend…
Da klang es wieder
so rein und köstlich
wie eine Morgenglocke im Frühling –
und zögernd
schlug ich zur jungen Frühe
die Augen auf…
Im Schulhaus
über der Straße drüben
sangen Kinder
zur Geige
das Lied der Freude.

DANK

Wohl weiß ich's noch
und träum' es oft zurück,
wie du, des Knaben
sanfte Führerin,
den wilden Hang ihm
mühsam bändigtest
und alle Wunder
seinem Sinn beschworst
und alle Zauber
Tausendeiner Nacht.

Vor uns den großen, treuen,
braunen Jagdhund,
der unter unserm
närrischen Regime
zur Jägerei
auf alle Zeit verdarb,
so stiegen wir
die leichtgeschwungnen Höhen
am blauen See
gehaltnen Schritts hinauf,
im Waldgeheimnis
nun verloren,
nun
den freien Blick
an ferne Berge hängend.

Dann stand wohl eine Bank
am rechten Ort,
vor der zum See
einsame Wiesen sanken,
indes sie selbst
der hellen Sonne sich
in einer Eiche
dunkler Wölbung barg.

Und meine Bitten
machten dich beredt...
Wenn dann auf leisen Füßen
Dämmerung
sich in die stillgesonnten
Fluren stahl,
da fand sie oft uns
wie wir Hand in Hand,
nur schmiegten,
stumm,
in Märchenpracht verträumt.

Seit damals
schuldet meine Seele dir.
Wohin die Flut dich warf,
ich weiß es nicht.
Doch wenn dich irgendwo
mein Lied erreicht,
so träume dir,
wir säßen Hand in Hand –
nur daß du dieses Mal
die Lauscherin,
und ein Poet, ein junger,
dir erzählt.

EINE EINSAME ROSE

Eine einsame Rose in müder Hand –
und niemand, dem ich sie schenken kann!
In dessen züchtigem Busengewand
ich ihr glühendes Rot versenken kann...
daß freundlich bei dem duftigen Pfand
sein Herzchen meiner gedenken kann...
Eine einsame Rose in müder Hand –
und niemand, dem ich sie schenken kann!...

UND OB du deinen Finger
in Herzblut tauchtest
und auf Menschenstirnen
heilige Taufsprüche maltest –
ob mit dem Schwert du
die Antlitze zeichnetest
oder die breiten Rücken
mit stachliger Geißel –
ob du hinknietest
vor deinen Brüdern
und allem Hoh'n
Erhörung flehtest –
heut folgen sie dir,
und morgen
bist du vergessen.
Was wolltet ihr doch,
bleiche Scharen Gewaltiger:
Propheten und Priester,
Krieger und Künstler –
was wolltet ihr doch?

Sohn der Erde,
kämpfe –
doch hoffe nicht!
Verblute dich,
weil dein adliges Herz
es will!
Doch Dank?
Doch Sieg?
Oh Traum und Wahn!
Wie bald –
und der Sturm
geht achtlos über dein Grab.

Die Nacht

Aus den Toren des Ostens,
ein dunkler Reigen,
schweben der Nacht
schweigende Göttinnen.

Braunen Mohn
streuen mit weiten Händen
liebreich sie aus,
und geflügelte Träume
huschen aus ihrer
Gewänder Falten.

Fern nach Westen
verdämmert ihr Zug.
Und nun naht
sie selber,
auf silbernem Wagen,
Königin Mitternacht.
Von ihrer schwarzen
Rosse Hufen
unsichtbar gerührt,
hallen die Glocken
der Menschen.

Aus den Toren des Ostens
folgen der Fürstin
hellergewandeter Genien
frohere Scharen.

Funkelnden Tau
sprengen mit weiten Händen
liebreich sie aus.
Und aus dämmrigen Kammern
kehren langsam
die Träume wieder.

SONNENAUFGÄNGE
Aus einem Zyklus

Hörst du...
hörst du es, Herz?
Siehst du...
siehst du es, Herz?
Das ferne Rauschen...
das ferne Blauen...

Das morgendliche Meer!...
Nie noch hat dich
mein Auge geschaut,
o Meer!
Und nun
trägt mich ein Traum
zu dir,
trägt dich ein Traum
zu mir.

Am Saum deiner Flut
steh ich erschüttert,
und deine Wellen
legen sich kosend
vor meine Füße.
Und wie im Traume
öffne ich mir
meine Adern
und gebe mein rotes Blut
in den weißen Schaum
deiner Kämme.

In purpurnen Strömen
tränkt es und färbt es
die dunklen Wasser.
Und wie ich sinke
in seliger Mattheit,

da ist mir,
als glühte die See
bis zur fernsten Woge,
als lohte sie ganz
von meinem Herzblut
und aufflammend
gäbe der Spiegel
des Firmamentes
ihr schwermütiges Antlitz zurück.

Wie Rosenstürze
schüttet die Brandung
sich über mich.
Und was sie reden,
das sind meine Lieder,
die ungesungnen,
die Klagen und Freuden,
die dem Lebenden nie
bis ins Wort sich verirrten.
In tausend Akkorden
schluchzend und jauchzend
blutet mein Weh und mein Glück
über mich hin.

Die Sinne vergehn mir...
Ein jähes Blenden
liegt wie ein Todeskuß
mir auf der Stirn.

Stieg die Sonne empor...?...
Hörst du...
hörst du noch, Herz?
Siehst du,
siehst du noch, Herz?
Das Rauschen zu Häupten mir...
Den Purpur zu Häupten mir...

Wo schwandest du hin, 65
o Meer?
Hab ich dich nur
im Traume geschaut...
Und nun
trägt mich der Traum 70
von dir,
trägt dich der Traum
von mir?... Morgenlicht
stößt mir die Augen auf,
und unerbittlich 75
schreckt mich ein neuer Tag
in ein Leben voll Zweifel
zurück.

Am Gardasee
(Einer jungen Obstverkäuferin)

In deiner Sprache kann ich dir nicht sagen,
wie deine Anmut mir den Sinn verwirrt,
daß er in diesen märchenschönen Tagen
in immer neuer Sehnsucht dich umirrt –
so laß den Äther meiner Sprache tragen 5
Cupidos Pfeil, der von der Sehne schwirrt,
dein Herz mit süßem Gifte zu verwunden,
wie meins bereits ein Bruderpfeil gefunden.

Jedwedem beust du von den zarten Früchten,
der ihrer um gering Entgelt begehrt... 10
Wirst du errötend vor dem Kecken flüchten,
der noch erfleht, die jedem sonst verwehrt?
Kein Gärtner kann so süße Früchte züchten
als die dein roter Mund zu pflücken lehrt...
Vom tiefen Reichtum deiner lieben Lippen 15
laß einmal nur den Durstverzehrten nippen!

Denn ach, schon morgen wenden sich die Pfade
des blonden Deutschen rauhem Norden zu!
So eile, Kind! Beraub' in holder Gnade
den Scheidenden der letzten Herzensruh',
daß kein Barbarenmädchen mehr ihm schade,
der ganz erfüllt von deinem teuren Du,
und deine Augen über alle Ferne
sich leuchten sieht als goldne Südenssterne.

AM HIMMEL DER WEIHENACHT

Seht ihr die zarten Wölklein dort am Mond?
Sagt, wißt ihr, wer die sind?
Die? – Hauch vom Mund glückbanger Kinderchen…
Die? – Hauch vom Mund holdselig Jubelnder…
Atem von Lippen rein und ohne Fehl…
Tränlein, gesogen von der kühlen Nacht…
Seufzer aus lieber kleiner Träumer Brust…
Seht ihr die zarten Wölklein dort am Mond?
Nun eben trinkt sein silberheller Mund
den süßen Nebelgruß der fernen Erde.

WINTER-IDYLL

I
Schlitten klingeln durch die Gassen,
fußhoch liegt der Schnee geschichtet:
deutschem Winter muß man lassen,
daß er gar entzückend dichtet.

Und wir gehn, ein schneeweiß Pärchen,
Arm in Arm, mit heißen Wangen.
Welch ein süßes Wintermärchen
hält zwei Herzen heut gefangen!

II
Wie kann ein Tag voll so viel Schmerz
so wunderherrlich enden,
ein Abend an mein einsam Herz
so reiches Glück verschwenden!

Oh Mund, entflammt, oh Aug', entfacht
in schauerndem Begegnen!...
Oh aller Wunder holder Nacht,
wie magst du so mich segnen!...

III
Surre, surre, Rädchen,
hier sind tausend Fädchen
für ein Sonnenstrahlenzelt
um die weite, weite Welt!

Surre, surre, Rädchen,
denke doch! mein Mädchen
hat viel tausend Haare!
Reicht viel tausend Jahre!

Surre, surre, Rädchen,
tausend goldne Fädchen
wolln von dir zu Sonnenschein
heute noch gesponnen sein!

HÖCHSTE SPRACHE

Was stumm im Mutterschoß der Seele
an göttlichen Gedanken reift,
es hat, entflieht das Wort der Kehle,
die höchste Schönheit abgestreift.

Drum nenn' ich dich die Kunst der Künste,
Musik! die du den Schleier wahrst
und unsrer Seele tiefste Brünste
in Töneschauern offenbarst.

AN DIE MUSIK

Oh unausahnbar höher Leben
in dir, zu tief entbehrte Kunst!
Du hättest mir ein Glück gegeben,
das immer mehr mir nun in Dunst
und Rauch und Nebel will zerschweben!

Du hättest mich mir selbst erhalten,
der Welt mich, mir die Welt versöhnt…
In dir sein Fühlen zu entfalten!
Ach, wo das Wort, das kluge, tönt,
da herrschen gröbere Gewalten!

BEETHOVEN

Wie der Gestirne ewige Figuren
dem Ahndevollen nie genug erzählen,
aus ihrer Schleier wechselnden Azuren
sich Nacht um Nacht in neuem Reize schälen,
veraltet nimmermehr, was unerschöpflich
Dein Geist für jeden, der zu Dir sich rettet,
in Tonfiguren, legionenköpflich,
der Bücher treuen Schoßen eingebettet.

Was sich der Leib in seiner Lust erfand!
Den Witz des Denkens, den ungeheueren,
das Schauspiel aller Schauspiele, den Geist!

Der Geist:
mit beispiellosem Ernste vor sich selber,
das Urbild einer komischen Figur,
sich als das Primum aller Dinge nehmend
und höchst secundum, tertium, ultimum
mit sich, als Wort, das nackte Werden kleidend
und meinend, nun dies Werden selbst zu sein,
ein Kind, was es ergreift, sogleich auch taufend,
die Taufe dann vergessend, später höchst
tiefsinnig auf dem Früher weiterbauend,
die »Ur«-»Begriffe« teilend oder knüpfend,
in ihrem Namen blutend, darum Kriege führend
im bunten Wechsel, jeder Leidenschaft
die schlimmen Maschen immer weiter schürzend,
zuletzt in einem oder anderm endlich
blitzartig sich als seltnen Spuk erkennend.
Wer könnt es länger als Sekunden halten,
dies aller Spiele tragikomischstes Spiel.

WENN SO im Dorf des Nachts die Hunde bellen,
gemahnt es mich in Nacht und Einsamkeit
an meiner Jugend dörferreiche Zeit…
Und in mir murmeln der Erinnrung Quellen.

Versunken alles, einen Abgrund weit!
Oh könnt ich alle Zeiger rückwärts stellen,
oh könnt ich noch einmal zu Tag erhellen
die toten Nächte der Vergangenheit.

Und dort, dort wollt ich deinen Hals umfassen
und fragen: Nicht? So etwas gibt es nicht,
daß Kind und Vater je einander lassen!

Dann würd' vor deiner Augen liebem Licht
was ward, zu einem bösen Traum verblassen –:
Das gibt es nicht, daß Blut mit Blute bricht.

ENTFERNUNG

Wenn die Menschen widerstreben
in der Ferne...
Welche Qual: Dies sich nicht geben
wollen!

5 Und du wartest, daß sie sprechen...
Doch sie schmollen,
wollen nicht ihr Schweigen brechen.
Und du fühlst dein Herz ermatten –
und die Ferne wird zum Schatten –
10 wächst und wächst...

AUF DES ZEISIGS TOD

Weinet Götter! Menschen, Tiere weinet!
Pflanzen, Steine, weinet, weinet, weinet!
Tot ist meiner Liebsten kleiner Zeisig,
tot ist meiner Liebsten kleiner Liebling,
5 dem ihr Herz so über alles gut war!
Ach, er war so süß und kannte seine
Herrin wie ein Kindchen seine Mutter,
und, von ihrem Schoße unzertrennlich,
flog er drauf umher und ward nicht müde,
10 ihr sein piep! ich hab dich lieb! zu schmeicheln.
Und nun schied auch er vom lieben Lichte
und wird nimmer, nimmer wiederkehren –
nimmer aus der Finsternis, die alles,
was uns hoch und hold, verschlingt, vernichtet.
15 Warum nahmst du, Tod, uns unser Vöglein?
Welche Grausamkeit! Mein armer Zeisig!
Wieviel bittre, dir geweinte Tränen
röten meines Mädchens zarte Lider!

Sehnsucht

Hier in Bergeseinsamkeiten
brennt mein Wesen, dich zu halten,
zu entrückten Wirklichkeiten
unsre Träume zu gestalten;
unter diesen Tannen möcht ich
mit dir wandern, Mund an Munde,
und mit deinem Braunhaar flöcht ich
uns in eins zu zartem Bunde...

Bis den allzutraut Verschlungnen
sich die Schritte bang verwirrten
und der Leidenschaft-Bezwungnen
Blicke heiß die Runde irrten:
Daß auf sanften Mattenlehnen
eine treu umbuschte Stelle
ihrer Jugend starkem Sehnen
heimlich hold entgegenschwelle.

O wie wollten wir hier oben,
Liebste, Tag und Nacht verküssen,
allem Sittenwahn enthoben,
aller Vorsicht trocknen Schlüssen!
Komm, o komm durch alle Weiten!
Laß uns hier im Bergesgrunde
feiern unsrer Hohen Zeiten
unaussprechlich süße Stunde!

Gesang

Frauengesang –
himmlischer Klang –
lockend ansteigend –
ahndevoll schweigend – .

Gedichte aus dem Nachlaß

5
Männlicher Chor
stürmet hervor – .

Beide nun reigend,
schlingen den Stimmenkranz...

Liebender Seelen Glanz,
eng sich umzweigend,
zittert, ein Ätherflor,
Sternen empor.

WER WANDELT dort im Mondlicht
den Strand hinauf, hinunter?
Des Meers uralter Herrscher
geht langsam auf und ab.

Die Brandung füllt die Mulden,
die seine Füße traten,
von Tang und Muscheln schimmert
der weite, bleiche Strand.

Zuweilen hält der Alte,
stillstehend, sich die Hüften,
von fürchterlichem Husten
geschüttelt und gekrümmt.

Auf Tang und Muscheln speit er
des Auswurfs runde Schleime –
uralter Gott des Meeres,
was fuhr dir in die Brust?...

Der Fischer, der sie findet,
er freilich nennt sie Quallen.
Ich aber weiß es besser,
der ich den Hergang sah.

Frau Sorge

An das Marmorkreuz des Liedes
schlag' ich düster dich, Frau Sorge,
mit den Stricken meiner Verse
schnür' ich fest dir die Gelenke.

Magst als Standbild dann in meinem Vorraum
mit den andern Götterbildern stehen,
und statt deiner kalten Arme werden
Grazien mich als ihren Freund umschlingen.

Lächle nicht so starr und grausig!...
Weh! das Marmorkreuz des Liedes
trägt dich nicht... und sinkt und neigt sich
gegen mich... und wird mich töten...
und als Grabstein mich bedecken...

November

Nun hebt der Nebel Herrschaft wieder an,
mit denen du dein Deutschsein zahlen mußt.
Die Welt wird eng, und doppelt Brust an Brust
begehrt der Menschen vielbedrängter Bann.

Von neuen Innigkeiten pulst der Kuß,
der zweier Leben nun zu einem schließt,
und Schauder, des dein Blut beklommen fließt,
»Du könntest einsam sein!« wird Mitgenuß.

Und von der Liebe zweiter Sonne heiß,
erwacht der Träume zarteres Gefild...
Wie Süden blüht in dir des Lebens Bild –
und vor den Fenstern schmilzt das erste Eis.

An **

Du liebtest ihn. Man sagte mir davon.
Du armes Kind – und fühlst dich nun betrogen.
Du bücktest dich nach einem raschen Bronn,
da ward dein Herz vom Strudel fortgezogen.

Hinab, hinaus... wer weiß, wie weit es ist...
Was konntest du's, du töricht Kind, nicht halten?
Dem jähen Quell, der alles gleich vergißt,
ihm gibt man doch nicht Herzen zu verwalten.

Deiner Augen graue Meere

Deiner Augen graue Meere
laß in meine Seele branden.
Alles ohne dich ist Leere,
will verdorren und versanden.

Schlage auf die grauen Fragen,
unergründlich wie das Leben.
Laß die grauen Meere schlagen,
bis sie mir den Tod gegeben!

Ihr armen Schmetterlinge der Geister

Ihr armen Schmetterlinge der Geister,
hierhin,
dorthin
geworfen von Leben und Theorien,
Gottlose heut
und morgen Propheten
des Unbekannten, des Unsichtbaren

– – –
– – –

und hinter euch allen
die grausame kalte, marmorne
Maske des Lebens,
dem ihr so viel

wie ein Blatt,
wie ein Staub
oder – wenn ihr wollt –
wie ein Stern,
wie eine Milchstraße.

BÖCKLIN-AUSSTELLUNG

»O über die Maßen« – süßestes Wort
vor Meisters Lebens-Spende;
»O über die Maßen«, ich sag es mir vor
ohn Ende, ohn Ende, ohn Ende.

Du wirktest, daß meine Augen den Zorn
auf den kalten Pöbel vergaßen,
du lieber, schöner fremder Mensch
mit deinem »O über die Maßen!«

KOMM und küß mich, großer Geist,
denn ich bin dein gleichen.
Über die Menge hinweg
blasen wir beide
den Odem unsrer Verachtung.
Über die Menge hinweg
blasen wir beide
den Sturm unsres Geistes.

O HOLDESTE Stunden
sich ahnenden Werdens,
o süße Ruhe
der reifenden Frucht.
Schüttelt nur, Stürme,
die schwankenden Äste,

schlagt nur, Regen,
das wehrlose Laub –
ein Strahl der Sonne
rötet tiefer die Frucht,
ein Tag der Sonne
ründet voller ihr Gold.

WENIG GEISTREICHES WEINLIED

Dunkler Wein,
den ich hier einsam trinke,
bist das Blut von andern –
Blut von andern –
Blut von Brüdern –
Blut von Schwestern – –
»Dunkler
Träumer, der du also
zu mir redest,
laß das Fragen,
laß das Fragen, sorglos
trinke mich
und singe deine Lieder,
singe, singe, singe,
deine Lieder!«

ERFASS ES, wenn du kannst –:
von allen Lebenden der Größte sein –
von Billionen sich als Erster wissen –
und dann im Bettlermantel stumpfer Blicke
ein ungekannter, ungehörter Mensch
durchs Leben gehn, vom Tagesgötzenlärm
umheult, indes du [bricht ab]
Und dann, dann wirf dein Schicksal lachend hin
und lerne nun, was »groß« und »tragisch« heißt.

DASS ICH nicht mehr von Liebe sage,
es kränkt euch, meine Brüder, meine Schwestern,
und sicher wünscht mir jeder insgeheim
– und nicht zuletzt vielleicht auch ich mir selbst –
so etwas recht Gepfeffertes und Seltnes.   5
Ihr lieben Mitraubtiere, ich versteh euch,
und ihr mich mit euch – ihr dürstet alle Tage
nach Blut, je frischer, desto reizender.
Läg ich von Leidenschaft zerfleischt vor euch,
ihr würdet eure Hände nicht allein,   10
auch euren Mund auf meine Wunden legen
und trinken, trinken – . »O wie süß schmeckt Blut!
O unsre Wollust dankt dir, Bruderherz,
so lieben wir dich erst, so mundest du!«

KALT, kalt, – der Herd ist kalt, –
was schauderst du?
Was gingst du auch
an einem Herd zu Ruh!

Kaum Rauch noch, Rauch,   5
die Glut, die Glut – ward alt,
komm, schnüre deinen Schuh,
der Herd ward kalt.

Ich schaue meinen eignen Hauch.
Dampf ich mir denn nicht selber Flammen zu?   10
Fort, einsame Gestalt!
Der Herd ward kalt.

Zwei Briefe

Zwei Briefe halt' ich in meiner Hand:
　》Toute la vie est douleur:
　la naissance est douleur,
　la maladie est douleur,
　la vieillesse – douleur,
　la mort – douleur.«

Und:

　》Freu dich, Junge! Freu dich mit mir!
　Ach, ich bin ja so glücklich,
　so wahnsinnig glücklich!
　Du hast ja keine Ahnung!
　Das Leben ist ja zu schön!
　Zu schön!«

Zwei Briefe halt' ich in meiner Hand...

Liebesbrief

Vor deiner Kammer singt und singt
– so schreibst du, Kind – die Nachtigall,
und, daß der Sehnsucht bangen Schall,
dein Herz so wehvoll widerklingt!

Gedenkst du noch des Glückes all,
das uns tiefheimlich einst umringt?...
Vor deiner Kammer singt und singt
– so schreibst du, Kind – die Nachtigall.

Wenn heut ihr wiederum gelingt
ihr nächtlich süßer Überfall –:
Oh denk', ich sei's, der leichtbeschwingt
von seiner Sehnsucht Überschwall
vor deiner Kammer singt und singt!

Vor einem Kinde

Kind, mit deinen großen braunen Augen,
deinen Sonnenlöckchen, Kirschenlippchen –
welches Mannes Schicksal wirst du werden,
oder welcher Mann der Gott des deinen?
Wirst du stolze Söhne einst gebären
oder still ein einsam Los vollenden?

Wirst du untergehn in Not und Schande
oder, hochbetagt, geehrt entschlafen?
Meine Hände möcht ich um dein Köpfchen,
fremdes Kind, voll tiefen Segens schließen!
Welche Lose wirst du einst bereiten?
Welche Lose sind für dich bereitet?...

Lied

Gib auf alle Rosen acht,
die am Wege stehn:
Denn sie sollen heute Nacht
unsre Liebe sehn!

Sollen schwülen Neides voll
uns umglühn, umwehn –
und von unsren Gluten soll
ihre Glut vergehn!

Das Echo

Vom blauen Himmel fällt die Wand
des Berges steil zum grünen See;
in ihrer Mitte baucht sich ein
zu einer Höhle schwarz ein Spalt.
Aus Regen, Moos und Felsenmehl

geboren, haust ein Weib darin
und steift die Ohren Tag und Nacht
den See hinüber und den Wald.
Ohn' Ende rinnt von ihrem Leib,
der erdner Farben glimmernd glänzt,
des Felsens stete Feuchte ab,
und triefend strähnt ihr grünes Haar
hinunter spitzigem Geröll.

Da schallt ein Ruf! Ihr blindes Aug'
erweitert seinen bleichen Stern,
und, halb sich hebend, ahmt sie laut
des Rufs genaue Bildung nach.
Und reckt sich bis zum Lichte fast,
verdoppelt wachsam denn davor.
So lauernd liegt den ganzen Tag
des Berges seltsame Geburt, –
und nur des Nachts, wenn alles schläft,
dann träumt sie wohl einmal und hängt
die braunen Knie in den Mond...
und Maus und Echse zirpen leis,
und drunten schlägt die Flut den Stein.

DIE WINDMÜHLE

Am fernen Horizonte steht
der Mühle dunkler Turm:
Die langen Flügel treibt und dreht
der Ebne weiter Sturm.

Er hält mit harter Stetigkeit
das Riesenrad in Lauf,
als spänne er das Garn der Zeit
auf seine Welle auf.

Ich sehe, wie er Tag auf Tag
um jene Welle schürzt,
und fühle, wie mir Schlag auf Schlag
den Lebensfaden kürzt...

O MENSCHEN, Menschen! Masken vors Gesicht!
Wenn ihr schon häßlich seid, so schämt euch doch!
Seid feig und sinnlich, schachernd und voll Neid,
doch bis zur Stirn in Konvention gehüllt,
in Heuchelei – jawohl, in Heuchelei –,
ihr Stümper selber dieser schwarzen Kunst.
Denn alles, was Kultur in euch vermag,
ist eben, daß sie euch zu Heuchlern macht,
ist, daß sie den Geschmack in euch so schärft,
daß ihr zum wenigsten korrekt euch kleidet.
Wir alle haben unsrer Fehler Maß –
doch eines adelt jeden Fehler: Scham.
O Menschen, Menschen, Masken vors Gesicht!
Wenn ihr schon häßlich seid, so schämt euch doch!

HEILIG der Schlaf
der beruhigten Brust,
heiliger noch,
wenn das stille Auge
groß, neu, durstig
dem Morgen entgegendunkelt, glänzt –
und ein erstes Lächeln
die frischen Züge
göttlich erhellt.

KOMM, SPATEN, stich,
noch gibt es Grund
unerforschter Marken,
komm, Spaten, stich
und mache mich
in alter Kraft erstarken.

Grab, Spaten, grab
bis in den Schoß
geheimer Erzgesätze,
grab, Spaten, grab
mir selbst ein Grab
und meinen Brüdern Schätze.

NACH HAUPTMANNS »KLOKKEN, DER SANK«

Himmlische Nachtluft, die aus Rauch
und Staub und Lärm und Schweiß und
Sternenglanz gemischt, komm, nimm mich auf, dich liebe ich;
mit tiefer, dankbarer Brust saug ich dich ein,
dich, nur dich, nur dich allein.
Laß andre ihre weltenmüde Seele baden
in welken Dünsten, die [sie] selbst gebraut.
Ich liebe dich, nur dich, nur dich allein,
allnährende Natur Allwirklichkeit.
Du bist mein Weib, mein Gott, mein Ein und All.
Dir meine Hand. Und alle Seele fliegt
dir ungeheurem Weltenkunstwerk zu.
Und mein Gedicht, es sei zufrieden, wenn
es deines Hauchs ein Millionstel fängt.

Dem deutschen Volke,
als es seinem Dichter Detlev von Liliencron eine
Alters-Ehrengabe von einigen tausend Mark zeichnete

Deutschland, Deutschland über alles,
über alles in der Welt,
wenn es gegen seine Dichter
treulich stets zusammenhält!
Von den Alpen bis zur Nordsee,
von der Weichsel bis zum Rhein
brachten fünfzig Millionen
ganze tausend Taler ein.

Deutsche Frauen, deutsche Treue,
deutscher Wein und deutscher Sang
sollen vor der Welt behalten
ihren alten schönen Klang.
Geh's dem Dichter, wie's ihm gehe, –
preist er nur sein Leben lang
diese Frauen, diese Treue,
diesen Wein und diesen Sang.

Half er herrlich dann zum Ruhme
unserm deutschen Vaterland,
wolln wir brüderlich ihn ehren –
wohlgemerkt – mit leerer Hand!
Mag er nun zur Grube fahren –
bleibt uns doch sein Werk zum Pfand!
Blüh' im Glanze solcher Denkart,
blühe, deutsches Vaterland!

O ihr ewigen Hüterinnen der Gemeinplätze…
O ihr treuen Hirtinnen jeder Allmende…

Komme jeder auf unsre fetten Wiesen, sagt ihr,
und fresse sich satt und gut auf unsern Plätzen.

Dieses Gras gibt Friede und gute Verdauung,
dieses Gras war schon Kost eurer Väter und Ahnen.

Und herbei komme ein jeglicher, Ochs oder Schaf,
und Vögel und Käfer sollen noch Gäste sein.

Ja besonders die Vögel, diese Nomaden des Himmels,
ja besonders all das, was zum Fliegen verdammt ist.

Ein Schicksal

Ich bin größer als viele.
Aber nicht stark genug zu meiner Größe.
Wenn ich gerade stehe,
ziehen meine Schultern
das ungeheure Netz der Gewohnheit
ein wenig empor.
Eine fürchterliche Last
für zwei junge Schultern,
für zwei junge Knie.
So sehe ich über alles hin,
rundum ist der Blick frei –
aber um welchen Preis!
Ich zittre an allen Gliedern.
Das Gewicht Tausender
hängt ja an mir.
Das schreckliche Netz
will nicht gedehnt sein –
das Garn schneidet.
Schweiß läuft mir herab,
meine Augen rollen,
ich kann nicht mehr,
ich sinke zusammen,
ich breche zu Boden –
ich knie,
ich bete, –
das Netz – das Netz –

Durch die Beine der Heroen,
eine Flucht von stolzen Toren,
wälzen sich in trübem Strome
träg die niederen Geschlechter.

Wähnen, frei dahin zu ziehen –
doch ihr Weg ist vorgezeichnet
durch die Beine der Heroen,
eine Flucht von stolzen Toren.

Hoch im Lichte wiegen seltsam
die Heroen ihre Häupter.
Wissende, mit tiefem Lächeln,
stehn sie über allem Volke,
eine Flucht von stolzen Toren.

MENSCHEN UND GÖTTER

Der Mensch schuf Götter,
diese wieder Menschen,
die wieder Götter,
wieder Menschen die.

So zwischem seinem Sein
und Widersein
umhergeworfen,
wächst des Menschen Bild.

VOR DEM DEUTSCHEN WÖRTERBUCH DER BRÜDER GRIMM

Erhabenes Wunder
fleißiger Genien,
geliebten Mutterlauts
erschlossener Bronnen!

Der Sprache
ruhend hingegossene Majestät
von reinsten Händen
Würdigster
entschleiert!

Wie faß' ich es,
was du in mir empordrängst:
Stolz, Dank, Lust,
heilige Gelöbnisse,
ein Hort und Mehrer
dies auch **meines** Reichs
zu leben!

Groß
bist du, deutsches Wort,
ein tönender Erdball,
ausrollend
aus gestreckter Hand
Unsterblicher,
zu laufen deinen Kreis,
wie nur
ein geistgeschaffenes
Gestirn!

NACH EINEM RECHTEN LÄUTERUNGSBADE
IN GOETHE

Reinen Reines darzustellen
sei uns ewig höchstes Ziel,
all verworren Überschwellen
dünk uns überwunden Spiel.

Grausens mystische Geberde
lockt vom Leben, irrt die Tat;
formend adle sich die Erde
aus chaotisch breiter Saat.

Alles Dunkle, Geisterböse
sauge Sonnenlichts Geburt; –
so in selbstbeschränkter Größe
überschreite, Mensch, die Furt,

die von aller Tartarusse
fratzigem Gewühl dich trennt,
schreit in Schaffens Vollgenusse
in dein eigenst Element.

AUS EINEM STUDIENKOPFE VON MAX KLINGER

Du willst, o Welt, nicht, daß man dich verachte,
nachdem man sich an dir zu Tod gehärmt;
du willst nicht, daß sich unsre Stirn umnachte,
wenn uns dein Eintagsscherz und -schmerz umlärmt.

Du willst geliebt sein, und du willst geehrt sein,
wenn uns das Herz vor Zorn und Trauer bricht.
Zuviel. Doch soll dir noch genug beschert sein:
Verständnis deiner und auf dich Verzicht.

WIR KÜNSTLER

Was auch der dumme Philister spricht! –
Grad aus Moral heiraten wir nicht.

Was aber braucht des Philisters Küche?
Klatschgeschichten und Ehebrüche.

Wie überhaupt keiner leben möcht
ohne sein jährliches Stiergefecht.

Wie einzig – besonders für die Fraun –
so viel Spannendem zuzuschaun.

Und dampft endlich Blutes Wohlgeruch,
so opfern sie gern ein Taschentuch.

Wir Künstler

Mit Lehren mag der Moralist euch plagen, –
wir aber wollen nur aus vollen Schalen
des Lebens ewig jungen Trunk euch spenden!

Von ihm beseligt fühlet Dank und Klagen
als wie getaucht in einer Schönheit Strahlen,
in welcher alle Dinge sich vollenden.

Ich kann nur Leben

an meines knüpfen,
das glühend lebt;
in dem Gefühl
für alles Echte
und klarer Blick
für alles Große
zusammenfließt, –
daß ich aus ihm
wie aus dem Borne
der ew'gen Gnade
trinken möchte
ewig jüngende,
restlos fruchtende
Flut.

Werdet ihr nie

mit »Schuld« und »Strafe«
und andern göttlichen Torheiten
aufhören?
Werdet ihr immer
mit dieser Vorstellung
weiter wirtschaften,
unverbesserlich dumm

wie das Vieh,
das den Weg hertrottet?
Ihr
Fürsten der Dummheit
und ihr,
die ihr in tönernen Töpfen
mit harten Gewürzen kocht –

10

15

WELCHE TRÜBUNG dort am Himmel,
welch ein Qualm und Dunst und Rauch?
Einer Großstadt schwarz Gewimmel
dampft dort seinen bösen Hauch –

Längst ist jeder Gott geflohen
über dieser offnen Gruft.
Ach die Hohen, ewig Frohen
lieben wahrlich beßre Luft.

Die Städter wissen zu antworten:

Wir schenken sie dir, Spötter,
in unsrer Atmosphäre.
Wir gebären
selber Götter!

DER GEIST DER BERGE SPRICHT:

Ich saß in meiner Felsengrotte,
da hört' ich eurer Glocken Klang,
und wie ihr hoch zu eurem Gotte
die Herzen hobet im Gesang.
Da ließ es mich nicht länger feiern,
und eilend rafft' ich mein Gewand
und fuhr auf raschen Wolkenschleiern
hinab in euer Menschenland.

Und wie ich ob den Bergen schwebte
und weit das Land gebreitet lag,
war mir's, als ob die Nacht belebte
ein zweiter, wundersamer Tag.
Ein Diadem von Lichtern krönte
der Erde dunkles Angesicht;
von allen Höhn und Tiefen tönte
der Weihnacht seliges Gedicht.

Wie willst du solche Freude teilen –
so dacht' ich – ohne Gab' und Gruß?
Da rührt' im jähen Abwärtseilen
ein schlummernd Wipfelmeer mein Fuß.
Und hurtig beugt' ich mich und pflückte
dies immergrüne Tannenreis,
daß euch sein Würzduft hold entrückte
zum Winterwald in Schnee und Eis.

Dies aber sei mein reichster Segen:
Dies Füllhorn voll der reinsten Luft,
geneigt auf euch zu allen Wegen
samt jener Tanne herbem Duft.
In diesem Zeichen sollt ihr siegen;
denn mächtig redet die Natur
zu jedem zagen Unterliegen
und weiset neuen Lebens Spur.

So lasset denn an eurem Glücke
den stillen Gast ein Weilchen ruhn,
bis daß er wieder muß zurücke
zu seinen tiefen Felsentruhn, –
die ihm vielleicht nun minder taugen,
gedenkt er, Traum und Sehnsucht ganz,
in seiner Bergnacht eurer Augen
und Weihnachtslichter Himmelsglanz.

VENUS-TEMPELCHEN

Auf der kupfernen Kuppel eines Tempelchens
haben Tauben sich niedergelassen, und
ihre zierlichen Körper im Kreise wendend,
baden sie ihre weißen Gefieder in Sonnenlicht,
ihre liebenden Seelchen in sanfter Beschaulichkeit.   5

Wie ein Schwarm von leichthinflatternden Mädchen
eilen sie nun durch die rauschenden Wipfel des Parkes,
um nach Flügen einer unschuldigen Laune –
Arabesken im seidenen Blau des Himmels –
wiederzukehren nach dem stillen beschaulichen Tempelchen,   10
welches ein Mensch der Schönheit zu Ehren errichtete.

UND ALS ICH eine Weil' von unserm Orte,
da sah ich plötzlich hohe Berge ragen,
mir nachbarlich zu allen meinen Tagen,
doch just als Nachbarn kommend nicht zu Worte,
da andre, mindre Berge sie verdecken; –   5
und ich gedachte mancher hoher Fragen,
die uns des Tages niedre Trieb' verstecken.

TIEF IM WALDE hör' ich das Lied des Meeres.
Tief im Walde sucht mich sein ferner Donner.

Groß aufatmen nun die Buchen, die mächtigen,
groß aufrauscht rings der gewaltige Forst nun.

Wieder schweigen die Wipfel im tiefen Walde.   5
Wieder rollt die Strophe des fernen Meeres.

MAN FRAGTE MICH: »Wie kann man einen lieben,
der immer nur der Strenge Schwert geschwungen?«

Ist's nicht genug, daß einer, unbezwungen,
ein Leben lang mit sich und uns gerungen?
Ist's nicht genug?
Daß man ihm wiedergibt
sein Herz?
Noch nicht genug, daß man ihn liebt?

ER FÜHLT' es selbst. Die süße Wunderblume
der Liebe hat sein Volk ihm nicht gereicht.
Er sprach es selber, arm in seinem Ruhme,
»Ich bin nicht glücklich, da mein Haar nun bleicht.«
Und er beschwor, am Abend seines Lebens,
ein liebes Bild und schloß: »Ich stritt vergebens.
Dort war ein Herz, das mich verzehrend liebte;
doch ich, ich ging zu euch, ihr nasser Lehm,
daraus kein Funke je mir widerstiebte.
Ich liebt' euch nie. Und doch –! Ach, noch indem
ich scheide, wird mein Herz umhergerissen
von Not nach Liebe und von kaltem Wissen.
Komm, Schweigen, komm; mich ewig einzuhüllen.
Ich war ein Mensch und mußte mich erfüllen.«

HERBSTNACHT

Es faßt der Sturm
an Fenster und Tür –
wie kommst du Wurm
von Mensch dir für –?

Seine Lungen hauchen
Vergänglichkeit,
seine Lippen fauchen:
Ich bin die Zeit.

Sein wirbelnder Besen
fegt geschwind –
wir sind gewesen
wie Laub im Wind.

Ich möchte dich noch einmal sehn...

Ich möchte dich noch einmal sehn
und deine Hände küssen
und dich anflehn,
doch zu verstehn,
was so hat werden müssen.

Ich weiß ja, was ich dir getan
und was ich dir gewesen,
ich möchte deine Knie umfahn
bis all der Wehn, die dir geschahn,
dein liebes Herz genesen.

Du aber hältst dich fern im Groll
und willst nicht Frieden schließen.
Der Reue Zoll,
du willst, er soll
in Seufzern stumm zerfließen.

Aus allen diesen Blicken einen Blick,
den großen Blick der großen Liebe schmieden –
das wäre Frieden,
wär' ein tief Geschick,

um das man, müßt' es sein, verbluten würde
mit einem Glanz in seiner letzten Zähre,
der spräche: Wenn das Wunder möglich wäre –
noch tausend Male dieses Schicksals Bürde!

Gedichte aus dem Nachlaß

An ***

Wie könnt' ich deine Seele trösten?
Es gibt nur eine Hilfe: Zeit.
Dem Kleinsten blühet wie dem Größten
   Vergessenheit.

5   Die Monde singen leis' in Schlummer
das bittre Schluchzen deiner Brust,
   und neue Lebenslust
wird – wenn du tief bist – bald dein einziger Kummer!

Fall und ewige Wiedergeburt durch sich selbst

Ich bin nicht treu, ich liebe nicht genug.
Ich liebe überschwenglich, doch nur kurz;
dann folgt der tiefe schauerliche Sturz,
so tief als hoch zuvor der Flügel trug.

5   Ich liebe all die Schönheit viel zu sehr,
es reißt mich ewig auf ihr tiefes Meer,
und eben weil mir alles ewig neu,
bin ich zu scheu zur Lieb, und liebend dann nicht treu.

Doch Freundschaft kann ich halten, Freundschaft ja,
10 da wagt sich mein argwöhnisch Herz ganz mit,
da liebt es, weil es [*bricht ab*]

Versprechen? gar nichts. Aber einiges halten.
So hab ich stets versucht zu leben.
Versprechen schien mir meist Verbrechen.
Zu wehe Lehr war mir zu oft gegeben
5   vom eignen Selbst, dem schillernd vielgestalten.

Wie hab ich immerdar mit ringender Seele
den Kern und Stern gesucht in meinem Innern!
Wie wollt ich wahr und ganz sein bis zum Letzten!
Doch zählt ich nie zu den Sichselbstgewinnern,
doch blieb ich stets ein Mensch voll Fall und Fehle.

TOTENZUG

Wenn ich auf die zurücke schau',
die mit mir groß geworden, –:
Ein Zug des Schweigens, grabesgrau,
ein stummer Totenorden –.

Der starb, zerstört, im Hospital.
Der floh sich selbst, nach langer Qual.

Der fiel von einer Seuche Gift.
Der las des Tiefsinns dunkle Schrift.

Der rang mit Gott, bis daß er starb.
Der warf sein Pfund hin und verdarb.

Den sogen Sorg' und Armut leer.
Der starb am Fieber über'm Meer.

Der ging hinweg aus Liebesgram.
Und der aus wunder Ehr' und Scham.

Der fiel durch Weiber und versank.
Der trank sich tot, und der ertrank.

Doch über allen steht das Wort,
um das sich viel vergibet:
Und mußten sie auch balde fort:
Sie haben »gelebt und geliebet«.

Vom ewigen Leben

Ich singe das Lied des Lebens,
wie Tausende vor mir
und Tausende nach mir.
Es ist eine Lüge zu sagen:
Leben ist Fluch,
den Tag zu verleumden
um seiner Nacht willen.
Wenn du einmal
aufgehoben wurdest
bis zum Gipfel der Liebe,
dann weißt du,
daß dort die Welt geheiligt liegt,
daß du dorther das große Ja
riefst, vergessend des geistigen Hochmuts,
dankbar wie das Tier,
wie die Pflanze,
lebend, liebend,
aufrecht, wie der Stamm,
der am Felsenhang noch,
ein Pfeiler, zum Lichte wächst.
Und sollt' ich es je,
zermürbt,
zerbrochen,
verfluchen, –
es wär' eine Lüge.

Denn über allem Gram und Grauen
waltet unirrbar
ewiges Wachstum,
legionenweltig
auf jedem Geviertschuh
der aber und aber Legionen Welten.

Ich singe das Lied des Lebens
mit dem Vogel zu meinen Häupten,
und der Blume zu meinen Füßen
und dem Baum und dem Bach   35
und den Wolken und wehenden Winden, –
und es ist nicht mehr
als das Zirpen einer Grille, –
aber wir sollten es alle singen,
Millionen Menschen, Brüder und Schwestern,   40
an jedem Morgen,
dem Lichte zugewandt,
mit einer Seele,
unirrbar,
wie die Tanne,   45
die noch am Felsenhang,
kerzengerad,
zum Himmel emporwächst.

ÜBERSCHLAG

Was wissen wir von euch noch, liebe Leute,
die ihr in euren Puppenheimen sitzt
und zum Geläute alter Glocken noch
euch härmt und euch an Märchenrocken noch
          die Finger ritzt,   5
   von euch, die ihr noch heute
vor toten Götzen Blut und Tränen schwitzt!

Ihr saht noch nicht Natur ins tiefe Auge,
das kühl und fühllos unser aller lacht,
ihr trankt die Lauge ihres Spotts noch nicht,   10
ihr kennt das Urteil eures Gotts noch nicht:
       daß seine Macht
         nur noch für Kinder tauge,
daß er schon längst in Acht und Aberacht.

O Weltspiel, Possenposse aller Possen –
wo du gleich Spieler und Betrachter bist,
selbst eingegossen in die Form Notwendigkeit,
gleich Göttlichkeit und gleich Elendigkeit – –
    wem, der da ist,
    wär' deine Komik ganz erschlossen!
Nicht Einem; – denn der stürb' zur selben Frist.

DIE MUTTER, die dem Kinde zählen lehrt, indes
sein kleiner Fuß die Treppe Stuf' um Stufe steigt, –
getreulich spricht's das jeweils Vorgesprochne nach,
bis es am Ziel erlöst von dannen springt, –
sie ruft mir jener höheren Mutter Bild herauf,
die uns der Jahre Stufen zählend steigen läßt,
sie zeigt mich selber mir an meines Schicksals Hand
als solch ein Kind, das jeden Absatz treu vermerkt,
bis es an seinem Ziel dereinst von dannen springt…

DAS GITTER

So gingen sie am Gitter hin und her,
er außen und sie innen, – reichten sich
die Hände, streichelten sich Haar
und Wange, zuweilen [be]trachteten [sie] sich, mit
    glühnder Stirn
die kalten Stäbe drängend, Mund an Mund…

So gingen sie, so lebten sie dahin
in seinem Kerker jedes; – und doch war
ein Gitter nur, und rings um diesem Gitter
die weite, freie, grenzenlose Welt.

WIE IST ES nur gekommen,
daß wir uns liebgewannen?

Es hat uns hingenommen,
eh wir uns recht besannen.

Nun treibt es uns von dannen... 5

Wie ist es nur gekommen...

ICH HABE dir ein Tuch gekauft aus Seide,
doch mehr und mehr mißfällt es mir, dies Tuch,
je länger ich's betrachte.
Nimm denn hin
was eines andren Seidenwebers Hand 5
aus seines Geistes feinen Fäden webte.

ICH STAND vom Lärm der Welt umgellt,
verstrickt ins große Vielgeschick, –
da kam beschwingt ein Augenblick
und trug mich fort in meine Welt.

In mein und deine Welt, die still, 5
verklärt, abseits vom Wege liegt,
drin unser Glück die Zeit besiegt
und Schönheit nur und Güte will.

ZU DIR, der du mir starbst,
　der erste Gang.
Der du dereinst mein ganzes Herz erwarbst,
als es mit sich und seinen Schwächen rang,
　den es noch heut nicht ganz vergaß, 5
　weil es ihn einst so tief besaß,

und weil es schwach blieb bis auf diese Zeit –
und dürstet, dürstet
nach Vollkommenheit.

Du warst das Meer,
das seinen Strom empfing,
wenn er den Weg nach seiner Tiefe ging.
Und groß
wie du
lag er in seinem Schoß,
voll sel'ger Ruh
O dämmernd Wehr,
das mich vom Meere
trennt!
O Leere, Leere,
die ein Herz nur kennt,
das einst geliebt,
doch schweigend sich ergibt
und selbst des Toten Namen
nicht mehr nennt.

ÜBER DIE tausend Berge
sollst du fliegen von Glück und Leid,
über vieltausend Berge
in deine Ewigkeit –

Lächelnd voll seliger Schmerzen
derer, die drunten gehn,
die unsrer wagenden Herzen
Vogelglück nie verstehn –

Über die tausend Berge
sollst du fliegen von Glück und Leid,
über vieltausend Berge
in deine Ewigkeit.

ENDLICH WIEDER

Entwölkst dich endlich wieder, liebes Land,
aus langen Nebeln!
O du Morgenkraft,
die mir dein reiner Blick entgegenschwellt,
wer widerstände dir, 5
wer nähme nicht
sein Glück aus solchem Aug,
Geliebtestes!

JUNGE STUNDEN

Brummer, der vorüberstößt,
mahnt mich junger Stunden,
da mein Herz, von Glück gelöst,
Allnatur empfunden.

Schaue Wies und Waldessaum, 5
wo der Knabe weilte,
wo manch hoher Zukunftstraum
köstlich ihn ereilte.

Wie's im Wald so heimlich sang,
wie die Ferne lockte! 10
Wie der Blick ins Blaue drang,
bis der Herzschlag stockte!

Leichte Füße hör ich nahn –
o du Zeit voll Zunder!
Ach, was mir in dir geschahn 15
Wunder über Wunder!

O TRAURE NICHT!

Aus roten Morgenwolken blüht
der blaue Tag in blasser Seligkeit...
Und über Raum und Zeit
erhebt sich mein Gemüt
zu dir.

O traure nicht!
Und bist du nicht bei mir –:
Ein Licht sind wir
und ist von mir zu dir.

Aus roten Morgenwolken blüht
der blaue Tag in blasser Seligkeit...
Und über Raum und Zeit
erhebt sich dein Gemüt
zu mir.

ACH, ES IST TRAURIG, alte Briefe lesen;
was man so weicher Stimmung einst geschrieben,
von »nie vergessen«, »ewig lieben«...
ach, es ist traurig, alte Briefe lesen.

Was ist dies Ich nicht alles schon gewesen
und immer wieder spielt's die alten Spiele
und immer meint's: nun steh's am letzten Ziele.
Was ist dies Ich nicht alles schon gewesen!

UNVERLIERBARE GEWÄHR

Eines gibt's, darauf ich mich
freuen darf. Das wird nicht trügen.
Eines Abends sicherlich
ruht dies Herz von allen Flügen
aus.

Schlafen darf dann dieser Wandrer.
Denn – was etwan weiter wacht,
wird ein andres, wird ein andrer.
Dieser hat sein Werk vollbracht –
dann.

Abschied

›Es ist vielleicht das letzte Mal,
daß deine Hand in meiner ruht...
So nah dein Blut an meinem Blut...
O wüßtest du von meiner Qual!

Du aber lächelst hell und gut
mit deiner Augen stillem Strahl...
Du Wandrer weißt nicht, wie es tut:
Es ist vielleicht das letzte Mal!‹

MEIN LEBEN lang hab ich mich bilden wollen,
zog aus und fand
für all mein Wollen nicht drei Schollen
Land.

Voll Eifer ganz, die Dinge mein zu nennen,
ging ich, wie es sich gab, im Kreis,
um endlich schaudernd zu erkennen,
daß ich nichts bin, daß ich nichts weiß.

Rosen

Gib mir den Lorbeer nicht, gib Dornen mir!
so wird mein Herz dir rote Rosen treiben.
Du glaubst dem Volk, ich aber sage dir,
daß keine – Dornen ohne Rosen bleiben.

O drücktest du sie mir so tief ins Herz,
daß dir sein Blut wie eine einzige Rose
entgegenspränge, und ins Uferlose
verebbte der zu hoch gestaute Schmerz!

BEKANNTSCHAFT

Wir sprangen ineinander hinein,
kein Wandern mochte lustiger sein.

Wir tummelten uns kreuz und quer,
als ob des Lands kein Ende wär'.

Bis unsre Zeh'n und Knie fanden,
daß hier und dort auch Steine standen.

Grenzsteine, wie wir bald bemerkten,
als sich die Stöße grob verstärkten.

Da zogen wir uns denn Stück um Stück
wieder aufs eigne Gebiet zurück.

GESICHT

Des Schicksals weiße Hand sah ich
ihn vorwärts schieben wie ein Tier, das sich
dem Altar zubewegt, unwissend noch
des dunklen Loses, dumpf es ahnend doch.

Und unfern ihm ein andrer stand;
um seine Stirne lag der Freiheit Hauch; –
doch auch
auf seiner Schulter lag die weiße Hand.

DES WASSERFALLS NIXE
Einer der »Syv Søstre« zu eigen

Es hängt die Nixe ihr Haar hinab
übern Berg
wie schimmernde Seide.
Sie liegt auf die Linke gestützt und träumt
hin über die einsame Heide.   5
Durch ihre Finger quillt und rinnt
die silberblonde Flut hernieder...
Nur hin und wieder
naht ein Wind
und zaudert bei dem schönen Kind.   10
Und wie sie sich herzen beide –
da bebt und schwankt,
da wogt und wankt
auf ein kurzes
die göttliche Seide.   15

AUF STILLE HÖHEN träum' ich mich hinaus:
Ein Tannenwald, ein Bach, ein Balkenhaus.

Ein weiter Blick auf Gipfel oder Meer.
Allein des Himmels Stimmen um mich her.

Vor meiner Tür ein schlichter Opferstein,   5
hellspiegelnd wie ein Born von goldnem Wein,

dem Wind, der Sonne, der gestirnten Nacht.
[Lücke]

Von Zeit zu Zeit zu Menschen eine Fahrt,
ein Kuß, ein Kind, ein Glück nach Menschenart.

Dann wieder Heimkehr, Schweigen, Einsamkeit.   10
Ein Schöpferdasein über Ort und Zeit.

DAS IST ein ewiges Sich-Freuen
des Weibs am Mann, des Manns am Weib,
ein ewig jubelnd Sich-Erneuen
im Funkenstrom von Leib zu Leib.

5 Ein Blick in Licht, ein Bad in Tau,
ein kühler Trunk, ein reiner Duft,
ein junges Weib von schlankem Bau, –
o Lebenswärme, Lebensluft!

MEINE AUGEN leuchten vollgesogen
von des Abends hingegangnen Gluten,
schauend fühl ich seine goldnen Wogen
wieder lassen mich und rückwärts fluten.
5 Gleich als ob sich Ströme Lichts ergössen
auf die ringsgesenkten Dunkelheiten,
als ob Brunnenwände überflössen
fühl ich sich die dunkle Stirne weiten.

WIE BITTER, müssen Träume sich bescheiden
vor seltnen Menschen, groß an Geist und Gaben,
wie bitter, müssen wir ihr Sträuben leiden,
und immer wieder Wunsch und Wahn begraben.

5 Warum, warum seid ihr nicht ihr geworden,
die ihr die Erde konntet umgestalten?
Was säumet eure Kraft ihr zu entfalten?
Was laßt den Tag ihr euer Ewiges morden?

So fragt euch einer, der emporgetragen,
10 und eure Lippe hört er wieder fragen:
Der Renner reiß' dich hoch, den du dir zäumtest, –
und doch, wardst du, wardst du denn, was du träumtest?

Ich hob die Hand einst, meiner Kunst zu fluchen,
da kamen ihre Schwestern mich besuchen.

Als erstes trat die Malerei herein.
Sei mein, so sprach sie schmeichelnd, komm, sei mein!

Wie Honig troff mir ihrer Rede Gift. 5
Ich nahm ein Blatt, sie führte mir den Stift.

Ein Weib entstand, das just dem Bad entsteigt,
und noch einmal der Born ihr Haupthaar zeigt,

das schon hinabströmt wie ein Teil der Flut,
darin es eben wohlig noch geruht. 10

Wir taten uns einst viel auf Gastfreundschaft zugut.
Wer immer sich an unserm Feuer niederließ,
und war es selbst ein Feind, genoß des Hauses Schutz.
Wie anders heute, wo ein schergenhafter Geist
so große Macht in unserm Volk gewann, 5
daß es den Fremdling nicht mehr aufzunehmen wagt
aus Liebedienerei vor nachbarlichen Groll.

Ein prächtig Bild. So, Freunde, denk' ich mir, nur so,
den wahrhaft Starken, der auf sich und nur auf sich besteht!
Vor eitlem Kritteln bleiben wir nur immer fern. 10
Allein die großen Züge unsres Volkstum laßt
uns rein erhalten. Treue werde nicht
Knechtschaffenheit, Mut werde Roheit nicht,
ein edler Fleiß nicht trockner Krämergeist.

TRÄUME

Und dann kommen wieder Zeiten der Träume,
wo dir alles wiederkehrt von teuern
Menschen und Geschicken, und du wandelst wieder
neben ihr im Schatten geliebter Bäume.
5 Aber nicht mehr umfängt dein Arm ihr Mieder,
eines andern ist nun ihr Leib und Seele,
doch du ehrst es, willst nicht in Schuld und Fehle
einen Jugendtraum voll Unschuld erneuern.

Und sie erzählt dir von ihrem Leben,
10 wie es so war wie jedes Leben:
jung, glücklich, enttäuscht, ergeben, –
und du fühlst ein übermächtig Streben,
ihren Kopf an deiner Brust zu betten. –
Aber da klirren leise unsichtbare Ketten –
15 und du öffnest die Lippen, wie um zu küssen, –
diese leise klingenden silbernen Geisterketten,
die so gut wissen, was wir müssen...

WIR? DICHTEN WIR? beschminken die Natur?

will unsre Notdurft färben, fälschen, feilschen?
mit billigen Worten billig Weisheit treiben?
Ihr fürchterlichen Abgründe des Lebens,
5 gefüllt mit Elend, Bosheit, Unvernunft
und Schmutz – und Schmutz – bis an den Rand, wer braucht
euch nennen, da ihr seid, zu sehr nur seid!
Doch wie die Mutter unter Schrein gebiert –
und Blut und Not aus ihrem Leibe stößt
10 und danach dann du Mensch, du Mensch, erscheinst,
ein Spielball noch, ein stummer kleiner Narr,
und doch ein Kunstwerk, feiner als die feinste Uhr,
und doch ein Wunderbronn, dem neunzig Jahre
entschäumen sollen, eine Perle jede
15 Sekunde, eine Welle jeder Tag –

so muß wohl alles Große unter Kot
und Blut und Tränen sich die Welt erobern.
Und wär ein Gott, ein Künstlergott allein
wär' zu verstehen, nicht ein Genießergott,
kein Richtergott – wer schuf dies ekle Bild! – 20
ein Gott allein, der schafft und ewig schafft
und wohl dabei des Schaffens Tragik kennt.
Solch eines Gottes Stück fühl' ich mich selbst,
wenn Schaffen Gott sein heißt – und andres nicht;
denn diese Lust der Lust verdient den Namen. 25

– FAST –

Du hast mir viel zu Lieb und Leid getan, –
hab Dank.
Wir waren eins in mancher Stunde Wahn;
doch heimlich sank
mein Wesen oft von dir 5
in Gründe, ach!
da du nicht nachkamst,
muntrer Silber-Bach,
und floh nach Höhen,
die du nie gekannt. 10
O zürne nicht! –
wir sind ja – fast – verwandt.

DER STILLEN weiß ich manche hier und dort,
die noch erschauern, wenn sie jenes Klingen
der Seele hören von geheimen Dingen,
die auch in ihnen sind, nur ohne Wort.

Und fühlen sie, wie sie die Schwingen heben, 5
der starken Sprache, zu bewußtem Flug,
dann strömt es wieder wie erlöstes Leben…
Und das ist unser Dank, und Danks genug.

WIE auf Donners Hintergrund
alles anders klingt, –
wie es von der Dinge Mund
scheu den Raum durchspringt!

Ängstlich, wie mit Diebeshast,
oder kurz und still,
trotzig oder stolz gefaßt
oder frech und schrill.

Anders tönt ein Vogelruf,
anders spricht ein Kind,
anders schlägt ein Rosseshuf,
anders rauscht der Wind.

Wie auf Donners Hintergrund
alles fremdsam klingt,
wie von aller Dinge Mund
Wort verwandelt springt!…

DEN PHILISTERN

Nein, ich habe wenig Ernst für euch
und für eure Werktags-Taten,
denn in meinem Innern schlafen Quellen,
die euch alle leicht ertränken könnten;
freilich auch, und mehr noch, lieber: tränken.
O, ich wäre Brust für tausend Münder,
aber diese Amme eures Glückes,
niemand will sie dingen, will sie mieten,
und so säugt sie Geister und Gespenster.

In ein Land der Uniform verschlagen,
zwischen schwarz und weiß gefleckte Büffel,
kategorisch pflichtgetreue Büffel,
Pflüge zerrend, Karren schleppend, Wunder
der Dressur nach Zirkusart vollführend,   5
traur' ich, dumm beglotzt, mit meiner Sehnsucht
Farben, Formen in die Welt zu streuen,
Falterstaub auf aller Dinge Flügel
(und sie haben Flügel, aus dem toten
Klumpen zieh' ich sie hervor und weis' euch,   10
daß sie Flügel haben), Gottesräusche –
wenn Gott Schöpfer sein heißt – wie ein Rabe
in dem Acker bang den andern bergend:
Also leb ich, ein verschlagner Vogel,
zwischen Büffeln, schwarz und weiß gefleckten,   15
in dem Land der uniformen Seelen!

Ein Mensch (Plädoyer)

Laßt ihm seinen Wert und seid's zufrieden.
Glaubt an ihn und seine gute Stunde.
Seine toten, flachen, leeren Tage
tragt, wie er sie trägt – geht vorüber.
O ihr wißt es schon, daß er sich manchmal   5
martert, daß er sich aus euch zermartert.
Fühlt ihr, seht ihr das, er geht vorüber.
Tiefe Schäden und Gebresten trägt er,
an verlornen Jahren reich wie keiner.
Aber etwas ist in ihm, das sprudelt   10
wie ein ewiger Quell, ob oft verschüttet.
Und ob dieses Quells voll Lebensperlen
bittet er: Vergebt ihm, was er nicht ist.

An meine Vase

Der Adel deiner Linie ist so groß,
daß ich vergesse, was ich heut an Menschen
und Werken ihrer Hände litt. Du bist
durch Geist erlöster Stoff, das Chaos hat
kein Anrecht mehr auf dich – wie ein Gedanke
der Freiheit schwillt dein schlanker, keuscher Keil
empor, und also gibst du, stiller Freund,
inmitten einer Welt der Nüchternheit
dem Freunde des Vollkommenen hohen Trost.

Verwunderungen

Wir alle sind die Erben dunkler Ahnen.
Was in uns spielt, was in uns treibt, wer weiß es;
wer kennt es, was Natur geheimen Fleißes
in uns gehäuft aus längst entschwundnen Bahnen.

Mit Taten und Gedanken hell am Tage –
so wandern wir, so sieht die Welt uns wandern, –
und sind vielleicht die Schlüssel nur zu andern;
und unser bleibt Verwundrung nur und Frage.

Das ist das Ärgste an euren Strafen,

daß sie die Trauer in uns ertötet,
die schreiende Trauer, die uns nicht schlafen
läßt, weil ein Bruder die Hand gerötet.

Da liegt er nun im eisernen Netze.
Und wir: Bedauern vielleicht, – doch kein Gram,
kein Wille hinauf, keine Liebe, keine Scham –
Zertrümmert mir, Menschen, solche Gesetze!

AN MEINEM SIMS ein Schmetterling,
vom Wind ans Haus gepreßt.
Zu zarte Flügel, armes Ding!
Ja, ja, jetzt sitzt er fest.

Wie schmiegt sich an den samtnen Pelz   5
der Flügel Azur:
O welche Anmut, welcher Schmelz!
O Künstlerin Natur!

Wie helf ich ihm? Ich weiß es nicht...
Doch werd auch ich wie er vergehn –   10
dann auch nur Stoff für irgendwen –
zu einem – Gedicht.

DES SCHAFFENS LUST rechtfertigt selbst den Tod.
Tod ist nur Zahlung, unumgänglich,
doch mehr noch, Schaffens auch zugleich Gewähr.
Wie wenn die Hand ins Wasser schlägt und ewig
durchsonnte Gischt zur Flut zurücke sinkt,   5
so kann die Hand der Schöpferin Natur
auch schaffen um den Preis nur, daß die Form
zum Stoffe wieder kehrend neuer Form
in unaufhörlich reichem Wechsel weihe.

Dies, dies und nichts als dies erlöst dich, Mensch. 10
Des Schöpfungstriebes Wollust nie vergiß,
wenn sich des Todes Arm dir vor die Sonne reckt!

Es ist der Schatten nur der Sonne, denk' es,
o Seele, nur der Schatten – und die Sonne!
Sie ist ein Born, der alles gutmacht, alles,   15
und alle Seufzer fallen von ihr weg
in sie hinein, wie Kränze, die nun einmal
um Sonnen sind.

VOM ABERGLAUBEN

Ich mag den Aberglauben nicht verdammen,
der große Seelen manchmal überfällt.
Die Menge, deren Einsatz nichts,
hat wenig zu verlieren.
Wer aber weiß: er ist ein Einziger
und nie mehr kehrt, was er just darstellt, wieder, –
der horcht wohl auch nach Wind und Geistern hin
und knüpft, der unfaßbaren Einheit alles
Geschehens sich bewußt,
an »Zeichen« seiner Hoffnung schweres Schiff.
Sie sind ein Halt für ihn – was braucht der Halt,
dem Unersetzliches nicht im Busen zweifelnd wohnt,
was Wunder der, der selbst kein Wunder ist.

WÄNDE, Wände, Wände...
Wer die Türen fände!

Ringsum eitel Glück und Glanz, –
Leben dünkt ein Spiel, ein Tanz.

Zitternd siehst du, hörst du zu...
Immer andre, niemals du...

Wände, Wände, Wände...
Wer die Kunst verstände!

WEISST DU, was es heißt,
in der Nacht
unter Sternen schlafen, Geist?

Wenn die Stille, wenn der Wind
seine Schrecken um dich spinnt,
daß dir Graun das Herz zerreißt...

Vor meiner Türe liegt ein Hund;
er seufzt einmal und geht einmal umher...
Wenn ihn die Nacht verschlänge – hülf ihm wer?

Mich schirmt mein dunkles Haus.
Was kann die Nacht mir an!
Bewegt, doch sicher lauscht mein Herz hinaus.

Nun fährt er auf und bellt,
und seine Stimme füllt
auf einen Augenblick für ihn die Welt.

Nun ist sie sein.
Er schweigt. – Und wieder quält
den Einsamen der kalte Sternenschein. –

Weißt du, was es heißt,
in der Nacht
unter Sternen wachen, Geist?

Wenn die Stille, wenn der Wind
seine Schrecken um dich spinnt,
daß dir Graun das Herz zerreißt?

Sie an ihn

Ich habe nie, was Leben ist, gewußt,
in deinen Armen fand ich erst das Leben,
du hast mir nicht nur deinen Wert gegeben,
auch meinen fand ich erst an deiner Brust.

Ich hatte manches Hohe schon empfunden,
aus nicht Gemeinem war mein Tag gewebt; –
und jetzt – wie Schatten liegt's dahingeschwunden.
Jetzt stürb' ich gern, denn jetzt hab ich gelebt.

Gedichte aus dem Nachlaß

MENSCH UND TIER

Ich war im Garten, wo sie all die Tiere
gefangen halten; glücklich schienen viele,
in heiteren Zwingern treibend muntre Spiele,
doch andre hatten Augen tote, stiere.

Ein Silberfuchs, ein wunderzierlich Wesen,
besah mich unbewegt mit stillen Blicken.
Er schien so klug sich in sein Los zu schicken,
doch konnte ich in seinem Innern lesen.

Und andre sah ich mit verwandten Mienen
und andre rastlos hinter starren Gittern –
und wunder Liebe fühlt ich mich erzittern
und meine Seele wurde eins mit ihnen.

DER SEEHUND sah mich aus Augen an,
daß ich ihn nicht vergessen kann,
so menschlich war sein Blicken.
Ich fühlte trauernd: Halbbruder Tier,
kein Wörtchen Liebe kann ich dir
nur höchstens – Fische schicken.

NACH HEISSEM TAGE reine, frische Nacht. –
Jetzt wünscht ich eines Vogels Brust und Schwinge,
daß ich den Hauch mit allen Fibern finge,
der deine Stille füllt und brausen macht.

Wie würf ich mich in deinen Odem gerne,
der Schwere bar des trägen Erdenwurms,
wie flög ich gern, im Mantel deines Sturms,
empor bis an die silberkühlen Sterne!

»La Patrie«

Vom Boden rafft sich –
von Seil und Sand
befreit voll Kraft sich –
»das Vaterland«.

Der Bauer biegt sich
zum Rohr die Hand –:
Hoch oben wiegt sich
»das Vaterland«.

Den Menschen entronnen,
dem All zugewandt,
sieht er sich sonnen
»das Vaterland«.

– »Ihr garstigen Geister,
Ihr Ameisenheer,
Ihr wart meine Meister!
Mich habe das Meer!

Ich will euch nicht fronen
und eurer Begier,
ich suche Regionen,
die reiner denn ihr!«

Ins Dunkel der Wolke,
mit wehendem Band,
entflieht seinem Volke
»das Vaterland«.

ROMANZE
(In memoriam A.R.)

Ein Mensch hat sich um meinethalb
durchs Herz geschossen.
Auf ewig liegt sein Antlitz falb
in meinen Schoß gegossen.

Was wollt ihr von mir? Geht, o geht!
die ihr den toten Mann nicht seht
von meinem Arm umschlossen.

Und hatt' ich ihn, weiß Gott, wie lieb, –
sein Vater mocht's nicht leiden.
Er zog die Hand von ihm und trieb
ihn so zum bittern Scheiden.

Was steht ihr um mich her und schaut?
Laßt ab, an eines Toten Braut
neugierig euch zu weiden.

Ich bin von euch getrennt fortan,
ein ander Wesen.
Von meines Liebsten Abschied kann
ich erst im Grab genesen.

Was faßt ihr mich? O rührt mich nicht!
In euren Augen funkelt Licht –
ihr könnt mein Leid nicht lesen.

MENSCH WANDERER

Vergessenheit –
auch wieder höchstes Wort!
Sichselbstvergessen im Gefühl des andern…
Und müßt ich hunderttausend Meilen wandern,
ich wüßte Beßres nichts als diesen Ort.   5
Denn ›meine‹ Heimat ist mir oft gar leid.

Hinweg, hinaus!…
Ist jede Herberg zu?
Will niemand mich dies süße Fremdsein lehren?
Und sei's nur, stolzer wieder heimzukehren –   10
nur einen Tag ein Du zu sein, ein Du!
nur einen Tag in eines andern Haus!

Erkenne dich!…
Wer tritt denn niemals ein?…
Wem Abschied auf der Stirne steht geschrieben,   15
er läßt sich selbst ja nur als Wandrer lieben,
er wird nie nirgends ganz zuhause sein,
er hat nur ein Zuhaus auf Erden: Sich.

DU EINZIGER, der du mir niemals lügst!
Und doch, wer weiß, ob du mich wirklich liebst.
ob du nicht nur Gewohnheit Folge gibst,
ob du dich mir nicht nur aus Mitleid fügst.

Δός μοι ποῦ στῶ – wer hält es aus, dies Wort,   5
das fragend fliegt durch die Unendlichkeit?
Kein Gott – kein Mensch –, nur Schemen weit und breit –
δός μοι ποῦ στῶ – (o Unabwendlichkeit).

DAS SCHEIDET uns von jenen meisten, Freund:
Sie knien in ihren Stoff hinein, ihr Stoff
ist ihre Grenze und ihr letzter Sinn.
Wir sind erst wir und dann erst unser Stoff,
uns liegt so sehr nicht an Personen,
uns liegt an Rollen nicht so viel, als daß
wir Dinge sagen möchten, die nur wir
zu sagen wissen und geboren sind.

Sie tragen keine Liebe in der Brust,
nur Brunst, die in gehäuftem Wissen wühlt.
Wir wissen wenig, eins nur unverrückt:
Die Kunst ist unser, wir sind nicht der Kunst.

DAS HEIMLICHE HEER

Menschen, die im Lande weit
irgendwo verschmachten,
weil sie Zufall, Ort und Zeit
nicht zum Wirken brachten.

Wie ein Duft liegt euer Sinn
übers Land gewoben;
trauernd wandelt ihr dahin,
doch das Haupt erhoben.

Denn ihr seid von andrer Art
als die dumpfe Menge,
wagt so manche Himmelsfahrt
aus gemeiner Enge,

hört den Tanz der Welten gehn,
ob ihr auch nur stammelt: –
Wisset! aus euch wird erstehn,
der euch in sich sammelt.

SCHLIMMER BESUCH

Gestern kamen sie zu mir
und saßen mir im Gemach
und nahmen Kraft und Ruh mir
und stürzten mich in Schmach.

In ihren Schleiern traten
sie ein und sahen mich an:
die ungetanen Taten,
die ich nie tuen kann.

Und als sie täten wandern
nach manchem bittern Wort,
da waren auch die andern,
die schon getanen, fort.

QUALEN

I.

O würdelos, dies selbstverliebte Wesen,
dies Selbstanpreisen! dies Selbstausbeuten!
Genug, man ist ein Einzelner gewesen,
wer es nicht fühlt, dem wirst du's niemals deuten.

Gewiß, es heißt, nur Lumpen sind bescheiden;
doch wär's nicht besser, wenn wir Lumpen wären,
als ewig so uns selber zu verklären
und unsern Durst nach Macht in Geist zu kleiden.

Und seh ich schon im Kindes-Spiel den Funken,
wie es nur stets sich selbst als mehr erfände,
so weiß ich nicht, was mehr den Menschen schände,
als dieses stets mit sich selber Prunken.

II.

Das trampelt, strampelt mit den tausend Beinen:
Sie alle wollen »mit«, zum »Glücke« mit.
Zu welchem Glück? Ein jeder: mehr zu scheinen,
als die um ihn, und wehe dem, der glitt.

Du, dem es nicht um Eintagsglück zu schaffen,
du, dem des Menschen Wert am Herzen ruht,
wohl wahr, auch du hast nur dieselben Waffen,
auch dich bewegt nur eines Tieres Blut.

Das »Stets-der-Erste-sein« – auch dich entflammt es.
Doch Scham und Sehnsucht adeln deinen Lauf,
und über ewiglich zum Tal Verdammtes
stürmst du den Berg der Einsamkeit hinauf.

Hier blüht dir Glück wie ihrer irgendeinem.
Du scheinst, noch mehr – du bist ein Erster jetzt.
Doch Eins ist mehr: was du, so wie zu Deinem,
zu aller Glück erkämpft und eingesetzt.

DER STILLE WEG

Ich liebe dich, du stiller Weg,
auf dem mich keine Seele trifft,
ich geh dich heim allabendlich
und schlürfe deines Schweigens Gift.

Ich geh dich heim allabendlich
des Tags und seiner Bürde voll –
und biete meine Seele aus –
und weiß nicht, wie ich leben soll.

Im Turm der Winde

Im Turm der Winde sitzen sie zusammen,
des Hauses Herrn, und blasen in die Flammen.

Das Feuer fährt empor und überloht
vier fürchterliche Häupter blutigrot.

Sie schütteln sich und schaun sich, Mann um Mann, 5
aus weißen Abgrundsaugen lauernd an.

Des einen Blick, des andern Blick erstarrt.
Die Flamme sinkt, die Mienen werden hart.

Vier Schatten malt der Scheiter irrer Brand
gespenstisch auf des Turms gekrümmte Wand. 10

Der Morgen naht. Die Glut hat ausgeloht.
Rings um den Turm ist Stille wie der Tod.

Liebe, Liebe und Liebe

›Laß sie mir eine Zeit!‹

>Doch er mochte davon nichts wissen.
>Es sei nicht Brauch,
>und er liebe sie auch
>zu sehr, um sie jemals zu missen. 5

Sie raffte ihr Kleid.

>Er wartete nachts an der Ecke.
>Es rückte der Zug,
>und im Dämmerlicht schlug
>er den Arm um sie und die Decke. 10

Jahre gingen ins Land.

>Da trafen sie einer den andern
>auf einem Berg,
>der Troll, der Zwerg
>und das Weib, so im einsamen Wandern.

Ein Stein da droben stand.

>Dem haben sie eingeschrieben:
>Ich liebte dich doch.
>Ich liebe dich noch.
>Und: Lieben, lieben und lieben.

AN EINEN VERLORENEN FREUND

Ich sah die Tränen, die verschwiegnen,
die hinter deine Lider drangen,
als du der vielen unerstiegnen
Pfade dachtest, die du nicht gegangen.

Als meine Worte, ohne es zu wollen,
dir weckten, wie wir einst vereint geschritten,
als du empfandst im martervollen
Herzen, was dir abgeschnitten.

Nicht abgeschnitten durch dich selber so,
als durch das Weib, das all dein Leben lähmte,
die breite, niegestillte, niegezähmte
Bestie, nur auf deinem Schweiße froh.

Ich sah's und hemmte selber kaum die Tränen,
wie du so standst, von Scham und Gram zerfressen, –
ich sah's und knirschte heimlich mit den Zähnen…
Vergib, daß ich es sah. Es sei vergessen.

Du sprachst mit mir von einem Buche;
mein Auge glühte, und du glaubtest – dir.
Ich aber war bei dir nicht noch bei mir:
Ich suchte, das ich immer suche.

Und damals hast du angefangen,
dich zu verirren in den bittern Wahn,
ich wäre dir vor andern zugetan
und könnte einst nach dir verlangen.

O, meine Gedanken,
ihr armen Vögel,
habt ihr euch noch nicht müde geflattert
all die Jahre?
Immer dachtet ihr: Luft wär, Luft wär um euch,
Luft wär Seele, drinnen voll Glück zu fliegen.
Menschenseele, meine Gedanken, erfuhrt ihr,
ist nicht Luft, ist Glas, Glas, hartes Glas nur, –
niemand fliegt hinein als nur durch Fenster,
klug geöffnet oder aus Versehen, –
ist nicht Luft, nicht Äther, Himmel, Freiheit –,
Glas, Glas, Glas – Grab für die Stirn des Vogels,
dummen Vogels, der geschossen kommt und
nie gewitzt wird.

P. M.

Dein Schädel ist eine Hütte klein
mit einem tiefen Schindeldach,
darauf viel große Steine sein
und drinnen ist ein eng Gemach.

5 Da haust Mann, Frau, Kind, Geiß und Schwein,
da tönt's und düftet's mannigfach,
und böse, blinde Fensterlein,
die halten vorn die Welt in Schach.

Ein Falter fliegt vorüber bunt...
10 da quillt das ganze Hirn heraus:
»Was willst du hier bei uns, du Hund?«
Und konvulsivisch bebt das Haus.

»So schweigsam, Freund?«
Seid mir nicht bös!
Ich trag in mir so vieles still,
was launisch macht und reifen will,
5 ihr müßt mich halt so nehmen.

Die Mutter, denke ich mir, sie wird
auch schweigsam, lang eh sie gebiert,
sie hat wohl auch nur einen Sinn,
ihr Kind – und lebt wohl auch oft hin
10 wie ich – ganz ohne Worte.

Noch manches wird vorübergehen
an meinem Blick, doch dem, was nie
der Sturz der Jahre wird verwehen,
gehört auch an dies Wiedersehen,
5 dies Bild der tiefsten Poesie. –

So mögt ihr denn die kurze Weise,
die in bescheidnen Rhythmen klang,
weglegen wieder still und leise,
nur manchmal auf des Lebens Gleise
des Freundes denkend, der sie sang.   10

Lebt wohl! Und treibt die Flut uns wieder
dereinst die gleiche Bucht hinein,
vielleicht dann kann ich schönre Lieder
euch streun vor eure Füße nieder –
bis dahin, Glück und Sonnenschein.   15

STREU meine Lieder so
unter euch hin, –
wer fragt von Herzen, wo,
wie, wer ich bin?

Leichtlich inkognito   5
lebt sich's dahin.
Wen kümmert's ernstlich, wo,
wie, wer ich bin.

DORT LIEGT die Welt. Wohlan! So miß sie klar.
Sie schmerzt dich oft unendlich noch – nicht wahr?
Das tut sie. So und so. Du taugst noch nicht.
Eh' sich die Welt nicht wie die Welle bricht
an deiner Brust als wie an Stein, hast du   5
nicht vor der Welt, nicht vor dir selber Ruh.
Gleichgültig wie der Marmor mußt du stehn,
an dem die Fluten auf- und niedergehn,
aus blasser Kühle spiegelnd ihren Schwall,
dein Herz in eine Urne aus Kristall   10
dahinter wahrend, jenem Aug' allein,
der Stein und Glas durchdringt, nicht Glas und Stein.

Doch willst du ganz gesichert sein, zerbrich
den Stein wie den Kristall. Ergieße dich!
15 Sei, was dir wehtut, werde, der dich schlägt,
sei das, was ihn wie dich im Schoße trägt.
Doch spür's! Und wenn nun dies nicht gar das Ärgste ist –
wenn du in Stein und Glas dir selbst in Sünde bist?
Was hilft dir wider dich? Hör zu: Dies, daß du weißt:
20 Kein Wunsch hilft dir von dir, daß du ein andrer seist.
Du bist, der du sein mußt, so sehr du anders meinst.
Es ist auch nichts als Muß, wenn du dies Muß verneinst.
Auch wenn ums Muß du weißt, ist dies ein Müssen nur;
auch dies »Hör zu!« gehört ins Wachstum der Natur.
25 Wie könnt' ich denken so, wenn vor mir nicht gedacht,
wenn vor mir nicht der Mensch, der Ball, die Welt.
Das ist der Sinn von »Liebe deinen Feind«,
daß du und er sind innerlichst vereint.
Er tut dir nichts, was du nicht selbst dir tust,
30 da er in dir ruht, wie in ihm du ruhst.

    FORM und Farbe wär es bloß,
    die mir dieses Gras und Moos
    also innig nahe brächte?
    Nein, es sind die gleichen Mächte,
5   die auch mir Gestaltung geben,
    ist das gleiche warme Leben.
    Wie ein unermeßlich Du
    atmet mir der Waldgrund zu.
    Seelenluft ist, wo ich schreite –
10   süß umfängt mich Nähe, Weite.
    Ich und Du sind Eines nur:
    Eine ewige Natur.

DIE STADT AUS ELFENBEIN

Bau mir die Stadt aus Elfenbein,
die Silberflut umschäume!
Durchs Tor der Träume zieht man ein...
Bau mir die Stadt aus Elfenbein,
    die Stadt der Träume!

Die ungebornen Geister auch
begehren ihr Gefilde.
Erschaffe Welt zu ihrem Brauch, –
die ungebornen Geister auch
    begehren Weltgebilde.

Auf sieben Hügeln baue sie,
die Silberflut umsäume;
die Elfengeister-Kolonie –
auf sieben Hügeln baue sie,
    die Stadt der Träume!

MIT DIESER FAUST hier greif ich in den Raum,
in hunderttausend Fäden fein wie Traum.

Jetzt reiß ich, und die Faust reißt Welt mit sich.
Vielleicht auch riß es, so zu reißen, mich.

Und wie die Faust so im Gewebe steckt:
so auch mein Blut und Hirn, und was es heckt.

Ein Leib ist Welt, Ein Geist nicht nur allein,
Ein Leib ist Menschenbild und Sternenschein.

Was scheinbar stirbt, bleibt Leib doch wie zuvor,
Geist, stirbt er hier, blitzt dort dafür empor.

Geist ist nicht Geist der einzlen Kreatur:
ist, bleibt; blickt stets aus neuen Augen nur.

Geist ist des einen noch des andern nicht;
durch dich blickt Welt sich selber ins Gesicht.

Wohl bist du der und die im Tageslauf,
doch in dir schlägt nur Welt ein Auge auf.

Welt ruht in sich, Welt ist sich selbst genug,
weh dem, der je nach ihrem Willen frug.

Welt will sich selbst, kennt kein Woher, Wohin,
Welt ist sich selbst ihr eigner Zweck und Sinn.

Und nennst du Gott, das was ich Welt genannt,
so ist Gott Leib, im Geist in sich gewandt.

Der Geist, zusamt dem, draus er ward, versteh,
ist Gott, (wie Welt), nichts andres war Gott je.

So bin ich Gott, mit allem was ich bin,
und mein und Gottes ist der gleiche Sinn.

Die Welt ist nicht ein Hier, Gott nicht ein Dort,
er ist du selbst, wird mit dir fort und fort.

Und nirgends weiß er irgendwie von sich,
denn als in Wesen so wie du und ich.

KLEINES HOTEL AM MEER

Morgenhauch im hellen Saal,
pralles Licht auf grünen Läden,
im verstohlenen schrägen Strahl
starben silberfeine Fäden.

Drunten, wo der Treppe Stein
senkt ins Meer die letzten Stufen,
unterm dunklen Pinienhain,
leiser Wellen lockend Rufen…

Sylt – Rantum

Weil ich nur dieses Donnern wieder höre,
dies Mahlen einer ungeheuren Mühle,
weil ich nur diesen Flugsand wieder fühle
und dieser Möwen Ruhe wieder störe!

Du abendliche Klarheit dort im Westen,   5
sei mir ein Bild von naher Tage Glück.
Still leg ich mich ins Dünengras zurück.
Nicht wie ich will, – wie Es will, ist's am besten.

Sonnenuntergang

Von Wolken ein Gebirg, umsäumt den Horizont,
von langen roten Streifen gewaltig übersonnt.

Die Berge wachsen, wachsen.. hoch übers Abendrot.
Das Meer wird rauh wie Eisen und grau wie Nacht und Tod.

Im Wattenmeer

Draußen, wo im Wattenmeer
Fischer ihre Reusen haben,
hat ein Butt sich eingegraben
in der Ruten Kreuz und Quer.

Kann nicht vorwärts, nicht zurück.   5
Wird der Fischer sein vergessen,
wird der Krebs ihn lebend fressen. –
Doch das Meer glänzt voller Glück…

Das Wörtlein

Kürzlich kam ein Wort zu mir,
staubig wie ein Wedel,
wirr das Haar, das Auge stier,
doch von Bildung edel.

Als ich, wie es hieße, frug,
sprach es leise: ›Herzlich‹.
Und aus seinem Munde schlug
eine Lache schmerzlich.

Wertlos ward ich ganz und gar,
rief's, ein Spiel der Spiele,
Modewort mit Haut und Haar,
Kaviar für zu viele.

Doch ich wusch's und bot ihm Wein,
gab ihm wieder Würde,
und belud ein Brieflein fein
mit der leichten Bürde.

Schlafend hat's die ganze Nacht
weit weg reisen müssen.
Als es morgens aufgewacht,
kam ein Mund – es küssen.

Ein Lächeln irrt verflogen
durch einen lauten Saal,
bis es auf einem Bogen
von schillerndem Opal
sein kleines Leben endet,
den letzten Blick noch matt
zu der herabgewendet,
die es verloren hat.

ZWEI ungeborene Seelen
sitzen im Geisterbaum,
sie schmiegen sich aneinander
im tiefsten Lebenstraum.

Wer bist du, so fragt sacht 5
ihr heimlichstes Gelüst:
Ein Lächeln, das nicht gelacht
und: Ein Kuß, der nicht geküßt.

KÜRZE

Kürzlich war ich in der Höhle,
wo die kleinen Seelen sitzen
Englein gleich auf dünnen Stenglein,
die die Mütter ihnen schnitzen.

Und da sah ich auch die Seele, 5
die mir oft nun Lust und Würze –
faltergleich und ohne Alter –
sie, des Witzes Seele: Kürze.

MOSKAUER VERSE

Zu Moskau, der heiligen Stadt,
kein Jud sich zu befinden hat.
Fünf Rubel für jeden Juden!
Fünf Rubel für jeden Juden!
Gelobt sei Jesus Christus 5
in Ewigkeit!

»Herr Kommandant, laß er uns ein,
laßt uns um unsern Nochem sein!
Er liegt ja wohl zerschossen – «
»Das Stadttor bleibt geschlossen!« 10

Zu Moskau, der heiligen Stadt,
kein Jud sich zu befinden hat.
Fünf Rubel für jeden Juden!
Fünf Rubel für jeden Juden!
Gelobt sei Jesus Christus
in Ewigkeit!

RUSSISCHE BALLADE

»Reihe sich das Personal der Bahn,
dessen Arbeit jüngst geruht,
in zwei Fronten vor mir auf!«

Dreißig jung und alte Männer nahn:
Plötzlich starrt es Lauf an Lauf...
Dreißig wälzen sich im Blut.

DEN RUSSISCHEN REVOLUTIONÄREN
Brüder und Schwestern

Dem Tage fern, wie fern politischem Getrieb,
nur etwa so wie einer, der sein Turmgemach
abschreitet und bei jedem zehnten Schritt
einmal ans Fenster kommt und einen Blick
hinunterwirft, doch manchmal hält es ihn und faßt ihn
wie Krampf und schluchzend wallt ihm Liebe auf
und Haß und jede Regung aufgerührter Menschlichkeit –
so vor dem Fenster meiner Einsamkeit
bin ich bei jedem zehnten Schritt bei euch.
Und Haß, unbändiger Haß, wie der nur hassen kann,
der sich im Feind haßt, sein, als des Gotts,
noch dumpf im Starrsinn widerstrebend Teil,
und Liebe, wie nur der die Menschen liebt,
dem sie nicht außer, dem sie in ihm sind,
hält fest vor eurem Volk mich wie ein Krampf.

Ihr Tore der Gefängnisse...

Ihr Tore der Gefängnisse,
ihr düstern Tore, tut euch auf!
Ihr Herzen voller Bängnisse,
voll friedloser Bedrängnisse,
an meinem Liede ruht euch auf!

Ihr tragt nicht Schuld an eurer Tat,
wie ich nicht Schuld an meiner trage,
ob auch der Richter hoher Rat,
ob auch der Tugendhaften Staat
euch noch so fürchterlich verklage.

Ihr seht nur euch. Wir aber schauen
das Menschenmeer, das euch gebar.
Wer darf sich unter finstern Brauen
des Blickes: Schuldiger! getrauen?
Wer überragt euch nur ein Haar?

Wir sollten euch nur eines lehren,
erwartet euch kein Morgenrot:
Ein tief die Wende all der Not,
die ihr euch selber seid, Begehren,
ein brünstig Sehnen nach dem Tod.

Bis einst die tränenreiche Erde,
zu höherer Vernunft gereift,
sich an die kranken Wurzeln greift,
und sich in langem neuem Werde
den Aussatz von den Gliedern streift.

TRÄGST du denn Schuld, wenn andre übeltun?
Versteh mich recht: Der Zoll läßt mich nicht ruhn,
den ich den Menschen schuldig bin, die leiden.
Versteh mich recht: Untätig sich bescheiden,
indes der Mensch am Menschen sich vergeht,
das ist die Schuld, die stündlich vor mir steht
und da mir nirgends Einfluß zu erwerben,
da ich nur Narr, nur Schwätzer, nur Poet,
so bleibt allein: Für die man fühlt, zu sterben.

AUF DEN TOD EINES DEUTSCHEN DICHTERS

Ein Kellner und ein Pikkolo
trugen ihn hinaus.
Ein Kellner und ein Pikkolo
trugen ihn hinaus.

Ein Bierglas und ein Weinglas
warfen sie ihm nach.
Ein Bierglas und ein Weinglas
warfen sie ihm ins Grab.

»Vergib, du großer Dichter:
Wir brachten's oft nicht gern!
Doch jeder muß verrichten,
was ihm da schafft sein Herr.«

Da stiegen aus dem Grabe
zwei Geisterhänd empor –
mit dem Bierglas und dem Weinglas,
gefüllt mit Blut so rot.

Der Kellner und der Pikkolo
nahmen und tranken aus.
Der Kellner und der Pikkolo
nahmen und tranken aus.

Und hell in ihren Herzen
da sang's zur selben Frist:
Wie kann ein Mensch denn zürnen,
der wahrhaft weise ist!

Dann kehrten sie selbander 25
ein jeder an seinen Ort.
Aus der Weide über dem Grabe
da flog ein Vogel fort.

AUS IRRER SEELE

»In dunklen Mauern
trauervolle Liebe –
Berausche dich – –
Denkt ihr zuweilen mein?
Ihr, die mein Schoß gebar, 5
die ihr auf meinen Knien spieltet, diesen,
die wund jetzt,
die ich nachts am Zellenboden
dem dunklen Gott, der meine Seele schlug,
zu Ehren wund geschürft – 10
dem großen Gott,
der mich zerbrach
vor eurem Angesicht,
ihr meine Kinder
draußen in der Welt! – – 15
In dunklen Mauern
trauervolle Liebe –
Berausche dich – – –
Geliebte, denkt ihr mein?«

Heimfahrt einer einsamen Frau aus einer Gesellschaft

Einsam fährt sie im Wagen nach Haus,
das Fest ist aus.
Der Schwarm zertrieb...
Wer hat sie lieb?

Sie schaudert und friert.
Wie sich so alles hinweg verliert
ins Unabsehbare,
ins Unverstehbare.

Wo bliebt, Freunde, ihr?
Nur die Furcht sitzt neben mir.
Was seid ihr so weit!
Mein Herz schreit – schreit – schreit.

Ein jeder mit seiner Lust,
ein jeder mit seiner Pein,
jedes Herz in seiner Brust
allein, allein, allein.

O wilder Vogel Seele,
den nie einer fängt!
o wilder Vogel Seele,
der nie sein Herz an andre hängt!

Nicht »Kennenlernen« –

Nicht kennenlernen, nicht, ich bitte dich.
Ich weiß mich nicht mit dir zu unterhalten.
Mein Wesen ist so sonderbar zerspalten,
ich werde flach sein – drum verschone mich.

Sprich mit mir, laß mich sprechen – aus der Ferne.
Wenn du Johannen aus dem Brunnen rufst,
er ist das Bild nicht, das du dir erschufst;
laß ihn in seiner Einsamkeit Zisterne.

Rat und Trost

Laß gut sein, Freund, und laß dir eines sagen:
Hab Phantasie, – doch glaube nicht,
daß andre auch die Weltenkugel tragen,
darunter dir dein Knie schier bricht.
Nicht jedem ward, wie dir, ein Stern als Bürde, 5
Titanen bloß ereilt des Atlas Würde.

Drum, führt dein Fuß dich über fremde Schwelle,
so tritt mit freiem Nacken ein.
Du fülltest sonst, ein kosmischer Geselle,
das Haus mit eitel Feuerschein. 10
Weh, welch ein Spuk! so würden alle rufen.
Drum laß dein Bündel auf des Estrichs Stufen.

Die Kinder mögen kommen und sich freuen
des bunten Balls, der dort bedächtig thront,
sie werden sich vor seinem Glanz nicht scheuen, 15
weltkluger Bürgerfurcht noch ungewohnt.
Du aber wirst inzwischen drin erbauen,
ein Bürger selber, Bürgerherrn und -frauen.

Wunder

Du, der draußen vor der Türe,
just geläutet habend, wartest, –
daß ich dich allein durch meines
Wunsches Kraft verwandeln könnte.

Aus dem Fremdling, der du sein magst, 5
in ein Wesen, das mich lieb hat;
denn nach Trost schreit meine Seele
wie der Hirsch nach frischem Wasser.

An Elisabeth, die Gräfin,
denk ich und das hohe Wunder,
wie aus tuchentblößtem Korbe
Rosen ihr entgegenblühten.

Und die Türe wird geöffnet.
Und dann klopft's an meine Türe;
und hereintritt – und hereintritt – –
wirklich jemand, der mich liebt.

O Geist, du kleiner Krug, urewig strömt
des fremden Geistes Wasser auf dich ein.
Doch kannst du nie mehr fassen als dich selbst
und schüttest stets den Überfluß herab.

Komm, armer Krug, ich trage dich beiseit,
damit die Sonne und der Wolken Zug,
der Menschen Antlitz und der Bäume Laub
in dir sich spiegeln können, tief und still.

Du standest lang am Brunnen. Auch einmal
ein eigner Brunnen wage nun zu sein,
und tränke, kleine Urne, leicht geneigt,
am sanften Hügel, wer dir einfach naht.

Homo Militaris

Das ist's: Wir wollen deine Rasse sehn.
Bist du ein Mensch für uns, für unser Reich,
so gilt dir alles vor dem einen gleich:
aufrecht für Aufrechte dahinzugehn.

Aufrecht auch noch in Schande, Not und Spott,
ein Mensch, der alles auf den Menschen stellt,
aus sich die Welt will – und den Preis der Welt:
den Gottessohn nicht bloß, ihn selbst: den Gott.

Es WIRD eine Rede gehalten
im königlichen Schloß,
es wird eine Rede gehalten
am Denkmal, hoch zu Roß.

Es wird eine Rede gehalten
am Stadttor von Berlin,
es wird eine Rede gehalten
im Kloster von Chorin.

Es wird eine Rede gehalten
im Saal des Regiments,
es wird eine Rede gehalten
im Hof der Residenz.

Es wird eine Rede gehalten
im Schlachtgefeld von Wörth,
es wird eine Rede gehalten –
wer Ohren hat, der hört.

DOCH DU, mein Volk, der Mittelmäßigkeit
geschaffner Ordnung allzubillig froh;
de[nn] mittelmäßig ist die Ordnung, die
den Buben züchtet und de[s] Engkopf[s] Achtung heischt –
– wo bleibt dein Geist, statt all der Lampen hier,
das Sonnentier, das deine Pfade hellt?
Die Masse nicht, blindfolgend dunklem Trieb,
den einzelnen verfordr' ich, ruf ich an:
Den Vater und die Mutter und das Kind
in euch! In euch! und aus euch dann den Gott!

Was türmst du deine Klagen,
vieltöricht Menschenkind,
die doch in tausend Tagen
noch nicht so hoch sind,
als der Wind
den Rauch vermag zu tragen!

Du stürmst den Himmel nimmer,
der du in Nöten irrst;
denn über dein Gewimmer –
den du nie fahn wirst –
ragt als First
zahlloser Welten Schimmer.

Geh in dich und hilf bauen
am Wuchs des Weltgedichts!
Laß uns dich schaffend schauen
statt unfruchtbar Nichts
Werk des Lichts!
O Mensch, tu ab dein Grauen!

Kommentarteil

Zur Textgestalt

Als Christian Morgenstern am 31. März 1914 in seinem 43. Lebensjahr starb, war weniger als die Hälfte seines Werkes in der Öffentlichkeit bekannt. Der Dichter konnte in Buchform nur einen Teil seiner Lyrik publizieren, die in schmalen Bändchen unter den folgenden Titeln herauskam: IN PHANTAS SCHLOSS (1895), HORATIUS TRAVESTITUS (1895), AUF VIELEN WEGEN (1897), ICH UND DIE WELT (1898), EIN SOMMER (1900), UND ABER RÜNDET SICH EIN KRANZ (1902), GALGENLIEDER (1905), MELANCHOLIE (1906), PALMSTRÖM (1910), EINKEHR (1910), ICH UND DU (1911) und WIR FANDEN EINEN PFAD (1914). Daneben existierten zwar noch 115 gedruckte Kunstkritiken, Buchrezensionen, Glossen, kulturkritische und literarkritische Essays, doch waren sie – teils unter wechselnden Pseudonymen – auf 21 Zeitschriften und sonstige Periodika verteilt, die zum größten Teil heute vergessen sind, so daß sein umfangreiches kritisches Werk mit wenigen Ausnahmen dennoch bisher als unbekannt gelten konnte. Ebenfalls in Zeitschriften erschienen wohl neben einer geringeren Zahl anderer Texte noch weitere Gedichte, die in die Lyrikbände nicht Eingang gefunden hatten, aber es blieb gleichwohl ein erheblicher Teil ungedruckt, und vor allem kam es zu Lebzeiten Morgensterns nie zu einer umfassenden Veröffentlichung seiner Aphorismen, seiner epischen und dramatischen Texte und schon gar nicht seiner bedeutenden Briefwechsel mit den Zeitgenossen.

Aus den Beständen des großen Nachlasses gab dann seine Frau, Margareta Morgenstern, bis zu ihrem Tode 1968 eine Reihe von Teilsammlungen in wechselnden, sich häufig überschneidenden Gruppierungen und vermischt mit bereits Publiziertem heraus. Durch diese Veröffentlichungen gelang es ihr, der Gestalt Morgensterns als Dichter, Aphoristiker und Briefautor eine deutlichere Kontur zu geben und ein anhaltendes Interesse bei einem ständig wachsenden Leserpublikum lebendig zu erhalten. Dabei war die Editionslage aber durch die Tatsache charakterisiert, daß Morgensterns Gesamtwerk in repräsentativen Teilen unvollständig und im Stadium nicht transparenter Textgestaltung publiziert war, denn die Herausgeberin hatte ihre Auswahlen aus dem Nachlaß zwar nach persönlich bestem Wissen und Willen, aber doch auch mit gelegentlich gravierenden Ungenauigkeiten, Übertragungsfehlern, Texteingriffen und ohne durchgängiges editorisches System bearbeitet. Diesem Stand der Textüberlieferung blieben notgedrungen auch alle in der Folge erschienenen Leseausgaben verpflichtet, denn sie waren neben den Erstdrucken auf die jeweilige Gestalt der vorhandenen Bände angewiesen und hatten keine Möglichkeit der Kontrolle durch die Handschriften.

Die Hauptmasse des handschriftlichen Nachlasses stellen die heute noch erhaltenen 50 Tagebücher (T) Morgensterns dar, die er seit 1887 in wachsender Dichte geführt hat und in die er u. a. den größten Teil der Ideen, Skizzen, Schemata und Pläne zu seinen poetischen, aphoristischen, essayistischen Texten und zu einzelnen Briefen eintrug (vgl. das Verzeichnis unten S. 683–697). Sie zeigen Morgenstern als einen Künstler des spontanen Einfalls, der kurzen, zupackenden Formulierung, wobei sich oft die Struktur einer formalen und gedanklichen Ganzheit bereits abzeichnet. Wenn solche blitzartigen Eindrücke und Ideen dann Gestalt annahmen, wurden sie auch fast immer zu kleinen Formen: lyrischen Gedichten, Aphorismen, dramatischen Einzelszenen etc. Lang gehegte Pläne etwa zu großen Romanen oder zu einem fünfaktigen Drama wie SAVONAROLA gelangten nie über dieses Stadium hinaus (vgl. dazu die Abteilungen Episches und Dramatisches). Auch die Vorarbeiten zu einer groß angelegten Totalanschauung von Mensch, Erde und Welt in der zyklischen Dichtung SYMPHONIE (Abteilung Aphorismen, Nr. 1724 ff.) sind ein Beispiel für diese spontane Produktionsart. Einen weiteren Bestandteil des Nachlasses bilden die mehr als tausend losen Blätter, die, zumeist undatiert, inhaltlich den gleichen Charakter wie die Tagebücher besitzen und jeweils einzeln zugeordnet werden müssen. Ferner sind sechs kalendarische Notizbücher (N) erhalten, in die sich Morgenstern vor allem Tagesereignisse oder ankommende und abgehende Post notierte. Sie geben wertvolle Hilfen bei vielen Datierungsversuchen (vgl. das Verzeichnis unten S. 698 f.). Schließlich sind die rund 2300 Briefe (B) von und an Morgenstern zu nennen, die seine Frau nach dem Tode des Dichters planmäßig gesammelt hat und aus denen sie in zwei Auflagen Auszüge veröffentlichte. Bei der Bearbeitung der vorliegenden Edition sind alle diese handschriftlichen Quellen vollständig neu gelesen, transkribiert und für die Textgestaltung nutzbar gemacht worden.

In der Frage nach einer angemessenen Editionsform kamen Herausgeber und Verlag zu der Überzeugung, daß trotz der Existenz eines verhältnismäßig geschlossenen Dichternachlasses eine im strengen Sinne historisch-kritische Gesamtausgabe nicht zweckmäßig sei. Dies hätte nämlich u. a. bedeutet, daß sämtliche Handschriften lückenlos, d. h. mit allen Zufälligkeiten des Tages, mißlungenen Versuchen, kaum verständlichen Bruchstücken und einschließlich der biographischen Tagesnotizen hätten abgedruckt werden müssen. Es hätte ferner bedeutet, daß bei der Wiedergabe der Handschriften ausnahmslos alle vom Dichter verworfenen Textfassungen, selbst in den belanglosesten Fällen, in der Form umfangreicher Varianten-Apparate hätten dokumentiert werden müssen. Es steht außer Zweifel, daß dies ein Projekt von mehreren Jahrzehnten geworden wäre, das die längst notwendige und zugleich mögliche Publikation von Morgensterns unbekannten Werken und Briefen wie auch die einwandfreie Neuedition der bekannten Texte um lange Zeit verzögert hätte. Demgegenüber fiel die Entscheidung zugunsten einer Editionsform, die gewöhnlich als »Studienausgabe« oder »Kommentierte Werkausgabe« bezeichnet wird und die in der gegenwärtigen Wissenschaftssituation immer mehr an Bedeutung gewinnt. Sie verbindet – formelhaft ausgedrückt – bestimmte definierbare Grundsätze der historisch-kritischen Textphilologie mit den Prinzipien sachbezogener Kommentierung. Sie ist im Text authentisch ohne die Bürde vollständiger Varianten-Apparate und bietet das Werk in weitestem Umfang, aber ohne den Zwang zum Abdruck des zusammenhanglos Fragmentarischen, Mißlungenen, Peripheren oder Belanglosen. Dies bedeutet, daß alles zu Lebzeiten Morgensterns und alles danach von seiner Frau und anderen Publizierte – also das gesamte bisher bekannte Werk – grundsätzlich in die Ausgabe aufgenommen wird und daß zusätzlich aus dem unveröffentlichten Nachlaß alle weiteren Texte hinzukommen, soweit sie einen in sich geschlossenen Charakter tragen bzw. nicht zu den oben erwähnten unwesentlichen Randerscheinungen gehören. Außerdem werden im Kommentarteil zu den einzelnen Texten die jeweils zugehörigen Vorstudien, Fragmente, Pläne oder Stichwort-Entwürfe (die sogenannten Paralipomena) wiedergegeben. Dabei bietet die Ausgabe die verschiedenen Textfassungen bzw. Varianten eines Werkes in Auswahl, d. h. beschränkt auf die bedeutungsverändernden d. h. sinnerweiternden Fälle. In einführenden Kommentaren zu den einzelnen Werkgruppen erläutert sie das sachlich Wissenswerte zur Stellung innerhalb des Gesamtwerks, zur Entstehungsgeschichte und gegebenenfalls zur Textlage. In den Einzelstellenkommentaren erklärt sie die in den Texten vorkommenden Namen, Sachbegriffe und ungebräuchlichen Worte, weist den Ursprung der Zitate nach und übersetzt die fremdsprachigen Stellen. Textinterpretationen, die notwendigerweise den zeitgebundenen Erkenntnisstand des Herausgebers repräsentieren würden, werden grundsätzlich vermieden. Für diesen Teil sind die bewährten Publikationsformen der Fachliteratur das geeignetere Instrument.

In der Anordnung der Texte folgt die Ausgabe dem üblichen Prinzip der Trennung zwischen den von Morgenstern selbst publizierten und den nachgelassenen Werken. Durch diese Zweiteilung wird die endgültige Gestalt des vom Autor für die Veröffentlichung Freigegebenen von dem möglicherweise oder tatsächlich noch vorläufigen Charakter des handschriftlichen Manuskripts deutlich unterschieden. Innerhalb dieser beiden Teile erfolgt dann die Anordnung in der Regel nach der Chronologie der Entstehungs- bzw. Publikationszeiten, aber unter Berücksichtigung der von Morgenstern selbst in Einzelfällen vorgegebenen Reihenfolge (z. B. bei den Gedichtzyklen). Über das jeweilige Verfahren geben die Kommentare an Ort und Stelle Auskunft.

Die Textwiedergabe richtet sich prinzipiell nach den Grundsätzen der wissenschaftlichen Editionsmethode, doch mußte in der vorliegenden Ausgabe ein Ausgleich gefunden werden zwischen einer rein historischen Darbietung und einer Textform, die den heutigen Lesegewohnheiten entspricht. So wurden die Unterschiede, die sich früher durch den Wechsel von Frakturzsatz zu Antiqua (bei Drucken) oder deutscher zu lateinischer Schrift (bei Handschriften) als Auszeichnung fremdsprachiger Textstellen, Überschriften oder Eigennamen erzielen ließen, hier einer einheitlichen Schreibweise im Antiquadruck geopfert.

Hervorhebungen in Morgensterns Texten, ob sie nun durch Sperrdruck, Kursivdruck, Unterstreichung oder seltener auch noch durch Großschreibung gekennzeichnet sind, werden durchgehend gesperrt wiedergegeben.

Die Orthographie in Morgensterns Werken fällt in die Zeit der preußischen Rechtschreibreform (1901/03) und macht dementsprechend die Veränderungen im wesentlichen mit (vor allem die Abschaffung der th-Schreibung). Deshalb konnte die Orthographie einheitlich ohne große Verluste modernisiert werden. Dabei bleibt selbstverständlich der Lautstand des Dichters, also alles akustisch Wahrnehmbare der Sprache, gewahrt (z. B. Hülfe, Naivetät, ohngefähr, er frägt). Ähnliches gilt für die Interpunktion: sie wurde in den zu Lebzeiten erschienenen, d. h. von

Morgenstern selbst mutmaßlich auch korrigierten Drucken unverändert beibehalten, weil sie gerade bei den Inkonsequenzen immerhin die Möglichkeit einer beabsichtigten Satzrhythmisierung enthält. Bei der Wiedergabe der handschriftlichen Texte, besonders aus den Tagebüchern, konnte allerdings nicht in derselben Weise verfahren werden, da Morgenstern hier die Zeichensetzung oft sehr vernachlässigte. In einer Notiz von 1897 bekennt er selbst: *Die Interpunktion wird mich noch einmal verrückt machen* (Aphorismen Nr. 60). Um solche Nachlaß-Texte lesbarer zu machen, wurden deshalb an den entsprechenden Stellen fehlende Satzzeichen mit aller Vorsicht ergänzt. Wo die Interpunktion zweifelhaft ist bzw. den Wortsinn eines Satzes beeinflussen würde, steht das Zeichen außerdem in [ ].

Alle Zusätze des Herausgebers stehen grundsätzlich in eckigen Klammern [ ]. Ausnahme hiervon mußten ebenfalls die oft sehr flüchtig geschriebenen Nachlaß-Texte bleiben, die bei einer korrekten Wiedergabe aller Wortergänzungen nur noch schwer lesbar gewesen wären. Denn Morgenstern schrieb seine Aufzeichnungen häufig auf dem Krankenbett mit leichtem Bleistiftstrich, wobei er oft die Wortenden wegließ. Das Beispiel einer Übertragung aus der Handschrift in den Textteil der Ausgabe bei konsequenter Anwendung der eckigen Klammern würde daher folgendermaßen aussehen:

Ibsens Erfolg zu unsr[er] Zeit ist ke[in] Wunder [.] Ist er doch d[er] eigentliche Dichter dies[er] Zeit, ein Negative[r] unter solchen [,] die unfähig sind [,] Neues aus si[c]h z[u] gebäre[n], ein Mann der kritische[n] Historie unter trübselige[n] Selbstbeschauern, ein Nihilist unte[r] Nihilisten. Gegen Ibse[n] ist selbst Tolstoi noch ni[c]ht Nihilist. Ibse[n] ist schon fast nur noch e[in] Homunkulus (Aphorismen Nr. 575).

Das Beispiel zeigt, daß es in diesem Text keine unklaren Stellen gibt, daß aber die kompromißlose Kennzeichnung der Herausgeber-Zusätze zu einer unsinnigen Textsituation führen würde. Aus diesem Grunde mußte die gültige Regelung bei den handschriftlichen Quellen in der Weise eingeschränkt werden, daß alle unbezweifelbar sicheren Ergänzungen nicht besonders gekennzeichnet werden. Sobald eine Lesung allerdings aus dem Kontext erschlossen und nur wahrscheinlich ist, steht sie wie sonst in [ ]; ist sie unsicher oder ist eine alternative Lesung möglich, so wird außerdem ein Fragezeichen hinzugefügt. Eindeutige Schreib- und Druckfehler werden stillschweigend berichtet.

Zur deutlichen Unterscheidung von allen übrigen erläuternden Texten sind die Morgenstern-Zitate im Kommentarteil in *Kursivdruck* und seine Werktitel in KAPITÄLCHEN gesetzt. Alle Fremdzitate bzw. sonstigen Werk- und Zeitschriftentitel erscheinen dagegen in gerader Schrift mit Anführungszeichen.

Unter dem Stichwort Überlieferung ist im Kommentarteil zu jedem Stück des Textteils angegeben, wo es hergenommen, und nach Möglichkeit, wie es zu datieren ist. Fehlt an dieser Stelle der Verweis auf eine Handschrift, so ist im Nachlaß kein Manuskript mehr vorhanden, und es folgt die Angabe des Erstdrucks (»Druck«).

Die Textvarianten (Lesarten) im Kommentarteil umfassen alle Vorstudien, Vorformen und vom Autor getilgten oder auf andere Art verworfenen Fassungen eines Textes, soweit sie wie erwähnt nicht bloße Doppelaussagen darstellen, sondern die Satz- und Wortbedeutungen erweitern. Dabei werden zusammenhängende Textstücke möglichst auch als Ganzes wiedergegeben. Handelt es sich dagegen nur um die häufig vorkommenden Veränderungen von Sätzen, Satzteilen oder Einzelwörtern, so wird die Variante nach dem folgenden, editorisch gebräuchlichen Schema dokumentiert: Zunächst wird aus dem Textteil das Zitat (Lemma) mit Seiten- und Zeilenangabe wiederholt, auf das sich die Variante bezieht, und mit einer einfachen eckigen Klammer] abgeschlossen. Danach folgt die Variante (Lesart) in vollem Wortlaut und gegebenenfalls mit Kennzeichnung von Streichungen des Autors, Daneben- oder Darüberschreiben etc. Den Schluß bildet der Nachweis des Fundortes, zumeist eine Tagebuchstelle, ein loses Blatt oder ein Manuskript. Die beiden folgenden Beispiele zeigen zuerst das Schema der Anordnung und sodann den durchgeschriebenen Verlauf einer Textvariante.

Seite, Zeile Textstelle (Lemma)] Variante (Lesart) Fundort
179, 23 *ein Fürst*] Wilhelm II. T 1908/09 I, Bl. 111

190, 19 *Wie sehr bedarf doch der Mensch*] *Was für ein träges ungeistiges Tier ist doch noch der Mensch und wie sehr bedarf es* T 1906/07, Bl. 128.

Lücken im Text werden jeweils vermerkt. Auslassungen von Textstellen durch den Herausgeber (am häufigsten Varianten ohne Bedeutungsänderung) werden durch [...] angezeigt.

Editionszeichen.

[ ]	Zusätze des Herausgebers
[?]	Am Schluß einer unsicheren Lesung
[...]	Vom Herausgeber weggelassen
[Textlücke]	Kennzeichnung einer Lücke im Text
[bricht ab]	Text bricht ab
⟨ ⟩	Von Morgenstern gestrichen.

Abkürzungen

T	Tagebuch
N	Notizbuch
B	Brief
a. a. O.	am angegebenen Ort (Rückverweis auf einen früheren Beleg)
Abt.	Abteilung
Aufl.	Auflage
Ausg.	Ausgabe
Bd.	Band
dsgl.	desgleichen
ebd.	ebenda (bezieht sich auf den unmittelbar vorhergehenden Beleg)
engl.	englisch
f./ff.	nächstfolgende/mehrere folgende
franz.	französisch
griech.	griechisch
H.	Heft
Hrsg./hrsg.	Herausgeber/herausgegeben
Jg.	Jahrgang
Jh.	Jahrhundert
lat.	lateinisch
Lit.	Literatur
M	Christian Morgenstern
Margareta M	Margareta Morgenstern
Nr.	Nummer

Rez.	Rezension
s./s.o./s.u.	siehe/siehe oben/siehe unten
S.	Seite
Schr.v.	Schreiben vom (folgt Datum)
Sp.	Spalte
u.a.	unter anderem
Verf.	Verfasser
vgl.	vergleiche
zit.	zitiert
Zs.	Zeitschrift

An der nachfolgenden Aufstellung der Tagebücher hat der Herausgeber der Abteilung Humoristische Lyrik, Herr Professor Dr. Maurice Cureau, maßgeblich mitgewirkt.

Verzeichnis der Tagebücher (T)

Die Tagebücher Christian Morgensterns sind in der Regel fest gebundene Hefte (sog. Kladden), in die er meist fortlaufende, aber nur gelegentlich mit Datum versehene Eintragungen machte. Diese enthalten neben persönlichen Notizen vor allem Ideen und Entwürfe zu Dichtungen, Aphorismen, Kritiken und Briefen. Morgenstern selbst bezeichnete die Hefte deshalb gelegentlich auch als *Taschenbücher* (in der vorliegenden Ausgabe werden sie einheitlich Tagebücher genannt). Für den Herausgeber sind sie die Hauptquellen zur Erschließung des unveröffentlichten Nachlasses des Dichters.

T 1887/90

Teil eines Schulheftes, unliniert, ohne Einband, 331 × 210 mm, 18 Bl., am Ende 1 Bl. herausgeschnitten.

Frühestes Datum: 30.12.1887 (Bl. 2), dem Inhalt nach 29.12. (Bl. 1), spätestes Datum: 7.3.1890 (Bl. 17).

Dezember 1887–März 1890.

T 1891

Heft, kariert, schwarzer Wachstucheinband, 166 × 105 mm, 86 Bl., davon zahlreiche unbeschrieben und einige herausgerissen.

Frühestes Datum: 6.3.1891 (Bl. 4), spätestes Datum: vor dem 3.6.1891 (Bl. 86).

März–Mai 1891.

T 1892/93

Gebundenes Taschenbuch mit Bild (Segelschiff) auf dem Einband, unliniert, 173 × 113 mm, 50 Bl., danach 3 Bl. herausgeschnitten, dann 3 Bl. unbeschrieben.

Frühestes Datum: 17.11.1892 (Bl. 4), dem Inhalt nach 29. (wahrscheinlich 9.), spätestes Datum: 8.11.1893 (Bl. 44).

September (?) 1892–November 1893.

T 1894 I

Heft, liniert, schwarzer
Wachstucheinband,
168 × 105 mm,
126 Bl.

Einzige Daten: 29.8.1894 (Bl. 11)
und 30.8.1894 (Bl. 10).
Das T enthält hauptsächlich
Gedichte zur Gedichtsammlung
IN PHANTAS SCHLOSS.

August–November/Dezember
1894 (?).

T 1894 II

Heft, kariert, schwarzer
Wachstucheinband, 166 × 105 mm,
122 Bl., Bl. 19–61 Vorlesungs-
notizen Wintersemester 1894/95.

Einziges Datum: 7.12.1894
(Bl. 120), zusätzlich Verweise auf
Weihnachten (Bl. 96: Gedicht
Christnacht ist heut) und Neujahr
(Bl. 91: *Neujahrsphantasie*, Bl. 96:
Glocken um Neujahr – Aphorismus
Nr. 1151 – Bl. 97: Liste *Neujahrskan-
didaten*). Dem Inhalt nach
(Gedichte zu IN PHANTAS SCHLOSS)
wurde das T fast gleichzeitig mit
T 1894 I geschrieben, aber später
angefangen.

September–Dezember 1894.

T 1894/95

Heft, kariert, schwarzer
Wachstucheinband, 166 × 105 mm,
116 Bl.

Frühestes Datum: 23.5.1894
(Bl. 35), spätestes Datum:
21.6.1895 (1. Einbandseite vorn
innen).
Einige Daten von Januar bis April
auf der letzten Einbandseite hinten,
die übrigen Daten alle von Januar
und Februar 1895. Da IN PHANTAS
SCHLOSS Ende Februar abgeschlos-
sen wurde (vgl. Brief an Eugenie
Leroi vom 27.2.) und sich auf Bl. 106
das letzte PHANTA-Gedicht findet,

Zur Textgestalt 685

wurde das T vermutlich größtenteils
im Winter 1894/95 geschrieben.

Mai 1894–Juni 1895, hauptsächlich
Januar und Februar 1895.

T 1895

Heft, liniert, schwarzer
Wachstucheinband,
168 × 105 mm, 190 Bl.
(1–8 fehlen).

Frühestes Datum: 6.5.1895 (Bl. 85),
spätestes Datum: 18.8.1895
(Bl. 73). Die letztere Eintragung ist
eine Geburtstagsnotiz für den 26.8.,
die nach einem Brief an Philipp
Deppe vom Dezember 1895 am
18.8. geschrieben worden sein muß
(BRIEFE. Auswahl (1962) S. 63 f.).

Mai–August 1895.

T 1897/98

Heft, liniert, schwarzer
Wachstucheinband,
200 × 136 mm, 128 Bl.

Frühestes Datum: April 1897 (Bl. 7),
spätestes Datum: 5.5.1898
(Bl. 118).

April 1897–Mai 1898.

T 1898/99 I

Heft, kariert, schwarzer
Wachstucheinband,
auf dem Titelblatt: *Norge*,
200 × 136 mm, 136 Bl.

Frühestes Datum: 18.5.1898 (Bl. 4),
spätestes Datum: 12.5.1899
(Bl. 105).

Mai 1898–Mai 1899, hauptsächlich
Mai–Dezember 1898.

T 1898/99 II

Kontobuch, liniert, marmorierter
Einband mit dunkelrotem Leder-
rücken, 193 × 126 mm, 232 Bl.,
Bl. 40–75, 82–232 und weitere Ein-
zelblätter nicht beschrieben.

Frühestes Datum: 17.10.1898
(Bl. 5), spätestes Datum: 10.5.1899
(Bl. 33).
Außerdem auf Bl. 76 eine vermut-
lich spätere Eintragung und auf
Bl. 76, 79, 81 Listen von Gedichten
aus den Jahren 1902 und 1903.

Oktober 1898–Mai 1899.

T 1901

Heft, kariert, schwarzer Wachstucheinband, 170 × 109 mm, 112 Bl.

Frühestes Datum: 13.8.1901 (Bl. 11), spätestes Datum: 20.9.1901 (Bl. 75).

August–September 1901. Folgende Hinweise machen es wahrscheinlich, daß das T noch bis November/Dezember weitergeführt wurde: eine Notiz zu Lagarde (Bl. 54) weist auf November 1901, vgl. einen Vermerk Ms unter der Überschrift *Gedenktage im Leben der beiden Männer Christian Morgenstern und* [unleserliches Wort] *Friedrich Kayssler: Paul de Lagarde:* »*Deutsche Schriften*« XI. *1901* (Rückseite des Titelblatts der Zeitschrift »Wegwarten« H. 3, Oktober 1896) sowie den Brief an Efraim Frisch vom 8.12.1901 (BRIEFE. Auswahl (1962) S. 193 f., dort mit »Ende 1901« datiert): *Ich danke Dir von innerstem Herzen, daß Du mich Lagarde zugeführt hast.* Ein Gedicht auf Ludwig Jakobowski (Bl. 90) könnte um den 1. Jahrestag seines Todes (2.12.1900) entstanden sein.

August–Dezember (?) 1901

T 1902

Heft, liniert, blauer Kartonumschlag, 210 × 143 mm, 52 Bl., 5 Bl. von hinten nach vorn beschrieben.

Frühestes Datum: 24.6.1902 (Bl. 1: *Vom Uto-Kai*), vgl. N 1902, Bl. 162, 24.6.: *Vom Uto-Kai angefangen.* (Oder schon ab 27.5. Ankunft in Zürich), spätestes Datum: nach dem 8.12.1902 (Bl. 40–45).

Juni (?)–Dezember 1902.

T 1902/03 I

Heft, kariert, schwarzer
Wachstucheinband, 207×132 mm,
118 Bl.

Frühestes Datum: 24. u. 25.5.1902
(Bl. 3), spätestes Datum: 17.3.1903
(Bl. 111), vermutlich hauptsächlich 1902: 22.12. (Bl. 101), nach
dem 9.12. (Bl. 117, datiert nach
T 1902/03 II, Bl. 13, das textgleiche
Passagen enthält).

T 1902/03 II

Römisches Tagebuch, besteht aus
zwei Heften: (A) Heft, liniert, dunkelroter Kartoneinband, Vignette
und Firmenadresse (Roma) auf
Umschlagtitel, 210×152 mm, 84 Bl.
von hinten nach vorn beschrieben.
Auf Bl. 84 von Margareta Ms Hand:
»Röm[isches] Tagebuch«. (B) Heft,
liniert, grüner Kartoneinband,
Vignette und Firmenadresse
(Milano) auf Umschlagtitel,
210×152 mm, 40 Bl., davon 1–5
bzw. 40–35 (von hinten) beschrieben.

Frühestes Datum: 24.12.1902 (A
Bl. 82) oder Bl. 13 *Nachträge* (nach
dem 9.12.1902), spätestes Datum:
21.(4.1903) (B Bl. 35 *flüchtige
Nachträge*).

Dezember 1902 – April 1903.

T 1903

Heft, liniert, ohne Einband,
164×121 mm, 136 Bl.

Frühestes Datum: 18.3.1903
(Bl. 17), spätestes Datum: 14.9.1903
(Bl. 121).

März – September 1903.

T 1904 (?) I

Heft, liniert, schwarzer
Wachstucheinband,
207×132 mm, 80 Bl.

Keine Daten.
Das T enthält Übersetzungen von
Bjørnson-Gedichten (Bl. 2 f., 5, 7, 9,
13). Ein Brief des Verlegers Albert
Langen v. 29.8.1903 bezieht sich
u. a. auf einen Kontrakt bezüglich

der Übersetzung von Bjørnson-Gedichten. Im T 1903, Bl. 120 (datierbar um den 14.9.1903) findet sich eine Liste von Gedichten. Im Brief vom 11.6.1904 drängt Albert Langen auf baldige Fertigstellung der Übersetzungen. Im T 1904 II, Bl. 15 f. (datierbar Juni/Juli 1904) steht ebenfalls eine Bjørnson-Übersetzung. Das T enthält außerdem den Entwurf für ein Vorwort zu den GALGENLIEDERN (Bl. 43 f.), datierbar vermutlich 1904, vgl. einen Brief an Bruno Cassirer, vermutlich vom Herbst 1904, jedenfalls vor dem 1.12.: *Ich habe jetzt zwei ganz neue »Einleitungen«, unter denen Sie wählen mögen*, was sich anscheinend auf die GALGENLIEDER bezieht (erschienen 1905).

T 1904 II

Heft, liniert, schwarzer Wachstucheinband, 206 × 130 mm, 82 Bl.

Frühestes Datum: 22.6.1904 (Bl. 2), spätestes Datum: Notizen für Weihnachtsgeschenke (Bl. 73, 77 f., 81).

Juni–Dezember (?) 1904.

T 1905

Heft, liniert, schwarzer Wachstucheinband, 206 × 130 mm, 90 Bl. Auf der Einbandinnenseite vorn: *Birkenwerder 1*.

Frühestes Datum: 6./7.10.1905 (Bl. 55), spätestes Datum: 17.12.1905 (Bl. 38).

Oktober–Dezember 1905

T 1906

Heft, kariert, schwarzer Wachstucheinband, 199 × 125 mm, 162 Bl.

Frühestes Datum: 4.1.1906 (Bl. 126), spätestes Datum: 24.2.1906 (Bl. 82).

Januar–Februar 1906.

Zur Textgestalt 689

T 1906/07

Heft, liniert, schwarzer Wachstucheinband, hinterer Einbanddeckel abgeschnitten, 199 × 125 mm, 192 Bl. Auf der Einbandinnenseite vorn: *Juli 1906 München–Tirol.*

Frühestes Datum: 21.7.1906 (Bl. 7), spätestes Datum: 4.2.1907 (Bl. 161).

Juli 1906 – Februar 1907.

T 1907 I

Heft, kariert, schwarzer Wachstucheinband, 184 × 115 mm, 131 Bl.

Frühestes Datum: 15.2.1907 (vordere Innenseite des Einbands), spätestes Datum: 18.7.1907 (Bl. 81).

Februar–Juli 1907.

T 1907 II

Heft, liniert, schwarzer Wachstucheinband, 210 × 138 mm, 104 Bl.

Frühestes Datum: 10.8.1907 (Bl. 37), spätestes Datum: 28.8.1907 (Bl. 82), zusätzlich zwei weitere Daten: 8.5. (1908?) (Bl. 15) und 6.9. (1908?) (Bl. 68).

August (?) 1907.

T 1907/08

Heft, liniert, mit dunkelblauem Ledereinband, Firmenadresse (London) auf Titelblatt, 210 × 134 mm, 163 Bl. Auf dem Vorsatzblatt: *Zürich/Obermais Ende 1907 Anfang 1908*

Frühestes Datum: 24.10.1907 (Bl. 5, datiert auf einer Abschrift des Aphorismus Nr. 1398 auf einem losen Blatt), spätestes Datum: 22.1.1908 (Bl. 155).

Oktober 1907–Januar 1908.

T 1908 I

Heft, kariert, schwarzer Wachstucheinband, 168 × 105 mm, 94 Bl.

Frühestes Datum: 1.8.1908 (Bl. 72), frühestes erschlossenes Datum: vor dem 6.7.1908. (Das T enthält Kindergedichte, Bl. 1–27, die M im Brief an Bruno Cassirer vom 6.7.1908 als bereits fertiggestellt

T 1908 II

Heft, kariert, schwarzer
Wachstucheinband, 191×120 mm,
131 Bl. Titel *Phönix. Sommer 1908.*
(In dieser Zeit lernte M seine spätere
Frau Margareta Gosebruch von
Liechtenstern kennen.)

aufzählt.) Spätestes Datum:
ca. 24. 8. 1908 (Bl. 46).

Juni (?)–August 1908.

Frühestes Datum: 19. 8. 1908 (Bl. 3),
spätestes Datum: 19. 10. 1908
(Bl. 124).

August–Oktober 1908.

T 1908 III

Heft, kariert, roter
Wachstucheinband, 149×90 mm,
147 Bl.

Frühestes Datum: 25. (9.?) 1908
(Bl. 7), spätestes Datum:
15. (10.?) 1908 (Bl. 143).

September–Oktober 1908.

T 1908/09 I

Heft, liniert, dunkelblauer
Ledereinband (wie T 1907/08),
210×134 mm, 155 Bl.

Frühestes Datum: 8. 2. 1908
(vordere Einbandseite), spätestes
Datum: 1. 2. 1909 (Bl. 130). Das T
umfaßt die Zeit von Februar–Juni
1908: frühestes Datum: 8. 2. 1908
(s. o.), spätestes Datum:
13.–15. 6. 1908 (Bl. 77) und von
Oktober 1908–Februar 1909: frühestes Datum: 1. 10. 1908, mit dem
Vermerk: *Fortsetzung von Notizbuch
VIII/o8 und IX/o8* (= T 1908 II und
III, vermutlich gehört auch T 1908 I
hierzu) (Bl. 80), spätestes Datum:
1. 2. 1909 (Bl. 130).

Erster Teil: Februar–Juni 1908,
zwischen T 1907/08 und T 1908 I
einzuordnen. Zweiter Teil: Oktober
1908–Februar 1909.

T 1908/09 II

Heft, liniert, schwarzer
Wachstucheinband, 197×129 mm,
132 Bl., nur 2 Bl. Text, von hinten begonnen, sonst Inhaltsverzeichnisse
anderer Tagebücher u. ä.,
Bl. 37–132 unbeschrieben.

Einziges Datum: 1908/09
Winter (?) (vordere Einbandseite
innen).

T 1909 I

Heft, liniert, schwarzer
Wachstucheinband,
159×99 mm, 97 Bl.

Frühestes Datum: 20.1.1909
(Bl. 19), spätestes Datum:
17.2.1909 (Bl. 68).

Januar–Februar 1909.

T 1909 II

Buch, kariert, violetter Leinenband,
142×92 mm, 250 Bl., Bl. 58–120
und Bl. 128–250 sowie zumeist jedes zweite Bl. unbeschrieben, bei
einigen sind Teile weggeschnitten.

Einziges Datum: Februar (1909)
(Bl. 11). Außerdem ein Vorverweis
auf Vorträge Rudolf Steiners in
Düsseldorf, die vom 12. bis 14.4. gehalten wurden (Bl. 20), sowie eine
Bemerkung im Zusammenhang mit
Rudolf Steiners Vorträgen im Berliner Architektenhaus (Bl. 39), die M
besuchte (vgl. den Brief an Steiner
vom 6.4.1909: *seit Mitte des Winters
etwa folge ich Ihren Vorträgen im Architektenhaus (...)* (BRIEFE. Auswahl (1962) S. 293).

Winter–Frühjahr 1909.
Ein Gedicht (Bl. 20) auch T 1909 III,
Bl. 113, datiert vermutlich April. Da
das T ausschließlich Überlegungen
zur geplanten Ehe enthält, wurde es
vermutlich parallel zu anderen
Tagebüchern geführt.

T 1909 III

Heft, kariert, schwarzer Wachstucheinband, 148×90 mm, 174 Bl., verschiedentlich unbeschrieben.

Frühestes Datum: März 1909 (vordere Einbandseite innen), spätestes Datum: etwa 8.–23. Mai (Bl. 142–144: Notizen, die sich auf den Aufenthalt in Norwegen beziehen).

März–Mai 1909.

T 1909 IV

Heft, kariert, grau karierter Wachstucheinband, 143×90 mm, 170 Bl., zahlreiche unbeschrieben.

Frühestes Datum: 8. 6. 1909 (Bl. 1–24: Briefentwurf an Elisabeth Morgenstern, erwähnt im Brief an Friedrich Kayssler vom 9. 6. 1909), spätestes Datum: 16. 6. 1909 (Bl. 167).

Juni 1909.

T 1909 V

Heft, liniert, dunkelblauer Ledereinband (wie T 1907/08), 210×134 mm, 152 Bl., vereinzelt unbeschrieben, Notizen zu Vorträgen Rudolf Steiners in Kassel, 24. 6.–7. 7. 1909 (Bl. 1–66) und München, 23.–31. 8. 1909 (Bl. 70–117).

Frühestes Datum: 19. 7. 1909 (Bl. 149) oder nach dem 24. 6. (Ein Vortragszyklus Rudolf Steiners, von dem sich M Notizen machte, Bl. 1–66, begann am 24. 6.) Spätestes Datum: 20. 9. 1909 (Bl. 135).

Juni (?)/Juli–September 1909.

T 1910 I

Heft, kariert, grau karierter Wachstucheinband, 169×114 mm, 131 Bl.

Frühestes Datum: 13. 1. 1910 (Bl. 25: Brief an Bruno Cassirer vom 13. 1. BRIEFE. Auswahl (1962) S. 316), spätestes Datum: 9. 2. 1910 (Bl. 110).

Januar–Februar 1910.

T 1910 II

Heft, kariert, grau karierter Wachstucheinband, 169×114 mm, 129 Bl.

Frühestes Datum: 22. 2. 1910 (Bl. 6), spätestes Datum: Mai/Juni 1910 (Bl. 93).

Februar–Juni 1910, hauptsächlich Februar–April (Bl. 87: 14. 4.).

T 1910 III

Heft, kariert, grauer Leineneinband, 128×85 mm, 95 Bl.

Frühestes Datum: 13. 6. 1910 (Bl. 93), spätestes Datum: 14. 7. 1910 (Bl. 70/71).

Juni–Juli 1910.

T 1910 IV

Heft, liniert, violetter Ledereinband (wie T 1907/08), 210×134 mm, 163 Bl., beschrieben nur Bl. 1–27 und 149–158.

Frühestes Datum: August/September 1910 (Bl. 1), spätestes Datum: 24. 11. 1910 (Bl. 19).

August–November 1910.

T 1910 V

Heft, kariert, schwarzer Wachstucheinband, 154×100 mm, 81 Bl., Bl. 33–65 nicht beschrieben.

Frühestes Datum: 23. und 24. 9. 1910 (Bl. 80), spätestes Datum: 24. 11. 1910 (Bl. 15). – Das Vorsatzblatt trägt den Verweis *Herbst 1910 bis Frühling 1911*, doch war für das Jahr 1911 keine Datierung mehr nachzuweisen.

September–November 1910 oder später.

T 1911

Taschenbuch, kariert, dunkelroter Ledereinband, 149×99 mm, 189 Bl.

Frühestes Datum: 12. 6. 1911 (Bl. 7), spätestes Datum: 22. 10. 1911 (Bl. 169).

Juni–Oktober 1911.

T 1911/12

Taschenbuch, kariert,
rot eingefaßter grüner Leinen-
einband, 151×107 mm, 193 Bl.,
vereinzelt unbeschrieben.

Frühestes Datum: 1.11.1911 (vor-
dere Einbandseite innen), spätestes
Datum: 8.2.1912 (Bl. 122).

November 1911–Februar 1912.

T 1912 I

Taschenbuch, kariert,
dunkelroter Ledereinband,
159×105 mm, 185 Bl.

Frühestes Datum: 11.3.1912
(Bl. 13), spätestes Datum: 6.9.1912
(Bl. 140).

März–September 1912.

T 1912 II

Heft, kariert, roter
Leineneinband,
196×130 mm, 92 Bl.

Einzige Daten: Oktober, 1.–7.10.,
15.10.1912 (Bl. 76).
Erschlossene Daten: vermutlich
21.9.1910 (Bl. 91: übereinstim-
mende Einzelheiten mit dem Brief
an Margareta M vom 21.9.), 25.9.
oder etwas später (Bl. 74, vgl. Brief
an Margareta M vom 25.9., in dem
eine Rezensionsarbeit erwähnt wird,
die im Entwurf auf Bl. 74 vorhanden
ist). Hinweise auf September/Okto-
ber in einer Liste, vermutlich einem
Arbeitsplan; zu den Notizen *1. Brief
an Jacobsohn* und *7. Alfred Gutt-
mann* vgl. Brief an Margareta M vom
24.9., in dem Briefe an beide er-
wähnt werden; zur Notiz *8. Fekete
Roman für Cassirer lesen* vgl. die am
12.10. abgeschickte Beurteilung
Fekete: Graue Ferne. Roman.

September–Oktober 1912.

T 1912/13 I

Heft, kariert, schwarzer
Wachstucheinband, 191 × 125 mm,
96 Bl.

Frühestes Datum: März 1912
(Bl. 1), spätestes Datum: nach dem
28.8.1913 (Bl. 4–11: Vorarbeiten zu
einer Erwiderung auf Kurt Tucholskys Leitartikel »Wenn Ibsen wiederkäme« (Die Schaubühne 9,
28.8.1913, S. 795–798), vgl. Abt.
Kritische Schriften Nr. 129.) Einige
Aphorismen aus diesem T (bis
Bl. 84) wurden Ende 1912 in der
Zeitschrift »Die neue Rundschau«
gedruckt. Außerdem gibt es im
T 1912 I, Bl. 83 (datierbar Mai/Juni
1912) eine Liste mit Aphorismenanfängen aus diesem T (bis Bl. 86). Da
die Entwürfe zu Tucholskys Aufsatz
überdies verkehrtherum ins T eingetragen sind, läßt sich vermuten, daß
sie nachträglich auf leere Blätter geschrieben wurden und daß das T im
übrigen (ausgenommen vermutlich
das Gedicht LORUS auf Bl. 12, das
ebenfalls verkehrtherum eingetragen wurde) den Zeitraum von März
bis Juni umfaßt.

März–Juni 1912, zwischen T 1911/
12 und T 1912 I und August/September 1913.

T 1912/13 II

Heft, liniert, dunkelblauer
Ledereinband (wie T 1907/08),
210 × 134 mm, 158 Bl.

Frühestes Datum: Oktober 1912
(Bl. 4), spätestes Datum: nach dem
28.8.1913 (Bl. 34–38 und 40: auch
hier Vorarbeiten zu »Wenn Ibsen
wiederkäme«).
Der Entwurf einer Glosse: GROSS
WIE DANTE (Bl. 79–85), die sich mit

Paul Claudels Schauspiel »Verkündigung« beschäftigt (Abt. Kritische Schriften Nr. 114) und die in der Zeitschrift »März« 7 (1913) Bd. 1 H. 9 (1.3.1913) S. 360 erschien, weist auf Februar 1913, ebenso eine Auseinandersetzung mit Maurice Maeterlincks Aufsatz »Über das Leben nach dem Tode« (»Die neue Rundschau« 24 (1913) H. 2 (Februar) S. 231–248), Bl. 86, 88–93. Sonst finden sich bis zum Ende des T auch Daten von 1912. Auch hier scheinen die Notizen zu Tucholskys Ibsen-Aufsatz nachträglich eingetragen worden zu sein.

Oktober 1912–Februar 1913 und August/September 1913.

T 1913 I

Heft, liniert, dunkelblauer Ledereinband, 181×116 mm, 163 Bl.

Frühestes Datum: 20.2.1913 (Bl. 5), spätestes Datum: 12.6.1913 (Bl. 124: Briefentwurf an Christian Friedrich Kayssler, auf einer maschinenschriftlichen Abschrift datiert).

Februar–Juni 1913.

T 1913 II

Heft, kariert, grüner Pappeinband mit Blumenornamenten, roter Leinenrücken, 135×58 mm, 87 Bl.

Frühestes Datum: 1.4.1913 (Bl. 85), spätestes Datum: Oktober (Bl. 72: Erwähnung von H. 10 der »Neuen Rundschau«). Außerdem zwei Eintragungen von 1914 (Bl. 24 und 46, die vermutlich nachträglich auf leere Blätter notiert wurden.

April–Oktober 1913.

T 1913 III

Heft, liniert, naturfarbener
Leineneinband, 205 × 134 mm,
200 Bl., davon mehr als die Hälfte
unbeschrieben.

Frühestes Datum: nach dem
25.5.1913 (Bl. 187–195:
Übersetzungen von Gedichten
Friedrichs des Großen, die Friedrich
von Oppeln-Bronikowski am
25.5.1913 an M geschickt hatte).
Spätestes Datum: vor Weihnachten
(Bl. 80: Notizen für Weihnachtsgeschenke).

Mai/Juni–Dezember (?) 1913.

T 1913/14

Heft, liniert, schwarzer
Ledereinband (Titelblatt wie
T 1907/08), 205 × 128 mm,
160 Bl., Bl. 38–139 unbeschrieben.

Frühestes Datum: 29.11.1913
(Bl. 15–17), spätestes Datum:
7.1.1914 (Bl. 31).

November 1913–Januar 1914.

T 1914

Heft, kariert, schwarzer
Wachstucheinband, 140 × 90 mm,
140 Bl., beschrieben nur 1–5, 7, 11,
139, 140.

Einziges Datum: 13.(3.1914)
(Bl. 139).

Februar (?)–März 1914
(Morgenstern starb am 31. März).

Verzeichnis der Notizbücher (N)

Notizbücher sind Kalender mit Tageseinteilung, in die Morgenstern zumeist Eintragungen persönlicher Art machte. Sie dienen vor allem als Quelle für biographische Einzelheiten wie Tagesereignisse, Reiseaufenthalte, Abgänge oder Empfänge von Briefen und ähnliches.

N 1899

»Notizen-Sammel-Kalender für 1899«, schwarzer Pappeinband mit Prägung, 85 × 76 mm.

Früheste Eintragung: 4.3.1899, späteste Eintragung: 31.12.1899. Außerdem zwei Eintragungen von 1900: 12.1. und 17.1.

N 1902

Taschenkalender, Einband und die letzten zwei Seiten (ab 14.12.) fehlen, 158 × 90 mm.

Früheste Eintragung: 1.1.1902, späteste Eintragung: 13.12.1902.

N 1906/07

Taschenkalender »Agenda« ohne Jahr, handschriftlich datiert: 1906/1907, dunkelroter Ledereinband, 166 × 108 mm.

Früheste Eintragung: 29.1.1906, späteste Eintragung: 28.12.1907. Der Kalender wurde von Morgenstern zwei Jahre lang benutzt; die Notizen von 1907 sind meist durch einen Querstrich von den vorjährigen getrennt.

N 1908

Terminkalender ohne Jahr, handschriftlich datiert: 1908, dunkelroter Leineneinband, 342 × 130 mm.

Früheste Eintragung: 1.1.1908, späteste Eintragung: 24.9.1908.

N 1912

Terminkalender »Schweizerische Geschäfts-Agenda pro 1912«, schwarzer Leineneinband, 345 × 143 mm.

Früheste Eintragung: 5.1.1912, späteste Eintragung: 16.12.1912.

N 1914

Taschenkalender »Notiz Kalender für 1914«, dunkelroter Pappeinband, 102 × 67 mm.

Früheste Eintragung: 1.1.1914, späteste Eintragung: 22.2.1914. Weitere Eintragungen von Margareta Morgenstern.

Reinhardt Habel

Einleitung

Aus tausend Bechern trinkt der Dichter den Wein der Welt.
Christian Morgenstern

(T 1894 II, Bl. 122)

Morgensterns Entwicklung als Lyriker

Christian Morgenstern war seiner dichterischen Natur nach Lyriker, und nichts als das. Die Epik war nicht sein Gebiet; erzählerische Fülle, fest umrissene und ausgeprägte Gestalten von Eigenart wird man vergeblich bei ihm suchen. Der Ansatz zum Erzählen verebbt bei ihm sofort in Bildern, Stimmungen, Reflexionen; kurz: in Lyrismen. In T 1898/99 I, Bl. 86 gesteht er selbstkritisch: *Ich habe offenbar nicht viel vom Erzähler in mir,* und als sein *größtes dichterisches Manko* bezeichnet er den *Mangel an Kompositionstalent. Stimmungen waren von jeher meine Force,* schreibt er am 11.11.1893 an Marie Goettling, *Gedanken und Stimmungen sind mein Element* am 31.8.1894 an Kayssler – das aber charakterisiert den Lyriker. Kaum hat er mit einem Roman begonnen, muß er kapitulieren und zugeben, der Faden der Handlung sei ihm ausgegangen; *die ist überhaupt meine schwache Seite* (11.11.1893 an Marie Goettling), und eine Woche später an Friedrich Kayssler: *Es ist eben keine Handlung darin* (18.11.1893). Daß der geplante Roman nicht zur Ausführung kam, zur Ausführung kommen k o n n t e, hat also tiefere Gründe und ist nicht oder doch keineswegs allein durch sein physisches Leiden oder die relativ kurze Lebenszeit zu erklären. (Zu Morgensterns Romanplänen vgl. auch Abt. Episches.)

Auch wo sich Morgenstern auf dramatisches Gebiet begibt (und er hat es getan), fällt sofort trotz oft lebendiger und schlagkräftiger Dialoge der Mangel an zielstrebig-gespannter Handlung auf, und die Neigung zum Atmosphärischen und zur Reflexion überwiegt auch hier. Als der Dichter mit einem dramatischen Plan beschäftigt war, warnte ihn Friedrich Kayssler (am 13.6.1902): »Hüte dich vor dem Übermaß von Gedankeninhalt auf Kosten der dramatischen Handlung.« Wie sehr anfangs bei ihm alles im Ungewissen schwankte, zeigen einander widersprechende Äußerungen. Einmal glaubt er *das Dramatische* als sein *eigentliches Zukunftselement* entdeckt zu haben (26.5.1904 an Kayssler), dann wieder muß er dem Freund gestehen: *Ich bin eben kein Dramatiker* (14.9.1906). Für ein

groß geplantes SAVONAROLA-Drama gilt daher dasselbe wie für den Roman: es konnte nicht geschrieben werden. In seiner ersten poetischen Prosa-Skizze EINE HUMORISTISCHE STUDIE von 1893 sagt der Held der Erzählung, der ein dramatisches, dann, als er mit diesem scheiterte, ein Opernwerk schaffen wollte, resigniert von sich: *Gedanken habe ich übergenug [...], aber der Stoff, die Handlung – da habe ich noch nichts Rechtes gefunden...* Das klingt wie ein kaschiertes Selbstbekenntnis Morgensterns – und ist es wohl auch. Der Dichter hat später auch hier seine Grenzen deutlich gesehen: *Zum Drama werde ich nie gelangen, ich habe von Natur nicht das Zeug dazu, und mich aufs Drama hin zu disziplinieren, dazu fehlt [...] Zeit und Energie [...] Daran wird auch mein Roman scheitern* (T1906/07, Bl. 64, datiert *14.10.* [1906], Aphorismen Nr. 126).
Die aufgezeigten Grenzen von Morgensterns dichterischer Begabung werden in der literarischen Forschung vor allem von Otto Glatz gesehen: es fehle dem Dichter »sowohl an dramatischer Begabung wie auch am notwendigen episch-realistischen Sinn, um irgendeine Idee in eine Begebenheit umzusetzen und als Geschehnis in der Zeit auszuspinnen« (S. 225).
Ist dem Dichter die literarische Großform versagt, so ist ihm die Kleinform des lyrischen Gedichts gemäß. (»Kleinform« kennzeichnet hier die Gattung, nicht etwa den Wert.) Damit hängt es wohl auch zusammen, daß Morgenstern meist Versbände geringen Umfangs herausgab, ein Umstand, den sein Verleger Piper (wie schon früher S. Fischer, der *ansehnliche Bände* wünschte, T1911, Bl. 141) einmal beanstandet hat und doch nicht ändern konnte. Morgenstern begründete allerdings, warum er nicht warten könne, *bis er ein dickes Buch Verse vor sich habe: Dazu gehören [...] andre Lebensläufe, andre Temperamente und schließlich andre Lebensaufgaben als die meinen. Ich konnte nicht warten, weil ich seit 20 Jahren nicht weiß, ob ich das nächste Jahr noch erlebe, ich durfte nicht warten, weil ich keine andre Möglichkeit hatte, nach und nach zu wenn auch noch so bescheidenen Existenzbedingungen zu gelangen, ich wollte nicht warten, weil ich (meistens wenigstens) etwas zu sagen hatte, wovon ich glaubte, daß es den Mitlebenden dienen, ja vielleicht sogar helfen könnte. Deshalb habe ich meine Produktion, wie Sie sagen – bisher – verträufeln und verzetteln müssen* (ebd., Bl. 142). Noch kurz vor seinem Tode setzte er sich energisch zur Wehr, als ihm Piper *das System einer Verträufelung* vorhielt: *[...], da [...] ich mich den Kuckuck darum schere, ob etwas dick oder dünn ist, was ich [...] meinen Mitmenschen mitteilen möchte* (Briefentwurf an R. Piper vom

März 1914 auf Tagebuchseiten). Allerdings wußte er sehr genau, daß die literarischen Kleinformen seine Domäne waren: *Ich bin der Gefangene der Lyrik und etwa noch der kurzen und unverbindlichen persönlichen Aufzeichnung geworden und werde vermutlich nicht mehr freikommen* (T 1906/07, Bl. 65, vgl. Abt. Aphorismen, Kommentar zu Nr. 126).

Der Drang zur lyrischen Äußerung tritt früh hervor. Die ältesten erhaltenen Verse stammen vom dreizehn- und vierzehnjährigen Breslauer Gymnasiasten. Es sind vorwiegend Scherzgedichte, wie sie unter aufgeweckten Schülern früher im Schwange waren; Motive aus dem Schul- und Familienleben werden in ironisch-satirischen Versen geschildert.

Das satirische Moment ist also von vornherein da. Daß es über das schülerhafte Vergnügen an Spaß und Spott hinausgeht, zeigen die Verse, mit denen der Vierzehnjährige Friederike Kempner witzig und höchst sachverständig parodiert. Auch die Leichtigkeit im Verseschmieden, die Schmiegsamkeit der Sprache erheben die frühen poetischen Versuche über den konventionellen Durchschnitt und deuten auf Späteres. Sinn für komische und groteske Situationen verbindet sich mit Freude am freien und geistreichen Spiel mit der Sprache. So unbeholfen natürlich vieles anmutet, ist doch in den frühen Versen ein wesentliches Stück des späteren Morgenstern in nuce vorgebildet. Wenige Seiten einer Vergil-Übersetzung in Hexametern weisen auf den Dichter des HORATIUS TRAVESTITUS und den begabten Übersetzer voraus. Ein gereimtes, bei flüchtigem Blick parodistisch gemeintes Volapük-Gedicht scheint auf DAS GROSSE LALULA der GALGENLIEDER vorauszudeuten. Das Vergnügen an einer Geheimsprache war Morgenstern von Kindheit an gegeben und ist ihm zeitlebens geblieben. Aber gerade hier verrät genaueres Hinsehen Morgensterns Lust auch an sprachlichem Versteckspiel: die Volapük-Verse sind, soweit übersetzbar, von emphatischem Ernst erfüllt und rufen die Menschen auf, *Mut und Kraft, Ausdauer, Hoffnung und Glaube* zu verbreiten. Sie gipfeln in Worten, die der späte Morgenstern geschrieben haben könnte: *Gott ist Liebe! Freundschaft, Liebe, Friede* (Übersetzung von Maurice Cureau). In diese Jugendperiode gehört auch das eine oder andere Gedicht in lateinischer Sprache, gehören die wenigen Stücke in bayrischer Mundart (s. S. 503 ff.), wie sie Morgenstern durch seine Kindheit in München und Oberbayern vertraut war, und diese zählen zu den liebenswürdigsten Hervorbringungen seiner frühen Jahre.

Mit dem entwicklungsbedingten geistigen Durchbruch treten in den Versen, die Morgenstern etwa von seinem siebzehnten Jahre an schreibt, die für ihn charakteristischen Züge eines verantwortungsbewußten Ethos, einer umfassenden Menschenliebe, eines zielbewußten Höherstrebens (*Ad astra sei die Losung* (=Zu den Sternen, lat.) schreibt er auf einem mit 24.6.1888 datierten Einzelblatt) und ein didaktisches Moment von mitunter missionarischem Eifer hervor: *Schon als kleiner Junge fühlte ich den inneren Drang in mir, das Volk zu belehren*, heißt es in der Vorrede der noch aus den Schülertagen stammenden humoristischen MINERALOGIA POPULARIS (GEDICHTE AUS MEINER JUGEND, Bl.40) und Einzelblatt 1888:

> *Schenk, Muse, mir die rechte Kraft,*
> *Zu sagen, wie ich's denke,*
> *Und daß das, was mein Geist erschafft,*
> *Auch andre Geister lenke.*

In der frühen Prosaarbeit EINE HUMORISTISCHE STUDIE von Anfang Januar 1893 hat der Held der Erzählung nach Morgensterns Angabe *manchen Zug von mir bekommen* (T 1892/93, Bl.14). – *Er schwankte beständig zwischen tiefem Ernste über die Jämmerlichkeit alles Irdischen und einer unbezähmbaren Lachlust über ebendasselbe. Und Hand in Hand mit diesen beiden extremen Stimmungen ging ein ungewöhnlich starker Trieb zum Reformieren, zum Erziehen. [...] Ich hatte von jeher Neigung zum Dozieren, zum Erziehen.* (EINE HUMORISTISCHE STUDIE, Abt. Episches). Aus demselben Jahr stammt ein Brief an Elisabeth Reche, die die dritte Frau seines Vaters werden sollte und das *Weib* wurde, *das ihn mit Hasse schlug* (vgl. Kommentar zu MEINEM FREUNDE FRIEDRICH KAYSSLER, S.818). Morgenstern spricht in diesem Brief (vom 22.August 1893) von *einem Grundzug* seiner *Natur. Es ist der heißeste Trieb in mir, den Schein zu entlarven, die Nuß in ihrer Hohlheit aufzuzeigen und das Gift auszubrennen, wo ich es finde.*

Im Grunde ist Morgensterns Lyrik von Anfang an ein großes monologisches Selbstgespräch, ein Kreisen um das eigene Ich, das der Dichter zu erkennen sucht. Am 26.8.1912 schreibt er an Margareta Morgenstern: *Ich bin kein Schriftsteller in summa, kein Bildner aus dem Vollen, sondern nur ein nach dem Dichterischen hin veranlagter Aufzeichner meines Menschen, vom Nichtigsten bis zum Wichtigsten. Ein Tagebuchschriftsteller, ein Notizeur.* Julius Bab nennt in diesem Sinne Morgensterns Gedichtbände »eigentlich eine lückenlose poetische Tagebücherei« und »Notizen eines Dichterlebens« (Christian Morgenstern. »Die Hilfe« 20 (1914) S.292). Bernhard Martin spricht seinen Dichtungen »weithin das Gepräge eines

Tagebuchs in Versen« zu (S. 14), und auch im Du, im Freund und in der geliebten Frau, sucht er das alter ego. Bezeichnend dafür ist die auffallend große Zahl Gedichte, die mit »Ich« beginnen (Martin, S. 85) oder in denen das erste persönliche Fürwort zentrale Bedeutung hat. Beginnen die Gedichte mit dem zweiten Personalpronomen »Du«, dann ist mit diesem in nicht wenigen Fällen das erste gemeint: der Dichter redet sich selber an. »Wer bin ich?« – diese große Grund- und Rätselfrage unseres Lebens ist vor allem die Frage des Heranreifenden, dem die eigene Existenz erstmalig bewußt wird. Für Morgenstern bleibt sie die Grundfrage, wenn auch das solipsistische Selbstverständnis später zum Weltverständnis wird. Sehr früh schon ist ihm die Gleichung Mensch-Gott vertraut, wenn sich auch die Hybris des Nietzscheschen Übermenschen bei ihm zur Demut der von Rudolf Steiner erschlossenen kosmischen Christologie wandelt.

Wie jeder geistig lebende Mensch hat auch Morgenstern fremdes Ideengut aufgenommen und sich angeeignet. Die Frage der Einflüsse und ihr Niederschlag im Werk (mit den Namen Schopenhauer, Nietzsche, Dostojewski, Lagarde, Steiner sind die wichtigsten Einflußsphären angedeutet) ist vorzugsweise eine Frage der inneren Biographie. Die Entwicklung des Lyrikers läßt mannigfache Einflüsse auf Stil und Sprache erkennen, ja, es ist leicht, stilistische Vorbilder aufzuzeigen. Morgenstern war eine weiche, schmiegsam-anpassungsfähige Natur; das Sich-in-andere-Hineinfühlen fiel ihm leicht. Daher seine Begabung für Sprachen und für das Übersetzen. Bezeichnend ist aber auch ein mehr oder weniger bewußtes oder unbewußtes Sichanverwandeln fremder Formen. Bei seiner Fähigkeit zur Selbstbeobachtung und Selbsterkenntnis hat er auch das gewußt. In einem seiner Tagebücher (T 1907 II, Bl. 42) findet sich der Vierzeiler:

> *Da ich leicht beweglich bin,*
> *geb ich gern mich manchen hin,*
> *singe gern, wie jene sangen,*
> *und das Herz mir just bezwangen.*

Nach der ersten, der naiven Phase seiner Lyrik strömt in der zweiten Phase Welt auf den Dichter ein, und das bedeutet bei Morgenstern auch: Literatur. Die Schmiegsamkeit seines Naturells bedingt das ständig sich wandelnde Hineinfühlen in enthusiastisch aufgenommene gedankliche und formale Strömungen innerhalb des ihm bekannt werdenden Schrifttums. In seiner pubertären Lyrik sind durchaus epigonale Anklänge auffindbar: an den Vormärz, an die dünnblütige Nachromantik eines Geibel, an den aufkommenden naturalistischen Ton bei Holz und Schlaf. Morgenstern will dichten, weil er nicht anders kann. Dichten ist seine Art, sich zu äußern, ja man ist versucht zu sagen: zu leben. Er tat das jederzeit *aus heißem Herzen* (so nannte er bezeichnenderweise eine Sammlung seiner Jugendlyrik, die er 1892 seinen Eltern zu Weihnachten schenkte), aber dabei tastet er nach Ausdrucksmitteln und -formen, die er vorfand – keinem jungen Dichter wird es, wenigstens in seinen Anfängen, anders gehen. Von diesen Jugendversen hat Morgenstern nichts in die von ihm veröffentlichten Bücher aufgenommen.

Das tiefste, ihn vorübergehend ganz erfüllende und verwandelnde Erlebnis seiner jungen Jahre heißt Nietzsche und trifft den dreiundzwanzigjährigen Studenten während des Breslauer Winters 1893/94. Der Einfluß Nietzsches auf Morgenstern ist gar nicht zu überschätzen. Der Dichter bekennt, daß Nietzsche *mein eigentlicher Bildner und die leidenschaftliche Liebe langer Jahre wurde* (Abt. Aphorismen Nr. 1). Morgenstern ist später über Nietzsche hinausgewachsen, hat ihn verneint, aber ganz überwunden und abgetan war er für ihn wohl nie. Von Nietzsche her wurden Form und Sprache seines gedruckten Erstlings IN PHANTAS SCHLOSS (1895) bestimmt, den er *Dem Geiste Friedrich Nietzsches* widmete und der Mutter des Philosophen verehrungsvoll zusandte. Von Nietzsche stammt der hymnisch-dithyrambische, vielfach freirhythmische Vers. Von Nietzsche aber wurde noch etwas anderes in Morgenstern nicht so sehr angeregt als vielmehr als eigene, ursprüngliche Anlage freigelegt, bewußt gemacht und von da ab gepflegt: das blitzartig erhellende aphoristische Denken, das sich dem systematischen Denkprozeß widersetzt. In seinem Werk heißt das: die beiden nachgelassenen, aber von ihm bei Lebzeiten geplanten Sammlungen STUFEN (der aphoristische Denker) und EPIGRAMME UND SPRÜCHE (der aphoristisch-didaktische Lyriker).

In der knappen, epigrammatisch zugespitzten Form hat Morgenstern sein Bestes an ernster Lyrik gegeben. Da ihm das folgerichtige Entwickeln von Gedanken nicht gemäß war, war ihm auch nicht gemäß die große Form. Wo er weit Ausgreifendes unternimmt, mißlingt es oder bleibt Fragment. Der hymnische Stil ist Stil jugendlicher und jugendgemäßer Selbstäußerung. Er wandelt sich naturgemäß später zu schlichteren Formen und Aussageweisen; das liedhafte Gebilde und kürzere lyrische Stimmungsbild treten hervor. Der Jugend gemäß ist aber das Greifen nach großartigen, weitgespannten Projekten, selbst und gerade dort, wo sie die vorhandene Schöpferkraft übersteigen. Das maßlose Wollen und Planen, das meist ungestaltet verlodert und verglüht, hat hier seinen Grund. Es spricht aber auch für Morgensterns Neigung zu zyklischen Zusammenschlüssen (vgl. den Abschnitt Zyklen-Pläne, S. 711 ff.). Wichtig war ihm die Anordnung der Gedichte *in Gruppen und diese Gruppenreihe wiederum zu einem größeren Komplex* zu vereinigen (14.9.1906 an Friedrich Kayssler). In den Berliner Jahren, in denen PHANTA erscheint, trägt er sich mit allerlei weitgespannten zyklischen Plänen, hochgetürmten lyrisch-hymnischen Monumenten, lyrischen Kosmiaden und Kosmogonien, Symphonien und Gesängen. Ein kosmisches, naturhymnisches Grundgefühl dominiert, verbindet aber den pathetischen Überschwang gemäß seiner Doppelbegabung mit grotesken und humoristischen Zügen. Schon der PHANTA-Erstling hieß ja im Untertitel *Ein Zyklus humoristisch-phantastischer Dichtungen*, und das Wort humoristisch war hier in einem ausgesprochen weiten und tiefen Sinne gemeint: *ein durch den unendlichsten Schmerz jubelndes Jasagen zu dieser Welt* (T 1894 II, Bl. 112, Abt. Aphorismen Nr. 15). Zur gleichen Zeit, als PHANTA entsteht, trägt sich der Dichter mit dem Gedanken einer KOSMIADE vom WELTKOBOLD, er plant einen Zyklus SONNENAUFGÄNGE, eine lyrisch-epische SYMPHONIE, die in vier musikalisch empfundenen Sätzen seine gesamte Welt- und Lebenserfahrung einfangen sollte (Abt. Aphorismen Nr. 1724–1875), Meergesänge im Stil der gemalten Meeres-Mythologie von Böcklin (POSEIDON UND SELENE). Bei der Durchsicht der Nachlaß-Masse mit ihren zahlreichen Entwürfen und Fragmenten läßt sich im einzelnen oft nicht ausmachen, welches Bruchstück zu welcher Konzeption gehört, ja inwieweit nicht manche der verschieden benannten Pläne miteinander identisch sind. Was von alledem ausreifte, hat Morgenstern schließlich zum Teil an ihm geeignet erscheinenden anderen Stellen eingereiht. Unsere Ausgabe versucht, diese Zyklen, wenigstens andeutungsweise, wiederherzustellen und geschlossen darzubieten. Dadurch ergeben sich einige Überschneidungen insofern, als einzelne Gedichte zweimal erscheinen, einmal in dem Buchzusammenhang, in den sie Morgenstern gestellt hat, und dann noch einmal innerhalb des Zyklus, für den sie ursprünglich gedacht waren.

Jugend ist Zeit der Fülle. Lyrische Produktion quillt meist am stärksten in der Jugend. Die auf PHANTA folgenden Gedichtbände AUF VIELEN WEGEN (1897) und ICH UND DIE WELT (1898), also noch immer Jugendwerke, sind die umfangreichsten, die Morgenstern überhaupt veröffentlicht hat, und PHANTA selbst stellt nur eine Auswahl aus einer weitaus größeren Menge poetischer Hervorbringungen zum Thema dar (vgl. M an Eugenie Leroi am 27.2.1895. BRIEFE. Auswahl (1952) S.63f.). So war es möglich, aus dem bisher ungedruckten Nachlaß so etwas wie einen zweiten PHANTA-Band zusammenzustellen. Einiges aus der PHANTA-Zeit ist bereits in die genannten beiden folgenden Bücher eingegangen; Morgenstern wollte selbst das dritte Buch als Ergänzung des ersten und mehr noch des zweiten verstanden wissen (vgl. Ms Vorwort zu ICH UND DIE WELT, S. 210). Dabei wäre vor allem an Gedichte aus dem Umkreis kosmischer oder phantastisch-visionärer Vorstellungen zu denken (VIER ELEMENTARPHANTASIEN, DER URTON, WOHL KREIST VERDUNKELT OFT DER BALL, BAHN FREI!, MACHTRAUSCH). Friedrich Kayssler verstand ICH UND DIE WELT als einen »Ergänzungsband«, »eine Art Nachtrag« zu AUF VIELEN WEGEN (an M am 27.1.1899).

Das zweite Buch ist Friedrich Kayssler, dem »Urfreund«, gewidmet. Freundschaft, und zwar zu Männern und Frauen, tritt jetzt überhaupt stark und lebensbestimmend in Erscheinung; zahlreiche Widmungen einzelner Gedichte bezeugen es.

Von jetzt ab beginnt auch die äußere Umwelt (die, durch die Lebensumstände bedingt, häufig wechselt) sich in Morgensterns Lyrik zu spiegeln. Die Berliner Jahre, in denen die dortige Künstler-Boheme stark auf ihn wirkt, geben ihm das Erlebnis der Großstadt: ein Zyklus BERLIN wird geplant. Er lernt das Meer und die nordische Landschaft, später, durch notwendige Kur- und Erholungsaufenthalte bedingt, die Schweizer und Tiroler Bergwelt und Italien kennen. Für wohl alle Stationen seines unrastigen Lebens lassen sich poetische Bildskizzen in seiner Lyrik auffinden. Dem euphorischen Lebenstrieb des Lungenkranken begegnet er durch die ernste Auseinandersetzung mit dem immer mehr andringenden Gedanken an den Tod; der Tod wird eines der Bild- und Gedankenmotive seiner Dichtung, das ihn nie mehr verläßt.

Die erotische Sphäre hat Morgenstern jederzeit intensiv erlebt. In frühen Versen spiegelt sie sich naturgemäß mehr als Spielerei, als »Liebelei« im Vorfeld. Hinter dem vierten Buch des Dichters EIN SOMMER (1900) steht aber ein Liebeserlebnis, noch nicht das »eigentliche« (das wird erst in dem Buch ICH UND DU durchscheinen), aber doch eine sehr innige Beziehung (in Norwegen, wo er im Frühling und Sommer 1898 an seiner Ibsen-Übersetzung arbeitete). Er nannte das Buch (und meinte das Erlebnis) ein *Intermezzo*, das er durchschritten hat, ohne sich binden zu lassen, empfand aber, daß die Gefühlstiefe seinen lyrischen Tonfall schlichter werden ließ. *Das Einfachste von allem Bisherigen* nannte er dieses Buch (M an Marie Goettling am 26.8.1898).

Eine Ergänzung dieses Buches ist das folgende schmale Bändchen UND ABER RÜNDET SICH EIN KRANZ (1902), das wie schon EIN SOMMER von dem prominenten Berliner Verleger S. Fischer in Verlag genommen wurde. Es war sinnvoll, beide Bücher EIN SOMMER und UND ABER RÜNDET SICH EIN KRANZ später zu vereinigen, doch geschah diese Zusammenfügung ziemlich willkürlich nach dem Tode des Dichters unter dem Titel EIN KRANZ und hat zur Konfusion der Morgenstern-Editionen beigetragen. Das Buch UND ABER RÜNDET SICH EIN KRANZ enthält als letztes Stück eines der berühmtesten Gedichte Morgensterns: ERSTER SCHNEE (*Aus silbergrauen Gründen/tritt ein schlankes Reh*).

Morgensterns »Jugenddichtung« reicht bis zum Jahre 1906, dem Jahr, das eine bedeutsame Zäsur im Leben des Dichters signalisiert: den Durchbruch seiner »mystischen« Periode. Diese bedeutet aber keineswegs, wie auch die literarische Forschung gezeigt hat, eine neue Lebens- und Erkenntnisweise, sondern Ausgestaltung und Verdeutlichung von etwas in ihm von vornherein Angelegtem und auch schon Wirkendem, war doch Morgenstern »seiner Wesensveranlagung nach von Natur ein Mystiker« (Giffei, S. 6). Morgenstern nannte seine mystische Periode später *Episode*; Giffei sieht in ihr den bedeutendsten Teil seines Lebens (S. 4). Allerdings hat die mystische Phase erst durch die Begegnung mit Rudolf Steiners Anthroposophie und (diese Begegnung vorwegnehmend und für Morgenstern anbahnend) mit seiner späteren Frau Ziel und Richtung (den *Pfad*) gefunden.

In Anbetracht der relativ kurzen Lebens- und Schaffenszeit Morgensterns bildet die »Jugendlyrik« die Hauptmasse seiner lyrischen Produktion überhaupt. Zu den in Büchern gedruckten Gedichten tritt eine überaus große Zahl Gedichte, die aus seinem Nachlaß bereits publiziert wurden, unbeachtet in heute vergessenen Zeitschriften stehen oder überhaupt noch nie gedruckt wurden. Unsere Ausgabe erschließt zum ersten Mal den gesamten umfangreichen Nachlaß.

Den Abschluß der ersten großen Lebens- und Schaffensepoche bildet das Buch MELANCHOLIE von 1906 (ab hier s. Band II. Lyrik 1906–1914). Es als »Jugendwerk« zu bezeichnen, wäre verfehlt. Im Gegenteil: Friedrich Kayssler spricht ihm »Mittelpunktcharakter« innerhalb des Gesamtwerks zu. Schon der Titel (der sich auf Dürers berühmten Kupferstich bezieht) deutet auf den Ernst des nachdenklichen und bewußten Mannesalters, in dem sich Selbstgefühl des Erreichten mit Resignation über alle Vergeblichkeit zu einem schwermütigen, wenn auch nicht eindeutigen Gesamtton vereinigt. Der Titel meint den Ernst des Augenblicks, wo das schwingende Pendel seinen höchsten Punkt erreicht hat und sich anschickt, zurückzufallen. *O Zeit und Ewigkeit*, so schließt das erste Gedicht des Buchs. Dann folgen aber thematisch sehr unterschiedliche Abschnitte: lyrische Gebilde im bisherigen Stil, Niederschlag neuer Liebesbegegnungen, Stücke aus dem vergeblich geplanten BERLIN-Zyklus, Gedichte aus Italien, Ritornelle, Epigramme, Kindergedichte.

Die mystische Phase, von der die Rede war, wird ausgelöst durch die Lektüre mystischer Schriften (Meister Eckhart), der Romane Dostojewskis, in denen er die Religiosität der russischen Volksseele fand, und am Ende (schon weiter weisend) durch das Johannes-Evangelium. Der erkenntniskritische Gewinn ist ein neues Ich-Verständnis, durch das ihm die große Einheit alles Seienden, die Identität Gott-Welt-Mensch aufgeht. Der Mensch tritt nicht mehr zur Welt und zu Gott in ein Subjekt-Objekt-Verhältnis, sondern versteht sich als ein Teil der pantheistisch aufzufassenden Gottheit, ja als diese selbst. Niederschlag solcher Gedanken ist in dem folgenden Buch EINKEHR (1910) zu finden. Morgenstern sucht jetzt auch nach einem neuen Christus-Verständnis. In Christi Wort »Ich und der Vater sind eins« glaubt er eine Bestätigung der von ihm gemeinten Einheit zu finden. In dieser Zeit trägt er sich lange mit dem Plan eines CHRISTUS-ZYKLUS, den er 1907 beginnt und von dem sich verstreute Bruchstücke finden; die ausgereiftesten Stücke stehen als letzte Gedichtgruppe in EINKEHR.

Kaum ist aber das EINKEHR-Manuskript abgeschlossen, beginnt sich Morgensterns Denkweise zu verändern, zu erweitern und zu vertiefen. In seiner Biographie ist jetzt von der Begegnung mit seiner späteren Frau und mit Rudolf Steiner zu sprechen. Was in dem Dichter jetzt vorgeht, läßt ihn sein gesamtes bisheriges Werk als etwas Vorläufiges ansehen; das »Eigentliche« ruft ihn jetzt zur Gestaltung. Zunächst spiegelt sich die Liebeserfüllung in dem Sonettenkranz, den Ritornellen und Liedern des Folgebandes ICH UND DU (1911). Persönlichstes wird vernehmbar, wenn auch formal streng gebunden, aber die Grundprobleme seines Lebens: die Frage nach dem Ich und nach dem Du, nach der Welt und aller Kreatur, lassen ihn nicht los. Das neue Buch zeigt die wachsende Sicherheit im

Gebrauch lyrischer Formen, sie zeigt, wichtiger, wie neues Erleben neue Verse entbindet. Aber sehr schnell empfindet er die beiden Bücher EINKEHR und ICH UND DU als etwas Vorläufiges, Episodisches, will sie als *Stationen* verstanden wissen, dem die eigentlichen dichterischen Würfe aus neuer Erkenntnis heraus folgen sollen: ICH UND DU *ist in einem gewissen Sinne ein Schlußpunkt. Was an Gedichtbüchern jetzt noch heranreifen dürfte, schlägt andere Pfade ein, wie Sie seinerzeit selbst sehen werden* (Briefentwurf an Reinhard Piper, T 1911, Bl. 144).

Nun aber geschieht in der dichterischen Entwicklung etwas durchaus Tragisches, das nicht aus falscher Verehrung in eine Apotheose uminterpretiert werden sollte. Je sicherer er durch geistige Bemühung in sein neues Weltbild, das anthroposophische, hineinwächst, je reifer er im Geiste wird, um so rascher schreitet der physische Verfall voran, der auch eine dichterische Ermattung und Schwächung mit sich bringt. (Das gilt übrigens auch für die letzten PALMSTRÖM-Verse, die teilweise mehr auf willentlichen Vorsatz als auf das Geschenk der Eingebung zurückgehen. Im letzten PALMSTRÖM-Fragment versucht er sogar den grotesk-geistreichen Palmström in seine ernste, ganz einem hohen Ethos verpflichtete Lyrik hineinzuziehen.) Morgenstern mochte fühlen, während er das Bedürfnis hatte, das Letzte zu sagen, wie sich ihm das Letzte auszusagen ver-sagt. Freilich will er jetzt auch ganz schlicht, ganz unprätentiös sprechen, will mehr Verkünder als Dichter sein. So mögen die Aussagen seiner letzten Zeit als ein Vermächtnis verstanden werden, das ein Begnadeter seinen Brüdern hinterläßt. Es gibt da einige Stücke von großer Dichte und Aussagekraft (DIE FUSSWASCHUNG; Julius Bab meinte, sie sei »eines der schönsten deutschen Gedichte«, in: »Die Schaubühne«, 12 (1916) Bd. 1, S. 452). Anderes, vor allem auch die aus dem Nachlaß bekannt gewordenen Verse, die unter dem Eindruck Steinerscher Vorträge entstanden sind, wirken mehr wie rhythmisierte Prosa und sind mindestens als unfertige Fragmente zu werten. In dem letzten Buch, das dem Dichter zu vollenden vergönnt war, WIR FANDEN EINEN PFAD (postum 1914), findet sich aber auch eine Spätlese aus der EINKEHR- und ICH-UND-DU-Zeit oder aus einem anderen Zusammenhang, wie das herzliche BRÜDER-Lied aus dem nicht zustande gekommenen Liederbuch studentischer Jugend.

Die Entwicklung der Morgensternschen Lyrik verläuft also von jugendlich-pathetischem Schwung und Überschwang (auch wo sie humoristisch getönt ist), über schlichte, liedhafte Formen zur Meisterung anspruchsvoller lyrischer Formen (Stanze, Sonett, Ritornell) zu einer ohne Anspruch auftretenden lyrischen Aussage, die auf den Schmuck des Rhetorischen weitgehend verzichtet, um nur im Dienste der Verkündung zu stehen. So gilt Rudolf Steiners Urteil: »Das Einfache findet man selten bei ihm; er braucht klingende Worte, um zu sagen, was er will« in erster Linie für seine frühe und mittlere Periode, es sei denn, man denke daran, wie oft in seiner Aussage, auch wo er ganz einfach sein will, etwas Angestrengtes, ja manchmal Forciertes mitschwingt. Dagegen gilt Rudolf Steiners späteres Urteil: »Diese Dichtungen haben Aura« besonders für die Verse der Spätzeit. Tritt zuletzt das didaktische Moment stärker hervor, so schwächt sich die Bildkraft ab, so wie bei den meisten Menschen im Alter die Fähigkeit des Bildersehens zugunsten einer blaß-abstrakten Gedanklichkeit zurücktritt. Gemeint ist mit Bildkraft das, was Morgenstern selbst als sein *Malererbe* empfand.

Zyklen-Pläne: SONNENAUFGÄNGE – SYMPHONIE – RÖMISCHE DITHYRAMBEN. Die Neigung zu zyklischer Gestaltung, zum Zusammenfassen, Kom-ponieren von Motiven und Motivgruppen unter einem höheren Gesichtspunkt zieht sich durch Morgensterns gesamtes Schaffen. Er sieht das Einzelne als Teil eines Ganzen, es steht nicht für sich allein, sondern hat eine Funktion innerhalb einer übergreifenden Ordnung. So ist das erste Buch IN PHANTAS SCHLOSS ein durchkomponiertes Werk mit Prolog und Epilog und dazwischen thematisch geschlossenen Gedichtgruppen wie WOLKENSPIELE (die wieder von SONNENAUFGANG und SONNENUNTERGANG umschlossen sind) und MONDBILDER. AUF VIELEN WEGEN ist ein polyphones Geflecht verschiedenartiger Melodien, innerhalb deren sich Zyklen wie TRÄUME, VOM TAGWERK DES TODES, VIER ELEMENTARPHANTASIEN, WALDLUFT (s. u.), ZWISCHENSTÜCK FUSCH-LEBERBRÜNNL deutlich abheben. Ähnlich bei ICH UND DIE WELT, in dessen Mitte der SOMMERABEND-Zyklus steht; andere Gruppierungen geringeren Umfangs treten hinzu; mehrfach sind es Zweiergruppen wie STIMMUNGEN VOR WERKEN MICHELANGELOS, SCHICKSALE DER LIEBE u.a. oder Dreiergruppen wie LEBENS-SPRÜCHE und MITMENSCHEN. Das Buch EIN SOMMER enthält den Zyklus SKIZZENBUCH I und II; der Aufbau dieses Buches zeigt einen zu beruhigter Resignation absinkenden Erinnerungsbogen. Das Norwegen-Erlebnis gibt zu dem Folgeband UND ABER RÜNDET SICH EIN KRANZ den NORDSTRAND-Zyklus; das ganze Buch zerfällt in deutlich voneinander abgesetzte Teile. In MELANCHOLIE werden die acht Teile des Buches, die recht unterschiedlichen Charakter

aufweisen, z.T. durch Ziffern bezeichnet, und auch im Folgeband EIN-
KEHR wird es so gehalten. ICH UND DU hat eine strenge symmetrische
Ordnung: Sonettenkränze am Anfang und Schluß, dazwischen die Gruppen der Ritornelle und Lieder, und im letzten Buch WIR FANDEN EINEN
PFAD wird die Bezifferung der fünf Teile vollständig durchgeführt.

Ein so einheitliches, unter ein Thema gestelltes Werk wie IN PHANTAS
SCHLOSS hat Morgenstern nicht wieder geschaffen, doch hat er gerade in
den frühen Jahren mehrfach Ähnliches geplant (vgl. dazu den Abschnitt
Morgensterns Entwicklung als Lyriker), aber davon ist nichts vollendet.
Einiges ist als großer Torso erhalten und wird hier erstmals vollständig
wiedergegeben: DER WELTKOBOLD und MEIN GASTGESCHENK AN BERLIN. Anderes wurde zu rekonstruieren versucht, wie der BERLIN- und der
CHRISTUS-Zyklus; anderes ist über Anläufe nicht hinausgekommen oder
kaum über die Pläne hinausgelangt. Bei der Durchsicht der Nachlaß-Masse und der Tagebücher fällt immer wieder auf, daß Morgenstern Gedichte in einen größeren Zusammenhang stellen wollte, den auszuführen
ihm aber nicht vergönnt war. Solche Vorhaben tragen Obertitel wie: WINTER-IDYLL oder ELBENREIGEN oder IM ZOOLOGISCHEN GARTEN oder
auch ETUDES DOMESTIQUES bzw. HÄUSLICHE SZENEN. Jedem dieser
Titel kann man ein oder mehrere Gedichte zuordnen, ohne daß aber ein
ganzer Zyklus vorläge oder nachträglich zusammengestellt werden
könnte.

Die Stoffe, um die in frühen Jahren die Zyklen-Pläne Morgensterns kreisten, sind fast durchweg einer groß gesehenen Natur, der elementaren
Welt entnommen: Meer, Nacht, Sonne heißen die Leitworte. So hatte der
Dichter einen Zyklus SONNENAUFGÄNGE im Sinn. Michael Bauer nennt
den Zyklus SONNENHYMNEN (Chr.M. (1985) S.312) und gibt dazu eine
Notiz Morgensterns: *Sonne. Sie glüht ewig. Sie leidet unsäglich. Wir leben
von ihrem Leiden. Sie verzehrt sich in ihrer Liebe Tag und Nacht. Vom Tode
lebt das Leben. Ein Opfertod macht die Welt erst möglich. – Beziehungen
auf Menschliches* (Aphorismen Nr. 1808). Der Plan wird in T 1895, Bl. 168,
skizziert: *Etwa 12 Gesänge. Jedesmal ist in einen Sonnenaufgang einer
Menschenseele aufringender Kampf verflochten.* Aus diesem Zyklus existiert ein einziges von Morgenstern veröffentlichtes Gedicht. Es ist SONNENAUFGÄNGE überschrieben und ausdrücklich als *Aus einem Zyklus* bezeichnet. Es erschien in der Zeitschrift »Das Deutsche Dichterheim«
(1896) Nr.1, S.30. In T 1898/99 I, Bl.22, findet sich noch ein SONNEN-AUFGANGS-LIEDER überschriebenes Bruchstück:

Siehe, die Sonne
lodert über die Berge –
und deine reine Stirn
glüht blutübergoldet.
Die Lebens-Sonne
flammt über die Felsen
⟨und rötet dich, blasses Mädchen⟩
und [bricht ab]

Michael Bauer teilt (S. 101) eine Prosa-Skizze von 1895 mit, die zu einem »lyrischen Chorwerk« gehöre und in dem sich Nietzschesche Gedanken von der Wiederkunft des Gleichen mit der Gewißheit von der Wiedergeburt des Ich verbinden. Sie lautet: *Eingang: Wilde und fassungslose Klage der Geliebten um den verlorenen Geliebten. In ihr Schluchzen, ihre Anklagen hinein die Chöre der All-Natur, die ihren Sohn frohlockend nun wieder zurück in ihren Schoß empfängt. Zuerst fangen der Fels, die Schluchten zu reden an, dann die Wälder, die Wasser. Sie läßt sich trösten, aber doch genügt ihr der Trost nicht.*
Mitternacht; tiefste Verzweiflung, Leere, Nächte der Nachtgeister. Ende, Nichts. Chor der Verzweiflung. Langsam naht der Morgen heran. Der aufgehenden Sonne vorauf die Boten der Frühe: Ewig jung und unsterblich bleibt das Leben, nur die Formen wechseln. Des Toten Seele wird vielleicht schon wieder im Keim einer neuen vollkommeneren Form schlummern.
Die Sonne geht auf. Jauchzende Sonnenchöre. (Vgl. auch Eine moderne Totenmesse, Abt. Dramatisches.)
Ein zu dieser Skizze gehöriges Bruchstück findet sich in T 1894/95, Bl. 65. Die Schlußworte in Skizze und Bruchstück *Die Sonne geht auf. Jauchzende Sonnenchöre* lassen vermuten, daß diese Texte und das lyrische Chorwerk ebenfalls zu dem Zyklenplan Sonnenaufgänge gehören.
Unter all den Plänen für zyklische Dichtungen, die in den neunziger Jahren für Morgenstern eine Rolle spielten, ragt einer besonders hervor, und über ihn Konkretes mitzuteilen ist besonders schwierig. Es handelt sich um eine Dichtung mit dem Titel Symphonie. Sie wird auffallend oft und mit Nachdruck vom Dichter erwähnt; Notizen, die sie betreffen, sind zahlreich vor allem im T 1895 zu finden, aber gerade von ihr selber ist so gut wie nichts vorhanden, so daß es schwer ist, sich ein Bild zu machen, was Morgenstern eigentlich im Sinn hatte. So konnte es sogar geschehen, daß Martin Beheim-Schwarzbach in seiner Monographie (S. 45) von dieser

Dichtung als von einem Roman spricht, aber gerade das ist sie nicht. Es muß sich vielmehr wieder um eine lyrisch-epische Dichtung oder jedenfalls um ein Gedichtwerk gehandelt haben; lyrisch schon deshalb, weil es Morgenstern nicht gegeben war, eine Handlung zu erfinden, er sich dagegen immer wieder in Stimmungen, Gefühlen, Reflexionen erschöpfte. Und das wieder ist der Grund dafür, daß diese weitausgreifende Dichtung keine Gestalt gewinnen konnte. Der Titel SYMPHONIE ist eine musikalische Bezeichnung. Morgenstern ist u. a. von Beethovens Symphonien, besonders der Neunten, angeregt worden; bei Gelegenheit sprach er von seiner Dichtung als von seiner Neunten: *Ich gab Gena* [Eugenie Leroi] *mein Buch für die »Neunte Symphonie«, daß sie mir's durch ein Wort von ihr weihe«* (mit Datum 3. März 1895 in einem nicht mehr vorhandenen Tagebuch, zitiert nach Bauer, Chr. M. (1985) S. 92 f.). Das musikalische Orchesterwerk gestattet dem Hörer von einer Handlung abzusehen und sich ganz dem Eindruck der Töne hinzugeben. Der klassische Bau der Symphonie wieder ist durch die Abfolge der Sätze bestimmt, und die sind in ihrem Ausdrucksgehalt ganz verschieden. Morgenstern plante ein Wortkunstwerk in vier Sätzen, die denen der klassischen Symphonie in der Musik entsprechen sollten. Ein Übersichtsschema entwarf er in T1895, Bl. 125: *Liebe durch alle IV Sätze der S[ymphonie]* heißt es da; Liebe also als durchgängiges Leitmotiv. Dazu werden die Sätze genannt:

I. Illusion
II. Höchster Frieden
III. Venus Kobold
IV. Große Leidenschaft.

Das entspricht nicht ganz den Sätzen in Beethovens Neunter. Am ehesten gilt es für I und IV, die man als Allegro maestoso, allerdings auch mit schwerblütig-dumpfen Klängen, und als heroisch-pathetisches Finale auffassen könnte. *Schreie gequälter Kreatur* werden vernommen (T1895, Bl. 112); *das Chaos* brodelt empor (T1895, Bl. 129); *trübes Sinnen* (T1895, Bl. 116) über die Vergeblichkeit, das *Nichthinauskönnen aus sich* (T1895, Bl. 108) – das sind einige der Motive für den ersten Satz.
Unter II müßte man sich ein Adagio cantabile wie im dritten Beethoven-Satz vorstellen, während III zweifellos Scherzo-Charakter tragen sollte. (Die gesamte Fragmenten-Sammlung vgl. Abt. Aphorismen Nr. 1724–1875 .) Den Charakteren der vier Sätze könnte man auch die vier Motti unterlegen, die Morgenstern unter der Überschrift VOR DIE VIER SÄTZE

EINER SYMPHONIE in ICH UND DIE WELT veröffentlicht hat und die er in einer Randnote ausdrücklich mit seinem alten Plan in Zusammenhang bringt. Diese vier Motti lassen aber auch eine Beziehung auf die vier klassischen Elemente des Kosmos zu, da sie vom Wasser (I), der Erde (II), der Luft (III) und der Sonne, dem Feuer (IV) sprechen (was inhaltlich mit dem Lobgesang der Engel im Prolog zu Goethes »Faust« korrespondiert).

Was sollte nun aber inhaltlich eigentlich angesprochen werden? Die vorhandenen Äußerungen Morgensterns geben Hinweise, allerdings nur ganz allgemeiner Art: *Ich will in ihr* [der SYMPHONIE] *kein Gedichtbuch, sondern ein Lebensbuch geben* (1. April 1896 an Alfred Guttmann); *in ihr* [sollte] *alles, was von Hölle, Welt und Himmel in mir beschlossen sein mochte, zum sieghaften Ausklang gebracht werden* (ÜBER MICH SELBST. Abt. Aphorismen S. 466, 677). Aufbegehren und trotziges Ringen – (*Bei der Dichtung der* S[YMPHONIE] *viel an Klingers Beethoven denken!* mahnt sich der Dichter in T 1895, Bl. 116) – sollte wechseln mit Versinken in grüblerische Schwermut, aus der dann der Aufschwung zu sieghafter Lebensbejahung und -meisterung gelang. Die Tragik erscheint ästhetisch verklärt. *Womöglich vorn hinein: M. Klingers »An die Schönheit«*, wünscht sich der Dichter für sein Buch (T 1895, Bl. 131). Sterben in Schönheit war eine Lieblingsvorstellung im Jugendstil. *So möcht ich sterben, Sonnengold im Haar*, dichtete Morgenstern (s. S. 232). Arno Holz machte sich in seiner »Blechschmiede« darüber lustig. Der Gedanke: *Alle Schönheit ist fort, nimmst du die Tragik aus dem Leben* wird von Morgenstern in den SYMPHONIE-Zusammenhängen gleich zweimal angesprochen (T 1895, Bl. 78 und 92).

Dann wieder will er satirisch werden, dann prophetisch anklagend, will *Strafgerichte, bittere grausame Wahrheiten der Zeit ins Gesicht* schleudern (T 1895, Bl. 132), und schließlich *ein Lied voll tiefer Heiligkeit* anstimmen (T 1895, Bl. 106). Von der *Entwicklung der Menschheit* will er sprechen (T 1895, Bl. 107) und von den seelischen Regungen *Liebe, Haß, Freundschaft, Neid, Eitelkeit, Ehrgeiz, Wollust, Geldgier* (T 1895, Bl. 109). Die *Schreie gequälter Kreatur* sollten erklingen (T 1895, Bl. 112), aber auch die melodischen Klänge eines Kinderreigens:

> *Gib die Hand*
> *und tanze den Tanz*
> *der flügelgefiederten Füße.*
>
> (ebd., Bl. 124)

Ins Adagio muß aller nur mögliche Wohllaut ausgegossen sein (ebd., Bl. 134); fürs *Andante* wird notiert: *Abendstimmungen. Selige Ruhe. Frieden, dich will ich preisen in weichem Akkord* (ebd., Bl. 137).

Beim Überlesen der zahlreichen Notizen zur SYMPHONIE gewinnt man den Eindruck: Es gibt eigentlich nichts, wovon der Dichter in seinem Weltgedicht nicht hätte sprechen wollen. Das übersteigt die Möglichkeiten selbst des leidenschaftlichsten Enthusiasten, wie der vierundzwanzigjährige Morgenstern einer gewesen ist. Morgenstern hat sich mit diesem Projekt übernommen, deshalb mußte es scheitern. Übrig geblieben ist ein splitterübersätes Trümmerfeld.

Michael Bauer legt in seiner Morgenstern-Biographie eine längere Planskizze vor. Nach den heute vorhandenen und zugänglichen Unterlagen existiert sie als solche nicht mehr. Möglicherweise hat sie Bauer sogar aus einzelnen Tagebuch-Notizen zusammengefügt; für eine Reihe der darin enthaltenen Sätze lassen sich die Originalstellen im Tagebuch von 1895 nachweisen, doch sind sie dort auf verschiedene Seiten verstreut. Allerdings muß auch mit dem Verlust von Originalhandschriften gerechnet werden. Bestimmte Tagebücher von 1895 und 1896, auf die Bauer Bezug nimmt, sind nicht mehr vorhanden bzw. bisher nicht aufgetaucht.

Nach Morgensterns eigenen Angaben hat er eine Reihe Gedichte für die SYMPHONIE geschrieben: *Ein Anfang von etwa 12 Hymnen, Oden, Gesängen, Gedichten oder wie man's nennen mag, ist gemacht* (12.8.1896 an Marie Goettling). Nach Aufgabe des SYMPHONIE-Planes hat er wahrscheinlich die fertigen Gedichte in seine nächsten Sammlungen AUF VIELEN WEGEN und ICH UND DIE WELT eingereiht. Um welche es sich dabei handelt, wissen wir nicht – bis auf drei. Einwandfrei der SYMPHONIE zugehörig ist das Eugenie Leroi gewidmete Gedicht WENN DU NUR WOLLTEST in ICH UND DIE WELT, das mit dem Titel LIEBESLIED erstmalig in der Zeitschrift »Pan« erschien (1.Jg. (1895/96) S. 279) und in der Ausgabe von 1911 den Titel TRAUM bekam. Nachgewiesen wird die Zugehörigkeit des Gedichts zur SYMPHONIE in Morgensterns Brief vom 1. April 1896 an Alfred Guttmann, der später Eugenie Leroi heiratete (s. auch Anm. zu diesem Gedicht in ICH UND DIE WELT). Das zweite zur SYMPHONIE gehörende Gedicht ist das in keiner von Morgensterns Sammlungen enthaltene UND OB DU DEINEN FINGER IN HERZBLUT TAUCHTEST (bruchstückhaft in T1895, Bl. 49), das er Eugenie Leroi am 5. Januar 1896 in einem Brief mitteilte und dazu schrieb: *In dem obenstehenden Gedicht habe ich Ihnen übrigens eines aus dem ersten Satz der* SYM-

PHONIE mitgeteilt, das am Kampener Strand entstand. Gena (Kosename für Eugenie) antwortete (wahrscheinlich Januar 1896): »Ihr Gedicht aus der Symphonie steht auf der Höhe, noch höher, als der SÄMANN, der auch edel empfunden ist. Glück auf!, Freund, so freue ich mich mit Ihnen!« In unserer Ausgabe steht es in dem Kapitel »Gedichte aus dem Nachlaß«. Das dritte ist AM MEER aus ICH UND DIE WELT. In der Urfassung im T1895, Bl. 83 trägt es den Titel DAS HEILIGE SCHWEIGEN (auch auf der Reinschrift), dazu als Untertitel *Ein Strom, den keine Lippe nennt*. Neben der Überschrift ist es durch eine Randnotiz als zur SYMPHONIE gehörig ausgewiesen: S[YMPHONIE] II. [Satz]. Zum Text vgl. Anm. zu AM MEER. Wir lassen einige SYMPHONIE-Fragmente aus den Tagebüchern folgen:

> *Die Woge schlägt den Fels empor »warum?«*
> *So frägt sie seit Jahrtausenden »warum?«*
> *In dunkler Nacht, im hellen Sonnenschein*
> *in Sanftmut und voll wilden Zorns »warum?«*

(T1895, Bl. 164)

Anfang: *So wie ich hier mein Ich ins Meer*
werfe, damit es mir wiederkomme
aus dem Meere, so werfe ich
mein Herz in meine Zeit, damit es zum Herzen mir – wird –

(ebd., Bl. 130)

Zu 1: Müdes Denken: alles verstrickt an die Vergangenheit, eine Masche im Netz, vor dir, hinter dir, alles geknotet nach ewigem Gesetz. Hör auf, hör auf – Taumelndes Vergessen... dann wieder: Hör auf, Hör auf. Trübes Sinnen – unendliche Skepsis. Starrend aufs graue Meer. Und was ich sage, ist es ein Grund auf den zu bauen? Nein wie die Wolkensöller dort: stell dich auf ihn und er begräbt dich.

(ebd., Bl. 115f.)

Alle sind wir Menschen, irrend
und mit redlichstem Bemühen
unsres Lebens Knäul entwirrend.

(ebd., Bl. 79)

Kommentar

Zu I: *Das ist das Furchtbare –:*
        Wenn der Mensch
        über dem Künstler vergessen wird.
        (Seht, wie schön! sagen sie.
        Seht, wie eigen!
        Aber ihr Herz
        bleibt unbewegt.)

        (ebd., Bl. 128)

Zu II: *Herbst.*
        Das ist die Zeit der goldnen Gärten,
        der kühlen Lauben und der klaren Träume

        (ebd., Bl. 129)

Zu II: *So steigt der Jüngling auf*
        aus dunkler Stunden,
        aus wilder Schuld
        wirr-rankigen Gehegen,
        bis endlich ihn die Sonne segnet und
        mit goldner Stirn in euren Kreis er tritt
        nun fühlt er: er gehört
        zu euch, zu den Besten seiner Zeit
        und sucht und tastet mühsam auf zum Licht.*

        (ebd., Bl. 118)

* Dieser Text ist kompiliert aus den Eintragungen im angegebenen T. Dort befindet sich zunächst eine mit Tinte geschriebene Eintragung. Zwischen die Zeilen und an den Rand wurden mit Bleistift Zusätze vermerkt. Man kann die mit Tinte und die mit Bleistift geschriebenen Sätze als zwei Versionen auffassen – so sind sie in den SYMPHONIE-Notizen des Bandes Aphorismen der vorliegenden Ausgabe wiedergegeben (Nr. 1833 und 694). Dem widerspricht jedoch nach Auffassung des Hrsg. des vorliegenden Bandes, daß für beide »Fassungen« die ersten beiden Verszeilen gemeinsam gelten, und zweitens, daß M nichts in dem Entwurf gestrichen hat, wie es seine Gewohnheit war, wenn er etwas als ungültig bezeichnen und durch die darüber geschriebenen Worte ersetzen wollte. Deshalb wird hier die Auffassung vertreten, daß die Bleistiftsätze als Ergänzung des mit Tinte geschriebenen Textes gedacht sind. Der fragmentarische Charakter des Ganzen läßt jedoch nicht erkennen, ob diese Zusammenfassung den Intentionen des Dichters vollauf entspricht.

Zu II: *Nimm dem Leben*
         die harte Tragik,
         das tiefe Bewußtsein,
         daß alles vergänglich –
         du nimmst ihm die Schönheit
         ⟨ *blutloser Schwächling–* ⟩
         ⟨ *Und du magst noch leben?*
         Du kannst das Sein
         so zum Spiel enternsten,
         du kannst dich selbst
         so verächtlich machen?
         »Nur ein Weniges!«
         tröstest du dich,
         »und dann
         wird wieder alles gut.« ⟩

         (ebd., Bl. 78)

Zu III: *Kinder. (Das muß wunderbar schön werden)*
         Reigen: Gib die Hand
         und tanze den Tanz
         der flügelgefiederten Füße
         — ⌣ ⌣ — ⌣ ⌣ —
         — — ⌣ ⌣ —

         (ebd., Bl. 124)

Zu IV: *Meeres-Refrain: Alles ist Eins.*
                          Alles ist Eins.

         Ich bin in Allem, was da ist,
         mein Lachen läßt die fernsten Sterne zittern,
         und meine Tränen spürt das ganze All.
         Ahnst du, daß es kein Irgends gibt,
         mit dem dein Dasein nicht zusammenhinge?

         (ebd., Bl. 116)

Zu IV: *Im S[atz] IV müssen große Lebensoffenbarungen und Gewißheiten stehen, das müssen Gesänge sein, die man als Texte hohen Festen unterlegen könnte.*

         (ebd., Bl. 131)

Widmen wollte Morgenstern seine SYMPHONIE:

> *Gewidmet (vielleicht:)*
> *(als Ganzes) Meinem Volke.*
> *I. Meinem Vater*
> *II. Meinen Freunden*
> *III. Gena* [Eugenie Leroi]
> *IV. Dem Andenken meiner Mutter.*

(ebd., Bl. 131)

Das Ringen mit dem übergewaltigen Projekt und das schließlich wehmütige Verzichten läßt sich aus Äußerungen Ms ablesen:
Dies Buch sei meiner größten Aufgabe geweiht (nach Michael Bauers Angabe (S. 106) Motto zu einem für SYMPHONIE-Pläne bestimmten, aber offenbar nicht mehr vorhandenen Tagebuch aus dem Jahr 1895).
Meine SYMPHONIE *liegt schwer auf mir – ich kann zur Zeit nichts Dichterisches produzieren; – sie wird entweder groß oder gar nicht. Über hundert Stoffe liegen dazu vor* (2.9.1895 an Kayssler). *Was ich brauche, ist große Sonne. Sei es nun – eine große Liebe, sei es große Natur, große neue Verhältnisse. Dann wird mit einem Male die* SYMPHONIE *dastehen* (5.11.1895 an Marie Goettling).
Die SYMPHONIE *– werde ich nun endlich zu ihr kommen? Oder mich wieder an Zeug verzetteln müssen, das Dutzende hier ebenso gut und besser schreiben können?* (20.12.1895 an Marie Goettling). *Die* SYMPHONIE *wird – wie ich von Anfang an voraussah – noch die Zeit dieses, vielleicht auch noch des nächsten Jahres brauchen* (1.4.1896 an Alfred Guttmann).
Erst die SYMPHONIE *soll meine wahre Künstlerschaft – auch vor allem mir selbst – erweisen. Bis dahin bin ich noch ein Vabanque-Spieler* (21.8.1896 an Marie Goettling).
Lange [...] noch träumte ich von einem Werke SYMPHONIE, *in dem alles, was von Hölle, Welt und Himmel in mir beschlossen sein mochte, zum sieghaften Ausklang gebracht werden sollte. – Jünglingsträume! Träume eines jungen Mannes, der mit blutendem Herzen einsam durch seine Zeit ging* [...] (ÜBER MICH SELBST. Vgl. Abt. Aphorismen S. 466).
Angaben zur SYMPHONIE finden sich bei: Michael Bauer, Chr. M. (1985) S. 104f. Rudolf Meyer, Christian Morgenstern in Berlin. Stuttgart 1959. S. 39f. Erich P. Hofacker, Christian Morgenstern. Boston 1978. S. 33.
Zu dem Zyklus WALDLUFT in AUF VIELEN WEGEN ist im Kommentar zu diesem Buch das Notwendige gesagt. Hier ist nachzutragen, daß sich im

Nachlaß ein handgeschriebenes Blatt in Aktenformat befindet, das die
Aufschrift trägt:

> III.
>
> *Aus einem Zyklus*
> *»Waldluft«*
>
> *(Elbenreigen)*
> *(Die beiden Nonnen)*
> *(Der einsame Turm)*

Die drei genannten Gedichte sind damit als zu dem Zyklus gehörig ausgewiesen, obwohl im Buch DER EINSAME TURM und DIE BEIDEN NONNEN gerade dieser Gedichtgruppe nicht zugeordnet sind. Alle drei liegen ebenfalls auf Blättern in Aktenformat vor. Nach Angabe Michael Bauers (S. 96) hat Robert Kahn den Zyklus WALDLUFT noch vor Erscheinen des Buches AUF VIELEN WEGEN vertont. Träfe das zu, könnte an Hand der Komposition nachgeprüft werden, welche Gedichte und ob außer der Gruppe WALDLUFT in AUF VIELEN WEGEN noch andere dazugehören. Die Angabe Bauers kann jedoch nicht bestätigt werden. Die Werkverzeichnisse Robert Kahns weisen kein Opus »Waldluft« nach Texten Morgensterns aus.

Schließlich muß noch ein dichterischer Plan Morgensterns erwähnt werden, von dem aber außer dem Titel, einer Tagebuch- und einer auf ihn sich beziehenden Briefstelle nichts bekannt ist: RÖMISCHE DITHYRAMBEN. Auf Bl. 9 eines Heftes mit Vortragsnotizen von 1909 notierte M: *Neue Stoffe: Die Apokalypse! Römische Dithyramben. Ein großes Epos, die Hierarchien behandelnd.* Am 12. Oktober 1908 schrieb der Dichter aus Obermais an Margareta M: *Als Höhepunkt [...] hoffe ich noch auf die »Römischen Dithyramben«. Darunter träume ich, sozusagen, welthistorische Gesänge ganz großen Stiles, gewaltige Erden- und Sonnenlieder.* Aus dem Worte *noch* muß man schließen, daß es sich um ein schon länger – wohl seit dem Romaufenthalt 1902/03 – geplantes Werk handelt. (Aber schon im T1894/95, Bl. 41, steht eine Eintragung: *Dithyramben (Italien, Lugano, Rom). Sonnenlieder* läßt vermuten, daß in die neue Konzeption Material aus dem nicht zustandegekommenen Zyklus SONNENAUFGÄNGE eingeflossen wäre. Der Brief an Margareta Morgenstern ist unter dem Eindruck der Begegnung mit ihr und aus einem Hochgefühl heraus geschrieben, damit aber auch mit neuer Zuversicht in seine poetische Schaffenskraft. Der Dichter spricht darin von der Absicht, die Arbeit am CHRIstus-Zyklus und an seinem Roman wieder aufzunehmen. An Efraim Frisch hatte er am 2. Januar 1903 aus Rom geschrieben, daß er in seine »*Berufs*«-*Arbeit bald hineinzukommen* hoffe, Tagebuch führe und *das wohl bald ausschlachten können* werde. Die Rom-Tagebücher enthalten keine Angaben über dichterische Pläne.

In späteren Jahren (1909/10) plante Morgenstern unter dem Eindruck von Rudolf Steiners Düsseldorfer Vortrags-Zyklus »Geistige Hierarchien und ihre Widerspiegelung in der physischen Welt« (12.–18. April 1909) noch einmal ein größeres zyklisches Werk: *ein großes Epos, die Hierarchien behandelnd* (Heft mit Vortragsnotizen von 1909, Bl. 9, s.o.), zu dem die allerdings später entstandenen ENTWICKELUNGS-SKIZZEN zweifellos Vorstudien sind (Abt. Lyrik 1906–1914). Daneben nennt er unter der Überschrift *Neue Stoffe: Die Apokalypse* (s.o.). Einen Plan »Apokalyptische Dichtungen« bezeugt auch Michael Bauer (S. 311). Ob beide Pläne miteinander identisch sind, wie es Michael Bauer mit seiner Formulierung »Grundgedanken der apokalyptischen Kosmologie« vermutlich meint, ist nicht nachzuweisen. Als die »Apokalyptischen Dichtungen« betreffend zitiert er (Chr. M. (1985) S. 311) eine Stelle, die sich im Heft mit Vortragsnotizen von 1909, Bl. 14, unter der Überschrift *Eigne Gedanken* befindet: *Die Hölle soll sich entfalten, soweit sie kann – das Licht wird sie endlich doch besiegen. Die Materie soll sich selbst ad absurdum führen.* Der Plan »Apokalyptische Dichtungen« dürfte, was auch Bauer andeutet (S. 311) in Zusammenhang mit Steiners Apokalypse-Vorträgen stehen. Morgenstern hat den Zyklus »Theosophie an der Hand der Apokalypse« (9.–21. Mai 1909 in Christiania/Oslo) gehört. Allerdings taucht das Stichwort *Apokalypse* schon unter den Notizen zu Morgensterns geplanter Jugenddichtung SYMPHONIE auf (T 1895, Bl. 135).

Die von Morgenstern geplanten Zyklen, die entweder in Umrissen greifbar geworden sind oder als Torsi vorliegen: der CHRISTUS-Zyklus, MEIN GASTGESCHENK AN BERLIN und der BERLIN-Zyklus sowie DER WELTKOBOLD werden in dieser Ausgabe in der vorhandenen bruchstückhaften Form oder als versuchte Rekonstruktion geboten. Der Versuch einer Rekonstruktion des SYMPHONIE-Plans befindet sich im Band Aphorismen. Gesondert erscheint auch der SOMMERABEND-Zyklus (neben der entsprechenden Gedichtgruppe in ICH UND DIE WELT), der, mit Robert Kahns Vertonung, als Musikwerk publiziert und damit auch als eigenständiges Werk Morgensterns ausgewiesen ist. [Einführungen in diese Dichtungen sind jeweils an ihrem Ort zu suchen.]

Einleitung 723

Zur Textgestalt der Bände I und II. Die Bände I und II enthalten die »ernsten« Gedichte Morgensterns; die humoristische Lyrik wird gesondert in Band III vorgelegt. Diese Gruppierung der Lyrik, so einfach und selbstverständlich sie auf den ersten Blick erscheint, erweist sich bei genauerem Zusehen als ungenau, ja fragwürdig. Was heißt »ernst«, was »humoristisch«, was ist mit diesen Begriffen gemeint? Sind sie Gegensätze? Ist der Gegensatz zu ernst nicht unernst, womit wir gern etwas wie »verspielt« meinen? Betrachten wir aber »heiter« als Gegenbegriff von »ernst«, dann sind damit vor allem des Dichters Kindergedichte zu erfassen, die in unserer Ausgabe wiederum gesondert zusammengefaßt erscheinen (Abt. Humoristische Lyrik).

Nun ist Morgenstern selbst bei der Anordnung seiner Gedichtbücher in bezug auf formale (und inhaltliche) Gruppierung freizügig verfahren. Er hat beispielsweise in ein schon durch seinen Titel als »ernst« ausgewiesenes Buch wie MELANCHOLIE auch ein Kindergedicht und Walthers »Unter der Linden« aufgenommen. AUF VIELEN WEGEN enthält drei Kindergedichte und (in der Ausgabe von 1911) das Gedicht vom VERGESSENEN DONNER, das stilistisch in den Umkreis der GALGENLIEDER gehört.

Vor allem aber ist Morgensterns Doppelbegabung für »ernst« und »heiter« so tief in seinem Wesen verwurzelt, daß sich in seiner Lyrik die Übergänge zwischen beiden Bereichen als fließend erweisen. Es gibt einen Grenzbereich, eine »Zwischenzone« (Gumtau), wo sich die Grenzen verwischen und die Entscheidung für »ernst« oder »heiter« schwerfällt. Dann ist von Fall zu Fall entschieden worden, ob das Gedicht der ernsten oder der humoristischen Lyrik zugeteilt werden soll.

Bei der Sichtung und Auswertung des Nachlasses war die Aufgabe zunächst die Feststellung und Sicherung des Textes. Bei dieser Arbeit ergab sich, daß Margareta Morgenstern bei der Herausgabe bisher ungedruckter Nachlaßgedichte sehr sorglos verfahren ist und mit dem Wortlaut des Dichters recht freizügig umging. Sie hat einzelne Wörter ausgewechselt, Zeilen vertauscht, Titel erfunden, ja aus größeren Fragmenten Gedichte, die Morgenstern so gar nicht geschrieben hat, kompiliert. Alle diese willkürlichen Eingriffe galt es zu beseitigen. (Nachweise finden sich jeweils im Kommentarteil.) Grundsatz für unsere Ausgabe war, den Wortlaut der Dichtung so einwandfrei wie möglich wiederherzustellen. Sie soll Morgensterns Worte in ihrer ursprünglichen und endgültigen, d. h. aber in der vom Dichter gewollten Gestalt aufbewahren. Das bedeutet aber in jedem Fall ein Zurückgreifen auf den letzten, vom Dichter autorisierten Wort-

laut. Wir bringen daher alle Bücher, die Morgenstern selbst publiziert hat, im Text der letzten von ihm besorgten Auflage sowie die Veröffentlichungen in Zeitschriften und Zeitungen, soweit sie noch erreichbar waren.
Sodann mußten alle von Margareta M herausgegebenen Nachlaßbände wieder aufgelöst und ihre Texte soweit nötig und möglich berichtigt bzw. an die ihnen zustehenden Orte verwiesen werden. Deshalb erscheint hier weder das Buch EIN KRANZ noch das Buch ZEIT UND EWIGKEIT noch der an sich wichtige Nachlaßband MENSCH WANDERER, obwohl kein Wort daraus verloren gegangen ist. (Dasselbe gilt auch außerhalb des Stoffbereichs dieses Bandes für die Nachlaßbände KLEIN-IRMCHEN und DIE SCHALLMÜHLE und den Ergänzungsband DER SÄMANN u. a. Auswahlen.) Eine Ausnahme von diesem Grundsatz wurde insofern gemacht, als die von Morgenstern 1911 aus den beiden Büchern AUF VIELEN WEGEN und ICH UND DIE WELT unter dem Titel des ersten Buches herausgegebene Auswahl nicht, dagegen die beiden Bücher in ursprünglicher Gestalt abgedruckt werden, andernfalls wären die von Morgenstern in der Auswahl weggelassenen, aber einmal von ihm veröffentlichten Gedichte in unserer Ausgabe an eine falsche Stelle geraten.
Und schließlich war aus der fast unüberschaubaren Menge der Fragmente und Entwürfe eine Auswahl zu treffen, um den Bestand an gültiger Lyrik Morgensterns nach Möglichkeit zu vergrößern. Auswahl: das bedingt selbstverständlich verantwortliche Entscheidung des jeweiligen Herausgebers. Für den vorliegenden Band waren weitgehend ästhetische Maßstäbe bestimmend, sofern nicht vorrangig Beispiele für bestimmte Denkweisen und Lebensphasen gegeben werden sollten.
Auch die Anordnung der Nachlaßtexte mußte, da keinerlei Richtlinien des Dichters vorliegen, vom Herausgeber entschieden und verantwortet werden. Grundsatz war die chronologische Abfolge, sodann eine Gruppierung (Bücher, Einzelwerke, Themenkreise), innerhalb dieser wieder die zeitliche Reihung. Zur Frage der Anordnung eine Bemerkung Morgensterns (T 1906, Bl. 75): *Man kann Gedichte auf zweierlei Weise ordnen: nach gewissen einheitlichen Gesichtspunkten und nach der Zeit ihrer Entstehung. Die chronologische Art würde den Verfasser allein zu seinem Rechte kommen lassen, den Leser jedoch ermüden und verwirren. Ich habe deshalb meist den Ausweg gewählt, die Stücke in gewisse Abschnitte zu verteilen und das zeitliche Moment zwar zu berücksichtigen aber doch an die zweite Stelle treten zu lassen.* Wir folgen Morgensterns Vorliebe für zyklische Gruppierung. Zugehörigkeit eines Gedichtes zu einer thematisch bestimmten

Gruppe hat den Vorrang vor der Chronologie. Die Masse des Nachlasses folgt nicht als zusammenhängender Nachtrag, vielmehr wurden einzelne Gedichtgruppen dort zugeteilt und angefügt, wo sie von der Entstehung her inhaltlich hingehörten. Das heißt etwa: Auf PHANTA folgt die Gruppe Gedichte des PHANTA-Kreises, auf EIN SOMMER die des SOMMER-Kreises. In der nächsten Abteilung stehen die Zyklen und größeren epischen Gesänge, und dann erst folgen die »Gedichte aus dem Nachlaß«, die anders nicht unterzubringen waren. Auch in ihnen herrscht eine chronologische Ordnung, soweit sie herstellbar war.

*

Danken möchte ich allen, die mir im Verlauf dieser Arbeit hilfreich zur Seite standen, besonders Herrn Dr. Volke vom Deutschen Literaturarchiv in Marbach a. N., Frau Marie-Luise Zeuch, der Mitherausgeberin und Lektorin des Verlags, sowie den Herren Prof. Dr. Reinhardt Habel, Prof. Dr. Maurice Cureau, Dr. Ernst Kretschmer und Dr. Helmut Gumtau, der diese Arbeit bis in seine letzte Lebenszeit hinein begleitet hat. Mein herzlicher Dank gilt auch der Mitarbeiterin des Verlags, Frau Christa Eichhorn, die einen Großteil der Handschriften transkribiert hat, und Frau Katharina Breitner M. A.; beide haben zur Aufstellung des Varianten-Apparates Wesentliches beigetragen.

Im Frühjahr 1988   Martin Kießig

Literatur

Morgenstern, Christian:
IN PHANTA'S SCHLOSS. Ein Cyklus humoristisch-phantastischer Dichtungen. Berlin: Taendler 1895.
AUF VIELEN WEGEN. Gedichte. Berlin: Schuster & Loeffler 1897.
ICH UND DIE WELT. Gedichte. Berlin: Schuster & Loeffler 1898.
EIN SOMMER. Verse. Berlin: Fischer 1900.
UND ABER RÜNDET SICH EIN KRANZ. Berlin: Fischer 1902.
MELANCHOLIE. Neue Gedichte. Berlin: Cassirer 1906.
EINKEHR. Gedichte. München: Piper 1910.
ICH UND DU. Sonette, Ritornelle, Lieder. München: Piper 1911.
AUF VIELEN WEGEN. Neue zusammengezogene Ausgabe von AUF VIELEN WEGEN und ICH UND DIE WELT (1897/98). München: Piper 1911.
WIR FANDEN EINEN PFAD. Neue Gedichte. München: Piper 1914.
EPIGRAMME UND SPRÜCHE. Hrsg. von Margareta Morgenstern. München: Piper 1920.
DER MELDERBAUM. In: Ger Trud (= Gertrud Isolani): Die Geschichte des »Melderbaums«. Zwei Schuljahre aus dem Leben Christian Morgensterns. Berlin-Wilmersdorf: Meyer 1920.
AUF VIELEN WEGEN. München: Piper 1920.
KLEIN IRMCHEN. Ein Kinderliederbuch. München: Piper 1921.
EIN KRANZ. Zweite mit EIN SOMMER verbundene Ausgabe 1899–1902. München: Piper 1921.
MENSCH WANDERER. Gedichte aus den Jahren 1887–1914. Hrsg. von Margareta Morgenstern und Michael Bauer. München: Piper ^{1}1927. ^{2}1928.
DIE SCHALLMÜHLE. Grotesken und Parodien. Aus dem Nachlaß hrsg. von Margareta Morgenstern. München: Piper 1928.
MEINE LIEBE IST GROSS WIE DIE WEITE WELT. Ausgewählte Gedichte. Hrsg. von Margareta Morgenstern. München: Piper 1936.
ZEIT UND EWIGKEIT. Ausgewählte Gedichte. Leipzig: Insel 1940.
QUELLEN DES LEBENS HÖR ICH IN MIR SINGEN. Der ausgewählten Gedichte 2. Teil. Hrsg. von Margareta Morgenstern. München: Piper 1951.

EIN LEBEN IN BRIEFEN. Hrsg. von Margareta Morgenstern. Wiesbaden: Insel 1952, (zit. als: BRIEFE. Auswahl (1952)).

GEDICHTE. Auswahl aus dem Gesamtwerk und Nachwort von Margareta Morgenstern. München: Piper 1959.

APHORISMEN UND SPRÜCHE. Auswahl aus dem Gesamtwerk und Nachwort von Margareta Morgenstern. München: Piper 1960.

ALLES UM DES MENSCHEN WILLEN. Gesammelte Briefe. Auswahl und Nachwort von Margareta Morgenstern. München: Piper 1962 (zit. als: BRIEFE. Auswahl (1962)).

Sämtliche Dichtungen. Neu herausgegeben von Heinrich O. Proskauer. Basel: Zbinden 1971–1980 (Aus mitteleuropäischem Geistesleben).

1. Abt.:
Bd. 1: IN PHANTA'S SCHLOSS.
Bd. 2: AUF VIELEN WEGEN.
Bd. 3: ICH UND DIE WELT.
Bd. 4: EIN SOMMER.
Bd. 5: UND ABER RÜNDET SICH EIN KRANZ.
Bd. 7: MELENCOLIA.
Bd. 9: EINKEHR.
Bd. 10: ICH UND DU.
Bd. 11: WIR FANDEN EINEN PFAD.
2. Abt.:
Bd. 12: MENSCH WANDERER.
Bd. 14: EPIGRAMME UND SPRÜCHE.
Bd. 17: DER SÄMANN.

Achatzi, Maria: Christian Morgenstern in seiner Dichtung, Philosophie und humoristisch-phantastischen Gedankenlyrik. Dissertation Prag 1932.

Alewyn, Richard: Christian Morgenstern. In: R. A., Probleme und Gestalten. Essays. Frankfurt a. M. 1982. S. 397–401. (Suhrkamp Taschenbuch, Bd. 845).

Bab, Julius: Christian Morgenstern. In: Die Hilfe 20 (1914) S. 291–293.

Bab, Julius: Zu Christian Morgensterns Gedächtnis. In: Die Schaubühne 12 (1916) Nr. 18 (4.5.1916) S. 423–425.

Bauer, Michael: Christian Morgenstern. Eine Einführung in die Grundlagen seiner ernsten Lyrik. In: Die literarische Gesellschaft 2 (1916) H. 4, S. 109–114.

Bauer, Michael: Christian Morgensterns Weg nach Innen. In: Der neue Merkur 5 (1921/22) S. 99–105.

Bauer, Michael: Christian Morgensterns Leben und Werk. Gesammelte Werke Bd. 3, hrsg. von Christoph Rau. Stuttgart 1985 (zit. als: Bauer, Chr. M. (1985)).

Beheim-Schwarzbach, Martin: Christian Morgenstern in Selbstzeugnissen und Bilddokumenten. Reinbek 1964 (rororo Monographien, Bd. 97).

Behr, Max: Christian Morgenstern †. In: Hochland 11 (1911) 2, S. 498–500.

Bolze, Wilhelm: Christian Morgenstern. In: Die Gegenwart 43, Bd. 85, Nr. 15 (11.4.1914) S. 230–232.

Broch, Hermann: Christian Morgenstern. In: Der Kunstwart 33, II (1920) S. 290–303.

Broch, Hermann: Morgenstern. In: Summa I (1917) II, S. 150–154. Auch in: H. B., Kommentierte Werkausgabe, hrsg. von Paul Michael Lützeler. Bd. 9/1. Frankfurt a. M. 1975. S. 41–48. (Suhrkamp Taschenbuch, Bd. 246).

Cureau, Maurice: Christian Morgenstern humoriste. La création poétique dans IN PHANTA'S SCHLOSS et les GALGENLIEDER. Tome 1–2. Bern, Frankfurt am Main, New York 1986 (Publications universitaires européennes, Séries 1, Langue et littérature allemandes, Vol. 949).

Dieterich, Paula: Weltanschauungsentwicklung in der Lyrik Christian Morgensterns. Dissertation Köln 1926.

Eppelsheimer, Rudolf: Mimesis und Imitatio Christi bei Loerke, Däubler, Morgenstern, Hölderlin. Bern, München 1968.

Fredrich, Charlotte: Christian Morgensterns Weg ins Kosmische. Dissertation Wien 1934.

Frisch, Efraim: Über Christian Morgenstern. In: Der neue Merkur 1 (1914) H. 3, S. 397–400.

Frisch, Efraim: Erinnerung an Christian Morgenstern. In: E. F., Zum Verständnis des Geistigen. Essays. Hrsg. und eingeleitet von G. Stern. Heidelberg, Darmstadt 1963. S. 109–113.

Geiger, Paul: Mystik und Reinkarnation bei Christian Morgenstern. Dissertation Heidelberg 1941.

Geraths, Franz: Christian Morgenstern, sein Leben und sein Werk. Dissertation München 1926.

Ger Trud (= Gertrud Isolani): Malererbe. Studie zum Lebenswerk Christian Morgensterns. Berlin 1920.

Giffei, Herbert: Christian Morgenstern als Mystiker. Bern 1931. (Sprache und Dichtung. Forschungen zur Sprach- und Literaturwissenschaft, Bd. 50).

Glatz, Otto: Weltanschauung und Dichtung Christian Morgensterns. Dissertation Wien 1936.

Gumtau, Helmut: Christian Morgenstern. Berlin 1971. (Köpfe des xx. Jahrhunderts, Bd. 66).

Günther, Herbert: Christian Morgenstern, Einheit und Zweiheit. In: H.G., Das unzerstörbare Erbe. Dichter der Weltliteratur. 15 Essays. Hamburg 1973. S. 109–118.

Heselhaus, Clemens: Nachwort zu: Christian Morgenstern, Jubiläumsausgabe in vier Bänden. Bd. 4, München 1979. S. 240–264.

Hiebel, Friedrich: Christian Morgenstern. Wende und Aufbruch unseres Jahrhunderts. Bern 1957.

Hofacker, Erich: Christian Morgenstern als Mystiker. In: The Journal of English and Germanic Philology 27 (1928) S. 200–216.

Hofacker, Erich: Novalis und Christian Morgenstern. In: Germanic Review 6 (1931) S. 373–388.

Hofacker, Erich: Zur Naturlyrik Christian Morgensterns. In: Monatshefte (Madison, Wisconsin) 39 (1947) S. 421–438.

Hofacker, Erich: Ruhe und Aufstieg im Werk Christian Morgensterns. In: Monatshefte (Madison, Wisconsin) 52 (1960) S. 49–61.

Hofacker, Erich: R. M. Rilke und Christian Morgenstern. In: Publications of the Modern Language Association 50 (1935) S. 606–614.

Hofacker, Erich: Christian Morgenstern. Boston 1978 (Twayne's World Author's Series, Vol. 508) (zit. als Hofacker).

Hofacker, Erich: Das Motiv des »Stirb und Werde« bei Christian Morgenstern. In: Studies in Germanic Language and Literature (1963) S. 149–159.

Kayssler, Friedrich: Christian Morgenstern. In: Deutsches biographisches Jahrbuch. Hrsg. vom Verband der deutschen Akademien. Überleitungsband 1914–1916. Berlin, Leipzig 1925. S. 73–79.

Klein, Elisabeth: Jugendstil in der deutschen Lyrik. Dissertation Köln 1957.

Klemm, Günther: Die Liebeslyrik Christian Morgensterns und ihre Bedeutung. Dissertation Bonn 1933. Auch unter dem Titel: Christian Morgensterns Dichtungen vom »Ich und Du«. Bonn 1933 (Mnemosyne. Arbeiten zur Erforschung von Sprache und Dichtung, Bd. 12).

Klemperer, Victor: Christian Morgenstern und der Symbolismus. In: Zeitschrift für Deutschkunde (1928) S. 39–55, 124–136.

Knevels, Wilhelm: Christian Morgenstern. In: Der Geisteskampf der Gegenwart 65 (1929) S. 121–123.

Kretschmer, Ernst: Christian Morgenstern. Stuttgart 1985 (Sammlung Metzler, Bd. 221).

Krüger, Manfred: Bilder und Gegenbilder. Versuch über moderne Literatur. Stuttgart 1978 (Logoi, Bd. 4).

Kusch, Bernd-Udo: Christian Morgenstern, Leben und Werk. Sein Weg zur Anthroposophie. Schaffhausen 1982.

Liede, Alfred: Dichtung als Spiel. Studien zur Unsinnspoesie an den Grenzen der Sprache. Bd. 1. Berlin 1963.

Lissau, Rudolf: Christian Morgensterns Form- und Sprachkunst. Dissertation Wien 1931.

Lissauer, Ernst: Zu Morgensterns Nachlaß [MENSCH WANDERER]. In: Die Literatur 29 (1926/27) S. 570–572.

Mack, Albert: Christian Morgensterns Welt und Werk. Dissertation Zürich 1930.

Martin, Bernhard: Christian Morgensterns Dichtungen nach ihren mystischen Elementen. Weimar 1931 (Forschungen zur neuen Literaturgeschichte, Bd. 53).

Mazur, Roland M.: The late lyric poetry of Christian Morgenstern. Dissertation University of Michigan 1975.

Mhe, Herbert: Christian Morgenstern. In: Die neue Rundschau 25 (1914) 1, S. 694–696.

Nietzsche, Friedrich: Werke in 3 Bänden. Hrsg. von Karl Schlechta. München ²1960 (zit. als Nietzsche, Werke).

Penzoldt, Ernst: Das Malererbe Christian Morgensterns. Ungedrucktes Manuskript.

Pilling, John: Christian Morgenstern. In: Fifty modern European poets. London: Heinemann 1982. S. 73–87 (A reader's guide).

Schuhmann, Klaus: Leben und Werk Christian Morgensterns. In: Christian Morgenstern: Ausgewählte Werke. Leipzig 1975. S. 5–62.

Sochaczwer, Hans: Über Christian Morgenstern. In: Die Tat 12 (1920/21) Bd. 1, H. 4, S. 282–290.

Spitzer, Leo: Die groteske Gestaltungs- und Sprachkunst Christian Morgensterns. In: Motiv und Wort. Leipzig 1918. S. 53–123.

Steffen, Albert: Vom Geistesweg Christian Morgensterns. Dornach 1971.

Steiner, Rudolf: Lyrik der Gegenwart (1900). In: Gesamtausgabe, Bd. 33: Biographien und biographische Skizzen 1894–1905. Dornach 1967.
Steiner, Rudolf: Christian Morgenstern. Der Sieg des Lebens über den Tod. Hrsg. von Marie Steiner. Dornach 1935.
[Steiner, Rudolf] Beiträge zur Rudolf Steiner Gesamtausgabe, Nr. 33: Christian Morgensterns Lebensbegegnung mit Rudolf Steiner. Dornach 1971.
Walter, Jürgen: Christian Morgenstern. In: Moderna Sprak (Saltsjö-Duvnäs, Schweden) 59 (1965) S. 423–427.
Walter, Jürgen: Sprache und Stil in Christian Morgensterns Galgenliedern. Freiburg, München 1966 (Symposion. Philosophische Schriftenreihe, Bd. 21).
Wirth, Otto: Christian Morgenstern. In: Monatshefte (Madison, Wisconsin) 34 (1942) S. 64–79.

In Phantas Schloß

Einführung. Gedichte gemacht hat Christian Morgenstern seit seinen ersten Gymnasiastenjahren. Daß Dichten für ihn aber mehr war als ein heiteres Spiel, nämlich notwendiger Lebensausdruck aus schicksalhafter Berufung heraus, hat er bald empfunden. Sein Erstlingswerk IN PHANTAS SCHLOSS bedeutet jedoch noch etwas anderes: Es ist Zeugnis eines Durchbruchs jugendlich-schöpferischer Energien von außerordentlicher Intensität, wie er ihn in gleicher Heftigkeit vielleicht gar nicht wieder erlebt hat.

Ausgelöst wurde dieser Durchbruch durch zweierlei. Da ist zuerst das Erlebnis Nietzsche im Breslauer Winter 1893/94. Morgensterns Nietzsche-Lektüre war alles andere als ein reines Bildungserlebnis; das Erlebnis Nietzsche hatte für den jungen Dichter elementare Bedeutung. Morgenstern war bei seiner weichen, empfänglichen Natur zeitlebens für Einflüsse von außen offen. Jetzt war es der zwischen Pathos und Ironie schwankende Zarathustra-Ton, der seiner eigenen Art entgegenkam, so daß er sich als Jünger Nietzsches empfand; es war der tänzerische Übermut sowohl als das feierliche Firnenlicht, das in Nietzsches Hochgebirgsvisionen aufglänzt. Und es waren formal der dithyrambische Schwung, die hochgestimmte Hymnensprache und die freien Rhythmen, in denen er seine Empfindungen auszudrücken vermochte.

Das neben Nietzsche zweite auslösende Moment war das Künstler- und Literatenmilieu der Berliner Boheme, in das der junge Student 1894 mit einer leidenschaftlichen Glücksempfindung eintauchte. In dem Kreis der Brüder Hart, Bruno Willes, Otto Julius Bierbaums, Otto Erich Hartlebens, Paul Scheerbarts, Caesar Flaischlens u. a. wurde er mit offenen Armen aufgenommen. Hier fand er das, was seiner Natur entgegenkam: Freizügigkeit, Ungebundenheit, Leichtigkeit, Unbürgerlichkeit. Hier lernte er Konventionen abstreifen (auch die eines tradierten und erstarrten Kirchenchristentums), lernte sich ungezwungen bewegen und der muffigen Bürgerwelt mit übermütigem Spott begegnen. Und so konnte der Durchbruch einer überschäumenden und doch dichterisch geformten Lebenslust geschehen.

Von daher hat Morgensterns Erstling, so viel Mängel und Schwächen er im einzelnen haben mag, etwas von jugendlichem Charme und ursprünglicher Frische. Das hebt die Mängel nicht auf, trägt aber über sie hinweg.

In Phantas Schloß 733

Den Berliner Großstadtsommer 1894 unterbrach Morgenstern im August durch einen Erholungsaufenthalt in dem Harzstädtchen Bad Grund. Die Berliner Beschwingtheit brachte er mit. Er trat in einem sogenannten »Dilettanten-Abend« mit dem Vortrag eigener Gedichte auf und erntete Applaus. Dort lernte er die ebenfalls debütierende, aus Ems gebürtige Sängerin Eugenie Leroi kennen. Morgenstern war schnell entflammt, und dieses Erlebnis war das letzte, unmittelbar auslösende Moment: In Bad Grund begann er im September 1894, wenige Tage nach Eugenies Abreise, mit den ersten PHANTA-Gedichten, zunächst mit dem Prolog. *Bald darauf schossen mir eine Fülle von Ideen zu, weit, weit mehr, als Sie hier ausgeführt sehen* (an Eugenie Leroi, 27.2.1895. BRIEFE. Auswahl (1952) S.63). Über Entstehung und Absicht seines ersten Buches äußert sich Morgenstern in einem Brief vom 12.Mai 1895 aus Berlin an Marie Goettling: *Hier hast Du also mein erstes Buch. Ich begann es um die Wende August-September 1894 in Grund im W[est-]Harz, und Grund ist das winklige Städtchen, in dem ich, von den Höhen darauf herabblickend, in der Stimmung des Moments »ein Stück Vergangenheit« symbolisierte. Das Alte, was ich nicht mehr sagen will, ist jene Lyrik, welche sich heute langsam überlebt hat, weil in ihr schon alles klassisch gesagt ist: das Liebeslied in der bekannten Heineschen etc. Form... (Ich bin nicht gegen das »Liebeslied« – es muß nur auch so gesungen werden, daß es wieder selbständiger Gefühlsausbruch und nicht nur als die tausendste Wiederholung eines Schemas auftritt) (ich hatte nämlich damals gerade viel derartiges verbrochen)... das Schmachten und Sich-nicht-Losreißenkönnen aus Ideenlabyrinthen, an deren Pforte ich doch schon lange stand, kurz, das Halbe in mir – das wollte ich energisch zurückweisen –: darum die Zerstörung des Gewesenen und die erlösende Flucht zu mir selbst, in die Einsamkeit, in die Natur.*
Fortgeführt und beendet hat er das Werk nach seiner Rückkehr in Berlin bis Weihnachten 1894 (vgl. Brief an Friedrich Gaus, s. u. S.741). Die PHANTA-Dichtung ist ein ausgedehnter Komplex von Gedichten, Fragmenten, Entwürfen, von denen nur ein Teil in das Buch eingegangen ist. *Einige schon vollendete Gedichte habe ich in das Ganze nicht aufgenommen,* schreibt er im Februar 1895 an Eugenie (27.2.1895, s.o.). Aus der Masse des Verworfenen konnte so etwas wie ein PHANTA-Folgeband zusammengestellt werden, der in unserer Ausgabe an das von Morgenstern veröffentlichte Buch anschließt. Das ist auch von Morgensterns Intention her zu rechtfertigen: offenbar hatte er eine Fortsetzung des Buches geplant. In T1902/03 1, Bl.61 vermerkte er als Stichwort: *Heimkehr.*

Eine Fortsetzung von IN PHANTAS SCHLOSS; in T 1911/12, Bl. 11 taucht der Gedanke noch einmal auf: Jetzt spricht er von einem II.Teil *Wiederkehr* oder *Gottesträume* und einem III.Teil, dem er, wenn die Eintragung richtig gedeutet ist, nach einem Versbuch von Julius Hart den alten lateinischen Titel *Media in vita* (Mitte des Lebens) geben wollte. Später scheint er den Titel *Media in vita* für eine eventuelle Auswahl aus SOMMER, KRANZ und MELANCHOLIE, die sich zwischen AUF VIELEN WEGEN und EINKEHR als *harmonisches Bindeglied stellen würde*, reservieren zu wollen (T 1911/12, Bl. 73). In einem Briefentwurf (vermutlich an Piper), enthalten in T 1910 IV, Bl. 25, sieht er allerdings von einer Vermehrung des Textbestandes ab: PHANTA *wird nicht zu erweitern sein. Erscheint es dennoch in einer wesentlich neuen Redaktion: Honorarverhältnisse wie bei* HORAZ.

Das Buch führt den Untertitel *Humoristisch-phantastische Dichtungen*. Die Phantasie erscheint personifiziert. Sie ist zugleich so etwas wie eine Naturgottheit, ein kosmisches Wesen und die Muse des Dichters. (Ob Morgenstern Rückerts Verse »Phantasie, das ungeheure Riesenweib, / saß zu Berg« aus der Parabel »Die Zwei und der Dritte« gekannt hat, ist eine Frage, die den Motiv-Forscher angeht.) Schalkhaft nimmt er das Wort auseinander in zwei Bestandteile des Namens: Phanta Sie, so als träte zum Vornamen ein Nachname hinzu. Eppelsheimer interpretiert die Benennung *Humoristisch-phantastische Dichtungen* als fröhliche Dichtungen, setzt sie in Analogie zu Nietzsches »Fröhlicher Wissenschaft« und betont ihre Grundhaltung einer dionysischen Lebensbejahung und Weltliebe (S. 150). Das Buch erscheint ihm (S. 140) »wie ein vorweggenommener Penegal-Einfall« (s. Anm. zu DER VERGESSENE DONNER S. 838 f.).

Bei alledem darf man nicht außer acht lassen, daß in Morgenstern von früh an so etwas wie ein pantheistisches Weltgefühl lebendig war, und so deutet Michael Bauer zweifellos richtig, wenn er von »übermütigen Vermenschlichungen« spricht, durch die »die Welt in die Heimat des Menschen« umgedichtet werde (S. 82).

Kommen wird eine Zeit, da wir wieder Poly- und Pantheisten werden, da der Mensch in die entgöttlichte Welt wieder sich selber hineintragen wird, da die Außenwelt ganz Innenwelt geworden sein wird. Und dann werden wieder die Saiten der Menschheitslyren in Dithyramben aufklingen von einer Weihe und Größe, wie sie selbst von den höchsten religiösen Poesien der Vergangenheit nicht erreicht worden sein werden (T 1894/95, Bl. 71, Abt. Aphorismen Nr. 1322).

Morgenstern spricht in seinem Tagebuch von einer *Durchgeistigung der Realität*, einem *künstlerischen Polytheismus* (T 1894 II, Bl. 117). Er betrachtet es als *Aufgabe kommender Geschlechter, neue Mythen zu schaffen, und wir wollen ihnen schon jetzt vorarbeiten* (T 1894 II, Bl. 121, Abt. Aphorismen Nr. 412; vgl. auch Nr. 315). Am 23.11.1895 schreibt Morgenstern an seine Cousine Clara Ostler von einer pantheistischen Lyrik, die *den großen Zusammenhang zwischen Mensch und Universum* [...] *wieder herzustellen imstande wäre* (BRIEFE. Auswahl (1952) S. 72).
Ist die nicht ganz überzeugende Mythisierung der Phantasie mehr aus Morgensterns Spieltrieb hervorgegangen, so steckt doch hinter der Dichtung ein Lebensproblem, das Michael Bauer des Dichters »Urerlebnis« nennt: die Frage und Suche nach der eigenen Identität, ein Schweifen durch die schwindelerregende Unendlichkeit des Kosmos, das ihm die Erfahrung bringt, daß der Weg zu sich selber der Weg durch das All ist: *Hinter den Sternen bin wieder ich* (T 1894/95, Bl. 101).
Den »kosmischen Schwindel« hat Morgenstern in einem Experiment seiner Primanerzeit erlebt, als er versuchte, mit seinem Wesen in die kosmische Allmacht einzutauchen, aber nach dem hochgestimmten Aufschwung erschrocken und zugleich getröstet zur mütterlichen Erde zurückflüchtete (T 1907/08, Bl. 1f., Abt. Aphorismen Nr. 154).
In der Frage der halb ironischen Mythisierung des Weltalls kam es kurz nach dem Erscheinen der PHANTA zu einer kleinen freundschaftlichen Briefkontroverse zwischen Morgenstern und seinem Freund Max Osborn, bei der es um die Frage der Priorität ging. Otto Erich Hartleben, zu dessen Berliner Kreis Morgenstern gehörte, hatte den (später von Arnold Schönberg vertonten) Gedichtband »Pierrot Lunaire« von Albert Giraud ins Deutsche übersetzt und 1893 im „Verlag Deutscher Phantasten", Berlin, erscheinen lassen. Das dem Buch eingedruckte Erscheinungsjahr entspricht der üblichen Vordatierung, denn der Druckvermerk lautet 1892. Max Osborn bemerkte nun eine auffallende Ähnlichkeit beider Gedichtbücher, was er Morgenstern gegenüber äußerte. In der Tat frappiert die gleiche Art geistreich-ironischer Mythisierung, wie sie vor allem in den Mondgedichten beider Bücher zum Ausdruck kommt. Wie bei Morgenstern wird bei Giraud am Himmel »gekocht«. Bei Morgenstern hat Pan eine Köchin, bei Giraud ist die espritgeborene Gestalt des Pierrot Lunaire der Koch. Der Mond ist eine Omelette, die Sonne gleicht einem Riesen-Eidotter; bei Morgenstern erscheint *eine Schüssel mit Rotkohl an die Messingwand des Abendhimmels geschleudert*. Vergleichbar ist das

Groteske mancher Vorstellungen: bei Morgenstern schleicht eine große schwarze Katze über den Himmel, bei Giraud wird ein Schädel als Kopf einer Tabakspfeife benutzt. Was Osborn vermutlich nicht wissen konnte: die halb spitzbübische, halb sentimentale Naturgottheit des Pierrot Lunaire findet eine Entsprechung in Morgensterns WELTKOBOLD, der aber in dem PHANTA-Buch noch nicht vorkommt, sondern damals nur in Morgensterns Tagebüchern lebte (vgl. Einführung zu DER WELTKOBOLD S. 923 ff.).

Morgenstern hat in seinem Antwortbrief an Osborn die *frappante* Ähnlichkeit bestätigt, gab aber zugleich sein Wort und die *heilige Versicherung*, daß alle in Betracht kommenden PHANTA-Gedichte fertig geschrieben waren, ehe er durch Zufall von Girauds Buch Kenntnis erhielt. Er war darüber sehr verstimmt, berief sich aber darauf, daß *man solche Fälle vielfach kennt* (BRIEFE. Auswahl (1952) S. 67 f.).

In Morgensterns Worte ist kein Zweifel zu setzen. Die Bemerkungen in T 1894 I, Bl. 125 *Der Abend-Himmel sah aus als ob man eine Schüssel Blaukohl darüber geschüttet hätte* und *Mond ein Bumerang* berechtigen zu dem Schluß, daß originale Erlebnisse Morgensterns vorliegen. Auch Osborn bemerkt großzügig, daß »es kaum eines Wortes der Erläuterung zu diesem Briefe« bedürfe.

Bemerkenswert in diesem Zusammenhang ist, daß ein feinfühliger und geschmackssicherer Beurteiler wie Josef Hofmiller die Verwandtschaft zwischen beiden Büchern gespürt hat. Hofmiller schrieb für die von Michael Georg Conrad herausgegebene Zeitschrift »Die Gesellschaft«, an der später Morgenstern selbst mitarbeitete, im Oktoberheft 1895 eine Rezension von IN PHANTAS SCHLOSS und sprach dort kritisch die Vermutung einer Beeinflussung aus: »Ich vermute […], daß weniger Nietzsche bei diesem amüsanten Buche Gevatter gestanden, als vielmehr Pierrot Lunaire […]« (»Die Gesellschaft« 11 (1895) Bd. 2, S. 1400).

Daß sich in die ernsthaftesten Intentionen Morgensterns bisweilen eine augenzwinkernde Schelmerei oder auch eine groteske Verzerrung einschleicht, gehört zu seinem Wesen von Anfang an und ist keineswegs mit dem von Alfred Liede (Dichtung als Spiel. Studien zur Unsinnspoesie an den Grenzen der Sprache. Bd. 1, Berlin 1963, besonders S. 297) festgestellten Einfluß Heines und dessen Gefühlsgebrochenheit erklärbar. Heines Einfluß ist zweifellos vorhanden und wurde auch von Morgenstern zugegeben (Antwortbrief an Osborn vom 8. 8. 1895). Zu Morgensterns Überzeugung gehörte es jedoch, daß im Humor der Ernst jederzeit mitverstanden werden müsse. Im Hegelschen Sinne sieht er das eine im anderen »aufgehoben«, was eben bedeutet »mit enthalten«, aber nicht, daß das eine das andere ausschließt. Schon in T1892/93, Bl.14 lehnt er *die vulgäre Auffassung* ab, *daß etwas Humoristisches allzeit identisch mit etwas Lachenerregendem sein müsse* (Abt. Aphorismen S.485), und in T1895, Bl.102 findet sich die Metapher *Das Lachen des Meeres: der weiße Schaum auf dem dunklen Untergrund* und dazu die Deutung: *So ist alles Lachen.* In T1894 II, Bl.112 hat er eine Definitionsformel für Humor notiert: *Ein durch unendlichsten Schmerz jubelndes Jasagen zu dieser Welt* (Abt. Aphorismen Nr.1746 und 15).

Am 12. Mai 1895 schrieb Morgenstern an Marie Goettling: *Es ist noch viel Jugendgedanken-Ballast in dem Werkchen und es ist eine erste Stufe hinauf in die goldene Sonnenwelt des Humors. Humoristisch es zu nennen war mehr die Grille meines Verlegers als meine Absicht. Nun mag es aber stehen bleiben –: das Ganze ist doch von einem unleugbaren Humor getragen.* Im T1894/95, Bl.1 bezeichnet er seine PHANTA-Dichtung als *Scherzo penseroso* und will damit nichts anderes ausdrücken als die Symbiose von ausgelassener Heiterkeit und ernster Gedankentiefe.

Der jugendlich-frühlingshafte Elan der PHANTA-Dichtung wird in einem später entstandenen Vierzeiler betont:

» PHANTA « UND SEIN PUBLIKUM
Frühling ist mein Erstgedicht
sorglos Keimen, Sprießen!
Brüder, ihr versteht noch nicht
Menschen zu genießen.

(s. o. S. 66)

Die letzte Zeile korrespondiert mit derjenigen des Mottos: *Habt auch Unschuld zum Genießen!*

Noch 1910 (T1910 III, Bl.7) notiert Morgenstern als ein mögliches Motto zu seinem ersten Buch das Wort des Baccalaureus im 2. Akt von Faust II: »*Dies ist der Jugend edelster Beruf* – « (Vers 6793), nämlich die Welt aus eigener Kraft und Selbstherrlichkeit neu zu erschaffen. Derselbe Gedanke taucht in einem Brief vom 25. Februar 1895 an Eugenie Leroi auf: [...] *daß die Welt, unser Königreich, wieder Unser Eigen werde, durch-geistigt und gleichsam wiedergeboren und neu erschaffen* [werde] *aus der Seele jedes Einzelnen.* (BRIEFE. Auswahl (1952) S.62)

Zunächst und von außen gesehen gibt Morgenstern in seinem Buch

Kenntnis von dem rauschhaften Überschwang und Übermut der Jugend: *Sei's gegeben, wie's mich packte.*

Das Sich-absurd-Gebärden ist aber eine Durchgangserscheinung, kein End-oder Dauerzustand. Morgenstern hat das bald empfunden. Er überlegte verschiedene Motti zum PHANTA-Buch, so auch dieses: *Mihi ipse. Verordnet als Heiltrank gegen künftige Phantasie-Räusche* (T1894 I, Bl.14, vgl. auch S. 746), und noch bevor das Buch gedruckt war, schreibt er der befreundeten Marie Goettling (13.10.1894, BRIEFE. Auswahl (1952) S. 58): *Ich denke an dieses kleine Werk schon fast wie an eine überwundene Sache [...] Ach, wie ist das Leben schön, wenn man fühlt, daß man immer noch höher steigen wird* und in T1894 II, Bl.120, allerdings bezogen auf die Sinnfunktion des Epilogs: *Das ist nun überwunden. Auf zu neuen besseren Geistestaten.*

Eine Äußerlichkeit ist bemerkenswert: Morgensterns erstes Versbuch ist das einzige, in dem er alle Verszeilen mit Versalien beginnen läßt. Schon vom zweiten Buch an und dann ausschließlich bekennt er sich nach Dehmels bewundertem Vorbild zu Versanfängen mit kleinen Buchstaben, eine Gepflogenheit, die in der neueren Lyrik nicht mehr wegzudenken ist. Die Richtigkeit dieser Entwicklung sei hier nicht diskutiert, doch sei Morgensterns Auffassung mit einer Tagebuchstelle (T1897/98, Bl.12) belegt: *Die kleine Letter am Versanfang und die symmetrische Ordnung der Verszeilen eingeführt zu haben, ist ein größeres Stilverdienst Dehmels, als man heute glauben mag. Es sind zwei Großtaten des guten Geschmacks.* An dieser Stelle sei bemerkt, daß das Entstehungsjahr undatierter Morgensternscher Gedichte zu bestimmen nicht immer einwandfrei möglich ist; auch und gerade die zeitliche Zuordnung durch Margareta Morgenstern ist gelegentlich unzuverlässig. Ein Kriterium ist, abgesehen von der Schriftform selber, der Gebrauch von Versalien am Versanfang. Versalien finden sich auch in Morgensterns Manuskripten bis zum Jahre 1895 ausschließlich. Ab 1896 und auch noch 1897 beginnt in der Handschrift der Gebrauch zu schwanken. Wahrscheinlich wollte der Dichter jetzt nur noch die Kleinschreibung am Versanfang anwenden, fiel aber aus alter Gewohnheit gelegentlich wieder in die traditionelle Großschreibung zurück. Später hat sich auch in seiner Handschrift die Kleinschreibung durchgesetzt.

Gewidmet hat Morgenstern das Buch *Dem Geiste Friedrich Nietzsches*; er schickte ein Exemplar am 6. Mai (seinem Geburtstag) 1895 mit einem verehrungsvollen Schreiben der Mutter des Philosophen zu.

Die Resonanz in der literarischen Öffentlichkeit war nicht schlecht. Das Buch fand mannigfache Zustimmung. Besonders warmherzig und nachdrücklich äußerte sich der junge Rilke in Versen:

>»Du Glückskind, wetten will ich fast,
>daß Du die Taschen voller Sterne,
>die Seele voller Jubel hast,
>[...]
>Du wundersamer Märchenprinz!...«
>(undatierter Brief an M)

Ablehnend verhielt sich der Kunst- und Musikschriftsteller Oskar Bie, seit 1895 leitender Redakteur der »Freien Bühne«, der späteren »Neuen Rundschau«, dem Morgenstern am 26.1.1896 temperamentvoll entgegenhielt: *Glauben Sie denn, mir wollte bei dieser karnevalistisch freien Phantasie etwas »Literarisches« gelingen? – Ich wollte da Verschiedentlichstes mit einem guten Lachen loswerden, ich wollte einmal eine halbe Stunde Narr sein und zum Narren halten. Je toller desto besser. [...] Man muß mittanzen von A bis Z.* (BRIEFE. Auswahl (1952) S. 77f.) Unsachlicher Kritik an seinem Erstlingswerk ist Morgenstern mit ironischer Schärfe entgegengetreten. Ausdrücklich auf das PHANTA-Buch bezogen ist der Vierzeiler, der sich maschinengeschrieben auf einem nicht datierten Blatt findet:

>AD PHANTAS SCHLOSS
>*Ein Herrchen mich belehren kam,*
>*was mein – und zum Vergleich – des Meisters Wesen.*
>*Und dann gesteht es ohne Scham:*
>*»Ich hab noch nie ein Wort von ihm gelesen.«*

(s. o. S. 116)

Die grotesken Pan-Phantasien spielte Freund Kayssler mit. Am 2. März 1897 sandte er an Morgenstern ein Gedicht, das wir hier mit dem Begleittext wiedergeben: »Lieber Autor, Herzlichen Dank für Ihre liebe Sendung. – Soeben schickt mir Phanta vorliegendes Stückchen. Sie bittet mich, es Ihnen zukommen zu lassen, da sie Ihre augenblickliche Adresse nicht kennt (– ich will Sie damit nicht beleidigen). Sie hat damals vergessen, es Ihnen zu erzählen, als Sie nachts mit ihr spazieren gingen. Mit der Hochachtung, die Sie kennen, einer, der sich Feuer vom Himmel geholt hat, also Quasiprometheus.«

»REGALIA: ›SONNENBRAND.‹

Auf seinem großen westlichen Diwan
liegt Pan
und schläft.
Ich nehme es an:
Denn seine große Zigarre
hat er weggelegt –
dort im Westen
sehe ich sie
– in Ermanglung eines Aschbechers –
zwischen zwei Zacken des Bocksberges,
das glimmende Ende gegen die Welt gekehrt,
stillglühend liegen.
Und dahinter, vermut' ich,
liegt er und schläft,
der Gute. –
Währenddem
schwelt seine Zigarre
langsam zum Himmel,
glimmende Wölkchen
kräuseln empor.
Aber im Halbschlaf, so scheint es,
hat er sie unachtsam weggelegt,
und langsam, seh ich,
rutscht sie nach unten:
immer kleiner
wird der glühende Kreis;
wenn sie ihm nur nicht
die Nase verbrennt
beim Herunterfallen,
wenn er zu nahe
dahinter liegt.
Tiefer rutscht sie:
eine schmale glührote Sichel noch –
jetzt ist sie gefallen –
bums! – Wahrhaftig,
ich hatte recht:
ihm auf die Nase,

           – und er, wachwütend,
        schlägt mit der Hand
        die Zigarre entzwei. –
        Ich nehme es so an;
        denn gelbroter Funkenregen
        sprüht auf zum Himmel –
        dann qualmt eine schwarze Wolke
        hoch auf im Westen.
        Funken wieder
        und Funken und Qualm –
        bis nur noch einzelne
        aufsprühen und fallen
        in gelbrotem Dampf.
        Und auch dieser verlischt.
        Ostwärts verzieht sich der Qualm.
        ....
        Armer Pan...
        Dumme Zigarre...
        – – –
        Jetzt hat er sie ausgetreten.«

Dem Text vorangestellt ist die Widmung »Meinem lieben Chrischan. Fritze.«
Interpretierende Aufschlüsse über sein Buch gab Morgenstern in entgegenkommender Weise einem Primaner des Sorauer Gymnasiums (wo er selber maturiert hatte), der einen Klassenvortrag über das Werk halten wollte. Der Brief ist eins der wichtigsten Selbstzeugnisse, die der Dichter über eigene Arbeiten gegeben hat, und folgt hier im Wortlaut:
Lieber Herr Gaus,
durch Sachs erfuhr ich, daß Sie über mein Buch In Phantas Schloss *einen Klassenvortrag halten wollen. Ich gestehe Ihnen, daß mich solche Teilnahme und Anhänglichkeit herzlich freut, und will gern der Anregung Sachsens folgen, Ihnen einiges über mein Jugendwerk vorzuplaudern. Es nahm seinen Anfang in dem Bergstädtchen und Sommerkurort Grund im Harz zu Beginn des September 1894, wurde dann in Charlottenburg weitergeführt und in einem Berliner vierten Stockwerk bis Weihnachten vollendet. Das Ganze ist die erste wortgewordene Reaktion gegen den langen inneren und äußeren Druck, unter dem mehr oder weniger jeder junge denkende Mensch aufwächst. Gegen die Vergangenheit meiner äußeren Lebensver-*

hältnisse und gegen die Kämpfe, Qualen, Fragen, Zweifel, die ich bis dahin durchgemacht hatte, und welche, oft unerquicklich und fruchtlos genug, der Inhalt meiner bisherigen Verse gewesen waren. Der sentimentale Weltschmerz vor allem, der falsche, weichliche Idealismus, das schwächliche Nichtherauswollen aus Vorstellungen und Gefühlen, deren Sinn- und Wertlosigkeit ich in ehrlichem, strengem Nachdenken längst erkannt hatte, wollte endlich seinen Abschied erhalten.

Und von jenem Augenblicke an, da ich, von den Höhenzügen um Grund auf das alte, verschachtelte Städtchen herabschauend, die Prologverse dichtete, begann ich endlich mich selbst zu finden. Die Stadt wurde mir ein Symbol meiner Vergangenheit, irgendeine einsame, erträumte Berghöhe der ideale Punkt, auf dem ich mich zum ersten Male selbst genießen, mir selber zuhören, mich schrankenlos ausatmen und ausleben wollte. Was mich umgab, ward mir zu eng und ich griff in unendliche Räume hinaus.

Vater und Großväter waren alle Landschaftsmaler. Das wirkte nun auch in mir nach, ja es bestimmte meine ganze (der Natur aufs engste zugewandte) Art. Manche Gedichte sind nur dramatische Bilder, rein aus dem Vergnügen zu malen entsprungen. Viele sind irgend einmal erlebt, so gerade die wegen ihrer Seltsamkeit am meisten angefochtenen beiden von der rotkohlartigen Farbe und Beschaffenheit des Abendhimmels und von dem fliegenden Bumerang. In manchen klingen philosophische Grübeleien aus, die mich seit meinen Entwicklungsjahren dauernd beschäftigten. So KOSMOGONIE, HOHELIED, IM TANN *etc. etc. Aber ich merke, daß ich schlecht über mein eigenes Buch zu schreiben weiß. Das klingt alles so trocken und verständig, was ich da zu »erklären« suche – lesen Sie lieber die Sachen selbst noch einmal durch und denken Sie sich den Dichter als einen Menschen, der in der Überfülle erwachter Kraft seinen phantastischen Übermut an der ganzen Welt ausläßt. Aber wie gesagt, das sagt alles wenig. Es liegt schon zu weit hinter mir, als daß ich nun prosaisch wiedergeben könnte, was ich damals poetisch aussprach.*

Im PROLOG *werd ich mir meiner Kräfte bewußt (6 letzte Zeilen).* AUFFAHRT *(Flucht aus dem Alten hinauf in Gebirgseinsamkeit). Erster* TRAUM *oder Traumbilder der ersten Nacht (Eine Art Präludien). Erstes Erwachen. Ich schaue die Welt mit neuen Augen an, als mein Reich, mein Eigentum, das ich »tausendfach deuten und taufen« kann, wie mich die Laune treibt. Und ich nenne sie das Reich, das Schloß meiner Phantasie. (Phanta ist als Eigenname griechischer Art gewählt, um jene »Tochter Jovis« plastischer hinzustellen, als es unter dem abstrakten Begriff Phantasie hätte geschen können.)*

Der erste Tag ist vorüber. Der zweite hebt mit SONNENAUFGANG *an. Daran schließen sich poetische Beobachtungen des Himmels, mit dem Auge, der Phantasie gemacht. Man mag sich den* SONNENUNTERGANG *einige Tage später denken.* HOMO IMPERATOR *im Angesicht fernen Meeres, ein Rausch der menschlichen Selbstherrlichkeit, ein Bekenntnis jener philosophischen Weltanschauung, welche den Menschen das Maß und den Schlüssel der Dinge nennt. Mit meinem Tode erlischt auch meine Welt. Das Meer ist nicht mehr »herrlich«, die Rose nicht mehr »rot«: denn der Urteilende, der, in dessen Kopfe erst die Werturteile »herrlich« und »rot« entstehen, ist nicht mehr.* KOSMOGONIE: *poetische Versuche, die Weltentstehung zu schildern. Die »endgültige« Lösung eine Einkleidung der von mir verallgemeinerten Kant-Laplaceschen Theorie von einer Zentralsonne, die die übrigen Weltkörper (zuerst als Gaskörper, -Ringe) abgeschleudert etc. etc. Außerdem rein poetisch gemeint aus der Grundidee heraus, daß der wahre Künstler sein Schaffen mit der besten Kraft seines Lebens bezahlt. Luzifer – Lichtbringer und in der biblischen Bedeutung Geist der Finsternis.*

Hier werden Sie vielleicht später erraten, was noch etwa herauszulösen ist. – Das HOHELIED *die Gewißheit aussprechend, daß unter den unzähligen Welten noch viele gleich der Erde bewohnt sein dürften, alle von Wesen, die gleich uns von jenem heiligen Feuer erfüllt sind, das wir Liebe (in jedem Sinne) nennen.* ZWISCHEN WEINEN UND LACHEN, *eine Betrachtung.* IM TANN: *ein Gleiches. –* DER ZERTRÜMMERTE SPIEGEL. *Eine Naturerscheinung mit tieferer Bedeutung. Ich sehe eine Fata Morgana. (Sie wissen, daß es Luftspiegelungen gibt, die entfernte Gegenden wie in einem Spiegel und in berückender Schönheit wiedergeben.) Da nahen Gewitterwolken, stoßen an die Luftspiegelung. Diese zerfließt plötzlich, das Gewitter wird Herr und bricht mit fürchterlicher Gewalt los. Ich glaube den ungeheuren Spiegel über das Gebirge hinabstürzen zu sehen. Endlich wird es wieder klar. Die Bäche rauschen stärker, vom Regen angeschwollen. Und ich träume von dem versunknen Paradiese. –* DAS KREUZ, *eine Vision. Die Hölle hat sich gegen mich aufgemacht, mich in den Abgrund zu reißen. Denken Sie dabei an dicke, riesige Nebel, wie sie den Menschen oft im Gebirge überfallen und verderben. Da treibt der Schatten meines kreuzförmig stehenden Körpers die Teufel in ihre Unterwelt zurück, wie uns aus Faustsagen bekannt ist, daß man die bösen Geister durch Entgegenhalten eines Kreuzes bannen könne. –* DIE VERSUCHUNG. *Ein Bekenntnis meiner Weltanschauung, welche den Gott der christlichen Religion als ein mythologisches Gebilde wie Zeus, Wodan oder Pan betrachtet und demgemäß nicht ernst nimmt. Der* NACHT-

WANDLER, *eine Verspottung derer, welche nie aus ihrem ursprünglichen Gefühl heraus leben und handeln, nie reinmenschlich, sondern immer nur von irgendeinem ihnen meist von außen gegebenen Standpunkte aus. Die Einkleidung gründet sich auf die Tatsache, daß Nachtwandler, beim Namen gerufen, erwachen und fallen.* ANDRE ZEITEN, ANDRE DRACHEN, *im Preis der Eisenbahn und ihrer Ausdeutung gipfelnd.* DIE WEIDE *ein Märchen ebenso wie die* ABENDDÄMMERUNG *und die* AUGUSTNACHT *(Sternschnuppen).* MÄDCHENTRÄNEN *personifizierte Wettererscheinung.* LANDREGEN. *Monotonie des Landregens, der auf der Erde gleichsam s t e h t.* PAN *ein Märchen,* MONDAUFGANG *gleichfalls.* MONDBILDER *Mondauslegungen (I,II,IV) heiterer Art.* III *knüpft an die Annahme an, daß der Mond einst mit der Erde zusammenstoßen wird.* – ERSTER SCHNEE – *auf meiner einsamen Höhe kündet sich der Winter an, zugleich glaube ich zu sehen, wie die Götter, Schaffende gleich mir, ihre weißen Manuskripte zerreißen, während ich, der Mensch, meine Lieder zu Tale tragen werde.* TALFAHRT: *visionäre Überleitung zum Schluß. Ich verlasse die Stätte meiner Erlebnisse. Phanta zerbricht ihren Zauberstab. Ich erwache wie aus einer langen Geistesabwesenheit:* EPILOG. *Die bunte Welt klingt noch leise in mir nach, ja noch mehr, beschriebene Blätter liegen vor mir. Die Szene knüpft wieder an den Anfang an. In einer großen Reflexion und einem tiefen Dank des zu Mutter Natur zurückgekehrten Erdensohnes endet das Ganze.* – *Noch etwas über Sprache und Rhythmik. Im Gefühl, es zu können und daher auch zu dürfen, habe ich im Moment der Konzeption manche verwegene, neue Wortbildung und -zusammensetzung hingeschrieben. Jedem Dichter ist das erlaubt; außerdem kümmere ich mich beim Schreiben meiner Gedichte nur um Gesetze, die ich i n m i r trage. Diese aber befehlen mir die knappste, prägnanteste Wiedergabe dessen, was ich empfinde. Den freien Rhythmus, den ich eben als »freien« persönlich zu bestimmenden außerordentlich liebe, habe ich im Vertrauen auf mein gutes Gehör vielfach gewählt und glaube nicht in zerhackter Prosa, sondern in wirklich harmonisch sich folgenden Lautwellen mich ausgedrückt zu haben. Mein zweites lyrisches Werk, das vielleicht im nächsten Frühjahr erscheint, wird Ihnen meine freien Rhythmen in noch viel strengerer Durchbildung zeigen. Beachten Sie bei dieser Art Rhythmik besonders das musikalische Moment. Z. B. beim 3. Mondbild. Oder im* SONNENAUFGANG. – *Es wird heute viel in freien Rhythmen geschrieben, aber das meiste hat keine innere Musik, keine Konsequenz der Takte, keine Übereinstimmung mit dem, was ausgedrückt werden soll. Ich will Ihnen ein Beispiel aus jüngster Zeit mitteilen, das mir besonders gut gelungen ist.*

*Sorglosen Lächelns
die Lippen geschürzt,
fröhlich die blühenden
Wangen gerötet,
tanzen wir Kinder des Glücks
unsre sonnigen Pfade dahin.*

vgl. S. 254.   *(etc. etc.)*

Die Gesamtstimmung endlich des Buches, zumal sein Humor, wird Ihnen in fünf Jahren vielleicht mehr Freude machen wie heute. Aus ihr heraus wird Ihnen seinerzeit auch die Widmung an Friedrich Nietzsche verständlich werden, dessen unsterbliche Werke wahre Bücher des Lebens für mich waren und sind.
Nun machen Sie mit diesen höchst ungenügenden Ausführungen, was Sie können und wollen. Es sollte mich freuen, wenn Sie Ihnen irgendwie nützen.
Noch eins im Nachtrag. Sie vermissen vielleicht in PHANTAS SCHLOSS *die Erotik, wie sie sonst in Jugendwerken die Hauptrolle spielt. Nun, ich stehe jetzt den Verhältnissen objektiv genug gegenüber, um ruhig aussprechen zu können, daß die Gedichte, wie sie eine Flucht aus Vergangenem überhaupt waren, auch eine Flucht aus der damals jüngsten Vergangenheit bedeuteten. Ich wollte mich mit einem Ruck auch aus Schmerzen der Liebe befreien. Und so flog ich wie ein Vogel in den blauen Raum hinaus.*
Notabene, Druckfehler! –: PHANTAS *statt* PHANTA'S, *»der« statt »dem« (Tränenzwiebel) [11,9]. In* AUFFAHRT *unten: »Da hinauf« statt »der hinauf« [12, 21] S. 9 unten »Für« statt »Eür«. S. 25, 4. Zeile statt Punkt Komma [29, 31]. 38. »Waldgrunds« [40, 18].*

Ich wünsche Ihnen Glück zu Ihrem Vortrag und würde mich sehr freuen, ihn lesen zu dürfen. Empfehlen Sie mich bitte gelegentlich dem deutschen Lehrer, dessen Entgegenkommen dem Neuen, Werdenden gegenüber eine erfreuliche Erscheinung ist.
Grüßen Sie auch, bitte, Ihre Kameraden.

*Mit kameradschaftlichem Gruße
Ihr Christian Morgenstern.*

*Berlin N W. Louisenstrasse 64/*III.
10.11.1896.

IN PHANTAS SCHLOSS

Titelblatt des Erstdrucks: IN PHANTA'S SCHLOSS.
Ein Zyklus humoristisch-phantastischer Dichtungen von Christian Morgenstern. Berlin 1895, Verlag von Richard Taendler. Die Setzung des Apostrophs in dem Titel PHANTA'S war nicht im Sinne Ms und wurde wohl von der Druckerei oder dem Verlag eingefügt. Jedenfalls betont M in seinem Brief vom 10.11.1896 an den Schüler Gaus bei den *Druckfehlern*, daß er den Titel IN PHANTAS SCHLOSS ohne Apostroph wünscht – was den Regeln der Orthographie entspricht (s.o. Einführung S. 745) Überlieferung: T1894/95, Bl.1. Datierbar vermutlich Winter 1894/95. Textvarianten: *Ein Zyklus humoristisch-phantastischer Dichtungen*] *Humoristisch phantastische Dichtungen in....... Einzelgedichten.* Darunter: ⟨*Scherzo penseroso*⟩ [eigentlich Scherzo pensieroso: heiter-tiefsinniges Tonstück, ital.-lat.]. M entwarf das Titelblatt über einer mit Bleistift-Notizen beschriebenen Seite.

10 DEM GEISTE FRIEDRICH NIETZSCHES. Überlieferung: T1894 I, Bl.14. Datierbar vermutlich August 1894. Druck: IN PHANTAS SCHLOSS (1895) unpaginiert, auf das Titelblatt folgend.
Huldigung an Friedrich Nietzsche, mit dem M sich ab November/Dezember 1893 beschäftigte. Vgl. Abt. Aphorismen S. 128–133 und 463, und Abt. Kritische Schriften, Kap. »Morgenstern und Nietzsche« S. 802–809.

10 SEI'S GEGEBEN. Überlieferung: T1894 I, Bl.14. Datierbar vermutlich August 1894. Druck: IN PHANTAS SCHLOSS (1895) unpaginiert, nach der Widmung, s.o. Im Inhaltsverzeichnis (ebd., auf der folgenden Seite) als *Vorspruch* bezeichnet. Textvarianten: Der Text ist links unterzeichnet mit: *Chr.M.* Auf gleicher Höhe rechts steht: *gegengezeichnet Phanta Sie.* Darunter: ⟨*(Mihi ipse. Verordnet als Heiltrank gegen künftige Phantasie-Räusche)*⟩ [*Mihi ipse:* mir selbst, lat.].
Zu dem im Erstdruck an dieser Stelle folgenden Inhaltsverzeichnis existiert im T1894 I ein Entwurf, der Ms ursprüngliche Konzeption der PHANTA-Gedichte enthält. Ein Vergleich mit der Erstausgabe zeigt, daß aus Gründen, die heute nicht mehr zu erkennen sind, einige Gedichte, die M vorgesehen hatte, nicht aufgenommen wurden. Der Entwurf des Inhaltsverzeichnisses wird im folgenden vollständig wiedergegeben.

IN PHANTAS SCHLOSS. *Inhalt.*

1	*Prologos*
2	*Auffahrt*
3	*Phantas Schloß!*
	Der Regenbogen [Nicht im Erstdruck]
	In Adlers Krallen [Nicht im Erstdruck]
4	⟨*Morgen*⟩ *Sonnenaufgang*
5	*Zwischen Lachen und Weinen*
6	*Auf einem Felsblock sitz' ich wehmut-stumm* [Nicht im Erstdruck]
7	*Memento vivere* [Nicht im Erstdruck]
⟨8⟩	*Kosmogonie!*
	Himmels-Spiele
⟨8⟩	I. *Es ist als hätte die Köchin des großen Pan*
9	II. *Durch Abendwolken fliegt ein Bumerang*
10	III. *Eine große schwarze Katze*
11	IV. *Das rabenschwarze Gezelt der Nacht!*
12	V. *Und wieder ist es des großen Pan*
13	VI. *Wie sie Ballett tanzen* (!)
14	VII. *Oh, oh! zürnender Gott*
15	VIII. *Düstere Wolke, die du ein Riesenfalter* (!)
16	IX. ⟨*Die Weide am Bach*⟩
17	X. *Van Eyk* [Erstdruck: *Van Dyk*]
18	*Johannisfeuer* (!) [Nicht im Erstdruck]
19	*Der Nachtwandler*
20	*Homo imperator* (!)
21	*Der Hexenkessel* (!)
22	*Der Drache* [Erstdruck: *Andre Zeiten andre Drachen*]
	Der Genius der Kultur (!) [Nicht im Erstdruck]
⟨23⟩	*Der Fichtenwald!* [Erstdruck: *Im Tann*]
	Der zertrümmerte Spiegel!
	⟨*Der*⟩ *Phantas Fernrohr!* [Nicht im Erstdruck]
	Liebeslied an Phanta! [Nicht im Erstdruck]
	Sternschnuppenfall! [Nicht im Erstdruck]
2	*Nächtliche Feier!* [Nicht im Erstdruck]
1	*Die Versuchung* (!)
	Nach der Insel der Seligen [Nicht im Erstdruck]
⟨24⟩	*Anadyomene* [Nicht im Erstdruck]

25 Das Hohelied Entzauberung
    Epilogos!

T 1894 I, Bl. 111.

11 PROLOG. Überlieferung: T 1894 I, Bl. 15 f., dort mit PROLOGOS bezeichnet, entstanden in Bad Grund. Datierbar vermutlich August 1894. Druck: IN PHANTAS SCHLOSS (1895) S. 1 f. Textvarianten: **11**,6 *Alte Traumbaracken*] ⟨*Meiner Träume Häuser*⟩ T 1894 I, Bl. 15. – **11**,9 *der Tränenzwiebel*] *dem Tränenzwiebel*. IN PHANTAS SCHLOSS (1895) S. 1. Von M im Brief an Gaus (s. o. S. 745) als *Druckfehler* bezeichnet. **11**,10 *vielsagendem*] darunter: *bezeichnendem* ebd. – **11**,12 *Wehmutskneipen*] ⟨*Stimmungs-*⟩*kneipen* ebd. – **11**,13 *Hoch in – Stillen*] ⟨*In weltfernen Einsamkeiten*⟩ darunter: ⟨*Hoch auf stolzer Bergesspitze*⟩ ebd. – **11**,16 *Balken*] ⟨*Nagel*⟩ ebd. – **11**,21 *Sterngoldscheibchen*] ⟨*goldnen*⟩ *Scheibchen* T 1894 I, Bl. 16. – **11**,30 *stürzt*] ⟨*qualmt*⟩ ebd. – **12**,33 *Schönheit-Sonnensegen*] *Schönheit* ⟨*nur im Auge*⟩ ebd. – **12**,34 *Odem – Kraft*] ⟨*Mir am Fuß, und im Arme Kraft*⟩ ebd. – **12**,35 *Kräftedreiheit*] ⟨*Schöpfer*⟩*dreiheit* ebd.
Die symbolische Stadt mit den »dürren Binsendächern« ist keine andere wie Grund selbst. Und es hieß auch zuerst »roten Ziegeldächern« (27.2.1895. BRIEFE. Auswahl (1962) S. 54), schreibt M an Eugenie Leroi. M war im August nach Bad Grund zur Erholung gefahren. In einem Brief an Kayssler vom 31.8.1894 schreibt er: *Da trat denn auch Christian Morgenstern vor das liebe, gute Badepublikum, ließ die Nixen im Grunde singen, den Bergsee tosen und anderes, was Du noch nicht kennst, und heimste dafür Klatsch, Klatsch, Klatsch und Prost und »wirklich sehr schön« ein, und auch ein paar Blicke, die ihn für den ganzen Sums entschädigten.* BRIEFE. Auswahl (1962) S. 46.

11,8 *Abschied:* von Eugenie Leroi und von dem Städtchen.

11,15 *Witz:* Grundbedeutung: Wissen, Kenntnis.

11,24 *Selene:* griechische Mondgöttin, Vorklang zu Ms Dichtung POSEIDON UND SELENE, s. o. S. 105.

12 AUFFAHRT. Überlieferung: T 1894 I, Bl. 17–21. Datierbar vermutlich August 1894. Druck: IN PHANTAS SCHLOSS (1895) S. 3. Textvarianten: **12**,10 *das Geistergespann*] ⟨*Fliegt*⟩ *das Gespann* T 1894 I, Bl. 17. – **12**,11 *hartem Granit*] ⟨*steilem*⟩ *Granit* ebd. – **12**,21 *Da hinauf*] *Der hinauf* IN PHANTAS SCHLOSS (1895) S. 3. Druckfehler, s. Brief an Gaus, S. 745. – **12**,22 *Der Hufe Horn*] ⟨*Ihr Rappen*⟩ T 1894 I, Bl. 18. – **12**,26 *Empor, empor*] darauf folgen die Zeilen: ⟨*Oh das ist mehr / wie ge-*

In Phantas Schloß 749

gen den Strom / ist gegen den Fall! / Empor, empor!⟩ ebd. – **13**,37 *Empor, empor*] darauf folgen die Zeilen:

> *Dünner die Luft*
> *schwächer der Prall*
> *mehr als ein Drohn*
> *ein schluchzendes*
> *Elbenflehn:*
> *Nicht weiter.*
> *Nicht bis zum Herzen*
> *des Bergs!*
> *Nicht ruchlos*
> *in seine einsame Hölle*
> *staunen!*
>
> *Mehr als ein Drohn*
> *ein ängstlich Zerren*
> *von Nixenfingern:*
> *Hinweg Fremdling*
> ⟨*aus*⟩ [...] ⟨*zerstören*⟩ *rauben willst du*
> *die feinen Linnen*
> *die wir auf Felsen*
> *zum Trocknen zur Bleiche legten, –*
> *böser Begehrer!*

T 1894 I, Bl. 18 f.

13,49 *ein Busentuch*] ⟨*Netz*⟩ T 1894 I, Bl. 20. – **13**,60 *Spielend*] ⟨*Neckisch*⟩ ebd. – **14**,64 *Sicheldämmer*] ⟨*Monden*⟩ T 1894 I, Bl. 19. – **14**,82 *Leise Geisterhände – Antwort geben*] hierzu finden sich im T noch die folgenden Entwürfe:

> ⟨*Leise Geisterhände*
> *tragen*
> *mich vom Wagen,*
> *zimmern,*
> *bei Selenes kargen Schimmern*
> *Hüttenwände.*⟩
>
> ⟨*Betten*⟩
> *Decken mich*
> *mit Linnen-Schnee*

> *und tiefinnen*
> *wecken sie den*
> ⟨*den*⟩ *stillen See*
> ⟨*meiner*⟩ *heitrer Träume.*
> ⟨*Phanta Sie*
> *Harmonie*⟩
> *In* ⟨*meinen*⟩ *den Frieden*
> *meiner Seele*
> ⟨*weht das Lied*
> *der Sphären-Räume*⟩
> *singt des Weltalls Philomele*
> *mir das Lied*
> *der Sphären-Räume.*

T 1894 I, Bl. 21.

Philomele: Nachtigall, nach der in eine Nachtigall (oder Schwalbe) verwandelten gleichnamigen athenischen Königstochter.

> ⟨*Leise Geisterarme*
> *tragen*
> *mich vom Wagen*
> *breiten*
> *sorglichen Beginnens*
> ⟨*warme*⟩ *weiche Fülle*
> *Nebel-Linnens*
> *und mir ist*
> *als ob als warme*
> *Deckenhülle*
> ⟨*Flockenwolle*⟩
> *dichte Flocken*
> *niederschneiten*⟩
>
> *Im Dämmer vor mir*
> *eine alte Hütte*
> *morsch, längst verlassen.*
>
> *Und in ihr*
> *wartet auf mich*
> *der Schlaf.*

T 1894 II, Bl. 83.

Leise Geisterhände ⟨[*Geister*]*arme*⟩
tragen
mich vom Wagen
⟨*legen*⟩ *in des Schlummers*
Traumgelände.
Alles Kummers
bar ⟨*vereinigt*
meine feierliche Seele
sich dem großen⟩ [bricht ab]

⟨⟨*bar*⟩
Erden ⟨*alles*⟩ *Kummers*
⟨*nun*⟩ *ganz entkettet*
fühl ich weich
mein Haupt gebettet
und⟩ [bricht ab]

⟨*Und es einigt,*
Grolls und Kummers
gleich gereinigt
meine feierliche Seele
sich dem großen Schlaf der Erde.

Erdenkummers
ganz befreit
fühle ich ⟨*geisterhaftes*⟩ *ein höhres Leben*
mich durchweben
und⟩[bricht ab]

Aller Notdurft
⟨*Erden*⟩ *alles Kummers*
ganz ⟨*enthoben*⟩ *befreit*
fühle ich ein höhres Sein
mich durchweben
wird die tiefe Einsamkeit
mir auf alles Antwort geben?

T 18941, Bl. 30.

Erläuterung: **12**,6 *Rosse der Nacht:* Traumpferde der Phantasie, vgl. **12**,10 *Geistergespann.* Anklang an Goethes Gedicht »An Schwager Kronos«.

Die Rosse der Nacht tragen den Träumer durch die Regionen der Elemente *(Granit, Wasser, neblige Dämpfe)* empor ins Reich der *heiligen Sterne* (Fredrich S. 89). Vgl. auch Hofacker, S. 27, Lissau S. 7 f. Kusch weist, in der Nachfolge Michael Bauers, auf die Verwandtschaft der Thematik AUFFAHRT und WASSERFALL BEI NACHT I in WIR FANDEN EINEN PFAD hin. In dem späten Gedicht erscheine das Hauptmotiv »eine Spiralwindung höher« (S. 122), »wie aus einer höheren Schau neu erstanden« (S. 121). Cureau glaubt (S. 140) in dem Gedicht eine dunkle Erinnerung an Schillers »Morgenfantasie« zu finden. Vgl.:

Schiller	Morgenstern
»Die Rosse, die Farren	*Es harren*
Die Wagen erknarren	*und scharren*
Ins ächzende Tal«	*die Rosse der Nacht*

(Schillers Werke, Nationalausgabe, Bd. 1. Weimar 1943, S. 119)

15 IM TRAUM. Überlieferung: T 1894 II, Bl. 64 ff., dort auch mit ⟨DER ERSTE⟩ TRAUM und TRAUM⟨STIMMEN⟩ bezeichnet. Datierbar vermutlich Herbst 1894. Druck: IN PHANTAS SCHLOSS (1895) S. 7–9. Textvarianten: **15**,12 *schützende*] ⟨*lastende*⟩ T 1894 II, Bl. 64. – **15**,13 *aus dumpfen Regionen*] danach folgen die Zeilen: ⟨*floh ich empor / trieb's mich fort*⟩ ebd. – **15**,20 *Hauch*] *Wind* ebd. – **16**,31 f. *du flohest aus Finsternissen / mühsamen Mutes*] *Du* ⟨*hast dich*⟩ *aus Finsternissen / mühsam* ⟨*gerettet*⟩ T 1894 II, Bl. 65. – **16**,36 f. *bist du den dunklen Pfad / weiter getreten*] ⟨*hast*⟩ *du den dunklen Pfad / weiter* ⟨*gesucht*⟩ ebd. – **16**,62 *mit Wiese und Bach*] darüber: *mit Hang und Halde* T 1894 II, Bl. 66. – **17**,76 *Phantas Schloß genannt*] darauf folgen die Zeilen:

⟨*Ein Schloß? Oh* ⟨*führe mich hinein*⟩ *laß zum Tor mich ein*
daß seine Zauber ich erkunde!
Versteh mich recht: es ist kein Schloß aus Stein
bald ist es groß, bald ist es klein
du baust es selbst in jeglicher Sekunde
aus Wolken, Himmelblau und ⟨*Mo*[*nden*]⟩ ⟨*Stern*[*en*]⟩ *Sonnenschein*
du trägst es selbst in die Natur hinein

In Phantas Schloß 753

⟨*Es wächst empor, ein Berg aus Tälergrunde*⟩
⟨*und*⟩ *Solang du meine Allmacht hast zum Bunde*
wird Göttersein mir offenbar.?
Ich fühl⟨*e*⟩ *oh süßes Schauern!*
Auf meinen Lippen dauern
sekundenlang⟩ [bricht ab]

T 1894 II, Bl. 66 f.

Erläuterungen: M hat zu IM TRAUM eine Notiz geschrieben: *Eine Art Ouverture mit sämtlichen späteren Motiven.* T 1894 I, Bl. 22. **15**,8 *Sich:* Bezeichnet das Fürwort der ersten Person (samt seinen Beugungen) das »höhere Ich«, bevorzugt M die Großschreibung. Allerdings darf – zumal für die erste Berliner Periode – eine Beeinflussung durch Stirner (1806–1856) bzw. Mackay (1864–1933) – den letzteren hatte er im Friedrichshagener Kreis kennengelernt – nicht von der Hand gewiesen werden (vgl. Liede S. 310). Mackay trat für Stirner ein, und dieser pflegte die Ich-Großschreibung.
16,36 *Leuchten deines Blutes:* Die Griechen schrieben den Göttern leuchtendes Blut (Ichor) zu. Der Münchner »Kosmiker« Alfred Schuler (1865–1923) schuf das Wort »Blutleuchte«, die er nur wenigen Menschen, vor allem der blühenden Jugend glaubte zuerkennen zu müssen. Verwandt damit die Aura (Nimbus): nach Ludolf Stephani »Nimbus und Strahlenkranz in den Werken der alten Kunst« (Petersburg 1859) kein den siderischen Gottheiten vorbehaltener, sondern der allen Göttern gemeinsame Lichtglanz, auch als Attribut blühender Jugend dargestellt.
17 PHANTAS SCHLOSS. Überlieferung: T1894 I, Bl. 54–57 und 66. Datierbar vermutlich August 1894. Druck: IN PHANTAS SCHLOSS (1895) S. 10–12. Textvarianten: **17**,6 *aufgezäumt*] darauf folgt die Zeile: ⟨*Ihr Nahen scheucht der frühe Frost*⟩ T 1894 I, Bl. 54. – **17**,7 *fließen*] ⟨*rinnen*⟩ ebd. – **18**,12 *Nun wach' – Schau*] ⟨*Doch träum ich?*⟩ ⟨*wach ich*⟩ ⟨*rings um mich*⟩ danach die Zeile: *Ein Dom ein T* [bricht ab] ebd. – **18**,13 *azurn sich*] *sich blauend* ebd. – **18**,4 *Es bleicht – Grau*] ⟨*Des* ⟨*Fliesen*⟩ *Felsenestrichs Grau entwich*⟩ ebd. – **18**,17 *verblitzt*] *ver*⟨*sprüht*⟩ ebd. – **18**,18 *Und langsam – Teppichpracht*] *und langsam* ⟨*rollt*⟩ *aus Schattennacht /* ⟨*sich auf*⟩ *der Ebnen bunte Teppich-Pracht.* T 1894 I, Bl. 55. – Davor steht die Version: ⟨*Und langsam rollt sich Teppich-gleich / aus Dämmern auf der Ebnen Reich* T 1894 I, Bl. 54. – **18**,19 *bunte Teppichpracht*] danach folgen die Verse: ⟨*(Auf stolzem Felsenthron allein!/ Nur du*

⟨sie⟩ bei mir, ⟨die⟩ vom Stamm der Sie'en / Du göttlichste, zu deren Knien [geändert aus: *vor der zu knien*] / *Ich* ⟨eine⟩ ⟨Tausenden⟩ *eine Welt zu* [bricht ab] *danach die Verse: Du, Phanta, einzig Weib der Welt / in deren Armen Paradiese)*⟩ [bricht ab] T 1894 I, Bl. 55. – **18**,23 *Grenze*] darüber: *Schranke* ebd. – **18**,26 *Ein Nymphenheer – Flur*] ⟨*Belebt sich, spricht die nahe*⟩ *Flur* ebd. – **18**,30 *Das mächtigste – Ohr*] ⟨*Mein Ohr vernimmt*⟩ *das feinste Klingen /* ⟨*dort unten im weitgedehnten Land*⟩ T 1894 I, Bl. 56. – **18**,32 *Meere*] ⟨*Woge*⟩ ebd. – **18**,35 *helles*] ⟨*zartes*⟩ ebd. – **18**,42 *Erst*] darunter: ⟨*Denn*⟩ ebd. – *breiten*] darunter: ⟨*weißen*⟩ ebd. – **18**,44 *Sinne*] *Augen* ebd. – **19**,48 *Kraterschacht*] ⟨*schwarzem*⟩ *Schacht* ebd. – **19**,52 *erbebt*] ⟨*durchstößt*⟩ ebd. – **19**,55 *unsagbar*] *un*⟨*endlich*⟩ T 1894 I, Bl. 57. – **19**,56 *Weise*] ⟨*Wohllaut*⟩ ebd. – **19**,61 *seliger*] ⟨*ewiger*⟩ ebd. – *Eurythmie*] danach folgen die Zeilen:

⟨⟨*Verklärt*⟩ ⟨*Er schaut zu*⟩ [bricht ab] *in makelloser Schöne*
⟨*Um*⟩ *Sich einend tausendfaltes Sein*
der Dissonanzen ⟨*schrille*⟩ *trübe Töne*
gefügt zu ⟨*tröstlichem*⟩ *herrlichem Verein*⟩

ebd.

19,62 *Oh seltsam – kuppelprächtig*] darüber stehen die Verse: *Bald wölbt mein Schloß sich kuppelmächtig / aus tiefem lichtdurchklärtem Blau / bald steigt aus Quadern nebelnächtig / aus Nebelquellen abgrundnächtig / empor sein* [bricht ab] *Oh seltsam*], darüber: [*Oh*] *du mein* T 1894 I, Bl. 66. – **19**,65 *getürmter Bau*] danach die Verse: ⟨*Ein Tempel bald, an dessen Decke*⟨*n*⟩ / *Sternspiele funkelfröhlich stehn*⟩ ebd. – **19**,68 *und bald ein Dom*] ⟨*ein Tempel bald*⟩ ebd. – **19**,71 *stille*] *heitre* T 1894 I, Bl. 57. – **19**,72 *erwart' – Mitternacht*] ⟨*So lieg ich still*⟩ ⟨*im Schloß der Nacht*⟩ ebd. – **19**,75 *Kristallner – nieder*] ⟨*und weiße Splitter hageln*⟩ *nieder* ebd. – **19**,76 *falten sich zum Zelt*] ⟨*wölben*⟩ ⟨*Wand und Dach*⟩ ebd. – **19**,77 *entrückt*] *ent*⟨*führt*⟩ ebd.

Erläuterungen: **17**,6 *Sonnenrosse:* ziehen nach der griechischen Sage den Sonnenwagen des Helios. Vgl. auch *die Rosse der Nacht* in AUFFAHRT, S. 12.

19,61 *Eurythmie:* auch »Eurhythmie«, Ausgeglichenheit, Harmonie der Bewegungen, auf Platon u. a. zurückgehender Begriff. Die von Rudolf Steiner »Eurythmie« genannte Bewegungskunst kann hier noch nicht gemeint sein.

Zu diesem Gedicht gab M eine Erklärung: *Ad Phantas Schloß. Es muß gesagt werden, damit das Ganze Klarheit bekommt: 1. Das Schloß wandelt sich den ganzen Tag fortwährend. Bald steht es hoch und unermeßlich, bald ist's ein Zelt von weißem Nebeltuch, bald ist's ein Heiligtum, in dessen schwärzlich blauer Kuppel Sternspiele wunderherrlich funkelnd stehn, bald auch ein mächtiges Schlafgemacht aus* [dessen?] *Wölbung des Mondes Silber-Ampel* [es folgen einige unleserliche Wörter] *der Sturm ist der* ⟨*Erde*⟩ [...] *Ober-Hausverwalter,* [über *Hausverwalter* steht: *(Hofmeister)*] *der die Vorhänge und Bezüge in Verwahrung hat.* T 1894 I, Bl. 64. »Die Stimmen der Schöpfung (der Menschen, Tiere, Wälder und Gewässer) klingen zusammen zum *große[n] Tafellied, der Mittagsweise in Phantas Schloß*« (Fredrich S. 10). Vgl. auch Klein S. 190f.

20 SONNENAUFGANG. Überlieferung: T 1894 I, Bl. 86f. Datierbar vermutlich August 1894. Druck: IN PHANTAS SCHLOSS (1895) S. 13f. Textvarianten: Anderer Versuch für die Anfangsverse: *Wer dich einmal erharrt / auf gigantischem Felsensöller / einsam weihebang – / mit fliegendem Rabenhaar (?) / huscht und springt / von Zacke zu Zacke* [bricht ab] T 1894 I, Bl. 87. – **20**,7 *oder purpurnen Meeren*] *oder* ⟨*aus zitternden Meersilbern*⟩ T 1894 I, Bl. 86. – **20**,16 *entgegenblühte*] *entgegen*⟨*goldete*⟩ ebd. – **20**,17 *der – Scham*] *de*⟨*n*⟩ *zitternden* ⟨*Scheinen*⟩ ebd. – **20**,23 *Seufzer*] ⟨*Seufzer*⟩ *Schauer* T 1894 I, Bl. 87. – **20**,24 *tiefer*] *tief*⟨*st*⟩*er* darüber: *süßer* darüber: *heißer* ebd. – **20**,26 *beten heißt*] danach folgen die Verse: [...] *Mit allen Sinnen /* ⟨*ein heilig Ja jauchzen / ein Ausströmen wollen*⟩ ebd. – **20**,27 *lebenschaffenden*] *leben*⟨*rufenden*⟩ ebd. – **20**,29 *ein Ja und Amen jauchzen*] ⟨*heilig*⟩ *Amen* ⟨*sagen*⟩ ebd. – **21**,38 *stumm werden*] ⟨*zu arm sich fühlen*⟩ ebd. – **21**,39 *in Dankesarmut*] ⟨*für jedes Danksagen*⟩ ebd. Erläuterungen: **20**,10 *die bräutliche Erde:* Das Gegenbild zur Mutter Erde ist der Himmelsvater, dessen Symbol die Sonne ist, die in vielen Mythen und Sprachen als männlich gedacht wird. Eppelsheimer findet in dem Gedicht »Keime einer Heliotellurik« (S. 149). – Formal eine einzige aufgetürmte Satzperiode. Gegenüber der schöpferischen Aktivität des HOMO IMPERATOR (s. o. S. 28) passives kontemplatives Erleben (Giffei S. 9). Zum dem Motiv des sich mit anbetender Gebärde der Sonne Entgegenstreckens einer jugendlichen Gestalt in der Kunst des Jugendstils (z. B. bei Fidus d. i. Hugo Höppener 1868–1948) findet Elisabeth Klein (S. 15ff.) eine lyrische Entsprechung in Ms SONNENAUFGANG (vgl. **20**,20 *der breitet die Arme aus*). M hat dieses Gedicht geschätzt, denn er schlug es Friedrich Kayssler für einen Rezitationsabend vor (Brief vom 7.11.1907.

BRIEFE. Auswahl (1962) S. 205). Er plante einen Zyklus SONNENAUF-GÄNGE (s. Abschnitt »Zyklenpläne« oben S. 712). In seiner Gedächtnisansprache für den Dichter am 10. Mai 1914 in Kassel hob Rudolf Steiner die »gebetartige Stimmung« als für M charakteristisch hervor und fand sie »schon in den Gedichten, die seiner frühesten Jugend angehören« (Rudolf Steiner: Unsere Toten. Dornach 1984. Gesamtausgabe, 261, S. 86). Vgl. auch Kommentar zu DAS KREUZ, 766.

21 WOLKENSPIELE. Überlieferung: T 1894 I, Bl. 41, dort bezeichnet mit HIMMELSSPIELE und HIMMLISCHE SPIELE. Datierbar vermutlich August 1894. Druck: »Neue Deutsche Rundschau« 6 (1895) S. 508f. (Vorabdruck).
21 I EINE GROSSE SCHWARZE KATZE. Überlieferung: T 1894 I, Bl. 98. Datierbar vermutlich August 1894. Druck: IN PHANTAS SCHLOSS (1895) S. 19. Textvarianten: Über dem Gedicht steht: *III.*, d. h. daß es zunächst an dritter Stelle des Zyklus stehen sollte. T 1894 I, Bl. 98. – **21,6** *streckt*] ⟨*dehnt*⟩ ebd. – **21,18** *und Phosphorgeleucht*] *und* ⟨*ein*⟩ *Phosphorleuchten* ebd. – **22,21** *der gierzitternden Katze*] danach folgen die Zeilen: *es wetterleuchtet / aus ziehenden Wolken.* ebd.
22 II ES IST ALS HÄTTE DIE KÖCHIN. Überlieferung: T 1894 I, Bl. 88. Datierbar vermutlich August 1894. Druck: IN PHANTAS SCHLOSS (1895) S. 16. Textvarianten: Über dem Gedicht steht *I.*, d. h. es sollte ursprünglich an erster Stelle stehen. T 1894 I, Bl. 88. – **22,6** *Kratern*] *Krater* ⟨*kesseln*⟩ ebd. – **22,13** *Rotkohl*] ⟨*Blau*⟩*kohl* ebd. – **22,18** *nicht essen wollte*] danach folgt die Zeile: *So entstehen –* »*Abendröten*«. ebd. – Darunter geschrieben: *(Der Mensch aber / steht davor und staunt / und nennt es* »*Abendröte*«.*)* ebd.
22,2 *Pan:* Griechischer Natur- und Fruchtbarkeitsgott, der meist als Sohn des Hermes und einer Nymphe galt und als Mischwesen aus Mensch und Bock, vor allem mit Bockshörnern und -beinen, dargestellt wurde. Als Anführer der Satyrn gehörte er zum Gefolge des Dionysos. Eine der Nymphen, denen er nachstellte, Syrinx, wurde in Schilfrohr verwandelt, wovon er einige Rohre schnitt und daraus die erste Hirtenflöte (Panflöte, Syrinx) machte.
22 III WÄSCHE IST HEUTE WOHL. Überlieferung: T 1894 I, Bl. 79. Datierbar vermutlich August 1894. Druck: IN PHANTAS SCHLOSS (1895) S. 16. Textvarianten: Über dem Gedicht steht *V.*, d. h. es sollte ursprünglich an 5. Stelle stehen. T 1894 I, Bl. 79. – Vor dem Anfang steht:

Und wieder ist es
des [...] großen Pan
redliche Schaffnerin
deren Tun mir
die Weile kürzt.

ebd.

22,3 *droben im Himmelreich]* bei Pans ebd. – **22**,8 *die gute Schaffnerin]* die gute Alte ebd. – **23**,11 *Nixen]* Nymphen ebd. – **23**,28 *noch auf den Rasen]* danach folgen die Verse: *Ihr ⟨kleinen⟩* [darüber: *süßen*] *Zappelkleinchen, / ⟨könnt noch lange warten!⟩ / ⟨Ihr dauert mich!⟩* ebd.
23 IV WIE SIE BALLETT TANZEN. Überlieferung: T 1894 I, Bl. 77. Datierbar vermutlich August 1894. Druck: IN PHANTAS SCHLOSS (1895) S. 17–19. Textvarianten: Über dem Gedicht steht: VI. ⟨*Ballett*⟩, d.h. es sollte ursprünglich an 6. Stelle des Zyklus stehen. T 1894 I, Bl. 77. – **23**,3 *Phöbus]* ⟨*Helios*⟩ ebd. – **23**,5 *Hengste]* ⟨*Rosse*⟩ ebd. – **24**,30 *von dannen]* ⟨*hinab*⟩ T 1894 I, Bl. 76. – **24**,31 *erschrickt]* ⟨*stürmt*⟩ darauf folgt: ⟨*Hinter ihm*⟩ [bricht ab] ⟨*vor ihm aber*⟩ ebd. – **24**,39 *Durch – Tröge]* erste Version: *An riesigen Trögen* ebd. – **24**,40 *ziehen]* ⟨*waschen*⟩ ebd.
23,3 *Phöbus:* Beiname des griechischen Gottes Apollon, etwa in der Bedeutung von »rein«, »klar«, »leuchtend«. Apollon war der Sohn von Zeus und Leto und der Bruder der Artemis. Sein Kult breitete sich seit mykenischer Zeit im ganzen griechischen Sprachraum aus. Seine bedeutendsten Heiligtümer waren in Delos und Delphi. Er galt als der Gott der Heilkunst und der Weissagung und als Führer der Musen. Damit zusammenhängend war er auch der Gott, der Dichter und Sänger inspirierte und die Menschen zur Erkenntnis führte, ein Gott der Harmonie, Ordnung, Klarheit. Seine Attribute waren Leier und Bogen (vgl. den Beinamen Hekatobolos, was als »der Fernhintreffende« gedeutet wurde). Seit dem 5. vorchristlichen Jahrhundert konnte Apollon auch mit dem Sonnengott Helios identifiziert werden. Näheres s. Walter F. Otto: Die Götter Griechenlands. Das Bild des Göttlichen im Spiegel des griechischen Geistes. Frankfurt ²1934, S. 78–102.
23,7 *schmiegsam, wiegsam:* vgl. Abt. Kritische Schriften, Einleitung S. 404.
25 V DÜSTERE WOLKE. Überlieferung: T 1894 I, Bl. 62. Datierbar vermutlich August 1894. Druck: IN PHANTAS SCHLOSS (1895) S. 19f. Textvarianten: Über dem Gedicht steht: VIII., d.h. daß es ursprünglich als 8. Gedicht des Zyklus gedacht war. T 1894 I, Bl. 62. – **25**,6 *blutiger Lilien]*

⟨*einer Goldlilie*⟩ danach folgen die Verse: ⟨*Bist du die Sorge, / die* ⟨*häßlich*⟩ ⟨*lauernd*⟩ */ über dem Sonnenfrieden / blühender Lande*⟩ ebd. – **25**,16 *Zähren*] *Tränen* ebd.

26 VI OH, OH! Überlieferung: T1894 I, Bl. 41 und 40. Datierbar vermutlich August 1894. Druck: IN PHANTAS SCHLOSS (1895) S. 20f. Textvarianten: Über dem Gedicht steht *VII.*, d.h. daß es ursprünglich an 7. Stelle des Zyklus stehen sollte. T1894 I, Bl. 41. – **26**,4 *Harfe*] ⟨*Leier*⟩ ebd. – **26**,12 *springenden*] ⟨*silbernen*⟩ ebd. – **26**,14 *silbergrell*] ⟨*abgesprungen*⟩ ebd. – **26**,15 *Himmel*] ⟨*Erde*⟩ ebd. – **26**,24 *zischender*] *hochauf gischtender* [...] ebd. – **26**,26 *ein Grab erkiesend*] ursprünglich: ⟨*Ewige Gruft sich kiesend*⟩ ebd. – **27**,28 *Wie lange:*] ⟨*Nicht*⟩ *lange* ⟨*mehr:*⟩ ebd. – **27**,31 *kein Sterblicher*] ⟨*niemand*⟩ T1894 I, Bl. 40. – **27**,35 *Odin*] *Pan* ebd.

26,9 *Plektron:* Stäbchen zum Anreißen der Saiten von Zupfinstrumenten.

27,34 *Rhapsode:* wandernde Sänger im alten Griechenland, die epische Dichtungen vortrugen.

27,35 *Zeus-Odin-Jehova:* Götterdreieinheit, gebildet aus dem jeweils höchsten Gott des griechischen, germanischen und jüdisch-christlichen Kulturkreises. Zu *Jehova* vgl. auch den Kommentar zu DIE VERSUCHUNG, unten S. 767.

27 SONNENUNTERGANG. Überlieferung: T1894 I, Bl. 100f., dort bezeichnet mit SONNENUNTERGANG und ⟨ABEND-SONNE⟩. Datierbar vermutlich August 1894. Druck: IN PHANTAS SCHLOSS (1895) S. 22f. Textvarianten: **27**,2 *Wolkenvorhangs*] ⟨*Himmels*⟩*vorhangs* T 1894 I, Bl. 100. – **27**,18 *karg*] darunter: *(sparsam)* ebd. – *verrötenden*] darunter: ⟨*dunklen*⟩ ebd. – **27**,19 *durchrankt*] darunter: *(durchsetzt)* ebd. – **27**,20 *mit silbernen*] ⟨*von*⟩ *silber* ⟨*gestickten*⟩ ebd. – Hierzu Ms Anmerkung: »*mit*« *weil von jemand anderem, einem Gott z. B.* ebd. – **27**,21 *glitzernd durchsät*] darauf folgen die Verse:

> ⟨*(Aus Stern-Buchstaben*
> *liest meine Seele*
> *die Aufschrift »Unendlichkeit«.)*⟩
> ⟨*Eine ruhende Sphinx*
> ⟨*liest*⟩ *deutet mein*⟨*e Seele*⟩ *Geist*
> *aus den Sternfiguren*⟩

T1894 I, Bl. 101.

27,22 *Aus schimmernden Punkten*] ⟨*die zahllosen Sternfiguren*⟩ ebd. – 27,23 *schau ich*] ⟨*webt s*⟩*ich* ebd. – 28,25 *gestickt*] ⟨*gebildet*⟩ ebd. – 28,28 *Tuch*] ⟨*Saum*⟩ darüber: *Vorhang* ebd. – 28,30 *dehnt*] ⟨*strafft*⟩ ebd. – 28,31 *Farben blassen*] *Farben werden* ebd. – 28,36 *Ton*] ⟨*Untergrund*⟩ ebd.

28 HOMO IMPERATOR. Überlieferung: T1894 I, Bl. 68–71. Datierbar vermutlich August 1894. Druck: IN PHANTAS SCHLOSS (1895) S. 24–27. Textvarianten: 28,13 *verhaßte*] ⟨*verwunderliche*⟩ T1894 I, Bl. 68. – 28,16 *Doch Ich bin der Mensch*] *Doch* ⟨*i*⟩*ch bin* ⟨*nur ein*⟩ *Mensch.* / ⟨*Nur ein Mensch?*⟩ ebd. – 29,23 *Was bist du denn*] ⟨*Du*⟩ *bist* ⟨*ja nichts*⟩ ebd. – 29,26 *und Rang und Bedeutung*] ⟨*und Wert und Schönheit*⟩ T1894 I, Bl. 69. – 29,38 f. *In Meine hohle Hand / zwing' Ich hinein dich*] zu diesen Versen vgl. den folgenden Entwurf:

> *Ad Meerfahrt*
> *Ich zwinge dich noch hinein*
> *in meine Faust!*
> *An deinen Wellenhaaren*
> *zieh ich herauf dich*
> *denn siehe*
> *ich bin das Meer dein Gott*
> *und wenn du mich verschlingst*
> *so hast du dich selbst vernichtet*
> *deinen Wert, deinen Glanz*
> *deine Schönheit*
> *in deine grauen Megärenhaare* [bricht ab]

T1894 I, Bl. 65.

29,42 *vorbeischießt*] *vorbei*⟨*läuft*⟩ T1894 I, Bl. 69. – 30,59 *wühlenden*] ⟨*aufzischenden*⟩ T1894 I, Bl. 70. – 30,60 *heulenden*] ⟨*ausbrechenden*⟩ ebd. – 30,74 *tötet auch dich*] ⟨*ist auch deine Todesstunde.*⟩ T1894 I, Bl. 71. – 31,85 *Seele und Gottheit bin*] darauf folgen die Verse:

> *Ich nenne dich schön*
> *und tief und dämonisch,*
> *ich spreche dich heilig*
> *und bete dich an*
> *denn Ich will Götter*
> ⟨*das*⟩ *den eigenen* ⟨*Wesen*⟩ *Geist*

strahlt Mir zurück die Welt
Mich selbst genieß⟨end⟩ ich
in meiner Schöpfung.
Also will es Mein heiliger
Schaffens- und Lebenswille.

ebd.

31,86 *Mit Mir vergehn – das Lied ist aus*] fehlt im T. Zur Großschreibung des Personalpronomens der 1. Person Singular vgl. Anm. zu IM TRAUM.
28 *Homo Imperator:* Mensch Herrscher (lat.).
29,49 *Megäre:* Furie, Unholdin.
30,68 *kunden:* erkunden, erfahren.
31,95 *Eine Harfe bin Ich:* vgl. Anm. zu WENN DU NUR WOLLTEST! unten S. 855.
Ich bin eine Harfe: Dazu das Gedicht Gerhard Hauptmanns: »Weltweh und Himmelssehnsucht«: »Wie eine Windesharfe / sei deine Seele / Dichter!« (Das bunte Buch, 1. Teil. Sämtliche Werke. Hrsg. v. Hans-Egon Hass (Centenarausgabe) Bd. 4. Frankfurt/M. und Berlin 1964. S. 27.) Die Windharfe auch in dem Nachlaßgedicht: ICH STAND / IN DER TÜR EINES HAUSES s. o. S. 305.
Zum Thema: Menschliches Hineinprojizieren in das an sich dunkle und chaotische All: Selbstherrlichkeit eines Übermenschen im Sinne Nietzsches (Giffei S. 9). Vgl. auch Elisabeth Klein (S. 220) zu **31**,98 *Zertrümmere Mich: / Das Lied ist aus:* Ohne den Menschen »würde das Lied der Harmonie verstummen«.
31 KOSMOGONIE. Überlieferung: T 1894 II, Bl. 98 f., 104–107. Datierbar vermutlich September bis Dezember 1894. Druck: IN PHANTAS SCHLOSS (1895) S. 28–32. Textvarianten: **31**,10 *Wie! oder wären*] ⟨*Oder seid ihr*⟩ T 1894 II, Bl. 98. – **32**,28 *Augen*] *Menschenaugen* T 1894 II, Bl. 99. – **32**,31 *Oder wölbt*] ⟨*Oder bist du ein*⟩ ebd. – **32**,39 *Das Licht der Erkenntnis aber*] *Die Sonne der Allerkenntnis aber* ebd. – **32**,46 *Rätselrater…*] darauf folgen die Zeilen: ⟨*Aber ihr Hohn ist verfrüht. / Denn auch in mir*⟩ [bricht ab] ebd. – **33**,50 *nichts unmöglich*] ⟨*kein Ding*⟩ ebd. – Es folgen die Verse:

> ⟨*In der leeren Halle*
> *unendlichen Raums*
> *saß Gott*
> *und spielte Schach*
> *mit dem Satan,*
> *den er zu diesem Zwecke*
> *aus seiner kleinen Zehe*
> *erschaffen hatte.*
> *Beide gähnten sich an:*
> *Sie spielten nun schon*
> *seit Äonen*
> *und*⟩ [bricht ab]
>
> T 1894 II, Bl. 100.

Es folgt ein zweiter Versuch:

> ⟨*In der leeren Halle*
> *unendlichen Raums*
> *saß Gott, ein Greis,*
> *in trüben Gedanken.*
> *Er hatte das Nichtstun,*
> ⟨*das*⟩ *die Einsam*⟨*sein*⟩*keit, satt*
> *das ewige Nichtstun*
> *das böse Alleinsein*
> *hatte er satt.*
> *Er hätte sich gern*
> *Gesellschaft erschaffen*
> *allein woraus?*
> *Aus Nichts?*⟩ [bricht ab]
>
> T 1894 II, Bl. 101.

Ein weiterer Versuch folgt:

> ⟨*In der leeren Halle des Alls*
> […]
> *saß Gott*
> *und haderte mit sich selber*
> *des Nichtstuns Ekel*
> *zehrte an seiner Seele*

> *er fluchte sich selbst*
> *und griff* ⟨*mit zürnenden*⟩
> *mit zürnenden Händen hinaus*
> ⟨*Händen rings um sich*⟩
> *ins* […] *die Finsternis des Nichts*
> *umsonst.*
>
> *Vom eigenen Leibe*
> *mußte er nehmen,*
> *wollte er schaffen*
> *da draußen*
> *gähnte unsägliche* ⟨*Leere*⟩ *Nacht*
> *unformbare* ⟨*Düsternis*⟩ *Leere.*
>
> *Und Gott*
> *riß sich ein Auge aus*
> *und schuf aus ihm*
> ⟨*Satanas*⟩
> *einen Mit-Gott*
> *und nannte ihn*
> *Luzifer*
> ⟨*Bringer des Lichts*⟩,
> *weil er,* ⟨*Licht*⟩
> *Licht in sein Dasein zu bringen*
> ⟨*zu bringen*⟩, *gemacht war.*
> *Doch es ward nur daraus*
> *ein Nichtstun zu zweien.*
> ⟨*Luzifer aber haßte*⟩
> *In Luzifers Seele*
> *wuchs tiefer Haß*
> *gegen den, der ihm* [bricht ab]
>
> T 1894 II, Bl. 101f.

Außer diesen Versuchen findet sich noch eine Eintragung zu diesem Thema: *Ad Kosmogonie. Gott in der leeren finsteren Halle des Alls tatlos, seiner selber überdrüssig. Oh könnt ich schaffen! Aber ich kann nicht, ich müßte mich selbst umschaffen, wie kann ich das so will ich mich selber töten* [bricht ab] T 1894 II, Bl. 121. –

33,76 *Tropfenregen*] ⟨*Perlentropfen*⟩ *Tropfenstrom* T 1894 II, Bl. 105. – **34**,83 *schlangen erstickend sich*] *(wanden)* ⟨*sich um*⟩ ebd. – **35**,123 *zer-*

krampften] ⟨*ersten*⟩ T 1894 II, Bl. 107. – **35**,124 *kochenden*] ⟨*gerinnenden*⟩ ebd. – **35**,127 *die unter – Dampfhüllen*] ⟨*in Dampf sich hüllten*⟩ ebd. – **35**,130 *schwangen sich zahllose*] *kreisten die zahllosen* ebd. – **35**,133 *geopferte, heile Auge*] *geopferte* ⟨*Gottes*⟩*auge* ebd. – **35**,136 *jauchzten*] ⟨*tönten*⟩ ebd.

Die Varianten der Versuche zeigen das anfängliche Schwanken des Dichters zwischen ironisch-grotesken und pathetischen Vorstellungen.

31 KOSMOGONIE: Die Lehre von der Entstehung und der Entwicklung des Weltalls sowie der Himmelskörper und aller anderen kosmischen Objekte in ihm.

33,69 *Auge – ausriß:* erinnert an den germanischen Gott Odin-Wotan, der als einäugig galt. – Vgl. auch Elisabeth Klein (S. 108).

36 DAS HOHELIED. Überlieferung: T1894 II, Bl. 68–71. Datierbar vermutlich September bis Dezember 1894. Druck: IN PHANTAS SCHLOSS (1895) S. 33–35. Textvarianten: **36**,1 *will ich*] *laß mich* darüber: *will ich* T1894 II, Bl. 68. – **36**,6 *leuchtend gegraben*] ⟨*erhaben geschrieben*⟩ ebd. – **36**,13 *Planetenreigen*] *Planeten*⟨*systeme*⟩ ebd. – **36**,14 *Geistes*] ⟨*Seele*⟩ ebd. – **36**,21 *liebendes Paar*] *blühendes Paar* ⟨*errötendes Weib*⟩ T1894 II, Bl. 69. – **36**,22 *vereinen*] ⟨*dir beugen*⟩ ebd. – **36**,24 *des Kindes*] *de*⟨*r*⟩ *Unschuld* ebd. – **36**,28 *oh – Gewißheit*] dazwischen stehen die Zeilen: ⟨*und dann sahst du die ewigen Sterne*⟩ ⟨*wenn du das Aug in die Ewigkeit senktest*⟩*:* ⟨*Aus allen Tiefen dann rief dein*⟩ [bricht ab] – **37**,33 *Oh meine – Muttersonne des Alls*] ⟨*Oh meine Brüder auf allen Gestirnen / die um tausend Sonnen geschart / so im rhythmischen* [bricht ab] */ um die gewaltige Mittelsonne*⟩ ebd. – **37**,33 *Oh meine Brüder*] *Brüder*⟨*geschlechter*⟩ ebd. – **37**,34 *deren Sonnen purpurne*] ⟨*Welten, deren Sonnenmütter*⟩ *deren Sonnen leuchtende* ebd. – **37**,39 *Tausendgestaltiger – Dithyrambe*] *Meine Dithyrambe jauchz'* [darüber: *ein'*] *euch / auch von unserm Ball die* ⟨*Kunde*⟩ ⟨*Botschaft*⟩*/*⟨*Grüße*⟩ *Jubel der Menschheit dem ewig göttlichen Hymnus* ebd. – **37**,44 *deine*] *seine* T 1894 II, Bl. 70. – **37**,49 *senkend*] ⟨*legend*⟩ ebd. – **37**,52 *aller Schmerzen*] *alles Leides* ebd. – **37**,55 *Heilig – Schuld*] ⟨*Ja wir wollen*⟩ ⟨*das Leid*⟩ *und* ⟨*den*⟩ *Haß und* ⟨*die*⟩ *Schuld* ebd. – **37**,61 *Erden*] ⟨*Welten*⟩ daneben: *Sterne* ⟨*Gestirne*⟩ T1894 II, Bl. 71. – **38**,65 *werden – fallen*] *werden in »Nichts« wieder zum Staube kehren* ebd. – **38**,67 *bricht*] *tönt* ebd. – **38**,69 *dreimal – Preisgesang*] ⟨*der dreimal heilige Lebens-Preisgesang*⟩ ⟨*das hohe Lied der Erdgeborenen:*⟩ ebd.

Eppelsheimer nennt für den hymnischen Tonfall als Ahnherrn Klopstock und den frühen Hölderlin (S. 148). Der Kehrreim, meint er, könnte auch in den Eingangsversen von Däublers »Nordlicht« stehen (ebd.). Die Weltanschauung, die dem Gedicht zugrunde liegt, kann man auch aus dem Jugendgedicht der gleichen Zeit EIN HEILIGES KOMMT ÜBER MICH, s. o. S. 202 herauslesen. Giffei (S. 10f.); vgl. auch Hiebel (S. 153f.) und Elisabeth Klein (S. 54).

37,39 *Dithyrambe:* altgriechisches Kultlied auf Dionysos, seit dem 6.Jh. v. Chr. auch auf andere Götter und Heroen, musikalisch vorgetragen.

38 ZWISCHEN WEINEN UND LACHEN. Überlieferung: T 1894 I, Bl. 67 und 80f. Datierbar vermutlich August 1894. Druck: IN PHANTAS SCHLOSS (1895) S. 36f. Textvarianten: **38**,4 *in ihr der Mensch*] *der ⟨Fangball⟩* T 1894 I, Bl. 67. – **38**,15 *weiche*] *⟨goldige⟩* ebd. – **39**,27 *Tod und Vergänglichkeit*] *erstorbenen [...] Gluten* T 1894 I, Bl. 80. – **39**,32 *Aschfahl und freudlos*] *Fahl und ⟨verschleiert⟩* ebd. – **39**,33 *nüchtert*] *⟨grüßen⟩* ebd. – **39**,34 *das Dämmer entgegen*] *⟨die dämmrigen Sphären⟩* ebd. – **39**,36 *öde und schal*] darauf folgen die Verse:

> *Zwischen Lachen [...] und Weinen*
> *schwingt die Schaukel des Lebens*
> *zwischen Lachen und Weinen*
> *fliegt in ihr der Mensch*
> *wenn aber die Göttinnen*
> *des Spieles müde*
> *dann steht sie still*

ebd.

39,38 *zu sich emporzieht*] *⟨stößt⟩* T 1894 I, Bl. 81. – **39**,40 *schießt sie auch drüben empor*] *⟨kehrt sie wieder zu ihr zurück⟩* ebd. – **39**,44 *Gipfel*] *⟨Pole⟩* ebd. –

M bezeichnet dieses Gedicht als das wohl reifste der Gedichte aus PHANTA (aus einem verschollenen T März 1895, nach Bauer, Chr. M. (1985) S. 93). Dort nannte er es ZWISCHEN LACHEN UND WEINEN: so also wohl der ursprüngliche Titel, vgl. das Inhaltsverzeichnis oben S. 747. Thema: Der Mensch als Spielball der Götter zwischen Leben und Tod.

40 IM TANN. Überlieferung: T 1894 I, Bl. 63 (nur die erste Strophe). T 1894 II, Bl. 72f., dort bezeichnet mit *⟨Der Fichtenwald⟩* und *(Im Tann)*. Datierbar vermutlich September bis Dezember 1894. Druck: IN PHANTAS SCHLOSS (1895) S. 38. Textvarianten: **40**,5 *Weil' ich gern in heitrer*

Buchen] ⟨*Lieb*⟩ *ich* ⟨*euch*⟩ *ihr heitren Buchen* T1894 I, Bl. 63. – **40**,6 *Feierlichte*] ⟨*Wölbedach*⟩ ⟨*Säulenhallen*⟩ ebd. – **40**,8 *den Himmel suchen*] danach folgen die Verse: *Denn mir ist* ⟨*sind*⟩ ⟨*die graden Stämme*⟩ */ schlanker stolz gereckter Schaft / Sinnbild einer klaren Kraft* ebd. – Vgl. hierzu die weitere Notiz: *Im Fichtenwald: Fichten starre gerade, fast Gedanken der Erde. Kein Schmuck, keine Abweichungen. Logik, Konsequenz. Düster aber doch herzerfreuend.* T1894 I, Bl. 113. – **40**,9 *selbst die Seele*] darauf folgen die Zeilen: ⟨*Schau ich diese straffen Krieger*⟩ / ⟨*ihres trägen Selbst Besieger*⟩ T1894 II, Bl. 72. – **40**,17 *Denksam*] ⟨*Sinnend*⟩ ebd. – **40**,18 *braunem*] ⟨*grünem*⟩ ebd. – **40**,24 *Höhenluft*] ⟨*Kalte*⟩ ⟨*Äther*⟩ ebd. – **40**,28 *des Lichtes*] darunter: *der Wahrheit* T1894 II, Bl. 73. – **40**,20 f. *Stolz aus – erachten*] ⟨*Herb vor jedem lauen Lüftchen flüchten streng und stolz*⟩, *nach einem Ziele /* ⟨*nur gereckt* [darüber: ⟨*der Sonne*⟩] *und Sehnsucht tragend, / jedem Abweg streng* ⟨*herb*⟩ *entsagend*⟩ ebd.

Fünfzehn Jahre später hat sich M im Hinblick auf eine Auswahl seiner Gedichte noch einmal eine Korrektur zu dem Gedicht notiert: I M TANN *1*) zu **40**,10 *Blick* statt *Aug'*. *2*) zu **41**,38 *lehrt mich Deine Weisheit leben.* T1909 V, Bl. 142. Eppelsheimer (S. 153) findet eine »interessante Parallele« zu Däublers Gedicht »Die Fichte«: *Erde! Große Meisterin / bist du mir im Unterrichten* (M); »Wenn du beim Erdgeist sitzt und bei ihm lernst« (Däubler).

41 DER ZERTRÜMMERTE SPIEGEL. Überlieferung: T1894/95, Bl. 22f. Datierbar vermutlich Winter 1894/95. Druck: IN PHANTAS SCHLOSS (1895) S. 40f. Textvarianten: **41**,8 *wandelnde Gestalten*] danach folgen verschiedene Versuche einer Fortsetzung:

> ⟨*Im Hintergrunde leuchtet eine Stadt*⟩
> ⟨*Die Ferne baut aus weißem Zitterdunst*⟩
> ⟨*Auf fernen Hügeln baut sich eine Stadt*
> *von goldner Kuppeln Majestät*⟩
> ⟨*Oh seliges Gefild, wohl kenn ich dich*⟩
> ⟨*doch*⟩ [bricht ab]

T1894/95, Bl. 22.

41,13 *ein friedsam wolkenloses Glück*] ⟨*mir süßen*⟩ *wolkenlosen* ⟨*Frieden*⟩ ebd. – **41**,16 *Du schläfst im Grund in tausend Scherben*] ⟨*und du zerbrichst*⟩ *in tausend Scherben* ebd. – **41**,17 ff. *Ein Hauch – wollustkreischend*] Die Strophen fehlen im T. – **42**,39 *Höhen*] ⟨*Gipfel*⟩ T·1894/95,

Bl. 23. – **42**,42 *zum Grund – Wellentanze*] ⟨*dem Meere zugeschwemmt vom wilden Flusse* ebd. – **42**,44 *Sonnenglanze*…] danach folgen die Zeilen: *Doch wenn des Nachts in jedem Felsenriß / des Mondes weiße Späherblicke zittern / dann will ich* ⟨*nach*⟩ *die Trümmer des zersprungenen Paradieses* ⟨*Splittern*⟩ [bricht ab] Es folgt: *Doch wenn die Lande übermondet* [darüber: *überhütet*] *stehn / vom blassen Flaum des Silberwolkenvlieses /* ⟨*dann*⟩ ⟨*ergriffen träum' ich*⟩ *erschüttert sink' ich in mich.* ebd.

Es finden sich noch weitere Eintragungen zu diesem Thema: DER ZERTRÜMMERTE SPIEGEL. *Am Himmel steht ein ungeheurer Spiegel / darin ein paradiesisch Land sich* ⟨*malt*⟩ *zeigt / in wunderreicher Landschaft wölbt sich strahlend / Klassischer Tempel Marmorpoesie / und fröhlich Volk in wallenden Gewändern / durchströmt die Haine, ruht a* [bricht ab] T1894 II, Bl. 80. – Die andere Eintragung: DAS GEWITTER. *(unter mir) Der zertrümmerte Spiegel, der zuerst eine Fata Morgana glückseliger Gefilde zeigt und dann, da dies doch nur ein Traum und Wahn, hinunterstürzt und in tausend Splitter zerschellt. Aus (Staub / Wolken zucken zahllose Blitze.)* T1894 I, Bl. 53.

42 DAS KREUZ. Überlieferung: T1894 I, Bl. 22f., dort bezeichnet mit KREUZIGUNG und DAS KREUZ (*I. II.*) Datierbar vermutlich August 1894. Druck: IN PHANTAS SCHLOSS (1895) S. 42–44. Textvarianten: Das Gedicht beginnt mit den Versen:

> ⟨*Gegen die kalten nassen Nebel*
> *die weißen wallenden* ⟨*Atemzüge*⟩ *Grablinnen*
> *warmer Talkesselmunde*
> *wehr' ich dir*⟩ [bricht ab]

T1894 I, Bl. 22.

42,4 *schleicht ihr Flug*] ⟨*schweigen sie aus*⟩ ebd. – **43**,5 *er*] ⟨*sie*⟩ ebd. – **43**,7 *überfinstere*] *über*⟨*schatteten*⟩ ebd. – **43**,8 *das Leben*] ⟨*die Erde*⟩ *sterbe*. Danach folgen die Verse:

> ⟨*Lebendige Flammen*
> *entrief ich dem Fels*
> *zum Schutze*
> *aber die heißeste Stirne*
> *das glühendste Auge*
> *ist nicht gefeit*
> ⟨*gegen die*⟩

> *wenn grabkalte Bahrtücher*
> *Vernichtungsschauer*
> *eisig im warmen Haupte schatten.* ⟩

> ebd.

43,29 *in mich zurück*] danach folgen die Verse:

> *Im Wahnsinn der Ohnmacht*
> *tret ich zum Abgrund*
> *und breite, wie prüfend,*
> *die Arme aus.*
> ⟨ *Da schrecken zusammen*
> *die Nebelgespenster*
> *[...] und fahren auf* ⟩
> *aus* [bricht ab]

> T 1894 I, Bl. 23.

44,40 *Entsetzen*] ⟨*Flucht*⟩ T 1894 I, Bl. 35. – **44,**41 *Satane*] *(Antichristen)* darüber: *Satane* ebd. – **44,**53 *lange*] *immer* ebd. – **44,**58 *Ehrung*] ⟨*Andacht*⟩ ebd.

»Faustisch-prometheischer Charakter« des Gedichts, vgl. Eppelsheimer S. 152.

43,34 *und breite wie prüfend / die Arme aus:* Diesen Versen stellt Hiebel (S. 208) die Verse *Und wie du heiß die Arme breitest / von mächtigem Gefühl erfaßt* in dem Gedicht BESTIMMUNG, S. 189 in Gegensatz. Vgl. auch ICH HABE DEN MENSCHEN GESEHEN IN SEINER TIEFSTEN GESTALT in WIR FANDEN EINEN PFAD (Abt. Lyrik 1906–1914) und Anmerkungen dazu, ferner SONNENAUFGANG s. o. S. 20 und ICH HEBE DIR MEIN HERZ EMPOR in WIR FANDEN EINEN PFAD (Abt. Lyrik 1906–1914).

44 DIE VERSUCHUNG. Überlieferung: T 1894/95, Bl. 20f. Datierbar vermutlich Winter 1894/95. Druck: IN PHANTAS SCHLOSS (1895) S. 45f. Textvarianten: **45,**24 *längst mein war*] *mein* ⟨*Reich*⟩ *sei* T 1894/95, Bl. 20. – **45,**35 *gerade*] ⟨*durchaus*⟩ T 1894/95, Bl. 21. – **45,**40 *greisen*] ⟨*alten*⟩ ebd. – **46,**52 *wieder empor*] ⟨*zurück*⟩ ebd.

45,36 *eine Windhosen-Orgel:* erinnert an die *Windhosen* und die *Geruchsorgel* in PALMSTRÖM, s. Abt. Humoristische Lyrik. Offenbar hatte M Bedenken, diese ernste Persiflage der Versuchungs-Szene unkommentiert der konservativ-christlichen Pfarrerstochter Marie Goettling zu zeigen,

denn in dem Begleitbrief zu der Buchsendung schreibt er der Freundin
(12.5.1895): *Nur zu einem der Gedichte möchte ich Dir ein Kurzes sagen.
Es ist die* VERSUCHUNG. *In ihr will ich nichts weiter ausdrücken als: Gott,
Jehova, persönlich gedacht, wie ihn die alten Israeliten dachten, als Kolossal-Mensch gewissermaßen, ist für mich das Gleiche wie irgendeine Göttergestalt aus irgendeiner antiken Mythologie. Dieser Gott ist mein Kind, nicht
mein Vater. Die Gottesidee in ihrem höchsten vergeistigten Sinne ist dabei
von mir völlig unberührt geblieben und offen gelassen. Ihr gegenüber beschränke ich mich auf Schweigen.* Ms Befürchtung war wohl berechtigt.
Der Versuch, Maries Kritik abzufangen, gelang nicht, denn in ihrem
Dankbrief (in dem sie sich schwertat, die alte Freundschaft gegenüber
Ms, wie sie glaubte, religiöser Abtrünnigkeit zu behaupten) stieß sie
sich vor allem an diesem Gedicht, nannte es »nicht dichterisch vornehm«
und fand, daß Jehova eine »unwürdige Behandlung« erfahren habe
(22.5.1895). – Vgl. auch Hiebel (S.139f.).

46 DER NACHTWANDLER. Überlieferung: T1894 I, Bl.47 und 58f.,
dort bezeichnet mit DIE NACHTWANDLER und (MOND IN DIE TÄLER
SCHEINEND). Datierbar vermutlich August 1894. Druck (Vorabdruck):
»Das Magazin für Litteratur« 64 (1895) Nr.35. IN PHANTAS SCHLOSS
(1895) S.47f. Textvarianten: **46**,1 *den Landen*] ⟨*der Erde*⟩ T1894 I,
Bl.47. – **46**,3 *erstorben*] *er* ⟨*loschen*⟩ ebd. – **46**,6 *atmen*] ⟨*schlafen*⟩ ebd. –
46,9 *wachend – Dichter*] danach die Zeilen: ⟨*die*⟩ ⟨*Wackeren*⟩ ⟨*Daseinskämpfer*⟩ / ⟨*und fette Fleisch*⟩ *und* ⟨*müde*⟩ ⟨*fette*⟩ ⟨*satte*⟩ ⟨*Faulpelze.*⟩ ebd. – **47**,33 *geht*] ⟨*wandelt*⟩ T1894 I, Bl.58. – **47**,38 *die Alpen
verschrieben*] ⟨*Gymnastik verordnet.*⟩ ebd. – **47**,44 *besser*] ⟨*mehr*⟩ ebd. –
48,59 *Familienvater*] darauf folgt mit Einfügungszeichen: *Bruder Schwager Onkel* ebd. – **48**,65 *Deutschbündler*] darauf folgen die Zeilen: ⟨*Bismarckianer*⟩ / ⟨*Materialist*⟩ / ⟨*Idealist*⟩ / ⟨*Monarchist*⟩ / ⟨*Antianarchist*⟩
/ ⟨*Antirealist*⟩ T1894 I, Bl.59. – **48**,70 *Spiritist*] ⟨*Pantheist*⟩ ebd. –
48,72 *Temperenzler*] ⟨*Feuerbestattungsanhänger*⟩ *(lat.* [M suchte wohl
die lateinische Bezeichnung für Feuerbestattungsanhänger*])*.
Von M in einem verlorengegangenen T1895 (Zitat bei Bauer, Chr. M
(1985) S.93) als mehr satirisch bezeichnet.
48,65 *Deutschbündler:* vermutlich Anhänger des von 1815–1866 bestehenden deutschen Staatenbundes.
48,67 *Bimetallist:* Bimetallismus: Währungssystem, bei dem zwei Währungsmetalle (z.B. Gold und Silber) nebeneinander benutzt werden. Ein
Bimetallist wäre also ein Anhänger dieses Systems.

In Phantas Schloß 769

48,72 *Temperenzler:* Mitglied eines Vereins, der für Mäßigkeit im Alkoholgenuß eintritt.
49 ANDRE ZEITEN, ANDRE DRACHEN. Überlieferung: T1894 I, Bl. 91, dort bezeichnet DIE SCHLANGE, Bl. 90 und 64f. Datierbar vermutlich August 1894. Druck: IN PHANTAS SCHLOSS (1895) S. 51 f. Vor dem Anfang der Verse steht: *Eisenbahn im Tal in der Nacht schuppenfeurig dahinkriechen*[d]; *früher andre Schlange aber ich liebe das Ungetüm einer neuen Zeit.* Daneben steht: *Lindwurm...* Darunter: *Schuppentier.* Darunter: *Goldgeschuppte Schlange*[n] *kriechen* T1894 I, Bl. 91. Textvarianten: **49**,1 *Immer*] *Ewig* ebd. – **49**,6 *hat man solch – Weibchen*] *wenn man solch kokettes Weibchen* ebd. – **49**,17 *trautes Gestern*] ⟨*gutes Alt Land*⟩ T1894 I, Bl. 90. – **49**,18 *Kühen*] ⟨*Hennen*⟩ ⟨*Ochsen*⟩ ebd. – **29**,21 *oder Ritter fressen mußten*] darauf folgen die Zeilen: *Da der Lindwurm vor der Grotte / lauernd saß,* ⟨*wie heute immer noch*⟩ *mit grünen Augen / und in seines Rachens Dampfe /* ⟨*kostenlos*⟩ ⟨*stets ein russisch Bad bereit hielt*⟩ ebd. – **49**,26 *trautes Gestern?*] darauf folgen die Zeilen:

> ⟨*Eine Frage der Rhetorik*
> *ist dies, weiter nichts. Vom Dichter*
> *angewandt zur bessern Schürzung.*
> ⟨*Denn*⟩*, man sage* [darüber: *erwidre*] *kalt und nüchtern:*
> *Nein! es ist das krasse Heute*
> *mit den...*⟩ [bricht ab]

ebd.

An den Seitenrand geschrieben: ...*O hör auf mit solchen Worten / schone diese reine Höhe* ebd. – **50**,33 *auf Tage*] *ein Weilchen* T1894 I, Bl. 64. – **50**,34 *anbot*] *an* ⟨*wies*⟩ ebd. – **50**,36 *Stufen*] ⟨*Söller*⟩ ebd. – **50**,41 *wiederwünschte*] ⟨*rückersehne*⟩ ebd. – **50**,50 *Stoffesträgheit*] darauf folgt die Zeile: ⟨*Heitrer*⟩ ⟨*Menschenkraft und Leichte*⟩ ebd. – **50**,55 *andre Drachen*] darauf folgen die Zeilen:

> *Nüchterne Gesellen schweigt mir*
> *doch vom »guten alten Gestern«*
> *neue Drachen, neue Märchen!*
> *Neue Märchen, neue* ⟨*Ammen*⟩ *Mütter!*
> *Neue* ⟨*Ammen*⟩ *Mütter, neue* ⟨*Kinder*⟩ *Jugend*
> *neue* ⟨*Kinder*⟩ *Jugend, neue Männer.*

T1894 I, Bl. 65.

50,61 *kampfgeübten*] *sieggewohnten* ebd.

50,33 *Jonas:* Prophet des Alten Testaments; vgl. Jonas 2,1.
Zu dem von Alfred Liede (S. 297) aufgezeigten Heine-Anklang dieses Gedichts [Atta Troll, Caput 27, letzte Strophe: »Andre Zeiten, andre Vögel! / Andre Vögel, andre Lieder! / Sie gefielen mir vielleicht / Wenn ich andre Ohren hätte!«; Heine, Sämtliche Werke in 4 Bänden. Bd. 1: Geschichte, hrsg. v. Werner Vortriede, München 1969, S. 409] vgl. Ms Bemerkung: *Giraud und ich klingen vielleicht an Heine an, doch habe ich bei der Niederschrift meines Buches nie an Heine gedacht oder gar in ihm gelesen.* Brief an Max Osborn vom 8.8.1895. BRIEFE. Auswahl (1962) S. 58. Vgl. auch die Einführung zu IN PHANTAS SCHLOSS, S. 735f.

51 DIE WEIDE AM BACHE. Überlieferung: Loses Blatt im T1894 I, dort bezeichnet DIE WEIDE AM BACHE I, auf der Rückseite des Blattes befindet sich noch ein zweites Gedicht zum gleichen Thema, das M nicht in den PHANTA-Zyklus aufgenommen hat. Es folgt in der Nachlese S. 76. Datierbar vermutlich August 1894. Druck: IN PHANTAS SCHLOSS (1895) S. 54f. Textvarianten: **51**,8 *Weide*] ⟨*Eiche*⟩ Loses Blatt ebd. – **51**,9 *half*] ⟨*zog*⟩ ebd. – **51**,19 *Nymphe*] *Göttin* ebd. – **51**,27 *in ihrem Nachtkleid*] *in ihrem* ⟨*grauen*⟩ *Nacht*⟨*hemd*⟩ ebd. – **52**,33 *wir fanden*] ⟨*alles Irdische*⟩ ebd.

51,3 *Nyade:* Kontamination aus Najade und griech. nyx: Nacht, also: nächtliche Najade, vgl. **51**,5 *Göttinnen der Nacht:* gebildet im Anklang an Nymphe und Najade (bzw. Dryade).
Bruno Wille (vgl. Kommentar zu MITTAG-STILLE, S. 831, auch Abt. Kritische Schriften S. 452) fand: »Aus der WEIDE AM BACHE weht mir ein aparter Hauch von Phantasie, Naturgefühl und neuem Formgefühl entgegen, den ich zu schätzen weiß.« Brief an M vom 18.10.1895, den er mit »auch ein Phantafreund« beendet. – Vgl. auch Lissau (S. 10).

52 ABENDDÄMMERUNG. Überlieferung: T1894 II, Bl. 77 und 76. Datierbar vermutlich September bis Dezember 1894. Druck: IN PHANTAS SCHLOSS (1895) S. 56. Textvarianten: **52**,18 *umschlingt ihr*] ⟨*springt*⟩ *ihr* ⟨*empfängt sie*⟩ T1894 II, Bl. 77. – **53**,30 *und die Kleine*] ⟨*das*⟩ ⟨*Mädel*⟩ ⟨*aber*⟩ T1894 II, Bl. 76.
Im Nachlaß befindet sich ein Druckbeleg ohne Quellenangabe.

53 AUGUSTNACHT. Überlieferung: T1894 I, Bl. 25. Datierbar vermutlich August 1894. Druck: IN PHANTAS SCHLOSS (1895) S. 58. Textvarianten: **54**,13 *Verstohlene, seidene*] *Verstohlene* ⟨*Schnüre*⟩ *weiße* T1894 I, Bl. 25. – **54**,23 *grauen*] ⟨*bösen*⟩ ebd. – **54**,24 *häßlichen Klippen*] darauf

folgt die Zeile: ⟨Schmunzelnden Fischer⟩ ebd. – Zu den Versen vgl. folgende Notiz: Sterne – Fische! (Schnuppen springende Fische.) T 1894 I, Bl. 24.
54 MÄDCHENTRÄNEN. Überlieferung: T1894/95, Bl. 13. Datierbar vermutlich Winter 1894/95. Druck: IN PHANTAS SCHLOSS (1895) S. 59. Textvarianten: **54**,2 Nebelschleier] Regenschleier T1894/95, Bl. 13. – **54**,6 die Bäche] die ⟨Quellen⟩ ebd. – **54**,13 die tief] die ⟨schamig⟩ ebd. – **55**,22 verebben die Seufzer.] darauf folgen die Zeilen: ⟨Der Schmerz verschwendet sich⟩ / ⟨das stiller und weicher⟩ ebd.
Im Gegensatz zu der Geschlechterpolarität Himmel (Sonne) – Erde (vgl. Anmerkung zu SONNENAUFGANG, S. 755) ist hier eine poetisierende Polarität Himmel (weiblich) – Sonnengott angenommen.
55 LANDREGEN. Überlieferung: T1894 I, Bl. 27. Datierbar vermutlich August 1894. Druck: IN PHANTAS SCHLOSS (1895) S. 60. Textvarianten: **55**,5 greift mit beiden] ⟨spielt mir darauf⟩ T 1894 I, Bl. 27. – **55**,8 monoton] ⟨ein eintönig Lied⟩ ebd. – **55**,11 die Lider werden mir] die ⟨Augen fallen⟩ mir ebd. – **55**,12 schwer und schwerer] ⟨langsam zu⟩ darauf folgen die Zeilen: ⟨mit einem Male⟩ / ⟨schreck' ich auf⟩ ebd. – **55**,13 Halbschlaf] ⟨Schlummer⟩ ebd.
56 DER BELEIDIGTE PAN. Überlieferung: T1894 I, Bl. 26. Datierbar vermutlich August 1894. Druck: IN PHANTAS SCHLOSS (1895) S. 61. Textvariante: **56**,12 und niemals endet] und doch nie endet ebd.
Dieses Gedicht wurde von Margareta M in den Nachlaßband MENSCH WANDERER (1927) aufgenommen.
56 MONDAUFGANG. Überlieferung: T1894 II, Bl. 94f. Datierbar vermutlich September – Dezember 1894. Druck: IN PHANTAS SCHLOSS (1895) S. 62. Textvarianten: **56**,1 In den Wipfeln – Dämmerhimmel] ⟨Vom Seidentuch / ins fahle Licht / des vereinsamten Himmels⟩ T 1894 II, Bl. 94. – **56**,1 In den Wipfeln des Walds] ⟨In dem wirren Geäst⟩ ebd. – **56**,6 glänzende] ⟨schimmernde⟩ ebd.

57   MONDBILDER
1. DER MOND STEHT DA. Überlieferung: T1894 I, Bl. 78. Datierbar vermutlich August 1894. Druck: IN PHANTAS SCHLOSS (1895) S. 64. Textvarianten: Über dem Gedicht steht IX, d.h. daß es zunächst an 9. Stelle des Zyklus stehen sollte. T1894 I, Bl. 78. – **57**,2 Dyck] ⟨E⟩yck ebd. – **58**,11 Dyck] ⟨E⟩yck ebd. – **58**,14 des Herrn Zebaoth] ⟨von irgend einem⟩ ebd.
57,2 Dyck: Anthonis van Dyck (1599–1641), flämischer Barockmaler.

Eyck: Jan van Eyck (um 1390–1441), niederländischer Maler. M hat wohl selbst bei der Reinschrift oder Überarbeitung des Gedichts gemerkt, daß der noch im Mittelalter verwurzelte van Eyck nicht der Maler der van Dyckschen Porträts mit dem Duttenkragen sein kann.

58,14 *Zebaoth:* (Sabaoth) hebräisch: Heerscharen; Bezeichnung der göttlichen Mächte, die häufig in Verbindung mit dem Tetragramm (Jahwe) und den Gottesnamen Elohim vorkommt.

Dazu noch ein Zitat von M an Max Osborn (Brief v. 8.8.1895). *Ich gestehe Ihnen – und Sie werden mein Gefühl ganz begreiflich finden –, daß ich »wütend« war, als ich im Pierrot Lunnaire Sachen fand, die frappant an meine »Mondlieder« anklangen, und daß ich jenes Buch verwünschte, da ich voraussah, daß man mir Nachempfindung dieser Gedichte vorwerfen würde.* (BRIEFE. Auswahl (1962) S.57).

58 II. EINE GOLDENE SICHEL. Überlieferung: T 1894/95, Bl. 8. Datierbar Winter 1894/95. Druck: IN PHANTAS SCHLOSS (1895) S.65. Textvarianten: Über dem Gedicht steht *Mondbilder. III.*, d.h. daß es ursprünglich an 3. Stelle des Mond-Zyklus stehen sollte. T 1894/95, Bl.8. – **58,5** *Mag da weit*] ⟨*Da mag wohl nicht weit*⟩ ebd. – **58,12** *emsige*] *fleißige* ebd.

58,15 *Jupiter – Don Juan:* diese Verbindung des antiken Gottes mit dem Prototyp des Frauenverführers aus der literarischen Tradition spielt auf die mythischen Episoden an, in denen der Göttervater mit zahlreichen Göttinnen oder irdischen Frauen Beziehungen hatte.

58,16 *Wodan – Faust:* eigenwillige Verbindung Ms zwischen dem germanischen Gott, der häufig als Wanderer dargestellt wird, und dem Goetheschen Faust der »Hexenküche« oder »Walpurgisnacht«.

59 III. GROSS ÜBER SCHWEIGENDEN. Überlieferung: T 1894/95, Bl. 9. Datierbar Winter 1894/95. Druck: IN PHANTAS SCHLOSS (1895) S.66. Textvarianten: Über dem Gedicht steht *IV.*, d.h. daß es ursprünglich an 4. Stelle des Zyklus stehen sollte. T 1894/95, Bl. 9. – **59,1** *Groß über schweigenden*] ⟨*Stumm*⟩ *über schweigenden* ebd. – Darüber stehen die Verse:
⟨*Ein großer, massiger
dunkel vergoldeter
Diskus
steht über schweigenden
Wäldern und Wassern
der Vollmond*⟩

ebd.

59,3 *lastet*] *hängt* ⟨*steht*⟩ ebd. – **59**,8 *verstrickend.*] darauf folgen die Zeilen: ⟨*Im Starrkrampf / schaudert die Welt*⟩ ebd. – **59**,15 *Erde*] ⟨*Welt*⟩ ebd. – **59**,17 *einst ihren Leib*] *einst ihr* ⟨*Antlitz*⟩ darunter: ⟨*auf sie herab*⟩ ebd.
59,4 *Aegis:* Schild (griechisch).
59,16 *Gorgo:* Ungeheuer der griechischen Sage, dessen grausiger Anblick zu Stein erstarren ließ. Zur Abwehr der Feinde wurden Gorgo-Bilder auf den Schilden angebracht.
59,23 ῎Εσσεται ἦμαρ!: Kommen wird einst der Tag, Homer, Ilias VI, 448. In einem Brief an Eugenie Leroi (27.2.1895) schreibt M: *In einem der Mondbilder ist der Anfang eines berühmten Verses der Ilias Homers »Kommen wird einst der Tag, wo das heilige Ilion hinstürzt...« und ist von mir als düstere Prophezeiung vorher berechneten Zusammenstoßes zwischen Erde und Mond an der betreffenden Stelle gemeint.* BRIEFE. Auswahl (1962) S.54.

60 IV. DURCH ABENDWOLKEN FLIEGT EIN BUMERANG. Überlieferung: T1894 I, Bl. 89. Datierbar vermutlich August 1894. Druck: IN PHANTAS SCHLOSS (1895) S.67. Textvarianten: Über dem Gedicht steht *II.*, d.h. daß es im Zyklus MONDBILDER an 2. Stelle geplant war. T1894 I, Bl. 89. –
60,1 *Durch Abendwolken fliegt*] ⟨*In den Wolken steht*⟩ ebd. – **60**,3 *Und*] ⟨*Jenes*⟩ ebd. –**60**,5 *Jagdgründen*] darauf folgen die Zeilen: ⟨*Wohin diese Leute / nach dem Tod sich zurückziehn.*⟩ ebd. – **60**,6 *geschleudert*] ⟨*entflogen*⟩ ebd. – **60**,18 *Bumerang!*] darauf folgen die Zeilen: *(Die Menschen freilich / behaupten, es* ⟨*wäre*⟩ *sei– / die »Mondsichel«.)* ebd. – Es findet sich noch eine kurze Notiz: *Mond ein Bumerang* T1894 I, Bl. 125. In der handschriftlichen Fassung des Gedichts wird Bumerang richtig mit männlichem Geschlecht gebraucht, im Druck dagegen ist das Wort Neutrum.

60 ERSTER SCHNEE. Überlieferung: T1894/95, Bl. 92, 93, 91, 90, 89, 88. Datierbar Winter 1894/95. Druck: IN PHANTAS SCHLOSS (1895) S.68. Textvarianten: **60**,2 *Manuskripte*] ⟨*Dichtungen*⟩ T1894/95, Bl. 92. – **61**,13 *Chöre*] ⟨*Oden*⟩ ebd. – **61**,14 *glühende*] ⟨*heiße*⟩ ebd. – **61**,16 *Donner brachen*] ⟨*donnernd schwollen*⟩ ebd. – **61**,18 *gleichmütig sie*] ⟨*sie lächelnd*⟩ ebd. – **61**,19 *gedichtet*] *geschaffen* ebd. – **61**,23 *grauen*] *gestülpten* ebd. – **61**,31 *ehrlich Schaffende*] ⟨*wir qualvoll*⟩ *Schaffende*⟨*n*⟩ *ernsthaft* [*Schaffende*] T1894/95, Bl. 93. – **61**,34 *Hüllen ausziehn*] *Kleider* ⟨*nehmen*⟩ darauf folgen die Zeilen: ⟨*Denn in den Masken der Worte / können wir nur / das sichtbar machen, / was un* [bricht ab] Darauf folgt die Zeile: ⟨*denn*⟩ *ach! allein* ebd. – **61**,37 *unser Tiefstes*] ⟨*der Gedanke*⟩ ebd.

– **61**,38 *dem Nächsten sichtbar.*] darauf folgt die Zeile: ⟨*Ihr aber wollt aus*⟩ ebd. – **61**,39 *Ihr Stolzen verschmäht es – ewig genug.*]

> ⟨*Ihr oben verschmäht, es*
> *aus*⟩
> ⟨*Ihr Stolzen verschmäht es*
> *Karnevalszüge*
> *aus eurer Brust*
> *hinauszusenden.*
> *Und ihr könnt es –*
> *denn ihr seid Götter.*
> ⟨*Niemanden braucht ihr*⟩
> *keiner von euch*
> *will Trost, will Freude*⟩

T 1894/95, Bl. 91.

62,52 *Selig-Unseligen*] ⟨*Unvollendeten*⟩ ebd. – **62**,57 *müssen einander*] Darauf folgen die Verse:

> ⟨*vom Herzblut geben*
> *zu einander*
> *Seele zu Seele drängt*
> *zu einander*
> *reißt uns* ⟨*ewig*⟩ *allmächtig*
> *die bittere, große Liebe.*
> *Wir müssen das Spiel* [darüber: *des Lebens*]
> ⟨*des Lebens*⟩ *Komödie spielen*
> ⟨*mit all seinen ihren Täuschungen*⟩
> *und*⟩ [bricht ab]

ebd.

Ein weiterer Versuch folgt:

> *Wir müssen*
> *die Lebenskomödie spielen*
> *mit all den feinen*
> *bunten Täuschungen,*
> *zierlichen Masken*
> *und magischen Bildern*

In Phantas Schloß 775

⟨mit⟩ *voll tapferer Laune*
⟨und⟩ ⟨im⟩ ⟨verblüffend⟩
⟨bald⟩ mit ⟨plötzlichem⟩ farbigen Licht⟨schein⟩ern
bald hier bald dort
die Szenen durchblitzen
und wieder dann auch
⟨in⟩ mit ernsten Gesängen
die Handlung begleiten
uns über die Tragik
unseres Seins
durch tragische Lieder tröstend.

T 1894/95, Bl. 90.

Es folgen zwei weitere Versuche:

⟨Ihr⟩ ⟨Euch⟩ ⟨Große, redliche Götter!
Was ist euch die Kunst?
Ein Spiel.
Ihr erkennt sie als Spiel –
⟨und werft sie fort.⟩
und zerreißt eure ⟨Wer[ke]⟩
verachtet, zerreißt
⟨zerreißt läch[elnd] weiter⟩
eure Verse – ⟨weiter⟩ – ⟨ihr dürft es⟩
ihr dürft es.⟩

ebd.

⟨Was in uns lebt
⟨will Form⟩
will⟩ [bricht ab]
Darauf folgt:
⟨Müssen, was in uns,
faßbar gestalten
müssen ⟨die Welt⟩ ⟨der Seele⟩ der Innenwelt
⟨des erregten Gemütes Treiben⟩ gärendes Chaos
gestaltend bändigen
herrische⟨r⟩ Lebens⟨wille⟩kraft
hebt ⟨sie⟩ es ans Licht zwingt es in Formen

> *und mit ihr die bittere*
> *helfenwollende*
> *große Liebe.*⟩
>
> T 1894/95, Bl. 88.

62,69 *und denke mit Schwermut – Doch streue*]

> ⟨*Und beneide die Himmlischen –*
> *nicht.*⟩ ⟨*ich mein Mund*⟩
> ⟨*und ich gelobe mir selbst*⟩
> ⟨*ein langes Schweigen.*
> *Doch widerrufen*⟩
> *kann ich nichts*
> *ich* ⟨*würde den Mens[chen]*⟩ *widerriefe*
> *in mir den Menschen* ⟨*widerrufen*⟩
> *Ich*
> *doch zu vernichten*
> ⟨*kann*⟩ *vermag ich nichts*
> ⟨*Ich*⟩ [bricht ab]
>
> T 1894/95, Bl. 89.

M hat mit einem Zeichen von der Zeile: *gelobe mir selbst* bis zu: *doch zu vernichten* eine Bleistiftnotiz geschrieben *Ha ich verstehe den Wink*. ebd.

62,74 *roter Schnee – Homo sum*]

> ⟨*wenn zerrisse ich sie,*
> ⟨*denn ich*⟩ *nicht wie Schnee*
> *ich müßte die Adern*
> *mir öffnen*
> *wollt ich sie sterben lassen…*
> *Homo sum.*⟩

In den Zeilen 40 bis 60 klingt Goethes Gedicht »Das Göttliche« nach.
63 TALFAHRT. Überlieferung: T 1894/95, Bl. 87, 86 und 80. Datierbar Winter 1894/95. Druck: IN PHANTAS SCHLOSS (1895) S. 71. Textvarianten: **63**,2 *Schnee*] ⟨*Flocke*⟩ *Schnee*⟨*ball*⟩ T 1894/95, Bl. 87. –
63,3 *dort am fallenden Hang*] ⟨*Du dort am verführenden Berghang*⟩ ebd. –
63,9 *wieder hinab – Gefilde*]

⟨*In die Menschen-Ebenen.*⟩
⟨*In die große Ebne.*⟩
⟨*Genug mit Phanta*
dünkt mir das Spiel⟩

ebd.

63,16 *beherzt*] ⟨*sein weißes*⟩ ebd. – **63**,25 *am Ziel.*] danach folgen die Zeilen:

Das Rößlein ⟨*liegt*⟩ ⟨*steht*⟩ *wälzt* ⟨*trabt*⟩
behaglich sich
⟨*in*⟩ *im Bach der Schlucht.*
Nun, Phanta, ⟨*noch den letzten*⟩
noch den letzten Dienst:
Entzaubere mich.
⟨*Hab Dank des wunderschönen Traums*
den deine Liebe mir beschert⟩

T 1894/95, Bl. 86.

64,32 *hilft mir Phanta auf.*] ⟨*Was nun? So frägt sie*⟩ / ⟨*schelmisch – und weiß es doch.*⟩ / ⟨*Und spricht*⟩ T 1894/95, Bl. 80.

63,22 *Göttin des Glücks:* Fortuna, die Göttin des Glücks, wurde zum Zeichen ihrer Unbeständigkeit auf einer rollenden Kugel dargestellt. Vgl. Dürers Kupferstich »Das große Glück«.

64 EPILOG. Überlieferung: T 1894/95, Bl. 85, 83, 84, 86, 94, 95. Datierbar Winter 1894/95. Druck: IN PHANTAS SCHLOSS (1895) S. 73. Textvarianten: **64**,1 *finde*] ⟨*sitz*⟩ T 1894/95, Bl. 85. – **64**,3 *seltsamer*] ⟨*erlebter*⟩ ebd. – **64**,5 *Ich schaue – Zorn geflohn*]

⟨*Ans Fenster tret ich. Mir zu Füßen*⟩
⟨*vor meinem Fenster liegt die Gasse*⟩
⟨*zum*⟩ *vom Fenster* ⟨*tret ich*⟩ *schau ich auf…?*
Ich schaue auf den kleinen Ort
⟨*vom Fenster schau ich auf die Gassen*⟩
⟨*des Städtchens, das mein Traum geflohn*⟩

ebd.

64,9 *wie*] ⟨*gleich*⟩ ebd. – **64**,14 *durchschnarcht von edlen Atta Trolls*] ⟨*mit einem Volk*⟩ *von braven* ⟨*behaust vom Stamme Atta Trolls*⟩ T 1894/95.

Bl. 83. – **64**,15 *bewarf ich einst*] ⟨*begrub ich einst*⟩ ebd. – **64**,18 *die Welt, die in mir selbst ich trug*] ⟨*das Bild der Welt in meiner Brust*⟩ ebd. – **64**,20 *das ich in eurem Bild zerschlug*] *das ich in* ⟨*euch im Geist*⟩ *zerschlug,* darunter: *das ich* ⟨*zerbrach mit wilder Lust*⟩ ebd. – **64**,21 *Von oben hab ich lachen lernen – Memento mehr*] ⟨*Auf lichten Höhn hab' ich gefunden / aus euren dumpfen* [darüber: *engen*] *Kreuz und Quer / das Gröbste hab' ich überwunden / Ihr seid mir kein Memento mehr*⟩ darunter ein erneuter Entwurf: *Von oben* ⟨*lernt ich lachend schauen*⟩ *hab ich lachen lernen / auf euer enges Kreuz und Quer / wer Ball gespielt mit Sonn und Sternen / Spinnstuben, Kirchen und Kasernen /* ⟨*ihr*⟩ *dem seid* ⟨*mir*⟩ *ihr* ⟨*heut kein Vorwurf*⟩ *kein Memento mehr.* – **65**,25 *In tiefentzückten Weihestunden*] darüber stehen folgende Zeilen: ⟨*Er wandelt ein König über die Erde / in tiefentzückten Weihestunden / verließ mein Geist d* [bricht ab] *fand ich die neue Lebensspur*⟩ T1894/95, Bl. 82. – **65**,26 *breiten Spur*] ⟨*Herden*⟩ *Spur* ebd. – **65**,29 *In ihm ist alles groß und echt*] ⟨*In* ⟨*ihm*⟩ *ihr ist alles rein und groß / in ihr ist nichts verfälscht entstellt*⟩ ⟨*in ihr gilt gut und böse nichts / in ihr herrscht schönheitsvoll die Kraft*⟩ ebd. – **65**,32 *Ewigkeit*] ⟨*Unendlichkeit*⟩ ⟨*Unsterblichkeit*⟩ ebd. – **65**,33 *Wen dieser Mutter Hände leiten*] ⟨*dort fand ich meinen Menschen wieder*⟩ / ⟨*der Mensch wird stolz an diesem Herzen*⟩ ebd. – **65**,35 *der lernt den Schritt – König sein!*] ⟨*dort bin ich Mensch, dort bin ich Gott*⟩ ⟨*der schreitet stolz wie Sieger schreiten / und Gottheit lacht aus seinem Blick*⟩ ebd. – **65**,36 *heißt*] *wird* T1894/95, Bl. 83.

Mit wohl keinem anderen Gedicht des Phanta-Zyklus, die Kosmogonie ausgenommen, hat sich M so intensiv beschäftigt wie mit dem Epilog. In immer neuen Entwürfen, Fassungen hat er den Ausklang seiner Dichtung zu gestalten versucht, bis er sich für die im Buch aufgenommene Fassung entschied. Im folgenden werden noch einige Notizen und Varianten wiedergegeben, um die Bemühungen des Dichters aufzuzeigen. Andere Versionen des Epilogs sind in der Nachlese zu In Phantas Schloss s. o. S. 113 f.

Epilogos. *Uralter Sehnsucht lieh ich neue Töne / steige wieder zu Tal... / wieder meine Brüder –* ⟨*sie*⟩ *viele kommen / mir* ⟨*alle*⟩ *entgegen – / warum flohst Du? Oh ich fand nur einen Reim* T1894 I, Bl. 34.

Gegen den Schluß des (Epos) Unendliche Halle, die Phantas Zauberruf gleich einem Schloß im höchsten Sinne über und um mich gewölbt und geweitet, darin ich so hehre Visionen erlebt, fahr wohl. Durch einer Hütte Fenster seh ich hinein. Da sitzt ein Mädchen und spinnt. Nun machtest du

mich Phanta reif für alle Erdenpoesie, nun brauch ich nicht mehr auf die Berge steigen nun hast du mein Auge geweitet. T 1894 II, Bl. 121.
Ich bin ganz verstört von der Lehre, die meinem Vorwitz ward. Doch ich will sie nützen. Röter muß das Blut noch werden Heißer noch sein das Bad darein du dein Erlebtes tauchst […] Und alles war wie ein (seltsamer) Traum. T 1894/95, Bl. 95.
64,5 *kleinen Ort:* Bad Grund im Harz, wo M im August 1894 zur Erholung war.
64,12 *tête-à-tête:* »Kopf an Kopf«, vertrauliche Zusammenkunft, zärtliches Beisammensein (franz.).
64,14 *Atta Troll:* der Tanzbär in Heines gleichnamiger Dichtung (1841), hier ironisch für Spießbürger.
64,24 *Memento:* Mahnung (lat.).
An Eugenie Leroi schreibt M am 27.2.1895: *Den Schluß habe ich zweimal umgeworfen und jedesmal gänzlich verändert, bis er mir auf den dritten Wurf als ein natürlicher, harmonischer Ausklang gefunden zu sein schien* (BRIEFE. Auswahl (1952) S.64).

Nachlese zu IN PHANTAS SCHLOSS

66 »PHANTA UND SEIN PUBLIKUM«. Überlieferung: Einzelblatt, handschriftlich, im Nachlaß. Undatiert.
Gleichsam ein nachträgliches Motto zum Ms erstem Buch. Der Dichter interpretiert mit ihm den sieghaft übermütigen Charkter der PHANTA-Dichtung.
66 TRÖSTERIN/PHANTASIE. Überlieferung: T 1897/98, Bl. 36. Datierbar vermutlich Juni/Juli 1897.
Dieser Anruf an Phanta könnte als Prolog vor dem Buche stehen.
66 NÄCHTLICHE FEIER. Überlieferung: T 1894 I, Bl. 2. Datierbar vermutlich August 1894. Textvariante: **66,13** *aller Zeit*] (*des Geschlechts*). T 1894 I, Bl. 2.
67 KOSMOGONIE. Überlieferung: T 1894 II, Bl. 82. Im T ist der ganze Text gestrichen und in großen Buchstaben *Pathos!* darüber geschrieben. Noch dreizehn Jahre später schrieb M selbstkritisch über seine Neigung zum Pathos: *Man glaubt nicht wie sehr ich oft den unwillkürlich pathetischen Tonfall verachte, der manchen meiner Ausführungen eignet. Er gleicht dem »geflügelten« Schritt, den ich von Jugend auf an mir beobachte*

und der auf nichts weiter als auf einer Schwäche der Knie beruht. T 1907/08,
Bl. 48. Abt. Aphorismen Nr. 500.

67 KOSMOGONIE (MONDLOSE STERNENNACHT). Überlieferung:
T 1894 I, Bl. 24f. Datierbar vermutlich August 1894. Textvariante:
67,12 *Kerkerwände menschlichen Erkennens*] *Schild (?) des ewigen Weltgeheimnisses.* T 1894 I, Bl. 24. Die beiden Teile dieses Gedichts stehen auf
zwei aufeinander folgenden Seiten des Tagebuchs. Sie gehören zusammen durch das gemeinsame Thema *Mondlose Nacht.* Ob sie M als zusammengehörig gemeint hat, ist fraglich, paßt doch der ironische Grundton
des zweiten Teiles nicht zum pathetischen des ersten.

Der zweite Teil ist im T gestrichen. Unter dem ersten Teil steht die Notiz:
(Kant-Laplace) und *Sterne – Fische! (Schnuppen springende Fische)* ebd.,
vgl. das Gedicht AUGUSTNACHT, S. 53.

Kant-Laplace: Kant-Laplacesche Theorie: Bezeichnung für zwei verschiedene Theorien zur Entstehung des Planetensystems. Nach Kant
(1724–1804) bilden sich Planeten aus dem rotierenden Urnebel unter
Einwirkung der Gesetze der Schwerkraft, nach Laplace (1749–1827)
werden in der Sonne Gasmassen abgeschleudert, die später zu Planeten
kondensieren. M bezieht sich auf die zweite Theorie, vgl. auch seine Bemerkung im Brief an Friedrich Gaus, S. 743.

68 HEIMATLOS? Überlieferung: T 1894 I, Bl. 48f. Datierbar vermutlich August 1894. Textvarianten: Nach **69,**54 und **69,**63 ist nachträglich mit Bleistift je ein winkelförmiges Zeichen eingefügt; ferner ist der
Satz *Und andern Fäden folgt mein Auge* (**69,**64) ebenfalls mit Bleistift
gestrichen. Dies könnte in der Weise verstanden werden, daß die Verse
69,64 –**70,**69 von dem Wort *Alle* ab nach Vers **69,**54 eingefügt werden
sollte. Neben dieser Versgruppe **69,**64 –**70,**69 steht am Rand mit Bleistift:
ausführen, d. h. daß M diesen Teil des Gedichts noch nicht als endgültig
ansah. T 1894 I, Bl. 51. – **68,**2 *Meter*] ⟨*Tausend*⟩ *Meter* T 1894 I, Bl. 48. –
68,13 *greift*] ⟨*schreit*⟩ ⟨*wirft*⟩ ebd. – **68,**14 *Schrei*] *Schrei* ⟨*der Qual*⟩ ebd.
– **68,**17 *die Sonnen*] *d*⟨*as Licht*⟩ ebd. – *Heim*] ⟨*Schloß*⟩ ebd. –
68,20 *Mund*] ⟨*Lippen*⟩ T 1894 I, Bl. 49. – **68,**27 *und niemand*] *und* ⟨*nirgend*⟩ ebd. – *Riemen*] ⟨*Schuhe*⟩ ebd. – **69,**37 *in die Nacht umher*] ⟨*rings in
Düsternis*⟩ ebd. – **69,**41 *Düsternis*] *Wolkenwand* ebd. – *Der Mond!*] danach
folgt die Zeile: ⟨*(Und Säulen schießen schimmernd aus dem Fels)*⟩ ebd. –
69,58 *spricht der Schlafende?*] *spricht* ⟨*er ? Ja er spricht*⟩ T 1894 I, Bl. 50. –
70,74 *leis*] ⟨*stolz*⟩ T 1894 I, Bl. 51.

M hat frühzeitig die Heimat und die Geborgenheit des Elternhauses ver-

loren. Die wahre Heimat des Künstlers, so empfindet der junge Dichter, ist das Reich der Phantasie. Dann aber ist es die Freundschaft, für die M besondere Begabung besaß und die ihm zeitlebens viel bedeutet hat. In dem *Jugendfreund* (**69**,60) ist unschwer Friedrich Kayssler (vgl. Kommentar zur Widmung von AUF VIELEN WEGEN, S. 818) zu vermuten.
70 AUF GRAUEM FELSBLOCK SITZ ICH SCHWERMUTSTUMM. Überlieferung: T1894 I, Bl. 36f. Datierbar vermutlich August 1894. Textvarianten: Gelegentlich mußte der grammatischen Fügung vom Hrsg. behutsam nachgeholfen werden, wenn M nämlich bei einer Korrektur der veränderten syntaktischen Beziehung nicht Rechnung getragen hat. **70**,1 *grauem Felsblock sitz'*] ⟨*einem Felsblock*⟩ ⟨*saß*⟩] T1894 I, Bl. 36. M änderte wie hier in den Versen **70**,1–11 alle Verbformen vom Präteritum ins Präsens. Am Rand vermerkte er für diesen Bereich: *Präsens.* – **70**,1 *schwermutstumm*] ⟨*wehmut*⟩ *stumm* ebd. – **70**,2 *Füße*] ⟨*Beine*⟩ ebd. – **70**,3 *durch enge Adern stockt das schwere Blut*] ⟨*mein Blut floß langsam durch die schweren Glieder*⟩ ebd. – **70**,5 *im Wirbelsturm – schlürfen*] ⟨*die Schuhe von den Füßen ziehn*⟩ ebd. – **70**,6 *irrt*] ⟨*flog*⟩ ebd. – **71**,29 *flieht*] ⟨*drängt*⟩ T1894 I, Bl. 37. – **71**,30 *fließt hinüber*] ⟨*webt sich schüchtern ein*⟩ ebd. – **71**,33 *ein Mädchenmund*] ⟨*zarter*⟩ *Mädchenmund* ebd. – **71**,36 *erschimmern*] ⟨*entquellen*⟩ auf diesen Vers folgt: ⟨*Wem birgst*⟩ ⟨*Wen bettet ihr auf sanftem Schleierlager…*⟩ / ⟨*Oh Frage, die zum eignen Weh nur frägt!*⟩ ebd. – **72**,64 *Ich bin emporgesprungen*] ⟨*Ins Wasser tritt mein*⟩ T1894 I, Bl. 38. – **72**,68 *und lautlos*] *und* ⟨*in dem Schoß*⟩ ebd. – **72**,71 *umsteigt*] *um* ⟨*spült*⟩ T1894 I, Bl. 39. – **72**,73 *den Moment*] ⟨*die Sekunde*⟩ ebd. – Von den Versen **72**,78–83 existiert auf demselben Tagebuchblatt eine zweite nahezu textgleiche Version. – **72**,75 *Oh Leben!*] ⟨*Oh Sonne!*⟩ ebd. – **72**,86–**73**,92 Die Verse stehen auf dem nächstfolgenden Blatt (40) des Tagebuchs und sind von M mit einer 1 gezeichnet, als ob es sich um die 1.Strophe eines neuen Gedichts handele. Da kein weiterer Text folgt und der Inhalt zu dem Schluß unseres Gedichts zu passen scheint, haben wir die Versgruppe hier angefügt. Dieser Gedichttorso ist ein Beispiel für das unbewußte Strömen der Bilderflut. Die Sprache tastet sich mühsam an den Bildern entlang. Die naturdämonischen Bilder – sie erscheinen hier in Jugendstilformen – werden nicht logisch gesteuert und einer gedanklichen Konzeption eingebunden. Die einschießende jugendlich-erotische Phantasie verunklärt mehr, als daß sie erhellt. Der Interpretation wären demnach kaum Grenzen gesetzt. Und jede wäre falsch. – Der Werdeprozeß ist an den Korrekturen der Handschrift ablesbar.

72,89 *Sang vom Königskind:* DAS KÖNIGSKIND ist der Titel eines vermutlich etwa gleichzeitig entstandenen Gedichts in ICH UND DIE WELT (s. o. S. 213). Zum biographisch bezeugten Erlebnis mit dem Königskind vgl. Anm. zu DAS KÖNIGSKIND, S. 847.

73 IN ADLERS KRALLEN. Überlieferung: T1894 I, Bl. 43, der Titel ist gestrichen. Datierbar vermutlich August 1894. Textvarianten: **73,**1 *Klüfte]* ⟨*Lande*⟩ T1894 I, Bl. 43. – **73,**2 *[aarartigen?]* das Wort ist wohl verschrieben; es ist nur *aratigen* oder *tratigen* zu lesen ebd. – **73,**6 *daß ihm die Last entglitt]* daß ⟨*er die*⟩ *Last* ⟨*vergaß*⟩ ebd. – **73,**7 *und auf das Herz, das preisgegebne]* ⟨*in vernichtungsschwangren Tiefen*⟩ ebd. – **73,**5 *Ägis:* Schild (des Zeus).

Schon die Handschrift des Gedichts macht deutlich, daß dieses nicht zu Ende geführt ist. Unter den Text hat M offenbar als Gedanken für die Schlußverse geschrieben: *So mancher liebt den bläulichen Rand des Dorfs, der breiten Brunnen trautes Geschwätz, des Viehs wohltönendes Geläute mehr als einsamer Höhen;* vgl. auch: *Mir ist, ich wäre ein Adler und trüge mich selbst, und meine Last dünkte mir köstlich, und ein tiefes Wohlgefühl durchströmte mich.* Abt. Aphorismen Nr. 326.

73 UNNÜTZ DER MANN. Überlieferung: T1894 I, Bl. 33. Datierbar vermutlich August 1894. Textvarianten: **73,**3 *Bergwerk]* ⟨*Acker*⟩ darüber: *Schachte* T1894 I, Bl. 33. – **73,**11 *Meißel treibe]* Spaten stoße ebd. – **73,**13 *geizende Spröde]* geizende⟨*s Erdreich*⟩ ebd. – **74,**16 *Stahl]* ⟨*Erz*⟩ ebd. – **74,**22 *ehrgeiz-gefiedert]* ehrgeiz-gef⟨*lügelt*⟩ ebd. –

74 THEOMACHIE. Überlieferung: T1894/95, Bl. 10. Datierbar vermutlich Winter 1894/95. Druck: »Das Goetheanum« 14 (1935) S. 151.

THEOMACHIE: Kampf zwischen den Göttern. Von diesem sind die irdischen Kämpfe ein (im Platonischen Sinne) Schattenbild, so daß sich in der Geschichte, dem irdischen Geschehen, ein verborgenes, geistiges Geschehen gleichsam spiegelt.

74 MEMENTO VIVERE. Überlieferung: T1894 I, Bl. 31f. Datierbar vermutlich August 1894. Textvarianten: **75,**20 *Entsetzen]* ⟨*Schreck*⟩ T1894 I, Bl. 31. – **75,**21 *allem Stroh]* abergläubischen Strohköpfen ebd. – **75,**27 *ihr Sein vergähnen]* danach folgt: ⟨*(Du bedenke: Richesse oblige).*⟩ [Reichtum verpflichtet, franz.] T1894 I, Bl. 32. – **75,**34 *unfreiwillige Rast befiehlt]* danach folgt: ⟨*Über die Dämmer*⟩ / ⟨*schweigender Gründe*⟩ ebd. – **75,**39 *daß deiner Seele]* daß ⟨*du der eignen Brust*⟩ ebd. – **76,**45 –50 mit Querstrich gestrichen, ebd.

74 MEMENTO VIVERE: Denke daran (versäume nicht) zu leben! (lat.) Die unter der Überschrift in Klammern gesetzten griechischen Worte εἰς ἑαυτόν sind der Titel von Marc Aurels »Selbstbetrachtungen« und bedeuten soviel wie das lateinische »ad se ipsum« oder (wie es M und Michael Bauer gern gebrauchten) »in me ipsum«: an mich selbst, für mich bestimmt, das geht mich an. Den griechischen Titel hat M einem seiner Epigramme gegeben: *Wie oft du's auch mit Göttern treibst.* Abt. Lyrik 1906–1914.

75,31 *Phaeton:* Sohn des Helios, der nach der griechischen Sage einmal den Sonnenwagen lenkte und mit ihm abstürzte.

76 UND DANN UM MITTERNACHT. Überlieferung: Loses Blatt im T1894 I. Datierbar vermutlich August 1894. Textvarianten: **76**,6 *hinab in die Ebne*] ⟨*und stob hinab in die Ebne*⟩ Loses Blatt im T1894 I. – **76**,8 *sittigen*] *keuschen* ebd. – **76**,9 *Schleier und Hüllen*] ⟨*hüllenden Decken*⟩ ebd. – **76**,12 *Weide*] ⟨*armen*⟩ *Weide* ebd. –

Der Text lag als loses Blatt im T, er ist mit *II* überschrieben und kann als Gegenstück zu dem Gedicht DIE WEIDEN AM BACHE in IN PHANTAS SCHLOSS verstanden werden. Warum M ihn nicht in sein Buch aufgenommen hat, ist nicht bekannt.

77 AM STILLEN WALDTEICH. Überlieferung: T1894/95, Bl. 26f. Datierbar vermutlich Winter 1894/95. Textvarianten: Das Gedicht trug ursprünglich die gestrichene Überschrift GÖTTER UNTER SICH und begann mit einer später gestrichenen Strophe:

> ⟨*Als Pan kürzlich*
> *bei uns soupierte*
> *verehrte ihm Phanta*
> *eine große*
> *kreisrunde Honigwabe*
> *zum Abschied*
> *danach ihn*
> *sehr gelüstet*⟩

T1894/95, Bl. 26.

77,1 *Am stillen Waldteich*] ⟨*Die Frösche im Waldteich*⟩ ebd. – **77**,4 *nach seiner Flöte*] danach folgen die Verse: ⟨*indessen die Nichtsänger*⟩ / ⟨*zu einem Kanon*⟩ ebd. – **77**,6 *planen inzwischen*] ⟨*bereiten indessen*⟩ ⟨*derweilen*⟩ ebd. – **77**,7 *Sees*] ⟨*Weihers*⟩ ebd. – **77**,8 *Überraschung*] ⟨*Spaß*⟩ ebd. – **77**,17 *hebt*] ⟨*schimmert*⟩ ebd. – **77**,18 *über die Flut*] *aus dem Spiegel* *der Flut* ebd. – **77**,27 *und erhebt sich*] *und* ⟨*bückt sich*⟩ ⟨*beugt sich*⟩ ⟨*steht auf*⟩ ebd. – **78**,39 *starr*] ⟨*schweigend*⟩ ebd. – **78**,44 *Beifall*] ⟨*Gelächter*⟩ ebd. – **78**,45 *Betrübt*] ⟨*Ungeduldig*⟩ T 1894/95, Bl. 27. – **78**,47 *Last*] *Kugel* ebd. – **78**,50 *und mit ihr – Spiegelbild*] *und* ⟨*ihr Spiegelbild* [darüber: ⟨*Eben*⟩ *bild*]/*im Himmelsspiegel*⟩ / *verschwindet* ebd. – **78**,56 *bitten*] ⟨*fragen*⟩ ebd.

Auf dem Bl. 26 befindet sich links oben folgende Skizze:

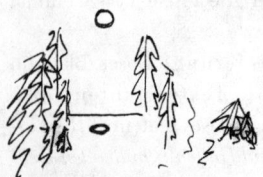

Vermutlich war das Gedicht anders geplant; den Gedanken der Honigwabe, die auch als Mondsymbol gedeutet werden könnte, hat M offenbar wieder aufgegeben.

Der Scherz am Unkenteich geht um die Vexierfrage: Was ist unten, was ist oben? Das Spiegelbild des Mondes im Teich ist offenbar die wirkliche Mondkugel, die am Himmel nur ihr Spiegelbild.

78 GESTERN ABEND GAB MIR PHANTA. Überlieferung: T 1894 I, Bl. 60. Datierbar vermutlich August 1894. Textvarianten: **78**,1 *Gestern Abend – Teegesellschaft*] ⟨*Gestern Abend hatte Phanta*⟩ / ⟨*Sie den großen Pan gebeten*⟩ hier folgten ursprünglich die Verse 5–9, die durch Einfügungszeichen an die jetzige Stelle gesetzt wurden. T 1894 I, Bl. 60. – **79**,13 *kam – Adam*] *kam das Ehpaar Adam-* ⟨*Eva*⟩ ebd. – **79**,18 *war*] davor: ⟨*Chaos*⟩ ebd.

Das nicht ausgeführte Fragment ist typisch für die mythologischen Scherzspiele der PHANTA-Dichtung, in denen M die antike Götterwelt ironisch mit den Augen des modernen Skeptikers betrachtete.

78,4 *Pan:* s. Kommentar WÄSCHE IST HEUTE WOHL, s.o. S. 756.

79,14 *Ahasver:* Ahasverus (latinisierte Form für hebräisch Achaschwerosch): Name des Ewigen Juden. Vorstellung von dem zu ewiger Wanderung verurteilten Juden. – Motivgeschichte: Der Ursprung der Legende beruht auf verschiedenen Quellen. Das Motiv des Kriegsknechtes Malchus (Joh. 18, 4–10), seit dem 6. J. bekannt, wie die Vorstellung von Johannes, der nicht stirbt, bis Jesus wiedererscheint (Joh. 21, 20–23), und der Ausspruch Jesu über die eschatologische Wiederkunft des Menschensohnes (Matth. 16, 28) trugen zur Entstehung der Legende vom wandernden Juden bei.

79,17 *Mephista:* von M gebildetes Femininum zu Mephisto, Mephistopheles; Bedeutung umstritten; vielleicht zu hebräisch mephir »Zerstörer« und »tophel« Lügner. Name des Teufels in Goethes »Faust«; im ältesten Volksbuch Mephostophiles genannt. Goethe vertiefte die volkstümliche Gestalt des Mittelalters und gab seinem Teufel geistige Überlegenheit, weltmännische Gewandtheit und zynischen Witz.

79 AN DEN AUGEN LASEST DU MIR'S AB. Überlieferung: T1894/95, Bl. 48f. Datierbar Winter 1894/95. Textvarianten: **79**,5 *gestern*] *heut' bei* T1894/95, Bl. 48. – **79**,14 *all des tauben Pompes herzlich müde*] darüber: ⟨*des tauben Pomps nicht froh*⟩ darauf folgen die Verse: ⟨*Dieser Höllenlärm der Neids' – und Hasses – / hochgeschwollnen Schar von Menschheit[s] Gnaden / gab mir*⟩ [bricht ab] ebd. – **80**,31 *Soll – Asyl*] ⟨*Hat*⟩ *Soll Dein Schloß* ⟨*uns ein Gefängnis werden?*⟩ T1894/95, Bl. 49. – *Asyl*] ⟨*ein historisches Asyl*⟩ ebd. – **80**,37 *rauh die*] ⟨*die purpurne*⟩ ebd.

80,28 *Gott ist tot:* Zitat aus Nietzsches »Also sprach Zarathustra«, Nietzsche, Werke Bd. 2, S. 115 und öfter.

80 STERNSCHNUPPENFALL. Überlieferung: T1894 I, Bl. 72f. Datierbar vermutlich August 1894. Textvarianten: **80**,9 *fröhlich dahin*] darauf folgt: ⟨*Und wo der Zug*⟩ T1894 I, Bl. 72. – **81**,18 *Früchte*] danach folgt die Zeile: *über die* ⟨*Gilde*⟩ ebd. – **81**,25 *das Lachen und Scherzen*] darauf folgt die Zeile: ⟨*den heiteren Trubel*⟩ ebd. – **81**,34 *Schritten dazwischen*] darauf folgen die Verse: ⟨*die drei*⟩ *Medusen,* / ⟨*als liebliche Musen*⟩ / ⟨*verlarvt als*⟩ [bricht ab] T1894 I, Bl. 73. – **80**,44 *aufgedonnert*] *aufge*⟨*putzt*⟩ ebd.

82 JOHANNISFEUER. Überlieferung: T1894 I, Bl. 92ff., dort auch mit BERGFEUER bezeichnet, und loses Doppelblatt, undatiert. Datierbar vermutlich August 1894. Die Reinschrift auf dem Doppelblatt wurde zur Textvorlage für die Nachlese ausgewählt. Textvarianten: **82**,1 *Feuer auf*] *Feuer*⟨*male*⟩ T1894 I, Bl. 92. – **82**,17 *schemenhaftes*] ⟨*schatten*⟩*haftes* ⟨*unsichtbares*⟩ ebd. – **82**,18 *Giganten*] ⟨*Titanen*⟩ ebd. – **82**,29 *schichtet ihr*] ⟨*tragt ihr*⟩ T1894 I, Bl. 93. – **83**,31 *ist all das Bretterzeug entwendet*] ⟨*sind*⟩ *all* ⟨*die*⟩ *Bretter* ⟨*klug geraubt*⟩ ebd. – **83**,33 *ein mühsam Werk*] *mühvoll Werk* ⟨*verwegnes Tun*⟩ ebd. – **83**,38 *Bündel*] ⟨*Päckchen*⟩ ebd. – **83**,39 *Scheiter-Fachwerk*] ⟨*Hölzer*⟩*Fachwerk* ebd. – **83**,40 *wie nennst du dich*] *wer bist wohl du*] ebd. – **83**,42 *Nun kenn' ich*] *Nun* ⟨*weiß*⟩ *ich* ebd. – **83**,47 *der Knabenlieder wirren Text geritzt*] *der* ⟨*jungen Seele*⟩ *wirren Text*

⟨gebannt⟩ ⟨gemalt⟩ T1894 I, Bl. 94. – **83**,54 *papierner Drachen*] ⟨den kühnsten⟩ Drachen ebd. – **83**,59 *Wo bist du*] Wo ⟨bleibst⟩ du ebd. – **83**,60 *Nun auf, zu Tanz und Lust!*] darauf folgt die Zeile: ⟨Gib mir die Hand;⟩ ⟨wie wird mir?–:⟩ ⟨Riesengroß⟩ ebd. – **84**,65 *in jauchzender Hast*] darauf folgen die Zeilen:

> ⟨glutenumdroht;
> blutig umloht
> das weiße nebelschwere Gewand
> Phanta die Göttin und mich den Gast
> schone und ehre der Brand.⟩
> ⟨Hinüber, herüber in jauchzender Hast
> über wehenden Glust
> mit hochatmender Brust,
> ⟨gerafft⟩ das nachttauschwere Gewand gerafft–:
> es ⟨scheue⟩ achte und ehre des Brandes Kraft
> Phanta die Göttin und mich den Gast.⟩

T1894 I, Bl. 95.

84,67 *spotten zusammen*] ⟨trotzen⟩ zusammen ebd. – **84**,68 *heißen Gefahr*] Feuer-Gefahr ebd. – **84**,78 *Es qualmt und verascht der zerstürzende Prast*] Es ⟨krümmt sich im Tode⟩ der ⟨gesammelte⟩ Prast T1894 I, Bl. 96. – **84**,79 *Befreit ward die Seele*] Wir läutern die Seele ebd. – **84**,81 *Schlacken und Fehle*] ⟨Sünden⟩ und Fehle ebd.

Daß das Sonnwendfeuer mit Brettern, die die Menschen vor der Stirn tragen, angeheizt wird – *Du glaubst nicht, Herr, wie reich der Vorrat ist* –, ist eine besonders witzige Pointe dieses Hexensabbats.

85 DER HEXENKESSEL. Überlieferung: T1894 I, Bl. 82f. und T1894 II, Bl. 108f. Datierbar vermutlich Herbst Winter 1894. Textvarianten: **85**,9 *Nahe war ich, zu erkranken*] ⟨Lag auf Felsen-Ottomane⟩ T1894 I, Bl. 82. – **85**,13 *Schlaftalaren*] Schlaf⟨gewändern⟩ ebd. – **85**,14 *seufzten – Wörtchen*] ⟨und schielten abwärts dumm und blöde⟩ ⟨matt⟩ ebd. – **85**,15 *nach dem guten, kleinen Örtchen*] nach den ⟨kaum verlaßnen Ländern⟩ darüber geschrieben: guten, ⟨alten Stadt⟩ ebd. – **85**,23 *mit neuen Gaben*] mit neuen ⟨Banden⟩ ⟨Geschenken⟩ T1894 I, Bl. 83. – **85**,24 *an diesen Platz*] ⟨an dein Reich⟩ ⟨Schloß⟩ ebd. – **85**,27 *Im Reich der Zwerge*] ⟨Entweder im Tale⟩ ebd. – **86**,34 *Gib mir Licht*] ⟨Entscheide dich⟩ ebd. – **87**,67 *Höllentiere*] ⟨Teufels⟩tiere T1894 II, Bl. 108. – **87**,69 *schwoll und* *sott*] ⟨*dampfte*⟩, *sott* T 1894 II, Bl. 109. — 87,86 *Boten*] ⟨*Vampiren*⟩ ebd. — 87,89 *und fügt es sich wieder*] *und fügst du es wieder* ebd. — 87,92 *auf kurzes gegeben*] *auf* ⟨*eine Stunde*⟩ *gegeben* ebd. — 87,96 *dreifach getrennt*] *dreifach ge*⟨*schieden*⟩ ebd. — 87,97 *in dir zu tragen*] ⟨*unter einer Stirn*⟩ ebd. — 88,98 *jeden Moment*] ⟨*dreifach im selben Moment*⟩ ebd. — 88,101 *wie aus drei Köpfen*] ⟨*gleichsam*⟩ *aus drei Köpfen* ebd.

Auch dieses Gedicht ist Fragment geblieben. Die in den Tagebüchern verstreuten Bruchstücke sind von M auch nicht zusammengefügt, lassen vielmehr ein Schwanken der Konzeption erkennen. Der wiedergegebene Text ist aus den beiden größten und wichtigsten Textstellen kompiliert, ohne daß in den Wortlaut eingegriffen wäre. Eine andere Version lautet:

> ⟨*Drauf sagte sie:* »*Nun merke:*
> *In diesen Kesseltopf*
> *nimm ab den dummen Kopf*…
> *wirf deinen kranken Kopf*
> ⟨*getrost*⟩*! Es dient zum besten Werke!*
> ⟨*Denn wisse aufgebrüht*⟩
> *Gekocht und weich gesotten*
> *wird da der harte Tropf*⟩
>
> *Nun fing sie an zu spotten:*
> *Es wird in diesem* ⟨*Hexen*⟩ *Topf*
> *der dümmste, zäheste Kopf*
> *gekocht und weich gesotten*
>
> *Drum fass' mit wohlgemuten*
> *Händen ihn fest am Schopf*
> *und wirf den* ⟨*zähen*⟩ *harten Tropf*
> *hinein in diese Fluten.*
>
> *Sie sind aus junger Herzlein*
> ⟨*geweihten*⟩ *keimschwangeren Blut gebraut*
> *die, eh' ihr morgen gegraut,*
> *verloren ihr Lebens-Kerzlein*
>
> *Und was in ihrem Hirne*
> *geruht unaufgetaut*
> *das wird in deinem laut*
> *und weht um deine Stirne*

T 1894 I, Bl. 84 f.

Eine dritte Version lautet:

> *Ad der Hexenkessel.*
>
> *Ich sah den Stab sie heben*
> *da hatt' ich keine Wahl*
> *ich konnt' nicht widerstreben*
> *und tat, wie sie befahl*
> *ich nahm mich selbst beim Kragen*
> *und warf den* [bricht ab]

T1894 I, Bl. 79.

Dem grotesk-unheimlichen Einfall, daß Phanta den Träumer veranlaßt, seinen eigenen Kopf in den Hexenkessel zu werfen, folgt der originell-geistreiche, daß sich nach dieser Prozedur alle folgenden Erlebnisse gleichzeitig auf dreierlei, ganz unterschiedliche Art in seinem Hirn spiegeln.

88 Mit einem Mal, ich weiss nicht, wie's gekommen. Überlieferung: T1894 II, Bl.110f. Datierbar September bis Dezember 1894. Textvarianten: **88**,16 *vernimmst du nicht*] ⟨*hörst du der Zukunft*⟩ T1894 II, Bl.110. – **89**,17 *O Daseinsglück*] *O* ⟨*heil'ges*⟩ *Daseinsglück* ebd. – **89**,31 *Die Bürger könnten wohl Asphalt sich leisten*] ⟨*Ein Omnibus mag gute Dienste leisten*⟩ T1894 II, Bl.111. – **89**,36 *da solltest Du?*] ⟨*wirst Du nicht sein*⟩ ebd. – **89**,37 *Ob Kätchen – Hausflurlampenschimmer*] ⟨*Ob Lenchen*⟩ *wieder Marzipan noch /* ⟨*wie einst, kann kochen*⟩…⟨*Endlich oben!*⟩ ebd. – **89**,39 *Mein erstes Omen: schlürfende Pantoffel*] *Als erstes grüßt ihr schlürfernder Pantoffel.* – ebd. – **89**,43 *Weil du nur wieder da bist! rief das Mädchen*] *Weil du nur* ⟨*endlich*⟩ *da bist! rief* ⟨*die Kleine*⟩ ebd. – **89**,45 *sie blieb mir treu*] ⟨*mein liebster Schatz!*⟩ ebd. – **89**,48 *ist auch noch da*] ⟨*das hast du auch noch*⟩ ebd. –

Der Text folgt im T, nur durch einen Absatz getrennt, auf das vorige Gedicht, so daß es unklar ist, ob M die beiden Gedichte als Einheit verstanden wissen wollte. Möglich wäre auch, daß das zweite Gedicht einen Epilog-Entwurf darstellt.

90 Venus Urania [Erste Fassung]. Überlieferung: T1894 I, Bl.74f. Datierbar vermutlich August 1894. Textvarianten: **90**,4 *steht er geründet*] ⟨*schimmernd*⟩ *geründet* T1894 I, Bl.74. – **90**,6 *entzündet*] ⟨*verbündet*⟩ ebd. – **90**,9 *heimlich – dürfe*] *die* ⟨*prächtige*⟩ *Waffe spannen dürfe* darauf folgen die Verse: ⟨*daß sie den Pfeil meiner* ⟨*Geistes*⟩ *Sehnsucht*

In Phantas Schloß [Nachlese] 789

würfe / in Fernen, draus noch kein ⟨*nie ein*⟩ *Strahl / in Menschenaugen sprühte*⟩ ebd. – **90**,15 *schaust und träumst du, mein Lug-ins-All*] darauf folgen die Verse: ⟨*als könnte je die letzten Sterne / schimmern schauen dein Flug ins All*⟩ ebd. – **90**,17 *irrst*] ⟨*flatterst*⟩ T 1894 I, Bl. 75. – **90**,20 *Zephir*] ⟨*Hauch*⟩ ebd. –

Für die erste Strophe findet sich neben einer kleinen Zeichnung

folgende Version:

> VENUS URANIA
> ⟨*Gelehnt an grauer Wolken Seidenwand*
> *ein Bogen, wohl von einer Gottheit Hand.*
> *Nachlässig hingestellt. Ob weitem Land*
> *erglänzt er wunderfein geründet*⟩

T 1894 I, Bl. 76.

Eine andere Fassung lautet:

> ⟨*Wo silbergrau die Regenwand*
> *die Erde überdehnt*
> *hat irgendeiner Gottheit Hand*
> *den bunten Bogen hingelehnt*
> *im Wunderglanz geründet*
> *bewölbt er*⟩ [bricht ab]

T 1894 I, Bl. 96.

Die dritte Fassung lautet:

> *Fühlst du nicht ein heilig Wehen*
> *ein tiefes Sehnen* [nach?]
> *Glück und Schönheit, Liebe*
> *Frieden, Reinheit*
> *Das ist die Nähe einer Gottheit.*
> *Schau, das ist keiner wilden*
> *Jägerin Bogen. Venus*
> *Uranias sanfter Bogen ist's.*
> *Doch kein Cupido spannt ihn*

*für sie. Drum stellt
sie ihn von Zeit zu Zeit in
die Wolken, ob nicht einer
mit ihm ins Herz der
Menschheit den Gluten-
pfeil der Schönheit schösse,
der unnennbare Sehnsucht
weckt nach ihr, der
Schönheit Göttin, Venus Urania.*

T 1894 I, Bl. 119 und Bl. 118.

VENUS URANIA: *Venus:* bei den Römern Begriff für Anmut und Liebreiz, personifiziert zur Göttin der Liebe und mit der griechischen Aphrodite gleichgesetzt. *Urania:* (die Himmlische, griech.) Beiname der Göttin Aphrodite.

90,2 *Nimrod:* im Alten Testament (1.Mose 10, 8f.) ein mächtiger Städteerbauer und »gewaltiger Jäger vor dem Herrn«.

90,20 *Zephir:* sanfter Wind, besonderer Westwind; in der griechischen Mythologie Sohn des Astraios und der Eos.

90,21 *Äols-Psalter:* Äolsharfe, Windharfe, Geisterharfe, ein schon in der Antike bekanntes Instrument aus einem Schallkasten mit aufgespannten, auf den gleichen Ton gestimmten Saiten, die im Wind infolge ihrer unterschiedlichen Dicke obertönig in Dreiklängen erklingen.

91 DER REGENBOGEN [Venus Urania. 2.Fassung]. Überlieferung: T1894/95, Bl. 16f. Datierbar vermutlich Winter 1894/95. Textvarianten: **91**,19 *wie ein Teufel*] ⟨*ihn, den Gott der Schönheit*⟩ T1894/95, Bl.16. – **91**,31 *tief ins Herz*] darauf folgen die Verse: ⟨*Daß wieder Freude und Schönheit*⟩ / ⟨*auf ihre Banner sie schriebe*⟩ T1894/95, Bl.17. – **92**,32 *Daß zehrende Sehnsucht sie reinigt*] *Daß* ⟨*ihre Wunde sie triebe*⟩ ebd. – **92**,35 *im Tempel – beten*] darauf folgen die Zeilen: ⟨*der Schönheit, die das kleinste / daß alle Dinge sie neu / daß* ⟨*neu*⟩ *die Welt sie taufe und alle / an neuen Glaubens Born*⟩ ebd. – **92**,46 *Bogen*] ⟨*Waffe*⟩ T1894/95, Bl.18. – **91**,1 – **92**,39 *An die grauseidene Wolkenwand – wenn es denkt*] im T gestrichen.

91,11 *Diana:* römische Göttin, als Jagdgöttin der Artemis gleichgesetzt. Ihre angesehensten Kultstätten waren das Heiligtum am Berg Tifata bei Capua und der heilige Hain von Aricia am Nemisee.

91,11 *Apoll:* vgl. Kommentar zu WOLKENSPIELE, S.757.

91,14 *Eros:* der griechische Gott der Liebe. Schon Hesiod besingt ihn als den nach dem Chaos und der Erde ersterstandenen und schönsten der Götter.
92 Wo ERD UND HIMMEL. Überlieferung: T1894/95, Bl. 11 und T1894 II, Bl. 92. Datierbar vermutlich September 1894 bis Februar 1895. Textvarianten: **92,**4 *ein Riese*] *ein ruhender Riese.* Darauf folgt: *Ist es Pan?* T1894 II, Bl. 92. – **92,**5 *Das massige Haupt*] darauf folgt die Zeile: *halbabgewandt* ebd. – **92,**7 *träumt er*] ⟨*schaut*⟩ *er* ⟨*der*⟩ ebd. – **92,**13 *Und mein Geist*] *Und meine Lippen* T1894/95, Bl. 11. – **92,**14 *frägt uralte Fragen*] ⟨*munkeln*⟩ *uralte Fragen* ebd. – **92,**9 – **93,**18 *In schweren Gedanken – Ist Gott?*] im T1894/95, Bl. 11 gestrichen.
93 MONDAUFGANG [I]. Überlieferung: T1894 II, Bl. 78f. Datierbar September – Dezember 1894. Textvarianten: **93,**3 *gieriger*] ⟨*klammernder*⟩ T1894 II, Bl. 78. – **93,**4 *schwebst du*] ⟨*hebst du dich*⟩ ebd. – **93,**7 *süße Selene*] ⟨*weiße Sonne der Nacht*⟩ ebd. – **93,**8 *Züchtige Schleier*] darüber geschrieben: ⟨*Blasses Gestirn*⟩ ⟨*Lieblicher Stern!*⟩ ebd. – **94,**20 *Andacht*] ⟨*Ehrfurcht*⟩ ebd. – **94,**22 *Ferne nur schreit*] ⟨*im dichtesten Forst*⟩ ebd. – **94,**29 *mildem*] ⟨*süßem*⟩ T1894 II, Bl. 79. – *in mildem Vergessen*] darauf folgt:

⟨*(Segne, Selene,*
keusche Göttin
mein müdes Mädchen
da drunten im Tal
streich' ihr mit lindem
Zauber die Lider
und nimm ihr mein Bild
aus sehnender Seele.
Keusche Göttin,
du weißt, warum.)⟩

ebd.

94,30 *Weiten*] ⟨*Wogen*⟩ ebd. – **94,**33 *lenkst du hinaus*] *gleitest du hin* ebd. – **94,**34 *liebreizende Göttin Selene*] ⟨*in gläserner Muschel / der Selene*⟩ ebd. – **94,**36 *deiner Anmut*] ⟨*deiner Güte*⟩ ebd. – **94,**40 *selig*] ⟨*heilig*⟩ ebd. – **94,**42 *Herrin*] ⟨*Sonne*⟩ *Seele* ebd. – Unter das Gedicht hat M geschrieben: *erlebt wie alles.*
93,7 *Selene:* griechische Mondgöttin, der bei den Römern Luna entspricht. Schwester des Helios (Sonne) und der Eos (Morgenröte).

94 MONDAUFGANG [II]. Überlieferung: T1894 II, Bl. 92, dort mit MOND-AUFGANG überschrieben, und T1894/95, Bl. 10. Datierbar vermutlich September 1894 bis Januar/Februar 1895. Textvariante: **94**,3 *grenzen*] ⟨*zeichnen*⟩ *heben* T1894 II, Bl. 92.

95 MONDAUFGANG [III]. Überlieferung: T1894/95, Bl. 38, dort mit MONDAUFGÄNGE überschrieben. Datierbar vermutlich Winter 1894/95. Textvarianten: **95**,1 *Wie wenn die Flut*] darüber ist geschrieben: ⟨*Wie wenn die Flut / im Äthermeere / ⟨rückkehrte⟩*⟩ T1894/95, Bl. 38. – **95**,4 *vom dunklen Riffe*] *von dunklen* ⟨*Korallen*⟩ ebd. – **95**,6 *der gestrandeten Jacht*] ⟨*der*⟩ ⟨*einer*⟩ *der gestrandeten Jacht* ebd. – **95**,8 *heben*] ⟨*schaukeln*⟩ ebd. – **95**,13 *der Wälderklippen:*] ⟨*auf greifgieriger Wälder*⟩ ebd. – **95**,15 *kräftiger Frische*] *starkem Atem* ebd. – M hat neben das Gedicht folgende kleine Zeichnung gemacht:

96 DAS RABENSCHWARZE / GEZELT DER NACHT. Überlieferung: T1894 I, Bl. 99. Datierbar vermutlich August 1894. Textvarianten: **96**,5 *schlappt*] ⟨*wallt*⟩ T1894 I, Bl. 99. – **96**,10 *Segel*] *Tücher* ebd. – **96**,11 *Berge*] ⟨*Erde*⟩ ebd. – **96**,20 *herausgeschnellt*] ⟨*gefangen wurden*⟩ ebd.

96 LIEBESLIED AN PHANTA. Überlieferung: T1894 I, Bl. 102f. und Bl. 108f. Datierbar vermutlich August 1894. Textvarianten: **96**,2 *den Menschen, freitest*] ⟨*aus Nacht be*⟩*freitest* T1894 I, Bl. 102. – **96**,4 *Gast*] ⟨*Freund*⟩ ebd. – **96**,5 *goldne Blitzes-Saiten – Dithyrambe*]

> ⟨*auf der grauen Wolkenleier* [darüber: *laute*]
> *spann ich goldne Blitzessaiten*
> *deiner Schönheit Preis und Feier*
> *sing und spiel ich in die Weiten.*
> *Auf die graue Wolkenleier* [darüber: *gambe*]
> *Blitzessaiten-Netze spann' ich*
> *und* [bricht ab]

ebd.

97,12 *Glaubens-Weihrauchkerzen*] ⟨*trübe*⟩ *Weihrauchkerzen* ebd. – **97**,13 *frommer Ideale*] ⟨*süßer*⟩ *Ideale* ebd. – **97**,17 *Aber mocht' – süß be-*

rauschen] ⟨*Doch*⟩ *an all den* ⟨*süßen*⟩ *Giften /* ⟨*ob sich auch der Geist*⟩ *berauschte* T1894 I, Bl.103. – **97**,19 *klomm ich*] ⟨*stieg*⟩ ⟨*er*⟩ *ich* ebd. – **97**,20 *kaltem Sturmwort – zu lauschen*] ⟨*drauf der*⟩ *Sturm* ⟨*die Nebel bauschte*⟩ ebd. – **97**,22 *an das Kind – Prahlen*] ⟨*mir, dem Knaben*⟩, *vorzuprahlen* ebd. – **97**,26 *sang Valet dem Märchenschimmer*] *sang* ⟨*die Märchenwelt in Scherben*⟩ *darüber:* ⟨*schlug in Trümmer Langverehrtes*⟩ ebd. – **97**,28 *und verließ das Tal auf immer*] darauf folgen die Verse:

⟨*Weinend sank am Fels ich nieder*
drang mir Dorfgeläut zu Ohren
ward nicht los die alten Lieder!
Doch die Heimat – war verloren.⟩

⟨*Lange zog ich so, ein Wandrer,*
ruhlos, heimlos durch die Berge
morgen schon als heut' ein andrer
bald bei Hirtenvolk ⟨*am Feuer*⟩ *das Lager*
bald mit Gems' und Aar gemeinsam
stolz und hart, ein kecker Wager,
aber einsam ach! Doch einsam.⟩

T1894 I, Bl.103 und 104.

97,30 *hoffnungsbang – zu tragen*] ⟨*schritt ich hoffnungsleichten*⟩ ⟨*starken Fußes*⟩ ebd. – **97**,31 *unzähligen*] *der Wissenschaft* ebd. – **98**,41 *müd vom Streiten*] ⟨*krank und klagend*⟩ ebd. – **98**,42 *erlag*] ⟨*zusammensank*⟩ ebd. – **98**,43 *Weibischen*] ⟨*Weichen*⟩ ebd. – **98**,45 *versungnen*] ⟨*abgeklungnen*⟩ T1894 I, Bl.105. – **98**,48 *Herdenvolk-Gewühle*] ⟨*lauten Volks*⟩*Gewühle* ebd. – **98**,65 *So sah ich – breite Spur*] ⟨*So sah ich heut auf goldnem Wagen, /* ⟨*erhellend weit die dunkle*⟩ *Flur / den Genius der Menschheit jagen*⟩ T1894 I, Bl.108. – **98**,65 *durchschlagen*] *durch* ⟨*flossen*⟩ ebd. – **98**,67 *auf goldnem Wagen*] ⟨*mit stolzen Rossen*⟩ ebd. – **98**,68 *den Ball*] ⟨*sein Reich*⟩ ebd. – **98**,69 *Ein König – Völker Reich*] ⟨*Es glänzte weit der dunkle Anger / in stolzer Rechten trug und schwang er*⟩ ebd. – **99**,81 *Quadrige*] ⟨*Wunderwagen*⟩ T1894 I, Bl.109. – **99**,82 *emporstieg*] ⟨*bannt*⟩ ebd. –

Nach dem hymnisch jubelnden Anfang ist dem Gedicht und seinem breit dahinrollenden Strophen offenbar der Atem ausgegangen. Ob die letzten Verse, bei denen der ursprünglich trochäische Rhythmus in einen jambischen übergeht, unmittelbar an das Vorhergehende anschließend zu denken sind, kann aus der Handschrift nicht eindeutig geschlossen werden.

96,3 *Jovis:* Genitiv von Jupiter (lat.)

96,6 *Gambe:* italienisch Viola da gamba, Kniegeige, Streichinstrument mit sechs, bisweilen auch fünf oder sieben Saiten, ruht beim Spielen zwischen oder auf den Knien.

96,8 *Dithyrambe:* s. Kommentar zu Das Hohelied, S. 763 f.

97,16 *Zähre:* Träne.

98,66 *Lohe:* Glut, Flamme.

99,81 *Quadrige:* Quadriga, das von einem Streit-, Renn- oder Triumphwagen (der Antike) aus gelenkte Viergespann.

99 Es lieben die Götter. Überlieferung: T 1894 II, Bl. 93. Datierbar vermutlich September – Dezember 1894. Textvariante: **99**,3 *Doch rat' ich sie alle*] ⟨*Kann ich vom Rücken aus / raten*⟩ T 1894 II, Bl. 93.

99,1 – **99**,25 *Es lieben die Götter – zum Äther emporschwebt*] im T gestrichen.

100 Die nächtliche Fahrt. Überlieferung: T 1894 II, Bl. 87. Datierbar vermutlich September bis Dezember 1894.
Dieser Text in kaum rhythmisierter Prosa ist offenbar die Skizze zu einem nicht geschriebenen Gedicht.

100 Oh Nacht, wie bist du tief! Überlieferung: T 1894 II, Bl. 88. Datierbar vermutlich September bis Dezember 1894. Textvarianten: **100**,5 *fliehe ich zitternd*] ⟨*wandre ich rastlos*⟩ T 1894 II, Bl. 88. – **101**,9 *ein wirrer – Lager*] ⟨*den Arm schlug Phanta / zu Häupten mir / saß Phanta*⟩ ebd. – **101**,17 *und folgte*] ⟨*und ging mit ihr.*⟩ ebd.
Der Text könnte mit dem vorigen in Zusammenhang stehen. Im T ist die ganze Seite gestrichen.

101 Die Sonne der Toten. Überlieferung: T 1894/95, Bl. 14. Datierbar vermutlich Winter 1894/95. Textvariante: **101**,9 *feuerflüssige*] ⟨*feuer*⟩ ⟨*glühende*⟩ T 1894/95, Bl. 14.
Eine eindrucksvolle Vision, wenn der Text auch mehr wie die Skizze zu einem Gedicht wirkt. Im T hat M mit Bleistift *Naturwissenschaftliche Studien dazu machen* an den Rand geschrieben.

102 Der Friedhof. Überlieferung: T 1894/95, Bl. 42. Datierbar vermutlich Winter 1894/95. Textvarianten: **102**,9 *umschließt* [*es*] *seine Urne*] ⟨*ragt über ihm*⟩ T 1894/95, Bl. 42. – **102**,11 – **102**,21 *Steinerne Fratzen – alles in Stein*] im T gestrichen. An den Rand hat M *Gedanke gut, doch auszuarbeiten* geschrieben.

102 Tragik alles Seins. Überlieferung: T 1894 I, Bl. 61; neben dem T existiert noch eine Schreibmaschinenabschrift der ersten 6 Zeilen auf einem Zettel, ebenfalls *Tragik alles Seins* überschrieben. Textvarianten: Über dem Titel steht: *Das Letzte ... (oder dergleichen)*. T1894 I, Bl. 61. – **103**,7 *hefte*] *(lege)* ebd. – **103**,8 *gedankenvoll*] *(wohl sinnend legt)* ebd. – **103**,9 *wohl legt auf*] *(auf irgend)* ebd.

In diesen Versen ist der durch die Nietzsche-Lektüre, durch das Zarathustra-Wort »Gott ist tot« (Nietzsche, Werke, Bd. 2, S. 205 und 343) bewirkte Zusammenbruch konventionellen Transzendenz-Glaubens zu spüren.

102,4 *Ahasver:* vgl. Kommentar zu GESTERN ABEND GAB MIR PHANTA, S. 784.

103 HIMMEL, ERDE UND MEER... Überlieferung: Das Gedicht ist dreifach handschriftlich auf losen Blättern überliefert, jedesmal mit meist geringen textlichen Abweichungen, die aber Einblick in die Entwicklung des Entwurfs geben. Alle drei Fassungen stammen von 1893. Die erste (H¹) trägt die Überschrift: HIMMEL, ERDE UND MEER... *Eine Naturphantasie.* Der Text steht in der Gegenwartsform. Der Dichter verwendete bei der Niederschrift violette Tinte, wie oft bei seinen ersten Entwürfen. Die zweite (H²) hat den hier übernommenen Titel HIMMEL, ERDE UND MEER... *Eine Rhapsodie von Christian Morgenstern (1893).* Auch sie steht noch im Präsens. In der vermutlich letzten Fassung (H³), die wir hier wiedergeben, ist die Zeitform in die des Präteritums geändert. Durch die vorangestellte Zeile: *Hört, was ich träumte!* erhält die Handlung den Charakter einer Traum-Vision. Kleine textliche Änderungen aus Geschmacks- bzw. Taktgründen – das Holzkreuz wird zum Zaun, der Eichbaum wird zu der Toten hin und nicht mehr auf sie geschleudert – sowie die saubere Reinschrift legen ebenfalls nahe, diese Fassung für die letzte, also endgültige zu halten. Textvarianten: **103**,5 *glomm*] *glüht* (H¹) Bl. 1. – **103**,7 *sang*] *wiegt* (H¹) und (H²) ebd. – **103**,12 *schlug den getreuen Mantel um*] *ich schlage den weiten Mantel um* (H¹) und (H²) ebd. – **103**,14 *schritt ich das dunkle Dorf hinab*] *schreit' ich die finstre Dorfgasse hinab* (H¹) *schreit' ich das finstre Dorf hinab* (H²) ebd. – **103**,16 *Und ich liebte*] *Denn ich liebe* (H¹) und (H²) ebd. – **103**,17 *Empor – Strandkliff*] *Und empor klimm ich den Strandfels* (H¹) *Empor klimm' ich das Strandkliff* (H²) ebd. – **103**,18 *dran sich prankend*] *an dem brüllend* (H¹) und (H²) ebd. – **104**,19 *hinaufwarf*] *hinaufrast* (H¹) und (H²) ebd. – **104**,20 *An einen alten Zaun geklammert*] *Den Arm / um ein altes Holzkreuz geschlungen* (H¹) *Den Arm um ein altes Holzkreuz geschlungen* (H²) ebd. – **104**,21 *lauscht' – Chaos*] *schau ich hinein in das tobende Chaos* (H¹) und (H²) ebd. – **104**,25 *Schwoll's hohl aus anrollender Flut*] *Grollt hohl die* *anrollende Flut* (H¹) und (H²) ebd. – **104**,26 *langer Schaum-Arm*] *weißem Schaum-Arm* (H¹) und (H²) ebd. – **104**,27 *schleppte – lebenswarm*] *wirft sie auf den Dünen-Spieltisch / ein junges liebliches* ⟨*Blut*⟩ *Weib… /* ⟨*eine rosige Maid, noch lebenswarm*⟩ (H¹) *wirft sie auf den Dünen-Spieltisch / ein junges liebliches Blut / eine rosige Maid, noch lebenswarm* (H²) ebd. – **104**,31 *hob seine*] *reckt seine* (H¹) und (H²) ebd. – **104**,32 *und nahe*] *und unweit* (H¹) und (H²) Bl. 2. – **104**,33 *riß*] *reißt* (H¹) und (H²) ⟨*wurzelt*⟩ (H⁵) ebd. – **104**,34 *und schmetterte ihn mit Sturm-Fingern*] *und schleudert mit Sturmfingern* (H¹) und (H²) *und schleudert mit Sturm-Fingern ihn* (H⁵) ebd. – **104**,35 *zur Jungfrau auf den nassen Sand*] *ihn auf d*⟨*ie*⟩ *er Jungfrau entseelten Leib* [geändert aus: ⟨*entseelt und blaß*⟩] (H¹). *ihn auf die Jungfrau entseelt und blaß* (H²) ebd. – **104**,37 *scholl*] *dröhnt* (H¹) und (H²) ebd. – **104**,38 »*Treff-As!*«] »*Eichel-As!*« (H¹) und (H²) ebd. – **104**,39 *Da spliß –* »*Trumpf!*«]

> *Da kracht es in den Tiefen der Erde,*
> *und bricht und reißt sich klaffende Bahn:*
> *es stürzt wie aus kreißendem Vulkan,*
> *und hüllt in Staub*
> *Felsen und Wogen und Wolken,*
> *und unterirdische Donner rollen*
> *und schüttern dumpf:*
> »*Trumpf!*«

H¹ ebd.

> *Da öffnet drüber* […] *das Kliff die Brust*
> *und von Blöcken und Schollen in wilder Wust*
> *wirbelt, die Nacht mit Krachen erfüllend,*
> *Felsen, Wogen und Wolken*
> *in Erde hüllend*
> *nieder mit Sausen und Rollen…*
> *und dumpf*
> *brüllt es empor:*
> »*Trumpf!*«

H² ebd.

104,48 *Ich lag am Boden – das Meer und den Himmel!*]

> *Ich lehne noch immer am Holzkreuz*
> *die Augen geschlossen,*
> *die Brust halberstickt,*
> *und ringe nach Atem.*
> *Als ich endlich aufblicke,*
> *da seh' ich, wie zu Ende das Spiel.*
> *Und der Himmel wischt sich den Schweiß ab,*
> *daß er in langen Streifen herniederträuft;*
> *und das Meer schlägt sich den Busen*
> *mit vorwurfsvollen Wellenhänden;*
> *die Erde aber hadert wild mit sich*
> *sträubt und schüttelt verstört ihr Wälderhaar,*
> *zerknirscht und voll Abscheu vor dem Sturm*
> *der bösen Spielleidenschaft,*
> *der von Zeit zu Zeit die sonst so gutmütigen*
> *drei Gesellen völlig rabiat macht.*
> *Schüchtern glotzt durch Nebel-〈Gewebe〉 〈Gardinen〉fetzen*
>   *der Mond,*
> *und als er mich sieht,*
> *begrüßt er mich achselzuckend.*
> *Und achselzuckend deutet er*
> *auf einen schwarzen Fleck nahe am Strande.*
> *Und ich erkenne schaudernd*
> *aus einem Lawinenhügel*
> *Äste hervorstarren – und ganz unten,*
> *wo die bleichen Wasser bis heran lecken,*
> *ragt eine weiße Menschenhand*
> *aus dem Geröll heraus.*
>
> *So trog mich also kein Traumbild:*
> *Hier liegen die Karten.*
> *Hier übertrumpfte die Erde*
> *das Meer und den Himmel.*
>
> H¹, Bl. 2 und Bl. 3.

Ich lehne noch immer am Holzkreuz,
die Augen geschlossen,
die Brust halb erstickt,
und ringe nach Atem.
Als ich endlich aufblicke,
seh' ich daß zu Ende das Spiel.
Der Himmel wischt sich den Schweiß ab,
daß er in langen Streifen herniederträuft…
Das Meer schlägt sich den Busen
mit vorwurfsvollen Wellen-Händen…
Die Erde hadert wild mit sich,
sträubt und schüttelt verstört ihr Wälder-Haar,
zerknirscht ob der bösen Spiel-Leidenschaft,
die immer wieder die sonst so biedern
drei Gesellen völlig rabiat macht.
Schüchtern glotzt durch Nebelfetzen der Mond –
und als er mich sieht,
erscheint er ganz
und begrüßt mich achselzuckend.
Und achselzuckend deutet er
auf eine dunkle Masse am Strande
und ich ⟨erkenne⟩ schaue schaudernd
aus einem Lawinen-Hügel
Äste hervorstarren –
und ganz unten –
wo die bleichen Wasser bis heran lecken,
ragt eine weiße Menschenhand
aus dem Geröll heraus.

So trog mich also kein Traumbild: –
Hier liegen die Karten!
Hier übertrumpfte die Erde
das Meer und den Himmel.

H², Bl. 2 und Bl. 3.

Zur Entstehung: Aus einem Brief Ms an Max Osborn vom 8.8.1895: *Es war im Sommer 1893, als ich von München aus einige Gedichte dem »Zuschauer« sandte, deren eines gegen die Form- und Zuchtlosigkeit moderner Modernster eiferte.*

Ich war damals noch ganz auf die Kunst von ehedem geeicht, und verspottete aus fröhlichem Unverständnis heraus alles, was mir gegen den Strich ging. Der »Zuschauer« gab mir meine Carmina zurück und versetzte mit dadurch in große Entrüstung, so daß ich mich hinsetzte, eine Phantasie (wohl meine erste) in freien Rhythmen hinzuwerfen, in welcher ich parodistisch alle Neutöner übertrumpfen wollte. Es ging an –

> *Himmel, Erde und Meer*
> *spielen Hasard*

und behandelte einen Kartenwurf dieser drei Spieler, den ich von einem Standfelsen aus beobachtete. Der Himmel reißt einen Eichbaum aus – Eichel-As; das Meer wirft ein totes Mädchen ans Ufer – Coeur-As; die Erde wirft Staub und Geröll über alles – Trumpf-As. Das Gedicht wurde damals nicht recht fertig und blieb liegen, bis ich es im Winter 1893/94 einem Freundeskreis zulieb, der mich in meiner Krankheit häufig besuchte, wieder vornahm und vollendete. Meine Freunde fanden viel mehr daran als ich selbst, und ihr Beifall machte mich zuerst darauf aufmerksam, daß eine solche Art vergewaltigender Naturbetrachtung nicht ohne Reiz und Originalität sei. (BRIEFE. Auswahl (1962) S.58) Max Osborn antwortete am 10.8.1895: »Für Ihre Mitteilungen über die Hasard-Phantasie danke ich Ihnen bestens; ich werde sie mir für eine künftige Geschichte der modernen Literatur aufbewahren. Das Spielmotiv selbst ist ja nicht neu. Oft tönt es im Volkslied an, und der Tod ist dann meist der, der Trumpf-As ausspielt und die ganze Partie gewinnt – Carl Busse hat es auch einmal benützt. Aber Ihre Einkleidung ist viel packender und origineller.«

Das Gedicht stammt nicht, wie man vermuten könnte, aus der Zeit von Ms erster Nordsee-Reise (die erst 1895 stattfand), sondern ist in München entstanden, und der Dichter hatte damals das Meer noch nicht gesehen. Wie der zitierte Brief ausdrücklich sagt, ist es *parodistisch* gemeint und gegen das forcierte Pathos poetischer *Neutöner* gerichtet.

Die Phantasie-Vorstellung der vom Meer an den Stand gespülten ertrunkenen Frau ist das Motiv eines Gedichts in T1894 II, Bl.75.

> *Am Strande liegt*
> *im blauen Dämmerlicht*
> *ein nacktes junges Weib*
> *vom Meere ausgewogt.*

> *Im Osten ⟨schiebt⟩ taucht*
> *der Sonne ⟨Scheibe⟩ Angesicht sich*
> *empor den Horizont*
> *und küßt die Stirn der See.*
>
> *Von ferne rollt*
> *ein Purpurkamm daher*
> *⟨von⟩ mit tausend Rosen ⟨glüht⟩ schmückt*
> *hochzeitlich sich die Flut*
>
> *⟨Und aufwirft⟩*
> *Ein Rosensturz*
> *wirft sich den Strand hinauf*
> *und überblutet ⟨rot⟩ ⟨grell⟩ tief*
> *den ⟨bleichen⟩ weißen Frauenleib*
>
> *und hebt ihn auf:*
> *Vom Sande gleitet er*
> *ins brandende Gewell*
> *des Ozeans zurück.*
>
> *⟨Verschüttet ganz⟩*
> *⟨Von⟩ Und Rosenpracht*
> *begräbt ihn ganz und gar*
> *und schüttet endlos sich*
> *in Bergen über ihn.*

Eine bemerkenswerte Parallele zu Ms Traumphantasien, den Mondbildern aus PHANTA und Girauds »Pierrot Lunaire« (vgl. Einführung zu PHANTA) sowie den naturmythischen Grotesken von HIMMEL, ERDE UND MEER enthält ein Gedicht »Närrische Träume« von Gustav Falke (erschienen in der Zeitschrift »Pan« 3(1897) S. 101). Der Anfang lautet:

> Heute Nacht träumte mir, ich hielt
> den Mond in der Hand
> wie eine große goldne Kegelkugel,
> und schob ihn ins Land
> als gälte es alle Neune.
> Er warf einen Wald um, eine alte Scheune,
> zwei Kirchen mitsamt den Küstern, o weh,
> und rollte in den See.

In Phantas Schloß [Nachlese] 801

> Heute Nacht träumte mir, ich warf
> den Mond ins Meer.

Duplizität der Fälle? Hat Falke von M oder Giraud Anregungen erhalten?

103,3 *Hasard:* Kurzwort für Hasardspiel, Glücksspiel.
105 POSEIDON UND SELENE. *Ein Mond- und Meer-Mythos.* Überlieferung: T 1897/98, Bl. 22–25, mit dem Titel MYTHOS. Datiert: *7.10.1895* und *26.5.1897.* Drei weitere Fassungen auf Einzelblättern, handschriftlich, im Nachlaß (H¹, H², H³). H¹ steht auf der Rückseite des Manuskriptblatts, das aus dem Singspiel UNTER DER DORFLINDE (= EIN SOMMERABEND) den Chor FEIERABEND enthält; diese Fassung enthält nur die Strophen 1–3 und stellt wohl die unfertige, noch vor dem Tagebucheintrag entstandene Urfassung dar. Der ganze Text ist dort gestrichen, da er nicht zum Manuskript des Singspiels gehört. H² hat den später gestrichenen Titel POSEIDON UND SELENE. *Ein Mythos;* darunter: *Ein Mond- und Meer-Mythos.* Diese drei Fassungen sind in achtzeiligen Strophen geschrieben. H³ hat den Titel POSEIDON UND SELENE und unterscheidet sich von den anderen Fassungen hauptsächlich dadurch, daß M das Gedicht hier in Langzeilen, also vierzeiligen Strophen geschrieben hat. Daß diese Fassung die letzte ist, bleibt jedoch ungesicherte Vermutung, da keine der beiden Reinschriften datiert ist. Für den Abdruck wurde H² gewählt. Textvarianten: **105,1** *Selene kniet – blickt hinab*] *Mondnymphe lehnt im Silberhorn / und träumt hinab* (H¹) ebd. ⟨*Diana lehnt*⟩ *Selene kniet im Silberhorn / und* ⟨*träumt*⟩ *blickt hinab* T 1897/98, Bl. 23. *Selene kniet im Silberhorn und späht hinab* (H³) Bl. 1. – **105,4** *singt*] ⟨*haucht*⟩ (H¹) und T 1897/98 ebd. – *Poseidon – All*] daneben steht die Zeile: ⟨*schmeichelt leis ihr Mund*⟩ T 1897/98 ebd. – **105,7** *sich die Woge – grüßt*] ⟨*sie*⟩ ⟨*ihr des Gottes Haupt / aus schaumgeteilten Wogen winkt.*⟩ T 1897/98 ebd. – **106,9** *Selene kniet*] *Mondnymphe lehnt* (H¹) ebd. ⟨*Diana lehnt*⟩ T 1897/98 ebd. – **106,10** *und hüllt – ein*] *und schleiert mädchenbang sich ein* (H¹) ebd. *und* ⟨*schleiert mädchenbang sich*⟩ [darüber: *keusch sich tiefer*] ⟨*ein*⟩ T 1897/98 ebd. – **106,11** *sie fühlt – Hauch*] *indes ihr leicht Erröten sagt: / sie fühlt des Mannes heißen Blick* (H¹) ebd. – **106,12** *von verborgnem Hauch*] *wie von* ⟨*geheimer Glut*⟩ ⟨*innrer Glut*⟩ [*innre*]*m Hauch* T 1897/98 ebd. – **106,14** *Glut*] ⟨*Lust*⟩ ebd. – **106,15** *bis liebesübermannt zuletzt*] *bis endlich der gequälte Gott* (H¹) ebd. – **106,17** *Er türmt – Brautgeschmeid*]

Er hebt sich ganz empor und strebt
sich in die Lüfte zu erhöhn
und schnellt sich aufwärts wie ein Fisch
und läßt die Flossen Flügel sein
⟨doch wenig glückt ihm⟩ ⟨regt er nur die Fluten auf⟩
doch zwingt er sich nicht höher auf
als ⟨bis⟩ wie der höchsten Welle Gischt
der freilich brandet klafterhoch
denn schrecklich [darüber: *immer*] *stampft der Gott das Meer.*

H¹ ebd.

106,19 *wie Schollen – steigt…*] geändert aus: ⟨*wie Stufen zwingt er Well und Well* / […] *zu ungeheurem Hügel auf*⟩ T 1897/98 ebd. – **106**,23 *Schimmerpracht-umronnen*] ⟨*Ströme von Geschmeid*⟩ ⟨*Hände voll Geschenke⟨n⟩*⟩ ebd. – **106**,24 *unendlich Brautgeschmeid*] ⟨*hochzeitlich*⟩*Braut-Ge⟨schenk*⟩ ebd. – **106**,25 – 32 *Und mit ihm – komm!*] frühere Fassung:

⟨*Und mit ihm heben tausend Hände*
der Perlen Kelch⟨e⟩, ⟨Ketten⟩ der Spangen Körbe
der Ringe Schnur [darüber: *Netze Gold*] *des ⟨Golds Gebilde⟩* [darüber: *der Netze Goldwerk*, darüber: *Spitzen Silber*],
der Schleier [darüber: ⟨*Spitzen*⟩] ⟨*Duft*⟩*gespinst Bunt*[*gespinst*] *empor.*
Und mit ihm bitten tausend Munde
oh komm sei Königin de⟨s⟩ [geändert in: *der*] *Meere⟨s⟩*
⟨*im*⟩ *umschwärmt von ungezählten Treuen* [darüber: *im Muschelwagen der Delphine*]
⟨*Diana*⟩ *Selena, Königin oh komm!*⟩

T 1897/98 ebd.

106,25 *heben*] ⟨*winken*⟩ ebd. ⟨*strecken*⟩ (H²) Bl. 2. – **106**,26 *Kelchen*] *Spangen* T 1897/98, Bl. 22. ⟨*Spangen*⟩ (H²) ebd. – **106**,27 *Gewanden, Netzen*] *Girlanden* ⟨*Netzen*⟩ *Schnüren* T 1897/98 ebd. ⟨*Girlanden Schnüren*⟩ (H²) ebd. – **106**,32 *Himmlische*] *Königin* T 1897/98 ebd. ⟨*Göttliche*⟩ (H²) ebd. *Göttliche* (H³) ebd. – **106**,39 *ich dich – Buhlerin*] ⟨*ich so um dich geworben – wer?*⟩ T 1897/98, Bl. 24. – *umworben*] ⟨*bestürmt, du*⟩ ebd. – **106**,47 *und zweifelnd – spottend zu*] *und bebend hört's die grüne Schar / und wiederholt's im Flüsterton* ebd. *und* ⟨*bebend*⟩ *zweifelnd hört's* ⟨*die*⟩ ⟨*der*⟩ *die* ⟨*grüne*⟩ ⟨*wilde*⟩ *kecke* ⟨*Schar*⟩ ⟨*Hauf*⟩ *Brut und* ⟨*wiederholt's im Flüsterton*⟩ *und* ⟨*flüsternd*⟩ ⟨*spöttisch fliegt's von Mund zu Mund*⟩ (H²)

ebd. – **107**,48 *wird sie dennoch*] ⟨*ja – wann wird es*⟩ T1897/98 ebd. – **107**,49 *Der Über-Spannung matt – Meergewaltige*] ⟨*Von ungeheurer*⟩ ⟨*Der überlangen*⟩ ⟨[*über*]*großen*⟩ ⟨*Spannung matt / versinkt der Gott:*⟩ ⟨*in seinem Berg*⟩ / ⟨*um seine Riesenschultern kocht*⟩ ⟨*braut*⟩ / ⟨*des Wirbels*⟩ [geändert in: *der Wirbel*] ⟨*der Wogen*⟩ [bricht ab] T1897/98 ebd. – **107**,50 *die Wogen – Sturzes*] geändert aus: ⟨*der Wasserberg / begräbt ihn mit fürchterlichem Sturz*⟩ ebd. – **107**,53 *tollem*] *wildem* ebd. – **107**,54 *rast*] ⟨*jagt*⟩ ebd. – *rast – Volk*] ⟨*rast springt schießt schnellt sich jauchzend*⟩ *verknäult sich das geschwänzte Volk* (H³) Bl. 2. – **107**,56 *wildblütig – Element*] ⟨*schaumherzig, wie was sie gebar*⟩ [geändert in: ⟨*woraus es geboren ward*⟩] T1897/98 ebd. – *wildblütig.*] ⟨*leicht,*⟩ ⟨*blitz*⟩*blütig* ebd. – **107**,57 *Selene ruht – feucht ihr Aug',*] frühere Fassung: *Selene* ⟨*steht*⟩ *ruht im Silberhorn / in seine* [...] ⟨*Wölbung*⟩ *Rundung leicht gelehnt / die* ⟨*Stirne*⟩ ⟨*Schläfe*⟩ *den Schlaf* ⟨*an seinem Glanz glehnt*⟩ */ Poseidon! glüht ihr stiller Blick* T1897/98, Bl. 25. – **107**,64 *der sie stillt*] *der sie* ⟨*löst*⟩ ebd. – **107**,67 *so treu umwirbt mich keiner doch*] *so* ⟨*treulich liebt mich niemand doch*⟩ ⟨*kein andrer mich*⟩ ebd. – **107**,69 *ersehnt er mich*] ⟨*erfleht*⟩ ⟨*umwirbt*⟩ *er mich* ebd. *begehrt er mein* (H³) ebd. – *ersehnt er mich*] darauf folgt: ⟨*ob er mich sieht, ob nicht – was tut's?*⟩ T1897/98 ebd. – **107**,72 *so mächtig liebt*] *so mächtig* ⟨*ist*⟩ ⟨*wirbt*⟩ (H²) ebd.
105 POSEIDON: griechischer Gott des Meeres, dem bei den Römern Neptun entspricht. Sohn des Kronos und der Rheia, Bruder von Zeus, Hades, Hera, Demeter und Hestia. Gemahl der Amphitrite. Als nach dem Sturz des Kronos durch Zeus die Brüder die Welt aufteilen, erhält Poseidon das Meer: selbst ungestüm wie sein Element, gegen den mächtigeren Bruder oft aufbegehrend, von einem zu Groll und Rachsucht neigenden Wesen.
105 SELENE: griechische Mondgöttin, der bei den Römern Luna entspricht. Schwester des Helios (Sonne) und der Eos (Morgenröte).
In T1894 I, Bl. 124, erscheint das Stichwort *Der Mond ein Schiff* mit einer kleinen Zeichnung:

108 ANADYOMENE. Überlieferung: T1894 II, Bl. 84f. Datierbar vermutlich September bis Dezember 1894. Textvarianten: **108**,4 *vor meinen Augen liegt das Meer*] danach folgen die Zeilen:

⟨*Mit tausend weißen Wogenfragen
bestürmt es* ⟨*rings den* [...]⟩ ⟨*rastlos Fels und Sand
ein ewig Wagen und Verzagen
eintönig spricht zurück der Strand*⟩⟩

⟨*Es*⟩ *flüstert auf zum* ⟨*springt empor am Felsgewände*
⟨*und*⟩ *es läuft hinauf den weißen Sand
und bringt der Sonne Feuerbrände*⟩

T 1894 II, Bl. 84.

108, 12 *in Feuer stehen Meer und Land*] *in Feuer steht* ⟨*der weite Strand*⟩ ebd. – **108**, 18 *dem fliehnden*] *dem* ⟨*süßen*⟩ T 1894 II, Bl. 85. – **108**, 19 *schon Gestalt gewonnen*] ⟨*schon Gestalt*⟩ *gewonnen* ⟨*Wahrheit schon*⟩ *gewonnen* ebd. – **108**, 20 *entsteigt*] *ent*⟨*taucht*⟩ *ein* ⟨*göttlich*⟩ *Weib* danach folgen die Zeilen: *die Flechten triefen goldne Nässe / hinab den hüllenlosen Leib / der goldne Gischt will sich gestalten* ebd. – **108**, 21 *Ein Wogensturz*] ⟨*Aus einem Schoß*⟩ ebd.

Morgenstern hatte das Gedicht ursprünglich für IN PHANTAS SCHLOSS vorgesehen, denn er führt es in einem Inhaltsverzeichnis der PHANTA-Gedichte auf, s. o. S. 747; in einer anderen listenmäßigen Zusammenstellung der PHANTA-Gedichte (T 1894 II, Bl. 115) wird es in Klammer als *(unfertig)* bezeichnet und ist gestrichen. Das Motiv vom Auftauchen der Meeresgöttin hat sich Morgenstern schon früher notiert (T 1894 I, Bl. 6 f.): Eine Notizenreihe dort trägt die Überschrift *Musik*. Dann folgen die Worte: *Ad Epos*; später heißt es: *Anfang. Meerweib, aus den Fluten aufsteigend und auf einer Insel landend (Insel der Seligen). Mit gewaltigen dithyrambischen Gesängen anhebend.*

108 ANADYOMENE: Die Emporgetauchte, griechisch, Beiname der Aphrodite, der Göttin der Schönheit und Liebe, der Schaumgeborenen, die einer späthellenischen Sage nach bei der Insel Kythera aus dem Schaum der Meereswellen hervorgegangen ist.

108, 1 *Apollo:* hier als Gott des Lichtes (Phoibos Apollon) verstanden. Vgl. Kommentar zu WIE SIE BALLETT TANZEN S. 757.

108, 14 *Venus:* römischer Name der Aphrodite.

In diesen Zusammenhang gehört auch eine mit MEERSPUK betitelte zwölfstrophige Dichtung, die auf vier mit Tinte beschriebenen Blättern überliefert ist. Auf das erste Blatt hat Morgenstern später (mit veränderter, flüchtiger Schrift) in die linke obere Ecke geschrieben: *In vielen Einzelheiten unmöglich, um einiger Bilder willen aber womöglich noch einmal zu versuchen.* Es handelt sich um eine Phantasmagorie, in der alle Register gezogen werden, um einen Meeressturm als wilden Aufruhr von Gespenstern und Mondgewalten zu deuten. Einzelne Bilder werden so übersteigert, die Reimfügungen oft so forciert, daß sich der Dichter nachträglich und selbstkritisch in seiner Randbemerkung davon distanzierte. Zu einer Wiederaufnahme der Dichtung ist es nie gekommen.

Entstanden ist sie wahrscheinlich 1898 oder 1899. Nach einer Notiz in N 1899 hat sie der Dichter am 6.Juni dieses Jahres an Cäsar Flaischlen für die Zeitschrift »Pan« gesandt. Dieser fand aber wohl keinen Geschmack daran, denn am 27.Juni notiert sich M in N 1899: *Von Flaischlen Brief, Gedicht zurück.*

> MEERSPUK
> *In Riesennebeln liegt das Meer gefangen.*
> *Da kommt, mit Knien wie eines nackten Gottes,*
> *die, schreitend, allen Dust wie Spinst zerreißen,*
> *der Sturm in seiner nächtigen Kraft gegangen,*
> *daß sie sich, heulend, dreigeteilten Trottes*
> *verstreun und nun im grenzenlosen Gleißen*
> *des Monds die weißen Wogenkämme prangen.*
>
> *Und sieh! die schwankenden Gebirge kreißen*
> *von rhythmisch sich abstürzenden Gestalten,*
> *wie Klippen sich von Robbenreihn entblößen, – :*
> *Ertrunknen Schiffervolks Gerippe schmeißen*
> *sich niedwärts, vorgestreckt die bleich verkrallten*
> *Beinhände, wie zu Geier-Abgrundstößen,*
> *bis sie die Wasser wieder schwarz umschweißen.*
>
> *Doch stärker, stärker wirken Mondgewalten.*
> *Zur Raserei ausschweift das Spiel der Toten,*
> *und mehr und mehr enteifern ihren Lagern,*
> *und jüngre, jüngre scharen sich den alten,*
> *als fühlte Mann um Mann sich aufgeboten –*
> *vom kaum versehrten zum entsetzlich magern,*
> *zum Kalkskelettigen Jahrhundertkalten.*
>
> *Jetzt hinter Wolken, düsterrot durchlohten,*
> *verbirgt er sich, den alle so begehren,*
> *und wie ein Wahnsinn faßt es jetzt die Scharen,*
> *daß sie, ein Wirbel, wütend sich verknoten*
> *und ihrem übermächtigen Verzehren*
> *den Ozean aufreißen, wie an Haaren,*
> *zu ihrem Stern, dem saugend purpurroten. –*

Von ihren Küsten rollen die Gewässer,
auftauchen flutgeflohne Buhnen, Scheren,
und bäumend drängt das Meer in seine Mitte...
Seicht stehn der Häfen graue Quaderfässer
in immer mattrer Bänke Wiederkehren,
und sand'ge Watten kreuzen Fischertritte.
Doch draußen tauft's die Weltnacht naß und nässer.

Ein einziges Gespenst nun, eine Bitte,
aus aller Tiefen unbekannten Lungen
in unerreichten Raum emporgetrieben –
ein Riesenleichnam, von der Sehnsucht Kitte
geschweißt, aus tausend Rümpfen, Armen, Zungen –
ein krampfaufstarrend Geisterleben, -lieben –
so zittert's nun empor zum letzten Schritte.

Der Dämmrung rotes Tor ist aufgesprungen –.
Medusisch starrt der Mond auf seinen Beter,
daß der sekundenlang wie steinern aufragt...
das Auge kehrt sich, scham- und scheubezwungen –
das Ohr hört, schaudernd, krächzendes Gezeter – –
bis Sinn um Sinn zuletzt Gehorsam aufsagt
und flieht, vom Drang nach Würdigerm durchdrungen.

Und wie sie so, wie fünf gewaltige Schwimmer,
die Seen uferbrünstig übertrachten,
scheint auch das Meer mit ihnen heimzukehren,
und strandauf tänzeln wieder goldene Glimmer,
und überall künden helle Leuchtturmwachten:
Die Flut kommt wieder! Und liebkosend mehren
sich nach den Küsten die gezirkten Schimmer.

Und schon auch steigen, mit beglänzten Haaren,
die fünf an ein entzückendes Gestade
und finden, neugeboren, sich zusammen
und danken, nach bestandnen Spukgefahren,
des Lichts, der Luft, der Linien alter Gnade
mit um so lieblicherer Freude Flammen
der Weltgesetze reines Offenbaren.

Ein Felsen lädt den einen, sich zu lagern,
um sich mit hohler Hand zum Mund zu schöpfen,
wie sich am Salz im grünen Naß zu letzen;
zwei andre von den nie gestillten Fragern
stehn, sich mit innig hingewandten Köpfen
des Scheins und Dufts der Brandung zu ergetzen;
ein vierter lauscht den Wellen, wie Wahrsagern.

Nur einem scheint die Welle nichts zu flößen;
unmut-anmutig kehrt er sich vom Strande,
ob wohl der hohe Hain sein Glück verberge,
und irrt durch Waldesnacht und Waldesblößen
nach seiner Sehnsucht ewigem Gegenstande,
dem holdsten Diesseits aller Grüft' und Särge,
der höchsten Form aus allen Mutterschößen – –

Um endlich seinem Ziele anzulangen.
Ein leiser Schrei durchatmet die Gefilde –
und allsogleich ist Sinn zu Sinn vereinigt –:
Ein schöner Jüngling breitet voll Verlangen
die Arme nach dem schönsten Jungfraunbilde.
Still blaut das All, von allem Wust gereinigt,
von Sternen, wie von Perlen, licht durchhangen.

Der Mond ist seinen Toten nachgegangen.

109 Nun weil' ich bei dir schon manchen Tag. Überlieferung: T 1894/95, Bl. 99f. und Bl. 104f. Die im T befindlichen Aufzeichnungen hat M zu einer einheitlichen Fassung zusammengearbeitet, die als Reinschrift von des Dichters Hand auf einem Doppelblatt vorliegt. Diese Fassung drucken wir ab, da sie der Dichter wahrscheinlich als die endgültige ansah. Datierbar vermutlich Winter 1894/95. Textvarianten: **109**,1 *Nun weil – herrlichen Liebe.*] ⟨*Bei dir nun weil ich / schon manchen Tag / du lehrtest mich Herr sein*⟩ T 1894/95, Bl. 99. – **109**,4 *Aus der Morgenröten – hochatmende Lust*] ⟨*Der Morgensonne purpurnen Gral / trink' ich in meine Seele*⟩ / *Aus der Morgenröten / wellendem Blut / trank sich mein Herz /* ⟨*unsterbliche*⟩ *hochatmende Lust* ebd. – **109**,6 *Auf Wolkenwagen flogen wir hin*] ⟨*Auf Wolkenwagen schwang ich*⟩ ebd. – **109**,12 *staunenden Wald*] *staunende* ⟨*Flur*⟩ ebd. – *empor*] darauf folgt:

> wir ⟨hängten⟩ streuten die tausend Wünsche der Brust,
> ⟨der sehnenden Sinne Irrlichtervolk⟩
> hinauf in die dunkle Kuppel der Nacht
> und ⟨bauten⟩ ⟨nähten⟩ säumten zuletzt uns ein Nebelgezelt
> mit den schimmernden Fäden des Mondlichts

T 1894/95, Bl. 99 und 100.

109, 14 *aus den regnenden Lüften*] *aus den Lüften und schossen verwegenen Spotts* T 1894/95, Bl. 104. – **109**, 17 *woben wir Sternseidenhaar*] *spannen wir Sterngoldhaar* ebd. – **109**, 19 *durch traumstille Menschengemächer*] ⟨*durch der Erde* ⟨*Menschen*⟩ *traumstille Gemächer*⟩ *wie Engel durch stille Gemächer* ebd. – **109**, 24 *Wohl fuhren wir einst auf sausendem Schaft*] die erste Fassung hiervon und von den folgenden Versen lautet:

> Und einmal, ja einmal durchmaßen wir beide
> gleich Hexen auf sausendem Besenstiel
> den Raum auf dem Schaft der Kometenfackel
> (die irgend ein zürnender Gott gesandt –:
> Sie sollte ⟨wohl⟩ auf ein sündig⟨e⟩ ⟨Völker⟩ Geschlecht wohl
>   fallen
> doch kraftlos thronen die Götter längst.
> Oh Phanta! mich kränkt auch der kraftlose Gott!)
> Du zeigtest mir viel –
> zeige mir alles!

T 1894/95, Bl. 100.

109, 24 *Hexenart*] *Hexen*⟨*gebrauch*⟩ T 1894/95, Bl. 104. – **109**, 26 *Welten*] ⟨*Sterne*⟩ T 1894/95, Bl. 100. – **109**, 27 *Gleichförmig reihen sich Hauf an Hauf*] *Einer reiht sich stumm dem andern…* ebd. – *Stumm reiht sich eine der andern an* T 1894/95, Bl. 104. – **109**, 29 *Du führe – Tanz!*] *Hinter die Sterne führe mich!* T 1894/95, Bl. 100. – **109**, 30 *Du nimm – Hand*] *Nimm sie alle in deine Hand* ebd. – **109**, 31 *und wirf – hinter uns. –*] ⟨*wie*⟩ *und wie einem Haufen Perlen* ⟨*gleich*⟩ / ⟨*raff*⟩ *wirf sie verächtlich hinter uns* ebd. – *und wirf sie verächtlich hinter uns* T 1894/95, Bl. 104. – **109**, 32 *Oder schmettre – sie bersten!…*] *oder* ⟨*noch besser*⟩ *nein: wirf* ⟨*die alle*⟩ *ihre Wucht / dröhnend gegen* ⟨*die*⟩ *das furchtbare Tor*⟨*e*⟩ ⟨*dessen*⟩ / ⟨*was*⟩ *das uns ewig verschlossen höhnt* T 1894/95, Bl. 100 f. – *oder nein! wirf ihre zermalmende Wucht / an die furchtbaren Tore der Ewigkeit / daß krachend sie bersten…* T 1894/95, Bl. 104. – **110**, 34 *Du schweigst.*] *Du* ⟨*winkst*⟩ ebd. –

In Phantas Schloß [Nachlese] 809

110,36 *Auch du – Letzte nicht*] ⟨⟨Phanta ich fordre von dir das Letzte⟩ Wirst du das Letzte mir stets versagen? / ⟨Laß mich⟩ Durch die Unendlichkeit hindurch / laß mich schauen – oder bekenne / daß deine Macht nur ein eitler Betrug. / Du ⟨schaust⟩ siehst mir so seltsam ins Aug⟩ T1894/95, Bl. 101. – **110**,40 *Was weist*] Was zeigt T1894/95, Bl. 105. – **110**,42 *sagst du, und – »durch die Ewigkeit«?*] ⟨Du sprichst: Ich solle nun schauen?⟩ / ⟨Ich schaue durch die Ewigkeit⟩ T1894/95, Bl. 101. – **110**,43 *in den Raum*] in das All ebd. – **110**,46 *und sehe doch durchs All hindurch*] ⟨und seh' doch durch die Ewigkeit⟩ ebd. – **110**,47 *Und langsam – Wahnsinn sich*] Und langsam ⟨wirft's⟩ krallt's ⟨sich⟩ ⟨wie⟩ wie Wahnsinn ⟨mir⟩ sich ebd. – **110**,52 *er schließt – sich selbst*] darauf folgt: *Und ich* ⟨drehe⟩ *wende mich um von Angst gepackt / als* ⟨stehe⟩ *stände ich selber hinter mir* ebd. – **110**,56 *zu sich selbst*] zu mir selbst ebd. und Reinschrift Bl. 2.

109,13 *Iris:* In der griechischen Mythologie Name der Götterbotin, zugleich Personifikation des den Himmel und die Erde verbindenden Regenbogens.

109,16 *Saturnus:* der zweitgrößte Planet in unserem Sonnensystem. Auffallend ist der den Saturn genau über dem Äquator frei schwebend umgebende Saturn-Ring, ein System von drei ineinander liegenden weißlichen leuchtenden Ringen. Saturn besitzt außer seinem Ring noch zehn Monde.

110,53 *Hinter den Sternen bin wieder ich:* Der Gedanke wird von M 1910 noch einmal in humoristischer Form aufgenommen: *Korf ersinnt ein Fernrohr [...] durch die Dinge hindurch (oder: jenes Fernrohr, womit er seinen eigenen Hinterkopf erblickt)* T1910 I, Bl. 102. Zur poetischen Ausführung dieses Gedankens vgl.: *Ein Fernrohr wird gezeigt, womit / man seinen eignen Rücken sieht. / Es führt durchs Weltall deinen Blick / im Kreis zurück auf dein Genick.* (BÖHMISCHER JAHRMARKT I, DIE SCHALLMÜHLE (1928) S. 27, Abt. Humoristische Lyrik). Vgl. auch die Epigramme ICH MÖCHTE DURCH DEIN FERNROHR SCHAUN, PAPA und LETZTE FERNSICHT, Abt. Lyrik 1906–1914.

110,54 *Sphinx:* Fabelwesen der griechischen Mythologie. Die mischgestaltige Sphinx – geflügelter Löwenrumpf mit Mädchenkopf – haust auf einem Felsen bei Theben und tötet jeden Wanderer, der ihr Rätsel (»Was ist am Morgen vierfüßig, zu Mittag zweifüßig, am Abend dreifüßig?«) nicht lösen kann. Als Ödipus die richtige Antwort (»der Mensch«) findet, stürzt sich die Sphinx in die Tiefe.

110 ALLZULANG AUF BERGESZINNEN. Überlieferung: T1894/95.

Bl. 98; weitere Fassungen Bl. 94, 97, 106 (s.u.). Datierbar vermutlich Winter 1894/95. DRUCK: MENSCH WANDERER (1927), S. 29 (nur **110**,1 – **111**,12 *Allzulang – eignen Brust*). Textvarianten: **110**,10 *des Außen bunter Lust*] ⟨*der bunten Bilder Spiel*⟩ T1894/95, Bl. 98. – **111**,16 *weißes Band*] danach folgen die Zeilen:

> *Wie...* [Lücke]
> *soll es mir* ⟨*ein*⟩ *das Priesterzeichen*
> *eines langen Schweigens sein*
> *Hab ich* ⟨*vieles*⟩ *manches Leid dem* ⟨*Schiefer*⟩
> *dieser Felsen eing* [bricht ab]
> *tiefer* [Lücke]
> *eh ich wieder sprechen* [bricht ab]

ebd.

Die drei anderen Fassungen des Gedichts lauten vollständig:

> EPILOGOS
> ⟨*Zu weit, zu unermessen*
> *verflog sich wohl der Tor*
> *allzu,*⟩ [bricht ab]
> ⟨*Allzulang auf Bergeszinnen*
> *saß ich, ein verliebter Tor,*
> *daß am Ende* ⟨*fast*⟩ *sich mein Sinnen*
> *an die Ferne* ⟨*sich*⟩ *fast verlor.*
> *Ich vergaß d*[*ie*] *Mutter Erde*
> *und mich selber ihr*[*en*] *Sohn*
> *und verflog mich in* [Lücke]
> *bis ich zuletzt mich selber wiederfand.*⟩

T1894/95, Bl. 94.

> *Allzulang auf Bergeszinnen*
> *saß ich ein verliebter Tor*
> *nahe stand es, daß mein Sinnen*
> *an die Weite sich verlor.*
> *Muß ich nicht den Vorwitz preisen,*
> ⟨*der mir herbe Strafe* ⟨*schuf*⟩ *trug?*⟩
> *der zur Einkehr mich geschreckt,*

In Phantas Schloß [Nachlese]

daß ⟨im Spähn nach⟩ ich hinter Sternenkreisen
⟨ich mich selber neu⟩ wiederum mich selbst entdeckt?
In mein Tiefstes heimzu⟨tauchen⟩ kehren
gab mein Schauen mir als Furcht
nur das Innen kann uns lehren
[bricht ab]

T1894/95, Bl. 97.

Allzulang auf Bergeszinnen
saß ich, ein verliebter Tor:
nahe stand es, daß mein Sinnen
an die Weite sich verlor.
Fangball spielen mit den Sternen
⟨schien⟩ mir ⟨lang die höchste Lust⟩
Deuchte [mir] ein ⟨seltner⟩ Götter-Scherz
doch zurück aus kalten Fernen
⟨Tauch' [darüber: *Flieh'*] *ich in mein ⟨Menschen[herz]⟩*
    heißes Herz,⟩
treibt es mich, ins eigne Herz,
⟨gleich als ob's allmächtig riefe⟩
brünstig wieder heimzutauchen
und [...] dem kühl gewordnen Blut
neue ⟨Sehnsucht⟩ Gluten einzuhauchen,
daß ⟨in heißer [geändert in: *die heiße*] *Purpurflut⟩ in seiner*
    heißen Flut
⟨⟨ihre⟩ meine Adern einst zerbrächen [darüber: *wild zersprängen*]*⟩*
purpurn ⟨je⟩ alles Sein (erröte) sich färbe
das mein Aug⟨e⟩ je künftig [bricht ab]

T1894/95, Bl. 106.

111 [EPILOG-FRAGMENTE]
111 [1] AUF HÖHEN MUSST' ICH STEIGEN. Überlieferung: T1894/95,
Bl. 103. Datierbar vermutlich Winter 1894/95. Textvariante:
111,3 *schweigen*] die Handschrift läßt *schweben* erkennen, wohl ein
Schreibversehen Ms.
111 [2] DIE FERNE IST ES NICHT, DIE UNS ERLÖST. Überlieferung:

T 1894/95, Bl. 102. Datierbar vermutlich Winter 1894/95. Text im T gestrichen. Textvarianten: 111,1 *die uns erlöst*] darauf folgt die Zeile: ⟨*denn die Ferne ist leer*⟩ T 1894/95, Bl. 102. – 111,3 *das Rätsel – bärge*] ⟨*des Seins Geheimnis throne*⟩ ebd. – 111,5 *die es durch – uns löste*] *die es durch ihrer* ⟨*Wesen uns verriete*⟩ ⟨*die es durch Menschenmund dem Tag verriete*⟩ ⟨*die das Geheimnis*⟩ ebd. – 111,8 *der König stehe auf in deinem Blut!*] darauf folgt die Notiz von M: *nicht allgemeine Belehrung sondern Wunsch nach Selbstvertiefung!* ebd.

111 [5] Ich versuche ein höchstes. Überlieferung: T 1894 II, Bl. 103. Datierbar vermutlich September–Dezember 1894. Textvariante: 111,2 *Materie*] *die Wolken* T 1894 II ebd.

112 [4] Die Strafe war hart. Überlieferung: T 1894/95, Bl. 96. Datierbar vermutlich Winter 1894/95. Text im T gestrichen. Textvariante: 112,1 *Die Strafe war hart*] *Hart war die Strafe*, ⟨*Phanta*⟩, T 1894/95 ebd.

112 [5] Strafe war hart für den Vorwitz. Überlieferung: T 1894/95, Bl. 103. Datierbar vermutlich Winter 1894/95.

112 [6] Willst du mich / nun entzaubern. Überlieferung: T 1894/95, Bl. 86. Datierbar vermutlich Winter 1894/95. Textvarianten: Über den Anfangszeilen des Fragments stehen zwei gestrichene Zeilen: ⟨*Nun laß uns scheiden / auf kurze Zeit*⟩ T 1894/95, Bl. 86. – 112,12 *voll Inbrunst / uns niedertauchen*] ⟨*uns tauchen*⟩ ebd.

112 [7] Endsegen Phantas. Überlieferung: T 1894 II, Bl. 120. Datierbar vermutlich September–Dezember 1894.

113 Epilog [1]. Überlieferung: T 1894/95, Bl. 36 f. Datierbar vermutlich Winter 1894/95. Text im T mit Bleistift gestrichen. Textvarianten: *säum' ich*] ⟨*steh*⟩ *ich* T 1894/95, Bl. 36. – 113,3 *halben Lächelns überträum' ich*] ⟨*still im Geiste*⟩ *über*⟨*seh*⟩ *ich* ebd. – 113,4 *was mein – gerufen*] ⟨*was* ⟨*mein Lieb geweckt, gerufen*⟩ *mir Phanta Sie* [*gerufen*]⟩ / ⟨*was mit losem Zauberstabe / sie gefälscht, geschmückt, verwandelt*⟩ ebd. – 113,10 *näßte*] ⟨*tränkte*⟩ ebd. – 113,13 *Aller*] ⟨*Alter*⟩ ebd. – 113,17 *Seid gesegnet Gipfelweiten!*] ⟨*Abschied nahm ich von dem Gipfel*⟩ T 1894/95, Bl. 37. – 113,18 *Wo ich – frei war*] ⟨*drauf als* ⟨*Fürst*⟩ ⟨*Gott*⟩ *ich mich posierte*⟩ ebd. – 113,20 *fern mir – Geschrei war*] danach folgen die Zeilen: ⟨*wo in heilgem Schaun ich schwelgte / wo* ⟨*in mir*⟩ *in eins zusammen* ⟨*flammte*⟩ ⟨*lohte*⟩ [geändert in: *in eines schmolz zusammen*] / ⟨*Schauenslust und Schaffenswonne*⟩ / *wo* ⟨*in eine höhre Einheit*⟩ ebd. – 114,34 *Einstgefühle Gilde*] ⟨*Pubertätsgefühle*⟩ ebd. – 114,35 *Winkelstadt*]

In Phantas Schloß [Nachlese] 813

⟨*frühe*⟩ *Winkelstadt* ebd. – »*Vergangenheit*«] danach folgen die Zeilen: ⟨*eine neue soll erstehen / Wunderwerke soll man sehen*⟩ ebd.
114 EPILOG [II]. Überlieferung: Einzelblatt, handschriftlich, im Nachlaß. Undatiert. Druck: MENSCH WANDERER (1927) S. 32, mit der Überschrift GEIER SCHWERMUT. Dieser Titel stammt vermutlich von Margareta M, denn auf dem handgeschriebenen Originalmanuskript kann man über der Überschrift EPILOG die Worte GEIER SEHNSUCHT lesen (von Margareta M geschrieben), das im Gedicht 115,25 vorkommende Wort *Sehnsucht* ist dort unterstrichen. Textvariante: 115,22 *alter Kulturen*] *alter Zeiten* Einzelblatt ebd.
114,3 *Prometheus:* vgl. Kommentar zu PROMETHEUS, S. 855.
115,35 *Gral:* in der mittelalterlichen Dichtung ein geheimnisvoller sakraler Gegenstand, der, mit höchster Wunderkraft ausgestattet, seinem Besitzer alles irdische und himmlische Glück verleiht; zusammen mit einer ebenso rätselhaften blutenden Lanze an einem geheimen Ort aufbewahrt, ist der Gral nur dem Reinen erreichbar, der zu ihm berufen wird. Hiebel vermutet (S. 123) eine bewußte Absicht Ms, mit diesem Gedicht ein Gegenstück zu Goethes Gedicht »Meine Göttin« zu schaffen, weil die dichterische Abhängigkeit zu evident sei.
116 AD PHANTAS SCHLOSS. Überlieferung: Einzelblatt, maschinenschriftlich, im Nachlaß, undatiert. Mit diesem kritischen Vierzeiler wehrt sich M gegen den Vorwurf des allzu starken Nietzsche-Einflusses auf sein Werk.
Zum Schluß noch eine kleine Notiz, die sich M im T 1894 II, Bl. 120 gemacht hat: *Fanta geb. Stubbe Kaufmannswitwe, Berliner Adreßbuch 1846 (!)*.

Auf vielen Wegen · Ich und die Welt

Einführung. Die beiden Gedichtbände, die Morgenstern nach seinem Erstling IN PHANTAS SCHLOSS erscheinen ließ, sind, obgleich sie ganz anderen Charakter tragen, durchaus in Zusammenhang mit dem ersten zu sehen, und in sich bilden sie eine Einheit. Der Dichter hat das selbst empfunden (vgl. sein Vorwort zu ICH UND DIE WELT); nicht zuletzt spricht dafür seine unter dem Titel AUF VIELEN WEGEN 1911 erschienene zu einem Band zusammengefaßte Auswahl aus beiden Büchern. Im T1897/98, Bl. 41 überlegt er ein offenbar einheitliches Werk *Auf vielen Wegen / Gedichte / Erstes Buch 1896 und 97. Zweites Buch 1895–98*, und in einem Brief an Marie Goettling vom 12.9.1897 spricht er davon, daß die Gedichte erscheinen: *der erste Band diesen Oktober, der nächste – aus Rücksichten auf geschäftliche Einwände des Verlags – im Oktober 1898*. Deutlich wird die Einheit betont in einem Briefentwurf vermutlich an Piper (T1910 IV, Bl. 25) über künftige Neudrucke: *A.v.W. u. I. u.d.W. Neuauflage in 1 Band (vielleicht neuer Titel)*.

Es handelt sich um Morgensterns umfangreichste Gedichtbücher; sie bringen im wesentlichen die lyrische Ernte seiner ersten Berliner Jahre ein. Im Gegensatz zu dem geschlossenen zyklischen Charakter der PHANTA-Dichtung enthalten sie hauptsächlich Einzelgedichte, wenn sich auch thematisch einheitliche Gruppen finden, wie TRÄUME, VOM TAGWERK DES TODES, GROSSTADTWANDERUNG, EIN FÜNFZEHNTER OKTOBER, VIER ELEMENTARPHANTASIEN, FUSCH-LEBERBRÜNNL, EIN SOMMERABEND, WALDLUFT, von denen einige kleine Zyklen sind. Im T1897/98, Bl. 29 nennt Morgenstern AUF VIELEN WEGEN *vier Zyklen Gedichte*. Die Nietzsche-Stimmung des PHANTA-Buches, ja dessen besondere Thematik klingt in einigen Stücken nach (DER STURM, DER TAG UND DIE NACHT, BAHN FREI!, QUOS EGO!). Die großen dithyrambischen Gesänge treten allerdings zurück; der Ton wird schlichter, das liedhafte Element stärker. Überhaupt sind es mehr lyrische Kleinformen, deren sich Morgenstern zunehmend gern bedient; auch die ersten Epigramme und Sprüche werden jetzt aufgenommen.

Die Thematik ist breit gefächert. Da gibt es anmutig Verschnörkeltes im Geschmack des Jugendstils, manche geschmäcklerische Neuromantik oder auch Nachromantik, imitiertes Volkslied, Briefgedichte, Gelegenheitsgedichte im geläuterten, aber auch im banalen Sinn, tiefsinnige Ge-

Auf vielen Wegen · Ich und die Welt 815

dankenfracht neben kindlichem Scherz, erste Grotesken als GALGENLIE-DER-Vorklang neben grüblerischer Selbstbefragung, Traumbilder, apokalyptische und kosmische Aufschwünge, Nachhall aus antiker Welt neben modernen Großstadt-Impressionen, stille Naturbilder neben rein gedanklicher Reflexion. Neben Eigenwüchsigem steht An- und Nachempfundenes, mit dem der Dichter, wie viele, in lyrischen Zeitströmungen treibt. Otto Julius Bierbaum hat über ICH UND DIE WELT eine Rezension geschrieben (»Die Zeit«, Wien, Nr. 218, 10.12.1898, S. 173), in der er feststellt, das Buch enthalte »meisterliche Stücke«, doch reibt er sich an einer gewissen »Art von Grübellyrik«, an allzu großer »Freigebigkeit in Worten«, an einer selbstbewußten Dichter-Attitüde und beklagt insgesamt einen gewissen Mangel an Geschmack. Kein Wunder, daß Morgenstern später so streng eine Auswahl aus beiden Büchern traf und fast zehn Jahre nach Erscheinen (am 7.11.1907) an Kayssler schrieb: *Für* AUF VIELEN WEGEN *habe ich weniger übrig.* Die Gedichte des Bandes AUF VIELEN WEGEN nannte er später seine *Gesellenstücke* (s. Kommentar). Von ICH UND DIE WELT sprach er in einem Brief an Margareta M vom 21.9.1908 als von *meinem richtigen Jugendbuche*. Diese auffallende Distanzierung dürfte mit der seit Erscheinen des Buches gewonnenen größeren Reife und der dadurch bedingten Ablehnung einer vielfach zu spürenden jugendlich negativen Haltung zusammenhängen. Eppelsheimer findet, daß sich Morgenstern in AUF VIELEN WEGEN »gerade mit den Niederungen des Lebens« auseinandersetze (S. 133). Max Reinhardt dagegen dankte Morgenstern in einem fast überschwenglichen Brief »für das wundervolle Geschenk«, er habe das Buch AUF VIELEN WEGEN »mit wahrhaft überströmender Freude [...] gelesen« (Januar 1898. BRIEFE. Auswahl (1952) S. 101).

Im Frühjahr 1894 war Morgenstern nach Berlin übergesiedelt und mußte, nach dem Bruch mit seinem Vater, der weitere finanzielle Unterstützung verweigerte, das Studium abbrechen und versuchen, eine Existenz aufzubauen. Das konnte, gemäß seiner Anlage, seiner Neigung und den bald gewonnenen freundschaftlichen Beziehungen, nur eine freie literarische Existenz sein. Die bohemehafte äußere Unabhängigkeit und die geistige Freiheit mußte freilich mit größter wirtschaftlicher Unsicherheit bezahlt werden. Daß der junge Morgenstern bei seiner anfälligen und schwankenden Gesundheit wirtschaftliche Not mit so viel Würde, Gelassenheit und – Übermut trug, ist als Zeichen tapferer Lebensbewältigung nicht hoch genug einzuschätzen. Allerdings trug ihn das reiche und aufstrebende künstlerische Leben Berlins, in das er tief eintauchte, dessen Anregungen er begierig aufnahm. Vor allem war es das Theater, mit dem er durch seine Freundschaft mit Max Reinhardt, mit Friedrich Kayssler, der 1895 seine schauspielerische Laufbahn in Berlin begann, dem Regisseur und späteren Intendanten Woldemar Runge, dem Musiker und Schriftsteller Alfred Guttmann, der später die Morgenstern von Bad Grund her bekannte und von ihm in Berlin geförderte junge Sängerin Eugenie (Gena) Leroi heiratete, dem naturalistischen Dramatiker Georg Hirschfeld und seine eigene Mitarbeit an S. Fischers Zeitschrift »Freie Bühne« in innige Berührung kam. Die Genannten waren alle junge, aufstrebende Künstler, und ihr hochgemutes Künstlerleben war wohl das, was Georg Hirschfeld später eine »heilige, echte, idealstarke Boheme« nannte (zit. bei Bauer, Chr. M. (1985) S. 91). Der Kreis fühlte sich als ein »Orden«, eine nicht feierliche, aber daseinsfrohe Runde, deren überschäumende Fröhlichkeit Morgenstern in einem ORDENS-EPOS zu gestalten versuchte und in dem man eine Art Vorstufe der späteren »Galgenbrüder« sehen darf.

Das starke Lebensgefühl dieser Daseinsepoche entband die lyrische Produktivität. Aber Morgenstern mußte auch produzieren, um leben zu können (so geringfügig die Honorare waren und so bedrohlich die Schulden wuchsen). So kam es zu einer ausgedehnten publizistischen Tätigkeit. Morgenstern glossierte, rezensierte und ließ Gedichte drucken. Manches davon wurde in längst vergessenen Zeitschriften wieder aufgefunden und tritt in dieser Ausgabe erstmalig wieder hervor (Abt. Kritische Schriften).

Die beiden Gedichtbücher wurden wieder von Schuster & Loeffler verlegt, AUF VIELEN WEGEN 1897, ICH UND DIE WELT 1898. In ihnen hat Morgenstern die durch Dehmel bekannt gewordene Schreibung der Versanfänge mit Kleinbuchstaben übernommen, behielt sie von da ab bei (s. Einführung zu PHANTA) und forderte sie ausdrücklich (T 1910 IV, Bl. 25). Friedrich Kayssler, dem AUF VIELEN WEGEN gewidmet ist (»Mit der Widmung hast Du mich stolz gemacht«), schrieb seinem Freund Morgenstern am 11.11.1897 einen überschwenglichen Dank- und Anerkennungsbrief. Einzelne Urteile daraus finden sich im Einzelstellenkommentar.

Beide Bände wurden in der ursprünglichen Gestalt nicht wieder aufgelegt. 1911 ließ Morgenstern bei Piper eine knappe einbändige Auswahl aus beiden Büchern unter dem Titel des ersten AUF VIELEN WEGEN er-

scheinen, in der einige Gedicht-Überschriften verändert und vier Gedichte neu hinzugefügt wurden. Wir bringen die ursprünglichen Bände, berücksichtigen aber Morgensterns Änderungen jeweils im Kommentar.
Literatur: A.B.: Christian Morgenstern AUF VIELEN WEGEN. In: Literarisches Centralblatt 1898, H.17, S.713; A.B.: Christian Morgenstern ICH UND DIE WELT. In: Literarisches Centralblatt 1899, H.9, S.320f.; Busse, C.: Christian Morgenstern ICH UND DIE WELT. In: Das Literarische Echo 1, 1898, H.7, S.462; Bauer (95–105; 109–111); Dieterich S.13–27; Geraths S.74–81; Glatz S.214–226; Hiebel S.147–158; Hofacker, S.27–32; Lissau S.13–25.
Die zusätzlichen Gedichte folgen im Anschluß an das Buch AUF VIELEN WEGEN (1897).

AUF VIELEN WEGEN

Als Textgrundlage diente die Erstausgabe von 1897. Von dieser befinden sich drei Exemplare im Morgenstern-Archiv, darunter ein unvollständiges (es fehlen die Seiten 93–96). Dieses enthält auf den ersten Seiten die Vermerke *Handexemplar* sowie: *Dies ist mein Exemplar von Chrischans Buch. Chrischan. 4. November 1897.* Darunter steht, vermutlich als Einschätzung aus späterer Zeit, *(Gesellenstücke).* M hat in dieses Handexemplar außer einigen stilistischen Änderungen und Druckfehlerkorrekturen Notizen oder Erläuterungen, meist zu Entstehungsort oder -anlaß, gemacht. Sie stehen zum Teil unter den Gedichten, zum Teil im Inhaltsverzeichnis neben den Titeln und werden mit dem Zusatz »Ms Erläuterung« in den Kommentar übernommen.
Diese Erläuterungen Ms sind von Michael Bauer in ein weiteres Exemplar zum größten Teil übertragen worden, mit dem Vermerk am Anfang des Bandes: »Runde Klammern enthalten Eintragungen aus einem anderen Handexemplar Christians in Abschrift«.
Das Exemplar Bauers enthält außerdem im Inhaltsverzeichnis Notizen Ms für die Neuausgabe von 1911 (Streichung und Umstellung von Gedichten, neue Titel). Schließlich befindet sich in diesem Exemplar noch eine Eintragung von Margareta M: »Zusätze nach einem an Dagny Fett geschenkten Exemplar«. Da dieser Vermerk jedoch deutliche Radierspuren aufweist und weil sich außer den von Michael Bauer aus dem anderen Handexemplar übernommenen Notizen keine weiteren Eintragungen

finden, kann vermutet werden, daß Margareta M diesen Vermerk irrtümlich in das Buch setzte. Es könnte sich um eine Verwechslung mit dem Band ICH UND DIE WELT gehandelt haben, in das sie einen ganz ähnlichen Satz geschrieben hat (»Zusätze nach einem an Dagny Fett – Christiania geschenkten Exemplar vom 31. Oktober 1898«, vgl. unten S. 844). Das dritte Exemplar schließlich enthält die Notiz Margareta Ms »Anmerkungen von Christian (Striche im Register)«, was sich wiederum auf Notizen über aufzunehmende oder zu streichende Gedichte in der Neuausgabe von 1911 bezieht. Zusätzlich finden sich noch verschiedentlich Notizen zu einzelnen Gedichten, die nicht von M, sondern vermutlich von Michael Bauer stammen.

118 AUF VIELEN WEGEN. Darunter notierte M: *(Titel gefunden auf einem Stuhl im Lustgarten, Berlin, im Frühling 1897.)* Ms Erläuterung, vgl. S. 817.

118 MEINEM FREUNDE FRIEDRICH KAYSSLER. Überlieferung: T1897/98, Bl. 56. Datierbar August/September 1897. Druck: AUF VIELEN WEGEN (1897) S. 7. AUF VIELEN WEGEN (1911) S. 5 (dort nur MEINEM FREUNDE – *wiedergeboren*). Die beiden anderen Strophen wurden, ebenfalls mit der Überschrift MEINEM FREUNDE FRIEDRICH KAYSSLER in EPIGRAMME UND SPRÜCHE (1920) aufgenommen. Textvarianten: **118**,3 *Als Haß – schlug*] darüber steht die Version: *Als mich ein Weib mit Hasse schlug* T1897/98, ebd. – **118**,4 *genug*] danach folgen die Zeilen: ⟨*Du halfst mir*⟩ [bricht ab] / ⟨*Nun sind wir über die Brücke*⟩ ebd. – **118**,8 *löst*] ⟨*senkt*⟩ ebd. – **118**,9 *Auf schlagen*] ⟨*Hell streben*⟩ ebd.

Erläuterungen: *ein Weib:* Gemeint ist offenbar Elisabeth Reche (etwa 1870–1913), die dritte Frau von Ms Vater. Dessen Scheidung und neue Eheschließung war der Anlaß für die Entfremdung zwischen Vater und Sohn. Erst im Jahr 1908 nahm der Vater wieder Verbindung zu seinem Sohn auf (vgl. Bauer, Chr. M. (1985) S. 62).

FRIEDRICH KAYSSLER: (1874–1945), Schauspieler in verschiedenen Städten, ab 1900 hauptsächlich an Berliner Theatern. Er gehörte bis 1913 zum Ensemble Max Reinhardts und war von 1919–1923 Direktor der Neuen freien Volksbühne in Berlin. Zu seinen Hauptrollen gehörten Don Carlos, Prinz von Homburg, Graf Wetter vom Strahl, König Lear, Faust, Wallenstein. Kayssler schrieb selbst Dramen, Gedichte, Essays etc. M und Kayssler lernten sich im Sommer 1889 in Breslau kennen, vgl. Kaysslers Schilderung der Begegnung in: Bauer, Chr. M. (1985) S. 29–33, außerdem den Briefwechsel zwischen M und Kayssler.

119 TRÄUME

Vgl. hierzu: *Mein Traumleben hat sich allerdings in den letzten Jahren sehr gesteigert, so daß ich wohl selten traumlos schlafe. Besonders heftig war es im Winter 1896/97, wo ich häufig zu Hause mein Abendbrot einnahm und dazu und hinterher Tee – selten mehr als drei normal gebraute Tassen – trank. [...] Gedichte habe ich manchmal geträumt, d.h. immer nur ihre Themata, so z.B.* DAS ÄPFELCHEN, DER BESUCH *und – wenn ich nicht irre –* KINDERGLAUBE. T1897/98, Bl. 101 f. (gekürzt; vollständiger Text: Abt. Aphorismen Nr. 63). Datiert *30.3.1898*. M veröffentlichte zunächst in der Zeitschrift »Das Magazin für Litteratur« einen Zyklus TRÄUME. *Zwölf Phantasiestücke* mit teilweise abweichender Gedichtzusammenstellung. Der Zyklus enthielt die Gedichte: HERRLICH LEBT ES SICH IM TRAUM (Motto), HIRT AHASVER, DIE IRRLICHTER, MENSCH UND MÖWE, DIE FLIEGENDEN HYÄNEN, IM HIMMEL, DER HÄSSLICHE ZWERG, DER SCHUSS, DER GLÄSERNE SARG, DAS ÄPFELCHEN, ROSEN IM ZIMMER, DER STERN, KINDERGLAUBE, NACHSPRUCH. *Sei es nun genug der Träume.* Die nicht in das Buch übernommenen Gedichte werden in der Nachlese gebracht, s. S. 195.

119 HIRT AHASVER. Druck: »Das Magazin für Litteratur« 66 (1897) Sp. 391 f. AUF VIELEN WEGEN (1897) S. 11.

AHASVER: Name des legendären »Ewigen Juden«, der der Überlieferung nach zur Strafe dafür, daß er Jesus vor Kaiphas geschlagen hatte, zu ruhelosem Umherwandern bis zum Jüngsten Tage verdammt wurde; Symbol für Unstetheit und Unrastigkeit.

119,3 *zweimal sieben Kühen – sieben fetten:* die sieben fetten und sieben mageren Kühe aus Pharaos Traum (1. Buch Mose 41, 1–4).

119 DIE IRRLICHTER. Druck: »Das Magazin für Litteratur« 66 (1897) Sp. 392. AUF VIELEN WEGEN (1897) S. 12. AUF VIELEN WEGEN (1911) S. 33.

IRRLICHTER: Irrlicht oder Irrwisch: seltene physikalische Lichterscheinung auf Sumpfboden; in der naturmythologischen Deutung Geistwesen, die durch ihr sprunghaftes, zuckendes Schweifen den Wanderer ins Bodenlose verlocken, bei M von der Sehnsucht nach Menschwerdung erfüllt.

Unter dem Gedicht steht: *(Die Seele des Kindes bildet sich im ersten Kuß der Gatten. Alte Lieblingsidee.)* Ms Erläuterung, vgl. S. 817.

Vgl. auch Bauer (Chr. M. (1985) S. 117): »In Fernen vorgeburtlicher Erinnerung führt der Traum von den Irrlichtern, die noch über dem Erdenleben kreisen und sich nach Verkörperung sehnen.« Ein ähnlicher Gedanke findet sich in Hans Carossas Gedicht »Empfängnis«: »Immer nahn uns ungeborne Seelen, / Wenn wir atmen, Brust an Brust, / Suchen sich ins Leben einzustehlen / Auf der Woge unsrer Lust.«

120 MENSCH UND MÖWE. Druck: »Das Magazin für Litteratur« 66 (1897) Sp.392f. AUF VIELEN WEGEN (1897) S.13. Textvariante: **121,16** *lauert es geheimer*] *harrt es auf geheime* handschriftliche Korrektur in einem Handexemplar.

120,5 *Buhne:* künstlich ins Meer hinein gebauter Damm zum Schutz des Ufers.

Unter dem Gedicht steht: *Strand Kampen auf Sylt* [wo sich M im Sommer 1895 aufhielt]. Ms Erläuterung, vgl. S.817.

121 DER SCHUSS. Druck: »Das Magazin für Litteratur« 66 (1897) Sp.435. AUF VIELEN WEGEN (1897) S.14.

122 DER GLÄSERNE SARG. Druck: »Das Magazin für Litteratur« 66 (1897) Sp.435f. AUF VIELEN WEGEN (1897) S.15f.

122,10 *Der Sonne ungeheurer Gott:* der Sonnengott Helios.

Unter dem Gedicht steht: *(Sylter Eindruck).* Ms Erläuterung vgl. S.817. Vgl. auch das Gedicht ZU NIBLUM WILL ICH BEGRABEN SEIN (Abt. Lyrik 1906–1914).

123 DER STERN. Druck: »Das Magazin für Litteratur« 66 (1897) Sp.437. AUF VIELEN WEGEN (1897) S.17f. AUF VIELEN WEGEN (1911) S.35–37, im Inhaltsverzeichnis gewidmet *Elisabeth M* [*orgenstern*], vgl. Kommentar zur Widmung, S.818. Textvarianten: **124,12** *ein*] *ein* »Das Magazin für Litteratur« ebd. – **124,25** *wir*] *wir* ebd. – **124,26** *dein*] *dein* ebd. – **124,37** *schön*] *schön* ebd.

Unter dem Gedicht steht: *(Alte Lieblingsidee).* Ms Erläuterung, vgl. S.817. **124,15** *Königin der Nacht:* (Selenicereus grandiflorus), Kakteenart mit großen, weißen, nur eine Nacht lang geöffneten Blüten.

Friedrich Kayssler nannte das Gedicht »ein Sternenlied, das man singen möchte« (Brief an M vom 11.11.1897).

M hat sich in T 1909 v, Bl. 28 vorgemerkt, AUF VIELEN WEGEN an Rudolf Steiner zu schicken, mit einem *Merkzeichen* bei diesem Gedicht.

125 DER BESUCH. Druck: AUF VIELEN WEGEN (1897) S.19.

Im Inhaltsverzeichnis steht neben dem Titel: *An einen wirklichen Traum anknüpfend.* Ms Erläuterung, vgl. S.817. Vgl. den Kommentar zum Titel des Zyklus, oben S.819.

126 DAS BILD. Druck: AUF VIELEN WEGEN (1897) S.20.

Das Motiv von der Verlebendigung eines Bildwerkes findet sich auch in der Lyrischen Szene für Marionetten DAS GLOCKENSPIEL (s. Abt. Dramatisches).

126 MALERERBE. Druck: AUF VIELEN WEGEN (1897) S.21.

126,9 *Das sind der Vordern, die:* Hierzu steht unter dem Gedicht von der Hand Margareta Ms: »Abgeschrieben aus einem anderen Exemplar, Notiz von Christian: *das ist der Ahnen überkommene Gabe / die* –«
Im Inhaltsverzeichnis steht neben dem Titel: *Tatsache.* Ms Erläuterung, vgl. S.817.
Vgl. auch: *Was ich in dem Gedicht* MALERERBE *sage, möchte ich insofern berichtigen, als der dort erwähnte Zustand,* »*der nicht Träumen ist noch Wachen*«*, doch immerhin noch viel mehr Wachen als Träumen ist, indem ich bei guter Disposition jene blitzschnell wechselnden Landschaften willkürlich hervorrufen kann, indem ich einfach die Augen schließe und mich der Jagd solcher Vorstellungen überlasse, wodurch ich mich ja allerdings ein wenig dem Traumhaften nähere.* T 1897/98, Bl. 103, datiert 30.3.1898, vgl. Abt. Aphorismen Nr.63.
Friedrich Kayssler urteilte über das Gedicht: »Das MALERERBE ist von Goethes Blut!« (Brief an M vom 11.11.1897).

127 DAS ÄPFELCHEN. Druck: »Das Magazin für Litteratur« 66 (1897) Sp.435. AUF VIELEN WEGEN (1897) S.22.
Im Inhaltsverzeichnis steht neben dem Titel: *wirklicher Traum.* Ms Erläuterung, vgl. S.817. Vgl. auch den Kommentar zum Titel des Zyklus, S.819.

127 ROSEN IM ZIMMER. Druck: »Das Magazin für Litteratur« 66 (1897) Sp.436. AUF VIELEN WEGEN (1897) S.23f.

128 KINDERGLAUBE. Druck: »Das Magazin für Litteratur« 66 (1897) Sp.437f. AUF VIELEN WEGEN (1897) S.25f.
Im Inhaltsverzeichnis steht neben dem Titel: *(An gesehene Kinder anknüpfend:)* Ms Erläuterung, vgl. S.817. Vgl. Kommentar zum Titel des Zyklus, S.819.
Das Gedicht wurde von Margareta M in das Kinderbuch KLEIN IRMCHEN (1921) übernommen.

130   VOM TAGWERK DES TODES
Der Zyklus wurde von Margareta M in der von ihr herausgegebenen Ausgabe AUF VIELEN WEGEN (1920) in TOTENTANZ umbenannt. Zugrunde liegt der Änderung eine handschriftliche Korrektur Ms im Inhaltsverzeichnis eines Handexemplars. – Zu diesem Zyklus vgl. Giffei S.139ff.

130 DER SÄEMANN. Überlieferung: Einzelblatt, handschriftlich, im Nachlaß. Undatiert. Druck: AUF VIELEN WEGEN (1897) S.29.
Im Inhaltsverzeichnis steht neben dem Titel: *(auch an Thoma gedacht).* Ms Erläuterung, vgl. S.817. M bezieht sich vermutlich auf Hans Thomas (1839–1924) Gemälde »Der Sämann« von 1886.
Die bei M beliebte Wiederholung der ersten Strophe am Ende eines Gedichts entspricht dem im Jugendstil (in der Graphik und Lyrik) beliebten Kompositionsprinzip der Umrahmung, Umrankung sowie der symmetrischen Entsprechung um einen Mittelpunkt (Klein S.170). – Vgl. auch Lissau S.168.

130 VÖGLEIN SCHWERMUT. Überlieferung: Einzelblatt, handschriftlich, im Nachlaß. Undatiert. Druck: AUF VIELEN WEGEN (1897) S.30.

131 DER TOD UND DAS KIND. Druck: AUF VIELEN WEGEN (1897) S.31.

131 DER TOD UND DER MÜDE. Druck: AUF VIELEN WEGEN (1897) S.32.

132 DER TOD UND DER EINSAME TRINKER. Druck: AUF VIELEN WEGEN (1897) S.33.
Im Inhaltsverzeichnis steht neben dem Titel: *(etwas von einem stillen Trinker erzählen gehört.)* Ms Erläuterung, vgl. S.817.

133 DER FREMDE BAUER. Druck: AUF VIELEN WEGEN (1897) S.34.
Im Inhaltsverzeichnis steht neben dem Titel: *(an die Schmiede in Ströbel* [Ort in Niederschlesien] *gedacht.)* Ms Erläuterung, vgl. S.817.

134 DER TOD IN DER GRANATE. Druck: AUF VIELEN WEGEN (1897) S.35.

134 IM NEBEL. Druck: AUF VIELEN WEGEN (1897) S.36f.
Im Inhaltsverzeichnis steht neben dem Titel: *(»Elbe«).* Ms Erläuterung, vgl. S.817. Der Vermerk weist auf die Szenerie der Unterelbe, wo die ein- und auslaufenden Schiffe bei Nebel äußerst gefährlich manövrieren müssen.

135 AM ZIEL. Druck: AUF VIELEN WEGEN (1897) S.38.
Im Inhaltsverzeichnis steht neben dem Titel: *(Kohlfurt)* [Ort in Niederschlesien]. Ms Erläuterung, vgl. S.817.

136 DIE GEDÄCHTNISTAFEL. Druck: AUF VIELEN WEGEN (1897) S.39.
Im Inhaltsverzeichnis steht neben dem Titel: *(Tirol).* Ms Erläuterung, vgl. S.817.
GEDÄCHTNISTAFEL: ähnlich einem »Marterl« (d.i. ein Pfeiler mit Kruzifix oder Heiligendarstellung), wie man sie im bayrischen und österreichischen Gebirge an Stellen eines Unglücksfalls findet und auf denen das Unglück in naiven Bildern und Versen geschildert wird.

137 AM MOOR. Druck: AUF VIELEN WEGEN (1897) S.40. Die Irrlichter sind hier nicht ungeborene Seelen (vgl. Kommentar zu DIE IRRLICHTER, S. 819), sondern offenbar die Seelen im Moor Ertrunkener, die als tanzende Gespenster die Wanderer zu verwirren suchen.

138 IM FIEBER. Druck: AUF VIELEN WEGEN (1897) S.40–43. In den Zusammenhang dieses Zyklus gehören auch die folgenden Notizen: *Ged[icht]. Der Tod in der Stadt. Auf dem Rücken eines jeden der zahllosen Menge sitzt ein Todesgespenst, jedes verschieden, wie ⟨ihr⟩ sein Träger. Die Gespenster unterhalten sich miteinander ebenso wie die Menschen. Es ist ein Leben über dem Leben.* T1897/98, Bl.71. Datierbar September/Oktober 1897. *Der schwarze Falter, der beständig über die Welt fliegt, seinen feinen giftigen Staub von den Flügeln schüttelt. Nachts nährt er sich im Garten des Todes von schwarzen Lilien* – – – – T1897/98 ebd.
Vgl. Giffei S.141 und 148.

140   EINE GROSSSTADT-WANDERUNG
Hierzu notierte M im Inhaltsverzeichnis: *Das Ganze von Mackays »Anarchisten« angeregt.* Ms Erläuterung, vgl. S.817. John Henry Mackay (1864–1933), sozialkritischer Schriftsteller, Biograph Max Stirners. Sein Roman »Die Anarchisten« erschien 1891.
Friedrich Kayssler bemerkte zu diesem Zyklus: »Das Schattenhafte und doch so Grelle in dem Ganzen ist so schön. Man sieht so klar wie bei Blitz« (Brief an M vom 11.11.1897).

140 EINE LANGE GASSE WAR MEIN NACHTWEG. Druck: AUF VIELEN WEGEN (1897) S.47.
Im Inhaltsverzeichnis steht zu diesem Gedicht: *I. Artilleriestraße.* Ms Erläuterung, vgl. S.817.

140 UND ICH SAH, ERSTARRT, DURCH EINE HAUSWAND... Druck: AUF VIELEN WEGEN (1897) S.48.
Hierzu steht im Inhaltsverzeichnis: *II. Mord in Berlin.* Ms Erläuterung, vgl. S.817.

140,13 *gloschte:* mundartlich für »gloste« = glühte, glomm.

141 UND ICH GING DIE LANGE GASSE WEITER. Druck: AUF VIELEN WEGEN (1897) S.49.
Hierzu steht im Inhaltsverzeichnis: *III. Von Dostojewskis »Memoiren aus einem Totenhaus«* [(1860–62), Roman von Fjodor M. Dostojewski (1821–1881)] *angeregt.* Ms Erläuterung, vgl. S.817.

141 UND MICH ZOG DIE LANGE GASSE WEITER. Druck: AUF VIELEN WEGEN (1897) S.50.

Hierzu steht im Inhaltsverzeichnis: IV. *Hatte dabei unbestimmten Eindruck von einer Fensterreihe in Innsbruck.* Ms Erläuterung, vgl. S.817.

141 UND ICH FLOH DIE TRÜBE GASSE WEITER. Druck: AUF VIELEN WEGEN (1897) S.51.

Hierzu steht im Inhaltsverzeichnis: v. *Morgen, Berlin.* Ms Erläuterung, vgl. S.817.

142 UND ICH WANDERTE MECHANISCH WEITER. Druck: AUF VIELEN WEGEN (1897) S.52.

Hierzu steht im Inhaltsverzeichnis: VI. *Sorau, Irrenhaus.* Ms Erläuterung, vgl. S.817.

142,13 »*Selig sind – dulden*«: vgl. Matthäus-Evangelium 5,4.

Friedrich Kayssler schrieb über dieses Gedicht: »Da ist für mich das Beste das aufgerissene Fenster im Irrenhause mit den Kommandos« (Brief an M vom 11.11.1897).

142 UND ICH SETZTE MEINE SCHRITTE WEITER. Druck: AUF VIELEN WEGEN (1897) S.53.

Hierzu steht im Inhaltsverzeichnis: VII. *Berlin.* Ms Erläuterung, vgl. S.817.

144 VIER ELEMENTARPHANTASIEN

Nach Bauer, Chr.M. (1985) S.96 wurde der Zyklus von Felix Weingartner einer symphonischen Dichtung zugrunde gelegt. Felix Weingartner (1863–1943), Dirigent und Komponist.

Die personifizierten Urgewalten der vier Elemente Wasser, Erde, Luft und Feuer sprechen ihr naturdämonisches Wesen in Monologen aus, in denen sie meist ihren feindlich-zerstörerischen Charakter kundtun.

144 MEERESBRANDUNG. Überlieferung: Einzelblatt, handschriftlich, im Nachlaß. Undatiert. Druck: »Pan« 3 (1897) S.28. AUF VIELEN WEGEN (1897) S.57f. Textvarianten: **144**,1 »*Warrrrrrte nur.......*] fehlt Einzelblatt ebd. und »Pan« ebd. – **144**,4 *warrrrrrrte*] *warte* Einzelblatt und »Pan« ebd., ebenso bei den Wiederholungen der Zeile.

Im Inhaltsverzeichnis steht neben dem Titel: *Sylt.* Ms Erläuterung, vgl. S.817. M war im Sommer 1895 auf Sylt.

Zu diesem Gedicht vgl. Hiebel S.155.

145 ERDRIESE. Überlieferung: Einzelblatt, handschriftlich, im Nachlaß, mit der Überschrift ERDVATER. Undatiert. Druck: AUF VIELEN WEGEN (1897) S.59f. Textvarianten: **145**,7 *Erdriese*] ⟨*der*⟩ *Erdvater* Einzelblatt ebd. – **145**,14 *dumpf an*] ⟨*gegen*⟩ ⟨*wider*⟩ ebd. – **145**,20 *der Ball*] *(der Ball)* darüber: *die Welt* ebd. – **145**,21 *Meerunholde*] *Meeresriesen* ebd. – **145**,24 *Feuerhexen*] darunter steht: *Feuerweiber* ebd. – **145**,30 *versinken*] *verschwinden* ebd. – **145**,31 *Trichtern*] ⟨*Spalten*⟩ ebd.

In dem Gedicht schwingt möglicherweise die Erinnerung an den griechischen Mythos von den Zyklopen mit, den Söhnen des Uranos und der Gaia, die von ihrem Vater in die Unterwelt verbannt wurden.

146 DER STURM. Druck: AUF VIELEN WEGEN (1897) S.61f.

147 DIE FLAMME. Überlieferung: Zwei Einzelblätter, handschriftlich, im Nachlaß, mit dem Obertitel ⟨ZWEI ELEMENTARPHANTASIEN⟩. Druck: AUF VIELEN WEGEN (1897) S.63–65. Textvariante: **148**,36 – **149**,25 *hinüber – und dann –*] fehlt auf den Blättern.

Neben dem Anfang des Gedichts steht: *(Um die Mittelachse ordnen)*. Dies wurde im Druck jedoch nicht durchgeführt.

»Die freien wie atemlos abgehackten Rhythmen tragen zur Individualisierung des Elementes bei. – Man vergleiche die Darstellung des entfesselten Elementes mit der Feuerschilderung in der ›Glocke‹, und man hat das Vorschreiten gleicherweise vom Allgemeinen zum Besonderen, von Bewegtheit zu Fieber und von Kunst zu Artistik deutlich vor Augen« (Klemperer S.54). Vgl. auch Hiebel S.155.

150 GEDICHTE VERMISCHTEN INHALTS

150 KLEINE GESCHICHTE. Überlieferung: Einzelblatt, handschriftlich, im Nachlaß. Undatiert. Druck: AUF VIELEN WEGEN (1897) S.69. AUF VIELEN WEGEN (1911) S.65. Textvariante: **150**,13 *Des Fähnleins – nicht klar*] ⟨*Das Volk, das früher sie bestaunt*⟩ ⟨*Die Menge, die sie einst* [*bestaunt*]⟩ / ⟨*nun war es* ⟨*sie*⟩ *plötzlich schlecht gelaunt*⟩ Einzelblatt ebd. Im Inhaltsverzeichnis steht neben dem Titel: *Ausstellungspark am Lehrter Bahnhof*. Ms Erläuterung, vgl. S.817.

Vgl. auch: *Beim Anblick einer Fahne gelb und rot nebeneinander genäht, Qual, nie ineinander zu kommen. Wie sehnen sie den ersten Wolkenbruch herbei, der ihre Farben ineinander schweißt. Im Wind legt es sich zärtlich umeinander.* T 1894/95, Bl. 49. »Die Symbolik dieses Vorgangs steht für tiefste Menschheitssehnsucht, und doch wirkt das bizarre Bild, die Personifizierung zweier Fahnentuchstreifen [...] entschieden komisch« (Klemperer S.55). Spitzer (S.80) hält das Gedicht für eine Spiegelung des Du- und Ich-Problems. Von Robert Kahn vertont.

150 DAS HÄUSCHEN AN DER BAHN. Überlieferung: Einzelblatt, handschriftlich, im Nachlaß. Datiert *27.1.1897*. Druck: AUF VIELEN WEGEN (1897) S.70. Textvarianten: **151**,10 *weite Welt*] danach folgen die Zeilen: ⟨*(Bleibt ⟨doch einmal⟩ denn nie einer hier / und erzählt mir von ihr?...)*⟩ Einzelblatt ebd. – **151**,13 *Tag und Nacht*] ⟨*Jahr um Jahr*⟩ ebd. – **151**,14 *Einsam – leis*] harrt das Häuschen an der Bahn ebd.

Im Inhaltsverzeichnis steht neben dem Titel: *Tirol (auf der Fahrt nach Innsbruck)* [vermutlich im Sommer 1896]. Ms Erläuterung, vgl. S. 817.

151 AMOR DER ZWEITE. Druck: AUF VIELEN WEGEN (1897) S. 71–75.

151,2 *Medicëischen Venus:* aus der römischen Kaiserzeit stammende Kopie einer griechischen Aphrodite-Statue des 1. vorchristlichen Jahrhunderts, benannt nach ihren früheren Besitzern, der Familie de' Medici; befindet sich heute in den Uffizien in Florenz.

151,19 *zweier Götter – Milde:* In der griechischen Mythologie ist die Liebesgöttin Aphrodite die Geliebte des Kriegsgottes Ares, beider Sohn ist Eros. In der römischen Mythologie entsprechen ihnen die Götter Venus, Mars und Amor.

154,95 *aus Canovas Zeiten:* Antonio Canova (1757–1822), italienischer Bildhauer.

154 DER ZEITUNGLESENDE FAUN. Druck: AUF VIELEN WEGEN (1897) S. 76 f.

FAUN: Naturgottheit der römischen Mythologie, entspricht dem griechischen Pan, vgl. Kommentar zu WOLKENSPIELE, S. 756.

155,36 *Panisk:* ein zur Familie des Pan Gehörender, s. o.

Im Inhaltsverzeichnis steht neben dem Titel: *Dahms, das »literarische Berlin«.* Ms Erläuterung, vgl. S. 817.

156 GOLDFUCHS, SCHÜRZ' UND FLASCHE. Überlieferung: Zwei Einzelblätter, handschriftlich, im Manuskript UNTER DER DORFLINDE (vgl. Kommentar zu SOMMERABEND, S. 935 f.), mit dem Titel AUF DER TEICHWIES. Druck: AUF VIELEN WEGEN (1897) S. 78 f. Textvarianten: **156**,1 *Waldwies' hausten*] Teichwies' waren Blatt 1 ebd. – **156**,12 *rum didl – dauz*] Didl didl dum / Didl didl dauz ebd., in den Wiederholungen ebenso. –**157**,36 *stopfte*] steckte Bl. 2 ebd.

Das Gedicht wurde von Robert Kahn mit dem Titel BALLADE in den Zyklus SOMMERABEND übernommen.

Diese humoristische Ballade versteckt eine Kulturkritik: Bei den Menschen dreht sich alles um Geld, Sexualität und Alkohol, für die volkstümliche Symbole eingesetzt sind: *Goldfuchs* wurde früher scherzhaft für eine Goldmünze gebraucht; *Schürz'* erinnert an die Redensart: »Er läuft jeder Schürze nach«; die *Flasche* spricht für sich selbst.

157 DIE BRÜCKE. Druck: AUF VIELEN WEGEN (1897) S. 80.

Im Inhaltsverzeichnis steht neben dem Titel: *Weidendammer Brücke, Berlin.* Ms Erläuterung, vgl. S. 817
158 DER TAG UND DIE NACHT. Überlieferung: Einzelblatt, handschriftlich, im Nachlaß. Druck: AUF VIELEN WEGEN (1897) S. 81.
159 DER SCHLAF. Druck: AUF VIELEN WEGEN (1897) S. 82.
159 PFLÜGERIN SORGE. Druck: AUF VIELEN WEGEN (1897) S. 83.
Zur Personifizierung der Sorge vgl. Goethe, Faust, II. Teil, 5. Akt, »Mitternacht«, die Sorge ist dort eins von vier grauen Weibern; sowie Hermann Sudermanns (1857–1928) Roman »Frau Sorge« (1897). Vgl. auch Klemperer S. 52.
160 LEGENDE. Überlieferung: Einzelblatt, handschriftlich, im Nachlaß. Undatiert. Druck: »Der Kunstwart« 11 (1897/98) Bd. 1, S. 174. AUF VIELEN WEGEN (1897) S. 84f. AUF VIELEN WEGEN (1911) S. 38f., im Inhaltsverzeichnis gewidmet *Hans Benzmann* (1869–1926), Dichter, Hrsg. der seinerzeit weitverbreiteten Anthologie »Moderne deutsche Lyrik« (Leipzig 1904 und 1907), in der M mehrfach vertreten ist, u. a. mit LEGENDE.
Im Inhaltsverzeichnis steht neben dem Titel: *Runge spielt Chopin.* [Woldemar Runge, Schauspieler und Regisseur, Freund Ms. Frédéric Chopin (1810–1849), Pianist und Komponist, vor allem berühmt durch seine Klavierwerke.] Ms Erläuterung, vgl. S. 817.
M dichtete im Stil der mittelalterlichen Legendentradition eine Episode aus dem Leben Christi. Vgl. außerdem Giffei S. 151.
161 DIE APOKALYPTISCHEN REITER. Überlieferung: Zwei Einzelblätter, handschriftlich, im Nachlaß. Undatiert. Druck: AUF VIELEN WEGEN (1897) S. 86f. Textvarianten: **162**,35 *schwer*] *tief* Änderung Ms im Handexemplar. – **162**,37 *In freudelosen – Er*] *(selbst er, der finstre Totenfürst, entschlief.)* Änderung Ms im Handexemplar; darunter steht: *Die Änderung nur für den Vortrag.* Da nicht bekannt ist, wann M diese Eintragung machte, kann auch nicht festgestellt werden, welcher Vortrag gemeint sein könnte.
Im Inhaltsverzeichnis steht neben dem Titel: *Dante* [Dante Alighieri (1265–1321), sein Hauptwerk »La Divina Commedia« (Die Göttliche Komödie, 1306–21) schildert einen Gang durch die drei Bereiche des Jenseits: Hölle, Fegefeuer, Paradies]. Ms Erläuterung, vgl. S. 817.
161 APOKALYPTISCHEN REITER: vgl. Apokalypse des Johannes 6, 1–8.
162 PARABEL. Druck: AUF VIELEN WEGEN (1897) S. 88.
Im Inhaltsverzeichnis steht neben dem Titel: *Polonaise* [Schreittanz polni-

scher Herkunft, seit dem 17.Jahrhundert Gesellschaftstanz, oft zur Einleitung von Bällen, wobei die Paare in vielen Touren und Figuren durch die Räume ziehen]. Ms Erläuterung, vgl. S. 817.

163 DAS ENDE. Druck: AUF VIELEN WEGEN (1897) S. 89f.

164 DER BORN. Druck: AUF VIELEN WEGEN (1897) S. 91.

165 DER URTON. Überlieferung: Drei Einzelblätter, handschriftlich, im Nachlaß, außerdem eine vermutlich frühere, abweichende Fassung mit der Überschrift DIE DOMINANTE, die in der Nachlese gebracht wird, s. S. 205. Druck: AUF VIELEN WEGEN (1897) S. 92f. AUF VIELEN WEGEN (1911) S. 43, im Inhaltsverzeichnis gewidmet *Marie Goettling*. Marie Goettling (1862–1921), Tochter des Pfarrers Goettling in Sorau. M lernte sie im Herbst 1891 kennen (vgl. Brief an Kayssler vom 7.10.1891) und blieb ihr bis zu seinem Tod freundschaftlich verbunden (vgl. den Briefwechsel zwischen M und Marie Goettling). Im Inhaltsverzeichnis steht neben dem Titel *Dudelsack*. [vermutlich Erinnerung daran, wie die Gedichtvorstellung durch die über einem Grundbaß monoton kreisende Melodie eines Dudelsacks angeregt worden ist] *Chladni*. Ms Erläuterung, vgl. S. 817. Dem Gedicht liegt die Vorstellung der Chladnischen Klangfiguren (nach dem Physiker Ernst Chladni, 1756–1827) zugrunde: Auf einer Metallplatte aufgestreuter Sand ordnet sich zu Figuren, wenn man den Rand der Platte mit einem Geigenbogen anstreicht: Über einem Grundton schwingen Obertöne, die durch den Sand als sich überschneidende Kurven sichtbar gemacht werden. Analog dazu sieht der Dichter kosmische Sphärenkreise als sichtbar gewordene Gestaltenfülle von Form, Farbe, Ton: Klangfiguren über einem dunklen Orgelpunkt.

166 DER EINSAME TURM. Überlieferung: Je zwei Einzelblätter, handschriftlich, im Nachlaß (H¹ und H²). Dazu gehört ein Titelblatt mit der Überschrift: *III. Aus einem Zyklus* WALDLUFT. Darunter stehen die Gedichttitel ELBENREIGEN, DIE BEIDEN NONNEN und DER EINSAME TURM. Die beiden Gedichte DER EINSAME TURM und DIE BEIDEN NONNEN hat M jedoch nicht in den Zyklus WALDLUFT (S. 169) aufgenommen. Druck: AUF VIELEN WEGEN (1897) S. 94–96. AUF VIELEN WEGEN (1911) S. 40–42, im Inhaltsverzeichnis gewidmet *Dem Andenken Wilhelm Holzamers* [(1870–1907), Schriftsteller, Mitarbeiter an der Wiener Kunstzeitschrift »Ver sacrum« und an der von M redigierten Zeitschrift »Das Theater«]. Textvarianten: **167**,40 *des Tages Brände*] ⟨*die hohen*⟩ *Brände* (H¹) ebd. – **168**,49 *tiefe*] ⟨*hohe*⟩ (H¹) ebd. *hohe* (H²) ebd. – **168**,53 *Weisheit gütiger Gesang*] ⟨*Sehnsucht werbender*⟩ *Gesang* (H¹) ebd. – **168**,54 *des Willens*–

werde!«] des Schöpfer⟨willens⟩ jubelndes Befehlen, darüber: ⟨*unersättliches*⟩ *Es werde…* ebd. – **168**,55 *der Liebe Durst und Pein*] geändert aus: ⟨*des Liebeswahnsinns Schmerz*⟩ ebd. – **168**,56 *es ist – Erde*] *Das Grundlied aus den tiefsten aller Seelen……* ebd. – *Schicksals-Hohelied*] *Schicksalslied* (H²) ebd.
Im Inhaltsverzeichnis steht neben dem Titel: *Sorauer Forsten mit Turm.* Ms Erläuterung, vgl. S. 817.
Max Reinhardt (s. Kommentar zu VORFRÜHLING, S. 877) hat das Gedicht besonders geschätzt; in einem Dankbrief für das Buch schreibt er an M: »Wenn ich Ihnen sagen könnte, wie ich Ihrem EINSAMEN TURME zugejauchzt habe« (Brief vom Januar 1898. BRIEFE. Auswahl (1952) S. 101 f.).

169 WALDLUFT
Michael Bauers Angabe (Chr. M. (1985) S. 96), der Zyklus sei von Robert Kahn vertont worden, konnte nicht bestätigt werden (Mitteilung der Hochschule der Künste, Berlin).
169 AUFFORDERUNG. Druck: AUF VIELEN WEGEN (1897) S. 99f. AUF VIELEN WEGEN (1911) S. 47f., im Inhaltsverzeichnis gewidmet *Cathérine Runge* [Übersetzerin aus dem Russischen, Mutter von Ms Freund Woldemar Runge (s. Kommentar zu LEGENDE, S. 827). Sie hat M einmal ein Brillengestell, die Arbeit eines Petersburger Goldschmieds, geschenkt, vgl. das Gedicht DAS SINTHO-BUCH, Abt. Lyrik 1906–1914].
169,10 *Kätzchen:* Eichkätzchen, Eichhörnchen.
169,17 *Hinde:* Hirschkuh.
169,18 *die stumme Elbin Stille:* Personifizierung der Waldesstille durch die auf der Hindin reitenden Elfe. Das Bild erinnert an Böcklins Gemälde »Das Schweigen im Walde«, wo die Elbin aber auf dem sagenhaften Einhorn reitet.
170 KRÄHEN BEI SONNENAUFGANG. Druck: AUF VIELEN WEGEN (1897) S. 101. AUF VIELEN WEGEN (1911) S. 49f., im Inhaltsverzeichnis gewidmet *Meinem Vater* [Carl Ernst Morgenstern (1847–1928), Landschaftsmaler und leidenschaftlicher Jäger, vgl. ÜBER MICH SELBST, Abt. Aphorismen S. 470 (Kommentar zu Nr. 1)].
Im Inhaltsverzeichnis steht neben dem Titel: *(Machnow)* [Klein Machnow bei Berlin]. Ms Erläuterung, vgl. S. 817.
Friedrich Kayssler schrieb M über das Gedicht: »KRÄHEN BEI SONNENAUFGANG, – die hast Du erfaßt – so sahen wir beide die Krähen immer; ganz wundervoll ist das – aber ich lese bloß bis zur letzten Strophe, da ist's

für mich besser zu Ende. Sieh Dir's mal an. Der Nachsatz ist zu länglich für den großen ›gemeßnen Schlag‹ der ersten Strophen« (Brief vom 11.11.1897).

170 DAS HÄSLEIN. Druck: AUF VIELEN WEGEN (1897) S.102f. AUF VIELEN WEGEN (1911) S.51, im Inhaltsverzeichnis gewidmet *Dem kleinen Klaus Piper* [geb. 1911, Verleger, Sohn von Reinhard Piper, in dessen Verlag ab 1910 der größte Teil von Ms Werk erschien].

Im Inhaltsverzeichnis steht neben dem Titel: *Friedrichshagen* [bei Berlin, am Müggelsee]. Ms Erläuterung, vgl. S.817.

Das Gedicht wurde von Margareta M in die Kinderbücher LIEBE SONNE, LIEBE ERDE (1943) und KLEIN IRMCHEN (1921) aufgenommen. Am 7.11.1907 machte M Friedrich Kayssler Vorschläge, welche seiner Gedichte sich für einen Vortrag eignen würden; er nannte u.a. DAS HÄSLEIN, mit dem Zusatz *(natürlich!!!)*. Margareta M kommentierte diese Bemerkung: der Dichter habe »in jenen Jahren so viele Zuschriften von den verschiedensten Seiten mit der Bitte um Abdruck des Häsleins [bekommen], daß er das Diminutiv kaum mehr hören konnte«. Im Nachlaß befindet sich ein von M auf einen Zettel geschriebenes und mit *17.10.1907* datiertes Gedicht

> EPILOG ZUM HÄSLEIN
> *Nein, nein, ich verachte das Häslein nicht,*
> *das liebe, gläubige Häslein,*
> *ich seh's ja noch vor mir im Regenlicht*
> *auf seinem muntern Gesäßlein.*
>
> *Doch setzt man das Häslein, wie das so kommt,*
> *noch gar in Gänsefüßlein,*
> *dann wird mir des -lein-Öls zu viel verbommt,*
> *dann schenk' ich's Kellers Bünz Züslein.*

Bünz Züslein: verballhornt aus »Züs Bünzlin«, einer Figur aus Gottfried Kellers Erzählung »Die drei gerechten Kammacher« (Die Leute von Seldwyla, 1.Teil, 1856).

Im N 1906/07, Bl. 99 findet sich die Notiz: *An Waisenhausbuchhandlung, Halle für Echtermeyer* HÄSCHEN *überlassen* (Das Hallesche Unternehmen hatte damals Echtermeyers berühmte Gedicht-Anthologie in Verlag). Ein Abdruck befindet sich ferner u.a. in Ludwig Jacobowskis kleinem Leseheft »Neue Lieder der besten neueren Dichter für's Volk« (Berlin o.J.)

und in der seinerzeit verbreiteten Sammlung »Du mein Deutschland. Heimatbilder deutscher Künstler / deutsche Gedichte«. Zehlendorf (Heyder) 1916.

172 MITTAG-STILLE. Druck: AUF VIELEN WEGEN (1897) S.104. AUF VIELEN WEGEN (1911) S.53, im Inhaltsverzeichnis gewidmet *Bruno Wille* [(1860–1928), naturalistischer Schriftsteller, Gründer der Freien Volksbühne in Berlin].
Im Inhaltsverzeichnis steht neben dem Titel: *Friedrichshagen.* Ms Erläuterung, vgl. S.817.

172 DER ALTE STEINBRUCH. Druck: AUF VIELEN WEGEN (1897) S.105f.
Im Inhaltsverzeichnis steht neben dem Titel: *Ströbel.* Ms Erläuterung, vgl. S.817.

173 BEIM MAUSBARBIER. Druck: AUF VIELEN WEGEN (1897) S.107–109.
Das Gedicht wurde von Margareta M in das Kinderbuch KLEIN IRMCHEN (1921) übernommen.

175 ELBENREIGEN. Überlieferung: Zwei Einzelblätter, handschriftlich, im Nachlaß. Undatiert. Druck: AUF VIELEN WEGEN (1897) S.110f.
Nach einer Mitteilung Margareta Ms (auf dem Handschriftenblatt) hat der Dichter auf die Bitte von Paula Dehmel um einen Kinderbuchbeitrag die vierte Strophe weggelassen und *Lüstern* (17) in *Listig* geändert. Im Druck in KLEIN IRMCHEN (1921) heißt es jedoch *Lustig.*
Am oberen Rand neben dem Titel steht: *Um die Mittelachse zu ordnen.* Blatt 1 ebd. Dies wurde im Druck jedoch nicht durchgeführt.

176 »UR-UR«. Druck: AUF VIELEN WEGEN (1897) S.112.
»UR-UR«: ur als Vorsilbe: auf den Anfang bezogen, das Anfängliche bezeichnend. Der Ur: Auerochse, Stammform des Hausrinds. Mythische Vorstellung vom Ur-Stier, dem zeugerischen Ur-Prinzip der Welt. Julius Bab sieht (S.42) in diesem Gedicht allerdings schon die Grenze zur Groteske. »[…] nur ein kleiner übermütiger Schritt ist nötig, und wir sind vom Urur, dem Allvater-Stier der Wälder, beim Zwölfelf, der auf sein Problem kommt.«

177 GEIER NORD. Überlieferung: Zwei Einzelblätter, handschriftlich, im Nachlaß, ohne Überschrift, mit der Widmung: *Christian seinem lieben Fritz, Neujahr 1897.* Druck: AUF VIELEN WEGEN (1897) S.113f. Textvarianten: **178,8** *grausen*] schrillen Blatt 1 ebd. – **178,14** *Glitzer-Tand*] Funkeltand ebd.

179 ZWISCHENSTÜCK

179 FUSCH-LEBERBRÜNNL. Druck: AUF VIELEN WEGEN (1897) S.115–123. Im Text datiert: *10.–22. August 1896*. Textvariante: TAGEBUCH-FRAGMENT] in einem Handexemplar von M in TAGEBUCHNOTIZEN geändert.

Diesem Gedichtkreis liegt eine Alpenreise zugrunde, die M zusammen mit seinem Sorauer Schulfreund Paul Körner unternahm. Sie führte zunächst über Salzburg ins Salzkammergut und später weiter zum Gardasee. M schrieb darüber an Marie Goettling: *Ich habe mit dem alten Schulkameraden Zöbner* [Spitzname Paul Körners] *zusammen, der eine ziemlich gute Kenntnis alpiner Verhältnisse besitzt, einen reizenden Gebirgswinkel in der nächsten Nähe von St. Wolfgang-Fusch gefunden, wo wir billigst, einfachst und einsamst einquartiert sind. Es ist eine Art Bauernhaus, auf Fremdenbesuch mit fünf Zimmerchen bescheiden eingerichtet. Zum Arbeiten komme ich hier freilich weniger wie ich dachte, da schöne Tage uns zu mäßig-anstrengenden Touren verlocken, die schlechteren aber uns entweder zusammenrücken, oder wenn (wie meist) Aufenthalt im Freien möglich, die Finger zu jedem Schreiben untauglich machen.* Brief vom 21.8.1896. BRIEFE. Auswahl (1952) S.80.

M las auf dieser Reise Goethe, vor allem den West-östlichen Divan (vgl. Bauer, Chr.M. (1985) S.110). Der Goethe-Ton der Gedichte dieser Gruppe ist unüberhörbar; direkter Bezug auf die Goethe-Lektüre wird in den Gedichten SPÄT VON GOETHE UND ANDREM WEIN und WER DOCH DEN TRÜBEN WAHN ERFUNDEN genommen. Alle Gedichte des Tagebuch-Fragments sind im Text datiert; ein *d.* bedeutet, daß das Gedicht am selben Tag wie das vorangegangene entstanden ist.

179 NULLA DIES SINE LINEA. Druck: AUF VIELEN WEGEN (1897) S.116.
Nulla dies sine linea: Kein Tag ohne (wenigstens) einen Strich, von Plinius dem Älteren (um 23–79) in seiner »Naturalis historia« dem griechischen Maler Apelles zugeschrieben. Vgl. auch den oben zitierten Brief Ms an Marie Goettling: Obwohl M offenbar die ständige Anwesenheit des Freundes als hinderlich für die dichterische Produktion empfand, hielt er sich doch an, jeden Tag wenigstens ein Gedicht zu machen.

179 VOR EINEM GEBIRGSBACH. Druck: AUF VIELEN WEGEN (1897) S.116.

179 DUNKEL VON SCHWEIGENDEN BERGEN UMSCHLOSSEN. Druck: AUF VIELEN WEGEN (1897) S.116.

179 HINAUS IN NEBEL UND REGEN. Druck: AUF VIELEN WEGEN (1897) S.116.

179 SPÄT VON GOETHE UND ANDREM WEIN. Überlieferung: Zwei lose Blätter, handschriftlich, im Nachlaß, mit der Überschrift *Aus »Tiroler Tagebuch«*. Das Gedicht steht dort an erster Stelle von vier Gedichten aus diesem Zyklus. Druck: AUF VIELEN WEGEN (1897) S.116.

179,1 *Goethe:* vgl. Kommentar zum Titel des Zyklus, S.832.

180 MORGEN. Überlieferung: Zwei lose Blätter, handschriftlich, im Nachlaß, mit der Überschrift *Aus »Tiroler Tagebuch«*. Das Gedicht steht an zweiter Stelle unter vier Gedichten aus diesem Zyklus. Druck: AUF VIELEN WEGEN (1897) S.117.

180 UND DOCH! Druck: AUF VIELEN WEGEN (1897) S.117.

180 SCHWERER NEBEL DUNKLE LASTEN. Druck: AUF VIELEN WEGEN (1897) S.117. AUF VIELEN WEGEN (1911) S.59, mit der Überschrift NEBEL IM GEBIRGE und der Widmung im Inhaltsverzeichnis *Paul Körner* (s. Kommentar zum Titel des Zyklus, S.832).

180 VOR ZURÜCKGESCHICKTEN VERSEN. Druck: AUF VIELEN WEGEN (1897) S.118.

181 SCHLECHTE WITTRUNG TRÄGT SICH GUT. Druck: AUF VIELEN WEGEN (1897) S.118.

181 MÖCHT' ES WOHL HIER OBEN WAGEN. Überlieferung: Zwei lose Blätter, handschriftlich, im Nachlaß, mit der Überschrift *Aus »Tiroler Tagebuch«*. Das Gedicht steht dort als letztes von vier Gedichten aus diesem Zyklus. Druck: AUF VIELEN WEGEN (1897) S.118.

181,2 *Apostat vom Tinten-Grale:* Apostat: Abtrünniger; Gral: geheimnisvoller, heiliger, glückverheißender Gegenstand in der Dichtung des Mittelalters, oft eine Schale; also etwa: Abtrünniger von der Schreibtisch-Poesie, vgl. auch Kommentar zum Titel des Zyklus, S.832.

181 ABENDLICHE WOLKENBILDUNG. Druck: AUF VIELEN WEGEN (1897) S.118.

181 WER DOCH DEN TRÜBEN WAHN ERFUNDEN. Druck: AUF VIELEN WEGEN (1897) S.119.

181,7 *Suleika. Hatem:* Geliebte und Liebender in Goethes »West-östlichem Divan« (1819, erweitert 1827).

181,10 *Hafis' Geist:* Hafis (um 1326–1390), persischer Dichter, von dem Goethe zu seinem »West-östlichen Divan« angeregt wurde.

182 ABENDBELEUCHTUNG. Überlieferung: Zwei lose Blätter, handschriftlich, im Nachlaß, mit der Überschrift *Aus »Tiroler Tagebuch«*. Das Gedicht steht ohne Überschrift an dritter Stelle unter vier Gedichten aus diesem Zyklus. Druck: AUF VIELEN WEGEN (1897) S.120.

182 »DICHTER«? Druck: AUF VIELEN WEGEN (1897) S.120.

182 BRIEFE. Druck: AUF VIELEN WEGEN (1897) S.120.

182 VOR EINEM WASSERFALL. Druck: AUF VIELEN WEGEN (1897) S.120.

182 »LEBERBRÜNNL«-SCHLUCHT. Druck: AUF VIELEN WEGEN (1897) S.121.

183 FREUNDIN PHANTA HAT UNZWEIFLICH. Druck: AUF VIELEN WEGEN (1897) S.121.

183,1 *Freundin Phanta:* die personifizierte Phantasie, vgl. den Gedichtband IN PHANTAS SCHLOSS. Vgl. auch den Kommentar S.832.

183 NATUR SPRICHT. Druck: AUF VIELEN WEGEN (1897) S.121.

183 ICH ANTWORTE. Druck: AUF VIELEN WEGEN (1897) S.122. Textvariante: **183**,1 *Ja wenn*] *Ach wenn* AUF VIELEN WEGEN ebd., im Handexemplar von M geändert.

184 NEBEL UMS HAUS. Druck: AUF VIELEN WEGEN (1897) S.123.

184,8 *Bellerophon:* griechische Sagengestalt; hier: Name des englischen Schiffes, mit dem Napoleon nach St.Helena gebracht wurde.

184 ZUM ABSCHIED AN F.-L. [Fusch-Leberbrünnl]. Druck: AUF VIELEN WEGEN (1897) S.123.

185 ANMUTIGER VERTRAG. Druck: AUF VIELEN WEGEN (1897) S.125. AUF VIELEN WEGEN (1911) S.66, im Inhaltsverzeichnis gewidmet *M.K.* [konnte nicht entschlüsselt werden].

Von Robert Kahn vertont. Auf dieses Gedicht bezieht sich wohl die Stelle in einem Brief Ms an Margareta vom 21.9.1908: *Woher wissen Sie vom Vertrag? Das steht doch, glaub' ich, in* ICH UND DIE WELT, *meinem richtigen Jugendbuche.*

185 DIE BEIDEN NONNEN. Überlieferung: Einzelblatt, handschriftlich, im Nachlaß. Undatiert. Druck: AUF VIELEN WEGEN (1897) S.126. Textvariante: **186**,18 *sich – verloren*] *endlich fern erstarben* Einzelblatt ebd. Im Inhaltsverzeichnis steht neben dem Titel: *(Tiergarten).* Ms Erläuterung, vgl. S.817. Das Gedicht war ursprünglich für den Zyklus WALDLUFT vorgesehen, vgl. Kommentar zu DER EINSAME TURM, S.828.

186 AM SEE. Druck: AUF VIELEN WEGEN (1897) S.127. Textvariante: **186**,3 *Umraucht*] *Umrauscht* AUF VIELEN WEGEN ebd., Druckfehler, der in Ms Handexemplar von ihm berichtigt wurde.

Im Inhaltsverzeichnis steht neben dem Titel: *Müggelsee.* Ms Erläuterung, vgl. S.817.

186 AUF DEM STROME. Überlieferung: Einzelblatt, handschriftlich, im Nachlaß. Undatiert. Druck: »Deutsche Dichtung« 17 (1894/95) S.135. AUF VIELEN WEGEN (1897) S.128. AUF VIELEN WEGEN (1911) S.80, im Inhaltsverzeichnis mit der Widmung *M*. [konnte nicht entschlüsselt werden]. Von Robert Kahn vertont. Textvarianten: **186**,1 *Am Himmel – Kranz*] *Am Himmel schwarzer Wolken / Schwerfälliger Tanz* »Deutsche Dichtung« ebd. – **186**,3 *schauerndem*] *schlafendem* ebd. – **186**,7 *flüsterndem*] *lautlosem* ebd. ⟨*schweigendem*⟩ Einzelblatt ebd. – **186**,9 *Ein – Ferne*] *Ein Plätschern, ein Rauschen* »Deutsche Dichtung« ebd. – **187**,11 *Wie weit – verlor!...*] *Der Lichtschein der Hütten / Im Dunst sich verlor.* ebd. – **187**,21 *Schon kündet – Rot*] *Schon längst sind die Schimmer / der Sonne verloht* ebd. – **187**,24 *flüsternden*] *gleitenden* ebd. ⟨*gleitenden*⟩ Einzelblatt ebd.

In einem Brief an Kayssler vom 7.11.1907 schlägt M ihm das Gedicht für einen Vortragsabend vor: AUF DEM STROME, *das mich stets wieder durch sein Gleiten einnimmt.* BRIEFE. Auswahl (1962) S.204. Elisabeth Klein hat gezeigt, wie sehr zum Szenarium der Jugendstilkunst neben den parkartigen Gärten, den »Weihern und bunten Pfaden«, der Insel usw. auch das Bootfahren und Gleiten auf dem Wasser gehört, wofür das Gedicht AUF DEM STROME mit der Fahrt fort von der lärmenden Menschenwelt der Sonne entgegen ein Beispiel ist (Klein S.157f.).

187 FRAGE. Druck: AUF VIELEN WEGEN (1897) S.129. AUF VIELEN WEGEN (1911) S.76.

188 SEHNSUCHT. Druck: AUF VIELEN WEGEN (1897) S.130. AUF VIELEN WEGEN (1911) S.77.

188,8 *ruhlos:* Im Handexemplar ist *ruhlos* in *ruhig* geändert, dann die Änderung wieder gestrichen worden.

Im Inhaltsverzeichnis steht neben dem Titel: *Grund* [Bad Grund im Harz, wo M im Sommer 1894 Eugenie Leroi (s. Kommentar zu WENN DU NUR WOLLTEST, S.855) kennengelernt und mit den Gedichten für IN PHANTAS SCHLOSS begonnen hatte]. Ms Erläuterung, vgl. S.817.

188 FRIEDE. Überlieferung: Einzelblatt, handschriftlich, im Nachlaß, mit der Überschrift UMBLICK. Undatiert. Druck: AUF VIELEN WEGEN (1897) S.131. AUF VIELEN WEGEN (1911) S.78.

189 BESTIMMUNG. Druck: AUF VIELEN WEGEN (1897) S.132. AUF VIELEN WEGEN (1911) S.79. Textvariante: **189**,11 *Gemüt*] *Gefühl* AUF VIELEN WEGEN (1897) ebd., in einem vermutlich von 1898 stammenden Brief an einen unbekannten Empfänger als *Druckfehler* ausgewiesen und im Handexemplar von M korrigiert.

Im Inhaltsverzeichnis steht neben dem Titel: *Gaisberg*. Ms Erläuterung, vgl. S. 817. Der Gaisberg gilt als einer der schönsten Aussichtsberge in der Salzburger Gegend.

190   Neue Gedichte der 2. Auflage (1911)
Im Jahre 1911 veröffentlichte M eine Auswahlausgabe aus den frühen Bänden AUF VIELEN WEGEN (1897) und ICH UND DIE WELT (1898) unter dem Titel AUF VIELEN WEGEN. Von dieser Ausgabe wird das Inhaltsverzeichnis hier abgedruckt, damit (zusätzlich zu den Hinweisen in den Einzelkommentaren) Ms Auswahl- und Anordnungsprinzipien der späteren Ausgabe auch im Zusammenhang deutlich werden. Die anschließend kommentierten vier Gedichte hat M 1911 neu hinzugefügt. Von Margareta M wurden diese zusätzlichen Gedichte in den Nachlaßband MENSCH WANDERER (1927) aufgenommen. An Friedrich Kayssler, dem die Gedichtauswahl zu streng erschien (Brief an M vom 27.2.1912), schrieb M: *Über die Auslese selbst gehen wohl alle – und nicht zuletzt meine eigenen – Meinungen auseinander. Zuerst wollte ich sie »für junge Menschen« machen, als eine Spiegelscherbe für Ähnliche, wie ich einer war, und das hätte mir mancher solche wahrscheinlich gedankt. Einerseits aber hätte weder Verleger noch Publikum dafür Interesse gehabt und andererseits wäre es doch am Ende eine Überschätzung dessen gewesen, was die zwei Bücher als Entwickelungsbild bedeuten.* BRIEFE. Auswahl (1952) S. 451, dort datiert April 1913. Die Datierung ist offensichtlich falsch, es muß wohl »April 1912« heißen, denn der Brief ist ein direktes Antwortschreiben auf den oben erwähnten Brief Kaysslers vom 27.2.1912.

[Auf vielen Wegen (1911)]

Inhaltsverzeichnis

I.
Traum (Einer Heldin) [= *Wenn du nur wolltest*]
An meine Seele
Refugium (Hugo Haberfeld) [= *Odi profanum*]
Gesellschaft I
        II
An die Wolken
Mondstimmung (Woldemar Runge)
Inmitten der großen Stadt

II.

Präludium (Robert Kahn)
Ewige Frühlingsbotschaft
Lieder!
Kinder des Glücks
Eins und alles (Meinem lieben Fritze)
Morgenandacht (Tyra B.) [= Ihr Götter der Frühe]
Weiße Tauben (F. C. Zitelmann)

III.

Die Irrlichter
Der Stern (Elisabeth M.)
Legende (Hans Benzmann)
Der einsame Turm (Dem Andenken Wilhelm Holzamers)
Der Urton (Marie Goettling)

IV.

Aufforderung (Catherine Runge)
Krähen bei Sonnenaufgang (Meinem Vater)
Das Häslein (Dem kleinen Klaus Piper)
Mittag-Stille (Bruno Wille)
Abend am See

V.

Bergziegen
Mattenrast
Nebel im Gebirge (Paul Körner) [= Schwerer Nebel]
Sommernacht im Hochwald
Der vergessene Donner (Julius Bab)

VI.

Kleine Geschichte
Anmutiger Vertrag (M. K.)

VII.

Abendläuten (Alfred Guttmann)
Leise Lieder (A. H. Franke)
Winternacht
Vorfrühling (Max Reinhardt)
Frühlingsregen (Dem Andenken Detlev v. Liliencrons)

Der Abend (Amelie M.)
Gebet (Lenchen) [= *O Friede*]
Frage
Sehnsucht
Friede
Bestimmung
Auf dem Strome (M.)

Die Gedichte des V. Abschnitts (außer »Nebel…«)
sind der Sammlung neu hinzugefügt.

190 BERGZIEGEN. Überlieferung: T1906/07, Bl.42 (fünfzeiliges Fragment). Datierbar Mitte September 1906. Druck: »Moderne Kunst« 23 (1908/09) H.3, S.53. AUF VIELEN WEGEN (1911) S.57. M schrieb an Kayssler: *Die* ZIEGEN *sind schon einmal bei Bong herumgestiegen, gegen Entrée, da hast Du sie vielleicht damals zu Gesicht bekommen* (Brief, vermutlich vom April 1912. BRIEFE. Auswahl (1952) S.451, dort datiert April 1913, vgl. auch S.836). Bei Bong & Co. erschien die Zeitschrift »Moderne Kunst« unter der Redaktion von Oskar Anwand, der mit Ms Cousine Clara Ostler verheiratet war und mit dem zusammen M die Komödie OSWALD HAHNENKAMM (s. Abt. Dramatisches) verfaßte.

190 MATTENRAST. Überlieferung: T1908 I, Bl.52. Datierbar vermutlich August 1908. Druck: AUF VIELEN WEGEN (1911) S.58. Im Nachlaßband MENSCH WANDERER (1927) mit dem veränderten Titel SOMMERMITTAG. Textvarianten: **190**,2 *versinken*] ⟨*mich wühlen*⟩ T1908 I ebd. – **190**,4 *trinken*] ⟨*fühlen*⟩ ebd. – **191**,10 *solchem Grunde*] *solchem* ⟨*Busen*⟩, darüber [*solcher*] *Fülle* ebd. – **191**,11 *künde*] darunter: *melde* ebd. – **191**,12 *höchster Sommerstunde*] *dumpfer Erdenhülle* ebd.
Zu diesem Gedicht vgl. Giffei S.23.

191 NEBEL IM GEBIRGE. Siehe SCHWERER NEBEL, S.833.

191 SOMMERNACHT IM HOCHWALD. Überlieferung: T1908 I, Bl.72. Datiert *1.8.1908*. Druck: »Die Schaubühne« 6 (1910) Bd.1, S.203. AUF VIELEN WEGEN (1911) S.60. Textvarianten: **191**,6 *prickeln*] darunter: *(quirlen)* T1908 I ebd. – **191**,12 *lassen sich betören*] *wollten darauf schwören*, darüber: *(lassen sich betören)* ebd.

192 DER VERGESSENE DONNER. Überlieferung: T1908 II, Bl.18f. Datiert *8.9.1908*. Druck: »Die Schaubühne« 5 (1909) Bd.1, S.501. AUF VIELEN WEGEN (1911) S.61, im Inhaltsverzeichnis *Julius Bab*

Auf vielen Wegen 839

[(1880–1955), Schriftsteller, Dramaturg und Kritiker, erster Rezensent der GALGENLIEDER] gewidmet. Textvarianten: **192**,2 *Donner stehn*] danach folgen die Zeilen: ⟨*(Ganz so wie der Rat Baptist / seinen Regenschirm vergißt.)*⟩ T 1908 II, Bl. 18. – **192**,7 *dunkle*] ⟨*schwarze*⟩ ebd. – **192**,17 *die nächste Frühe*] *der nächste Morgen* ebd. – **192**,18 *sein pechschwarz Fell*] *wie ein Greis* T 1908 II, Bl. 19. – *ergraut*] danach folgen die Zeilen: ⟨*und der nächste Sonnenkreis / findet* ⟨*ihn*⟩ *es*⟩ *sein Bild so* [bricht ab]; die Zeilen wurden geändert in: *und am Abend weist* [...] *der See / ihm sein Bild so* [bricht ab] ebd. – **192**,21 *verkriecht er sich, verhärmt*] ⟨*verbringt er seine Zeit*⟩ ebd. – **192**,24 *bringt Geröll*] ⟨*stößt Gestein*⟩ ebd. – **192**,25 *Mancher – Hund*] geändert aus: ⟨*Manche Ziege, mancher Hirt*⟩ ebd.

192,16 *Bergzentaure:* Zentaur: Gestalt aus der griechischen Mythologie, Doppelwesen aus Mensch und Pferd.

Das Gedicht gehört dem Charakter nach zu den Grotesken, es ist nach Eppelsheimer (S. 140) ein »Grenzfall«. M schrieb darüber am 8.9.1908 an Margareta M: *Soeben habe ich ein merkwürdiges Gedicht geschrieben: Der vergessene Donner. Es sollte eine Groteske werden und ist ein Naturspuk geworden, dessen unheimlicher Zauber noch auf mich nachwirkt. Ich schicke ihn der »Schaubühne«, just für die Berliner Cafés und Bahnhöfe diesen – Penegal-Einfall. Denn vom Penegal-Weg, gelegentlich des Blicks in die eine, riesige Felsschlucht hinunter, stammt er. Die Szenerie des Gedichtes mischt sich freilich aus wilderen Bergerinnerungen, aus Ötztal und Norwegen, Norwegen vor allem. Soweit man vom Wachstum einer solchen Wunderlichkeit überhaupt Data geben kann.* BRIEFE. Auswahl (1962) S. 258.

Nachlese zu AUF VIELEN WEGEN

Die thematische Vielgestaltigkeit der Bücher AUF VIELEN WEGEN und ICH UND DIE WELT erschwert eine »Nachlese« im Sinn einer Auslese aus Morgensterns lyrischem Nachlaß, so wie sie sich für IN PHANTAS SCHLOSS und EIN SOMMER ohne weiteres ergibt. Es wäre denkbar, hier im wesentlichen alles einzuschieben, was nach PHANTA in Morgensterns ersten Berliner Jahren an ernster Lyrik entstanden ist. Das würde erdrückend wirken innerhalb der Folge von Morgensterns schmalen Versbüchern. Abgesehen davon, daß in der vorliegenden Ausgabe der Nachlaß in kritischer Auswahl dargeboten wird, wurde ein Prinzip angewandt, das

dem Charakter der einzelnen Bände gerechter zu werden verspricht. Für
AUF VIELEN WEGEN wurde eine Reihe Gedichte aus den Jahren 1895-97
ausgewählt, meist aus dem Nachlaßband MENSCH WANDERER (1927),
die in Motiv und Idee an manches aus den von Morgenstern veröffentlichten frühen Büchern anklingen. Eine echte »Nachlese« zu AUF VIELEN
WEGEN stellen die Gedichte aus dem Zyklus TRÄUME dar, die M in einer
Zeitschrift veröffentlicht, aber nicht in sein Buch aufgenommen hat. In
einem Fall (DIE DOMINANTE) bringen wir zu einem Gedicht die stark
differierende Urfassung. Für viele Texte aus MENSCH WANDERER ist
keine Originalhandschrift Morgensterns nachweisbar. In solchen Fällen
muß der von der Witwe des Dichters in dem Nachlaßband publizierte
Text als authentisch gelten.

193 TRÄUME
Die unter diesem Obertitel zusammengefaßten fünf Gedichte gehören zu
dem Zyklus gleichen Namens, der das Buch AUF VIELEN WEGEN eröffnet
(s.o. S.119). M hat diesen Zyklus mit der Überschrift TRÄUME. *Zwölf
Phantasiestücke* in der Zeitschrift »Das Magazin für Litteratur« am 8. und
15. April 1897 veröffentlicht. Die in diesem Druck enthaltenen, den Zyklus einleitenden bzw. abschließenden beiden Vierzeiler, die M nicht in
sein Buch AUF VIELEN WEGEN aufgenommen hat, werden hier dem
Nachtrag zu dem TRÄUME-Zyklus hinzugefügt. Für die Buchausgabe hat
der Dichter die fünf hier nachgetragenen Gedichte ausgeschieden und
durch drei weitere Träume: DER BESUCH (S.125), DAS BILD (S.126) und
MALERERBE (S.126) ersetzt, so daß in beiden Zusammenstellungen der
Zyklus jeweils zwölf Gedichte enthält; vgl. auch Kommentar zu TRÄUME,
S.819.

193 HERRLICH LEBT ES SICH IM TRAUM. Überlieferung: Einzelblatt,
maschinenschriftlich, im Nachlaß. Druck: »Das Magazin für Litteratur« 66 (1897) Sp.391.

193 DER HÄSSLICHE ZWERG. Druck: »Das Magazin für Litteratur« 66
(1897) Sp.434. Späterer Druck: »Das Goetheanum« 4 (1934/35) S.158,
mit dem offenbar von Margareta M stammenden Titel: TRÄUME. *Aber die
Liebe...* ZEIT UND EWIGKEIT (1940) S.48f. Textvariante: **193**,17 *es
entließ*] *ihn entließ* »Das Goetheanum« ebd., von dort auch in ZEIT UND
EWIGKEIT ebd. übernommen. Die Originalfassung *ihn entließ* bezieht
sich auf *des Baches Bett* (**193**,16), während in der geänderten Fassung der
Adler (**193**,10) gemeint wäre.

Auf vielen Wegen [Nachlese] 841

194 DIE FLIEGENDEN HYÄNEN. Druck: »Das Magazin für Litteratur« 66 (1897) Sp. 393.

195 IM HIMMEL. Druck: »Das Magazin für Litteratur 66 (1897) Sp. 434. M schrieb dazu: *Daß mein »Traum« IM HIMMEL gerade in der Osternummer des »Magazin« steht, bedaure ich. Die Redaktion hätte mich aufmerksam machen können. Ich wußte bis zum 14.4. nicht, wann Ostern sein würde, – was kümmert sich so ein Stiller, Abseitiger um den christlichen Kalender! – Nun sieht jenes Gedicht fast ostentativ aus, und so sehr es auch eine wahre Stimmung wiedergibt, eine aufrichtige Abneigung gegen die Unmännlichkeit des Christentums, so würde ich es doch lieber nicht an einem Karfreitag gedruckt haben. Übrigens, wozu das Entschuldigen?* T 1897/98, Bl. 8.

196 SEI ES NUN GENUG DER TRÄUME. Überlieferung: Einzelblatt, maschinenschriftlich, im Nachlaß. Druck: »Das Magazin für Litteratur« 66 (1897) Sp. 438.

196 ICH STAMM AUS GLÜCKLICHEM GESCHLECHTE HER. Druck: MENSCH WANDERER (1927) S. 40, dort mit 1897 datiert.

Die Verse spiegeln Ms familiäres Schicksal: seine Mutter starb im Jahr 1880, der Vater brach nach seiner dritten Eheschließung im Jahr 1894 die Verbindung zu seinem Sohn ab, vgl. auch Abt. Aphorismen Nr. 1, Text und Kommentar, sowie *Du, meine Mutter, in mir weiterlebend* (AN DEN ABGESCHIEDENEN GENIUS MEINER MUTTER, 2. Strophe) und VOM VATER HAB' ICH, WAS VERFÜHRT, Abt. Lyrik 1906–1914.

197 ES KLINGT DIE NACHT IN SÜSSEN TÖNEN. Überlieferung: Einzelblatt, handschriftlich, im Nachlaß. Druck: MENSCH WANDERER (1927) S. 36, dort mit 1896 datiert (nur *Es klingt – Land*); die fehlende Strophe ist auf dem Blatt gestrichen.

197 WIE OFT, WENN AUS KONZERT-, AUS BILDERSÄLEN. Überlieferung: Einzelblatt, handschriftlich, im Nachlaß. Datiert *8.3.1895*. Druck: MENSCH WANDERER (1927) S. 28.

197,1 *Konzert-, aus Bildersälen:* M führte zu dieser Zeit ein unruhiges, aber beschwingtes Literatenleben, das ihn oft in Konzerte, Theater und Galerien führte.

198,15 *aus dem kleinen Fenster der Mansarde:* Am Schreibtisch neben dem Fenster seines Mansardenstübchens über den Dächern von Berlin sitzend, hat sich M in einer Pastell-Skizze von 1895 porträtiert (wiedergegeben in: Bauer, Chr. M. (1985), Frontispiz). Vgl. auch das Epigramm

DACHSTUBEN-STIMMUNG (Abt. Lyrik 1906–1914, Epigramme) und Abt. Aphorismen Nr. 417.

198 WAR DAS DIE LIEBE... Überlieferung: Einzelblatt, handschriftlich, im Nachlaß. Undatiert. Druck: MENSCH WANDERER (1927) S. 36, dort mit 1896 datiert.

198 SÜSSE ÜBERREDUNG. Druck: »Das deutsche Dichterheim« 16 (1896) S. 437. MENSCH WANDERER (1927) S. 34, ohne Überschrift, datiert 1895.

199 ICH KÜSSE DICH, ZITTERNDE MÄDCHENSEELE. Druck: MENSCH WANDERER (1927) S. 39, dort mit 1896 datiert.

199 DICHTERS RÜCKKEHR. Druck: MENSCH WANDERER (1927) S. 34, dort mit 1895 datiert.

199 MEINE MORGENSEELE IST EITEL GESANG. Druck: MENSCH WANDERER (1927) S. 43, dort mit 1897 datiert.

199 DEINE AUGEN GLÜHEN DURCH DAS DUNKEL. Druck: »Die Literatur« 26 (1923/24) S. 409, mit dem Titel MENSCHEN. MENSCH WANDERER (1927) S. 42, dort mit 1897 datiert.

200, 10 *hoch zu mir auf meine Dächer:* Vgl. Kommentar zu WIE OFT, WENN ICH AUS KONZERT-, AUS BILDERSÄLEN, S. 841 f.

200 ICH BIN EIN MENSCH VON RECHTER VOGELART. Druck: MENSCH WANDERER (1927) S. 37, dort mit 1896 datiert.
Vgl. auch das Gedicht LEBENSLUFT, S. 285.

200 SELBSTBEFREIUNG. Druck: MENSCH WANDERER (1927) S. 39, dort mit 1896 datiert.
Die Ironie, mit der am Schluß der Weltschmerz mit einer grotesken Vorstellung abgeschüttelt wird, läßt an Heine denken. Vgl. auch *Ein Seufzer lief Schlittschuh auf nächtlichem Eis* aus den GALGENLIEDERN (Abt. Humoristische Lyrik).

201 MUSIKALISCHER EINDRUCK. Druck: MENSCH WANDERER (1927) S. 43, dort mit 1897 datiert.

201 IM TRAUM HAT SICH MIR HEUT ENTHÜLLT. Druck: MENSCH WANDERER (1927) S. 41, dort mit 1897 datiert.

201 WENN DU DEN WEG ZUR TIEFE GEHST. Druck: MENSCH WANDERER (1927) S. 44, dort mit 1897 datiert.
Das Gedicht assoziiert Fausts Weg zu den Müttern, vgl. Goethe: Faust, II. Teil, 1. Akt, »Finstere Galerie«, Vers 6212–6306.

202 EIN HEILIGES KOMMT ÜBER MICH. Druck: MENSCH WANDERER (1927) S. 31, dort mit 1895 datiert.

Giffei erinnert (S. 19) bei diesen Versen voll feierlich-pathetischer Würde an DAS HOHELIED, S. 36.

202 SO IST MIR'S IMMER, IMMERDAR ERGANGEN. Druck: MENSCH WANDERER (1927) S. 31, dort mit 1895 datiert.

202 MEINE KUNST. Überlieferung: T1894/95, Bl. 40f. Datierbar Sommer/Herbst 1894. Druck: MENSCH WANDERER (1927) S. 30.
Textvarianten: **202**,13 *vielbehauen – unvollendet*] ⟨*voll seltsamer /Hieroglyphen*⟩ T1894/95 ebd. *vielbehauen / doch unvollendet* MENSCH WANDERER ebd. – *vielbehauen*] ⟨*unausgestaltet*⟩ T1894/95 ebd. – **203**,23 *ein Tiefbeglückendes – Umdeuter*] ⟨*Ein Freund allen Einsamen* [darüber: ⟨*Tröster und Rater*⟩] / *ein Tröster und Rater* / ⟨*ein*⟩ *und Vorwärtsweiser / ein* ⟨*Freudebringer*⟩ *Leideserlöser*⟩ ebd. – *Tiefbeglückendes*] danach folgt: ⟨*Geistern / ein Fruchtsaugendes / ein Freund*⟩ ebd.

203,18 *pygmalionische Bild:* Pygmalion verliebte sich in eine von ihm selbst geschaffene Statue, die auf seine Bitte von Aphrodite belebt wurde.

203,28 *Baldurs Schönheit:* Baldur, altgermanischer Lichtgott, galt als tapfer, milde und schön.

203 WIE SCHWÜR' ICH GERN AUS TIEFSTEM HERZENSGRUND. Druck: MENSCH WANDERER (1927) S. 29, dort mit 1895 datiert.

Auf Ms angeregtes Berliner Bohemienleben fielen dunkle Schatten finanzieller Sorgen. Sein Vater entzog ihm die Unterstützung; er mußte sein akademisches Studium abbrechen und war auf journalistische Tätigkeit angewiesen.

204 VOR EINER SENDUNG BIRNEN. Druck: MENSCH WANDERER (1927) S. 38, dort mit 1896 datiert.

Das Gedicht ist ein Beispiel für die bei M seltene Verwendung des antiken Hexameters und für das Gelegenheitsgedicht im Sinne Goethes.

204 *Cathérine Runge:* s. Kommentar zu AUFFORDERUNG, S. 829.

204 EINE BITTERBÖSE UNKE. Druck: »Die Gesellschaft« 23 (1897) Bd. 1, S. 333 (zusammen mit einem anderen Gedicht mit dem Obertitel RONDELLE). MENSCH WANDERER (1927) S. 37, dort mit 1896 datiert.
Textvariante: **204**,3 *knarrt und quarrt*] *narrt und knarrt* MENSCH WANDERER ebd.

Von Robert Kahn vertont.

204 DER KOMPROMISSLER. Druck: MENSCH WANDERER (1927) S. 42, dort mit 1897 datiert.

205 DIE DOMINANTE. Überlieferung: Einzelblatt, handschriftlich, im Nachlaß. Undatiert.

DOMINANTE: Mit Dominante sind hier wohl die gleichförmigen, tiefen Begleitakkorde des Dudelsacks gemeint.
Das Gedicht ist die vermutlich frühere Fassung von DER URTON, S.165.
206 GESICHT. Überlieferung: Einzelblatt, handschriftlich, im Nachlaß. Undatiert. Druck: MENSCH WANDERER (1927) S.35, dort mit 1895 datiert.
Textvariante: **207**,9 *wie Tönen*] *in Tönen* MENSCH WANDERER ebd.
207,7 *ein Ring durchbrochner Larven:* von Giffei (S.137) gedeutet als »Symbole vergangener Verkörperungen des Weltgeistes«. Vgl. auch Hiebel S.215f. Vgl. auch die Gedichtgruppe VOM TAGWERK DES TODES, S.130.

ICH UND DIE WELT

Am 26. Oktober 1898 bekam M die ersten ausgedruckten Exemplare von ICH UND DIE WELT und schickte sogleich eins davon an Friedrich Kayssler und seine Frau *als Hochzeitsgeschenk zum 28.* (T 1898/99 I, Bl.16), denn dem Ehepaar *Fritz und Liese K.* war das Buch gewidmet. Aber schon am 8. September hatte er notiert: [...] *angefangen* ICH UND DIE WELT *für D.* [Dagny Fett, seine norwegische Freundin, vgl. Kommentar zu EIN SOMMER, S.884ff.] *ein wenig zu kommentieren* (T 1898/99 I, Bl.91). Es sind offenbar diese Anmerkungen, die sich in einem im Nachlaß vorhandenen Exemplar von ICH UND DIE WELT, teils von unbekannter Hand, teils von Margareta M abgeschrieben, befinden, denn vorn im Buch ist notiert: »Zusätze nach einem an Dagny Fett – Christiania geschenkten Exemplar vom 31. Oktober 1898«. Margareta M hat anscheinend nach Ms Tod das von ihm kommentierte Exemplar leihweise zurückerhalten, um die Abschrift der Kommentare vornehmen zu können.
Außer den handschriftlich in das Buch eingetragenen Erläuterungen existiert noch ein von Margareta M geschriebenes Doppelblatt, ebenfalls mit dem Vermerk »Anmerkungen aus Dagny Fetts Exemplar«, auf dem sich dieselben Anmerkungen, jedoch nur bis S.87 gehend und zum Teil gekürzt finden. Eine Fortsetzung könnte möglicherweise verlorengegangen sein. Nur in einem Fall enthält das Doppelblatt eine zusätzliche Notiz, die bei der Eintragung der Erläuterungen in das Buch vermutlich vergessen wurde.
Da diese Erläuterungen sowohl aufgrund der oben zitierten Tagebuchnotiz als auch wegen der Vorbemerkung Margareta Ms im Buch und auf

dem Doppelblatt mit an Sicherheit grenzender Wahrscheinlichkeit von M selbst stammen, werden sie bei den folgenden Kommentaren grundsätzlich zitiert und mit dem Vermerk »Ms Erläuterung« versehen.

Nachzutragen wäre, daß sich in dem Exemplar von ICH UND DIE WELT, in das die Erläuterungen Ms eingetragen sind, auch noch Notizen anderer Schreiber, möglicherweise von Michael Bauer, befinden, die mit Ms eigenen Kommentaren nichts zu tun haben können, da sie z. B. von dem Dichter in der dritten Person sprechen oder aus dessen Briefen zitieren. Diese Anmerkungen wurden deshalb auch nicht in den Kommentar aufgenommen.

Die Wiedergabe der Texte folgt grundsätzlich der Erstausgabe von 1898, nur Druckfehler wurden berichtigt.

Obwohl die Ausgabe AUF VIELEN WEGEN (1911), die eine Auswahl aus den Bänden AUF VIELEN WEGEN (1897) und ICH UND DIE WELT (1898) bringt, einige von M selbst vorgenommene Änderungen enthält, wurden diese nicht in den Text übernommen, damit Zusammenhang und Einheitlichkeit des Erstdrucks der Gedichte nicht gestört würden. Diese Änderungen werden im Kommentar gebracht.

210 [Widmung]. Druck: ICH UND DIE WELT (1898) S.7.

210 *Fritz und Liese K.:* Friedrich Kayssler (vgl. Kommentar zur Widmung AUF VIELEN WEGEN, oben S.818) und seine erste Frau, die Schauspielerin Luise Kayssler.

210 [Vorwort]. Druck: ICH UND DIE WELT (1898) S.9. Vgl. auch die Einführung oben S.814ff.

210 [Motto] WIE WARD ICH OFT GEBROCHEN. Druck: ICH UND DIE WELT (1898) S.11. AUF VIELEN WEGEN (1911) S.7.

211 JÜNGLINGS ABSAGE. Druck: »Die Gesellschaft« 13.(1897) Bd.1, S.30 (ohne Titel, zusammen mit dem folgenden Gedicht unter dem Obertitel SONETTE). ICH UND DIE WELT (1898) S.13.

Über dem Gedicht steht: *Gute und Gerechte, von Nietzsche viel gebrauchter Ausdruck* [z.B. Nietzsche, Werke, Bd.2, S.459] *zur Bezeichnung der pharisäisch Moralischen, überhaupt aller derer, denen ihr ererbtes »Gut und Böse« unverrückbare Begriffe zu sein scheinen und die aus dieser beschränkten Auffassung heraus nicht wahrhaft Großem gerecht zu werden vermögen, sondern die geborenen Feinde alles Neuen, Reformatorischen sind.* Ms Erläuterung für Dagny Fett, vgl. S.844f.

211,14 *Gorgo:* In der griechischen Mythologie ein geflügeltes, grauenerregendes Wesen mit Schlangenhaaren, dessen Blick versteinert.

211 CARITAS, CARITATUM CARITAS. Datierbar nach dem 12.2.1894.
Druck:»Die Gesellschaft« 13 (1897) Bd.1, S.29 (ohne Titel, zusammen mit dem vorhergehenden Gedicht unter dem Obertitel SONETTE). ICH UND DIE WELT (1898) S.14.
Über dem Gedicht steht: *caritas – Liebe* [,] *im Sinne dieses Gedichts also etwa = Barmherzigkeit. Charité.* Darunter steht: *(Liebe, Liebe aller Liebe)* [Übersetzung des Titels, lat.]. Ms Erläuterung, vgl. S.844f.
Unter dem Gedicht steht: *Das Sonett entstand nach Hans von Bülows* [8.1.1830–12.2.1894] *– des großen Pianisten und Dirigenten – Tod. Bülow war unzweifelhaft ein vollkommener Freigeist gewesen, wurde aber von der Kirche ausdrücklich in Beschlag genommen und mit großem kirchlichen Grab-Pomp gefeiert.* Ms Erläuterung, vgl. S.844f.
211,7 *Moloch:* Im alten Testament ein Gott, dem Menschenopfer dargebracht wurden; alles verschlingende Macht.
212 O – RAISON D'ESCLAVE. Druck:»Neue Litterarische Blätter« 4, Nr.4 (Januar 1896) S.103. ICH UND DIE WELT (1898) S.15. Textvariante: **212**,4 *Stützen nahm*] darauf folgt die Strophe:

> *Knuten, Knuten! gebt uns Knuten!*
> *Ach, wie ist die Freiheit schal,*
> *da sie uns mitsamt den Ruten*
> *»Panem et circenses« stahl.*

»Neue Litterarische Blätter« ebd. *Panem et circenses:* Brot und Spiele (lat., Juvenal (etwa 60–127), Satiren, 10.81), Mittel der Oberschicht in der römischen Kaiserzeit, soziale Konflikte im Zaum zu halten.
Über dem Gedicht steht: *Oraison = Gebet. Oraison = o Vernunft* [franz.] *(d.h. Unvernunft).* Ms Erläuterung, vgl. S.844f. *d'esclave:* des Sklaven (franz.).
212,16 *Baal:* Bezeichnung der Westsemiten für ihren höchsten Gott; bei den Propheten des Alten Testaments wird »Baal« zum Synonym für Götze oder Abgott.
Friedrich Kayssler schrieb über dieses Gedicht: »Raison d'esclave ist famos. Der letzte Vers ›sitzt‹«. (Undatierter, etwa aus der zweiten Hälfte 1898 stammender Brief an M.)
212 GEBT MIR EIN ROSS... Druck:»Neue Litterarische Blätter« 2, Nr.3 (Dezember 1895) S.71 (unter dem Titel: FORT! *Stimmung-Fantasie*). ICH UND DIE WELT (1898) S.16. Von Robert Kahn vertont (op. 38,2).
212,2 *Meer aus Staub und Stein:* Daneben steht: *(Großstadt).* Ms Erläuterung, vgl. S.844f.

213 FRÜHLING. Überlieferung: Visitenkarte Ms (unvollständiger Entwurf) und Einzelblatt, handschriftlich, im Nachlaß. Datierbar Frühjahr 1894. Druck: »Neue deutsche Rundschau« 5 (1894) S.604. ICH UND DIE WELT (1898) S.17. Textvarianten: **213**,10 *schweigt mein tiefstes Lied.*] kann ich nichts als schweigen. Visitenkarte ebd. – *Lied*] *Leid* [?] ebd. Unter dem Gedicht steht: *Eines der ersten Gedichte nach meiner Krankheit im Winter 1894. Im Berliner Tiergarten gekritzelt.* Ms Erläuterung, vgl. S.844f. An Kayssler schrieb M am 31.8.1894: *Daß Dir mein* FRÜHLING *gefällt, freut mich. Der Tiergarten hat ihn mir auf eine Visitenkarte diktiert* (BRIEFE. Auswahl (1962) S.46) und 10.5.1894 an Marie Goettling: *Dieser ganze Berliner Frühling ist ja eine einzige Erholung.* Vgl. auch Hofacker, S.27.

213 DAS KÖNIGSKIND. Überlieferung: Einzelblatt, handschriftlich, im Nachlaß. Druck: »Deutsche Dichtung« 22 (1897) S.111. ICH UND DIE WELT (1898) S.18.

Unter dem Gedicht steht: *Auf eine kleine Polin, die ich in Bad Reinerz (Sommer 1893) gesehen.* Ms Erläuterung, vgl. S.844f. Vgl. auch: *Besonders ein junges Mädchen aus Breslau gesehen – bildschön, ein Königskind, will mir nicht aus dem Kopf. O ich unglückliche Künstlernatur: Wie oft werde ich noch nicht umhinkönnen, die Schönheit immer wieder schön zu finden und sie anzubeten. Denke Dir, welch stolzen Namen – Cornelia. Sie ist eben ein Königskind, ich weiß keine andere Bezeichnung für sie. Habe ihr auch anonym am Tage meiner Abreise ein kostbares Rosenbouquet geschickt mit der stolzen Widmung: »Einem Königskinde ein Sänger der Zukunft«.* (Brief an Kayssler vom 19.8.1893. BRIEFE. Auswahl (1962) S.32).

Das Gedicht wurde in den von Robert Kahn vertonten Zyklus SOMMERABEND. *Ein Liederkreis* aufgenommen (s.o. S.447), es ist rhythmisch fast ganz Eichendorffs Gedicht »Sehnsucht« (»Es schienen so golden die Sterne«) nachgebildet.

214 LEISE LIEDER... Druck: »Deutsche Dichtung« 19 (1895/96) S.142. ICH UND DIE WELT (1898) S.19. AUF VIELEN WEGEN (1911) S.70, im Inhaltsverzeichnis gewidmet *August Hermann Franke* [ein Lehrer Ms am Sorauer Gymnasium]. Vertont von Ludwig Landshoff (1874–1941) und Robert Kahn (s.u. S.937).

Unter dem Gedicht steht: *An dieselbe Adresse wie* DAS ÄPFELCHEN (AUF VIELEN WEGEN). Ms Erläuterung, vgl. S.844f. Gemeint ist vermutlich *die Liebste meiner Knabenzeit* (DAS ÄPFELCHEN, s.o. S.127, 8).

215 FROHSINN UND JUBEL... Druck: ICH UND DIE WELT (1898) S.20.

Grund – Bergstädtchen im Harz, Sommer *1894, vor Beginn von* PHANTAS
SCHLOSS. Ms Erläuterung, nur in der Abschrift Margareta Ms., vgl.
S.844f.
215 WAS RUFST DU… Druck: ICH UND DIE WELT (1898) S.21.
216 NUN HAST AUCH DU… Druck: ICH UND DIE WELT (1898) S.22.
Unter dem Gedicht steht: *Hier ist ungefähr einzuschieben* IN PHANTAS
SCHLOSS, *dessen Prolog sich mit seinem »*LÄNGST GESAGTES…*« von diesen Stimmungen energisch abwendet.* Ms Erläuterung, vgl. S.844f.
217 WINTERNACHT. Druck: »DEUTSCHE DICHTUNG« 20 (1896) S.68.
ICH UND DIE WELT (1898) S.23. AUF VIELEN WEGEN (1911) S.71.
217 EIN WUNSCH. Druck: »Neue Litterarische Blätter« 4, Nr.3, (Dezember 1895), S.71. ICH UND DIE WELT (1898) S.24.
218 ALS ICH EINEN LAMPENSCHIRM MIT KÜNSTLICHEN ROSEN ZUM GESCHENK ERHIELT. Druck: ICH UND DIE WELT (1898) S.25.
218 ENTWICKELUNGS-SCHMERZEN. Überlieferung: Einzelblatt, handschriftlich, im Nachlaß, mit der Überschrift NENN'S MEINETWEGEN
HAMLETSTIMMUNG. Datiert *15.3.1895*. Offenbar später wurde ein zweiter Titel hinzugefügt: AUS DER ENTWICKLUNG. Gewidmet: *Meinem lieben Georg Hirschfeld. 15.3.1895.* Der Schriftsteller und Dramatiker
Georg Hirschfeld (1873–1942) gehörte zu den »Galgenbrüdern«; Anregungen, die er von M und dem Leben und Treiben der Mitglieder des
»Ordens«, einer anderen geselligen Vereinigung (vgl. Bauer, Chr.M.
(1985) S.92), empfing, verwertete er frei in seinem Roman »Das grüne
Band« (1906). Druck: ICH UND DIE WELT (1898) S.26. Textvarianten: **218**,2 *Ich*] *Ich* Einzelblatt ebd. – *Möchte sein. Bin*] im ganzen Gedicht in Anführungszeichen gesetzt. ebd. – **218**,9 *ihres Opfers*] *eines Opfers*
ebd. – **219**,20 *ach*] *»Ah«* ebd. – **219**,31 *Das alles ist's wohl auch*] darüber
steht: *Von allem etwas wohl* – ebd. – **219**,36 *das Wär' ich*] *das »Wär'ich«*
ebd. – *das Wär' ich – Ich bin*] *ein »Möchte sein« vor stummer* [bricht ab]
ebd. – **219**,41 *laut bluten – Wunden*] *laut* [darüber: *hell*] *klagen läßt aus
unverbundenen Wunden.* ebd. – **220**,52 *Er gehört euch. –*] danach folgt die
Zeile: *Mein Lied ist euer, doch als ich es sang* [bricht ab]. Danach folgt eine
Zeile mit Gedankenstrichen, ebd.
Hamletstimmung: nach der Titelfigur von Shakespeares (1564–1616)
Drama »Hamlet, Prince of Denmark« (um 1600) – besonders seinem
Monolog in III, 1 – eine von Zweifel, Weltschmerz, Entschlußlosigkeit etc.
geprägte Stimmung.
219,28 *Cicerone:* Fremdenführer.

Ich und die Welt 849

219,36 *Sphinx:* In der griechischen Mythologie eine geflügelte Löwenjungfrau mit Menschenkopf, deren Rätsel Ödipus löste; Sinnbild rätselhaften Geheimnisses.

Unter dem Gedicht steht: *Altes Thema, schon behandelt, als ich noch auf der Schulbank saß, wo folgende Zeilen entstanden:*

> *Ich möchte größer sein – und bin es nicht*
> *Ich möchte kleiner sein – und bin es nicht*
> *Und daß ich größer nicht noch kleiner bin,*
> *als wie ich bin, – das ist's was mich zerbricht.*

Ms Erläuterung, vgl. S. 844f. Das Gedicht steht in der handschriftlichen Gedichtsammlung Aus heissem Herzen. *Meinen geliebten Eltern Weihenacht 1892 Breslau,* mit der Datierung *23.11.1891,* wo noch eine zweite Strophe folgt, s. o. S. 522. Vgl. auch das Gedicht Am Narrn und Schwächling hab' ich keine Lust, oben S. 572.
220 Schicksals-Spruch. Druck: Ich und die Welt (1898) S. 28.
220 Frage ohne Antwort. Druck: Ich und die Welt (1898) S. 29. Unter dem Gedicht steht: *Aus den Epigrammen, Sommer 1898,* darauf folgt das Epigramm (vgl. auch Abt. Lyrik 1906–1914):

> *Der Mensch: ein chemischer Prozeß.*
> *Ein Wahrwort. Doch was wiegt's?*
> *Gewiß »Prozeß«, – doch daß er des*
> *selbst innewird, da liegt's!*

Ms Erläuterung, vgl. S. 844f.
220,4 *Janushaupt:* Janus, römischer Gott mit zwei Gesichtern, vorwärts und rückwärts, in Vergangenheit und Zukunft, schauend.
221 Wohin? Druck: Ich und die Welt (1898) S. 30.
222 Inmitten der grossen Stadt. Druck: Ich und die Welt (1898) S. 31. Auf vielen Wegen (1911) S. 20. Textvarianten: **222**,7 *Menschenkind?...*] *Menschenkind?* Auf vielen Wegen (1911) ebd. –
222,8 *Bist du nicht Spiel und Spiegel*] *Ward sie nicht Spiel und Spiegel* ebd.
222,8 *Bist du nicht Spiel und Spiegel:* Daneben und neben den folgenden Versen steht: *auf das gefangen nehmende und sich übermäßig wichtig gebärdende Treiben des täglichen Großstadtlebens.* Ms Erläuterung, vgl. S. 844f.
222 Am Meer. Überlieferung: Einzelblatt, handschriftlich, im Nachlaß, mit der Überschrift Das heilige Schweigen. T 1895, Bl. 83, mit der Überschrift Das heilige Schweigen. *Ein Strom, den keine Lippe nennt*

(nur *Wie ist dir – macht dich gemein*). Datierbar Frühjahr/Sommer 1895.
Druck: ICH UND DIE WELT (1898) S. 32. Textvarianten: Über dem
Gedicht steht: *S[ymphonie] II*, d. h., daß es ursprünglich für die geplante
Dichtung SYMPHONIE vorgesehen war (vgl. oben S. 713ff. und Abt. Aphorismen Nr. 1796). **222**,1 *Wie ist dir*] *Was sagst du* T1895 ebd. – **222**,6 *dein
selbst*] *dich selbst* ebd. – **222**,11 *Gegenrede*] *Wechselrede* ebd. –
222,12 *macht dich gemein*] darauf folgen die Zeilen: ⟨*Denn ein Gemeines /
denn ein Entweihendes / ist allem*⟩ [bricht ab] ebd. – **222**,19 *Weh*] *Leid*
Einzelblatt ebd. – Die folgenden Zeilen gehören vielleicht auch in den
Zusammenhang dieses Gedichts:

> *In dir,*
> *um dich, –*
> *heiliges Schweigen.*
> *Wie hab' ich oft*
> *im Eintag* [darunter ⟨*All*⟩[*tag*]] *draußen*
> *mich selbst verachtet,*
> *vor Fremden und Freunden,* [bricht ab].

T1895, Bl. 81.

Eintag: Eintag in der Bedeutung von Alltag ist möglicherweise eine Wortschöpfung Ms. Dieser Wortgebrauch ist in den Tagebüchern etc. seit 1893
kontinuierlich nachweisbar und kommt dabei auch in Verbindung mit
anderen Wörtern vor (z. B. *Eintagswesen, Eintagskreis, Eintagsteil*).
Unter dem Gedicht steht: *August 1895, wo ich ganz kaputt von Berlin –
besonders von dem ewigen Redenmüssen dort – zum ersten Mal ans Meer
kam und drei Wochen auf der Insel Sylt zubrachte. Dank meinem Freunde*
[Friedrich Kayssler, vgl. Kommentar zur Widmung von AUF VIELEN WEGEN, S. 818], *dem ich überhaupt alles in diesen Jahren verdankte.* Ms Erläuterung, vgl. S. 844f.

223 VATERLÄNDISCHE ODE. Druck: ICH UND DIE WELT (1898) S. 33.
Über dem Gedicht steht: *In Gedanken an so viele große deutsche Männer,
besonders an Goethe, Schopenhauer, Nietzsche, – von denen unser öffentliches Leben so gut wie nichts weiß noch angenommen hat.* Ms Erläuterung,
vgl. S. 844f.

224 DER EINSAME CHRISTUS. Druck: ICH UND DIE WELT (1898) S. 34.
Über dem Gedicht steht: *(Ziemlich genau nach dem Text der Bibel* [Matthäus-Evangelium 26, 36–46, Markus-Evangelium 14, 32–42, Lukas-

Evangelium 22, 39–46].) *(Eines der liebsten Gedichte meines Freundes)*
[Friedrich Kayssler, vgl. Kommentar zur Widmung von AUF VIELEN WE-
GEN, S. 818]. Ms Erläuterung, vgl. S. 844 f. Vgl. auch Abt. Aphorismen
Nr. 1618 *(Immer wieder kommt mir die Szene auf Golgatha ins Gedächt-
nis)*. Das Gedicht war möglicherweise für die geplante Dichtung SYM-
PHONIE vorgesehen; bei den Plänen findet sich z. B. die Notiz: *Gedicht.
Christus*, vgl. Abt. Aphorismen Nr. 1742 und 1761. Vgl. auch Giffei, S. 15.
225 DER BLICK. Überlieferung: Einzelblatt, handschriftlich, im
Nachlaß. Druck: ICH UND DIE WELT (1898) S. 35. Außer dem von M
(s. u.) erwähnten zweiten Teil gibt es in der Handschrift noch einen drit-
ten. Da in der Nachlese (s. o. S. 308 f.) alle drei Gedichte im Zusammen-
hang abgedruckt werden (1 in der Urfassung), können an dieser Stelle die
Textvarianten entfallen.
Über dem Gedicht steht: *(Wohnte damals mitten in der Stadt, Grünstraße,
im vierten (also hier fünften) Stock, und sah manchmal eine Näherin in der
Giebelstube gegenüber.)* Ms Erläuterung.
Unter dem Gedicht steht: *Das Gedicht hatte zuerst noch einen zweiten Teil.
Das Weib ward, symbolisch, die Revolution selbst, die durch das Dach em-
porwuchs und mit vernichtenden Schritten über die Häuser dahinstürmte,
alles zertretend.* Ms Erläuterung, vgl. S. 844 f. M war in jener Zeit stark von
den sozialkritischen Gedanken John Henry Mackays (1864–1933) be-
rührt, dessen 1891 erschienenen Roman »Die Anarchisten« er gelesen
hatte und die ihn nach seinen eigenen Worten zu dem Zyklus EINE
GROSSTADT-WANDERUNG (in AUF VIELEN WEGEN) angeregt hat.
226 DER WISSENDE. Überlieferung: Einzelblatt, handschriftlich, im
Archiv des Piper-Verlags. Datiert *11.5.1896*. Druck: ICH UND DIE WELT
(1898) S. 36. Von Margareta M in die zusammengezogene Ausgabe AUF
VIELEN WEGEN (1920) in den Zyklus TRÄUME aufgenommen. Textva-
riante: **226**, 10 *die Welt*] ⟨*das All*⟩ Einzelblatt ebd.
Unter dem Gedicht steht: *Der Wissende ist natürlich auch kein eigentlich
Wissender, sondern nur ein an die Grenze seines Erkennens Gekommener.
Beim einen fängt hier der Glaube an, beim andern Resignation oder wohin
ihn nun eben sein Naturell und Milieu führt.* Ms Erläuterung, vgl. S. 844 f.
227, 24 *Sphinx*: vgl. Kommentar zu ENTWICKELUNGS-SCHMERZEN,
S. 849.
227 DAS AUGE GOTTES. Druck: ICH UND DIE WELT (1898) S. 37.
Unter dem Gedicht steht: *Ein Gott, der alles wüßte – könnte also keine
einzige Illusion haben. Nun ist aber Gefühl, Kunst etc. so tief mit Illusion*

852 Kommentar

verwachsen, daß einem Menschenkopf die völlige Illusionslosigkeit identisch mit Tod erscheinen muß. Ms Erläuterung, vgl. S. 844 f.

228 STIMMUNGEN VOR WERKEN MICHELANGELOS. Druck: ICH UND DIE WELT (1898) S. 38. Obertitel der beiden folgenden Gedichte. Zu diesen vermerkte M: *(Vor den Gipsabgüssen in der Nationalgalerie, Berlin, wohin ich damals oft pilgerte. Zwei weitere Gedichte, vor der »Morgenröte« und einer Pietà von Michelangelo, sind hier weggeblieben.)* Ms Erläuterung, vgl. S. 844 f. Mit dem Plan zu einem vierteiligen Zyklus über Skulpturen Michelangelos (1475–1564) hat sich M schon Ende 1895 beschäftigt, und zwar in Hinblick auf eine Veröffentlichung in der Zeitschrift »Neue Deutsche Rundschau« (ab 1894 der Titel der vorher »Freie Bühne« genannten Zeitschrift, 1904 wurde der Titel in »Die neue Rundschau« geändert; die alte Bezeichnung »Freie Bühne« blieb im Untertitel erhalten). Am 11.12.1895 schreibt er an Eugenie Leroi: *Für die »Freie Bühne« habe ich einen Zyklus von vier Gedichten* MICHELANGELO *vor, wovon zwei bereits vorliegen. Sie kennen gewiß die Figuren vom Grabmal des Lorenzo di Medici, der »Morgen« und der »Abend«. Vor diesen, sowie vor einem gefesselten »Sklaven« (Original im Louvre) und einer Maria, Jesum säugend, habe ich kürzlich einmal wunderbare Stimmungen gehabt, die da niedergelegt werden sollen.* BRIEFE. Auswahl (1962) S. 62. Ob der Zyklus der »Neuen Deutschen Rundschau« vorgelegen hat, wissen wir nicht. M hat ihn schließlich der Zeitschrift »Das deutsche Dichterheim« zum Abdruck angeboten. Die Redaktion dankte am 3.12.1896 für den »prachtvollen Gedichte-Zyklus«, schreibt dann aber: »Leider aber dürften wir das vierte dieser Gedichte (DIE HEILIGE JUNGFRAU) nach österreichischem Preßgesetz kaum veröffentlichen und erlauben uns deshalb die höfliche Anfrage, ob es Ihnen recht ist, wenn wir bloß Nr. I, II und III zum Abdruck bringen«. Der Abdruck von I. DER ABEND *(Il Crepuscolo)*, II. DIE MORGENRÖTE *(L'Aurora)* und III. EIN SKLAVE erfolgten in der Zeitschrift »Das deutsche Dichterheim« 17 (1897) Nr. 1, S. 7. Dadurch ist das Gedicht DIE MORGENRÖTE erhalten geblieben (s. o. S. 306 f.). Das Gedicht PIETÀ (DIE HEILIGE JUNGFRAU) war dagegen nicht aufzufinden und muß als verschollen gelten. Zum Thema der Plastiken Michelangelos vgl. auch AN DEN »SKLAVEN« MICHELANGELOS und VOR MICHELANGELOS »JOHANNES DER TÄUFER«, Abt. Lyrik 1906–1914.

228 DER ABEND. *(Grabmal des Lorenzo v. M.)* Druck: »Das deutsche Dichterheim« 17 (1897) Nr. 2, S. 7. ICH UND DIE WELT (1898) S. 38–40.

Grabmal des Lorenzo v. M.: Lorenzo de Medici (1449–1494), Florentiner Staatsmann der Renaissance. Die Grabkapelle der Medici mit den Gräbern von Lorenzo und Giuliano de' Medici befindet sich in der Kirche San Marco in Florenz und wurde von 1520–1534 von Michelangelo (1475–1564) ausgestaltet, blieb aber unvollendet. Die Skulpturen der Tageszeiten entstanden etwa in der Zeit von 1523–1534.

230 EIN SKLAVE. *(Louvre).* Druck: »Das deutsche Dichterheim« 17 (1897) Nr.1, S.7. ICH UND DIE WELT (1898) S.41. Von Margareta M unter dem Titel VOR MICHELANGELOS SKLAVEN in die zusammengezogene Ausgabe AUF VIELEN WEGEN (1920) aufgenommen.

Über dem Gedicht steht: *(Eine der berühmtesten und bekanntesten Gestalten Michelangelos* [entstanden um 1513]). Ms Erläuterung, vgl. S.844f.

231 FRÜHLINGSREGEN. Überlieferung: Zwei Einzelblätter, handschriftlich, im Nachlaß: Entwurf und Reinschrift, diese mit der Widmung: *Seinem lieben Fritz B[eblo]. Christian Morgenstern. Marzo* [März, italienisch] *1896.* Fritz Beblo (1872–1947), Architekt und Maler, Breslauer Jugendfreund Ms. Als einer der Galgenbrüder erhielt er den Beinamen »Stummer Hannes«. Er entwarf die Einbände für IN PHANTAS SCHLOSS (bei der Übernahme des Bandes in den Verlag Schuster und Loeffler) und AUF VIELEN WEGEN. Von ihm stammen auch die Bilder zu Ms Kinderbuch KLAUS BURRMANN, DER TIERWELTPHOTOGRAPH (1908, erschienen 1941). Druck: »Das deutsche Dichterheim« 16 (1896) Nr.9, S.333f. ICH UND DIE WELT (1898) S.42. AUF VIELEN WEGEN (1911) S.73, im Inhaltsverzeichnis gewidmet: *Dem Andenken Detlev von Liliencrons.* Textvarianten: **231**,1 *Frühlingsregen, / weine*] *Frühlingsregen / nieder* Einzelblatt, Entwurf – **231**,8 *heißer Strom*] *Tränenstrom* ebd. – **231**,9 *läßt sich halten – sanfter Macht…*] *Regne, regne, Frühlingsregen / klopf an meine Fenster sacht! / Weine, weine, Frühlingsregen! / Mit dir weint, der mit dir wacht.* ebd.

Über dem Gedicht steht: *(Hierüber schrieb mir Detlev von Liliencron einmal sehr liebe Worte. Er hatte es in einer Zeitschrift gelesen.)* [»Ganz besonders sollen Sie noch meinen Dank haben für ihr wundervolles Regenlied im letzten ›Deutschen Dichterheim‹«. Brief vom 5.5.1896. Detlev von Liliencron (1844–1909), Lyriker, auch Erzähler und Dramatiker, mit großem Einfluß auf die Lyrik der Jahrhundertwende.] Ms Erläuterung, vgl. S.844f. Liliencrons Zustimmung mußte M viel bedeuten: *Ich liebe Liliencron in seinen besten Gedichten mehr als irgendeinen anderen le-*

benden deutschen Lyriker (in der 1904 erschienenen Publikation »Detlev von Liliencron im Urteil zeitgenössischer Dichter«, zitiert nach Günther S. 110).

231 ABEND AM SEE. Druck: »Pan« 2 (1896) S. 20 (zusammen mit dem folgenden Gedicht unter dem Titel ABENDSTIMMUNG). ICH UND DIE WELT (1898) S. 43. AUF VIELEN WEGEN (1911) S. 54.
Über dem Gedicht steht: *(Am Müggelsee bei Berlin).* Ms Erläuterung, vgl. S. 844f. Das Gedicht erinnert an die märkischen Landschaftsbilder des Malers Walter Leistikow (1865–1908), über den M einmal geschrieben hat (Abt. Kritische Schriften Nr. 51).

232 SO MÖCHT ICH STERBEN… Druck: »Pan« 2 (1896) S. 20 (zusammen mit dem vorangegangenen Gedicht unter dem Titel ABENDSTIMMUNG). ICH UND DIE WELT (1898) S. 44. Vertont von Robert Kahn (Morgenstern-Liederheft (1898) Nr. 9, vgl. S. 937: SO EINST ZU SCHEIDEN). Textvarianten: Im Druck der Zeitschrift »Pan« sind die Zeilen jeweils in der Mitte noch einmal geteilt. – **232**,1 *jetzt mein Boot*] *jetzt den Kahn* »Pan« ebd. *nun den Kahn* Morgenstern-Liederheft ebd. – **232**,2 *sonnenbunten*] *sonnenroten* »Pan« ebd. – **232**,3 *Noch glüht die Luft*] *Noch ist nicht Nacht* »Pan« ebd. Morgenstern-Liederheft ebd. – **232**,7 *So möcht ich sterben*] *So einst zu scheiden* Morgenstern-Liederheft ebd. – **232**,8 *Kiel*] *Kahn* »Pan« ebd. Morgenstern-Liederheft ebd. – *und mich umarmt die Nacht*] *und draußen leuchtet's noch* »Pan« ebd. *Willkommen, alte Nacht.* Morgenstern-Liederheft ebd.

232,7 *So möcht – Haar:* Die Zeile wurde von Arno Holz in der »Blechschmiede« (1902) parodiert: »So wollen wir sterben: Sonnengold im Haar und auf den Lippen – / ein müdes Lächeln« (Arno Holz (1863–1929): Die Blechschmiede, 2. Akt. Werke, hrsg. von Wilhelm Emrich und Anita Holz, Bd. 6, Neuwied, Berlin 1963, S. 150).
Über dem Gedicht steht: *Auf Müggelsee.* Ms Erläuterung, vgl. S. 844f.

232 SCHICKSALE DER LIEBE
232 I. ICH STAND, EIN BERG. Druck: ICH UND DIE WELT (1898) S. 45.
233 II. WIR SIND ZWEI ROSEN. Druck: ICH UND DIE WELT (1898) S. 46.

233 CASTA REGINA. Überlieferung: Zwei Einzelblätter, handschriftlich, im Nachlaß. Druck: ICH UND DIE WELT (1898) S. 47f.
Über dem Gedicht steht: *(Casta regina: = Keusche Königin!* [lat.]*)* Ms Erläuterung, vgl. S. 844f.

234,22 *Mänade:* Rasende, ekstatisch verzückte Frau im Gefolge des Gottes Dionysos.

234 PROMETHEUS. Druck: ICH UND DIE WELT (1898) S.49.
Unter dem Gedicht steht: *Auf Nietzsche, dessen Lebenswerk immer wieder als das eines Geisteskranken verleumdet wird.* Ms Erläuterung, vgl. S.844f. Friedrich Nietzsche (1844–1900) lebte seit 1889 in geistiger Umnachtung. Zu Ms Nietzsche-Rezeption vgl. u.a. S.732 (Einleitung zu IN PHANTAS SCHLOSS), Abt. Aphorismen Nr.1 (AUTOBIOGRAPHISCHE NOTIZ) und Nr.544–566 sowie Abt. Kritische Schriften S.802–809 (»Morgenstern und Nietzsche«).
PROMETHEUS: (der Voraussinnende), in der griechischen Mythologie Sohn des Titanen Iapetos und der Okeanide Klymene, stiehlt den Göttern das Feuer, um es den Menschen zu bringen. Zur Strafe wird er an einen Felsen geschmiedet, wo ihm ein Adler jeden Tag die immer wieder nachwachsende Leber herausfrißt.

235 HYMNUS DES HASSES. Druck: ICH UND DIE WELT (1898) S.50.
Über dem Gedicht steht: *Ursprünglich einem Anarchisten, wie sie damals in Frankreich auftraten, nachempfunden, dann aber etwas verändert, so daß der Hymnus nun dem Haß eines wirklich großen Menschen gilt.* Ms Erläuterung, vgl. S.844f.
236,23 *irrst:* irremachst, verunsicherst.
Giffei (S.7) findet in dem Gedicht den Versuch, sich zu Nietzsches Übermenschen zu erziehen, ebenso im Gedicht ODI PROFANUM, s.o. S.240. Vgl. auch Hiebel (S.152).
Komponiert von Max Reger.

236 WENN DU NUR WOLLTEST. Überlieferung: Einzelblatt, handschriftlich, im Nachlaß, ohne Titel. Druck: »Pan« 1 (1895/96) S.279, mit dem Titel LIEBESLIED. ICH UND DIE WELT (1898) S.51. AUF VIELEN WEGEN (1911) S.11, mit dem Titel TRAUM und der Widmung im Inhaltsverzeichnis *Einer Heldin* (Eugenie Leroi (?–1912), die M im Sommer 1894 kennengelernt hatte. Sie heiratete Ms Freund Alfred Guttmann, erkrankte später schwer, ertrug aber ihr Leiden heldenhaft).
Das Gedicht gehört zu Ms geplanter Dichtung SYMPHONIE (vgl. Brief an Alfred Guttmann vom 1.4.1896), vgl. dazu oben S.713ff. und Abt. Aphorismen Nr.1724–1875 (Text und Kommentar).
236,1 *Harfe:* Das Bild von der Harfe taucht bereits in Ms Brief vom 5.Juni 1893 an seine Cousine Clara Ostler auf: *Das Menschenherz ist ein Saitenspiel, in den Wind gehängt, ein Brennspiegel, unter die Sonnenstrah-*

len gehalten; nimm Harfe und Glas fort, so existiert kein Klang und keine Glut mehr [...] Und je reiner und eigenartiger ein Saitenspiel gestimmt ist, desto wunderbarer wird es tönen. BRIEFE. Auswahl (1962) S. 26. Vgl. auch die Zeilen *Eine Harfe bin Ich / in tausend Hauchen* (HOMO IMPERATOR, s. S. 31, 95). Am 28. April 1896 schrieb Gena Leroi dem Dichter eine Grußkarte aus Bingen, auf der das Niederwalddenkmal zu sehen ist. Über die pathetische Gestalt der Germania setzte sie, übermütig spottend, die Anfangsworte des Gedichts: *Ich bin eine Harfe mit goldenen Saiten.* Margareta M hatte für diesen Scherz offenbar kein Verständnis, denn sie hat später auf die Rückseite mit Rotstift die Bemerkung »Nicht sehr taktvoll« geschrieben.

Vgl. auch Lissau S. 17 ff.

237 DER SPIELER. Druck: ICH UND DIE WELT (1898) S. 52.

Über dem Gedicht steht: *Jedes Ding als ein Würfel betrachtet. Ich »würfelte« z. B. in* PHANTA: *Z. B. »würfelte« ich mit den Wolken – da lag einmal das Bild einer Katze oben, das andermal was andres usw.* [WOLKENSPIELE, s. o. S. 21]. *Man kann so mit tausend Würfeln tausendfach würfeln. Das ist das große Spiel »Welt«, »Leben«.* Neben der letzten Strophe steht: *Wenn ich sterbe, müssen alle »Dinge«, d.h. alle* BILDER *dessen, was wir Dinge nennen, wovon wir aber nicht wissen, was es eigentlich ist, mit mir sterben. Die Dinge, so wie ich sie sehe, sind nur einmal, nämlich in mir da, und verschwinden mit mir wieder.* Ms Erläuterung, vgl. S. 844f. Das Bild vom Spiel *»Welt«* taucht noch einmal auf in der im Nachlaß vorhandenen *Phantasie (wohl meine erste) in freien Rhythmen [...], in welcher ich parodistisch alle Neutöner übertrumpfen wollte. Es fing an –*

> *Himmel, Erde und Meer*
> *spielen Hasard*

[s. o. S. 103] *und behandelte einen Kartenwurf dieser drei Spieler, den ich von einem Strandfelsen aus beobachtete.* Brief an Max Osborn vom 8.8.1895. BRIEFE. Auswahl (1962) S. 58.

238 IM EILZUG. Druck: ICH UND DIE WELT (1898) S. 53.

Über dem Gedicht steht: *(Auf einer Bahnfahrt von Dresden nach Berlin).* Ms Erläuterung, vgl. S. 844f.

239 AN FRIEDRICH NIETZSCHE. Druck: ICH UND DIE WELT (1898) S. 54.

Über dem Gedicht steht: *(In der Berliner Gewerbe-Ausstellung Sommer 1896).* Ms Erläuterung, vgl. S. 844f.

239,1 »*Lohengrin*«: Romantische Oper in drei Akten von Richard Wagner (1813–1883). Uraufführung 28.8.1850, Weimar. Nietzsche war in der ersten Phase seiner Wagner-Rezeption ein leidenschaftlicher Verehrer von Wagners Musik, von der er sich jedoch später kritisch distanzierte, vgl. dazu die Schriften »Die Geburt der Tragödie aus dem Geiste der Musik« (1871), »Der Fall Wagner. Ein Musikanten-Problem« (1888), »Nietzsche contra Wagner« (1889).

240 ODI PROFANUM... Druck: »Wiener Rundschau« 1 (1897) S.67. ICH UND DIE WELT (1898) S.55. AUF VIELEN WEGEN (1911) S.15, mit dem Titel REFUGIUM (Zufluchtsort, lat.) und im Inhaltsverzeichnis *Hugo Haberfeld* (1875–?, Kunsthistoriker, Jugendfreund Ms) gewidmet. Textvariante: **240**,5 *dummen*] *lauem* AUF VIELEN WEGEN (1911) ebd. Über dem Gedicht steht: *(Gehört eigentlich in das Tagebuchfragment in* AUF VIELEN WEGEN. *Entstand in Fusch-Leberbrünnl* [s.o. S.179]*)*. Ms Erläuterung, vgl. S.844f.

ODI PROFANUM...: Odi profanum vulgus et arceo (Ich hasse das gewöhnliche Volk und halte es fern, lat.). Horaz, Oden 3, 1, 1. Vgl. auch Kommentar zu HYMNUS DES HASSES, S.855.

240 AN SIRMIO. *(Catulls Ode)*. Überlieferung: Einzelblatt, maschinenschriftlich, im Nachlaß, mit der Überschrift CATULLS LIED AN SIRMIO *(Den Manen des Catull)*. Manen: In der römischen Religion die Toten, hier in der Bedeutung von: dem Andenken Catulls. Druck: ICH UND DIE WELT (1898) S.56. Textvarianten: **241**,9 *weit, weit, weit*] *weit, so weit* Einzelblatt ebd. – **241**,14 *Ja, alles – ruft*] *Aus allen Ecken lacht's* ebd. – [Fußnote] *Villa des Catull*] *Villa des Vaters des Catull* ebd.

Neben dem Titel des Gedichts steht: *Eine Übersetzung aus dem Lateinischen* [Catull (etwa 84–54 vor Christus), Carmina, 31: »Paene insularum, Sirmio, insularumque / ocelle« (»Sirmio, du Perle der Halbinseln und Inseln«, lat.). M übersetzte sehr frei und fügte die ersten beiden Zeilen hinzu.] – Um das Gedicht herum geschrieben steht: *Ein Dankbarkeitsblatt an den schönsten Fleck Erde, den ich wohl je gesehen und von dem aus ich eine der schönsten Rundsichten hatte, alles voll Historie und Wirklichkeit; Antike, Mittelalter, Gegenwart in wundersamer Mischung. So läuteten z.B. fern wo Kirchenglocken, während ich auf den Überresten der alten heidnischen Kultur saß, selbst ein »moderner« Mensch.*

Daß ich damals nicht Eigenes machte, daran war nur schuld, daß ich nicht allein war, sondern mit einem Schulfreund [Paul Körner, vgl. Kommentar zu ZWISCHENSTÜCK FUSCH-LEBERBRÜNNL, S.832]*, mit dem ich zusam-*

men reiste, alles teilen und das heißt für mich meist – alles laufen lassen mußte. Ms Erläuterung, vgl. S. 844 f.

241 AUF DER PIAZZA BENACENSE. Druck: ICH UND DIE WELT (1898) S. 57 f.

241,7 *Italer:* Daneben steht: *Italer = Italiener.* Ms Erläuterung, vgl. S. 844 f.

242,27 *des Berner Dietrich / und des großen Karl:* Daneben steht: *Theoderich* [der Ostgotenkönig Theoderich der Große (um 453–526), in der germanischen Sage »Dietrich von Bern« (Verona)] *Karl – –* [der Große, 768–814]. Ms Erläuterung, vgl. S. 844 f. Im Gebiet um Verona und den Gardasee wechselte im Lauf der Geschichte keltische, römische, gotische, langobardische, fränkische Herrschaft.

Vgl. auch Abt. Aphorismen Nr. 30.

242 FLIEGENDES BLATT. Druck: ICH UND DIE WELT (1898) S. 59. Vgl. auch den in zwei Fassungen überlieferten Vierzeiler PFINGSTSTIMMUNG:

> *Schwarze Strümpfe* [darüber: *Nette Fratze*], *weißes Kleid*
> *und darunter, braune Schuhe*
> *bringen – seh' ich sie zur Zeit*
> *ganz und gar mich um die Ruhe.*
> T 1895, Bl. 181. Datierbar Frühjahr/Sommer 1895.

> *Schlanke Büste,* ⟨*weißes*⟩ *helles Kleid,*
> *schwarze Strümpfe, braune Schuhe*
> *bringen – seh ich sie – zur Zeit*
> *ganz und gar mich um die Ruhe.*
> ebd.

242 ÜBERMUT. Druck: ICH UND DIE WELT (1898) S. 60. Über dem Gedicht steht: *(Friedrichshagen* [bei Berlin, am Müggelsee, wo sich M im Sommer 1896 aufhielt]*).* Ms Erläuterung, vgl. S. 844 f.

243 BAHN FREI. Druck: ICH UND DIE WELT (1898) S. 61 f.

243,2 *Rosse der Phantasie:* Vgl. auch das Gedicht AUFFAHRT aus IN PHANTAS SCHLOSS, oben S. 12.

243,11 *ungriechischem Feuer:* Daneben steht: *(griechisches Feuer, ein altes Kriegsmittel* [eine leicht explosive Mischung verschiedener Stoffe, die im alten Byzanz gegen feindliche Schiffe geschleudert wurde und starke Brände verursachte]*).* Ms Erläuterung, vgl. S. 844 f.

244 PER EXEMPLUM. Druck: ICH UND DIE WELT (1898) S. 63 f. Über dem Titel steht die Übersetzung: *(Zum Beispiel* [lat.]*).* Ms Erläuterung, vgl. S. 844 f.

244,8 *Aber wär' ich Gott:* Daneben und neben den folgenden Zeilen steht: *man muß eigentlich dazu Südtiroler Pfaffen gesehen haben.* Ms Erläuterung, vgl. S. 844f.

244,13 *zölibatbettiges:* Zölibat: Ehelosigkeit. Anspielung auf den Widerspruch zwischen Theorie und Praxis bei Geistlichen, die zu sexueller Enthaltsamkeit verpflichtet sind.

244,21 *Rosenkranz:* Daneben steht: *Rosenkranz, Gebetsperlen, die einzeln (wie bei der Rechenmaschine) abgebetet werden.* Ms Erläuterung, vgl. S. 844f.

244,29 *ein Murmeltier – Begriffe:* Der Kritiker Carl Busse, der überdies die ganze Gedichtsammlung negativ beurteilte, machte sich insbesondere über diese Zeilen lustig (»Das literarische Echo« 1 (1898/99) Sp. 462).

245 Ἄσβεστος γέλως. Druck: ICH UND DIE WELT (1898) S. 65f.
Über dem Gedicht steht die Umschrift des Titels in lateinischen Buchstaben: *(ásbestos gélos)* und darüber: – *unauslöschliches Gelächter* [die Übersetzung des Titels, griech.], *ein Ausdruck, den Homer von den Göttern gebraucht, wenn sie einen verlachen,* [z. B. Ilias 1, 599, Odyssee 20, 346]. Ms Erläuterung, vgl. S. 844f.

245,1 *Die Tage der Gläubigen:* Hierzu schrieb M an Marie Goettling (26.11.1898): *Es heißt eigentlich: Die Tage der Könige… und entstand aus dem Zorn über das »Gottesgnadentum«, mit dem unsere Könige ihren Thron drapieren, diese beständige Berufung auf »Gott« als ihren Duzbruder. Es ist aus jenen Märztagen, wo das »Wilhelm der Große«-Denkmal enthüllt wurde. Ich ärgere mich, daß ich das Wort »Könige« geändert habe, und es soll später in sein Recht eingesetzt werden, aber ich wollte den Staatsanwalt nicht schon jetzt auf dem Halse haben.* BRIEFE. Auswahl (1952) S. 106, dort mit 26.8. datiert.

246,32 *Vom Aufgang zum Niedergang:* Daneben steht: *(der Sonne).* Ms Erläuterung, vgl. S. 844f.

246 BOTSCHAFT DES KAISERS JULIAN AN SEIN VOLK. Druck: ICH UND DIE WELT (1898) S. 67f.
Über dem Gedicht steht: *Julianus Apostata* [der römische Kaiser Flavius Claudius Julianus (331–363), von den Christen »Apostata« (der Abtrünnige, griech.) genannt], *der das Christentum wieder abschaffen wollte. (Vgl. »Kaiser und Galiläer«* [Drama von Henrik Ibsen, erschienen 1873*]). Vgl.* auch den Brief an Marie Goettling vom 26.11.1898: *Ich habe dabei auch wirklich mehr den Julianus Apostata (ca. 350 n. Chr.), und seine Spätgriechen im Gefühl gehabt und die damaligen ersten Christen mit ihren Lum-*

*pen in einer noch schönheitstrotzenden Zeit, als Müller und Schulze mit
Rosen im Haar, den neuen Dom in die Spree werfend, was – das Geworfen-
werden – sie freilich beide vollauf verdienten.* BRIEFE. Auswahl (1952)
S. 106, dort datiert mit 26.8.

246, 1 *Phoebus Apollo:* vgl. Kommentar zu WOLKENSPIELE, S. 757.

247, 21 *der alten / Boden:* gemeint ist vermutlich: der Boden der alten
(christlichen) Tempel. Denkbar wäre auch, daß ein Druckfehler vorliegt,
daß es entweder *der Alten Boden* (der Menschen der klassischen Antike)
oder *der alte Boden* heißen sollte.

247 AUF MICH SELBER. Druck: ICH UND DIE WELT (1898) S. 69.

247, 7 *eine Kunst:* Davor steht: *nur.* Ms Erläuterung, vgl. S. 844 f. Unter
dem Gedicht steht: [**247,** 2] *sin' qua non condicio* [oder »conditio«, »-ci«
und »-ti« wurden zu Ms Zeit gleichermaßen wie »-zi« ausgesprochen],
*gewöhnlich condicio sine qua non = Hauptbedingung. (ohne die
nicht).* [**247,** 4] *maxima contricio* [oder »contritio«, s. o.], *kirchenlateini-
scher Ausdruck = o höchste Zerknirschung! Betrübnis!* [**247,** 8] *hic fons la-
crimarum = hier die Quelle der Tränen.* Übersetzung der lateinischen
Textstellen, Ms Erläuterung, vgl. S. 844 f.

247, 6 *larum lirum larum:* Nachahmung lateinischer Formen, bekannt aus
dem Kinderreim »Lirum, larum Löffelstiel« (Des Knaben Wunderhorn,
1805–1808), hier gleichbedeutend mit »Unsinn«.

247   ÜBERN SCHREIBTISCH

247 I BAU DICH NUR AN IN DEINER WELT. Überlieferung: Einzelblatt,
handschriftlich, im Nachlaß. Datiert *ca. XII. 1896.* Druck: ICH UND DIE
WELT (1898) S. 70.

247 II WILLST DU FEST UND FÖRDERND LEBEN. Überlieferung:
T 1897/98, Bl. 79. Datierbar Herbst 1898. Druck: ICH UND DIE WELT
(1898) S. 70. Textvarianten: **247,** 1 *fördernd*] ⟨*ruhig*⟩ T 1897/98 ebd. –
247, 2 *du oft den*] *du deinen* ebd. – **247,** 3 *dich schaffend zu erheben*] ⟨*deine
Lebenskraft zu*⟩ *heben* ebd. – **247,** 4 *vielem*] *manchmal* ebd.

248 VOR ALLE MEINE GEDICHTE. Druck: ICH UND DIE WELT (1898) S. 71.
Über dem Gedicht steht: *Geht auf Frau R.* [vermutlich Cathérine Runge,
s. Kommentar zu AUFFORDERUNG, S. 829] *zurück, die in den meisten
Kunstwerken vor allem den Ausdruck des Schmerzes sehen will, nicht vor
allem den der Lebenskraft.* Ms Erläuterung, vgl. S. 844 f.

248, 11 *Werter:* Hierzu vermerkte M unter dem Gedicht: *(Werter – doppel-*

Ich und die Welt 861

sinnig aufzufassen, einmal Werter = Wertende, Schätzende, Beurteilende, das andremal Werter (Goethe, Ws Leiden) [Die Leiden des jungen Werthers (1774); M schrieb vermutlich des Wortspiels wegen *Werter*], *als Typus der Empfindsamkeit genommen.)* Ms Erläuterung, vgl. S. 844 f.

248 WIR LYRIKER. Druck: »Das Narrenschiff« 1 (1898) H.3, S.36. ICH UND DIE WELT (1898) S.72. Textvariante: 248,1 *immer noch*] *noch immer* »Das Narrenschiff« ebd.

248 PÖBLESSE OBLIGÉE. Druck: ICH UND DIE WELT (1898) S.72. Von Margareta M in EPIGRAMME UND SPRÜCHE (1920) übernommen.

PÖBLESSE OBLIGÉE: der (dem Schlechten) verpflichtete Pöbel; Abwandlung von »Noblesse oblige«, Adel verpflichtet (franz.).

248 EINIGEN KRITIKERN. Druck: ICH UND DIE WELT (1898) S.72. Von Margareta M in EPIGRAMME UND SPRÜCHE (1920) übernommen.

249 KRIEGERSPRUCH. Druck: »Wegwarten« 3 (1896) S.9. ICH UND DIE WELT (1898) S.73.

249   HERBST

249 I HÖRST DU DIE BÄUME IM WINDSTOSS ZISCHEN? Druck: »Moderne Dichtung«. Gesammelt von Alfred Guth und Joseph Adolf Bondy. H. 2, Prag 1897, S.25. ICH UND DIE WELT (1898) S.74.

Über dem Gedicht steht: *(Friedrichshagen am Müggelsee. Auf den Garten vor meinem Fenster.)* Ms Erläuterung, vgl. S.844f.

249,10 *Schloßen:* Hagel.

250 II IHR GÖTTER DER FRÜHE. Überlieferung: Zwei Einzelblätter im Nachlaß, H¹ mit der Überschrift HERBSTMORGEN und daneben am Rand: *(Müggelsee)* und der Datierung *26.9.1896*, und H² mit der Überschrift ⟨HERBSTMORGEN AM SEE⟩ und darüber dem Vermerk *II*. Druck: ICH UND DIE WELT (1898) S.74. AUF VIELEN WEGEN (1911) S.29, mit der Überschrift MORGENANDACHT; im Inhaltsverzeichnis *Tyra B. gewidmet* (Tyra Bentsen, Übersetzerin aus dem Norwegischen). Textvariante: 250,16 *frag ich*] *frag ich (noch!)* (H¹) ebd. Über dem Gedicht steht: *Ebenda* [Friedrichshagen am Müggelsee]. Ms Erläuterung, vgl. S.844f.

250 III DER GRAUE HERBST. Druck: ICH UND DIE WELT (1898) S.76. Über dem Gedicht steht: *Ebenda* [Friedrichshagen am Müggelsee]. Ms Erläuterung, vgl. S.844f.

251 EIN FÜNFZEHNTER OKTOBER. *Vier Abendstimmungen am (53.) Geburtstag Friedrich Nietzsches.* Druck: ICH UND DIE WELT (1898) S.76.

Darüber steht: *15.10.1896.* – Darunter steht: *(Friedrichshagen). Ein (5.) Gedicht ist hier fortgeblieben. Es war an Nietzsche selbst gerichtet. Ich hätte es nicht weglassen sollen, werde es in nächster Auflage einrücken.* [Das Gedicht ist nicht erhalten.] *Alle fünf Gedichte wirklich an jenem Abend hintereinander gedichtet.* Ms Erläuterung, vgl. S. 844 f.

251 I URPLÖTZLICH – Druck: ICH UND DIE WELT (1898) S. 78. Unter dem Gedicht steht: *(Hier: – : Lampe, Bücher ... die derben, mich umgebenden Gegenstände, das Alltagsgerät, soll mich vor dem Michverlieren ins Gestaltlose zurückhalten.)* Ms Erläuterung, vgl. S. 844 f.

251 II WAS WOLLT IHR DOCH. Druck: ICH UND DIE WELT (1898) S. 79. Unter dem Gedicht steht: *Glaube, mit allen Menschen zu sprechen, sie zu hören, ihnen zu antworten.* Ms Erläuterung, vgl. S. 844 f.

252 III WAHRT EUER MITLEID FÜR EUCH. Druck: ICH UND DIE WELT (1898) S. 80.

Unter dem Gedicht steht: *Fühle mich bemitleidet (vgl. II.).* [**252**,11] *(Leichnam – Christus am Kreuz).* Ms Erläuterung, vgl. S. 844 f.

253 IV UND DA ICH NUN SO FREI WIE NUR EIN MENSCH. Druck: ICH UND DIE WELT (1898) S. 81.

253,14 *schreckt, / wer:* Daneben steht: *schreckt den, der.* Ms Erläuterung.

253,17 *seiner Hand:* Daneben steht: *aus seiner, des Gottes.* Ms Erläuterung, vgl. S. 844 f.

Unter dem Gedicht steht: [**253**,19] *Ich gab ihn (den Blitz) dir (Gott): So gab z.B. der Grieche ihn dem Zeus als Attribut.* [**253**,20] *ihm dich: Eigentlich aber war der Blitz das erste, zu dem Blitz dichtete man sich erst den Gott hinzu.* [**253**,21] *dich mir: Der Mensch schuf sich zum Trost Götter.* Ms Erläuterung, vgl. S. 844 f.

254 UND SO HEBE DICH DENN... Überlieferung: T1897/98, Bl. 7. Datiert *ca. April 1897*. Druck: ICH UND DIE WELT (1898) S. 82.

Über dem Gedicht steht: *(Berlin).* Ms Erläuterung, vgl. S. 844 f. Von Margareta M in EPIGRAMME UND SPRÜCHE (1920) aufgenommen.

254 DIE KINDER DES GLÜCKS. Druck: ICH UND DIE WELT (1898) S. 83 f.

Über dem Gedicht steht: *(Auf der Treppe des Berliner Polizeipräsidiums, wohin ich gegangen war, um eine Eingabe, ein großes Unternehmen betreffend, zu machen.)* Ms Erläuterung, vgl. S. 844 f.

255,27 *Urfeind:* Daneben steht: *(Tod).* Ms Erläuterung, vgl. S. 844 f. M erwähnt dieses Gedicht als Beispiel für ein Gedicht in freien Rhythmen, das ihm besonders gelungen sei (Brief an Friedrich Gaus vom 10.11.1896, s. o. S. 744 f.).

256 GEFÜHL. Druck: ICH UND DIE WELT (1898) S. 85.

Über dem Gedicht steht: *(Während eines Konzerts im Hotel de Remi, Berlin.)* Ms Erläuterung, vgl. S. 844 f.

256 BEI EINER SONATE BEETHOVENS. Druck: ICH UND DIE WELT (1898) S. 86.

Über dem Gedicht steht: *Bei meinem Freund Runge* [Woldemar Runge, s. Kommentar zu LEGENDE, oben S. 827], *während er Klavier spielte.* Ms Erläuterung, vgl. S. 844 f.

Vgl. auch die Gedichte ZUM II. SATZ (ANDANTE CON MOTO) VON BEETHOVENS »APPASSIONATA« (S. 295) und BEETHOVEN *(Wie der Gestirne ewige Figuren)* (S. 598).

256 VOR DIE VIER SÄTZE EINER SYMPHONIE. Druck: ICH UND DIE WELT (1898) S. 87.

257,13 *Erdenmutter:* Daneben steht: *(erste Fassung: Weltallmutter).* Ms Erläuterung, vgl. S. 844 f. Unter dem Gedicht steht: *(Ich wollte nach* PHANTA *ein Werk schreiben* SYMPHONIE *mit vier großen Abteilungen Gedichte, zu welchen diese vier Sprüche als Motto gedacht sein konnten.)* Ms Erläuterung, vgl. S. 844 f. Vgl. auch »Zyklenpläne«, oben S. 713–720 und Abt. Aphorismen S. 676 ff.

257 KINDERLIEBE. Druck: ICH UND DIE WELT (1898) S. 88.

Über dem Gedicht steht: *Geht zurück, vielleicht bis zu meinem 6. Jahre. Es war in Seefeld, einem Dorf der oberbayrischen Hochebene.* Ms Erläuterung, vgl. S. 844 f.

Wie wichtig dieses frühe Erlebnis für den Dichter war, geht daraus hervor, daß er es noch zweimal erzählt hat: [...] *Noch keinen frischen, seligen Kuß habe ich auf Mädchenlippen drücken dürfen – oder doch! Ja, einmal, ein einziges Mal. Ich war vielleicht sieben Jahre alt – und sie dreizehn, vierzehn. Es war in Seefeld in Bayern. Ob sie es auch nicht vergessen hat? Sie hatte ein Madonnenantlitz, schwärmerische, feucht schimmernde Augen, lang herabfallende dunkle Locken. Sie war – oder wurde noch – im Kloster erzogen, weshalb ihr ein frommes, zurückhaltendes Wesen eigen war. Mehr weiß ich nicht – von dieser meiner ersten und (in ihrer Art) einzigen Liebe. Wie wär' es, wenn ich dich zu meiner Beatrice, dich zu meiner Laura machte? 17.11.1892.* T 1892/93, Bl. 5 f.

Beatrice. Laura: Geliebte und Muse bei Dante bzw. Petrarca.

Vgl. auch die Prosaskizze DER ERSTE KUSS (Abt. Episches).

258 »ABER DIE DICHTER LÜGEN ZUVIEL«
Auf Plutarch zurückgehender, mehrfach von Nietzsche gebrauchter Ausspruch, z. B. in »Also sprach Zarathustra« (1883–85), 2. Teil, »Von den Dichtern«. Werke Bd. 2, S. 382.
258 DER DICHTER MUSS DES MENSCHEN SKLAVE WERDEN. Druck: ICH UND DIE WELT (1898) S. 89.
258 HABE LUST AN DER WIRKLICHKEIT. Druck: ICH UND DIE WELT (1898) S. 89.

258 GLÜCK. Überlieferung: Einzelblatt, handschriftlich, im Nachlaß. Druck: »Deutsche Dichtung« 23 (1897/98) S. 175. ICH UND DIE WELT (1898) S. 91.
258 MACHT-RAUSCH. Druck: ICH UND DIE WELT (1898) S. 91.
Über dem Gedicht steht: *(Menschenorgel)*. Ms Erläuterung, vgl. S. 844f. Der »Übermensch« oder der blinde Gott (vgl. das Gedicht KOSMOGONIE, oben S. 31) spielt auf den Menschenherzen eine vielstimmige Fuge.
259 PRÄLUDIUM. Überlieferung: Zwei Einzelblätter, handschriftlich, mit zwei nahezu identischen Fassungen (H¹ und H²) im Nachlaß. Druck: ICH UND DIE WELT (1898) S. 92. AUF VIELEN WEGEN (1911) S. 23, im Inhaltsverzeichnis gewidmet *Robert Kahn*, der das Gedicht (1899?) vertont hat, vgl. Ms Notiz vom 15.6.1899 (N 1899, Bl. 107), daß es im Mai *in Düsseldorf auf dem Musikfest* vorgetragen worden sei. Vgl. außerdem den Brief Robert Kahns vom 2.3.1911: »Das PRÄLUDIUM habe ich in der letzten Zeit zweimal mit Orchester gehört, es wirkt sehr gut so.«
Textvarianten: **259**,7 *dein Ich*] *dein Los* AUF VIELEN WEGEN (1911) ebd. – **259**,12 *ferner Gärten*] *ferner / Gärten* (H¹) ebd. – **259**,19 *jungfräulicher Reigen*] *köstlicher Reigen* (H¹) und (H²) ebd.
Unter diesem Gedicht steht: *Damals, Anfang 1897, entstanden die Träume*, VOM TAGWERK DES TODES *und anderes in* AUF VIELEN WEGEN. Ms Erläuterung, vgl. S. 844f.
Vgl. auch Klein S. 93f.
260 WO BIST DU... Überlieferung: Einzelblatt handschriftlich, im Nachlaß. Druck: ICH UND DIE WELT (1898) S. 93. Textvarianten: **260**,3–10 *nach deinem holden – neu vergolde*] abweichende Interpunktion:

> *nach deinem holden Kelche aus –*
> *wo bist du?*
> *daß ich das keusche sammetweiche Haupt*

dir küsse!
Wo bist du?
daß der Falter meiner Seele
an deiner Blüte Staub
sich neu vergolde!
Einzelblatt ebd.

260 GLEICH EINER VERSUNKENEN MELODIE... Druck: ICH UND DIE WELT (1898) S. 94.
Über dem Gedicht steht: *Auch komponiert von Robert Kahn* [mit der Überschrift ERINNERUNG, Morgenstern-Liederheft, vgl. Kommentar zu SOMMERABEND, S. 935 ff.]. Ms Erläuterung, vgl. S. 844 f.

261 GESELLSCHAFT
261 I AUS DER GESELLSCHAFT LÄRM UND LACHEN. Druck: ICH UND DIE WELT (1898) S. 95. AUF VIELEN WEGEN (1911) S. 16.
Über dem Gedicht steht: *(Berlin)*. Ms Erläuterung, vgl. S. 844 f.
261 II JENE SCHMERZLICHEN STIMMUNGEN! Druck: ICH UND DIE WELT (1898) S. 96. AUF VIELEN WEGEN (1911) S. 17.
Über dem Gedicht steht: *dito* [dasselbe, d. h. ebenfalls Berlin]. Ms Erläuterung, vgl. S. 844 f.

262 LIEDER! Druck: ICH UND DIE WELT (1898) S. 97. AUF VIELEN WEGEN (1911) S. 25.
Über dem Gedicht steht: *(Ganz Stimmung)*. Ms Erläuterung, vgl. S. 844 f.
262 EWIGE FRÜHLINGSBOTSCHAFT. Überlieferung: Einzelblatt, handschriftlich, innerhalb des Manuskripts UNTER DER DORFLINDE. *Ein Singspiel (Liederspiel)*, Ms Entwurf zu dem von Robert Kahn vertonten Zyklus SOMMERABEND; das Gedicht wurde dort nicht mit aufgenommen, vgl. Kommentar zu SOMMERABEND, S. 935 ff. Druck: ICH UND DIE WELT (1898) S. 98. AUF VIELEN WEGEN (1911) S. 24.
Über dem Gedicht steht: *Komponiert von Kahn*. Ms Erläuterung, vgl. S. 844 f. Vermutlich ein Irrtum; das Gedicht ist weder in SOMMERABEND noch in Kahns beiden Morgenstern-Liederheften enthalten. Vgl. auch den Brief Kahns an M vom 15.8.1898, in dem er dieses Gedicht ausscheidet und auch nicht für eine spätere Komposition vormerkt (vgl. Kommentar zu SOMMERABEND, S. 936 f.). Unter dem Gedicht steht: *(Von Ver sacrum (= Heiliger Frühling* [lat.]*), Wiener Zeitschrift, zurückgeschickt.)* Ms

Erläuterung, vgl. S. 844 f. M schlug das Gedicht später Friedrich Kayssler
für einen Rezitationsabend vor, vgl. Brief vom 7.11.1907. BRIEFE. Auswahl (1962) S. 205.
263 AN MUTTER ERDE. Druck: ICH UND DIE WELT (1898) S. 99.
Über dem Gedicht steht: *Worüber mir Heinrich Hart ein paar unvergeßliche Worte schrieb.* Ms Erläuterung, vgl. S. 844 f. Heinrich Hart
(1855–1906), Schriftsteller des Naturalismus; Mitbegründer des Friedrichshagener Dichterkreises, mit dem M nach seiner Übersiedlung nach
Berlin (1894) Verbindung aufnahm (vgl. Bauer, Chr. M. (1985) S. 70). M
meint offenbar den folgenden Brief Heinrich Harts: »Es wird mir fast
körperlich schwer, mich von den Gedichten oder die Gedichte von mir
loszureißen. So gern wäre ich es gewesen, das ›unauslöschliche Gelächter‹ und die ›Mutter Erde‹ zuerst den Wenigen [das Wort ist mit Sternchen umzeichnet] ans Herz zu legen – – – Aber nun auf, tun Sie's selbst.«
(Ohne Datum, von Margareta M auf einer Abschrift mit 29.3.1898 datiert.) Unter dem Gedicht steht: *Vom »Pan« zurückgeschickt.* Ms Erläuterung, vgl. S. 844 f. M mahnte seine Einsendung in einem Brief vermutlich an den Schriftleiter der Zeitschrift »Pan«, Caesar Flaischlen
(1864–1920) an: *Wie steht's denn wohl mit meiner Einsendung? Die ist
wohl schon lange verstorben. Schade, dies* AN MUTTER ERDE *müßte doch
eigentlich dem alten Erdgott Pan aus der Seele sein.* Brief vom 16.4.1898.

264 AUS EINER LIEDER-GRUPPE EIN SOMMERABEND. *In Musik gesetzt
von Robert Kahn.*
Ms Entwurf zu Kahns Liederzyklus trägt den Titel: UNTER DER DORFLINDE. *Ein Singspiel* [daneben am Rand: *Liederspiel*]. Die für ICH UND DIE
WELT zusammengestellte Auswahl weicht sowohl von Ms Manuskript als
auch von dem von Kahn vertonten Zyklus teilweise ab, vgl. Kommentar zu
den Einzelgedichten sowie zu Kahns Liederzyklus SOMMERABEND
(S. 935 ff.).
Nicht eindeutig erkennbar ist allerdings, ob das Gedicht O FRIEDE
(S. 267) von M der Liedergruppe zugeordnet wurde oder nicht: Im Erstdruck des Textes gehört es dazu; danach ist durch 3 Sternchen das Ende
des Zyklus markiert, im Inhaltsverzeichnis dagegen sind unter der Überschrift EIN SOMMERABEND *(I–VI)* auch nur sechs Gedichte eingerückt
und damit als zugehörig gekennzeichnet. Der von Robert Kahn vertonte
Zyklus (S. 443–449) schließt mit O FRIEDE. Robert Kahn (1865–1951),
Komponist, 1898–1930 Lehrer an der Berliner Musikhochschule, emi-

grierte 1937 nach England, wo er bis zu seinem Tode lebte. In seinen Kompositionen (Kammermusik, Klavierwerke, Lieder, Chöre) der späten Romantik verpflichtet (Einflüsse von Schumann, Mendelssohn und besonders Brahms, der ihn förderte). Sein traditionsgebundener Stil ist flüssig, schlicht, volksliedhaft-innig.

264 FEIERABEND. Überlieferung: Einzelblatt im Manuskript UNTER DER DORFLINDE. Druck: ICH UND DIE WELT (1898) S.101. Textvarianten: **264**,3 *Knarrend – hervor*] ⟨*läutend kehrt die Herde heim / Feierabend, tritt hervor*⟩ Einzelblatt ebd. – **264**,6 *will*] darunter: *liebt* ebd. – **264**,7 *kecke*] ⟨*heitre*⟩ ebd. – **265**,14 *muß – flieht*] ⟨*gibt als Gastgeschenk ein Lied*⟩ ebd. – **265**,16 *Düfteschwerer Dämmerflor*] ⟨*Lindenduft, Bienenchor*⟩ ebd.

265 VOLKSLIED. Überlieferung: Einzelblatt, handschriftlich, im Nachlaß. Von fremder Hand datiert 1884: Diese Datierung ist unhaltbar, einmal, weil M zu dieser Zeit erst dreizehn Jahre alt war, zum andern, weil das Schriftbild der Handschrift – lateinische statt deutscher Schrift – eindeutig auf eine Entstehung nach 1894 weist – im Laufe dieses Jahres war M zu lateinischer Schrift übergegangen. Nach Ms eigenen Datierungsangaben im Vorwort (s. S.210) ist das Gedicht im Jahr 1897 entstanden. Druck: ICH UND DIE WELT (1898) S.102. Textvariante: **265**,3 *fremden*] *fernen* Einzelblatt ebd.

Über dem Gedicht steht: *(Stimmung aus Klein-Machnow bei Berlin. Dorf).* Ms Erläuterung, vgl. S.844f.

266 GEHEIME VERABREDUNG. Druck: ICH UND DIE WELT (1898) S.103. Von Robert Kahn in seinen Zyklus SOMMERABEND aufgenommen. s.o. S.443.

Hierzu schrieb Robert Kahn an M: »[...] Möchte mich gern an GLÜHEND ZWISCHEN DIR UND MIR machen (als Duett). Von letzterem sagten Sie mir, daß Sie vielleicht noch was dran ändern würden, weil es Ihnen schien, daß der Gedanke nicht ganz verständlich ausgedrückt sei.« Undatierter Brief. Eine vom Druck abweichende Fassung ist nicht überliefert.

266 ERNTELIED. Druck: ICH UND DIE WELT (1898) S.104. Nicht in Robert Kahns SOMMERABEND.

Über dem Gedicht steht: *Auf unseren Feldern wird das gemähte Getreide in Garben gebunden und diese reihenweise aufgestellt, so daß sie wohl wie ein Heer Soldaten aussehen können.* Ms Erläuterung, vgl. S.844f.

267 DER ABEND. Überlieferung: Einzelblatt, handschriftlich, im Nachlaß, mit dem Titel ABEND. Druck: ICH UND DIE WELT (1898)

S. 105. AUF VIELEN WEGEN (1911) S. 74, im Inhaltsverzeichnis gewidmet *Amelie M.* [Amelie Morgenstern, geb. von Dall' Armi (1852–1922), die zweite Frau von Ms Vater]. Von Robert Kahn in den Zyklus SOMMERABEND aufgenommen, s.o. S. 447.
267 NACHTWÄCHTERSPRUCH. Überlieferung: Einzelblatt im Manuskript UNTER DER DORFLINDE, mit der Überschrift DER NACHTWÄCHTER DES DORFES. Druck: ICH UND DIE WELT (1898) S. 106. Unter dem Titel NACHTWÄCHTERLIED von Robert Kahn in seinen Zyklus SOMMERABEND aufgenommen, s.o. S. 449. Im T 1897/98, Bl. 35 notierte M: *Für* LIEDERSPIEL *zwischen* ⟨KÖNIGSKIND⟩ GLÜHEND ZWISCHEN – *und* OH FRIEDE *irgend etwas Stärkeres für Männerchor.* Dieses *Stärkere* ist der NACHTWÄCHTERSPRUCH.
267 O FRIEDE! Überlieferung: Einzelblatt, handschriftlich, im Nachlaß. Druck: ICH UND DIE WELT (1898) S. 107. AUF VIELEN WEGEN (1911) S. 75, mit dem Titel GEBET und der Widmung im Inhaltsverzeichnis: *Lenchen* [Helene Fehdmer-Kayssler (1872–1939), die zweite Frau von Ms Freund Friedrich Kayssler]. Textvarianten: **267**,2 *erfüll*] *durchdring'* Einzelblatt ebd. – **268**,5 *Wie manches*] ⟨*Und*⟩ *vieles* ebd. Von Robert Kahn in seinen Zyklus SOMMERABEND aufgenommen, s.o. S. 449. Ob das Gedicht auch bei M zu dem Zyklus gehört, läßt sich nicht eindeutig feststellen, vgl. S. 866.

268 ERDEN-WÜNSCHE. Druck: ICH UND DIE WELT (1898) S. 108. Über dem Gedicht steht: *(Friedrichshagen).* Ms Erläuterung, vgl. S. 844f.
268 EINS UND ALLES. Überlieferung: Einzelblatt, handschriftlich, im Nachlaß, mit der Überschrift MEINE LIEBE.⟨..⟩. Datiert *2.3.1897.* Druck: ICH UND DIE WELT (1898) S. 109f. AUF VIELEN WEGEN (1911) S. 28, im Inhaltsverzeichnis gewidmet: *Meinem lieben Fritze* [vermutlich Christian Friedrich Kayssler (1898–1944), der Sohn von Ms Freund Friedrich Kayssler, Ms Patenkind]. Textvarianten: **268**,6 *der Welt*] darunter steht: *(dem All)* Einzelblatt ebd. – **269**,13 *Da ist – empor*] daneben steht: ⟨*Da ist kein Tierlein / dem ich's nicht gönnt / bis zu uns Menschen empor / daß drin mein*⟩ [bricht ab] ebd. – **269**,19 *Ich trage – Gestirne Zelt*] fehlt in AUF VIELEN WEGEN (1911) ebd. – **269**,25 *Meine Liebe*] *Mein* ⟨*Glück*⟩ ⟨*Reich*⟩ Einzelblatt ebd. – **269**,25 *weit*] ⟨*groß*⟩ ebd. – **269**,27 *alle Dinge ruhen in mir*] ⟨*Meine Liebe jauchzt in mir*⟩ ebd. Über dem Gedicht steht: *(Hab ich sehr gern).* Ms Erläuterung, vgl. S. 844f. Neben dem Titel steht: *Gesungen* Einzelblatt ebd. Wahrscheinlich wollte

M das Gedicht ursprünglich in den von Robert Kahn vertonten Zyklus SOMMERABEND aufnehmen, vgl. S. 936.

268,1 *Meine Liebe ist groß:* Daneben steht: *(Mein Liebe zur Welt).* Ms Erläuterung, vgl. S. 844f.
Eins der bekanntesten und für den Dichter charakteristischsten Gedichte. Friedrich Hiebel nennt es das »kernhafteste Gedicht« von ICH UND DIE WELT und betont seinen »spirituellen Monismus« (S. 147).

269 OB SIE MIR JE ERFÜLLUNG WIRD... Druck: ICH UND DIE WELT (1898) S. 111.

269,7 *Erdemdust:* Hierzu steht unter dem Gedicht: *Erdemdust, verwegene Dativbildung statt Erdenduste* [die Dativendung »m« des Artikels »dem«]. *Dust = Düsterkeit, Dunst.* Ms Erläuterung, vgl. S. 844f.

270 KÜNSTLER-IDEAL. Überlieferung: Einzelblatt, handschriftlich, im Nachlaß. Druck: ICH UND DIE WELT (1898) S. 112. Textvarianten: **270,2** *einst*] ⟨*doch*⟩ Einzelblatt ebd. – **270,5** *in einem*] ⟨*ein neuer*⟩ ebd.
Über dem Gedicht steht: *(Alter Lieblingsgedanke).* Ms Erläuterung.
270,8 *Gewand des Scheins:* Dazu steht unter dem Gedicht: *Gewand des Scheins, vergl.* DAS AUGE GOTTES [s. o. S. 227]. *(Dies Gedicht ist vielleicht viel früher entstanden, weiß es nicht mehr.)* Ms Erläuterung, vgl. S. 844f.

270 AN MEINE SEELE. Druck: ICH UND DIE WELT (1898) S. 113f. AUF VIELEN WEGEN (1911) S. 13f. Textvarianten: **271,15** *Oh, wie der Wind*] *gleich wie der Wind* AUF VIELEN WEGEN (1911) S. 13. – **271,22** *oh, wie sein Odem*] *gleich wie sein Odem* ebd.

271,37 *saugend die ganze Erde umklammern:* Eppelsheimer weist (S. 156) zum Vergleich auf eine Stelle in Oskar Loerkes Gedichten in Prosa hin, die sich auf Dürers Kupferstich »Christus in Gethsemane« bezieht. Vgl. auch Lissau S. 15ff.

271 MONDSTIMMUNG. Überlieferung: T1897/98, Bl. 38. Datierbar Juli 1897. Druck: ICH UND DIE WELT (1898) S. 115. AUF VIELEN WEGEN (1911) S. 19, im Inhaltsverzeichnis gewidmet: *Woldemar Runge* [vgl. Kommentar zu LEGENDE S. 827]. Textvarianten: **271,1** *weiten – der Welt*] *Über den großen schweigenden Wald in der Nacht* T1897/98 ebd. – **271,4** *großen Auges dahinziehn...*] *glänzend und* ⟨*selig*⟩ *groß stehn* ebd. – **271,4–272,22** *großen Auges – lauschen*] daneben steht: *Still und gewaltig* ⟨*stehen*⟩ *dahinzuziehen / von dem Duft feiner Rosen* [darüber: *und ihres flutenden Blutes Duft*] */ flüchtig zu* ⟨*spüren*⟩ *ahnen.* T1897/98 ebd.
Unter dem Gedicht steht: *(Bei Friedrichshagen).* »*Der Welt*« [S. 271, 2] ist

erst später gesetzt für »der Mark« (Brandenburg); so hieß es auch »sandigen« statt »erdigen« [S. 272, 12]. Ms Erläuterung, vgl. S. 844 f.
272 AN DIE WOLKEN. Überlieferung: T 1897/98, Bl. 60. Datiert *2.9. 1897*. Einzelblatt, handschriftlich, im Nachlaß. Druck: ICH UND DIE WELT (1898) S. 116. AUF VIELEN WEGEN (1911) S. 18. Textvarianten: **272**, 7 *Häuser und Bäume*] *Bäume und Dächer* T 1897/98 ebd. – **273**, 20 *fliegen*] ⟨*fallen*⟩ ebd.
M schrieb über dieses Gedicht an Kayssler: *(das will mir ein tiefer Atemzug scheinen)*. Brief vom 7.11.1907. BRIEFE. Auswahl (1962) S. 205.
273 VOR STRINDBERGS »INFERNO«. Druck: ICH UND DIE WELT (1898) S. 117 f. Über dem Gedicht steht: *(Wohl in Friedrichshagen geschrieben) Herbst 1897*. Ms Erläuterung, vgl. S. 844 f.
273, 1 *: Er:* Daneben steht: *(Gott)* Ms Erläuterung.
274, 35 *Vesten:* altertümlich für Festen, Festungen.
M übersetzte im Jahr 1897 August Strindbergs (1849–1912) autobiographische Aufzeichnungen »Inferno« (1897, deutsch 1898), hierzu finden sich in T 1897/98, Bl. 64 f. inhaltliche Notizen.
274 NE QUID NIMIS! *(Zur Psychologie der Stoa)*. Druck: ICH UND DIE WELT (1898) S. 119.
Über dem Gedicht steht: *Ne quid nimis = Nur nicht etwa zu viel! Immer Maß halten! Stoa, Philosophenschule, griechisch.* Ms Erläuterung. Unter dem Gedicht steht: *(Berlin)*. Ms Erläuterung, vgl. S. 844 f.
275 QUOS EGO! Druck: ICH UND DIE WELT (1898) S. 121 f.
Über dem Gedicht steht: *Quos ego = Ich will euch! Ich werd' euch lehren! (Aus dem Vergil* [Äneis 1, 135, lat.]*)*. Ms Erläuterung, vgl. S. 844 f.
277 NATURA ABUNDANS. Überlieferung: T 1897/98, Bl. 87. Datiert *31.12./1.1.1897/98*. Druck: ICH UND DIE WELT (1898) S. 123. Textvarianten: **277**, 10 *Schöpfergedanken – wert*] *Schöpfergedanken / Königreiche wert / oh glaubt mir!* T 1897/98 ebd. – **277**, 25 *ihm zu viel*] ⟨*sein Liebstes*⟩ *ihm so viel* ebd.
Über dem Gedicht steht: *(Natur, die Verschwenderin* [die Übersetzung des Titels, lat., wörtlich: die überströmende Natur]*)*. Ms Erläuterung, vgl. S. 844 f.
277 DU TRÜBER TAG... Überlieferung: T 1897/98, Bl. 51. Datiert *21.8.1897 (Eisenbahn)*. Druck: ICH UND DIE WELT (1898) S. 124.
Textvariante: **277**, 4 *Frieden*] ⟨*Schmerzen*⟩ *(Trost)* T 1897/98 ebd.
Über dem Gedicht steht: *(Friedrichshagen)*. Ms Erläuterung, vgl. S. 844 f.
278 KONZERT AM MEER. Druck: ICH UND DIE WELT (1898) S. 125.

Über dem Gedicht steht: *(Angeregt durch ein Strandkonzert. Ungeheure Brandung, dazu – wenn auch höchst miserabel gespielter – Wagner [1813–1883]).* Ms Erläuterung, vgl. S. 844 f.

278, 18 *morituri te salutant:* Die Todgeweihten grüßen dich (lat.). Mit diesem Ruf grüßten die römischen Legionäre den Kaiser, bevor sie in die Schlacht zogen.

279 DER FREIE GEIST. Überlieferung: Einzelblatt, handschriftlich, im Nachlaß. Datiert *2.11.1897.* Druck: ICH UND DIE WELT (1898) S. 126.

279 NUR WER... Überlieferung: T 1897/98, Bl. 91. Datierbar Januar/Februar 1898. Einzelblatt, handschriftlich, im Nachlaß. Druck: ICH UND DIE WELT (1898) S. 127. Von Margareta M in EPIGRAMME UND SPRÜCHE (1920) aufgenommen.

279 DIE LUFT WARD REIN... Druck: ICH UND DIE WELT (1898) S. 127.

279 AUS RELIGION. Druck: ICH UND DIE WELT (1898) S. 127. Von Margareta M in EPIGRAMME UND SPRÜCHE (1920) aufgenommen.

AUS RELIGION: Vgl. Friedrich Schiller (1759–1805) »Mein Glaube. Welche Religion ich bekenne? Keine von allen, / Die du mir nennst! – Und warum keine? Aus Religion.« Votivtafeln. In: Schillers Werke, Nationalausgabe, hrsg. von Norbert Oellers, Bd. 2, 1, Weimar 1983. S. 320.

280 JA TRUTZE NUR... Druck: ICH UND DIE WELT (1898) S. 128. Über dem Gedicht steht: *(Berlin).* Ms Erläuterung, vgl. S. 844 f.

280 MORGENSTIMMUNG. Überlieferung: Einzelblatt, handschriftlich, im Nachlaß. Druck: ICH UND DIE WELT (1898) S. 129. Textvariante: **280**, 4 bebt] ⟨schwebt⟩ Einzelblatt ebd.

281 WEISSE TAUBEN. Druck: »Die Gesellschaft« 14 (1898) Bd. 4, S. 39. ICH UND DIE WELT (1898) S. 130. AUF VIELEN WEGEN (1911) S. 30, im Inhaltsverzeichnis gewidmet *F. C. Zitelmann.* Franz Carl Zitelmann (1872–1947), Jugendfreund Ms.

281 ALLEIN IM GEBIRG. Druck: ICH UND DIE WELT (1898) S. 131. Über dem Gedicht steht: *Zwei Erinnerungsblätter, ins Jahr 1893 zurückgehend.* Ms Erläuterung, vgl. S. 844 f. Die Erläuterung gilt offenbar für dieses und das folgende Gedicht.

282 ABENDPROMENADE. Druck: ICH UND DIE WELT (1898) S. 132. Ms Erläuterung zum vorangegangenen Gedicht bezieht sich offenbar auch auf dieses Gedicht.

282 GÖRLITZER BRIEF. Druck: ICH UND DIE WELT (1898) S. 133. Über dem Gedicht steht: *An Fritz Kayssler, den ich Weihnachten 1896 in Görlitz besucht hatte.* Ms Erläuterung, vgl. S. 844 f.

282,1 *Herzbruder:* So heißt der Freund des Helden in Grimmelshausens (um 1622–1676) Roman »Simplizius Simplizissimus« (1669).

283,12 *Kronos:* Hierzu steht unter dem Gedicht: *Kronos. Vater des Zeus. Chronos (griechisch) heißt zugleich Zeit.* [Aufgrund des Gleichklangs wurde der Titane Kronos auch als Personifikation der Zeit gedeutet.] *»An Schwager Kronos« (Goethe).* Ms Erläuterung, vgl. S. 844 f.

283,18 *Meteor:* kurzzeitige, zum Teil sehr helle atmosphärische Leuchterscheinung, die durch das Eindringen kosmischer Partikel in die Erdatmosphäre hervorgerufen wird.

283 AN DIE MORAL-LIBERALEN. Druck: ICH UND DIE WELT (1898) S. 134.

284 AN N. Überlieferung: T1897/98, Bl. 92. Datierbar Januar/Februar 1898. Druck: ICH UND DIE WELT (1898) S. 134. Von Margareta M unter dem Titel AN NIETZSCHE in EPIGRAMME UND SPRÜCHE (1920) aufgenommen. Textvariante: **284,1** *Mag – fallen]* Mögen ⟨*Hekatomben fallen*⟩ T1897/98 ebd. Hekatombe: riesige Menge.

N.: ergänzt zu: *Nietzsche.* Ms Erläuterung, vgl. S. 844 f.

284 AN**. Druck: ICH UND DIE WELT (1898) S. 135. Von Margareta M in BRIEFE. Auswahl (1952) aufgenommen, mit der Überschrift »AN PROFESSOR CARL ERNST MORGENSTERN« und der Datierung »Berlin, Mai 1895«.

Über dem Gedicht steht: *(M[eine]m Vater).* Ms Erläuterung, vgl. S. 844 f. Ms Vater hatte im Frühjahr 1895 endgültig die Verbindung zu seinem Sohn abgebrochen. Zu diesem Thema gehören außer dem folgenden Gedicht AN DENSELBEN auch die Gedichte O HÄTTEST DU AN MICH GEGLAUBT (Abt. Lyrik 1906–1914, Epigramme), ICH SEHNE MICH NACH DIR, MEIN VATER (S. 575), ferner die Prosa-Skizze VATER UND SOHN (s. Abt. Episches) sowie Abt. Aphorismen Nr. 1768 und 1769.

284 AN DENSELBEN. Druck: ICH UND DIE WELT (1898) S. 136.

Vgl. den Kommentar zum vorigen Gedicht.

285,13 *deine Leidenschaft:* Des Vaters dritte Ehe war der unmittelbare Grund dafür, daß sich dieser von seinem Sohn abwandte. Vgl. Kommentar zum Motto zu AUF VIELEN WEGEN.

285 LEBENSLUFT. Druck: ICH UND DIE WELT (1898) S. 137.

Über dem Gedicht steht: *B[erlin].* Ms Erläuterung, vgl. S. 844 f.

M schrieb am 26.11.1898 an Marie Goettling, offenbar als Antwort auf einen nicht erhalten gebliebenen Brief: *Nein, mit der Lebensluft, liebste Marie, bist Du wahrlich nicht gemeint. Neben dem, daß diese Zeilen sich seinerzeit an jemanden persönlich (und auch nur vorübergehend) richteten, sind sie überhaupt der Ausdruck einer vielleicht etwas ungeberdigen Freiheitsliebe, der Befürchtung, innerlich verpflichtet zu werden und dann mich entweder von der Rücksicht auf diese Verpflichtungen bestimmen zu lassen oder sie, mit dem Gefühl, unschön zu handeln, brechen zu müssen. Ich habe leider ein viel zu wenig »robustes« Gewissen.* BRIEFE. Auswahl (1962) S. 85. Um Dagny Fett, Ms norwegische Freundin, kann es sich bei dem *jemand* nicht gehandelt haben, da das Gedicht, wenn Ms Datierung im Vorwort (s. o. S. 210) richtig ist, noch aus dem Jahr 1897 stammt, als M noch in Berlin lebte. Nach einer Vermutung von Christa Eichhorn (Morgenstern-Archiv des Verlags Urachhaus) könnte Eugenie Leroi gemeint sein, die M 1894 kennengelernt hatte (vgl. Kommentar zu IN PHANTAS SCHLOSS, S. 733.).

285 STILLES REIFEN. Überlieferung: Einzelblatt, handschriftlich, im Nachlaß, ohne Titel, gewidmet: *(An Emil Orlik* [(1870–1932), Maler und Graphiker] *als er mir seinen »Mäher« geschenkt hatte. Berlin Sonntag mittag 12.9.1897).* Druck: ICH UND DIE WELT (1898) S. 138. Im Inhaltsverzeichnis lautet der Titel STILLE GEWISSHEIT.
Über dem Gedicht steht: *(B[erlin]).* Ms Erläuterung, vgl. S. 844 f.

286 MENSCH ENKEL. Druck: ICH UND DIE WELT (1898) S. 139.
Über dem Gedicht steht: *Berlin, Luisenstraße.* Ms Erläuterung, vgl. S. 844 f.

286 ABENDLÄUTEN. Druck: ICH UND DIE WELT (1898) S. 140. AUF VIELEN WEGEN (1911) S. 69, im Inhaltsverzeichnis gewidmet: *Alfred Guttmann* (1873–1951), Musiker und Musiktheoretiker. Er war ebenso wie Eugenie Leroi, die er später heiratete, Mitglied eines kleinen Freundeskreises, den M in Berlin zusammen mit Kayssler und Beblo begründet hatte. Alfred Guttmann hat das ihm gewidmete Gedicht (ohne Überschrift) seinem 1912 bei Paul Cassirer in Berlin erschienenen kunsttheoretischen Buch »Die Wirklichkeit und ihr künstlerisches Abbild« als ein dem Dichter huldigendes Motto vorangestellt. Über dem Gedicht steht: *(Berlin). Hörte allabendlich gegen sieben Uhr ein sehr wohllautendes Abendgeläut.* – Unter dem Gedicht steht: *6.1.1898.* Ms Erläuterung, vgl. S. 844 f.

286 OH ZITTRE MIR NICHT SO... Überlieferung: T 1897/98, Bl. 88, mit der Überschrift TROST UND GLAUBE und der Datierung *1.1.1898.* Druck: ICH UND DIE WELT (1898) S. 141. Über dem Gedicht steht: *(B[erlin]).* Ms Erläuterung, vgl. S. 844 f.

Kommentar

287 LEBENS-SPRÜCHE

287 MAG NOCH SOVIEL DEIN GEIST DIR RAUBEN. Überlieferung: T1897/98, Bl. 127. Datierbar vermutlich Frühjahr 1898. Druck: ICH UND DIE WELT (1898) S. 142. Von Margareta M in EPIGRAMME UND SPRÜCHE (1920) aufgenommen.

287 WOZU DAS EWIGE SEHNEN. Überlieferung: T1897/98, Bl. 127. Datierbar vermutlich Frühjahr 1898. Druck: ICH UND DIE WELT (1898) S. 142. Textvarianten: **287**,1 *Sehnen*] *Sehnen* T1897/98 ebd. – **287**,3 *romantischen Trug*] *poetischen Flug* ebd.

287 IN ALLEM PULSIEREN. Druck: ICH UND DIE WELT (1898) S. 142. Von Margareta M in EPIGRAMME UND SPRÜCHE (1920) aufgenommen.

287 WAS MIR SO VIEL VOM TAGE STIEHLT. Druck: ICH UND DIE WELT (1898) S. 143.

288 WOHL KREIST VERDUNKELT OFT DER BALL. Druck: ICH UND DIE WELT (1898) S. 144.

Über dem Gedicht steht: *(B[erlin])*. Ms Erläuterung, vgl. S. 844 f.

Heitere, daseinsbejahende Mythologisierung des Alls, vergleichbar den Gedichten aus IN PHANTAS SCHLOSS.

288 SINGENDE FLAMMEN. *Zu einem Bilde H. Hendrichs.* Druck: ICH UND DIE WELT (1898) S. 145. Über dem Gedicht steht: *(B[erlin])*. Ms Erläuterung, vgl. S. 844 f.

Zu einem Bilde H. Hendrichs: Hermann Hendrich (1856–1931), Maler und Lithograph, Landschaftsmaler mit Motiven aus dem Norden, dem Harz und dem Riesengebirge, im Gegensatz zur naturalistischen Malerei mit einer Neigung zum Mystizismus. M nennt Hendrich in einem Kunstbericht der Zeitschrift »Der Kunstwart« (Abt. Kritische Schriften Nr. 45). Hendrich schrieb am 26.1.1898 an M: »Haben Sie besten Dank für Ihr schönes Gedicht, in welchem der poetische Gehalt des Bildes voll und ganz zum Ausdruck kommt. – Es ist merkwürdig, daß ich beim Malen des Bildes an Sie gedacht habe, da ich kurz vorher Ihre, mich sehr anregende Gedichtsammlung ›Phantasus‹ [IN PHANTAS SCHLOSS] gelesen hatte.« – Lissau schrieb über das Gedicht (S. 21): »Dieses Gedicht wirkt nicht durch den logisch-gedanklichen Inhalt, den es ausdrückt, nicht durch die Anschaulichkeit des Bildes (der Leser wird kaum anzugeben wissen, worum es sich in diesem Gedicht handelt), die Schönheit des Gedichts macht seine Musikalität aus

Ich und die Welt 875

(der Leser hat nur dem Zusammenklingen der Vokale gelauscht, er ist zum Hörenden geworden)«. Vgl. auch das Gedicht So ziehn zwei Flammen in Ich und Du, Abt. Lyrik 1906–1914.

289 Moor. *Vor einem Bilde Feldmanns.* Druck: Ich und die Welt (1898) S. 146.

Vor einem Bilde Feldmanns: Der von M gemeinte Maler ist nicht eindeutig auszumachen: Peter Feldmann (1790–1871), Landschaftsmaler aus der Düsseldorfer Schule mit Motiven aus dem Riesengebirge und der Campagna. Wilhelm Feldmann (1859–1932), Landschaftsmaler aus der Mark Brandenburg.

289 Nächtliche Bahnfahrt im Winter. Überlieferung: T1897/98, Bl. 84f. Datiert *Dezember 1897*. Druck: »Die Gesellschaft« 14 (1898) Bd. 1, S. 176f. Ich und die Welt (1898) S. 147. Textvarianten: **289**,3 *Graun und Rätsel*] *(problematisch)* T1897/98, Bl. 84. – **289**,11 *bis sie – Knien*] ⟨*bis zum Licht der warmen Dörfer / die sie sonst so ängstlich fliehen*⟩ ebd. – **289**,12 *von Frost*] ⟨*vom Eis*⟩ ebd. – **289**,15 *große*] ⟨*kleine*⟩ ebd. – **289**,16 *wiegen*] ⟨*tragen*⟩ ebd. – **289**,20 *Werdestufen*] danach folgt die Strophe:

⟨ *Schnellen Gruß und jäh Erinnern*
schickst du [...] seinem stillen Bilde [darüber: *Gassen*]
wie ⟨*ein Traum versinkt im Dunkel*⟩
mußt vom lieben Ort dich wieder⟩ [bricht ab]

T1897/98, Bl. 85.

290,21 *Und du – Gassen*] *und du denkst gerührt der (Freunde)* ⟨*Eltern*⟩ ebd. – **290**,22 *Knaben*] danach folgen die Zeilen: ⟨*Schickst den Freunden schnelle Grüße / denkst der*⟩ [bricht ab] ebd.

Über dem Gedicht und z. T. an der rechten Seite steht: *Reise nach Dresden (Winter 1897. Fritz K[ayssler] und seine Frau holten mich am Weihnachtsabend in Berlin ab und wir fuhren zusammen zwölf Uhr nachts nach Dr[esden]). »Das alte Städtlein« ist Sorau, wo ich die beiden letzten Gymnasialjahre verlebte. Ich schrieb diese Verse gleich am nächsten Tag.* Ms Erläuterung, vgl. S. 844f.

290 Dunkle Gäste. Druck: Ich und die Welt (1898) S. 149.

Über dem Gedicht steht: *(Das Bild von den Nachtfaltern* [darüber: *Schmetterlingen*] *genommen, die gegen die hellen Scheiben des Leuchtturmes stoßen).* Ms Erläuterung, vgl. S. 844f.

290 BEGEGNUNG. Druck: ICH UND DIE WELT (1898) S.150.
Über dem Gedicht steht: *(B[erlin]).* Ms Erläuterung, vgl. S.844f.
291 DUNST. Druck: ICH UND DIE WELT (1898) S.151.
Über dem Gedicht steht: *(B[erlin]) Spree-Quai.* Ms Erläuterung, vgl. S.844f.
292 OHNE GEIGE. Druck: ICH UND DIE WELT (1898) S.152.
Über dem Gedicht steht: *(B[erlin]) Im Gefühl des Unvermögens unserer heutigen Musik.* Ms Erläuterung, vgl. S.844f.
292 VENUS ASCHTHORETH. Druck: ICH UND DIE WELT (1898) S.153.
Über dem Gedicht steht: *Aschthoreth = Astarte, syrische Göttin, mit Menschenopfern verehrt.* Ms Erläuterung, vgl. S.844f. Astarte, im Alten Testament Aschthoreth, Göttin der Liebe, der Fruchtbarkeit und des Kriegs, war neben Baal die wichtigste Gottheit Palästinas. Sie entspricht der babylonischen Ischtar und wurde mit der griechischen Liebesgöttin Aphrodite (lat. Venus) gleichgesetzt. Von M mit vampirhaften Zügen dargestellt.
293 REINE FREUDE. Druck: ICH UND DIE WELT (1898) S.154.
Über dem Gedicht steht: *Dachte an Ibsen. Sollte damals in einer Festschrift zu seinem 70. Geburtstag über Ibsen mitmachen, war aber nicht imstande und zog mich mit einem Nietzsche-Zitat heraus. Dies hier entstand dann wohl hinterher.* Ms Erläuterung, vgl. S.844f.
293 AN DIE MESSIAS-SÜCHTIGEN. Druck: ICH UND DIE WELT (1898) S.155. Von Margareta M in EPIGRAMME UND SPRÜCHE (1920) aufgenommen.
Über dem Gedicht steht: *(Bei uns liest man immerfort:* »*Wann endlich wird der Messias unserer Zeit kommen*«.*)* Ms Erläuterung, vgl. S.844f. Vgl. auch Abt. Aphorismen Nr. 867/1799.
293 ERSEHNTE VERWANDLUNG. Druck: ICH UND DIE WELT (1898) S.155.

293   MITMENSCHEN
293 DAS SIND DIE MITLEIDLOSEN STEINE. Druck: ICH UND DIE WELT (1898) S.156.
294 UND BRICHT EINMAL DEIN VOLLES HERZ. Druck: ICH UND DIE WELT (1898) S.156.
294 DASS ER SO WENIG WEISS UND KANN. Überlieferung: T1897/98, Bl.7. Datiert *ca. April 1897.* Druck: ICH UND DIE WELT (1898) S.156. Von Margareta M in EPIGRAMME UND SPRÜCHE (1920) aufgenommen.
Textvariante: **294**,3 *Dutzendmann] Scharlatan* T1897/98 ebd.

294 Die russische Truhe. Druck: Ich und die Welt (1898) S.157. Über dem Gedicht steht: *(Woldemar Runge* [s. Kommentar zu Legende, S.827] *brachte mir aus Moskau eine Bauerntruhe (Kasse* [= Kassette?]*) mit.* ⟨*Ich habe zeitweilig den Glauben*⟩*)* [bricht ab]. Ms Erläuterung, vgl. S.844f.

294 Vorfrühling. Druck: Ich und die Welt (1898) S.158. Auf vielen Wegen (1911), S.72, im Inhaltsverzeichnis gewidmet *Max Reinhardt* (1873–1943), österreichischer Schauspieler, Regisseur und Theaterleiter. Mitbegründer des literarischen Kabaretts »Schall und Rauch« in Berlin, in dem kleine Parodien und Einakter Ms aufgeführt wurden. Vgl. auch Abt. Kritische Schriften S.629–648 (»Morgenstern und Max Reinhardt«).

295 Thalatta! Überlieferung: T1897/98, Bl.98. Datierbar Februar/ März 1898. Druck: Ich und die Welt (1898) S.159. Textvarianten: 295,2 *Altäre*] *Götter* T1897/98 ebd. – 295,5 *des Tempelhaines / Opferflammen*] *des Hains geheimnisvolle Flammen* ebd. – 295,9 *grüßend seine Schäume*] *seine weißen Schäume* ebd. – 295,11 *Ja, du – Sucherin*] *Ja zu! dort winken beßre Träume / Enger die Segel an die Bäume /* ⟨*Auf*⟩ *Muse* [darüber steht: *Zur Ferne!*] *Schifferin.* ebd. *Bäume: Mastbäume.*
Über dem Gedicht steht: *Thalatta (griechisch): Meer. Heines berühmter Ausruf.* Ms Erläuterung, vgl. S.844f. Gemeint ist Heinrich Heines (1797–1856) Gedicht »Meergruß«:

> »Thalatta! Thalatta!
> Sei mir gegrüßt, du ewiges Meer!
> Sei mir gegrüßt zehntausendmal!
> Aus jauchzenden Herzen,
> Wie einst dich begrüßten
> Zehntausend Griechenherzen
> Unglück bekämpfende, Heimat verlangende,
> Weltberühmte Griechenherzen.«

Heinrich Heine, Buch der Lieder (1827). In: Sämtliche Werke. Bd.1, hrsg. von Werner Vordtriede. München 1969, S.208. Der Ausspruch war ursprünglich der Jubelruf griechischer Kämpfer, als diese unter Xenophons Führung nach unsäglichen Mühen das Schwarze Meer erreichten (Xenophon, Anabasis, IV, 7).

295 Zum II. Satz (Andante con moto) von Beethovens Appassionata. Druck: »Das deutsche Dichterheim« 18 (1898) S.375, mit dem

Titel ZUM ANDANTE CON MOTO DER BEETHOVENSCHEN APPASSIONATA.
ICH UND DIE WELT (1898) S. 160. Über dem Gedicht steht: *(B[erlin])
Direkt unter dem Eindruck des Klavierspiels.* Ms Erläuterung, vgl.
S. 844 f.

295 APPASSIONATA: (die Leidenschaftliche, italienisch), Bezeichnung
von Beethovens (1770–1827) Klaviersonate f-Moll, opus 57 (1804/05),
mit den Sätzen: Allegro assai [sehr lebhaft], Andante con moto [ruhig,
langsam, etwas beschleunigt], Allegro ma non troppo [lebhaft, aber nicht
zu sehr].

296 EINE JUNGE WITWE SINGT VOR SICH HIN. Druck: ICH UND DIE
WELT (1898) S.161.

Über dem Gedicht steht: *(In einem Konzert-Garten in Berlin sah ich einmal ein junges, ganz in Schwarz gekleidetes Weib.)* Ms Erläuterung, vgl.
S. 844 f.

»Das ganze Gedicht ist nichts als in taktmäßig einwandfreier Form kristallisierte Sentimentalität« (Giffei S. 138).

296 MIR KOMMT EIN ALTES BERGMANNSLIED ZU SINN. Druck: ICH UND
DIE WELT (1898) S.162.

Über dem Gedicht steht: *Auf den Sommer 94 zurückgreifend. Grund ist
eine der vielen Bergwerks-Städte des Harzgebirgs* [wo M den August 1894
verbrachte und wo die ersten Gedichte von IN PHANTAS SCHLOSS entstanden]. Ms Erläuterung, vgl. S. 844 f.

An Kayssler schrieb M über dieses Gedicht: *War mir immer voll Jugendschwermut.* Brief vom 7.11.1907. BRIEFE. Auswahl (1962) S. 205.

297 DU DUNKLER FRÜHLINGSGARTEN... Druck: ICH UND DIE WELT
(1898) S.163.

Über und unter dem Gedicht steht: *B[erlin]. Kam allnächtlich beim Nachhausegehn an dem großen Garten der Charité (das berühmte Berliner Krankenhaus) vorbei. Wie vieles andre entstand auch dies auf einem solchen
nächtlichen Nachhauseweg. Ich könnte bei vielen die Trottoir-Partien bezeichnen. (Der See ist natürlich hier hinzuphantasiert wie überhaupt das
Ganze verändert.)* Ms Erläuterung, vgl. S. 844 f.

Nachlese zu ICH UND DIE WELT

298 IHR MÜSST SOLCHE VERSE NICHT ANDERS BETRACHTEN. Druck: MENSCH WANDERER (1927) S.59, dort datiert mit 1899.
Vgl. Hofacker, Christian Morgenstern, S.40.

298 O KUNST, DU ALLERSELIGSTE GEWALT. Überlieferung: Einzelblatt, handschriftlich, im Nachlaß. Datiert *19.3.1899*. Druck: MENSCH WANDERER (1927) S.57. Textvarianten: **298**,5 *Schöpfer*] ⟨*Künstler*⟩ Einzelblatt ebd. – **298**,7 *Bis ihnen Prometheus – ersten Mal*] von Margareta M weggelassen MENSCH WANDERER ebd.

298,7 *Prometheus:* s. Kommentar zu PROMETHEUS, S.855.

298,10 *Maja:* s. Kommentar zu O SIEH DAS SPINNENWEB, S.913.

298 ALS OB ICH NICHT MIT AHNDEVOLLEM FLÜGEL. Überlieferung: T1898/99 I, Bl.73. Datiert *6.8.1898*. Druck: MENSCH WANDERER (1927) S.46. Textvarianten: **298**,4 *in Traumgefilden*] *im Traumgefilde* MENSCH WANDERER ebd. – **299**,5 *flüsterte*] *zog's mich aus* T1898/99 I ebd. – **299**,6 *die heimatliche*] ⟨*zur unverkürzten*⟩ ⟨*die hold-konkrete*⟩ ebd. – **299**,7 *der Sonne*] *der (Erde)* ebd. – **299**,8 *des Himmels*] *de*⟨*r Venus*⟩ darunter: *der (Sonne)* ebd. *der Erde* MENSCH WANDERER ebd. Die Änderung könnte aus einem undatierten, etwa aus den Jahren 1895–1898 stammenden Briefentwurf an eine unbekannte Empfängerin verständlich werden: *Werden Sie deshalb geringer von mir denken, weil ich, ein Kind meiner Zeit, ein Kind der Erde und nicht des Himmels sein will?* Die veränderte Druckfassung liegt der Interpretation von Fredrich (S.34) zugrunde.

299 WAS BIN ICH SELBST? Druck: MENSCH WANDERER (1927) S.48, dort mit 1898 datiert.

299 SIEH, SO BIN ICH. Druck: MENSCH WANDERER (1927) S.59, dort mit 1899 datiert.

300 WENN CYRANO DES KUSSES SÜSSE SINGT. Druck: MENSCH WANDERER (1927), S.58, dort mit 1899 datiert.

300,1 *Cyrano:* Cyrano de Bergerac, Komödie von Edmond Rostand (1868–1918), Uraufführung: 28.12.1897, Paris. M hat die Komödie am 30.9.1899 gesehen (N 1899, Bl.192).

300 NOMEN – OMEN? Druck: MENSCH WANDERER (1927) S.55, dort mit 1898 datiert.

NOMEN – OMEN: nach »Nomen atque omen« (»Name und zugleich Vorbedeutung«, lat.). Plautus (um 254–184 v.Chr.), Persa 4, 4, 741.

300 NUN POCHT DER REGEN WIEDER. Druck: MENSCH WANDERER (1927), S. 47, dort datiert mit 1898.

301 O LASS MICH TRAUERN, STILLE STUNDE. Überlieferung: Einzelblatt, handschriftlich, im Nachlaß. Datiert *17.9.1898*. Druck: MENSCH WANDERER (1927) S. 53.
Nach einer Notiz im T 1898/99 I, Bl. 113 hat M das Gedicht zusammen mit zwei anderen an die Zeitschrift »Simplizissimus« gesandt; dort erfolgte jedoch kein Abdruck.

301 SO STARK EMPFAND ICH'S NIEMALS NOCH DENN EBEN. Überlieferung: T 1898/99 I, Bl. 20. Einzelblatt, handschriftlich, im Nachlaß (Reinschrift). Beides datiert *1.6.1898*. Druck: MENSCH WANDERER (1927) S. 50. Textvarianten: **301**,1 *denn eben*] *wie* ⟨*heute*⟩ T 1898/99 I ebd. – **301**,3 *kein einzig Ziel uns selber geben*] ⟨*des Schicksals willenlose Beute*⟩ ebd. – **301**,7 *fühlte*] *fühlt' es* ebd. – **301**,8 *Dies alles – Muß*] ⟨*uns alle treibt*⟩ *ein* ⟨*kleinlich*⟩ *Muß*. ebd. – **301**,9 *Wachstum – Moment*] ⟨*Ich bin ein ewig Wachsendes, Getriebnes*⟩ ebd. – **301**,11 *Augenblick, der dies*] ⟨*Blitz*⟩, *der d*⟨*as vielleicht*⟩ ebd.
Zu diesem Gedicht vgl. Giffei S. 16.

302 DIE GANZE WELT WARD GREIS UND GRAU. Druck: MENSCH WANDERER (1927) S. 48, dort mit 1898 datiert.

302 IN DEN DÜNEN. Überlieferung: Einzelblatt, handschriftlich, im Nachlaß, mit der Überschrift AUF EINEM DÜNENGIPFEL BEI RANTUM [Ort auf der Insel Sylt, wo sich M im Sommer 1895 aufhielt]. Undatiert. Druck: »Moderne Kunst« 27 (1912/13) H. 1, S. 26. ZEIT UND EWIGKEIT (1940) S. 15. Textvariante: **302**,3 *Rechts die – sturmverwaiste*] *Links das Haff, das sturmverwaiste, / rechts die See und ihr Getose*. ZEIT UND EWIGKEIT ebd.

302 AUF DEM MEERE MEINER SEELE. Überlieferung: Zwei Einzelblätter, handschriftlich, im Nachlaß: Entwurf (H¹) und Reinschrift (H²). Undatiert. Druck: MENSCH WANDERER (1927) S. 44, dort datiert 1897. Textvarianten: **302**,2 *lustig, weiße*] *lustig weiße* MENSCH WANDERER ebd. – **302**,12 *laden – Segelfeste*] ⟨*Könntet* ⟨*ihr*⟩ *heut ihr all' bei mir sein.*⟩ ⟨*Säh' ich*⟩ ⟨*Könntet ihr doch heut zu Gast sein*⟩ (H¹) ebd.

303 GLÜCKLICH, DIE WIR, AUF DER ZEITEN. Überlieferung: T 1898/99 I, Bl. 15. Datiert *29.5.1898, 1. Pfingstfeiertag*. Einzelblatt, handschriftlich, im Nachlaß. Druck: »Das Goetheanum« 5 (1926) S. 389. MENSCH WANDERER (1927) S. 45. Textvarianten: **303**,5 *Ruhend*] ⟨*lebend*⟩ ⟨*sitzend*⟩ T 1898/99 I ebd. – **303**,7 *Morgenbreiten*] ⟨*Ahnungsweiten*⟩

ebd. – **303**,8 *großen Auges nun verloren.*] ⟨*ahnend nun das Herz verloren*⟩ ⟨*nun den trunknen Blick verloren.*⟩ ebd. – **303**,10 *Götterträume*] geändert aus: ⟨*alte Götter*⟩ ebd. – **303**,11 *Bräuche*] darunter steht: *Märchen* ebd. – *Millennien*] ⟨*Äonen*⟩ ebd. *Millionen* »Das Goetheanum« ebd. – Mensch Wanderer ebd. – **303**,12 *Hier – Rosenfloren*] ⟨*Und im Westen* [darüber: ⟨*Osten*⟩] *noch in Floren*⟩ T1898/99 1   ebd. – *fern*] darunter steht: *blaß* ebd.

303,11 *Millennien:* Millennium, Zeitraum von tausend Jahren.

303 Meinem kleinen Christian Friedrich Kayssler. Überlieferung: Einzelblatt, handschriftlich, im Nachlaß. Datiert *19.6.1898 1 Uhr nachts.* Druck: Mensch Wanderer (1927) S.46. dort mit der Überschrift Meinem Patenkinde Christian Friedrich Kayssler. Textvarianten: **303**,4 *all ihren Honig*] geändert aus: ⟨*allen ihren Honig*⟩ und ⟨*ihren besten Honig*⟩ Einzelblatt ebd. – **303**,5 *Wir legen – Kranz*] darüber steht die Zeile: ⟨*Wo wir noch ringen, sollst du rasten*⟩ [bricht ab] ebd. Christian Friedrich Kayssler: (14.6.1898–18.3.1944), Ms Patenkind, der Sohn Friedrich Kaysslers und seiner ersten Frau Luise. M hing an dem Kinde und hat sich liebevoll um seine Erziehung und Entwicklung gekümmert (vgl. den Briefwechsel mit Friedrich Kayssler). Vgl. auch das Epigramm Für Christian Friedrich, Abt. Lyrik 1906–1914.

303,8 *Firn:* hier: Gipfel.

304 Homunkel. Druck: Mensch Wanderer (1927) S.58, dort mit 1899 datiert.

Homunkel: Homunkulus, künstlich erzeugter Mensch. Erinnerung an den Homunculus im zweiten Teil von Goethes »Faust«, der, um ein ganzer Mensch zu werden, zum Denken auch das Fühlen lernen muß.

304 Immer wieder. Überlieferung: Einzelblatt, handschriftlich, im Nachlaß, mit dem Titel Immer wieder ⟨diese Stimme⟩ und darunter dem Vermerk ⟨*(III)*⟩. Vermutlich sollte das Gedicht ursprünglich an dritter Stelle einer Gedichtgruppe stehen. Datiert *26.8.1898*. Druck: Mensch Wanderer (1927) S.47, mit dem Titel Immer wieder diese Stimme. Textvariante: **304**,3 *an Menschen*] ⟨*von*⟩ *Menschen* ebd. *von Menschen* Mensch Wanderer ebd.

304 Dies hatt' ich fast von Kind auf, dies Gefühl. Druck: Mensch Wanderer (1927) S.50, dort mit 1898 datiert.

304,6 *dieser Reise:* Ms Norwegenreise 1898/99.

305 Ich stand in der Tür eines Hauses. Überlieferung: T1898/99 1, Bl.64. Datiert *24./25.7.1898*. Druck: Mensch Wanderer (1927)

S. 54. Textvarianten: **305**,8 *einer Windharfe – Lied*] ⟨*den stäten Gesang*⟩ *einer* ⟨*Äols*⟩*harfe* T 1898/99 I ebd. – **305**,9 *bewegliches Lied*] ⟨*unaufhörliches Lied*⟩ ⟨*tief aufrührendes Lied*⟩ geändert in: ⟨*tief aufrührende Stimme*⟩, darunter: ⟨*Lied*⟩ ebd. – **305**,10 *Und mein Sinn – Dort*] *Und mein* ⟨*Herz*⟩ ⟨*Sinn*⟩ ⟨*Herz*⟩ *Mund / war geteilt / zwischen Mensch / und Natur.* Zwischen diesen Zeilen steht: *Und mein Herz / war dort* [bricht ab] ebd. – **305**,15 *wehrt' ich*] ⟨*hielt ich nur Fassung*⟩ [bricht ab] ebd. – Auf derselben Tagebuchseite befinden sich noch zwei Fragmente, die sich bei einer vorsichtigen Umstellung der Reihenfolge als Fortsetzung des Gedichts verstehen lassen. Margareta M hat sie leicht überarbeitet und in ihrer Sammlung MENSCH WANDERER dem Gedichttext angefügt.

> *Zum andern*
> *deine unsterblichen Lieder*
> *ewiges* ⟨*Leben*⟩ *Werden!*
>
> *Und so werd ich immer im Leben stehn*
> *ein Ohr an d*[*ie Menschen?*]
> *dahingegeben*

T 1898/99 I ebd.

Zu diesem Gedicht vgl. Giffei S. 17.

305 ICH LIEBE MIR DIE ÜBERLEGNEN GEISTER. Druck: EPIGRAMME UND SPRÜCHE (1920) S. 130, dort mit 1898 datiert.

305 JA, NUN BIST DU DA. Druck: MENSCH WANDERER (1927) S. 27, dort mit 1895 datiert.

Giffei findet in diesem Gedicht »schon tiefste kontemplative Versenkung des Mystikers in das Gesamtleben des Universums« (S. 13). Tatsächlich weist es inhaltlich auf das »kernhafteste Gedicht« (Hiebel S. 147) von ICH UND DIE WELT: EINS UND ALLES voraus, das für das gesamte lyrische Schaffen Ms zentrale Bedeutung hat.

306 DIE MORGENRÖTE (L'AURORA). *Grabmal des Lorenzo von Medici.* Druck: »Das deutsche Dichterheim« 17 (1897) S. 7f. Textvariante: **306**,15 [*da*] *ich*] *der ich* »Das deutsche Dichterheim« ebd., vermutlich Druck- oder Lesefehler.

Der Zyklus STIMMUNGEN VOR WERKEN MICHELANGELOS umfaßte ursprünglich vier Gedichte: DER ABEND, DIE MORGENRÖTE, EIN SKLAVE, PIETÀ. In ICH UND DIE WELT nahm M nur zwei auf: DER ABEND und EIN SKLAVE (s. o. S. 228 u. 230). Der erste Druck erfolgte in der Wiener Zeitschrift »Das deutsche Dichterheim«, doch wurde dort das vierte Gedicht eliminiert (über die Gründe vgl. S. 852.). Es ist seitdem verschollen, dagegen blieb durch den Zeitschriftendruck DIE MORGENRÖTE erhalten und ergänzt nun die beiden Gedichte in ICH UND DIE WELT.

Grabmal des Lorenzo von Medici: s. Kommentar zu DER ABEND, S. 853.

308   DER BLICK
308 I MIR GEGENÜBER. Überlieferung: Einzelblatt, handschriftlich, im Nachlaß. Undatiert.
308 II MIR AHNT EIN EINST. Überlieferung: Einzelblatt, handschriftlich, im Nachlaß. Undatiert.
309 III ÜBER UNS ALLEN. Überlieferung: Einzelblatt, handschriftlich, im Nachlaß. Undatiert.
Vgl. Kommentar zu DER BLICK, S. 851.

Ein Sommer · Und aber ründet sich ein Kranz

Einführung. Daß auch die nächsten beiden Gedichtbücher Morgensterns hier zusammen betrachtet werden, hat zwei Gründe. Auch diese Bücher sind, wie die beiden voraufgegangenen, in der ursprünglichen Form nicht wieder aufgelegt, vielmehr später zu einem Band vereinigt worden, der allerdings inhaltlich gewisse Abweichungen zeigt. Er erhielt den Titel EIN KRANZ. Dieser Band wurde nicht mehr (wie die Ausgabe AUF VIELEN WEGEN von 1911) noch von Morgenstern selbst zusammengestellt und autorisiert, sondern nach seinem Tode, im Jahre 1921, von Margareta Morgenstern bei Piper herausgegeben. In der Sekundärliteratur wird das Buch UND ABER RÜNDET SICH EIN KRANZ vielfach mit dem Kurztitel KRANZ bezeichnet, der natürlich auch für die Ausgabe von 1921 gilt, und es lassen sich nicht immer Zweifel abweisen, welches Buch von dem jeweiligen Betrachter eigentlich gemeint ist. Unsere Ausgabe bringt Morgensterns Bücher in ihrer ursprünglichen Gestalt. Zusätze in dem späteren Buch sind in die Nachlese bzw. den Kommentar verwiesen. Die Vereinigung beider Bücher für die vorliegende Betrachtung hat den weiteren Grund, daß in beiden der poetische Niederschlag derselben bedeutsamen Erlebnisse des Dichters zu finden ist. Dabei handelt es sich um die großen Natureindrücke von Landschaft und Meer, die Morgenstern bei seinem Aufenthalt in Norwegen 1898/99 empfangen hatte. Auch die stark empfundene Liebesbegegnung mit der jungen Schwedin Dagny Fett lebt als Hintergrund und poetisches Motiv in den Gedichten vor allem der Sammlung EIN SOMMER. Wieweit diese Beziehung auch noch unmittelbar, gewissermaßen als Nachhall, auf die Liebesgedichte des Bandes UND ABER RÜNDET SICH EIN KRANZ gewirkt hat, läßt sich heute jedenfalls biographisch nicht mehr klären, weil die Tagebücher aus der Zeit zwischen Sommer 1899 und Sommer 1901 verschollen sind und nur wenige Briefe erhalten blieben. Indem beide Bücher einen wesentlichen Zuwachs an Welt- und Lebenserfahrung bezeugen, den Klang der eigentlichen Jugendlyrik im engeren Sinn abzustreifen suchen, ohne aber den von Morgensterns mittleren und späteren Jahren schon gefunden zu haben, bilden sie selber ein Intermezzo, und so sieht es auch Michael Bauer: als »eine Atempause vor neuem Sturm« (Chr.M. (1985) S.151).
Stilistisch gesehen bilden die beiden Bücher freilich keine Einheit. In sich geschlossen ist EIN SOMMER, wirklich die Konkretheit einer bestimmten

Liebe spiegelnd; uneinheitlicher, d.h. wohl auch facettenreicher, ist das Buch UND ABER RÜNDET SICH EIN KRANZ. Formal ist bei beiden ein Tasten zu neuen Formen hin festzustellen.

Die Jahre um die Jahrhundertwende waren für Morgenstern vor allem Jahre einer konzentrierten Übersetzertätigkeit, worüber an anderer Stelle berichtet wird (Abt. Aphorismen Nr. 567–583 und Kommentar. Abt. Krit. Schriften Nr. 129 und Kommentar). Hier nur so viel, daß der Verleger S. Fischer, der dann auch die beiden hier betrachteten Versbücher herausbrachte, Morgenstern im Sommer 1897 in weitestem Umfang für das Projekt einer deutschsprachigen Ausgabe von Ibsens dramatischen Werken heranzog. Die Publikation drängte, für den schon in Vorbereitung befindlichen ersten Band wurde bereits eine Übersetzung Morgensterns erwartet – und dieser konnte noch kein Wort Norwegisch. Selbst in Anbetracht von Morgensterns natürlicher Begabung für Sprachen ist seine Leistung, die Einübung in das fremde Idiom, und zwar zum sofortigen Gebrauch für eine künstlerisch hochstehende Übersetzung, außerordentlich gewesen. Um dabei schneller voranzukommen, an Ort und Stelle die Sprache, dazu Land und Leute und vor allem Ibsen selber kennenzulernen, unternahm Morgenstern im Mai 1898 eine Norwegen-Reise. Sie führte ihn zunächst nach Christiania, wo am 1. Juni die erste Begegnung mit dem berühmten norwegischen Dichter stattfand (T 1898/99 I, Bl. 20). Dieser kam dem jungen deutschen Dichter aufs freundlichste entgegen und schätzte dessen übersetzerische Leistung so hoch, daß er ihn auch zur Übertragung seines neuesten Dramas zu gewinnen suchte. Im Mai 1898 lernte Morgenstern Dagny Fett, die um einiges jüngere Tochter einer in Norwegen lebenden schwedischen Familie kennen, und damit begann jener liebe- und liederselige Sommer, der in ihm die lichteste, heiterste, froheste dichterische Produktion löste. *Ein Stück blauer Himmel* war für ihn dieses *Intermezzo* (Brief an Marie Goettling aus Nordstrand vom 26.11.1898), und da es vielfach Lieder, also schlichte, sangbare Verse waren, die das Erlebnis ihm schenkte, konnte er das neue Buch mit Recht *das Einfachste von allem Bisherigen* nennen (ebd.). Enthält das Buch EIN SOMMER die poetische Ernte des Jahres 1898, so sehen wir den Dichter schon im nächsten Jahr, vor allem im März 1899, mit der Zusammenstellung und Ordnung des Manuskriptes beschäftigt, dann noch einmal im September desselben Jahres (N 1899, Bl. 9 und 183). Mitte April schickt er das Manuskript einem Freund nach Berlin (vgl. Kommentar zu AN R.W.), am 2. Oktober reicht er es S. Fischer ein.

Alles in allem spiegelt das Buch EIN SOMMER eine positiv empfundene Zeit in Morgensterns Leben, und so klingt es auch in einem optimistisch gehaltenen Brief an Julius Bab vom 9. Juni 1905: *Das kleine Buch bedeutet einen besonders lichten Fleck in meinem Leben. Mit einer bedeutenden Aufgabe – der Ibsen-Übersetzung – am tannigen windstillen Südufer des mächtigen Christiania-Fjords – der nächsten materiellen Sorge überhoben – so ließ sich ein Sommer und Winter schon verbringen.*

Beglückende Erlebnisse setzen schöpferische Kräfte frei. Das Dagny-Erlebnis läßt tatsächlich in Morgenstern eine Liederflut quellen und strömen. Aus der zutage getretenen Fülle ist nur ein Teil in das Buch EIN SOMMER eingegangen, anderes wurde in UND ABER RÜNDET SICH EIN KRANZ aufgenommen, aber zahlreiche Texte, auch solche, deren Direktheit die Aufnahme in das Buch verbot oder nur in gemilderter Form zuließ, finden sich im Nachlaß und wurden hier im Anhang dem Kapitel EIN SOMMER angefügt. In den Glücks-Zustand dürfte sich bald ein Moment des Zauderns und Zögerns, des Bedenkens eingeschlichen haben, und als die Familie Dagnys auf eine Entscheidung drängte, kam es zu Konflikten. Morgenstern fühlte sich auch keineswegs reif für eine Lebensbindung: *Ein Ehemann muß lehren, ich aber habe noch kaum zu lernen angefangen,* schreibt er in seinem Tagebuch (T 1898/99 I, Bl. 66; Abt. Aphorismen Nr. 66). Eine Legitimierung aus Gründen des bürgerlichen Sittenkodex lehnte er ab: vgl. den Vierzeiler *Geliebtes Kind, grad weil ich Dich liebe* im selben T, Bl. 68. Auf demselben Blatt im T steht darunter mit stolzer Überschrift

> WIR KÜNSTLER
> *Was auch der dumme Philister spricht! –*
> *Grad aus Moral heiraten wir nicht.*

Vgl. S. 617.

Am 10. Mai übergab er Dagny einen am Vortag geschriebenen Brief. Am 12. Mai hat er sie zum letzten Mal gesehen (N 1899, Bl. 72).

Morgenstern löste damit die Liebesbeziehung, um nicht aus einer lockeren Bindung eine vielleicht unlösbare werden zu lassen, die er eines Tages als Last hätte empfinden müssen.

Morgensterns Rückreise in die Heimat begünstigte eine gewisse Distanzierung. Der menschliche Kontakt freilich riß nicht ab und blieb ungetrübt. Morgenstern gab Dagny sein Buch ICH UND DIE WELT und kommentierte es für sie. Auch Dagny verheiratete sich später, erkrankte aber schwer; 1927 ist sie gestorben. Morgenstern widmete ihr das SOMMER-Buch mit den Worten *Der's gehört.* Im T 1898/99 I, Bl. 2, das dieses Gedicht enthält, lautet ein Vermerk: *Falls mir je etwas Plötzliches zustoßen sollte – dies Buch gehört Dagny. 10.7.1898.* Zu der gedruckten Widmung erklärte er Dagny in einem Brief vom 9.5.1899 (BRIEFE. Auswahl (1952) S. 89): *Was jene Ihnen gewidmeten Lieder anbetrifft, so werde ich sie erst in Ihre Hände legen, wenn Sie mich dazu ermächtigen. Sie sind Ihnen nicht unter Ihrem Namen gewidmet, sondern unter einigen Worten, die niemand als Sie verstehen wird. Sie müssen dieses kleine Buch als mein Tagebuch des vorigen Sommers betrachten und sich selbst dazu wie einen Dritten anschauen. Sie müssen sie wie etwas Fremdes betrachten, wie ein Stück zu Bild gewordenes Leben; Sie müssen sich daran freuen – wie an einem Bilde – wenn Sie mich nicht unglücklich machen wollen. Sie müssen mich überhaupt so positiv in sich aufnehmen, wie ich es mit Ihnen getan habe. Positiv, nämlich als einen Zuwachs an Leben, als eine Förderung und Erhöhung, als ein Glück. Nicht negativ – als ein Unglück, eine Krankheit oder Verdüsterung. Wir haben uns beide unser Bestes gegeben. Und nun wollen wir beide das Leben aufs neue mit aller Jugendkraft ergreifen und jeder auf seine Weise das erfüllen, wozu uns Natur bestimmt.*

Dieser Brief deutet bei aller menschlichen Noblesse doch auch so etwas wie einen vorsichtigen, aber unwiderruflichen Rückzug an – nicht nur durch die Rückkehr zum Sie der Anrede – er setzt einen Abschluß. Die Dankbarkeit, die Morgenstern für das Erlebnis empfand und bezeugte, kann die Einsicht, daß das Ganze eben ein *Intermezzo* und nun zu Ende war, nicht auslöschen. Ganz deutlich verrät Morgenstern, was in ihm vorging, in einem handschriftlichen Fragment. Margareta Morgenstern war es vermutlich, die unter dem handgeschriebenen Text mit Schreibmaschine eine Übertragung vorgenommen hat. Es lautet:

> EIN SOMMER
> *Mein Sommer nicht – noch nicht – nur eben einer;*
> *und Sommer sind verschieden, – manche die*
> *der Gott mit Sonnenpfeilen selber schießt, –*
> *und andre, die des Frühlings sanfteren*
> *Charakter nie verlieren.*
> *Solch ein Sommer*
> *war dieser, seltenen Gewitterschlags*
> *und vieler reinen Bläue sich erfreuend.*

(Vgl. auch Nachlese)

Natürlich sind es nicht nur Liebeslieder, die der norwegische Sommer Morgenstern schenkte. Die ersten Gedichte des Bandes spiegeln neue Eindrücke, die der Nordlandfahrer festhält, und auch später ist es immer wieder das beglückende Augenerlebnis, das ins Wort drängt. Dem Sohn und Enkel von Landschaftsmalern mit dem ererbten Künstlerblick geht das Herz auf; schnell tupft er farbige Impressionen in ein VORMITTAG-SKIZZENBUCH und ein ABEND-SKIZZENBUCH, und einem Gedicht gibt er die Überschrift FARBENGLÜCK. Erinnerungsblätter an das Nordland-Erlebnis finden sich auch in UND ABER RÜNDET SICH EIN KRANZ. Morgenstern hatte zunächst in Nordstrand bei Christiania gewohnt. Im Mai des nächsten Jahres reiste er weiter nordwärts, nach Molde, einem *der schönsten Orte der Erde*. Im zweiten Buch steht ein Zyklus von acht einstrophigen Gedichten, von denen drei mit NORDSTRAND, vier mit MOLDE und eins BERGEN (wo er den Komponisten Edvard Grieg besuchte) überschrieben sind. Aus einem Brief-Fragment, vermutlich für Marie Goettling, geht hervor, daß die Freundin der Briefempfängerin, v. Blomberg, eine Übersetzung von EIN SOMMER ins Englische geplant und Morgenstern schon zahlreiche Proben vorgelegt hatte, für deren Beurteilung er sich aber nicht zuständig fühlte.

Nach seiner Rückkehr machte ein Aufflackern seiner Lungenkrankheit erneute Sanatoriumsaufenthalte notwendig. Im September 1900 begann er eine Kur in Davos. Später wohnte er in der Gegend des Vierwaldstätter Sees, dann wieder im Schweizer Hochgebirge, in Arosa. Jetzt ist es die Landschaft der Schweiz, vor allem die des Hochgebirges, die ihn zu poetischen Naturbildern inspiriert. Die in der Schweiz entstandenen Gedichte sind vorwiegend in UND ABER RÜNDET SICH EIN KRANZ gesammelt, und so enthält dieses Buch aus verschiedenen inneren und äußeren Erlebnissphären den poetischen Niederschlag. Noch immer herrscht das liedhafte Element vor, doch finden sich in beiden Büchern auch andere formale Elemente: in EIN SOMMER ein Gedicht in Hexametern (einer der Glücksfälle seiner Lyrik), in UND ABER RÜNDET SICH EIN KRANZ einmal die strenge Odenform, dann, auffallend oft, das neunzeilige, einstrophige reimlose Gedicht.

Literatur: Legband, P.: UND ABER RÜNDET SICH EIN KRANZ. In: Das Literarische Echo 5 (1904), H. 13, S. 891; Bauer, Chr. M. (1985) S. 130–152; Dieterich S. 33–35; Geraths S. 74–81; Glatz S. 226–235; Hofacker, E.: Zur Naturlyrik Christian Morgensterns. In: Monatshefte Madison, Wisconsin 39 (1947), S. 421–438; Lissau S. 25–39.

EIN SOMMER

Als Textgrundlage diente die Erstausgabe von 1900.
312 DER'S GEHÖRT: Dagny Fett, s. Einführung S. 884 ff.
313 DER WALDBACH RAUSCHT ERINNERUNG... Überlieferung:
T 1898/99 I, Bl. 4. Datiert *18.5.1898*. Druck: EIN SOMMER (1900) S. 1.
Textvarianten: **313**,1 *Der Waldbach – Erinnerung*] ⟨*Wie rauschst du, Bach, mir Schwermut ins Gemüt!*⟩ T 1898/99 I ebd. – **313**,2 *so viel traute*] ⟨*alle holden*⟩ ebd. – **313**,3 *sein*] geändert aus: ⟨*dein*⟩ ebd. – **313**,6 *rauscht mit ihm*] ⟨*stürzt*⟩ ⟨*strömt*⟩ *mit* ⟨*dir*⟩ ebd.
313 MIR IST, ALS FLÖSSE DIESER BACH DA DRAUSSEN. Druck: EIN SOMMER (1900) S. 2.
313 WAS FRAGST DU VIEL. Druck: EIN SOMMER (1900) S. 3.

314 BLICKFEUER
314 I DU KENNST DER KÜSTE REGE LEUCHTTURM-FEUER. Druck: EIN SOMMER (1900) S. 4. Die Urfassung des Gedichts lautet:

> *Kennst du die feurigen Augen der Küste* ⟨*n*⟩
> *die schlaflosen Augen der Schifferfeuer*
> *ewig sich öffnend, ewig sich schließend*
> *wandellos gleich dem ehernen Schicksal?*
>
> *Grauenvoll gleich dem unfaßbaren Meere*
> *ruhlos in ewigem Mißtrauen rollend –*
> *Augen der Küste – ihr, meine Augen!*
> *ewig* ⟨*aufs*⟩ *ins Ungeheure* ⟨*funkelnd*⟩ *wachend.*
> *(schlaflos grübelnd ins Ungemeßne).*

T 1898/99 I, Bl. 11. Datiert *25.5.1898*.

314 II UND DANN SIND NOCH ANDRE FEUER. Überlieferung: T 1898/99 I, Bl. 9. Datiert *3.6.1898*. Druck: EIN SOMMER (1900) S. 5. Textvarianten: **314**,4 *wohl Augen*] ⟨*die*⟩ *Augen* T 1898/99 I ebd. – **314**,5 *flehn*] ⟨*leuchten*⟩ ⟨*glühn*⟩ ebd. – *schwankenden*] daneben steht am Rand: *(trügenden)* ebd.

314 VOGELSCHAU. Überlieferung: T 1898/99 I, Bl. 5, ohne Überschrift. Datierbar 18. oder 19.5.1898. Druck: EIN SOMMER (1900) S. 6. Textvarianten: **314**,5 *riesenhafter*] darunter steht: *(ungeheurer)* T 1898/99 I

ebd. – 314,9 *Bodenrinde*] ⟨*Erden*⟩*rinde* ebd. – 314,12 *gleich – Kinde*] ⟨*und Kind und Aberkinde*⟩ ebd. – 315,15 *dein tiefes Kind-Sein*] ⟨*daß du ein Kind bist*⟩ ebd. – *tiefes*] ⟨*großes*⟩ ebd. – 315,16 *weiter*] ⟨*ernstlich*⟩ ebd.
Günther Klemm (S. 37–41) setzt das Gedicht in Parallele zu Hochsommernacht in Ich und Du (s. Abt. Lyrik 1906–1914). Er sieht den Unterschied zwischen dem frühen und dem späteren Gedicht nicht nur in einem künstlerischen, sondern auch einem weltanschaulichen Fortschritt: von »Ich und Welt« zu »Ich und Du« und damit zu einer Sinnerfüllung des Weltganzen durch die Liebe.

315 Zum Leben zurück. Druck: Ein Sommer (1900) S.7.
315,5 *Mit deinem Erreisten:* mit dem auf Reisen Gewonnenen.
315 Maimorgen. Überlieferung: T 1898/99 I, Bl. 128, ohne Titel. Datierbar vermutlich Winter/Frühjahr 1899. Druck: »Die Gesellschaft« 16 (1900) Bd. 1, S. 50. Ein Sommer (1900) S. 8. Textvarianten: 315,1 *So mag – Nacht*] *So laß sich wieder stumme Nacht* T 1898/99 I ebd. – 315,5 *Der Nebel – flöhe*] *Kein Wölkchen, das im Äther zieht / das nicht zur Ferne flöhe* ebd.
315 Selige Leichtigkeit. Überlieferung: T 1898/99 I, Bl. 36 f., mit der Überschrift Leichtigkeit. Datiert *16.6.–4.8.1898*. Textvariante: 315,3 *innrer Reiz*] ⟨*Künstlerkraft*⟩; darüber und darunter steht: ⟨*[Künstler] macht*⟩, ⟨*[Künstler] schaft*⟩ T 1898/99 I, Bl. 36.
316 Abend-Trunk. Druck: Ein Sommer (1900) S. 10.
316 Dagny. Überlieferung: T 1898/99 I, Bl. 16, ohne Überschrift. Datiert *4.6.1898*. Druck: Ein Sommer (1900) S. 11. Hier tritt im Buch erstmals die in vielen Versen gefeierte und verklärte Geliebte dieses Sommers hervor. Die Zeilen des Gedichts sind im Druck um die Mittelachse geordnet. Ebenso werden drei weitere Gedichte des Buchs durch diese Druckanordnung herausgehoben: Dich (S. 336), Herbst (S. 340), Der Traum (S. 343).
[Fußnote] *D*[*agny*] *(norweg.) = Erstes Frühlicht:* eigentlich »Dagning«.
317 An solch einem Vorabend der Liebe. Überlieferung: T 1898/99 I, Bl. 23. Datierbar zwischen dem 3. und 6.6.1898. Druck: Ein Sommer (1900) S. 12.
317 Oh, um ein Leuchten deiner Augen alles! Überlieferung: T 1898/99 I, Bl. 30. Datiert *13.6.1898*. Druck: Ein Sommer (1900) S. 13. Textvarianten: 317,1 *Augen alle*] danach folgt die Zeile: *der reichsten Kränze Blütenüberschwall –* T 1898/99 I ebd. – 318,13 *wie wenn – verriete*] ⟨*wie wenn die Sonne aus dem grünen Schoß*⟩ *wie wenn vom grü-*

nen Grund / des Meers die ⟨rote⟩ geheime »Sonne« selber lohte – / ⟨und⟩ von Wellenspiel ⟨schlagen nun⟩ ⟨nun erdunkelt⟩, ⟨nun⟩ beständig überschwankt. ebd. – Unter dem Gedicht steht eine weitere Fassung: *wie wenn ⟨des Meeres⟩ ⟨dunkler Schoß⟩ vom ⟨Grund⟩ Schoß / ⟨des Meers⟩ ein unterirdisch Sonnenfeuer bräche ⟨des Erdenkerns geheimes Feuer⟩ glühte / vom ⟨grünen Wellenspiel verdunkelt und⟩* [vom] *Seegang ⟨droben⟩ bald verdunkelt bald verstärkt / vom schwanken Spiegel wundersam* [bricht ab] ebd.

318 Brausende Stille. Überlieferung: T1898/99 I, Bl. 42. Datiert *24.6.1898*. Druck: Ein Sommer (1900) S. 14.

Vgl. hierzu die Vorstellung von *der leisen Musik ihres flutenden Blutes* im Gedicht Mondstimmung, S. 271.

319 Dich zu singen. Überlieferung: T1898/99 I, Bl. 43. Datiert *25.7.1898*. Druck: Ein Sommer (1900) S. 15. Textvarianten: **319**,12 *biegsame*] ⟨*schm*⟩*iegsame* T1898/99 I ebd. – **319**,14 *ich zu oft mir*] *wir Dichter uns oft* ebd.

Das Gedicht fehlt in der von Margareta M herausgegebenen Ausgabe Ein Kranz (1921).

Vgl. auch das Gedicht Ohne Geige, S. 292.

319 Von den heimlichen Rosen. Datierbar vermutlich 6.3.1899 (N 1899, Bl. 6). Druck: »Die Gesellschaft« 16 (1900) Bd. 1, S. 51. Ein Sommer (1900) S. 16.

320 »Das Wunder ist…«. Überlieferung: T1898/99 I, Bl. 38f., ohne Überschrift. Datierbar zwischen dem 16. und 20.6.1898. Druck: Ein Sommer (1900) S. 17, im Inhaltsverzeichnis mit dem Titel »Das Wunder ist des Glaubens liebstes Kind« (Goethe, Faust, I. Teil, Vers 766). Textvarianten: **320**,5 *Und träumend – fliegt*] weitere Fassungen:

> ⟨*Und gib mir sie. Und laß mich sehn* [darüber: *so wenn ich dann*] *wie* [darüber: *daß*] *sich ein Busch mit* [darüber: *auf*] *einmal teilt und sie mit* [Lücke]
> *in meine Arme eilt*⟩

T1898/99 I, Bl. 38.

> ⟨*O daß* ⟨*mir*⟩ *dann so dem Einsamwandrer mit einem Mal der* [darüber: *ein*] *Busch sich teilte und*⟩ [bricht ab]

ebd.

⟨Und ⟨gib⟩ nun was noch, du junge Brust? –
daß plötzlich sich's aus Büschen biegt
und mir ⟨sie⟩ mit einem Schrei der Lust
in ⟨meine⟩ selige Arme fliegt.⟩

ebd.

Unter dem Gedicht steht die Bemerkung: *(Geschenk eines schönsten Abends).* T 1898/99 I, Bl. 39.

320 LEBENSBILD. Überlieferung: T1898/99 I, Bl. 46, mit der Überschrift IM SPIEGEL EINER FENSTERSCHEIBE. Datierbar 27. oder 28.6.1898. Druck: EIN SOMMER (1900) S. 18. Textvariante: **320**,5–8 *Blättergeplauder – herauf*] erste Fassung: [...] ⟨*Tausend*⟩ *Schicksale schwirrend* [über der Zeile die Notiz: *Laub. Lose] / verwirrt und getrennt, – / alles durchflirrend / Urelement.* T 1898/99 I ebd.

320 VOLKSWEISE. Druck: »Die Gesellschaft« 15 (1899) Bd. 1, S. 99, mit der Überschrift LIED. EIN SOMMER (1900) S. 19.

321 ICH SASS, MIR SELBER FEIND WIE NIE. Überlieferung: T1898/99 I, Bl. 41. Datiert *22.6.1898.* Druck: EIN SOMMER (1900) S. 20. Textvarianten: **321**,2 *großen*] ⟨*tiefen*⟩ T 1898/99 I ebd. – **321**,4 *mich – Schacht*] *mein*⟨*en Schmerz*⟩ *in ihren Schacht;* geändert in: *mein Leid in ihren schwarzen Schacht* ebd. – **321**,5 *wie Hauch*] ⟨*ganz still*⟩ ebd. – **321**,6 *wo*] ⟨*wer*⟩ ebd.

321 SEGELFAHRT. Überlieferung: T1898/99 I, Bl. 45. Datiert *27.6.1898.* Druck: EIN SOMMER (1900) S. 21. Textvariante: **321**,4 *pocht – Schlag*] ⟨*ergeht des Bluts gemeßner* [darüber: ⟨*heller*⟩] *Schlag*⟩ ⟨*geht neuen*⟩ *Bluts* ⟨*gehobner*⟩ *Schlag* T 1898/99 I ebd.

322 SEHT IN IHREM EDLEN GANGE. Überlieferung: T1898/99 I, Bl. 45. Datiert *27.6.1898.* Druck: EIN SOMMER (1900) S. 22. Textvarianten: **322**,3 *erwärmte*] darunter steht: *durchhauchte* T1898/99 I ebd. – **322**,10 *betrogene*] ⟨*lüsterne*⟩ *spähende* ebd. – **322**,11 *betroffen*] *betrogen* ebd.

322 NUN STRECKST DU DIE SCHLANKEN GLIEDER. Überlieferung: T1898/99 I, Bl. 53. Datiert *4.7.1898.* Druck: EIN SOMMER (1900) S. 23. Textvarianten: **322**,2 *aufs reine Lager*] ⟨*zum*⟩ *reinen* ⟨*Schlummer*⟩ T1898/99 I ebd. – **322**,3 *müde fallen*] ⟨*geschlossen sind*⟩ ebd. – **322**,7 *gleichen*] ⟨*tiefen*⟩ ebd.

322 SIE AN IHN. Überlieferung: T1898/99 I, Bl. 50. Datiert *1.7.1898.* Druck: EIN SOMMER (1900) S. 24. Textvarianten: **322**,2 *alles Guten*,

Ein Sommer 893

alles] alles ⟨*Guten, alles*⟩ *Neuen, Großen* T1898/99 I ebd. – **322**,6 *meine Seele*] ⟨*und mein Auge*⟩ ebd. – **322**,7 *weisest*] ⟨*sanftest*⟩ ebd.
323 SCHWEIGEN IM WALDE. Überlieferung: T1898/99 I, Bl. 50, ohne Überschrift. Datiert *29.6.1898*. Druck: EIN SOMMER (1900) S. 25.
323 WALDKONZERTE... Überlieferung: T1898/99 I, Bl. 28, ohne Überschrift. Datierbar *11.6.1898*. Druck: EIN SOMMER (1900) S. 26. Textvarianten: **323**,2 *strenger*] ⟨*blauer*⟩ *herber (karger)* T1898/99 I ebd. – **323**,3 *Tannensatz*] *Tannen*⟨*chor*⟩ ebd. – **323**,4 *heller*] ⟨*zarter*⟩ ebd. – *Mädchenreigen*] ⟨*Scherzo[reigen]*⟩ ebd. – **323**,6 *Blätterskalen*] *Blätter*⟨*fugen*⟩ ebd.
323 LEICHTER VORSATZ. Druck: EIN SOMMER (1900) S. 27.
324 FARBENGLÜCK. Überlieferung: T1898/99 I, Bl. 55, ohne Überschrift. Datiert *11.7.1898*. Druck: EIN SOMMER (1900) S. 28.
324 DER HÜGEL. Überlieferung: T1898/99 I, Bl. 58, ohne Überschrift. Datiert *14.7.1898*. Druck: EIN SOMMER (1900) S. 29. Textvarianten: **324**,4 *leicht*] ⟨*sanft*⟩ T1898/99 I ebd. – **324**,5 *Mit – durchwebt sich*] ⟨*von weißen Schmetterlingen wiegt*⟩ ebd.
324 AUF LEICHTEN FÜSSEN. Überlieferung: T1898/99 I, Bl. 58, ohne Überschrift. Datiert *13.7.1898*. Druck: »Die Gesellschaft« 16 (1900) Bd. 1, S. 51. EIN SOMMER (1900) S. 30. Textvariante: **324**,7 *und dem – müssen*] ⟨*und dabei wehmütig froh / ferner Lippe gedenken zu müssen*⟩ *und* ⟨*in Träumereien so*⟩ */ lange stehn zu müssen.* T1898/99 I ebd.
Vgl. Eppelsheimer S. 155.
325 GENÜGSAMKEIT. Überlieferung: T1898/99 I, Bl. 31, ohne Überschrift. Datiert *13.6.1898*. Druck: »Die Gesellschaft« 16 (1900) Bd. 1, S. 51, mit der Überschrift ICH HAB MEIN' SACH' AUF NICHTS GESTELLT. EIN SOMMER (1900) S. 31. Textvarianten: **325**,5 *Du lächelst – gut*] darüber steht: *Die du mich jetzt so süß erhöhst / wie* [bricht ab] T1898/99 I ebd. – **325**,8 *die – steigen*] *steigen / die weißen Reigen* [darüber: *süße Reigen*] */ dich preisender Lieder* ebd. – zwischen diesen Zeilen steht: *vielhundert Lieder steigen* ebd.
325,3 *Ich hab mein' Sach' auf nichts gestellt:* Beginn von Goethes Gedicht »Vanitas, vanitatum vanitas«. Goethes poetische Werke (Cotta-Ausgabe) Bd. 1, Stuttgart o.J. S. 98.
325 GUTE NACHT. Überlieferung: T1898/99 I, Bl. 63, ohne Überschrift. Datiert *23.7.1898*. Druck: EIN SOMMER (1900) S. 32. Textvarianten: **325**,5 *noch – ging*] *so* ⟨*im*⟩*Nebel* ⟨*stand*⟩ T1898/99 I ebd. –

325,7 *ich bebte*] darunter steht: *ich zitterte* ebd. – **325**,8 *und ich – Tränen hing*] erste Fassung:

> Und ich dann noch im Nebel stand
> und die Bäume rauschten so ⟨tief zur Nacht⟩ winddurchwacht
> und ich kein Reden als Schluchzen fand
> und ⟨ich⟩ stammelte laut in die Nacht.

T 1898/99 I, Bl. 62.

326 HEIMAT. Überlieferung: T 1898/99 I, Bl. 54, ohne Überschrift. Datierbar 9. oder 10.6.1898. Druck: EIN SOMMER (1900) S. 33. Textvariante: **326**,7 *Flamme kennt – Vergehn*] zwischen den Zeilen eine andere Version: ⟨*Fackel brennt*⟩ / *all Endlichkeit hat hier ihr End / in Ewigkeit – Vergehn.* T 1898/99 I ebd.

326,1 *-dust:* Dunst, Staub. Das Wort wurde von Margareta M in einem Archivexemplar von EIN KRANZ (1921) handschriftlich in »Wust« geändert.

326 SCHWALBEN. Überlieferung: T 1898/99 I, Bl. 60, ohne Überschrift. Datiert *15.7.1898*. Druck: EIN SOMMER (1900) S. 34. Textvarianten: **326**,1 *durch – treibend*] ⟨*in der Abendsonne*⟩ T 1898/99 I ebd. – **326**,2 *wider*] *wieder* EIN SOMMER ebd. ⟨*her*⟩ T 1898/99 I ebd. – **326**,3 *kurze rasche*] ⟨*schlanke weite*⟩ ebd. – **326**,4 *goldne Schimmer im*] ⟨*mildes Gold im*⟩ ebd. – **326**,6 *sonnenroten*] ⟨*kleinen goldnen*⟩ *sonnenbraunen* ebd. – **326**,7 *götterleichte Reigen*] ⟨*goldne Abendr*⟩*eigen* ebd.

326 HOLDE UNGERECHTIGKEIT. Überlieferung: T 1898/99 I, Bl. 59. Datierbar 15.7.1898. Druck: EIN SOMMER (1900) S. 35.

327 WIE MIR DER ABEND DAS GRÜN DER FEIERNDEN TANNEN VERGOLDET. Druck: EIN SOMMER (1900) S. 36.

Diese farbige abendliche Nordland-Impression mit dem breit ausrollenden antiken Versmaß (Distichen) nimmt formal eine einzigartige Stellung in Ms lyrischem Werk ein. Die Urfassung aus T 1898/99 I, Bl. 56 wurde in die Nachlese (S. 371) aufgenommen.

327 WAS MÖCHTEST DU NOCH EINMAL SEHN. Überlieferung: T 1898/99 I, Bl. 67. Datiert *30.7.1898*. Druck: EIN SOMMER (1900) S. 37. Textvarianten: **327**,5 *rötlich flimmerndes*] ⟨*Fächer und*⟩ T 1898/99 I ebd. – **327**,6 *schlanken – Stielen*] ⟨*rötlich durchscheinendem Stengel*⟩ ebd. – **327**,7 *im – fächernd*] *im* ⟨*tannigen*⟩ *Winde* ⟨*sich wiegend*⟩ ebd. –

327,8 *seiner – Anmut*] ⟨*ihrer*⟩ *unendlichen* ⟨*Grazie*⟩ ebd. – **327**,12 *Tanne zu Tanne*] ⟨*Fichte*⟩ *zu* ⟨*Fichte*⟩ ebd.

328 HOCHSOMMERSTILLE. Überlieferung: T1898/99 I, Bl. 51, ohne Titel. Datiert *4.7.1898*. Druck: EIN SOMMER (1900) S. 38. Textvarianten: **328**,4 *aufstarren – Himmelswand*] *dann* ⟨*stehen*⟩ ⟨*ragen*⟩ *starren sie* ⟨*vor dem hellen Sommerhimmel*⟩, darüber: *zum blassen Firmament*. T1898/99 I ebd.

328 WEITER HORIZONT. Überlieferung: T1898/99 I, Bl. 89, ohne Titel. Datierbar zwischen dem 26.8. und 1.9.1898. Druck: EIN SOMMER (1900) S. 38.

328 WASSER-STUDIE. Druck: EIN SOMMER (1900) S. 39.

328 EINE NACHT. Druck: EIN SOMMER (1900) S. 39.

329 ES RAUSCHT DER WIND. Druck: EIN SOMMER (1900) S. 40.

329,5 *Nirwana:* nach buddhistischer Lehre das Verwehen, Verlöschen; der von Leidenschaft und Täuschung befreite Endzustand aller Entwicklung.

329 ABWEHR UND BITTE. Überlieferung: T1898/99 I Bl. 70, ohne Titel. Datierbar *3.8.1898*. Druck: EIN SOMMER (1900) S. 41. Textvarianten: **329**,2 *die Erde*] ⟨*das Leben*⟩ T1898/99 I ebd. – **329**,6 *herbe*] ⟨*dunkle*⟩ ebd.

329 VERGEBLICHES WARTEN. Überlieferung: T1898/99 I, Bl. 72, ohne Titel. Datiert *5.8.1898*. Druck: EIN SOMMER (1900) S. 42. Das Gedicht fehlt in der von Margareta M herausgegebenen Ausgabe EIN KRANZ (1921).

330 DAS GEBET. Überlieferung: T1898/99 I, Bl. 74, ohne Titel. Datiert *7.8.1898*. Druck: EIN SOMMER (1900) S. 43.

330 NACHTWIND. Überlieferung: T1898/99 I, Bl. 76f., ohne Titel. Datiert *10.8.1898*. Druck: EIN SOMMER (1900) S. 44f. Textvarianten: **330**,18 *zürnend*] ⟨*heftig*⟩ ⟨*klirrend*⟩ T1898/99 I, Bl. 77. – **330**,19 *trotzig*] ⟨*sorgsam*⟩ ebd.

331 MARGERITE. Druck: EIN SOMMER (1900) S. 46.

331,20 »*mit Schmerzen*«: Das Auszupfen der Blütenblätter einer Margerite ist ein Liebesorakel, welches etwa lautet: Er/Sie liebt mich, von Herzen, mit Schmerzen, über alle Maßen, ein wenig, gar nicht.

332 WIND UND GEIGE. Druck: EIN SOMMER (1900) S. 47.
Vgl. Lissau S. 33f.

332 LIED. Überlieferung: Einzelblatt, handschriftlich, im Nachlaß, mit der Überschrift ACH WIE STERBEN DIE FRÜHLINGE SCHNELLE. Da-

tiert *20.7.*[1898]. Druck: EIN SOMMER (1900) S.48. Textvariante:
332,5 *versöhnt – Grün*] geändert aus: ⟨*gewöhnt / an all das Grün*⟩ Einzelblatt ebd.
333 WANDERNDE STILLE. Überlieferung: Einzelblatt, handschriftlich, im Nachlaß. Datiert *14.8.1898.* Druck: EIN SOMMER (1900) S.49.
333 MÄCHTIGE LANDSCHAFT. Druck: EIN SOMMER (1900) S.50.
334 STURMNACHT. Druck: EIN SOMMER (1900) S.51.
334 DIE STIMME. Druck: EIN SOMMER (1900) S.52.
335 EIN ANDERMAL. Druck: EIN SOMMER (1900) S.53.
335 MIT GESCHLOSSENEN AUGEN. Druck: EIN SOMMER (1900) S.54.
335,9 *Tal der S*[*arca*]*, mit Arco, Gardasee:* M war im August 1896 in Arco.
335 VORMITTAG AM STRAND. Überlieferung: T1898/99 I, Bl.78, ohne Titel. Datiert *13.8.1898.* Druck: »Simplizissimus« 3 (1898/99) S.322, mit der Überschrift STILLER VORMITTAG. EIN SOMMER (1900) S.55.
Textvariante: 335,3 *Stimmchen*] *Wellchen* »Simplizissimus« ebd., offenbar Druckfehler. Er wurde von Margareta M in den Band EGON UND EMILIE (1950) übernommen und von ihr in einem Exemplar des Morgenstern-Archivs handschriftlich in »Wölkchen« geändert.
Auf das Gedicht folgen nach einem Trennungskreuzchen noch weitere Zeilen, die möglicherweise als Variante zur 2. Strophe gelten können:

> *Etwas später*
> *Doch nun fängt es an, zu glucken*
> *und zu gurgeln und zu schlucken.*
> *lange sanfte Wellenzeilen*
> *schau ich mir entgegeneilen.*
>
> *Und nun flüstern auch die Büsche*
> *und das* ⟨*feine Lied*⟩ *der Fische* [bricht ab]

T 1898/99 I ebd.

Zum Singen der stummen Fische vgl. auch FISCHES NACHTGESANG, Abt. Humoristische Lyrik.
336 »DICH«. Überlieferung: T1898/99 I, Bl.83. Datierbar zwischen dem 26. und 31.8.1898. Druck: EIN SOMMER (1900) S.56. Das Gedicht fehlt in der von Margareta M herausgegebenen Ausgabe EIN KRANZ (1921).
336 SPRUCH ZUM WANDERN. Überlieferung: T1898/99 I, Bl.82, ohne Überschrift. Datiert *25./26.8.1898.* Druck: EIN SOMMER (1900) S.57.

Ein Sommer 897

336 VORMITTAG-SKIZZENBUCH
Überlieferung: T1898/99 I, Bl. 87–89, mit der Überschrift EINE VORMITTAGSWANDERUNG (ebd.) und EIN HERBSTVORMITTAG (T1898/99 I, Bl. 90, datiert *1.9.1898*). Druck: EIN SOMMER (1900) S. 58–61.

336 I EIN PFERD AUF EINER GROSSEN WIESE. Überlieferung: T1898/99 I, Bl. 87. Druck: EIN SOMMER. (1900) S. 58.

337 II WIE SICH DER WEG HIER. Überlieferung: T1898/99 I, Bl. 87. Druck: EIN SOMMER. (1900) S. 58.

337 III O DU GLÜCKSELIG ZITTERND ESPENGRÜN. Überlieferung: T1898/99 I, Bl. 87. Druck: EIN SOMMER (1900) S. 59. Textvarianten: **337**,3 *feierliche Fichten*] ⟨*ernste, steile*⟩ *Tannen* T1898/99 I ebd. – **337**,5 *bewegend*] ⟨*bewegend*⟩ *rührend*. ebd.

337 IV EIN SCHMETTERLING FLIEGT ÜBER MIR. Überlieferung: T1898/99 I, Bl. 89, mit der Überschrift *v*, also ursprünglich für die 5. Stelle vorgesehen. Druck: EIN SOMMER (1900) S. 59.

337 V VÖGEL IM WALD. Überlieferung: T1898/99 I, Bl. 88, mit der Überschrift *IV*, d. h., ursprünglich für die 4. Stelle vorgesehen. Druck: EIN SOMMER (1900) S. 60.

338 VI AUF DEN HÖFEN RINGSUM. Überlieferung: T1898/99 I, Bl. 89. Druck: EIN SOMMER (1900) S. 61. Textvarianten: **338**,1 *Auf*] *Von* T1898/99 I ebd. – **338**,3 *Läutet's – mir*] *Läutet (es in mir mit?)* ebd. – **338**,8 *offnen*] *großen* ⟨*erblühten*⟩ ebd. – **338**,9 *Die – mit*] ⟨*Das sei mein Bild*⟩ ⟨*Gleichnis*⟩ ebd.

338 DER WIND ALS LIEBENDER. Druck: EIN SOMMER (1900) S. 62.

339 MEER AM MORGEN. Überlieferung: T1898/99 I, Bl. 94, ohne Überschrift. Datiert *11.9.1898*. Druck: EIN SOMMER (1900) S. 63. Textvarianten: **339**,8 *aus-rollend*] *ausr*⟨*auschend*⟩ T1898/99 I ebd. – **339**,10 *Metallgrün*] ⟨*Derb grau*⟩ *grün* ebd. – **339**,14 *strecken*] ⟨*legen*⟩ ebd.

339 ABEND-SKIZZENBUCH
Überlieferung: T1898/99 I, Bl. 98, mit der Überschrift ABEND-⟨SPAZIER⟩GANG. Datiert *19.9.1898*. Druck: EIN SOMMER (1900) S. 64.

339 I LEUCHTENDROTER BERBERITZENSTRAUCH. Textvariante: **339**,3 *an dessen – ruht*] *drunter an der gelben Wand / ein blauer Schatten haftend: /* ⟨*unbeweglich*⟩ */ ich*. T1898/99 I ebd. –

339 II (UNIO MYSTICA). ZWEI FARBEN NUR, ohne Überschrift. Textvarianten: **339**,3 *stählern-blaue*] *schwärzlich blaue* T1898/99 I ebd. –

339,4 *die – um ihn*] *die undurchdringlich blauen* ⟨*Berge* [darüber: *Höhen um ihn*] / *die ihn begrenzend*⟩ [bricht ab] ebd. – **339**,6 *wolkenloser rosenblasser*] ⟨*ein*⟩ *wolkenloser* ⟨*kühler*⟩ ebd.
339,1 *(Unio mystica):* Mystische Vereinigung (der Seele mit Gott), (lat.).
340 HERBST. Überlieferung: T1898/99 I, Bl.107, ohne Überschrift. Datiert *5.10.1898*. Druck: EIN SOMMER (1900) S.65. Textvariante: **340**,8 *Bald sinkt's – Ruh*] andere Version:

> ⟨*Schon weben die da droben, du,*
> *zu Gold geliebte Welt*
> *dein weißes Schlummerzelt, –*
> *bald sinkt's dir zu.*⟩

T1898/99 I ebd.

Anhang.

Die von M unter der Überschrift ANHANG veröffentlichten Gedichte wurden von Margareta M mit Ausnahme von WIE VIELES IST DENN WORT GEWORDEN in ihrer Ausgabe EIN KRANZ (1921) dem Band UND ABER RÜNDET SICH EIN KRANZ zugeordnet.
341 ERSTER SCHNEE. Druck: EIN SOMMER (1900) S.69.

341   WINTERMONDNÄCHTE
341 I DER MOND TRITT ÜBER DIE EICHEN. Überlieferung: Einzelblatt, handschriftlich, im Nachlaß. Datiert *29.12.1898*. Druck: EIN SOMMER (1900) S.70.
341 II O FÜHLE MIR DIE BLEICHE GLUT. Überlieferung: Einzelblatt, handschriftlich, im Nachlaß. Datiert *1898*. Druck: EIN SOMMER (1900) S.71.
342 III (DIE SKI-LÄUFER). Druck: EIN SOMMER (1900) S.72.
342 WALDGEIST. Druck: EIN SOMMER (1900) S.73.
343 DER TRAUM. Druck: EIN SOMMER (1900) S.74.
344 WIE VIELES IST DENN WORT GEWORDEN. Überlieferung: T1898/99 I, Bl.127, und Einzelblatt, handschriftlich, im Nachlaß. Beides datiert *26.4.1899*. Druck: EIN SOMMER (1900) S.75.

Nachlese zu EIN SOMMER

Wie zur PHANTA-Dichtung, erlaubte es die Fülle ungedruckter Nachlaßgedichte, auch für das Buch EIN SOMMER eine unmittelbare Folge von Gedichten zusammenzustellen. Die meisten der hier vereinigten Gedichte finden sich in Morgensterns Tagebuch seiner Norwegenreise (T1898/99 I). Aufgenommen wurden diejenigen, die in den SOMMER-Kreis gehören, also die Erlebnisse dieser Reise spiegeln: die norwegische Landschaft und – vor allem – die Liebe zu Dagny Fett. (Anderes wurde der Gruppe Nachlaßgedichte zugeteilt.) Bei den Nachlese-Gedichten, die das Dagny-Erlebnis betreffen, läßt sich nicht überhören, daß sich in dieses *Intermezzo* (an Marie Goettling, 26.8.1898), das in EIN SOMMER eine durchweg lichte Spiegelung erfährt, mehr und mehr auch resignierte, bittere, ja tragische Untertöne einmischen. Einige Gedichte sind zuerst in Zeitschriften und in dem Nachlaßband MENSCH WANDERER veröffentlicht worden; die meisten werden hier zum ersten Mal vorgestellt.

345 AN R.W. Druck: EIN KRANZ (1921) S.71.

345 R.W.: Robert Wernicke (1873–?), Freund Ms, nach Bauer ein junger Mediziner, der unter dem Namen »Unselm« zu den »Galgenbrüdern« gehörte (Bauer, Chr.M. (1985) S.186). Mit ihm ist M im Jahre 1899 in ständiger Verbindung gewesen. Während seines Norwegenaufenthaltes gehen Briefe und Karten zwischen den Freunden hin und her (vgl. die Notizen in N 1899; die Briefe selbst sind nicht erhalten geblieben). Am 7. April schreibt er an Wernicke *das Manuskript betreffend* (N 1899, Bl. 37); am 12. notiert er: *Mittags 12 Uhr das Manuskript von* EIN SOMMER *zur Post gegeben. In drei Couverts. An Wernicke, Berlin* (N 1899, Bl. 42). Kaum ist er nach Beendigung seiner Norwegenreise wieder daheim, macht er bei dem Freund Besuch (19.9.1899, N 1899, Bl.182), und zu Weihnachten schenkt er ihm das inzwischen fertiggewordene Buch. Das Gedicht AN R.W. hat dieser Weihnachtssendung höchstwahrscheinlich beigelegen.

346 EIN SOMMER. Überlieferung: Einzelblatt, handschriftlich, und Einzelblatt, maschinenschriftlich, im Nachlaß. Undatiert. Die Überschrift wurde von Margareta M geändert in: ZU MEINEM BUCH »EIN SOMMER«.

Es ist, als schaue der Dichter zu einem späteren Zeitpunkt auf den schicksalhaften Norwegen-Sommer zurück und werte ihn: Er hat ihm Schönes, Unvergeßliches gebracht, erwies sich aber am Ende doch nur als eine

Episode, ein *Intermezzo* (an Marie Goettling, 26.8.1898) seines Lebens.
346 DAS WAR'S WAS MICH SO SEHR ERGRIFF. Überlieferung: T1898/
99 I, Bl.3. Datierbar vor dem 18.5.1898. Textvarianten: **346**,4 *Land*]
geändert aus: ⟨*Strand*⟩ T1898/99 I ebd. – **346**,5 *wehnde*] ⟨*letzte*⟩
⟨*weiße*⟩ ebd. – **346**,6 *ein letztes – her*] ⟨*ein letztes Hurrah, ein Heimatlied*⟩
⟨*und letzte Rufe, letzter Gruß*⟩ ebd. – **346**,7 *rauschend*] ⟨*qualmend*⟩ ebd. –
346,8 *und schwand – Meer*] darüber und darunter stehen die Zeilen: ⟨*und
setzte sich in stolzen Gang* / ⟨*und*⟩ *hinaus* ⟨*zum*⟩ *aufs weite Meer*⟩ ebd. –
346,10 *und wie mich so*] ⟨*mitfühlend, was*⟩ ebd. – **346**,13 *Strand*] darunter: *Land* ebd.
346 SAG, / NUN WUNDERST DU DICH WOHL. Überlieferung: Einzelblatt, handschriftlich, im Nachlaß. Undatiert. Druck: MENSCH WANDERER (1927) S.49, dort mit 1898 datiert.
Über dem Gedicht steht, von Margareta M geschrieben, die Notiz »gehört
Dagny Lunde« (Dagny Fett nach ihrer Verheiratung).
347 KOMM HER, MEIN LIEBER KAMERAD. Überlieferung: T1898/99 I,
Bl.5. Datiert *19.5.1898*. Textvarianten: **347**,1 *Komm – lieber*] ⟨*Ja
lächle nur,*⟩ *mein* T1898/99 I ebd. – **347**,2 *schmale*] ⟨*liebe*⟩ ⟨*kleine*⟩ ebd.
– **347**,3 *Ich habe – Wolkenpfad*] ⟨*Ich hab doch (noch) ein*⟩ [darüber: *Du
gibst mir (auch) wieder*] *Heimatland / nach all dem Wolkenpfad*⟩ ebd.
347 MYSTERIUM. Überlieferung: T1898/99 I, Bl.9. Einzelblatt, handschriftlich, im Nachlaß. Beides datiert *25.5.1898*. Druck: Zeit und
Ewigkeit (1940) S.62. Textvarianten: **347**,3 *wirken*] ⟨*schlingen*⟩
T1898/99 I ebd. – **348**,5 *Und so – entglitten*] ⟨*Spinnen unser Blut zusammen, / O Geliebte, ahn's, empfind es:*⟩ ebd. – **348**,8 *eines Dritten*] ⟨*unsres
Kindes*⟩ ebd.
Vgl. das Gedicht DER NACHTWALD RAUSCHT VERGESSENHEIT, S.369
und im Kommentar die Textvarianten dazu, S.907.
348 ADAM EGO. Überlieferung: T1898/99 I, Bl.11. Datiert *28.5.1898*.
348 ADAM EGO: Ich Adam (lat.).
Dem Gedicht hätte als Gegenstück ein Gedicht EVA ANTWORTET korrespondieren sollen, von dem aber nur die Überschrift notiert ist (T1898/99
I, Bl.14). Denkbar wäre auch, daß das folgende Gedicht DIE SCHLANGE
SPRICHT an die Stelle des ursprünglich geplanten getreten ist.
348 DIE SCHLANGE SPRICHT. Überlieferung: T1898/99 I, Bl.14. Datiert *29.5.1898*. Vgl. Kommentar zum vorigen Gedicht.
349 SPRUCHARTIGES. Überlieferung: T1898/99 I, Bl.62. Datierbar
um den 18.7.1898. Das Gedicht ist im T gestrichen. Textvariante:

349,2 *selbst mich überraschen – entwaschen*] ⟨ *mit mir selber sprechen / Alter neuer Bäche Sand / mag am feinen Sieb sich brechen.* ⟩ T 1898/99 I ebd.
349 FRÜHLINGSERDE. Überlieferung: Einzelblatt, handschriftlich, im Nachlaß. Undatiert. Druck: ZEIT UND EWIGKEIT (1940) S. 16.
349,2 *Fjeld:* (heute »Fjell« = Berg, Fels, norwegisch), Bezeichnung für die öden Hochflächen Skandinaviens.
349 DES FRÜHEN FRÜHLINGS WUNDERSAMES WOHLGEFÜHL. Druck: MENSCH WANDERER (1927) S. 56, dort mit 1899 datiert.
350 ICH LIEG' AUF NACKTEN GRAUEN URFELSEN. Überlieferung: T 1898/99 I, Bl. 18. Datiert *31. 5. 1898*. Einzelblatt, maschinenschriftlich, im Nachlaß (nur 15–21). Textvarianten: **350,**3 *flüstern zartgrüne Birken*] ⟨*bebt eine zartgrüne Birke*⟩ T 1898/99 I ebd. – **350,**5 *lange*] ⟨*grüne*⟩ ebd. – **350,**6 *grünblauen Bergen*] geändert aus: ⟨*dunkelgrünen Bergketten*⟩ ebd. – **350,**17 *mir*] *nur* Einzelblatt ebd., evtl. Lesefehler. – **350,**18 *Walt Whitman*] danach folgen die Zeilen: ⟨*und seine großen Lieder / flüstern und rauschen über mich hin.*⟩ T 1898/99 I ebd.
350,18 *Walt Whitman:* (1819–1892), amerikanischer Dichter, dessen pantheistisch getöntes Lebensgefühl und dessen frei-rhythmische Sprache M als verwandt empfand. Er nannte ihn *den lyrischen Shakespeare Nordamerikas* [...] *Er ist über alle Maßen* (Brief an Marie Goettling vom 20. 1. 1899. BRIEFE. Auswahl (1962) S. 87). Später hat er ihn zweimal parodiert (EIN GESANG WALT WHITMANS und NOCH EIN GESANG WALT WHITMANS in der in den Nachlaßband DIE SCHALLMÜHLE (1928) aufgenommenen LITERATURGESCHICHTE IN BEISPIELEN, s. Abt. Humoristische Lyrik). Anscheinend hatte er aber kein ganz unbeschwertes Gewissen dabei, denn er hat der zweiten Parodie den Satz *Frater, peccavi?* [Bruder, habe ich gesündigt? (lat., Abwandlung des Satzes »Pater peccavi«, Vater, ich habe gesündigt; nach Lukas-Evangelium 15, 18)] vorangestellt.
350 IN DER GÖTTLICH / STRAHLENDEN FRÜHE. Überlieferung: T 1898/99 I, Bl. 99f. Datiert *24. 9. 1898*.
Vgl. Ms Brief an Marie Goettling vom 20. 1. 1899: *Oft auch am Hafen, ein leidenschaftlicher Beobachter, ganz Glück reinen Schauens.*
351 SKÅL. Überlieferung: T 1898/99 I, Bl. 13. Datiert *27. 5. 1898*. Textvarianten: **351,**2 *Rauch-*] ⟨*Schnaps-*⟩ T 1898/99 I ebd. – **352,**14 *geliebte Unbekannte*] ⟨*die ich nicht kenne, die ihr mich nicht kanntet*⟩ ebd. – **352,**16 *oh Freund, der*] ⟨*ihr, die ihr*⟩ ebd.
351 SKÅL: Prost, Zum Wohl (norwegisch).
In den Zusammenhang dieses Gedichts gehören auch die Zeilen:

> *Wozu [...] den breiten ⟨Brock⟩ Trog der Prosa [...]*
> *Ich lobe mir für alle meine Zeit*
> *das zarte schlanke Kelchglas Lied*
> *voll ⟨süßen⟩ edlen Bluts Verstehenden kredenzt.*

T 1898/99 I, Bl. 8.

352 IN DEM NORWEGISCHEN ZIMMER. Überlieferung: Einzelblatt, maschinenschriftlich, im Nachlaß. Undatiert.

352,4 *Holberg:* Ludvig Holberg (1684–1754), dänisch-norwegischer Dichter, gilt als größter Bühnenautor Dänemarks.

352,9 *den Mann nicht hecheln:* jemanden hecheln: durch die Hechel ziehen, unfreundlich über jemand reden.

352 WILDE JAGD. Überlieferung: T 1898/99 I, Bl. 13. Datiert *26. 5. 1898*.

353,10 *Rah:* Querstange am Mast zur Befestigung des Rahsegels.

353 AUF MEINEN SÆTER. Überlieferung: T 1898/99 I, Bl. 72. Datierbar zwischen dem 3. und 5.8.1898. Textvariante: **353**,2 *sei – schaut]* im T gestrichen.

353 SÆTER: Almhütte, Sennhütte (norwegisch).

353 WIE DU MICH EMPFÄNGST. Überlieferung: T 1898/99 I, Bl. 93. Datierbar zwischen dem 7. und 11. 9. 1898.

353 VERWÖHNTER, ZU VERWÖHNTER. Überlieferung: T 1898/99 I, Bl. 93. Datierbar zwischen dem 7. und 11. 9. 1898.

Das Gedicht folgt im T auf das vorangegangene; es ist aber nicht erkennbar, ob sie zusammengehören.

354 DU LIEBER BACH, AUS DEINEM RAUSCHEN TAUCHEN. Überlieferung: T 1898/99 I, Bl. 109. Datierbar Oktober/November 1898. Textvarianten: **354**,1 *aus deinem Rauschen]* ⟨*an deinen Ufern*⟩ T 1898/99 I ebd. – **354**,2 *traute]* darunter: *(liebe)* ebd. – **354**,9 *gern]* ⟨*oft*⟩ ebd. – *ein Weg der Sehnsucht]* ⟨*der Sehnsucht Bildnis*⟩ ebd.

354 O WALD, DU RAUSCHEST REIN UND GROSS. Überlieferung: T 1898/99 I, Bl. 8. Datierbar zwischen dem 22. und 25. 5. 1898.

354 WALDES FEUCHTER WARMER BRODEM. Überlieferung: T 1898/99 I, Bl. 67. Datiert *30. 7. 1898* (Strophe 1 und 2), *3. 1. 1899* (Strophe 3).

355 GLAUBE MIR, ICH BIN NICHT DER. Überlieferung: T 1898/99 I, Bl. 31. Datiert *13. 6. 1898*. Textvarianten: **355**,1 *Glaube mir]* ⟨*Hüte dich*⟩ T 1898/99 I ebd. – **355**,2 *manchem]* ⟨*den meisten*⟩ ebd. – **355**,3 *glatten]* ⟨*biedren*⟩ ebd. – **355**,5 *mancher]* ⟨*einer*⟩ ebd. – **355**,7 *glaube mir]* ⟨*Hüte*

dich!⟩ ebd. – **355**,15 *halt ich – wert*] darunter: *(Bück ich tief mich ihm)* ebd.
355,3 *Air:* Aussehen, Haltung.

355 MAIWETTER. Überlieferung: T1898/99 I, Bl.12. Datiert 25.5.1898. Textvarianten: **355**,2 *ob ich – Flockentreiben*] geändert aus: ⟨*ob ich so ungalant, nach Haus* ⟨*nach Hause*⟩ ⟨*Deutschland*⟩ *zu schreiben, daß heute, Ende Mai, der Regen / zum Teil ein lustig*⟩ *Flockentreiben.* T1898/99 I ebd. – **355**,6 *warmes*] ⟨*junges*⟩ ebd. – *ein warmes braunes*] daneben steht am Rand: *ein fürchterlich drohendes* ebd.

356 AUF DEM GRUND DES REGENMEERES. T1898/99 I, Bl.22. Datiert 3.6.1898. Druck: MENSCH WANDERER (1927) S.51. Textvarianten: **356**,2 *in sicheren Palästen*] geändert aus: ⟨*gedrängt in Steinpalästen*⟩ T1898/99 I ebd. – **356**,5 *schaun*] *schauen* MENSCH WANDERER ebd. – *Fenster*] ⟨*Scheiben*⟩ T1898/99 I ebd. – **356**,6 *bunte*] ⟨*seltne*⟩ ebd. – **356**,9 *brummen*] ⟨*lieblich*⟩ *brummen*, darunter steht die Zeile: ⟨*schlagen weiße Tasten, wohllautweckend*⟩ ebd. – **356**,10 *zapfen*] ⟨*schlagen*⟩ ebd. – **356**,11 *braut*] *braust* MENSCH WANDERER ebd. – ⟨*steht*⟩ T1898/99 I ebd. – **356**,12 *geheimnisvoll Gewässer*] darüber steht: *endlos großer Grund* ebd. – *geheimnisvoll*] darunter steht: *unendliches* ebd.

356 WIE DOCH DES BLUTES LAUNE MIT UNS SPIELT. Überlieferung: T1898/99 I, Bl.52. Datierbar 4.7.1898. Textvarianten: **356**,1 *Wie doch – spielt*] ⟨*Wie das doch schwankt, das zwischen Mensch und Mensch*⟩ T1898/99 I ebd. – **356**,3 *mit-bindet*] ⟨*in*⟩ *allem lieblich* ⟨*mischt*⟩ ebd. – **356**,5 *bei ihr*] *bei ihr* ⟨*mein Herz beglückt*⟩ ⟨*mein Heil und Heim*⟩ ⟨*in ihrem Aug mein Glück*⟩ / ⟨*und fern von ihr nun* [darüber: ⟨*ist*⟩] *alles still und leer*⟩ [darunter: ⟨*verhüllt Vergessenheit*⟩] / ⟨*so leer, daß*⟩ [bricht ab] ebd. – **356**,6 *Tag – Kummer*] ⟨*Stunde wird mir arm*⟩ ebd. – *zum Kummer*] ⟨*verhaßt*⟩ ⟨*zur Qual*⟩ ebd. – **356**,7 *weil – versagt*] ⟨*denn ihr Gesicht verhüllt Erinnerung.*⟩ ebd.

356 DEN KOPF MIT DER SEEMANNSMÜTZ'. Überlieferung: T1898/99 I, Bl.92. Datiert 7.9.1898. Druck: MENSCH WANDERER (1927) S.52. Textvariante: **356**,1 *Den Kopf – gut*] Von Margareta M geändert in: *Du Kopf mit der Seemannsmütz – / ach wie bin ich dir gut!* – MENSCH WANDERER ebd. – Durch diese Änderung wird die geschilderte Situation umgekehrt: Nicht der Dichter, sondern das Mädchen trägt jetzt die *Seemannsmütz'*, und der Dichter ist nicht seiner Mütze, sondern dem Mädchen gut. Dadurch entsteht eine Bildvorstellung von feiner erotischer Pikanterie, die dem Gedicht in seiner Originalgestalt fehlt.

357 O DU ERGRIFFENHEIT DES LIEBENDEN. Überlieferung: T1898/

99 I, Bl. 61. Datiert *16.7.1898*. Druck: MENSCH WANDERER (1927) S. 55. Textvarianten: **357**,6 *schrecken*] ⟨*schlagen*⟩ ⟨*stechen*⟩, darunter: *kitzeln* T 1898/99 I ebd. – **357**,7 *zärtlicher*] ⟨*kosender*⟩ ⟨*weicher*⟩ ebd. – **357**,9 *Fäden*] darunter steht: *(Sporen)* ebd. – **357**,6 – **357**,9 *jemand schrecken – biegen*] *drohend nahtest / um sie im letzten Augenblick mit zarter / Liebkosung so nur zu gebrauchen, daß sich / die Grannenfäden weich zur Seite biegen*. MENSCH WANDERER ebd.

357 JETZT HAB' ICH ETWAS, WAS MICH TRÖSTET, HERZ. Überlieferung: Einzelblatt, handschriftlich, im Nachlaß. Datiert *13.9.1898*. Druck: BRIEFE. Auswahl (1952) S. 106 f., dort mit 13.11. datiert.

358 WEISST DU WOHL, WARUM DIE TAUSEND TANNEN. Überlieferung: T 1898/99 I, Bl. 56. Datiert *12.7.1898*.

358 ... UND MANCHMAL DENK ICH MIR IM ÜBERMASS. Druck: MENSCH WANDERER (1927) S. 57, dort datiert 1899.

358 HIER IM WALD MIT DIR ZU LIEGEN. Überlieferung: T 1898/99 I, Bl. 54. Datiert *10.7.1898*.

359 DIESE ROSE VON HEIMLICHEN KÜSSEN SCHWER. Druck: MENSCH WANDERER (1927) S. 56, dort datiert 1899.

359 UND DAS WOLLEN WIR UNS SCHENKEN. Überlieferung: T 1898/99 I, Bl. 45. Datierbar *27.6.* oder *7.1898*.

359 UND SOLL ICH DICH AUCH NIE BESITZEN. Überlieferung: T 1898/99 I, Bl. 43. Datiert *20.7.1898*. Druck: MENSCH WANDERER (1927) S. 53, mit der Überschrift AN DAGNY. Textvarianten: **359**,1 *Und soll ich dich auch*] *Und werden wir uns* MENSCH WANDERER ebd. – **359**,7 *mir Einsamem*] *dem Einsamen* ebd. – **359**,8 *mich*] *ihn* ebd.

359 WARUM WARST DU SO BLEICH HEUT, GELIEBTE. Überlieferung: T 1898/99 I, Bl. 25. Datiert *8.6.1898*. Textvarianten: **359**,4 *Kümmernis*] ⟨*Sorge*⟩, danach folgt die Zeile: ⟨*Gib mir Raum, ja?*⟩ T 1898/99 I ebd. – **359**,10 *atmenden*] darunter steht: *redenden* ebd.

360 O JETZT MUSIK! VERDAMMTE DICHTEREI. Überlieferung: T 1898/99 I, Bl. 36. Datiert *16.6.1898*. Textvarianten: **360**,1 *Dichterei*] ⟨*Schreiberei*⟩ T 1898/99 I ebd. – **360**,3 *Brodelei – Gewittern*] ⟨*Bunterlei / aus souveränen Fingern*⟩ ebd. – **360**,7 *Und alle*] ⟨*Die ganze Menschheit*⟩ ⟨*Und wer mich hörte*⟩ ebd.

360 DEIN SILBERBECHER IST WOHL FEIN. Überlieferung: T 1898/99 I, Bl. 81. Datiert *20.7.1898*. Textvariante: **360**,8 *und Glas – Erz*] ⟨*so schmilzt in eines Glas und Erz*⟩ ⟨*und so verschmilzt das Glas dem Erz.*⟩ T 1898/99 I ebd.

360 VISION. Überlieferung: T1898/99 I, Bl. 36. Datierbar vermutlich 16.6.1898. Textvarianten: **360**,3 *Purpur*] ⟨*düster*⟩ T1898/99 I ebd. – **360**,6 *armes Land*] ⟨*armes*⟩ ⟨*gelobtes*⟩ *Land* ebd.

361 DIE SONNE HAT DEN BACH VERBRANNT. Überlieferung: T1898/99 I, Bl. 35. Datiert *16.6.1898*. Textvarianten: **361**,6 *sprang*] *raus sprang* T1898/99 I ebd. – *sprang – lenzgeboren*] ⟨*da warst du*⟩ ⟨*sprangest du wie neugeboren*⟩ ebd.

361 [SIE AN IHN] EIN ANDERMAL. Überlieferung: T1898/99 I, Bl. 50. Datierbar zwischen dem 1. und 4.7.1898. Textvarianten: **361**,8 *O gib mir*] darunter: *(Ich will ja)* T1898/99 I ebd. – **361**,9 *gib mir*] darunter: *(ich will)* ebd.

Das Gedicht folgt im T unmittelbar auf SIE AN IHN, s. o. S. 322.

362 ICH BIN EIN ROHR IM WIND. Druck: MENSCH WANDERER (1927) S. 52, dort mit 1898 datiert.

Die zwei Grunderfahrungen des Dagny-Erlebnisses klingen hier zusammen: Der Dichter fühlt sich nicht reif und nicht stark genug für eine Lebensbindung, und: Diese Bindung würde ihn innerlich einengen und vom Leben abschnüren.

ROHR IM WIND: Die Metapher findet sich ähnlich in der Gedichtzeile *Palmström schwankt als wie ein Zweig im Wind* (GLEICHNIS, Abt. Humoristische Lyrik).

362 DU MUSST MICH NICHT ZERBRECHEN. Überlieferung: T1898/99 I, Bl. 62. Datiert *6.–18.7.1898*. Textvarianten: **362**,2 *geliebter Mann*] ⟨*mein Schatz*⟩ T1898/99 I ebd. – **362**,8 *wenn ich – hab*] ⟨*und bin doch jung und schwach*⟩ ebd.

362 ICH WEISS UM EINE NACHT. Überlieferung: T1898/99 I, Bl. 118. Datiert *20.12.1898*.

363 DAS WAR EINE FURCHTBARE NACHT. Druck: MENSCH WANDERER (1927) S. 61, dort mit 1899 datiert.

363 WOZU NOCH LÄNGER WACHEN. Überlieferung: T1898/99 I, Bl. 59. Datiert *14.7.1898*. Textvarianten: **363**,4 *Lust – Schmerz*] ⟨*vor ihrem Frost erstirbt / selbst die Lust*⟩ ⟨*sogar meinen Schmerz*⟩ T1898/99 I ebd. – **363**,6 *zuletzt – Herz*] ⟨*Sie nimmt das*⟩ *Herz* ⟨*mir aus der Brust*⟩ ebd.

364 WAS IST DA ZU SAGEN. Überlieferung: T1898/99 I, Bl. 63. Datierbar zwischen dem 18. und 23.7.1898.

364 GELIEBTES KIND, GRAD WEIL ICH DICH LIEBE. Überlieferung: T1898/99 I, Bl. 68. Datiert *3.8.1898*.

Das Gedicht steht im T zwischen zwei weiteren Texten mit ähnlicher Thematik: WIE DIESE MÜTTER NUR DANACH GIEREN (Abt. Lyrik 1906–1914, Epigramme) und WIR KÜNSTLER *(Was auch der dumme Philister spricht)* (S. 617). Vgl. auch die Einführung zu EIN SOMMER, S. 886.

364 SO SAGT DER ORT. Druck: »Die Gesellschaft« 15 (1899) Bd. 3, S. 174. MENSCH WANDERER (1927) S. 59, dort mit 1899 datiert. Textvariante: **364**,13 *und sie]* *und sieh* »Die Gesellschaft« ebd.
Vgl. die Einführung zu EIN SOMMER, S. 886.

365 NUR EIN HANDKUSS. NICHTS DARÜBER. Überlieferung: T1898/99 I, Bl. 71. Datiert *3.8.1898*. Einzelblatt, handschriftlich, im Nachlaß.

365 AN DEUTSCHLAND. Überlieferung: T1898/99 I, Bl. 102. Datiert *27.9.* und *12.12.1898*. Textvariante: **365**,7 *Denken]* ⟨*Streben*⟩ T1898/99 I ebd.

366 MEIN HERZ IST LEER. Druck: MENSCH WANDERER (1927) S. 74, dort mit 1901 datiert.

366 NUN KOMMT DIE NACHT MIT IHREN DUNKLEN. Überlieferung: T1898/99 I, Bl. 48. Datiert *28.7.1898*. Textvariante: **366**,7 *stahlblauen]* ⟨*schwarzen*⟩ T1898/99 I ebd.

367 DER WALD IST WIE EIN GRAB SO STILL. T1898/99 I, Bl. 37. Datiert *17.6.[?]1898*.

367 DIESER WECHSEL MACHT MICH BANGE. Überlieferung: T1898/99 I, Bl. 35. Datiert *16.6.1898*. Textvarianten: **367**,6 *jetzt]* ⟨*dies*⟩ T1898/99 I ebd. – **367**,7 *Soll]* ⟨*Darf*⟩ ebd. – **367**,8 *bitter weinen]* ⟨*weinen*⟩, *weinen* ebd.

367 EIN GESPRÄCH. Überlieferung: T1898/99 I, Bl. 26f. Textvarianten: **367**,3 *Aug]* ⟨*Blick*⟩ T1898/99 I, Bl. 26. – **367**,4 *erblickt]* ⟨*trifft*⟩ ebd. – **367**,5 *fliehst du]* ⟨*birgst dich*⟩ ebd. – **368**,9 *bangendes Gefühl]* ⟨*dunkles Herz*⟩*gefühl* ⟨*Grund*⟩*gefühl* ebd. – **368**,10 *jene fromme Stimmung]* *jenes* ⟨*ungeheure Bild*⟩ *[jene]* ⟨*mächtige Gestalt*⟩ ebd. – **368**,11 *von seinem]* *von* ⟨*bangem*⟩ ⟨*wehem*⟩ ebd. – **368**,12 *langen, tiefen Atemzügen]* ⟨*des Weltalls Atem selber*⟩ ebd. – **368**,13 *so ward – leicht]* ⟨*und das verstünd ich nicht*⟩ ebd. – **368**,15 *von der Erde Dunstkreis dich]* ⟨*dich vom Leiden dieses Seins*⟩ ⟨*dieser Welt*⟩ ebd. – **368**,23 *Druck]* ⟨*Alp*⟩ ebd. – **368**,31 *Bilder, Statuen]* ⟨*Götzenb*⟩*ildern* T1898/99 I, Bl. 27. – *schmeichelnder]* ⟨*schwülstiger*⟩ ebd. – **368**,32 *Schmerz]* ⟨*Mitleid*⟩ ebd. – **368**,33 *Freiheit]* *Freiheit /* ⟨*Du lauschst der Sterne ewiger Musik*⟩, darüber: ⟨*hörst der Wälder aller* [Lücke] *rauschen / und*⟩ [bricht ab] ebd. – **368**,36 *dunklen]* ⟨*weiten*⟩ ebd. – **369**,44 *Lebensmeers]* ⟨*namenlosen Meers*⟩ ebd.

Auf dieses Gespräch folgt ein weiteres, mit *II* überschrieben:

> *Was ist denn »Gott« –*
> > *Gott ist das Schönste, Beste –*
>
> *Dein Schönstes, Bestes –*
> > *Nein, das –*
>
> *Gibt es nicht.*
> > *Warum?*
>
> *Weil er z.B. meins nicht ist.*
> > *Deins ist nur eins.*
>
> *Und deins?*
> > *ist eins von vielen*
> > ⟨*teil' ich mit vielen*⟩
> > ⟨*wie ich, so fühlen*⟩ [bricht ab]
>
> *»Das« Schönste also nicht?*
> > *Ja, doch, »das« Schönste.*
>
> ⟨*Begründung*⟩
> > *Er ist es eben*
>
> *Hm.*
> > ⟨*Das ist Empfindung*⟩
> > ⟨*So, recht*⟩ *»Gefühl ist alles« –*
>
> *Auch die Grammatik?*
>
> *Pah!*
> > *Gott ist gerettet.*

T 1898/99 I, Bl. 27.

369 DER NACHTWALD RAUSCHT VERGESSENHEIT. Überlieferung: T 1898/99 I, Bl. 41. Datiert *22.6.1898*. Einzelblatt, handschriftlich, im Nachlaß. Textvarianten: **369**,2 *in den Wald*] ⟨*traurig*⟩ *in* ⟨*die Nacht*⟩ T 1898/99 I ebd. – **369**,3 *O gläubige*] ⟨*Ja, ja – es war*⟩ ebd. – **369**,4 *wie – bald*] ⟨*[...] daß ich an [...] Weib und Kind gedacht*⟩ ebd. – **369**,8 *fernher redet*] ⟨*in der Ferne*⟩ ebd.

369 UNAUFHALTSAM / SINKT DIE SONNE. Überlieferung: T 1898/99 I, Bl. 46. Datierbar *27.6.1898*. Einzelblatt, handschriftlich, im Nachlaß. Druck: MENSCH WANDERER (1927) S. 51. Textvarianten: **369**,1 *Unaufhaltsam*] ⟨*Unerbittlich*⟩ T 1898/99 I ebd. – **369**,3 *die Berge*] *die* ⟨*frierenden*⟩ *Berge* ebd. – **369**,4 *Wände*] *Wände /* ⟨*schmerzliche Farbe / unerbittlich*⟩, ebd. – **369**,10 *von ihr nicht*] *nicht von ihr* MENSCH WANDERER ebd.

370 SAHST DU DIE SONNE. Überlieferung: T1898/99 I, Bl. 47. Datierbar 27.6.1898. Textvarianten: **370**,6 *Stöhnten nicht*] ⟨*Es war ein Stöhnen*⟩ T1898/99 I ebd. – **370**,9 *Saum*] ⟨*Kamm*⟩ ebd. – **370**,11 *und sank*] *und (nun) sank* ebd. – **370**,19 *zürnte* –] *zürnte* – / ⟨*sahst du das alles / heute?*⟩ ebd.

370 VON SÜSSER SEHNSUCHT ÜBERSCHWILLT. Druck: MENSCH WANDERER (1927) S. 62, dort mit 1899 datiert.

371 WIE AUF DEN TANNEN GRÜNGOLDENER ABEND RUHT. Überlieferung: T1898/99 I, Bl. 56f. Datiert *12.7.1898*. Urfassung des Gedichts WIE MIR DER ABEND DAS GRÜN DER FEIERNDEN TANNEN VERGOLDET, S. 327.

371 DAS SIND DIE HOHEN FESTE, DIE DER MENSCH. Überlieferung: T1898/99 I, Bl. 57. Datierbar 12.7.1898. Textvarianten: **371**,3 *wenn er – des Glücks*] ⟨*wenn er des Lichtes siebenfache Fackel / ins graue Riesenreich der Wolken taucht* [darüber: *wirft*] / *daß* ⟨*sie zu seiner Ehre*⟩ *es ein Goldsaal seines Lebens werde*⟩ T1898/99 I ebd. – *siebenfacher*] ⟨*ungeheurer*⟩ ebd. – **371**,10 *Schöpfer*] ⟨*o König*⟩ ebd.

372 NORDISCHER HERBSTTAG. Überlieferung: T1898/99 I, Bl. 85. Datierbar 31.8.1898. Textvarianten: **372**,2 *frißt – an*] ⟨*schmilzt der Kuppel untrer Rand*⟩ T1898/99 I ebd. – **372**,4 *zerschmilzt*] *zer*⟨*glüht*⟩ ebd. – *Himmel rot*] ⟨*graue Tag*⟩ ebd. – **372**,8 *statt – Gewölbs*] ⟨*überm fortgeschmolznen Bleigewölb*⟩ ebd. – Erste Fassung des Gedichts:

> *Der ganze Tag ein bleiernes Gewölb.*
> *Nun aber schmilzt der Kuppel untrer Rand.*
> *Ein Halbring roter Glut*
> *frißt sie von unten an*
> *glüht* [daneben: *flammt*]
> ⟨*sinkt*⟩ [daneben: *bleicht*] *zurück schmelzt* [darüber: *zehrt*] *sie*
> *erkaltet.* *auf*
> *Eisern schwarz*
> ⟨*hebt*⟩ *wölbt sich das eiserne Gewölb der Nacht.*

T1898/99 I, Bl. 84. Datiert *31.8.1898*.

372 VOR EINEM ABENDROT. Überlieferung: T1898/99 I, Bl. 68. Datiert *2.8.1898*. Einzelblatt, maschinenschriftlich, im Nachlaß.

372 DER SCHNEE ENTFÄLLT DEN TANNEN. Überlieferung: Einzelblatt, handschriftlich, im Nachlaß. Datiert *10.1.1899*. Druck: MENSCH

WANDERER (1927) S.243, mit der Überschrift TAUWETTER und der falschen Datierung 1911. Textvarianten: **372**,1 *entfällt*] geändert aus: ⟨*fällt von*⟩ Einzelblatt ebd. – **372**,3 *wie*] ⟨*so*⟩ ebd. – **372**,6 *frischen*] ⟨*stolzen*⟩ ebd. – **372**,7 *halbes Trotzen*] ⟨*Trotzenwollen*⟩ ebd.
Unter dem Gedicht steht die Notiz: *Ad Sommer* ebd.
373 WIE SCHWEBST DU, MOND, NUN LICHT UND KLAR. Überlieferung: T1898/99 I, Bl.102. Datiert *27.9.1898*. Einzelblatt, handschriftlich, im Nachlaß. Textvarianten: **373**,4 *Bild – gleich*] *Bild* ⟨*Antlitz*⟩ ⟨*in*⟩ *krankem* ⟨*Dunst*⟩ T1898/99 I ebd. – **373**,5 *drang – Jüngling*] geändert aus: ⟨*stieg in Jünglingsalter*⟩ ebd. – **373**,7 *sich zuletzt der kranke*] gestrichen ebd.
373 SILVESTER. Druck: »Die Literatur« 26 (1923/24) S.409, unter dem Titel MENSCHEN. MENSCH WANDERER (1927) S.62, mit dem Titel SILVESTER und der Datierung 1899.

UND ABER RÜNDET SICH EIN KRANZ

Als Textvorlage diente die Erstausgabe von 1902; Ms Gliederung des Gedichtbandes wird im Kommentar mit einer Freizeile angezeigt.
377 I WIR MERKTEN BALD IM REDEN-WECHSELSPIEL. Druck: UND ABER RÜNDET SICH EIN KRANZ (1902) S.9.
377 II WIR WUSSTEN UNS NICHTS MEHR ZU SAGEN. Druck: »Deutsche Dichtung« 29 (1900/01) S.672, mit der Überschrift GESPRÄCH. UND ABER RÜNDET SICH EIN KRANZ (1902) S.9. Vgl. auch das Gedicht INMITTEN DESSEN, WAS WIR UNS ERZÄHLTEN, S.402.
377 MIT DIR, WER WEISS, WÜRD' ICH NOCH MANCHE PFADE. Druck: UND ABER RÜNDET SICH EIN KRANZ (1902) S.10.
377 AUCH DU BIST FREMD UND FEIND DEN GROSSEN WORTEN. Druck: UND ABER RÜNDET SICH EIN KRANZ (1902) S.11.
378 SCHNEEFALL. Überlieferung: Einzelblatt, handschriftlich, im Nachlaß. Datiert *1.1.1901*. Druck: UND ABER RÜNDET SICH EIN KRANZ (1902) S.12.
In dieser Zeit befand sich M schon in Davos. Das Gedicht drückt eine Gegenvorstellung aus zu SO MÖCHT ICH STERBEN, S.232.
378 WIE KAM ES NUR? Druck: UND ABER RÜNDET SICH EIN KRANZ (1902) S.13. Vgl. Liede S.295.
378 DU BIST SO WEIT OFT FORT. Druck: UND ABER RÜNDET SICH EIN KRANZ (1902) S.14.

379 VERGESSEN. Druck: UND ABER RÜNDET SICH EIN KRANZ (1902) S. 15.

380 EIN WEIHNACHTSLIED. Überlieferung: Postkarte, handschriftlich, im Nachlaß. Undatiert. Druck: UND ABER RÜNDET SICH EIN KRANZ (1902) S. 16. Textvariante: **380**,8 *Liebe dir*] *Liebe, dir* UND ABER RÜNDET SICH EIN KRANZ ebd.; das Komma wurde in einem Handexemplar von unbekannter Hand gestrichen (gemäß der handschriftlichen Vorlage Ms).

Das Weihnachtsfest 1900 verlebte M im Sanatorium Dr. Turbans in Davos. Für die Weihnachtsfeier hat M das Gedicht vermutlich geschrieben. Am Rand der Karte hat er das Lied, das ursprünglich als Chorlied gedacht war, strophenweise einem *Chor der Männer* (I), *Weiber* (II), *Männer* (III) und *Beider* (Schlußchor) zugewiesen.

Vgl. Lissau (S. 29): »In diesem Gedicht überragt der musikalische Eindruck Zeile für Zeile den logischen bei weitem.« Vgl. auch Hiebel S. 217.

380 DEINE ROSEN AN DER BRUST. Druck: UND ABER RÜNDET SICH EIN KRANZ (1902) S. 17.

381 DEN LANGEN TAG BIN ICH DIR FERN GEWESEN. Druck: UND ABER RÜNDET SICH EIN KRANZ (1902) S. 18. Vgl. Hiebel S. 218.

381 ICH WACHE NOCH IN SPÄTER NACHT UND SINNE. Druck: UND ABER RÜNDET SICH EIN KRANZ (1902) S. 19.

381,6 *gewahrt:* hier in der Bedeutung von »bewahrt«.

381 DU BIST MEIN LAND. Druck: UND ABER RÜNDET SICH EIN KRANZ (1902) S. 20.

382 ES KOMMT DER SCHMERZ GEGANGEN. Überlieferung: Einzelblatt, handschriftlich, im Nachlaß. Datiert *8.12.1900*. Druck: UND ABER RÜNDET SICH EIN KRANZ (1902) S. 21. Textvarianten: **382**,4 *tönt*] ⟨*klingt*⟩ Einzelblatt ebd. – **382**,6 *verzagt*] ⟨*gibt sich*⟩ ⟨*stock*⟩ ⟨*zerbricht*⟩ ebd. – **382**,7 *böse*] ⟨*trübe*⟩ ebd. – **382**,9 *fromm*] ⟨*stark*⟩ ebd. – **382**,12 *Siegen*] ⟨*Jubel*⟩ ebd.

Das Gedicht entstand während Ms Sanatoriumsaufenthalt in Davos, wo sein Gesundheitszustand immer wieder neue Rückschläge erfuhr. Vgl. Hofacker S. 41 f.

382 IN EINER GLETSCHERSPALTE. Druck: UND ABER RÜNDET SICH EIN KRANZ (1902) S. 22.

Vgl. das Gedicht DER GLÄSERNE SARG (S. 122); außerdem den Stoff vom »Bergwerk zu Falun« (vgl. Elisabeth Frenzel: Stoffe der Weltliteratur. Stuttgart ⁶1983, S. 92–94.)

383 Mit einem Lorbeerblatt. Druck: Und aber ründet sich ein Kranz (1902) S. 23. Vgl. dazu den Traum vom 15.7.1898: *D[agny] gibt mir ein Blatt zurück, das ich einmal für sie gepflückt. Es wird in meinen Händen und unter ihren Blicken und Worten ein Strauß von Lorbeerblättern und Feldblumen.* T 1898/99 I, Bl. 59.

383 Und wir werden zusammen schweigen. Druck: Und aber ründet sich ein Kranz (1902) S. 24. Das Gedicht fehlt in der von Margareta M herausgegebenen Ausgabe Ein Kranz (1921).

384 Und so verblasste goldner Tag. Überlieferung: Einzelblatt, handschriftlich, im Nachlaß. Datiert *November 1900*. Druck: Und aber ründet sich ein Kranz (1902) S. 25.

384 Lärchenwald im Wintermorgenstrahl. Druck: Und aber ründet sich ein Kranz (1902) S. 26.

384,4 *Wodens wache Vögel:* Raben; in der germanischen Mythologie waren die Raben Hugin und Munin die Begleiter des Göttervaters Wodan.

384 O braune, nährende Erde. Druck: Und aber ründet sich ein Kranz (1902) S. 26.

384 Die Berge stehn / Im Morgenduft. Druck: Und aber ründet sich ein Kranz (1902) S. 27.

385 Mond am Nachmittag. Druck: Und aber ründet sich ein Kranz (1902) S. 28.

385 Ein Wassertropfen in verschlungnen Kehren. Druck: Und aber ründet sich ein Kranz (1902) S. 29.

386 Ein Schlänglein dehnt sich übern heissen Steig. Druck: Und aber ründet sich ein Kranz (1902) S. 30.

386 (Nordstrand) Hier beginnen die Gedichte, die im Zusammenhang mit Ms Norwegenaufenthalt stehen. In Nordstrand bei Christiania (Oslo) lebte M von Mai 1898–Mai 1899.

386 I Ihr dunklen Tanneninseln, eurer denk' ich oft. Überlieferung: Einzelblatt, handschriftlich, im Nachlaß. Undatiert. Druck: Und aber ründet sich ein Kranz (1902) S. 33.

386 II Des Frühlings unbestimmte Ahnung füllt die Luft. Druck: Und aber ründet sich ein Kranz (1902) S. 34.

387 III O Trauer, die mir immer wieder, wie ein Wind. Überlieferung: Einzelblatt, handschriftlich, im Nachlaß, mit der Überschrift Klage eines Jünglings. Undatiert. Druck: Und aber ründet sich ein Kranz (1902) S. 35.

387 (MOLDE) Stadt in Westnorwegen am Ufer des Romsdal- oder Moldefjords. M ging im Mai 1899 auf den Rat Ibsens hin (vgl. T 1898/99 II, Bl. 39) nach Molde, wo er bis Anfang Juli blieb. Er schrieb über diese Zeit: *Es begann eine Reihe wahrhaft glücklicher Tage* [...] *Wenn mein Blick auf diesem unermeßlichen Umkreis von Bergen ruhte, die, bis zum Fuße noch schneebedeckt, die tiefe Bläue des Fjords umkränzten, wenn er die langgestreckten Felseninseln verfolgte, wenn er zurückkehrte zum rauschenden Strand unten vor der Terrasse des Hotels, so mußten alle kleine Sorgen schweigen in einem langen starken Atemholen der Seele, der hier nichts Kleines mehr entgegenstand, sondern allein die lichte makellose Majestät einer großen Natur.* Manuskript im Nachlaß, s. Abt. Episches.

387 IV O DIESE VORMITTAGE, TRUNKEN VON GLANZ UND GLÜCK! Überlieferung: Einzelblatt, handschriftlich, im Nachlaß. Undatiert. Druck: UND ABER RÜNDET SICH EIN KRANZ (1902) S. 36. Textvarianten: **387**,2 *O dieser – naht*] *O Meeres-, Berges-, Himmelsbläuen allerseligstes Spiel! / Wenn über des Fjordes spiegelglatte blaue Fläche so / der Morgenwind sein dunkleres grüneres Blau heranführt – –!* Einzelblatt ebd.

387 V DIE SCHNEEBEDECKTEN GIPFEL RÖTET ABENDLICHT. Überlieferung: Einzelblatt, handschriftlich, im Nachlaß. Druck: UND ABER RÜNDET SICH EIN KRANZ (1902) S. 37. Textvariante: **387**,4 *der Erkenntnisse*] *des Erkenntnisses* UND ABER RÜNDET SICH EIN KRANZ ebd., vermutlich Druckfehler.

388 VI TIEFSINNIG BLAUN DIE BERGE DURCH DIE DÄMMERNACHT. Druck: UND ABER RÜNDET SICH EIN KRANZ (1902) S. 38.

388 VII SCHON GRAUT DER TAG. UND IST NOCH MITTERNACHT. Druck: UND ABER RÜNDET SICH EIN KRANZ (1902) S. 39.

388 (BERGEN) Hafenstadt in Westnorwegen. M lebte von Mitte Juli bis etwa Ende August 1899 in der Nähe von Bergen in dem kleinen Ort Hop (N 1899, Bl. 137 und Postkarte vom 22.7.1899 an Marie Goettling).

388 VIII (BEI EINER WEISE VON GRIEG) SCHWILL, SÜSSE, BITTRE KLAGE, IN DES ABENDWINDES. Druck: UND ABER RÜNDET SICH EIN KRANZ (1902) S. 40.

388 GRIEG: Edvard Grieg (1843–1907), norwegischer Komponist. Vgl. Michael Bauer: »Im August besuchte er von Bergen aus Edvard Grieg, den Komponisten von ›Peer Gynt‹ [Bühnenmusik zu Ibsens Schauspiel, komponiert 1874/75] in Troldhaugen [Griegs Landhaus bei Bergen]. Aus diesen Tagen stammt der Neunzeiler BERGEN. BEI EINER WEISE VON GRIEG.« Bauer, Chr. M. (1985) S. 142.

388,8 *Sonnengold im gebrochnen Aug':* vgl. die Zeile: *So möcht' ich sterben, Sonnengold im Haar,* S. 232, 7.
389 O SIEH DAS SPINNENWEB IM MORGENSONNENSCHEIN. Druck: UND ABER RÜNDET SICH EIN KRANZ (1902) S. 41.
389,9 *Maja:* vgl. dazu die Notiz Ms: *Maja (»Schein«), in der indischen Mythologie das weibliche Prinzip der schaffenden Gottheit, der Weltmutter, insofern die Welt in ihren äußeren Erscheinungen als Täuschung und Schein aufgefaßt wird, während nur die Gottheit wahre Existenz hat. Dargestellt wird Maja als schönes verschleiertes Weib, das in den Falten seines Schleiers die Bilder aller erschaffenen Wesen zeigt.* T 1898/99 I, Bl. 126 (vermutlich Buchexzerpt).
389 EINER SCHOTTIN. Überlieferung: Einzelblatt, handschriftlich, im Nachlaß. Undatiert. Druck: UND ABER RÜNDET SICH EIN KRANZ (1902) S. 42.
389 EINER JUNGEN SCHWEIZERIN. Druck: UND ABER RÜNDET SICH EIN KRANZ (1902) S. 43.
390 WAS KANNST DU, SÜSSE, WIDER DIES, DASS DU SO SCHÖN! Überlieferung: Einzelblatt, handschriftlich, im Nachlaß. Datierbar 17.3.1899 (nach N 1899, Bl. 17). Druck: UND ABER RÜNDET SICH EIN KRANZ (1902) S. 45. Das Gedicht fehlt in der von Margareta M herausgegebenen Ausgabe EIN KRANZ (1921).
390 WER SEINE SEHNSUCHT SO WIE EINEN DRITTEN GAUL. Überlieferung: T 1898/99 I, Bl. 3, nur WER SEINE SEHNSUCHT – *könnte.* Datierbar Mai 1898. Druck: UND ABER RÜNDET SICH EIN KRANZ (1902) S. 45.
390,1 *einen dritten Gaul vor seinen Lebenskarren:* Abwandlung eines Bildes aus der Seelenlehre Platons (»Phaidros« 246a–247c, 253c–254e), wonach der Mensch als Wagenlenker das Gespann seiner beiden ungleichen Seelenrosse – eines edlen, himmlischen und eines unedlen, irdischen – beherrschen lernen muß. Bekannter ist das Gleichnis durch die Umgestaltung Goethes in einem Brief an Herder Anfang Juli 1772, die er in seinem Drama »Egmont« in die poetische Form brachte: »Wie von unsichtbaren Geistern gepeitscht, gehen die Sonnenpferde der Zeit mit unsers Schicksals leichtem Wagen durch; und uns bleibt nichts, als mutig gefaßt die Zügel festzuhalten, und bald rechts, bald links, vom Steine hier, vom Sturze da, die Räder wegzulenken. Wohin es geht, wer weiß es? Erinnert er sich doch kaum, woher er kam« (2. Aufzug, Egmonts Wohnung. Vgl. auch »Dichtung und Wahrheit« 4. Teil, 20. Buch, Schluß).
390,3 *Flügelpferd:* Gestalt aus der griechischen Mythologie: Als Perseus

der Medusa das Haupt abschlug, sprang das geflügelte Pferd Pegasos aus ihrem Rumpf. Es wurde von Bellerophon gezähmt, der nach vielen Heldentaten beim Versuch, mit Hilfe des Pferdes den Olymp zu erreichen, abstürzte. In späterer Zeit wurde Pegasos auch zum Bild für die dichterische Phantasie.

390,5 *Phaeton:* In der griechischen Mythologie Sohn Helios und der Klymene, besteigt den Sonnenwagen seines Vaters, weiß ihn aber nicht zu lenken, stürzt ab und wird von einem Blitz des Zeus vernichtet.

390 O SCHICKSAL, SCHICKSAL, SCHICKSAL, WARUM GABST DU MIR. Druck: UND ABER RÜNDET SICH EIN KRANZ (1902) S. 46.

391 O SEELE, SEELE MIT DEM BEWEGLICHEN SPIEGEL DU. Druck: UND ABER RÜNDET SICH EIN KRANZ (1902) S. 47.

391 O, WER SIE HALTEN KÖNNTE, DIE HELLEN GEDANKEN, DIE. Druck: UND ABER RÜNDET SICH EIN KRANZ (1902) S. 48.

391 ODE AN DAS MEER. Druck: UND ABER RÜNDET SICH EIN KRANZ (1902) S. 51–54.

392,32 *irrlos:* In Michael Bauers Handexemplar von ihm in »stahlhart« geändert. In einem anderen Archivexemplar findet sich die gleiche Änderung von der Hand Margareta Ms; daneben steht durchgestrichen »standhaft«. Wer diese Textänderung zuerst vorgenommen hat, läßt sich nicht mehr feststellen. Es besteht auch die Möglichkeit, daß sie einer verlorenen Handschrift Ms entnommen wurde. Sie wurde von Margareta M in den von ihr herausgegebenen Band EIN KRANZ (1921) übernommen und steht auch in der Ausgabe UND ABER RÜNDET SICH EIN KRANZ. Basel 1972 (Christian Morgenstern, Sämtliche Dichtungen, Bd. 5) S. 36.

393,68 *deinem dich peitschenden Xerxes:* Der Perserkönig Xerxes (um 519–465 v. Chr.) ließ der Sage nach das Meer mit Ketten peitschen, um ihm seine herrscherliche Überlegenheit zu zeigen.

394 CAESARI IMMORTALI. Druck: UND ABER RÜNDET SICH EIN KRANZ (1902) S. 57.

CAESARI IMMORTALI: dem unsterblichen Caesar (lat.).

394,3 *Plutarch. Cäsars Leben:* Der griechische Philosoph und Historiker Plutarchos (um 46– nach 120) stellte in vergleichenden Biographien berühmte Griechen und Römer einander gegenüber. Plutarch: Große Griechen und Römer, eingeleitet und übersetzt von Konrat Ziegler. 6 Bde., Zürich 1954–1965. Die Biographie des römischen Staatsmanns und

Feldherrn Caius Julius Caesar (um 100–44 v. Chr.) in Bd. 5, 1960, S. 101–177.
394 VOR EINER BÜSTE SCHOPENHAUERS. Druck: UND ABER RÜNDET SICH EIN KRANZ (1902) S. 58.
SCHOPENHAUERS: Die Philosophie Arthur Schopenhauers (1788–1860) gehört zu den wichtigen Einflußsphären, die auf den jungen M gewirkt haben, vgl. auch AUTOBIOGRAPHISCHE NOTIZ (Abt. Aphorismen Nr. 1, Text und Kommentar).
394 NUR IMMER REIN DES ZWEIFELS EWIG SPÜLENDEN QUELL. Druck: UND ABER RÜNDET SICH EIN KRANZ (1902) S. 59.
395 NOCH NIEMALS FIEL ES IRGENDEINEM VOLKE EIN. Überlieferung: Einzelblatt, handschriftlich, im Nachlaß. Undatiert. Druck: UND ABER RÜNDET SICH EIN KRANZ (1902) S. 60.
395 DAS UNERTRÄGLICHSTE, WAS ES AUF ERDEN GIBT. Überlieferung: Einzelblatt, handschriftlich, im Nachlaß. Undatiert. Druck: UND ABER RÜNDET SICH EIN KRANZ (1902) S. 61.
395 (SEGANTINI). Überlieferung: T1901, Bl. 77. Datierbar September 1901. Druck: UND ABER RÜNDET SICH EIN KRANZ (1902) S. 62. Textvarianten: **395**,3 *Vor einer*] *Vor einem Felsstück* T1901 ebd. – **395**,5 *wenn über – badete*] *wenn es verschleiert noch und hoch im scheidenden Licht / in Lauterkeit zugleich und Unergründlichkeit / emporstieg in des Abends reinen schmerzlichen Duft* ebd. – **395**,9 *da dacht' – Dein*] *gedacht ich schauernd, dein, o Liebe, dein.* ebd.
(SEGANTINI): Giovanni Segantini (1858–1899), italienischer Maler, besonders des Hochgebirges und seiner Menschen. M schrieb über ihn: [...] *Vom Maler muß es ebenso wie vom Dichter heißen: Von allem Gemalten liebe ich nur, was einer mit seinem Blute malt. Segantini, dünkt mich immer, obwohl ich nur gar wenig von ihm kenne, war so einer.* Brief an Efraim Frisch vom 20.10.1901. BRIEFE. Auswahl (1962) S. 102. – *Sehe ihn eigentlich zum ersten Mal in seiner eigensten Art. Ein Ringen mit der Natur, ein Kampf, eine Vergewaltigung mit schier dynamischen Mitteln. Ecce unguem leonis* [Siehe die Klaue des Löwen, lat.]. *Unterschied zwischen Segantini und einem anderen Gebirgsmaler. Dieser gibt den Blick auf die Natur mit möglichster Treue, jener will noch das Leben der Natur dazu geben, etwas über den bloßen Augenblick hinaus, das die Welt als einen lebendigen Organismus entschleiern möchte. Ein tiefsinnig-mächtiger verzehrender – großer Schöpferdrang.* T1903, Bl. 88. Datiert *29.6.1903*.
396 AN LUDWIG JACOBOWSKI (†). Überlieferung: T1901, Bl. 90. Da-

tierbar vermutlich Herbst 1901. Druck: UND ABER RÜNDET SICH EIN KRANZ (1902) S.63. Textvarianten: **396**,4 *die Sennen – reizt*] *der Hirt die Glocken ⟨seiner Alm zusammen⟩ singt ⟨sich zur Zeit⟩ wunderlich in eines* [*singt*] T 1901 ebd. – **396**,5 *du hast an mich geglaubt*] ⟨*ich hatt' es nur geahnt / in einer Weise,*⟩ [bricht ab] ⟨*und ich hab' es nicht gewußt!*⟩ ⟨*war ich der deine auch?*⟩ ebd. – **396**,7 *den reinen Hauch*] ⟨*die stille Luft*⟩ *den milden* [darüber: *stillen linden*] *Tag* ebd. – **396**,9 *atmen – Duft*] ⟨*ihn wie eine Blume mit dir nehmen, Freund,*⟩ ebd.

LUDWIG JACOBOWSKI: (21.1.1868–2.12.1900) Schriftsteller, Herausgeber der Zeitschrift »Die Gesellschaft«, an der M mitarbeitete. M bezieht sich vermutlich auf einen Aufsatz Jacobowskis aus dem Jahr 1898: Ludwig Jacobowski: Gustav Falke und Christian Morgenstern. »Die Gesellschaft« 14 (1898) Bd. 1, S. 391–393 (über M S. 392f.) und die Rezension von EIN SOMMER. »Die Gesellschaft« 16 (1900) Bd. 3, S. 121f.

396 DU HAST NIE ANDRE DENN DICH SELBST GEHÖRT, MEIN FREUND. Druck: UND ABER RÜNDET SICH EIN KRANZ (1902) S.64. Das Gedicht fehlt in der von Margareta M herausgegebenen Ausgabe EIN KRANZ (1921).

396 HAB' ICH DICH ENDLICH, ARMER FREUND, DAHIN GEBRACHT. Druck: UND ABER RÜNDET SICH EIN KRANZ (1902) S.65. Das Gedicht fehlt in der von Margareta M herausgegebenen Ausgabe EIN KRANZ (1921).

397 MAN PREIST'S RESIGNATION; DOCH ENDLICH IST ES NICHTS. Druck: UND ABER RÜNDET SICH EIN KRANZ (1902) S.66. Das Gedicht fehlt in der von Margareta M herausgegebenen Ausgabe EIN KRANZ (1921).

397 DEN STEHNGEBLIEBNEN ZEIGER MEINER KLEINEN UHR. Überlieferung: Einzelblatt, handschriftlich, im Nachlaß. Undatiert. Druck: UND ABER RÜNDET SICH EIN KRANZ (1902) S.67.

Vgl. auch AUF DEN TOD MEINER KLEINEN WECKERUHR und AN MEINE TASCHENUHR, Abt. Lyrik 1906–1914.

397 WER WAHRHAFT KÜNSTLER, LACHT DES GANZ ARMSELIGEN. Druck: UND ABER RÜNDET SICH EIN KRANZ (1902) S.68.

398   (NIETZSCHE)

398 1 BEGREIFE DIESES SCHICKSAL, JUNGES HERZ. Überlieferung: Einzelblatt, handschriftlich, im Nachlaß. Undatiert. Druck: UND ABER RÜNDET SICH EIN KRANZ (1902) S.69.

NIETZSCHE: Vgl. Einleitung, S.705, Einführung zu IN PHANTAS SCHLOSS, S.732 und der Widmung S.746.
398 II VOR EINEM FLUSSBETT STAND ICH, DAS DEN BERG, VEREIST. Überlieferung: Einzelblatt, handschriftlich, im Nachlaß. Undatiert. Druck: UND ABER RÜNDET SICH EIN KRANZ (1902) S.70. Textvarianten: **398,**1 *vereist*] *verschneit* Einzelblatt ebd. – **398,**3 *Felsgewässers*] *Berggewässers* ebd.

398 WIND, DU MEIN FREUND! Druck: UND ABER RÜNDET SICH EIN KRANZ (1902) S.73.
398,8 *Wecker zu sein wie du:* Ms Dichtertum war von früh an auch ein missionarischer Zug eigen (vgl. die Einleitung, Abschnitt »Morgensterns Entwicklung als Lyriker«, oben S.700ff.).
399 GLÜCKSELIG NACH DEM REGEN LACHT. Druck: UND ABER RÜNDET SICH EIN KRANZ (1902) S.74.
399 BUTTERBLUMENGELBE WIESEN. Druck: UND ABER RÜNDET SICH EIN KRANZ (1902) S.75.
399 VON FRÜHLINGSBUCHENLAUB EIN DOM. Druck: UND ABER RÜNDET SICH EIN KRANZ (1902) S.76.
400 FEUCHTER ODEM FRISCHER MAHD. Druck: UND ABER RÜNDET SICH EIN KRANZ (1902) S.77.
400 DAS SIND DIE REDEN, DIE MIR LIEB VOR ALLEN. Überlieferung: Einzelblatt, handschriftlich, im Nachlaß. Datiert: *12.6.*[1901?]. Druck: UND ABER RÜNDET SICH EIN KRANZ (1902) S.78. Über dem Gedicht steht, vermutlich von M geschrieben, *Zeit.* Einzelblatt ebd.
400,6 *Eintag:* vgl. Kommentar zu AM MEER, S.849.
400 WIE DER WILDE GLETSCHERBACH. Überlieferung: Einzelblatt, handschriftlich, im Nachlaß. Datiert *8.6.*[1901?]. Druck: UND ABER RÜNDET SICH EIN KRANZ (1902) S.79.
400,3 *Gejach:* Eile, Schnelligkeit; Substantiv zu »jach«, schnell, eilig, ungestüm.
400 BERGSCHWALBEN RAUSCHEN DURCH DIE LUFT. Überlieferung: Einzelblatt, handschriftlich, im Nachlaß. Undatiert. Druck: UND ABER RÜNDET SICH EIN KRANZ (1902) S.80. Textvariante: **401,**5 *Ob mir – Welt*] *Ob nicht dem Menschen doch bestimmt / glücklich zu sein in dieser Welt – –* Einzelblatt ebd.
401 DES MORGENS SCHALE QUILLT VON SONNENLICHT. Druck: UND ABER RÜNDET SICH EIN KRANZ (1902) S.81.

401 WELCH EIN SCHWEIGEN, WELCH EIN FRIEDEN. Druck: UND ABER RÜNDET SICH EIN KRANZ (1902) S.82.

402 BLEICH IN STERNEN STEHT DER RAUM. Überlieferung: T1901, Bl.7. Druck: UND ABER RÜNDET SICH EIN KRANZ (1902) S.83.

402 INMITTEN DESSEN, WAS WIR UNS ERZÄHLTEN. Überlieferung: Einzelblatt, handschriftlich, im Nachlaß, mit der Überschrift EIN BLICK. Druck: UND ABER RÜNDET SICH EIN KRANZ (1902) S.84.

402 ICH LIEBE DICH, DU SEELE, DIE DA IRRT. Druck: UND ABER RÜNDET SICH EIN KRANZ (1902) S.85.

402 WAS DENKST DU JETZT? Druck: UND ABER RÜNDET SICH EIN KRANZ (1902) S.86.

403 O WEINE NICHT! ICH WEISS, ICH TU' DIR WEH. Überlieferung: T1901, Bl.35. Datiert *20.8.1901*. Druck: UND ABER RÜNDET SICH EIN KRANZ (1902) S.87. Textvarianten: **403**,3 *am andern*] ⟨*am Menschen*⟩ T1901 ebd. – **403**,4 *grub – Gesetz*] ⟨*fand*⟩ *ich* ⟨*als Gesetz*⟩ ebd. – **403**,8 *nur – tuen*] ⟨*immer nur in eines*⟩ ebd.

404 NEBELGEWÖLKE, DEN BERG ENTLANG. Druck: UND ABER RÜNDET SICH EIN KRANZ (1902) S.88.

404,5 *Fluh:* Fels. – Vgl. Lissau S.199.

404 SAHST DU NIE DER DÄMMRUNG GRELLE HELLE. Überlieferung: T1901, Bl.71. Datierbar vermutlich September 1901. Druck: UND ABER RÜNDET SICH EIN KRANZ (1902) S.98. Textvarianten: **404**,3 *gleißend*] *blendend* T1901 ebd. – **404**,6 *hier geheim*] ⟨*dort mit Macht*⟩ ebd.

404 AUGUSTTAG. Überlieferung: T1901, Bl.19. Datiert *15.8.1901*. Druck: UND ABER RÜNDET SICH EIN KRANZ (1902) S.90. Textvariante: **404**,4 *schmerzlich*] ⟨*schwer und*⟩ T1901 ebd.

405 SEPTEMBERTAG. Druck: UND ABER RÜNDET SICH EIN KRANZ (1902) S.91.

405 VORABENDGLÜCK. Überlieferung: Einzelblatt, handschriftlich, im Nachlaß. Von Margareta M datiert 1901 oder 1902. Druck: UND ABER RÜNDET SICH EIN KRANZ (1902) S.92.

405 ABENDKELCH VOLL SONNENLICHT. Überlieferung: T1901, Bl.57. Datiert *30.8.1901*. Druck: UND ABER RÜNDET SICH EIN KRANZ (1902) S.93. Textvariante: **405**,5 *Alles Herzwehs*] *Alle*⟨*r*⟩ *Unrast* T1901 ebd.

405 ES GIBT NOCH WUNDER, LIEBES HERZ. Überlieferung: Zwei Einzelblätter: Im Archiv des Piper-Verlags (H¹) und im Nachlaß (H²). Druck: UND ABER RÜNDET SICH EIN KRANZ (1902) S.94. Faksimiledruck von H¹: Michael Bauer: Christian Morgensterns Leben und Werk.

Und aber ründet sich ein Kranz [Nachlese] 919

1.Aufl. München 1933, nach S.320. Textvarianten: **405**,6 *vom hohen Zelt*] daneben steht: *(Abendzelt)* (H²) ebd. – **406**,10 *vor – allein*] ⟨*als erster Stern und nur für dich*⟩ ⟨*wie eine Magd zu ihrem Herrn*⟩ ebd. – **406**,12 *Bin – dein*] *(ich bin dein Stern)*, geändert in: ⟨*ich aber* [?] *bin dein*⟩, daneben am Rand: *bin ich nicht dein?* ebd.

An dieses Gedicht knüpfte der Geistliche seine Ansprache zu Ms Trauung (Brief Margareta Ms an Kayßlers vom 11.3.1910). Zu diesem Gedicht vgl. auch Klein S.54 und Lissau S.31f.

406 EIN WANDERLIED, VOM ABENDWIND VERTRAGEN. Überlieferung: T1901, Bl.47. Datiert *22.8.1901*. Druck: UND ABER RÜNDET SICH EIN KRANZ (1902) S.95. Vgl. Lissau S.34f.

406 UND WENN DU NUN ZUR DUNKLEN FERNE TREIBST. Überlieferung: T1901, Bl.66, mit der Überschrift VERMÄCHTNIS. Datierbar September 1901. Druck: UND ABER RÜNDET SICH EIN KRANZ (1902) S.96. Textvarianten: **406**,3 *Teure*] *Liebe* ⟨*Freundin*⟩ T1901 ebd. – **406**,4 *dem Leben dienender*] *d*⟨*as*⟩ *Leben* ⟨*liebender*⟩ ⟨*geistiger*⟩ ebd.

407 MIT DIESEM LANGEN KUSS. Überlieferung: T1901, Bl. 29. Datierbar August 1901. Druck: UND ABER RÜNDET SICH EIN KRANZ (1902) S.97. Textvarianten: **407**,1 *diesem*] ⟨*einem*⟩ T1901 ebd. – **407**,2 *uns*] ⟨*uns*⟩ *mich* ebd. – **407**,4 *Schmerzen*] ⟨*Schmerzen*⟩ *Marter* ebd.

407 LIEBE, LIEBSTE IN DER FERNE. Überlieferung: T1901, Bl.75. Datiert *20.9.1901*. Druck: UND ABER RÜNDET SICH EIN KRANZ (1902) S.98. Textvarianten: **407**,2 *wie so*] ⟨*ach*⟩ *wie* T1901 ebd. – **407**,3 *mir*] hierzu steht neben der Zeile: *(uns)* ebd. – *milde*] ⟨*holde*⟩ ebd.

408 UND ABER RÜNDET SICH DER KRANZ. Überlieferung: T1901, Bl.64. Datiert *September 1901*. Einzelblatt, handschriftlich, im Nachlaß. Druck: UND ABER RÜNDET SICH EIN KRANZ (1902) S.99.

Im September 1901 lebte M seit einem Jahr in der Schweiz.

408 ERSTER SCHNEE. Überlieferung: Einzelblatt, handschriftlich, im Nachlaß. Undatiert. Druck: UND ABER RÜNDET SICH EIN KRANZ (1902) S.100.

Nachlese zu UND ABER RÜNDET SICH EIN KRANZ

409 HINZUWANDELN / AM MURMELNDEN MEERE. Druck: MENSCH WANDERER (1927) S.68, dort mit 1901 datiert.

409 GENESUNG. Überlieferung: Einzelblatt, handschriftlich, im Nachlaß. Druck: MENSCH WANDERER (1927) S.65, dort mit 1900 datiert. Textvarianten: **409**,1 *leicht*] *jüngst* MENSCH WANDERER ebd. – **409**,2 *die Lebenskraft*] *des Lebens Kraft* ebd. – *zurückkommt*] *zurückrinnt* ebd.

409 OFT, WIE OFT, WENN ICH ERWACHE. Überlieferung: Einzelblatt, handschriftlich, in Privatbesitz. Kopie im Morgenstern-Archiv. Druck: MENSCH WANDERER (1927) S. 65, dort mit 1900 datiert.

410 MORGENLUFT! Druck: ZEIT UND EWIGKEIT (1940) S. 15.

410 O BLUME, DIE DU ÜBER VIELEM SCHWEBST. Überlieferung: T1901, Bl. 13. Datiert *15.8.1901*. Einzelblatt, handschriftlich. Druck: MENSCH WANDERER (1927) S. 69. Textvarianten: **410**,5 *der du – erhoben*] geändert aus: ⟨*o übersinnlich sinnliches Erschauern, / zu schaun, wie hoch der Mensch sein Bild erhob*⟩ T1901 ebd. – **410**,8 *Irisschleier*] ⟨*Inhalt*⟩ ⟨*Seeleninhalt*⟩ ebd.

410,8 *Irisschleier:* Iris, in der griechischen Mythologie die Götterbotin und Personifikation des Regenbogens.

410 HERBSTREGEN FEGEN DURCH DIE SCHLUCHT. Überlieferung: T1901, Bl. 27. Datiert *15.8.1901*. Textvariante: **410**,13 *O nicht! O nein!*] geändert aus: *Verzicht? /* ⟨*O nicht o nicht*⟩ T1901 ebd.

411 DORT TREIBT EIN SCHICKSAL AUF DEN WELLEN FORT... Überlieferung: T1901, Bl. 68. Datierbar September 1901. Druck: MENSCH WANDERER (1927) S. 73.

411 DIES IST DER HERBST, DER BRICHT DIR NOCH DAS HERZ. Überlieferung: T1901, Bl. 69. Datierbar September 1901. Im T gestrichen.

411,1 *Dies ist – Herz:* Zitat der ersten Zeile von Nietzsches Gedicht »Der Herbst« (1877). Nietzsche, Werke Bd. 5. Leipzig 1923, S. 380f.

411 WIE ÜBER DEN SCHNEE DER SCHATTEN DES VOGELS SCHWEBT. Überlieferung: Einzelblatt, handschriftlich, im Nachlaß. Undatiert. Druck: MENSCH WANDERER (1927) S. 67, dort mit 1900 datiert. Textvariante: **411**,5 *winterlich kristallnes*] ⟨*weißes winterliches*⟩ Einzelblatt ebd.

411,3 *Dust:* Dunst, Staub.

412 DIE STILLEN STUNDEN SIND ES, DA DIE GLOCKEN. Überlieferung: T1901, Bl. 37. Datiert *21.8.1901*. Druck: »Waldorf-Nachrichten« 3 (1921) S. 27, mit der Überschrift STILLE STUNDEN. MENSCH WANDERER (1927) S. 68. Textvarianten: **412**,2 *seltnen Seelen*] ⟨*fernen*⟩ ⟨*tiefen*⟩ ⟨*Tempel*⟩ T1901 ebd. – **412**,4 *und – Locken*] ⟨*und wie sie uns nach ihrer Höhe locken*⟩ ebd. – *göttlich tiefes*] darüber steht: *(übermächtig)* ebd. – **412**,5 *ihren reinen*] geändert aus: ⟨*immer reinern*⟩ ebd. –

412,6 *freier, stolzer*] ⟨*stolzer, heitrer*⟩ ebd. – **412,8** *am – weben*] geändert aus: ⟨*den Sinn des Lebens geben*⟩ ebd.

412 WINDGLÜCK. Überlieferung: Einzelblatt, maschinenschriftlich, im Nachlaß. Undatiert. Druck: »Die Gesellschaft« 17 (1901) Bd. 3, S. 166. MENSCH WANDERER (1927) S. 66, dort mit 1900 datiert.

412 O ÜBERMASS DER REINEN LEBENSFÜLLE. Druck: MENSCH WANDERER (1927) S. 75, dort mit 1901 datiert.

413 NICHTS HOLDERES. Überlieferung: Einzelblatt, handschriftlich, im Nachlaß. Datiert *24.5.1901*. Druck: MENSCH WANDERER (1927) S. 72. Textvarianten: **413**,1 *Holderes*] ⟨*Größeres*⟩ Einzelblatt ebd. – **413**,7 *zu*] ⟨*an*⟩ ebd.

413 GLÜCK IST WIE BLÜTENDUFT. Überlieferung: Einzelblatt, handschriftlich, im Nachlaß. Datiert *1901*. Druck: MENSCH WANDERER (1927) S. 71.

413 IM SPIEGEL DER QUELLE. Überlieferung: T1901, Bl. 73. Datierbar September 1901. Textvariante: **413**,4 *fliehend*] ⟨*entgleitend*⟩ T1901 ebd.

413 BERGESMATTEN HINAUF. Druck: MENSCH WANDERER (1927) S. 69, dort mit 1901 datiert.

414 BERGESLIEBE. Druck: MENSCH WANDERER (1927) S. 72, dort mit 1901 datiert.

414 DAS HAUS AUF DER MATTE. Überlieferung: Einzelblatt, handschriftlich, im Nachlaß. Datiert *Zwischen Engelberg und Grünenwald. 22.6.1901*. Druck: MENSCH WANDERER (1927) S. 73. Textvariante: **414**,5 *da es*] *da ich* MENSCH WANDERER ebd. Die Änderung ist verständlich, da *es* im Originaltext unklaren grammatischen Bezug hat. 1901 hielt sich M in Wolfenschießen (Schweiz) unweit von Engelberg auf.

415 LÄMMERCHEN AM DUNKLEN ZELT. Überlieferung: Zwei Einzelblätter, handschriftlich, im Nachlaß. Datiert *20.9.1901*. Druck: MENSCH WANDERER (1927) S. 70. Textvarianten: **415**,7 *stürmten fort*] ⟨*warfen uns*⟩ Blatt 1 – **415**,10 *zurücke finden*] ⟨*dich wieder*⟩*finden* ebd. – **415**,23 *ruht*] ⟨*liegt*⟩ Blatt 2 – **415**,24 *dem Rätselglück*] ⟨*dem Rätselglück*⟩ ⟨*der Seligkeit*⟩ ebd.

416 JEDER NEUE MENSCH, DEN ICH KENNENLERNE. Druck: MENSCH WANDERER (1927) S. 76, dort datiert 1901.

416 ALLEN GLEICHER SEELE WEND ICH. Druck: MENSCH WANDERER (1927) S. 64, dort mit 1900 datiert.

417 Ich habe nach Vollendung stets gerungen. Überlieferung: T1901, Bl. 31. Datiert *18.8.1901*. Druck: Mensch Wanderer (1927) S. 76. Textvarianten: **417**,2 *treuflüchtig*] darunter steht: *leichtfertig;* über dem Gedicht steht noch einmal: *(treuflüchtig)* T1901 ebd. – **417**,3 *strenge*] ⟨*herbe*⟩ ebd. – **417**,4 *ergeben*] darunter steht: *beschieden* ebd. – **417**,5 *Und such*] ⟨*Um euch*⟩ ebd. – **417**,6 *für – überdauert*] ⟨*das Dauernde*⟩ ⟨*was etwa dauern möchte*⟩ ebd.

417 Oft fasst mich an ein unbezwinglich Leiden. Druck: Mensch Wanderer (1927) S. 77, dort mit 1901 datiert.

417,9 *jene tiefe Fabel – Erkenntnisbaum:* vgl. 1. Buch Mose 2,16–3,24.

417,12 *Nirwana. Sansara:* Sansara oder Samsara bezeichnet in den indischen Religionen den Kreislauf der Verkörperungen durch Wiedergeburt, Nirwana das Ziel dieses Kreislaufs, das Verlöschen im begierdelosen Nichts.

417 Ein Wetterzeiger bin ich schier. Druck: Mensch Wanderer (1927) S. 78, dort datiert mit 1901.

418 In einer Dämmerstunde war's einmal. Überlieferung: Einzelblatt, handschriftlich, im Nachlaß. Undatiert. Druck: Mensch Wanderer (1927) S. 77, dort mit 1901 datiert.

Vgl. Hiebel S. 221 f. und Giffei S. 144 f.

418 Wie? Wolltest du dir selbst zuwiderhandeln. Druck: Mensch Wanderer (1927) S. 78, dort mit 1901 datiert.

Zyklische Dichtungen

DER WELTKOBOLD · Eine Kosmiade

Einführung. Am 23. Mai 1895 begann Morgenstern mit der Niederschrift einer lyrisch-epischen Dichtung DER WELTKOBOLD, der er den Untertitel *Eine Kosmiade* gab. Wir wissen das so genau, weil er in seinem Tagebuch (T1895, Bl. 13) über das Eingangsgedicht IM MUND DIE ABENDZIGARETTE das Datum geschrieben hat. Das ist ungewöhnlich, denn Morgenstern pflegte sonst, wenn er überhaupt ein Entstehungsdatum notierte, dieses unter die Erstschrift im Tagebuch zu setzen, damit einen Abschluß dokumentierend. Das vorangestellte Datum macht deutlich, daß es sich um den Beginn einer größeren Arbeit handelte, deren Fertigstellung nicht abzusehen war. (Nebenbei: am 2.9.1895 redet der Dichter den Freund Kayssler, der ihm offenbar Zigaretten geschickt hatte, im Brief scherzhaft *Du Weltkobold!* an.)

In diesem Eingangsgedicht erzählt der Dichter in launigen Versen von seiner ersten Begegnung mit dem Weltkobold. Wer ist das? Ein lausbübischer, ein zu Unfug und Streichen aufgelegter verkappter Gott, ein enfant terrible unter den Göttern, zugleich neugierig und allmächtig, durchtrieben und naiv, liebenswürdig und unausstehlich, ein pittoresker Lümmel von kosmischem Format. Indem ihn der Dichter am Himmel *auf reichem Narrenthron* [...] *lachend sitzen* sieht, tut er sozusagen einen Blick *hinter die Weltkulissen*, die für gewöhnlich *unsern armen Menschenköpfen* [...] *den Sinn der Ewigkeit* verdecken. Die Schlußzeile des nicht ganz ausgeformten Gedichts *Und nun kommen die Träume, die Träume* mag ein Hinweis auf den Inhalt der Dichtung sein: die Träume werden Erlebnisse und Abenteuer des Weltkobolds schildern, die sich teils auf der Erde, teils auf anderen Planeten abspielen. Die Darstellung der einen wird ironisch-satirische Kritik an unserer Erdenwelt nahelegen, in den anderen mögen wir mit dem Blick aufs Ganze *den Sinn der Ewigkeit* suchen.

Diese doppelte Aspektierung ist bezeichnend für Morgensterns Dichtung: Der lachende Morgenstern will spotten oder spielen, der ernste fühlt sich aufgerufen, seinen Brüdern den Pfad in die Ewigkeit zu zeigen: Galgenbruder und Pfadsucher zugleich.

Die Synthese wird nicht immer bruchlos gelingen. Schon in der PHANTA-Dichtung stehen Spott, Spaß und Pathos oft hart nebeneinander. Die

Dichtung vom WELTKOBOLD, die aus der PHANTA-Zeit stammt, mag an der Unmöglichkeit einer Verschmelzung allzu heterogener Bestandteile gescheitert sein.

Sie scheiterte, mit einem Wort, am Fehlen einer einheitlichen Konzeption. Prüft man die vorhandenen Bruchstücke und Notizen, so läßt sich unschwer folgendes feststellen: Erstens geht es um die uralte Frage nach der Realität der Welt. Ist diese etwa nur die Vorstellung, der Traum, das Spiel eines Gottes, vielleicht sogar eines Gottes, der selber nur eine spielerische Vorstellung des Menschen ist – also beispielsweise des Weltkobolds? Denn diesem kommt ja keine echte mythische Wirklichkeit zu, er ist ein witziger Einfall, also eine intellektuelle Spielerei. Zweitens: Die Fiktion des Weltkobolds hat eine bestimmte Funktion: sie dient dem Dichter, mit erborgter Narrenfreiheit seine ironisch formulierte Gesellschafts- und Zivilisationskritik indirekt auszusagen. Und schließlich (und das gilt auch für PHANTA): Morgenstern, der jugendlich-heißblütige Schwärmer, wird immer wieder von erotischen Wunschvorstellungen überwältigt. Das alles auf einen Begriffsnenner gebracht: Realitätsproblem plus Zeitsatire plus sentimentale Sinnlichkeit (und die ist, wie bei PHANTA, die eigentliche künstlerische Klippe). Zwar gelingt es Morgenstern nicht selten, den Widerspruch zwischen Spott und Pathos zu paralysieren, aber doch nicht immer. DER WELTKOBOLD war im Grunde als groteske Dichtung mit tieferer Bedeutung gedacht. Die einzigen zu Ende (oder doch fast zu Ende) geführten Abenteuer des Weltkobolds sind erotischer Natur, und in ihnen wird der ironisch gebrochene Grundton immer wieder durch die dem Stil des Ganzen widersprechende, aber vom Dichter genüßlich ausgekostete Sentimentalität verwischt.

Bruchstück geblieben ist das andere, streckenweise weit ausgeführte Stück WELTKOBOLD IM LANDE DER BÄRENHÄUTER. Gerade dieses Stück satirischer Kritik an der Philisterei des Volkes der Dichter und Denker (Morgenstern sagt: *Richter und Henker*) wird den heutigen Leser am meisten ansprechen. – Morgenstern hat das Ganze schließlich liegen gelassen und nichts davon veröffentlicht.

In dem Abschnitt »Zyklen-Pläne« (oben S. 711 ff.) wurde darauf hingewiesen, wie stark der Dichter in der PHANTA-Zeit mit weitgespannten zyklischen Plänen lyrisch-epischer Art beschäftigt war, in denen naturmythische und kosmische Aufschwünge Gestalt gewinnen sollten, von denen aber nichts ausgeführt ist. Die verschiedenen, meist verschwimmenden Pläne fließen ineinander, so daß mitunter eine Notiz oder ein Fragment nicht eindeutig diesem oder jenem Projekt zuzuordnen ist – mögen sie nun SONNENAUFGÄNGE oder SYMPHONIE oder DER WELTKOBOLD heißen. So trägt ein Fragment den Zusatz: *vielleicht ad* WELTKOBOLD; ein anderes, das zweifellos in den WELTKOBOLD-Abschnitt IV gehört, ist überschrieben: *Zu den Zyklen* SONNENAUFGÄNGE, ein anderes ist *vielleicht ad* WELTKOBOLD oder *auch ad* SYMPHONIE I oder SYMPHONIE III gedacht. Das WELTKOBOLD-Projekt gehört in Morgensterns Berliner Kabarettzeit. So nimmt es nicht wunder, daß der Dichter auch an eine szenische Aufführung, einen musikalischen Sketch oder dergleichen gedacht hat: *Weltkobold auf einer kleinen Bühne (cf. Flora, Tenor)* lesen wir in T1895, Bl.132. Leibhaft kommt der Weltkobold vor in dem Einakter DAS ORAKEL, wo der verkappte Gott in die Gestalt einer Göttin schlüpft und an deren Denkmal die zur Einweihung gekommenen Berliner foppt (vgl. Abt. Dramatisches).

Die literaturwissenschaftliche Betrachtung wird nicht daran vorbeisehen dürfen, daß 1893 in Berlin die deutsche Ausgabe des Gedichtbuches »Pierrot Lunaire« des französischen Dichters Albert Giraud erschien (übersetzt von Otto Erich Hartleben, zu dessen Berliner Freundeskreis Morgenstern gehörte). 1895 kam Morgensterns Erstling IN PHANTAS SCHLOSS heraus. Die in beiden Büchern gestaltete ironisch-groteske Mythisierung kosmischer Kräfte berechtigt zu der Annahme einer »Duplizität der Fälle« (bzw. einer unterschwelligen Einwirkung des französischen Werkes auf den jungen deutschen Dichter. Vgl. dazu die Einführung zu IN PHANTAS SCHLOSS). Nun findet Girauds charmanter Götterkobold Pierrot Lunaire eine frappante Entsprechung in Morgensterns Weltkobold, dieser trotz allem echt Morgensternschen Figur, die vor allem im Tagebuch 1895 herumgeistert. Der Plan zu diesem Buch gehört also in den stofflichen Umkreis der PHANTA-Dichtung. Phanta Sia und Weltkobold sind beide kosmische Allegorien, an denen sich das jugendliche Weltgefühl Morgensterns entzündet und in denen er seine enthusiastisch-unreife Philosophie durch augenzwinkernde Ironie aufhebt bzw. zurechtrückt. Ob Girauds Pierrot Lunaire sozusagen – um im Bilde zu sprechen – bei der Geburt von Morgensterns Weltkobold Pate gestanden hat, ist nicht beweisbar. Die Ähnlichkeit zwischen beiden Figuren besteht. Während nach Morgensterns glaubwürdiger Versicherung (Brief an Osborn, 8.8.1895) seine Bekanntschaft mit Girauds Dichtung erst stattfand, als die ähnlich klingenden PHANTA-Gedichte schon geschrieben waren, hat er Girauds Buch sicher gekannt, als er den WELTKOBOLD plante: der Brief an Osborn stammt vom 8.8.1895; am 23. Mai desselben Jahres hat Morgenstern mit dem WELTKOBOLD begonnen. Vielleicht war der Dichter selber bestürzt über die Ähnlichkeit der beiden Weltallkobolde und hat auch deshalb die Arbeit unvollendet liegengelassen. *Es bleibt,* schreibt er in dem zitierten Brief, *etwas Eigentümliches darin, wie zwei Menschen verschiedener Nation im selben Zeitalter zu einer ähnlichen Naturwiedergabe gelangen konnten, ohne voneinander zu wissen.* Dies sagte der ernste Morgenstern. Der spottende hätte hinzugefügt: *Dinge gehen vor im Mond,/die das Kalb selbst nicht gewohnt.*

Wir lassen eine Auswahl Notizen zum WELTKOBOLD folgen, die die verschiedenen Absichten des Dichters beleuchten:

1. *Weltkobold schafft unabsichtlich die Welt, als einmal seine Feder hängen bleibt und spritzt* (T1895, Bl.180).

2. *Mond als Luftballon am Schnürchen Weltkobolds* (T1895, Bl.12).

3. *Er träumt Symphonien, er komponiert Sphärenharmonien. Und wo er einen Ton denkt, da klingt ein glühender, glüht ein klingender Stern auf, und die Spur, die im Äther er zieht, die ist der gewollte Ton* (T1894/95, Bl.53; Abt. Aphorismen Nr. 224).

4. *Die Sterne lauter ganze Noten* (ebd. Abt. Aphorismen Nr. 225).

5. *Weltkobold geht als Prediger der Lebensabkehr auf einen Planeten, um dadurch gerade die Reaktion herbeizuführen. Schopenhauer! (oder diktiert einem Schriftsteller verschiedene Werke in die Feder. 1) Lebensabkehr). 2) Hypernervosität und Symbolismus etc. (Z.B. er tut stets in das Tintenfaß einen Tropfen seines Blutes – daher – –)* (T1895, Bl.180).

6. *Der Weltkobold selbst Inbegriff einer ganzen Welt, die schon einmal gewesen.* (T1894/95, Bl.53).

7. *Ein Lebens-Durchschnitt (vielleicht ad W.K.): In gleicher Minute: Gymnasiastenplage, Liebesseufzer, Matrosenandacht, Volksberatung, Fürstengähnen, Selbstmord. Diebstahl. Begattung. Erfindung. Dichter. Straßenpflasterer etc. etc. (Wenn ad W.K. Bedeutungsvolle Reihenfolge!)* (T1895, Bl.147, Abt. Aphorismen Nr.1850).

8. *Weltkobold: Publikum, Verleger, Lyriker, Denker* (T1895, Bl.182).

9. *Fabrikanten-Kultur. Weltkobold staunt über die Nivellierung des Geschmacks – aber d[ie] D[eutschen] ein innerliches Volk! Als ob ihre Geschmacksrichtung noch etwas Innerliches wäre. Einförmig – alles, Droschken, Häuser, Kleider etc, einförmig* (T1895, Bl.185/84).

10. *Er lernt in gewissen Hauptzügen die deutsche Unkultur kennen: den Städtebau, Seelenattrappen, Gotteskäfige, Bierhäuser, Militär* (T1895, Bl.61).

Der Weltkobold 927

11. *Weltkobold ulkt die Philister an, verrückt z. B. sämtliche zwölf Warnungstafeln, die auf einem Fleck stehen. Rechts fahren; Schritt fahren; Wagen* [unleserliches Wort]; *Nicht rauchen! Er schreibt z. B. an ein* [Lücke]: *Nicht atmen, und die Philister, bekannt als gehorsames Volk, gehen hinach zugrunde, weil sie nicht zu atmen wagen* (T 1895, Bl. 183).

12. *Philistäer = Deutschland*
[unleserliches Wort] *= Frankreich*
Schluß-Sache: Weltkobold überlegt sich, daß diese beiden Sterne [nicht eindeutig, ob Deutschland und Frankreich gemeint sind] *zusammengeschmissen, was Gutes geben könnten* (T 1895, Bl. 184).

13. *Die Kugeln. Weltkobold zeigt mir die Kugeln aus dem geistigen Radius jedes Menschen, jeder Kaste, über die sein Geist nicht hinaus kann. Die Kugeln, nur geistig sichtbar, gehen ineinander und bleiben doch jede selbst, aber das Ganze gibt die geistige Sphäre des Menschen überhaupt (eine Art Heiligenschein, der dich umgibt).* (T 1895. Bl. 148).

Darauf folgt eine Zeichnung:

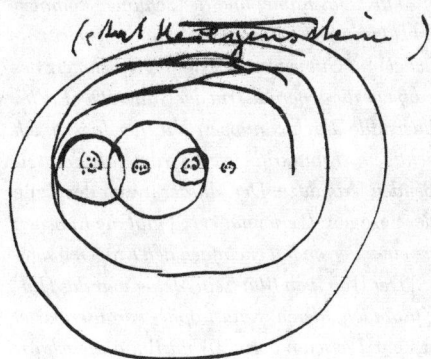

Morgenstern hat dieses Fragment *Marie Gerdes* gewidmet. Ebd.
Marie Gerdes: eine junge Frau aus Ms Bekanntenkreis. Sie hatte den Vater ihres Kindes, der sie verlassen hatte, mit einer Pistole bedroht; im darauf folgenden Prozeß sagte M zu ihren Gunsten aus. Vgl. MEINE ZEUGENSCHAFT (Abt. Episches), Abt. Kritische Schriften S. 453f. sowie Kommentar zu AN EINEM NUR WILL ICH DICH RÄCHEN, Abt. Lyrik 1906–1914. Im weiteren Zusammenhang mit den Vorarbeiten zum WELTKOBOLD können auch noch die folgenden satirischen Texte gesehen werden (vgl. auch Abt. Episches):

DIE MODERNE PRESSE
Der Tabak ist stark, ha, ha – wollen die Ofentür aufmachen, daß der Rauch abzieht – Wie denn? Die Ofentür ist doch keine ⟨Feuilletonüberschrift⟩ Todesanzeige, – pfui Teufel, eine Zeitung! Ofenzeitung – mit einer Durchsicht – ⟨ja⟩ durchsichtig sind sie alle –
Der Kohlenkasten wächst zu einem schwarzen Hexenkessel. An ihm sitzt ein zahnloses Weib, die Presse, und singt eintönig und rührt in dem Kessel, in den fortwährend Tiere verschiedenster Gattungen ihre Mägen entleeren: Esel, Schafe, Ziegen, Kamele, Wölfe, Füchse, Schlangen, Lama (eitel), Tiger, Hühner – alle bringen ihre Exkremente, bis schließlich die Zaubersuppe fertig. Pestgeruch. Die Alte setzt sich nun hin, tausend hülfreiche Kobolde erscheinen, und sie bestreichen kleine Frühstücksbrötchen [mit Kreuzchen von M hier eingefügt: *oder: kleine Trichter, die sich die Leute wie ein Horn allmorgens auf den Kopf stecken.* T 1895, Bl. 22] *in unabsehbarer Menge mit der zweifelhaften Masse. Das ist die Nahrung der meisten Menschen heute. Vielmehr: Das ist der Morgengruß von Kollege an Kollege.*
Prozedur der Tiere vor dem Aktus: Das Kamel und die Schlange kommen aus dem Theater. Sie haben beide ein Stück verschlungen und geben es völlig unverdaut, nun mit Speichel und Gift versetzt, wieder. Der Schmerz des Kamels darüber ist ebenso groß wie die geifernde Wut der Natter. Der Fuchs, der den Tag über alle Hühnerställe durchschnuppert hat (der Jäger nach Vermischtem, Witzig-Unwichtigem, Kunstkritik etc.) spritzt (als geistreichelnder Typus) seinen beißenden Urin dazu. Der Marder [unter der Zeile steht, vermutlich auf *Marder* bezogen: (*Verleumd*[*er?*])] *gibt die Knochen einer Taube wieder (der Ehre einer Person hat er einfach den Kragen umgedreht,* ⟨s.⟩ = *Tageblatt).* […] *Der Wolf speit Blut (sein Metier war das Hinterherlaufen hinter* […] *Zuständen, deren Katastrophe vorauserwartet wurde). Die Hyäne* [darüber steht: (*Verleumd*[*erin?*])] *hat Tote ausgescharrt und entweiht und wischt sich die Pfoten am Kesselrand ab. Die alte Hexe tanzt hie und da mit schmerzender Peitsche unter die Tiere, daß sie heulend sich ducken. Hühner sitzen auf der Einfassung des Kessels und lassen unter Geschrei und Federsträuben ihr Scherflein fallen. Der Esel, durch seinen trefflichen Mist bekannt (schon aus Cervantes?) gibt eine breite Basis, wozu das Schaf, das sich Wollflöckchen am Rande abschabt, gewissermaßen noch ein Bindemittel mehr liefert. Der Affe (Nachahmer (in Stil und Manier) des Dichters) wirft eine Handvoll Perlen – oder sind es Läuse? – in den Topf. Der Elefant (der Interviewer) gibt den Zucker und das Brot, die Äpfel etc. wieder unversehrt mit seinem Rüssel zurück, die er von dem gütigen Spender emp-*

fangen. Das Krokodil, das tagelang glotzend in der Sonne lag und nun rachenklappend seine beschaulichen Betrachtungen preisgibt, Urbild der Philisterweisheit. Ein paar Wespen mit Honigmasse. Ente, Feuilleton. Roman. Papagei. Gänse. Grillen. Ein Fisch, der seine Stummheit (wo Reden am Platze wäre) zusteuert. Streberei –? Feigheit –? Verleumdung.
Unterschiede der verschiedenen Zeiten nicht wesentlich. Nur in dem jeweiligen Überwiegen von einem der drei: Fuchs. Kamel. Krokodil. T1895, Bl. 23–20. Zu Ms Kritik an der Presse vgl. DIE ZEITUNGEN HASS' ICH ZU ALLERMEIST, Abt. Lyrik 1906–1914, Epigramme.
Satire auf den deutschen Michel in seiner Launenhaftigkeit. Und das Volk ⟨tat⟩ öffnete den Mund und tat einen entsetzlichen – Rülps. Einige aber sagten: Habt acht, ein Vulkan will gebären – wehe, wehe über uns! Und die Könige und Machthaber ⟨hielten⟩ sahen sich einen Augenblick in ängstlicher Spannung an, und die Reichen klemmten ihre Goldsackpferde, auf denen sie rittlings saßen, mit den Beinen fester zusammen – – aber es ⟨ging kein⟩ fiel kein Feuer auf sie, es ward nur etwas schlechte Luft. T1895, Bl. 20.

421 MOTTO. HÖCHSTES LACHEN. Überlieferung: auf dem Handschriftenblatt WELTKOBOLD IM LANDE DER BÄRENHÄUTER. Das Blatt trägt über der Kapitelüberschrift den Obertitel WELTKOBOLD, und bei diesem steht das Motto, das demnach für die ganze Dichtung gedacht ist. Vgl. dazu aus IN PHANTAS SCHLOSS

> *Zwischen Weinen und Lachen*
> *schwingt die Schaukel des Lebens.*
> *Zwischen Weinen und Lachen*
> *fliegt in ihr der Mensch.*

s. o. S. 38.

422 IM MUND DIE ABENDZIGARETTE. Überlieferung: T1895, Bl. 12–15. Datiert 23.5.1895. Textvarianten: **422**,2 *den – Schelmerein*] ⟨*von Schelmgedanken froh*⟩ T1895, Bl. 13. – **422**,4 *wohlig*] ⟨*selig*⟩ ⟨*dehnig*⟩ ebd. – **422**,5 *Gräser*] danach folgt die Zeile: ⟨*und atme, was die Erde gibt*⟩ ebd. – **422**,8 *blutverliebte*] ⟨*durst*⟩*verliebte* ebd. – **422**,14 *war von alters*] ⟨*klingt fatal wie*⟩ ebd. – **422**,15 *Auf! – Scheins*] ⟨*Doch*⟩ *Kunst üben ist Trug üben / ist Kult verwegnen Scheins.* ebd. – **422**,25 *Das – Blenden*] darüber steht: ⟨*Heller Silberglöckchenton*⟩ [bricht ab] T1895, Bl. 14. – **422**,28 *Und als – Farbenblitzen*] gestrichen ebd. – **422**,32 *lachend sitzen*] danach folgen die Zeilen:

> ⟨ O haltet, Puttchen, mir den Schleier
> so lang nur, ⟨ bis ich, flinker Hand, ⟩ offen, bis ich fix
> bezogen neu die alte Leier
> mit Strahlen seines Schelmenblicks [geändert aus:
>   mit sieben Strahlen seines Blicks]
> Was dann ⟩ [bricht ab]

T 1895, Bl. 15.

Danach folgt eine weitere Fassung:

> ⟨ O schürzt mir nur solang den Schleier,
> ihr Genien heiteren Geschicks,
> bis neu besaitet ⟨mir die⟩ meine Leier
> mit Strahlen ⟨seines⟩ jenes Schelmenblicks ⟩

ebd.

423,37 *verschwunden – Glück*] darunter steht: *Der frohe Zauber ist ver-(schwunden)* [darüber: [*ver*] ⟨*flogen*⟩] ebd. – **423**,38 *Stumm blauen* ⟨*Still stehen*⟩ ebd.

422,21 *Sternenknöpfen:* vgl. das ähnliche Bild im Gedicht SONNENUNTERGANG, S. 27.

422,27 *Silberglöckchen:* vgl. die Notiz: *Wenn ich an das Lachen denke der S[ilberglöckchen], dann fällt* [*fallen*] *mir tausenderlei Gestalten ein.* T 1895, Bl. 18.

422,44 *Und nun kommen die Träume, die Träume:* mit diesen Worten schließt auch das Gedicht DER OFEN ATMET, s. S. 573.

423 ALLER ORT'. Überlieferung: T 1895, Bl. 17–19. Textvarianten: **423**,1 »*Aller Ort*'] ⟨*Überall*⟩ T 1895, Bl. 17. – **423**,10 *und sind – Spott*] ⟨*indes mit uns*⟩ *verborgen* / ⟨*ein Schalk treibt seinen Spott*⟩ ebd. – **423**,12 *Aug' und Ohren*] ⟨*unsern Sinnen*⟩ ebd. – **423**,16 *Arglos*] ⟨*ach nur*⟩ ebd. – **423**,18 *alles Tradierte*] ⟨*das Creditierte*⟩ ebd. – **424**,25 *Die – erklügelten*] ⟨*Der Sterne Kreisen / voll Symmetrie, / dem unsre Weisen / mühsam nachklügelten*⟩ T 1895, Bl. 18. – **424**,33 *geglaubt*] *ge*⟨*wähnt*⟩ ebd. – **424**,37 *Gotteshaupt*] danach folgen die Zeilen: ⟨*Wer mag es wissen / wer heut mit kecker Faust / je an des Vorhangs Saum, / der von den Räumen, / wo jener Träumer haust, / uns getrennt, gerissen?*⟩ – **424**,42 *beschreiben*] danach folgen die Zeilen: ⟨*oder noch besser / mit feinem Messer*⟩ T 1895, Bl. 19. – **424**,45 *Kupfer*] ⟨*Erzguß*⟩ ebd.

Der Weltkobold

425 I. WELTKOBOLD IST VERLIEBT. Überlieferung: T1895, Bl. 34–36. Datierbar Frühjahr/Sommer 1895. Textvarianten: **426**,37 *nahen*] ⟨*nächsten*⟩ T1895, Bl. 35. – **426**,50 *schaudernd*] ⟨*schreiend*⟩ ebd. – **426**,58 *steckt und näht*] ⟨*schreibt*⟩ *und* ⟨*schneidet*⟩ T1895, Bl. 36. – **426**,63 *Noch – Hahnenkehle*] ⟨*Bevor der erste Hahn sein* [darüber: *zum*] *Frühgebet / auf sein*⟩ [bricht ab] ebd. – **426**,65 *steigt – Bett*] ⟨*sinkt in süßen Traum zurück*⟩ ebd. – **426**,66 – *erwacht – Traum* –] geändert aus: ⟨– *und steht er auf, so denkt er: es war Traum* –⟩ ebd. – **426**,67 *trollt*] ⟨*geht*⟩ ⟨*fliegt*⟩ ebd.

425,19 *als Regenguß:* vielleicht assoziative Erinnerung an die griechische Sage von Zeus, der in Gestalt eines Goldregens Danae besuchte.

426,28 *Homo sapiens:* der vernunftbegabte Mensch (lat.), wissenschaftliche Bezeichnung des heutigen Menschen.

427 II. MARIA, / EINES TISCHLERS TÖCHTERLEIN. Überlieferung: T1895, Bl. 38f. Datierbar Frühjahr/Sommer 1895. Textvarianten: **427**,2 *Tischlers Töchterlein*] ⟨*Postbeamten Kind*⟩ T1895, Bl. 38. – **427**,16 *das feine Kind*] ⟨*die kleine Herrin*⟩ ebd. – **427**,24 *Blüten*] ⟨*Rosen*⟩ T1895, Bl. 39. – **428**,37 *Jüngling*] ⟨*Gott*⟩ ebd. – **428**,40 *zurück es*] ⟨*sie*⟩ *zurück* ebd.

428 III. DURCH DIE GASSEN GEHT DER ABEND. Überlieferung: T1895, Bl. 40f. Datierbar Frühjahr/Sommer 1895. Textvarianten: **428**,16 *Wogen*] ⟨*grüne*⟩ *Wogen* T1895, Bl. 40. – **428**,18 *Da – Fluchen*] ⟨*Aber plötzlich stößt* ⟨*erschrocken*⟩ *das Mädchen / einen Schrei aus* –⟩ [bricht ab] ebd. – **428**,19 *Städters*] ⟨*Bauern*⟩ ebd. – **429**,22 *lächelnd*] ⟨*ruhig*⟩ T1895, Bl. 41. – **429**,28 *Vogelscheuche*] danach folgt die Zeile: ⟨*offenen Augs, doch machtlos*⟩ ebd. – **429**,30 *was – suchten*] ⟨*zu süßem Kosen*⟩ ebd. – **429**,33 *blöde Auge*] ⟨*Bauern*⟩*auge* ebd. – **429**,34 *es birst ihm*] ⟨*zum Himmel*⟩ [bricht ab] ebd.

Versmaß: Der vierhebige Trochäus, der nach Herders (1744–1803) Romanzenzyklus »Der Cid« (1803/04) vor allem in der deutschen Romantik und Nachromantik (Heine, Scheffel) beliebt war, wurde von M auch in IN PHANTAS SCHLOSS gelegentlich verwendet. Ein Einfluß von Heine und Scheffel auf M wird bei Liede, besonders S. 297, nachgewiesen.

429 IV. DIE NACHT IST TIEF GEWORDEN. Überlieferung: T1895, Bl. 42–45. Datierbar Frühjahr/Sommer 1895. Textvarianten: Über dem Gedicht stehen die Notizen *Sternsch[nuppen]. Alles in Unordnung. Und Mitternacht. Höchster Liebesrausch auf Rosenwegen durch die Welt.* T1895, Bl. 42. – **429**,4 *Doch – Vogelscheuche*] ⟨*Vorüber aber an der Vogelscheuche*⟩

ebd. – **429**,6 *erhebt sich*] ⟨*entwandelt*⟩ ebd. – **429**,12 *der Trennung dunkles*] geändert aus: *der nahen Trennung* ebd. – **429**,13 *das Mädchen*] ⟨*die Maria*⟩ ebd. – **429**,14 *Mann*] ⟨*Gott*⟩ ebd. – **430**,27 *Wunsch – Geliebte*] ⟨*Traum / den je du träumtest, preis,*⟩ T1895, Bl.43. – **430**,32 *stammelt*] ⟨*sagt nur*⟩ ebd. – **430**,41 *Der beiden Sinn*] *(Allein ihr) Sinn* ebd. – **430**,43 *beider Traum*] ⟨*was sie träumen*⟩ ebd. – **430**,51 *glüht*] ⟨*geht*⟩ T1895, Bl.44. – **431**,62 *hinüber – Leib*] geändert aus: ⟨*in der Rose weichen Blätterleib*⟩ ebd. – **431**,64 *Flut*] ⟨*Sehnsucht*⟩ ebd. – **431**,65 *zusammenschäumt*] *zusammen*⟨*stürzt*⟩ ebd. – **431**,70 *wie eine Wolke*] ⟨*ein warmer Strom von Duft*⟩ ebd. – **431**,79 *Erde*] ⟨*Flur*⟩ T1895, Bl.45.

432 V. VERTRAU MIR, KIND! Überlieferung: T1895, Bl.46–49. Datierbar Frühjahr/Sommer 1895. Textvarianten: **432**,2 *Wir – nimmermehr*] ⟨*Ich lasse dich nicht mehr*⟩ T1895, Bl.46. – **432**,13 *die Schöne*] ⟨*das Mädchen*⟩ ebd. – **432**,17 *Trunkenbold*] ⟨*Einfaltspinsel*⟩ ebd. – **433**,48 *dem Schrein*] ⟨*den Brettern*⟩ T1895, Bl.47. – **433**,61 *auf dem Sarg*] ⟨*ahnungslos*⟩ T1895, Bl.47.

Die makabre Groteske vom Scheinbegräbnis des Mädchens erinnert an den vorgetäuschten Tod des Armenadvokaten Siebenkäs in Jean Pauls (1763–1825) Roman (1796/97, erweitert 1818).

435 VI. IN JAGENDEM WOLKENBOOT. Überlieferung: T1895, Bl.50. Datierbar Frühjahr/Sommer 1895. Textvarianten: **435**,20 *hinunterstürzt*] *hinunter*⟨*fliegt*⟩ T1895, Bl.50. – **435**,21 *daß – nur ist*] darüber stehen einige Zeilen, die offenbar mehrere Formulierungsversuche darstellen:

⟨*daß du,* ⟨*gestaltlos*⟩ *sobald du Gott*
sobald du Gott wieder bist
wieder gestalt [*los*]
daß du
sobald wieder Gott
die Gestalt ⟨*dir schwindet*⟩ *verlierst*
und⟩ [bricht ab]

T1895, Bl.51.

Unter dem Gedicht steht noch die folgende Notiz: *D.* [?] *Zerflossen / des Weibes liebliche Gestalt / in Licht und Äther.* ebd.

436 WELTKOBOLD IM LANDE DER BÄRENHÄUTER [Fassung I]. Überlieferung: T1895, Bl.54–61. Datierbar Frühjahr/Sommer 1895. Textvarianten: Vor dem Anfang steht über einem Trennungsstrich die Zeile: *(Ist Venus oder ist es Mars…? Gleichviel!)* T1895, Bl.54. – **436**,1 *im Bild des* *großen Bären]* im ⟨*Stern*⟩*bild* ⟨*des Orion*⟩ ebd. – **436**,7 *in – Volks]* der ⟨*unter das Volk der*⟩ ebd. – **436**,10 *doch auch – dieser]* ⟨*doch süß* [darüber: *auch*] *wie dieser* ⟨*auch*⟩ *im Liebesschmachten*⟩ ebd. – **436**,14 *Böcke stotzig]* ⟨*Eichen klotzig*⟩ ebd. – **436**,17 *Sie prägen – reinsten aus]* geändert aus: ⟨*Es sind in dem Geschlecht der Philistäer / das den Planeten zahllos überwimmelt / die Bärenhäuter das moralischste*⟩ T1895, Bl.54f. – **436**,20–29 *In ihren Büchern – vermerkt]* gestrichen T1895, Bl.55. – **436**,31 *geistvoll schlichte Häufung]* darunter steht: *(Aneinanderschiebung)* ebd. – **437**,33 *lernbegierig]* ⟨*wanderfroh*⟩ ebd. – **437**,40 *Ehehälfte / vor sich]* ⟨*Gattin und vor sich*⟩ T1895, Bl.56. – **437**,42 *würdevoll]* ⟨*feierlich*⟩ ebd. – **437**,55 *oft]* ⟨*leicht*⟩ ebd. – **438**,68 *die Endstation sei]* ⟨*das Ziel sei nah und*⟩ T1895, Bl.57. – **438**,74 *Landschaft]* ⟨*Lage*⟩ ebd. – **438**,85 *Man – geschenkt]* ⟨*Man glaubt von ihm, er hätt' den Ball gemacht*⟩ T1895, Bl.58. – **438**,86 *durchzuckt]* durch⟨*blitzt*⟩ ebd. – **438**,87 *verwandelt – war]* ⟨*ent*⟩*wandelt /* ⟨*dem, was es war*⟩ ebd. – **438**,98 *wühlt]* ⟨*glühn*⟩ T1895, Bl.59. – **438**,99 *man wirft – um]* ⟨*Die Haare sträuben sich*⟩ ebd. – **439**,106 *doch – dumm]* ⟨*Und*⟩ *unaussprechlich* ⟨*heitren Angesichts*⟩ ebd. – **439**,111 *betrachte – nicht]* ⟨*so sehe, scheint es mir, daß nicht so dumm ihr seid*⟩ ebd. – **439**,112 *als wie ihr ausseht]* gestrichen ebd. – **439**,117 *verderbt – Wischen]* ⟨*Nehmt euch 'nen großen Wisch mit Lettern vors Gesicht*⟩ ⟨*Verbergt euch hinter*⟩ [bricht ab] T1895, Bl.60. – Zu diesem Text gehört auch die Notiz: *(Weltkobold stellen sie sich als einen alten wohlwollenden Herrn vor.)* T1895, Bl.55. – Nach dem Text notierte M die folgenden Änderungen: *Bleibt stehen bis »Heiligen vermerkt«* [S.436,29] *– von da ab anders: er lernt in gewissen Hauptzügen die deutsche Unkultur kennen: den Städtebau, Seelenattrappen, Gotteskäfige, Bierhäuser, Militär. – Vielleicht auch so: Er kennt Philistäa längst, wie alles, aber er zeigt* ⟨*es*⟩ *seiner Mutter Chaos die Stadt und beschreibt sie auf seine Weise.* T1895, Bl.61. Danach folgen die Zeilen: *In eine Stadt von diesen Leuten also / führt* […] *Kobold einstmals sein Großmütterchen.* T1895, Bl.62.

436,3 *Theá:* Die Göttin (griech.).

436,14 *stotzig:* Dialektausdruck u.a. in der Bedeutung von »stößig« und »störrisch«, auch »steil«. Der Ausdruck wird von M auch an anderen Stellen gebraucht, so im Brief an Margareta M vom 10.5.1909, wo von den Norwegern als einem kleinen Stamm die Rede ist, *der sich trotzig und stotzig isoliert;* weiterhin im Epigramm TOTSCHWEIGEN, Zeile 6: *und stotzig in eurem Pferche* (Abt. Lyrik 1906–1914) sowie in dem späten Gedicht DAS IST DER AST IN DEINEM HOLZ, Zeile 14: *verstotzter Stock* (ebd.). Bei

Michael Bauer (Chr. M. (1985) S. 113), der einige Zeilen zitiert, heißt es »stolz«, was offenbar ein Hör- oder Lesefehler ist.

436,21 *»der Richter und der Henker Volk«:* ironische Umbildung der Bezeichnung »Volk der Dichter und Denker« für die Deutschen.

437,25 *publice:* öffentlich (lat.).

438,84 *in Käfigen:* vgl.: *Kirche = Gotteskäfig* (T1894/95, Bl. 43) und: *Kirche: Gotteskäfige, Gefühlsöfen* (T1897/98, Bl. 92).

439,120 *Karyatiden:* antike Mädchenstatuen, die anstelle der Säulen das Gebälk eines Tempels tragen; bei M allgemein für menschengestaltige Stützen eines Gebäudes gebraucht.

439 WELTKOBOLD IM LANDE DER BÄRENHÄUTER [Fassung II]. Überlieferung: Zwei lose Blätter, handschriftlich, im Nachlaß. Undatiert. Textvarianten: **439**,6 *ergeht sich – Gott*] ⟨*taucht eines Tages unser heitrer Gott*⟩ Blatt 1 ebd. – **440**,21 *ein Richter- – Fug*] ⟨*»das Volk der Richter und der Henker«*⟩ ebd. – **440**,37 *Augenmerk*] danach folgt die Zeile: ⟨*Er liebt sie nicht, die Stadt nicht noch*⟩ [bricht ab] Blatt 2 ebd. – **441**,38 *streift*] ⟨*geht*⟩ ebd. – **441**,51 *und vorn und hinten*] ⟨*und vor den beiden*⟩ ebd. – **441**,55 *wandert*] ⟨*geht, da*⟩ ebd. – **441**,65 *entragt*] ⟨*entwuchs*⟩ ebd.

439,3 *Theá:* s. o. S. 933.

440,14 *stotzig:* s. o. S. 933f.

440,34 *Sin' exceptione nulla regula:* (eigentlich: Sine…) Keine Regel ohne Ausnahme (lat.).

440,36 *»Bärenstadt«:* Berlin, nach dem Bären im Stadtwappen.

441,68 *Riesentachyskop:* Tachyskop, eigentlich Tachistoskop: Schnellseher, Apparat, der ein Bild nur für kurze Zeit dem Auge darbietet.

441,69 *Panorama mobile:* bewegtes Panorama (lat.).

442 IN SEINER HÄNGEMATTE LIEGT DER GOTT. Überlieferung: Einzelblatt, handschriftlich, mit der Überschrift WELTKOBOLDS PHOTOGRAPHIEN-KARTEN. T1895, Bl. 66 (nur: *In seiner – Kenntnis war*). T1895, Bl. 67 (ebenfalls nur: *In seiner – Kenntnis war*). Textvarianten: **442**,1 *In seiner – Nacht*] ⟨*Weltkobold sitzt in seinem Himmel / und fragt ihr, wo der ist – ei nun!*⟩ Einzelblatt ebd. – *In seiner – Gott*] geändert aus: ⟨*Weltkobold liegt in seiner Hängematte*⟩ ebd. – **442**,7 *Kenntnis war*] darauf folgen die Zeilen: *Er hat sein neustes Spielzeug vor, / ⟨und zeigt es⟩ das jüngst er / ⟨auf einem Stern den Menschen⟩ den Menschen unsres Erdballs abgeguckt.* T1895, Bl. 67. – **442**,9 *goldnen Notenpunkten*] geändert aus: *goldner Notenschrift* Einzelblatt ebd. – **442**,10 *Symphonie*] danach folgen einige Fortsetzungsversuche: ⟨*Ein Wunderwerk!*⟩/⟨*und ändert vielfach schon*

Vorhandnes⟩ / ⟨und bringt am Frühren manche Ändrung an auch am Vorhandnen⟩ ebd. – **442**,15 *gerade dorthin*] ⟨*nach jener Stelle just*⟩ ebd. – **442**,16 *denn jede – selber*] ⟨*denn wunderbarerweise tönt sie selbst*⟩ ebd.
442,6 *Weltesche Yggdrasil:* der immergrüne Weltenbaum in der nordischen Mythologie, umschließt das All; seine Zweige umfassen den Himmel, seine Wurzeln reichen bis ins Totenreich.
Vgl. auch in der Einführung Nr. 3 der WELTKOBOLD-Notizen, S.926.

SOMMERABEND

Einführung. Die Gedichte dieses Liederkreises wurden – mit einer Ausnahme – von M in seinen Büchern (AUF VIELEN WEGEN und ICH UND DIE WELT) veröffentlicht. Daß der Zyklus hier geschlossen erscheint, ist damit zu begründen, daß es sich auf Grund der Vertonung durch Robert Kahn um ein einheitlich aufzufassendes Werk Morgensterns handelt, und als solches ist es auch an die Öffentlichkeit gekommen: »SOMMERABEND. Ein Liederkreis (gedichtet von Christian Morgenstern) für gemischten Chor, Soli und Klavier von Robert Kahn. Op. 28«, Leipzig o.J. (vermutlich 1898). Von den neun Nummern des Zyklus stehen sechs in ICH UND DIE WELT, zwei in AUF VIELEN WEGEN; eins ist außerhalb des Liederkreises bisher nicht gedruckt worden. Die Gedichtzusammenstellung deckt sich nicht oder doch nicht ganz mit dem Zyklus EIN SOMMERABEND, der in ICH UND DIE WELT enthalten ist (vgl. S. 264–267 und zugehörigen Kommentar).
Als Entwurf Ms für den Zyklus sind ein Titelblatt und einige zugehörige Gedichtabschriften auf Einzelblättern erhalten. Das Titelblatt enthält die folgenden Eintragungen:

UNTER DER DORFLINDE. *Ein Singspiel* [daneben am Rand: *(Liederspiel)*]
Ein Sommerabend unter einer Dorflinde. Burschen, Mägde. Ältere Bauern und Bäuerinnen. Ein Dorfgeiger, der zugleich als Verfasser der gesungenen Dorflieder gedacht ist.
Eine muntere Gesellschaft aus der nahen Stadt hält sich augenblicklich im Dorfe auf und trägt zur allgemeinen Fröhlichkeit verschiedene Gesangsstücke bei. Ein gemeinsames Volkslied beschließt die freundliche Szene.

Inhalt

I. *Auf der Teichwies'* [= *Ballade*]
II. *Volkslied*
III. *Zwiegesang und Chor* [= *Wechselgesang*]
IV. *Rondel* [= *Vor deinem Fenster singt und singt*]
V. *Erinnerung* [= *Gleich einer versunkenen Melodie*]
VI. *Ewige Frühlingsbotschaft*
VII. *Meine Liebe* [vielleicht das Gedicht *Eins und alles*]
VIII. *Abend*

Bemerkungen zum Ganzen

Die einer Regieanweisung ähnliche Vorbemerkung könnte darauf hindeuten, daß M auch an die Möglichkeit einer szenischen Darbietung des Liederzyklus gedacht hat; darauf könnte evtl. auch die Bezeichnung *Singspiel* (bzw. *Liederspiel*) im Untertitel hinweisen. Zumindest wollte er damit einen atmosphärischen Rahmen skizzieren, in welchem die Gedichte zu denken sind.

Nach dem Inhaltsverzeichnis folgen auf den handschriftlichen Blättern nur die Gedichte: AUF DER TEICHWIES' (I), EWIGE FRÜHLINGSBOTSCHAFT (VI), DER NACHTWÄCHTER DES DORFES (nicht im Inhaltsverzeichnis), ABEND (VIII) und als offenbar spätere Einfügung mit dem Vermerk *Ad* UNTER DER DORFLINDE. *1. Chor* versehen, das Gedicht FEIERABEND (nicht im Inhaltsverzeichnis). Die unter II, III, IV, V und VII stehenden Gedichte fehlen.

Wenn auch mit der Möglichkeit gerechnet werden muß, daß das Manuskript nicht mehr vollständig ist, so lassen doch die beiden zusätzlichen Gedichte erkennen, daß M offenbar schon bald an der ursprünglichen Konzeption Änderungen vorgenommen hat. Hinzugefügt hat er offenbar außerdem noch DAS KÖNIGSKIND und O FRIEDE, MEINE LIEBE dagegen ausgeschieden. Die übrigen Änderungen gehen auf Wünsche Robert Kahns zurück. In einem undatierten Brief bittet er M um ein Gedicht, das sich zur Vertonung als Duett eignet. Dieses Gedicht ist das zweite Duett in dem Zyklus, mit dem Titel WECHSELGESANG, das einzige Gedicht, das bisher außerhalb des Zyklus nicht veröffentlicht wurde. In einem anderen Brief (vom 15.8.1898) bittet er darum, einige Gedichte auslassen zu dürfen: »Unser Sommerabend wird nun bald erscheinen. Vorher aber muß ich Ihnen noch bekennen, daß ich, aus sehr gewichtigen musikalischen

Gründen, die ich aber schriftlich nicht gut auseinandersetzen kann, drei Nummern auszulassen gedenke, nämlich: VOR DEINEM FENSTER SINGT UND SINGT, ERINNERUNG und EWIGE FRÜHLINGSBOTSCHAFT. Statt dessen kommt als vorletzte Nummer noch das NACHTWÄCHTERLIED dazu, das glaub' ich sehr gute Wirkung machen wird. Das Opus wird dadurch musikalisch sehr gewinnen, es wird einheitlicher und knapper, und ich bitte Sie also, mir Ihre Erlaubnis zu dieser Änderung zu erteilen. VOR DEINEM FENSTER und ERINNERUNG gedenke ich später in einem Morgenstern-Liederheft zu veröffentlichen.«

In einem Aufsatz über Robert Kahn schrieb Wilhelm Altmann in der Monatsschrift »Die Musik« (Berlin. 9.Jg., 4.Quartalsband XXXVI (1909/10) S.363): »Große Schönheiten enthält op.28 »Sommerabend«, ein Liederkreis für gemischten Chor, Soli und Klavier (1897 [?]).«

An dieser Stelle sei noch ein Wort über Robert Kahns Morgenstern-Liederheft gesagt. Es erschien 1899 in Leipzig (ebenfalls bei F.G.C.Leukkart) als op.31 unter dem Titel: Neun Gesänge. Gedichte von Christian Morgenstern, für eine Singstimme mit Klavier, von Robert Kahn, in zwei Heften. Das erste enthält als Nr.1–4: PRÄLUDIUM *(Singe, o singe dich, Seele);* LIEBESBRIEF *(Vor deinem Fenster singt und singt);* ERINNERUNG *(Gleich einer versunknen Melodie);* KLEINE GESCHICHTE *(Litt einst ein Fähnlein große Not),* das zweite als Nr.6 bis 9: LEISE LIEDER *(Leise Lieder sing' ich dir bei Nacht);* ANMUTIGER VERTRAG *(Auf der Bank im Walde);* AUF DEM STROME *(Am Himmel der Wolken / erdunkelnder Kranz);* DIE UNKE *(Eine bitterböse Unke);* SO EINST ZU SCHEIDEN.
Zu Robert Kahn vgl. Kommentar zu EIN SOMMERABEND, S.866f.

Da die Gedichte dieses Zyklus fast alle schon an anderen Stellen gedruckt wurden, können im folgenden Textvarianten und Erläuterungen entfallen.

444 FEIERABEND. Überlieferung: Einzelblatt, handschriftlich, innerhalb des Manuskripts UNTER DER DORFLINDE. Druck: SOMMERABEND S.3–9. Vgl. S.264.

444 BALLADE. Überlieferung: Zwei Einzelblätter, handschriftlich, im Manuskript UNTER DER DORFLINDE. Druck: SOMMERABEND S.10–13. Vgl. GOLDFUCHS, SCHÜRZ' UND FLASCHE, S.156.

445,5 *Goldfuchs, rund und blank, juchhe!:* Diese Zeile ist von Robert Kahn geändert worden, vgl. seinen Brief an M (15.8.1898): »Des weiteren bitte ich zu erlauben, daß ich aus dem »*Goldfuchs, rund wie ein Bankier*« [vgl.

S. 156,5] in der Ballade einen »Goldfuchs, rund und blank, juchheh!« mache. Es wäre damit für viele Menschen ein Stein des Anstoßes beseitigt, was mir gerade in diesem Falle, da das Werkchen seiner Art nach zur Verbreitung in weiteren Kreisen bestimmt und geeignet ist, sehr angenehm wäre. Gesungen macht sich die eine Stelle gewiß ebenso gut wie die andere, und wenn Ihnen an dem *Bankier* was gelegen ist, könnte man die ursprüngliche Lesart ja noch danebensetzen.«

446 VOLKSLIED. Überlieferung: Einzelblatt, handschriftlich, im Nachlaß. Druck: SOMMERABEND S. 14–16. Vgl. S. 265.

446 WECHSELGESANG. Druck: SOMMERABEND S. 17–21. Das Gedicht war mit Robert Kahns Liederkreis so gut wie verschollen und wird hier zum erstenmal wieder gedruckt.

447 DER ABEND. Überlieferung: Einzelblatt, handschriftlich, im Nachlaß. Druck: SOMMERABEND S. 22–25. Vgl. S. 267.

447 DAS KÖNIGSKIND. Überlieferung: Einzelblatt, handschriftlich, im Nachlaß. Druck: SOMMERABEND S. 26–31. Vgl. S. 213.

448 ZWIEGESANG. Druck: SOMMERABEND S. 32–35 und (in anderer Komposition) S. 43–47. Vgl. GEHEIME VERABREDUNG, S. 266.

449 NACHTWÄCHTERLIED. Überlieferung: Einzelblatt, handschriftlich, im Manuskript UNTER DER DORFLINDE, mit der Überschrift DER NACHTWÄCHTER DES DORFES. Druck: SOMMERABEND S. 36. Vgl. NACHTWÄCHTERSPRUCH, S. 267.

449 O FRIEDE. Überlieferung: Einzelblatt, handschriftlich, im Nachlaß. Druck: SOMMERABEND S. 37–42. Vgl. S. 267.

MEIN GASTGESCHENK AN BERLIN.
BERLIN, EIN ZYKLUS

Einführung. Morgensterns Verhältnis zu Berlin, wo er – mit Unterbrechungen – zwölf Jahre (1894–1906), den Winter 1908 nicht mitgerechnet, gewohnt hat, war zwiespältig. Das Glücksgefühl, mit dem er zunächst in die Berliner Boheme und ihr ungebundenes, geistreiches, künstlerisches Leben eingetaucht war, wich bald zunehmender Kritik an dem parvenühaften Gehabe der preußischen Metropole der Gründerjahre und ihrer zunehmenden Unkultur. Zwischen diesen beiden Extremhaltungen pendelte seine Einstellung; die Kritik verstärkte sich, die Liebe zu Berlin hat aber nie ganz geschwiegen, so daß sich schließlich so etwas wie eine widerwillige Neigung herausbildete, vergleichbar derjenigen, mit der später Ernst Penzoldt, eine in manchem Morgenstern wohl vergleichbare Künstlernatur (er hat einfühlsam und verständnisvoll über ihn geschrieben), seine Vaterstadt Erlangen widerwillig geliebt hat. Heimatstadt war Berlin für Morgenstern freilich nicht. Der gebürtige Münchner, der in Oberbayern eine glückliche, nur allzu kurze Kindheit verlebt hatte, dann aber von seinem Schicksal unablässig hin- und hergestoßen und da- und dorthin getrieben wurde, hat ein entschiedenes Heimatgefühl wohl gar nicht ausgebildet, wie er es auch aus Schicksal und Neigung nie zu einer dauernden Wohnstätte gebracht hat. *Mein Wohnungsideal ist das Zelt*, lesen wir im T 1905, Bl. 2; »Er war kein Mensch der Häuslichkeit«, urteilte sein Freund Kayssler über ihn, und Morgenstern schrieb am 28.10.1908 dem Freund: *Ich hatte mich selbst schon seit langem weit mehr der »Heimatlosigkeit« verschrieben, als ihr ahnt*. Diese Abneigung gegen Bindung und Seßhaftigkeit ging so weit, daß Kayssler ihn, wie er erzählte, »einmal mit tiefer innerer Abwehr vor der Unterzeichnung eines einjährigen Mietvertrags stehen« sah.

In Berlin wäre er wohl geblieben, hätten die gesundheitlichen und beruflichen Umstände dies begünstigt. (Noch 1908 bekennt er seiner späteren Frau Margareta in einem Brief vom 17. November: *Berlin, denke Dir, heimelt mich an.*) Die Jahre, die er dort verbrachte, waren durch Mitarbeit am Theater und Kabarett geprägt. Daneben wollte er volkserzieherisch, geschmacks- und kulturbildend wirken. Wie immer bei ihm überschnitten sich in der dichterischen Produktion auch dieser Jahre groteske und ethisch-missionarische Züge.

Schon in seinem dritten Berlin-Jahr faßte er den Entschluß, der Wahlhei-

mat Berlin mit einem größeren Werk seinen Dank abzustatten: der lyrisch-epischen Dichtung MEIN GASTGESCHENK AN BERLIN, von der er rasch und zügig die ersten Gesänge niederschrieb. Es kann kaum bezweifelt werden, daß er diese Dichtung meinte (die Datierung des Manuskripts weist in dieselbe Zeit, s. u.), als er am 11. September 1897 der Jugendfreundin Marie Goettling schrieb: *Dieser Herbst hat mir, wie fast jeder, wieder den Keim zu einem neuen Werk geschenkt, an dem ich schon täglich mit Leidenschaft sitze. Was es ist, sag ich erst, wenn ich etwa ein Drittel fertig habe, aber ich sag Dir, wenn mir der Atem bleibt, dann wollen wir uns freuen.* Über die produktive Stimmung dieser Zeit, die Entstehung und das schließliche Versanden der Dichtung unterrichtet das Tagebuch 1902 (Bl. 38, 39, 44, 45). Wir lesen da u. a.: *Ich erinnere mich einer Reihe stürmischer Herbsttage vor fünf, sechs Jahren, da machte sie* [die Stadt] *mich trunken mit immer neuen überwältigenden Bildern. Warum war ich nicht ein Meunier, sie damals zu packen! Ich begann ein Epos: drei* [?] *erste kurze Gesänge entstanden rasch hintereinander, – dann mußte irgendeine gemeine Nutzarbeit* [gemeint ist die Übersetzung von Strindbergs »Inferno«] *getan werden und ich kam nie mehr dazu, es fortzuführen. Eine Weile umkreiste ich noch den herrlichen Stoff, zu dem genug Rohmaterial bereit lag, dann mußte ich ihn preisgeben: der Rausch war verflogen, der Blick auf andere Dinge gelenkt: und als ich einen anderen Herbst vom Norden zurückkam, konnte ich mich wochenlang nicht mehr an das häßliche Bild der modernen Großstadt gewöhnen.* [...] In einem Brief an Marie Goettling vom 22. Dezember 1899 versichert der Dichter, daß er Berlin *jetzt skeptischer gegenüberstehe als vor zwei Jahren. Du kannst Dir nicht denken, wie es mich degoutiert hat, als ich es nach so langer Abwesenheit wieder sah. Ich sah die Stadt zum ersten Male als architektonischer Beurteiler. Seitdem begreife ich auch Fritz Beblos Horror davor.* [Fritz Beblo, Freund Morgensterns, war Architekt.] Von seiner Berlin-Dichtung meinte er, *daß ich sie* [...] *schwerlich selbst je wieder aufnehmen werde.* [...] *Für eine dichterische Bewältigung will mir allein das Epos geeignet erscheinen und zwar das echte rechte Epos alten Stils in Versen* (T 1902, Bl. 39 und 38).
Auch in dem autobiographischen Entwurf von 1913 berührt Morgenstern das geplante Berlin-Epos: *Es* [sein *Wanderleben*] *führte mich zunächst nach Berlin, von dem ich damals, in den neunziger Jahren, große, kräftige Anregungen empfing. Ich plante ein lyrisches Epos des Titels:* MEIN GASTGESCHENK AN BERLIN, *dem aber eine unabweisbare Strindbergübersetzung (»Inferno«) den Lebensfaden schon nach dem 2. Gesange abschnitt.*

[Tatsächlich hat der Dichter nur zwei, nicht drei Gesänge ausgeführt.] *Ich habe nie mehr die Stimmung wiedergefunden, die mich damals für und wider diese Stadt erfüllte, und es schmerzt mich heute noch, daß so Dinge ungesagt geblieben sind, die nun kein Griffel mehr heraufbeschwören wird* (Abt. Aphorismen, S. 465, 476).

1904 nahm er das Fragment noch einmal vor, fand aber die rechte Stimmung nicht wieder, und die in einigen Anläufen begonnene Fortsetzung verebbte schließlich. Eine Rolle spielte wohl auch, daß der große epische Atem für weitgespannte Gesänge zyklischen Charakters, wie er sie in früheren Jahren mehrfach geplant hatte (SYMPHONIE!), das heißt wohl aber auch die geistige Spannkraft für größere Unternehmungen, später nicht mehr zur Verfügung stand.

Der Gedanke, Berlin in einem poetischen Zyklus zu feiern, war aber damit noch nicht preisgegeben. Der ursprüngliche Plan wandelte sich zu einem, der statt der großen Gesänge kleinere Einzelgedichte verschiedenen Inhalts umfaßte, in denen aber etwas von der Berliner Erlebnissphäre eingefangen war. Daß er tatsächlich einen solchen Zyklus von Einzelgedichten im Sinn hatte, hat er zwar nicht ausdrücklich geäußert, es geht aber unzweideutig daraus hervor, daß er eine Gruppe von sieben Gedichten innerhalb des MELANCHOLIE-Bandes von 1906 überschrieb: AUS EINEM ZYKLUS: BERLIN und in der »Neuen Rundschau« 1906 zwei Gruppen von je drei als BERLINER GEDICHTE bezeichnete Texte veröffentlichte. Den Gedicht-Zyklus BERLIN meinte vermutlich Alfred Kerr, als er am 10.1.1906 an Morgenstern schrieb: »Schicken Sie mir den Zyklus BERLIN«. Morgenstern an Kayssler (9.4.1908): *Auch für den Herbst habe ich Pläne – z. B. der Zyklus* BERLIN *(ganz) bei Dr. Wedekind?* (In Berlin existierte damals ein Verlag Dr. Wedekind & Co., GmbH. Dr. Hans Wedekind war einer der drei Geschäftsführer.) An Cassirer schrieb er am 8.3.1908: *Im Herbst denke ich deshalb auch das schon längst geplante Sammelsurium bei Oesterheld oder Wedekind herauszugeben.* Aus diesen Briefzitaten muß man schließen, daß 1906 bzw. 1908 der Zyklus fertig vorlag. Das geht auch aus einem in T 1906, Bl. 159 enthaltenen fragmentarischen Briefentwurf hervor, der stellenweise nur noch in einzelnen Wörtern zu entziffern ist und wo es heißt: *Übrigens ist der Augenblick* [...] *gekommen, wo* [...] *Ihnen meinen kleinen Zyklus* BERLIN [...] *Buch zu schicken* [...]. Um einen Brief an Piper kann es sich nicht gehandelt haben, da Morgenstern mit dem Münchner Verlag erst 1910 in Verbindung kam (vielleicht an Dr. Wedekind, s. o.). Bei Piper hat er jedoch das Berlin-

Projekt angeboten, vermutlich um die Wende 1911/12. Der Brief ist nicht erhalten, wohl aber der Entwurf im T1911/12, Bl. 72–78. Er schreibt (Bl. 76): *Lieber Herr Piper! [...] Sollten Sie [...] einen Zeichner wissen, der mir etwa so nahe stünde wie der grausliche »Zille« mir fern – verweise, ob Walser oder Orlik nicht Lust hätten – so hätte* [darüber steht: *habe*] *ich noch ein Büchlein* BERLIN *in petto, gemischt aus ernsten und grotesken Gedichten, Sprüchen, Szenen, e*[in] *m*[ehr] *ep*[isches] *Fragment u. dergl. (10 davon in* MELANCHOLIE*), wie denn überhaupt die »In Petto«-Mappe noch manches enthält.*

Am 8.1.1912 antwortet Reinhard Piper: »Der Band BERLIN könnte uns auch einleuchten, soweit wir uns aus Ihrer Andeutung ein Bild machen können« und »Hoffentlich läßt sich der Band machen ohne die zehn [in Wirklichkeit sind es sieben] aus der MELANCHOLIE zu übernehmenden Gedichte«. Aber gerade die wollte Morgenstern dabeihaben, wie aus seiner Antwort (Poststempel 14.1.1912) hervorgeht: *Ob* BERLIN *ohne die Verse aus* MELANCHOLIE *möglich, möchte ich fast bezweifeln.* (Beide Zitate nach: Reinhard Piper, Briefwechsel mit Autoren und Künstlern 1903–1953. München 1979, S. 115, dort auch die lakonische Anmerkung: »[Die] geplante Sammlung von Gedichten und Prosastücken kam nicht zustande.« (ebd. S. 535.)

Aus Morgensterns Worten geht hervor, daß er in dem Buch alles zusammenfassen wollte, was er zu dem Thema »Berlin« geschrieben hatte. Zu den Gedichten wollte er das GASTGESCHENK-Fragment stellen, denn dieses ist mit dem *mehr epischen Fragment* sicher gemeint, und zu den ernsten Gedichten sollten groteske treten. Michael Bauer bestätigt das (Chr. M. (1985) S. 178) ausdrücklich für die Moritat DER MORD mit ihrer verulkten Vorstadt-Atmosphäre, die ursprünglich für die Schall-und-Rauch-Bühne bestimmt war. Mit der *Szene* könnte der Einakter DAS ORAKEL gemeint sein (s. Einführung zu DER WELTKOBOLD und Abt. Dramatisches). Über die »Prosastücke« wissen wir nichts Näheres; vielleicht hielt der Verlag auch das *mehr epische Fragment* für ein Prosastück. Diese verschiedenen Gruppen Berlin-Gedichte wurden hier zusammengefaßt; hinzu kam einiges aus den Tagebüchern. In neuer Anordnung der einzelnen Stücke wurde ein Zyklus zusammengefügt, den so Morgenstern zwar nicht festgelegt hat, der aber doch als ein Versuch aufgefaßt werden könnte, das vielleicht Geplante zu rekonstruieren. Ein in sich gerundetes Ganzes ist nicht entstanden, doch ähnelt der Zyklus insofern dem Buche MELANCHOLIE, in dessen Entstehungszeit fast alle Berlin-

Gedichte gehören, als er wie dieses Stücke sehr verschiedenartigen Charakters vereinigt. Auch stehen hier einige Gedichte, die in dieser Ausgabe noch an anderen Orten, in MELANCHOLIE oder in dem Band III Humoristische Lyrik zu finden sind. Für die Kommentierung sei deshalb auf diese Orte verwiesen.

Der Inhalt zeigt die widersprüchliche Haltung Morgensterns zu Berlin. Als Szenerie taucht neben der Großstadt im eigentlichen Sinn die Vorstadt auf und die Randzone, wo der Dichter mehrfach wohnte, oder auch die wälderreiche märkische Ebene. Düstere Bilder wechseln mit anmutigen und mit zufällig und privat Erlebtem. Weitere (aber nicht ausgeführte) *Themata für* BERLIN hat Morgenstern in T 1904 II, Bl. 72, notiert: *Der Vater (angeklagt wegen fahrlässiger Tötung, weil ihm sein Kind zwischen Bahnsteig und Trittbrett gefallen); Der Staatsanwalt (Büchse der Pandora); Omnibusfahrten (alles vielleicht lieber in der epischen Form von damals).* Einen gewichtigen Platz nehmen die kulturkritischen Gedichte ein, die in einer heiteren Randzone angesiedelt sind, während die letzten eindeutig in den Umkreis der GALGENLIEDER gehören.

Was Morgenstern mit diesen Gedichten wollte, geht aus einem Brief vom 26.8.1905 an den Kunstschriftsteller Karl Scheffler hervor: *Da ich nun einmal nach Berlin geraten bin und schließlich Berlin eine solche Fülle von Möglichkeiten in sich birgt, wie heute keine andere deutsche Stadt, so ist es eben dies Berlin, worauf sich viel meiner Liebe und meines Hasses wirft. Auf diesem jungen Boden wäre noch etwas zu* s c h a f f e n, *und da der Kaiser dem Sinn seiner Zeit und damit auch dem Sinn seiner Stadt konstant fremd bleibt, so sollte ein junges Bürgertum noch weit mehr als bisher die Entwikkelung seines Gemeinwesens selbst in die Hand nehmen. Ich meine, es* m ü ß t e *möglich sein, es* m ü ß t e *eine Gruppe von Intellektuellen führend werden können – bis in den letzten Hausbau hinein. Man* m ü ß t e *die wilde und scheußliche Barbarei ausrotten können, die das Bild der Stadt von Tag zu Tag mehr entstellt, man müßte im 20.Jahrhundert endlich so weit sein, eine neu heranwachsende Stadt, statt sie dem Pöbel und dem Zufall zu überlassen, zum Kunstwerk oder wenigstens zum Organismus gestalten zu können.* – Um mit seinen Mitteln mitzuhelfen, schwebte ihm eine Berliner Zeitschrift vor, *die sich lediglich mit der Entwickelung Berlins befassen* sollte. Mit seinen ironisch-satirischen Gedichten wollte er die Gewissen wecken, wenn man beispielsweise im Bayrischen Viertel noble Schinkelbauten abriß, um für *neue, patzige Straßen* Platz zu schaffen (IM BAYRISCHEN VIERTEL, S. 470).

Mein Gastgeschenk an Berlin

450 MEIN GASTGESCHENK AN BERLIN. Überlieferung: Manuskript (Titelblatt und 10 Einzelblätter) im Nachlaß. Datierung: Unter dem ersten Gesang *2.–5.9.1897*, unter dem zweiten *12.9.1897*. Maschinenschriftliche Abschrift im Nachlaß (nur die Strophen 1–3, 7–15, mit z. T. abweichender Reihenfolge).

Auf dem Titelblatt stehen zunächst zwei wieder gestrichene Entwürfe für den Titel: ⟨*Zwei Gesänge eines lyrisch-epischen Gedichts des geplanten Titels* [Dieser Teil wurde geändert in: ⟨*Bruchstücke aus den zwei Gesängen* [darüber ein unleserliches Wort] *eines geplanten lyrisch-epischen Gedichts, des Titels*] MEIN GASTGESCHENK AN BERLIN, *aus dem Herbst 1897*.⟩

Danach folgt ein weiterer Entwurf: ⟨*Fragment eines* [Lücke] *aus 1897*⟩, dann der endgültige Titel, durch Umrahmung hervorgehoben: MEIN GASTGESCHENK AN BERLIN. *Zwei Gesänge von Chr… M… Fragment (Herbst 1897)*.

Weiter unten auf dem Blatt findet sich noch die Notiz: *Nach Abdruck zurückerbeten. Korrektur*. Wohin der Dichter das Manuskript geschickt hat, konnte nicht ermittelt werden. Am 20.1. forderte Friedrich Kayssler bei Morgenstern »Zwei Gesänge des Berliner Epos« zur Vorlage bei dem »Schall-und-Rauch-Kollegium« an (zum Schall-und-Rauch-Theater vgl. Abt. Dramatisches).

Textvarianten: **450**,17 *das Pflaster*] ⟨*die Straße*⟩ Manuskript Bl. 1. – **452**,60 *Mädchen*] ⟨*Weibchen*⟩ Manuskript Bl. 2. – **452**,74 *starren*] ⟨*weiten*⟩ Manuskript Bl. 3. – **453**,79 *ach*] ⟨*halt*⟩ ebd. – **454**,116 *versehrt*] ⟨*beschlägt*⟩ Manuskript Bl. 5. – **455**,142 *mangeln*] ⟨*fehlen*⟩ ebd. – **456**,166 *inmitten – aufzutürmen*] ⟨*aus königstreuen Leun emporzutürmen*⟩ Manuskript Bl. 6. – **456**,168 *freien*] ⟨*seligen*⟩ ebd. – **457**,185 *Bester*] ⟨*Lieber*⟩ Manuskript Bl. 7. – **457**,195 *langen*] ⟨*meines*⟩ ebd. – **457**,199 *kaum*] ⟨*nicht*⟩ ebd. –

450,1–24 *Wie oft der Großstadt:* Vgl. hierzu auch das Gedicht BERLIN, S. 459 sowie den zugehörigen Kommentar, S. 949.

450,10 *der Züge lichte Reihn:* die Berliner S-Bahn.

451,37 *ein Pfeil:* ein Pfeil des Liebesgottes Amor.

452,50 *Patzenhofer, Tucher, Pilsner, Pschorr, Spaten:* bekannte Biermarken.

452,59 *Bötzow:* ehemalige Berliner Brauerei.

452,66 *die lange schmale Straße:* vgl. dazu EINE LANGE GASSE WAR MEIN

NACHTWEG, S. 140. Dort ist die ehemalige Artilleriestraße gemeint, die damals wohl eine Dirnenstraße war.

452,69 *»Jugend«*: bekannte Zeitschrift. Organ des deutschen Jugendstils. M hat gelegentlich an der Zeitschrift mitgearbeitet, vgl. Abt. Kritische Schriften Nr. 73.

452,70 *»Simplizissimum«*: eigentlich »Simplizissimus«, bekannte Zeitschrift satirischen Charakters, in der auch M manchmal veröffentlicht hat. Den ins Neutrum abgewandelten Titel benutzt M als Wortspiel: Hier wird »das Dümmste« verstanden.

452,72 *umgewerteter neudeutscher Tugend:* Formulierung in Anlehnung an die von Nietzsche häufig gebrauchte Wendung »Umwertung aller Werte«.

453,80 *Pierrot Lunaire:* S. Einführung zu IN PHANTAS SCHLOSS (S.735f.) und DER WELTKOBOLD (S.925f.).

453,81 *die Kritiker sind meist Semiten:* Damals lag die Kunst- und Literaturkritik vielfach bei oft namhaften jüdischen Kritikern, z.B. Alfred Kerr.

453,87 *Liliencron:* s. Kommentar zu FRÜHLINGSREGEN, S.853.

453,87 *Byron:* George Gordon Noël Lord Byron (1788–1824), englischer Dichter.

453,88 *Michel:* Die Symbolgestalt des deutschen Michel.

453,90 *»Don Juan«:* Satirisches Epos in 17 Gesängen (unvollendet, 1819–1824) von Lord Byron (s.o.).

453,91 *»Poggfred«:* »Poggfred. Kunterbuntes Epos in zwölf Cantussen« (1879–1896, erweitert 1904 und 1908) von Liliencron (s.o.).

453,101 *Moloch:* vgl. Kommentar zu CARITAS, CARITATUM CARITAS, S.846.

454,8 *Heinrich. Miguel. François. Laurence:* von M am Rand des Manuskripts (Bl.4) entschlüsselt: Heinrich Heine (1797–1856), Miguel de Cervantes (1547–1616), François Rabelais (1494–1553), Laurence Sterne (1713–1768).

454,109 *Sancho:* Sancho Pansa. Der Diener Don Quijotes in Cervantes' (s.o.) Roman »Don Quijote« (entstanden 1600–1614).

454,117 *Jolle:* kleines, einmastiges Segelboot. Segeln war eine Lieblingsbeschäftigung des jungen M, der einzige Sport, den er wegen seiner schwachen Gesundheit betreiben konnte, vgl. auch den Brief an Marie Goettling (11.9.1897): *Segeln ist meine Leidenschaft von früh auf.*

454,18 *Müggel leicht bewegt Gewässer:* Der Müggelsee bei Berlin, den M besonders liebte. Ihn betreffen und an ihm entstanden verschiedene Gedichte, z. B. AM SEE (S. 186), ABEND AM SEE (S. 231), HERBST I–III (S. 249f.). M hatte im Sommer 1897 in Friedrichshagen am Müggelsee gewohnt.

455, 156 *»Zukunft«:* bekannte, von Maximilian Harden herausgegebene Zeitschrift.

456, 165 *Willehalm:* Kaiser Wilhelm I. (1797–1888). *Moltkes:* Graf Helmuth von Moltke (1800–1871), Generalfeldmarschall.

456, 166 *inmitten wilder Löwen:* Anspielung auf das 1897 enthüllte Nationaldenkmal für Kaiser Wilhelm I. (s. o.) von Reinhold Begas (1831–1911). Das Denkmal stand auf der alten Schloßfreiheit in Berlin; es war insgesamt 20 Meter hoch; die von M erwähnten Löwen lagerten auf Postamenten im Unterbau des Denkmals. Zwischen diesen führten Stufen, auf denen die Kolossalfiguren des Krieges und des Friedens lagerten, zur Plattform, die den Sockel der Reiterstatue des Kaisers trug und an deren Ecken sich blumenspendende Viktorien befanden. Die Reiterfigur selbst wurde von einer weiteren Siegesgöttin geleitet. Das Denkmal war umgeben von einer halbkreisförmigen Säulenhalle mit pavillonartigen, von Quadrigen gekrönten Kuppelbauten. Es wurde 1949/50 abgetragen.

456, 168 *ein breiter Adler:* vgl. das Gedicht IN ADLERS KRALLEN, S. 73.

456, 184 *condicio sin[e] qua non:* notwendige Bedingung (lat.).

456, 201 *Haß und Liebe:* Zu Ms zwiespältigem Verhältnis zu Berlin vgl. die Einführung, S. 939 ff.

Anschließend an den Text folgt eine Fortsetzung aus späterer Zeit. Während die drei ersten Strophen verhältnismäßig leicht lesbar sind, ist die letzte Seite des Manuskripts kaum noch lesbar, weil der Text sehr flüchtig mit Bleistift geschrieben ist. Wir bringen zunächst den Versuch einer Rekonstruktion, danach die Textvarianten.

> III.
>
> 29.
>
> *Vergangen sind seitdem an sieben Jahre.*
> *Soll ich dich, Lied, zum zweiten Mal beginnen, –*
> *daß ich zum zweiten Mal den Schmerz erfahre,*
> *wie man mich stört beim allerbesten Sinnen.*
> *Vielleicht: Denn sieh, ich bin kein anderer worden*   5
> *trotz allem Fron und Fron und Aberfron*
> *ich wuchs nur noch in Lieb und Haß und Hohn*
> *im Nord im Süd und wieder nun im Norden.*

30.
Ich lebte droben unterm Ibsenvolke,
dem Sperlingsvolk um einen weisen Raben,
ich nährte mich von seiner Freiheitsmolke.
Ich hab' den »Brand« erlebt wenn irgendeiner,
dies Kreuzigen des eignen Volks aus Liebe
dies Kreuzigen hinauf am Felsen, keiner
weiß [bricht ab]

31.
Und drunten lebt' ich in Italiens Fluren
dem Land der »Römerenkel« ohne Taten
und sog am Born versunkener Kulturen
nur durstig Tau auf stille Seelensaaten.

Wie mach ich's wie wie [alles?] ist nur eine Brücke
was tu ich nur, daß es ein Kunstwerk bleibt?
so folgt nun sieben Jahre die zurücke,
wo jenen Anfang noch ein Jüngling schreibt;
er will die ganze große Stadt gestalten,
mit allem, was ihn selber drin bewegt;
er fühlt sich wunderlich von ihr erregt
und weiß des [Busens?] Fülle kaum zu halten.
Da wie er just im ersten besten Schuß,
da trabt ein bleiches Weib, ihm nachzurennen,
Frau Sorge würde [unleserlich] sie nennen
ich [nenne?] sie die Frau des Genius –
nein, greift nicht fehl, ich hab mich nicht verehlicht,
es war nicht eine Frau aus Fleisch und Bein,
sie hat mich nicht mit Blick und Kuß beseligt,
sie hing sich nur an mich als wie ein Stein.

Sie zog mein Haupt samt seinen Bildern nieder
und zeigte mir ein Buch in ihrem Schoß,
sie hielt gepreßt mich an ihr kaltes Mieder
und ließ mich erst nach Monden wieder los.
»Inferno« stand auf jenem Buch geschrieben,
mit Hölle hab ich's [unleserliches Wort] übersetzt,
mit meinem Blut das Teufelswerk geletzt
und mich auf lang dem Satan so verschrieben.

*O Gott, o Gott, läßt mich das Zeug nicht los,
das die paar bleichen Fratzen hingeschrieben   45
wie diese Dichtung* [*wurde?*] *groß
und jene Stimmung, die in dir geblieben
die* [*gratulierte 6–10 getrost?*]
[bricht ab]

Textvarianten: **946**,4 *beim allerbesten Sinnen*] ⟨*im besten Spinnen*⟩, danach folgen die Zeilen: ⟨*Nur kleine Tüchlein spinnen hat mich das Leben / gelehrt, ein Tuch, ein Teppich wird nicht fertig / Was*⟩ [unleserliche Wörter; bricht ab] Manuskript Bl. 9. – **947**,10 *Sperlingsvolk*]⟨*Volk*⟩ ebd. – *einen*] ⟨*diesen großen*⟩ ebd. – **947**,12 *erlebt*] ⟨*gefühlt*⟩ ebd. – **947**,13 *des eignen*] ⟨*eines ganzen*⟩ ebd. – **947**,18 *sog*] darunter steht: *trank* ebd. – **947**,27 *kaum*] ⟨*nicht*⟩ Manuskript Bl. 10. – **947**,36 *mein Haupt*] ⟨*den Kopf*⟩ ebd. – **947**,40 *geschrieben*] danach folgen die Zeilen: ⟨*und was ich damals* [*munter übersetzte?*] */ (ich tat's mit Lust) das hieß denn nur – Inferno*⟩ ebd. – **947**,41 *mit Hölle*] ⟨*damals*⟩ mit Hölle ebd. – **947**,43 *und – verschrieben*] ⟨*und meinen Geist* ⟨*in diese*⟩ *zur Hölle so getrieben*⟩, darüber stehen einige unleserliche Wörter. ebd.

946,1 *sieben Jahre:* M hat also im Jahre 1904 die Arbeit am GASTGESCHENK wieder aufgenommen, allerdings nicht zu Ende geführt. *Ich habe nie mehr die Stimmung wiedergefunden, die mich damals für und wider diese Stadt erfüllte* schrieb er 1913 (ÜBER MICH SELBST, Abt. Aphorismen S. 465).

946,8 *im Nord, im Süd und wieder nun im Norden:* M lebte vom Mai 1898 bis August 1899 in Norwegen und von September 1900 bis Mai 1903 in der Schweiz und in Italien.

947,12 *»Brand«:* Drama von Henrik Ibsen, von M übersetzt. Zu Ms Ibsen-Übersetzung vgl. auch Abt. Aphorismen S. 463.

947,40 *»Inferno«:* M übersetzte im Jahr 1897 August Strindbergs autobiographische Aufzeichnungen »Inferno« (1897, deutsch 1898).

BERLIN · EIN ZYKLUS

459 BERLIN. Druck: MELANCHOLIE (1906) S.37.
Vgl. hierzu: *Kennst du Berlin? Wo ist – ich frage das seit Jahren in der Stille – wo ist der Maler, der endlich die grandiosen Bilder von Berlin sieht und festhält? Was für eine Unsumme des Malerischen birgt diese geschmacklose Stadt, diese Stadt voller unmöglicher Häuser und doch so – unerschöpflicher Möglichkeiten (auf allen Gebieten, selbst auf dem, ein Malerauge zu begeistern). Denn das Leben ist in Berlin, es ist nicht zu leugnen. Und wo Leben ist, da ist auch Schönheit nicht weit. Was wollen all diese stillosen Häuser, wenn sie der Abend übermannt, wenn er eine einzige dämmernde Gasse aus ihnen macht hinein in eine glühende Unendlichkeit, hinein in sich selbst, in den Maler der Maler, den Sonnenuntergang. Was kümmern uns noch all die Diebstähle und Mißtaten der Architekten, wenn die Nacht herniedersinkt und die Stadt intim wird wie ein Spielzeug unter dem Weihnachtsbaum...*
T 1902, Bl. 44f., aus einem geplanten Aufsatz RÖMISCHE EINDRÜCKE, s. Abt. Episches.

459 OB'S DEUTSCHLAND IST ZUM WOHLE. Überlieferung: EINE HUMORISTISCHE STUDIE Bl. 29f. Datiert *10.11.1892*. Die frühesten erhaltenen kritischen Verse zum Thema Berlin.

460 AN BERLIN *(Wie ich dich hasse)*. Überlieferung: T 1897/98, Bl. 50. Datiert *13.8.1897*.
Eine gegensätzliche Äußerung findet sich im Brief an Margareta M vom 17.11.1908: *Berlin, denke dir, heimelt mich an. Um so mehr, da ich in der Gegend wohne, die mir die liebste ist. Der Leipziger Platz war mir immer etwas Besonderes, hier gipfelt auch eigentlich das Weihnachtstreiben, das schon jetzt leicht sich ankündigt. Dazu zeigt die Stadt nirgends so ihr Leben wie auf und um den Potsdamer Platz; es ist eine Freude, diese tätige, kräftige Menge.*

460 AN BERLIN *(Nein, sandentrungene Blume)*. Überlieferung: T 1898/99 I, Bl. 12. Datiert *26.5.1898*. Textvarianten: **460**,3 *mich hält – Krume*] geändert aus: ⟨*ich liebe die dampfende*⟩ [darüber: *den Dampf der*] *Krume*; darüber: ⟨*aus dem Odem der Acker*⟩; danach: ⟨*die der Tannen, Wiesen und Wälder*⟩ T 1898/99 I ebd. – **460**,4 *nährende Ährenluft*] ⟨*Wald und Felsenluft*⟩ ebd. – **460**,8 *Sonnenschein*] ⟨*reinen*⟩ *Sonnenschein* ebd.
Das Gedicht entstand während Ms Norwegenaufenthalt.

460 BILD AUS SEHNSUCHT. Druck: MELANCHOLIE (1906) S.41.

461 DORT IN DEN WÄLDERN BEI BERLIN. Überlieferung: T1908 III, Bl. 124. Datierbar um den 5.10.1908.
461,5 *mit der liebsten aller Fraun:* Im Sommer 1908 hatte M seine spätere Frau Margareta kennengelernt.
461 ÜBER DIE WEITE MÄRKISCHE EBENE. Überlieferung: T1894/95, Bl. 54–59. Datierbar Winter 1895. Textvarianten: **461**,3 *Irdische – entgegen*] ⟨*Vor mir blitzen, noch fern,*⟩ T1894/95, Bl. 54. – **461**,6–15 *türmt sich – Lande*] andere Version:

> ⟨*hat sich der Kiefern*
> *schwärzlicher Spreewald*
> *in* ⟨*der Sonne*⟩ *des Tages Herz gegraben,*
> *daß von düsterroten Güssen*
> *übersättigt, die Wolkenschleier*
> *schwer* […] *auf die Erde sinken,*
> *als ob* ⟨*noch im Tod er*⟩ *er sterbend*
> ⟨*seine finstere Mörderin*⟩
> *die Undankbare*
> *in seinem Blut*
> […] *ersticken wolle.*⟩

ebd.

461,21 *scheidende*] darunter: *sinkende* T1894/95, Bl. 55. – **462**,34 *errötende*] ⟨*weiße*⟩ T1894/95, Bl. 56. – *Wolkenstirnen*] danach folgt die Zeile: ⟨*und bittersüß schmerzlich*⟩ ebd. – **462**,36 *vereinsamter Reiche*] ⟨*wehender Flore*⟩ ebd. – **462**,58 *zurück / die lichtlosen*] geändert aus: ⟨*die kalten / entlichteten*⟩ T1894/95, Bl. 57. – **463**,60 *Durchs reifende Korn*] darüber stehen die Zeilen: ⟨*Wozu / raunt es anklagend / im reifenden Korn*⟩ ebd. – **463**,63–72 *Weißt du – trennten*] frühere Version:

> ⟨*Wozu reifst du?*
> *daß neue Menschen*
> *von dir sich nähren* [?]
> *Oh wachse nicht weiter*
> *stirb ehe du selbst* [bricht ab]

ebd.

463,67 *die Kreuzlast*] ⟨*ihr Bündel*⟩ ⟨*ihr Kreuz*⟩ ebd. – **463**,88 *werden – bleichen*] daneben steht die Version: *werden die Augen / dir* ⟨*glanzlos machen*⟩ T 1894/95, Bl. 58. – **464**,102 *Riesenstadt*] danach folgen die Zeilen: ⟨*Aber drohend / streckt meine Garde / die Hände gegen sie aus:*⟩ T 1894/95, Bl. 59. – **464**,112 *die Zeit*] ⟨*ein Jahrtausend*⟩ ebd. – **464**,113 *malmende*] ⟨*vereisende*⟩ ebd.

462,56 *»Alles ist eitel«:* Prediger Salomo 1,2 und 8,10.

464 MOABITER ZELLENGEFÄNGNIS. Druck: MENSCH WANDERER (1927) S.112, dort mit 1905 datiert.

MOABITER ZELLENGEFÄNGNIS: Ein Gefängnis im Berliner Stadtteil Moabit. – Vgl. auch Abt. Kritische Schriften Nr. 123 (FASTENREDE).

465 DUNST. Druck: ICH UND DIE WELT (1898) S.151. Vgl. S. 291. In dem für Dagny Fett kommentierten Exemplar (vgl. S.844f.) hat M zu diesem Gedicht vermerkt: *(B[erlin]) Spree-Quai.*

466 DIE ALLEE. Druck: MELANCHOLIE (1906) S.40.

466 WINTERS IM TIERGARTEN. Überlieferung: T 1894/95, Bl. 33, 32, 34f. Datierbar vermutlich Winter 1894/95. Textvarianten: **466**,10 *das warme Geschenk*] ⟨*die heiligen Grüße*⟩ T 1894/95, Bl. 33. – **466**,11 *empfangen*] danach folgen die Zeilen: ⟨*Im milchigen Duft / der weißen Flocken / verliert sich der Stämme / dumpfes Grün, /* ⟨*nach*⟩ *je ferner dem Auge / in ein*⟩ [bricht ab] ebd. – **467**,20 *keuschen Glanz*] ⟨*schutzlose Unschuld*⟩ T 1894/95, Bl. 32. – **467**,25 *ernst*] darüber steht: *stolz* ebd. – *erhaben*] ⟨*gewaltig*⟩ ebd. – **467**,28 *großen*] ⟨*stillen*⟩ ebd. – **467**,31 *Plötzlich – Gott*] darüber steht die erste Fassung: ⟨*Plötzlich steh' ich /* […] *starr wie die* ⟨*Statue*⟩ *Gruppe / aus Stein neben*⟩ [bricht ab] T 1894/95, Bl. 34.

468 DRAUSSEN IN FRIEDENAU. Druck: MELANCHOLIE (1906) S. 39. In Berlin-Friedenau hat M eine Zeitlang gewohnt.

468 ES WAR AN DER FISCHERBRÜCKE. Überlieferung: Einzelblatt, handschriftlich, im Nachlaß, überschrieben *IV.*, was auf den Zusammenhang innerhalb einer Gedichtgruppe hinweist. Undatiert. Druck: MENSCH WANDERER (1927) S.104, dort datiert 1904.

468,1 *Fischerbrücke:* Im Jahr 1895 wohnte M in Berlin »An der Fischerbrücke«.

468,6 *zwei junge Männer geküßt:* Zu Ms damaligem Berliner Freundeskreis zählten die Brüder Georg und Julius Hirschfeld. Beide gehörten zu den »Galgenbrüdern«. Georg Hirschfeld hat unter der Überschrift »Galgenberg« in der »Vossischen Zeitung« Nr. 1/4 vom 4.5.1928 Erinnerungen an seine damaligen Erlebnisse mit M erzählt (zit. bei Bauer, Chr. M.

(1985) S.91): »Ich wußte von einem Mädchen, das er liebte, glühend, herrlich, hoffnungslos – er gestand es mir in den nächtigen Berliner Straßen, er sah mich an, und bevor ich etwas sagen konnte, küßte er mich. Dann lief er fort. Ich sehe noch seinen wehenden grauen Radmantel unter dem Zylinder. Er war einzig in seinem Umrißhumor und mit dem heilig ernsten Kern.« Mit diesem Bericht dürfte der Nachweis erbracht sein, daß sich die Szene zwischen M und Georg Hirschfeld abgespielt hat. Das Mädchen, das M »hoffnungslos« liebte, war vermutlich Eugenie Leroi (vgl. Einführung zu IN PHANTAS SCHLOSS, S.733; auch S.855).

469,14 *Dazwischen steht ein Sarg:* Julius Hirschfeld hat sich im Oktober 1898 das Leben genommen. M hat ihm später die Galgenlieder gewidmet, von denen Julius Hirschfeld viele aus dem Stegreif vertont und auf dem Klavier begleitet hatte. Die Noten sind jedoch in Ernst von Wolzogens Kabarett »Überbrettl« verlorengegangen (vgl. Brief Georg Hirschfelds an M vom 5.3.1905).

469 GROSSTADT-HÖFE. Druck: MENSCH WANDERER (1927) S.111, dort datiert 1905.

Das Gedicht nennt keine bestimmte Berliner Örtlichkeit und ist von M in keine der Berlin-Gruppen aufgenommen worden. Die Entstehungszeit läßt aber keinen anderen Schluß zu, als daß es sich um Berliner Großstadthöfe handelt.

470 JUNGE EHE. Druck: MELANCHOLIE (1906) S.38. Textvariante: **470,1** *wies*] *schlug* MELANCHOLIE (1906) ebd. Die Änderung in *wies* beruht auf einer handschriftlichen Korrektur Ms in einem Exemplar der Erstausgabe und wurde von Margareta M in die Bände MELANCHOLIE (1916) und ZEIT UND EWIGKEIT (1940) übernommen.

470 EINER UNBEKANNTEN DAME IN DER STADTBAHN. Druck: EPIGRAMME UND SPRÜCHE (1920) S.56, dort datiert 1906.

470 IM BAYRISCHEN VIERTEL. Druck: »Die neue Rundschau« 17 (1906) S.124, mit anderen Gedichten unter dem Obertitel BERLINER GEDICHTE.

470,2 *Schinkelscher Villino:* Karl Friedrich Schinkel (1781–1841), Architekt eines zweckorientierten, klassizistischen Baustils. Villino: kleine Villa (italienisch).

470,4 *Mino:* Mino da Fiesole (1431–1484), italienischer Bildhauer der Frührenaissance.

471,13 *Archiklepten:* Verballhornt aus »Architekten«, wohl in Anlehnung an kleptein = stehlen (griech.): Die unoriginellen Baumeister der Zeit erschöpften sich in der Nachahmung früherer Baustile.

Berlin · Ein Zyklus 953

Zu Ms Kritik an der Bauweise der Gründerzeit vgl. auch: *Die Berliner neuen Stadtteile sind in der Tat unmöglich, der ganze »Geist« dieser »Architekten« ist es* (Brief Ms an Ludwig Landshoff vom 12.5.1903. BRIEFE. Auswahl (1952) S.160); außerdem: *Schinkel baute preußisch; es gibt nichts Herzerfrischenderes als diese so edlen, strengen, fast nüchternen Gebäude jener Zeit, an deren Stelle eine zügellose Horde von neuen Baumeistern und Aktiengesellschaften ihre wüsten Massenproduktionen gesetzt hat. Der Preuße hat keinen andern Weg zur Kunst als den der Einfachheit. Pracht wird bei ihm zu Schwulst, Luxus zu Unsittlichkeit. Er [...] äffe nicht in kompilatorischem Wahnsinn ihm ganz fremde Kulturen nach oder nehme sie wenigstens so weit in sich auf, daß er sie ganz aus seinem schlichten, nüchternen Geiste wiedergebäre, wie es Schinkel tat, dieser Mann, den ich mit jedem neu niedergehackten Villino seiner Zeit mehr liebe.* Abt. Aphorismen Nr.709. Vgl. auch DIE BIERKIRCHE und DAS HERRSCHAFTLICHE HAUS (Abt. Dramatisches).

471 AUS DER VORSTADT. Druck: ALLE GALGENLIEDER (1932) S.302.
472 TROST. Druck: »Die neue Rundschau« 17 (1906) S.1280, mit einigen anderen Gedichten unter dem Obertitel BERLINER GEDICHTE. EPIGRAMME UND SPRÜCHE (1920) S.144.

472,3 *Dom:* von Julius Raschdorff (1823–1914) in den Jahren 1894–1905 im Stil der Hochrenaissance erbaut. Nach Kriegsbeschädigungen wiederhergestellt. Vgl. auch BOTSCHAFT DES KAISERS JULIAN AN SEIN VOLK (S.246) und zugehörigen Kommentar (S.859f.).

472 AN DIE SPREE. Überlieferung: T1895, Bl.87. Datierbar vermutlich Sommer 1895.
Spree: durch Berlin fließender linker Nebenfluß der Havel, hier stellvertretend für Berlin.

472,2 *Zirkus:* das Gebäude des Zirkus Busch, das im Oktober 1895 eröffnet wurde. M notierte sich über den Zirkus Busch: *Hoffentlich kommst du bald nicht auf deine Kosten, aber auf dein Gegenteil, auf den Schub* [bricht ab]. T1895, Bl.86.

472,2 *Dom:* vgl. Kommentar zu TROST, S.953.
Im T1895, Bl.90 hat sich M einen Themenkatalog für *Satirische Epigramme gegen und für Männer und Zustände meiner Zeit* notiert, darunter: *Dombau. (Ein Zirkus und ein Dom, das gibt zu denken.)*

472 BERLINER MÄGDE AM SONNABEND. Druck: »Die neue Rundschau« 17 (1906) S.125, mit dem Obertitel BERLINER GEDICHTE. ALLE GALGENLIEDER (1932) S.303.

472,16 *Plumeaus:* Federbetten.

473 BERLINER GESELLSCHAFTSESSEN. Druck: »Die Gesellschaft« 15 (1899) Bd. 1, S. 280, mit dem Obertitel EPIGRAMME.

473,3 *Lina Morgenstern:* (1830–1909), Schriftstellerin, sozial engagiert für die Belange von Frauen und Mädchen; Herausgeberin der »deutschen Hausfrauenzeitung«.

473,5 *Böcklin:* Arnold Böcklin (1827–1901), Schweizer Maler.

473,24 *Kainz:* Josef Kainz (1858–1910), Schauspieler.

473,25 *Sorma:* Agnes Sorma (1865–1927), Schauspielerin.

473,32 *c. gr. in inf.:* wahrscheinlich »cum gratia in infinitum«, etwa: »mit Anmut unbegrenzt fortzusetzen« (lat.).

474 WAS SAGST DU ZUM NEUEN BERLIN? Überlieferung: T1903, Bl. 95. Datierbar vermutlich Juli 1903. Textvariante: **474**,2 *keine*] ⟨*wenig*⟩ T1903 ebd.

474 GROLL AUF BERLIN. IN IRA VERITAS. Druck: EPIGRAMME UND SPRÜCHE (1920) S. 46, dort datiert 1905.

IN IRA VERITAS: im Zorn liegt (verrät sich) Wahrheit (lat.).

Vgl. auch Ms Notiz: *In ira veritas. Epigramm v. Chr. M.* (T1903, Bl. 99) sowie den Brief an Alfred Guttmann vom 1.4.1896: *Berlin war eine große Probe für mich, aber es ward mir schon nach diesen zwei Jahren durchsichtig. Es ist keine Kulturstadt alles in allem, und ich muß mich an das Wort des Franzosen erinnern, dessen Angriffe ich vor einem Jahr in der »Freien Bühne« pathetisch zurückwies* [gemeint ist Teodor de Wyzewa, vgl. Abt. Kritische Schriften Nr. 23]. *Er spricht von einem »großen Jahrmarkt«.* BRIEFE. Auswahl (1952) S. 79.

474 NEO-BERLIN. Überlieferung: T1903, Bl. 100, ohne Überschrift. Datierbar vermutlich Juli 1903. Druck: EPIGRAMME UND SPRÜCHE (1920) S. 27. Textvarianten: **474**,2 *Welches Neulandgebuddel*] *Welch* ⟨*ein Geister*⟩*straßengebuddel* T1903 ebd. – **474**,3 *Ein blendendes*] ⟨*Fürwahr, welch*⟩ ebd.

474,1 *Kunstsiegesalleen:* zur Berliner Siegesallee vgl. Kommentar zu STEINE STATT BROT, S. 957.

474 DIE ZEIT IST NAH, SICH ZU ERFÜLLEN. Druck: EPIGRAMME UND SPRÜCHE (1920) S. 27, dort datiert 1902/03.

475 DIE KAISER-WILHELM-GEDÄCHTNIS-/KIRCHE. Überlieferung: T1906, Bl. 143, gestrichen. Datierbar zwischen dem 1. und 5. 2. 1906.

KAISER-WILHELM-GEDÄCHTNIS-KIRCHE: in den Jahren 1891–1895 von Franz Schwechten (1841–1924) in spätromanischem Stil erbaut,

1945 zerstört; die Ruine des Westturms wurde in den heutigen Bau einbezogen.

475 QUARTIER LATIN. Druck: »Die neue Rundschau« 17 (1906) S.1280, mit dem Obertitel BERLINER GEDICHTE.

QUARTIER LATIN: Lateinisches Viertel (franz.), Pariser Hochschulviertel; aber auch Berlin hatte (und hat) ein Quartier latin.

475,5 *Zarathustra«:* »Also sprach Zarathustra. Ein Buch für Alle und Keinen« (1883–1885) von Friedrich Nietzsche (1844–1900).

475,6 *»Das Kapital«:* Hauptwerk von Karl Marx (1818–1883), erschienen 1867–1894.

475,7 *Lustra:* Plural von Lustrum, Zeitraum von fünf Jahren.

475,9 *Polyeder:* mathematischer Körper mit vielen Flächen. Hier wohl für die Vielfalt der weltanschaulichen Tagesmoden.

475 ZWISCHEN WILMERSDORF UND SCHMARGENDORF. Überlieferung: Einzelblatt, handschriftlich, im Nachlaß. Datiert *11.1.1905.*

475,1 *Wilmersdorf. Schmargendorf:* damals Vororte von Berlin.

475,3 *Steglitzer Aussichtspavillon:* Gemeint ist vermutlich der Wasserturm auf dem Fichtenberg (errichtet 1886) in Berlin-Steglitz, der zu Ms Zeit an der Spitze seiner Kuppel einen Aufbau trägt ähnlich der offenen Laterne auf St. Peter in Rom.

475,4 *St. Peter:* Die Peterskirche in Rom; im Jahr 1506 wurde im Auftrag Papst Julius II. (1443–1513) mit einem Neubau begonnen, dessen Leitung bis zu seinem Tod Bramante (1444–1514) innehatte. Die ursprünglichen Pläne Bramantes wurden später mehrfach abgeändert; die heutige Gestalt der Kuppel geht auf Michelangelo und Giacomo della Porta zurück.

476,16 *Julius. Bramante:* s.o.

476,19 *der Kategorische Imperativ:* Kants (1724–1804) Formulierung der Verpflichtung zu sittlichem Handeln: »Handle so, daß die Maxime deines Willens jederzeit zugleich als Prinzip einer allgemeinen Gesetzgebung gelten könne.« Kritik der praktischen Vernunft (1788), § 7.

476 DER GÄRTNER. Druck: MELANCHOLIE (1906) S.43.

476,3 *Tolstoi-Alten:* nach dem russischen Dichter Lew Tolstoi (1828–1910).

477,16 *Halensee:* Vorort von Berlin.

477 HERBSTABEND. Druck: MELANCHOLIE (1906) S.42.

478 DER UNZUREICHENDE BRAND. Überlieferung: T1905, Bl. 39, mit der Überschrift EIN KAPITEL »ERZIEHUNG ZUR KUNST«. Datierbar

Herbst 1905. Einzelblatt, maschinenschriftlich, im Nachlaß, mit der Überschrift ERZIEHUNG ZUR KUNST. Druck:»Die neue Rundschau« 17 (1906) S.124, mit dem Obertitel BERLINER GEDICHTE. Textvarianten: **478**,6 *bezahlt*] ⟨*gekauft*⟩ *bestellt* T1905 ebd. – **478**,8 *Ich warte*] danach folgen die Zeilen: ⟨*Ich brauch den Brand für meine Nerven / ein Alp, soll er sich auf mich werfen* / ⟨*Was müssen diese Schuhe leiden*⟩ / *Ich will* ⟨*erregt sein*⟩ ⟨*mein Gruseln*⟩ *mich graulen für acht Mark*⟩ ebd. – **478**,11 *ist der reine – Mark*] ⟨*– es ist zu stark – / ist Brand für vier*⟩ [bricht ab] ebd.

478,4 *Brand:* der Schloßbrand in Heinrich von Kleists (1777–1811) Schauspiel »Das Käthchen von Heilbronn« (Uraufführung 17.3.1810, Wien) 3.Akt, 6. und 7. Auftritt.

478,10 *en detail zwar wie en bloc:* im Einzelnen wie im Ganzen (franz.).

478 DER BERLINER LANDWEHRKANAL SINGT. Überlieferung: T1907/08, Bl.96. Datierbar November/Dezember 1907. Einzelblatt, maschinenschriftlich, im Nachlaß. Textvarianten: **478**,6 *Kaiser-Friedrich-Boulevard*] *Kaiser-Wilhelm-Boulevard* T1907/08 ebd. *Kaiser-*⟨*Wilhelm*⟩*-Boulevard* Einzelblatt ebd., dort handschriftlich geändert. – **479**,12 *füllt mich auf*] darunter steht: *pflastert mich* T1907/08 ebd.

479,9 *Äpfelschute:* Schute: flaches, offenes Wasserfahrzeug.

479,14 *Nöck:* Wassergeist in der nordischen Mythologie.

Der Landwehrkanal existiert heute noch.

479 VOM STEIN-PLATZ ZU CHARLOTTENBURG. Druck: »Kunst und Künstler« 7 (1909) S.277. ALLE GALGENLIEDER (1932) S.299.

Der Steinplatz ist nach dem Freiherrn vom Stein (1757–1831) benannt. Aus Anlaß der Zweihundertjahrfeier der Stadt Charlottenburg 1905 sollte in Erinnerung an die durch den Freiherrn vom Stein im Jahr 1808 erlassene und für Charlottenburg bedeutsam gewesene Selbstverwaltung der Stadt auf dem Steinplatz ein Stein-Denkmal aufgestellt werden. August Gaul (1869–1921), berühmter Tierbildhauer, lieferte einen Entwurf, der (obwohl ohne direkte Beziehung zum Freiherrn vom Stein) den ersten Preis erhielt: »ein Brunnen mit Gruppen von Pelikanen um einen wasserspeienden Elefanten, das Ganze von römischer Großartigkeit, das den Platz mächtig beherrscht hätte«; durch den ersten Weltkrieg kam der Entwurf jedoch nicht zur Ausführung (Die Bauwerke und Kunstdenkmäler von Berlin und Bezirk Charlottenburg: Textband, hrsg. von Paul Otto Rave und Irmgard Wirth. Berlin 1961). Eine Abbildung des verkleinerten Elefanten-Modells sowie einer aquarellierten Skizze der gesamten An-

lage in: Angelo Walther: August Gaul. VEB E. A. Seemann Verlag, Leipzig 1973. Ms Kritik an den Bedenken gegen das Projekt: nicht die Beziehung zum Freiherrn vom Stein, sondern die künstlerische Qualität des Denkmals sollte entscheiden. Die Kritik an dem Plan, auf dem Steinplatz einen Elefanten von Gaul aufzustellen, widerlegt der Dichter mit dem Wortspiel: Stein – Tier – Gaul – Elefant: Stein war ein *großes Tier*, Gaul, als berühmter Künstler, ebenfalls. Er schuf einen Elefanten, also ein großes Tier, und zwar aus Stein.
480 STEINE STATT BROT. Druck: »Die neue Rundschau« 17 (1906) S. 1280, mit dem Obertitel BERLINER GEDICHTE. DIE SCHALLMÜHLE (1928) S. 144.
STEINE STATT BROT: Nach Matthäus-Evangelium 7, 9: »Welcher ist unter euch Menschen, so ihn sein Sohn bittet ums Brot, der ihm einen Stein biete?«
480, 1 *Siegesallee:* etwa 500 Meter lange Prachtstraße durch den Berliner Tiergarten mit 32 Marmorstatuen brandenburgischer und preußischer Herrscher, die in den Jahren 1898–1901 im Auftrag Kaiser Wilhelm II. von heute wenig bekannten Bildhauern errichtet wurden. Jedem der Fürsten waren die Büsten zweier seiner Zeitgenossen zugeordnet. Die Statuen und Büsten wurden wegen ihrer geringen künstlerischen Qualität schon frühzeitig kritisiert und verspottet. Ihre Überreste werden heute im Berliner Lapidarium aufbewahrt.
480, 7 *an Otto dem Faulen, an Sigismund, / an Cicero, an Achilles:* Markgraf Otto der Faule, Kaiser Sigismund oder Kurfürst Johann Sigismund, Kurfürst Johann Cicero, Kurfürst Albrecht Achilles.
481 DIE TÜRME. Überlieferung: Zwei Einzelblätter, handschriftlich, im Nachlaß. Undatiert. Druck: ALLE GALGENLIEDER (1932) S. 300, mit dem Titel DIE HÄUSERTÜRME VON NEU-BERLIN. Textvarianten: **481**, 3 *geboten*] *löblich* ALLE GALGENLIEDER ebd. – **481**, 6 *seiner Zeitung*] *einer Zeitung* ebd. – **481**, 7 *Es – Hydrozephalie*] *Sie nennend eine Blasphemie* ebd. – **481**, 9 *Das – eitle*] *Dies ließ die stolze* ebd. – **481**, 23 *laß uns nur*] *laß uns* ebd. – **482**, 29 *aufgeblasenen*] *aufgebauchten* ebd. – **482**, 30 *hupften*] *hüpften* ebd.
481, 7 *Hydrozephalie:* medizinischer Ausdruck für Wasserkopf, abnorme Schädelvergrößerung. Hier soviel wie überladener, aufgeblähter Baustil.
482 BABELVERSE. *Schaufensterarrangements.* Überlieferung: T1903, Bl. 112. Datierbar zwischen dem 14. und 16.8.1903. Druck: DIE SCHALLMÜHLE (1928) S. 131, dort mit dem Titel DIE NABELSCHNUR.

Textvarianten: Neben der Überschrift steht: *Ad Berlin. Ballade*, das Gedicht war also von M für den Berlin-Zyklus vorgesehen. – **482**,8 *mittendrin Tablett*] ⟨*in der Mitte Brett*⟩ ⟨*Schrank*⟩ T 1903 ebd. – **482**,14 *hat der Gute*] im T nicht eindeutig lesbar; *hat er* DIE SCHALLMÜHLE ebd.

482,1 *Babel:* nach Jeremias 51, 6 und anderen Bibelstellen Ausdruck für eine sündhafte Großstadt. M könnte aber zugleich an den Babelsberg bei Berlin und die damalige Villenkolonie Neu-Babelsberg gedacht haben.

482,4 *die Tempelhofer:* In Tempelhof befand sich ehemals ein Truppenübungsplatz.

483 DER MORD. Druck: »Die Schaubühne« 5 (1909) Bd. 1, S. 626, mit der Überschrift: DER MORD. *Eine Berliner Ballade*. DIE SCHALLMÜHLE (1928) S. 76f., dort in der Gruppe LITERATURGESCHICHTE IN BEISPIELEN, ohne den Vermerk (*um 1890*), der sich zuerst im Band BÖHMISCHER JAHRMARKT (1938) S. 121 findet.

Da in den Textteil die ausführlichere Fassung aus der SCHALLMÜHLE übernommen wurde, folgt hier die von M gekürzte und bearbeitete Version der »Schaubühne« im Zusammenhang:

DER MORD

Eine Berliner Ballade

I

Es liegt ein Mann in der Panke
… winkewanke … winkewanke …

Wer hat ihn in dies Bett gestupft,
dahin doch sonst der Frosch nur hupft? …
Es sieht ihn einer schlafen –
der hockt in Bremerhaven.
Der hockt in einem leeren Faß
im Schiffsbauch der ›Felicitas‹. –
Es liegt ein Mann in der Panke,
… winkewanke … winkewanke …
Wer hat ihn in dies Bett gestupft,
dahin doch sonst der Frosch nur hupft?
… winkewanke … winkewanke …

II

*Das Meer rauscht ohne Unterlaß
um einen Menschen in einem Faß.
Gekrümmt, an Leib und Seele wund,
verflucht er seinen Kerker rund.
Er hat nicht länger Vorrat mehr.
Von Ratten wimmelt's um ihn her.
Er bricht nachts die Büffettür los –
und schreibt darauf mit Kreide groß:
»Ich bin eine Ratte, sucht mich nicht,
sonst spring ich euch plötzlich ins Gesicht.«
Dann kriecht er unter eine Bank
und schlingt hinunter Speis' und Trank.
Das Schiff geht stampfend seinen Trott.
Und all das ist am Ende... Gott.*

III

*»Wer sind Sie? – Jesus! Mensch bist du's?«
  »Ich komm' von Holland und zu Fuß.«
»Wie siehst denn aus! Als wie dein Geist!«
  »Ich hab' halt viel gehungert, weißt.«
»Wo warst denn nur? Was gingst denn fort?«
  »Ich hatte was zu schaffen dort.«
»Und läßt mich hier, dein Kind im Leib –«
  »Drum komm' ich ja auch wieder, Weib.«
»In Fetzen – wie ein Vagabund!«
  »Ich mußte nach Berlin heim und –«
Es klopft. »Du zitterst ja – – als wenn – –«
  »Da sind sie... Also doch... Nun denn –«*

Berliner Schule (um *1890*): M bezieht sich wahrscheinlich auf naturalistische Gruppierungen in Berlin. Er stand dem Naturalismus, der seine Blütezeit in den Jahren 1880–1900 hatte, im allgemeinen distanziert gegenüber, vgl. auch Abt. Aphorismen Nr. 383, Text und Kommentar.
483,1 *Panke:* Fluß, der in Berlin in die Spree mündet.
Michael Bauer hat das Gedicht ausdrücklich als zum Berlin-Zyklus zugehörig bezeichnet (Chr. M. (1985) S. 178).

[CHRISTUS-ZYKLUS]

Einführung. Nach Michael Bauers Angabe (Chr. M. (1985) S. 246) begann M 1907 mit einem Zyklus DER CHRISTUS. Die Beschäftigung mit der Gestalt Christi läßt sich schon für das Jahr 1905 mit einer Notiz in den Aphorismen belegen (Nr. 1482): *Ein Mensch, dessen ganzes Leben darauf gerichtet ist, das Rätsel Christi zu lösen.* Wollte M dieser Mensch sein? Das erste, was ihn aus der Biographie des Erlösers zur poetischen Gestaltung anregte, waren die vierzig Tage, die Jesus in der Wüste verbrachte, wo er vom Teufel versucht wurde (Matthäus 4). M plante eine Dichtung DIE VIERZIG VERSUCHUNGEN DER VIERZIG TAGE (Bauer, Chr. M. (1985) S. 247; Vermerk im T 1908/09 I, Bl. 3–5). Es kann sich dabei um einen selbständigen Zyklus (wie man nach Bauer vermuten könnte) gehandelt haben oder um einen Teil des CHRISTUS-Zyklus (wie es die angegebene Tagebuch-Notiz wahrscheinlicher macht). Ausgeführt ist davon nur ein Gedicht: UND JESUS STAND AUF EINEM HOHEN BERG, das die Gruppe AUS EINEM CHRISTUS-ZYKLUS in dem Buch EINKEHR einleitet. Das angegebene Tagebuchblatt nennt eine Reihe *Versuchungen* mit Ziffernangaben, die ihre Stellung innerhalb des geplanten Zyklus bezeichnen. Die Notizen lauten:

Zum Zyklus: DER CHRISTUS.
Versuchungen. (Die 40 Versuchungen der 40 Tage) (1–2).
10.: Steine zu Brot (I).
20.–30.: Herrlichkeit der Welt (»Gesunder Menschenverstand«, Wohlstand, Weiber, Ehre, Wissen, Humor, Skepsis (II–XI).
30. Zinne des Tempels.
Ein behagliches reiches Leben, gesellig, voll Kunst, voll Wohltun, voll aller schönen Macht im Gegenwärtigen.
Das Weib.
1) Ein Mädchen aus hohem alten Geschlecht, eine Enkelin Davids, die ihn liebt, die er ehelichen könnte.
2) Eine einfache Frau, mit der er irgendwo ein einfaches und doch durchgeistigtes und wohltätiges Leben führen könnte.
3) Das Weib eines reichen, alten Juden (oder des Pilatus!), das ihn liebt.
4) Salome.
5) Weiber, so viel und welche er will. Sie stehen ihm ja alle zur Verfügung (wie Napoleon).
Er könnte hingehen und sein ganzes ferneres Leben dem Lernen widmen.

Was weiß ich? Wer lernte je aus? Eh' ich nicht tausendmal mehr weiß als jetzt, darf ich nicht wagen, meinen Mund zu irgendeiner Lehre aufzutun. Humor. Sieh doch dies alles nicht so bitter ernst an! Laß doch das sonnige Lächeln des Verstehens und Verzeihens deinen »Eifer« dämpfen. Bist du nicht fast ein Fanatiker, ein Zelot? Ein Asket? Ein finstrer Pfaffe? Skepsis: »Was ist Wahrheit?« Und: wird man in 10000 Jahren nicht weit mehr um Wahrheit wissen? (Auch ad Wissen).

Common Sense: Mensch, ist denn all dein Reden von Gott, Gottes Sohn usf. nicht – heller Wahnwitz? Sieh doch mit klaren Augen um dich, erfasse, was ist und nicht was vielleicht ist. Wach auf! Du Träumer!

Ehre: Im Tempel, vor den Gelehrten, als Gelehrter, vielleicht selbst als Dichter, als Märchen- und Parabelerzähler.

Zweifel an sich: Du willst das alles nur, weil du das andre nicht kannst: Du willst diese Macht, weil dir die andre versagt ist und sicher auch bleiben würde! Du bist kein Römer. Aber du möchtest sie überwinden. Ist das – Rache (Ressentiment)? Ist all dein geistiges Streben nur Wille zur – Macht? Dein Gottesgefühl also nur eine – Flucht? Ein – Zweites? Ein Ersatz? Eine höchst triumphierende Genugtuung eines – Bedürfnisses? Nicht der angeborene Ruf und Beruf deines ganzen Menschen? Nur eine Interpretation, eine Deutung, keine Geburt? Keine Notwendigkeit von Ewigkeit her? T 1908/09 I, Bl. 3–5.

Ein erster Gedanke, Christus in einem künstlerischen Opus darzustellen, kann schon dem jungen M nicht ferngelegen haben. In seiner ersten größeren Prosaarbeit EINE HUMORISTISCHE STUDIE von 1893 läßt er den Helden, einen übersteigerten Schwärmer, der zweifellos autobiographische Züge, wenn auch im Lichte der für M charakteristischen Selbstverspottung, trägt, an einer *geplanten großen Oper »Christus«* arbeiten und am Klavier *Gedanken zu dem achtfachen Wehe des Heilands über die Pharisäer* improvisieren.

Zunächst dachte er wohl an eine dramatische Bearbeitung des Christus-Stoffes. In T 1905, Bl. 70, steht der Eintrag: *Kern eines Christusdramas: Christus stirbt für die Unglücklichen, aus Ohnmacht, ihnen anders zu helfen.* Eine umfassendere Beschäftigung mit der Christus-Jesus-Gestalt wird durch die von M selbst als besonders wichtig erachtete neuerliche Lektüre des Johannes-Evangeliums ausgelöst, die ins Jahr 1906 fällt. Er glaubt es *mit 34 Jahren zum ersten Male zu verstehen. Im Lauf der Zeit war ihm ein Welt- und Gottesbegriff erstanden, der in das »Ich und der Vater sind eins« geradewegs hineinführt* (T 1913 I, Bl. 117; Abt. Aphorismen S. 471). Dieses

Jahr 1906 brachte im geistigen Leben des Dichters die Wende zu seiner mystischen Periode. Jetzt entsteht das TAGEBUCH EINES MYSTIKERS, das ursprünglich als Teil seines geplanten Romans gedacht war und später den krönenden Abschluß des Aphorismen-Bandes STUFEN bildete. Zunächst ist es noch immer das Wüsten-Erlebnis, das ihn nicht losläßt. 1906 notiert er: *Wenn ich etwas an Christus verstehe, so ist es das: »Und er entwich vor ihnen in die Wüste«* (Abt. Aphorismen Nr. 118). Dann bewegt ihn vor allem der Schluß des Johannes-Evangeliums, das Gespräch zwischen Jesus und Simon Jona (M schreibt – nach der Urfassung der Lutherschen Übersetzung – *Simon Johanna*) genannt Petrus, dem er eine Betrachtung in den Aphorismen widmete: *Eine welthistorische Szene [...]. Keine Szene mehr, ein Mysterium* (Abt. Aphorismen Nr. 1487). Im TAGEBUCH EINES MYSTIKERS meditiert er (1906) über den Begriff Dreieinigkeit: der Vater sei das menschlich nicht faßbare Leben. *Der Sohn, das ist dies selbe göttliche Leben als sich erahnendes Wesen, als Mensch, als der Mensch Christus im Besonderen* (Abt. Aphorismen Nr. 1498). Dieser Gedanke wird 1907 weitergesponnen: In Christus sei zum ersten Mal auf der Erde Gott selbst sich zum Bewußtsein gekommen (vgl. Abt. Aphorismen Nr. 1570). Wenn Gott Leib, d. h. Gestalt annahm, einem Menschenleib einwohnte, ist der Mensch also gleichsam Haus, ja Gewand der Gottheit, was ihm in mystischer Schau nicht nur die Göttlichkeit des Menschen Jesus, sondern jedes im Leibe wesenden Menschen zu beweisen schien: *Vor einem Kirchhof: Die abgelegten Kleider Gottes* (Abt. Aphorismen Nr. 1516).

Andere Einzelmotive aus der Lebensgeschichte Jesu, die den Dichter, wie die Notizen zeigen, innerlich berührten, sind: Die Hochzeit zu Kana (das Wasser-Wein-Wunder wird als Verwandlung des Menschlichen ins Göttliche gedeutet (vgl. Abt. Aphorismen Nr. 1645); die schlafenden Jünger am Ölberg *(Immer wieder kommt mir die Szene auf Golgatha* [M meint Gethsemane] *ins Gedächtnis)* (Abt. Aphorismen Nr. 1618); vor allem aber ist es die Geschichte von der Auferweckung des Lazarus. In einem auf September/Oktober 1908 datierbaren Briefentwurf an Margareta M heißt es: *Heute habe ich mich zum zweiten Mal an die Erweckung des Lazarus gemacht. Ich habe mich fast wörtlich an den alten Luthertext gehalten – bis auf die entscheidende Stelle. Man wird mir dieses Umschreiben der Bibel einst vorwerfen, aber warum sie nicht einfach übernehmen, so weit es irgend möglich, und nur den Sinn der Dichtung* [bricht ab]. *Ich könnte es wahrlich auch umformen, aber wozu. Was ich hier will, ist viel tiefer als »Kunst«, Kunst ist hier nur Hilfsmittel, weiter nichts* (T 1908 II, Bl. 98).

Dann versucht er die biblische Erzählung in Verse zu bringen; zwei längere Entwürfe liegen vor.
Es scheint, daß sich auch diesmal (wie schon bei MEIN GASTGESCHENK AN BERLIN) die größere lyrisch-epische Gestaltung versagt und der Plan schließlich auf eine lockere Gedichtgruppe hinausläuft. Der Plan liegt ihm am Herzen: *Vor allem möchte ich gern den Zyklus* CHRISTUS *für sich allein ausbauen*, schreibt er am 12.10.1908 an Margareta. Ein Jahr später bittet er Marie Goettling, die Jugendfreundin, den Menschen, *mit dem mich vielleicht am längsten religiöses Suchen verbindet, einen Zyklus* CHRISTUS *oder* DER CHRISTUS *als ihr vor allem gewidmet zu betrachten* (Brief vom 20.1.1909), nachdem er schon am 21.9.1908 Margareta versichert hatte, daß *meine jetzt in Boston lebende Jugendfreundin Marie Goettling auf den Zyklus* CHRISTUS *ein unumstößliches Mitanrecht hat*. Von der schlichten Bibelgläubigkeit der protestantischen Pfarrerstochter Marie Goettling hatte er sich freilich längst entfernt. *Die Bibel steht mir naturgemäß ferner als Dir, ich nehme mir lediglich die 4 Evangelien heraus, von diesen wieder besonders das 4., und aus diesem Christus*, erklärt er der Freundin auf einer vermutlich von Ende 1908 oder Anfang 1909 stammenden Briefkarte. Die Textgruppe NACH JOHANNES ist (bis auf das letzte Stück) auf einem maschinenschriftlichen Einzelblatt mit der Überschrift AUS EINEM GEPLANTEN ZYKLUS »NACH JOHANNES« überliefert. Daraus kann man die Vermutung ableiten, daß sich für M der Plan des CHRISTUS-Zyklus eingeengt hat auf einen, dem nur das Johannes-Evangelium zugrundeliegen sollte und der über die EINKEHR-Gedichte hinaus hätte erweitert werden sollen.
Daß auch diese »Dichtung, die leider nicht einmal zu einer hinlänglichen Skizze eines Planes gediehen ist« (Hiebel S.193), am Ende unvollendet blieb, mag mehrere Gründe haben:
1. Das Rätsel Christi, das zu lösen er wohl einmal geträumt hatte, erwies sich als zu umfassend. Jeder könne *von Christus etwas für sich fortnehmen. Verstehen aber wird ihn alle fünfzig Jahre vielleicht – einer* (Abt. Aphorismen Nr.1616).
2. Bei der Einfühlung in die religiöse Problematik schoben sich immer wieder esoterische und allzu menschliche Empfindungen in- und übereinander. Das LAZARUS-Fragment bricht dort ab, wo der Liebesbegriff allzu deutlich eine erotische Färbung erhält. M fühlte wohl, daß er so dem erhabenen Gegenstand nicht beikommen könne; Beheim-Schwarzbach meint wohl ähnliches, wenn er schreibt (allerdings mit Blick auf den Zy-

klus von Christi Versuchungen): »Es mochte sich in dem Dichter die Überzeugung durchgesetzt haben, daß er mit solch geheimnisvollem, sakralem Gut nicht frei schalten dürfte« (S. 97).

3. Ms Auffassung von Geist und Wesen Christi wandelte sich. Nach Überwindung der mystischen Phase und Eintritt in die anthroposophische Erkenntnis gewinnt er eine neue Dimension der Deutung, vor der manches des bisher Geschriebenen nicht standhielt. In der Gruppe AUS EINEM CHRISTUS-ZYKLUS am Ende von EINKEHR glaubt er seine *Auffassung Christi* dargelegt zu haben (14.7.1908 an Kayssler); in einem provisorischen Briefentwurf (T1911/12, Bl. 112) heißt es: *Wie sah ich Chr[istus] damals (siehe* EINKEHR, *Schluß). Wie sehe ich ihn jetzt...* Er sah jetzt hinter dem überlieferten Christusbild die esoterische Gestalt der kosmischen Christuswesenheit aufleuchten, und die glaubte er poetisch nur im Sinne der Geisteswissenschaft gestalten zu dürfen, während seinen früheren Christus-Gedichten ein Moment subjektiver Willkür anhafte. Der Weg geht also von subjektiver Einfühlung zu etwas auf esoterischem Wege als geisteswissenschaftlich-objektiv Erschautem. M kommt darauf zu sprechen in dem fragmentarischen Entwurf einer Auseinandersetzung mit Eduard Stucken (1865–1936) und dessen dramatischem Epos »Der Gral« sowie insbesondere mit dem *Mysterium »Merlins Geburt« (vom Dezember 1912),* T1913 I, Bl. 93–96. Man könne z. B. *die Gestalt eines Religionsstifters nicht einfach aus sich heraus wiedergebären und glaubte man ihn noch so tief nachempfunden und durchdacht zu haben. Um niemanden zu verletzen, exemplifiziere ich an mir selber. Unter meinen älteren Versen befinden sich eine Anzahl Christus-Gedichte. Ihr eindringlicher Ernst ist nicht zu bezweifeln – und doch sind sie – Dilettantismus, d. h. sie ergreifen ihr Problem mit unzulänglichen Mitteln. Alles was zu ihren Gunsten anzuführen sein mag, zugegeben, teilen sie doch mit fast der gesamten Literatur unserer Zeit das Schicksal, – Exoterik zu sein* (T1913 I, Bl. 102).

M hätte also aus seinem späteren Christus-Verständnis heraus den Zyklus wohl ganz anders geschrieben, als er ursprünglich vorgehabt hatte. Daraus ergibt sich, daß seine frühen Christus-Gedichte sozusagen überholt wurden von den späteren und man im Grunde nur die von ihm selber als zugehörig bezeichneten Stücke gelten lassen dürfte. Andererseits zeigt die Gesamtheit seiner Christus-Gedichte auch die Wandlung von Ms Christus-Bild, und dadurch werden Wegmarken seiner inneren Entwicklung sichtbar. Das ist der Sinn unserer Zusammenstellung, in der alle Christus-Gedichte Ms vereinigt sind. Sie i s t ein Christus-Zyklus, wenn

auch nicht eine Rekonstruktion des von M geplanten. Der ist nicht rekonstruierbar. Vorhanden ist der Torso aus EINKEHR. Um diesen gruppieren sich Gedichte, die in drei Fällen aus anderen Büchern entnommen wurden (AUF VIELEN WEGEN, ICH UND DIE WELT, WIR FANDEN EINEN PFAD), alles übrige stammt aus dem Nachlaß. Einzelnes davon wurde schon einmal publiziert (in der Zeitschrift »Die Christengemeinschaft«, in dem Nachlaßband MENSCH WANDERER); die meisten Nachlaß-Stücke sind bisher unveröffentlicht. Auch dieser Umstand berechtigt dazu, sie jetzt als eine thematische Einheit geschlossen darzubieten.
Überblickt man die Gesamtheit der Christus-Gedichte unter dem Gesichtspunkt des geplanten Zyklus, dann bleibt der Eindruck eines Trümmerfeldes großgedachter Poesie, von der nur Bruchstücke, wohl auch nur Splitter vorliegen.
Zu dem Wandel des Christus-Verständnisses, das von der mystisch verrätselten Figur des Nazareners zu dem rein geistig aufgefaßten kosmischen Christus-Prinzip fortschreitet, tritt auch ein Wandel der formalen Aussage. Die poetische Einkleidung (wie in der frühen LEGENDE) verflüchtigt sich. M beschränkt sich später bewußt auf eine rhythmisierte Wiedergabe des Luthertextes und will damit dessen Großartigkeit nur ein noch weihevolleres Air geben. Schließlich verknappt sich seine Diktion noch weiter zu der Schmucklosigkeit einer ernsten Verkündung, die keiner poetischen Überhöhung mehr bedarf.
Zum Christus-Problem bei M vgl. Fredrich S. 21–24 und 100ff., und Giffei S. 150–163.

485 DER EINSAME CHRISTUS. Druck: ICH UND DIE WELT (1898) S.34. Vgl. S.224.

486 LEGENDE. Überlieferung: Einzelblatt, handschriftlich, im Nachlaß. Druck: »Der Kunstwart« 11 (1897/98) Bd.1, S.174. AUF VIELEN WEGEN (1897) S.84f. AUF VIELEN WEGEN (1911) S.38f. Vgl. S.160 und Kommentar S.827.

487 DER ZWÖLFJÄHRIGE JESUS. Überlieferung: Einzelblatt, maschinenschriftlich, im Nachlaß. Undatiert. Vgl. auch: *Joseph war Tischler, nicht Jesus. Was weiß Joseph, der Handwerker, vom Geist und Wesen der Dinge?* T1907/08, Bl.160, Abt. Aphorismen Nr.824.

487 OB JESUS EIN MENSCH WAR ODER NICHT. Überlieferung: T1907/08, Bl.65. Datierbar November/Dezember 1907. Druck: EPIGRAMME UND SPRÜCHE (1920) S.148. Textvarianten: **487**,2 *Tor*] ⟨*Narr*⟩ T1907/08 ebd. – *vergißt*] danach folgen die Zeilen: ⟨⟨*wie*⟩ *Was ein*

Mensch und was⟩ / ⟨was denn »ein Mensch sein« eigentlich⟩ [bricht ab]
ebd. – **487**,4 *nichts als*] ⟨*doch nur*⟩ ebd. – Auf den Schluß folgen die Zeilen:

⟨*Und wenn er sprach: Ich Mensch bin Gott, –*
so genügt nicht ⟨*eines*⟩ *David Straußens Spott,*
so straft noch nicht solch dumpfes Hirn
⟨*des platten Schwätzers*⟩ *die Lichtwelt einer Riesenstirn.*⟩

ebd.

David Straußens: David Friedrich Strauß (1808–1874). Sein Werk »Das Leben Jesu« (1835) unternimmt es, eine rationale Erklärung Christi zu geben.
487 JESUS, EIN »MENSCH«. Überlieferung: T1907/08, Bl.120f. mit der Überschrift AN DIE MODERNE THEOLOGIE. Datierbar Dezember 1907. Druck: EINKEHR (1910) S.60. Auf das Gedicht folgt nach einem Trennungsstrich:

»*Im Anfang war –*« *dies ist das tiefste Wort*
aus Menschenmund, »*im Anfang war das Wort*«.
⟨*Denn sieh: Das Wort erst*⟩ [bricht ab]
⟨*Denn*⟩ *Ja, vor dem Wort* »*war*« »*nichts*«. *Verstehst du mich?*
Nicht »*nichts*« *– kein Wort* [bricht ab]
Verstehst, daß »*sein*« *auch nichts als nur ein Wort,*
daß »*Anfang*« *auch nichts weiter, nichts* »*an sich*«,
wie wir zu sagen lieben? – [...] »*Anfang*« *ist*
ein Wort und »*war*« *auch bloß ein Wort und* »*Wort*«
auch bloß ein Wort. – Im Anfang war das Wort –
das heißt: Das Ewig-Unaussprechliche
⟨*an*⟩ *von dem kein Wort je gilt –* »*begann*« *als* »*Zeit*«
»*Welt*« »*Schöpfung*« »*Gottheit*« *– kurz,* »*begann*« *als* »*Wort*«.
Im Anfang war – dies ist das Schlüsselwort
der »*Wirklichkeit*«, »*im Anfang war das Wort*«.

T1907/08, Bl.121.

488,17 »*Im Anfang war das Wort*«: Johannes-Evangelium 1,1.
488 PILATUS SPRICHT: DU REDEST NICHT MIT MIR? Überlieferung: T1907/08, Bl.68. Datierbar November/Dezember 1907. Textvarianten: **488**,2 *mir Gewalt – loszugeben*] ⟨*mein die Macht ist, dich / zu kreuzigen und mein die Macht, dich loszugeben?*⟩ T1907/08 ebd. – **488**,5 *dir*

[Christus-Zyklus] 967

nicht von Mir gegeben worden wäre] danach weitere Fassungen der Zeile: *Du [sie] nicht von Mir empfangen hättest / ⟨wenn sie⟩ dir nicht von oben ⟨wäre⟩* [darüber: *her*] *gegeben / ⟨wenn sie⟩ dir nicht von Mir / ⟨von Mir dir nicht⟩ gegeben ⟨worden⟩ wäre.* ebd.

Dem Gedicht liegt das Johannes-Evangelium 19, 10 und 11 zugrunde.

488 NICHT WAHR, DEIN HAUPTWORT, HERR, WAR DIES. Überlieferung: T 1907/08, Bl. 70. Datierbar November/Dezember 1907. Einzelblatt, maschinenschriftlich, im Nachlaß.

Zugrunde liegt Matthäus-Evangelium 22, 39.

488 WIE KONNTEST DU ABRAHAM SEHEN, SPRICH! Überlieferung: Einzelblatt, maschinenschriftlich, im Nachlaß. Undatiert.

489 NACH DER BERGPREDIGT. Überlieferung: Einzelblatt, maschinenschriftlich, im Nachlaß. Undatiert. Druck: »Die Christengemeinschaft« 15 (1939) S. 321. Textvariante: **489**,3 *der Juden*] *der andern* »Die Christengemeinschaft« ebd.

BERGPREDIGT: Matthäus-Evangelium, Kapitel 5–7.

489 DA NAHM MARIA EIN PFUND SALBE. Überlieferung: T 1908/09 I, Bl. 10. Datierbar Februar 1908. Textvarianten: **489**,8 *machen*] darüber: *schaffen* T 1908/09 I ebd. – *Drauf – Bruder*] ⟨*Doch Jesus legte die schmale Rechte / aufs Haupt der vor ihm knienden ⟨Tochter⟩ Weibes: / Du sollst deine Rede von ihr lassen!*⟩ ebd. – **489**,9 *zu meinem Begräbnis*] ⟨*für den Weg meines Todes*⟩ ebd.

Dem Gedicht liegt das Johannes-Evangelium 12, 3–8 zugrunde.

489 VON EINSAMKEIT UND FASTEN AUFGERIEBEN. Überlieferung: T 1908/09 I, Bl. 42. Datierbar Frühjahr 1908. Druck: »Die Christengemeinschaft« 15 (1939) S. 321, mit der Überschrift IN DER WÜSTE und dem Vermerk »Aus einem geplanten CHRISTUS-Zyklus« (nur *Von Einsamkeit – Brot allein*). Textvarianten: **489**,1 *Fasten*] *Hunger* »Die Christengemeinschaft« ebd. ⟨*Schmerzen*⟩ T 1908/09 I ebd. – *aufgerieben*] darüber: [*aufge*]*zehrt*, darüber: *übermannt* ebd. – **489**,2 *saß*] ⟨*ging*⟩ ebd. – **489**,4 *schien ihm*] *las er* »Die Christengemeinschaft« ebd. – **489**,5 *schaff mich um*] danach folgt die Zeile: ⟨*Und laß mich dieses Hungers Mittag sein*⟩ T 1908/09 I ebd.

Das Fragment gebliebene Gedicht gehört thematisch zu dem Motivkreis der VIERZIG VERSUCHUNGEN (vgl. Einführung, S. 960ff.). Die Versuchung Christi durch den Satan, Steine in Brot zu verwandeln und sich zum Beweis der göttlichen Unversehrbarkeit von der Tempelzinne zu stürzen, wird im Matthäus-Evangelium 4, 3–8 überliefert.

490 DER TEUFEL TRAT VOR CHRISTUS HIN. Überlieferung: T1908 I, Bl. 43. Datierbar August/September 1908. Textvariante: **490**,3 *du*] *(du)*, darüber: *dich* T1908 I ebd. –

In der Gottheit ist auch das Böse aufgehoben. Nach Giffei (S. 71) braucht M ab 1908 das Wort »Teufel« nicht mehr; er bejaht das »Ganze« und damit auch die »teuflische Welt«. Vgl. auch Kommentar zu ICH BIN NICHT GUT, S. 968f.

490 MATTHÄUS 4, 8. Überlieferung: T1908/09 I, Bl. 46f. Datierbar Frühjahr 1908. Druck: EINKEHR (1910) S. 89. Textvarianten: **490**,7 *Kind*] *Kind* / ⟨*und Freund und* ⟨*Ruhm*⟩ *Ansehn und*⟩ T1908/09 I, Bl. 46. – **490**,14 *Wahnwitz*] darunter steht: *Wahnsinn* ebd. – **490**,17 *als ich*] *als ich (mir selbst)* ebd. – **490**,18 *auf – Wort*] ⟨*auf sich, (den)* ⟨*als*⟩ *fleischgewordnen Gottesgeist… / denn dort – Weib, Kind, Glück, Ehre, Gold und* [Lücke] / *und hier ein Wahn* / *ei warum Gottesgeist, warum dies Wort!*⟩ T1908/09 I, Bl. 46f. – **490**,19 *Gespenstisch*] daneben steht am Rand: *Irreitles* T1908/09 I, Bl. 47. – **491**,24 *Sturm der Ewigkeit*] ⟨*Gespenst, auf nacktem Fels*⟩ ebd. – **491**,25 *Gib mich los*] darunter: *(ja, laß ab)* ebd. – **491**,38 *Gestirne Lauf*] danach folgt: ⟨*und lächelt* ⟨*durch*⟩ *unter Tränen* ⟨*wie ein Kind*⟩ *ihnen zu / wer sollte er denn anders sein, als dies / und das und alles was da ist und war*⟩ ebd.

490,5 *Dinkel:* eine Weizenart. *Spelt:* andere Bezeichnung für Dinkel.

491 ICH BIN NICHT GUT. Überlieferung: T1908 II, Bl. 66. Datierbar September 1908. Textvarianten: **492**,13 *am Ende*] ⟨*vielleicht*⟩ T1908 II ebd. – **491**,15 *das Wort*] darunter: *de*[*n*?] *Ruhm* ebd. – *kein Mensch*] danach folgt ein unleserliches Wort, dann die Worte: ⟨*empfängt*⟩ *genügt*, darunter: *besteht*. ebd.

Durch die über den Text geschriebenen Worte *Ad Christus* als zum CHRISTUS-ZYKLUS gehörig ausgewiesen. Vgl. dazu T1908/09 I, Bl. 59: PILATUS. *Ich bin nicht gut. Was nennst du mich gut. Kein Mensch ist gut* und T1908 III, Bl. 29:

> *Richtigstellung eines Verzweifelnden.*
> *(Contricio cordis* [Zerknirschung des Herzens, lat.]*).*
>
> *Nennt mich nicht gut. Nennt mich nicht gut!*
>   *Nennt mich nicht gut.*
> *Ich bin nicht gut. Denn ich bin schwach, nicht stark.*
> *Den Taten meines Geistes fehlt das Mark;*
> *dem Guten meiner Taten fehlt das Blut.*

Ich schmecke mich und spei mich selber aus.
Zu wenig Feuersglut, zu wenig Eis.
Ihr schätzt just dieses Weder-kalt-noch-heiß.
Mich aber ekelt dieses faden Laus.
[...]
Gut heißt nur ganz vor allem ungestückt, ⟨ungerückt⟩ unge-
nicht ⟨jetzt⟩ einmal etwas groß und einmal klein.   *flickt*

Ein Guter ist zu allen Stunden groß.
Wohl ⟨bleibt⟩ ⟨steht⟩ lebt auch er ⟨im Netz der Welt verstrickt⟩
                                       von Tugenden bedrückt,
doch ⟨was⟩ eins bleibt stets er, weil er stark ist, –: rein.

Ich schmecke mich – dieses faden Laus: Anklang an: »Ach, daß du kalt oder warm wärest! Weil du aber lau bist und weder kalt noch warm, werde ich dich ausspeien aus meinem Munde.« Offenbarung des Johannes 3,15 f. Das Gedicht gehört in Ms mystische Phase, die durch die Lektüre des Johannes-Evangeliums im Jahre 1906 ausgelöst wurde (vgl. Einführung S. 961 f. und zu EINKEHR Abt. Lyrik 1906–1914): eine beinahe scholastische Grübelei: Durch seine Menschwerdung muß Christus logischerweise auch Teil an der menschlichen Unvollkommenheit haben. Er ist aber auch als Mensch Gott, und Gott ist zwar gut, aber, da er alles umfaßt, nicht nur gut. Der Gedanke einer Gottheit, die sowohl gut wie böse ist, taucht in der indischen Mystik auf.
492 GLOSSE. *Zusatz zu Christus (Ich bin nicht gut).* Überlieferung: T1908/09 I, Bl. 126. Datierbar Dezember 1908/Januar 1909. Textvariante: **492**,3 *sich als sittlich-mögliches*] ⟨*diese Möglichkeit*⟩ T1908/09 I ebd.
Weiterführung der Gedanken des vorigen Gedichts. Vgl. auch die Einleitung, S. 961 f.
492 WAS KANN MIR NOCH DEIN TOTES BILDNIS KÜNDEN. Überlieferung: T1908 II, Bl. 79, dort mit *Rit[ornell]* überschrieben. Datierbar September/Oktober 1908.
493 DIE WIEDERERWECKUNG DES LAZARUS. Überlieferung: T1907/08, Bl. 66 f. Textvarianten: **493**,2 *Lazarus*] *Lazarus,* ⟨*als rings um ihn*⟩ [bricht ab]; darüber stehen unleserliche Wörter. T1907/08, Bl. 66. – **493**,3 *alle*] *alle.* ⟨*Und wie immer sah er*⟩ [bricht ab] ebd. – **493**,4 *wie Kinder*] davor steht: *voll* ⟨*feiner*⟩ *Art und Witz* ⟨*und*⟩ ebd. – **493**,5 *die – stach*] ⟨*deren Spiel ihr Leben ausfüllt*⟩ ebd. – **493**,6 *vor ihm treiben*] danach die

Zeilen: ⟨*Tier noch völlig, ein gezähmtes, gutes blindes Tier / ein jammernd hilflos unbelehrbar Volk / ihr untertäniges*⟩ [?] [bricht ab] ebd. – **493**,17 *Herzens-Freund*] geändert aus: *den toten* [darüber: *treuen*] *Freund.* ebd. – **493**,22 *Indier*] ⟨*Zauberer*⟩ ⟨*Magier*⟩ ebd. – **493**,24 *Werdung*] darunter: *(Schöpfung)* ebd. – **493**,30 *war nur*] ⟨*floß wie*⟩ ebd. – **494**,36 *Doch – Eins*] ⟨*Er predigte ja nicht nur, er lebte ja*⟩ T 1907/08, Bl. 67.

Unter dem Text steht die Notiz: *Natura – sive Deus – non facit saltum – und eben darum Christi »Wunder«. Denn eine Gottesoffenbarung ohne Wunder, d. h. indische Zauberkünste wäre damals noch ein Saltus gewesen.*

Natura – saltum: Die Natur – oder Gott – macht keinen Sprung (lat.); Zusammensetzung von dem auf Aristoteles zurückgehenden Satz »Natura non facit saltum«, die Natur macht keinen Sprung, d. h. ihr Aufbau erfolgt kontinuierlich, und Spinozas (1632–1677) Satz »deus sive natura«, Gott oder Natur, Gott=Natur (Ethik, 4. Teil. 4. Lehrsatz.).

Der Stoff hat M nachhaltig beschäftigt. Ursprünglich wollte er ihn dramatisieren. Zugrunde liegt das Johannes-Evangelium 11, 1–45. Vgl. auch die zweite Fassung DIE AUFERWECKUNG DES LAZARUS, S. 494–496.

494 DIE AUFERWECKUNG DES LAZARUS. Überlieferung: T 1908 II, Bl. 82–84. Datierbar September/Oktober 1908. Einzelblatt, maschinenschriftlich, im Nachlaß, mit der Überschrift WIEDERERWECKUNG DES LAZARUS. Textvarianten: **494**,3 *nun – hörten*] ⟨*sie nun hörte, daß*⟩ T 1908 II, Bl. 82. – **494**,5 *ihn später – edlem Öl*] ⟨*den Herrn gesalbt hatte / mit Salbe*⟩ ⟨*Narde*⟩ ebd. – **494**,6 *und ihm die Füße trocknet'*] *die Stirn ihm trocknend* Einzelblatt ebd., vermutlich von Margareta M geändert. – **495**,20 *Herr*] ⟨*Meister*⟩ ebd. – **495**,21 *gesandt ward*] darunter: *gekommen* ⟨*ist*⟩ ebd. – **495**,37 *haderte mit sich*] darunter: *(betrübete sich selbst)* T 1908 II, Bl. 83. – **495**,41 *Harm*] darunter: *(Schmerz)* ebd. – **495**,42 *Glaube an*] ⟨*Vertrauen auf*⟩ ebd. – **495**,43 *ihm*] ⟨*ihr*⟩ ebd. – **495**,47 *ihn liebte – Seele*] ⟨*da vor ihm weinend kniete, seinem*⟩ *Du* ebd. – *seiner Seele*] *seiner Psyche*, daneben die Änderung ebd. – **495**,51 *betete*] ⟨*sprach: Vater / ich danke dir, daß du mich hörst allezeit*⟩ ebd. – **496**,53 *kam heraus – Grablinnen*] *erschien, gebunden mit Groblinnen* [offenbar Lesefehler] Einzelblatt ebd. – *Grablinnen*] geändert aus: *Grabtüchern* T 1908 II, Bl. 83. – **496**,59 *litt – ihr*] ⟨*sah nur Maria*⟩ ebd. – **496**,60 *kniete*] danach: ⟨*und*⟩ *(zu seiner Seele, die da vor ihm lag)* T 1908 II, Bl. 84.

In einem undatierten Briefentwurf an Margareta M schreibt der Dichter: *Heute habe ich mich zum zweiten Mal an die* ERWECKUNG DES LAZARUS *gemacht. Ich habe mich fast wörtlich an den alten Luthertext gehalten – bis auf die entscheidende Stelle. Man wird mir dies Umschreiben der Bibel einst vorwerfen, aber warum sie nicht einfach übernehmen, so weit es irgend möglich, und nur den Sinn der Dichtung* [bricht ab]. *Ich könnte es wahrlich auch umformen, aber wozu. Was ich hier will, ist viel tiefer als »Kunst«, Kunst ist hier nur Hilfsmittel, weiter nichts* (T 1908 II, Bl. 98). Über das Scheitern dieser Dichtung vgl. die Einführung, S. 963 f.

496 CHRISTUS ZU NIKODEMUS. Überlieferung: T 1908 III, Bl. 25. Datiert *26.*[9. oder 10.1908]. Einzelblatt, maschinenschriftlich, im Nachlaß. Textvarianten: **496**,5 *unerklärt*] *unerkannt* [?] T 1908 III ebd. *unerklärt* Einzelblatt ebd. Da das Wort im T nicht eindeutig lesbar, aber *unerklärt* Reimwort zu *fährt* ist und auch in der Abschrift steht, wurde dieses Wort für den Text bevorzugt. – **496**,10 *Heimaten*] darunter: *Urstände* T 1908 III ebd. *Urstände* Einzelblatt ebd.

Dem Gedicht liegt das Johannes-Evangelium 3, 7 und 8 zugrunde.

496 WER DIESES WASSER TRINKT, DEN DÜRSTET WIEDER. Überlieferung: T 1908/09 I, Bl. 129. Datierbar Januar/Februar 1909. Textvariante: **496**,2 *ich ihm gebe*] danach folgt die Zeile: ⟨*der bückt zu keinem Quell sich fürder nieder*⟩ T 1908/09 I ebd.

Dem Gedicht liegt das Gespräch Christi mit der Samariterin am Jakobsbrunnen zugrunde (Johannes-Evangelium 4, 13 f.).

497 NACH JOHANNES. Überlieferung: Die Gedichte dieser Textgruppe, die den Schluß des Buches EINKEHR bilden, sind (bis auf das letzte Stück JOH. 14, 6) auf einem maschinenschriftlichen Einzelblatt mit der Überschrift AUS EINEM GEPLANTEN ZYKLUS »NACH JOHANNES« überliefert (s. Einführung, S. 963). Weitere Überlieferungsbelege sind bei den Einzelkommentaren vermerkt.

Zu diesem Zyklus vgl. Giffei S. 157.

497 MIR KANN NIEMAND GEBEN. Druck: EINKEHR (1910) S. 92, dort als Motto des Zyklus.

497 EV. JOH. 1, 5. Überlieferung: Zwei Maschinenabschriften auf Einzelblättern, einmal von Margareta M mit 1907 datiert.

497 JOH. 1, 26. Druck: EINKEHR (1910) S. 93.

498 JOH. 4, 23. Überlieferung: T 1908/09 I, Bl. 124. Datierbar Dezember 1908/Januar 1909.

Diese Verse gehören unmittelbar in den Zusammenhang der vier Gedichte nach Textstellen des Johannes-Evangeliums, die M in EINKEHR aufgenommen und ausdrücklich als AUS EINEM CHRISTUS-ZYKLUS bezeichnet hat. Der Grund, weshalb er es ausgeschieden hat, kann nur vermutet werden: er wollte mit den beiden schockierenden letzten Zeilen die religiösen Gefühle anderer nicht verletzen.

498 JOH.4, 31. Druck: EINKEHR (1910) S.94.

498 JOH.5, 22. Überlieferung: T1908/091, Bl.68. Datierbar Frühjahr/Sommer 1908. Über dem Gedicht steht: *Eventuell für Liese* (die dritte Frau von Ms Vater).

499 JOH.8, 55. Druck: EINKEHR (1910) S.95.

499 JOH.14, 6. Druck: EINKEHR (1910) S.96.

500 AM WEGE. Ohne Überschrift unter der Ziffer IV innerhalb eines maschinenschriftlichen Zyklus MEDITATIONEN I–VI. Undatiert. Ob es ursprünglich für einen solchen Zyklus vorgesehen war, ist jedoch nicht sicher. Druck: »Die Christengemeinschaft« 15 (1939) S.321, mit dem Vermerk »Aus einem geplanten Christus-Zyklus«.

Vgl. dazu: *Als Christus ein verwesendes Kamel am Wege liegen sah, sagte er zu den Jüngern, die sich abwandten: Seht doch sein schönes Gebiß! Für den Modernen braucht dem lebendigen, merkwürdigsten Geschöpf nur ein kleiner Mangel anzuhaften und er wird den versunkenen Betrachtern nichts zu sagen wissen als: Sehet ihr nicht seinen Schönheitsfehler?* (T1912 II, Bl. 27). Der Stoff zu diesem offenbar aus Ms letzten Lebensjahren stammenden Gedicht findet sich in den Apokryphen zum Neuen Testament. Von dort gelangte er in die islamische Literatur. Eine dichterische Fassung von Nisami (1141–1209) teilt Goethe in den »Noten und Abhandlungen zum besseren Verständnis des Westöstlichen Divans« mit. Eine Nachdichtung »Der tote Hund« in deutschen Knittelversen unternahm Richard Dehmel (enthalten in »Aber die Liebe«, zweite Folge), die M möglicherweise gekannt hat. Spätere Bearbeitungen des Stoffes von Franz Werfel (»Jesus und der Äserweg«, wo die Legende nur in den ersten beiden Verszeilen gestreift wird) und von Paul Ernst, dessen Gedicht »Das Hundeaas« in seinem 1930 erschienenen Epos »Der Heiland« enthalten ist. Die Worte Jesu lauten bei Nisami/Goethe: »Die Zähne sind wie Perlen weiß«, bei Dehmel: »Seine Zähne sind wie Perlen rein«, bei Paul Ernst: »Wie sind des Hundes Zähne schön«. (Wichtige sachliche Hinweise für diese Anmerkung verdankt der Hrsg. Karl August Kutzbach.) Vgl. auch Kommentar zu MEDITATIONEN, Abt. Lyrik 1906–1914.

500 ICH HEBE DIR MEIN HERZ EMPOR. Druck: WIR FANDEN EINEN PFAD (1914) S.66. Hiebel macht besonders auf die Lautmalerei in diesem Gedicht aufmerksam (S.135).

Gedichte aus dem Nachlaß

In diesem Teil sind Gedichte Morgensterns vereinigt, die nicht in die von dem Dichter bei Lebzeiten veröffentlichten Bücher eingegangen, nicht vom Herausgeber in die Nachlese-Sammlungen zu diesen Büchern aufgenommen, entweder noch nie oder nur in Zeitschriften oder Zeitungen gedruckt worden sind. Hinzu kommen die von Margareta Morgenstern nach dem Tode des Dichters publizierten Gedichte, vor allem die aus dem Nachlaßband MENSCH WANDERER, ferner aus ZEIT UND EWIGKEIT und auch aus Zeitschriften, sofern sie in der vorliegenden Ausgabe nicht an anderer Stelle erscheinen.

Bisher unbekannte Gedichte, die hier zum ersten Mal veröffentlicht werden, stammen in erster Linie aus den Tagebüchern und anderen Handschriften, z.T. auch aus Zeitschriften. Ein von Morgenstern selbst veröffentlichter Text gilt stets als authentisch, ein von ihm nicht selbst veröffentlichter Text nur dann, wenn kein Autograph aufgefunden werden konnte.

Die frühen Gedichte Morgensterns (vor Beginn der regelmäßig geführten Tagebücher) sind, von Einzelblättern abgesehen, vor allem in vier handschriftlichen Sammlungen überliefert, die sich z.T. inhaltlich überschneiden:

1) ein Heft, dessen Umschlag-Etikett vom Dichter mit *Ged[ichte] a[us] m[einer] Jugend 1884–85* beschriftet worden ist. Ein *1.Abschnitt* ist überschrieben: *Humoristische Gedichte (teils Erfindung, teils nach wahren Begebenheiten)*. Es handelt sich um scherzhafte Schülerverse aus der Breslauer Gymnasialzeit ohne literarischen Anspruch, Klapphorn- und andere Unsinn-Verse. Eine Ausnahme machen die erstaunlich gewandten Parodien *à la Friederike Kempner*, die in der vorliegenden Ausgabe in der Abt. Humoristische Lyrik zu finden sind. Angeheftete Blätter enthalten die gereimte Parodie eines rührseligen Boulevardromans, wahrscheinlich von 1888, und eine Parodie der Medea-Sage. Ein einziges Gedicht mit ernstem Charakter findet sich auf diesen Einzelblättern und wurde hier aufgenommen (WARUM DAS LEBEN HASSEN, S.507).

2) ein Heft mit der Aufschrift: *Gedichtheft Weihenacht 1892* und Widmung: *Meinen geliebten Eltern – Weihenacht 1892 Breslau. Christian Morgenstern*. Das Folgeblatt ist beschriftet: *Aus heißem Herzen. Gedichte von Christian Morgenstern. Motto: Bonis nocet, malis qui parcit* (Den Guten

schadet, wer die Schlechten schont, lat.). *Oktober-November 1892.* Am Ende des Heftes ist der Fahnendruck des Gedichts DAS NEUE JAHR eingeklebt. Eingelegt sind ferner einzelne Blätter mit drei Gedichten, überschrieben: *Aus früherer Mappe. Christian Morgenstern 1892.* Diese Blätter (deren Texte auch im Heft selber enthalten sind) wurden vermutlich dem Schulrat L. Bauer (Augsburg) zur Beurteilung vorgelegt, der einige kurze Bleistift-Bemerkungen dazugeschrieben hat. Näheres zu diesem Heft bei den Kommentaren; es wird mit dem Titel AUS HEISSEM HERZEN zitiert.

3) ein Heft mit der Aufschrift: *Meinen geliebten Eltern. Weihenacht 1892. Breslau. Christian Morgenstern.* Auf dem Folgeblatt steht: *1890–1892 (Oktober). Gedichte von Christian Morgenstern, Sorau Nieder-Lausitz, Breslau.*

2 und 3 überschneiden sich inhaltlich vielfach. 3 ist das textlich umfangreichere Heft.

4) EINE HUMORISTISCHE STUDIE. *Anfang Januar 1893.* Diese erste Prosaarbeit des jungen Dichters umfaßt siebzehn Seiten. Die restlichen Blätter des Heftes (achtzehn Seiten) sind mit Gedichten gefüllt. Dieser Anhang überschneidet sich ebenfalls vielfach mit 2 und 3.

Literatur: Lissauer, Ernst: Zu Morgensterns Nachlaß [MENSCH WANDERER] In: Die Literatur 29 (1926/27), S. 570–572.

[GEDICHTE IN BAYRISCHER MUNDART]

Einführung. Diese Gedichtgruppe gehört zu den Überraschungen aus Morgensterns Nachlaß. Morgenstern als bayrischer Mundartdichter – das dürfte ein bisher nicht bemerkter Zug im Bilde auch des Dichters der heiteren und grotesken Verse sein. Zahlenmäßig ist der Fund an mundartlichen Versen freilich gering, und meist handelt es sich um poetische Scherze aus Morgensterns Jugendzeit. Ein einziges Gedicht der Gruppe ist bislang an die Öffentlichkeit gekommen: DER GOCKL, das 1928 von Margareta Morgenstern in dem Nachlaßband DIE SCHALLMÜHLE erstmalig vorgestellt wurde.

Morgenstern, in München geboren und in seinem ersten Lebensjahrzehnt in Oberbayern aufgewachsen, beherrschte natürlich die Mundart – auch vom Elternhaus her mußte sie ihm vertraut gewesen sein. Die (1880) früh verstorbene Mutter, an der das Kind sehr gehangen hat, schrieb selbst gelegentlich Verse im bayrischen Dialekt. Im Morgenstern-

Archiv wird von ihr die Handschrift eines mehrstrophigen Gedichts »'s Frühjahr« verwahrt, aus dem Wehmut, auch Bitterkeit der todkranken Frau klingen. Drei Strophen daraus lauten:

> »Ob i mi freun kann
> sells woaß i net,
> wenn ma so krank is,
> daß d'Freud scho vergeht!
>
> O Frühjahr mit deiner Sunn,
> kimm a zu mir,
> schein in mei Herzerl nei,
> dank der dafür.
>
> Frühjahr o bring mer der
> G'sundheit mei Glück,
> gib was i verlorn
> mir ganz wieder zurück!«

Der Vater hat offenbar bayrisch gesprochen. Friedrich Kayssler erzählt einmal in Briefen an Christian Morgenstern, daß der Breslauer Freundeskreis einen »Possenschwank« »Die Hundewette« aufgeführt habe, in dem bekannte Persönlichkeiten des Kreises, darunter Morgensterns Vater, in Aussehen, Sprache und typischem Verhalten scherzhaft imitiert wurden. »Ich freue mich ja bloß auf Deines lieben Vaters Gesicht, wenn er sein Ebenbild sieht und den bayrischen Dialekt zu hören bekommt.« Im Prolog zu dem Schwank wurde er liebenswürdig apostrophiert:

> »Wir bitten, er möge uns gütig verzeihn
> und uns darum nicht böse sein
> […]
> von wegen des ganz besondren Effekts
> im Gebrauch seines bayrischen Dialekts!«
> (Vermutlich von Kayssler)

Der Vater hat den Spaß mit Humor aufgenommen und bat sogar um eine Wiederholung, wenn sein Sohn anwesend sei (Briefe Kaysslers vom 11.11.1891 und 5.12.1891).
Leider hat M von der Gabe, sich auch in der Mundart poetisch zu äußern, in späteren Jahren keinen Gebrauch mehr gemacht.

503 DER KLOANE VOAT SITZT IN DER SCHUL. Überlieferung: Zweimal auf Einzelblättern, handschriftlich, im Nachlaß (H¹ und H²). Datiert *18.9.1888.* Textvarianten: 503,1 *Voat*] *Veit* (H¹) ebd. − 503,5 *Voat'l*] *Veitl* (H¹) ebd. − 503,8 *hoamli*] ⟨*schön stat*⟩ (H¹) ebd. − 503,12 *stupft*] *zupft* (H¹) ebd. −

503,3 *flagt* [oder: flaggt] *si:* flegelt sich.

503,8 *stat* [oder: stad]: still, ruhig.

503 MEI HERZIG'S LIAB'S DEANDL. Überlieferung: Einzelblatt, handschriftlich, im Nachlaß. Undatiert.

503,6 *Minka:* München.

503,8 *Preißenland drauß:* M besuchte von 1884−1889 das Maria-Magdalenen-Gymnasium in Breslau.

Die Verse richten sich vermutlich an eine Mitschülerin, die bei einer Theateraufführung mitgewirkt hat. Die Strophen haben die Art der sogenannten »Schnadahüpfln«: bayrisch-österreichischer Ausdruck, bedeutet eigentlich »Schnitterlied« und wird für scherzhafte Vierzeiler gebraucht, wie sie im geselligen Kreis reihum gesungen werden.

504 WEILS EES DIE BOARISCHE SPRACH TUAT SO LIABN. Überlieferung: Einzelblatt, maschinenschriftlich, im Nachlaß, mit der Überschrift »Jugendgedicht von Christian Morgenstern«. Undatiert.

504,2 *ees* [auch: ös]: ihr.

504,9 *dade:* täte.

504,11 *fei:* fein (in der Bedeutung »ganz, vollkommen«).

504,13 *Dalketes:* von dalket: töricht, kindisch.

504,15 *glückseliges Leut:* »Leut« im Bayrischen möglicher Singular zu Leute, also soviel wie: der Mensch.

504 WANN I'S ZUWOANA KUNNT'. Überlieferung: von fremder Hand in einem Brief an Margareta M vom 18.11.1957. Der Begleittext gibt die Entstehungsgeschichte des Gedichts: »Er [Morgenstern] war − als Primaner, glaube ich − einige Monate bei Prof. Oberdieck vom Magdalenäum in Pension, und als ihm das Unglück passierte, ein großes Loch in die Gardine zu reißen, fand die sehr tüchtige Hausfrau am Morgen danach ein Blatt Papier an der Stelle, auf dem das Gedicht stand.« Oberdiecks Tochter Marie, vgl. Kommentar zu FÜR EIN STAMMBUCH, S. 978, hat M ein Gedicht gewidmet, als er ihr Elternhaus, wo er geschätzt wurde, verließ:

»Fröhlich fuhr ein Schiffer an meinem Fenster vorüber;
Und ich schaute stromauf weiter und weiter ihm nach.
Dann entschwand er dem Blick, nicht kann ich sein Boot mehr erkennen.
Aber sein Segel sagt mir, daß er auf glücklicher Fahrt.«

504,10 *dalketer:* törichter.
505 DER GOCKL. Druck: DIE SCHALLMÜHLE (1928) S.151. BÖHMISCHER JAHRMARKT (1938) ab 10.Tsd. S. 32, dort mit dem Titel ER. Dieses letzte von Ms Mundart-Gedichten fällt aus dem Rahmen der übrigen. Es ist kein Jugendgedicht mehr und hat nicht den liebenswerten Charme der voraufgegangenen Verse. Ein einziges Mal hat der Dichter die Mundart als Kunstmittel für satirische Zwecke eingesetzt. Es gehört vermutlich in Ms Berliner Kabarettzeit und ist vielleicht für die Schall-und-Rauch-Bühne (vgl. Abt. Dramatisches) geschrieben, ein spritzig-freches Chanson. Der Gockl ist Symbol für einen eitlen, aufgeblasenen Dummkopf, wahrscheinlich einen Künstler.
505,19 *so roas i umanand:* so reise ich umher.

---

506 DER TOD ERST MACHT DEN MENSCHEN FREI. Überlieferung: Einzelblatt, handschriftlich, im Nachlaß. Undatiert. Druck: MENSCH WANDERER (1927) S.7, dort mit 1887 datiert.
In diesem Gedicht des jungen M (in deutscher Schreibweise; ab ca. Mitte des Jahres 1894 schreibt M lateinisch) klingt zum ersten Mal der Reinkarnationsgedanke an, der dem Breslauer Gymnasiasten bei Schopenhauer begegnet war. Diese frühen Verse korrespondieren mit einem der letzten Gedichte Ms SÄH ICH DEN WEG, DEN ICH GEGANGEN (Abt. Lyrik 1906–1914), das in Gedanken an Lessings Schrift »Die Erziehung des Menschengeschlechts« entstanden, aber Fragment geblieben ist.
Vgl. Giffei S. 8.
506 WARUM, WARUM ACH! HABT IHR MICH VERLASSEN. Überlieferung: Einzelblatt, maschinenschriftlich, im Archiv des Piper-Verlags, München, datiert *16.2.1888*.
507 AD ASTRA! SEI DIE LOSUNG MEINES LEBENS. Überlieferung: Einzelblatt, handschriftlich, im Nachlaß. Datiert *24.6.1888*.
507,1 *Ad astra:* zu den Sternen (lat.).
507 WARUM DAS LEBEN HASSEN. Überlieferung: Einzelblatt, hand-

schriftlich, im Nachlaß, dem Heft GEDICHTE AUS MEINER JUGEND angefügt. Undatiert.

508 SCHENK, MUSE, MIR DIE RECHTE KRAFT. Überlieferung: Einzelblatt, handschriftlich, im Nachlaß, deutsche Schreibweise, d. h. vor Mitte 1894 zu datieren. Textvariante: **508**,3 *damit das – erschafft*] *und daß auch was mein Geist erschafft* Einzelblatt ebd.

508 [FÜR EIN STAMMBUCH]. Überlieferung: Einzelblatt, handschriftlich, im Nachlaß. Datiert *15.9.1889*. Druck: MENSCH WANDERER (1927) S.8. Über dem Gedicht steht: *Gedichtet für das Stammbuch von Frl. Marie Oberdieck 15.9.1889 (1. Sonett.)*. Marie Oberdieck (1867– etwa 1954), schlesische Heimatdichterin, Lehrerin. Tochter des Professors Oberdieck vom Magdalenen-Gymnasium in Breslau, das M von 1884–89 besucht hat. Vgl. auch Kommentar zu WANN I'S ZUWOANA KUNNT', S.976.

508 VERLOREN STAND ICH / IM ANSCHAUN DER SONNE. Überlieferung: GEDICHTHEFT WEIHENACHT, Bl.7. Datiert *Sommer 1889*.
Vorklang späterer Sonnenhymnen, s. Abschnitt »Zyklen-Pläne«, S.712f.

509 WIE OFT WOHL BIN ICH SCHON GEWANDELT. Druck: »Individualität« 2 (1927) S.168. MENSCH WANDERER (1927) S.8, dort datiert mit 1889.

510 ES ROLLT DAS JAHR DAHIN IM EW'GEN LAUF DER ZEITEN. Überlieferung: Einzelblatt, handschriftlich, im Nachlaß (deutsche Schreibweise, d. h. vor Mitte 1894 zu datieren).

510 RUDELSTADT, SOMMER 1890. Überlieferung: 3 Einzelblätter, handschriftlich, im Nachlaß, mit der Überschrift IM SOMMER 1890. RUDELSTADT IN SCHLESIEN. GEDICHTHEFT WEIHENACHT, Bl.45–47.

512,65–72 *Doch wenn – im Leben:* Dieser Abschnitt ist datiert mit *April 1892*. Darunter steht: *Kamel.* GEDICHTHEFT WEIHENACHT, Bl.47.

512 DER MELDERBAUM. Druck: eingeklebter Fahnendruck im GEDICHTHEFT WEIHENACHT (1892), mit der handschriftlichen Widmung: *Fräulein Hedwig Thiele zugeeignet Sorau N/L* [Niederlausitz] *Herbst 1890* [Hedwig Thiele, Schwester von Ms Sorauer Schulfreund Emil(?) Thiele, mit dem Spitznamen *Muckl*; die Schwester wurde *Mucklina* genannt (vgl. die Briefe Ms an Friedrich Kayssler vom 12.6. und 7.10.1891)]. Ger Trud (eigentlich Gertrud Isolani): Die Geschichte des »Melderbaums«. Zwei Schuljahre aus dem Leben Christian Morgensterns. Berlin-Wilmersdorf 1920.

Michael Bauer schreibt zu diesem Gedicht: »In Sorau fand jedes Jahr am

1. September ein Schülerfest statt: die ›Justfeier‹. Dabei wurde, nach alter Sitte, auf einer Höhe ein Baum abgebrannt, der Melderbaum genannt.« (Bauer, Chr. M. (1985) S. 40). Ergänzend dazu berichtet Gertrud Isolani (Die Geschichte des »Melderbaums«), daß das Gedicht das erste als Einzeldruck veröffentlichte Gedicht des Primaners M sei. Der Druck erfolgte in der Sorauer Druckerei Rauert. Ein Exemplar trug eine handschriftliche Widmung an einen Lehrer. M hat das Gedicht (auch) zur Schulweihnachtsfeier 1890 vorgetragen. Es stimmte den beim Abitur prüfenden Schulrat zur Milde.

Später hat sich M von dem Gedicht distanziert (vgl. Bauer, Chr. M. (1985) S. 41).

515 DIE SONNE LOCKT AUS TAUSEND KEIMEN. Überlieferung: T1891, Bl. 36. Datiert *5. Mai 1891*. Druck: MENSCH WANDERER (1927) S. 12. Textvariante: **515**,8 *leisem*] ⟨*süßem*⟩ T1891, Bl. 36. Unter dem Gedicht steht *(In der Nacht vor meinem 20. Geburtstage (5. Mai 1891).*

515,11 *Horen:* hier nach der römischen Tradition Göttinnen, die Jahreszeiten, Tage oder Stunden regieren.

515 WELTFREUDE. Überlieferung: GEDICHTHEFT WEIHENACHT, Bl. 21. Datiert *Mai 1891*. Druck: MENSCH WANDERER (1927) S. 10 (nur Zeile 1–17: *Welch – Ewigkeit*).

Michael Bauer zitiert aus diesem Gedicht einige Zeilen (1–4, 15–17), um zu zeigen, wie eindeutig anthropomorph Ms Weltbild von vornherein orientiert war. Der von Margareta M nicht veröffentlichte zweite Teil des Gedichts zeigt allerdings eine sehr vage, unpersönliche Unsterblichkeitsvorstellung, die keineswegs Ms späten (anthroposophischen) Überzeugungen entspricht.

517 AM BERGESHANG AUF MOOS'GEM STEIN. Überlieferung: Einzelblatt, handschriftlich, in der Mappe MEINEM GELIEBTEN VATER ZUM 14. SEPTEMBER 1891. Datiert *27. Juli 1891*. Druck: ZEIT UND EWIGKEIT (1940) S. 8.

517 GOTT DER TRÄUME! GOTT DER KINDHEIT! Überlieferung: GEDICHTHEFT WEIHENACHT, Bl. 23f. Datiert *1889*.

520 EWIGE GOTTHEIT. Druck: MENSCH WANDERER (1927), S. 11, dort datiert mit 1891.

520 AN EINEN FREUND. Überlieferung: Einzelblatt, handschriftlich, in der Mappe MEINEM GELIEBTEN VATER ZUM 14. SEPTEMBER 1891. Datiert *15. August 1891*, und GEDICHTHEFT WEIHENACHT, Bl. 12, dort ebenfalls mit *15. 8. 1891* datiert. Auf dem Einzelblatt in die linke obere

Ecke hat M mit Bleistift geschrieben: *D. G.*, d. h. daß er es vielleicht für die Zeitschrift »Deutscher Geist« (vgl. hierzu Abt. Kritische Schriften S. 17) geplant hatte.

FREUND: Gotthard Sage, Sorauer Schulfreund Ms, studierte Theologie. Vgl. den Brief Ms an Marie Goettling vom 23.4.1892: *Wir schreiten langsam aber sicher vorwärts, das Paradies liegt nicht hinter, sondern vor uns, das ist meine feste Überzeugung.*

> ... Doch im übrigen bewahre
> nur Geduld und sei ergeben:
> Viele Millionen Jahre
> hat die Menschheit noch zu leben

schrieb ich einmal in einem Gedicht an Sage. BRIEFE. Auswahl (1952) S. 24.

521 ABSCHIED VOM ZOBTEN. Überlieferung: Zwei Einzelblätter, handschriftlich, in der Mappe MEINEM GELIEBTEN VATER ZUM 14. SEPTEMBER 1891 (H¹ und H²). H² datiert *2. August 1891*. Textvarianten: **521,4** *quelldurchrauschtes*] ⟨*friedlich stilles*⟩ H¹ ebd. **521,6** *erhebst du, schöner Berg, dein Haupt*] ⟨*winkt mir das schöne Berges*⟩*haupt* ebd.

ZOBTEN: bekannter Aussichtsberg in Niederschlesien.

521 AN EINEN STREBER. Überlieferung: GEDICHTHEFT WEIHENACHT, Bl. 42. AUS HEISSEM HERZEN, Bl. 51. EINE HUMORISTISCHE STUDIE, Bl. 35. Datiert *Dezember 1891*. Druck: »Deutscher Geist« VII, S. 22, dort überschrieben mit AN –.

522 EINER JUNGEN FREUNDIN INS STAMMBUCH. Überlieferung: AUS HEISSEM HERZEN, Bl. 53. Konvolut zu AUS HEISSEM HERZEN. (Das Konvolut war für Schulrat Ludwig Bauer, Augsburg bestimmt (s. Anm. zu WAS STEHST DU DA MIT GROSSEN BLICKEN, S. 988), deshalb änderte M dort die Überschrift ab in EINEM JUNGEN MÄDCHEN INS STAMMBUCH.) Auch im GEDICHTHEFT WEIHENACHT, Bl. 15, und EINE HUMORISTISCHE STUDIE, Bl. 35. Datiert *12.10.1892*.

Der Schulrat bemerkte unter dem Gedicht: »Warum die Sonettenform so frei behandeln?«

522 2. AUGUST 1891. *Du bleibst zurück mein Vaterherz*. Überlieferung: Einzelblatt, handschriftlich, in der Mappe MEINEM GELIEBTEN VATER ZUM 14. SEPTEMBER 1891. Datiert *2. August 1891*.

522 ICH MÖCHTE GRÖSSER SEIN – UND BIN ES NICHT. Überlieferung: GEDICHTHEFT WEIHENACHT, Bl. 5. Datiert *23.11.1891*. Druck:

MENSCH WANDERER (1927) S.11. Neben dieser mit Tinte geschriebenen Fassung hat M später mit Bleistift folgende Notizen gemacht:

(Ad Hamletstimmungen)
Ich möchte groß sein – doch ich - - -
- - - - - - - - - - - tief - - - - - -
daß ich nicht größer bin, noch tiefer bin
als - - - - - -

    klein – doch
    flach – doch
daß ich nicht kleiner bin, noch ⟨tiefer⟩ flacher bin
als wie - - - - - -

GEDICHTHEFT WEIHENACHT, Bl.4.

Hamletstimmungen: vgl. Kommentar zu ENTWICKELUNGSSCHMERZEN, S.848.
M muß diese antithetisch gebauten Verse geschätzt oder doch als charakteristisch für sich empfunden haben, denn er verwendete sie vier Jahre später in dem Gedicht AM NARRN UND SCHWÄCHLING HAB' ICH KEINE LUST (S.572). Der Gedanke klingt noch einmal an in dem Gedicht EIN SCHICKSAL (S.614): *Ich bin größer als viele, / aber nicht stark genug zu meiner Größe* sowie im Gedicht ENTWICKELUNGSSCHMERZEN (S.218): *Ich werde an mir selbst zugrunde gehn.* Als Erläuterung für Dagny Fett (vgl. S.844f.) hat er unter dieses Gedicht geschrieben: *Altes Thema, schon behandelt, als ich noch auf der Schulbank saß, wo folgende Zeilen entstanden.* Darauf folgt die erste Strophe des Gedichts.

523 DICHTERS DANK. Überlieferung: GEDICHTHEFT WEIHENACHT, BL.14. Datiert *Dezember 1891.* Druck: MENSCH WANDERER. Basel 1976, S.10, dort ungenau mit 1890 datiert. Textvariante: **523**,6 *süßem*] *hehrem* MENSCH WANDERER ebd.

523 SCHLUMMERN MÖCHT' ICH. Überlieferung: Einzelblatt, handschriftlich, in der Mappe MEINEM GELIEBTEN VATER ZUM 14. SEPTEMBER 1891. Datiert *9.August 1891.*

524 AUCH MIR WIRD EINST DIE SPRACHE WERDEN. Überlieferung: GEDICHTHEFT WEIHENACHT, Bl.6. Datiert *9.Januar 1892.*

524 WANN KEHRST DU JE MIR WIEDER. Überlieferung: GEDICHTHEFT WEIHENACHT, Bl.13, Einzelblatt, handschriftlich, im Nachlaß. Beides datiert *3. Mai 1892.* Von M für seine Zeitschrift DEUTSCHER GEIST vorgesehen.

525,10 *nur wenn – glücklich:* vgl. Matthäus-Evangelium 18, 3: »Es sei denn, daß ihr euch umkehrt und werdet wie die Kinder, so werdet ihr nicht ins Himmelreich kommen.« M spielt gelegentlich auf diese Bibelstelle an: *Die Kleinen sangen und jubelten – es war ein herzerquickender, lieber Anblick. Ja – wenn wir nicht werden wie diese – so reines Herzens, so werden wir Gott nicht schauen* (Brief an Friedrich Kayssler vom 6.9.1891) oder: *Vergib alle solche Torheit eines sonst reifen Menschen, – aber wir kommen doch nur als Kinder ins Himmelreich* (Notizzettel, zugehörig zu einem Brief an Margareta M vom 15.10.1908, mit dem Vermerk *Zwischensatz (14.10.)*).

525 ICH SEH' DIE LANDE MIR ZU FÜSSEN. Überlieferung: GEDICHTHEFT WEIHENACHT, Bl.13. Datiert *August 1892.* Einzelblatt, maschinenschriftlich, im Nachlaß. Textvarianten: **525**,3 *goldig*] *golden* Einzelblatt ebd. – **525**,7 *wandre*] darunter: *schreite* GEDICHTHEFT WEIHENACHT ebd.

525 GEISTERZUG. Überlieferung: Einzelblatt, maschinenschriftlich, im Nachlaß. Undatiert. Druck: »Das Goetheanum« 14 (1935) S.158.

525 WORTE DES TROSTES. Überlieferung: EINE HUMORISTISCHE STUDIE, Bl.30, ohne Titel. Datiert *5.11.1892.* Druck: »Deutsche Roman-Zeitung« 31 (1894) Sp.134. Textvarianten: **526**,8 *wodurch viel*] *durch die viel* EINE HUMORISTISCHE STUDIE ebd. – **526**,9 *von aller Schmerz den deinen*] *von allen Schmerzen deinen* ebd.

526 DEN ›ETHISCHEN BILDERSTÜRMERN‹. Überlieferung: AUS HEISSEM HERZEN, Bl.55. EINE HUMORISTISCHE STUDIE, Bl.35f. Beides ohne Überschrift und datiert *November 1892.* Einzelblatt, maschinenschriftlich, im Nachlaß. Druck: »Die Christengemeinschaft« 18 (1941) S.17, mit dem Titel MÄRCHEN.

526 ES LEIHT MIR WUNDERBARE STÄRKE. Druck: »Individualität« 2 (1927) S.169. MENSCH WANDERER (1927) S.16, dort mit 1892 datiert.

527 O NUR VOR EINEM WAHRE MICH, EWIGER GOTT. Überlieferung: EINE HUMORISTISCHE STUDIE, Bl.20. Datiert *26.12.1892.*

527 OB IN SCHNEE UND EIS. Überlieferung: T1892/93, Bl.13, eingeklebter Zettel mit der Aufschrift: *In den Portemonnaie-Kalender von Frl. Magdalene Beblo, Sylvester 1892.*

Magdalene Beblo: Schwester von Ms Freund Friedrich Beblo (s. Kommentar zu FRÜHLINGSREGEN, S.853). Sie wird im T1892/93 häufiger genannt.

Gedichte aus dem Nachlaß 983

527 WAS GING MIR NICHT DURCH KOPF UND HERZ. Überlieferung: GEDICHTHEFT WEIHENACHT, Bl. 6. Datiert *30. 1. 1892*.
528 ALS ICH MEIN ERSTES LIED GESUNGEN. Überlieferung: AUS HEISSEM HERZEN, Bl. 39. Datiert *26. 11. 1892*.
528 WENN ICH DIE ALTEN BLÄTTER WEND' UND WENDE. Überlieferung: EINE HUMORISTISCHE STUDIE, Bl. 18. Datierbar vermutlich Herbst 1892.
528 ODE. *(O Sonne, Sonne, gieße die goldne Glut).* Überlieferung: GEDICHTHEFT WEIHENACHT, Bl. 29. Einzelblatt, handschriftlich, in Privatbesitz. Datiert *Mai 1892*. Druck: »Deutscher Geist« VI, S. 4. Textvariante: **529**,9 *In tiefer*] *Voll tiefer* GEDICHTHEFT WEIHENACHT ebd.
529 MEIN LEBEN IST DER WOGE GLEICH. Überlieferung: GEDICHTHEFT WEIHENACHT, Bl. 16. Datiert *Oktober 1892*. Druck: MENSCH WANDERER (1927) S. 13.
M zitierte die erste Zeile in einem undatierten Brief an Marie Goettling (deutsche Schreibweise, deshalb vermutlich aus den frühen neunziger Jahren): [...] *es ist wieder einmal* [...] *jene Stimmung über mich gekommen, die mich zuweilen spielend schaffen läßt und einen bunten Reigen von Liedern aus mir hervorzaubert,* [...] *Mein Leben ist der Woge gleich – wie lange noch und ein langes, trostloses Wellental wird dieser Erhebung folgen!* –
530 OB DU IM ARM DER LIEBE TRÄUMST. Druck: »Der Morgenstern. Sippen-Zeitung der deutschen Morgenstern-Familien« 1 (1938) S. 33. Redaktionelle Vorbemerkung über dem Faksimiledruck des Gedichts: »Diese Handschrift des Dichters Christian Morgenstern, ein bisher nicht veröffentlichtes Gedicht von etwa 1892, stellt uns des Dichters Gattin, Frau Margareta Morgenstern, Breitbrunn am Ammersee, für unsere Sippenzeitung zur Verfügung.« Die Zeitschrift enthält u. a. eine Ahnentafel des Dichters, vgl. Abt. Aphorismen S. 459 f.
530 DIE NACHT IST STILL. IHR SCHLUMMERT UM MICH HER. Überlieferung: handschriftlich auf unbenutztem Briefumschlag. Datiert *15. Oktober 1892. Sorau*. Einzelblatt, maschinenschriftlich, im Nachlaß, datiert *14./15. 10. 1892*. Textvariante: **530**,4 *trüben Schwanken*] *Zagen, Schwanken!* Einzelblatt ebd.
Möglicherweise ist das Gedicht bereits ein Zeugnis für Ms Sehnsucht nach seinem Vater, wie sie sich in späteren Gedichten ausdrückt, vgl. das Gedicht ICH SEHNE MICH NACH DIR, MEIN VATER, S. 575 und den zugehörigen Kommentar, S. 995 f.

531 Nichts herrlicher, wie wenn in loderndem Liebesrausch. Überlieferung: Einzelblatt, handschriftlich, im Nachlaß. Eine humoristische Studie, Bl. 20, beides datiert *26.12.1892.*
531 Ich möchte blut'ge Tränen weinen. Überlieferung: Aus heissem Herzen, Bl. 15. Eine humoristische Studie, Bl. 22 f., beides datiert *5. November 1892.*
532 Zu den Vorgängen bezüglich der »Emser Depesche«, November 92. Überlieferung: Doppelblatt, handschriftlich, im Nachlaß. Undatiert. Eine humoristische Studie, Bl. 28. Datiert *20. November 1892.* Textvarianten: **532**,18 *in den Kot*] ⟨*durch*⟩ *den Kot* Doppelblatt, Bl. 2. – **532**,19 *und wähnet – zu graben*] *und wähnt, nur ihm ein Grab zu graben* Eine humoristische Studie ebd. – **532**,22 *dem Greise – Schmach und Not*] *dem Greise kündend Deutschlands geist'gen Tod* ebd.
532,21 *Weh! – Schmach und Not:* Anspielung auf die Kyffhäusersage, nach der Kaiser Friedrich I. Barbarossa (auch auf Kaiser Friedrich II. oder andere Kaiser bezogen) im Kyffhäuser schläft und auf seine Wiederkehr warten soll, um dann ein Reich des Friedens zu begründen. Solange die Raben noch um den Berg kreisen, ist die Zeit dafür noch nicht reif, und der Kaiser muß weiter warten.
Die Emser Depesche vom 13.7.1870 betraf diplomatische Auseinandersetzungen zwischen Preußen und Frankreich, die zum Anlaß des deutsch-französischen Krieges wurden. Das Gedicht, zwanzig Jahre nach Kriegsende entstanden, zeigt, über den Tagesbezug hinaus, wie früh M die Brüchigkeit des zweiten Kaiserreiches mit seinem flachen Fortschrittsoptimismus erkannte.
Unter dem Text auf dem Doppelblatt steht (als kritische Beurteilung von Schulrat Ludwig Bauer, Augsburg): »sehr schön, aber nicht ganz begründet«.
Vgl. Kommentar zum Gedicht: Wie tausend andre, S. 985.
533 Der Säemann. Druck: »Das Magazin für Litteratur« 64 (1895) Sp. 1735 f. Zeit und Ewigkeit (1940) S. 19.
Ein Gedicht mit gleichem Titel, aber anderem Wortlaut in Auf vielen Wegen: Durch die Lande auf und ab (S. 130).
533 Ahnung des Kommenden. Überlieferung: Aus heissem Herzen, Bl. 16. Eine humoristische Studie, Bl. 23. Beides datiert *5. November 1892.* Einzelblatt, handschriftlich, im Nachlaß. Undatiert. Druck: »Die Christengemeinschaft« 18 (1941) S. 17.
534 Selbsterkenntnis, goldne Gabe. Überlieferung: Aus heis-

sem Herzen, Bl. 41. Eine humoristische Studie, Bl. 33. Beides datiert *26.November 1892*. Druck: Mensch Wanderer (1927) S. 14.
534 Wie tausend andre wär' ich wohl geblieben. Überlieferung: Einzelblatt, handschriftlich, im Nachlaß. Aus heissem Herzen, Bl. 49. Eine humoristische Studie, Bl. 34. Datiert *26.November 1892*. Auf dem Einzelblatt steht unter dem Text des Gedichtes von anderer Hand »schön«; darunter hat Margareta M geschrieben: »Schulrat Ludwig Bauer, Augsburg«. Schulrat Bauer, ein Freund der Familie Goettling, hat dem jungen Dichter zu einigen Gedichten Beurteilungen und Ratschläge gegeben.
535 An diejenigen, welche mir Tendenz vorwerfen. Überlieferung: Aus heissem Herzen, Bl. 19. Eine humoristische Studie, Bl. 24. Datiert *2.November 1892*.
535 An die »Ganz-Modernen«. Überlieferung: Aus heissem Herzen, Bl. 17 f. Eine humoristische Studie, Bl. 23 f. Beides datiert *2.November 1892*. Textvariante: **536**,25 *Allein – niederschlagen*] erste Fassung:
⟨*Allein solang' man Mut und Herzenshoheit
noch preisen darf in unsern Heimatgauen,
wird stets aufs neue jene Geistesrohheit
ein Männerfaustschlag dröhnend niederhauen.*⟩

Aus heissem Herzen, Bl. 18.

Das Gedicht drückt eine bei M mehrfach belegte Abneigung gegen die Dichter eines konsequenten Naturalismus aus, vgl. Kommentar zu Der Mord, S.959.
536 Die mögen dich am bittersten empören. Überlieferung: Aus heissem Herzen, Bl. 43. Datiert *29.November 1892*.
537 Wollt ihr, wen ich hasse, wissen? Überlieferung: Gedichtheft Weihenacht, Bl. 11. Einzelblatt, handschriftlich, im Nachlaß. Undatiert.
537 Wir können nie, was um uns lebt und webt. Überlieferung: Aus heissem Herzen, Bl. 45 f. Eine humoristische Studie, Bl. 33 f. Beides datiert *November 1892*. Einzelblatt, handschriftlich, im Nachlaß. Undatiert (nur die Strophen eins bis drei). Über dem Gedicht steht, von Margareta M geschrieben, als Titel das Wort »Wunder«. Eine humoristische Studie, Bl. 45.
538,26 *großer Meister:* in Aus heissem Herzen und Eine humoristi-

SCHE STUDIE durch eine Fußnote identifiziert: *H.R.Lotze.* Rudolf Hermann Lotze (1817–1881), Philosoph, versuchte Idealismus und Naturwissenschaft zu versöhnen. Das Gedicht zeigt den Versuch, erste Begegnungen mit philosophischen Ideen zu verarbeiten.

538 MORGENFAHRT. Überlieferung: Einzelblatt, handschriftlich, im Nachlaß. Undatiert. EINE HUMORISTISCHE STUDIE, Bl. 30. Datiert *24. Oktober 1892.* Druck: MENSCH WANDERER (1927) S.14. Textvariante: **538**,3 *des Himmels fernstem Rand*] *dem fernsten Himmelsrand* EINE HUMORISTISCHE STUDIE ebd.

539 AN DIE GELIEBTE. Überlieferung: EINE HUMORISTISCHE STUDIE, Bl. 14. Datierbar 1892 oder Anfang 1893. Druck: MENSCH WANDERER (1927) S.15, ohne Überschrift. Das Gedicht gehört zum Text der HUMORISTISCHEN STUDIE.

539 MEINER GELIEBTEN SCHWESTER. Überlieferung: Einzelblatt, handschriftlich, im Nachlaß. Datiert *31. Januar 1892.*
SCHWESTER: Da M keine Schwester hatte, ist offenbar eine Jugendfreundin gemeint, vielleicht Marie Goettling (vgl. Kommentar zum Gedicht DER URTON, S.828), die er Anfang Oktober 1891 kennengelernt hatte und in deren Elternhaus er mit Wärme und Herzlichkeit aufgenommen wurde. Mit Marie verband ihn bald eine innige Seelenfreundschaft, die nie wieder abriß, die aber – jedenfalls von der Seite Ms – eine geschwisterliche Neigung blieb. Vgl. auch Bauer (Chr.M. (1985) S.38): »Er empfindet das besonnene, um einige Jahre ältere Mädchen wie eine während seiner ganzen Kindheit entbehrte Schwester.« In seinen Briefen redet er sie mehrfach als Schwester an. M hat allerdings auch die Schwestern anderer Schulfreunde gelegentlich als seine Schwestern bezeichnet.

540 ICH LIEBE MIR DIE KLAREN FRAUENAUGEN. Überlieferung: Einzelblatt, handschriftlich, im Nachlaß. EINE HUMORISTISCHE STUDIE, Bl. 20. Datiert *22.12.1892.* Textvariante: **540**,11 *sind zu*] *(sind zu)* darüber: *taugen* Einzelblatt ebd. Nach Michael Bauer (Chr.M. (1985) S.38) ist das Gedicht vermutlich an Marie Goettling gerichtet.

540 UND UM DEN ABEND WIRD ES LICHT SEIN. *(Sacharja 14, 7).* Überlieferung: 3 Einzelblätter, handschriftlich, im Nachlaß. EINE HUMORISTISCHE STUDIE, Bl.25f., mit dem Titel und der Anfangszeile: AM ABEND ABER WIRD ES LICHT SEIN. AUS HEISSEM HERZEN, Bl. 21 f., Titel und Anfangszeile wie in EINE HUMORISTISCHE STUDIE. Datiert *28.10.1892.* Druck: ZEIT UND EWIGKEIT (1940) S.68f. (**541**,42 *Noch blendet – neuen, schönen Zeit*). MENSCH WANDERER (1927) S.16, mit

dem Titel WEIHNACHT (540,10 *Es naht – ew'gen Licht*). Textvarianten: **541**,40 *Beste*] *Größte* EINE HUMORISTISCHE STUDIE ebd. und AUS HEISSEM HERZEN ebd. – **542**,55 *Liebe*] *Einsicht* ebd.
Sacharja: Prophet des Alten Testaments. Die zitierte Zeile ist in Luthers Übersetzung wiedergegeben.
542 DAS NEUE JAHR. Druck: vermutlich »Sorauer Wochenblatt«. In das Gedichtheft AUS HEISSEM HERZEN ist ein Fahnendruck eingeklebt, der pseudonym mit *Joseph Wolfgang* (M trug die Vornamen Christian Otto Joseph Wolfgang) unterzeichnet ist. Datiert (handschriftlich) *Dezember 1892*. Darunter steht: *P.P.* [praemittis praemittendis: man nehme an, der gebührende Titel sei vorausgeschickt (lat.); anstelle einer Anrede] *Den Abdruck obigen Gedichts in Ihrem Blatte offeriere ich Ihnen gegen ein Honorar von Mk. ... um dessen Einsendung ich bei Annahme desselben ergebenst bitte. Hochachtungsvoll stud. Christian Morgenstern, Breslau, Breite Straße 24, I.* Darunter steht: *Gedruckt in*

> *»Sorauer Wochenblatt«*
> *»Chemnitzer Neueste Nachrichten«*
> *»Hamburger Nachrichten«.*

AUS HEISSEM HERZEN ebd.

Zu Ms Veröffentlichungen im »Sorauer Wochenblatt« vgl. Abt. Kritische Schriften S. 425–427, Kommentar zu Nr. 4.
544 HILF MIR, MEIN GOTT, IN DIESEM JAHRE. Überlieferung: Einzelblatt, handschriftlich, im Nachlaß, von Margareta M mit 1892/93 datiert. Da das Gedicht in lateinischer Schrift geschrieben ist, die M erst ab Mitte 1894 regelmäßig benutzte, ist diese Datierung unsicher. Textvariante: **544**,8 *beseele läuternd*] ⟨*und lenke sicher*⟩ Einzelblatt ebd.
545 IN EINEM KAFFEEHAUSE. Überlieferung: Entwurf ohne Titel auf einem Briefumschlag von Kayssler an M, mit Titel in T 1892/93, Bl. 41. Datiert *25. April 1893*. Druck: MENSCH WANDERER (1927) S. 19, ohne Titel. Textvarianten: **545**,1 *Ich zeig – leichten Mut*] ⟨*hab in manchem*⟩ *zeig* ⟨*vielleicht*⟩ Briefumschlag ebd. – **545**,3 *doch senkt – mein Blut*] *leis* ⟨*wie Gift*⟩ *sich mir ins Blut* ebd. – **545**,5 *brecht*] ⟨*sinkt*⟩ ebd. – **545**,7 *kaum berührt*] *unberührt* ebd.
545 ERBAUT DIE RAGENDSTEN PALÄSTE. Überlieferung: T 1892/93, Bl. 41. Datiert *2.5.1893*. Über dem Gedicht steht: *Dto.* [= dito, ebenso]. Der Vermerk bezieht sich auf den Titel (*In einem Kaffeehause*) oder das Datum (25.4.1893) des vorangegangenen Gedichts.

545 ICH AHNE MICH OFT ALS FELSEN. Druck: Bauer, Chr. M. (1985) S. 46. Bauer spricht mit Bezug auf das Gedicht von Ms frühem Sendungsbewußtsein. Vgl. WENN DU NUR WOLLTEST, S. 236 und IN ADLERS KRALLEN, S. 73.

546 WAS STEHST DU DA MIT GROSSEN BLICKEN. Überlieferung: AUS HEISSEM HERZEN, Bl. 25–27. EINE HUMORISTISCHE STUDIE, Bl. 26 f. Beides datiert November 1892. Zwei Einzelblätter im Konvolut zu AUS HEISSEM HERZEN. Undatiert. Das Konvolut trägt die Aufschrift *Aus früherer Mappe* und ebenfalls den Titel AUS HEISSEM HERZEN. Das Motto darunter lautet: *Bonis nocet, malis qui parcit* (Den Guten schadet, wer den Bösen schont, lat.). Datiert *Oktober bis Januar 1892/93*. Das Konvolut, bestehend aus drei Gedichten, trägt Bleistiftnotizen des Kritikers und Schulrats Ludwig Bauer, Augsburg. Textvariante: **547**,41 *Was ist dir – beßre Zeiten*] eingeklammert AUS HEISSEM HERZEN, Bl. 27, EINE HUMORISTISCHE STUDIE, Bl. 27; weggelassen Konvolut zu AUS HEISSEM HERZEN, ebd.

546, 19 *tausendfaltig:* das a in der dritten Silbe wurde von Schulrat Bauer unterstrichen und am Rand mit einem Ausrufungszeichen versehen. Konvolut zu AUS HEISSEM HERZEN ebd. – Unter dem Gedicht steht die Bemerkung des Schulrats: »bene« (gut, lat.) ebd.

547 GRUSS DES MULUS AN DIE FREIHEIT. Überlieferung: Einzelblatt, handschriftlich, mit PROLOG überschrieben und dem Vermerk des Dichters: *(Für den Magdalenaer Kommers / Isaak, Guttmann etc. 1894. 23. Februar)* [Alfred Guttmann: vgl. Kommentar zu ABENDLÄUTEN, S. 873. Isaak: Mitschüler Guttmanns]. Einzelblatt, maschinenschriftlich, im Nachlaß, mit dem Vermerk von Margareta M: »Aus Guttmanns Ms. Abschriften.« Textvarianten: **547**,2 *wunderverheißende*] ⟨*lenkst du in schimmernde*⟩ Einzelblatt, handschriftlich ebd. – **548**,16 *kraftvoll*] ⟨*macht*⟩*voll* ebd. – **548**,19 *Eintag preise*] ⟨*Alltag der lärmende*⟩ ebd. – **548**,20 *das nur, – Klarheit*] ⟨*prahle und preise*⟩ – – *nur das was ich mir in sieghafter Klarheit* ebd. – **548**,21 *kündigt*] ⟨*tagt*⟩ ebd. – **548**,22 *Hohe, Ersehnliche*] ⟨*allein das Hohe*⟩ ebd. – **548**,34 *möge – erbleichen*] *soll vor dem Schwert meines Zorns erbleichen* Einzelblatt, maschinenschriftlich ebd. – **548**,35 *Königin!*] ⟨*Mahnerin!*⟩ Einzelblatt, handschriftlich ebd.

MULUS: Maulesel; Bezeichnung für den Nicht-mehr-Schüler und Noch-nicht-Studenten.

548, 19 *Eintag:* vgl. Kommentar zu dem Gedicht AM MEER, S. 850.

Gedichte aus dem Nachlaß 989

In den erhaltenen Bierzeitungen finden sich zwei »Muluslieder« mit anderen Texten. Die vorliegende Ausgabe bringt den GRUSS DES MULUS AN DIE FREIHEIT als Beispiel für die pathetische, betont national getönte Frühdichtung Ms, auf die auch Helmut Gumtaus Exkurs »Frühzeit und Perspektiven des Kritikers« eingeht (s. Abt. Kritische Schriften S. 492–502). Früh erwachtes Humanitätsverlangen und das Bedürfnis, rückhaltlos und überschwenglich zu verehren, bestimmten, so Gumtau, diese patriotische Phase. Ab 1892 beginnt sich eine zunehmende Distanzierung vor allem auch von der fragwürdigen Kulturpolitik Wilhelms II. deutlich abzuzeichnen.

548 O WÄRE ICH KÖNIG. Druck: BRIEFE. Auswahl (1952) S. 30.
In diesem Brief (an Friedrich Beblo vom 1.5.1893) heißt es: *Abends. Eben habe ich wieder etwas die Poeterei versucht und unter andern meinen Ingrimm über die geschwätzigen Uhren geäußert, die mir mit widerwärtiger Genauigkeit jede Viertelstunde vorrechnen.* Dann folgt der Text des Gedichts. Vgl. dazu auch: *Das Zeitrad. Ich fühle zuweilen einen blinden Haß auf die Zeit. Es gibt nichts Pöbelhafteres als die Uhr* (T 1902, Bl. 42); ferner das Epigramm AN MEINE TASCHENUHR, Abt. Lyrik 1906–1914, und das Gedicht DIE ZEIT, Abt. Humoristische Lyrik.

549 HEIMKEHR (NACH KOCHEL). Überlieferung: Einzelblatt, blaues Briefpapier, handschriftlich, im Nachlaß. Datiert *München, 7. Juni 1893.* In der linken oberen Ecke des Blattes steht als Widmung: *Seinem geliebten Fritz* [Kayssler] *zur freundlichen Erinnerung Christian. 20. Juni 1893.* Druck: MENSCH WANDERER (1927) S. 17.
KOCHEL: Ort in Oberbayern. M hat seine Kinderjahre in Bayern verlebt (vgl. Abt. Aphorismen S. 469) und das Sommersemester 1893 in München studiert. Im Mai 1893 unternahm er mit Freunden eine Wanderung durch die bayrischen Berge (vgl. Brief an Marie Goettling vom 29.5.1893).

550 ÄSTHETISCHES GLAUBENSBEKENNTNIS. Überlieferung: Doppelblatt, handschriftlich, im Nachlaß. Datiert *München, Juni 1893.* Druck: »Eckart. Blätter für evangelische Geisteskultur« 2 (1926) S. 230, mit der Überschrift KÜNSTLERISCHES GLAUBENSBEKENNTNIS. Mit diesem (von Margareta M geänderten?) Titel in MENSCH WANDERER (1927) S. 18f.
Textvarianten: 550,19 *und* –] *das,* »Eckart« ebd. MENSCH WANDERER ebd. – 550,24 *ernsten*] *reifen* ebd. – 550,28 *Kraft und Maß*] *Maß und Kraft* ebd.

551 LIED DER JUNGEN MENSCHEN. Überlieferung: Einzelblatt, ma-

schinenschriftlich, im Nachlaß. Undatiert. Über dem Titel steht: »Ein
bisher unveröffentlichtes Jugendgedicht von Christian Morgenstern.«
551,24 *Karyatiden:* vgl. Kommentar zu DER WELTKOBOLD, S.934.
552 AUS INNEREN KÄMPFEN. Überlieferung: Doppelblatt, handschriftlich, nicht von der Hand des Dichters, datiert »1893.München«.
Über dem Titel steht, von Margareta M geschrieben: (»abgeschrieben
von Mama Liechtenstern«). Druck: MENSCH WANDERER (1927) S.20.
Textvariante: **552**,50 *Ein Wahnsinn wohl*] fehlt MENSCH WANDERER
ebd.

554 HERVOR / AUS SCHLUMMERNDER TRUHE. Überlieferung: Einzelblatt, handschriftlich, im Nachlaß. Datiert *30.10.1893*. Druck: Bauer,
Chr.M. (1985) S.65, nur die ersten fünf Zeilen. Textvarianten:
554,1 *schlummernder*] *silberner* Bauer, Chr.M. (1985) ebd. – **554**,20 *markige*] ⟨*stolze*⟩ Einzelblatt ebd. – **554**,27 *ewiger Harmonie*] ⟨*O Ewigkeit*⟩
⟨*Im Antlitz der Ewigkeit*⟩ ebd.

555 ZWEI IDYLLEN

555 I. ERINNERUNG AN DEN GUTSHOF ZU LUTRÖDA. Überlieferung:
Einzelblatt, handschriftlich, im Nachlaß. Datiert *11.11.1893*.
Friedrich Kayssler schreibt am 24.11.1893 an M: »Für Deine zwei Idyllen
vielen Dank! Das Schweinchen ist einfach süß. Man sieht es vor sich mit
dem zarten Körperchen wie ein leisrot überhauchtes Rosenblatt. Ich hätte
bisher nie ein Schweinchen küssen mögen, aber Deines könnte ich wirklich küssen. Oskar Anwand ist auch ganz entzückt davon. Darin dürfte
auch nicht ein einziges Wort anders sein, ohne daß das Ganze in seinem
zarten Bau gestört würde. Siehst Du, das ist etwas in der Poesie, was bei
uns Schauspielern Naturlaut heißt, die Naturform etwa, die Form, die
einzig und allein in jeder Faser nur für den bestimmten Gegenstand paßt.
Das zweite ist auch reizend, besonders für mich, der ich den Hund noch
vor mir sehe. Aber es reicht doch an das Schweinchen nicht heran, wenn
ich auch nicht genau weiß, woran es gerade liegt; ich glaube, vielleicht
(?) an der etwas zu schweren Form, die ja für den stimmungsvollen Anfang und Schluß paßt, weniger für die Hundefigur. Eine andere Form
weiß ich Dir aber auch nicht anzugeben.«
Oskar Anwand (1872–1946), Schriftsteller, Hrsg. der Zs »Moderne
Kunst«, verheiratet mit Ms Cousine Clara Ostler.
LUTRÖDA: der kleine Ort Luthröta in Schlesien.
555 II. AUF DEM AMMERSEER DAMPFER. Überlieferung: Einzelblatt,

handschriftlich, im Nachlaß. Datiert *11.11.1893*. Einzelblatt, maschinenschriftlich, im Archiv des Piper-Verlags, München. Druck: Zeitungsausschnitt ohne Quellenangabe, von 1934. Textvarianten: **556**,8 *Technikern*] *Ausflüglern* Zeitungsausschnitt ebd. – **556**,15 *entsetzensvoll*] *entsetzungsvoll* ebd., vermutlich Druckfehler. – **555**,29 *verhehltem*] *verhohlnem* ebd.

AMMERSEER: Ammersee, See im oberbayrischen Alpenvorland.

557 STURMNACHT AUF DEM EIBSEE. Druck: »Deutsche Dichtung« 17 (1894/95) S. 54.

EIBSEE: Bergsee am Nordwestfuß der Zugspitze. In einem Brief aus München an Marie Goettling vom 29. Mai 1893 schreibt M: *Der Eibsee gefiel mir besonders gut, obschon er nicht entfernt jenen einsam-düsteren Charakter hat (wenigstens für mich nicht), wie man stets hört und liest. Aber ein herrliches Gefühl war's doch, als wir abends in unseren kleinen Booten auf dem See einen Sturm erlebten, während über die dunklen Waldmassen der Wetterstein mit der Zugspitze von weichem Mondglanz umwebt sich erhob. Ich nahm mir von diesem See ein größeres Bild mit, das, in meinem Stübchen vor mir hängend, mich stets an die weihevollen Stunden dieses Abends erinnern wird.*

M hat dann das Sturmerlebnis selber zu malen versucht, vgl. Brief an Clara Ostler vom 11. September 1893: *Ich habe angefangen, mich im Malen zu versuchen, und der Eibsee im Sturm bei Mondbeleuchtung (wie ich Pfingsten auf ihm fuhr) ist mir immerhin in der Stimmung so gelungen, daß ich bedaure, nicht vor vier Jahren schon angefangen zu haben, da ich sonst vielleicht doch noch Künstler – das einzige, wozu ich tauge – geworden wäre.* BRIEFE Auswahl (1952) S. 41.

558 MUTTER UND SOHN. Überlieferung: Zwei Einzelblätter, handschriftlich, im Nachlaß, Entwurf und Reinschrift (H¹ und H²). Beide datiert *28.12.1893*. Textvarianten: **559**,6 *Gott sei's geklagt*] ⟨*in vergangener Zeit*⟩ (H¹) – **559**,7 *Du hast – vorausgesagt*] ⟨*hast du ja selbst* […] *dies prophezeit*⟩ *du hast* ⟨*ja*⟩ ⟨*dies*⟩ ⟨*alles*⟩ *ja selber* ⟨*einst*⟩ ⟨*wahr*⟩ *vorausgesagt!* ebd. – **559**,13 *die alte Erde kreißt*] *es* ⟨*stirbt*⟩ *die alte* ⟨*Welt*⟩ ebd. – **559**,15 *ringt eine neue sich stöhnend los*] ⟨*reißt*⟩ *eine neue sich* ⟨*schmerzvoll*⟩ *los* ebd. – **559**,21 *nun brachen sich Wetter und Wind!*] ⟨*die Welt wird still, im Ost*⟩ ebd. – **559**,23 *glüht*] ⟨*erwacht*⟩ ebd. – **559**,25 *Kranken Augenpaar*] ⟨*das erloschne*⟩ [darüber: ⟨*müde*⟩] *Augenpaar* ebd. – **559**,26 *von überirdischem Licht*] *des Kranken, von* ⟨*strahlendem*⟩ *Licht* ebd.

– **559,**27 *Früh-Hauch*] *Morgenhauch* ebd. – **559,**29–30 *Die Mutter betet…* »*Oh schwände einmal / der tiefen Umnachtung Harm!*«] *Die Mutter betet… oh ⟨daß⟩ einmal / ⟨ende⟩ der tiefen Umnachtung Harm*« ebd.

Das Gedicht bezeugt den starken Einfluß Nietzsches auf den jungen M. Er hatte ab November/Dezember 1893 begonnen, sich intensiv mit Nietzsche zu beschäftigen. Vgl. auch die Einführung zu IN PHANTAS SCHLOSS, S. 732. Michael Bauer zitiert aus diesem Gedicht (Chr. M. (1985) S. 66f.), fügt aber hinzu: »Künstlerisch schien es ihm selbst zur Veröffentlichung nicht reif genug« (S. 66).

560 ICH SCHRITT ZUR NACHTZEIT DURCHS GEMACH. Überlieferung: auf der Rückseite eines von Marie Goettling an M adressierten Briefumschlags (Poststempel Sorau 19.1.1894), handschriftlich, mit dem Titel ⟨EIN GLEICHNIS⟩ (H¹) und in einem Brief an Kayssler mit dem von Margareta M ergänzten Datum »Breslau, 30.1.1894« (H²). Druck: BRIEFE. Auswahl (1952) S. 49f. Textvarianten: **560,**1 *Ich schritt – Gemach*] *Ich ⟨stand im nächtlichen Gemach⟩* (H¹) – **560,**4 *Das bin ich nicht! Das bin ich nicht!*] *Das ⟨bist du⟩ nicht! Das ⟨bist du⟩ nicht!* ebd. – **560,**8 *Das bin ich nicht! Das bin ich nicht!*] *das ⟨bist du⟩ nicht? Das ⟨bist du⟩ nicht!* ebd. – **560,**9 *Arm des Amts*] *⟨Licht⟩ des ⟨Scheins⟩ Arm des ⟨Lichts⟩* ebd. – **560,**11 *je mehr ich sah*] *⟨ich sah hinein⟩* ebd. – **560,**12 *je mehr – in nichts*] *⟨doch aus ihm gähnte schwarzes⟩ Nichts* ebd.

560 ODYSSEUS AN SEINE FREUNDE. Überlieferung: Einzelblatt, handschriftlich, im Nachlaß. Datiert *21.2.1894*. Druck: »Das deutsche Dichterheim« 16 (1896) S. 506. MENSCH WANDERER (1927) S. 23. Textvarianten: **560,**7 *das mir – löst*] *das ⟨mich schwach macht⟩ mir ⟨die Glieder⟩ / ⟨wie Lenzluft⟩* [bricht ab] Einzelblatt ebd. – **560,**9 *Hemmet*] *⟨Dekket⟩* ebd. – *Blicke*] *⟨Augen⟩* ebd. – **560,**10 *Daß nicht – Augen*] darüber steht: *⟨Daß ich ⟨nicht Augen⟩ ⟨das⟩ ihr Antlitz nicht schaue⟩* ebd. – **560,**11 *ausglühe*] *aussauge* ebd. – **561,**18 *wogenden*] *gehenden* ebd. – **561,**21 *der Liebe*] *dieser Liebe* ebd.

Dem Gedicht liegt das Abenteuer des griechischen Helden Odysseus mit den Sirenen zugrunde (vgl. Homer, Odyssee 12, 39–54, 158–200). Die Sirenen sind auf einer Insel im Tyrrhenischen Meer hausende Fabelwesen, deren betörend süßer Gesang die Seefahrer anlockt und an den Klippen der Insel scheitern läßt. Odysseus entgeht dieser Gefahr, indem er seinen Gefährten die Ohren mit Wachs verstopft und sich selbst an den Mastbaum fesseln läßt. In der christlichen Mythendeutung wurden die Sirenen zum Symbol für die zur Sinnenlust verführenden Reize dieser Welt.

Gedichte aus dem Nachlaß 993

Vgl. auch das Gedicht RINGS IST DIE VERSUCHUNG (Abt. Lyrik 1906–1914).
561 VOR MEINEM FENSTER RAUSCHT DER BACH. Überlieferung: Rückseite einer Visitenkarte Ms, handschriftlich. Datiert *20.8.1894*. Zwei Einzelblätter mit zwei maschinenschriftlichen Abschriften im Nachlaß.
561 WAS DURCH DER SEELE SCHLÜFTE. Überlieferung: T1894 I, Bl. 10. Datiert *30.8.1894*. Textvariante: **561**,8 *wundertiefste*] ⟨*aller*⟩ *tiefste* T1894 I ebd.
Im Monat August 1894 lebte M in dem Harzer Städtchen Bad Grund, wo sein erstes Buch IN PHANTAS SCHLOSS konzipiert wurde.
562 DER NACHTFALTER. Druck: »Das Magazin für Litteratur« 63 (1894) Sp.1209.
563 WIE EINST. Überlieferung: EINE HUMORISTISCHE STUDIE, Bl. 20 (nur die ersten beiden Strophen). Datierbar vermutlich Herbst 1892. Druck: »Neue Litterarische Blätter« 2 (1894) S.180, unterzeichnet mit *Christian Otto Morgenstern* (wohl einziger Fall, wo M ein Gedicht mit einem weiteren Vornamen unterschrieben hat).
563 DU KEUSCHES, KÜHLES ÄTHERBLAU. Überlieferung: T1894 II, Bl. 74. Datierbar vermutlich September–Dezember 1894. Textvarianten: **563**,1 *keusches, kühles*] ⟨*zartes, blasses, jungfräuliches*⟩ T1894 II, Bl. 74. – **563**,4 *sann*] ⟨*taucht'*⟩ ebd. – **563**,6 *wenn roter – Kronengrün*] ⟨*wenn sich der Kiefern grünumwipfeltes Rot*⟩ ebd. – **563**,7 *auf deiner jungfräulichen Blässe*] ⟨*in heitrem Ernst auf deiner Blässe*⟩ ebd. – **563**,10 *besternte*] ⟨*umfunkelte*⟩ ebd.
564 WAHRE KUNST. Druck: »Die Penaten« 2 (1894) S.470.
564 TRAUMHAFTER WUNSCH. Druck: »Der Zuschauer« 2 (1894) S.374.
565 FIN DE SIÈCLE. Überlieferung: Einzelblatt, maschinenschriftlich, im Nachlaß. Undatiert, mit dem Vermerk von Margareta M: »frühe Jugend«. FIN DE SIÈCLE: Jahrhundertende (franz.), ursprünglich Titel eines Lustspiels von Jouvenot und Micard (1888); Bezeichnung für das Lebensgefühl der Décadence am Ende des 19. Jahrhunderts. Von M wird der Begriff erweitert und im Sinne eines Umschwungs von etwas Altem in etwas Neues gebraucht.
566 DEN FLACHEN. Überlieferung: Einzelblatt, handschriftlich, im Nachlaß. Undatiert. Druck: MENSCH WANDERER (1927) S.22, dort mit 1894 datiert.
566 DICHTERS WANDERGLÜCK. Überlieferung: Einzelblatt, hand-

schriftlich, im Nachlaß. Undatiert. Einzelblatt, maschinenschriftlich, im Nachlaß. Ebenfalls undatiert.

566,20 *Sternen-Sphinx:* Sphinx, vgl. Kommentar zum Gedicht ENTWIKKELUNGS-SCHMERZEN, S. 849.

567 IN STILLSTER NACHT. Überlieferung: T1894 I, Bl. 107, die erste Strophe; T1894 I, Bl. 112, die zweite Strophe ohne die letzte Zeile. Datierbar vermutlich August 1894. Druck: MENSCH WANDERER (1927) S. 22. Textvarianten: **567**,9 *da hab'– alle Zeit*] *da hab' ich mich* ⟨*in Fried und Streit*⟩ T1894 I, Bl. 107. *da band ich mich mit heißem Schwur* T1894 I, Bl. 112. – **567**,11 *der Schönheit – geweiht*] *der Schönheit dargebracht* ebd.

567 ABSCHIED. Druck: MENSCH WANDERER (1927) S. 24, dort mit 1894 datiert.

569 SOMMERNACHT. Druck: »Deutsche Dichtung« 16 (1894) S. 264.

569 ICH GING IM PARK... Überlieferung: T1894/95, Bl. 73. Datierbar vermutlich Winter 1894/95. Druck: »Deutsche Dichtung« 18 (1895) S. 135. Textvarianten: **570**,11 *Braungelock*] ⟨*Nacht*⟩*gelock* T1894/95 ebd. – **570**,14 *hanfen*] ⟨*weißes*⟩ ⟨*seidnes*⟩ ebd. – **570**,15 *darin ein bunter Ball*] danach folgt: ⟨*wie man im Spiel wirft*⟩ ebd. – **570**,16 *gefangen lag –:*] darauf folgt: ⟨*und leisen Schaukelschwungs / bewegte sie*⟩ [geändert in: ⟨*und leise schaukelte*⟩] ebd. – **570**,18 *so schaukelte*] ⟨*nachlässig*⟩ *schaukelte* ebd. – **570**,19 *das Netz*] *(den Ball) das Netz* ebd. – **570**,20 *zarte*] ⟨*schlanke*⟩ ebd. – **570**,21 *Mir aber – spielt*] gestrichen ebd. – **570**,22 *ich sähe – spielt.*] geändert aus: ⟨*als sähe ich Aphrodite,* / [...] *mit dem Erdball* [...] / *in allmächtiger Hand.*⟩ ebd.

570,22 *Aphrodite:* in der griechischen Mythologie die Göttin der Liebe und Schönheit.

570 MEIN GRAB. Druck: »Deutsche Dichtung« 17 (1894/95) S. 286.

571 DAS GESICHT. Überlieferung: T1894/95, Bl. 3f., mit dem zusätzlichen Titel ⟨DER GRAL⟩. Datierbar vermutlich Winter 1894/95. Einzelblatt, maschinenschriftlich, im Nachlaß, undatiert, als Fragment gekennzeichnet. Textvarianten: **571**,16 *schimmernde*] ⟨*rot*⟩*schimmernde* T1894/95, Bl. 3. – **571**,22 *kredenzt euch*] ⟨*köstlichster*⟩ [bricht ab] ebd. GRAL: In der Mittelalterlichen Dichtung ein geheimnisvoller, glückverheißender Gegenstand, vor allem nach der französischen Überlieferung der Abendmahlskelch Christi und zugleich das Gefäß, in dem Joseph von Arimathia das Blut Christi auffing.

571,18 *Trinket alle daraus:* in Anlehnung an Matthäus-Evangelium 26, 26–28; Markus-Evangelium 14, 22–24; Lukas-Evangelium 22, 19f.

572 AM NARRN UND SCHWÄCHLING HAB' ICH KEINE LUST. Überlieferung: T1894/95, Bl. 63, gestrichen. Datierbar vermutlich Winter 1894/95. Textvarianten: **572**,1 *Am Narrn – keine Lust*] darauf folgt: ⟨*die seh ich ⟨jeden⟩ alle Tag'*⟩ ⟨*auf offnem Markt*⟩ / ⟨*bei mir im Heim*⟩ / ⟨*Im*⟩ [bricht ab] T1894/95 ebd. – **572**,2 *Seelengröße*] ⟨*Größe, Reinheit*⟩ ebd. **572**,6–13 *Ich möchte – zerbricht:* s. S. 522.

573 DER OFEN ATMET / ZUWEILEN TIEF. Überlieferung: T1894/95, Bl. 67f. Datierbar vermutlich Winter 1894/95. Textvarianten: **573**,11 *Doch wenn im*] ⟨*Wenn aber der*⟩ T1894/95, Bl. 67. – **573**,19 *daß sie*] ⟨*leis⟨e⟩ nur*⟩ ebd. – **573**,23 *sausen*] ⟨*toben*⟩ ebd.

Vgl. DER OFEN SCHNAUFT ALS WIE EIN HUND; MEIN OFEN IST EIN WEISSER BÄR, Abt. Lyrik 1906–1914. Die Schlußzeilen *Und nun kommen die Träume, die Träume* finden sich auch im Prologgedicht von DER WELTKOBOLD, S. 423, 40.

574 AUCH ICH WAR EIN JÜNGLING MIT LOCKIGEM HAAR. Überlieferung: T1894 I, Bl. 115. Datierbar vermutlich August 1894. Textvariante: **574**,5 *und schwärmte – Lasalle*] darauf folgt: ⟨*Noch bin ich ein Jüngling im tiefsten Gemüt / doch einzig der Kunst nur geweiht / die flakkernden Flammen sind längst versprüht*⟩ [bricht ab] T1894 I ebd.

574,1 *Auch ich war ein Jüngling mit lockigem Haar:* Beginn einer Arie aus Albert Lortzings (1801–1851) Oper »Der Waffenschmied«.

574,2 *Marx und Lasalle:* Karl Marx (1818–1881), Philosoph und Nationalökonom, mit Friedrich Engels Begründer des Marxismus. Ferdinand Lasalle (1825–1864), Politiker und Publizist. Während Marx eine Umgestaltung der Gesellschaft zugunsten des Proletariats über Revolution und Klassenkampf anstrebte, wollte Lasalle die Möglichkeiten des Staates hierfür in Anspruch nehmen (Staatssozialismus). M bezieht sich offenbar auf sein Breslauer Studium, wo er die Vorlesungen Werner Sombarts besuchte und von dessen Sozialismus-Interpretation beeindruckt war. Vgl. hierzu Abt. Kritische Schriften, Textgruppe »Deutscher Geist« (Nr. 1–3, Text und Kommentar).

574 ICH MÖCHTE SCHLAFEN, BIS DER FRÜHLING KOMMT! Überlieferung: T1894/95, Bl. 29. Datierbar Ende Januar 1895.

575 ICH SEHNE MICH NACH DIR, MEIN VATER! Überlieferung: T1895, Bl. 93. Datiert 21.7.1895. Vgl. dazu: AN** *(Da steht man nun in fremder Stadt allein),* S. 284; AN DENSELBEN *(Nur eines laß den Scheidenden dich bitten),* S. 284; WENN SO IM DORF DES NACHTS DIE HUNDE BELLEN, S. 599; O HÄTTEST DU AN MICH GEGLAUBT, Abt. Lyrik 1906–1914; DU

BIST SO OFT BEI MIR IN MEINEN TRÄUMEN, Abt. Lyrik 1906–1914; sowie den Prosatext VATER UND SOHN, Abt. Episches.

575 DER BERGSEE. Druck: »Deutsche Dichtung« 18 (1895) S.245.

576 ῝Εν καὶ πᾶν. *Nun rührt mein Geist.* Überlieferung: Einzelblatt, maschinenschriftlich, im Nachlaß. Undatiert. Druck: »Das Goetheanum« 14 (1935) S.151, dort mit 1895 datiert, andere Fassung, die zum Vergleich vollständig wiedergegeben wird.

EN KAI ΠAN

Nun rührt mein Glück
an die fernsten Sterne.
Vom Lied meiner Seele
schwingt leise
das All.

Ich sah
die Ureinheit
alles Lebendigen,
sah
im Weben der Welt
Mich selbst:

In alles verwoben
in alles mich webend.
Sah
die Wellen meines Willens
an die letzten Sterne schlagen,
fühlte
alles Seins Bewegung
durch mich zittern,
auf mir spielen.

Alles in mir!
In allem ich!
Im Gestern ich!
Im Morgen ich!
Urnotwendig
von Ewigkeit
zu Ewigkeit.

Ἓν καὶ πᾶν. EN KAI ΠAN [Hen kai pan]: Ein und alles (griech.). Vgl. auch das Gedicht EINS UND ALLES, S. 268 f.

578 DIE ERSTEN MAIGLÖCKCHEN IM KRANKENZIMMER. Druck: »Deutsche Romanzeitung« 32 (1895) Bd. 3, Sp. 715.

578 AN FELIX DAHN. Überlieferung: Einzelblatt, handschriftlich, mit dem Vermerk *(Ad* PHANTA), und Einzelblatt, maschinenschriftlich, im Nachlaß. Beides datiert *11. Mai 1895.* Textvarianten: **578**,3 *zurück*] ⟨*zu Dir*⟩ Einzelblatt, handschriftlich ebd. – *legt*] ⟨*reicht*⟩ ebd. – **578**,6 *sang, – verzeihn*] ⟨*unausgereift noch ersann*⟩, ⟨*freundlichen Sinnes doch schaun*⟩ ebd.

Widmungsgedicht in vier Distichen an Ms Hochschullehrer und Gönner, den Rechtsgelehrten und Schriftsteller Felix Dahn (1834–1912), anläßlich der Übersendung seines ersten Buches IN PHANTAS SCHLOSS. M hat in seinem ersten Breslauer Semester bei ihm Deutsche Rechtsgeschichte gehört. Dahn hat sich warmherzig und großzügig für den jungen Dichter eingesetzt.

578,5 *Dankend – wofür:* 1894 bot Dahn M an, die Kosten für ein juristisches Studium bis zum Referendar zu übernehmen. Im Brief vom 17.11. 1894 lehnte M das Geschenk jedoch ab, entweder auf Verlangen seines Vaters oder weil er selbst inzwischen Zweifel bekommen hatte, ob ein juristisches Studium für ihn sinnvoll sei (vgl. Brief an Clara Ostler vom 30.10.1893).

579 ES HEAUTON. *(Ich wuchs in Zeiten der Bewußtheit auf).* Überlieferung: Einzelblatt, maschinenschriftlich, im Nachlaß. Undatiert.

ES HEAUTON: Für, an mich selbst (griech.).

579 ZUDRINGLICH GLOCKENSPIEL. Überlieferung: T1895, Bl.186f. Datierbar vermutlich Mai – August 1895. Textvarianten: **579**,2 *mir sagt*] ⟨*mir*⟩ ⟨*vorrechnet*⟩ ⟨*mich mahnt*⟩ T1895, Bl.86. – **579**,9 *dem es eine Wollust war*] ⟨*dem's gar köstlich erschien*⟩ ebd. – **579**,10 *die Stunden – Erdenzeit*] ⟨*sich selbst die Zeit ins*⟩ ebd.

579,7 *Memento mori:* Gedenke des Todes (lat.), Titel eines Gedichts aus dem 11. Jahrhundert.

Vgl. das Epigramm AN MEINE TASCHENUHR, Abt. Lyrik 1906–1914.

580 DEN MOND / SAH ICH EINMAL. Überlieferung: Einzelblatt, maschinenschriftlich, im Nachlaß. Undatiert. – Vgl. die Notiz: *Glocken, darüber oder daraus der Mond geboren wird, ein leuchtender, staunender Gedanke.* T1894/95, Bl.108, Abt. Aphorismen Nr. 320.

580 ES PFEIFT DER WIND. Druck: »Neue Litterarische Blätter« 4 (1895) S. 41.

581 MORITURUS TE SALUTO. Überlieferung: Einzelblatt, handschriftlich, im Nachlaß. Undatiert. Druck: MENSCH WANDERER (1927) S. 26, dort mit 1895 datiert.

MORITURUS TE SALUTO: Als Todgeweihter grüße ich dich (lat.). Der Satz ist eine Abwandlung des Rufes, mit dem die in den Kampf ziehenden römischen Legionäre den Kaiser grüßten: Morituri te salutant (Die Todgeweihten grüßen dich).

581,10 *Plutus. Pluto:* In der antiken Mythologie ist Plutus der Gott des Reichtums, Pluto der Gott der Unterwelt und des Todes.

581 ICH LOBE DICH ÜBER ALLEN TOD. Druck: »Die Literatur« 26 (1923/24) S. 409.

582 DER ENKEL SPRICHT. Überlieferung: Einzelblatt, handschriftlich, im Nachlaß, mit dem zusätzlichen Titel ⟨SPRUCH⟩. Undatiert. Druck: »Das Goetheanum« 9 (1930) S. 187 mit dem Titel DER ENKEL. Textvarianten: **582**,1 *gelitten]* gestorben »Das Goetheanum« ebd. – **582**,3 *erstritten]* erworben ebd. – **582**,5 *büßte]* büßt ebd. – **582**,7 *grüßte]* grüßt ebd.

582,3 *der Märtyrer – Wahnsinn grüßte:* M könnte evtl. an folgende Personen gedacht haben: an den scholastischen Philosophen Petrus Abälardus (1079–1142), der, nach einer Liebesbeziehung zu Héloïse von seinen Feinden entmannt, Mönch im Kloster St. Denis wurde; an den italienischen Philosophen Giordano Bruno (1548–1600), der nach siebenjähriger Gefangenschaft von der Inquisition auf dem Scheiterhaufen verbrannt wurde, oder an den tschechischen Kirchenreformer Johannes Hus (um 1370–1415), der ebenfalls als Ketzer verbrannt wurde; an Friedrich Nietzsche (1844–1900), der ab 1889 in geistiger Umnachtung lebte.

582 WIR KENNEN UNS, IN DEREN LEBEN. Druck: »Das Goetheanum« 14 (1935) S. 151, mit 1895 datiert.

582 ENTSAGE, WER ENTSAGEN MAG! Druck: »Das Goetheanum« 9 (1930) S. 187, mit 1895 datiert.

583 VON KOPF BIS ZU DEN FÜSSEN. Überlieferung: Einzelblatt, handschriftlich, undatiert; Postkarte an das Haus Goettling, Sorau N/L [Nieder-Lausitz], Kirchplatz, Poststempel Berlin 13.10.1895; und Einzelblatt maschinenschriftlich, im Nachlaß, datiert *Berlin, Herbst 1895.* Textvarianten: **583**,2 *in Bücher eingepellt] von Bücherwust umstellt* Einzelblatt, handschriftlich, ebd. – **583**,4 *bessern] schönren* ebd. – **583**,6 *rostroten Wein ums Haupt] mit rotem Wein geschmückt* ebd. – **583**,7 *mir haben] ich hab' an* ebd. – **583**,8 *viel frohen Mut geraubt] den Kopf mir wund gedrückt* ebd. –

583,9 *wie Ihr ja*] *daß Ihr's nur* ebd. – 583,10 *fernen Monden*] ⟨*fremden*⟩ *Monden* Einzelblatt, handschriftlich, ebd. – 583,16 *Melodien*] *Harmonien* ebd. An den Rand des Einzelblatts hat M geschrieben: *Der Alte spielt sein Lied aus Leben und Vergehen.*

583,16 *Onkel Moors:* Onkel Moor, Scherzname für Pfarrer Goettling.

583 WALDES-ZAUBER. Überlieferung: T1895, Bl.177. Datierbar vermutlich Mai – August 1895. Textvarianten: 583,1 *Mit tiefen – Düfte*] darüber steht: ⟨*Leise rauschte das Schilf an*⟩ [bricht ab] T1895 ebd. – 583,4 *Da – Mücke*] darauf folgt: ⟨*Leise rauschte vor mir der See*⟩ ebd. – 583,6 *mischte*] ⟨*flüsterte*⟩ ebd. – 583,10 *Da – Mücke*] darauf folgt: ⟨*Eine schöne Nixe schwebte aus*⟩ ebd. – 584,23 *und sprang in die Höhe*] darauf folgt: ⟨*Lieber Gott, wie / vollkommen wäre das Glück, das du*⟩ / [unleserlich] ⟨*verdiene ich soviel Güte und Gnade*⟩ ebd. – 584,24 *und diese Gotteswelt – Mücke*] im T gestrichen.

584,18 *Tête à tête:* Kopf an Kopf (franz.), vertrauliches Beisammensein.

584,19 *mit einem – Schuhen:* vgl. das Gedicht PFINGSTSTIMMUNG, Kommentar zu FLIEGENDES BLATT, S.858.

584 DIE SONDERBARE HARFE. EIN TRAUM. I. und II. Fassung. Überlieferung: Beide Fassungen des Gedichts sind auf einem Einzelblatt im Nachlaß enthalten: links oben die I. Fassung maschinenschriftlich mit Korrekturen von fremder Hand (H¹); rechts oben die II. Fassung handschriftlich von M (H²); links unten eine maschinenschriftliche Abschrift von H² mit Korrekturen von Ms Hand (H³). Ferner existiert eine Reinschrift der I. Fassung maschinenschriftlich auf einem Einzelblatt (H⁴) im Nachlaß, von Margareta M handschriftlich datiert: (1896) und (1897), wobei unklar ist, welche Datierung die endgültige sein soll.

584 [I. Fassung]. ALS ICH HEUT ERWACHTE. Textvarianten: 584,5–13 *Denkt euch – gespannt*] gestrichen (H¹). – 584,8 *entsprang*] *entspien* ⟨*entschnellt*⟩, von fremder Hand in *entsprang* geändert ebd. – 584,14 *Und ich – Hand*] fehlt ebd.

585 [II. Fassung]. ICH LACH NOCH IMMER. Textvarianten: 585,1 *Ich lach – entschnellt*] gestrichen (H³). – 585,7 *zu meinen – Knöcheln*] neben der Zeile steht am Rand: *wie ein Darm gespannt* (H³), handschriftlich von M. – 585,8 *nach meinem – führten –*] gestrichen (H³).

585 GUTER RAT. Druck: »Deutsche Dichtung« 20 (1896) S.95.

586 DEN FREUNDEN. Überlieferung: Einzelblatt, handschriftlich, im Nachlaß, datiert *15.12.1896.* Textvariante: 586,12 *buntern*] *neuen* Einzelblatt ebd.

586 ICH SASS AN EINER ORGEL. Überlieferung: Zwei Doppelblätter, handschriftlich, im Nachlaß, mit Titel-Deckblatt, von Margareta M beschrieben: »Handschrift ICH SASS AN EINER ORGEL« darunter »Träume«. Undatiert. Zwei Einzelblätter, maschinenschriftlich, mit dem Titel »Traum« und dem Zusatz »Ein bisher unveröffentlichtes Jugendgedicht (etwa 1896)«. Druck: »Die Christengemeinschaft« 17 (1940) S. 33, mit dem Titel TRAUM. Textvarianten: **587**,44 *grünwaldige] grünbewaldete* Maschinenabschrift. ebd. – **587**,47 *erschwoll] erscholl* ebd. – **588**,62 *Und in den – brachen*] gestrichen Doppelblätter ebd., weggelassen Maschinenabschrift ebd. und »Die Christengemeinschaft ebd. – **588**,72 *daß ich – schluchzend…*] fehlt in Maschinenabschrift ebd. und »Die Christengemeinschaft« ebd.

586,11 *Quinte:* Intervall von fünf Tonstufen; fünfter Ton der diatonischen (d. h. Dur- oder Moll-) Tonleiter.

587,23 *Dominante:* fünfte Stufe (Quinte) der diatonischen Tonleiter und Dreiklang über dieser Quinte.

587,25 *vox humana:* Menschenstimme (lat.), Orgelregister, das ähnlich wie eine menschliche Stimme klingt.

588,52 *Legionen:* Legion, römische Heereseinheit, bis zu viertausend Mann. Hier: große Anzahl.

588,63 *Titanen:* in der griechischen Mythologie riesengestaltiges, vorolympisches Göttergeschlecht, das von Zeus besiegt wurde. Hier wohl allgemein für Riesengestalten.

588,65 *porphyrenen:* Porphyr: Gesteinsart. Zu diesem Text vgl. auch: *Die Orgel ist das Instrument der Instrumente. Wäre ich ein großer Komponist, ich schriebe nur Orgelwerke und baute mir einen eigenen Tempel mit eigener Orgel dazu. So könnte ein Einzelner einen Kult der Zukunft ahnen lassen. Welch eine Macht ist die Orgel; sie ist wie Sturmwind aus der Ewigkeit, wie zartester Kindergesang, sie ist die Welt in Töne aufgelöst. Wenige Orgeltöne vermögen jedesmal mein ganzes Wesen zu überwältigen: ich begreife, daß der Gottesgläubige in den Wogen der Tonfluten ertrinkt, sich hingibt, an Gottes Brust zu fliegen meint. Es ist etwas Väterliches im Orgelton, etwas Umarmendes, Tragendes, Beruhigendes. […] Die Persönlichkeit der Orgel reißt ganz für sich allein jeden mit sich fort* […] T 1897/98, Bl. 10, Abt. Aphorismen Nr. 337. Außerdem: *Die Orgel, das Instrument der Zukunft.* Einzelblatt, handschriftlich, im Nachlaß, Abt. Aphorismen Nr. 325.

589 DANK. Überlieferung: Zwei Einzelblätter, maschinenschriftlich, im Nachlaß, mit der Überschrift DER MÄRCHENERZÄHLERIN. Undatiert.

Druck: »Wegwarten« 3 (1896) S.10. Textvarianten: **589**,16 *auf alle Zeit]* für alle Zeit Blatt 1 ebd. – **589**,28–33 *vor der – barg]* fehlt ebd. – **590**,36–44 *Wenn dann – verträumt]* fehlt ebd. – **590**,56 *dir]* der »Wegwarten« ebd., möglicherweise Druckfehler.

Zu diesem Gedicht vgl. Bauer (Chr. M. (1985) S.18): »Der Vater gab nach dem Tode der Mutter das Münchner Haus auf und zog nach Starnberg. Da aber die Schulverhältnisse in dem damals noch recht kleinen Ort für den Knaben unzulängliche waren, nahm der Vater eine Erzieherin, die Tochter des Malers Geiser, für den Sohn ins Haus. Sie führte ihn auch in die Welt der Märchen ein.«

Im Nachlaß befindet sich ein Text, der möglicherweise im Zusammenhang mit diesem Gedicht gesehen werden kann.

> *Und wenn du einst am eigenen sichern Herd*
> *vor deiner Kinder hellen Augen sitzest*
> *so löst du wohl den wundersamen Knäul*
> *Vergangenheit ⟨der Mädchenzeit⟩ einmal erzählend auf*
> *und ⟨dichtest⟩ senkst in ihre hingegebnen Herzen,*
> *wie eine die sich fern entsinnt, ⟨das⟩ ein Märchen*
> *vom ⟨Königstöchterlein⟩ [...] Kaufherrnkind und ⟨Edelknaben⟩ ⟨jungen Ritter⟩ fahrenden Gesellen*
> *den eines Großen Dienst ins Land berief*
> *doch eines Größern wieder in die Weite*
> *und wie ⟨die beiden sich gar lieb gehabt⟩ sich leise [...] Herz zu Herze gewöhnte*
> *⟨doch aber ⟨[in] des Schicksals Stunde⟩ im geheimnisvollen Netz*
> *des Schicksals ihr⟩ [bricht ab]*
> *[...]bis es ein schweres Scheiden ward –*
>
>   *und streichst*
> *[...] bewegt den blonden Köpfen übers Haar –:*
> *Was werden s i e einst zu erzählen haben*
> *wenn sie so sitzen, jedes vor den Seinen –*

Einzelblatt, handschriftlich, im Nachlaß. Undatiert.

590 Eine einsame Rose. Druck: »Wegwarten« 3 (1896) S.9.
591 Und ob du deinen Finger / in Herzblut tauchtest. Druck: Brief an Eugenie Leroi vom 5.1.1896. Briefe. Auswahl (1952) S.76f.,

dort als zum 1. Satz der geplanten SYMPHONIE gehörig bezeichnet (vgl. den Abschnitt »Zyklen-Pläne«, S. 713 ff.). Am *Kampener Strand* (auf Sylt) entstanden. Ein erstes Bruchstück mit der Kennzeichnung *(S[ymphonie]) 1* findet sich im T 1895, Bl. 49:

> *Und ob du deinen Finger*
> *in Meere tauchtest*
> *und auf Menschenstirnen*
> *heilige Taufsprüche*
> *maltest – es ist doch*
> *nichts. Wie bald und der*
> *Sturm geht achtlos über*
> *dein Grab.*

Vgl. Abt. Aphorismen Nr. 1753.

592 DIE NACHT. Druck: »Monatsschrift für Neue Litteratur und Kunst« 1 (1896) S. 110 f.

593 SONNENAUFGÄNGE. *Aus einem Zyklus.* Druck: »Das deutsche Dichterheim« 16 (1896) S. 30 f.
Vgl. auch den Abschnitt »Zyklen-Pläne«, S. 712.

595 AM GARDASEE. Druck: »Deutsche Dichtung« 21 (1896/97) S. 125. Im Sommer 1896 hat M (zusammen mit seinem Sorauer Schulfreund Paul Körner) im Anschluß an einen gemeinsamen Aufenthalt im Salzburger Land (vgl. FUSCH-LEBERBRÜNNL. *Tagebuch-Fragment*, S. 179–184 und Kommentar) zum ersten Mal den Gardasee besucht. Vgl. dazu die Gedichte AUF DER PIAZZA BENACENSE (S. 241 f.) und AN SIRMIO (S. 240 f.).

596 AM HIMMEL DER WEIHENACHT. Überlieferung: Einzelblatt, handschriftlich, im Nachlaß. Undatiert. Druck: »Das Inselschiff« 20 (1938) S. 63, dort mit 1896 datiert. ZEIT UND EWIGKEIT (1940) S. 13.
Textvarianten: **596**,1 *zarten Wölklein*] *rosa Wölkchen* ZEIT UND EWIGKEIT ebd. – **596**,3 *Die – Kinderchen*] fehlt »Das Inselschiff« ebd. – **596**,7 *lieber kleiner*] *kleiner* ebd.

596 WINTERIDYLL
596 I SCHLITTEN KLINGELN DURCH DIE GASSEN. Druck: »Deutsche Dichtung« 21 (1896/97) S. 262.
597 II WIE KANN EIN TAG VOLL SO VIEL SCHMERZ. Druck: »Deutsche Dichtung« 21 (1896/97) S. 262. MENSCH WANDERER (1927) S. 38, dort mit 1896 datiert.

597 III SURRE, SURRE, RÄDCHEN. Überlieferung: Einzelblatt, maschinenschriftlich, im Nachlaß, mit der Überschrift DER DICHTER SEINER MUSE AM WEBSTUHL. Undatiert. Druck: »Deutsche Dichtung« 21 (1896/97) S. 262.

597 HÖCHSTE SPRACHE. Überlieferung: Einzelblatt, handschriftlich. Undatiert. Und Einzelblatt, maschinenschriftlich, im Nachlaß, ebenfalls undatiert, mit dem gestrichenem Titel ⟨SPRACHE⟩ und der Notiz Margareta Ms »aus etwas späterer Zeit«. Da das Gedicht in lateinischer Schrift geschrieben ist, aber noch Großbuchstaben für die Zeilenanfänge benutzt werden, wird es etwa zwischen 1895 und 1897 entstanden sein.
Vgl. hierzu auch *Musik – gesanggewordener Mensch und somit seine für uns vielleicht höchste Erscheinungsform* (T 1908 II, Bl. 13, Abt. Aphorismen Nr. 393) und das folgende Gedicht AN DIE MUSIK.

598 AN DIE MUSIK. Überlieferung: Zwei Einzelblätter, handschriftlich, eines undatiert und das andere datiert mit *1.6.1897*. Einzelblatt, maschinenschriftlich, im Nachlaß. Undatiert.

598 BEETHOVEN. Überlieferung: Einzelblatt, handschriftlich, im Nachlaß. Undatiert.
Vgl. hierzu auch AN BEETHOVEN (Abt. Lyrik 1906–1914) und die Notiz: *Beethoven, ein Gesang Gottes vor sich selbst* (T 1908 II, Bl. 13, vollständiger Text Abt. Aphorismen Nr. 393).

598 WAS SICH DER LEIB IN SEINER LUST ERFAND. Überlieferung: Einzelblatt, handschriftlich, im Nachlaß. Undatiert.

599,7 *Primum:* das erste (lat.).

599,8 *secundum, tertium, ultimum:* das zweite, dritte, letzte (lat.).

599 WENN SO IM DORF DES NACHTS DIE HUNDE BELLEN. Überlieferung: T 1897/98, Bl. 41. Datiert *20.7.1897*. Druck: Bauer, Chr. M. (1985) S. 62. Textvariante: **599**,13 *was – verblassen*] ⟨*die Zukunft, wie sie ward, im Nichts verblassen*⟩ T 1897/98 ebd.
Das Sonett gehört in die Gruppe Gedichte, die den Bruch des Vaters mit seinem Sohn zum Thema haben, vgl. Kommentar zu ICH SEHNE MICH NACH DIR, MEIN VATER, S. 995 f.

600 ENTFERNUNG. Überlieferung: Einzelblatt, handschriftlich, im Nachlaß, mit dem zusätzlichen Titel ⟨FLUCH DER FERNE⟩. Undatiert.

600 AUF DES ZEISIGS TOD. Überlieferung: Einzelblatt, handschriftlich, im Nachlaß. Undatiert. Textvariante: **600**,14 *hoch*] oder *hoh*, nicht eindeutig lesbar, Einzelblatt ebd.

Das Gedicht läßt sich motivgeschichtlich Gedichten wie Karl Wilhelm Ramlers (1725–1798) »Nänie auf den Tod einer Wachtel« oder Eduard Mörikes (1804–1875) »Auf den Tod eines Vogels« zuordnen.

601 SEHNSUCHT. Druck: »Das deutsche Dichterheim« 17 (1897) S. 222.

601 GESANG. Überlieferung: Einzelblatt, handschriftlich, im Nachlaß. Undatiert.

602 WER WANDELT DORT IM MONDLICHT. Druck: »Das deutsche Dichterheim« 17 (1897) S.134, mit der Überschrift AUS EINEM ZYKLUS »SYLT«. Ein solcher Zyklus ist nicht erhalten oder kam nicht zustande.

603 FRAU SORGE. Druck: »Wiener Rundschau« 15 (1897) S.645.
FRAU SORGE: vgl. Kommentar zu PFLÜGERIN SORGE, S. 827.

603 NOVEMBER. Überlieferung: Einzelblatt, handschriftlich, im Nachlaß. Undatiert. Textvariante: **603,**12 *und vor den Fenstern schmilzt*] *und an den Fenstern* ⟨*kracht*⟩ Einzelblatt ebd.

604 AN**. Überlieferung: Einzelblatt, handschriftlich, im Nachlaß. Undatiert.

604 DEINER AUGEN GRAUE MEERE. Überlieferung: T1897/98, Bl. 43. Datierbar Juli/August 1897. Textvarianten: **604,**2 *laß in meine Seele branden*] *laß mein* ⟨*Leben über*⟩ *branden* T1897/98 ebd. – **604,**7 *Meere schlagen*] *Wogen jagen* ebd.

604 IHR ARMEN SCHMETTERLINGE DER GEISTER. Überlieferung: T1897/98, Bl. 52. Datierbar August/September 1897. Textvariante: **604,**10 *hinter*] ⟨*über*⟩ T1897/98 ebd.

605 BÖCKLIN-AUSSTELLUNG. Überlieferung: T1897/98, Bl. 82. Datiert *9.12.1897*.

Vgl. dazu: *Böcklin-Ausstellung. Das Bild Böcklins und seiner Frau in einer Herbstlandschaft symbolisiert mir die Synthese der südlichen Klassik mit der germanischen Romantik, das vorläufige Endfazit aus Altertum und Christentum. Man sollte bei einem Denkmal für Böcklin an dieses Bild denken und die beiden Gestalten, so wie sie sind, ins Plastische übertragen.* T1897/98, Bl. 89. Zu Ms Verhältnis zu Böcklin vgl. außerdem Abt. Kritische Schriften Nr. 60 sowie Abt. Aphorismen Nr. 344 und 357.

605 KOMM UND KÜSS MICH, GROSSER GEIST. Überlieferung: T1897/98, Bl. 94. Datierbar Februar/März 1898.

605 O HOLDESTE STUNDEN. Überlieferung: T1897/98, Bl. 104. Datierbar März/April 1898. Textvarianten: **605,**5 *nur*] ⟨*auch*⟩ T1897/98 ebd. – **605,**6 *die schwankenden Äste*] *den schwankenden* ⟨*Stamm oft*⟩ ebd.

606 WENIG GEISTREICHES WEINLIED. Überlieferung: T1897/98,

Bl. 105. Datierbar März/April 1898. Textvariante: **606**,11 *sorglos/ trinke mich*] ⟨*nähre dich von mir*⟩ T1897/98 ebd.

606 ERFASS ES, WENN DU KANNST. Überlieferung: T1898/99 I, Bl. 12. Datierbar 26.5.1898. Textvariante: **606**,7 *indes du*] *indes* ⟨*dir jede Stunde*⟩ T1898/99 I ebd. Das Fragment ist im T gestrichen.

607 DASS ICH NICHT MEHR VON LIEBE SAGE. Überlieferung: T1898/ 99 I, Bl. 19. Datierbar Ende Mai/Anfang Juni 1898. Gestrichen.

607 KALT, KALT, — DER HERD IST KALT. Überlieferung: Einzelblatt, handschriftlich, im Nachlaß. Undatiert.

608 ZWEI BRIEFE. Überlieferung: Einzelblatt, handschriftlich, im Nachlaß. Undatiert.

608,2–6 »*Toute la vie – douleur*«:

> Das ganze Leben ist Schmerz.
> Die Geburt ist Schmerz,
> die Krankheit ist Schmerz,
> das Alter ist Schmerz,
> der Tod – Schmerz. (franz.)

608 LIEBESBRIEF. Druck: »Deutsche Dichtung« 24 (1898) S. 87. Von Robert Kahn vertont und in seinem Morgenstern-Liederheft veröffentlicht (vgl. Kommentar zu SOMMERABEND, S. 937). Textvarianten: **608**,1,7,13 *deiner Kammer*] *deinem Zimmer* Morgenstern-Liederheft ebd. – **608**,2,8 *Kind*] *Schatz* ebd. – **608**,6 *tiefheimlich*] *so heimlich* ebd. – **608**,11 *der – seiner*] *die, leichtbeschwingt von ihrer* ebd.

609 VOR EINEM KINDE. Druck: »Deutsche Dichtung« 23 (1897/98) S. 127.

609 LIED. Druck: »Deutsche Dichtung« 23 (1897/98) S. 85.

609 DAS ECHO. Druck: »Die Gesellschaft« 14 (1898) Bd. 2, S. 45.

610 DIE WINDMÜHLE. Überlieferung: T1897/98, Bl. 37 und 39 (Entwurf). Datierbar Juli 1897. Einzelblatt, handschriftlich, im Nachlaß, von Margareta M mit 1897 datiert. Druck: »Das deutsche Dichterheim« 17 (1897) S. 537. Textvarianten: Der Text des Entwurfs lautet vollständig:

> *Am fernen Horizonte*
> *steht der Mühle Turm*
> *die dunklen Flügel treibt und dreht*
> *unermüdlich der Sturm.*
> ⟨*Spinne*⟩ *Wickle mein Garn auf*

mein Sorgengarn
aus meiner Seele
um deine Achse

T 1897/98, Bl. 37.

⟨*Wie viele Tag und Nächte wirst*
du noch für mich sie [darüber: *dich*] *drehn*
bis meine Augen deinen First
eines Tages nicht mehr sehn.⟩

T 1897/98, Bl. 39.

610,7 *als spänne er das*] *als spänn' er rastlos* Einzelblatt ebd. – **611**,9 *Tag auf Tag*] *Tag um Tag* ebd. – **611**,10 *um jene Welle*] *um diese Welle* ebd.
611 O Menschen, Menschen! Masken vors Gesicht! Überlieferung: T 1898/99 I, Bl. 24. Datiert *7.6.1898*. Über die erste Zeile des Gedichts hat M *Monologe* geschrieben, d. h., das Gedicht war vermutlich für einen Zyklus vorgesehen. Textvarianten: **611**,11 *Wir alle – Maß*] *Wir* ⟨*meisten*⟩ *haben Fehler* ⟨*und Gebrechen*⟩ T 1898/99 I ebd. – **611**,12 *doch eines – Scham*] *doch* ⟨*müssen wir's denn frech zu Markte tragen?*⟩ ebd.
Zu Ms Kritik an der Konvention vgl. auch das Gedicht Das Gitter, S. 628.
611 Heilig der Schlaf. Überlieferung: T 1898/99 I, Bl. 24. Datierbar *7./8. Juni 1898*. Textvariante: **611**,6 *dem Morgen – glänzt –*] ⟨*sich dem rosigen Licht / aufschlägt*⟩ T 1898/99 I, Bl. 24. Anschließend im T hat M eine Übertragung der Verse ins Norwegische versucht.
612 Komm, Spaten, stich. Überlieferung: T 1898/99 I, Bl. 44, und Einzelblatt, handschriftlich, im Nachlaß. Beides datiert *26.6.1898*. Druck: »Eckart« 3 (1926/27) S. 451. Zeit und Ewigkeit (1940) S. 66. Textvarianten: **612**,3 *unerforschter*] *un*⟨*genutzter*⟩ T 1898/99 I ebd. – **612**,7 *Grab – grab*] ⟨*hinab hinab*⟩ ebd. – **612**,9 *geheimer Erzgesätze*] ⟨*versteckter*⟩ ⟨*noch unentdeckter Fläze*⟩ ebd. – **612**,11 *mir selbst*] ⟨*schaff mir*⟩ ebd.
Fläze: gemeint sind Flöze, sich über große Flächen erstreckende Schichten nutzbarer Gesteine oder Mineralien.
612 Nach Hauptmanns »Klokken, der sank«. Überlieferung: T 1898/99 I, Bl. 80. Datiert *17.8.1898*. Textvariante: **612**,6 *weltenmüde*] ⟨*kranke*⟩ T 1898/99 I ebd.
Klokken, der sank: Die Glocke, die sank (norwegisch), Gerhart Haupt-

manns (1862–1946) Märchendrama »Die versunkene Glocke«, Uraufführung 2.12.1896, Berlin.
Über die Aufführung des Dramas in Christiania (Oslo) schrieb M: *Eine Premiere Gerhart Hauptmanns habe ich übrigens auch hier mitgemacht – die der »Versunkenen Glocke« (Klokken, der sank). Sie war mir minder erfreulich, so wenig, daß ich nach dem dritten Akt ärgerlich das Weite suchte. Ich verstand nämlich von der – infolgedessen von mir nicht beurteilbaren – Übersetzung zu wenig und von Spiel und Inszenierung zu viel, um nicht in die übelste Laune zu geraten und nun auch noch obendrein die ganze deutsche Romantik zu verwünschen, von der ich hier so lange nichts mehr gehört hatte.* […] [KUNSTBRIEF AUS CHRISTIANIA], Abt. Kritische Schriften Nr. 122, S. 326. Einen grundsätzlichen Einwand gegen Hauptmanns Drama drückt die folgende, im Tagebuch unter dem Gedicht stehende Notiz aus: *Bei Böcklin ist die Romantik ein Hinausgehenwollen über die Natur, bei Hauptmann ein Nichteindringenkönnen oder vielleicht noch besser ein Umgehenwollen.* Darunter steht: *Ein Flug – eine Flucht.* T 1898/99 I, Bl. 80, Abt. Aphorismen Nr. 357.

613 DEM DEUTSCHEN VOLKE, *als es seinem Dichter Detlev von Liliencron eine Alters-Ehrengabe von einigen tausend Mark zeichnete.* Druck: »Das Narrenschiff« 1 (1898) S. 10.

Detlev von Liliencron: vgl. Kommentar zu FRÜHLINGSREGEN, S. 853 f.

613 O IHR EWIGEN HÜTERINNEN DER GEMEINPLÄTZE. Überlieferung: T 1898/99 I, Bl. 32. Datierbar Juni 1898. Druck: DIE SCHALLMÜHLE (1928) S. 51. Textvariante: **614**,10 *ja besonders all das, was*] ⟨*all das arme Blut, das*⟩ T 1898/99 I ebd.

613,2 *Allmende:* gemeinsames Nutzland der Dorfgemeinschaft, wäre also auch mit »Gemeinplätze« zu übersetzen. Hier in der übertragenen Bedeutung von »Plattheiten«, »Banalitäten«. Vgl. dazu: *Es gibt nichts Hemmenderes als Gemeinplätze und Redensarten. Jede Redensart ist die Fratze eigener Gedanken. Es sind die »Mitesser« im Zellengewebe des Denkens* (T 1909 V, Bl. 142).

614 EIN SCHICKSAL. Überlieferung: Einzelblatt, handschriftlich, im Nachlaß. Datiert *4.9.1898*. Textvarianten: **614**,1 *als viele*] *als viele* ⟨*andre.*⟩ Einzelblatt ebd. – **614**,2 *Aber nicht – Größe*] *Aber* ⟨*auch*⟩ *stark genug zu meiner Größe* ⟨*?*⟩. ebd. – **614**,23 *ich breche zu Boden*] darauf folgt: ⟨*ich war größer als viele / aber*⟩ ebd.

Vgl. dazu die Jugendverse ICH MÖCHTE GRÖSSER SEIN UND BIN ES NICHT, S. 522 f.

615 DURCH DIE BEINE DER HEROEN. Druck: »Die Gesellschaft« 13 (1897) Bd. 1, S. 333. DIE SCHALLMÜHLE (1928) S. 132, mit dem Titel DIE BEINE DER HEROEN.

615 MENSCHEN UND GÖTTER. Druck: »Das deutsche Dichterheim« 18 (1898) S. 232.

615 VOR DEM DEUTSCHEN WÖRTERBUCH DER BRÜDER GRIMM. Druck: Zeitschriftenausschnitt, dessen Herkunft nicht mehr ermittelt werden konnte, im Nachlaß, mit dem Vermerk: *Z[ur] Z[eit] Nordstrand bei Christiania. Oktober 1898. Christian Morgenstern.* Vgl. auch einen Brief von Margareta M an den Insel-Verlag, Leipzig (undatiert, eingegangen am 22. 11. 1938): »Eine Veröffentlichung fand statt bei dem Grimm-Gedicht [in] einer Zeitung oder Zeitschrift vor sehr vielen Jahren.«

DEUTSCHEN WÖRTERBUCH DER BRÜDER GRIMM: Die Germanisten Jacob (1785–1863) und Wilhelm (1786–1859) Grimm hatten mit der Herausgabe eines vielbändigen Wörterbuchs begonnen, in dem der ganze neuhochdeutsche Sprachschatz gesammelt und erläutert werden sollte. Dieses Wörterbuch (16 Bde., 1852–1961) war im Jahr 1898 bis Band 4, 1, 2 (1897) erschienen. Für M war der Anlaß, sich mit dem Grimmschen Wörterbuch zu beschäftigen, die Übersetzung von Ibsens Versdramen, die eine Fülle von Sprachstudien notwendig machte. Vgl. auch Ms Notiz über eine Begegnung mit Ibsen in Christiania (Oslo): […] *erzähle ihm,* […] *daß ich zur Bibliothek will.* […] *Spreche von Grimms Wörterbuch.* »*O da sind Sie ja gut aufgehoben!*« (T 1898/99 II, Bl. 5, datiert *17.10.1898*).

616 NACH EINEM RECHTEN LÄUTERUNGSBADE IN GOETHE. Druck: »Goethe-Festschrift zum 150. Geburtstage des Dichters«. Hrsg. von der Lese- und Redehalle der deutschen Studenten in Prag. Redigiert von August Ströbel. Prag 1899. S. 58f.

617,13 *Tartarusse:* Tartarus: in der griechischen Mythologie ein finsterer Abgrund, noch unter der Unterwelt liegend; aber auch gleichbedeutend mit Unterwelt gebraucht.

617 AUS EINEM STUDIENKOPFE VON MAX KLINGER. Druck: »Das Goetheanum« 14 (1935) S. 151. ZEIT UND EWIGKEIT (1940) S. 38. In der Zeitschrift »Das Goetheanum« erscheint das Gedicht als letztes einer Gruppe mit dem Obertitel »Unveröffentlichte Jugendgedichte von Christian Morgenstern«. Die anderen Texte der Gruppe sind mit 1892 und 1895 datiert; dieser trägt als einziger keine Datierung. In N 1899 vermerkte M unter dem 3. Mai: *Klinger, Studienkopf geschickt bek[ommen],* unter dem 6. Mai: *Ab[ends] daheim. Klinger-Kopf im Salon unten* und

E[in] Ged[icht] zu dem Kopf gem[acht]. Wenn das Gedicht Aus einem Studienkopfe von Max Klinger mit diesen Notizen in Zusammenhang steht (was wahrscheinlich ist), würde sich die Annahme bestätigen, daß das Gedicht am 6. Mai 1899 während Ms Norwegenaufenthalts entstanden ist.

Max Klinger: (1857–1920), Maler, Graphiker und Bildhauer, der einen eigenen charakteristischen Stil zwischen Impressionismus und Jugendstil entwickelte. Von M geschätzt und häufig genannt.

617 Wir Künstler *(Was auch der dumme Philister spricht)*. Überlieferung: T1898/99 I, Bl.68f. Datiert *3.8.1898*. Einzelblatt, maschinenschriftlich, im Nachlaß, undatiert. Textvariante: **617**,1 *Was auch der dumme*] *Was* ⟨*so ein*⟩ *dummer* T1898/99 I, Bl.68.

Das Gedicht ist eine Antwort des Dichters auf allerlei Klatsch, den seine Beziehung zu Dagny Fett hervorgerufen hatte und der offenbar die Eltern des Mädchens beunruhigte. M löste die vertraute Beziehung, ohne den freundschaftlichen Kontakt aufzugeben; vgl. die Einführung zu Ein Sommer, S.886f. In diesen Zusammenhang gehören auch die beiden Vierzeiler Wie diese Mütter nur danach gieren (Abt. Lyrik 1906–1914, Epigramme) und Geliebtes Kind, grad weil ich dich liebe, S.364.

618 Wir Künstler *(Mit Lehren mag der Moralist euch plagen)*. Druck: Mensch Wanderer (1927) S.63, dort mit 1900 datiert.

618 Ich kann nur Leben. Überlieferung: Einzelblatt, maschinenschriftlich, im Nachlaß. Undatiert.

618 Werdet ihr nie. Überlieferung: T1898/99 I, Bl.95. Datierbar zwischen dem 11. und 19. September 1898.

619 Welche Trübung dort am Himmel. Überlieferung: T1898/99 I, Bl.101, datierbar zwischen 24. und 27.9.1898. Textvarianten: **619**,4 *dampft*] ⟨*stößt*⟩ T1898/99 I ebd. – **619**,5 *Längst – geflohn*] ⟨*Und die Götter, ach sie*⟩ *flohn* ebd. – **619**,8 *lieben*] ⟨*brauchen*⟩ ebd. – **619**,10 *Wir schenken sie dir*] ⟨*Was brauchen wir sie*⟩ ebd.

619 Der Geist der Berge spricht. Druck: Zeitschriftenausschnitt im Nachlaß, mit der zusätzlichen Überschrift Prolog und dem handschriftlichen Vermerk Ms: *Aus unserer Davoser Weihnachtszeitung 1900;* die genaue Quelle konnte nicht ermittelt werden. M hielt sich von September 1900–April 1901 im Sanatorium von Dr. Turban in Davos auf.

620,29 *In diesem Zeichen sollt ihr siegen:* vgl. »In hoc signo vinces« (In diesem Zeichen wirst du siegen, lat.); nach Eusebius Pamphili (um

263–339) erschienen dem römischen Kaiser Konstantin diese Worte und dazu ein Kreuz am Himmel, als er im Jahr 312 in eine Schlacht zog.

621 VENUS-TEMPELCHEN. Druck: MENSCH WANDERER (1927) S.63, dort mit 1900 datiert.

621,11 *der Schönheit zu Ehren:* In der römischen Mythologie ist Venus die Göttin der Schönheit und der Liebe, gleichgesetzt mit der griechischen Aphrodite.

621 UND ALS ICH EINE WEIL' VON UNSERM ORTE. Überlieferung: Einzelblatt, handschriftlich, im Nachlaß, nur datiert mit *VII* [Juli], und Einzelblatt, maschinenschriftlich.

621 TIEF IM WALDE HÖR' ICH DAS LIED DES MEERES. Überlieferung: Handschriftliche Beilage eines Briefes vom 20.4.1900 an Efraim Frisch. Druck: BRIEFE. Auswahl (1952) S.114. Im Brief heißt es: *Anstelle eines Briefes vorerst diese paar Zeilen von heute morgen. Mir ist, man könnte sie »Rügen«* [Ostseeinsel] *überschreiben, obwohl ich Rügen nie gesehen.* Ebd.

622 MAN FRAGTE MICH: »WIE KANN MAN EINEN LIEBEN...« Überlieferung: Einzelblatt, handschriftlich, im Nachlaß, mit *I.* überschrieben. Undatiert.

622 ER FÜHLT' ES SELBST. DIE SÜSSE WUNDERBLUME. Überlieferung: Einzelblatt, handschriftlich und maschinenschriftlich, im Nachlaß, mit *II.* überschrieben. Undatiert.

622 HERBSTNACHT. Druck: »Deutsche Dichtung« 29 (1900/01) S.115. Cureau setzt (S.368) das Gedicht in Parallele zu dem Galgenlied NEIN *(Pfeift der Sturm? / Keift ein Wurm?)*, Abt. Humoristische Lyrik.

623 ICH MÖCHTE DICH NOCH EINMAL SEHN... Druck: »Deutsche Dichtung« 29 (1900/01) S.220.

623 AUS ALLEN DIESEN BLICKEN EINEN BLICK. Überlieferung: T1901, Bl.15. Datiert *15.8.1901*. Einzelblatt, maschinenschriftlich, im Nachlaß. Textvarianten: 623,6 *Zähre*] ⟨*Träne*⟩ T1901 ebd. – 623,8 *dieses Schicksals Bürde*] *diese* ⟨*hohe*⟩ *Bürde* ebd.

624 AN*** *(Wie könnt' ich deine Seele trösten).* Überlieferung: Einzelblatt, handschriftlich, im Nachlaß, ohne Überschrift. Undatiert. Druck: »Deutsche Dichtung« 29 (1900/01) S.16. Textvariante: 624,5 *leis'*] *sanft* Einzelblatt ebd.

624 FALL UND EWIGE WIEDERGEBURT DURCH SICH SELBST. Überlieferung: Zwei Einzelblätter, maschinenschriftlich, im Nachlaß, eins davon ohne Überschrift. Von Margareta M mit 1904 datiert.

624 VERSPRECHEN? GAR NICHTS. ABER EINIGES HALTEN. Überliefe-

rung: Einzelblatt, handschriftlich, im Nachlaß. Datiert *25.1.1901*.
Druck: MENSCH WANDERER (1927) S.178, dort falsch mit 1908 datiert.
625 TOTENZUG. Druck: »Die Gesellschaft« 17 (1901) Bd.3, S.167.
625,20 *»gelebt und geliebet«:* aus Schillers Gedicht »Des Mädchens Klage«. Schillers Werke, Nationalausgabe, Bd.1, Weimar 1943, S.434, 14.
626 VOM EWIGEN LEBEN. Druck: »Die Gesellschaft« 17 (1901) Bd.3, S.167.
626,29 *legionenweltig:* Legion, hier: große Anzahl.
627 ÜBERSCHLAG. Druck: »Die Gesellschaft« 17 (1901) Bd.3, S.166.
627,2 *Puppenheimen:* nach Henrik Ibsens Schauspiel »Nora oder ein Puppenheim« (1879).
628 DIE MUTTER, DIE DEM KINDE ZÄHLEN LEHRT. Überlieferung: Einzelblatt, handschriftlich, im Nachlaß. Undatiert. Druck: MENSCH WANDERER (1927) S.75, dort mit 1901 datiert. »Die Christengemeinschaft« 15 (1939) S.309 (Faksimile der Handschrift). Textvariante: **628**,1 *dem Kinde*] *das Kindlein* MENSCH WANDERER ebd., von Margareta M aus grammatischen Gründen geändert. Die Dativform ist jedoch historisch belegt und noch vereinzelt gebräuchlich.
628 DAS GITTER. Überlieferung: T1901, Bl.59. Datierbar vermutlich zwischen dem 30.8. und 1.9.1901. Textvarianten: **628**,4 *[be]trachten – Mund]* geändert aus: ⟨*küßten* [...] *sich, das Haupt / an kalte Stäbe pressend, durst'gen Mund*⟩ T1901 ebd. – **628**,8 *rings um*] ⟨*hinter*⟩ ebd.
629 WIE IST ES NUR GEKOMMEN. Überlieferung: Doppelblatt, handschriftlich, im Nachlaß, zusammen mit dem Gedicht ICH STAND VOM LÄRM DER WELT UMGELLT, S.629. Datierbar Januar 1901.
629 ICH HABE DIR EIN TUCH GEKAUFT AUS SEIDE. Überlieferung: T1901, Bl.55. Datierbar vermutlich August 1901.
629 ICH STAND VOM LÄRM DER WELT UMGELLT. Überlieferung: Doppelblatt, handschriftlich, im Nachlaß, zusammen mit dem Gedicht WIE IST ES NUR GEKOMMEN, S.629. Datiert *Mitte Januar 1901*. Druck: ZEIT UND EWIGKEIT (1940) S.65.
629 ZU DIR, DER DU MIR STARBST. Überlieferung: T1902/03 I, Bl.11, mit *I* überschrieben. Datiert *1.6.1902*. Textvarianten: **630**,15 *lag er in seinem Schoß*] ⟨*sang er sich Tröstung zu*⟩ T1902/03 I ebd. – **630**,23 *doch schweigend sich ergibt*] ⟨*dem nichts mehr Antwort gibt*⟩ ebd.
Das Gedicht könnte möglicherweise an Nietzsche gerichtet sein, dessen Einfluß auf den jungen M gar nicht überschätzt werden kann, vgl. in der

Einleitung den Abschnitt »Morgensterns Entwicklung als Lyriker«, S. 700 ff.

630 ÜBER DIE TAUSEND BERGE. Druck: MENSCH WANDERER (1927), S. 79, dort mit 1902 datiert.

631 ENDLICH WIEDER. Druck: MENSCH WANDERER (1927) S. 79, dort mit 1902 datiert.

631 JUNGE STUNDEN. Druck: MENSCH WANDERER (1927) S. 80, dort mit 1902 datiert.

632 O TRAURE NICHT. Druck: »Die Schaubühne« 8 (1912) Bd. 2, S. 155, MENSCH WANDERER (1927) S. 84, dort mit 1902 datiert. Textvariante: **632**,3 und 12 *Raum und Zeit*] *Not und Leid* MENSCH WANDERER ebd.

632 ACH, ES IST TRAURIG, ALTE BRIEFE LESEN. Druck: MENSCH WANDERER (1927) S. 86, dort mit 1902 datiert.

632 UNVERLIERBARE GEWÄHR. Druck: MENSCH WANDERER (1927) S. 85.

Auch hier Anklang des Gedankens wiederholter Erdenleben, doch versteht M diese hier nach Giffeis Auffassung (S. 144) nicht als persönliche Fortexistenz, sondern als Erhaltung der Wesensbestandteile in anderer Form.

633 ABSCHIED. Druck: »Moderne Kunst« 26 (1911/12) S. 304. MENSCH WANDERER (1927) S. 86, mit der Überschrift SIE AN IHN, dort mit 1902 datiert.

633 MEIN LEBEN LANG HAB ICH MICH BILDEN WOLLEN. Druck: MENSCH WANDERER (1927) S. 87, dort mit 1902 datiert.

633 ROSEN. Druck: MENSCH WANDERER (1927) S. 90, dort mit 1902 datiert.

633,3 *Du glaubst dem Volk:* d. h. der volkstümlichen Redensart »Keine Rosen ohne Dornen«, die vom Dichter umgeformt wird: *keine – Dornen ohne Rosen.*

634 BEKANNTSCHAFT. Überlieferung: T 1902/03 1, Bl. 94, der Titel aus BEKANNT⟨WERDUNG⟩ geändert. Datierbar vermutlich Herbst 1902. Druck: EPIGRAMME UND SPRÜCHE (1920) S. 37. Textvarianten: **634**,1 *sprangen*] ⟨*gingen*⟩ T 1902/03 1 ebd. – **634**,2 *lustiger*] ⟨*schöner*⟩ ebd. – **634**,3 *tummelten uns*] ⟨*eilten freudig*⟩ ebd. – **634**,5 *Zeh'n und Knie*] ⟨*Hühneraugen*⟩ ebd. – **634**,7 *bald bemerkten*] daneben steht: *uns belehrten* ebd. – **634**,8 *die Stöße grob verstärkten*] daneben steht: *blauen Flecken mehrt[en]* ebd. – *Stöße grob*] »*Chocs*« *unliebsam* ebd. – *verstärkten*] darauf folgt:

⟨*Doch über seinem Raum und Zeit*
hatte jeder noch sein Stück Ewigkeit.⟩

⟨*Und als wir erst unsre Himmel entdeckt*
da hat uns die Erde nicht mehr geschreckt.⟩

ebd.

634,10 *wieder aufs eigne Gebiet*] *wiederum* ⟨*in uns selbst*⟩ ebd.
634 GESICHT. Überlieferung: T1902/03 I, Bl. 71, dort ohne Titel, datiert *Lindenhof Zürich 2.9.1902*. Einzelblatt, handschriftlich, im Nachlaß. Druck: »Das Goetheanum« 3 (1923/24) S. 246. MENSCH WANDERER (1927) S. 87. Textvarianten: **634**,2 *ein Tier*] ⟨*den Stier*⟩ T1902/03 I ebd. – **634**,3 *Altar*] *Alltag* »Das Goetheanum« ebd. MENSCH WANDERER ebd. Lesefehler Margareta Ms. – **634**,4 *dumpf*] ⟨*heimlich*⟩ ebd. – **634**,5 *Und unfern – stand*] ⟨*Und einen andern sah ich. Herrlich*⟩ ebd. – **634**,6 *um seine Stirne*] ⟨*im Licht er*⟩ [bricht ab] ebd.
635 DES WASSERFALLS NIXE. *Einer der »Syv Søstre« zu eigen*. Überlieferung: T1902/03 I, Bl. 34. Datiert *13.7.1902*. Druck: »Der Morgen«. Oktav-Ausgabe von »Über Land und Meer« 20 (1904) S. 148. Textvarianten: **635**,1 *hinab*] ⟨*hinab*⟩ *herab* T1902/03 I ebd. – **635**,2 *Berg*] ⟨*Fels*⟩ ebd. – **635**,4 *die Linke – träumt*] ⟨*dem Rücken / und träumt ins Blau*⟩ ebd. – *träumt*] ⟨*sinnt*⟩ ebd. – **635**,5 *einsame Heide*] ⟨*Bergesgipfel*⟩ ⟨*sonnigen*⟩ ⟨*lichten Höhen*⟩ ⟨*schweigende Heide*⟩ ebd. – **635**,6 *ihre Finger*] *ihre*[*r*] *Finger* ⟨*Gitter*⟩ ebd. – **635**,8 *wieder*] *wieder* ⟨*schüttelt und*⟩ ⟨*wiegt sie sich leicht*⟩ ebd. – **635**,9 *naht*] ⟨*weht*⟩ ebd. – **635**,14 *auf ein kurzes*] ⟨*hin zur Tiefe*⟩ ebd.
»Syv Søstre«: Sieben Schwestern (dänisch-norwegisch).
Vgl. auch: *Der Quellnixe wehendes Fontänenhaar*. T1894, Bl. 119, Abt. Aphorismen Nr. 63.
635 AUF STILLE HÖHEN TRÄUM' ICH MICH HINAUS. Überlieferung: T1902/03 I, Bl. 62. Datierbar vermutlich September 1902. Gestrichen. Vgl. auch das Gedicht EINSIEDELWUNSCH und Kommentar dazu, Abt. Lyrik 1906–1914.
636 DAS IST EIN EWIGES SICH-FREUEN. Überlieferung: T1902/03 I, Bl. 68. Datierbar vermutlich September 1902. Gestrichen. Textvariante: **636**,4 *Funkenstrom*] *Funken*⟨*hauch*⟩ ⟨*blitz*⟩ T1902/03 I ebd.
In diesem Gedicht könnte der Einfluß Richard Dehmels gefunden werden. Zu Ms Verhältnis zu Dehmel vgl. das Gedicht ÜBER RICHARD DEHMEL

und zugehörigen Kommentar (Abt. Lyrik 1906–1914) und Abt. Kritische Schriften Nr. 24 und 74.

636 MEINE **A**UGEN LEUCHTEN VOLLGESOGEN. Überlieferung: T 1902/03 I, Bl. 72. Datierbar vermutlich September 1902. Textvarianten: Von Vers 1–4 liegt in der Handschrift noch eine erste Fassung vor: *Deine Augen leuchten 〈glühen, wie〉 〈weiten sich〉 〈strahlen〉 vollgesogen* [daneben: *brechen (übersogen)*] */ von des Abends hingegangnen Gluten. / 〈Unter deiner Brauen dunklen Bogen / quellen Bronnen 〈ätherischer〉 unsichtbarer Flut[en]〉 / Deines Lebens* [darüber: *Blutes*] *unsichtbare Wogen〉 / 〈wollen* [darüber: *möchten*] *ihr Gestade* [darüber: *[ihre] Dämme*] *überfluten〉 /* [daneben: 〈*wollen leuchtend wieder rückwärts fluten*〉] T 1902/03 I ebd. – **636**,8 *ringsgesenkten*] 〈*eingebrochnen*〉 ebd. – **636**,9 *als ob*] *als* 〈*wie große*〉 ebd.

636 WIE BITTER, MÜSSEN **T**RÄUME SICH BESCHEIDEN. Überlieferung: T 1902/03 I, Bl. 68. Datiert *zum 2.9.1902*. Textvarianten: **636**,1 *müssen Träume sich*] 〈*mußt du dich*〉 T 1902/03 I ebd. – *Träume*] 〈*Wünsche*〉 ebd. – **636**,2 *groß an Geist und*] 〈*Freunden mit erlesnen*〉 ebd. – **636**,3 *Sträuben*] 〈*Widerstreben*〉 ebd. – **636**,4 *Wunsch und Wahn*] 〈*deinen*〉 *Wahn* ebd. – **636**,7 *Was säumtet – entfalten*] *Was* 〈*wußtet ihr die Kraft nicht zu entfalten*〉 ebd. – **636**,12 *wardst du – träumtest*] geändert aus: 〈*bist du, bist du denn, du, was wir träumten?*〉 ebd.

637 ICH HOB DIE **H**AND EINST, MEINER **K**UNST ZU FLUCHEN. Überlieferung: T 1902/03 I, Bl. 72. Datierbar vermutlich September 1902. Textvariante: **637**,9 *hinabströmt*] *hinab*〈*steigt*〉 T 1902/03 I, Bl. 72. Das Fragment gebliebene Gedicht ist im T gestrichen.

637 WIR TATEN UNS EINST VIEL AUF **G**ASTFREUNDSCHAFT ZUGUT. Überlieferung: T 1902/03 I, Bl. 80f. Datierbar September – Dezember 1902. Textvarianten: **637**,1 *Wir taten – zugut*] *Wir taten* 〈*einst*〉 *auf Gastfreundschaft* 〈*uns viel*〉 *zugut* T 1902/03 I, Bl. 80. – **637**,3 *Hauses*] 〈*Hausherrn*〉 ebd. – **637**,6 *aufzunehmen*] 〈*zu herbergen*〉 ebd. – *aufzunehmen wagt*] darauf folgt:

> 〈*weil* 〈*ihrer*〉 *irgendeiner irgendwo vielleicht die Nase rümpft*〉
> 〈*Erbärmlich, höchst erbärmlich, wenn ein Volk*〉
> *daß man sein freies Gastrecht sich verkümmern läßt*
> *daß man dem Fremdling ohne Scham die Türe* 〈*weist*〉 *zeigt*〉

ebd.

637,7 *Groll*] darauf folgt: ⟨*als wären wir ein Volk von* [Lücke] / *weil es den Nachbar*⟩ [Lücke] ebd. – **637**,10 *eitlem Kritteln*] ⟨*Kannegießern*⟩ T1902/ 03 I, Bl. 81. – **637**,12 *Treue werde nicht*] darauf folgt: ⟨*Wir wollen treu sein aber nicht zuviel*⟩ / ⟨*Karikatur*⟩ ⟨*Servilität*⟩ ⟨*Tiefe nicht*⟩ [bricht ab] ebd. – **637**,13 *ein edler – Krämergeist*] ⟨*Fleiß nicht Pedanterie und Winkelgeist*⟩ ebd.
Kannegießern: unverständiges Politisieren.
638 TRÄUME. Überlieferung: T1902/03 I, Bl. 86, dort mit *II.* überschrieben; darüber steht: TRÄUME. *1. Träume gibt es...* [offenbar ein nicht erhaltenes Gedicht]. Datierbar vermutlich September 1902. Druck: MENSCH WANDERER (1927) S. 97.
638 WIR? DICHTEN WIR? BESCHMINKEN DIE NATUR? Überlieferung: T1903, Bl. 116. Datiert *16.8.1903*. Textvarianten: **639**,22 *kennt*] ⟨*fühlt*⟩ T1903 ebd. – **639**,25 *Lust*] darunter steht beide Male: *Kraft* ebd.
639 – FAST –. Überlieferung: T1903, Bl. 29. Datierbar März 1903. Einzelblatt, handschriftlich, im Nachlaß. Druck: MENSCH WANDERER (1927) S. 96. Textvarianten: **639**,3 *Wir waren eins*] ⟨*Es flog dir zu*⟩ T1903 ebd. – **639**,8 *muntrer*] ⟨*muntrer*⟩ *schmucker* ebd.
639 DER STILLEN WEISS ICH MANCHE HIER UND DORT. Überlieferung: T1903, Bl. 74. Datierbar Mai/Juni 1903. Einzelblatt, maschinenschriftlich, im Nachlaß, mit den Vermerken ⟨»Rom/Florenz«⟩ [M war von Mitte Dezember 1902 bis März 1903 in Rom und danach bis Mai in Fiesole und Florenz. Am 11.5.1903 kehrte er nach Berlin zurück.] und ⟨»Als Ende des Vorworts«⟩ [Bezug unklar].
640 WIE AUF DONNERS HINTERGRUND. Überlieferung: T1903, Bl. 92. Datierbar vermutlich Juli 1903. Textvarianten: **640**,4 *den Raum*] hierzu steht neben der Zeile *(die Luft)* T1903 ebd. – *durchspringt*] darauf folgt: *(diebeshastig, überwach, angstverstört / husch – und schon vorbei. / Anders braust der Bach / anders fällt ein Schuß / anders rauscht der Wind in)* [bricht ab] ebd. – **640**,9 *Anders tönt ein Vogelruf*] *Anders* ⟨*wird*⟩ ⟨*schlägt*⟩ ⟨*wirkt*⟩ ⟨*klirrt*⟩ ⟨*ein Pferdehuf*⟩ ebd. – **641**,11 *anders schlägt ein Rosseshuf*] *anders* ⟨*wirkt*⟩ *ein* ⟨*Vogelruf*⟩ ⟨*Pferdehuf*⟩ dahinter steht: *([...] eines V[ogels] R[uf])* ebd. – **640**,12 *anders rauscht der Wind*] ⟨*oder Bach und*⟩ *Wind* ebd.
640 DEN PHILISTERN. Überlieferung: T1903, Bl. 96. Datierbar Juni/ Juli 1903.
641 IN EIN LAND DER UNIFORM VERSCHLAGEN. Überlieferung: T1903, Bl. 97, datiert *16.6.1903*. Druck: »Der Neue Merkur« 3 (1919)

S. 387f. EPIGRAMME UND SPRÜCHE (1920) S. 94, dort falsch mit 1899 datiert. Textvarianten: **641**,2 *gefleckte Büffel*] *gefleckten Büffeln* »Der Neue Merkur« ebd. EPIGRAMME UND SPRÜCHE ebd. – **641**,3 *pflichtgetreue Büffel*] *pflichtgetreuen Büffeln* ebd. – **641**,4 *zerrend, Karren*] ⟨*ziehend, Wagen*⟩ T1903 ebd. – **641**,5 *vollführend*] ⟨*verrichtend*⟩ ebd. – **641**,16 *Seelen*] ⟨*Geister*⟩ ebd.

641,2 *schwarz und weiß gefleckte Büffel:* Schwarz-weiß waren die alten preußischen Landesfarben.

641,3 *kategorisch pflichtgetreue Büffel:* Anspielung auf Kants kategorischen Imperativ und Pflichtbegriff, vgl. Kommentar zu ZWISCHEN WILMERSDORF UND SCHMARGENDORF, S. 955.

Zu Ms Kritik am Preußentum seiner Zeit vgl. das Epigramm ALS GOTT DEN PREUSSISCHEN MANN ERSCHUF, Abt. Lyrik 1906–1914.

641 EIN MENSCH (PLÄDOYER). Überlieferung: T1903, Bl. 97f. Datierbar vermutlich 16.6.1903. Druck: EPIGRAMME UND SPRÜCHE (1920) S. 97 (nur *Aber etwas ist – nicht ist*). Ursprünglich war das ganze Gedicht in der ersten Person gehalten (*Laßt mir meinen Wert*), M änderte nachträglich in die dritte (bis **641**,9 ; in den folgenden Zeilen wurde die Korrektur vom Hrsg. ergänzt). Margareta M veröffentlichte die Zeilen 10–14 in den EPIGRAMMEN UND SPRÜCHEN (s. o.) und ließ dabei die Fassung in der ersten Person (*Aber etwas ist in mir*) stehen. Textvarianten: **641**,3 *leeren*] ⟨*hohlen*⟩ T1903, Bl. 97. – **641**,4 *geht vorüber*] *geht* ⟨*beiseite*⟩ ⟨*rasch die Augen / wendend – ach eine Welt noch ist euch übrig*⟩ ebd. – **641**,5 *schon*] ⟨*selbst*⟩ ebd. – **641**,7 *vorüber*] ⟨*beiseite*⟩ ebd.

642 AN MEINE VASE. Überlieferung: T1903, Bl. 98. Datierbar vermutlich Juli 1903. Textvarianten: **642**,3 *und Werken – litt.*] darunter steht: *und Menschenhäßlichkeit gesehen* T1903 ebd. – **642**,4 *durch Geist – Stoff*] darunter steht: *zu Form* ⟨*befreiter*⟩ *Stoff* ebd. – **642**,5 *auf dich*] danach folgt: ⟨*so göttlich leicht / erhebst du deine*⟩ [bricht ab] ebd. – **642**,6 *schwillt*] darunter steht: *strebt* ebd. – *Keil*] darunter: *Wuchs* ebd. – **642**,9 *hohen*] ⟨*großen*⟩ ⟨*tiefen*⟩ ebd.

642 VERWUNDERUNGEN. Überlieferung: T1903, Bl. 102, ohne Titel. Datierbar vermutlich Juli 1903. Einzelblatt, handschriftlich, im Nachlaß, mit dem Titel VERWUNDERUNGEN, darunter: ⟨GEHEIMNIS⟩ und darunter: *1*. Druck: MENSCH WANDERER (1927) S. 95, ohne Titel. Textvarianten: **642**,4 *entschwundnen*] *versunknen* T1903 ebd. – **642**,6 *wandern*] zweimal geändert aus ⟨*wandeln*⟩ ebd. – **642**,8 *Frage*] *Klage* ebd. ⟨*Klage*⟩ Einzelblatt ebd.

642 DAS IST DAS ÄRGSTE AN EUREN STRAFEN. Überlieferung: T1903, Bl. 114. Datierbar vermutlich August 1903. Druck: EPIGRAMME UND SPRÜCHE. Basel 1977, S. 147. Textvarianten: **642**,1 *Ärgste*] ⟨*Tote*⟩ ⟨*Starre*⟩ *Ärgste Sünde Grause* T1903 ebd. *Verwerfliche* EPIGRAMME UND SPRÜCHE ebd. – *an euren*] *eurer* ebd. – **642**,2 *uns*] ⟨*euch*⟩ T1903 ebd. – **642**,3 *schreiende Trauer*] ⟨*schmerzliche Scham*⟩ ebd. *zehrende Trauer* EPIGRAMME UND SPRÜCHE ebd. – *schreiende – gerötet*] zwischen den Zeilen steht eine andere Fassung: *daß wir uns ruhig legen* [...] *schlafen / ob auch ein Bruder die Hand gerötet.* T1903 ebd. – **642**,4 *weil*] *daß* EPIGRAMME UND SPRÜCHE ebd. – *ein Bruder die Hand*] ⟨*sich*⟩ *ein Bruder* ⟨*sein Messer*⟩ T1903 ebd. – **642**,5 *Da liegt – Netze*] ⟨*Ihr straft und dann ist alles im Glatten*⟩ ⟨*alles ist wieder beglichen*⟩ ebd. – **642**,6 *Gram*] ⟨*Schmerz*⟩ ebd. – **642**,7 *Liebe*] darunter steht: *Not* ebd. – **642**,8 *Zertrümmert – Gesetze*] ⟨*O Menschen, zertrümmert eure Gesetze*⟩ ⟨*die alten Tafeln*⟩ ebd. – *Zertrümmert*] *Zerbrecht* EPIGRAMME UND SPRÜCHE ebd. – *solche Gesetze*] ⟨*was euch verflacht*⟩ T1903 ebd.

Vgl. hierzu auch das Gedicht MOABITER ZELLENGEFÄNGNIS, S. 464.

643 AN MEINEM SIMS EIN SCHMETTERLING. Überlieferung: T1903, Bl. 114. Datierbar vermutlich August 1903. Druck: BÖHMISCHER JAHRMARKT (1938) S. 18, mit dem Titel SCHMETTERLING UND SKEPTIKER. Textvarianten: **643**,1 *An meinem Sims*] *Am Fenstersims* BÖHMISCHER JAHRMARKT ebd. – **643**,6 *Azur*] ⟨*Glanz*⟩ T1903 ebd. *Glanz-Azur* BÖHMISCHER JAHRMARKT ebd. – **643**,8 *Künstlerin*] *Schöpferin,* darunter: *Künstlerin* T1903 ebd. *Schmeichlerin* BÖHMISCHER JAHRMARKT ebd. – **643**,12 *einem – Gedicht*] ⟨*einer Threnodie*⟩ T1903 ebd.

Threnodie: Klagelied.

643 DES SCHAFFENS LUST RECHTFERTIGT SELBST DEN TOD. Überlieferung: T1903, Bl. 115. Datierbar vermutlich August 1903. Einzelblatt, maschinenschriftlich, im Nachlaß (unvollständig). Textvarianten: **643**,3 *Schaffens*] ⟨*auch Lebens*⟩ T1903 ebd. – **643**,5 *durchsonnte*] ⟨*empörte*⟩ [?] ebd. – **643**,9 *reichem Wechsel weihe*] ⟨*herrlichem*⟩ *Wechsel weihe*⟨*nd*⟩ ebd. – **643**,11 *Des Schöpfungstriebes Wollust*] ⟨*des Schöpfers Gotteswollust*⟩ ebd. – **643**,12 *Arm*] ⟨*Schatten*⟩ ebd.

644 VOM ABERGLAUBEN. Überlieferung: T1903, Bl. 113, ohne Überschrift. Datierbar vermutlich August 1903. Einzelblatt, maschinenschriftlich, im Nachlaß, mit handschriftlichen Korrekturen Ms. Druck: MENSCH WANDERER (1927) S. 95. Textvarianten: **644**,6 *darstellt*] darauf folgt: *(bedeutet) (was er vermag)* T1903 ebd. – **644**,8 *unfaßbaren Ein-*

heit] *zügellosen Willkür und Schwankendheit* ebd. ⟨*zügellosen Willkür*⟩ Einzelblatt ebd. – **644**,9 *sich bewußt*] *grausam sich bewußt* T1903 ebd. – **644**,12 *dem – wohnt*] *der nichts [...] Unersetzliches im Herzen [...] trägt* ebd. – **644**,13 *Wunder*] ⟨*Zeichen*⟩ ebd.

644 WÄNDE, WÄNDE, WÄNDE. Druck: MENSCH WANDERER (1927) S.96, dort mit 1903 datiert.

M zitiert den Anfang des Gedichts in bezug auf die Schwierigkeiten, die sich für ihn aus seiner Krankheit ergaben, in einem Brief an Friedrich Kayssler vom 27.2.1914: »*Wände, Wände, Wände... Wer den Zugang fände!...*« – *diese Lebensstrophe, die mir einmal vor zwölf Jahren in Rom langjährige bittere Erfahrung eingab, bleibt halt bestehen, in diesen äußeren Dingen, und man »knirscht« es noch vor sich hin, – selbst wenn man lange sein Jawort zu Allem gegeben hat und kein Hemmungshunderstel anders wollte, als wie es ist. Selbst wenn man den unermeßlichen Segen und Nutzen all dieser Verwicklungen und Hemmungen so klar eingesehen hat, daß man Dankgebete und nichts als dies für eben diese Art von Leben im Herzen hat. Aber das Fleisch ist doch zuweilen schwach und man hadert weniger oder mehr, will die Frucht ohne die Wachstumsschmerzen.* BRIEFE. Auswahl (1952) S.490f.

644 WEISST DU, WAS ES HEISST. Überlieferung: T1903, Bl.43, datierbar vermutlich April 1903. Druck: MENSCH WANDERER (1927) S.98, mit dem Titel UNTER STERNEN. Textvarianten: **645**,10 *Mich schirmt – Haus*] ⟨*Ich lieg im warmen festen*⟩ *Haus* T1903 ebd. – **645**,12 *Bewegt*] darunter: *Bestürzt* ebd. – **645**,13 *Nun fährt – bellt*] *Nun bellt* ⟨*er eine Zeit*⟩ ebd. – *fährt*,] ⟨*springt*⟩ ebd. – **645**,15 *für ihn die Welt*] darauf folgt: *und sich vor seiner Stimme* [bricht ab] ebd. – **645**,17 *quält*] ⟨*naht*⟩ ebd.

645 SIE AN IHN. Überlieferung: T1903, Bl.96, datierbar Juni/Juli 1903. Druck: MENSCH WANDERER (1927) S.99. Textvarianten: **645**,5 *hatte*] ⟨*glaubte*⟩ T1903 ebd. – **645**,8 *Jetzt stürb' – gelebt*] darüber stehen zwei weitere Fassungen der Zeile: *Ich stürbe gern, ich hätte doch gelebt* und *Jetzt kann ich sterben, denn ich habe gelebt.* ebd.

646 MENSCH UND TIER. Druck: »Das Goetheanum« 2 (1922/23) S.397. MENSCH WANDERER (1927) S.99, dort datiert mit 1903.

646 DER SEEHUND SAH MICH AUS AUGEN AN. Druck: »Individualität« 1 (1926) S.14 unter »Gedichte aus dem Nachlaß von Christian Morgenstern«. EPIGRAMME UND SPRÜCHE. Basel 1977, S.165, mit der Überschrift IM ZOOLOGISCHEN GARTEN.

646 NACH HEISSEM TAGE REINE, FRISCHE NACHT. Überlieferung:

T1903, Bl.111. Datiert *14.8.1903*. Druck: MENSCH WANDERER (1927) S.100. Textvarianten: **646**,1 *reine, frische Nacht*] ⟨*frische Luft*⟩ ⟨*kristallner Wind*⟩ T1903 ebd. *reine Nacht* MENSCH WANDERER ebd. – **646**,4 *füllt*] ⟨*wehn*⟩ T1903 ebd. – *brausen*] ⟨*schaudern*⟩ ebd. – **646**,5 *Odem*] ⟨*Schatten*⟩ – **646**,6 *der Schwere* – *Erdenwurms*] ⟨*vergessend meines Lebens träge Last*⟩ ebd. – *Schwere*] ⟨*Bürde*⟩ ebd. – **646**,7 *im Mantel* – *Sterne*] ⟨*von deinem Sturm erfaßt / bis untern Silberflor der kühlen Sterne*⟩ ebd. – **646**,8 *empor*] ⟨*hinauf*⟩ ebd. *hinauf* MENSCH WANDERER ebd.

647 »LA PATRIE«. Überlieferung: Einzelblatt, maschinenschriftlich, im Nachlaß. Undatiert.

LA PATRIE: das Vaterland (franz.), der Name des Luftschiffs.

Das Gedicht schildert den Start eines der ersten Luftschiffe. »In Gemeinschaft mit Julliot und Surcouf erbauten die Brüder Lebaudy ihr Luftschiff ›La Patrie‹, das schon 1902 mit einem 35 PS-Daimlermotor eine Geschwindigkeit von 12,5 Sekundenmeter erzielte. Von den bisherigen französischen Prall-Luftschiffen unterschied sich die ›La Patrie‹ durch ein Gerüst, das in den Bodenteil des Ballonkörpers eingearbeitet war und die Gondel trug. Es war das erste Luftschiff des ›halbstarren Systems‹« (Paul Kettel: Kampf um das Luftmeer. Ebenhausen bei München (1937) S.173). – Die Entstehung des Gedichts ist demnach nicht vor 1902 anzusetzen.

Vgl. auch: *Die Luftschiffahrt wird dem religiösen Genie der Menschheit neue Nahrung geben. Zu den großen Beförderern kosmischer Stimmungen: Wald und Wüste wird nun noch der Luftraum kommen.* T1907/08, Bl.1, Abt. Aphorismen Nr.283.

648 ROMANZE. (*In memoriam A.R.*) Überlieferung: Einzelblatt, maschinenschriftlich, im Nachlaß. Undatiert.

(*In memoriam A.R.*): in memoriam: zum Gedächtnis (lat.); A.R.: konnte nicht entschlüsselt werden.

649 MENSCH WANDERER. Druck: MENSCH WANDERER (1927) S.101, dort mit 1904 datiert.

Auf einem Entwicklungsweg, unterwegs zu einem Ziel zu sein, ist eine der großen Grunderfahrungen Ms und wird von ihm immer wieder ausgesprochen. So korrespondiert der Titel MENSCH WANDERER (den er selbst für eine Sammlung erwogen hat) mit dem seines letzten Buches WIR FANDEN EINEN PFAD, das eins seiner bekanntesten und für ihn charakteristischsten Gedichte enthält: WER VOM ZIEL NICHTS WEISS, KANN DEN WEG NICHT HABEN, Abt. Lyrik 1906–1914.

649 Du Einziger, der du mir niemals lügst. Überlieferung: T 1904 II, Bl. 8, datierbar vermutlich Juni/Juli 1904. Textvariante: **649**,7 *Schemen*] ⟨Öde⟩ ⟨*leere*⟩ ⟨*Schatten*⟩ [...] T 1904 II, Bl. 8.

649,5 Δός μοι ποῦ στῶ: Gib mir einen Punkt, wo ich hintreten kann (griech.); vollständig: Δός μοι ποῦ στῶ καὶ κινῶ τὴν γῆν (... und ich bewege die Erde), dem griechischen Mathematiker Archimedes (um 285–212 vor Christus) zugeschrieben.

650 Das scheidet uns von jenen meisten, Freund. Druck: Mensch Wanderer (1927) S. 109, dort mit 1904 datiert.

650 Das heimliche Heer. Druck: Mensch Wanderer (1927) S. 102, dort mit 1904 datiert.

651 Schlimmer Besuch. Druck: Mensch Wanderer (1927) S. 108, dort mit 1904 datiert.

651   Qualen

651 I O würdelos, dies selbstverliebte Wesen. Überlieferung: T 1904 II, Bl. 18, dort überschrieben mit Fragezeichen I und Ein Geschmacksfragezeichen zum [bricht ab] und Qualen I. Datierbar Juli 1904. Ob das Gedicht O würdelos und das im T auf der übernächsten Seite folgende Das trampelt, strampelt als I und II unter dem Obertitel Qualen (I und II) zusammengehören, ist nicht eindeutig zu entscheiden. Unter dem Gedicht steht: *(Ad Humor II / Skepsis zur eigenen Wahrheitsquelle* [...]*) Worte IV.* Textvarianten: **651**,1 *O würdelos*] ⟨*O Ekel – dieses*⟩ ⟨*(Ich mag es nicht dies)*⟩ T 1904 II ebd. – *selbstverliebte*] ⟨*schmerz*⟩*verliebte* ebd. – **651**,4 *wirst du's niemals deuten*] *wird* ⟨*man's*⟩ ⟨*man es nicht deuten*⟩ ebd. – **651**,9 *den Funken*] ⟨*sich malen*⟩ ebd. – **651**,10 *wie es nur – erfände*] ⟨*wie eines gern das andre überwände*⟩ ebd. – **651**,12 *Prunken*] darunter: *(Prahlen)* ebd.

651,4 *wer es – deuten:* frei nach: »Wenn ihr's nicht fühlt, ihr werdet's nicht erjagen« Goethe, Faust 1. Teil, Vers 534.

651,5 *nur Lumpen sind bescheiden:* »nur die Lumpe sind bescheiden«, aus Goethes Gedicht »Rechenschaft«. Goethes poetische Werke (Cotta-Ausgabe) Bd. 1, Stuttgart o. J. S. 103–106.

652 II Das trampelt, strampelt mit den tausend Beinen. Überlieferung: T 1904 II, Bl. 20, mit *II.* überschrieben. Datierbar Juli 1904. Einzelblatt, handschriftlich, im Nachlaß, ebenfalls mit *II.* überschrieben. Undatiert. Vgl. Kommentar zum vorigen Gedicht. Textvarianten: **652**,1 *den tausend*] ⟨*viel*⟩ *tausend* T 1904 II ebd. – **652**,5 *Eintagsglück*]

⟨solches Glück⟩ ebd. – **652**,8 *auch dich bewegt – Blut*] ⟨*auch in dir rinnt wildes Menschenblut*⟩ ebd. – **652**,9 *entflammt*] ⟨*beseelt*⟩ ebd. – **652**,10 *Lauf*] ⟨*Schritt*⟩ ebd. – **652**,13 *Hier blüht – irgendeinem*] ⟨*und willst du nicht zertrampelt sein – zertritt*⟩ ebd. – *irgendeinem*] ⟨*jedem*⟩ ebd. – **652**,16 *aller Glück*] ⟨*seinem*⟩ *Glück* ebd.
652,5 *Eintagsglück:* Eintag, vgl. Kommentar zum Gedicht AM MEER, S. 850.

652 DER STILLE WEG. Druck: MENSCH WANDERER (1927) S. 103, dort mit 1904 datiert.
652,4 *Gift:* ursprüngliche Bedeutung: Gabe.
653 IM TURM DER WINDE. Druck: »Die Schaubühne« 3 (1907) Bd. 1, S. 423. MENSCH WANDERER (1927) S. 105, dort mit 1904 datiert. Textvarianten: **653**,3 *Das Feuer*] *Die Furie* »Die Schaubühne« ebd., höchstwahrscheinlich Lesefehler. – **653**,8 *Die Flamme*] *Das Feuer* MENSCH WANDERER ebd.
653 LIEBE, LIEBE UND LIEBE. Druck: MENSCH WANDERER (1927) S. 106, dort mit 1904 datiert.
654 AN EINEN VERLORENEN FREUND. Druck: MENSCH WANDERER (1927) S. 107, dort mit 1904 datiert.
655 DU SPRACHST MIT MIR VON EINEM BUCHE. Druck: MENSCH WANDERER (1927) S. 109, dort mit 1904 datiert.
655 O, MEINE GEDANKEN. Druck: MENSCH WANDERER (1927) S. 126, dort mit 1905 datiert.
656 P. M. *(Dein Schädel ist eine Hütte klein)*. Druck: EPIGRAMME UND SPRÜCHE (1920) S. 42, dort mit 1905 datiert.
P. M.: konnte nicht entschlüsselt werden.
Zu der poetischen Gleichung Schädel = Hütte vgl. auch das Gedicht DER GIEBEL, Abt. Lyrik 1906–1914, sowie die folgenden Sätze: *Mein Kopf kam mir wie eine große, stumme Werkstatt vor, in der unzählige Gesellen lautlos geschäftig arbeiteten. Ich hatte jeden Gesellen fest im Auge, und wenn ich einen loben oder tadeln wollte, so sprang auf meinen stummen Augenwink ein Obergeselle hervor und tat nach meinem Willen. Das waren die reflektierenden Gedanken.* Einzelblatt, handschriftlich, im Nachlaß. Datiert *November 1893*. Vollständiger Text vgl. Abt. Aphorismen Nr. 7.
656 »SO SCHWEIGSAM, FREUND?«. Überlieferung: Zwei Einzelblätter, maschinenschriftlich, im Nachlaß (H¹ und H²). H¹ mit 1905 datiert. Textvarianten: **656**,4 *launisch macht*] *keimen möcht* H² ebd. –

656,10 *Worte*] *Wort* ebd.

656 NOCH MANCHES WIRD VORÜBERGEHEN. Überlieferung: Einzelblatt, maschinenschriftlich, im Nachlaß. Undatiert.

657 STREU MEINE LIEDER SO. Überlieferung: Einzelblatt, maschinenschriftlich, im Nachlaß. Undatiert.

657 DORT LIEGT DIE WELT. WOHLAN! SO MISS SIE KLAR. Überlieferung: T1905, Bl. 31 und 30. Datierbar vermutlich November 1905. Einzelblatt, maschinenschriftlich, im Nachlaß (nur **657**,1–26 *Dort liegt – Welt*). Der hier wiedergegebene Text ist ein Leseversuch (wie schon die maschinenschriftliche Fassung, an die sich die hier gebotene weitgehend anschließt). Textvarianten: **657**,11 *Aug'*] darunter: *Geist* T1905, Bl. 31 – **658**,13 *zerbrich – ergieße dich*] dazwischen steht: *verschließe dich nicht mehr* [bricht ab] ebd. – **658**,20 *andrer seist.*] darauf folgt: ⟨*Du bist nicht gut nicht schlecht, du bist*⟩ [bricht ab] T1905, Bl. 30. – **658**,21 *Du bist – mußt*] geändert aus: *Du* ⟨*mußt*⟩ *der du mußt sein* ebd. – **658**,29 *Er tut – nicht selbst*] ⟨*daß er*⟩ *dir nichts* ⟨*tun kann*⟩ ebd.

658,27–30 *Das ist – ruhst*] Die Zeilen stehen im T1905, Bl. 30 nicht anschließend an *die Welt* (**658**,26), sondern über der Fortsetzung des Textes von Bl. 31, so daß nicht eindeutig zu erkennen ist, ob sie zum Gedicht gehören oder als Epigramm selbständige Bedeutung haben.

658 FORM UND FARBE WÄR ES BLOSS. Überlieferung: T1905, Bl. 32. Datierbar vermutlich November 1905. Druck: MENSCH WANDERER (1927) S.125. Textvarianten: **658**,2 *die mir*] *was mir* MENSCH WANDERER ebd. – **658**,10 *süß*] *frei* ebd. – *süß umfängt mich*] darunter steht: *Sinnvoll jede* T1905 ebd.

Giffei (S. 43) nennt das Sich-eins-wissen mit dem Universum ein Grundaxiom von Ms Weltanschauung. Vgl. auch Kommentar zum Gedicht ICH KOMME DIR ZURÜCK AUS WEITER FERNE, Abt. Lyrik 1906–1914.

659 DIE STADT AUS ELFENBEIN. Druck: MENSCH WANDERER (1927) S.120, dort mit 1905 datiert.

659 MIT DIESER FAUST HIER GREIF ICH IN DEN RAUM. Druck: MENSCH WANDERER (1927) S.124, dort mit 1905 datiert.

Giffei (S.43) findet in diesem Gedicht eine Synthese von Ms zu dieser Zeit erreichten monistischen Anschauungen.

660 KLEINES HOTEL AM MEER. Überlieferung: Einzelblatt, handschriftlich, im Nachlaß. Undatiert. Über *Hotel* ist *Haus* geschrieben (nicht eindeutig, ob von M oder Margareta M). Wir behalten die eindeutig vom Dichter ursprünglich geschriebene Überschrift bei.

Die südliche Szenerie des Gedichts (Pinienhain) läßt an einen Nachklang von Ms Italienreise 1902 und 1903 denken.

661 SYLT-RANTUM. Druck: MENSCH WANDERER (1927) S.118, dort mit 1905 datiert.

Den Sommer 1905 verbrachte M an der Nordsee, im Juli zunächst in Wyk auf Föhr; Ende August fuhr er für einige Zeit nach Rantum auf Sylt.

661 SONNENUNTERGANG. Überlieferung: Einzelblatt, handschriftlich, in einer Mappe mit der Überschrift *Nordsee-Strandgut*. Datierbar Juli/August 1905. Gestrichen.

661 IM WATTENMEER. Überlieferung: Einzelblatt, handschriftlich, in einer Mappe mit der Überschrift *Nordsee-Strandgut*. Datierbar Juli/August 1905. Druck: MENSCH WANDERER (1927) S.118. Textvarianten: **661**,6 *sein*] ⟨*ihn*⟩ Einzelblatt ebd. – **661**,8 *glänzt*] ⟨*blaut*⟩ ebd.

662 DAS WÖRTLEIN. Überlieferung: T1905, Bl.75, datierbar vermutlich Oktober/November 1905. Druck: »Licht und Schatten« 2 (1912) H.40, ohne Paginierung. MENSCH WANDERER (1927) S.119. Textvarianten: **662**,2 *staubig wie ein Wedel*] ⟨*schäbig und zerschlissen*⟩ T1905 ebd. – **662**,11 *Haut und Haar*] darauf folgt: ⟨*sinnlos hingesudelt*⟩ ebd. Zu diesem Gedicht vgl. Lissau S.235.

662 EIN LÄCHELN IRRT VERFLOGEN. Druck: MENSCH WANDERER (1927) S.121, dort mit 1905 datiert.

663 ZWEI UNGEBORENE SEELEN. Überlieferung: T1905, Bl.74, datierbar vermutlich Oktober/November 1905. Druck: MENSCH WANDERER (1927) S.121.

663 KÜRZE. Druck: MENSCH WANDERER (1927) S.128, dort mit 1906 datiert.

663,8 *des Witzes Seele: Kürze:* »Kürze ist des Witzes Seele«, nach einem Ausspruch des Polonius in Shakespeares Drama »Hamlet, Prince of Denmark« (um 1600), 2.Akt, 2.Auftritt: »Therefore, since brevity is the soul of wit…«

663 MOSKAUER VERSE. Druck: MENSCH WANDERER (1927) S.113, dort mit 1905 datiert.

M bezieht sich hier und in den folgenden Gedichten auf Geschehnisse während der russischen Revolution von 1905–1907. In deren Verlauf kam es auch zu Judenpogromen. Vgl. auch das Epigramm ZU DER RUSSISCHEN JUDENHETZE, Abt. Lyrik 1906–1914.

664 RUSSISCHE BALLADE. Überlieferung: T1906/07, Bl.83. Datierbar vermutlich November 1906. Druck: MENSCH WANDERER (1927) S.135. Textvarianten: **664**,1 *Reihe*] ⟨*Ordne*⟩ T1906/07, Bl.83. – **664**,2 *dessen – geruht*] ⟨*das den Ausstand unternommen*⟩ ebd. – **664**,3 *vor mir auf!*] ⟨*aber schnell!*⟩ ebd. – *vor mir auf*] darauf folgt: ⟨*»In zwei Fronten! Zum Appell!«*⟩ ebd. – **664**,4 *Dreißig – nahn*] ⟨*Einund*⟩ *dreißig Männer* ⟨*kommen*⟩ ebd. – **664**,5 *Plötzlich – Lauf…*] ⟨*treten an, wie zum Appell/ »Feuer«*⟩ ebd. – *starrt*] ⟨*gähnt*⟩ ebd.

Vgl. Kommentar zu MOSKAUER VERSE.

664 DEN RUSSISCHEN REVOLUTIONÄREN. Überlieferung: T1906, Bl.17. Datierbar vermutlich Januar 1906. Druck: »Der Vorläufer«. Sonderheft des »Neuen Merkur« (1919) S.65. MENSCH WANDERER (1927) S.136. Beide Drucke mit der Überschrift RUSSISCHEN REVOLUTIONÄREN. BRÜDERN UND SCHWESTERN. Textvarianten: **664**,6 *wallt*] ⟨*steigt*⟩ T1906 ebd. – **664**,8 *Einsamkeit*] ⟨*stillen Harms*⟩ ebd. – **664**,11 *Feind*] *Gegner* »Der Vorläufer« ebd. MENSCH WANDERER ebd.

Vgl. Kommentar zu MOSKAUER VERSE.

665 IHR TORE DER GEFÄNGNISSE… Druck: MENSCH WANDERER (1927) S.137, dort mit 1906 datiert.

Vgl. hierzu auch die Gedichte MOABITER ZELLENGEFÄNGNIS, S.464, DAS IST DAS ÄRGSTE AN EUREN STRAFEN, S.642 sowie Abt. Kritische Schriften Nr.123 (FASTENREDE).

666 ›TRÄGST DU DENN SCHULD, WENN ANDRE ÜBELTUN‹? Überlieferung: T1905, Bl.70, datierbar vermutlich Oktober/November 1905. Druck: MENSCH WANDERER (1927) S.112. Textvarianten: **662**,2 *Der Zoll*] darunter: *Die Schuld* T1905 ebd. – **666**,5 *vergeht*] *ver*⟨*mißt*⟩ ebd. – **666**,6 *stündlich*] ⟨*täglich*⟩ ebd. – **666**,7 *und da – zu erwerben*] *und da* ⟨*mir eins verstattet nur von beiden*⟩ ebd. – **666**,9 *so bleibt – zu sterben*] […] ⟨*so bleibt nur eins, mit ihm sterben dürfen*⟩ ebd.

666,8 *Nur Narr – Poet:* vgl. Nietzsche, Also sprach Zarathustra, 4. Teil: Das Lied der Schwermut, 3 (Werke, Bd.2, S.534, 536).

666 AUF DEN TOD EINES DEUTSCHEN DICHTERS. Druck: MENSCH WANDERER (1927) S.114, dort mit 1905 datiert.

Mit dem deutschen Dichter könnte Otto Erich Hartleben (1864–1905) gemeint sein, auf dessen Tod M ein Epigramm geschrieben hat (DEN SCHÄDEL HEBT MIR AUF, Abt. Lyrik 1906–1914). Hartleben gehörte zu Ms Berliner Bekanntenkreis.

667 AUS IRRER SEELE. Druck: MENSCH WANDERER (1927) S.115, dort mit 1905 datiert.

668 HEIMFAHRT EINER EINSAMEN FRAU AUS EINER GESELLSCHAFT. Druck: MENSCH WANDERER (1927) S.116, dort mit 1905 datiert.

668 NICHT »KENNENLERNEN«. Druck: MENSCH WANDERER (1927) S.117, dort mit 1905 datiert.

668,6 *Wenn du Johannen aus dem Brunnen rufst:* Der Bezug konnte nicht ermittelt werden.

669 RAT UND TROST. Druck: MENSCH WANDERER (1927) S.123, dort mit 1905 datiert.

669,6 *Atlas:* In der griechischen Mythologie ein Sohn des Titanen Iapetos und der Okeanide Klymene; er hatte die Aufgabe, das Himmelsgewölbe auf seinen Schultern zu tragen.

669 WUNDER. Überlieferung: T1905, Bl.86, datierbar vermutlich Dezember 1905. Druck: MENSCH WANDERER (1927) S.122, mit der Überschrift IN DER KLINIK. Textvarianten: **670**,10 *das hohe – entgegenblühten*] ⟨was⟩ ⟨wie sie den Deckel / von dem Korb hob, tieferrötend / und⟩ *Rosen ihr*⟨en⟩ ⟨Glauben⟩ ⟨Tugend⟩ ⟨grüßten⟩ T1905 ebd. – **670**,15 *und hereintritt – liebt*] ⟨und herein tritt, den Zylinder / in der Hand, ein Herr in Schwarz⟩ ebd. – **670**,13–16 *Und die Türe – liebt*] fehlt MENSCH WANDERER ebd. Statt dessen wird dort die erste Strophe wiederholt. Ob die Änderung von M selbst stammt oder später von Margareta M vorgenommen wurde, läßt sich nicht mehr feststellen.

669,8 *wie der Hirsch nach frischem Wasser:* vgl. Psalm 42,2.

670,9 *An Elisabeth – entgegenblühten:* M spielt auf das »Rosenwunder« der heiligen Elisabeth (Landgräfin Elisabeth von Thüringen, 1207–1231) an, das in verschiedenen Versionen überliefert ist. Ihnen ist gemeinsam, daß Elisabeth, als sie den Armen Speisen aus dem Schloß bringen wollte, dabei entdeckt und befragt wurde, was sie in ihrem Korb (oder unter ihrem Mantel) trage. Als sie es vorweisen wollte, hatten die Speisen sich in Rosen verwandelt.

670 O GEIST, DU KLEINER KRUG. Überlieferung: Einzelblatt, handschriftlich, im Nachlaß. Undatiert. Druck: MENSCH WANDERER (1927) S.117, dort mit 1905 datiert. Textvarianten: **670**,3 *dich selbst*] *dein Maß* MENSCH WANDERER ebd. – **670**,6 *der Wolken Zug*] *die Wolke* ebd. – **670**,9 *am Brunnen. Auch einmal / ein eigner*] *am Brunnen auch einmal. / Ein eigner* ebd.

670 HOMO MILITARIS. Druck: »Der Vorläufer«, Sonderheft des »Neuen Merkur« (1919) S.65f., dort mit 1905 datiert. MENSCH WANDERER (1927) S.108, dort mit 1904 datiert.

HOMO MILITARIS: der kriegerische Mensch (lat.).

671 ES WIRD EINE REDE GEHALTEN. Überlieferung: T1905, Bl. 69. Datierbar vermutlich Oktober/November 1905.

671,8 *Kloster von Chorin:* ehemaliges Zisterzienserkloster im Bezirk Frankfurt/Oder mit der Ruine einer frühgotischen Backsteinbasilika und den Grabstätten brandenburgischer Markgrafen.

671,14 *Schlachtgefeld von Wörth:* Die Schlacht bei Wörth (Unterelsaß) fand im deutsch-französischen Krieg (1870/71) am 6.8.1870 statt.

671,16 *wer Ohren hat, der hört:* Abwandlung von: »Wer Ohren hat, zu hören, der höre«. Matthäus-Evangelium 11, 15.

Kritik an der ungehemmten Redelust Kaiser Wilhelms II. Vgl. Exkurs: »Frühzeit und Perspektiven des Kritikers«, Abt. Kritische Schriften S. 492–502.

671 DOCH DU, MEIN VOLK, DER MITTELMÄSSIGKEIT. Überlieferung: T1906, Bl. 18. Datierbar vermutlich Januar 1906. Textvarianten: **671,6** *Sonnentier*] ⟨*Feuer*⟩*tier* T1906 ebd. – **671,9** *Den Vater – den Gott*] gestrichen; darunter steht: *Hofmannsthal! Ödipus.* Hugo von Hofmannsthals (1874–1929) Drama »Ödipus und die Sphinx« (1906).

672 WAS TÜRMST DU DEINE KLAGEN. Überlieferung: Einzelblatt, handschriftlich, und Einzelblatt, maschinenschriflich, im Nachlaß. Undatiert.

Verzeichnis der Überschriften und Anfänge

Abend 867
Abend am See 231
Abendbeleuchtung 182
Abenddämmerung 52
Abendkelch voll Sonnenlicht 405
Abendläuten 286
Abendliche Wolkenbildung 181
Abendpromenade 282
Abend-Skizzenbuch 339
⟨Abend-Sonne⟩ 758
Abend-⟨Spazier⟩Gang 897
Abendstimmung 854
Abend-Trunk 316
Aber etwas ist in mir 1016
»Aber die Dichter lügen zu viel« 258
Abschied 567
Abschied 633
Abschied vom Zobten 521
Abwehr und Bitte 329
Ach, es ist traurig, alte Briefe lesen 632
Ach Lieber, der so schön am Schreibtisch spricht 455
Ach wie sterben die Frühlinge schnelle 895
Adam Ego 348
Ad astra! sei die Losung meines Lebens 507
Ad Phantas Schloß 116
Ästhetisches Glaubensbekenntnis 550
Ahnung des Kommenden 533
Allein im Gebirg 281

Allen gleicher Seele 416
»Aller Ort', nirgendwo ...« 423
Alles fügt sich und erfüllt sich 285
Allzulang auf Bergeszinnen 110
Allzulang auf Bergeszinnen 810
Als dich des ersten Menschen Aug erblickte 289
[Als er aus Ungeschick ein großes Loch in die Gardine gerissen hatte] 504
Als ich einen Lampenschirm mit künstlichen Rosen zum Geschenk erhielt 218
Als ich heut erwachte 584
Als ich mein erstes Lied gesungen 528
Als ob ich nicht mit ahndevollem Flügel 298
Alte treue Fahne Einsamkeit 249
Am Abend aber wird es Licht sein 986
Am Bergeshang auf moos'gem Stein 517
Am fernen Horizonte steht 610
Am Gardasee 595
Am Himmel der Weihenacht 596
Am Himmel der Wolken 186
Am Himmel steht ein Spiegel 41
Am Meer 222
Am Moor 137
Am Narrn und Schwächling hab' ich keine Lust 572
Am Schreibtisch finde ich mich wieder 64

Am See 186
Am stillen Waldteich 77
Am Strande liegt 799
Am Untersaum 27
Am Wege 500
Am Ziel 135
Amor der Zweite 151
An Berlin 460
An Berlin 460
An Dagny 904
An das Marmorkreuz des
  Liedes 603
An den Augen lasest du mir's
  ab 79
An denselben 284
An Deutschland 365
An diejenigen, welche mir
  Tendenz vorwerfen 535
An die Geliebte 539
An die grauseidene Wolkenwand
  hat ein himmlischer Nimrod 91
An die grauseidene Wolkenwand
  hat eines göttlichen Nimrods
  Hand 90
An die Messias-Süchtigen 293
An die moderne Theologie 966
An die Moral-Liberalen 283
An die Musik 598
An die Spree 472
An die Wolken 272
An die »Ganz-Modernen« 535
An einen Freund 520
An einen Streber 521
An einen verlorenen Freund 654
An Felix Dahn 578
An Friedrich Nietzsche 239
An ihrer Spindel saß Allmutter
  Zeit 542

An Ludwig Jacobowski 396
An meine Seele 270
An meine Vase 642
An meinem Sims ein Schmetter-
  ling 643
An Mutter Erde 263
An N. 284
An Nietzsche 872
»An Professor Carl Ernst
  Morgenstern« 872
An R.W. 345
An seinem Grabe rief des Priesters
  Mund 211
An Sirmio 240
An solch einem Vorabend der
  Liebe 317
An ** 284
An ** 604
An *** 624
Anadyomene 108
Andre Zeiten, andre Drachen
  49
Anmutiger Vertrag 185
»Apokalyptische Dichtungen«
  722
Apollo eilt, die Welt zu wecken
  108
Ἄσβεστος γέλως 245
Auch der Kaufmann hier in
  Babel 482
Auch du bist fremd und feind
  den großen Worten 377
Auch eine Hexe kann Phanta
  sein 85
Auch ich war ein Jüngling mit
  lockigem Haar 574
Auch mir wird einst die Sprache
  werden 524

Verzeichnis der Überschriften und Anfänge 1029

Auf braunen Sammetschuhen geht 267
Auf braunen Sammetschuhen geht 447
Auf dem Ammerseer Dampfer 555
Auf dem Grund des Regenmeeres 356
Auf dem Meere meiner Seele 302
Auf dem Strome 186
Auf den Flügeln des Sturmes 363
Auf den Höfen ringsum 338
Auf den Tod eines deutschen Dichters 666
Auf der Bank im Walde 185
Auf der Erde 55
Auf der Höhlung 56
Auf der kupfernen Kuppel eines Tempelchens 621
Auf der piazza Benacense 241
Auf der Teichwies' waren heut' 444
Auf der Waldwies' hausten heut 156
Auf der Wiese webt und schwebt 175
Auf des Zeisigs Tod 600
Auf die düstern Kiefernhügel 231
Auf diesem Lorbeerblatt 383
Auf einem Ball im Bild des großen Bären 436
Auf einem Ball im Sternbild des Orion 439
Auf einem Dünengipfel bei Rantum 880
Auf einem Eichenstrunk 154
Auf einer Matte lag's inmitten Steinen 414

Auf einer Wiese, der sich hier und dort 127
Auf grauem Felsblock sitz' ich schwermutstumm 70
Auf Höhen mußt' ich steigen 111
Auf leichten Füßen 324
Auf meinen Sæter 353
Auf mich selber 247
Auf stille Höhen träum' ich mich hinaus 635
Auf tausend Gipfeln flammen Feuer auf 82
Auf zur Erdenmutter Sonne 257
Auffahrt 12
Aufforderung 169
Augustnacht 53
Augusttag 404
Aus allen diesen Blicken einen Blick 623
Aus den Toren des Ostens 592
Aus der Entwicklung 848
Aus der Gesellschaft Lärm und Lachen 261
Aus der Laube der Dämmerung 158
Aus der Vorstadt 471
Aus einem Studienkopfe von Max Klinger 617
Aus einem Zyklus »Sylt« 1004
Aus inneren Kämpfen 552
Aus irrer Seele 667
Aus Religion 279
Aus roten Morgenwolken blüht 632
Aus schlummernder Truhe 554
Aus schwarzen zuckenden Armen 93

Aus seinem Rahmen trat dein Bild 126
Aus silbergrauen Gründen tritt 408

Babelverse 482
Bahn frei! 243
Ballade 444
⟨Ballett⟩ 757
Bau dich nur an in deiner Welt 247
Bau mir die Stadt aus Elfenbein 659
Beethoven 598
Begegnung 290
Begreife dieses Schicksal 398
Begriffst du schon ein Wunder wie dies eine 314
Bei einer Sonate Beethovens 256
Bei einer Weise von Grieg 388
Beim Mausbarbier 173
Beim stillen Weinglas saß ich spät und spannte 161
Bekanntschaft 634
Bekannt⟨werdung⟩ 1012
Bergen 388
Bergesliebe 414
Bergesmatten hinauf 413
Bergfeuer 785
Bergschwalben rauschen durch die Luft 400
Bergziegen 190
Berlin 459
Berliner Gesellschaftsessen 473
Berliner Mägde am Sonnabend 472
Berliner Schule 483
Bestimmung 189

Bild aus Sehnsucht 460
Bin ich schmerzlich, bin ich's nur mir selber 329
Bindet mich fest, Freunde 560
Bis an die Knie stehn im Strom 157
Bis an die Knöchel 146
Bleich in Sternen steht der Raum 402
Blickfeuer 314
Blutroter Dampf... 12
Böcklin-Ausstellung 605
Botschaft des Kaisers Julian an sein Volk 246
Brausende Stille 318
Briefe 182
Briefe von den beiden treusten 182
Brummer, der vorüberstößt 631
Butterblumengelbe Wiesen 399

Caesari immortali 394
Caritas, caritatum caritas 211
Casta regina! 233
Catulls Lied an Sirmio 857
Christus zu Nikodemus 496

Da ging ich heut im Walde wo 323
Da nahm Maria 489
Da rollte der Donner selber – 256
Da schläfst du nun in dunklen Fernen 365
Da steht man nun in fremder Stadt allein 284
Da waren zwei Kinder, jung und gut 320
Da will ich lieber ins Theater treten 451

Verzeichnis der Überschriften und Anfänge 1031

Dagegen nun versichr' ich frank
   und bieder 453
Dagny 316
Dahin durch funkelnden Morgen
   geht 566
Dank 589
Das Äpfelchen 127
Das Auge Gottes 227
Das Bild 126
Das Echo 609
Das Ende 163
Das Gebet 330
Das Gesicht 571
Das Gewitter 766
Das Gitter 628
Das Häslein 170
Das Haus auf der Matte 414
Das Häuschen an der Bahn 150
Das heilige Schweigen 849
Das heimliche Heer 650
Das Hohelied 36
Das ist das Ärgste an eurer
   Strafe 642
Das ist das Verwerfliche eurer
   Strafen 1017
Das ist die Liebe, die um Heimat
   wirbt 474
Das ist eine Nacht! eine Wacht!
   334
Das ist ein ewiges Sich-Freuen
   636
Das ist's, was mich hier so
   entzückt 328
Das ist's: Wir wollen deine
   Rasse sehn 670
Das Königskind 213
Das Königskind 447
Das Kreuz 42
Das Mädchen fragt 367
Das nennt ihr Geist 535
Das neue Jahr 542
Das rabenschwarze
   Gezelt der Nacht 96
Das scheidet uns von jenen
   meisten, Freund 650
Das Schloß liegt unbewohnt seit
   Jahr und Tag 151
Das sind die hohen Feste 371
Das sind die mitleidlosen Steine
   293
Das sind die Reden, die mir lieb
   vor allen 400
Das sind die stillen Tannen des
   August 328
Das trampelt, strampelt mit den
   tausend Beinen 652
Das Unerträglichste, was es auf
   Erden gibt 395
Das war ein langer Weg mit jungen
   Bäumen 282
Das war eine furchtbare Nacht
   363
Das war's was mich so sehr ergriff
   346
Das Wörtlein 662
Das Wunder ist 320
»Das Wunder ist des Glaubens
   liebstes Kind« 891
Daß die Welt ein Haus voll Narren
   520
Daß er so wenig weiß und kann
   294
Daß ich nicht mehr von Liebe
   sage 607
Dein in den Alpen denk' ich oft,
   verwandtes Aug' 395

Dein Leben setz an dein Werk! 234
Dein Schädel ist eine Hütte klein 656
Dein Silberbecher ist wohl fein 360
Deine Augen glühen durch das Dunkel 199
Deine Rosen an der Brust 380
Deiner Augen graue Meere 604
Dem deutschen Volke 613
Dem Tage fern, wie fern politischem Getrieb 664
Den ›ethischen Bilderstürmern‹ 526
Den Flachen 566
Den Freunden 586
Den Kopf mit der Seemannsmütz' 356
Den langen Tag bin ich dir fern gewesen 381
Den Mond sah ich einmal 580
Den Nacken hoch, Germane! 241
Den Philistern 640
Den russischen Revolutionären 664
Den stehngebliebnen Zeiger meiner kleinen Uhr 397
Den Stein-Platz soll ein Elefant 479
Denn der Vater richtet keinen 498
Der Abend 228
Der Abend 267
Der Abend 447
Der Adel deiner Linie ist so groß 642
Der alte, ehrwürdige Herr 44
Der alte Steinbruch 172

Der beleidigte Pan 56
Der Bergsee 575
Der Berliner Landwehrkanal singt 478
Der Besuch 125
Der Blick 225
Der Blick 308
Der Born 164
Der Dichter muß des Menschen Sklave werden 258
Der Dichter seiner Muse am Webstuhl 1003
Der dort unten ruht jetzund 136
Der du sie zuerst gelesen 345
Der einsame Christus 224
Der einsame Christus 485
Der einsame Turm 166
Der Enkel 998
Der Enkel spricht 582
〈Der erste〉 Traum 752
Der Fjord mit seinen Inseln liegt 341
Der freie Geist 279
Der fremde Bauer 133
Der Friedhof 102
Der ganze Tag ein bleiernes Gewölb 372
Der ganze Tag ein bleiernes Gewölb 908
Der Gärtner 476
Der Geier Nord fliegt übern Wald 177
Der Geist der Berge spricht 619
Der gläserne Sarg 122
Der Gockl 505
(Der Gral) 994
Der graue Herbst 250
Der häßliche Zwerg 193

Der Hexenkessel 85
Der Hügel 324
Der kloane Voat sitzt in der Schul 503
Der Kompromißler 204
Der Märchenerzählerin 1000
Der Melderbaum 512
Der Mensch schuf Götter 615
Der monddurchbleichte Wald 338
Der Mond steht da 57
Der Mond tritt über die Eichen 341
Der Mond – ein Nebelwölklein bleich 385
Der Mord 483
Der Mord 958
Der Nachtfalter 562
Der Nachtwald rauscht Vergessenheit 369
Der Nachtwächter des Dorfes 868
Der Nachtwandler 46
Der Ofen atmet 573
Der Ofen schnauft 477
Der Regenbogen 91
Der Säemann 130
Der Säemann 533
Der Schlaf 159
Der Schlaf schickt seine Scharen in die Nacht 159
Der Schnee entfällt den Tannen... 372
Der Schuß 121
Der Seehund sah mich aus Augen an 646
Der Spieler 237
Der Stern 123
Der Stillen weiß ich manche hier 639
Der stille Weg 652
Der Sturm 146
Der Tag und die Nacht 158
Der Teufel trat vor Christus hin 490
Der Tod erst macht den Menschen frei 506
Der Tod in der Granate 134
Der Tod und das Kind 131
Der Tod und der einsame Trinker 132
Der Tod und der Müde 131
Der Traum 343
Der unzureichende Brand oder Zur Kunst erzogen 478
Der Urton 165
Der vergessene Donner 192
Der Waldbach rauscht Erinnerung 313
Der Wald ist wie ein Grab so still 367
Der Weltkobold 421
Der Wind als Liebender 338
Der Wissende 226
Der zeitunglesende Faun 154
Der zertrümmerte Spiegel 41
Der zwölfjährige Jesus 487
Des Buches letztes Blatt 523
Des frühen Frühlings wundersames Wohlgefühl 349
Des Frühlings unbestimmte Ahnung füllt die Luft 386
Des Morgens Schale quillt von Sonnenlicht 401
Des Schaffens Lust rechtfertigt selbst den Tod 643
Des Schicksals weiße Hand sah ich 634

Des Wasserfalls Nixe 635
Deutschland, Deutschland über alles 613
⟨Dich⟩ 336
Dich zu singen 319
Dich zu spielen, gewaltige Orgel 258
»Dichter«? 182
Dichters Dank 523
Dichters Rückkehr 199
Dichters Wanderglück 566
Die Allee 466
Die alten Tempel brachen sie zu Rom 472
Die Amsel schlägt mit hellem Schall 469
Die Apokalypse 721
Die apokalyptischen Reiter 161
Die Auferweckung des Lazarus 494
Die Augenlider schlag' ich auf 17
Die beiden Nonnen 185
Die Berge stehn 384
Die Brücke 157
Die Dominante 205
Die du im ersten 63
Die dunklen Wolken spaltet 525
Die ersten Maiglöckchen im Krankenzimmer 578
Die Ferne ist es nicht 111
Die Fichten stehn so still zum Blau 349
Die Flamme 147
Die fliegenden Hyänen 194
Die ganze Welt ward greis und grau 302
Die Gedächtnistafel 136
Die gestürzten Engel 42

Die große Straße hab' ich längst gemieden 454
Die großen Geister aller Zeiten kommen zusammen 66
Die Häusertürme von Neu-Berlin 481
Die Häusertürme von Neu-Berlin 957
Die ihr euch müht 526
Die in Wolkenkuckucksheim 60
Die Irrlichter 119
Die Jünger mahnten 498
Die Kaiser-Wilhelm-Gedächtnis-Kirche 475
Die Kinder des Glücks 254
Die Luft ward rein ... 279
Die Mähnen der Wolkenrosse 352
Die Menge stockt ... das Pflaster dröhnt und zittert 451
Die mögen dich am bittersten empören 536
Die Morgenröte (L'Aurora) 306
Die Mutter, die dem Kinde zählen lehrt 628
Die Nabelschnur 957
Die Nacht 592
Die Nacht ist gar so still 68
Die Nacht ist still 530
Die Nacht ist tief geworden 429
Die Nacht war so schwül 569
Die Nachtwandler 768
Die nächtliche Fahrt 100
Die Park-Kapelle spielte »Lohengrin« 239
Die russische Truhe 294
Die Schlange 769
Die Schlange spricht 348

Die schneebedeckten Gipfel rötet
   Abendlicht 387
Die schönen, blauen Augen des
   Himmels 54
Die Ski-Läufer 342
Die sonderbare Harfe
   [I. Fassung] 584
Die sonderbare Harfe
   [II. Fassung] 585
Die Sonne der Toten 101
Die Sonne hat den Bach verbrannt
   361
Die Sonne lockt aus tausend
   Keimen 515
Die Spanne, die nicht Träumen ist
   noch Wachen 126
Die Stadt aus Elfenbein 659
Die stillen Stunden sind es 412
Die Stimme 334
Die Strafe war hart 112
Die Tage der Gläubigen 245
Die Türme 481
Die Versuchung 44
Die wahre Kunst entnimmt dem
   Tage 564
Die Weide am Bache 51
Die Welt ist mein Stein 202
Die Wiedererweckung des
   Lazarus 493
Die Windmühle 610
Die Zeit ist nah 474
Die Zweige sind so ohne Kraft 372
Dies hatt' ich fast von Kind auf,
   dies Gefühl 304
Dies ist der Herbst, der bricht dir
   noch das Herz 411
Dies ist des Herbstes leidvoll süße
   Klarheit 405

Dies nur Dir verdanken wollen
   322
Diese Rose von heimlichen Küssen
   schwer 359
Dieser Wechsel macht mich
   bange 367
Dieses Blitzen auf der Bläue 328
Doch andres siehst du lieber? 452
Doch Du, mein Volk, der Mittel-
   mäßigkeit 671
Doch laßt uns an Probleme nichts
   verzetteln 452
Doch willst du ganz gesichert
   sein 658
Dort in den Wäldern bei Berlin
   461
Dort liegt die Welt. Wohlan! 657
Dort treibt ein Schicksal auf den
   Wellen fort 411
Dort unten tief im Dämmer-
   Grunde 188
Draußen im weiten Krieg 265
Draußen im weiten Krieg 446
Draußen in Friedenau 468
Draußen, wo im Wattenmeer 661
Drinnen im Saal eine Geige sang
   332
Du bist der Schmerz 230
Du bist mein Land 381
Du bist so weit oft fort 378
Du bleibst zurück, mein Vaterherz
   522
Du, der draußen vor der Türe 669
Du, der du sagst 487
Du dunkler Frühlingsgarten 297
Du einziger, der du mir niemals
   lügst! 649
Du hast mich lieb gehabt 396

Du hast mir viel zu Lieb und Leid
  getan 639
Du hast nie andre denn dich selbst
  gehört 396
Du jagtest durch den Saal auf
  leichten Knien 292
Du kannst dein eignes Leid nicht
  tragen 525
Du kennst der Küste rege
  Leuchtturm-Feuer 314
Du keusches, kühles Ätherblau
  563
Du Kirchlein dort auf hohem
  Grat 521
Du kommst heut nicht 329
Du Kopf mit der Seemannsmütz
  903
Du lieber Bach, aus deinem
  Rauschen tauchen 354
Du liebtest ihn 604
Du mußt mich nicht zerbrechen
  362
Du sprachst mit mir von einem
  Buche 655
Du standst vor einem Blumenglas
  am Fenster 331
Du trüber Tag 277
Du wanderst durch die volk-
  erfüllten Gassen 450
Du weißt dich über vieles zu
  verbreiten 521
Du willst, o Welt, nicht, daß ich
  dich verachte 617
Düstere Wolke 25
Dunkel von schweigenden Bergen
  umschlossen 179
Dunkle Gäste 290
Dunkler Wein 606

Dunst 291
Dunst 465
Durch Abendwolken fliegt ein
  Bumerang 60
Durch die Beine der Heroen 615
Durch die Gassen geht der
  Abend 428
Durch die Lande auf und ab 130
Durch die Nächte 533

Ein andermal 335
Ein Blick 918
Ein Dunstgewölb, wie ich noch
  keines sah! 184
Ein erster Gruß von Lenz und
  goldenen Tagen 578
Ein feiner Duft erfüllt den Raum
  199
Ein fünfzehnter Oktober 251
Ein Geschmacksfragezeichen
  zum 1020
Ein Gespräch 367
Ein Gewitter, im Vergehn 192
⟨Ein Gleichnis⟩ 992
Ein großes Antlitz ist wie eine
  Flamme 394
Ein großes Gesicht nahte mir 571
Ein Heiliges kommt über mich
  202
Ein Herbstvormittag 897
Ein Herrchen mich belehren
  kam 116
Ein Irrlicht, schweb' ich heut
  im Traume 119
Ein Kapitel »Erziehung zur
  Kunst« 955
Ein Kellner und ein Pikkolo 666
Ein Lächeln irrt verflogen 662

Verzeichnis der Überschriften und Anfänge 1037

Ein Mann mit einer Sense tritt 133
Ein Mensch 641
Ein Mensch hat sich um meinethalb 648
Ein Pferd auf einer großen Wiese 336
Ein Schicksal 614
Ein Schlänglein dehnt sich übern heißen Steig 386
Ein Schmetterling fliegt über mir 337
Ein schwarzes Vöglein fliegt 130
Ein Sklave 230
Ein Sommer 346
Ein Sommerabend 443
Ein Wanderlied, vom Abendwind vertragen 406
Ein Wassertropfen in verschlungnen Kehren 385
Ein Weib, ein Hund, ein Segelboot 268
Ein Weihnachtslied 380
Ein Wetterzeiger bin ich schier 417
Ein Wunsch 217
Eine bitterböse Unke 204
Eine einsame Rose 590
Eine goldene Sichel 58
Eine große schwarze Katze 21
Eine Großstadt-Wanderung 140
Eine junge Mutter singt 334
Eine junge Witwe singt vor sich hin 296
Eine lange Gasse war mein Nachtweg 140
Eine Nacht 328
Eine neugierkranke Möwe 120
Eine runzelige Alte, schleicht die Abenddämmerung 52
Eine Vormittagswanderung 897
Einer jungen Freundin ins Stammbuch 522
Einer jungen Schweizerin 389
Einer Schottin 389
Einer unbekannten Dame in der Stadtbahn 470
Eines gibt's, darauf ich mich freuen darf 632
Einher zu gehn, den freien Kopf 242
Einigen Kritikern 248
Einsam fährt sie im Wagen nach Haus 668
Einst träumte mir das Auge Gottes 227
Eins und alles 268
Elbenreigen 175
Empfange mich, du reine Luft 336
Ἕν καὶ πᾶν 576
EN KAI ΠΑΝ 997
Endlich einmal! 195
Endlich wieder 631
Endsegen Phantas 113
Entfernung 600
Entsage, wer entsagen mag! 582
Entwickelungs-Schmerzen 218
Entwölkst dich endlich wieder, liebes Land 631
Epilog 64
Epilog [I] 113
Epilog [II] 114
Epilog zum Häslein 830
Epilogos 810
Er 977

Er, der Menschheit Gedanken-
  löwe 273
Er fühlt' es selbst 622
Er ist unter euch getreten 497
Er wies nichts ab in diesen
  Wintertagen 470
Erbaut die ragendsten Paläste
  545
Erden-Wünsche 268
Erdriese 145
Erdvater 824
Erfahre dich 348
Erfaß es, wenn du kannst 606
Erhabenes Wunder 615
Erinnerung 865
Erinnerungen an den Gutshof zu
  Luträda 555
Erkenn ich recht? wie geht es?
  452
Erntelied 266
Ersehnte Verwandlung 293
Erst schuf mir dein Geständnis
  Schmerz 330
Erster Schnee 60
Erster Schnee 341
Erster Schnee 408
Erziehung zur Kunst 956
Es bläst wer in der Winterluft 468
Es faßt der Sturm 622
Es gibt noch Wunder, liebes Herz
  405
Es hängt die Nixe ihr Haar hinab
  635
Es heauton 579
Es ist vielleicht das letzte Mal 633
Es ist, als hätte die Köchin 22
Es klingt die Nacht in süßen
  Tönen 197

Es kommt der Schmerz gegangen
  382
Es kommt die Zeit und ist schon
  jetzt 498
Es kommt mir oft so eigen vor 533
Es leiht mir wunderbare Stärke
  526
Es lieben die Götter 99
Es liegt ein Mann in der Panke
  483
Es liegt ein Mann in der Panke
  958
Es pfeift der Wind… 580
Es rauscht der Wind 329
Es rollt das Jahr 510
Es stürzen der Jugend 295
Es sucht uns heim ein grauser
  Gast 565
Es war an der Fischerbrücke 468
Es war ein solcher Vormittag 335
Es war ein süßer Traum 343
Es wird eine Rede gehalten 671
Ev. Joh.1,5 497
Ewig bleibt dies Schloß 113
Ewig neue Lebens-Scharen 551
Ewige Frühlingsbotschaft 262
Ewige Gottheit 520
Ewiges Firmament 31

Fall und ewige Wiedergeburt
  durch sich selbst 624
Farbenglück 324
– Fast – 639
Feierabend 264
Feierabend 444
Fernher schwillt 165
Fernher schwillt 205
Fern, allein, im fremden Land 349

Fester Boden kann dich retten 257
Feuchter Odem frischer Mahd 400
Fin de siècle 565
Flackernd lösen sich vom Sumpf 137
Fliegendes Blatt 242
Flieh um so tiefer in dich selbst zurück 240
Flockendichte Winternacht 217
⟨Fluch der Ferne⟩ 1003
Form und Farbe wär es bloß 658
Fort! Stimmungs-Fantasie 846
Frage 187
Frage ohne Antwort 220
Fragezeichen 1020
Frauengesang – himmlischer Klang 601
Frau Sorge 603
Freiheit! 285
Freiheit! Du seelenberauschende 547
Freundin Phanta hat unzweiflich 183
Friede 188
Frohsinn und Jubel 215
Frühling 213
Frühlingserde 349
Frühlingsregen 231
Frühling ist mein Erstgedicht 66
[Für ein Stammbuch] 508
Fusch-Leberbrünnl 179

Gebet 868
Gebt mir ein Roß 212
Gebt mir ein Roß, und laßt mich reiten 212
Gedichte vermischten Inhalts 150

Gefühl 256
Geheime Verabredung 266
⟨Geheimnis⟩ 1016
Geier Nord 177
Geier Schwermut 813
Gespräch 909
Geisterzug 525
Geliebtes Kind, grad weil ich dich liebe 364
Genesung 409
Genügsamkeit 325
Gesang 601
Gesellschaft 261
Gesicht 206
Gesicht 634
Gestern Abend gab mir Phanta 78
Gestern bin ich weit gestiegen 40
Gestern kamen sie zu mir 651
Gewandert bin ich 28
Gib auf alle Rosen acht 609
Gib mir den Lorbeer nicht 633
Gieß Chemikalien zusammen 304
Glaube mir, ich bin nicht der 355
Gleich einer versunkenen Melodie 260
Glosse 492
Glück 258
Glück ist wie Blütenduft 413
Glücklich, die wir auf der Zeiten 303
Glückselig nach dem Regen lacht 399
Glühend zwischen dir und mir 266
Glühend zwischen dir und mir 448
Goldfuchs, Schürz' und Flasche 156

Görlitzer Brief 282
Gott der Träume! Gott der Kindheit! 517
»Gott« ist nicht besser, als der Mensch ihn macht 492
Götter unter sich 783
Grab tausend Klafter 145
Groll auf Berlin · In ira veritas 474
Groß über schweigenden 59
Großstadt-Höfe 469
Gruß des Mulus an die Freiheit 547
Gute Gedanken erbat ich von seligen Göttern der Frühe 204
Gute Nacht 325
Guten Abend, Freund! 132
Guter Rat 585
Gutes laßt uns stets beschweigen 248

Ha, fühl's! du mußt! 256
Hab' ich dich endlich, armer Freund, dahin gebracht 396
Habe Lust an der Wirklichkeit 258
Heil dir 235
Heilig der Schlaf 611
Heimat 326
Heimatlos? 68
Heimfahrt einer einsamen Frau aus einer Gesellschaft 668
Heimkehr (nach Kochel) 549
Herbst 249
Herbst 340
Herbstabend 477
Herbstes Ahnung, düster groß 404
Herbstmorgen 861

⟨Herbstmorgen am See⟩ 861
Herbstnacht 622
Herbstregen fegen durch die Schlucht 410
Herr Ix kann seinen Brand 478
Herr, siehe, den du lieb hast 494
Herrlich lebt es sich im Traum 193
Herrlich schäumende Salzflut 339
Hervor aus schlummernder Truhe 554
Heut ritt ich im Traum 128
Heut' zum letzten Male säum' ich 113
Hier im Wald mit dir zu liegen 358
Hier in Bergeseinsamkeiten 601
Hier staubt und stinkt es aus vergilbten Akten 457
Hilf mir, mein Gott, in diesem Jahre 544
Himmel, Erde und Meer... 103
Himmelsspiele 756
Himmlische Nachtluft, die aus Rauch 612
Himmlische Spiele 756
Hinaus in Nebel und Regen 179
Hinter fernen blauen Bergen 360
Hinzuwandeln am murmelnden Meere 409
Hirt Ahasver 119
Hochsommerstille 328
Höchste Sprache 597
Höchste Unabhängigkeit 247
Hörst du die Bäume im Windstoß zischen? 249
Hörst du... hörst du es, Herz? 593
Hört, was ich träumte! 103

Verzeichnis der Überschriften und Anfänge   1041

Holde Ungerechtigkeit 326
Homo imperator 28
Homo Militaris 670
Homunkel 304
Hymnus des Hasses 235

Ich ahne mich oft als Felsen 545
Ich antworte 183
Ich bin der Weg, die Wahrheit und das Leben 499
Ich bin doch wohl kein Richter 293
Ich bin ein Mensch von rechter Vogelart 200
Ich bin ein Rohr im Wind 362
Ich bin eine Harfe 236
Ich bin eine neue Straße 471
Ich bin größer als viele 614
Ich bin nicht gut 491
Ich bin nicht treu, ich liebe nicht genug 624
Ich bitte, tut mich asphaltieren 478
Ich brauche nur den Duft der Welt 325
Ich denke eurer, die für mich gelitten 582
Ich ging an träumenden Teichen 213
Ich ging an träumenden Teichen 447
Ich ging im Park... 569
Ich hab eine russische Truhe 294
Ich hab mein' Sach' auf nichts gestellt 893
Ich habe dir ein Tuch gekauft aus Seide 629
Ich habe nach Vollendung stets gerungen 417

Ich habe nie, was Leben ist, gewußt 645
»Ich hasse ihn...« 204
Ich hebe Dir mein Herz empor 500
Ich hob die Hand einst, meiner Kunst zu fluchen 637
Ich hoffte, meine Kette fiele 539
Ich kann nur Leben 618
Ich kann und mag nicht Lieder hauchen 532
Ich küsse dich, zitternde Mädchenseele 199
Ich lach noch immer 585
Ich lag in Fieberphantasien... 138
Ich liebe dich bei Nebel und bei Nacht 459
Ich liebe dich, Du Seele, die da irrt 402
Ich liebe dich, du stiller Weg 652
Ich liebe die graden Alleen 466
Ich liebe mir die klaren Frauenaugen 540
Ich liebe mir die überlegnen Geister 305
Ich lieg' auf nackten grauen Urfelsen 350
Ich lobe dich über allen Tod 581
Ich mag den Aberglauben nicht verdammen 644
Ich möcht eine Geige haben 292
Ich möchte blut'ge Tränen weinen 531
Ich möchte dich noch einmal sehn... 623
Ich möchte größer sein 522
Ich möchte schlafen, bis der Frühling kommt! 574

Ich müßt' es malen, solltet ihr sie
  sehen 185
Ich sah dem Tod ins Angesicht
  206
Ich sah die Tränen, die ver-
  schwiegnen 654
Ich saß an einer Orgel 586
Ich saß in meiner Felsengrotte
  619
Ich saß, mir selber feind wie nie
  321
Ich schritt zur Nachtzeit durchs
  Gemach 560
Ich seh' die Lande mir zu Füßen
  525
Ich seh' ihn täglich schalten 476
Ich sehe vor mir das schwarze
  Loch 277
Ich sehne mich nach dir, mein
  Vater! 575
Ich singe das Lied des Lebens 626
Ich soll mir's also überlegen 355
Ich stamm aus glücklichem
  Geschlechte her 196
Ich stand, ein Berg 232
Ich stand, eine Vase 127
Ich stand in der Tür 305
Ich stand vom Lärm der Welt
  umgellt 629
Ich träumt' einmal, ich läg', ein
  blasser Knabe 123
Ich träumte jüngst 119
Ich versuche ein Höchstes 111
Ich wache noch in später Nacht
  und sinne 381
Ich wanderte, wer weiß, wie lange
  schon 193
Ich war ein schlanker Becher 201

Ich war im Garten, wo sie all die
  Tiere 646
Ich weiß um eine Nacht 362
Ich werde an mir selbst zugrunde
  gehn 218
Ich wohnte einst zum Sommer-
  aufenthalte 510
Ich wollt, ich wäre Gott 244
Ich wuchs in Zeiten der Bewußt-
  heit auf 579
Ich zeig wohl oft im Unglück
  leichten Mut 545
Ihr armen Schmetterlinge der
  Geister 604
Ihr dunklen Tanneninseln 386
Ihr Götter der Frühe 250
Ihr Leut im Dorfe laßt euch sagen
  267
Ihr Leut im Dorfe laßt euch sagen
  449
Ihr meint, ich könnte nicht bizarr
  sein 550
Ihr müßt solche Verse nicht anders
  betrachten 298
Ihr ratet nicht 67
Ihr seid mir kluge, wackre Leute
  283
Ihr Tore der Gefängnisse... 665
Ihr wißt ja nicht, wie Gram und
  Hoffen streitet 457
Ihr wißt und ahnt es freilich nicht
  566
Im Bayrischen Viertel 470
Im Eilzug 238
Im Fieber 138
Im Garten Gottes 164
Im Garten stand's, das wackre
  Haus 470

Verzeichnis der Überschriften und Anfänge 1043

Im Himmel 195
Im Hochwald sonngesegnet 191
Im Mantel der Granate 134
Im Morgendämmer fuhr ich über Land 538
Im Mund die Abendzigarette 422
Im Nebel 134
Im Schnee der Alpen hör' ich von dir, o Meer 391
Im Sommer 1890. Rudelstadt in Schlesien 978
Im Spiegel der Quelle 413
Im Spiegel einer Fensterscheibe 892
Im stillsten Geheimnis der Berge ruht 575
Im Tann 40
Im Traum 15
Im Traum hat sich mir heut enthüllt 201
Im Turm der Winde 653
Im Wattenmeer 661
Im zoologischen Garten 1018
Immer nicht an Mond und Sterne 49
Immer wieder 304
Immer wieder diese Stimme 881
In Adlers Krallen 73
In Adlers Krallen über die Klüfte hin! 73
In allem pulsieren 287
In breiten Spießen stürzt die Flut zu Tal 182
In deine langen Wellen 286
In deiner Sprache kann ich dir nicht sagen 595
In dem norwegischen Zimmer 352

In den Dünen 302
In den dunkelsten Nächten 176
In den Wipfeln des Walds 56
In der blauen Mittag-Stille 172
In der göttlich strahlenden Frühe 350
In der Klinik 1025
In der Wüste 967
»In dunklen Mauern…« 667
In ein Land der Uniform verschlagen 641
In ein ungewisses Morgen 581
In einem Kaffeehause 545
In einer Dämmerstunde war's einmal 418
In einer Gletscherspalte 382
In feurig Brauendes 372
In heißem Taumel 552
In jagendem Wolkenboot 435
In Riesennebeln liegt das Meer gefangen 805
In seiner Hängematte liegt der Gott 442
In stillster Nacht 567
In trüber Schwermut schaut der feuchte Mond 186
Inmitten der großen Stadt 222
Inmitten dessen, was wir uns erzählten 402
Ins fahle Dämmer 94
Ist nicht dies das höchste Farbenglück 324
Ist's wahr, daß wir uns trennen müssen? 563

Ja, ja, ihr habt nicht unrecht, und wer weiß es 457
Ja, nun bist du da 305

Ja trutze nur 280
Ja, was in uns ist, soll dir dienen 303
Ja, wenn die ganze Siegesallee 480
Ja wenn ich gewinnen könnte 183
Jahrhunderttausende durchmißt mein Geist... 163
Jeden Abend, den ich kehre 182
Jeden Morgen, den die Sonne gibt 414
Jeder neue Mensch, den ich kennenlerne 416
Jedes Großen Sehnsucht ist 293
Jene schmerzlichen Stimmungen! 261
Jesus ein »Mensch« 487
Jetzt hab' ich etwas, was mich tröstet, Herz 357
Joh. 14,6 499
Joh. 1,26 497
Joh. 4,23 498
Joh. 4,31 498
Joh. 5,22 498
Joh. 8,53 499
Johannisfeuer 82
Joseph werkte mit der Hand 487
Jünglings Absage 211
Junge Ehe 470
Junge Stunden 631

Kalt, kalt, – der Herd ist kalt 607
Kam des Wegs spät abends 291
Kam des Wegs spät abends 465
Kaum glaub ich's noch! Catull, du bist daheim! 240
Kecke weiße Spitzensäume 242
Kehrt Phoebus Apollo 246
Keine ›Verse‹! Singend Leben 315

Kennst du die feurigen Augen der Küste⟨n⟩ 889
Kennst du die Figur der Polonaise 162
Kind, mit deinen großen braunen Augen 609
Kindchen, was willst du 131
Kinderglaube 128
Kinderliebe 257
Klage eines Jünglings 911
Kleine Geschichte 150
Kleines Hotel am Meer 660
Kleines, zartes, liebes Schweinchen 555
Komm her, mein lieber Kamerad 347
Komm, Spaten, stich 612
Komm und küß mich, großer Geist 605
Konzert am Meer 278
Kosmogonie 31
Kosmogonie 67
Kosmogonie 67
Krähen bei Sonnenaufgang 170
Kreuzigung 766
Kriegerspruch 249
»Krücken, Krücken! gebt uns Krücken!...« 212
Künstler-Ideal 270
Künstlerisches Glaubensbekenntnis 989
Kürze 663
Kürzlich kam ein Wort zu mir 662
Kürzlich war ich in der Höhle 663

»La Patrie« 647
Lämmerchen am dunklen Zelt 415

Landregen 55
Lange bevor sich erkannt als
   Dichter 578
Längst Gesagtes wieder sagen 11
Lärchenwald im Wintermorgen-
   strahl 384
Laß dich's nicht wundern, daß ich
   dir gesagt 496
Laß gut sein, Freund, und laß dir
   eines sagen 669
›Laß sie mir eine Zeit!‹ 653
Laßt bei diesem Kot und Stroh
   248
Laßt ihm seinen Wert 641
Lebensbild 320
Lebensluft 285
Lebens-Sprüche 287
»Leberbrünnl«-Schlucht 182
Legende 160
Legende 486
Leichter Vorsatz 323
Leichtigkeit 890
Leise Lieder 214
Leise Lieder sing ich dir bei
   Nacht 214
Leuchtroter Berberitzenstrauch
   339
Lieb sind mir und heilig 114
Liebe, Liebe und Liebe 653
Liebe, Liebste, in der Ferne 407
Liebesbrief 608
Liebeslied 855
Liebeslied an Phanta 96
Lied 332
Lied 609
Lied 892
Lied der jungen Menschen 551
Lieder! 262

Lieg nicht so lang auf dem
   Rücken 74
Lindenduft... Bienenchor 264
Lindenduft, Bienenchor 444
Litt einst ein Fähnlein große Not
   150

Machtlos sein 274
Macht-Rausch 258
Mächtige Landschaft 333
Mädchentränen 54
Mädel, komm dir nie die Frag'
   446
Märchen 982
Mag die Torheit durch dich fallen
   284
Mag noch so viel dein Geist dir
   rauben 287
Maimorgen 315
Maiwetter 355
Malererbe 126
Man fragte mich: »Wie kann man
   einen lieben, ...« 622
Man preist's Resignation 397
Margerite 331
Maria, eines Tischlers Töchter-
   lein 427
Mattenrast 190
Matthäus 4,8 490
Meer am Morgen 339
Meeresbrandung 144
Meerspuk 805
Mei herzig's liab's Deandl 503
Mein Deutschland, ja nun stehst
   du auf dem Gipfel 456
Mein Gastgeschenk an Berlin 450
Mein Grab 570
Mein Herz ist leer 366

Mein Leben ist der Woge gleich 529
Mein Leben lang hab ich mich bilden wollen 633
Mein liebes Kind, an das ich Tag für Tag 364
Mein Sommer nicht – noch nicht – nur eben einer 346
Meine Augen leuchten vollgesogen 636
Meine Kunst 202
Meine Liebe 868
Meine Liebe ist groß 268
Meine Morgenseele ist eitel Gesang 199
Meine Tränen sind gefroren 200
Meinem kleinen Christian Friedrich Kayssler 303
Meinem Patenkinde Christian Friedrich Kayssler 881
Meiner geliebten Schwester 539
Memento vivere 74
Mensch Enkel 286
Mensch und Möwe 120
Mensch und Tier 646
Mensch Wanderer 649
Menschen 842
Menschen 909
Menschen, die im Lande weit 650
Menschen und Götter 615
Messias, komm! gib endlich Licht! 293
Mir ahnt ein Einst 308
Mir gegenüber 225
Mir gegenüber unter dem Dach 308
Mir ist, als flösse dieser Bach da draußen 313
Mir ist, als säh ich's vor mir 555
Mir kann niemand geben 497
Mir kommt ein altes Bergmannslied zu Sinn 296
Mit diesem langen Kuß 407
Mit dieser Faust hier greif ich in den Raum 659
Mit dir, wer weiß, würd' ich noch manche Pfade 377
Mit einem Lorbeerblatt 383
Mit einem Mal, ich weiß nicht, wie's gekommen 88
Mit geschlossenen Augen 335
Mit Lehren mag der Moralist euch plagen 618
Mit leisem Atem hob sich 562
Mit Phantas schwarzen Rossen 101
Mit tiefem Atemzug sog ich die Düfte 583
Mit wilden Atemstößen wirft der Sturm 412
Mitmenschen 293
Mittag-Stille 172
Moabiter Zellengefängnis 464
Möcht' es wohl hier oben wagen 181
Molde 387
Mond am Nachmittag 385
(Mond in die Täler scheinend) 768
Mondaufgang 56
Mondaufgang 93
Mondaufgang 94
Mondaufgang 95
Mondaufgänge 792
Mondbilder 57
Mondlose Sternennacht 67

Mondnacht über Markt und
 Gassen 342
Mondstimmung 271
Moor 289
Morgen 180
Morgenandacht 861
Morgenfahrt 538
Morgenhauch im hellen Saal 660
Morgenluft! 410
Morgenstimmung 280
Moriturus te saluto 581
Moskauer Verse 663
Musikalischer Eindruck 201
Mußt denn um mein ewig Leben
 183
Mutter und Sohn 558
Mysterium 347
Mythos 801

Nach all dem Menschenlärm und
 -dust 326
Nach dem Dörflein stieg ich
 nieder 549
Nach dem Geisterfriedhof 102
Nach der Bergpredigt 489
Nach einem rechten Läuterungs-
 bade in Goethe 616
Nach Hauptmanns »Klokken, der
 sank« 612
Nach heißem Tage reine, frische
 Nacht 646
Nach Johannes 497
Nach Klostersitte floß dein wollen
 Kleid 257
Nach kühn erschaffnen Ideal-
 gestalten 508
Nacht war's 557
Nachtwächterlied 449

Nachtwächterlied 868
Nachtwächterspruch 267
Nachtwind 330
Nächtliche Bahnfahrt im Winter
 289
Nächtliche Feier 66
Natur spricht 183
Natura abundans 277
Nebel im Gebirge 191
Nebel im Gebirge 833
Nebel lag überm Land 325
Nebel ums Haus 184
Nebelgewölke, den Berg entlang
 404
Nein, ich habe wenig Ernst für
 euch 640
Nein, nein ich verachte das
 Häslein nicht 830
Nein, sandentrungene Blume
 460
Nenn's meinetwegen Hamlet-
 stimmung 848
Neo-Berlin 474
Ne quid nimis! 274
Nicht »Kennenlernen« – 668
Nicht wahr, dein Hauptwort, Herr,
 war dies 488
Nichts herrlicher, wie wenn in
 loderndem Liebesrausch 531
Nichts Holderes 413
Nie hörte ich mit solchem Liebreiz
 je ein Weib 389
Nietzsche 398
Nimm die Fahne! 121
Noch flieht der Blick des jungen
 Tags 170
Noch manches wird vorüber-
 gehen 656

Noch niemals fiel es irgendeinem
  Volke ein 395
Nörgelt mir nicht 275
Nomen – Omen? 300
Nordischer Herbsttag 372
Nordstrand 386
November 603
Nun bebt in banger Fülle meine
  Welt 258
Nun hast auch du 216
Nun hebt der Nebel Herrschaft
  603
Nun ja, die Kritiker sind meist
  Semiten 453
Nun kommt die Nacht mit ihren
  dunklen Gedanken 366
Nun pocht der Regen wieder 300
Nun rührt mein Geist 576
Nun sänftigt sich die Seele wieder
  321
Nun sind die Sterne wieder 180
Nun streckst du die schlanken
  Glieder 322
Nun weil' ich bei dir 109
Nur ein Handkuß. Nichts darüber
  365
Nur eines laß den Scheidenden
  dich bitten 284
Nur immer rein des Zweifels ewig
  spülenden Quell 394
Nur müßt ihr mich nicht halten
  wollen 243
Nur nicht eignen Gang bespähen!
  182
Nur wer... 279

O Blume, die du über vielem
  schwebst 410

O braune, nährende Erde 384
O diese Vormittage, trunken von
  Glanz und Glück! 387
O du Ergriffenheit des Liebenden
  357
O du glückselig zitternd Espen-
  grün 337
O Friede! 267
O Friede! 449
O Friede, der nun alles füllet 267
O Friede, der nun alles füllet 449
O fühle mir die bleiche Glut 341
O Geist, du kleiner Krug 670
O holdeste Stunden 605
O ihr ewigen Hüterinnen der
  Gemeinplätze 613
O jetzt Musik! Verdammte Dich-
  terei! 360
O Kunst, du allerseligste Gewalt
  298
O laß mich diese stummen Rosen
  küssen 218
O laß mich trauern, stille
  Stunde 301
O, meine Gedanken, ihr armen
  Vögel 655
O Menschen, Menschen! Masken
  vors Gesicht! 611
– O nein, Ihr Schirmchen hat mich
  nicht belästigt 451
O nur vor einem wahre mich 527
O – raison d'esclave 212
O sag, bist du mir böse 361
O Schicksal, Schicksal, Schicksal,
  warum gabst du mir 390
O Seele, Seele mit dem beweg-
  lichen Spiegel du 391
O sieh das Spinnenweb 389

O Sonne, Sonne, gieße die goldne Flut 528
O Spree, was wirst du uns noch alles schenken 472
O tiefe Sehnsucht, die ich habe 270
O Trauer, die mir immer wieder, wie ein Wind 387
O traure nicht! 632
»O über die Maßen« süßestes Wort 605
O Übermaß der reinen Lebensfülle 412
O wäre ich König 548
O Wald, du rauschest rein und groß 354
O weine nicht! Ich weiß, ich tu dir weh 403
O, wer sie halten könnte, die hellen Gedanken 391
O wie so lieb, als ich 198
O würdelos, dies selbstverliebte Wesen 651
Ob du im Arm der Liebe träumst 530
Ob in Schnee und Eis 527
Ob Jesus ein Mensch war oder nicht 487
Ob sie mir je Erfüllung wird 269
Ob's Deutschland ist zum Wohle 459
Oben stille, bleiche Lämmer 181
Ode 528
Ode an das Meer 391
Odi profanum 240
Odysseus an seine Freunde 560
Oft faßt mich an ein unbezwinglich Leiden 417
Oft, wie oft, wenn ich erwache 409
Oh das ist Glück, wenn so zerschlagen 279
Oh, das war schön, Herzbruder, lieber Freund 282
Oh du! daß du an meiner Seite wärst! 281
Oh liebt mich nicht, ihr Guten und Gerechten 211
Oh Nacht, wie bist du tief! 100
Oh, oh! 26
Oh siehe die Lande, sie liegen so stille 295
Oh sonderbare See, wie ich dich liebe! 454
Oh, um ein Leuchten deiner Augen alles! 317
Oh unausahnbar höher Leben 598
Oh wär' ich Baum und breitete die Äste 564
Oh, wer um alle Rosen wüßte 319
Oh zittre mir nicht so 286
Ohne Geige 292

P. M. 656
Parabel 162
Per exemplum 244
Pfingststimmung 858
Pflügerin Sorge 159
Phanta, traute Weggenossin 96
Phanta und ich gehen durch eine Stadt 100
»Phanta« und sein Publikum 66
Phantas Schloß 17
Phantasie 66
Pilatus spricht 488
Pöblesse obligée 248

Poseidon und Selene 105
Präludium 259
Prolog 11
Prolog 988
Prolog 1009
Prologos 748
Prometheus 234

Qualen 651
Quartier latin 475
Quos ego! 275

Rat und Trost 669
Refugium 857
Regne, regne, Frühlingsregen 231
»Reihe sich das Personal der Bahn...« 664
Reine Freude 293
Reinen Reines darzustellen 616
Römische Dithyramben 721
Romanze 648
Rosen 633
Rosen im Zimmer 127
Rudelstadt, Sommer 1890 510
Russische Ballade 664
Russischen Revolutionären 1024

S' ist wohl verlaufen Blut, das so 335
Sag, nun wunderst du dich wohl 346
Sah ich dich nicht schon einmal 228
Sah ich schon je so finstre Nacht? 328
Sahst du die Sonne 370
Sahst du nie der Dämmrung grelle Helle 404
Sanfter Mondsegen über den Landen 46
Schaurig heult das große Dampfhorn 134
Schenk, Muse, mir die rechte Kraft 508
Schicksale der Liebe 232
Schicksals-Spruch 220
Schlanke Büste, ⟨weißes⟩ helles Kleid 858
Schlechte Wittrung trägt sich gut 181
Schlimmer Besuch 651
Schlitten klingeln durch die Gassen 596
Schlote schnauben, Lichter funkeln 135
Schlummern möcht' ich 523
Schmetterling und Skeptiker 1017
Schneefall 378
Schon graut der Tag 388
Schon mancher Stein hat mir geredet 74
»Schon wieder müssen wir dich, Bester, mahnen...« 457
Schwalben 326
Schwalben, durch den Abend treibend 326
Schwankende Bäume 320
Schwarze Strümpfe [darüber: Nette Fratze], weißes Kleid 858
Schweigen im Walde 323
Schwerer Nebel dunkle Lasten 180
Schwill, süße, bittre Klage 388
Segantini 395
Segelfahrt 321

Sehnsucht 188
Sehnsucht 601
Seht ihr die zarten Wölklein dort am Mond? 596
Seht in ihrem edlen Gange 322
Sei es nun genug der Träume 196
Sei's gegeben, wie's mich packte 10
Seit einer Stunde 466
Selbstbefreiung 200
Selbsterkenntnis, goldne Gabe 534
Selene kniet im Silberhorn 105
Selige Leichtigkeit 315
September heult und rüttelt an den Scheiben 456
September peitscht den greisen Sommer nieder 458
September rauscht, die Blätter wehn und wischen 454
Septembertag 405
Sie an ihn 322
[Sie an ihn] 361
Sie an ihn 645
Sie hängen sie an die Leiste 472
Sie sitzen in einem Giebel 475
Sie wolln mich umgarnen 263
Sieh mit weißen Armen 262
Sieh, nun ist Nacht! 222
Sieh, so bin ich: wenn mich ein Reiz bewegt 299
Siehe, die Sonne 713
Siehe, wie wunderbarlich der Abend lacht! 405
Silvester 373
Silvester 909
Singe, o singe dich, Seele 259

Singen will ich den Hochgesang 36
Singende Flammen 288
Sitze nun so allein 296
Skål 351
So bist du mehr denn Abraham? 499
So einst zu scheiden 854
So fremd sich ganz 373
So gingen sie am Gitter hin und her 628
So ist mir's immer, immerdar ergangen 202
So jedem Tag, der leichten Schritts enteilt 323
So mag sich wieder blinde Nacht 315
So manche fremde Sprache tönte mir zu Ohr 389
So möcht ich sterben 232
So sagt der Ort 364
So sah ich 286
»So schweigsam, Freund?« 656
So sein heitres Gleichgewicht 324
So stark empfand ich's niemals noch denn eben 301
So sterben zu müssen 147
So still zu liegen und an dich zu denken 378
So tritt man abends an den Rand 316
So wandre ich den Zufall hingegeben 452
Sollt' einst ein Grabkreuz mich bewachen 570
Sommerabend 443
Sommermittag 838
Sommernacht 569

Sommernacht im Hochwald 191
Sonnenaufgang 20
Sonnenaufgangs-Lieder 712
Sonnenaufgänge 593
Sonnenaufgänge 712
Sonnenhymnen 712
Sonnenuntergang 27
Sonnenuntergang 661
Sorglosen Lächelns 254
Spät von Goethe und andrem Wein 179
⟨Sprache⟩ 1003
»Springst auch zum Bader?« 173
⟨Spruch⟩ 998
Spruch zum Wandern 336
Spruchartiges 349
Steht ein Häuschen an der Bahn 150
Steigt sie aus der Erde Innern 304
Steine statt Brot 480
Sternengold entreiß ich dem nächtlichen All 539
Sternschnuppenfall 80
Stiegst du aus der Wasser Gruft 257
Stille, herrliche Sommernacht! 53
Stille Stunden 920
Stiller Vormittag 896
Stiller Wälder süßen Frieden 169
Stilles Reifen 285
Stimmungen vor Werken Michelangelos 228
Strafe war hart für den Vorwitz 112
Streu meine Lieder so unter euch hin 657
Sturmnacht 334
Sturmnacht auf dem Eibsee 557

Süße Überredung 198
Suppe
 »Sie sind wohl nicht…« 473
Surre, surre, Rädchen 597
Sylt – Rantum 661
Symphonie 713

Tag und Nacht vorüber rollen 464
Talfahrt 63
Tauwetter 909
»Tendenz« und immer nur »Tendenz« 535
Thalatta! 295
Theomachie 74
Tief im Walde hör' ich das Lied des Meeres 621
Tief im Walde, tief im Walde 172
Tiefsinnig blau die Berge durch die Dämmernacht 388
Totentanz 821
Totenzug 625
Tragik alles Seins 102
Trägst du denn Schuld, wenn andre übeltun? 666
Traum 855
Traum 1000
Traumhafter Wunsch 564
Traum⟨stimmen⟩ 752
Träume 119
Träume 193
Träume 638
Träume. Aber die Liebe… 840
Träumerische Stimmen 262
»Traurig«-»lustig« – 248
Trost 472
Trösterin Phantasie 66

Verzeichnis der Überschriften und Anfänge 1053

Über den weiten 271
Über der Erde 238
Über der Erde Stirne 159
Über die tausend Berge 630
Über die weite märkische Ebene 461
Über uns allen 309
Über weite braune Hügel 460
Übermut 242
Übern Schreibtisch 247
Überschlag 627
Umblick 835
Unaufhaltsam sinkt die Sonne 369
Und aber ründet sich der Kranz 408
Und als ich eine Weil' von unserm Orte 621
Und bricht einmal dein volles Herz 294
Und da ich nun so frei wie nur ein Mensch 253
Und dann kommen wieder Zeiten der Träume 638
Und dann sind noch andre Feuer 314
Und dann um Mitternacht! 76
Und das Licht scheint in die Finsternis 497
Und d a s wollen wir uns schenken 359
Und doch, ich sag es frank und rund 180
Und es begab sich, da er dies vollendet 489
Und hier – wie lernt' ich hier die Welt verachten 455
Und ich floh die trübe Gasse weiter 141
Und ich ging die lange Gasse weiter 141
Und ich sah, erstarrt, durch eine Hauswand… 140
Und ich setzte meine Schritte weiter 142
Und ich wanderte mechanisch weiter 142
Und immer wieder 272
Und Jesus stand auf einen hohen Berg 490
Und manchmal denk ich mir im Übermaß 358
Und mich zog die lange Gasse weiter 141
Und ob du deinen Finger 591
Und sah der Wimpel bunten Wirrwarr flattern 456
Und so hebe dich denn 254
Und so verblaßte goldner Tag 384
Und soll ich dich auch nie besitzen 359
Und um den Abend wird es Licht sein 540
Und W a g n e r wühlte das Meer auf 278
Und wenn du nun zur dunklen Ferne treibst 406
Und werden wir uns 904
Und wir werden zusammen schweigen 383
Unhemmbar rinnt und reißt der Strom der Zeit 220
Unio mystica 339
Unnütz der Mann 73
Unsichtbare Bande weben 347
Unter Sternen 1018
Unterm Schirme, tief im Tann 170

Unverlierbare Gewähr 632
»Ur-Ur« 176
Urplötzlich – 251
Urteilsloser Nörgler Schlag 180

Vaterländische Ode 223
Venus Aschthoreth 292
Venus-Tempelchen 621
Venus Urania 90
Vergebliches Warten 329
Vergessen 379
Vergessenheit – auch wieder
 höchstes Wort! 649
Verloren stand ich 508
Vermächtnis 919
Versprechen? gar nichts 624
Vertrau mir, Kind! 432
Verwöhnter, zu Verwöhnter! 353
Verwunderungen 642
Verzweifelnd, wie ich heut dem
 Unmut meiner selbst 394
Vier Elementarphantasien 144
Vision 360
Vogelschau 314
Vögel im Wald 337
Vöglein Schwermut 130
Volkslied 265
Volkslied 446
Volksweise 320
Vom Aberglauben 644
Vom blauen Himmel fällt die
 Wand 609
Vom Boden rafft sich 647
Vom ewigen Leben 626
Vom Hang nach Einsamkeit
 erfaßt 320
Vom schweigenden Gebirg
 umsteinert 353

Vom Steinplatz zu Charlottenburg
 479
Vom Tagwerk des Todes 130
Vom Tisch des Abendmahls erhob
 160
Vom Tisch des Abendmahls erhob
 486
Von den heimlichen Rosen 319
Von der Brücke hinunter 131
Von dieser Bank hinauszu-
 träumen 189
Von Einsamkeit und Fasten aufge-
 rieben 489
Von Frühlingsbuchenlaub ein
 Dom 399
Von Kopf bis zu den Füßen 583
Von süßer Sehnsucht überschwillt
 370
Von Wilmersdorf bis Schmargen-
 dorf 475
Von Wolken ein Gebirg 661
Vor alle meine Gedichte 248
Vor deiner Kammer singt und
 singt 608
Vor dem Abendhimmel gehen 190
Vor dem blassen Dämmerhimmel
 333
Vor dem Deutschen Wörterbuch
 der Brüder Grimm 615
Vor die vier Sätze einer Sym-
 phonie 256
Vor einem Abendrot 372
Vor einem Flußbett stand ich 398
Vor einem Gebirgsbach 179
Vor einem Kinde 609
Vor einem Wasserfall 182
Vor einem widerlich verwesten
 Hunde 500

Vor einer Büste Schopenhauers 394
Vor einer Sendung Birnen 204
Vor meinen Fenstern rauscht der Bach 561
Vor Michelangelos Sklaven 853
Vor Strindbergs »Inferno« 273
Vor zurückgeschickten Versen 180
Vorabendglück 405
Vorfrühling 294
Vorfrühling seufzt in weiter Nacht 294
Vormittag am Strand 335
Vormittag-Skizzenbuch 336
Vorspruch 746

Waagrecht diese Wasser 179
Wachet und betet mit mir! 224
Wachet und betet mit mir! 485
Wände, Wände, Wände 644
Wäsche ist heute wohl 22
Wahre Kunst 564
Wahrt euer Mitleid für euch 252
Waldes feuchter warmer Brodem 354
Waldes-Zauber 583
Waldgeist 342
Waldkonzerte 323
Waldluft 169
Waldluft 720
Wandernde Stille 333
Wann i denk, was das Schicksal 505
Wann i's zuwoana kunnt' 504
Wann kehrst du je mir wieder 524
War das die Liebe 198
Ward ich, Brüder, wohl geschaffen 300

Warrrrrrrte nur 144
Warum das Leben hassen 507
Warum warst du so bleich heut, Geliebte 359
Warum, warum ach! habt ihr mich verlassen 506
Warum wir immer noch Verse schreiben? 248
Was auch der dumme Philister spricht! 617
Was bin ich selbst? 299
Was bist du, Unbegriffnes 220
Was denkst du jetzt? 402
Was durch der Seele Schlüfte 561
Was fragst du viel! Du hast in diesem Bach 313
Was ging mir nicht durch Kopf und Herz 527
Was ist da zu sagen 364
Was ist das für ein Klagelaut 342
Was ist das? Seht der ferne Waldessaum 512
Was ist, darum ihr so viel Hände reget? 455
Was ist denn »Gott« 907
Was kann mir noch dein totes Bildnis künden 492
Was kannst du, Süße, wider dies, daß du so schön! 390
Was kümmern mich die Dutzend-Zungen 351
Was mir so viel vom Tage stiehlt 287
Was möcht' ich wohl vom weiten Sein 336
Was möchtest du noch einmal sehn 327

Was rollt so dumpf in der Ferne? 558
Was rufst du 215
Was rufst du, traurig Herz! sei still! 215
Was sagst du zum neuen Berlin? 474
Was schreib' ich dir zum Angedenken 522
Was sich der Leib in seiner Lust erfand! 598
Was stehst du da mit großen Blicken 546
Was stumm im Mutterschoß der Seele 597
Was türmst du deine Klagen 672
Was willst du, Vogel mit der müden Schwinge 290
Was wirst du noch wollen 270
Was wissen wir von euch noch 627
Was wollt ihr doch 251
Wasser-Studie 328
Wechselgesang 446
Weh dir 223
Wehe, wo bin ich? 306
Weihnacht 987
Weil ich nur dieses Donnern wieder höre 661
Weils ees die boarische Sprach 504
Weinet Götter! Menschen, Tiere weinet! 600
Weiße Tauben 281
Weißt du noch, Phanta 51
Weißt du, was es heißt 644
Weißt du wohl, warum die tausend Tannen 358
Weißt, was ich möchte, Mädchen? 217
Weißt, was mir träumte? 567
Weite, möwenüberkreiste Dünentäler 302
Weiter Horizont 328
Welch ängstliches Bewahren! 348
Welch ein Schweigen, welch ein Frieden 401
Welch unergründlicheres Glück 515
Welche Kunstsiegesalleen! 474
Welche Trübung dort am Himmel 619
Weltfreude 515
Weltkobold im Lande der Bärenhäuter [Fassung I] 436
Weltkobold im Lande der Bärenhäuter [Fassung II] 439
Weltkobold ist verliebt 425
Wenig geistreiches Weinlied 606
Wenn Cyrano des Kusses Süße singt 300
Wenn dann vom steingewölbten Damm getragen 45
Wenn der Abend düster dunkelt 330
Wenn die Menschen widerstreben 600
Wenn dieses zarte Glühen 316
Wenn du den Weg zur Tiefe gehst 201
Wenn du nur wolltest 236
Wenn du so auf müder Nachtfahrt 289
Wenn ich auf die zurücke schau' 625
Wenn ich die alten Blätter wend' und wende 528
Wenn nach der Schwäche 409

Verzeichnis der Überschriften und Anfänge 1057

Wenn so der erste feine Staub 332
Wenn so die Nacht die treugewölbten Hände 280
Wenn so im Dorf des Nachts die Hunde bellen 599
Wenn vorüber erst das Prahlen 586
Wer dich einmal sah 20
Wer dieses Wassers trinkt 496
Wer doch den trüben Wahn erfunden 181
Wer einmal frei 226
Wer laut von diesem längst verlaßnen Turm 166
Wer möcht' am trägen Stoffe kleben 15
Wer seine Sehnsucht so wie einen dritten Gaul 390
Wer wahrhaft Künstler, lacht des ganz Armseligen 397
Wer wandelt dort im Mondlicht 602
Wer will ergründen, warum Jesus weinte 493
Werdet ihr nie 618
Wie auf den Tannen grüngoldener Abend ruht 371
Wie auf Donners Hintergrund 640
Wie bitter, müssen Träume sich bescheiden 636
Wie das noch so hoch getürmte 256
Wie der Gestirne ewige Figuren 598
Wie der wilde Gletscherbach 400
Wie die junge Stimme singt 335
Wie die Stille übers weite Wasser hergewandert kommt 333
Wie doch des Blutes Laune mit uns spielt! 356
Wie doch ein Traum so traurig stimmt 125
Wie du mich empfängst 353
Wie ein Geliebter seines Mädchens Kopf 213
Wie einst 563
Wie hab ich oft des Mondes Feerien 455
Wie ich dich hasse 460
Wie ich schwer von deiner stillen 184
Wie ist dir nun 222
Wie ist es nur gekommen 629
Wie kam es nur? 378
Wie kann ein Tag voll so viel Schmerz 597
Wie könnt' ich deine Seele trösten? 624
Wie konntest du Abraham sehen 488
Wie lang, und dieser Ball erstarrt 102
Wie mir der Abend das Grün 327
Wie oft der Großstadt mächtige Gemälde 450
Wie oft, wenn aus Konzert-, aus Bildersälen 197
Wie oft wohl bin ich schon gewandelt 509
Wie oft zerriß ich 233
Wie schwebst du, Mond, nun licht und klar 373
Wie schwür' ich gern aus tiefstem Herzensgrund 203
Wie sich der Weg hier 337

Wie sich die Gebirge bauen 182
Wie sie Ballett tanzen 23
Wie tausend andre wär' ich wohl geblieben 534
Wie tief die Wipfel heut erschauern! 187
Wie über den Schnee der Schatten des Vogels webt 411
Wie vieles ist denn Wort geworden 344
Wie wär's, wenn ich der Chiffren dieses Buches 453
Wie ward die Welt? 67
Wie ward ich oft gebrochen, brach mich selbst 210
Wie weich sich Form und Farbe binden 188
Wie wenn die Flut des Meeres zurückkommt 95
Wie? Wolltest du dir selbst zuwiderhandeln 418
Wie wundersam ist doch ein Hügel 324
Wiedererweckung des Lazarus 970
Wiese, laß mich ganz in dein 190
Wilde Jagd 352
Willst du fest und fördernd leben 247
Willst Du mich nun entzaubern, Phanta 112
Wind, du mein Freund! 398
Wind und Geige 332
Windglück 412
Winter-Idyll 596
Wintermondnächte 341
Winternacht 217
Winters im Tiergarten 466
Wintersonnenwende! 380
Wir alle sind die Erben dunkler Ahnen 642
Wir? dichten wir? beschminken die Natur? 638
Wir kennen uns, in deren Leben 582
Wir können nie, was um uns lebt 537
Wir Künstler 617
Wir Künstler 618
Wir Lyriker 248
Wir merkten bald im Reden-Wechselspiel 377
Wir saßen an zwei Tischen 290
Wir sind zwei Rosen 233
Wir sprangen ineinander hinein 634
Wir taten uns einst viel auf Gastfreundschaft zugut 637
Wir treiben mit Gefühlen Spott 279
Wir wußten uns nichts mehr zu sagen 377
Wisse, Freund, mit edlen Frauen 585
Wo bist du 260
Wo bist du, süße Blume meiner Tage 260
Wo Erd und Himmel 92
Wo gestern noch der Felder Meer 266
Wohin? 221
Wohin noch 221
Wohl kreist verdunkelt oft der Ball 288

Wohl weiß ich's noch 589
Wolkenspiele 21
Wollt ihr, wen ich hasse, wissen? 537
Worte des Trostes 525
Wozu das ewige Sehnen? 287
Wozu noch länger wachen? 363
Wunder 669

Zu deinem Aschblond dieses graue Blau! 470
Zu den Vorgängen bezüglich der »Emser Depesche« 532
Zu dir, der du mir starbst 629
Zu Golde ward die Welt 340
Zu jeglichem Ding 237
Zu Moskau, der heiligen Stadt 663
Zudringlich Glockenspiel 579
Zum Abschied, an F.-L. 184
Zum Leben zurück! 315
Zum II. Satz (Andante con moto) von Beethovens Appassionata 295
Zur Rechten das Meer 349
Zwei Briefe 608
Zwei Briefe halt' ich in meiner Hand 608
Zwei Farben nur 339
Zwei Flammen steigen schlank empor 288
Zwei ungeborene Seelen 663
Zwiegesang 448
Zwischen Lachen und Weinen 764
Zwischen Weinen und Lachen 38
Zwischen Wilmersdorf und Schmargendorf 475
Zwischenstück Fusch-Leberbrünnl 179
Zwölf stumme Männer trugen mich 122
2. August 1891 522